Politische Schriften und Briefe Carl Friedrich Goerdelers

Herausgegeben von Sabine Gillmann
und Hans Mommsen

Band 2

K · G · Saur München 2003

Bibliografische Information Der Deutschen Bibliothek
Die Deutsche Bibliothek verzeichnet diese Publikation
in der Deutschen Nationalbibliografie; detaillierte bibliografische Daten
sind im Internet über *http://dnb.ddb.de* abrufbar.

∞

Gedruckt auf säurefreiem Papier

Printed in Germany

Satz: Dr. Rainer Ostermann, München

Druck/Bindung: Strauss Offsetdruck GmbH, Mörlenbach

ISBN 3-598-11631-4 (2 Bände)

Inhalt

Band 1

Band 2

Kapitel 5: Goerdelers Bruch mit dem NS-Regime und die Suche nach Verbündeten

Einführung

Die in diesem Kapitel wiedergegebenen Texte und Briefe Carl Goerdelers beleuchten seine zunehmende Abwendung vom NS-Regime, die mit den Denkschriften vom Sommer 1940 irreversibel wurde.

Vom September bis zum November 1938 hielt sich Goerdeler in der Schweiz auf und verfasste dort zwei umfangreiche Denkschriften, die einerseits seine Kritik an dem nationalsozialistischen Regime, andererseits seine Hoffnungen für eine deutsche Zukunft resümierten. Seine erste Denkschrift zur Außenpolitik war in vieler Hinsicht eine Fortsetzung der Reiseberichte.[1] Während er die darin enthaltenen außenpolitischen Argumente in der Denkschrift wieder aufgriff, waren seine Kritikpunkte an innenpolitischen Maßnahmen wesentlich schärfer geworden. Die Warnung vor dem Krieg verband sich nun mit dem Hinweis auf friedliche Verständigungsmöglichkeiten sowie der Mahnung, eine Neuordnung der Innenpolitik auf der Basis von Rechtsstaatlichkeit und garantierten Grundrechten herbeizuführen, um so die Verständigungsbereitschaft des westlichen Auslands zu erhöhen. Die vorsichtige Formulierung der Kritik an der nationalsozialistischen Innen- und Außenpolitik sowie der Verweis auf die „edlen Forderungen des Nationalsozialismus und seiner richtigen Erkenntnisse" erhärten die Vermutung, dass als Adressaten der Denkschrift, wie schon zuvor bei den Reiseberichten, an Hitler und Göring gedacht war. Auch in dem folgenden wirtschaftspolitischen Abschnitt kritisierte Goerdeler die nationalsozialistische Politik in einem Tonfall, der eine Zusammenarbeit nicht grundsätzlich ausschloss.

In seiner Denkschrift zur Innenpolitik, die nur vier bis acht Wochen später verfasst war und an den unvollendeten wirtschaftspolitischen Abschnitt der vorhergehenden Denkschrift anschloss, ist demgegenüber ein tiefer Bruch in der Diktion zu konstatieren.[2] Als Erklärung für diese Tatsache bietet sich die Münchener Konferenz vom 29./30. September 1938 an, die zwischen der Abfassung der beiden Denkschriften lag und deren Ergebnisse Goerdelers Erwartungen tief enttäuscht hatten. Denn immerhin wurden durch die dort beschlossene Abtretung des Sudetengebiets an Deutschland alle von Goerdeler verfolgten Strategien zur Änderung der nationalsozialistischen Politik zunichte gemacht: Die von ihm in seinen Reiseberichten aufgezeigten Möglichkeiten einer nicht auf Drohungen

---

1 S. Denkschrift zur Außenpolitik vom 10.9.1938; Dok. 5.1.1, unten S. 658 ff.
2 S. Denkschrift zur Innenpolitik vom Oktober/November 1938; Dok. 5.1.2, unten S. 696 ff.

beruhenden Verständigungspolitik waren von dem NS-Regime nicht ergriffen worden, das westliche Ausland hatte weiterhin die Appeasement-Politik verfolgt und die beginnende Militäropposition war nach der Beilegung der Sudetenkrise wieder auseinander gefallen.[3]

Der wirtschaftspolitische Abschnitt zu Beginn der Denkschrift war im Ton der Goerdelerschen Lehrbroschüren gehalten und wandte sich direkt an den Leser. In allen Einzelheiten wurden hier wiederum die Elemente einer freien Marktwirtschaft mit einer auf die Bismarcksche Sozialgesetzgebung zurückgeschraubten Sozialversicherung entwickelt, für die der Staat lediglich die Rahmenbedingungen zu sichern habe. Auch die Regelung der Arbeitsbeziehungen müsse ohne staatliche Eingriffe erfolgen und durch die Einführung von Industrie-, Handels-, Handwerks-, Angestellten- und Arbeiterkammern der Verantwortung eines berufsständisch geprägten Selbstverwaltungssystems übergeben werden. Dessen Ausschließlichkeitsanspruch implizierte nicht nur die Ablehnung von Gewerkschaftsgründungen, sondern auch die Auflösung der DAF, die bis zu ihrer endgültigen Liquidation „einem hohen Offizier oder Beamten“ unterstellt werden sollte. Das Vermögen der DAF – bestehend nicht zuletzt aus geraubtem Gewerkschaftsvermögen – müsse sofort sichergestellt und seine Rechtmäßigkeit überprüft werden.

In sozial-, wirtschafts- und außenpolitischer Hinsicht enthielt die Denkschrift vom Oktober/November 1938 bekannte Reformvorschläge Goerdelers. Mit einem moralisierenden Unterton erfolgte jedoch darüber hinaus eine rückhaltlose Kritik an der Korruption der NSDAP. Weit über die Kritik in den Reiseberichten hinausgehend, entwarf Goerdeler nun Grundzüge einer Verfassungsreform, die er mit der Notwendigkeit begründete, dass die Verantwortung „auch in der Verfassung des Staates wiederhergestellt werden“ müsse. Eine öffentliche Kontrolle der Regierung sah er daher als unerlässlich an, allerdings sollte nicht wieder das Verhältniswahlrecht eingeführt werden, da dieses „das Parteiunwesen“ geschaffen habe. „Die dem deutschen Volke gemäße Volksvertretung“ müsse berufsständisch geprägt sein; dem aufgrund von indirekten Wahlen zu bildenden Reichstag sollte ein Reichsrat oder Oberhaus gegenüberstehen, das zu zwei Dritteln aus Repräsentanten von Wirtschaft, Wissenschaft, Militär und Selbstverwaltung sowie zu einem Drittel aus vom Staatschef berufenen Männern und Frauen bestand. Es handelte sich insgesamt um eine sehr grobe Skizzierung der verfassungspolitischen Reformvorstellungen, nicht um einen geschlossenen Entwurf. Vielmehr schien es Goerdeler darum zu gehen, notwendige Änderungen des politischen Systems aufzuzeigen, die sowohl die negativen Erfahrungen der Weimarer Republik, als auch die des NS-Regimes zu vermeiden suchten.

---

3 Vgl. zu den Strategien Goerdelers sowie zu seinem Anteil an der „Septemberverschwörung“ um Ludwig Beck, Wilhelm Canaris und Ernst v. Weizsäcker die Einführung zu Kapitel 4, oben S. 477 ff.

Der These, dass sich hier eine grundsätzliche Opposition im Sinne von systemsprengendem Widerstand zum Nationalsozialismus zeige,[4] kann jedoch insofern nicht gefolgt werden, als es sich nicht um eine strikte Ablehnung des nationalsozialistischen Regimes handelte, sondern um Vorschläge zu dessen Verbesserung.[5] Die Schrift enthält eine Zusammenfassung der Goerdelerschen Kritikpunkte an dem nationalsozialistischen Regime, deren Zahl und Schärfe erheblich zugenommen hatten seit der autarkistisch geprägten Wende in der Wirtschaftsordnungspolitik und der zunehmend aggressiven Außenpolitik. Der Wandel innerhalb der Denkschriften von dem üblichen unpersönlichen und mahnenden Ton hin zu einer direkten Anrede lässt überdies auf einen Adressatenwechsel schließen. Möglicherweise wurde die Denkschrift zur Innenpolitik mit Blick auf die Militäropposition geschrieben – für diese Vermutung spricht die bis dahin bei Goerdeler ungewöhnliche Berücksichtigung militärischer Vertreter für öffentliche Aufgaben –, deren Mehrheit zu diesem Zeitpunkt ebenfalls nicht den Umsturz des Regimes, sondern die Entmachtung seiner vermeintlich „radikalen Kräfte“ anstrebte. Für die Interpretation, dass Goerdelers Bestreben eher auf die Beeinflussung als auf den Umsturz des nationalsozialistischen Regimes gerichtet war, spricht die Tatsache, dass er noch zu Jahresende 1938 auf die Klärung seiner Anfrage drängte, ob für ihn Verwendung im öffentlichen Dienst gefunden werden könne.[6] Auch seine Auslandsreisen und die Sendung seiner Reiseberichte an Göring setzte Goerdeler bis kurz vor Kriegsausbruch fort. Entscheidend für Goerdelers ambivalente Haltung während dieser Zeit war möglicherweise seine ungewisse Einschätzung der politischen Situation, die zwischen Hoffnung auf dauerhafte Friedenssicherung und Verzweiflung über maßlose oder „unnötige“ Forderungen des nationalsozialistischen Regimes schwankte.

Als sich die außenpolitische Lage während des Frühjahrs und Frühsommers 1939 wieder verschlechterte – die Besetzung der „Rest-Tschechei“ Mitte März stellte einen offenen Bruch Deutschlands des erst fünf Monate zuvor geschlossenen Münchener Abkommens dar –, suchte Goerdeler erneut nach Möglichkeiten, mäßigend auf die nationalsozialistische Politik einzuwirken. Dabei konzentrierten sich seine Hoffnungen auf eine ausländische Intervention, von der er sich eine Eindämmung des aggressiven nationalsozialistischen Expansionsstrebens versprach. Zunächst entwarf er am 23. März 1939 Vorschläge an den neugewählten Papst

---

4 So Michael Krüger-Charlé: From Reform to Resistance: Carl Goerdeler's 1938 memorandum, in: David Clay Large (Hg.): Contending with Hitler: Varieties of German Resistance in the Third Reich, Cambridge 1992, S. 75-87.

5 Dennoch zeigt ein Vergleich mit der späteren Denkschrift „Das Ziel“ von 1941, dass Goerdeler hier die Basis legte für seine späteren verfassungspolitischen Schriften; vgl. Das Ziel; Dok. 6.1.1, unten S. 873 ff.

6 Vgl. Schreiben Goerdelers an Fritz Wiedemann vom 19.10.1938; Dok. 4.3.6, oben S. 643 ff. sowie Schreiben Goerdelers an Fritz Wiedemann vom 10.12.1938; BAB, NS 10, Bd. 335, Bl. 178 ff.

Pius XII. für eine Initiative zur Friedenssicherung.[7] In diesem Dokument hielt Goerdeler nicht mit seiner Kritik am Regime zurück: Der Grundsatz des Nationalsozialismus sei, dass der Zweck jedes Mittel heilige, und Hitlers Anliegen sei die Gewaltherrschaft. In einer öffentlichen Erklärung des Papstes mit Unterstützung der Kirchen sah Goerdeler die Möglichkeit, den Weltfrieden zu sichern sowie die Machtgelüste Hitlers und Mussolinis einzudämmen. Die Schrift hat ihren Adressaten wahrscheinlich nie erreicht[8] und die in den neuen Papst anfänglich gesetzten Hoffnungen erfüllten sich nicht. Denn obwohl sich Pius XII. als Kardinalstaatssekretär kritisch über die westliche Appeasement-Politik geäußert hatte, hielt er sich seit seinem Amtsantritt mit politischen Bemerkungen zurück und enttäuschte damit die in ihn gesetzten Hoffnungen von Regimegegnern.

Im März/April 1939 legte Goerdeler einen Vorschlag für einen britisch-französischen Aktionsplan vor mit dem er anstrebte, die Außenpolitik des NS-Regimes durch dessen diplomatische und ökonomische Isolierung zu beeinflussen.[9] Sein explizites Ziel, durch Einflussnahme von außen „die latenten und verantwortlichen Friedenskräfte in Deutschland und Italien zu mobilisieren", spiegelte dabei seine Überzeugung, dass in beiden Staaten Gruppierungen innerhalb der Funktionseliten einen Kriegsausbruch verhindern würden.

In beiden Schriften vom März/April 1939 bestand Goerdelers Hauptanliegen in der Beeinflussung der nationalsozialistischen Außenpolitik mit dem Ziel, einen Krieg zu verhindern. Parallel dazu unterbreitete er Vorschläge insbesondere an Großbritannien, in denen ein europäischer Zusammenschluss auf der Basis veränderter Grenzziehungen ins Auge gefasst war. In einem Verhandlungsangebot an Großbritannien und Frankreich vom Frühsommer 1939[10] nahm er die Bildung eines europäischen Staatenbunds in den Blick, zu dem er Deutschlands Beitritt unter der Voraussetzung territorialer Revisionen zusichern zu können glaubte. Goerdelers Festhalten an der Revision der Versailler Gebietsabtretungen wurde bestärkt durch seinen zutreffenden Eindruck, dass die Westmächte zu weitgehenden Konzessionen gegenüber Deutschland bereit waren; diese Tatsache wiederum festigte jedoch auch seine Überzeugung, dass ein Krieg unbedingt verhindert werden müsse. Einerseits blieb bei seinen Angeboten ungesagt, auf welcher Basis er sich eine derartige Einigung vorstellte und in wessen Namen er seine verschiedenen Vorschläge unterbreitete – sollte ein Staatenbund mit der nationalsozialistischen Regierung oder als Alternative zu dieser geschlossen werden? Handelte es sich um das Angebot einer Oppositionsbewegung oder um einen Vorschlag für das

---

[7] S. Goerdelers Vorschlag für eine päpstliche Initiative vom 23.3.1939; Dok. 5.1.3, unten S. 762 ff.

[8] Vgl. Klemperer, Verlassene Verschwörer, S. 117 f.

[9] S. Vorschlag für einen britisch-französischen Aktionsplan vom März/April 1939; Dok. 5.1.4, unten S. 764 ff.

[10] S. Verhandlungsangebot an Großbritannien und Frankreich vom Frühsommer 1939; Dok. 5.1.1, unten S. 658 ff.

Ausland, um die NS-Regierung unter Zugzwang zu setzen? Andererseits verkannte Goerdeler mit seinen Angeboten die Reaktionen, die er in England auslösen musste. Dort herrschte nicht nur Verwirrung darüber, in wessen Namen er überhaupt verhandelte, sondern seine territorialen Forderungen rückten ihn in britischen Augen auch in die Nähe des nationalsozialistischen Expansionsstrebens. Insbesondere seine beharrliche Forderung nach dem Polnischen Korridor veranlasste Mitglieder des Foreign Office, Goerdeler als Vertreter expansionistischer Ziele abzulehnen.[11] Die britischen Kritiker verkannten jedoch die Tatsache, dass Goerdelers Ziel, die Revision der Versailler Gebietsabtretungen, durchaus nicht dem nationalsozialistischen Lebensraum-Konzept gleichzusetzen war.

Von dem Herausgeber der „Weißen Blätter", Karl-Ludwig Freiherr von und zu Guttenberg, war Goerdeler im Sommer 1939 mit dem ehemaligen Deutschen Botschafter in Italien, Ulrich von Hassell, bekannt gemacht worden. Nach seiner ersten Begegnung mit Goerdeler schrieb v. Hassell in sein Tagebuch: „Endlich einmal ein Mann. Frisch, klar, aktiv. Auf alle Fälle eine Wohltat, einmal mit solchem Mann zu sprechen, der nicht nur ‚meckert', sondern handeln will. Natürlich sind ihm wie uns allen die Hände gebunden. Wir waren einig, daß ein Weltkrieg keine Lösung, sondern die furchtbarste Katastrophe wäre. Was man an Einfluß habe, müsse man dagegen ansetzen."[12] Goerdelers Bekanntschaft mit dem General Ludwig Beck datiert bereits von einem früheren Zeitpunkt, als Beck noch Kommandeur der Infanterischule Dresden war.[13] Nach den Ermittlungen Kaltenbrunners vom Oktober 1944 stand Goerdeler seit Anfang 1938 mit Wehrmachtskreisen in Kontakt, die einen Kriegsausbruch zu verhindern suchten.[14] Die Dreiergruppe Goerdeler, Beck und v. Hassell fand sich ursprünglich zusammen in ihrem Bemühen, einen Krieg zu verhindern. Zwischen dem Polenfeldzug im September 1939 und dem Frankreichfeldzug im Mai/Juni 1940 gab sich Goerdeler der Hoffnung hin, eine Kriegsausweitung dadurch verhindern zu können, dass von den USA oder Großbritannien ein Friedensangebot an Hitler ergehen solle. Mit dessen Annahme, so Goerdelers Überlegung, wäre der Frieden gesichert, während seine Ablehnung den Sturz Hitlers einleiten würde.[15] Während die Versuche, eine Kriegsausweitung zu verhindern, von der Militäropposition zunächst unterstützt worden waren, änderte sich deren Haltung nach dem Sieg über Frankreich.

Goerdeler hingegen hielt auch in der ersten erfolgreichen Kriegsphase entgegen der allgemeinen Siegeseuphorie in Deutschland an seiner Kriegsgegnerschaft fest.

---

11 Vgl. Notiz von Sir Robert Vansittart vom 7.12.1938; PRO, FO 371/21659/ C 15084/42/18.

12 Vgl. Die Hassell-Tagebücher 1938–1944. Aufzeichnungen vom Andern Deutschland, hg. v. Friedrich Freiherr Hiller von Gaertringen, Berlin 1994; Eintrag vom 17./18.8.1939, S. 109 f.

13 S. Goerdelers Bericht darüber in seinem „Rechenschaftsbericht" vom Januar 1945; Dok. 7.2.6, unten S. 1202 ff.

14 Vgl. Kaltenbrunner-Bericht vom 2.10.1944, in: Jacobsen, Spiegelbild, S. 430 f.

15 Vgl. ebd., Eintragungen vom 11.10.1939 (S. 128 f.) sowie vom 30.12.1939 (S. 152 f.).

Das kommt zum Ausdruck in der überaus scharfen Kritik, die er in seinen Schriften von der zweiten Jahreshälfte 1940 an der nationalsozialistischen Kriegführung und Besatzungspolitik übte. Die sechs Schriften Goerdelers vom Sommer und Herbst 1940 stellen nicht nur ungewöhnlich scharfe Stellungnahmen für die Zeit der erfolgreichen nationalsozialistischen Kriegführung dar und grenzen sich damit deutlich von zeitgenössischen Reaktionen eines Popitz oder v. Hassell ab. Während sich der preußische Finanzminister Johannes Popitz von der verfassungsrechtlichen Seite dem nationalsozialistischen Reichsgedanken annäherte, visierte der von dem Mitteleuropa-Gedanken beeinflusste v. Hassell eine europäische Neuordnung an, in der Südosteuropa als wirtschaftliches Ergänzungsgebiet des Deutschen Reichs dienen sollte.[16] Goerdeler versuchte dagegen in seinen „Lageberichten“, mit seinen Plänen zu einer europäischen Union ein positives Gegenbild zu dem NS-Regime zu entwerfen. Seit dem deutschen Überfall auf Polen lassen sich Adressaten der Goerdeler-Schriften nicht mehr eindeutig eruieren. Zwar sind teilweise Rekonstruktionen möglich, da Schriftstücke Goerdelers von der Gestapo bei verschiedenen seiner Mitverschwörer gefunden wurden, jedoch scheinen die meisten seiner Denkschriften aus der Zeit des Zweiten Weltkriegs keinen spezifischen Adressaten gehabt zu haben. Seine zur Gewohnheit gewordene Abfassung von Texten diente vielleicht auch dem eigenen Denkprozess – jedenfalls waren seine Schriften sowohl Diskussionsgrundlage für Treffen mit Gleichgesinnten, als auch Mittel zur Überzeugung noch Unentschlossener. Einzelne Passagen richteten sich offenkundig an Wehrmachtsmitglieder, wie auch die erst 1938 einsetzende Berücksichtigung von Militärs für politische Funktionen für diesen Adressatenkreis spricht.

Seine „Lageberichte“ begannen am 1. Juli 1940 in der Denkschrift „Moralischer Zustand“ mit der apokalyptischen Prophezeiung: „wer in seinem eigenen Lande die noch besonders zu schildernden Zustände in Verwaltung und Wirtschaft, Recht und Kultur, Jugenderziehung und Moral herbeigeführt hat oder auch nur sich hat entwickeln lassen, wird nach einem unwandelbaren Gesetz der Natur nach der Eroberung nicht weise und maßvoll, sondern immer ehrgeiziger, brutaler und eroberungslustiger.“[17] Die militärischen Siege schätzte er als bedeutungslos ein angesichts des als katastrophal charakterisierten inneren Zustands Deutschlands, der sich überdies auf die besetzten Länder übertragen werde.

[16] Vgl. das Sitzungsprotokoll über Popitz' Vortrag in der Mittwochsgesellschaft vom 11.12.1940, in: Klaus Scholder (Hg.): Die Mittwochs-Gesellschaft. Protokolle aus dem geistigen Deutschland 1932–1944, Berlin 1982, S. 260 ff. sowie Christian Augustin [ein Pseudonym, unter dem Ulrich v. Hassell schrieb]: Dominium Maris Baltici, in: Monatshefte für Auswärtige Politik 9 (1941), S. 195-221. Vgl. auch Sabine Gillmann: Die Europapläne Carl Goerdelers. Neuordnungsvorstellungen im nationalkonservativen Widerstand zwischen territorialer Revision und europäischer Integration, in: Thomas Sandkühler (Hg.): Europäische Integration. Deutsche Hegemonialpolitik gegenüber Westeuropa 1920–1960, Göttingen 2002, S. 77-98.

[17] S. Moralischer Zustand vom 1.7.1940; Dok. 5.2.1, unten S. 769 ff.

Nach diesem Auftakt unterzog Goerdeler in seinen folgenden Denkschriften einzelne Politikfelder einer näheren Betrachtung. Seinen Bericht „Stand der Finanzen" vom Juli 1940 begann er mit der Aussage „Die Finanzen des Reiches sind zerrüttet."[18] und legte im folgenden dar, dass kein militärischer Erfolg die katastrophale finanzpolitische Entwicklung kompensieren könne. Nach einer nüchternen Beschreibung der wirtschafts- und finanzpolitischen Lage Deutschlands übte Goerdeler Kritik an der nationalsozialistischen Praxis, diese Lage zu verschleiern, verwarf die fantastischen Pläne und Versprechungen des Regimes und verwies schließlich auf die bedenkliche Tatsache, dass die negative Entwicklung der deutschen Finanzen in die besetzten Länder exportiert würde.

Ein noch unheilvolleres Bild zeichnete er in einer weiteren Denkschrift von der Entwicklung des Bildungswesens unter dem Nationalsozialismus.[19] Zwar datierte er den Beginn der negativen Entwicklung bereits im 19. Jahrhundert, doch sei mit der „dem Volke aufgezwungenen nationalsozialistischen Revolution im Bildungswesen" dessen Zustand wesentlich verschlimmert worden. Nicht nur lehne die nationalsozialistische Bildungspolitik alles Bewährte ab, sondern habe darüber hinaus die Bildung politisiert und zweckentfremdet. „Die sachlich richtige Erziehung der Jugend", so konstatierte Goerdeler, werde „so der Verherrlichung [des Nationalsozialismus] untergeordnet". Als bedenklich hob er die Tatsache hervor, dass an den Hochschulen keine freie Forschung mehr geduldet würde, ohne die wissenschaftlicher Fortschritt nicht möglich sei. Der Förderung von Sekundärtugenden wie Gehorsam und Disziplin in allen staatlichen Einrichtungen schrieb er fatale Folgen zu: „Mangelnde Kenntnis und Bewertung der seelischen Kräfte, Nervosität gegenüber jeder höheren Stelle, die Unsicherheit des Rechtsschutzes gegenüber Ungerechtigkeiten haben dazu verführt, denjenigen als den Besten hinzustellen, der jeden Befehl unbesehen hinnimmt."

Im September und November 1940 verfasste Goerdeler erneut eine Reihe seiner „Lageberichte", aus denen eine noch grundsätzlichere Kritik an der nationalsozialistischen Herrschaft hervorgeht. Bereits in seiner Denkschrift „Stand von Wirtschaft und Verwaltung" vom September 1940[20] ging er über eine Zustandsbeschreibung der nationalsozialistischen Wirtschaft und Verwaltung weit hinaus und übte Kritik an dem Einflussstreben der NSDAP, fehlender politischer Gewaltenteilung und mangelnder Rechtssicherheit. Er sprach von dem NS-Regime als „entartete Diktatur", in der „das Recht entthront und durch Willkür ersetzt" sei. Jedoch war es nicht der diktatorische Charakter des Regimes an sich, der seine Kritik herausforderte, sondern dessen „Entartung", denn als zentralen Grundsatz einer funktionierenden Staatsorganisation listete er daran anschließend auf: „Wiederherstellung der Stellung des Staates und seiner Organe gegenüber allen zersetzenden,

[18] S. Stand der Finanzen vom Juli 1940; Dok. 5.2.2, unten S. 777 ff.

[19] S. Stand des Bildungswesens vom Juli 1940; Dok. 5.2.3, unten S. 792 ff.

[20] S. Stand von Wirtschaft und Verwaltung vom September 1940; Dok. 5.2.4, unten S. 801 ff.

in Wahrheit überdemokratischen Einrichtungen, also gegenüber der Allgewalt einer Partei ebenso wie gegenüber der Macht von Parteien." Goerdelers Kritik verdeutlicht, dass seine Reformforderungen nicht ausschließlich als Gegenbild zum NS-Regime, sondern ebenso als Gegenentwurf zu der Weimarer Demokratie entwickelt worden sind.

Einen Monat später, im November 1940, fasste er in seiner Denkschrift „Die Zeit" seine Kritikpunkte an Wirtschaft, Verwaltung, Erziehung und herrschender Moral zusammen.[21] Neben der Wiederaufnahme seiner bisherigen Argumente weist die Schrift einen dezidiert moralisierenden Unterton auf, der von Goerdelers Kenntnis von der Tötung von Behinderten sowie deutschen Wehrmachtsverbrechen geprägt war. Darüber hinaus war die Schrift in einem drängenden Tonfall verfasst und implizierte eine Frist für die anvisierten Umgestaltungsmöglichkeiten in allen Politikfeldern. Um das „voraussehbare Geschick" – den drohenden geistigen und materiellen Untergang – abzuwenden, so meinte Goerdeler, stünde nur noch die Frist von einem Jahr zur Verfügung.

Seine Überzeugung, dass Deutschland dem Ruin entgegengehe, speiste sich jedoch nicht nur aus seiner Erfahrung der innenpolitischen Entwicklung. Auch in außenpolitischer Hinsicht sah er angesichts der Bündnismöglichkeiten sowie der nationalsozialistischen Kriegführung und Besatzungspolitik eine ruinöse Entwicklung voraus. So prophezeite er auch in seiner Denkschrift „Gesamtlage" vom November 1940, dass der Krieg trotz der deutschen Anfangserfolge nicht gewonnen werden könne.[22] Nach einer erneuten Ausführung seiner bekannten innen- und außenpolitischen Argumente erläuterte Goerdeler am Ende der Schrift, warum der Krieg, unabhängig von seinem Ausgang, in einer Katastrophe enden müsse. Ein militärischer Sieg Deutschlands wäre angesichts der konstatierten „wirtschaftlichen Zersetzung" und „moralischen Zerrüttung" bedeutungslos, eine militärische Niederlage Deutschlands müsse aufgrund der betriebenen Kriegführung und Besatzungspolitik furchtbare Folgen haben und die Aufreibung aller Nationen in einem langen Krieg müsse schließlich in einer Pattsituation und allgemeiner Not enden.

Aus Goerdelers Briefen und Berichten von 1942/43 werden seine rastlose Suche nach Verbündeten sowie seine Verzweiflung über die innen- und außenpolitische Lage unter der nationalsozialistischen Herrschaft deutlich. In seinem Bericht über Judendeportationen aus Leipzig von 1942[23] schwankte Goerdeler zwischen Ratlosigkeit angesichts der Unmenschlichkeit des Regimes und einer sich auf die göttlichen Gebote zurückziehenden Religiosität, die geradezu fatalistisch auf eine Strafe Gottes wartete. Am Ende des Berichts stand jedoch der Aufruf, aus Gründen der „Vernunft und Ehre, Menschlichkeit und Gewissen, die deutsche Manneskraft

---

21 S. Die Zeit vom November 1940; Dok. 5.2.5, unten S. 823 ff.

22 S. Gesamtlage vom November 1940; Dok. 5.2.6, unten S. 828 ff.

23 S. Bericht über Judendeportationen von 1942; Dok. 5.2.7, unten S. 846 ff.

nicht mehr einem System zur Verfügung zu stellen, das mit ihr Schindluder treibt".

In derselben Zeit erlebte Goerdeler auch eine private Tragödie, den Tod seines zweitältesten Sohnes Christian an der Ostfront. Christian Goerdeler, der bereits 1934 den Soldateneid auf die Person Adolf Hitlers nicht leisten wollte, hatte Anfang 1942 seine Offizierskameraden zur Gehorsamsverweigerung aufgerufen, nachdem er Zeuge von Geiselerschießungen geworden war. Angeklagt wegen „Vergehen gegen das Heimtückegesetz", war es schließlich nur der Intervention seines Vaters zu verdanken, dass er mit der Strafversetzung an die Ostfront relativ glimpflich davonkam. Dort fiel er jedoch wenige Wochen später bei Charkow. Als Goerdeler sich am 25. Mai 1942 in einem Brief an den vorsitzenden Richter, der Christians Strafversetzung durchgesetzt hatte, bedankte, wusste er noch nichts von dem Tod seines Sohnes.[24]

Einige Wochen später nahm er den Tod Christians zum Anlass, dessen moralischen Impetus als Verpflichtung zum Widerstand hervorzuheben.[25] In seinem Brief an Helmuth Groscurth vom 6. Juli 1942 betonte er Christians Beharren auf Wahrheit und Wahrhaftigkeit und leitete daraus die Notwendigkeit ab, auf der Grundlage „nationaler Freiheit, sittlicher Lauterkeit, wirtschaftlicher Klarheit und christlichen Tuns" der Politik positive Ziele zu weisen. Seine Versuche, einen Rückhalt für seine Umsturzpläne innerhalb der Militärführung zu finden, prägten die Jahre 1942 und 1943. Zwar gelang ihm dies im Falle Groscurths, mit dem er sich seit 1939 einig wusste,[26] jedoch gerieten die zivilen Verschwörer mehr und mehr in Verzweiflung darüber, dass sich keiner der obersten Militärs festlegen wollte, während gleichzeitig innerhalb der zivilen Verschwörerkreise die Überzeugung wuchs, dass ein Umsturzversuch ohne maßgebliche militärische Unterstützung aussichtslos sein müsse.

Goerdelers Schreiben an General Olbricht und Generalfeldmarschall v. Kluge spiegeln seine Verzweiflung über die zögerliche Haltung der hohen Militärs, die eine Beteiligung an Umsturzplänen von der Kriegslage abhängig machten. In seinem Schreiben an General Olbricht vom 17. Mai 1943 problematisierte Goerdeler das Argument vieler Generäle, dass der „psychologisch richtige Moment" abgewartet werden müsse, und argumentierte leidenschaftlich dagegen.[27] Sein Plädoyer gegen die abwartende Haltung der Militärs bezog sich nicht nur auf die Kriegslage selbst, sondern auch auf die willkürliche Ermordung von Zivilisten und sowjetischen Kriegsgefangenen. Die „sittliche Vergiftung des Volkes" sowie Korruption und Perversion des Rechts verlangten geradezu danach, einen „psychologisch richtigen" Zeitpunkt tatkräftig herbeizuführen.

---

[24] S. Brief Goerdelers an Kriegsgerichtsrat Fröhlich vom 25.5.1942; Dok. 5.2.8, unten S. 848 f.

[25] S. Brief Goerdelers an Helmuth Großcurth vom 6.7.1942; Dok. 5.2.9, unten S. 849 f.

[26] Vgl. Großcurths Eintragung in seinem Tagebuch vom 23.10.1939; Grußcurth, Tagebuch, S. 220.

[27] S. Schreiben Goerdelers an Friedrich Olbricht vom 17.5.1943; Dok. 5.2.12, unten S. 853 ff.

Goerdelers Vorstellung, dass er durch eine persönliche Aussprache Hitler zum Rücktritt bewegen oder zumindest eine Umsturzbewegung einleiten könne, tauchte hier zum erstenmal expressis verbis auf. Zwar gab er zu, dass der Erfolg einer solchen Aktion nicht sehr wahrscheinlich sei, aber sie könne als Anlass zu einem militärischen Umsturz genutzt werden. Seine abschließende Bitte an Olbricht, nun die Initiative zu ergreifen, war jedoch ebenso ergebnislos wie die Versuche, dessen Vorgesetzten Generaloberst Fromm zum Handeln zu bewegen. Hermann Kaiser, Goerdelers Verbindungsmann zu der Militäropposition, hatte bereits am 20. Februar 1943 in seinem Tagebuch notiert: „Der Eine [Olbricht] will handeln, wenn er Befehl erhält, der Andere [Fromm] befehlen, wenn gehandelt wird.“[28]

Zwei Monate später wandte Goerdeler sich an Generalfeldmarschall v. Kluge mit dem gleichen Anliegen.[29] Goerdeler hatte Kluge bereits ein Jahr zuvor an der Ostfront aufgesucht und war in dem Glauben abgereist, die Unterstützung des Generalfeldmarschalls für die Verschwörung gewonnen zu haben. Im Juli 1943 war Kluge jedoch erneut schwankend geworden, und Goerdelers Schreiben muss als Versuch gewertet werden, dessen zögerliche oppositionelle Haltung zu festigen. In seinem Schreiben argumentierte er zunächst von dem militärischen, wirtschafts- und finanzpolitischen Standpunkt aus, dass die Fortführung des nationalsozialistischen Regiments Deutschland in den Ruin führen würde. Gleichzeitig betonte er, dass es, falls akzeptable und verantwortungsbewusste deutsche Verhandlungspartner zur Verfügung stünden, noch Möglichkeiten für Verhandlungen mit den Westmächten gäbe. „Dass mit Verbrechern und Narren kein Staatsmann dieser Welt verhandeln kann, weil er nicht leichtfertig das Geschick seines Volkes Narrenhänden anvertrauen kann“, so argumentierte er, „ist doch selbstverständlich.“ Erneut stellte er sich selbst zur Verfügung und verwies er auf die Notwendigkeit einer Initiative der Militärs. Anstelle des Schreibens von Goerdeler wurde Kluge jedoch ein Schreiben Olbrichts übergeben, das einen ähnlichen Tenor hatte. Der Grund dafür mag darin gelegen haben, dass in oppositionellen Kreisen zunehmend Goerdelers mangelnde Geheimhaltung kritisiert wurde – eine Tatsache, die auch am Ende seines Schreibens an Kluge anklingt.

Goerdelers Verzweiflung angesichts seiner ergebnislosen Suche nach einflussreichen Verbündeten schlug sich auch in seiner Privatkorrespondenz nieder. Nach einer Reise an die Ostfront im Auftrag der Firma Bosch berichtete er am 14. September 1942 seinem ältesten Sohn Ulrich über die Offiziere: „Erschütternd die Feststellung einer allmählich in Eigennutz und Korruption versinkenden Klasse.“[30]

Bei seiner Schwiegermutter entschuldigte er sich im Februar 1943 für seine Ungeselligkeit und mangelnde Heiterkeit, die er auf die Zeitumstände und „das

---

28 Zit. nach: „Generäle: Neue Mitteilungen zur Vorgeschichte des 20. Juli“, in: Die Wandlung I (1945/46), S. 528-537.

29 S. Schreiben Goerdelers an Hans Günther v. Kluge vom 25.7.1943; Dok. 5.2.14, unten S. 856 ff.

30 S. Brief Goerdelers an Ulrich Goerdeler vom 14.9.1942; Dok. 5.2.10, unten S. 851 f.

erbitterte Ringen um eine bessere Zukunft der Kinder" zurückführte.[31] In dem Brief wird seine Frustration darüber deutlich, eine Änderung der politischen Situation nicht allein herbeiführen zu können.

Bereits in seinem Schreiben an Olbricht hatte Goerdeler von der „unerklärlichen Geduld des Volkes" gesprochen, die er darauf zurückführte, dass Geheimhaltung, Lüge und Verbrechen durch den staatlichen Terror geschützt würden. Er ging daher von der Vorstellung aus, dass es lediglich hinreichender Aufklärung bedürfe, um die Mehrheit der Bevölkerung auf die Seite der Verschwörer zu bringen. Diese Überlegung geht auch aus seinem Brief an Gerhart Binder vom 28. Juni 1943 hervor.[32] Das Argument des Stuttgarter Oberstudiendirektors, der ihm wohl einen Aufsatz über die deutschen Kriegsanstrengungen hatte zukommen lassen und von einer gegen Deutschland verschworenen Welt gesprochen hatte, wies er mit ungewöhnlicher Schärfe zurück.

Goerdelers Bruch mit dem NS-Regime und sein Schritt in die Opposition wurden veranlasst durch das Scheitern seiner Versuche, den Kriegausbruch zu verhindern. Während seine Kritik an dem Regime schon vor diesem Zeitpunkt stetig zugenommen hatte, blieb er bis dahin wohl in dem Glauben, durch Überzeugungsarbeit das Regime reformieren zu können. Bis zur Jahreswende 1938/39 wird man seine ständig anwachsende Kritik an den außenpolitischen Versäumnissen und katastrophalen inneren Zuständen noch als systemimmanente Opposition umschreiben dürfen. Goerdeler tat sich als loyaler preußischer Beamter und Staatsdiener offenbar schwer, sich zu dem Staat als ganzen in Gegensatz zu stellen, so dass er – jedenfalls zunächst – die Kritik an Hitler eher zurückhaltend formulierte. Der Wunsch nach verantwortungsvoller Mitarbeit und Mitgestaltung wurde niemals völlig beiseitegedrängt, und seine Überzeugung, dass es so etwas wie eine staatliche Vernunft trotz allem gäbe, mag erklären, warum er sich schwer tat, den Rubikon zum systemsprengenden Widerstand gegen das Regime zu überschreiten.

An Goerdelers Handeln wird das generelle Problem veranschaulicht, wie ein Bürger – noch dazu ein loyaler preußischer Beamter – auf ein politisches System reagieren soll, das er nicht gutheißt. Die Suche nach Einflussnahme, mit der sich gleichzeitig Einflüssen ausgesetzt wird, der Wunsch nach Mitarbeit und Mitgestaltung, trafen sich mit Goerdelers Vernunftgläubigkeit in einer Mischung, die eine bloße Verweigerungshaltung ausschloss. Der quälend langsame Entscheidungsprozess, der ihn schließlich in den Widerstand führte, wird in seinen Schriften ebenso deutlich wie seine rastlose Suche nach Verbündeten. Über diese Elemente hinausweisend beeindrucken seine Denkschriften aus der ersten Kriegsphase durch die moralische Integrität, die in ihnen zum Ausdruck kommt.

---

31 S. Brief Goerdelers an Anna Ulrich vom 23.2.1943; Dok. 5.2.11, unten S. 852.

32 S. Brief Goerdelers an Gerhart Binder vom 28.6.1943; Dok. 5.2.13, unten S. 855.

Dokumente

5.1 Versuche, den Krieg zu verhindern

5.1.1 *Denkschrift zur Außenpolitik*

maschinenschriftliche Denkschrift vom 10.9.1938; Privatbesitz.
Bewertung der außenpolitischen Lage: Deutschland hat Verhandlungsangebote von britischer und französischer Seite bisher nicht angenommen und wird bald keine neuen Angebote mehr bekommen; die Gemeinsamkeiten mit Italien und Japan, die bald die einzigen potenziellen Bündnispartner für Deutschland sein werden, erschöpfen sich in der Frontstellung zu Großbritannien und Frankreich; Deutschland kann auf dieser Basis keinen Krieg gewinnen. Die außenpolitischen Beziehungen müssen auf der Grundlage eines friedlichen Güteraustauschs basieren; Europa als „wirtschaftliches Kraftzentrum der Welt" darf keinen neuen Krieg riskieren, sondern sollte eine europäische Wirtschaftsunion, eine europäische Rechts- und Sozialordnung, verfolgen. Um Deutschland wieder in die internationale Wirtschaft einzugliedern, muss eine friedliche Außenpolitik betrieben werden; deutsche Ansprüche können auf dem Verhandlungsweg weiter verfolgt werden. Auch in der deutschen Innenpolitik müssen außenpolitische Notwendigkeiten beachtet werden: Das Revirement in Armee und Auswärtigem Amt hat im Ausland den Eindruck einer Massenentlassung aller Verständigungsbereiten erweckt; die Militarisierung der Jugendarbeit und die Erschütterung des Rechtsbewusstseins werden für alle Deutschen negative Folgen haben; die Geistes-, Gewissens- und Redefreiheit muss wieder hergestellt werden. Bewertung der wirtschaftspolitischen Lage: Der Vierjahresplan war ein Misserfolg und muss aufgegeben werden; der gegenwärtige Lebensstandard kann nur in einer funktionierenden Weltwirtschaft gehalten werden.

1. Vorbemerkungen

Die Grundlagen für die nachfolgenden Betrachtungen und Vorschläge sind in der Abhandlung „Wirtschaft heißt Werte schaffen"[1] enthalten. Deren Kenntnis setze

---

1 Goerdeler hatte im Sommer 1936 eine wirtschaftspolitische Lehrschrift verfasst, deren Titel er mehrmals änderte: Entstanden unter dem Titel „Durch Preise zur Klarheit", kursierte sie unter dem Titel „Im Lichte der Preise" zwischen Juni und Oktober 1936 in mehreren Regierungsstellen (vgl. den Vorgang in BAB, R 43 II/317a). Es handelte sich um eine Vertretung der Prinzipien des klassischen Wirtschaftsliberalismus, wie sie z.B. auch in Goerdelers Gutachten zur Rohstoff-, Devisen- und Währungslage; Dok. 3.8, oben S. 411 ff., vertreten wurden. Die Schrift, deren Veröffentlichung schließlich von Goebbels verboten wurde (vgl. Mitteilung Wiedemanns an Lammers vom 17.10.1936; BAB, R 43II/317a, Bl. 6), vertrat wirtschaftstheoretische Auffassungen, die den Grundlagen des nationalsozialistischen Vierjahresplans diametral entgegengesetzt waren (vgl. Exemplar der Schrift ebd., Bl. 7-186). Nach Goerdelers eigener Darstellung stimmte sie mit seiner zitierten Abhandlung „Wirtschaft heißt Werte schaffen" überein (s.u., Denkschrift zur Innenpolitik vom Oktober/November 1938; Dok. 5.1.2, unten S. 658 ff.); ein Exemplar mit diesem Titel ist nicht überliefert. Goerdeler bearbeitete die Abhandlung weiter in den folgenden Jahren und verwandte sie schließlich

ich voraus, sie ist unerläßlich. Denn die vollkommene Klarheit darüber, daß Menschen und menschliche Gemeinschaften nur dann leben können, wenn sie dies Leben durch Leistung erhalten, ist unerläßlich, um überhaupt sowohl unser Volk wie die Welt aus dem gegenwärtigen Zustand der Unruhe und der Unbefriedigtheit herauszuführen. Aus jener Abhandlung ist auch ersichtlich, auf welchen Ursachen diese Unrast und diese Unbefriedigtheit beruhen. Diese Ursachen sind ebenso sehr materieller wie moralischer und seelischer Art. Aber es gibt keinen Ausweg aus den Gefahren der Gegenwart wie nur den, der auf Klarheit und Vernunft gegründet ist. Denn daß dieser Zustand der Unvollkommenheit schon so lange fortdauert, ist nur – aber auch vollkommen – bedingt durch mangelnde Klarheit und mangelnden Mut. Es ist selbstverständlich für den Einzelnen wie für den Führer einer Gemeinschaft im Augenblick viel einfacher, unbequemen Erkenntnissen und harten Entscheidungen aus dem Wege zu gehen. Es ist viel angenehmer und gewinnt im Augenblick viel mehr Sympathien, sich und der Gemeinschaft vorzugaukeln, daß es bequeme Wege gibt, die aus den Schwierigkeiten der Gegenwart herausführen. Dieser Hang zur Unklarheit und dieser Mangel an Mut haben sich nicht erst als Folge des Diktats von Versailles allein entwickelt, nein, sie sind schon seine Vorläufer, denn gerade sie haben auch Pate gestanden bei der Schaffung des Diktats von Versailles. War es doch bequemer, die Siegervölker wieder zur Ruhe zu bringen, indem man den Gefühlen des Hasses und den Instinkten der Begehrlichkeit freien Lauf ließ, als ihnen zu sagen, daß eine dauerhafte Neuordnung nur auf Gerechtigkeit und Vernunft aufgebaut werden könne.[2] Dieser Erkenntnis entsprechend zu handeln hätte den Staatsführern das Opfer der Unpopularität, ihren Völkern das Opfer vernunftgemäßen Handelns und verstärkter Arbeit auferlegt.

Es gilt, sich aus den Wahnideen zu befreien, die mit dem Siegeszug der Technik und mit der Aufsplitterung der Arbeit emporgewachsen sind. Es gilt, auf allen Gebieten des menschlichen Lebens und des Zusammenlebens der Menschen Ordnung und Handlung aufzubauen auf Erkenntnis und Vernunft. Es gilt, auf dieser Grundlage die in den Tiefen der menschlichen Seele liegenden unvergänglichen Kräfte des Gewissens und des Gemüts fruchtbar zu machen. Nur dann werden wir zur Ordnung innerhalb der Staaten, zur Ordnung zwischen ihnen, zu Vertrauen untereinander und zu edler Menschlichkeit gegenüber allem was Menschenantlitz trägt, wieder kommen. Nur dann wird es uns gelingen, die Schätze christlichen Glaubens wieder zu heben und zu jener Harmonie unseres Wesens fortzuschreiten, die auf dem Gleichklang zwischen den Erkenntnissen der Vernunft und der Befriedung der Seele beruht.

---

als Grundlage für seine „Wirtschaftsfibel“ (vgl. zu deren Analyse ausführlich die Dissertation von Daniela Rüther: Der Widerstand des 20. Juli auf dem Weg in die soziale Marktwirtschaft. Die wirtschaftlichen Vorstellungen der bürgerlichen Opposition, Paderborn 2002, S. 315).

2 Vgl. zu dem Versailler Vertrag S. 502, Anmerkung 12 und S. 524, Anmerkung 6.

2. Außenpolitik

Die gesamte Politik eines Staates muß sich nach den Beziehungen richten, die er im Interesse seines Volkes mit der *Außenwelt* herstellen muß. Nur ein Volk, das in dem von ihm bewohnten und politisch beherrschten Raum alle Stoffe und Kräfte findet, deren es zur Erhaltung seines Bestandes und zur allmählichen Verbesserung seiner Lebensbedingungen bedarf, kann – theoretisch – jene Beziehungen außer acht lassen. Aber dies ist ihm nur so lange gestattet, als es von der Umwelt her keinerlei Störung seiner Arbeit zu befürchten braucht. Wahrscheinlich ist keinem Staate jemals ein solcher Dauerzustand beschieden gewesen. Wahrscheinlich haben selbst die kleinen Negerstaaten Afrikas sich niemals solchen dauernden Friedens erfreut. Denn bei allen Völkern finden wir die Waffen, die nicht nur bestimmt sind, sich gegen andere Wesen zu wenden, sondern auch gegen den Menschen. Von irgend einem Zeitpunkt ab hat die Entwicklung jedes Volk in den Bereich solcher Störungsmöglichkeiten gebracht. Sowie sie auftauchen, muß das betreffende Land, selbst wenn es sich in den günstigsten Lebensbedingungen befindet, den Beziehungen mit der Umwelt seine Aufmerksamkeit zuwenden. Es kann sich darauf beschränken, Störungen mit Gewalt abzuwenden und diesen Zeitpunkt abzuwarten; es kann es für nützlicher und daher klüger befinden, die Störungsmöglichkeiten mit der Umwelt durch Verständigungen aus dem Wege zu schaffen und so der Anwendung der Gewalt vorzubeugen. Die klügste Politik wird stets diejenige sein, durch die eine höchstmögliche Sicherheit in der möglichst besten Ausnutzung des eigenen Lebensraumes durch den geringsten Aufwand an Kraft nach außen hin gewährleistet wird. Man darf ein Volk, das ständig nach diesen Bestmaßen sucht, nicht unheroisch nennen; denn da das ganze Leben jedes Menschen und damit jedes Volkes darin besteht, dauernd den Kräften der Natur den Bestand und die Besserung des Lebens abzugewinnen, ist das Leben immer Kampf, und das physische Dasein wird nicht nur im Kriege, sondern auch in vielen friedlichen Betätigungen aufs Spiel gesetzt. Man muß im Gegenteil ein Volk, das unnötig Kraft da einsetzt, wo es seinen Lebensraum ebenso gut mit geringeren Kraftaufwendungen sichern könnte, für höchst unklug halten, denn es vergeudet seine Kraft an einer Stelle, sie muß ihm daher an anderer Stelle des Lebenskampfes fehlen.

Aber es sind nur wenige Staaten überhaupt in der Lage, das Leben ihres Volkes aus den Stoffen und den Kräften, die sich in dem von ihm beherrschten Raum befinden, sicherzustellen. Zum mindesten werden die meisten Staaten feststellen müssen, daß andere Staaten über Naturschätze verfügen, deren Verwertung das Leben des Volkes verbessern könnte. Kein gesundes Volk aber wird sich dem Streben nach der Verwertung von Naturschätzen, über die es selbst nicht verfügt, entziehen. Ein gesundes Volk muß kämpferisch eingestellt sein, denn das Leben ist Kampf und kann nicht anders als durch Leistung im Kampf gewonnen werden. Und so wird das Streben jedes Volkes darauf gerichtet sein, das was es selbst nicht besitzt, was aber sein Leben verbessern könnte, zu erhalten. Hierzu stehen ihm zwei Möglichkeiten zur Verfügung: einmal die Gewalt, das zweite Mal die

Verständigung, die meist in einem Tausch bestehen wird. Dieser Tausch kann ein einmaliger Vorgang sein, man tauscht Räume. Aber man kann nicht täglich Räume tauschen, und so wird der häufiger sich wiederholende Vorgang darin bestehen, daß man Erzeugnisse der Räume tauscht. Aus diesen beiden Möglichkeiten haben sich in der Welt Krieg und Handelsverkehr entwickelt.

Beide Formen, in denen die Beziehungen der Staaten miteinander geregelt werden können, kennen wir von dem Beginn der uns bekannten Geschichte der Menschen an. Aber eins ist sicher: Die auf Ausnutzung von Naturstoffen, die ein Volk selbst nicht in seinem Raum besitzt, gerichtete Begehrlichkeit und Tätigkeit mußte immer stärker werden, je schneller die Entfernungen überwunden werden konnten, je häufiger und in je größerer Menge die Bürger des einen Staates die Naturschätze und Kräfte anderer Völker sehen konnten. Diese Entwicklung hat sich in den letzten 100 Jahren mit der Erfindung der Dampfmaschine und des Motors, mit der Möglichkeit, Massenverkehrsmittel zu bauen, sprunghaft und immer schneller gesteigert. Kein Wunder, daß Krieg und Handelsverkehr, jene beiden großen Möglichkeiten, im eigenen Raum unbefriedigten Bedürfnissen zu ihrem Recht zu verhelfen, im Laufe der letzten hundert Jahre auf immer größere Räume sich erstreckt haben, kein Wunder aber auch, daß die Völker der einzelnen Staaten immer vollendetere Gelegenheiten hatten, ihre Eigenarten kennenzulernen. Der erste Weiße, der den Fuß auf amerikanischen Boden setzte, wurde nicht mit Feindseligkeit empfangen, die Feindseligkeit entwickelt sich immer dann, wenn man sich nicht versteht, sich nicht verstehen kann und sich daher mißtrauen muß. Je vollkommener die Völker ihre Eigenarten verstehen, desto eher werden sie in der Lage sein, anstelle des Krieges den friedlichen Güteraustausch zur Befriedigung ihrer Bedürfnisse zu wählen. Dazu kommt aber ferner die wachsende Erkenntnis, daß das Leben der Völker im letzten Jahrhundert in seiner Gestaltung von einer dauernden Befriedigung solcher Bedürfnisse abhängt, die im eigenen Lande nicht mehr befriedigt werden können, und daß es zur physischen Unmöglichkeit gehört, darum dauernd Krieg zu führen, denn mit der Entwicklung der Technik zur Steigerung des Güteraustausches ist auch die Entwicklung der Technik zur Steigerung der Kriegsintensität dauernd gewachsen. Heute hat die Technik nicht den Krieg zu einem totalen gemacht – das war er stets – sondern die unmittelbaren Kampfhandlungen auf alle Teile der Bevölkerung weit über die gegeneinander kämpfenden Streitkräfte hinaus erstreckt.[3] Es ist also ein Gebot der Vernunft, das Leben, das nur um den Preis der totalen Vernichtung auf dauernde Kriegführung aufgebaut werden könnte, auf dem friedlichen Güteraustausch zu begründen.

---

[3] Das Schlagwort vom „totalen Krieg“ hatte seit der Veröffentlichung des gleichnamigen Buchs von Erich Ludendorff 1935 Hochkonjunktur. Goerdeler referiert in seinen Überlegungen die These Ludendorffs, dass der totale Krieg die gesamte Bevölkerung mit einbeziehe und die „seelische Geschlossenheit des Volkes“ erfordere. Vgl. Erich Ludendorff: Der totale Krieg, München ^{2}1940 (erstm. 1935), S. 11.

Alle Völker haben im Laufe des letzten Jahrhunderts die Erhaltung und Gestaltung ihres Lebens so weitgehend auf den Austausch ihrer Leistungen aufgebaut, daß große Teile der Bevölkerung und damit die politischen Zustände des ganzen Volkes untrennbar mit diesem Austausch verbunden sind. Ich will zwei Beispiele nennen: In den Vereinigten Staaten von Nordamerika ist die Erzeugung von Weizen und Baumwolle weit über die Mengen hinaus gesteigert, die das Volk der Vereinigten Staaten bei höchsten Ansprüchen jemals verbrauchen kann. Diese Überschüsse haben jahrzehntelang Absatz in der Welt gefunden bei Ländern, die dafür den Vereinigten Staaten liefern konnten, was sie selbst nicht oder nur wesentlich schlechter zu erzeugen imstande waren, insbesondere industrielle Fertigfabrikate. Die Japaner haben zunächst Seidenzucht und dann ihre Industrien soweit entwickelt, daß ein wachsender Teil einer steigenden Bevölkerung darin beschäftigt werden konnte; aber die über den eigenen Bedarf hinausgehende Erzeugung muß in anderen Ländern Tauschabsatz finden. Geht den Vereinigten Staaten oder geht Japan diese Absatzmöglichkeit verloren – und für die Vereinigten Staaten ist dies seit Jahren in beachtlichem Umfange, für die Japaner seit einiger Zeit in steigendem Umfange der Fall – dann bleibt das zuviel Erzeugte im Lande und muß entweder verderben oder, wie ich in meiner oben erwähnten Abhandlung dargelegt habe, auf den Preis soweit drücken, daß schließlich die Erzeugung sich nicht mehr lohnt. Dann aber werden die bisher mit diesen Leistungen beschäftigten Menschen arbeitslos. Dies sind, wie gesagt, nur Beispiele. Es gibt heute kaum noch einen selbständigen Staat, der das Leben seines Volkes innerhalb seiner Grenzen sicherstellen könnte. Dies gilt auch für Deutschland. Selbst die energischste und großartigste Anstrengung, die jemals in der Richtung gemacht ist, ein in die Weltwirtschaft hineingewachsenes Volk wieder auf seine eigenen Naturschätze und seine eigenen Kräfte zu beschränken, der Vierjahresplan, hat hieran nichts geändert.[4] Im Gegenteil: Gerade dieser Plan hat bewiesen, daß weder das alte Deutschland mit seinen 67 Millionen noch Großdeutschland mit seinen 75 Millionen in der Lage ist, auch nur die Nahrungsmittel zu erzeugen, die erforderlich sind, um das deutsche Volk zu sättigen und arbeitsfähig zu erhalten. Rund 20% dessen, was wir zur Ernährung bedürfen, muß eingeführt werden. Daraus aber folgt zwingend, daß die Politik des Staates sich zunächst auf die Regelung der Beziehungen mit der Umwelt abstellen muß. Denn das ist die erste Aufgabe des Staates, dem Volke das physische Leben überhaupt zu ermöglichen. Ein Staat, der diese Aufgabe nicht zu lösen vermag, wird sich über kurz oder lang revolutionären Spannungen ausgesetzt sehen. Diejenigen, die ihren Lebensunterhalt nicht mehr durch Leistung verdienen können, werden auf eine irgendwie geartete Änderung des für sie unerträglichen Zustandes hinarbeiten. Sie müssen es, denn die Natur hat in sie den Willen gelegt, das Leben zu erhalten. Damit ist nicht gesagt, daß der Staat nicht

---

4 Vgl. zu dem nationalsozialistischen Vierjahresplan Goerdelers Denkschrift zur Rohstoff-, Devisen- und Währungslage vom 17.9.1936; Dok. 3.8, oben S. 411 ff.

auch andere wichtige Aufgaben hat, z.B. die der Erziehung zur Moral, aber diese Aufgabe würde ganz vergeblich angepackt werden, wenn nicht die Grundaufgabe vorher gelöst ist.

Diese Grundaufgabe kann auch nicht mit irgendwelchen künstlichen oder Scheinmitteln gelöst werden. Es ist dem Staate ohne Gefährdung des Bestandes des Volkes nicht gestattet, „Geld" oder Kredite zu schöpfen.[5] Ich verweise auf meine mehrfach genannte Abhandlung. Und so ist Deutschland wie jeder andere Staat gezwungen, zunächst einmal die Umwelt zu betrachten und festzustellen, welche Mittel in Frage kommen, um Deutschland in den Leistungstausch der Völker einzugliedern, und unter diesen Mitteln dasjenige zu wählen, das bei geringstem Kräfteverbrauch die nachhaltigste Sicherung dieser Beziehungen gewährleistet.

Ein wenig Nachdenken genügt, um festzustellen, daß der Krieg hierzu das risikovollste und gleichzeitig kraftverzehrendste Mittel ist. Er kommt immer nur in Betracht, wenn jedes friedliche Mittel, jene Beziehungen mit der Umwelt zu regeln, versagt.

Vernunft und Erfahrung lehren, daß man auf friedliche Regelungen verzichten muß, wenn sie zu einer dauernden Verletzung der Seele des Volkes führen würden. Der Mensch und jede menschliche Gemeinschaft haben ein natürliches Gefühl für Ehre. Ich will hier den Begriff der Ehre nicht im einzelnen untersuchen. Jeder Mensch wird den Willen haben, den Ruf seiner Anständigkeit, seiner Verläßlichkeit, ja seiner Menschlichkeit nicht in Zweifel gestellt zu sehen. Jeder Mensch wird darüber hinaus den Willen betätigen, den Ruf seiner Familie, die Stellung, die er in seiner Familie genießt, gegenüber jedem unbefugten Eingriff zu schützen. Ein Mensch, der diesen Willen nicht betätigt, wird zunächst in der allgemeinen Achtung sinken, er wird fühlen, daß man ihm mit Vorbehalten begegnet, und er wird eines Tages zu seinem Schrecken erkennen, daß man in seinen Lebenskreis immer rücksichtsloser eingreift. So muß er schließlich die Freude an der Leistung, ja die Freude am Leben geschmälert, vielleicht eines Tages vernichtet sehen. Ein solcher Mensch ist aber auch ein Gegenstand der Unruhe für andere, denn wer seine eigene Ehre nicht achtet, verfällt schließlich im Kampf des Lebens auf den Versuch, den Ausgleich dadurch zu finden, daß er der Ehre der andern zunahe tritt. Dann beginnen sich die andern zu wehren, ja sie sind vielleicht genötigt, zu diesem Zweck die Hilfe der Gemeinschaft in Anspruch zu nehmen.

Was vom Menschen gilt, gilt von jeder Gemeinschaft, gilt vom Staat. In Deutschland sind diese Empfindungen besonders stark ausgeprägt. Der Freiherr vom Stein hat dem inneren Bedürfnis des deutschen Menschen, seine eigenen Angelegenheiten weitgehend selbst zu ordnen, in der großartigsten und lebendigsten Weise Rechnung getragen, und er hat damit das deutsche Volk zu einem entscheidenden Freiheits-

---

[5] Vgl. zur künstlichen Kreditschöpfung Goerdelers Denkschrift zur wirtschaftlichen Lage vom 26.10.1935; Dok. 3.6, oben S. 387 ff.

kampfe fähig gemacht.[6] Die kleinste deutsche Gemeinde hat ihre Gemeindeehre. Sie strebt nach Ansehen in der Umwelt und wacht über ihren guten Ruf. Lebendig ist daher auch das Gefühl des deutschen Menschen für seine Volksehre. Wir müssen denselben Ehrbegriff bei anderen voraussetzen; wissen wir doch auch, daß in dem Leben unserer Volksgemeinschaft die eigene Ehre dann am besten gesichert ist, wenn wir dem Ehrgefühl des andern Rechnung tragen. So nötigt uns die Vernunft, die Grenzen einer friedlichen Regelung der Beziehungen zur Umwelt in der Wahrung unserer eigenen Ehre, die Grundlage für diese Regelung in der Achtung vor der Ehre anderer Völker zu sehen. Wir können annehmen, daß die Erkenntnis anderer Völker die gleiche ist. Und so kommen als Grundlagen der friedlichen Regelung der Beziehungen zur Umwelt die Achtung vor der Ehre und als deren Voraussetzung die Achtung vor dem Freiheitsbedürfnis der Völker in Betracht.

Die Angehörigen eines Volkes wahren ihre Ehre nicht mehr ausschließlich nach den Regeln des Faustrechts. Gemeinhin wird eine Verletzung der Ehre nicht durch Selbsthilfe sofort wieder gutgemacht. Die Menschen wissen, daß Irrtümer vorliegen können, und selbst böswilligen Verletzungen begegnen sie dadurch, daß sie zunächst den Rechtsspruch des Staates anrufen. Je mehr die Beziehungen der Völker – wie oben dargelegt – ineinander verflochten sind, so sehr verflochten, daß heute 20% unseres Volkes überhaupt nur leben können, wenn diese Beziehungen aufrecht erhalten werden – und in irgend einem Umfange gilt das für alle Staaten –, je vernichtender und totaler der Krieg geführt wird, um so mehr werden die Staaten ihre im Eigenleben gewonnenen Schutzmittel und Erfahrungen auch auf die Beziehungen untereinander anwenden. Sie werden also da, wo Ehre und Freiheit verletzt erscheinen, ohne sich etwas zu vergeben, den Versuch machen, diese Verletzungen auf friedlichem Wege zu beseitigen. Als Mittel hierzu stehen zunächst Verhandlungen zur Verfügung. Führen sie nicht zum Ziel, so muß die Frage auf das ernsthafteste geprüft werden, ob man die Entscheidung mit genügendem Vertrauen einem Schiedsgericht anvertrauen kann, sei es einem solchen der beteiligten Staaten, sei es einem solchen dritter unbeteiligter, sei es einem gemischten Schiedsgericht.

Wir haben zu prüfen, ob Deutschland

1. mit friedlichen Mitteln seine Beziehungen zur Umwelt regeln kann,
2. ob es Ehre und Freiheit oder andere wichtige Interessen in jedem Falle oder nur unter gewissen Voraussetzungen einer friedlichen Schlichtung anvertrauen kann.

Was die erste Frage betrifft, so kann ich sie nach meinen im Auslande gemachten Feststellungen nur bejahen. Ich bin in unserem Vaterland immer wieder einem spontanen Mißtrauen begegnet. Das Vertrauen des Volkes in friedliche internationale Regelungen ist durch das Diktat von Versailles grausam erschüttert. Das

---

[6] Zu dem Freiherrn vom Stein und Goerdelers Beurteilung der Preußischen Reformen vgl. ausführlich seinen Artikel „Selbstverwaltung und Staat" vom Dezember 1923; Dok. 1.1.1, oben S. 18 ff. sowie seine Festrede zum 100. Todestag des Freiherrn vom Stein vom 29.6.1931; Dok. 1.1.3, oben S. 28 ff.

deutsche Volk hätte ein ehrliches Verständnis dafür besessen, daß ein politisch nun einmal verlorener Krieg nicht mit einem besonders günstigen Frieden enden kann. Aber im Verlauf des letzten Krieges waren ihm zu häufig, namentlich durch den Präsidenten der Vereinigten Staaten, Mr. Wilson, Verheißungen in der Richtung eines gerechten Friedens gemacht,[7] und gerade die Seele und die Gedanken des deutschen Volkes waren nach den furchtbaren Opfern und Leiden des letzten Krieges stark der großen Hoffnung hingegeben, daß vielleicht ein Friede der Versöhnung die Grundlage einer besseren Zukunft für alle Völker werden könnte. Das Diktat von Versailles hat nicht nur diese Hoffnungen zerstört, sondern es ist in allen Einzelheiten eine so bewußte, wenn nicht gar sadistische, Verkörperung des Schädigungs- und Zerstörungswillens, daß schon das Diktat an sich Hoffnung in Mißtrauen verwandeln mußte. Nehmen wir noch hinzu, mit welcher in Wahrheit unverständigen und kurzsichtigen Brutalität, mit welcher Nichtachtung jedes Ehr- und Freiheitsgefühls das Diktat von Versailles durchgeführt wurde, so können selbst die einer Verständigung offensten und auf eine weite Zukunft arbeitenden Deutschen jedes Verständnis dafür haben, ja selbst die fremden Völker müssen dieses Verständnis aufbringen, daß das Mißtrauen des deutschen Volkes nicht einfach weggeblasen werden kann.

Aber der Mensch denkt und Gott lenkt. Aus der Saat der Vernichtung hat er in den Herzen der Menschen fast überall in der Welt eine zarte Blüte wahrer Friedensbereitschaft entstehen lassen. Denn er hat die Natur, wie nie und nirgends, so auch in diesem Falle nicht verspotten lassen. War das Leben der Völker im letzten Jahrhundert mehr und mehr ineinander verflochten, so mußten die furchtbaren Störungen in einem Teil dieser größeren Gemeinschaft, im deutschen Volke, schwere Rückwirkungen auch bei den Zerstörern hervorrufen. Sie sind da. Seit dem Jahre 1930 unterliegt es keinem Zweifel mehr, daß die Welt und alle ihre Glieder wesentlich glücklicher sein würden, wenn der letzte Krieg durch einen wirklichen, dem Aufbau einer besseren Zukunft zugewendeten Frieden der Verständigung beendet worden wäre. Alle Völker leiden darunter, daß der Austausch ihrer Leistungen untereinander durch die Schwächung des deutschen Volkes, verbunden mit den Schwächungen, die sie selbst im Kriege erfahren haben, und durch Mißtrauen gestört, teilweise unterbunden ist. Da sie sich nicht rechtzeitig entschließen konnten, die Ursachen dieser Störungen zu beseitigen, so haben sie im steigenden Maße zur Selbsthilfe gegriffen. Sie haben die organische Entwicklung der natürlichen Verteilung der Kräfte immer jäher unterbrochen. Die einzelnen

[7] Goerdeler spielt hier an auf die Kongressbotschaft Wilsons vom 8.1.1918, in der er „14 Punkte für einen gerechten Weltfrieden“ aufgelistet hatte; abgedruckt in: Schultheß 1918/II, S. 556-562. Der 1 ½ Jahre später unterzeichnete Versailler Vertrag wich in den meisten Bestimmungen von den Vierzehn Punkten ab. Vgl. ausführlich zu Wilson und der deutschen Kritik an ihn Hans-Jürgen Schröder: Demokratie und Hegemonie. Woodrow Wilsons Konzept einer Neuen Weltordnung, in: Michalka, Der Erste Weltkrieg, S. 159-177.

Völker sind nicht mehr, wie es die Natur gebietet, darauf aus, aus den ihnen von Gott anvertrauten Kräften der Natur, mit den in sie von Gott gelegten Kräften das Beste zu machen und gegen das Beste der anderen Völker auszutauschen, sondern sie haben sich gezwungen oder veranlaßt gesehen, ihr Leben in allen Einzelheiten möglichst auf die eigenen Kräfte und auf die Kräfte der Natur abzustellen, die sie in ihrem Raum beherrschen. Damit haben sie sich selbst zu Leistungen gezwungen, die nicht mehr aus dem Besten das Beste machen, sondern auch aus dem Unzureichenden noch etwas Verwertbares. Aber das Ergebnis muß nach mathematischen Gesetzen immer ein Weniger an Menge oder Qualität der verfügbaren Lebensgüter werden. Und so sehen wir überall den Lebensstand der Völker sinken, sehen Arbeitslosigkeit und Unbefriedigtheit. Nehmen wir noch hinzu, daß in einem solchen Zustand falsche Propheten immer leichter offene Ohren finden, die den einzelnen Völkern vorreden, daß es ein einfach anzuwendendes Zaubermittel gäbe, um der Schwierigkeiten Herr zu werden, so sehen wir, da diese Natur kein Zaubermittel zur Verfügung stellt, die ganze Größe der Gefahr. Ich habe feststellen können, daß alle verantwortlichen Staatsmänner der Völker diese Gefahren klar erkennen. Es gibt heute keine nennenswerte Meinungsverschiedenheit darüber, daß es gilt, auf den allein dauerhaften und tragfähigen Grundlagen der Ehre, Freiheit und Ordnung den Tausch der besten Leistungen wieder in Gang zu bringen. Dazu kommt, daß im Lebensstand sinkende, teilweise verzweifelnde Völker – und die Verzweiflung wird überall eintreten, wenn auch die letzten Zauberkunststücke sich in ihrer Erfolglosigkeit erwiesen haben werden – den Menschen schließlich die Waffe des Krieges geradezu in die Hand zwingen. Jeder Mensch aber weiß heute, daß der Krieg große Opfer an Blut verlangt, er weiß, daß er Frauen und Kinder nicht schont, und alle verantwortlich Denkenden wissen z.B., daß der Verlust an materiellen Gütern so groß ist, daß selbst der siegreichste Krieg mit seinen möglichen Folgewirkungen wesentlich teurer ist als der teuerste Frieden. Ich kann in der Geschichte keinen Zeitraum feststellen, in dem diese allgemeine Erkenntnis so klar zutage getreten ist wie seit einigen Jahren in unserem Zeitalter. Diese allgemeine Stimmung, die ich mit Friedenssehnsucht und Furcht vor dem Kriege bezeichnen möchte, ist die Grundlage, auf der auch Deutschland seine Beziehungen zur Außenwelt mit friedlichen Mitteln so regeln kann, daß seinem Ehrgefühl, seinem Freiheitsbedürfnis und seinen Ansprüchen an allen Lebensrechten Rechnung getragen wird.

Es liegt auf der Hand, daß es sich darum handelt, ob unsere Hauptgegner im letzten Kriege, England und Frankreich, zu einer solchen Verständigung bereit sind. Ich habe dies rückhaltlos zu bejahen. England sieht die Interessen seines Empires an zwei entscheidenden Punkten gefährdet, einmal im Mittelmeer, sodann in Ostasien.[8] Es kann beide Bedrohungen auf die Dauer nicht ertragen, ohne sein

[8] Vgl. zu britischen Interessen in Ostasien und im Mittelmeerraum S. 605 f., Anmerkungen 24 f.

Prestige und damit den Bestand seines Empires gefährdet zu sehen. Dieses Empire wird durch drei Bindungen zusammengehalten. Die erste Bindung ist das wirtschaftliche Selbstinteresse aller Glieder des Empires. Durch das Ottawa-Abkommen[9] von 1932 sind die wirtschaftlichen Beziehungen des Mutterlandes und der Empireteile sehr naturhaft aufeinander abgestimmt. England nimmt die agrarischen und sonstigen Rohstoffe der Empireteile zu Vorzugszöllen auf und bezahlt sie mit Industrieerzeugnissen und mit Kapitalerträgnissen. Diese Industrieerzeugnisse genießen wieder eine Vorzugseinfuhr in den Empireteilen. So ist das englische Empire heute die relativ beste und gesundeste Wirtschaftseinheit, da ja das Empire Länder aller Breitengrade umfaßt und daher alle überhaupt bekannten Naturstoffe und die verschiedenartigsten menschlichen Begabungen in einen natürlichen Tauschverkehr setzt.

Die zweite Bindung ist der angelsächsische Geist. Der Angelsachse hat, ausgehend von seiner eigenen Geschichte und von dem in ihr so lebendigen Gedanken der Selbstverwaltung, Verfassungs- und Lebensformen entwickelt, die eine ungeheure Anziehungskraft besitzen. Das Mutterland hat weise die Empireteile je nach ihrer Entwicklung zu immer größerer Selbständigkeit sich entfalten lassen. In diesem Geist spielen die persönliche Freiheit, die Freiheit des Geisteslebens eine ebenso starke Rolle wie die Verwirklichung der Idee, daß die Regierung der Kontrolle des Volkes unterworfen ist. Dieser Geist ist zu einem Ideal im britischen Empire geworden. Er wird um so stärker zu Entfaltung gezwungen, je stärker er von außen her angegriffen erscheint. Die deutsche Politik hat gerade auf diesem Gebiet schon vor dem Kriege, in Sonderheit aber in den letzten Jahren, Außerordentliches geleistet, um diesen Geist zu stärken. Es ist von Deutschland her nicht nur versucht, Einfluß auf das Denken und Fühlen der anderen Welt zu gewinnen, es ist auch durch die Art der gewählten Mittel und der angewandten Propaganda eine wachsende Verstimmung erzeugt. Man kann nicht gleichzeitig behaupten, daß man sich um die inneren Verhältnisse eines anderen Landes nicht kümmert und gleichzeitig in diesen anderen Staaten ganze Organisationen unterhalten, die nicht nur die in jenen anderen Ländern lebenden Deutschen zu beeinflussen und zu überwachen trachten, sondern durch dieses gewünschte Verhalten der dort lebenden Deutschen und Deutschstämmigen auch Einfluß auf die Handlungen der anderen Regierungen, auf das Denken und Fühlen der anderen Völker zu nehmen beabsichtigt.[10] Aber selbst wenn Deutschland hierauf verzichten würde, damit allein ist es nicht getan. Wenn wir das Leben im Innern Deutschlands auf einer anderen Völkern absolut unverständliche Ideologie aufbauen wollen, so müssen wir damit rechnen, daß wir den andern immer fremder werden. Sind wir aber wie jeder andere Staat und – wie oben nachgewiesen – genötigt, unsere Beziehungen zur Umwelt irgend-

9 Vgl. zu dem Präferenzsystem von Ottawa Dokument S. 360, Anmerkung 29.

10 Vgl. hierzu z.B. die nationalsozialistischen Aktivitäten in den USA; S. 579, Anmerkung 47.

wie verständig in unserem eigenen Interesse zu regeln, so können wir uns auch im Innern nicht so verhalten als ob diese Beziehungen uns vollkommen gleichgültig wären. Es ist für die Bewertung, die der Einzelmensch in einer Gemeinschaft genießt, nicht gleichgültig, wie er sich beispielsweise in seinem Familien- oder in seinem Geschäftsleben verhält. An sich könnte man meinen, daß das zum mindesten für seinen Kegelklub gänzlich bedeutungslos sein könnte. Aber es ist nicht so. Von dem Sonderling oder von dem sein Familienleben auf eine bizarre Grundlage stellenden Menschen werden sich auch seine Kegelbrüder abwenden. Mit diesem humoristischen Beispiel will ich nur bekräftigen, daß ein Staat, dem die Erhaltung seines Volkes am Herzen liegt, und dessen erste Aufgabe die Erhaltung der materiellen Lebensgrundlagen ist, nicht nur nicht an den Beziehungen zur Umwelt vorbeigehen kann, sondern seine Innenpolitik auf die außenpolitischen Notwendigkeiten abstellen muß. Ein Volk, das an dem Leben der andern Völker irgendwie teilhaben will, muß, wenn es nicht in die Stellung eines Diktators gelangen kann, oder wenn es nicht in die Stellung eines Satrapen verfallen will, sein Leben auf gewisse allgemein anerkannte und für das Zusammenleben unentbehrliche Grundsätze abstellen. Ich komme darauf zurück. Die hier behandelte Bindung innerhalb des englischen Empires wird also schon durch unsere Innenpolitik dann sehr wesentlich gestärkt, wenn diese unsere Innenpolitik das Empire in eine seelische Verteidigungsstellung zwingt, sie wird sehr wesentlich gelockert, wenn dies nicht der Fall ist, wenn wir also jedem Mitglied des englischen Empires genau so vertraut erscheinen wie England selbst, und dies ist möglich.

Die dritte Bindung ist das englische Prestige, darin bestehend, daß England seit 150 Jahren, seit den furchtbaren des amerikanischen Unabhängigkeitskrieges immer, wenn auch spät, so doch rechtzeitig zur Stelle war, um die Lebensinteressen des Empires zu verteidigen.

Das englische Volk und die englische Regierung sind sich dieser Bindungen heute klarer bewußt denn je. Deshalb wissen sie auch, daß sie keine dieser Bindungen verfallen lassen dürfen, wenn sie den Wunsch haben, das Empire zusammenzuhalten. Das englische Prestige zwingt also die Engländer, in irgend einer noch für politische Voraussicht absehbaren Zeit den Bedrohungen der englischen Stellung und der englischen Beziehungen im Mittelmeer und in Ostasien ein Ende zu bereiten. Nun können die Engländer nicht nach Ostasien marschieren ohne vorher die Bedrohung im Mittelmeer beseitigt zu haben. Würde England heute wesentliche Teile seiner Macht nach Ostasien verlegen, so würde Europa morgen in Brand stehen, zumal heute diese englische Stellung nicht mehr von Spanien und von dem italienischen Nordafrika her bedroht erscheint, sondern auch vom Südosten Europas her in Richtung auf den nahen Orient. Diese Bedrohung führt durch die Tschechoslowakei. Da ein solcher europäischer Brand aber für ein in Ostasien festgehaltenes England lebensgefährlich werden kann, muß jeder englische Staatsmann, welcher Partei er auch angehören mag, ja müßte selbst ein nach den Grundsätzen der Diktatur und der Totalität geführtes England zunächst die europäische

Beruhigung herbeiführen. Hierzu steht ihm keine ungemessene Zeit zur Verfügung. In Ostasien wird der Japaner trotz eigener finanzieller und wirtschaftlicher Erschöpfung, trotz heroischen Widerstandes Chinas die Besetzung der chinesischen Küstenprovinzen durchführen. Die Entbehrungsfähigkeit des japanischen Volkes ist groß, die moralische Überlegenheit Japans über die chinesischen Streitkräfte zurzeit außer allem Zweifel. Es mag dahingestellt bleiben, ob im Verlauf eines längeren Zeitraums das chinesische Volk kraft seiner unzerstörbaren und in Jahrtausenden bewiesenen Kultur und Tradition nicht den japanischen Eindringling auffrißt, wir haben uns an die für unsere Entscheidungen zur Verfügung stehenden Zeiträume zu halten, und da ist auf beschränktem Raume der japanische Sieg gewiß. Das Ziel Japans aber ist klar. Es wird in den besetzten Küstenprovinzen Chinas eine ihm genehme Regierung einsetzen, es wird mit dieser einen Wirtschaftsvertrag abschließen und den japanischen Industrieerzeugnissen eine dem Monopol gleichkommende Vorzugsstellung in diesem chinesischen Gebiet verschaffen und es wird die Chinesen nach dem Muster der deutschen Handelsverträge zwingen, dafür an Japan die von diesem begehrtesten Rohstoffe zu liefern. Für die wirtschaftliche Betätigung der europäischen Völker in Ostasien ist dann kein oder nur noch ein ganz beschränkter Raum, die englische Stellung in Hongkong wird dadurch zerniert, vielleicht greift der Japaner auch diese Stellung an. Er wird auch den Versuch machen, das in das japanische Interessengebiet eingreifende russische Einflußgebiet in und um Wladiwostok bei dieser Gelegenheit zu nehmen.[11] Auf jeden Fall würde das englische Prestige in Ostasien damit erledigt werden. Diese Einsicht aber würde zunächst Australien und Neuseeland zu der Erkenntnis zwingen, daß auch sie im Ernstfalle von England nicht geschützt sind und daher den Versuch machen müssen, sich auf eigene Faust mit Japan zu verständigen. Es würde allerdings auf die Dauer die Verständigung der Maus mit dem Löwen sein. Einem solchen Vorgang würden weiterreichende Vorgänge im britischen Empire folgen. Als ich in Nordamerika war,[12] habe ich dort verschiedene starke Spannungen festgestellt. Der französische Ostteil Kanadas entwickelt sich bevölkerungsmäßig, wirtschaftlich und kulturell schneller als der mittlere und westlichere Teil. Engländer und Franzosen verschmelzen sich nicht. Der Franzose hat sein Volkstum seit 400 Jahren dort erhalten. Es besteht eine große Spannung zwischen der Zentralregierung dieses ungeheuren Landes und den großräumigen 11 Provinzen mit ihren eigenen Regierungen und Parlamenten. Man hat vor einigen Monaten im kanadischen Parlament den Antrag beraten, anstelle des Union Jack eine eigene kanadische Flagge zu schaffen. Vor wenigen Wochen hat der Ministerpräsident im kanadischen Parlament sich mit der Frage auseinandersetzen müssen, ob Kanada der englischen Außenpolitik folgen, d.h. im Kriegsfalle mit England zusammengehen müsse. Seine Antwort war sehr vorsichtig und auf das Selbständig-

[11] Zu den japanischen Kriegszielen in Ostasien vgl. S. 618, Anmerkung 5.

[12] Vgl. Goerdelers Reisebericht aus den USA vom 2.1.1938; Dok. 4.2.3, oben S. 547 ff.

keitsbedürfnis Kanadas abgestimmt. Die Kanadier können es nicht vergessen, daß sie im Kriege eine halbe Million Männer nach Europa schicken mußten, und daß mehr als 75.000 Kanadier im Kriege geblieben sind.

In Südafrika sind die Spannungen zwischen englischem und burischem weißen Element bekannt. In den letzten Wochen ist eine große Erregung durch die Tatsache ausgelöst, daß anläßlich einer Parade nicht die englische Königshymne, sondern die altburische Hymne gespielt wurde. Es kam zu einer Kabinettskrise. Der Ausweg ist in der Entscheidung gefunden, daß in Zukunft beide Hymnen gespielt werden. Dazu kommt, daß Australien und Südafrika ebenso wie Kanada und Neuseeland in immer stärkerem Maße das Bedürfnis empfinden, ihre Rohstoffe und landwirtschaftlichen Erzeugnisse auch außerhalb des englischen Empires abzusetzen. Das gilt für kanadischen Weizen, kanadische Bergwerkserzeugnisse, kanadische Butter und Käse, das gilt für neuseeländische Meiereiprodukte, das gilt für australische Wolle, das gilt für südafrikanische Wolle, Kupfer und Gold. Mit anderen Worten: Das Ottawa-Abkommen hält noch, aber es erweist sich mehr und mehr als zu eng. Noch tritt man auf der Stelle, aber die fortschreitende Entwicklung der deutsch-südafrikanischen Beziehungen reden eine ebenso beredte Sprache wie das Erscheinen einer australischen Delegation in Deutschland, die den Versuch machen soll, deutsch-australische Beziehungen enger zu knüpfen.[13]

Dies alles sieht und weiß England auf das genaueste, und deswegen weiß es, daß jetzt der Zusammenhalt seines Empires entscheidend auf dem Spiele steht. Es wird handeln. Es bereitet sich auf jede Möglichkeit, d.h. sowohl auf die kriegerische wie auf die friedliche vor. Es muß nach Ostasien; es muß dort in gemessener Zeit erscheinen, und es muß *vorher* Europa beruhigt sehen.

Nach dem, was ich oben über Grundstimmung der Völker und über Grunderkenntnisse ihrer Staatsmänner gesagt habe, ist es selbstverständlich, daß England die Ordnung Europas zunächst auf friedlichem Wege erstrebt. Zu diesem Zweck hat es vor drei Jahren durch die damaligen Minister Eden und Simon in Berlin Fühlung genommen. Zu diesem Zwecke hat in Übereinstimmung mit England Frankreich im Dezember 1936 und wiederholt im Mai/Juni 1937 die Anfrage an Deutschland gerichtet, ob es zu einem Frieden auf folgender Grundlage bereit sei:

a) Deutschland solle Kolonien erhalten.

b) Man sei bereit, über eine Beseitigung der europäischen Beschwernisse Deutschlands zu sprechen.

c) Man wolle Deutschland einen rückzahlbaren aber unverzinslichen Betrag von 3 bis 4 Goldmilliarden geben, damit seine Währung wieder im Welthandel verwendungsfähig würde.

---

[13] Vgl. zu der Bedeutung Deutschlands als Importeur südafrikanischer, kanadischer und australischer Produkte Wendt, Economic Appeasement, S. 386-397. Trotz des Fortbestehens des Präferenzsystems von Ottawa konnte die britische Vorzugsstellung durch Geschäfte auf privater Ebene unterlaufen werden.

d) Man sei bereit, für einen noch zu vereinbarenden Zeitraum einen deutschen Mindestexport zu garantieren, um Deutschland das Wiederhineinwachsen in die Welthandelsbeziehungen zu ermöglichen.[14]

Auf dieses Angebot ist eine Antwort nicht ergangen. Offenbar erstrebt die deutsche Außenpolitik freies Handeln in Europa, zum mindesten Südosteuropa, und glaubt dies schließlich dadurch erreichen zu können, daß England in vielfachen Verlegenheiten sich schließlich mit der von Deutschland grundsätzlich bereits zugestandenen Weltseeherrschaft abfindet.

Ich halte dieses Ziel für eine Utopie. Es hätte zur Voraussetzung, daß England abseits der europäischen Interessen Frankreichs selbständig handelt. Hierzu aber ist England nicht in der Lage, weil es über seine Interessen im Mittelmeer mit Frankreich in einer zurzeit untrennbaren Vernunftehe verheiratet ist. Die Voraussetzungen für diese Vernunftehe fallen erst, wenn die Bedrohung Englands und Frankreichs im Mittelmeer aufhört. Frankreich hat im Norden Afrikas ein beachtliches Kolonialreich entwickelt. Es empfindet die ungestörte Verbindung mit diesem Kolonialreich als Lebensnotwendigkeit. Es sieht diese Verbindung ebenfalls durch Italien und seine Betätigung in Spanien bedroht. So sind England und Frankreich zurzeit durch den besten Kitt, nämlich den gemeinsamer Lebensinteressen verbunden. Hat aber Frankreich in Südosteuropa Interessen, so muß auch England auf diese Interessen Rücksicht nehmen. Frankreich hat mit der Tschechoslowakei einen Bündnisvertrag. Er erscheint gewiß heute manchem Franzosen als bedenklich, aber er ist da, und jeder Franzose fühlt die Ehre Frankreichs für die Innehaltung dieses Vertrages verhaftet. So wird Frankreich, wenn der Bündnisfall mit der Tschechoslowakei eintritt, d.h. im Falle eines Angriffs auf die Tschechoslowakei, seine Bündnispflicht unter allen Umständen erfüllen. England muß dann Frankreich vom ersten Tage an beitreten, weil ein geschwächtes Frankreich eine geschwächte Stellung Englands im Mittelmeer bedeutet. Aber England und Frankreich haben im Südosten Europas auch seit mehr als einem Jahrhundert ein ferneres gemeinsames Interesse. Südosteuropa ist der Schlüssel zu den Meerengen bei Konstantinopel. Von Südosteuropa kann die Stellung beider Großmächte im nahen Orient und im Mittelmeer ebenfalls bedroht werden, und so nähert sich ein nach Südosten vordringendes Deutschland immer mehr der Linie, auf der gleichlautende aber nicht mehr auf Bündnissen beruhende Lebensinteressen Englands und Frankreichs stehen.[15]

---

[14] Vgl. zu den innerbritischen Diskussionen über Zugeständnisse an Deutschland ebd., S. 325-352. Der Abbruch der Verhandlungen im Juni 1937 – Schacht war zu dieser Zeit in Frankreich, Neurath in Großbritannien – durch die deutsche Regierung wird von Thomas darauf zurückgeführt, dass das NS-Regime zunächst den Ausgang der Regierungskrise in Frankreich abwarten wollte. Vgl. dazu und zu den britischen Verhandlungsangeboten Thomas, Britain, France & Appeasement, S. 115-145.

[15] Vgl. zu der britischen und französischen Interessenlage in Südosteuropa S. 546, Anmerkung 13.

England hätte noch zu Beginn dieses Jahres für eine Verständigung mit Deutschland zusammen mit Frankreich einen hohen Preis gezahlt,[16] denn dieser Preis wäre immer wesentlich billiger als der beste Erfolg des siegreichsten Krieges zu stehen kommt. England hätte diesen Preis seinerseits erheblich gesteigert, wenn es Deutschland als Bundesgenossen gegen Italien hätte gewinnen können. Dann hätte England sofort das Schwergewicht seiner Macht nach Ostasien verschieben können. Ein Deutschland, das bereit ist, die Spitze seines Degens gegen Italien zu richten, erhält auch heute noch von England die erwähnten Goldmilliarden geschenkt. Aber natürlich kann eine solche Lösung nur dann in Betracht kommen, wenn Deutschland, wie es notwendig ist, der Außenpolitik den Vorrang vor der Innenpolitik gibt und nicht aus einer staatspolitischen Ideologie heraus glaubt, mit Italien oder gar mit Japan gehen zu müssen.

Diese für Deutschland überaus günstige Lage ist nicht ausgenutzt, weil man anderen Zielen, die, wie erwähnt, utopisch sind, es sei denn, daß man sie mit Gewalt durchsetzen kann, nachstrebt. Diese Gewalt steht nicht zur Verfügung. Wir müssen uns darüber klar sein, daß die militärische, wirtschaftliche und finanzielle, d.h. die totale Kriegskraft Deutschlands nicht ausreicht, um einen Krieg gegen Frankreich und England zu gewinnen, selbst wenn Italien an unserer Seite ficht.

England hat im April d.J. mit Italien abgeschlossen.[17]

Dies ist auffallend, weil es zweifellos 1936 und 1937 Italien ganz kühl behandelt und versucht hat, mit uns abzuschließen. Ich habe mich auch hierüber im Auslande unterrichten können. Die kühle Haltung Englands gegen Italien hängt zusammen mit der Eroberung Abessiniens durch Italien.[18] England fühlte sich in seinem seit 1919 auf den Völkerbund und nicht auf eigene Kraft gegründeten Prestige durch das italienische Vorgehen verletzt. Dazu trat das Gefühl, daß man es selbst an der nötigen Voraussicht hatte fehlen lassen und beim Völkerbund eine Politik in Angriff genommen hatte, zu deren Durchsetzung man nicht stark genug war. Eine solche Schlappe verwindet ein Volk um so weniger, je mehr es sich selbst grober Unterlassungssünden zeihen muß. Ich konnte aber auch sowohl in England wie in Frankreich und den Vereinigten Staaten eine ungewöhnliche Mißachtung

---

16 Im Gefolge von Sondierungsgesprächen des Lordpräsidenten Lord Halifax hatte Großbritannien im Januar 1938 eine erneute Entspannungsoffensive eingeleitet; die britisch-deutschen Verhandlungen, die sich auf verschiedenen Ebenen während des Winters 1937/38 hinzogen, wurden durch den Einmarsch deutscher Truppen in Österreich im März 1938 unterbrochen. Vgl. ausführlich zu den Verhandlungen Wendt, Economic Appeasement, S. 439-460.

17 Vgl. zu dem britisch-italienischen Osterabkommen S. 605, Anmerkung 24.

18 Mit dem Überfall auf Abessinien im Oktober 1935 hatte Italien durch den Völkerbund garantierte Grenzen verletzt. Der italienische Sieg und die Besetzung Abessiniens im Sommer 1936 sowie das zunehmende italienische Engagement im spanischen Bürgerkrieg waren deutliche Zeichen der Handlungsunfähigkeit des Völkerbunds. Vgl. zum Kriegsverlauf in Abessinien die Kriegschronik in Schultheß 1936, S. 504 ff. sowie zu den britisch-italienischen Verhandlungen S. 537, Anmerkung 17; S. 605, Anmerkung 24.

gegenüber Italien feststellen. Italien hat durch sein Verhalten gegenüber Deutschland im Weltkrieg so an Achtung eingebüßt, daß dieser Verlust heute noch wirksam ist und daher auch politisch ausgewertet werden muß. Mussolini erfreute sich überall in den genannten Ländern voller Ablehnung, während man auf Hitler große Hoffnungen setzte. Insbesondere die Engländer waren durchaus geneigt, in ihm einen Schützer vor dem Bolschewismus zu sehen. Daß der Hauptschutz gegen den Bolschewismus die Beseitigung der Arbeitslosigkeit ist, und daß diese in Deutschland nur herbeigeführt wurde durch Einwurf öffentlicher Mittel, die ihrerseits durch unbeschränktes Schuldenmachen gewonnen sind, und daß diese Arbeitslosigkeit wieder eintritt, sobald die Entwicklung der öffentlichen Finanzen und der Währung zum Stoppen zwingt, war noch im Vorjahre draußen selbst urteilsfähigen Menschen im wesentlichen vollkommen unklar. Ich führe diese erstaunliche Unklarheit darauf zurück, daß man es nicht für möglich gehalten hat, daß ein Mann wie der Reichsbankpräsident Dr. Schacht diese auf den Bankrott lossteuernde Finanzpolitik inauguriert hat, hoffend, daß es ihm gelingen würde, rechtzeitig die Aufnahme neuer Schulden abstoppen zu können.[19] In den Vereinigten Staaten von Nordamerika fühlte man sich außerdem in der Kritik gerade in diesem Punkt behindert, weil man ja selbst in den gleichen Fehler verfallen war, die Arbeitslosigkeit durch öffentliche Aufträge zu beseitigen und diese mit Schulden zu finanzieren.[20] Kurz und gut: Das Prestige Hitlers war groß, das Mussolinis nicht vorhanden, zumal inzwischen durch seine Unternehmung in Spanien den Engländern und Franzosen klar geworden war, daß seine Politik ihre beider Stellung im Mittelmeer mehr und mehr bedrohte. Dieses Gefühl wurde dauernd wachgehalten durch die wachsende italienische Propaganda, die im nahen Orient und in Arabien in immer offenerer Weise Stimmung gegen England machte und ihren Höhepunkt fand in der Erklärung Mussolinis, daß er sich zum Schutzherrn aller Mohammedaner bekenne.[21]

So waren in den Jahren 1936, vornehmlich aber 1937, im Hinblick auf diese Zuspitzung der Beziehungen zwischen Italien einerseits und England und Frankreich andererseits alle greifbaren Möglichkeiten für Deutschland gegeben, sich mit England und Frankreich zu verständigen und das italienische Verhalten im Weltkrieg zu quittieren. Es war geboten, diese Situation auszunutzen, denn bei einer Verständigung mit England und Frankreich war die entscheidende Möglichkeit gegeben, sowohl das deutsche Tirol als auch den polnischen Korridor wiederzu-

[19] Schacht galt insbesondere in britischen Finanzkreisen als Garant für eine traditionelle Wirtschafts- und Finanzpolitik; vgl. dazu Wendt, Economic Appeasement, S. 454 f.

[20] Vgl. zu den Arbeitsbeschaffungsmaßnahmen in den USA S. 569, Anmerkungen 33 f.

[21] Die Libyenreise Mussolinis im März 1937 wurde von Italo Balbo, dem italienischen Generalgouverneur Libyens, mit dem Aufruf eingeleitet: „Der Duce ist der Schutzherr des Islams und als solcher begeistert er die muselmanischen Stämme. Preist laut seinen Namen und ruft von Gott Erleuchtung und Ruhm auf seinen Weg!“ Vgl. Schultheß 1937, S. 512.

gewinnen. An diesen Zielen muß festgehalten werden; sie sind wesentliche politische Ziele für Deutschlands Zukunft, die Beseitigung des polnischen Korridors ist ein entscheidendes Ziel. Die Zerteilung Deutschlands und die Umfassung Ostpreußens durch Polen und Litauer ist eine ständige Bedrohung unserer Sicherheit und wird sich als eine furchtbare Lähmung unserer Handlungsfreiheit erweisen. Denn niemals wird Polen auf der deutschen Seite Politik machen. Man darf sich insbesondere durch das deutsch-polnische Freundschaftsverhältnis in der absoluten Unabänderlichkeit dieses Tatbestandes nicht beirren lassen. Seit mehr als 6 Jahrhunderten ringen Deutsche mit Polen.[22] Man kann viele gute Eigenschaften der Polen aufzählen, aber einer entbehren sie, nämlich der Zuverlässigkeit. Aus dieser Gegensätzlichkeit ihres Wesens und aus der Verschiedenartigkeit der politischen Interessen sind Jahrhunderte währende und bisher nie beendete Spannungen entstanden. Ich habe sie in meiner westpreußischen Heimat von Kindheit an kennengelernt. Ich habe im Kriege als deutscher Verbindungsoffizier bei dem polnischen Korps des Generals beobachten können, mit welcher Zähigkeit die Polen selbst unter den für sie widrigsten Verhältnissen an der Idee festhielten, Westpreußen, Ostpreußen und Posen gehörten ihnen, und dies selbst in Monaten, in denen dieses Korps von deutschen Truppen umschlossen war und die deutschen Offensiven im Gange waren. Diese nationale Entschiedenheit habe ich stets bewundert; aber ebenso muß ich die vollkommene Unzuverlässigkeit gegenüber dem gegebenen Wort feststellen. Deswegen darf die deutsche Politik niemals den Fehler machen, mit den Polen sich auf mehr einzustellen als auf ein korrektes Verhältnis. Der letzte große Versuch der Verständigung mit ihnen im Jahre 1916, eingeleitet durch Ludendorff, ist vollkommen fehlgeschlagen. Selbst die Lockung mit der Wiederherstellung eines selbständigen Polen hat die Polen zu nicht mehr veranlaßt als zu billigen Versprechungen, Truppen zu stellen, Versprechungen, von denen sie auch nicht eine gehalten haben.[23] Diese Erfahrungen der Geschichte müssen aber bewertet werden, wenn nicht die deutsche Politik auf den Sand der Willkür und der jeweils nach der Lage geänderten Einstellung gebaut werden soll. Dieses Hin und Her der deutschen Politik ist ja im Gegensatz zu der Klarheit der englischen Politik ihre Schwäche. Die englische Politik wechselt dauernd in den Mitteln, aber nicht im Ziel; die deutsche verbeißt sich auf ein bestimmtes Mittel und wechselt die Ziele. Die englische Politik hat Erfolg, die deutsche nicht, und das ist logisch, denn der Kampf des Lebens gebietet ebenso wie die technische Entwicklung, die Mittel zu wechseln. Dagegen muß das Ziel für jeden, der sicheren Erfolg vor sich bringen will, unverrückbar feststehen.

---

22 Vgl. zu den deutsch-polnischen Beziehungen S. 365, Anmerkung 39.

23 Goerdeler referiert hier die zeitgenössisch übliche deutsche Darstellung des polnischen Verhaltens während des ersten Weltkriegs; vgl. exemplarisch die Darstellung von Erich Ludendorff: Meine Kriegserinnerungen 1914–1918, Berlin [4]1919, S. 313-318. Dagegen ausführlich Fritz Fischer: Griff nach der Weltmacht. Die Kriegszielpolitik des kaiserlichen Deutschland 1914/18, Düsseldorf 1984 (Nachdr. d. Sonderausg. 1967), S. 230 ff.

Der neue Freundschaftsvertrag mit Polen, im Jahre 1934 geschlossen,[24] muß sich daher als ein vollkommener Fehlschlag erweisen. Ich habe damals schon den Reichsaußenminister, Freiherrn von Neurath, gewarnt, weil ich die östlichen Verhältnisse, auch durch meine Tätigkeit in den Jahren 1920 bis 1930 als Bürgermeister der Stadt Königsberg, genau kenne. Ich habe darauf hingewiesen, daß die Polen diesen Vertrag nur benutzen würden, um die Entdeutschungspolitik in den ehemals deutschen Gebieten mit höchster Brutalität und Schnelligkeit fortzusetzen. Sie konnten sich mit absoluter Sicherheit darauf verlassen, daß wir uns durch den Freundschaftsvertrag selbst die Hände gebunden hatten, gegen sie auch nur bescheidene propagandistische oder diplomatische Mittel spielen zu lassen. Denn wir waren ja genötigt, nach außen immer den Eindruck zu erwecken, als ob es sich um einen echten Freundschaftsvertrag handele, der sehr gut funktioniere. Dieser Vertrag sollte uns ja die Möglichkeit geben, die Aufrüstung ohne einen Einspruch von Seiten Frankreichs vor sich gehen zu lassen. Das war ein Ziel, aber der Preis für die Erreichung dieses Zieles ist zu hoch. Er besteht in der teilweisen Aufgabe dessen, was durch die Aufrüstung wiedergewonnen werden sollte, nämlich des verloren gegangenen deutschen Gebiets. Auch hier lag ein großer *Irrtum* vor. Es war vorauszusehen, daß Polen sich im Ernstfall niemals für Deutschland gegen Frankreich entscheiden würde, denn es hat ja mit Frankreich ein echtes Bündnisverhältnis. Außerdem weisen Polen seine primitivsten Lebensinteressen darauf hin, in einem solchen Falle stets mit dem Gegner Deutschlands zu gehen. Es kann doch nicht erst Deutschland durch wohlwollende Neutralität oder gar Unterstützung stark werden lassen, selbst aus der Jahrhunderte alten Geschichte die Erfahrung ableitend, daß eines Tages dann doch wieder ein Konflikt mit Deutschland sicher ist, und daß Polen einem im Westen nicht mehr bedrohten Deutschland gegenüber von vornherein unterlegen ist. So ist es ganz selbstverständlich, daß ein selbständiges Polen stets Anschluß an Frankreich suchen und halten muß. Der Freundschaftsvertrag war daher von vornherein wirkungslos. Sofern er beschränkte Auswirkungen gehabt hat, wären diese auch ohne einen Freundschaftsvertrag eingetreten. Das Geld, das für die deutsche Propaganda in Polen ausgegeben ist, brauchte deswegen nicht einmal vermehrt zu werden.

Der einzige Fall, in dem das polnische Interesse bei Deutschland stehen könnte, wäre ein Krieg zwischen Rußland und Deutschland. Er ist aber mangels einer gemeinsamen Grenze zwischen Deutschland und Rußland höchst unwahrscheinlich und zwingt Polen naturgemäß zu stärkster bewaffneter Neutralität. Es ist eine gefährliche Ideologie, anzunehmen, daß Polen, um den Bolschewismus zu bekämpfen, in einem solchen Falle mit Deutschland kämpfen würde. Polen steht nun einmal zwischen den beiden Feuern und kann darum nur eine Politik in der deutsch-russischen Frage betreiben, nämlich das trennende Wasser zwischen den beiden

[24] Zu dem deutsch-polnischen Freundschaftsvertrag vom 26.1.1934 vgl. S. 363, Anmerkung 34.

Feuern zu bilden. Selbst wenn im Falle eines deutsch-tschechoslowakischen, d.h. deutsch-englisch-französischen Krieges, Rußland sich verpflichtet fühlen sollte, die Tschechoslowakei zu unterstützen, wird Polen sein Verhalten nicht ändern. Es wird verhindern, daß der Krieg von irgend einer Seite auf sein Gebiet übergreift, und es wird sich im letzten Moment durch Herausgehen aus seiner bewaffneten Neutralität einen Kaufpreis sichern. Führt Deutschland einen unglücklichen Krieg, so sind Ostpreußen und das deutsche Gebiet östlich der Oder verloren. Hierüber ist ein Zweifel gar nicht gestattet. Der Pole muß und wird aus entscheidendem Lebensinteresse heraus eine solche Situation ausnutzen, um auch eine für ihn höchst unerwünschte Zerschneidung seines Gebiets zu seinen Gunsten zu ändern. Man gebe sich nicht der trügerischen Hoffnung hin, daß in einem solchen Falle England und Frankreich aus allgemeinen Menschlichkeitsgründen darauf hinweisen, daß Ostpreußen und das deutsche Gebiet östlich der Oder nur von Deutschen besiedelt sei. England und Frankreich werden kein Opfer bringen, um Deutschland vor diesem Schicksal zu bewahren, wenn Deutschland durch Verabsäumung aller günstigen Verständigungsmöglichkeiten es zum Kriege hat kommen lassen, ihnen sogar Opfer aufgenötigt hat und unterlegen ist. Sie werden in der Humanitätsfrage auf das Vorgehen Deutschlands gegen die Juden hinweisen und den Deutschen dieser Gebiete anheimstellen, auszuwandern.

Kehren wir zu Italien und seinem Verhältnis zu England und Frankreich zurück. Die Dinge liegen zurzeit eben so, daß England und Frankreich Deutschland einen hohen Preis bezahlen würden, wenn es ihnen durch Zusammengehen, insbesondere mit England, die Sorge für ihre Stellung im Mittelmeer abnehmen würde. Italien kann uns niemals ein wertvoller Bundesgenosse sein, mag es zurzeit in Unterseebooten und in der Luftwaffe stark sein; es gehört eine bei Italien nicht vorhandene finanzielle Leistungsfähigkeit dazu, um gerade diesen Teil der Rüstung dauernd intakt zu halten. Daß der Italiener ein besserer Soldat geworden ist als in dem letzten Kriege, hat er jedenfalls in Spanien nicht bewiesen. Wirtschaftlich und finanziell ist Italien ungewöhnlich schwach. Die einzige wirtschaftliche Ergänzung zwischen Deutschland und Italien ist, daß wir nach Italien Kohlen liefern und von ihm Früchte und Gemüse dafür empfangen können. Im übrigen benötigen die Italiener dieselbe Einfuhr wie wir.

Aus diesen Gründen kann die zukünftige Politik Deutschlands nicht mehr auf ein Zusammengehen mit Italien abgestellt sein. Wir müssen uns vielmehr, um in Europa unsere Stellung auch territorial zwischen Rhein und Memel wiederherzustellen, mit England und Frankreich verständigen.

Ich muß es als einen außerordentlich schweren Fehler bezeichnen, daß wir die guten Chancen der Jahre 1936 und 1937 nicht ausgenutzt haben. Ich habe rechtzeitig in Reiseberichten auf diese Chancen und auf die Tatsache hingewiesen, daß sie zeitlich nicht unbegrenzt sind.[25] Der Besuch von Lord Halifax war ersichtlich

[25] Vgl. dazu ausführlich die Reiseberichte Goerdelers von 1937–39; Dok. 4.2.1 ff., oben S. 525 ff.

der letzte aktive Versuch Englands, das Terrain für eine Verständigung mit Deutschland zu sondieren. Dieser Versuch steht wieder in einem untrennbaren Zusammenhang mit der Entwicklung der Lage in der Welt und mit den Bemühungen Englands, ihr zu begegnen. Ich hatte bereits darauf hingewiesen, daß England die europäischen Spannungen beseitigen muß, um freie Hand für Ostasien zu gewinnen. Ich habe ebenfalls darauf hingewiesen, daß England das lebhafteste Interesse hat, diese Entspannung mit friedlichen Mitteln herbeizuführen. England würde aber seinen Charakter verleugnen, wenn es nicht auch mit der Möglichkeit kriegerischer Verwicklung rechnete. So sucht es in der französischen Bundesgenossenschaft aus den erwähnten Gründen sicher nach weiterer Verstärkung seiner Stellung. Anders als 1914 ist es entschlossen, sich der Unterstützung der Vereinigten Staaten von Nordamerika von vornherein zu versichern.

Wie die Lage in den Vereinigten Staaten ist, habe ich in meinem Reisebericht dargelegt.[26] Ich nehme auf ihn Bezug und habe ihm auch heute, sieben Monate später, nichts hinzuzufügen. Die Entwicklung ist, wie vor sieben Monaten gesagt, vor sich gegangen. Die englischen Unterhändler sind in Washington und sind dem Abschluß eines Handelsvertrages nähergekommen. Aber noch immer zögert man wohl beiderseits mit dem Abschluß.[27] England, weil es mehr und mehr sieht, wie gefährlich es ist, in einer derartig unklaren Weltlage die wenigstens sichere Grundlage des Ottawa-Abkommens zu verlassen; die Vereinigten Staaten haben ihre Isolierungspolitik stimmungsgemäß verlassen; aber gegen die von England gewünschte politische Bindung bestehen auch noch letzte Bedenken, und so ist man auf beiden Seiten zögernd. Durch die Entsendung des Lord Halifax wollte England die Frage klären, ob es überhaupt notwendig sei, in den Verhandlungen mit den Vereinigten Staaten so weit zu gehen, oder ob es nicht vielmehr möglich sei, den politischen Kaufpreis für den unangenehmen Handelsvertrag mit USA zu vermeiden. Hätte Lord Halifax eine grundsätzliche und vollkommene Bereitschaft gefunden, mit England zu einer weitgehenden Verständigung zu kommen, so wäre die englische Mission nicht nach den Vereinigten Staaten entsandt. Aus der Tatsache, daß die Mission entsandt wurde, ist zu entnehmen, daß England nach Rückkehr des Lord Halifax seine Hoffnung auf Verständigung mit Deutschland wesentlich herabgesetzt hatte. Das ist England sehr unangenehm gewesen, denn es wäre gern aus der Lage gekommen, von den Vereinigten Staaten einen politischen Kaufpreis verlangen zu müssen; es hätte dann seine Konzessionen im Handelsvertrag wesentlich bescheidener und für das Empire weniger gefährlich bemessen können.

Wie berechtigt diese Sorgen Englands sind, ergib sich wieder aus der wirtschaftlichen Entwicklung der letzten Monate für das Empire. Die Wünsche der

---

[26] Vgl. Goerdelers Reisebericht aus den USA vom 2.1.1938; Dok. 4.2.3, oben S. 547 ff.

[27] Vgl. zu den britisch-amerikanischen Verhandlungen S. 536, Anmerkung 15; zu der erst am 17.11.1938 erreichten Einigung S. 623, Anmerkung 14.

Empire-Mitglieder, England möge ihnen mehr Rohstoffe abnehmen, sind immer dringender geworden. Auf der anderen Seite aber schreit auch die englische Landwirtschaft nach immer größerem Schutz durch die englische Regierung. Unter Hinweis auf Kriegsgefahr bedrängt sie die englische Regierung, die heimische landwirtschaftliche Erzeugung durch erhöhten Schutz und erhöhte Fürsorge für die Landwirtschaft zu steigern. In England ist die Zahl der Arbeitslosen in den letzten 6 Monaten um rund 250.000 gestiegen. Diese Monate sind aber an sich günstige Monate! In einer solchen Lage den Vereinigten Staaten einen Handelsvertrag zu bewilligen, der, mag er auch noch so kunstvoll sein, den Absatz der Empire-Rohprodukte im englischen Mutterland ebenso schädigen muß wie den Absatz der englischen Industrieprodukte im Empire, ist tatsächlich ein außerordentlich schwerer Entschluß.

Politik besteht aber darin, die Gesamtheit aller Tatbestände festzustellen, die aus ihnen sich ergebenden Antriebe für die Handlungen der Beteiligten abzuschätzen, danach ihre voraussichtlichen Schritte zu bemessen und danach wieder die eigenen Handlungen zu bestimmen. Immer noch besteht also durch die oben erwähnte Friedenssehnsucht der Welt und die oben festgestellte Klarheit über die wirtschaftlichen und politischen Unheilsfolgen eines Krieges eine große Möglichkeit, die Verständigung mit England und Frankreich herbeizuführen. Sie ist, wie in meinen Reiseberichten erwähnt, auch die Grundvoraussetzung für eine wirtschaftliche Verständigung mit den Vereinigten Staaten von Nordamerika.

Diese Möglichkeit ist natürlich nicht mehr so umfassend und tiefgehend wie vor der vorläufigen Verständigung zwischen England und Italien. Es ist wichtig zu wissen, daß England sich von Deutschland zu dem so lange verhaßten Italien hingewandt hat, nicht nur weil es das Gefühl hatte, mit Deutschland nicht weiterzukommen, sondern auch veranlaßt durch die Entfernung des Generaloberst Freiherrn v. Fritsch und einer auffallenden Zahl von Generälen Anfang Februar d.J.[28] Da diese Entlassungen verbunden waren mit dem Abschied des bisherigen Reichsaußenministers Freiherrn von Neurath und seiner Ersetzung durch Herrn von Ribbentrop,[29] hat England dieser massierten Entlassung von Generälen von vornherein eine große politische Bedeutung beigemessen. Was auch immer in der englischen Presse über diese Entlassungen geschrieben sein mag, es zeigt, daß die Engländer sie als einen Vorgang von außerordentlicher Bedeutung bewertet haben. Der Generaloberst Freiherr von Fritsch galt als ein Mann des Friedens. Dieselbe Einschätzung brachte man Herrn von Neurath entgegen. Die gleichzeitige Beseitigung beider wurde als eine Verstärkung der zum Kriege führenden Tendenzen gehalten. Man wunderte sich aber überdies, daß ein so starker Eingriff in höhere

---

[28] Vgl. zu der Blomberg-Fritsch-Krise S. 257, Anmerkung 43 sowie zu den ausländischen Reaktionen S. 639 f., Anmerkung 7.

[29] Vgl. zu Ribbentrop und dessen außenpolitischen Überzeugungen S. 637, Anmerkung 6.

Kommandostellen der deutschen Armee möglich sei ohne irgendwelche Rückwirkungen in der Armee. Kurzum, man fing diesen Vorgang an mit der Beseitigung Tuchatschewskis in der russischen Armee zu vergleichen.[30] Bisher außerordentlich bereit, den Wiederaufbau der deutschen Armee als einen Schritt zur Wiederherstellung des Gleichgewichts in Europa und zur Verstärkung aller Friedenstendenzen zu begrüßen, begann man nunmehr eine Politisierung der deutschen Armee in einem für eine friedliche Entwicklung abträglichen Sinne zu befürchten. Aus allen diesen Erwägungen heraus hat Chamberlain nach hartem Kampfe mit dem damaligen Außenminister Eden unter Festhaltung des Zieles (Entspannung in Europa) die Mittel geändert und Fühlung mit Italien genommen. Es ist kein Wunder, daß diese Fühlung schnell zu einem vorläufigen Erfolge führte. Mussolini hat seit dem Sommer 1937, offenbar häufiger als der Außenwelt bekannt geworden ist, in England auf baldige Verständigung gedrängt. Er hat sie eingeleitet durch einen Brief an Chamberlain, bald nachdem dieser englischer Ministerpräsident geworden war.[31] Veranlaßt wurde Mussolini zu diesem Drängen durch die fortschreitende Verschlechterung der finanziellen und wirtschaftlichen Lage Italiens. Um die Kosten des abessinischen Feldzuges zu decken, hatte sich Italien im Herbst 1936 zu zwei Maßnahmen veranlaßt gesehen: Es hat sich einmal den Währungsabwertungen der Goldblockländer angeschlossen, und es hat ferner eine große Vermögensabgabe dem Lande auferlegt.[32] Beide Maßnahmen mußten erfolglos bleiben, weil sie nicht begleitet waren von der Wiederherstellung des Gleichgewichts im öffentlichen Haushalt. Bei der Vermögensabgabe hat sich außerdem erwiesen, daß sie angesichts des geringen Kapitalvermögens der italienischen Wirtschaft nur mit einer die Währung gefährdenden Hilfe des Staates möglich ist. Der größte Teil des italienischen Vermögens besteht in Grund und Boden, Häusern und Fabriken. Wenn der Staat von *diesem* Vermögen Teile beansprucht, so fließt nichts in seine Kassen. Da die Vermögensabgabe eine allgemeine ist und diese Vermögensabgabe bereits die zweite innerhalb drei Jahren ist, so hat aber auch die Neigung in Italien, unbewegliches Vermögen zu erwerben, außerordentlich stark nachgelassen. Der

30 Michail N. Tuchatschewski, Chef des Stabs der russischen Armee seit 1925, war ein Opfer der „stalinistischen Säuberung" im Juni 1937. Nachdem am 11. Juni bekannt gegeben worden war, dass die engere Führung der Roten Armee des Hochverrats bezichtigt sei, wurden bereits am folgenden Tag acht der führenden Militärs hingerichtet, unter ihnen auch Tuchatschewski. Vgl. Robert Conquest: The Great Terror. Stalin's Purge of the Thirties, London 1968, S. 201 ff.

31 Vgl. zu Mussolinis Annäherungsversuchen an Großbritannien Schultheß 1937, S. 293 f. sowie S. 537, Anmerkung 17.

32 Vgl. zu der italienischen Lira-Abwertung Ende September und der Zwangsanleihe Anfang Oktober 1936 Alexander Hoffmann: Das Kreditwesen im heutigen Italien, Darmstadt; Leipzig 1939, S. 13 ff. Die Zwangsanleihe belastete den gesamten italienischen Grundbesitz mit 5 % seines Nettowerts. Ausführlich zur italienischen Wirtschaftspolitik Gianni Toniolo: L'economia dell'Italia fascista, Rom 1980.

Staat kann also die so beschlagnahmten Teile des Vermögens nur dadurch zu Geld machen, daß er in Höhe des beschlagnahmten Teils neue Schuldscheine ausgibt, die aber mangels der Leistungsfähigkeit der italienischen Banken auch wieder nur durch die italienische Staatsbank flüssig gemacht werden können. Daraus ergeben sich Gefahren für den Stand der Währung.

Die Verständigung England – Italien ist eine vorläufige, denn man mußte von vornherein mit allen Möglichkeiten der Entwicklung rechnen. Heute halte ich es nicht mehr für sehr wahrscheinlich, daß dieses Abkommen noch in Kraft tritt. Chamberlain war ja von vornherein im Ziel mit ihm im wesentlichen einig; er unterschied sich von ihm nur in der Wahl der Mittel. Chamberlain hat aber in den letzten Monaten mehr und mehr sehen müssen, daß die Verständigung mit Italien nicht zu dem gewünschten Ziel, Entspannung der europäischen Lage, führen kann, wenn jene Verständigung nicht zum mindesten zunächst die spanische Frage bereinigt und dann allmählich einen Ruhezustand im Mittelmeer herbeiführt. Mussolini aber denkt offenbar gar nicht daran, sich in Spanien wirklich zu desinteressieren. Er hat beim Abschluß mit England offenbar gehofft, daß Franco, von Italien unterstützt, binnen kurzem endgültig siegen würde. Mussolini steht nunmehr, da dies nicht der Fall zu sein scheint, vor der Entscheidung, aus Spanien unter Verlust seines Prestiges sich um der Verständigung mit England willen zurückzuziehen oder die Verständigung mit England im Monde hängen zu lassen. Sicherlich ist ihm die Entscheidung eine zeitlang schwer geworden, da ja die Verständigung mit England für ihn der Vorbereitung einer englischen Finanzhilfe dienen sollte. Mussolini steht vor der Wahl, die Wendung vom auf immer neue Prestigegewinne angewiesenen Diktator zum nur noch nach vernunftgemäßen Grundsätzen handelnden Staatsmann zu vollziehen oder sich nunmehr endgültig auf den Weg des Alles oder Nichts zu begeben. Alle geschichtlichen Erfahrungen über Diktaturen sprechen dafür, daß er den letzteren Weg anzutreten geneigt ist.

Ist dies richtig, so würden sich daraus neue Chancen für Deutschland ergeben, mit England zu einer Verständigung zu gelangen. Ist jene Annahme aber nicht richtig, so bleiben trotzdem noch weitreichende Verständigungsmöglichkeiten übrig; die Notwendigkeit zur Verständigung wird aber, wenn Italien auf der Seite Englands festliegt, nur noch verstärkt, denn wir würden dann tatsächlich isoliert sein.

England hat die Zwischenzeit nicht ungenützt gelassen. Im Zusammenwirken mit den Vereinigten Staaten von Nordamerika hat es die angelsächsische Position in Südamerika von neuem gestärkt. Zusammen mit Frankreich hat es die Streitfragen zwischen Frankreich und der Türkei beseitigt und der Türkei Rüstungskredite gegeben. Das hat es nicht getan, ohne der Türkei sicher zu sein. Die Türkei ist nicht geneigt, die Erfahrungen von 1914 bis 1918 noch einmal zu machen. Offenbar sieht Kemal Pascha die größere Möglichkeit für eine Stabilisierung der türkischen Machtstellung im nahen Orient auch in einem wenigstens zeitweisen Zusammengehen mit England und Frankreich. Dazu kommt, daß auch in der Türkei die deutsche Propaganda abstoßend gewirkt hat. Vor kurzem ist der Deutsche, der von 1931 an Rektor der landwirtschaftlichen Hochschule in Ankara war, zurückgetreten. Er wird voraussichtlich durch einen Franzosen ersetzt werden. Der Rücktritt ist notwendig geworden, weil die deutsche Propaganda einen Teil des deutschen Lehrkörpers veranlaßt hatte, den deutschen Rektor zu bekämpfen.[33]

Englisch-rumänische Verhandlungen mit dem gleichen Ziel wie im englisch-türkischen Verhältnis sind im Gange. Die Balkanentente hat sich im Einvernehmen mit England und Frankreich entschlossen, die Bulgarien auferlegten militärischen Beschränkungen zu streichen. Mit Ungarn und Jugoslawien sind Fühlungnahmen im Gange. Das ganz natürliche englisch-französische Bestreben geht also mit offenbarem Erfolg dahin, den deutschen Einfluß im Balkan zu bekämpfen und jedenfalls sicherzustellen, daß im Falle eines Krieges die Balkanstaaten zum mindesten mit bewaffneter Hand ihre Neutralität verteidigen. In den nordischen und baltischen Staaten, die ohnehin durch eigene Interessen zusammengeführt werden, arbeitet seit einigen Monaten der polnische Außenminister Beck. Daß er unter keinen Umständen für ein Zusammengehen dieser Staaten mit Deutschland arbeiten kann, ist oben ausgeführt. Offenbar bemüht er sich, einen möglichst starken Block

---

[33] Die Landwirtschaftliche Hochschule (LHS) in Ankara – eingeweiht im Oktober 1933 – war ein Produkt des von Deutschen dominierten Wissenschafts- und Technologietransfers in die Türkei. Der Gründungsrektor Friedrich Falke hatte neben seinen Rektoratsaufgaben den Lehrstuhl für Wirtschaftswissenschaften. Aufgrund der freundschaftlichen deutsch-türkischen Beziehungen entstand in der Türkei die ungewöhnliche Situation, dass deutsche politische Emigranten – die bekanntesten unter ihnen Ernst Reuter und Paul Hindemith – und nationalsozialistische Funktionäre miteinander konfrontiert wurden und häufig einen Modus der Zusammenarbeit finden mussten. Falke, ein deutschnationaler Parteigänger, war für die Auswahl der Professoren verantwortlich und berief auch politische Emigranten, die er für fachlich kompetent erachtete. Die genauen Umstände des Abgangs Falkes 1938 sind nicht mehr eindeutig zu rekonstruieren, doch schien er sich Feinde unter den nationalsozialistischen „Reichsprofessoren" gemacht zu haben. Der Nationalsozialist Herbert Scurla, Oberregierungsrat der Auslandsabteilung des Reichserziehungsministeriums, berichtete über seine Dienstreise nach Ankara im Mai 1939 nicht direkt über die Gründe für den Weggang Falkes, aber aus seinen Bemerkungen wird deutlich, dass der nationalsozialistische Ortsgruppenleiter in Ankara mittlerweile ein Mitspracherecht bei der Stellenbesetzung hatte. Die rasch wechselnden Nachfolger Falkes waren Nationalsozialisten, seit dem türkischen Kriegseintritt 1944 Türken. Vgl. zu der Gründung der LHS in Ankara und der Bewertung Falkes Horst Widmann: Exil und Bildungshilfe. Die deutschsprachige akademische Emigration in die Türkei nach 1933. Mit einer Bio-Bibliographie der emigrierten Hochschullehrer im Anhang, Frankfurt/M 1973, S. 37-41; 213 f.; zur Situation in Ankara Thomas Herr: Ein deutscher Sozialdemokrat an der Peripherie – Ernst Reuter im türkischen Exil 1935–1946, in: Die Emigration der Wissenschaften nach 1933. Disziplingeschichtliche Studien, hg. v. Herbert A. Strauss, Klaus Fischer, Christhard Hoffmann und Alfons Söllner, München, New York, London und Paris 1991, S. 193-218. Zur Position des NS-Regimes hinsichtlich der Situation in Ankara vgl. Der Scurla-Bericht, hg. u. eingel. v. Klaus-Detlev Grothusen, Frankfurt/M. 1987, S. 71-99.

zusammenzubekommen, der in einem Kriegsfalle sich ebenfalls mit genügender Stärke zunächst neutral zwischen Deutschland und Rußland legt.[34]

Wohin wir also auch blicken, als mögliche Verbündete kommen nur Italien und Japan in Betracht. Gemeinsam ist diesen drei lediglich der Wunsch, größere Wirtschaftsräume zu beherrschen. Gemeinsam ist ihnen ferner die Tatsache, daß sie diesem Wunsche nur Genüge verschaffen können im wesentlichen auf Kosten Englands, zum Teil vielleicht auf Kosten Frankreichs. Die Interessenziele aber gehen weit auseinander. Italien erstrebt offenbar den Besitz Ägyptens, um ein geschlossenes italienisches Imperium um das Mittelmeer zu schaffen und Englands Stellung im Mittelmeer zu brechen. Ob für uns ein italienisch beherrschtes Mittelmeer besser ist als ein solches, in dem verschiedene Mächte miteinander latent ringen, kann bezweifelt werden. Japan erstrebt, wie oben dargelegt, ein japanischen Imperium in Ostasien. Daß ein solches Imperium auch unsere Wirtschaftsinteressen in Ostasien vernichtet, liegt auf der Hand. Deutschlands nächste Ziele müssen in der Verstärkung seiner Stellung in Europa liegen. Dies kann wieder Italien nicht unberührt lassen, denn Italien hat nicht das mindeste Interesse daran, daß ein am Brenner und vor Triest stehendes Deutschland stärker wird. So ist zwar eine gewisse Gemeinsamkeit in der allgemeinen Interessenrichtung gegeben, im einzelnen aber entbehren Deutschland, Italien und Japan gemeinsamer Ziele. Das ist die große Schwäche dieser Kombination.

Es war vorauszusehen, daß der Anschluß Österreichs nicht zu irgendwelchen kriegerischen Verwicklungen führen könne. Hier standen keine erkennbaren Lebensinteressen anderer Mächte auf dem Spiel, und es ließ sich schließlich, 20 Jahre nach dem Diktat von Versailles, gegen eine Verschmelzung der beiden deutschen Staaten nichts sagen. Trotzdem kann ich, weitgehend bereit, den Erfolg entscheiden zu lassen, die Art und Weise, in der der Anschluß vollzogen ist, nicht für die politische besterreichbare ansehen. Der Anschluß war auch im Wege der Verständigung erzielbar. Durch die Art und Weise des Vollzugs des Anschlusses ist ein ungeheures Mißtrauen gegen unsere Politik in der Welt entfacht und jenes oben erwähnte günstige Urteil über die Vorteile und Ziele der Politik Hitlers ungeheuer beeinträchtigt.[35] Natürlich käme man auch über diese neuen Spannungen mit Ruhe und Klugheit hinweg. Wenn aber dem Anschluß Österreichs unmittelbar Schritte folgten, die darauf hindeuten, daß die deutsche Politik darauf aus sei, mit weiteren einseitigen Schritten gegenüber der Tschechoslowakei – gegebenenfalls mit militärischen Eingriffen – die Machtposition Deutschlands zu erweitern, so gewinnt die Methode des Vorgehens im Falle Österreichs natürlich eine besondere

---

34 Beck vertrat die Auffassung, dass das Bündnis mit Frankreich an Wert für Polen verloren habe durch das Durchmarschverbot für französische Truppen in Belgien, und dass die Teilnahme Polens an einem möglichst starken neutralen Staatenbündnis zwischen Deutschland und Russland erfolgversprechender sei; vgl. Jordan, Popular Front, S. 274 f.

35 Vgl. zu dem „Anschluss" Österreichs S. 605, Anmerkung 22.

Bedeutung. Dann wird dies Mißtrauen unausrottbar, und da es eine ungewöhnlich starke Koalition erfaßt, ein schweres politisches Hemmnis.

Ich habe in meinem letzten Reisebericht über England und Frankreich dargelegt, daß irgend ein Zweifel an der Vertragstreue Frankreichs gegenüber seinen tschechoslowakischen Verpflichtungen nicht gestattet ist.[36] Ein irgendwie geartetes Eingreifen Deutschlands in die tschechoslowakischen Angelegenheiten bedeutet den großen Krieg, in dem *vielleicht* Italien in Europa auch gegen England und Frankreich ficht, aber mit ganz anderen Kriegszielen als Deutschland und mit einem großen Mißtrauen in eine mögliche Stärkung der deutschen Stellung. Was uns dann in der Welt an offenen und versteckten Gegnern gegenübersteht, ist sowohl militärischen, wie finanziellen und wirtschaftlichen Kombinationen überlegen, die wir im besten Falle in den militärischen, wirtschaftlichen und politischen Kampf einführen können. Es wird sich dann auch erweisen, daß die Entschlußkraft auf der anderen Seite, die in den letzten Jahren so häufig verdunkelt ist, dann mindestens ebenso groß und brutal ist wie die deutsche. Selbst militärische Anfangserfolge, die nicht einmal gewiß sind, können an der Tatsache nichts ändern, daß wir wirtschaftlich und finanziell schon außerordentlich geschwächt in den Krieg eintreten würden. Es fehlen uns die genügenden Rohstoffe. Die Überseezufuhren hören selbstverständlich sofort auf. Wir haben aber auch bereits finanziell unsere Reserven im wesentlichen verzehrt. Es kann keinem Zweifel unterliegen, daß in absehbarer Zeit die bisherigen Finanzierungsmethoden nicht mehr fortgesetzt werden können. Schon jetzt wird es offenbar den Banken schwer, den Anforderungen zu genügen, mit denen das Reich langfristig, mittelfristig und kurzfristig an den Kapital- und Geldmarkt herantritt. Sie werden in immer stärkerem Maße Liquidität bei der Reichsbank suchen müssen. Die Reichsbank kann aber einem solchen Ersuchen nur stattgeben unter Preisgabe der Währung.

Nun kann man sagen, daß im Ernstfalle diese Gefahren leichter und länger abgewehrt werden können, weil und wenn sich das Volk dessen bewußt ist, was auf dem Spiele steht, und solange der Heroismus die Seelen beherrscht. Aber auch hier haben wir, glaube ich, bereits große Reserven verbraucht. Man kann ein Volk nicht jahraus jahrein in der Hochspannung höchster Opferbereitschaft halten. Wir müssen bedenken, daß dem deutschen Volke solche Opfer im Kriege, in der Zeit des Ruhrkampfes und der Inflation und seit 1930 ununterbrochen auferlegt sind. Ich halte es auch für einen großen Irrtum, anzunehmen, daß die militärischen Fähigkeiten, die ebenso sehr moralische wie materielle sind, durch die Überspitzung militärischen Wesens in der Erziehung der Jugend gestärkt werden. Der Mensch bedarf, wie jedes Lebewesen in der Natur, einer gewissen Harmonie der Kräfte. Zeiten höchster Spannung müssen Zeiten hoher Ruhe folgen. Vor dem Kriege ging der junge Mann im allgemeinen gern zum Militär, betrachtete sich im zweiten

36 Vgl. Goerdelers Reisebericht über England und Frankreich vom 30.4.1938; Dok. 4.2.4, oben S. 589 ff.

Jahr der Dienstzeit als alter Mann und blickte mit Stolz auf seine Militärzeit zurück. Wenn er dann wieder einmal den bunten Rock anzog, so war das ein besonderes Ereignis und Erlebnis. Heute gehen die aktive Dienstpflicht und die Übungen in dem Gleichmaß und Einerlei militärähnlicher Disziplin und dauernden Uniformtragens unter.

Die Erschütterung des Rechtsbewußtseins im deutschen Volke, die Zurückdrängung des Anstandes müssen ebenfalls unheilvolle Folgen auslösen.

Die Aussichten, einen solchen Krieg zu gewinnen, sind also zurzeit gleich Null. Deutschland darf aber den nächsten Krieg nicht verlieren. Darüber ist irgend ein Zweifel nicht gestattet. Denn nach einem neuerlich verlorenen Kriege sehe ich keine Möglichkeit mehr, zu einem die deutschen Lebensinteressen wahrenden Frieden der Verständigung zu kommen. Ganz anders wie 1918 können Frankreich und England künftig darauf hinweisen, daß sie es an ernsthaften Versuchen, zu einer Deutschland entgegenkommenden Verständigung zu gelangen, nicht haben fehlen lassen. Sind die Kriegsleidenschaften einmal entfacht, sind allen beteiligten Völkern neue schwere Opfer an Gut und Blut auferlegt, dann wird es kein englischer und französischer Staatsmann in der Hand haben, sein Volk dahin zu bringen, daß nun ein fruchtbarer Frieden der Verständigung geschlossen werden muß. Man muß vielmehr damit rechnen, daß die entfesselten Leidenschaften dann Veranlassung geben werden, das deutsche Volk weiter zu schwächen und Voraussetzungen zu schaffen, die es möglichst für immer niederhalten. Über die sicheren Gefahren, denen Deutschland mit seinen Ostgebieten ausgesetzt ist, habe ich bereits gesprochen. Was uns sonst auferlegt werden würde, ist nicht vorauszusehen, aber man muß dann mit dem Willen rechnen, uns endgültig schwach zu machen. Selbstverständlich wird auch eine solche Politik sich immer als kurzsichtig erweisen. In absehbarer Zeit wird die Welt fühlen, daß sie sich selbst mit der Schwächung Deutschlands einen neuen Schaden zugefügt hat; diese Erkenntnis ändert aber nichts an den uns drohenden Gefahren. Sie zwingt uns nur immer wieder, auch dann nicht den Kampf um das Leben des deutschen Volkes aufzugeben.

Angesichts dieser großen Gefahren stehe ich den Auffassungen, die mir in Berlin vielfach entgegengetreten sind, verständnislos gegenüber. Sie gehen dahin, daß England nicht mehr kämpfen wolle und nicht mehr kämpfen könne, daß Frankreich innenpolitisch so in Anspruch genommen sei, daß es wichtige außenpolitische Entschließungen nicht mehr fassen könne, daß die Vereinigten Staaten rettungslos dem Bolschewismus entgegengehen. Ich habe bei meinem Aufenthalt in diesen Ländern nichts feststellen können, was uns zu solchen optimistischen Auffassungen berechtigen könnte. Wir müssen immer bedenken, daß England und Frankreich bis zum Jahre 1935 ihre ganze Politik auf den Völkerbund aufgebaut hatten. Das mag kurzsichtig und falsch gewesen sein, aber es war so. Seitdem aber haben sie klar erkannt, daß der Völkerbund nichts bedeutet, weil es ihm nicht gelungen ist, das moralische Gewissen der ganzen Welt hinter sich zu bringen und weil er nicht die notwendigen Machtmittel hat, um seinen Willen selbst seinen

Mitgliedern gegenüber durchzusetzen. Seit Anfang 1937 hat England den Schlußstrich unter diese Erkenntnis gezogen und rüstet unter Einsatz seines Reichtums, unter Einsatz des Empires, ja unter Einsatz der Vereinigten Staaten von Nordamerika mit aller Kraft und mit aller Schnelligkeit auf.

Auch in Frankreich darf man sich durch die marxistischen Experimente der Regierung Blum nicht täuschen lassen.[37] Paris ist nicht Frankreich. Die Franzosen sind ein Bauernvolk. Sie beginnen, sich wieder zur Klarheit und zur Erkenntnis unabänderlicher Wirtschaftsgesetze durchzuringen. Insbesondere die französische Frau ist ungewöhnlich tüchtig, die französische Familie eine ungebrochene Quelle für die Gesundung. Die französische Armee ist mehrfach von Sachverständigen als erstrangig bezeichnet worden. Frankreich ist insbesondere entschlossen, sein Prestige als europäische Großmacht nicht aufzugeben. Der Vertrag mit der Tschechoslowakei mag ihm unbequem sein, aber er wird erfüllt werden, weil sonst die französische Bündnisfähigkeit für lange Zeit als nicht mehr vorhanden betrachtet werden würde.[38] Irgendein Vorgehen in der Tschechoslowakei oder gegen die Tschechoslowakei, das diesen Bündnisfall begründet, würde Frankreich mit seiner gesamten Macht auf den Plan rufen. Ich habe bereits dargelegt, daß England aus gemeinsamem Mittelmeerinteresse heraus solange an Frankreich gebunden ist, als die Gefährdung der englischen Position im Mittelmeer und im nahen Orient andauert. Mit anderen Worten: Deutschland würde sich bei einem Vorgehen gegen die Tschechoslowakei sofort in einen Krieg mit Frankreich und England verwickelt sehen. Hinter beiden stehen, wie dargelegt, die Vereinigten Staaten von Nordamerika. Ich verweise im übrigen auf meine Reiseberichte.

Deutschland kann in einer solchen Auseinandersetzung naturgemäß keine an seiner Seite fechtenden Freunde haben. Möglich ist, daß Japan und Italien, aber jeder für eigene Ziele, dann die Gelegenheit einer bewaffneten großen Auseinandersetzung ergreifen würden, Japan mit Rußland und England, Italien mit England und Frankreich. Aber selbst wenn diese günstigste Lage für uns eintritt, ist der Krieg nach menschlichem Ermessen nicht zu gewinnen, weil wir militärisch, finanziell und wirtschaftlich ihm zurzeit nicht gewachsen sind, und die italienische und japanische Kraft nicht ausreicht, um uns genügend und auf die Dauer zu entlasten. Es mögen militärische Anfangserfolge möglich sein, auf die Dauer setzt sich die größere Macht der andern auf allen Gebieten durch.

Mit einer Schonung könnten wir im Falle eines unglücklichen Krieges nicht rechnen; ich habe das bereits ausgeführt. So muß es ein Ziel der deutschen Außenpolitik bleiben, den Krieg zu vermeiden und die deutschen nationalen Lebensinteressen unter Ausnutzung der gesamten Weltlage soweit wie möglich zunächst friedlich durchzusetzen. Ob später dem deutschen Volke noch einmal die Notwendigkeit aufgezwungen wird, sein Leben mit der Waffe in der Hand zu vertei-

---

[37] Vgl. zu der Volksfrontregierung unter Léon Blum S. 541 ff., Anmerkungen 3 f. und 6.

[38] Vgl. zu dem Bündnis zwischen Frankreich und der CSR S. 607 f., Anmerkung 24.

digen, kann niemand voraussehen. Einen ewigen Weltfrieden wird es deshalb nie geben können, weil das Leben der Menschen in dieser Welt an sich Kampf bedeutet und es natürlich durchaus möglich ist, daß zu irgend einem Zeitpunkt dieser Kampf wieder einmal zu einem Kampf mit der Waffe führt. Aber einen Krieg zwischen den europäischen Völkern möchte ich für vermeidbar halten, wenn er jetzt vermieden wird. Dafür sprechen folgende Gründe: Europa ist zwar infolge der Intelligenz und der Dichte seiner Bevölkerung ein wirtschaftliches Kraftzentrum der Welt, aber in sich ist es durch die Entwicklung des Verkehrs und der Wirtschaft immer mehr zu einer heute vielleicht nur geahnten Einheit verflochten. Wenn sich die weiße Rasse in einem neuen großen Kriege erneut ihrer wertvollsten Elemente beraubt, muß sie gegenüber anderen Rassen immer schwächer werden. Das gilt sowohl gegenüber den Vereinigten Staaten von Nordamerika, das zwar auch ein Weißer-Rasse-Staat ist, aber doch allmählich infolge der klimatischen Eigenbedingungen eine ganz andere als die europäische Rasse entwickelt, das gilt auch gegenüber der gelben Rasse. Alle, und zwar gerade auch die Kampf- und Schutzinstinkte, müssen daher die europäischen Völker zu der immer klareren Erkenntnis führen, daß sie, sich gegenseitig zerfleischend und bekämpfend, immer weniger bedeuten, daß sie aber, sich gegenseitig ergänzend und helfend, sich in der Welt noch auf unbegrenzte Zeiträume durchsetzen können. Dies um so mehr, als es noch gar nicht ausgemacht ist, zu welchem Ergebnis schließlich die Völkermischung und die klimatische Eigenart des nordamerikanischen Erdteils führen wird. Man begegnet in den Vereinigten Staaten von Nordamerika einer ungewöhnlichen Unausgeglichenheit der Menschen. Das amerikanische Klima hat, was nie vergessen werden darf, die Indianer geschaffen und nicht weiße Menschen. Sie zeichnen sich durch einen ungewöhnlichen Mangel an Befähigung aus, eine erdgebundene Kultur zu schaffen. Sie weisen Charaktereigenschaften auf, die zwischen höchster Energie und höchstem Mut auf der einen Seite und vollkommener Energielosigkeit und stumpfem Sichergeben auf der anderen Seite hin und her schwanken. Noch ist die Frage nicht entschieden, was der gewaltige Former Natur aus dem weißen Menschen in Nordamerika machen wird.

Die europäische Kulturgemeinschaft steht aber auch vor anderen gemeinsamen Aufgaben. Wir sehen in allen ihren Teilen ähnliche Krankheitserscheinungen. In den westlichen Staaten Europas, Deutschland eingeschlossen, wird es immer schwieriger, die Bevölkerungszahl aufrechtzuerhalten. In ihnen, wie übrigens auch in den Vereinigten Staaten von Nordamerika, wird die Landflucht zu einer immer gefährlicheren Erscheinung. In allen diesen Ländern und in Rußland und den Vereinigten Staaten von Nordamerika erscheinen die Menschen immer weniger geneigt und geeignet, der Natur sich zu unterwerfen. Selbst in England, das nach dem Kriege noch die gesündeste Haltung bewahrt hat, nehmen die Fälle zu, in denen der Mensch glaubt, den Kampfanforderungen des Lebens mit kollektiven Sicherungsmaßnahmen begegnen zu können. Der englische Bauer, die Kohlenindustrie, die Schiffsindustrie, die Heringsindustrie, die Automobilindustrie, sie alle kommen mit immer weiteren Anforderungen an den Staat, sie und gerade sie durch besondere Maßnahmen zu schützen oder ihnen durch eine staatliche Hilfe die Lebensbedingungen zu erleichtern und zu verbessern.[39] Man kann sich demnächst an den fünf Fingern abzählen, welche Teile des englischen Wirtschaftslebens noch in der Lage sein sollen, die Mittel zu erwirtschaften, die erforderlich wären, um jene Wünsche und Forderungen zu erfüllen. Und so sehen wir die ganze Kulturwelt von dem Streben erfüllt, sich vor der einzig möglichen Lösung aller Schwierigkeiten herumzudrücken, nämlich der, den Lebensstand in Übereinstimmung zu bringen mit dem Ergebnis der eigenen Leistung, und entweder die Leistungen zu erhöhen, d.h. mehr und intensiver zu arbeiten oder die Lebenshaltung zu vereinfachen, oder beides, um wieder den großen Ausgleich zwischen Leistungsergebnis und Verbrauch sicherzustellen. Das zweite Erfordernis wäre, Leistung und Verbrauch der einzelnen Berufsstände durch ein wohldurchdachtes Zoll-, Steuer- und Abgabensystem so auf einander abzustimmen, daß derselben Leistung, gleichviel wo vollbracht, dieselbe Verbrauchsmöglichkeit gegenübersteht. Zurzeit wird die industrielle Tätigkeit fast überall zu hoch bewertet, die bäuerliche zu gering. Daher die Landflucht. Ich verkenne nicht, daß es außerordentlich schwierig ist, alle diese harten Erkenntnisse in entsprechende Handlungen umzusetzen. Aber es gibt keine andere Lösung. Alle anderen Lösungen sind kurz wirkende Rauschgifte oder müssen schließlich zum kriegerischen Versuch führen, diesen Ausgleich auf Kosten des Unterliegenden herbeizuführen. Dann aber wird es sich, genau wie im letzten Kriege, erweisen, daß Bevölkerungszahl und Lebensstand der weißen Kulturvölker in den letzten hundert Jahren so innig miteinander verflochten sind, daß die Schwächung des einen auch die entsprechende Schwächung des andern zur Folge haben, denn die Möglichkeit ist ebenfalls nicht verwirklichbar, daß das eine weiße Volk dauernd als Herr lebt, das andere als ausgesogener Sklave arbeitet; es arbeitet dann eben einfach nicht mehr, und wahre Leistung kann man mit Gewalt nicht erzwingen. Erfindungen werden nicht geboren unter den Spitzen der Bajonette, sondern nur bei freiwilliger Hingabe des schöpferischen Geistes an die von der Natur gestellte Aufgabe.

Daraus ergibt sich zweierlei: Einmal, daß jetzt der Zeitraum gekommen ist, in dem in der vollen Erkenntnis dieser Tatsachen der Kampf- und Erhaltungsinstinkt, der die zäheste Macht in diesem Leben darstellt, die europäischen Völker dazu führt, von kriegerischen Auseinandersetzungen unter sich für einen unbegrenzbaren und nicht voraussehbaren Zeitraum Abstand zu nehmen und miteinander zu arbeiten. Sie können im voraus erkennen und werden dann erfahren, daß diese Zusammenarbeit und der gegenseitige Güteraustausch sie alle besser in den Stand setzt, das Leben ihrer Völker zu sichern als der Egoismus. Einst haben sich kleine Gemeinschaften der Völker bekämpft. Deutsche Staaten haben noch im vorigen Jahrhundert mitein-

[39] Vgl. zu der britischen Subventionspolitik in Industrie und Landwirtschaft S. 597, Anmerkung 15.

ander Krieg geführt. Heute sind die europäischen Kulturstaaten in ihren Lebensinteressen so sehr verbunden, daß der Zeitpunkt für eine europäische Rechts- und Sozialordnung gekommen ist. Hier liegt die wahre Aufgabe unseres Vaterlandes.

Die zweite Folgerung ist eine, die uns Deutsche ganz besonders angeht. Es wird sich ergeben, daß wir das, was wir heute an nationalen Lebensinteressen für erforderlich halten, gerade im Laufe einer friedlichen Entwicklung durchsetzen können. Denn gerade diese friedliche Entwicklung kann, wenn wir unser politisches Leben auf die edlen Forderungen des Nationalsozialismus und seiner richtigen Erkenntnisse aufbauen, nämlich auf Pflichterfüllung, Anstand und Einfachheit, auf die Erkenntnis, daß Leben Kampf ist und nichts verbraucht werden kann, was nicht zuvor durch Leistung geschaffen ist, dahin führen, daß wir dann am ehesten in der Lage sein werden, ein Staatswesen aufzubauen, das von innen heraus durch Vorbild anziehend auf andere wirkt. Nur dürfen wir nie mit dem Munde in Anspruch nehmen, ein Vorbild zu sein und auf die Führung ein Recht verkünden. Eine solche Führung muß sich durch überlegene Lösung der uns entgegentretenden und für alle Völker gleichen Schwierigkeiten entwickeln. Sie muß ausschließlich auf Vertrauen beruhen und darf nicht erredet oder gar erzwungen werden wollen. Bismarck hat die Einigung Deutschlands nicht dadurch vollzogen, daß er die Sachsen, die Bayern, die Württemberger, Badenser usw. durch kriegerische Handlungen zwang, sondern daß sie sich schließlich davon überzeugen ließen, daß ihre besten Interessen durch die Vereinigung im Deutschen Reich gefördert wurden.

Soweit dieser Entwicklung das Übergewicht des englischen Empires in der Welt entgegenstehen sollte, ist auch von einem Zeitraum lange währenden Friedens alles zu erwarten. Ich habe oben dargelegt, durch welche drei Bindungen das englische Empire zusammengehalten wird. Wenn wir den Empireteilen nicht mehr die Möglichkeit geben, sich stimmungsgemäß im angelsächsischen Geiste gegen uns zusammenzufinden, so wird diese Bindung allmählich schwächer und schwächer werden. Wenn aber gerade das englische Empire durch eine friedliche Entwicklung gezwungen wird, die Bindung des Ottawa-Abkommens, d.h. die wirtschaftliche Bindung, immer weiter aufzugeben, dann wird sich erweisen, daß in sehr absehbarer Zukunft z.B. Südafrika und Australien, aber auch Kanada immer größere Zweifel haben werden, ob ihre eigene wirtschaftliche Entwicklung durch den Zusammenhalt des Empires wirklich gewährleistet ist. Wir kaufen schon heute von Südafrika mehr Wolle als das englische Mutterland. Ich habe schon oben die Zeichen erwähnt, die darauf schließen lassen, daß gerade die genannten Empireteile einer immer größeren Selbständigkeit sich zu entwickeln. Eines Tages wird aus dieser Entwicklung ein immer bewußteres Streben werden. Sind diese Empireteile aber erst einmal sich bewußt geworden, daß andere Länder der Welt, z.B. auch Deutschland, für sie wirtschaftlich ebenso wichtig sind wie das englische Mutterland und das englische Empire, so müssen auch die politischen Beziehungen zum Mutterland immer dünner werden. Eine lange Friedenszeit ist für das englische Empire so wie es sich nach dem Kriege entwickelt hat, nämlich zu einem Bunde fast selbständiger Staaten, die größte von England heute durchaus noch nicht klar erkannte Gefahr. Die besten Engländer sehen dies und sie hoffen darauf, auch in einem solchen Zeitraum durch Überlegenheit der Staatsführung das englische Übergewicht durchsetzen zu können. Erweist sich das englische Empire, dessen Bestand heute noch ein Glück für die Welt ist, weil sich sonst chaotische Zustände der Piraterie entwickeln müßten, als ein Hindernis für eine friedliche, den Interessen aller weißen Völker dienende Entwicklung, dann wird es Aufgabe des deutschen Volkes sein, durch eine friedliche, den Interessen aller weißen Völker dienende Entwicklung, dann wird es Aufgabe des deutschen Volkes sein, durch eine noch weisere Politik und ein noch klareres Leben auf der Grundlage naturgesetzlicher Erkenntnisse diese Hindernisse zu beseitigen.

Ich kann diesen Teil meiner Ausführungen daher nur mit der Mahnung schließen, daß das deutsche Volk sich von einer Politik fernhalten möge, die zum Kriege führen müßte. Es ist alles, aber auch alles zu erwarten von einer Politik der Verständigung und des Friedens. Zurzeit liegt die große Möglichkeit vor, einen erheblichen Teil unserer nationalen Lebensinteressen sofort durchzusetzen, weil selten die allgemeine Sehnsucht nach Frieden und die Erkenntnis der Staatsmänner, daß der teuerste Frieden billiger ist als der gewonnene Krieg, so groß war wie heute. Wie lange diese für uns günstige Lage andauert, kann nicht nach Monaten und Jahren bemessen werden, aber sicher ist, daß diese günstige Lage nicht unbegrenzt ist. Je mehr England, Frankreich und die Vereinigten Staaten gezwungen werden, ihren Reichtum in vergängliche Rüstung umzuwandeln, um so mehr nähert sich für sie der Zeitpunkt einer Verschärfung der schon vorhandenen wirtschaftlichen Schwierigkeiten ins Unerträgliche. Eines Tages werden sie sich bewußt sein, daß eine Aufrechterhaltung des Friedens mit derartigen Rüstungslasten ebenso ruinös ist wie ein Krieg. Eines Tages werden sie sich außerstande sehen, ihrem Volke diese Lasten noch für eine geraume Zeit länger zuzumuten, ohne die Gefahr revolutionärer Spannungen heraufzubeschwören. Eines Tages werden sie es sein, die dann die entscheidende Frage, ob Krieg oder Frieden, stellen werden und denen – bei ungenügender Beantwortung – die Interessen ihres eigenen Volkes das Schwert in die Hand drücken. Ich halte diesen Zeitraum aus diesen Gründen bis etwa 1940 begrenzt, aber wahrscheinlich wird er kürzer sein, weil dies nicht die alleinigen Kräfte sind, die auf die Entscheidungen der anderen Einfluß üben. Steigenden Einfluß übt nun die Tatsache aus, daß die gegenwärtige deutsche Staatsideologie über ihre Grenzen hinaus wirken will und daher auch über die Grenzen hinaus wirkt. Um das letzte vorweg zu nehmen: Je größer die wirtschaftlichen Schwierigkeiten werden, um so heftiger werden auch in anderen Ländern die Rufe der Unzufriedenen, man möge dieselbe Arbeitsbeschaffungspolitik einleiten wie Deutschland sie eingeleitet hat. Daß diese Arbeitsbeschaffungspolitik nur kurzfristig aufrecht erhalten werden kann, habe ich in meiner Abhandlung „Wirtschaft heißt Werte schaffen" dargelegt. Denn diese Bekämpfung der Arbeitslosigkeit ist durch öffentliche Aufträge eingeleitet, und diese öffentlichen Aufträge sind auf einer ständig wachsenden Verschuldung des Deutschen Reiches aufgebaut. Diese Verschuldung kann nicht unbegrenzt fortgesetzt werden; wir nähern uns nunmehr sehr schnell der tragbaren Grenze. Das wissen die führenden Männer der anderen Völker auch. Aber die anderen Völker wollen das durchaus nicht sehen, sondern sehen einstweilen nur die offenbar günstigen Auswirkungen. Aber was die anderen Völker immer schwerer empfinden ist, daß Deutschland versucht, heute eine vollkommen neue Moral aufzubauen. Im internationalen Recht soll nur die Macht gelten. Ich habe oben dargelegt, welches eigene Interesse auch unser Vaterland zwingt, eine internationale Ordnung wieder herzustellen. Daß in ihr nicht das Faustrecht gelten kann, ist selbstverständlich. Deutschland aber hat auch den Gedanken des Rechts als solchem immer weiter in seiner Innenpolitik und in seiner inneren Verfassung beiseite gesetzt. Ideologische Grundsätze finden immer mehr Eingang in die deutsche Rechtsprechung. Die Auslegung deutscher Gesetze an Hand solcher Ideologien nimmt einen immer breiteren Raum gegenüber dem Wortlaut der Gesetze ein. Das führt aber dazu, daß schließlich die Gesetzgebung aus der Hand des Staates verlegt wird in die Hand von Tausenden von Richtern. Deutschland erwirbt sich auch keine Sympathien draußen, sondern nur Abneigung, wenn es sie Möglichkeit weiter aufrecht erhält, Menschen ohne richterliches Urteil ihrer Freiheit zu berauben. Noch niemals haben sich solche revolutionären Versuche der Sympathie anderer Völker erfreut; sie können es nicht, weil sie letzten Endes den Keim zur Unordnung überall, insbesondere in den Beziehungen der Völker untereinander, legen, und weil sie jedes Vertrauen untereinander untergraben. Zur Aufrechterhaltung der Beziehungen zwischen Menschen ist aber Vertrauen unerläßlich. Wird das Vertrauen zerstört, so leben die Menschen nur instinktmäßig mit- und gegeneinander, und das Leben löst sich auch in engeren Gemeinschaften in unerträglichen Kampf auf. Die Menschen werden sich schließlich gegenseitig zuwider. Endlich ist die Behandlung, die im Deutschen Reiche der Freiheit des Geistes, der Freiheit des Wortes und der Freiheit des Gewissens zuteil wird, eine solche, die von anderen Völkern nicht mehr verstanden werden kann, weil Deutschland früher gerade der Hort dieser Freiheiten war. Jede vernünftige Überlegung beweist ja auch, daß eine Zerstörung dieser Freiheiten eine Verminderung der geistigen und moralischen Schöpfungskraft eines Volkes zur Folge haben muß. Denn zur schöpferischen Leistung kann der Unfreie niemals gelangen, sondern nur der, der die Sicherheit hat, frei sagen zu dürfen, was er für richtig und der Allgemeinheit nützlich hält, und der das Recht hat, im Rahmen ihm bekannter Gesetze dieser freien Erkenntnis entsprechen zu handeln.

So sehe ich unser Vaterland zurzeit in einer immer ernsteren und mißtrauischeren Beurteilung durch die anderen Völker und sehe dadurch den Zeitraum enger umgrenzt, den wir noch als einen für uns günstigen bezeichnen können. Aber selbst wenn dieser beste Zeitraum unausgenutzt verstreichen sollte, kann ich immer nur raten, sich nicht zur Verzweiflungstat des Krieges hintreiben zu lassen. Er würde gerade dann, wenn die andern geneigt sind, ihn zu erzwingen, unter den ungünstigsten Bedingungen geführt werden müssen. Einen zweiten verlorenen Krieg aber können wir uns nicht gestatten. Es muß dann, wenn auch mit zusammengebissenen Zähnen, erneut der Versuch aufgenommen werden, die andern durch die Macht des Geistes und durch die Härte der Naturgesetze zur wahren Achtung unserer Lebensinteressen zu bringen. Diese Naturerkenntnisse sind so eindeutig, es ist so klar, daß eine Verständigung für alle die beste Grundlage bedeutet, aus den Schwierigkeiten heraus und einer besseren Zukunft engegenzuschreiten, daß ich auch nach Ablauf des günstigen Zeitraums die friedliche Lösung für möglich, wenn auch nicht für so ergiebig halte, wie zurzeit. Aber was immer an Ergiebigkeit fehlt, muß, wenn man nun einmal die beste Gelegenheit verpaßt hat, dann später in zäher und kluger Friedensarbeit nachgeholt werden.

Dies wird auch die einzige Möglichkeit sein, dem deutschen Volke eine genügende Wehrmacht zu erhalten. Ich habe bereits dargelegt, daß es jetzt noch möglich wäre, jede Beschränkung von ihr fernzuhalten, wenn wir mit England ein Bündnis eingehen und ihm seine Stellung im Mittelmeer gegenüber Italien garantieren. Wenn aber dieses Ziel für England keine Bedeutung mehr haben sollte, und damit müssen wir bei weiterem Zögern rechnen, dann muß wenigstens durch Klugheit später jeder Versuch gemacht werden, den Rückfall in den Zustand einer aufgezwungenen Abrüstung zu vermeiden. Das wird auch dann noch möglich sein, weil auch die andern den jetzigen Rüstungsstand nicht tragen können. Es muß dann also die Verminderung der Rüstungen allgemein vor sich gehen. Es wird dann nicht leicht sein, Deutschland eine genügende Streitmacht zu sichern. Aber es muß jede Kraft angesetzt werden, um es zu erreichen, denn ehe wir nicht eine neue verläßliche europäische Ordnung unter Einbeziehung eines freien und in seinen Lebensinteressen gesicherten Deutschland geschaffen haben, müssen wir immer gewärtig sein, uns gegen Naturinstinkte anderer schützen zu müssen.

Ich möchte, daß das eine wieder dem deutschen Volke klar wird, daß eine erfolgreiche Außenpolitik nicht allein von der Zahl der Waffen und der Soldaten abhängt; nein, die Außenpolitik ist, wie bereits erwähnt, die Grundlage der gesamten Politik eines Staates überhaupt. Ein Staat, der in dieser Welt seine Stellung behaupten will, muß seine Innen-, seine Wirtschafts- und Finanzpolitik, muß seine moralische Haltung, muß seine Haltung gegenüber den immateriellen Werten dieses Lebens so sehr und so einheitlich auf Vernunft und Sauberkeit abstellen, daß durch das Zusammenwirken dieser verschiedenen Kraftäußerungen die beste Wirkung auch nach außen erzielt wird. Nie war ein Zeitraum so günstig, um mit moralischen Mitteln die Welt zu gewinnen wie der, den wir nach den von allen als Irrtum empfundenen Vorgängen im und nach dem Weltkriege durchleben. Möchte diese Erkenntnis die deutsche Politik leiten.

3. Wirtschaftspolitik

Ich kann in vollem Umfange auf die Abhandlung „Wirtschaft heißt Werte schaffen“ verweisen. Werte werden nur durch Leistung geschaffen. Das ist die eine Erkenntnis. Die zweite hat darin zu bestehen, daß die Lebenshaltung des deutschen Volkes, wie die aller anderen Kulturstaaten, ihren jetzigen Stand dem weiträumigen Güteraustausch in der Welt verdankt. Wolle und Baumwolle, auf die Dauer auch das genügende Holz für Ersatzstoffe, Fett und Kupfer, ja selbst Getreide können wir nicht einmal aus dem europäischen Raum mehr in einem für die jetzigen Bedürfnisse der Völker genügenden Maße gewinnen. Auf weltwirtschaftlichen Güteraustausch verzichten, heißt, die Notwendigkeit auf sich nehmen, den Lebensstand des deutschen Volkes entsprechend, d.h. hart zu senken. Das kann nicht das Ziel der Politik sein. Das Ziel jeder Politik, die nicht durch Revolutionen hinweggefegt werden soll, muß darauf gerichtet sein, wenn auch durch Opferzeiten hindurch, den Lebensstand zu erhalten und allmählich zu verbessern. Auch auf diesem Gebiete hat die Politik der letzten Jahre die schwersten Fehler gemacht. Das ist deswegen um so bedauerlicher, als gerade der Nationalsozialismus sich mit Entschlossenheit hinter die Erkenntnis gestellt hat, daß Werte nur durch Leistungen geschaffen werden können. Aber er hat diese Erkenntnis verwässert, indem er in viel zu weitem Maße nicht das Leistungsprinzip, sondern das Alter der Parteizugehörigkeit für die Besetzung von Stellen maßgebend gemacht hat. Er hat sie verwässert, indem er immer mehr mit Zwang in den natürlichen Ablauf wirtschaftlichen Geschehens eingegriffen hat, und er hat in vollkommen falscher Einschätzung materieller und sittlicher Kräfte sich an den unmöglichen Versuch herangemacht, die Wirtschaft des deutschen Volkes abseits ihrer natürlichen Zusammenhänge mit der Weltwirtschaft zu entwickeln.[40] Noch vor wenigen Monaten wurde immer wieder der Welt verkündet, daß es der deutschen Regierung gelungen sei, die deutsche Wirtschaft von den Wechselfällen in der Weltwirtschaft unabhängig zu machen. Diese Behauptung war töricht, denn sie war falsch. Wenn draußen die Preise der Rohstoffe steigen, so müssen wir auch sie teurer bezahlen. Auch dieser Einfluß ist also eine Tatsache. Wenn draußen die Rohstoffpreise fallen, so ersparen wir zwar Tauschleistungen, aber sehen dann, daß die andern uns auch nur weniger abnehmen können und daher Arbeitsgelegenheiten bei uns verringert werden. Wenn die wirtschaftliche Entwicklung die andern zwingt, sich einzuschränken oder schließlich gar sie zu Gedankengängen ähnlich den unseren zwingt, nämlich möglichst aus eigener Kraft zu leben und Ersatzstoffe statt der von der Natur gebotenen zu bevorzugen oder eigene Industrien zu entwickeln, dann können wir uns diesen Rückwirkungen ebenfalls nicht entziehen. Es ist auch absolut sinnlos, behaupten zu wollen, daß eine Wirtschaft, die Millionenbeträge an das Ausland abgibt und vom Ausland bezieht, von den Entwicklungen im Auslande unabhängig sein könne.

Wohin die ganze falsche Auffassung des Wirtschaftens und die Überschätzung der deutschen Möglichkeiten, den Lebensstand des Volkes aus eigenen Naturkräften heraus zu erhalten, führen muß, habe ich letztmalig in einer dem General-

---

[40] Vgl. dazu auch Goerdelers Stellungnahme zur Rohstoff-, Devisen- und Währungslage vom 17.9.1936; Dok. 3.8, oben S. 411 ff.

feldmarschall Göring und dem Führer und Reichskanzler auf Anfordern vorgelegten Denkschrift von Ende August 1936 dargelegt.[41] Ich habe an diesen Darlegungen nichts zu ändern. Sie haben im wesentlichen sich bewahrheitet. Die gigantischen Anstrengungen des Vierjahresplans haben keinen entsprechenden Erfolg gezeigt. Es wird sich immer mehr erweisen, daß wir im wesentlichen wertvolle Vermögenssubstanzen in einem im wesentlichen zum mindesten überflüssigen Versuch vergeudet haben. Gewiß hat die Energieentfaltung des Vierjahresplans dazu geführt, daß wir manche wertvollen neuen Stoffe, z.B. Kunstharz und Leichtmetalle, schneller entwickelt haben als es sonst der Fall gewesen wäre. Aber Zellwolle und Zellbaumwolle vermögen einen vollwertigen Ersatz der tierischen Wolle und der organisch gewachsenen Baumwolle nicht zu bieten. Sie haben außerdem begonnen, den deutschen Wald zu verwüsten, und auf die Dauer sind die Holzmassen gar nicht verfügbar, die erforderlich sind, um uns unabhängig zu halten. Es ist ja auch an sich nicht sinnvoll, 40 Jahre lang eine Pflanze wachsen zu lassen, um dann aus ihr in einem langwierigen Prozeß Zellwolle zu gewinnen, während die Natur in anderen Teilen der Erde diesen Prozeß sich in 8 Monaten vollziehen läßt. Gewiß erzeugen wir heute mehr flüssigen Brennstoff als vor drei Jahren, aber das Ziel, Deutschland unabhängig von Brennstoffeinfuhr zu machen, ist vollkommen nicht erreicht. Es hat uns außerdem den Verbrauch nicht unerheblicher Teile unseres nationalen Vermögens an Kohle beschert. In diesen und in allen anderen Dingen hat man das Gesetz der größten Wirtschaftlichkeit vernachlässigt ohne sich zu überlegen, ob man dafür wenigstens die genügende Unabhängigkeit vom Auslande für den Ernstfall eintauscht. Das ist nicht der Fall und wird nicht der Fall sein. Die Abhängigkeit vom Auslande bleibt bestehen, und deswegen muß auch unsere Wirtschaft darauf bedacht sein, im organischen Güteraustausch sich für den Ernstfall entsprechende Vorräte zu beschaffen. Dazu kommen die Wirkungen der Unwirtschaftlichkeit, die mit Naturnotwendigkeit in einem höheren Preis oder in einer schlechteren Qualität bestehen müssen.

Wie der einzelne Mensch, so kann auch das einzelne Volk wirtschaftliche Grundgesetze nicht ungestört verletzen. Man kann die durch den Vierjahresplan und andere Maßnahmen eingeleiteten Verteuerungen nicht ungeschehen machen. Und diese Verteuerungen wären, wie gesagt, nur zu verantworten, wenn damit wirklich für den Ernstfall entscheidende Unabhängigkeiten vom Auslande sichergestellt würden. Das ist, wie gesagt, nicht der Fall, muß aber auch an einem ferneren Umstande scheitern. Wir brauchen ja, um diese neuen Stoffe herzustellen, einen immer größeren Maschinenpark. Dazu sind wieder Rohstoffe erforderlich. Die Beschaffung der Rohstoffe ist also nur von einem auf das andere Gebiet teilweise verlagert. Aber weiter: Zur Instandhaltung der Maschinen und zu ihrem Betrieb sind hochwertige Menschen erforderlich, und diese stehen wieder in einem Ernstfalle um so

41 Vgl. ebd.

weniger zur Verfügung, als ja nun durch diesen Versuch, alles aus eigenen Kräften zu erwirtschaften, fast jeder deutsche Wirtschaftsbetrieb mit wenigen Ausnahmen ein lebenswichtiger geworden ist, also menschliche Kräfte braucht. Dazu kommt, daß die Technisierung der Wehrmacht ebenfalls immer mehr hochgebildete Kräfte in Anspruch nimmt. Es ist also im Ernstfalle vollkommen ausgeschlossen, den Bedarf an Menschen zu decken. Eine Vorratswirtschaft mit vom Auslande durch Gütertausch gewonnenen Vorräten hat endlich den großen naturhaften Vorteil, daß unter Ausnutzung der besten in der Welt vorhandenen Naturkräfte zu den wirtschaftlichsten Bedingungen die größten und besten Mengen gewonnen werden können und dann im Ernstfalle Kräfte frei werden, die nunmehr dem Wehrdienst und der Erhaltung der wirklich lebenswichtigen Industrien zugute kommen.

Ich habe daher dem Vierjahresplan zum Vorwurf zu machen, daß er nicht sachverständig überdacht ist, daß er uns in eine zum Zusammenbruch bestimmte Finanzwirtschaft hineingetrieben hat und daß er nicht nur in der öffentlichen Verwaltung, sondern mehr noch in der Privatwirtschaft das Grundelement jedes erfolgreichen Wirtschaftskampfes, nämlich das Streben nach höchster Wirtschaftlichkeit, immer mehr und mehr untergraben hat. Man lese nur heute die Wirtschaftsberichte privater Unternehmungen, um festzustellen, wie weit die Begriffsverwirrung schon vorangeschritten ist. In immer höherem Maße hat sich die Neigung entwickelt, darauflos zu wirtschaften unter dem Motto, daß der Staat ja schließlich für alle Risiken aufkommt.

Es gilt, so bald und so schnell wie möglich von diesen phantastischen durch Verachtung der Naturgesetze und der Erfahrung gewonnenen Kunststücken loszukommen.

Zunächst muß der Staat die Grundlage auch der kleinsten Einzelwirtschaft in einem ausgeglichenen öffentlichen Haushalt wiederherstellen. Der Haushalt muß auch veröffentlicht werden, damit die Vertrauensgrundlage so schnell wie möglich wiederhergestellt und das Verantwortungsbewußtsein des Einzelnen verstärkt wird.

Um diesen Ausgleich kommen wir nicht herum. Ich habe das in meiner Abhandlung „Wirtschaft heißt Werte schaffen" dargelegt. Ich habe aber auch seinerzeit dem Führer und Reichskanzler berichtet.[42] Dieser Ausgleich kann natürlich nicht von heute auf morgen ohne die Gefahr eines Zusammenbruchs der Volkswirtschaft herbeigeführt werden, nachdem jährlich die Wirtschaft mit X Millionen öffentlicher Aufträge, für die keine Kapitaldeckung vorliegt, versorgt ist. Ein Übergangszustand, in dem allmählich die öffentlichen Aufträge abgebaut werden, ist daher unerläßlich. Er ist heute auch noch möglich, da das Defizit des Reichs-

42 Vgl. Goerdelers Denkschrift zur deutschen Innenpolitik vom August/September 1934; Dok. 3.5, oben S. 342 ff.

haushalts unter Einschluß der Defizite der Vergangenheit 3 Milliarden nicht übersteigen dürfte.[43] Da mit einer Verringerung der öffentlichen Aufträge zunächst die unproduktiven Lasten (für Arbeitslose) steigen, und die Steuereinnahmen sinken, so handelt es sich also für das erste Jahr um eine Einschränkung der öffentlichen Ausgaben, die den ungedeckten Schuldenstand nicht weiter erhöht und den Fehlbetrag nicht weiter ansteigen läßt, also um y Milliarden. Dieser Betrag ist dann Jahr für Jahr zu steigern, so daß in einem Übergangszeitraum von zwei bis drei Jahren der Ausgleich sichergestellt ist. Hat das Volk erst einmal die Notwendigkeit begriffen, so muß man sich überlegen, ob nicht ein schneller Schnitt sozialpolitisch und politisch richtiger ist als ein langsamer. Meine Erfahrungen sprechen dann für den schnellen.

Die Einschränkungen, die notwendig sind, müssen natürlich auf allen Gebieten der Luxusbauten und der Luxusausgaben vorgenommen werden. An den Umbau von Städten ist überhaupt nicht zu denken. Erst eine spätere Zeit mag entscheiden, ob und welche beschränkten Straßenausbauten und -durchbrüche, auch Gebäudebeseitigungen erforderlich sind. Aber sie muß dann die hierfür erforderlichen Mittel vorher ansammeln oder aus den laufenden Einkünften bereitstellen können. Die Vorschriften der Deutschen Gemeindeordnung gelten auch für das Reich. Ich habe das in meiner Abhandlung „Die Deutsche Gemeindeordnung als wirtschaftliches Grundgesetz", erschienen in „Der Deutsche Volkswirt", 11. Jahrgang 1937, eingehend dargelegt.[44] Selbstverständlich haben alle Ausgaben zu fallen, die das Deutsche Reich zur Verbesserung des Lebensstandes ausgibt, denn hierin offenbart sich ja der unfruchtbare Versuch, daß 20 Arme ihren Lebensstand dadurch verbessern wollen, daß sie eine gemeinsame Kasse gründen. Alle Ausgaben dieser Art, Beiträge an Organisationen usw., sind zu streichen. Die dritte große Ersparnismöglichkeit liegt in der Vereinfachung der Organisation. Es ist sofort nur die einzige Zuständigkeit des Staates auf allen Gebieten der öffentlichen Verwaltung sicherzustellen und jede Einmischung jeder anderen Stelle, die ja auch zum Teil nur durch Finanzierung dieser Stellen möglich ist, zu unterbinden. Im übrigen ist der Verwaltungsapparat in sich sachlich und personell zu vereinfachen. Sachlich dadurch, daß man von der falschen Idee einer Planwirtschaft Abstand nimmt und dadurch den Verwaltungskörper von einer Unsumme fruchtloser Einzelarbeiten entlastet. Personell dadurch, daß man wieder das Leistungsprinzip als

[43] Die Schätzung wird Goerdeler wohl von Schacht übernommen haben; vgl. auch die Denkschrift des Reichsbankdirektoriums vom 7.1.1939, in: IMT, Bd. XXXVI, S. 366-372. Vgl. auch Volkmann, NS-Wirtschaft, S. 292-301.

[44] Es handelt sich um eine sechsteilige Artikelserie Goerdelers, die in „Der Deutsche Volkswirt" im Februar und März 1937 veröffentlicht wurde. Die Serie war gegliedert in „Wirtschaftliche Betätigung", „Beschränkung der öffentlichen Wirtschaft", „Verwaltung öffentlichen Vermögens", „Haushalt" und „Schuldenwirtschaft"; Exemplare der Artikel auch in BAK, N 1113, Bd. 12.

alleinige Quelle der Stellenbesetzung rücksichtslos durchsetzt und den öffentlichen Verwaltungsapparat von allen leistungsunfähigen Elementen reinigt. Organisatorisch endlich dadurch, daß die seit Jahrzehnten schwebende Streitfrage Oberpräsidium und Regierungspräsident in Preußen entschieden wird durch eine Wiederherstellung der provinziellen Selbstverwaltung und eine Abschaffung der Regierungspräsidenten. Hierüber wird das Nähere im Kapitel über die innere Verwaltung gesagt werden.[a]

5.1.2 *Denkschrift zur Innenpolitik*

handschriftliche Denkschrift vom Oktober/November 1938; Privatbesitz.

Wirtschafts- und Sozialpolitik: Die Rüstungsausgaben übersteigen die volkswirtschaftlichen Kräfte; die Ersatzstoffproduktion ist unwirtschaftlich und verringert den allgemeinen Lebensstandard; staatliche Wirtschaftsbetriebe verringern den Leistungsanreiz für die Privatwirtschaft. Staatliche Aufgabe ist nicht Wirtschaftsführung, sondern Sicherung der Rahmenbedingungen. Notwendigkeit der Rückkehr zum Leistungsprinzip; regulierende Staatsinterventionen zur Förderung der Landwirtschaft und des gewerblichen Mittelstands. Organisation von Landwirtschaft und Gewerbe in selbstverwalteten Wirtschaftskammern mit frei gewählten Vertretern. Aufhebung des verbindlichen Tarifrechts; Neuorganisation der Arbeitslosenversicherung hinsichtlich ihrer Trägerschaft, Verwaltung und Durchstrukturierung; Veränderung der Krankenversicherung durch Kombination mit einem Prämien-/Sanktionssystem.

Verfassungspolitik: Der Nationalsozialismus hat Moral, Recht, Freiheit und Religion zerstört; ein gesunder Staatsaufbau beginnt mit dem Schutz der Familie vor Eingriffen von Partei und Staat. Konzeption einer neuen Verfassung: Verwaltung von Gemeinden, Kreisen und Provinzen nach den Vorschriften der DGO, jedoch ohne Parteieinfluss; Gliederung der Volksvertretung in indirekt gewählten Reichstag und Oberhaus/Reichsrat, zu $^1/_3$ von Staatsoberhaupt berufen, zu $^2/_3$ aus wirtschaftlicher und kommunaler Selbstverwaltung, Wissenschaft und Militär; Mitbestimmung über Mehrheitsentscheide findet nur bei Verfassungsänderungen und budgetrechtlichen Entscheidungen statt; alle Parteien werden wieder zugelassen; Staatsoberhaupt ist Kaiser der Hohenzollernlinie mit repräsentativen Funktionen.

Notwendige Maßnahmen zur Wiederherstellung der Rechtssicherheit: Beurlaubung aller Richter und Anwälte, denen Rechtsbeugung nachgewiesen wird; Aufhebung aller rückwirkenden Gesetze; Verfolgung aller begangenen Straftaten; Auflösung aller Konzentrationslager und Neu-Untersuchung aller Inhaftierten; Wiederherstellung aller Grundrechte unter Beschränkung von Presse-, Vereins- und Versammlungsfreiheit.

Bildungspolitik: Reorganisation der Schulformen; Förderung breiter humanistischer Bildung; Verhinderung frühzeitiger Spezialisierung. Reorganisation der Hochschulen; Berufungen nach Kompetenz, nicht nach Parteizugehörigkeit; Selbstverwaltung. Stärkerer Praxisbezug der juristischen und wirtschaftswissenschaftlichen Ausbildung; Auflösung von Künstlerakademien und Handelshochschulen.

Finanzpolitik: ausgeglichene öffentliche Haushalte als Grundvoraussetzung. Maßnahmen zum Abbau der Staatsschulden: Streichung der staatlichen Unterstützung von Versiche-

[a] Handschriftlich hinzugefügt: „10.9.38 – Forts[etzung] folgt".

rungen sowie der NSDAP und deren Organisationen; Streichung von städtebaulichen Ausgaben; Verminderung der Arbeitsbeschaffungs- und Rüstungsausgaben; Steuererhöhungen; Lohnsenkungen und Arbeitszeiterhöhungen.

Religionspolitik: Wiederherstellung von Glaubens- und Gewissensfreiheit; Garantie der freien Religionsausübung; Wiedereinführung in den schulischen Fächerkanon; Garantie freier Wahlen und Selbstverwaltung in der evangelischen Kirche.

[ad 3.] Wirtschaftspolitik

Die Naturgesetze, denen alles Wirtschaften unterworfen ist, habe ich in „Wirtschaft heißt Werte schaffen" dargelegt.[1] Aus ihnen ergaben sich die dort schon abgeleiteten Regeln für die Wirtschaftspolitik des Staates:

1.) der *gesündeste Kreislauf* wird erreicht, wenn der Staat dem Einzelnen das Ergebnis seiner Arbeit so weit wie möglich beläßt. Wie immer auch der Einzelne es verwendet, ob er mehr Brot ißt, mehr Milch trinkt, mehr Wein genießt, sich besser kleidet, häufiger Konzerte hört oder sich in Luxus wälzt, seine Verbrauchstätigkeit setzt immer Arbeitskräfte in Bewegung. Das bleibt auch so, wenn er sein Leistungsergebnis zur Bank bringt. Denn wie immer diese das ihr anvertraute Geld anlegt, es wird immer Arbeitskräfte lebendig machen. Selbst wenn sie Wertpapiere kauft, benutzt der Verkäufer das Geld, um Leben zu schaffen, selbst wenn er sich dafür ein Bild kauft: ein Künstler wird beschäftigt.

Das ist der entscheidende wirtschaftliche Grund, weshalb der Staat die Steuern so niedrig wie möglich halten muß. Er soll seine Veranstaltungen *immer* und überall höchstens auf einem Stande halten, der sich im Gleichgewicht mit dem allgemeinen Lebensstande seines Volkes hält. Dies ist wirtschaftliches Gebot und Weisheit zugleich. Der preußische Staat war so lange innerlich gesund, als seine Bauwerke und Amtsräume immer bescheidener waren als die Wohnungen des Mittelstandes und die Arbeitsstuben der Wirtschaftsleiter. Das war keine [2] falsche Knauserei, sondern weise. Denn der Staat gab seinen Bürgern ein *Vorbild*, an das sie sich in schweren Zeiten – und sie bleiben keiner Generation erspart – halten können. Sie gaben den Offizieren und Beamten die innerlich stolze Haltung und damit die Spannkraft zur Leistung und Würde. Diese Tugenden sind auf dem Holzstuhl und nicht im Klubsessel geboren.

Die Bezüge der Staatsdiener müssen das eben dargelegte Gleichgewicht mit dem allgemeinen Lebensstand des Volkes ebenfalls halten. Darauf und nicht auf der hohen Besoldungsordnung beruht das Vertrauen und die Ruhe der Bürger. Was in dieser Beziehung seit 1920 bis heute gesündigt ist, wiegt schwer. In einer Zeit, in der die Staatsdiener der allgemeinen Moral einen Halt geben sollen, haben sie und der Staat sich zu krassem Materialismus verleiten lassen. Glücklich sind sie dabei nicht geworden. Wenn es gar wahr sein sollte, daß in den letzten Jahren die höchsten Staatsbeamten Sonderzuwendungen erhalten haben, die in der Besol-

[1] Vgl. zu Goerdelers wirtschaftspolitischer Lehrschrift S. 658 f., Anmerkung 1.

dungsordnung nicht vorgesehen sind,[2] dann haben sie eine schwere Schuld auf sich geladen. Diese Korruptionserscheinungen sind mit Stumpf und Stiel auszurotten. Im Kapitel „Innere Politik" komme ich auf andere hiermit im Zusammenhang stehende Notwendigkeiten zurück. Auch die Zahl der öffentlichen Diener ist auf das äußerste zu beschränken, damit möglichst viele tauschbare Werte schaffen.

Müssen auch die Ausgaben für die [3] Wehrkraft des Volkes sich dem Gebot des Gleichgewichtes mit dem allgemeinen Lebensstand anpassen?

Auch diese Frage ist grundsätzlich zu bejahen. Jedes Volk wird eine Rüstung, die dies Gleichgewicht stört, auf die Dauer drückend empfinden. Diese Tatsache allein schwächt schon seine Bindungen an die Wehrmacht und seine Spannkraft. Eine lange Verletzung jenes Gleichgewichts mindert aber auch die Fähigkeit, den sonstigen Anforderungen des Lebenskampfes gerecht zu werden. Denn Leben ist, wie in der mehrfach erwähnten Schrift dargelegt, immer Kampf. Diese Tatsache kann ein Volk zwingen, seine Leistungen zu erhöhen, seine Löhne und Gehälter zu senken, um seine Erzeugnisse wettbewerbsfähig mit denen anderer Völker zu machen. Ist ihm die Elastizität hierzu durch eine Überlastung der Rüstung geschwächt, so kann das zu ernsten wirtschaftlichen Notständen führen, die dann wieder die Wehrkraft rückwirkend schwächen. Denn Wehrkraft ist nicht = Waffen und Soldaten, sondern = Gesamtkampfkraft der ganzen Nation. Ein warnendes Beispiel für die Folgen der Verletzung dieses auch von der Natur aus dem Wesen der Dinge heraus verordneten Gleichgewichts bietet uns heute Japan, das seit Jahren diese Harmonie schwer verletzt hat. Italien tritt in diesen Monaten an seine Seite und [4] unser Vaterland geht seit Jahren, besonders seit 1935 dem gleichen Geschick entgegen.[3] Ich habe das grundsätzlich in „Der deutsche Volkswirt" Jahr-

---

2 Vgl. zu den „Sonderzuwendungen" an Parteifunktionäre und Staatsbeamte Gerd R. Ueberschär und Winfried Vogel: Dienen und Verdienen. Hitlers Geschenke an seine Eliten, Frankfurt/M. 2000, S. 122 ff.

3 Allgemein muss für Deutschland, Italien und Japan gelten, dass die jeweiligen imperialen Bestrebungen in den 30er Jahren das Haushaltsdefizit steigerten. Bei genauerer Betrachtung ergeben sich jedoch eine Reihe von wichtigen Unterschieden in der Wirtschafts- und Finanzpolitik der drei Aggressoren: Die faschistischen Autarkiebestrebungen hatten in Italien bis 1939 Vorrang vor der Rüstungsproduktion; die wirtschaftlich schwache Position des Agrarlands Italien wurde verschärft durch die späte Erholung von der Weltwirtschaftskrise, internationale Sanktionen und die Abschöpfung rüstungswirtschaftlicher Lagerbestände durch die Kriege in Libyen, Äthiopien und Spanien. Italien war in der wirtschafts- und finanzpolitisch prekärsten Situation, und der Abwärtstrend in der italienischen Wirtschaft wurde durch die faschistische Autarkie- und Expansionspolitik enorm beschleunigt. Im Gegensatz zu der nationalsozialistischen Wirtschaft dienten inflationierende Maßnahmen wie Geldmengenerhöhung und wachsende Staatsverschuldung nicht primär der Rüstungsproduktion, sondern der Verfolgung autarkistischer Ziele. Japan hatte sich durch umsichtige Finanzpolitik rasch von der Weltwirtschaftskrise erholt, und stand im Gegensatz zu Deutschland und Italien nicht vor dem Problem der Rohstoffknappheit. Erst nach der Ermordung des japanischen Finanzministers Takahashi im Februar 1936 lässt sich ein Wendepunkt in der japani-

gang 1937 unter dem Titel „Die deutsche Gemeindeordnung als wirtschaftliches Grundgesetz" und in zwei Berichten dargelegt, die ich 1935 und 1936 dem deutschen Reichskanzler auf seinen Wunsch erstattet habe[4]: Sie befinden sich ebenfalls in meinen Papieren. Dem letzten Bericht habe ich meine zum Druck bestimmte Abhandlung „Im Lichte der Preise" beigelegt, deren Druck daraufhin verboten wurde. Sie stimmte mit der Abhandlung „Wirtschaft heißt Werte schaffen" überein und gab dem Kanzler das Angriffsziel, gegen das sich seine Reden auf dem Parteitag 1936 richteten.[5]

Ich wiederhole: eine einsatzfähige Wehrmacht läßt sich nur im Einklang mit der Wirtschaftskraft der Nation schaffen. Diese kann durch Höchstleistungen außerordentlich gesteigert werden; *vorübergehend* können auch außergewöhnlich hohe Teile der Wirtschaftskraft für Wehrzwecke verwendet werden. Eine dauernde Überbelastung aber muß sich im Nachlassen des Leistungswillens äußern. Man kann ein Volk nicht dauernd in Spannungen halten; es bedarf der Ruhezeiten; nur dann [5] lassen sich im Ernstfalle mengen- und zeitgemäß ausreichende Hochspannungen erzielen.

Der Grundsatz, daß der Staat dem Einzelnen möglichst viel von dem Ergebnis seiner Leistung lassen soll, bedeutet nicht, daß der Staat sich nicht um die Verteilung dieser Leistungsergebnisse unter seinen Bürgern kümmern soll. Läßt er der Entwicklung *volle* Freiheit, so kann sie dazu führen, daß z.B. der Bauer niedrig bezahlt wird und kümmerlich leben muß, wenn Nahrungsmittel von außen so billig einströmen, daß der Wettbewerb den Inlandsbauern zwingt, seine Preise zu senken; daß gleichzeitig der Industriearbeiter bei gutem Absatz hohe Löhne und hohen

---

schen Wirtschaft ausmachen. Takahashi hatte, ähnlich wie Schacht, eine Begrenzung der Rüstung und deren Defizitfinanzierung gefordert; der finanzpolitische Kurswechsel nach Takahashis Ermordung führte, wie in Deutschland seit 1935, zu staatlich verordneter Kaufkraftabschöpfung unter dem Primat der Rüstungswirtschaft, Geldmengenvermehrung und Preisinflation. Vgl. zu Italien Angela Raspin: Wirtschaftliche Aspekte der italienischen Aufrüstung Anfang der dreißiger Jahre bis 1940, in: Friedrich Forstmeier; Hans-Erich Volkmann (Hg.): Wirtschaft und Rüstung am Vorabend des Zweiten Weltkrieges, Düsseldorf 1975, S. 202-221; zu Japan Akira Hara: Japan: Guns before Rice, in: Mark Harrison (Hg.): The Economics of World War II. Six Great Powers in International Comparison, Cambridge 1998, S. 224-267. Zusammenfassend und mit überzeugenden theoretischen Überlegungen Willi A. Boelcke: Probleme der Finanzierung von Militärausgaben, in: Forstmeier/Volkmann, Wirtschaft und Rüstung, S. 14-38.

4 Zu Goerdelers Artikelserie in „Der deutsche Volkswirt" vgl. Dokument 4.1.1., Anmerkung 44. Zu seinen Berichten an Hitler vgl. seine Denkschrift zur wirtschaftlichen Lage vom 21.12.1935; Dok. 3.6, oben S. 387 ff. sowie seine Denkschrift zur Rohstoff-, Devisen- und Währungslage vom 17.9.1936; Dok. 3.8, oben S. 411 ff.

5 Vgl. zu Goerdelers Abhandlung 658 f., Anmerkung 1. Auf dem „Reichsparteitag der Ehre" im September 1936 richteten sich Hitlers wirtschaftspolitische Ausführungen in erster Linie gegen Reichswirtschaftsminister Schacht, der seit Anfang des Jahres versuchte, die Staatsverschuldung zu begrenzen; vgl. dazu Petzina, Autarkiepolitik, S. 45-53.

Lebensstand hat, und daß der nichtstuende Erbe großer Reichtümer ein Luxusleben führt. Dieser Zustand wird als ungerecht empfunden und zwar um so härter, je mehr die Wirtschaftspolitik des Staates auf das allein natürliche und daher richtige Leistungsprinzip aufgebaut ist; denn die Leistung des Bauern ist nach Vorbildung und Krafteinsatz nicht geringer als die des Industriearbeiters, nach Größe des Risikos höher, und beider Leistungen stechen den Nichtstuer aus. Merkt auf! Nicht jeder Besitzerbe ist ein Nichtstuer; schon die Verwaltung des Besitzes, die Erhaltung des Erbes ist eine Leistung. Selbst der Erbe, der diese [6] Funktionen einem Verwalter überträgt, kann noch nützliche Leistungen vollbringen, wenn er Forschungen von Wert betreibt, anderen hilft, Ehrenämter ausfüllt usw.

Wohl gemerkt! Bekämpft nicht den selbst erarbeiteten Reichtum. Es ist nicht so leicht, ihn zu erarbeiten; gerade in ihm stecken hohe Leistungen.

Sowie aber in solcherweise abgesteckten Rahmen die Verteilung der Leistungsergebnisse offenbar ungerecht wird, soll der Staat regulierend eingreifen. Hierzu stehen ihm Steuern, Zölle, Preisschutz, Lohn- und Sozialpolitik zur Verfügung; ihre systematische Ausbildung und Anwendung unter *Aufrechterhaltung des Leistungsprinzips*, das durch gleiche Verteilung der Ergebnisse vollkommen zerstört würde (s. Rußland), ist das entscheidende Mittel, das der Staat anwenden kann, um die natürlichen Härten jenes Prinzips zu mildern. Ich habe einige Einzelheiten in „Wirtschaft heißt Werte schaffen“ dargelegt; auf andere komme ich zurück.

2.) Deutschland kann sein Volk aus eigenen Naturkräften in seinem jetzigen Bestande nur erhalten, wenn diese 75 Millionen willens wären, ganz einfach zu leben. Für unsere gewohnten Bedürfnisse fehlen uns in jedem Jahre durchschnittlich 1 – 1,5 Mill[ionen] to Getreide, 40% des Fettbedarfs, Wolle, Baumwolle, [7] Kupfer, Zink, Eisen, Kautschuk, Treibstoffe in hohen, Früchte, Gemüse, Hanf und Holz in beachtlichen Prozentsätzen. In meinem 1936 Herbstgutachten an den Kanzler habe ich dargelegt, daß alle Stoffgewinnungen aus Kohle aussichtsreich, alle anderen Neustoffergänzungen Raubbau sind.[6] Dies gilt insbesondere für Spinnstoffe, die wir aus Holz herstellen. Seit 4 Jahren schlagen wir 50% zuviel in unseren Wäldern; wir zapfen den Kiefern *zuviel* Harz u[nd] damit Lebenskraft ab. Die von Vertretern der I.G.-Farben genährte Idee, daß in großem Umfange Holz durch Briketts ersetzt werden könne, geht an der Tatsache vorbei, daß die Gewinnung von Brennholz heute den meisten darauf angewiesenen ermöglicht, ihre Arbeitskraft zur Erhaltung des Lebens einzusetzen. Die Barmittel, die sie für den Bezug von Briketts brauchen, könnten sie gar nicht oder nur unter weiteren schweren Einschränkungen ermöglichen; neue Arbeitsgelegenheit zu Mehrverdienst finden sie nicht; denn es sind meist kleine und kleinste Bauern, die in ihre Hauptarbeit auf der Scholle gebunden sind. Seht Euch diese Familien in Schwaben, Bayern,

6 Vgl. ausführlich Goerdelers Analyse der deutschen Ersatzstoffproduktion in seiner Denkschrift zur Rohstoff-, Devisen- und Währungslage vom 17.9.1936; Dok. 3.8, oben S. 411 ff.

Ostpreußen, in der Eifel u.a. an! Gestattet nie der Industrie, selbstherrlich und wegwerfend in diese gesunden Organismen einzugreifen!

[8] Ich sehe davon ab, zu urteilen über die Qualität der neuen Spinnstoffe; sicher ist, daß für viele Verwendungen der organische Zellenaufbau von Wolle und Baumwolle unentbehrlich ist. Wolle liefert die Natur in 18 Monaten, Baumwolle in 8 Monaten, Zellwolle in 40 Jahren! Welche sinnlose Verachtung der Natur, das Holz zu wählen.

Wir bauen jetzt die ärmsten Erze ab, statt sie als letzte Reserven für ernsthafte Zeiten und für jene Jahrhunderte zu sparen, in denen überall die guten Erze abgebaut sein werden.

Aber selbst wenn wir dies alles fortsetzen wollten, der Lebensstand müßte bei vollem Verzicht auf den Weltmarkt so gesenkt werden, daß das deutsche Volk die Notwendigkeit dazu solange nicht einsehen würde, als eben der Weltmarkt gewonnen werden kann.

Darauf muß sich die gesamte deutsche Politik richten, wenn sie nicht die Verringerung der Volkszahl ins Auge fassen will. Ich habe das schon in „Wirtschaft heißt Werte schaffen" dargelegt und verweise auf den Abschnitt Außenpolitik.[7] Ihre richtige Führung allein kann dem deutschen Volke seinen jetzt gewohnten Lebensstand und seine Verbesserung durch möglichst weiten Absatz in der Welt [9] gewährleisten.

Es ist möglich, dies Ziel zu erreichen, die ganze Welt sehnt sich danach. Notwendig ist nur die Wiederherstellung von Anstand und Gerechtigkeit, als unerläßliche Grundlage des unerläßlichen Vertrauens. Aber selbst wenn dies gelungen, wenn nach Wiedergewinnung einer in verständigem Maße goldgesicherten Währung – ihre Notwendigkeit für den Weltverkehr habe ich in „Wirtschaft = Werte schaffen" und in „Ein Beitrag zur Weltkonferenz["] (Deutsche Rundschau April 1937[8]) dargelegt – hinreichend deutsche Erzeugnisse in der Welt abgesetzt und entsprechende Einfuhren von Rohstoffen aller Art eingetauscht werden können, muß Deutschland stets darauf bedacht sein, soviel Menschen wie möglich in der Land- und Gartenwirtschaft zu beschäftigen.

Viele Industriestaaten, z.B. England, sind dazu übergegangen, Nahrung und Bekleidung hauptsächlich aus anderen Ländern zu beziehen. England hat ein Empire, das alles Notwendige z.Z. mit billigen farbigen Kräften produziert und dessen Preise es lange durch finanzielle und politische Machtmittel beeinflussen konnte. Englands Seeherrschaft sichert den Bezug des Notwendigen selbst im Kriege. Aber selbst in England wächst das Streben, sich durch Stärkung der [10] heimischen

---

7 Gemeint ist hier seine Denkschrift zur Außenpolitik vom 10.9.1938; Dok. 5.1.1, oben S. 658 ff.

8 Im April 1937 erschien der letzte Teil von Goerdelers Artikelserie „Die Deutsche Gemeindeordnung als wirtschaftliches Grundgesetz", die allerdings nur marginal auf den internationalen Handel Bezug nimmt (Der Deutsche Volkswirt, Nr. 27 /2.4.1937), S. 1311-1313); andere Artikel direkt zur Weltkonferenz konnten nicht ausfindig gemacht werden.

Landwirtschaft unabhängiger zu machen. Gewiß kommen in diesem Streben auch reine Lebenswünsche der heimischen Bauern zum Ausdruck, die übersehen, daß der Zusammenhalt des britischen Empire (vgl. meine Reiseberichte[9]) von genügendem Absatz der Produkte der Dominien in England abhängt. England befindet sich in dieser Zwickmühle, aber noch in einer zweiten.

Die Lebenskraft eines Volkes hängt davon ab, daß alles in allem mindestens die Hälfte der Bevölkerung die Verbindung mit jener Urtätigkeit behält, ohne die es verhungern muß. Ein reines Industrievolk muß entarten. Es verliert jene unerläßliche Achtung vor den Kräften und Gesetzen der Natur, die sein Denken, Fühlen und Handeln gesund machen. Niemals kann der Sport die Land- und Gartenwirtschaft ersetzen. Er ist zu einseitig und entbehrt jener Schicksalhaftigkeit wirtschaftlicher Tätigkeit, die für die Ausbildung von Körper, Geist und Seele zu harmonischer Bestleistung unerläßlich ist. Ich habe die Entartungserscheinungen, denen ich in England begegnet bin, in meinen Reiseberichten beschrieben.

Selbst wenn Deutschland die Meere beherrschen, selbst wenn es sich völlig genügende Vorräte für [11] den Ernstfall hinlegen könnte, es müßte seine Land- und Gartenwirtschaft erhalten, ja stärken. Die unabweisbare Gefahr der Entartung ist für uns um so ernster, als im Süden und Osten Europas noch naturhafte Völker sich entwickeln, die allein durch ihre stärkere Vermehrung ihre größere Gesundheit beweisen. Verfallen wir nicht der Gefahr, auf diese Völker herabzusehen, weil sie noch barfuß gehen und primitiv sich kleiden und wohnen! Daß sie es noch *können*, ist gerade ihre Stärke. Vor 40 Jahren konnten es noch die meisten Landbewohner im deutschen Osten; und er lieferte der Industrie und der Armee die meisten und besten Menschen. Deutschland muß die Bodenwirtschaft als eine physische und seelische Kraftquelle bewußt stärken. Dazu stehen ihm folgende Mittel zur Verfügung:

a) die *Siedlung* in allen Formen, vor allem die Kleinsiedlung in Großstädten. Dabei warne ich vor einer grundsätzlichen Zerschlagung des Großgrundbesitzes. Es ist für Beispielswirtschaften unentbehrlich; wir brauchen auch hochgebildete Großgrundbesitzer für wirtschaftliche und politische Führerstellen. Kein Großbetrieb darf zerteilt werden, wenn nicht vorher festgestellt ist, [12] daß mindestens die gleiche Zahl von Menschen mindestens die gleiche Menge wie der Großbetrieb weiterhin produzieren kann. Dagegen sollten die Großbetriebe nach bekanntgegebener Frist aufgeteilt werden, die nicht vom Eigentümer selbst bewirtschaftet werden, sondern durch Verpachtung ihm nur Quelle des Gelderwerbs sind. Das abschreckenste Beispiel ist für mich ein Fideikommiß in meinem Gemeindekreis geblieben, dessen Besitzer in Paris lebte! Hier sind jene höheren Zweckbestimmungen der Landwirtschaft verletzt. Wachsen einem nicht selbstwirtschaftenden Landbesitzer Erben heran, so mag der Staat ihm eine auf deren Alter abgestimmte Frist auf den Antrag bewilligen.

---

9 Vgl. die Reiseberichte von 1937–39; Dok. 4.2.1 ff.; oben S. 525 ff.

Die Siedlung *muß* wieder in den Methoden Friedrich Wilhelm I. und seines Sohnes betrieben werden. Man soll dem Siedler *nicht* alles fertig hinbauen. Wohnhaus u[nd] Ställe müssen so einfach, aber das Inventar so erstklassig (ohne Übertreibungen, die meist mit höherer Empfindlichkeit bei Tier u[nd] Maschine verbunden sind) bereitgestellt werden. Im übrigen soll der Siedler durch eigene Leistung sich einwurzeln, bodenständig werden und seinem Fleiß den weiteren Ausbau danken. Das schafft harte, leistungsfähige, starke [13] Menschen, so scheidet sich Spreu von Weizen.
Eine große Vereinfachung der Organisation ließe sich erreichen, wenn die Siedlung den Landschaften anvertraut würden; sie haben die größten Erfahrungen in Wirtschaftlichkeit; der Staatskommissar müßte besondere Einwirkungsrechte erhalten.
Die *Erbhofgesetzgebung* ist sofort *aufzuheben*. Sie muß, dem Erbhofbauern Realkredite sperrend, zum Rückgang der Produktion führen.[10] Die diesjährige Rekordernte darf den Blick nicht trüben; sie ist von Gott geschenkt. Im übrigen sind die in Nürnberg 1937 verkündeten Zahlen z.T. falsch, z.T. irreführend.[11] Das Erbhofwesen beeinflußt den Bauern, die Kinderzahl zu beschränken, den Boden zu Gunsten der jüngeren Kinder auszusaugen; er fördert Familienzwiste und Landflucht. Es hält den Unfähigen zu lange in einer Tätigkeit, der er nicht gewachsen ist.
Einer volksunwirtschaftlichen Teilung kann vorgebeugt werden; der Teilende muß nachweisen, daß die Empfänger wirtschaftsfähig sind und daß die Pro-

10 Das Reichserbhofgesetz (REG) vom 29.9.1933 (vgl. RGBl. 1933/I, S. 685-692) strebte eine Verbindung der nationalsozialistischen Blut- und-Boden-Ideologie mit den traditionellen Anerbenrechtsbestrebungen an. Die weitgehenden Eingriffe in die bäuerliche Selbstbestimmung – Veräußerungsverbot, Vollstreckungsschutz und Belastungsverbot – sollten eine Herauslösung der Erbhöfe aus dem kapitalistischen Marktsystem bewirken. Theoretisch waren Realkredite für Erbhöfe nicht mehr notwendig, da den Bauern durch die neue Agrarmarktordnung Preisstabilität gesichert werden sollte; praktisch wären jedoch erhebliche Kredite notwendig gewesen zur Tätigung von Mechanisierungsinvestitionen. Diese Notwendigkeit wurde von Darré zwar erkannt, aber Schacht forderte im Interesse der Kreditwirtschaft die Aufhebung des Vollstreckungsschutzes als Voraussetzung für die Vergabe von Realkrediten. Die daraus resultierende Pattsituation war auch im Rahmen des Vierjahresplans nicht befriedigend gelöst worden. Vgl. Friedrich Grundmann: Agrarpolitik im „Dritten Reich". Anspruch und Wirklichkeit des Reichserbhofgesetzes, Hamburg 1979, S. 63-114.

11 Auf dem „Reichsparteitag der Arbeit" im September 1937 hatte Darré in seiner Eigenschaft als „Reichsbauernführer" die agrarpolitische Entwicklung seit 1933 dargestellt. Während seine Angaben zu Steigerungen des Ernteertrags in den Statistiken Hoffmanns bestätigt werden, gilt dies nicht für seine Angaben zur Steigerung des Viehbestands. Vgl. die teilweise abgedruckte Rede Darrés in: Rühle, Das Dritte Reich 1937, S. 298-301 und dagegen die Angaben bei Walther G. Hoffmann, Franz Grumbach und Helmut Hesse: Das Wachstum der deutschen Wirtschaft seit der Mitte des 19. Jahrhunderts, Berlin, Heidelberg und New York 1965, S. 278 ff.; 303.

duktion nach der Teilung mindestens die gleiche bleibt. Zuständig auch hier die Landschaften mit Beschwerderecht an den Staats- [14] kommissar.
Kleinsiedlungen für Städte unter 30.000 Einwohner sind unsinnig. Für sie ist der Garten oder Acker vor der Stadt die wirtschaftlichste Form. Man muß bedenken, daß Kleinsiedlungen viel mehr Straßen erfordern, als geschlossen gebaute 2–3 Stockwerkhäuser. Die Zahl der Stockwerke soll in Städten *nicht* beschränkt werden. Sie soll nur in den einzelnen Straßen gleich sein und der Verkehrsfähigkeit der Straßen entsprechen. New York hat den letzteren Gesichtspunkt außer acht gelassen; da nützen keine Garagenhäuser; die Menschen müssen zu ihren Wohnugen und Arbeitsstätten.
Wenn in einer Stadt bis etwa 30.000 Einwohnern die Menschen in Mehrstockhäusern mit gesunden Wohnungen, Gas- und Wasserleitung[en] hausen und vor den Toren der Stadt ihr Stück Land haben, so ist das von jedem Gesichtspunkt aus das Gesündeste und Wirtschaftlichste. Solche Städte sollten die Fäkalien nicht kanalisieren, sondern, wie Kiel noch vor 10 Jahren, in Trockengruben sammeln und auf das umliegende Land fahren, wenn sie nicht die Kanalisation zu *vernünftiger* Berieselung nutzen können. Wir müssen die menschlichen Fäkalien nützlich verwerten, statt mit ihnen die Flüsse [15] zu Kloaken zu machen. Das Beispiel der Stadt Leipzig kann als Anhalt dienen.
Jeder Gemeinde ist sofort aufzuerlegen, diese Frage der nutzbringenden Verwertung der Abwässer zu prüfen und der sachverständigen, nicht der Aufsichts-, behörde zu berichten; diese Behörde wird in Zukunft die Gau-(Provinz) selbstverwaltungsbehörde sein (vgl. Innenpolitik). Letzere mag die Aufs[sichts]-Behörde angehen, wenn Einwirkungen auf die Stadt nötig sind.
Für größere Städte ist die Kleinsiedlung unerläßlich. In ihr würden zu große Entfernungen entstehen, wenn der Bürger in der Stadt wohnen und seine Gartenwirtschaft draußen betreiben würde. Auch hier muß stets geprüft werden, ob es, was Straßenbau, Leitungen usw. betrifft, nicht wirtschaftlicher sein würde, um die Stadt herum geschlossene mehrstöckige Wohnblocks zu legen und das Gartenland um die Blocks herum bereit zu stellen. Die Grenze für dies System liegt da, wo der Verzicht auf Eigentumserwerb oder Erbbaurecht vertreten werden kann. Diese Besitzformen sind ein ungewöhnlicher Antrieb zu Leistungssteigerung u[nd] zur Befriedung; dafür ist für jene Siedlungsform das Wohnungseigentum zu ermöglichen.
Im ganzen hat die Kleinsied[16] lung denselben Zweck wie die Förderung der Acker- und Gartenwirtschaft überhaupt; ich habe ihn oben dargelegt. Daneben tritt der ebenfalls wichtige Zweck, soviel Bürger wie möglich gegen die Schwankungen in ihrem Hauptberuf zu festigen. Diese sind unerläßlich. In dieser Natur, die selbst mit Schwankungen arbeitet, gibt es keine Allwetter-Versicherung, die jedes Risiko ausschließt; ich habe das in meinen mehrfach erwähnten Aufsätzen dargelegt. Die Kleinsiedlung ermöglicht, die Arbeitskraft auch dann lebenspendend einzusetzen, wenn der Hauptberuf nicht voll läuft. Sie verwirklicht in

gesunder Form das Naturgesetz, daß dies Leben nur durch Leistung zu erhalten und zu verbessern ist.

Selbstverständlich eignen sich nicht alle Menschen für sie. Sie müßten auf Leistungsfähigkeit und Leistungswillen geprüft werden; sie sollen daher grundsätzlich von vornherein schon bei der Errichtung der Siedlung (Haus- und Straßenbau) mitwirken. Ich schätze z.Zt. den geeigneten Teil der Familien auf 5–10%.

Der Einwand, daß Kleinsiedlung zu viel Land dem Ackerbau entzieht, ist irrig. Durch Kleinarbeit wird der Boden ergiebiger; wir ersparen zudem an Kartoffeln-, Gemüse- und Obsteinfuhr, was wir an Getreide [17] mehr einführen müssen. Für 5–10% der deutschen Familien (etwa 20 Mill[ionen]), also für 1–2 Millionen brauchen wir (1.000 qm je Stelle) 100.000–200.000 ha, d.h. $1/3 - 2/3$% der jetzt landwirtschaftlich benutzten Fläche. Dieser „Verlust" kann durch Meliorationen und bessere Wirtschaft mehr als wettgemacht werden. Im übrigen verweise ich auf meinen Aufsatz „Kleinsiedlung als nationalpolitische Notwendigkeit" in „Der Deutsche Volkswirt" 1935 oder 1936.[12]

b) *Zoll- und Preisschutz*. Das Ausland kann aus verschiedensten Gründen vielfach billiger produzieren, als es uns im härteren Klima möglich ist; auch sind wir verwöhnter als manche anderen Völker. Soll der deutsche Bauer nicht auf einen Lebensstand weit unter dem des gelernten Arbeiters gedrückt werden, so muß er durch Dämme gegen den Einkauf billigerer Produkte geschützt werden. Das kann durch Zölle geschehen.

Diese müssen nun in Handelsverträgen, auf die wir im Interesse unserer Ausfuhr (s.o.) nicht verzichten können, für die Vertragsdauer festgelegt werden. In ihr ändern sich draußen in Freiwirtschaften die Preise. Zölle verbürgen also einen Schutz, aber nicht einen längeren Gleichstand der Preise; ist der Weltpreis x und der Zoll y, so kann der deutsche Bauer [18] auf einen Inlandspreis von x+y rechnen; fällt der Weltpreis auf z, so ist sein „Schutzpreis" nur z+y.

Nun hat aber der Bauer das höchste Interesse an einem für längere Zeit gleichen Preis; denn seine Aufwendungen machen sich häufig erst im 3. und 4. Jahr fruchtbar. Seine Fruchtfolge, seinen Viehbestand kann er nicht von heute auf morgen ändern. Er kann Teile der Wirtschaft stillegen; aber die Natur hindert ihn, es ruckartig zu tun.

Einen ewig gleichen Preis kann ihm niemand garantieren. Denn der Preis ist nur relativ; entscheidend ist, was er sich dafür kaufen kann. Seine Kaufkraft ist also auch von der Preisentwicklung auf anderen Gebieten abhängig; auf ihnen gibt es kein ewiges Gleichmaß; ich habe das in „Wirtschaft heißt Werte schaffen" dargelegt. In England wird diese Tatsache eben offenbar; der englische Heimat-

[12] Der Artikel „Kleinsiedlung und Wohnungsbau als politische und wirtschaftliche Notwendigkeiten" erschien in 2 Teilen: Teil I in Der Deutsche Volkswirt Nr. 26 (27.3.1936), S. 1207-1211; Teil II in ebd. Nr. 27 (3.4.1936), S. 1263-1265. Das Originalmanuskript liegt in BAK, N 1113, Bd. 17; weitere Sonderdrucke existieren in Privatbesitz.

weizenpreis ist durch bestimmtes System von 1935 festgelegt.[13] Damals war es ausreichend, heute nicht, da die Industriepreise inzwischen gestiegen sind.
Wir stehen also vor der Wahl, den Bauern dies Risiko gewisser Preisschwankungen selbst ausbaden [19] zu lassen, oder durch eine Häufung der Einfuhr, durch staatliche Vorratskäufe und Abstoßungsverkäufe jenen mehrjährigen Gleichstand zu sichern.
Ich stehe durchaus auf dem Standpunkt, daß es zur Gesunderhaltung der Leistungskräfte des Einzelnen wie des Volkes nötig ist, ihn selbst kämpfen und aus eigener Verantwortung, aus eigener Voraussicht und aus eigenem Können sein Leben gestalten zu lassen. So kann ich auch in diesem Fall nur dringend raten, dem Bauern grundsätzlich dies Risiko ebenso zu überlassen, wie das einer schlechten Ernte. Er, der Industrielle u[nd] Handwerker, der Kaufmann und Arbeiter müssen wieder lernen, für schlechte Zeiten selbst vorzusorgen; der eine tut das durch Sparen, der andere durch Versicherung. Wir können nicht gründlich genug von der Idee des Versorgungsstaates wegstreben, wie er sich seit 1914 immer breiter gemacht hat, der wie ein Polyp die schöpferischen Einzelzellen umklammert und vernichtet, in dem dann schließlich nur noch Lahme und Blinde einander zum Tode helfen können, da eine Hilfe zum Leben nicht mehr möglich ist.
Dieser Entschluß ist der entscheidende. Ohne ihn ist eine Genesung nicht möglich. Der Staat, der ihn zuerst in einer von krausen Vorstellungen über seine Allmacht verworrenen Welt verwirk[20]licht, wird am schnellsten gesunden und ohne Anstrengung die Welt führen. Auch der Bauer muß wieder Vorsorge aus Eigenem lernen. Weshalb nicht auch Preisschwankungen gegenüber, die viel weniger ins Gewicht fallen wie die Schwankungen der Ernte:

Normalernte	je	Morgen	angenommen	8	Ztr.	Roggen
Rekordernte	„	„	„	10	Ztr.	Roggen
Unterschied				2,	Wert	8 RM
Weltpreis	im	Jahr	a			5 RM
Weltpreis	im	Jahr	b			4 RM
Unterschied						1 RM
oder je						
Morgen	Normalernte				10X1 =	10 RM
Morgen	Rekordernte				12X1 =	12 RM

Eine ganz andere Frage ist es, ob Deutschland nicht ein Gemeininteresse an einer Intervention hat. Zweifellos ist es notwendig, daß unser Vaterland eine verstän-

[13] Während die heimische Weizenproduktion seit 1932 von der britischen Regierung subventioniert wurde, war erst mit der staatlich forcierten Gründung eines Absatzkartells 1935 auch eine Preisfestlegung erreicht worden; vgl. Aldcroft, Inter-War Economy, S. 346-349.

dige Vorratspolitik betreibt. Unsere Ernten schwanken zwischen 21 und 26 Mil-l[ionen] to Korn aller Art. Unser Bedarf liegt aber bei 23,5 Mill[ionen] to. Wir müssen also in guten Jahren Korn sparen für schlechte Zeiten. Dies kann man an sich dem Privathandel überlassen; auch er wird in guten Jahren (billig) einkaufen und in schlechten (teuer) verkaufen. Das ist sein Interesse; da er davon lebt, wird er schon für beste Aufbewahrung sorgen.

Man wendet die Kriegserfahrungen ein. Ich stelle fest, daß wir 1914 sehr gut versorgt waren; wir haben nur nicht sofort die Rationierung durchgeführt.

Immerhin ich kann nur raten, keinen [21] Grundsatz zu Tode zu hetzen. Die Welt ist außer Rand und Band; die Privatinitiative verschüttet; die zum eigenen Risiko Befähigten zusammengeschrumpft. So gebe ich hier den *bestimmten* Rat, das Getreidemonopol in der Hand des Staates einstweilen beizubehalten. Alle Einfuhr und Ausfuhr bedarf Genehmigung durch das Monopol. Dieses hat die Aufgabe, die Preise zu stabilisieren, soweit die Zölle dies nicht vermögen, u[nd] die vom Staat angeordneten Vorräte zu halten.

Allmählich kann dies Monopol, das von vornherein in sich privatwirtschaftlich zu arbeiten hat (Reichsgetreidegesellschaft), in ein Andienungsmonopol umgewandelt werden, so daß unter seiner Kontrolle sich der private Getreideeinfuhrhandel wieder belebt. Die letzte Stufe wäre dann der freie Einfuhrhandel mit der Verpflichtung von Bauer, Händler, Müller u[nd] Bäcker, monatlich die Vorräte zu melden. Diese Stufe darf aber erst eingeführt werden, wenn die Welt ihr äußeres und inneres Gleichgewicht wiedergefunden hat.

Ein so systematisch aufgebauter und ganz allmählich teilweise auf die Privatinitiative umgeschalteter und beweglich gemachter Preisschutz ist im Interesse unserer Gesunderhaltung den Bauern staatlich zu sichern.

Es läßt sich für Milch und Fette in der jetzt gehandhabten Weise fortsetzen. Nur ist die überspannte Marktordnung sofort aufzuheben. Der Bauer [22] muß wieder unmittelbar an den Verbraucher liefern können. Die Mindestpreise werden aufgehoben; die vorhandene Organisation ganz auf das Genossenschaftswesen umgestellt. Auch hier ist der Preisschutz durch Zölle aufs einfachste zu bewirken, da wir nur etwa 50% unseres Fettbedarfs aller Art selbst erzeugen. Es handelt sich bei genügendem Zollschutz, der aus den oben erwähnten Gründen auch hier notwendig ist, um eine wirtschaftlich-kaufmännische Aufgabe, die den Organen der landwirtschaftlichen Selbstverwaltung überlassen werden kann. Die Butter wird dabei um den Betrag der Fettsteuer verbilligt; die künstliche Verbilligung der Margarine, dieses unverschl...ennen Volkstäuschers, hört auf.

Da wir unseren Fleischbedarf selbst decken, sind hier besondere Maßnahmen außer Schutzzöllen nicht erforderlich. Die jetzige Marktordnung[14] ist durch die wieder zu errichtenden Landwirtschaftskammern ihrer Übertriebenheiten zu

[14] Vgl. dazu auch Goerdelers Artikel „Wirtschaftliche Funktionen der Preise" vom 23.12. 1936; Dok. 3.9, oben S. 464 ff.

entkleiden. Der freie Wettbewerb darf auch hier nur soweit beschränkt werden, als es zur Erhaltung der Bauern nötig ist; dabei darf man nicht den dümmsten Bauern zum Maßstab nehmen; hier kann der freie Handel wieder in seine Funktionen eingesetzt werden. Hier muß der Bauer wieder frei wirtschaften lernen. Niedrige Preise werden die Konserven[23]fabriken füllen und die Ställe leeren. Dann steigen die Preise wieder und der Bauer kann sich erholen für die Zeit niedrigerer Preise. Die Verbraucher schützen sich entsprechend durch Sparen. Diese Reguliertätigkeit der Preise ist nötig. Die jetzige Marktordnung hat auch keine gleichmäßige Fleischproduktion sichern können; die Schweinebestände sind hin- und hergegangen.

Gemüse u[nd] Obst führen wir ein. Die ausländische Erzeugung ist aus klimatischen Gründen meist wesentlich billiger. Für frische Waren sind also in Zeiten deutscher Ernten Schutzzölle erforderlich. Die Glaskulturwirtschaft braucht nicht geschützt zu werden. Sie ist zur Gesunderhaltung des deutschen Volkes nicht nötig; auf diesen Flächen mag lieber, falls natürliche Wettbewerbsfähigkeit nicht besteht, Weizen gebaut werden.

Kartoffeln erzeugen wir im Überfluß. Also genügen Schutzzölle und Selbstverwaltungsmaßnahmen der Landwirtschaft. Hier wird die jetzige Organisation im wesentlichen bestehen bleiben können; Überspitzungen sind zu beseitigen.

3.) Die besten Leistungen werden erzielt, wenn jeder das Ergebnis seiner Arbeit als entscheidend für seinen Lebensstand wieder zu betrachten lernt, der Staat oder die eigene Selbstverwaltung ihm Gelegenheit zur Erlernung des besten Könnens gibt und der Einzelne reiche Erfahrun[24]gen sammelt. Ich habe das in „Wirtschaft heißt Werte schaffen" dargelegt. Diese Antriebskraft des Strebens zu bester Leistung kann durch nichts ersetzt werden. Akkordlohn ist nicht erfunden, um den Arbeiter zu ärgern, sondern um auch diesem unselbständigen Werkmann eine Möglichkeit zu geben, durch Fleiß und Können den Untüchtigen zu überflügeln und ihm die Wohltat zu verschaffen, daß er aus eigener Verantwortung seinen Lebensstand bestimmen kann.

Die alten deutschen Gewerkschaften haben in den Jahrzehnten, in denen ausgedehnte Arbeitslosigkeiten unbekannt waren, diese Naturkräfte nicht erkannt oder nicht erkennen wollen. So fingen sie, zur Macht gelangt, 1919 mit ihrem alten Ladenhüter des Einheitslohnes an, bis sie mehr u[nd] mehr die Notwendigkeit wenigstens der starken Differenzierung der Löhne zwischen Gelernten und Ungelernten einsahen. In den letzten Tagen der Regierung Brüning waren sie dann soweit zu begreifen, daß hohe Löhne auf dem Papiere nichts nützen, wenn sie die Ware wettbewerbsunfähig machen, die Betriebe hemmen und dem Arbeiter so die Arbeitsmöglichkeit nehmen.[15] Ich warne jede[n], in diesen Wahn des Marxismus

[15] Vgl. dazu auch Goerdelers ausführlichere Beschreibung dieser Vorgänge in seinem Rückblick auf seine Mitarbeit in der Reichspolitik zwischen 1931 und 1935 vom 9.7.1937; Dok. 2.3.7, oben S. 240 ff.

zurückzuverfallen, dem heute noch die meisten Kulturstaaten verfallen sind. Im Zeitalter der Absatzlosigkeit unterhält man sich in Genf über die [25] Möglichkeit, die Arbeitszeit zu senken,[16] ohne zu bedenken, daß man damit die Tauschkraft des Arbeiters mindert; wollte man dies durch Lohnerhöhung ausgleichen, so würden die Preise entsprechend steigen müssen; nichts wäre gewonnen, nur der Selbständige (Bauer, Arbeiter, Kaufmann) würde schwer geschädigt und in seiner Kraft, Industrieprodukte zu kaufen, geschwächt. Wirkung: vermehrte Arbeitslosigkeit.

Nein, in dieser Welt kann Leben nur durch Leistung, verbessertes Leben nur durch erhöhte Leistung gewonnen werden. Die höchste Leistung aber vollbringt der Kämpfer, wenn das Ergebnis des Kampfes sein Schicksal ist. Deshalb muß die Politik des Staates darauf gerichtet sein, die Wirtschaft durch möglichst viele selbständige Einzelpersönlichkeiten bedient zu sehen. Diese Erkenntnis darf nicht zu der seit Jahrzehnten verstaubten Mittelstandspolitik führen. Sie hat immer nur in selbstischen, z.T. sinnlosen Forderungen und schwächlichen Zugeständnissen, bestanden. Sie hat dem sog[enannten] Mittelstand den Kampfgeist genommen oder ihn in falscher Richtung kollektivisiert. Ich empfehle folgende Maßnahmen, die das Kapital möglichst von anonymer Zusammenballung abhalten sollen:

a) Die Gewerbesteuer muß für die Wirtschaftsgesellschaften höher sein [26] als für Einzelne, die Körperschaftssteuer höher als die Einkommenssteuer.
b) Die Ein- und Verkaufsgenossenschaften mit unbeschr[änkter] Haftschutzpflicht, deren Genossen nur physische Personen sind, werden steuerlich wie Einzelne behandelt. So haben diese die Möglichkeit sich zu vorteilhaften *Handels*vorrichtungen mit Nutzen zusammenzuschließen, wenn sie volle Einzelverantwortung übernehmen, also die Augen aufmachen.
c) Die Bildung von Aktiengesellschaften und GmbH wird erschwert. Sie müssen schon im Ankündigungsprospekt eine Berechnung der Wirtschaftlichkeit aufmachen; jede Änderung des Gesellschaftszwecks bedarf eines Beschlusses der G[eneral]V[sammlung] und gibt den Aktionären, die dagegen gestimmt haben, das Recht, Kauf ihrer Aktien durch die A.G. zu einem Kurs zu verlangen, der dem Durchschnitt des Kursstandes in den letzten 6 Monaten entspricht.
d) Gerät eine Bank in Zahlungsschwierigkeiten und hat diese Bank in Aktien spekuliert oder ist sie in solchen Gesellschaften Aktionär oder hat sie an solche Gesellschaften Kredite gegeben, die in den letzten beiden Jahren keine Dividen[den] verteilt, nicht ordnungsmäßig abgeschrieben oder nicht die vorgeschriebenen Reserven gebildet haben, so werden die Bankinhaber (Vorstände) bestraft.

---

[16] Die Internationale Arbeitskonferenz, die seit 1919 jährlich in Genf tagte, bemühte sich seit der beginnenden Erholung von der Weltwirtschaftskrise um Konventionen über die 40-Stunden-Woche. Während 1938 keine Einigung erzielt wurde, war 1937 die Arbeitszeitbeschränkung für die Textilindustrie angenommen und gleichzeitig die Prüfung für andere Industriezweige beschlossen worden. Deutschland und Italien waren an der Konferenz 1937 nicht beteiligt; vgl. Keesings Archiv 1937, 3102F.

Durch eine solche Maßnahme würde dem Unwesen ein Riegel vorge[27]schoben werden, daß eine Verwaltung fremder Gelder sich an Gesellschaften beteiligt, deren schlechter Stand langdauernd offenbar ist, und dadurch den soliden lebensfähigen Existenzen auf fremde Kosten noch Wettbewerb bereiten; ein solcher Wettbewerb ist kein gesunder mehr.

e) Die A.G. muß in ihren Aufsichtsrat auch – je nach dessen Größe – mehrere Vertreter der Belegschaft berufen, u[nd] zwar die jeweils betriebsältesten Mitglieder des Vertrauensrates.

f) In den Industrie- und Handelskammern muß die Hälfte der Mitglieder aller Organe und Ausschüsse aus Einzelkaufleuten (Industriellen) bestehen.
Dasselbe gilt für alle anderen laut Gesetz zu bildenden ständischen Organisationen. Entsenden diese Vertreter als Gemeindeverordnete, Oberhausmitglieder usw., so gilt der gleiche Grundsatz.
Er gilt ebenso für alle Beiräte, Ausschüsse usw, die eine Behörde zur Arbeit in Wirtschaftsfragen beruft.

g) Staat und Gemeinde zeichnen Bürger, die 30 Jahre unbescholten ohne Unterstützung und ohne Konkurs selbständig ein Gewerbe ausgeübt haben, aus.
Den Bauern auch? Nein; er ist staatlich geschützt. Die für die Gemeinschaft besonders wertvolle Leistung liegt in der ungeschützten Führung des Lebenskampfes auf eigene Verantwortung.

Der Staat wird die gesundeste Wirtschaft haben, der die meisten seiner Bürger so wirtschaften sieht. [28] Damit habe ich das Todesurteil über jede Form der staatlichen Wirtschaft gesprochen.

Es ist sehr verführerisch für tüchtige Beamte, zu wirtschaften. Aber hinter seiner Staatswirtschaft steht nicht sein persönliches Schicksal. Begeht er keine Disziplinarvergehen, so wird nur selten ein so klarer Tatbestand vorliegen, daß man ihm wegen Dummheit oder Nachlässigkeit an den Kragen kann. Ich habe das häufig erfahren. Ich habe einmal eine öffentliche Bank zu sanieren gehabt, die ihr gesamtes Depositenkapital durch unglaubliche Dummheit, ja Leichtfertigkeit der verantwortlichen Beamten verloren hatte.[17] Es war nicht möglich, zu einer Haftung zu kommen; denn die Betroffenen konnten sich immer darauf berufen, daß sie die wirtschaftliche Entwicklung eben anders eingeschätzt hätten, das ist der springende Punkt. Im Wirtschaftsleben arbeitet man, wie im Sport und im Kampf, immer mit einer Reihe unbekannter Faktoren (Wetter, Marktentwicklung, Stimmung, Staatspolitik, Krisen, Katastrophen, ja Launen). Erst der Erfolg oder Mißerfolg entscheidet; die Handlungen und Schätzungen vorher sind alle subjektiv; der eine handelt und schätzt so, der andere anders. Daher gibt es so selten eine sichere Möglichkeit sittlich berechtigter Verurteilung. Nur weil dem so ist, weil Leistung, Risiko und Erfolg in untrennbarem [29] Zusammenhang stehen, kann Wirtschaft nicht vom

[17] Vgl. zu der Leipziger Stadtbank, auf die Goerdeler hier anspielt, S. 88, Anmerkung 5.

Staatsbeamten so erfolgsicher und verantwortungsklar betrieben werden wie vom Einzelnen, dem Wirtschaft unmittelbares persönliches Schicksal ist. Betreibt doch einmal einen Weingarten in Tirol staatlich; das wird sicher ein teurer Wein oder ein Zuschußbetrieb.

Dazu kommt folgendes: Wenn Ihr alle Wirtschaft verstaatlicht, so wird jeder nach festen Sätzen, äußerstenfalls im Akkord, bezahlt. Der höchste Anreiz zur Höchstleistung, z.B. das besondere Ansehen der Beamten oder der außergewöhnliche Gewinn, kann nicht gewährt werden. Das Schicksalsrisiko fehlt, jeder versinkt in die Vorstellung des Versorgtseins. So muß die Gesamterzeugung sinken, selbst wenn man die bolschewistische völlige Gleichmacherei mit ihren fatalen Mißerfolgen vermeidet. Im sozialistischen Wirtschaftsstaat muß der Mensch durch Verkümmerung seiner Kampfkraft entarten. Ich verweise auf meine erwähnte Abhandlung.

Soll der Staat die Wirtschaft führen? Diese in den letzten Jahren aufgetauchte Parole muß klargestellt werden.

Ein Führer muß Kampfziel, Kampffeld und Kampfmittel bestimmen. Auf die Wirtschaft übertragen: Absatzmarkt, Welt oder Heimat, Produktion. Das ist scheinbar möglich. Der Staat kann bestimmen, daß dieser und jener Markt vorzugsweise bearbeitet werden soll und dazu nur diese und jene Rohstoffe, diese und jene Waren herzustellen sind. Das kann er. Aber sehr bald wird er in einem Gestrüpp von Unsicher[30]heiten sich verfangen haben. Da sind nämlich noch andere Völker mit vielleicht gleichen Kampfzielen. Da sind auf dem bezeichneten Markt Interessenten, die auf die Dauer ganz andere Wünsche wie die zuerst geäußerten oder vermuteten haben. Da treten in der Beschaffung der Rohstoffe Preis- und andere Faktoren auf, die wesentlich sind. Will der Staat dann, um seinen Plan durchzuführen, mit außergewöhnlichen Mitteln, sei es der Propaganda, der Bestechung, der Exportzuschüsse, der Rohstoffzuschüsse, einsetzen, so kann er diese Mittel nur auf Kosten des eigenen Volkes beschaffen.

Das beste Beispiel rollt sich jetzt vor unseren Augen ab. Nichts schien einfacher als die deutsche Wirtschaft nach dem Balkan zu lenken. Er produziert Getreideüberschüsse; wir brauchen sie restlos. Wir zahlen mehr als den Weltpreis und zwingen den Balkan, da wir nicht bar zahlen können, den Gegenwert in deutschen Maschinen usw. anzunehmen. Das ist eine Zeit gut gegangen. Dann sah der Balkan, daß anderer Länder Industriewaren billiger, besser oder gefälliger seien. Schließlich kann der Balkanbauer auch nicht nur Maschinen u[nd] Apparate brauchen. Er will auch Betriebsstoffe, Bekleidung, Kolonialwaren. Diese kann Deutschland ihm nicht liefern, wenigstens Bekleidung nicht in den gewünschten Qualitäten. Also will er wenigstens z.T. bares Geld für sein Getreide, um sich diese Waren zu kaufen. Er sieht sich nach Käufern um, die ihm bares wertbeständi[31]ges Geld zahlen können. Schon erscheinen aus anderen Gründen England u[nd] Frankreich, geben gar Kredite. Das deutsche Wirtschaftsziel ist von der staatlichen Führung nur teilweise erreicht. Diese hat zum Wirtschaftskrieg geführt. Denselben Vorgang erleben wir z.Zt. im Verhältnis Deutschland zu Südamerika.[18]

Bewußte staatliche Wirtschaftsführung führt stets zum Wirtschaftskrieg; sie muß es, weil sie ja geradezu den Gegner auf den Plan rufen muß; denn irgendwo stößt diese Führung auf Interessen anderer. Nun gut, könnte man sagen, Leben ist Kampf! Nein, warne ich, Kampf ist noch nicht Krieg, ewiger Krieg aber bedeutet Elend, Armut, Vernichtung der Volkskraft selbst im Siegen. Wirtschaft ist ewiger Kampf, dessen Ziel das eigene Leben ist, aber nicht ewiger Krieg, dessen Ziel die Vernichtung des anderen bis zur Übergabe sein muß. Also hat der Staat nicht die Wirtschaft zu führen, es sei denn es wäre Krieg; dann natürlich ist die volle Führung der Wirtschaft seine Pflicht, dann gibt es auch in der Lage Deutschlands keine andere Möglichkeit.

Wir machen seit fünf Jahren den Wahnsinn, immer Krieg zu führen. Wir bilden uns ein, das sei der Normalzustand; und viele werden nicht gewahr, daß wir in diesem Zustand vorzeitig unsere physischen und moralischen Kräfte, unsere materiellen Reserven erschöpfen. Nein der Friedenszustand, der das [32] normale im Leben der Menschen sein muß, wenn sie für außerordentliche Ereignisse die nötigen Spannungsreserven aller Art aufspeichern wollen, sieht anders aus.

Nicht der Staat führt die Wirtschaft, sondern er sichert nur seinen Bürgern die *bestmögliche* Verwertung ihrer Arbeitskraft. Er fördert ihnen nicht einmal die Arbeit. Das kann er gar nicht; er würde dabei finanziell zu Grunde gehen oder durch zu hohe Steuern die Wirtschaft wettbewerbunfähig machen. Nein die Arbeit muß sich jeder selbst in dem vom Staate ihm erschlossenen Raume sichern. Hier zeigt sich wieder, wie wichtig es ist, daß ein Staat diese entscheidende Raumfrage durch eine weise Außenpolitik richtig löst; er braucht nicht zu erobern – das kann notwendig sein –, er soll nur seinen Bürgern durch kluge Verträge und weises Verhalten die Arbeit und den Absatz in möglichst weiten Räumen sichern! Das ist seine Aufgabe! Hierin ist auch die Zollpolitik einzuordnen, hier wird die Bedeutung der goldgesicherten Währung klar.

Die einzelnen Bürger aber sind es, die nun in diesen Räumen ihre Wirtschaft, d.h. ihre Lebensgestaltung zu führen haben. Wir werden sehen, wie viel besser sie es können als der Staat. Sie wenden sich nicht alle nach dem Balkan. Da strömt ihre Energie, d.h. ihr Wille zu leben und das Leben zu gestalten, in alle Räume der [33] Erde, entdeckt neue Länder und Absatzmärkte. Nach Waren, deren Einfuhr wir benötigen, brauchen wir nicht zu suchen. Die drängen sich uns auf; denn

[18] Im Außenhandelsverhältnis zwischen Deutschland und den beiden Handelsgruppen – den südamerikanischen und den Balkanstaaten – war von 1937 auf 1938 die Entwicklung zu beobachten, dass der deutsche Import stärker gestiegen war als der deutsche Export. Allerdings war die deutsche Außenhandelsbilanz mit Südosteuropa nach wie vor positiv, während sie mit Südamerika stets negativ gewesen war. Vgl. die Zahlen bei Hans-Erich Volkmann: Außenhandel und Aufrüstung in Deutschland 1933 bis 1939, in: Forstmeier/Volkmann, Wirtschaft und Rüstung, S. 81-131, S. 102, Tabelle B.

jede Ware sucht ihre Abnehmer, weil sie sonst verdirbt, veraltet oder Lagerkosten verursacht. Der Einzelne greift zu dem Mittel des persönlichen Verkehrs. Ich gebe die Versicherung, daß das Vertrauen nur von Mensch zu Mensch, bei Spiel, Trunk u[nd] Sport hergestellt wird; es ist aber *die* Grundlage auch des Geschäftes.

Die meisten von uns entsinnen sich noch der vollen, jetzt zu 50% schon wieder eingeführten, Kriegswirtschaft. In ihr war jeder Kunde einem bestimmten Kaufmann zugewiesen. Die meisten dieser Beziehungen endeten mit Mißtrauen. Der Kaufmann ließ sich gehen, der Absatz war ihm sicher; der Kunde forderte, was jener häufig beim besten Willen nicht schaffen konnte. Das wurde mit einem Schlage anders, als der freie Wettbewerb wieder hergestellt war; der Kaufmann mußte sich wieder bemühen, der Kunde konnte nichts unbilliges mehr verlangen.

So geht es auch Deutschland mit seinen jetzigen Kompensationsverträgen,[19] ganz genau so. Unsere Partner werden immer stärker versuchen, weniger zwangsläufig [34] auf uns angewiesen zu sein.

Wenn man eine weise Außenpolitik, eine verständige Handelspolitik und eine unbeirrbare staatliche Rechtspflege als Wirtschaftsführung ansehen will, gut. In solchem Sinne muß der Staat führen. Wenn er aber die einzelnen wirtschaftlichen Tätigkeiten bestimmen wollte, dann würde er seinen Bürgern jenen Anlasses allen schöpferischen Schaffens nehmen, ohne den die Schöpferkraft versiegt, die Freude am selbstverantwortlichen Entschluß im Kampfe des Lebens. Wir sind heute davon überzeugt, daß die Technik dem Kriege die Kunst befiehlt. Aus dem geschlossenen Karré sind wir zur Kompagnielinie, von dieser zu Schützenschwärmen, von diesen zu kleinen Gruppen im Gefecht gelangt. Der moderne Krieg verlangt so viele Führernaturen, zu selbständigem Entschluß befähigte Menschen, wie möglich. In der Wirtschaft ist es doch nicht anders, und da wollten wir im Wirtschaftskampf, der das Leben hindurch währt, zur Entpersönlichung schreiten. Wir haben es schon seit 1914 getan, *und dieser Weg muß schleunigst zurückgegangen werden, aber völlig*. Ich schärfe es ein: Macht Schluß mit der Hilfe aller (des Staates) für Menschen, die ihrem Beruf nicht gewachsen sind. Ihr sollt dem, der sein Gut, seine Arbeit, seinen Laden nicht bewirtschaften kann, [35] nicht helfen; er muß ausscheiden. Schließt die Kunstschulen, an denen auch vollkommen unfähige Menschen des Geldes wegen mitgeschult werden, die dann nachher als „Künstler kraft Stempels, nicht kraft Könnens" Aufträge oder Unterstützung erbetteln. Keine Osthilfe, keine Mindestpreise, keine Subsidien! Nein der Einzelne muß mit diesem Leben fertig werden, der Staat schafft und sichert nur das Kampffeld. Wer in ihm sich nicht behauptet, erhält christlich-selbstverständlichen Unterhalt, aber die Allgemeinheit hilft ihm nicht, sich gegen den Fleiß und die Tüchtigkeit zu behaupten.

Hört nicht auf die Klagen von Pech, von schlechten Zeiten. Ihr werdet fast stets sehen, daß das Pech auf Unfähigkeit oder Unfleiß beruht. Da, wo einmal wirkliches

---

[19] Vgl. zu den Kompensationsgeschäften S. 356 f., Anmerkung 24.

Unglück vorliegt, sorgt der Staat durch seine Konkursordnung für die gehörige Rücksicht, finden sich auch Banken, die über die Schwelle des Unglücks hinweghelfen. Staat u[nd] Gemeinden sollen und dürfen dies fürderhin weder durch Einzel- noch durch Generalaktion tun.

Welche weiteren ordnenden Funktionen der Staat hat, die das Kampffeld den Bürgern sichern, habe ich in „Wirtschaft heißt Werte schaffen“ dargetan. Hier sei zum Schluß noch auf die verfehlte Einrichtung der Berufslenkung hingewiesen.[20]

Sie setzt einen von unten nach oben [36] durchgebildeten, mit der Arbeitsvermittlung verbundenen, Apparat voraus, ist also sehr kostspielig. Wenn der oberste Leiter über eine laufende, also wieder kostspielige, Statistik verfügt, dann weiß er, welche Berufe heute übersetzt sind und wo es fehlt; er weiß auch, wie es gestern und vor so und soviel Jahren oder Monaten aussah. Wenn er sehr erfahren ist, kann er *vielleicht* berechnen, wie es nach 6 Monaten aussieht. Wenn er beste Verbindung mit den politischen Leitern hat, kann er sich *vielleicht* ein Bild für einen längeren Zeitraum machen, dessen Dauer davon abhängt, ob es ruhig oder unruhig in der Welt aussieht. Aber ob ein junger Mensch für Jahre oder gar für sein Leben richtig beraten ist, dem heute der Maurer- oder Richterberuf empfohlen wird, das weiß kein Mensch. Wer 1913 beraten wurde, Offizier zu werden, der sah sich schon 1919 schwer enttäuscht. Wer will sagen, wie der Kräftebedarf 1940 aussehen wird. Es ist vermessen und unverantwortlich, voraussehen zu wollen, wie bis dahin die finanzielle, wirtschaftliche, politische, technische, wissenschaftliche Entwicklung sein wird, welche Spannungen aller Art die Welt bewegen werden, welche Bedarfsinstinkte geweckt, verändert oder verringert sein werden. Nein, das alles ist unmöglich u[nd] es heißt, die Menschen als Schachfiguren behandeln wollen, wenn man sie zu Berufen lenkt. Noch schlimmer aber ist, daß man dabei ihren Anlagen und Nei[37]gungen nicht Rechnung trägt. Sie aber sind die tragenden Kräfte des Leistungsvermögens. Wer die Flamme, Arzt zu werden, in sich trägt, der wird, wenn Gott sonst ihm natürlich-gesunde Anlagen verliehen hat, seinen Weg in diesem Beruf schon machen, auch wenn er überfüllt ist.

Zweierlei ist nützlich, das zweite sogar notwendig. Eine auf den heimischen Markt aufgebaute Berufsberatung, die sich auf provinzielle und zentrale Winke [!] aufbaut. Sie ist von der Gemeinde in Verbindung mit der Arbeitsvermittlung ehrenamtlich aufzubauen. Der junge Mensch soll nicht gleich wurzellos gemacht werden,

[20] Die Versuche von staatlichen und Partei-Instanzen, durch dirigistische Eingriffe einem Facharbeitermangel in kriegswichtigen Industrien entgegenzuwirken, konzentrierten sich vor allem auf den Berufsnachwuchs. Lenkungsmittel waren u.a. intensivierte Berufsberatung und Eignungsprüfungen, staatliche Förderung erwünschter Ausbildungsberufe und Verkürzungen der Ausbildungsdauer. Frese weist jedoch insbesondere für die zentrale Eisen- und Metallindustrie überzeugend nach, dass sich hier die Großunternehmen mit ihren Ausbildungskonzepten gegenüber Staat und Partei behaupten konnten; vgl. Frese, Betriebspolitik, S. 264-288.

sondern in der Heimat bleiben; die Fremde u[nd] Weite wird von den Stärkeren gesucht und bezwungen werden, vielleicht auch von den Abenteuernaturen.

Zweitens: die gesamte Bildung muß wieder auf eine breitere Grundlage überall aufgebaut werden. Wir haben sie überspezialisiert u[nd] damit die Menschen über konjunkturempfindlich gemacht. Der Augenarzt muß auch aus Berufsgründen erst die allgemeine Heilkunde praktiziert haben; dann wird er als Augenarzt nicht plötzlich Not leiden, wenn der Augenärzte zu viel, der Augenkranken zu wenig sind. Der Schlosser muß auch Schweißer, der Maurer auch Plattenleger, der Zimmerer auch Tischler, der Dahlienzüchter auch Gemüsegärtner usw. sein. Der Gymnasiast sollte nicht basteln, sondern wirklich tischlern oder buchbinden oder einfache Elektrotechnik üben können, [38]geschweige denn graben, pflanzen, säen und ernten können. Wir müssen die Menschen wieder lebens- und nicht berufstüchtig machen. Daraufhin sind die Lehrpläne aller Schulen u[nd] Bildungsanstalten unter Einschränkung von Sport, Chemie und einigen Lateinstunden zu ändern. Es braucht auch nicht alles in die Schulen verlegt zu werden. Kehrt zu der Stundenzahl der Vorkriegszeit zurück; sie war wohl abgewogen u[nd] ließ Zeit, zu Hause zu helfen, zum Meister zu gehen und – zu Abenteuern; auch hierbei lernt man das Leben. Ich habe in der Kleinstadt mauern, buchbinden, Gartenbau gelernt, ich habe alle Klingelleitungen gelegt, Hütten gezimmert u[nd] fühle mich deshalb auch heute noch sicher im Leben, kann manches beurteilen, was andere nicht sehen u[nd] bin gewohnt, den Dingen auf den Grund zu gehen. Man wende nicht ein, das sei veraltet. Meine Eltern haben uns schon als Kinder vor Einseitigkeiten gewarnt. Das ist 40 Jahre her. Lest Shakespeare, Goethe u[nd] Schiller und ihr findet dieselben Wahrheiten. Schon häufig ist die Menschheit in soziale Spannungen geraten, weil sie Einseitigkeiten zugestrebt war.

4.) Noch wichtiger ist die Erziehung schon der Jugend zu natürlichem wichtigen Denken. Jeder Achtjährige wird lachen, wenn ihm ein Narr weismachen will, daß 2 und 2 = 5 sind, jeder Vierzehnjährige, wenn ein anderer Narr behauptet, ein losgelassener Stein falle nicht, sondern steige. [39] Aber der fünfzigjährige Gebildete fällt noch auf die sinnlosesten Wirtschaftstheorien herein. Das ist ein Unding, ob es in Deutschland oder der kanadischen Provinz Alberta vor sich geht, wo die Sozialkreditreformer die Arbeitslosigkeit beseitigen wollen, indem der Staat jedem Bürger monatlich etwa 150 Dollar gibt und sie damit kaufkräftig macht![21] Wie ist es möglich, daß Tausende diesen Unsinn auch nur eine Sekunde glauben?

Vor 100 Jahren noch waren die Betriebe so klein, daß die meisten Arbeiter den Leiter, ja seinen Haushalt persönlich kannten. Sie sahen den Sinn seiner Arbeit, sie kannten seinen Charakter. Vor hundert Jahren machte der Arbeit[er] meist noch ein Werk ganz; er hatte die Freude, ein Stück tauschfertig zu machen. Der Franzose leistet auch heute nur unter solchen Arbeitsbedingungen wirklich hervorragendes. An die großen Änderungen der Kapitalzusammenballung und der

---

[21] Vgl. zu der Sozialkreditbewegung in Alberta S. 600, Anmerkung 18.

äußersten Arbeitsteilung kann er sich nicht gewöhnen. Diese beiden Änderungen hat die Entwicklung mit sich gebracht. Man soll, wie ich unter 3 dargelegt habe, bewußt Hemmungen in diese Entwicklung einschalten, aber es wäre lächerlich sie beseitigen zu wollen. Ohne große Kapitalien und ohne scharfe Arbeitsteilung wäre die Erzeugung kostspieliger aber nützlicher großer Maschinen, Bauwerke usw. nicht möglich.

Aber wir müssen dafür sorgen, daß der Mensch in dieser Entwicklung immer wieder die unabänderlichen Naturgesetze sieht:

a) daß Geld in sich Eigenwert besitzt (Gold, Silber) [40] oder als Papier- oder Giralgeld dem Wert der tauschbaren Güter entsprechen muß;
b) daß Kapital nichts weiter ist als nicht verbrauchtes, tauschbares und aufspeicherungsfähiges Arbeitsergebnis, also kein Werk des Teufels;
c) daß Erhaltung und Verbesserung des Lebens nur durch menschliche Leistung der Natur abgewonnen werden kann;
d) daß die Menschen ungleich sind, und ihr Leistungswille vernichtet würde, wenn der Tüchtige den gleichen Anteil vom Leistungsergebnis erhielte wie der Untüchtige;
e) daß die Verbindung von Kapital und Arbeit (von früherer und gegenwärtiger Arbeit) nötig ist, um die Wirkung der Leistung zu erhöhen, weil sich eben Kräfte miteinander verbinden;
f) daß Eigentum Kapital ist, daß jeder, der ein Bett besitzt, Kapitalist ist, und daß ohne Sicherung des Eigentums als des Ergebnisses geleisteter Arbeit der Mensch eben dieses Ergebnisses sich beraubt sehen, nicht mehr selbst leisten, sondern auf Raub ausgehen würde, bis das Chaos herrscht;
g) daß der Zins das Kapital an die beste Verwendungsstelle leitet, seine Erhaltung fördert und zur Übernahme von Risiken veranlaßt;
h) daß Leistung und Verantwortung um so größer sind, je höher die Zahl der Menschen ist, deren Schicksal von der Güte der Leistung und dem richtigen Entschluß abhängig ist;
i) daß Wirtschaften Unsinn ist, wenn es nicht das Leben erhält, daß also jeder Betrieb ein Ergebnis abwerfen muß, wenn [41] er sich nicht selbst verzehren soll, bis er arbeitsunfähig ist. Diese Naturgesetze, die der Mensch allmählich wie das Schwer[kraft]gesetz erkannt hat, müssen wieder Binsenwahrheiten werden. Ein hoher Prozentsatz der Arbeiter muß fähig sein, eine Bilanz zu lesen. Sie darf ihm kein Buch mit sieben Siegeln sein, das er dann schließlich für ein verruchtes Machwerk von bösen Kapitalisten erklärt. Er muß verstehen, weshalb die Gebäude und Maschinen erhalten und abgeschrieben werden müssen, wozu Reserven gebildet werden usw., damit er dann ermessen kann, ob das Ergebnis richtig zwischen dem risikotragenden Kapital und den Arbeitern usw. verteilt ist. Die größte u[nd] klarste Aufklärung ist notwendig. Sie allein schafft Vertrauen.

Es war der entscheidende Fehler des politisch so glücklich geleiteten 19. Jahrhunderts, daß es unterließ, die durch Kapitalballung u[nd] Arbeitsteilung vertriebene naturhafte Erkenntnis durch solche aufklärende Erziehung wiederherzustellen. Man errichtete Fortbildungsschulen mit Fachunterricht und schließlich Staatsbürgerkunde, aber die wirtschaftliche Erziehung überließ man den Gewerkschaften. Sie unterließen die richtige Unterrichtung des Arbeiters teils aus grenzenloser Unkenntnis, teils aus politischer Berechnung. Aus beiden Gründen erzogen sie zum Klassenhaß. Diese Unmöglichkeit hat der Nationalsozialismus richtig erkannt. Er hat vieles im Verhältnis zwischen Leitern u[nd] Arbei[42]tern gebessert. Die kameradschaftliche Verständigung, die gegenseitige Hilfsbereitschaft sind gut; sie würden noch vollkommener, wenn sie auf die selbstlos rein menschliche, voraussetzungslose Idee der christlichen Nächstenliebe aufgebaut würden. Aber alles dies genügt nicht, wenn der Arbeiter nicht fähig gemacht wird, die Naturgesetze alles Wirtschaftens in ihrer Einfachheit und Unentrinnbarkeit wieder zu erkennen. Nicht nur der Arbeiter; nein auch die Gedanken der Gebildeten sind durch die scheinbar komplizierte Technik so verworren, daß sie mit Inbrunst den Wahnsinn des Schuldenmachens durch den Staat mit ein paar Phrasen „es bleibt doch alles im Lande", oder „es ist doch ein ewiger Kreislauf" nicht nur verteidigen, sondern anbeten. Hier ist mir der Arbeiter mit der unverdorbenen Frage „Woher kommt nur all das Geld" wesentlich klüger erschienen.

Diese Erziehung ist kein Kunststück; es handelt sich um ganz einfache Gesetze. Ich habe das in „Wirtschaft heißt Werte schaffen" dargelegt. In den beiden oberen Klassen der Volksschulen, in den drei oberen Klassen der höheren Schulen ist alle 14 Tage eine Stunde Wirtschaftskunde zu erteilen. Ein kurzes Kompendium der Naturgesetze ist auszuarbeiten; mehrere Klassen können zu diesen Stunden zusammengezogen werden. Der Unterricht kann durch Hinweise auf die Kolonisationszeiten, durch [43] Bilder, durch Verbindung mit Erdkunde u[nd] Geschichte, brennend interessant gemacht werden.

Er ist an den Fachschulen, Gewerbeschulen usw. Hochschulen fortzusetzen. Jeder Geselle, jeder Prüfling der ersten Hochschulprüfung muß eine einfache Bilanz erklären können, genauso wie ich von ihm das Wissen des kleinen Einmaleins, Additionen usw. verlange. Dann wird nach 30 Jahren der alchimistische Aberglauben im Geld- und Wirtschaftswesen ebenso ausgerottet sein wie es gelungen ist, dem Hexen- u[nd] sonstigen Aberglauben des Mittelalters ein Ende zu bereiten.

5.) Die Beziehungen zwischen *Arbeit und Kapital* sind wie bisher in *Tariffordnungen* zu regeln. Aber diese sind nicht durch staatliche Treuhänder zu bestimmen, sondern der Selbstverantwortung der Beteiligten anzuvertrauen. Zu diesem Zweck ist die Arbeitsfront, der man wohl einen anderen Namen wird geben wollen (Deutsche Wirtschaftskammer), in zwei Säulen zerlegt werden [!], Betriebsleiter und Arbeiter. Jeder Betriebsleiter *muß* für das von ihm betreute Kapital, jeder Arbeiter für sich der Kammer der Betriebsleiter oder der Kammer der Arbeiter angehören. Die Kammern werden je nach Bedarf in Fachgruppen für größere oder kleinere Bezirke unterteilt. Die Gruppenorgane werden von den Gruppenangehörigen, die 5 Jahre Mitglied der Kammer sind, gewählt; wählbar sind nur Personen, die 10 Jahre der [44] Kammer angehören. So wird die Erfahrung bewertet.

Die Kammern

a) schließen die Tarifordnungen ab. Streiks und Aussperrungen bleiben weiterhin verboten. Ob später größere Freiheiten gewährt werden, bleibt abzuwarten. Ehe die Welt nicht wieder im Gleichgewicht ist, nicht.

Kommt eine Vereinbarung nicht zustande, so soll die Zentralkammer sie versuchen. Scheitert auch sie, wobei sie kein Mittel – ständiges Schiedsgericht, Spezialschiedsgericht usw. – unversucht lassen soll, so greift auf Antrag einer Partei der Staat ein. Hier soll man kein begrenztes System festlegen. Das Leben ist Kampf; also wechseln gerade die für solche Fälle bestgeeigneten Mittel. Ob der Reichswirtschaftsminister, der gleichzeitig Arbeitsminister sein muß, für das Reich oder Bezirke oder Fachgebiete Dauerschlichter bestellt, ob er im Einzelfalle geeignete Personen bestimmt oder selbst eingreift, muß ihm überlassen bleiben. Nach meinen Erfahrungen soll man Männer, die sich bewährt haben durch unabhängiges wirtschaftliches Urteil und Erfolg, für solche Fälle sichern. Aber man soll nicht 12 oder 24 oder X Stellen schaffen u[nd] dann nach den geeigneten Männern suchen. Dann landet man bei den Herren, die aus dieser Aufgabe des Lebens eine solche der Bürokratie und des Sitz[45]fleisches machen, die die Gebühren einstecken, einen mechanisch nach endlosen Beratungen auf der Mittellinie willkürlicher Parteibehauptungen ausgeklügelten Schiedsspruch verkünden, dann ohne jede Verantwortung wieder nach Hause gehen. Diese trostlosen Erscheinungen, die mit Schuld an der Katastrophe der Jahre 1925–1931 sind, dürfen nicht wiederkehren.[22] Die Männer, die der Minister für solche Aufgaben einsetzt, müssen wissen, was Wirtschaften ist, wie es in dem Wirtschaftszweig aussieht usw., und sie müssen Verantwortung einsetzen. Diese kann darin bestehen, daß sie einen Namen aufs Spiel setzen; es kann aber auch gesetzlich unter Strafe gestellt werden, daß vorsätzlicher oder grob fahrlässiger Verstoß gegen anerkannte Wirtschaftsgesetze bestraft wird. Dies Gesetz wird schwer ohne Fixierung eben der Wirtschaftsgesetze möglich sein. Diese sind feststellbar. Ich verweise auf Ziff. 4 a-i. Das Mindesterfordernis ist die Vereidigung des Schlichters *vor jedem Fall*, daß er den Spruch nach bestem Wissen und Gewissen so fällen werde, wie die Interessen der Arbeiter und des Kapitals unter uneingeschränkter Berücksichtigung der Lage der Wirtschaft, die Sicherung der Aufrechterhaltung der beteiligten Betriebe und ihres Absatzes es verlangten. Dieser Eid wird als Selbsteid vor den Parteien abgelegt. Dem Minister oder seinem Beauftragten bleibt es überlassen, ob er Beisitzer beider Parteien berufen will. [46] Diese Ordnungen, ob vereinbart oder durch Schiedsspruch gesetzt, sollen grundsätzlich für alle davon erfaßten verbindlich sein; auch wird der Staat diese und jene Bestimmung z.B. Bezahlung von Feier-

[22] Vgl. zu dem staatlichen Schlichtungswesen in der Weimarer Republik sowie der politischen Auseinandersetzung darüber S. 309 f., Anmerkung 30.

tagen gesetzlich festlegen, so wenig wie möglich. Denn er muß die Wirtschaft elastisch zum Kampf um die Absatzmärkte lassen.

Nun ist es möglich, daß solche Ordnungen für einzelne Betriebe unerträglich sind, sie wettbewerbsunfähig machen. Die Arbeitsgesetzgebung bis 1933 ging über diese Einwände zur Tagesordnung über. Das war töricht; es wurde nicht sinnvoller deshalb, weil die Betriebsleiter selbst keine Ausnahmen gewähren wollten, um unbequeme Wettbewerber los zu sein. Hier wurde das Prinzip der Marktordnung vor das des Kampfes gesetzt. Zu Unrecht. Es kann doch nie unehrenhaft oder ungesund sein, wenn ein Betriebsleiter mit seinen Arbeitern 10 Stunden zu niedrigerem Lohn arbeitet, um die Arbeitsstätte zu erhalten. Es muß doch sinnlos sein, einen solchen Betrieb durch erzwungen hohe Lohnkosten kampfunfähig zu machen. Arbeitslose zu schaffen. Gerade kleine u[nd] mittlere Betriebe, die, kapitalschwach, in ihrer Maschinenausrüstung einfach unvollkommen waren, sind dadurch schwer geschädigt oder gar zerstört. Weshalb denn sollen menschliche Tüchtigkeit, Opfersinn und Arbeit nicht freie Bahn haben, um sich auch unter härteren Bedingungen als andere zu erheben. Es war geradezu eine Wahnsinnsorgie auf die Melodie [47] „beati possidentes“.

Es muß in Zukunft jedem Betrieb unbenommen sein, durch Betriebsvereinbarungen Tarifordnungen zu schaffen, die unbedingt den Vorrang vor allgemeinen Tarifordnungen haben. Das ist eine unentbehrliche Maßnahme, um Selbständigkeit, Kampf- und Leistungswillen zu stählen.

In der Vergangenheit wurden die Tarifordnungen, wie erwähnt, recht willkürlich gesetzt. 1919–1920 wurde einfach gefordert und bei Nichtbewilligung gestreikt. Langsam lernten die Gewerkschaften Mäßigung. 1923 sahen sie zum ersten Male, wohin die Überdrehung der Lohnforderungen die deutsche Wirtschaft gebracht hatten. 1924 waren sie verständig. 1925 erdreistete sich der Reichsfinanzminister Köhler, die Beamtengehälter um 30–40% zu steigern. Sofort gingen Lohnforderungen los; amerikanisches, holländisches, schweizerisches Leihgeld erzeugten eine Scheinkonjunktur auf dem Sumpfboden politischer Ungereimtheiten. Die Forderungen wurden schrittweise gesteigert u[nd] bewilligt. Wie oft habe ich damals in der Öffentlichkeit, in der Stadtv[erordneten]Vers[ammlung] in Königsberg/Pr. gewarnt! Habe auch vieles hindern können. 1931 war das vorausgesehene Unglück da. Und jetzt wurden die Gewerkschaften reif; jetzt begannen sie den Wahnsinn des 8-Stundentages mit hohen Löhnen und steigenden Absatzschwierigkeiten zu begreifen.

Wie damals muß ich auch heute raten [48], in die Verhandlungen über Tarifordnungen das Schwergewicht der Verantwortung zu bringen.

Wenn Löhne übersteigert werden, dann zeigt sich das am sinkenden Absatz und in der Folge an steigender Arbeitslosigkeit, z.B. im Baugewerbe. Nun wurden bisher die Arbeitslosen von der allgemeinen Vers[icherungs]kasse, von Reich u[nd] Gemeinden unterhalten. Die Allgemeinheit also hatte die Lasten törichter Lohnpolitik doppelt zu tragen: Einmal in hohen Arbeitslosenlasten, sodann in übersteigerten Preisen.[23] Hier hat die Heilung einzusetzen. Die Arbeitslosen-Versicherung ist in Berufe aufzugliedern. Für Baugewerbe wird also eine besondere Kasse in der Zentrale gebildet. Dann werden sich die Löhne von selbst auf die wirtschaftlich vernünftige Höhe einspielen. Dann fällt die Möglichkeit, daß die Bauarbeiter ihre Saisonlöhne ungebührlich steigern und dazu noch in der saisonüblichen Arbeitsruhe von der Allgemeinheit unterhalten werden, statt von ihren hohen Tariflöhnen den Unterhalt für 3–4 Monate im Jahr zurückzulegen. Welcher Unsinn, daß ein Textilarbeiter von seinen 70–80 Pfg. Stundenlohn einen Maurer, der 1 M Stundenlohn hat, im Winter erhält! Nein das Maurergewerbe soll von seinen Löhnen seine Arbeitslosen selbst erhalten. Dann lernen alle Beteiligten schnell, daß es sich rächt, die Löhne so zu steigern, daß zu wenig gebaut wird u[nd] die Arbeitslosenzahlen wachsen. Dann sehen sie, wie [49] unsinnig es ist, 1–1.20 Stundenlohn auf dem Papier, 50% arbeitslose Bauarbeiter mit 25–40 Pfg. Stundenunterstützung zu haben. Dann treten schneller Berufswechsel ein, für die die dann geordnete breitere Berufsbildung die technische Möglichkeit eröffnet. Denn dann müssen die 50% beschäftigten Bauarbeiter entsprechend hohe Beiträge an ihre Versicherungskasse zahlen, nicht 2 oder 4%, sondern 20%. Dann lernen sie verantwortlich denken.

Man wende nicht ein, daß doch eben die Berufe verschieden der Arbeitslosigkeit ausgesetzt seien und daher ein Versicherungsausgleich notwendig sei. An sich ist die Versicherung gegen Arbeitslosigkeit überhaupt Unsinn. Sie ist immer die Folge

a) falscher Politik
b) falscher Lohnpolitik
c) mangelnder Fähigkeit der Betriebsleiter
d) fehlender Bereitschaft, Irrtümer durch die allein richtigen Maßnahmen gut zu machen.

Für a) haftet der Staat, für d) teilweise; für b) die Arbeiter, diese für d) auch teilweise, für c) die Kapitalverwalter. So müssen das Kapital für 1/4, der Staat und die Arbeiter je für 3/8 roh gerechnet haften.

Versicherung gibt es gegen unverschuldete Ereignisse, aber nicht für die Folgen eigener Torheit. Es handelt sich nur um diese. Denn Ereignissen in der Welt, die unseren Markt schädigen, können wir nur mit eigener erhöhter Leistung oder Einschränkung begegnen. Wir kön- [50] nen aber nicht dasitzen u[nd] warten, bis es einmal wieder besser wird u[nd] bis dahin „den Staat“ = „die Allgemeinheit“ uns helfen lassen, wie Münchhausen, der sich an den eigenen Haaren aus dem Sumpf zog.

Es handelt sich bei der Arbeitslosen-Versicherung in Wahrheit um Unterstützungskassen. Diese soll u[nd] muß jeder Beruf in sich selbst finanzieren, damit er Verantwortung lernt. Sie ist das unerläßliche und bisher vergessene Korrelat gegen

---

23 Vgl. dazu auch Goerdelers Denkschrift zur Wirtschafts- und Finanzpolitik von Anfang 1931; Dok. 3.1, oben S. 271 ff.; zur Bauindustrie S. 287, Anmerkung 13.

unbeschwerte Tarifregelungen und unwirtschaftliche Lohnforderungen. Die Hauptfinanzierung der Kasse fällt den Arbeitern, die nächste Last den Betrieben zu, der Staat zahlt Restzuschüsse bei längerer Dauer (über 6 Wochen); nach 12 Wochen setzt eine weitere Hilfsleistung der Gemeinden ein. Auf dieser Grundlage ist die Arbeitslosenversicherung umgehend zu reorganisieren. Sie ist den neuen Berufskammern (Abt[eilung] der deutschen Wirtschaftskammern) unter Aufsicht des Reichsversicherungsamtes zu übertragen. Zu diesem treten der Präsident der Anstalt mit dem erforderlichen Stab über. In den örtlichen Stellen der Arb[eits]los[en]vers[icherung] und Vermittlung sind die Gemeinden zu beteiligen, so daß ein lebensvoller Zusammenhang gesichert ist.

Ist die Versicherung abgelaufen, so geht die Unterstützung auf die Gemeinde mit Reichszuschüssen über.

6.) Der Zusammenklang zwischen [51] Kapital und Arbeit wird weiter gefördert durch *Vertrauensräte*. Ob Großbetriebe für deren Wahl zerlegt werden, sollen sie selbst entscheiden; die Kammern und der Staat können es fordern. *Wahl* ist nötig, andernfalls fehlt das Vertrauen; erziehliche Wirkungen müssen sonst ausbleiben. Aber aktives Wahlrecht setzt 7-, passives 5-jährige Arbeit im Betriebe voraus. Bei neuen Betrieben regelt die Kammer das Wahlrecht. Außerdem wählen diejenigen, die 5–10, 10–20, 21–30 und über 30 Jahre dem Betriebe angehören in Sondergruppen. Auf jede Gruppe entfällt eine Verhältniszahl, mindestens aber 1/4 der Vertrauensräte. Diese sind zuständig zur Beratung der Schutzbestimmungen. Die Leitung kann sie zur Verwaltung von Wohlfahrtseinrichtungen heranziehen. Sie können Anregungen geben. Sie tagen unter Leitung des Betriebsleiters oder seines Vertreters.

Dieser hat ihnen monatlich, der Belegschaft halbjährlich einen verständlichen Bericht über die Lage, Entwicklung und Aussichten des Betriebes zu geben. Unter 4 ist ausgeführt, wie die Arbeiter allmählich hierdurch zu erziehen sind.

Endlich bestimmen die Vertrauensräte bei A.G. und nur bei diesen (wegen der Anonymität und der besonderen Zusammenballung des Kapitals) zwei-drei Beiräte des Aufsichtsrates. Diese tre[52]ten mit dem Aufsichtsrat (dem Betreuer des Kapitals) zusammen zur Entgegennahme des Geschäftsberichts, und wenn der Betriebsleiter es für geboten erachtet.

Der Vorsitz im Aufsichtsrat wird dem Vorsitzenden des Vorstandes, der – zu gleichen Rechten mit den anderen Vorstandsmitgliedern – stets zu bestellen ist. Diese Stellung gebührt ihm u[nd] entspricht seiner Verantwortung als Verwalter des ihm anvertrauten Kapitals und Betreuer der ihm anvertrauten Arbeiter. Aufs[ichts]Rat und Vertrauensrat erhalten so klare Stellungen. Dagegen werden alle anderen im neuen Aktienrecht geschaffenen Vorzugsstellungen des Vorstandes und seines Vorsitzenden aufgehoben.[24] Sie sind der Sucht entsprungen, ein miß-

[24] Die nationalsozialistische Gesetzgebung zum Aktienrecht war besonders stark von ideologischen Ansprüchen geprägt: Verordnungen zur Zurückdrängung des „anonymen Finanz-

verstandenes Führerprinzip dienstbeflissen auch auf diesem Gebiet einzuführen; die Direktoren sind der Versuchung erlegen, sich diese Situation zu nutze zu machen. Das war menschlich, aber kurzsichtig; sie brauchen als Wichtigstes das unerzwungene Vertrauen der Aktionäre u[nd] der Arbeiter. Ebensowenig wie sie die Löhne festsetzen können, ebensowenig gebührt ihnen die Festsetzung der Dividende oder die Bestimmung der Kapitalinteressen. Aber sie gehören an die Spitze der Arbeiter, an die Spitze des Kapitals; deshalb sollen auch 10% ihrer Bezüge in Aktien bestehen, mit der Maßgabe, daß ihnen nicht mehr als 10% des Aktienbesitzes zugemutet werden darf und daß sie verpflichtet sind, die so erhaltenen Aktien am Ende ihres Vertragsverhältnisses der Gesellschaft zu verkaufen; diese ist zum Kauf verpflichtet. [53] Für GmbH ist die Teilnahme von Beiräten des Vertrauensrates an den Sitzungen des A[ufsichts]R[ates] nicht erforderlich. Einmal sind A[ufsichts]R[äte] bei GmbH's nur fakultativ; sodann setzt eine GmbH immer eine starke Persönlichkeit als Träger des Anteils und der Verantwortung voraus, sofern wirklich Vertrauen fremden Kapitals gewonnen werden soll. Hier steht also die Persönlichkeit, nicht die Kapitalmasse im Vordergrund.

7.) In „Wirtschaft heißt Werte schaffen" habe ich dargelegt, daß Höchstleistungen immer nur im Kampf, d.h. im Wettbewerb erzielt werden. Das erkennt auch der Nationalsozialismus und gleichzeitig verspottet er das 19. Jahrhundert, das Jahrhundert des freien Wettbewerbs als liberalistisch. Das ist unsinnig, insbesondere noch, weil das deutsche Volk in diesem Jahrhundert vom Rheinbund zum Deutschen Reich geschritten, von 25 auf 52 Millionen gewachsen ist, zu Ansehen, Wohlstand und Macht geschritten ist. Dieser Spott kann nur entstanden sein aus Unvernunft, mangelnder Erfahrung und bei den Führern aus dem kleinlichen Wunsch, ihre vermeintliche Leistung durch Verkleinerung auch des Steinschen – Hardenbergschen – Gneisenau – Scharnhorst – Bismarck – Moltke – Werkes zu steigern.[25]

Richtig aber ist, daß der freie Wettbewerb dieses Jahrhundert das deutsche Volk groß und stark auch für seine militärischen Aufgaben gemacht, seine materielle Lage um 100% verbessert u[nd] ihm die Welt für seinen [54] Lebenswillen geöffnet hat.

Wenn, wie erwiesen, jeder Wettbewerb den Menschen zu höchster Leistung anspornt, wenn die volle Staatswirtschaft mit Regelung der Produktion, mit Verteilung und Schutz gegen alle Fährnisse diesen Leistungswillen bricht, dann muß die Wirtschaftspolitik ständig dem freien Wettbewerb zu- und von seiner Beschränkung fortstreben. Nun habe ich mehrfach dargelegt, daß es Zeiten gibt, in denen

---

kapitals" einerseits und zur Einführung des „Führerprinzips" in Aktiengesellschaften andererseits prägten die Politik zwischen 1934 und 1939; vgl. Mark Spoerer: Von Scheingewinnen zum Rüstungsboom. Die Eigenkapitalrentabilität der deutschen Industrieaktiengesellschaften 1925–1941, Stuttgart 1996, S. 82 ff.

[25] Vgl. zu Goerdelers Geschichtsbild und seiner Argumentation mit historischen Stereotypen S. 343, Anmerkung 3.

ein schrankenloser Wettbewerb soviel Schaden stiftet, daß der Nutzen zu stark beeinträchtigt wird. Ich zähle Fälle und Maßnahmen, Kriegszeit beiseite lassend, noch einmal auf:

a) Landwirtschaft. Vgl. Ziff. 2

b) Gewerbe und Industrie können gegen den Wettbewerb anderer Völker nur geschützt werden, soweit sie nicht auf Absatz nach außen angewiesen sind. In diesem Falle müssen sie sich dem Wettbewerb stellen. Das System: Schutzzoll für den Binnenmarkt und Preissenkung mit Exportprämien nach außen muß, weil für andere unerträglich, entweder zum Kampf der anderen mit gleichen Mitteln führen, wobei sie, reicher und rohstoffreicher, siegen würden, oder zu unübersteigbaren Schutzzöllen der anderen. Hier ist also eine aus der jeweiligen Produktions- u[nd] Absatzlage sich ergebende Elastizität zu beobachten; langfristige beide Teile bindende Handelsverträge sind stets vorzuziehen, weil sie sichere Kalkulationen und langfristige Lieferungsverträge ermöglichen.

c) Der Wettbewerb auf dem Weltmarkt kann es nützlich erscheinen lassen, Preisabreden zu gestatten. [55] Diese können sich nur auf den Weltmarkt oder auch auf den Binnenmarkt erstrecken. Letzteres ist unabweisbar, wenn die Preise im Interesse des Absatzes für den Wettbewerb unter die Gestehungskosten gesenkt werden sollen. Damit dann überhaupt exportiert wird, müssen die Preise im Inland über jene Kosten gehoben werden.

   Diese Preisabreden können zu Kartellen mit bestimmten Quoten für drinnen u[nd] draußen ausgestaltet werden, wenn ein öffentliches Interesse vorliegt, die Produktion für alle Betriebe, insbes[ondere] für verschiedene Landesteile aufrecht zu erhalten. Dann muß verhindert werden, daß einzelne besonders günstig arbeitende Betriebe den ganzen Absatz an sich reißen, u[nd] man muß in Kauf nehmen, daß dann auch die schlechter geleiteten oder arbeitende Betriebe davon Nutzen haben. G[e]g[ebenen]falls kann der Staat verlangen, daß durch sachverständige Revisionen Betriebe ermittelt werden, die zu stark nachhinken; sie müssen dann ausscheiden, wenn sie in angemessener Frist nicht der Auflage nachkommen, ihre Betriebe wirtschaftlicher zu gestalten.

   Denn selbstverständlich müssen alle diese Abreden unter den Zwang staatlicher Genehmigung gestellt werden. Der Staat muß auf das sorgfältigste prüfen, ob die Vorteile der Abreden aller Art größer sind, als die durch Beschränkung des Wettbewerbs zweifellos eintretenden Nachteile (Preissteigerung, Qualitätsminderungen). Diese Quotenabreden können auch [56] international gebunden werden, wenn unabweisbar, um überhaupt oder zu erträglichen Preisen bestimmten Absatz im Weltmarkt zu sichern. Sie werden dann häufig mit Produktionsregelungen (Zucker, Kautschuk, Kupfer) verbunden sein, um preisstörende Überproduktionen zu verhindern.

   Auch hierfür muß die staatliche Genehmigung vorbehalten bleiben. Ich habe Fälle erlebt, in denen die Interessen verschiedener Länder aus unbegründeten Gewinninteressen sich verbunden hatten u[nd] dann behaupteten, anders habe sich eine internationale Regelung nicht herbeiführen lassen. Deshalb muß der Staat in solchen Fällen die Notwendigkeit besonders scharf prüfen, g[e]g[ebenen]F[alls] auch mit anderen beteiligten Staaten Fühlung nehmen; in jedem zweifelhaften Falle muß er die Genehmigung versagen u[nd] auf die reinigenden Kräfte des Wettbewerbs verweisen.

d) Preisabreden können vorübergehend zweckmäßig sein, wenn eine stürmische technische Entwicklung schnelle und weitwirkende Unterschiede in den Gestehungskosten verschiedener Betriebe schafft und ein öffentliches Interesse an der Aufrechterhaltung *aller* Betriebe vorliegt. Das wird nur in Zeiten beachtlicher Arbeitslosigkeit der Fall sein; in normalen Zeiten ist der Betriebs- oder Berufswechsel unvermeidlich. So war das Hohlglaskartell 1930–1935 berechtigt, weil einzelne kapitalstarke Betriebe mit neusten Maschinen die Flaschen usw. wesentlich billiger herstellen konnten, als die Mundbläser Thüringens u[nd] der bayrischen Ostmark. Die hier Beschäftig[57]ten wären also alle arbeitslos geworden. Die Lage des Arbeitsmarktes verblockte ihnen andere Arbeitsmöglichkeiten. Aber diese Abreden dürfen nur befristet genehmigt werden; die Frist muß ausreichen, um strebsamen Betriebsleitern u[nd] Arbeitern die Möglichkeit einer irgendwie gearteten Umstellung zu geben. Denn für längere Zeit darf man die Abnehmer nicht um die Kaufkraft für andere Zwecke freimachenden Vorteil billigerer Preise bringen. Schließlich wächst auch Arbeit durch Herstellung, Bedienung und Unterhaltung der Maschinen zu.

e) In Zeiten außerordentlicher Erschütterungen können Überkapazitäten eintreten, die bei Errichtung und Erweiterung von Betrieben nicht voraussehbar waren. Beispiel Buchdruckgewerbe seit 1930. In solchen Fällen führt Wettbewerb zu einem Preisdruck, den selbst tüchtig geleitete leistungsfähige Betriebe nicht aushalten können. Um morgen u[nd] übermorgen noch leben zu können, werden Aufträge hereingenommen, die dem Betriebe nicht einmal gestatten, seine öffentlichen Lasten zu tragen.
Es wäre widersinnig, in solchen Fällen Preisabreden zu gestatten. Denn sie würden gerade den kleinen Betrieben, die langsamer aber bei längerer persönlicher Arbeitsleistung billiger arbeiten können, die Arbeitsmöglichkeit zu entziehen. Welche Naturwidrigkeit dem allein arbeitenden Meister, der sich mit 12–14 Stunden Arbeit wettbewerbsfähig halten kann, diese Lebensmöglichkeit durch [58] Leistung kraft staatlicher Duldung zu entziehen!
In solchen Fällen kann der Staat ein Kartell gestatten, daß nur darüber zu wachen hat, daß kein Betrieb sich durch zu niedrige Preise außerstande setzt, seine Steuern, Sozialbeiträge, für den Betrieb gültige Löhne usw. zu zahlen. Denn es ist *keine* Leistung, Aufträge zu erraffen, aber die Verpflichtungen gegenüber der Allgemeinheit nicht zu erfüllen! Nicht jeder Auftrag braucht die entsprechenden Lasten decken; dann wären ja Abstoßungen überalterter Bestände unter Selbstkosten nicht möglich; dann würde man zu Totalverlusten zwingen, wo noch teilweise Rettung möglich. Nein jeder unter die Abrede fallende Betrieb

soll nur gehalten sein, jederzeit nachzuweisen, daß er seine sämtlichen oben angedeuteten Verpflichtungen ordnungsmäßig erfüllt.

In allen Fällen dieser hier unter e) behandelten Abreden ist staatliche Genehmigung und Überwachung vorzubehalten. Vor der Genehmigung öffentliche Bekanntgabe mit Einspruchsfrist. Im Zweifelsfalle nicht genehmigen; man ahnt nicht wie schutzverseucht die deutsche Wirtschaft geworden ist, seitdem sie 1914 das freie Kampffeld verlassen hat. In anderen Staaten ist es nicht anders.

In diesen Fällen der Wettbewerbsbegrenzung wird es häufig zweckmäßig sein, Erweiterungen u[nd] Neuerrichtungen befristet von staatlicher Genehmigung abhängig zu machen. Über die Anträge der Wirtschaftsverbände soll der Staat hierbei nicht hinausgehen; [59] sie beschreien eher zuviel als zu wenig. Aber bisweilen wird er ihnen nicht stattgeben können; er muß auch den Vorwärtsstrebenden Zügel lassen, seine Entscheidung immer unter den Gesichtspunkt stellend, den Wettbewerb so stark, wie ohne Gefährdung wichtiger und berechtigter Interessen; insbesondere der Allgemeinheit möglich, wirken zu lassen.

In allen Fällen a-e muß der Staat zusätzlich prüfen, ob eine für *alle* Betriebe des betr[effenden] Gewerbezweiges verbindliche Regelung nottut.

f) Daß der Wettbewerb anständig sein muß, wird durch die höhere Notwendigkeit sittlicher Ordnung im Staate gefordert. Hier genügen die z.Zt. bestehenden Gesetze völlig. Die Bestimmungen des Werberates der deutschen Wirtschaft[26] sind von entbehrlichen u[nd] übertriebenen Einengungen zu befreien. Der unten erwähnten Vereinigung der Wirtschaft ist anheimzugeben, die Aufgaben des Werberates binnen 6 Monaten zu übernehmen; dann ist der Werberat auf jeden Fall unter Aufhebung der Beitragsverpflichtungen aufzulösen. Er ist vollkommen entbehrlich.

g) Alle Betriebe usw., die von der öffentlichen Hand betrieben werden, oder an denen sie beteiligt ist, sind unterschiedslos den gleichen Bestimmungen und Lasten zu unterwerfen, die für private gelten. Sie sind auch sonst *allen* Bestimmungen zu unterwerfen, die in der Gemeindeordnung für Gemeindebetriebe dargelegt sind. Das ist wichtig. Die [60] Gründe hierfür habe ich in „Die deutsche Gemeindeverordnung als wirtschaftliches Grundgesetz“ (Der deutsche Volkswirt 1937) dargelegt. Das Reich hat sich viel zu weit in die Wirtschaft begeben. (Elektrizität, Aluminium, Banken, Kohle usw.) Überwachung, wie eben dargelegt, genügt.

---

[26] Die Einrichtung des „Werberats der deutschen Wirtschaft“ durch Gesetz vom 12.9.1933 (vgl. RGBl. 1933/I, S. 625 f.) war ein weiterer Schritt zur nationalsozialistischen Gleichschaltung der Öffentlichkeit. Die Unterstellung des „gesamten öffentlichen und privaten Werbungs-, Anzeigen-, Ausstellungs-, Messe- und Reklamewesens“ unter Reichsaufsicht (§ 1, ebd., S. 625) bedeutete darüber hinaus einen weiteren Machtzuwachs für Goebbels, der das Berufungsrecht für die Mitglieder des Werberats hatte.

h) Für öffentliche Vergebungen habe ich als Reichskommissar für Preisüberwachung 1934/35 bestimmte Grundsätze eingeführt.[27] Sie sind sofort wieder in Kraft zu setzen. Es ist nicht Sache des Staates, der Gemeinde usw., die Angebote auf Angemessenheit der Preise zu prüfen. Diese Vorauswertung gebührt dem Bewerber! Pflicht des Staates usw. ist nur, nicht Aufträge an Betriebe zu vergeben, die nachweislich keine Gewähr für sachgemäße Lieferung bieten oder ihren öffentlichen und Lohn-Verpflichtungen nicht gerecht werden. Alles andere ist grober Unfug, an den sich leider vielfach die Wirtschaft gewöhnt hat, das ihr aber nur dazu dient, unbequeme Wettbewerber abzuschütteln.

[61] *Die Organisation der Wirtschaft*

1.) Landwirtschaft

Der Reichsnährstand[28] wird in die Reichslandwirtschaftskammer umgewandelt. Die besteht aus:
a) Reichsbauernkammer,
b) Reichsgärtnerkammer,
c) Reichspächterkammer,
d) Reichshandwerker- und Angestelltenkammer,
e) Reichsarbeiterkammer.
In jeder preußischen Provinz, in jedem sonstigen Gau bestehen entsprechende Provinzialkammern.

Den Prov[inzial]bauernkammern gehören alle selbständigen im Hauptberuf tätigen Bauern, Gutsbesitzer usw. an. Dagegen scheiden alle Verarbeitungsbetriebe aus, die in der Regel unabhängig von der Landwirtschaft betrieben werden. (Kühlungs-, Zucker-, Konservenfabriken) Sie kommen, ebenso wie Verteilungsbetriebe, in die Gewerbekammern. Über landw[irtschaftliche] Genossenschaften entscheiden Reichsernährungs- und Reichswirtschaftsminister nach Beratung mit den Kammern.

Im übrigen ist die Mitgliedschaft in allen Kammern Pflicht.

Die Pflichtmitglieder jeder Gemeinde, die mindestens 3 Jahre im Berufe stehen, wählen Vertrauensmänner, die 5 Jahre im Berufe stehen u[nd] unbescholten sein müssen. Die Vertrauensmänner eines Kreises wählen die Obmänner, die 10 Jahre im Berufe stehen müssen. Die Obmänner wählen aus ihrer Mitte 10–15 Kammerräte, diese aus ihrer Mitte den Präsidenten und 2 Stellvertreter. Der Präsident kann Ausschüsse bilden.

Die Präsidenten und seine Stellvertreter [62] bilden den Rat der Reichskammern. Dieser Rat wählt aus seinen Mitgliedern den Präsidenten und zwei Stellvertreter; diese letztere Wahl bedarf der Bestätigung durch den R[eichs]E[rziehungs]Min[ister].

---

[27] Vgl. zu Goerdelers Arbeit als Reichskommissar für Preisüberwachung ausführlich die Dokumente 2.3.1 ff.

[28] Vgl. zu dem Reichsnährstand S. 355, Anmerkung 21.

Die Prov[inzial]kammern haben das Recht, Zweig- und Beratungsstellen zu schaffen u[nd] sich der Obmänner u[nd] Vertrauensmänner zu bedienen. Die Kosten werden durch Beiträge aufgebracht; die Kosten der Reichskammer werden auf die Prov[inzial]kammern umgelegt. Im übrigen bestimmt das System die Reichskammer; es bedarf der Genehmigung.

Die Unterkammern sind zuständig für ihre Sonderangelegenheiten. Die Bauern- u[nd] Gärtnerkammer vereinbaren mit den anderen Kammern die Tarifordnungen, wie unter Wirtschaftspolitik Ziff. 5 für die gewerbliche Wirtschaft dargelegt.

Für Marktordnungen ist nur die Vollkammer der Reichskammer zuständig. Diese bedürfen der Genehmigung des R[eichs]E[rnährungs]M[inisters] und des R[eichs]W[irtschafts]M[inisters]. Es ist richtig, bei der Landwirtschaft den Pflichtkammern diese Zuständigkeit zu geben (anders wie in der gew[erblichen] Wirtschaft), weil die deutsche Landwirtschaft, wie unter Wirtschaftspolitik Ziff. 2 dargelegt, des Zollschutzes und einer allerdings im Verhältnis zur Gegenwart *wesentlich* aufgelockerteren Marktordnung bedarf.

Die Minister können Änderungen genehmigter Marktordnungen verlangen.

Die Kammern sind ferner zu[63]ständig

a) für soziale Einrichtungen und Versicherungen (Unfall-, Arbeitslosenversicherungen) anregend, begutachtend,
b) für Produktionsverbesserungen anregend, begutachtend, durchführend,
c) für das landwirtschaftliche Bildungswesen einrichtend und tragend. Der Staat kann Bildungseinrichtungen verlangen,
d) für weitere ihm vom Staat zugewiesene Aufgaben.

Der Gedanke der Selbstverwaltung soll, soweit wie irgend vertretbar, wieder fruchtbar gemacht werden. Er kann sich nur entwickeln, wenn durch ein vernünftiges, die Verantwortung stärkendes, Wahlsystem das Vertrauen und die freudige Mitarbeit wieder hergestellt werden. Diese sind durch das System des Reichsnährstandes, dessen Leistungen ich sonst nicht herabsetzen will, geradezu zerstört.

Soweit die Kammern von Marktordnungen absehen, können sich freiwillige Verbände der Interessenten bilden; wollen sie den Markt ordnen, so bedürfen sie der Genehmigung des Staates, der zuvor die zuständige Kammer zu hören hat.

2.) Gewerbliche Wirtschaft

Auch hier ist das bewährte Kammersystem wieder herzustellen;[29] aber dies ist nicht für Marktordnungen zuständig, weil diese in diesem Zweig der Wirtschaft nicht die Regel bilden [64] sollen. Zentralkammer ist die Reichswirtschaftskammer. Sie gliedert sich in

a) Reichsindustriekammer
b) Reichshandelskammer

---

[29] Vgl. zu der Organisation der gewerblichen Wirtschaft unter dem NS-Regime S. 355 f., Anmerkung 22.

c) Reichshandwerkerkammer
d) Reichsangestelltenkammer
e) Reichsarbeiterkammer.

Die gliedern sich in Bezirkskammern. Die Mitgliedschaft ist Pflicht. Die Kammern können nach Fachgruppen unterteilt werden; für Wahlzwecke sind die Kammern zu a-b-d u[nd] e zu unterteilen. Die Arbeiterkammer enthält außerdem in jeder Fachgruppe Abteilungen für Gelernte, Angelernte und Ungelernte.

Die Vertrauensräte der Betriebe, bei Kleinbetrieben die Belegschaften, wählen im Kammergebiet Obmänner, zu 1/3 gel[ernte], angel[ernte], ungelernte, berufsweise getrennt, die 5 Jahre dem Berufe angehören müssen. Diese wählen die Kammerräte usw. [65] wie bei den Landwirtschaftskammern.

In gleicher Weise wählen die Angestellten, ohne und nicht deren Vertrauensräte, weil die Zahlen hier kleiner sind, Obmänner u[nd] zwar

1/6 Verw[altungs-] Angestellte ohne Leistungsprüfung
1/6 Verw[altungs-] Angestellte mit mittl[erer] Leistungsprüfung
1/6 Verw[altungs-] Angestellte mit Hochschul-Leistungsprüfung
1/6 techn[ische] Angestellte ohne Leistungsprüfung
1/6 techn[ische] Angestellte mit mittl[erer] Leistungsprüfung
1/6 techn[ische] Angestellte mit Hochschul-Leistungsprüfung

Alle *selbständigen* Kammermitglieder und Betriebsleiter wählen im Kammerbezirk Obmänner für die verschiedenen Tarifgruppen, diese [66] die Kammerräte.

Die Aufgaben der Kammern entsprechen denen bei der Landwirtschaft (ohne Marktordnung). Zu Tarifverhandlungen haben die Kammern aus den Obmännern Ausschüsse zu bilden, da die Kammerräte entlastet werden müssen.

Die Präsidenten der Bezirks-Einzelkammern bilden die Reichsindustrie-, Reichshandels- usw. Kammern; diese entsenden ebenso wie die Reichsbauern-, Reichsgärtner- usw. Kammern je 3–6 Vertreter in die *Reichswirtschaftskammer*; sie bildet also das oberste Selbstverwaltungsorgan der Wirtschaft. Sie

a) nimmt gutachtlich Stellung zu Fragen der Staatsregierung,
b) hat das Recht zur Initiative mit der Verpflichtung, allen Anträgen den Deckungsvorschlag beizufügen
c) soll die Mitglieder beraten, ihnen Auskünfte geben
d) [soll] das Tarifwesen regeln.

Zu diesem Zwecke stehen zur Verfügung, bestimmt von den Bezirks-, Reichsfach-, Reichswirtschaftskammern,

1. In den Bezirken die Fachobmänner zur Verhandlung.

2. In den Reichsfachkammern Fachräte, von den Reichsfachkammern aus den Bezirksobmännern ernannt, die 10 Jahre dem Berufe angehören, als Berufungsstellen

in der Reichswirtschafts[68]kammer Tarifrichter, die nicht fachgebunden sind, sich höchsten Ansehens erfreuen sollen und in letzter Instanz entscheiden, wenn es von den Interessenten oder der Reichswirtschaftskammer oder einer Reichsfachkammer begehrt wird. Das letzte kann wichtig werden, wenn eine Betriebs-, Orts- oder Bezirks- oder Reichstarifregelung in ihren Wirkungen über den Kreis der zunächst Betroffenen hinausreicht.

Dies alles nur Grundsätze. Sie müssen im Einzelnen durchgearbeitet werden; unter den Lebenden empfehle ich dazu Staatss[ekretär] a.D. Trendelenburg-Berlin, Stadtrat a.D. Dr. Sternberg-Ransch-Berlin, Direktor Walz-Stuttgart; sie sollen gemeinsam die Einzelheiten festlegen.[30]

Bis zu ihrer Inkraftsetzung, die schnell von [69] unten nach oben erfolgen muß, bleibt die bisherige Organisation bestehen; nur sind überall die jetzt an der Spitze der Kammern, Fachgruppen usw. stehenden Personen *sofort* durch solche zu ersetzen, die von unten nach oben frei *gewählt*, u[nd] nicht bestimmt werden. Dies ist notwendig, um *sofort* eine Vertrauensbasis zu schaffen, die jetzt fehlt.

Die sog[enannten] Bezirkswirtschaftskammern sind, da ganz unglückselige Gebilde *sofort* aufzulösen, in der ersten Stunde mit der Anordnung, daß ihre Geschäfte den Bezirkskammern wieder zu übertragen sind, und daß nur der Syndikus im Amt bleibt mit der Auflage, die Übertragung in 4 Wochen durchzuführen. Wer bis dahin nicht fertig sind, ist entlassen; die ersten 3, die am schnellsten [70] fertig sind, erwerben Anwartschaft auf Übernahme in den Reichsdienst. Auch hier empfehle ich goldene Rücksichtslosigkeit dringend. Laßt Euch durch keine Einrede aufhalten; es ist alles Larifari; denn diese Kammern haben nichts geleistet, sondern nur den alten Landeskammern das Leben erschwert.

Besonders schnell müssen die Arbeiterkammern errichtet werden. Ich halte die revolutionären Spannungen in der Arbeiterschaft für sehr groß. Die Leitung der Arbeitsfront muß sofort einem unparteiischen hohen Offizier oder Beamten übertragen werden. Ich empfehle den mir gut bekannten Generalmajor Gautier z.Zt. Wien, der mit den Führungseigenschaften des [71] gediegenen Offiziers die Eigenschaft guter wirschaftlicher Durchbildung besitzt. Sofortige Wahlen der Vertrauensräte in den Betrieben notwendig. Dann Kammeraufbau unter der Leitung tüchtiger Kommissare, dann mit den Kammern die Überleitung der Aufgaben u[nd] Vermögen der Arbeitsfront regeln. Keine Sondervereine dulden. Die Kammern müssen die einzigen Organe der Selbstverwaltung auch für die Arbeiter sein. Ihnen stehen

---

30 Vgl. zu Ernst Trendelenburg S. 420, Anmerkung 14. Hans Walz, politisch dem linksliberalen württembergischen Milieu in der Tradition Friedrich Naumanns verbunden, war in den 30er Jahren der engste Mitarbeiter des demokratischen Industriellen Robert Bosch. Als einer der drei Direktoren im engeren Vorstand des Bosch-Imperiums hatte Walz die leitende Stellung innerhalb des Unternehmens. Laut Goerdeler war er seit 1935 mit Walz bekannt; bei der „Rekrutierung" Goerdelers spielte Walz eine entscheidende Rolle. Offiziell seit dem Juni 1937 als Vertreter des Unternehmens bei Berliner Stellen und im Ausland angestellt, erreichte Goerdeler auf diese Weise eine Finanzierung und Rechtfertigung für seine ausgedehnten Auslandsreisen 1937–1939. Vgl. zu Walz' Biographie Joachim Scholtyseck: Robert Bosch und der liberale Widerstand gegen Hitler 1933 bis 1945, München 1999, S. 73 ff., zu den Kontakten mit Goerdeler ebd., S. 188-256.

in den Vertrauensräten u[nd] Obmännern die ehrenamtlichen Leiter aller notwendigen Organisationen (Unterstützungskasse usw.) zu Verfügung. Dazu können sie sich auch noch Helfer aus den Arbeitern bestellen.

Sofort das Vermögen der Arbeitsfront [72] sicherstellen und eine Treuhandgesellschaft mit ihrer eingehenden Durchprüfung betrauen![31] [73]

Sozialpolitik

Die deutsche Soz[ial]Gesetzgebung ist 50 Jahre alt und hat sich trotz mancher Mängel bewährt. Es wäre daher verfehlt, an ihren Grundlagen etwas zu ändern. Andere Länder haben sich anders verhalten. Ich kenne ihre Gesetze. Keins geht weiter; aber ob nun die Organisation oder die Lastenverteilung anders ist, ich habe nirgends bemerkenswerte Vorzüge gefunden. Nur Teilverbesserungen erscheinen mir notwendig; sie müssen von der Erkenntnis getragen sein, daß es überall im Leben gilt, klare Verantwortlichkeiten zu schaffen. Jeder, dessen Handlungen irgendwie das Leben gestaltet, muß am guten Ergebnis ebenso [74] teilhaben, wie er für das Schlechte einzutreten hat. Dies ist bei allen kollektiven Veranstaltungen besonders schwierig, aber auch besonders wichtig.

1. *Krankenversicherung*. Ihre Lasten werden beeinflußt:

   a) durch das Verhalten der Mitglieder. Daher muß ein die Versicherung ausnutzendes Mitglied gestraft, das sie schonende belohnt werden. Es sind daher Zubußen einzuführen für die Fälle, in denen ein Mitglied die Kasse in einem bestimmten Zeitraum mehr als einmal in Anspruch nimmt (ausgenommen Seuchen, Unfälle, chronische schwere Leiden). Auf der anderen Seite sind nun einzuführen Prämien. Sie werden fällig, wenn [75] ein Mitglied die Kasse in einem bestimmten Zeitraum nicht in Anspruch nimmt; sie erhöhen sich in jedem folgenden Zeitraum also mit der Dauer der Mitgliedschaft; die Kontrolle kann der Einfachheit halber den Mitgliedern selbst überlassen bleiben, d.h. die Prämien werden nur auf Antrag gezahlt.

   In Ruhe zu prüfen ist die Frage, ob nicht die Kr[anken]Vers[icherung] den Sparkassen anzugliedern ist. In diesem Falle könnte das Prämiensystem mit einer Lebensversicherung verbunden werden.

   b) Durch das Verhalten der Ärzte. Es wird am sichersten in das Interesse der Kasse gelenkt, wenn den zuzulassenden Ärzten nach der Zahl der Versicherten Kollek[76]tivsummen gezahlt werden, die die Ärzte nach eigenem Ermessen

[31] Im Zuge der nationalsozialistischen Zerschlagung der Gewerkschaften waren am 2.5.1933 die Gewerkschaftshäuser besetzt, ihre führenden Funktionäre in „Schutzhaft" genommen, und ihr Vermögen beschlagnahmt worden. Die vorgeschobenen Korruptionsvorwürfe an Gewerkschaftsfunktionäre, die der Rechtfertigung der Aktion dienten, wurden nicht weiter verfolgt, und das Gewerkschaftsvermögen floss der am 10.5.1933 gegründeten DAF zu. Vgl. Hans-Gerd Schumann: Nationalsozialismus und Gewerkschaftsbewegung. Die Vernichtung der deutschen Gewerkschaften und der Aufbau der „Deutschen Arbeitsfront", Hannover und Frankfurt/M. 1958, S. 70 ff.

verteilen. Allerdings ist dann eine wirkliche Selbstverwaltungsorganisation der Ärzte notwendig. Das Führersystem hat in ihr nichts zu suchen. Es zeitigt Korruption.

Ebenso aber dürfen die Ärzte durch Mehrheitsbeschluß auch die Fallpauschale wählen, müssen sich dann aber Vertrauensärzten unterwerfen, die von den Kassen berufen werden.

2. Die *Unfallversicherung* bleibt unverändert.
3. *Invaliden-, Alters-, Angestelltenversicherungen* bleiben unverändert. Nur werden sie dem Reich gegenüber völlig selbständig gemacht; sie erhalten die Stellung [77] der Reichsbank. Sie dürfen insbesondere nicht gezwungen werden, ihr Vermögen in Reichspapieren anzulegen; sie sind nur für genügend liquide, sichere Anlagen verantwortlich.
4. *Arbeitslosen-Versicherung*. Ich habe bereits dargelegt, daß sie, soweit möglich, entkollektivisiert werden und auf Wirtschaftsgruppen aufzuteilen ist. Arbeiter u[nd] Kapitalverwalter müssen die Folgen einer falschen Lohnpolitik in erhöhten Beiträgen spüren. Im übrigen ist die Versicherungsanstalt von den Reichskammern der Wirtschaft zu verwalten. Die jetzige bürokratische Form ist zu beseitigen. Der notwendige Einfluß des Reichs wird durch die Aufsicht des [78] Ministers gewährleistet. Ihm ist ein umfassendes Eingriffsrecht zum Schutze der Reichsinteressen zu gewähren.

Die aus den Versicherungsleistungen ausgeschiedenen Arbeitslosen sind von den Gemeinden zu betreuen; dadurch wird ihre Verantwortung für richtige Steuerpolitik, für vorsichtige Finanzierung gestärkt; das Reich zahlt Zuschüsse, wenn die Zahl der Arbeitslosen gewisse Prozentziffern der Einwohner übersteigt.

Diese Betreuung durch die Gemeinden ist aber auch aus anderen Gründen notwendig: Einmal muß in der heutigen, organische Zusammenhänge zerreißenden Zeit, alles geschehen, um solche aufrecht zu erhalten. Die Bürger der Gemeinde müssen wissen, [79] daß sie eine Gefahrengemeinschaft bilden. Die Gemeinde ist deshalb ja auch die natürliche Trägerin aller Einrichtungen, die der Armenpflege usw. dienen. Da nun dieselbe Familie häufig neben der Unterstützung in Notzeit die Gemeinde auch für Kinderfürsorge usw. in Anspruch nimmt, darf die Einheitlichkeit der Betreuung nicht vernichtet werden.

Über diese Notwendigkeiten sind Fässer Tinte verschrieben. Die vernünftige Regelung ist stets am Widerstand der Reichsanstalt gescheitert.[32] Auch sie kann beachtliche Gründe ins Feld führen. Aber sie alle verblassen hinter den oben angeführten, weil diese den Kern der Verantwortung [80] und der zweckmäßigen Betreuung berühren, ja bilden.

Die Haltung der Reichsanstalt ist mir auch nie frei von egoistischen Beweggründen erschienen. Sie wollte offenbar einen großen weitreichenden Apparat

---

[32] Vgl. dazu ausführlich Goerdelers Vortragsmanuskript „Organisatorische und finanzielle Vereinheitlichung der Arbeitslosenhilfe" vom 2.12.1932; Dok. 1.2.5, oben S. 71 ff.

sich erhalten; sie mißtraute den Gemeinden bei der Verwaltung der Reichszuschüsse. Alle diese Einwendungen sind nebensächlich. Eine strenge laufende Durchprüfung der Gemeinden auf ordnungsmäßige Verwaltung der Reichsgelder mit schweren Strafen (Geld, Einsetzung eines Kommissars usw.) ist möglich u[nd] vollkommen ausreichend.

Die Einheit der örtlichen Selbstverwaltung muß mit eiserner Folge[81]richtigkeit wiederhergestellt werden. Ebenso unnachsichtich sind die großen neuen Reichsbehörden abzubauen, die polypenartig das Volksleben durchsetzen, sich und anderen Schreibarbeit bereiten und dem schaffenden Bürger unerhörte Steuern kosten. Laßt Euch diese Aufgabe ans Herz gelegt sein. Sie ist einer der wichtigsten, um unser Volk zu gesunden. Ich verweise auf den Abschnitt „Innere Verwaltung". Nehmt sie mit der hundertprozentigen Rücksichtslosigkeit in Angriff, mit der einst der preußische König Friedrich Wilhelm I. den Staat von Parasiten befreite und einem kleinen zuverlässigen Beamtentum anvertraute.[82]

[4.] Innenpolitik

Ein großer Staat braucht heute mehr denn je der organisierten Kontrolle der Staatsführung. Die Bildung der Masse verlangt dies ebenso sehr wie die menschliche Schwäche, die Vielgestaltigkeit des Volkslebens und die Sicherung der allgemeinen Ordnung.

Wir stoßen immer wieder auf die Notwendigkeit, alle lebendigen Kräfte der Menschen zur höchstmöglichen Verantwortlichkeit einzulenken.

Verantwortung kann nur tragen, wer die Sache beherrscht. Wer nicht weiß, wie Vieh zu behandeln ist, kann keine Verantwortung für einen Stall erhalten. Das italienische Volk kann zu einem erheblichen Teil nicht lesen u[nd] nicht schreiben. Es lebt südlich Genua [83] vorwiegend animalisch. Für ein solches Volk war parlamentarische Demokratie fast sinnlos. Sie mußte entarten, sobald der Staat dem Marxismus gestattet, die Unbildung des Volkes zu dessen Verbildung mit Unrichtigkeiten auszunutzen, und sobald ein solcher Staatskörper vor schwere Schicksalsschläge gestellt wurde (1914–1921). Der Faschismus Mussolinis, übrigens noch dauernd in der Entwicklung begriffen, das dem Volke Heilige – Kirche, Bräuche, Rechtsleben – unberührt lassend, scheint mir der großen Masse dieses Volkes auf den Leib geschrieben. Die Aufgabe, die Intelligenz durch Gewährung genügender Freiheit zu gewinnen, hat er allerdings noch nicht gelöst. Von ihrer Lösung hängt sein Bestand ab.[84]

Das deutsche Volk ist das im Durchschnitt hochgebildetste; es steht dem englischen nur an Traditionsbewußtsein, dem französischen an Naturhaftigkeit der Bildung nach. Es macht jetzt seine entscheidende Schule durch, ob es die genügende Charakterfestigkeit besitzt, um ein wahrhaft großes Volk zu werden, würdig die Welt zu führen.

Der Nationalsozialismus hat richtig erkannt, daß die Charakterbildung von der formalen überwuchert zu werden drohte. Aber auch auf diesem Gebiet hat er eine richtige Erkenntnis zum Schlagwort entarten lassen und an Stelle überzüchteter Geistigkeit vollendete Skrupellosigkeit gesetzt. Nur selten wird ein der Partei nahe Stehender gehindert, jedes, auch das übelste Mittel zu gebrauchen, um sein egoistisches Ziel zu erreichen. Die Partei selbst [85] huldigt bedingungslos dem Grundsatz „Der Zweck heiligt die Mittel"

Eine tödliche Gefahr erwächst daraus dem deutschen Volke und der Welt, weil dieser Grundsatz für die totale Beherrschung des Menschen auf allen Gebieten in allen Lebensäußerungen eingesetzt wird. Die Partei will das ihr jeweilig genehme Verhalten des Menschen auf wirtschaftlichem, geistigem und seelischem Gebiete jederzeit mit dem zur Durchsetzung ihres Zieles im Einzelnen geeigneten Mittel herbeiführen, ja erzwingen können. So muß sie in einen unlöslichen Widerspruch mit jeder Religion geraten, die einen anderen Mittler göttlicher Gesetze u[nd] göttlichen Willens setzt wie die [86] Partei und ihren Führer. Die Partei leugnet Gott nicht, aber sie kann nur die göttlichen Gesetze anerkennen, deren Inhalt und Auslegung sie selbst bestimmt. Und da sie mit der Entwicklung der Lage Ziele und Mittel ändert, so ändert sie jene Gesetze ständig; ja sie wird eines Tages göttliche Gesetze wie das der Schwerkraft leugnen, wenn es nützlich erscheint, um irgend eine Maßnahme zu rechtfertigen. Sie spricht von Gott, aber sie endet im Mißbrauch des unwandelbaren Gottesbegriffs für ihre Zwecke.

Sie behauptet, das Wohl des Volkes und die Größe des Vaterlandes sei ihre Religion. Darüber ließe sich sprechen; denn auch dem Volke sind Wesen und Ziele von Gott gesetzt; aber zu viele Mächtige [87] der Partei nehmen zum Ziel ihres Handelns selbstische Zwecke. Sie befriedigen sich jedes materielle Lebensbedürfnis. Sie leben in Palästen gleich den Tyrannen früherer Zeiten u[nd] lassen das Volk ihre Lebenshaltung bezahlen. Sie machen vor keiner Ausschweifung halt; schutzlos steht der Bürger Allmacht gegenüber. Kraft durch Freude, Schönheit der Arbeit, Volkswagen[33] könnten, mit Klarheit und Weisheit angepackt, großartige Mittel sein, das Lebensgut des Volkes zu steigern, wenn sie neben das Materielle die Seele in den Mittelpunkt stellten, die bessere Vorbereitung zu erhöhter Verantwortung. Aber sie entarten im Rausche der großen Zahlen, in Statistik, im Ehrgeiz, ja in [88] der Begierde, das eigene Wohlleben durch diese Veranstal-

[33] Die nationalsozialistische Freizeit-Organisation „Kraft durch Freude" (KdF), eine Unterorganisation der DAF, bezweckte die Förderung der physischen und psychischen Gesundheit der Arbeiterschaft und damit ihrer Leistungsfähigkeit. Insbesondere Sport- und Urlaubsangebote sollten diesem Zweck dienen. Das Amt „Schönheit der Arbeit" (SdA) war wiederum eine Unterorganisation der KdF-Gemeinschaft und sollte der Verbesserung von Arbeitsbedingungen dienen, erschöpfte sich jedoch weitgehend in ästhetischen Veränderungen der Arbeitsplätze und Betriebseinrichtungen. Der Prototyp des Volkswagens, propagiert unter dem Namen KdF-Wagen, war im September 1938 der Öffentlichkeit vorgestellt worden. Vgl. Hermann Weiß: Ideologie der Freizeit im dritten Reich. Die NS-Gemeinschaft „Kraft durch Freude", in: AfS 33 (1993), S. 289-303 sowie zum KdF-Wagen Mommsen/Grieger, Volkswagenwerk, S. 117-132.

tungen für das „Volk“ gerechtfertigt zu sehen. Das böse Gewissen hetzt die Mächtigen ruhelos umher; und da sie es mit vertretbaren Mitteln der Selbstzucht nicht beruhigen können, greifen sie zu den unvertretbaren der furchtbaren grandiosen Täuschung.

Wen täuschen sie? Das Volk, ja auch den größten Teil der sog[enannten] Gebildeten. Womit? Mit Rausch- und Schlafmitteln äußerer Erfolge und Freuden. Mit welchem Schaden? Sie zerstören die gesunden wirtschaftlichen Begriffe, daß niemand, auch kein Volk, mehr verbrauchen kann, als es durch Leistung an verwertbaren tauschbaren Gütern schafft. Ich verweise [89] [auf] „Wirtschaft heißt Werte schaffen“. Sie zerstören Anstand und Sauberkeit, weil der Unanständige triumphiert; sie zerstören Recht und Freiheit, weil der Mensch ohne Richterspruch vernichtet wird; sie zerstören Gewissen und Verantwortung, Familienleben und Familiensinn, Ehrfurcht und Ehrgefühl, und schließlich die gesamte christliche Kultur. Sie verkennen, daß alle diese Werte Vitamine des deutschen Volks- und Staatslebens sind, daß die zerstörenden Bakterien auch in die Armee eindringen, und daß schließlich ein entseeltes Volk eine entseelte Armee haben wird, nicht fähig, über einen billigen Landsknechtsstandpunkt hinaus [90] sich zu schlagen. Aber die Zukunft verlangt für Existenzkämpfe ein ganzes Volk, innerlich geeint und fähig, sich für sein Vaterland zur Wehr zu setzen. Das wird das deutsche Volk nur tun, wenn ihm das Vaterland die Verkörperung aller jener seelischen Werte ist, die unser Leben über das der Tiere erheben. Für ein Vaterland, das ihm nur ein Leben unter Verlust aller Freiheiten bietet, schlägt sich das deutsche Volk ebenso wenig wie das preußische 1806/07.[34]

Da aber ein Volk stets damit rechnen muß, in dieser Welt des Kämpfens für seine Lebensmöglichkeiten fechten zu müsssen, so hängt der Ausgang des nächsten deutschen [91] Lebenskampfes ganz davon ab, ob es bis dahin gelingt, das Leben des Volkes wieder auf Charakter zu stellen. Erstes Erfordernis ist Aufrichtigkeit. Wie sie in der Wirtschafts- und Sozialpolitik durchzusetzen ist, habe ich oben dargelegt; es gilt, durch Verbreitung wirtschaftlicher Naturgesetze den wirtschaftlichen Aberglauben und der wirtschaftlichen Alchemie den Nährboden zu nehmen.

Die politische Verfassung des deutschen Volkes muß den Grundsätzen der Aufrichtigkeit, des Anstands, der Wirtschafts- u[nd] Sozialverfassung auf der Grundlage sinnvoller Verantwortung entsprechen. Organischer Aufbau von unten nach oben.

1.) Die Familie ist wirklich die Zelle [92] des Volkes. Ohne Freude und Verantwortung in ihr werden keine Kinder mehr gezeugt. Staat und Partei haben nicht in das Familienleben einzugreifen, sondern es in seiner organischen Ordnung zu schützen. Die Erziehungsgewalt der Eltern steht über den Eingriffsrechten jeder politischen Stelle; der Staat ordnet sie nur seinem Zwecke einer körperlichen und geistigen Mindestertüchtigung unter. Die Staatsjugend

[34] Vgl. zu der Schlacht bei Jena und Auerstedt S. 406, Anmerkung 2.

ist älteren Führern (Offizieren der Reserve, möglichst geeigneten Lehrern) an einem Nachmittag der Woche anzuvertrauen. Unter ihnen nur Kameradschaftsführer aus der Altersstufe der Geführten, aber nur für Ordnungs- und Meldedienst, nicht zur Erziehung. Es ist vollkommener Unsinn, daß Jugend [93] nur von Jugend geführt werden will.[35] Das ist ein politisches Rauschgift, mit dem man die Ehrgeizigen, Streber, Gewalttätigen, Perversen an sich lockt, dem sie zujubeln, um ihre Instinkte sich austoben lassen zu können. Die normalen Jugendlichen hassen diese gleichaltrigen Führer, denen gegenüber sie sich entwürdigt fühlen, denen sie mit Unaufrichtigkeit begegnen; sie wollen von unzweifelhafter Überlegenheit Älterer geführt werden.

Die Abende und Sonntage müssen ausschließlich der Familie gehören. Das ist das wichtigste natürliche Mittel, um wieder der Mutter u[nd] dem Vater Verantwortung zu geben, um ihr Beispiel und ihre Erfah[94]rung zum Wirken zu bringen, um in einem gesunden Familienleben die harmonische Durchbildung von Jungen und Mädchen für das Leben Hand in Hand mit der Schule zu sichern. Dann wird die sich malende, geputzte, kartenspielende rauchende Mutter ebenso verschwinden, wie der bramarbarsierende halbheldische oder stummergebene, innerlich unzufriedene Vater. Dann werden aus frühreifen, sittlich und körperlich gefährdeten, innerlich freudlosen Kindern, wieder spielende, tobende, lernende und den Eltern folgende Geschöpfe, die wieder klare Eltern u[nd] damit gesunde Bürger werden. Hier müßt Ihr sofort anfangen. Überantwortet die Führung der Staatsjugend in diesem Sinne [95] einem lebensvollen, erfahrenen, frischen, im Erzieherdienst bewährten General; aber bindet ihn eisern an jene Grundsätze. Die Zugehörigkeit zur Staatsjugend beginnt mit dem vollendeten 10. Lebensjahr. *Alle* Funktionen sind ehrenamtlich, was bei einem Nachmittag in der Woche möglich ist. Der Staat zahlt nur dem Staatsleiter eine bescheidene Aufwandsentschädigung, hält ihm einen kleinen Schreibstab und jedem Provinzialleiter *eine* Schreibkraft. So wird dem Schreibunwesen ein radikales Ende gemacht. *Radikal* muß es sein; in meiner Jugend gab es das überhaupt nicht, u[nd] wir haben den Weltkrieg geschlagen. [96]

Je einmal im Jahre kommen die Ortsjugendleiter im Kreise, die Kreisjugendleiter in der Provinz, die Provinzjugendleiter im Reiche zusammen. Diese Kosten trägt das Reich. Reihenfolge der Tagungen wie oben. Dauer in Kreisen und Provinzen einen Tag, im Reich 2 Tage.

Alle anderen Reisen auf öffentliche oder gesammelte Kosten fallen fort. Auch die Jungen müssen wieder lernen, daß man sich die Genüsse dieses Lebens selbst in der Familie erarbeiten muß. Das ist entscheidend wichtig.

Die Staatsjugend wird dem Erziehungsminister unterstellt; er hat die Grundsätze im Benehmen mit Innen-, Kriegs- u[nd] Wirtschaftsmi[97]nister aufzustellen.

---

35 Vgl. zu dem Prinzip „Jugend führt Jugend" in der HJ S. 376, Anmerkung 58.

Jugendherbergen werden dezentralisiert von den politischen Kreisverwaltungen (Stadt- u[nd] Land-) verwaltet. Die Provinzen können ausgleichen; es ist in ihr Selbstverwaltungsermessen gestellt. Wer zahlt, hat auch die Verwaltung! Dies Grundsatz! So bleibt ein Wettbewerb im Rahmen des möglichen erhalten. In die Kreis- u[nd] Provinzialjugendherbergsausschüsse sind die Kreisleiter (Provinzialleiter) der Staatsjugend zu berufen.
Die Herbergen stehen den Schulen und der Staatsjugend zur Verfügung; letztere darf die Jugend zu Wanderungen im Einvernehmen mit Schule beanspruchen
a) vom 10.-12. Lebensjahre 1 Tag
b) vom 13.-14. Lebensjahre 2 Tage
a) vom 15.-16. Lebensjahre 3 Tage [98]
a) vom 17.-18. Lebensjahre 4 Tage
a) vom 19.-20. Lebensjahre 6 Tage
jährlich. Dadurch werden die Bereisungsgebiete auf ein vernünftiges Maß beschränkt u[nd] nicht 12jährige, die noch nicht einmal ihre engere Heimat Ostpreußen kennen, nach dem Bodensee geschleppt. Der Wandertrieb muß organisch befriedigt werden. Die Sehnsucht nach Robinson steckt in jedem gesunden Jungen, die Fähigkeit in einem von Tausend; 999 gehen dabei unnötig zu Grunde. Die Erziehung in Schule u[nd] Staatsjugend soll die Verantwortung durch Selbstverwaltung überall heben. Hier u[nd] da lasse man die [99] Jugend sich selbst „Führer" für bestimmte Zwecke wählen. Niemals abstimmen, sondern immer einen positiven Vorschlag vom Führer verlangen, dem positive Gegenvorschläge aus der Gefolgschaft gegenübergestellt werden können. Über diese Diskussion; wer spricht, muß positiv so oder so sich stellen; wer nicht spricht, stellt sich hinter den Führer. Dieser entscheidet.

2.) In der Gemeinde Selbstverwaltung nach der sehr guten Deutschen Gemeindeordnung. Es ist nur nötig, *sofort* die Bestimmungen zu beseitigen, wonach die Partei die Gemeinderäte bestellt und ein Beauftragter der Partei irgendwelche Funktionen hat. Die Gemeinderäte müssen [100] wieder gewählt werden.[36] Die jetztigen werden überall von den Bürgern als ihre Vertreter abgelehnt. Das ist selbstverständlich. Man kann das militärische Prinzip der Führung und Ernennung nicht von begrenzten Einheiten und dazu noch zweckgebundenen, auf große, zu verschiedenen Zwecken sich bildende Organismen übertragen. Diese Gemeinderätewahlen sind nebst den Betriebsrätewahlen in 3 Monaten durchzuführen. Keine Verhältniswahl! In Wahlbezirken, die nicht mehr als 1.000 Wähler umfassen, werden Wahlmänner gewählt; 1 für je 1.000; diese müssen im Wahlbezirk seit 3 Jahren wohnen und 30 Jahre alt sein. Das aktive Wahlrecht steht den Bewohnern des Wahlbezirks zu, die 24 Jahre alt sind [101] und in

[36] Vgl. dazu ausführlich Goerdelers Beiträge in der Diskussion um die Deutsche Gemeindeordnung; Dok. 1.3.6 ff.

der Gemeinde 1 Jahr wohnen. In Gemeinden unter 5.000 Einwohnern werden 3–5 Gemeinderäte unmittelbar von den 24jährigen, ein Jahr in der Gemeinde Wohnenden, gewählt.
Verheiratete mit mehr als 2 Kindern und Inhaber des Kriegsteilnehmerfrontabzeichens sowie Wahlberechtigte, die in der Gemeinde Grundbesitz oder Erbpachtrechte besitzen (Kleinsiedler) oder ein selbständiges Gewerbe betreiben, haben 2 Stimmen. Wer Armenunterstützung bezieht, wegen Vergehens oder Verbrechens bestraft ist, hat kein Wahlrecht. Die Wahlmänner wählen aus ihrer Mitte nach öffentlicher Beratung unter Vorsitz des Ältesten, ebenfalls wie die Bürger nicht öffentlich, die Gemeinderäte; jedoch wird ein Vorstand der Gemeinderäte ohne weiteres dadurch bestimmt, daß die entsprechende Zahl der lebensältesten Wahlmänner, ein Viertel dadurch, daß die entsprechende Zahl der lebensjüngsten [102] Wahlmänner die Stellen besetzt. Die verbleibende Hälfte wird gewählt; im ersten Wahlgang entscheidet die absolute, im zweiten die relative Mehrheit. 3/4 der Wahlmänner können auch Nichtwahlmänner zum Gemeinderat wählen, die 30 Jahre alt sind und mindestens 5 Jahre in der Gemeinde wohnen müssen.
Die Zahl der Gemeinderäte
a) für Berlin 100
b) für Gemeinden über 300.000 Einwohner für 10.000 Einwohner je 1, aber nicht mehr als 70,
c) für Gemeinden von 100.000–299.999 Einw. für 4.000 Einwohner 1 aber nicht mehr als 50,
d) für Gemeinden von 20.000–99.999 Einw. für 1.000 Einw. 1, aber nicht mehr als 40, [103]
e) für Gemeinden von 10.000–19.999 Einw. für 800 Einw. 1, aber nicht mehr als 20,
f) für kleinere Gemeinden mindestens 3, höchstens 9.
Man wundere sich nicht über Einzelheiten dieses Vorschlages, insbesondere nicht über Mehrstimmrecht. Es gilt von der falschen Annahme loszukommen, daß alle Menschen gleich sind. Nein, sie sind alle verschieden. Ihre Verantwortung muß sich nach dem Wert ihrer Leistungen für die Gemeinde bestimmen. Wer es übernimmt, Frau u[nd] 3 Kinder zu ernähren, also die Zukunft zu sichern, wer im Kriege in der Front teilgenommen hat, wer sein Vermögen dem Geschick der Gemeinde durch Grundbesitz vermählt, [104] wer den Lebenskampf *selbständig* besteht, leistet handgreiflich Besonderes. Laßt Euch nicht verleiten, den Intellektuellen oder hohe Steuern Zahlenden höhere Rechte u[nd] Verantwortungen zuzumessen. Wenn einer, so ehre ich die Bildung und ihren Wert für Volk, Gemeinde, Staat. Aber für die Gesamtheit ist der kleine Volksbürger, der aus eigener Kraft sein Leben durchkämpft, nun einmal wertvoller als der erfolgreichste Forscher, der hilflos wird, wenn die Allgemeinheit ihm nicht materiell seine Tätigkeit ermöglicht. Er mag gewaltige

Geheimnisse entdecken, ungeahnte Konstruktionen ermöglichen; dafür soll er nach dem Leistungsprinzip materiell [105] entschädigt werden. Aber für den Lebenskampf des Volkes sind, wie im Abschnitt Wirtschaftspolitik dargelegt, die selbständigen Naturen das unentbehrliche Grundelement. Diesen Naturtatsachen in einigen groben Zügen Rechnung zu tragen, [darauf] kommt es an. Immer wird alles in der Entwicklung bleiben; eine spätere Zeit mag ihr organisch folgen. Denn die höchste Weisheit liegt immer in der Mitte zwischen Achtung vor dem Gewordenen (Tradition) und Anerkennung der Gesetze des Werdens.

Die Gemeinderäte wählen Bürgermeister u[nd] Beigeordnete; die Bestimmung über einjährige [106] Probezeit wird gestrichen. Sie ist exzeptionell, unwürdig, unnötig; die Gemeinderäte sollen sich die Wahl, die Aufsichtsbehörde die Bestätigung vorher überlegen![37]

Materiell sind zahlreiche Zuständigkeiten der Aufsichtsbehörde zu beseitigen. Freiheit ist die Voraussetzung für Verantwortung; wird sie mißbraucht, hat der Staat einzugreifen, aber er hat nicht zu gängeln. Daher sind *sofort* alle bisher erlassenen Ausführungsbestimmungen zur [Deutschen] Gem[einde]-Ordnung aufzuheben. Sie sind, ebenso wie zahlreiche Aufsichtsbefugnisse, der Sucht der Staatsbürokratie entstanden, ihre Weisheit für unentbehrlich zu [107] halten u[nd] sich für die zweifellosen Ausschreitungen der Gemeindeverwaltungen 1919–1930 zu rächen. Sie haben nur übersehen, daß diese Ausschreitungen Folgen eines vom Staate gewollten u[nd] errichteten falschen politischen Systems waren u[nd] daß die Selbstverwaltung als erste – in kleinen Städten schon ab 1920 – wieder seit 1929 zur Vernunft zurückfand.

Die neue Selbstverwaltung soll frei sein, aber volle Verantwortung tragen u[nd] bei unverantwortlichem Handeln die Folgen selbst tragen; diese können bis zum zeitweisen Entzug der Selbstverwaltung für unverantwortlich handelnde Gemeinden gehen. [108]

3.) In Kreisen u[nd] Provinzen ist die Selbstverwaltung nach dem Muster der Gemeinden *sofort* wiederherzustellen.

Die Kreistage aber werden von den Gemeinderäten, die Provinziallandtage von den Kreistagen mit Vertretern beschickt. Die unmittelbare Wahl durch die Bürger seit 1919 war ein schon 1923 erkannter schwerer Fehler. Denn die Kreise und Provinzen müssen aus Umlagen finanziert werden, die die Gemeinden und Kreise zahlen. Wer leistet, hat die Verantwortung zu tragen. Kreise und Provinzen haben die Ausgaben der Gemeinden auszugleichen und soweit verbandsmäßig zu übernehmen, wo die Gemeinden ohne eigenes Verschulden [109] leistungsschwach sind. Eine Ergänzung dieser Arten hat aber nur Platz zu greifen zu Gunsten von Gemeinden, die ihre Bürger steuerlich mindestens so belasten, wie selbständige Gemeinden, die ihre Aufgaben allein erfüllen. Dadurch wird dem Schnorrer-Unwesen vorgebeugt.

---

[37] Vgl. ebd.

Die Aufgaben der Kreise sind: Volksschulen, soweit nicht von den Gemeinden unterhalten, Wegeunterhaltung, Verkehrs- und Versorgungsbetriebe, soweit Gemeinden sie nicht wirtschaftlicher allein betreiben können, Gewerbepolizei (aber wie 1914). Die Aufgaben der Provinzen sind soweit wie möglich zu fassen. Denn Provinzen oder Gaue oder Länder sollen nicht nur die preußischen Provin-[110]zen werden, sondern auch die alten Bundesstaaten (Württemberg, Baden, Oldenburg, Mecklenburg, Hansestädte, Sachsen, Thüringen, Braunschweig-Anhalt und die drei Gaue Bayerns, sowie die Pfalz, Ober- und Niederösterreich, Tirol, Steiermark usw.). Das Sudetengebiet wird auf Niederösterreich, Bayern, Sachsen u[nd] Schlesien aufgeteilt, Sachsen in die Gaue Ost (Dresden) und West (Leipzig) zerlegt.

Diese „Provinzen" erhalten alle Aufgaben, die nicht einheitlicher Verwaltung durch das Reich bedürfen. Zu den letzteren gehören: Wehrmacht, Wirtschaft, Verkehr, Rechtspflege, Reichsfinanzen, Außenpolitik, Reichsverwaltung. [111] Die Provinzen erhalten also: höhere Schulen, Theater, prov[inzieller] Wegebau, Kleinbahnen, Besserungsanstalten, Geisteskranke, Wohlfahrtsanstalten, soweit nicht durch Gemeinden u[nd] Kreise unterhalten; Versorgungsbetriebe s.o.; Landesmeliorationen u[nd] Sumpf [!] soweit nicht Sache der Landwirtschaftskammern u.ä. Die Kreis- und Provinzialtage wählen für häufigere Beratungen Kreis- u[nd] Provinzialausschüsse, sowie als Exekutive Landeshauptleute und Landesräte.

Im Zweifelsfalle ist die Gemeinde, erst wenn dies nicht zweckmäßig der Kreis, erst hinter ihm die Provinz zuständig.

Gemeinden, Kreise u[nd] Provinzen [112] können Zweckverbände bilden.

4.) In Gemeinden, Kreisen u[nd] Provinzen wird nach dem in der Gemeindeordnung jetzt geltenden Verfahren abgestimmt, d.h. der B[ürger]M[eister], Landrat, Prov[inzial]Hauptmann entscheidet nach öffentlicher Anhörung. Nur über
a) Jahreshaushalt,
b) Steuerverordnungen u[nd] Sätze,
c) Anleihen
d) Rechungsprüfungen, die dem Staat abgenommen werden, entscheiden die Körperschaften in namentlicher Abstimmung mit Mehrheit.

Bei verweigertem Haushalt haben die Verwaltungsleiter die Verwaltung in ordentlichem Stande zu halten nach [113] den Grundsätzen sparsamster Wirtschaft u[nd] mit Rechnungslegung.

Vertrauens- und Mißtrauensberatungen sind verboten. Anfragen, die sich mit eigenen Aufgaben befassen, gestattet; Initiativanträge nur, soweit sie keiner neuen Mittel bedürfen, oder entsprechende ausreichende Deckungsvorschläge enthalten u[nd] in diesem Falle nur, wenn der Verwaltungsleiter die Beratung zuläßt. Er ist Vorsitzender der Landtage usw. u[nd] -ausschüsse.

5.) Durch diese Dezentralisierung auf die Selbstverwaltung ergibt sich eine wesentliche Vereinfachung der Staatsverwaltung. Unter dem Minister des Innern

arbeiten nur noch die Oberpräsidenten als Aufsichts[114]organe für die Landeshauptleute, Landräte u[nd] Bürgermeister (der kreisfreien) Städte. Die kleinen Gemeinden unterstehen der Aufsicht der Landräte.
Soweit sonstige staatliche Aufgaben im Lande zu erfüllen sind (z.B. Reichsstraßenbau, Eichwesen usw.) werden sie, soweit sie einheitlicher Exekutive bedürfen, den Kreisen, Provinzen und Kammern als Auftragsangelegenheiten übertragen, deren Kosten das Reich trägt. Soweit straffe Einheitlichkeit erforderlich ist (Rechtspflege, Wehrmacht, Verkehr), gliedert sich die Reichsverwaltung nach unten selbst.
Leitende Grundsätze müssen [115] immer sein:
a) soweit wie möglich Selbstverwaltung in Wirtschaft und Verwaltung,
b) möglichst starke Dezentralisierung,
c) verwandte Aufgaben einer u[nd] derselben Verwaltung (z.B. Gesundheitspflege, Seuchenpflege, Wohlfahrt, Arbeitslosenunterstützung nach der Versicherung den Kreisen, Gemeinden)
d) soweit wie möglich ehrenamtliche Verwaltung,
e) hauptamtliche Kräfte so wenig wie möglich, diese aber *nur* berufsgeschult u[nd] einfach, aber [116] angemessen bezahlt. Nicht das Gehalt macht Ansehen, sondern Leistung und soziale Wertung seitens des Staates.
Die Regierungen verschwinden; die Oberpräsidien werden nicht verstärkt, sondern durch Stärkung der Selbstverwaltung entlastet. Sie sollen beaufsichtigen u[nd] die Minister unterrichten, aber nicht verwalten. Das ist die Kunst, die die früheren Bundesstaaten beherrschten u[nd] die sie seit 1919 mehr u[nd] mehr vergessen haben. Zu ihrer Ausübung bedürfen sie bestgebildeter, charakterstarker, von unten aus der Praxis kommender Beamte. [117]
Die Beamten aller Ministerien müssen immer wieder in die praktische Verwaltung versetzt werden. Wer Staatssekretär wird, muß Landrat oder Bürgermeister und möglichst im Oberpräsidium, Oberpostdirektion usw. gewesen sein. Gleiches gilt für Richter; jeder *muß* Amtsrichter gewesen sein. Das Dienen von der Pieke auf, die Vertrautheit mit den örtlichen u[nd] bezirklichen Verantwortungen ist die Voraussetzung für eine klare, sachgemäße, sparsame Regierung. Weil dies Gesetz seit 1919 verlassen u[nd] seitdem nicht wieder hergestellt ist, ist die Verwaltung chaotisch, kostspielig, ja fast unwirksam geworden. Sie ist zum Selbstzweck [118] entartet. Sie *dient* nicht mehr schlicht und einfach dem Volke; sie behauptet es nur, entartet aber mehr u[nd] mehr in Ehrgeiz, große Worte, Jahresberichte und Kosten. Wir haben das einfache stille Dienen vielfach, jedenfalls zu weitgehend, durch das große Maul ersetzt.
Auch hier gilt es, mit eisernem Besen
a) die Verantwortlichkeit wieder handfest (straffes Diziplinrecht) herzustellen,
b) sie den bestgebildeten und durch Leistung ausgelesenen charakterfesten Kräften anzuvertrauen,

c) das Beamtenrecht ehern auf dem Stande von 1914 wieder herzustellen; es war zeitgemäß [119] anpassungsfähig
d) durch gar keine Einwände u[nd] Klagen sich von der sofortigen Reform der Verwaltung nach der sachlichen und Ausleserichtung abbringen zu lassen.
Die Minister müssen sich sofort der besten verfügbaren Kräfte bedienen, mit ihnen die Oberpräsidien besetzen und ihnen die Vollmachten geben, daß sie in 3 Monaten die Reform in der Grundlage durchgesetzt haben. Die mittlere Beamtenschaft ist noch gut u[nd] einsatzfähig; in 10 Jahren ist sie ein Trümmerhaufen. Auch unter den oberen Beamten sind viele gute Kräftc. Sie müssen nur wieder von der politischen Partei[120]willkür befreit werden, damit sie wieder Vertrauen zu Vorgesetzten und zu sich selbst bekommen können. Ungenügende Kräfte sind mit vollem Gehalt für 3 Monate zu beurlauben. Das ist billiger, als sie auf das Volk weiter loszulassen. Dann werden diejenigen, die ihre Pflichten vernachlässigt oder ihre Ämter erschlichen haben, disziplinar entlassen; die anderen anderweit verwendet oder pensioniert.
Pensionen werden neben sonstigen Einkünften aus Arbeit *nicht* gezahlt; die Idee, daß sie einbehaltene Gehaltsteile seien, ist ganz beamtenehrswidrig. Die Pension ist eine Verpflichtung des Staates, dienstunfähige, [121] überalterte Beamte für den Rest ihres Lebens angemessen zu unterhalten, weil sie unter Verzicht auf manchen höheren Verdienst der Allgemeinheit ihr Leben gewidmet haben. Dafür gibt diese ihnen Gehalt, Pension und zum Ausgleich für deren Bescheidenheit Ansehen. Nur auf dieser Grundlage kann sich eine gute, sparsame, handlungsfähige Verwaltung und eine Vielzahl wirtschaftskräftiger, selbständiger Existenzen bilden.
Dies ist eine der Grundaufgaben, um unserem Vaterlande wieder eine billige, gute und gerechte Verwaltung zu geben. Wir hatten sie bis etwa 1900. Ich habe noch ein gutes Bild von ihr. Ich bin kein Reaktionär; ich sah auch ihre schon [122] vor dem Kriege beginnende Entartung. Die Prunksucht des Kaisers, der schnell zunehmende Wohlstand brachten in Offizierkorps u[nd] Beamtenschaft immer stärker den Geldadel, das Korpsstudentenwesen, die äußere Schnulzkeit [!], die guten Formen auf Kosten des inneren Gehalts in den Vordergrund. Das Werk Friedrich Wilhems I. hatte in 140 meist schweren, jedenfalls materiell einfachen, Jahren gehalten; es ist erst dem Materialismus in 50 Jahren erlegen. Das ist der beste Beweis für die Vergänglichkeit seiner Grundlagen, die mir als Primaner genauso eindringlich klar vor Augen traten wie heute. Der Mann hat im Leben bestätigt gefunden, was der Jüngling, angeregt durch das Vorbild der Eltern und vieler [125] vorzüglicher Männer ahnte und begriff: der deutsche Staat bedarf der Hingabe seiner besten Männer in schlichtem Dienst, die den Holzstuhl im getünchten Amtszimmer zu höherem Ansehen erheben, als es der ehrgeizige Streber auf dem Clubsessel am Diplomatenschreibtisch der getäfelten Amtsstube vermag. Stellt diesen Stand wieder her in Armee u[nd] Verwaltung, und die Arbeitslosigkeit wird sich, unterstützt

durch die oben dagelegten wirtschafts- und sozialpolitischen Maßnahmen, von selbst auflösen. Das Volk wird wieder in klaren Beispielen sein Gleichgewicht und aus der Öde des Materialismus herausfinden. Das deutsche Volk bedarf dieses Vorbildes seiner Offiziere und Beamten; dann werden diesem Vorbilde immer mehr [126] verständige Menschen folgen. Dies tut uns not, nicht der Volkswagen, nicht das prächtige, dem Volke durch Steuern abgepreßte Amtsgebäude, nicht sinnlose Massenfreude, sondern Ernst im Dienst und Heiterkeit in Familie u[nd] unter Freunden. Die Altersgrenze ist aufzuheben. Der Staat darf sich der Erfahrungen nicht berauben. Das wirtschaftliche Motiv, Stellen frei zu machen, entspringt marxistisch-mechanistischen Gedankengängen. Je mehr ein Volk produziert, um so besser kann es leben. Wer 70 Jahre alt ist, kann Pension verlangen.

6.) Die Verantwortung muß auch in der Verfassung des Staates wiederhergestellt werden.

Die Regierung bedarf einer öffentlichen Kontrolle, damit sie nicht entartet u[nd] das Volk mit Schuldenmachen über seine wahre Lage betrügt. Aber die Volksvertretung, die diese Kontrolle ausübt, muß organisch gebildet werden. Das Verhältniswahlsystem hat das Parteienunwesen geschaffen, nichts anderes. *Eine* Zwangs*partei* ist ein Widerspruch in sich; ein solcher Zwang zur Unterdrüc[127]kung der freien Meinung ist unsittlich u[nd] kann keinen Bestand haben. Als Übergangsmaßnahme war die Ausschaltung eines unfähigen Reichstags möglich, aber nicht seine Verschandelung in ein unselbständiges Organ, das nichts leistet, dem Volke Geld kostet und nur dem Diktator zu gehorchen hat. Diese Lösung ist töricht.

Die dem deutschen Volke gemäße Volksvertretung ist etwa folgende:

a) Ein Oberhaus = Reichsrat. Er besteht aus den Präsidenten der oben geschilderten Reichskammern aller Art, den Provinzialhauptleuten, einigen Landräten und Bürgermeistern, den Rektoren der deutschen Hochschulen, den Präsidenten der staatlich anerkannten Akademien von Kunst und Wissenschaft, 12 rangältesten verabschiedeten kommandierenden Generälen und Admirälen [128] (Gesamtzahl = x) sowie x/2 vom Staatschef berufenen Männern und Frauen, die ein besonderes Ansehen genießen, 40 Jahre alt und mindestens 10 Jahre irgendwie im öffentlichen Ehrenamt tätig gewesen sein müssen. Fällt eine Voraussetzung fort, so endet die Mitgliedschaft.

b) Der Reichstag. Er wird gewählt. In Wahlbezirken, die nicht mehr als 5.000 Einwohner umfassen, wird je ein Wahlmann gewählt. Das Wahlrecht hat jeder 24jährige Deutsche; wählbar ist jeder 30jährige, der 3 Jahre ein öffentliches Ehrenamt bekleidet hat. Also etwa 15.000 Wahlmänner. Diese wählen aus ihrer Mitte 250 Abgeordnete; also etwa 60 Bezirke bilden einen Wahlkreis. Damit wird gewährleistet, [129] soweit das auf dieser Erde möglich ist, daß die Wähler Personen wählen, die sie kennen u[nd] achten.

Der Reichstag wird übersichtlich. Parteien können sich bilden; sie zu verbieten

ist unsinnig. Sie sind unter der Decke doch vorhanden u[nd] dann wirklich gefährlich.
Aber auch für die Abstimmungen im Reichstag gelten die Regeln, die oben für die Selbstverwaltung entwickelt sind. Klare männliche verantwortungsbewußte Kritik soll gefördert werden; aber sie soll den verantwortlichen Entschluß nicht hindern, wenn dieser sich in sich stark genug fühlt, öffentlich sich gegen die Mehrheit zu behaupten. Das wird [130] nach meinen Erfahrungen nur der Fall sein, wenn wahre Führernaturen auf beiden Seiten stehen. Sie aber werden durch dies System hervorgelockt u[nd] zur Entfaltung gezwungen.
Mehrheitsentscheide greifen nur in den bei der Selbstverwaltung (Ziff. 4) dargelegten Fällen und bei Verfassungsänderungen Platz; letztere bedürfen 2/3 Mehrheit in beiden Häusern.
Für Initiativanträge gelten die in Ziff. 4 dargelegten Beschränkungen. Dagegen sind Anfragen unbeschränkt gestattet; für sie steht die erste Stunde jeder Sitzung zur Verfügung.
Mißtrauensvoten sind nur zu[131]lässig im Reichstag u[nd] nur, wenn die Regierung ein Gesetz erlassen hat, trotzdem die Mehrheit dem Gesetz widersprochen hat, und zwar frühestens 1 Jahr nach dem Inkrafttreten des Gesetzes. Die Regierung muß zurücktreten, wenn das Votum 1/2 der vorhandenen, nicht Anwesenden, und 3/5 der anwesenden Abgeordneten umfaßt. Umfaßt es nur die Hälfte der anwesenden u[nd] der vorhandenen Abgeordneten, so hat die Regierung das Recht, zurückzutreten oder den Reichstag aufzulösen. Er muß dann in 2 Monaten wieder gewählt sein. Haben beide Häuser in der Mehrheit dem Gesetz widersprochen, so ist das Mißtrauensvotum schon nach 6 Monaten zulässig.
Diese Sicherungen erscheinen mir genügend, um bei allen Beteiligten ein Höchstmaß von Verantwortlichkeit zu begründen. Für falsche Entschlüsse muß in gemessener Frist jeder mit seiner Stellung zu zahlen bereit sein. [132]
Auf solche klaren Verantwortlichkeiten aber kommt es an; um ihre Einführung kommen auch die Demokratien aller Art nicht herum.
Die alten parlamentarischen Systeme sind in Zeiten entstanden, in denen die Völker noch nicht zahlenmäßig und industriell vermasst waren. Zwei bewußte Maßnahmen sind nun notwendig, um die Notwendigkeiten verantwortungsbewußter Staatsführung mit der Notwendigkeit klarer Kontrollen zu verbinden.
a) Wirtschaftliche Erziehung aller Bürger, wie oben dargelegt, damit sie wirtschaftliche Naturgesetze ebenso klar erkennen [133] wie 2x2 = 4;
b) unangenehm fühlbare Wirkung falschen Entschlusses. Der Staatsführer muß, wenn die Gemüter sich beruhigt haben, seinen Entschluß, den er gegen die Mehrheit gefaßt hat, rechtfertigen können oder gehen. Die Abgeordneten, die ihm widersprochen haben, sollen 1 Jahr Zeit haben, sich zu überlegen, ob sie sich sachlich nach wie vor im Recht fühlen, u[nd] sie sollen den Entschluß hierzu auch mit ihrer Stellung bezahlen müssen.

Diese Ordnung wird für die ersten 5 Jahre nach der Wiederherstellung des Rechts und der persönlichen Freiheiten, des Anstandes und der Aufrichtigkeit, des Gewissens [134] und des Charakters genügen, um das Staatsschiff unbeirrt von Parteiungen zu führen, und im Volke das Verantwortungsbewußtsein wieder schöpferisch wirksam werden zu lassen. Sie ist keine Ewigkeitsordnung. Begnügt Euch mit dem Wesentlichen, so daß Weisheit aus ihm nötig werdende Abschleifungen entwickeln kann. Die Grundgedanken werden sich als richtig erweisen. Das deutsche Volk wird sich innerlich, wenn diese Ordnung möglich wird, so gedemütigt fühlen, es wird so sehr hungern u[nd] dürsten nach der Gerechtigkeit, daß es nicht alle Freiheiten voll auf einmal verträgt. Gebt sie ihm untermauert [135] von klaren Verantwortlichkeiten u[nd] es wird auf dieser Grundlage seine besten sittlichen, seelischen u[nd] geistigen Früchte bewähren, um etwas Langdauerndes zu schaffen. Stellt es offen vor diese Aufgabe, es ist für offenes Vertrauen grenzenlos dankbar.

Nur eins müßt Ihr sofort tun: Der Partei ihre öffentlich-rechtliche Monopolstellung mit einem Satz nehmen. Sie mag Partei bleiben, dann muß sie es aber wieder werden und im ehrlichen offenen Streit mit anderen politischen Auffassungen, an deren Verschiedenheit an sich kein Staat zu Grunde geht, ihren Wert und ihre Ideale erweisen. Sie hatte sie; sie mußte sie verlieren, als sie die Macht mißbrauchte, um jeden Wettbewerber [136] zu vernichten. Hitler als persönlicher Diktator ist geschichtlich und sachlich denkbar; die Diktatur einer Partei ist es nicht, sie mußte zu 1.000 Diktatürchen führen und muß im Chaos ihrer selbst enden. Daß diese Dreistigkeit so weit hat getrieben werden können, wird von der Geschichte den verantwortlichen Leitern der Armee aufgebürdet werden. Sie haben den Ruf der Ehre aus allen möglichen Gründen überhört, seit sie die Ermordung ihres Kameraden Schleicher ungesühnt ließen.[38] Und doch werden die Soldaten einst gezwungen sein, diesem Ruf zu folgen, oder sie werden nicht mehr deutsche Soldaten, sondern Landsknechte sein. Vor diesem [137] Schicksal wird sie die allgemeine Wehrplicht bewahren.

Bleibt die Frage des Staatschefs. Die Einrichtung des Präsidenten ist nie volkstümlich geworden. Die Figur muß aber ebenso diesem Gefühl wie dem Gebot der Vernunft entsprechen. Vor allem bedarf die Armee einer traditionsgerechten Führung, die sie aus der Politik heraus- und in die staatliche Ordnung auf das Feld ihrer Bestimmung – Erziehung des Volkes und Verteidigung des Vaterlandes [-] hineinleitet. Deutschland bedarf nach seiner Geschichte des Monarchen. Dem Einwand, daß der jeweilige Monarch unzureichend sein kann, ist entgegenzuhalten, daß es auch keine andere Sicherheit gibt, um den jeweils besten Mann zum Staatschef zu

---

[38] Vgl. zu dem Röhm-Putsch am 30.6.1934, in dessen Verlauf auch Kurt v. Schleicher und seine Frau ermordet wurden, S. 371, Anmerkung 50; zu Schleicher vgl. S. 248, Anmerkung 21.

haben, und daß es [138] Sache der Verfassung ist, für solche Fälle das Schwergewicht in die Person des Reichskanzlers zu legen.

Aufgabe des Kaisers soll die repräsentative Vertretung des Reiches sein, die Ernennung der Minister sein; im Reichskanzler u[nd] seinen Ministern vereint sich die Regierungsgewalt. Der Kaiser hält sich zurück und tritt nur auf, wenn die Lage eines vermittelnden Eingreifens bedarf. Mir schwebt etwa die Stellung des englischen Königs vor, die einem klugen Monarchen jeden Einfluß ermöglicht und einen schwachen von ihm fernhält.

Man muß zunächst einen der Kaisersöhne der Hohenzollern zum Reichsverweser machen, um eine repräsentative Staatsspitze zu haben. Sobald die [139] neue Verfassung klar arbeitet, müssen Reichstag und Reichsrat die monarchische Staatsform beschließen; die Thronfolge richtet sich nach dem Hausgesetz der Hohenzollern, wobei g[e]g[ebenen]F[alls] Thronverzichte erforderlich sind, bis der gewünschte Monarch herankommt. Ich weiß, daß die deutsche Jugend im allgemeinen nicht monarchisch empfindet. Aber Erfahrungen, Staatsnotwendigkeiten und das Bedürfnis, den Staat schnell zu stabilisieren, müssen den Vorrang haben; die Bewährung wird nicht ausbleiben; die englische Geschichte beweist das. Auch das französische Beispiel – das fr[an]z[ösische] Volk ist heute noch nicht zur Ruhe gekommen – muß uns warnen, die Ordnung des Staates einem republikanischen Präsidenten anzuvertrauen. [140] Alle staatsrechtlichen Erklärungen des Kaisers bedürfen der Gegenprüfung des Reichskanzlers u[nd] sind von diesem zu verantworten.

Der Kaiser ist Oberbefehlshaber der Wehrmacht; das Kriegsministerium ist wieder herzustellen. Die Ernennung und Beförderung der Offiziere erfolgt unter Gegenzeichnung des Kriegsministers.

Rechtspflege

Sie ist durch die Entwicklung seit 1918, besonders seit 1934 schwer getroffen.[39] Der Rechtsstaat ist sofort wieder herzustellen. Dazu ist folgendes erforderlich:

a) Der Justizminister hat sofort [141] für jeden Oberlandesgerichtsbezirk einen Kommissar zu bestellen, der Richter u[nd] Staatsanwälte rücksichtslos beurlaubt,

[39] Die Eckdaten Novemberrevolution 1918 und Röhmputsch 1934 zur Beschreibung der Auflösung des Rechtsstaates sind charakteristisch für eine konservative Geschichtsinterpretation, während demokratische und linke Kritiker des Regimes den Reichstagsbrand und das darauf folgende Ermächtigungsgesetz als entscheidenden Wendepunkt charakterisieren. Zu den Elementen der Politisierung und Entformalisierung des Rechts, die Goerdeler im folgenden beschreibt, gehörten die Einrichtung von Sondergerichten und das Konzept der von ordentlichen Gerichten losgelösten „Ehrengerichtsbarkeit" einerseits, und die Schaffung rechtsfreier Räume für nationalsozialistische Parteiorganisationen andererseits. Weitere Maßnahmen waren die Aufhebung des Verbots rückwirkender Bestrafung ohne Rechtsgrundlage und des Analogieverbots. Die tiefgreifendste Folge der NS-Justiz war ein Verlust der Rechtssicherheit, der sich in dem stark erweiterten Ermessensspielraum der Richter und dem Kom-

denen eine Rechtsbeugung nachgewiesen wird. Namen und Gründe sind öffentlich bekannt zu geben.

b) Alle Gesetze sind außer Kraft zu setzen, die Strafen mit rückwirkender Kraft bestimmen. Verurteilte, deren Strafe auf solchen Gesetzen beruht, werden sofort begnadigt.

c) Aufgehoben werden alle Strafgesetze, die den Richter zu Strafen auf Grund analoger Gesetzanwendungen ermächtigen. Denn eine Straftat setzt ein klares Gesetz voraus; es ist dem Gesetzgeber nicht gestattet, [142] sich selbst von der Mühe klarer Gesetzgebung zu befreien u[nd] mit einer Handbewegung den Richter zum Gesetzgeber zu machen: Keine Strafe ohne Gesetz.

d) Das Volk ist aufzufordern, alle ihm bekannten ungesühnten Straftaten anzuzeigen. Alle Anzeigen werden im ordentlichen Verfahren geprüft und verfolgt. Alle diese Verfahren sind grundsätzlich öffentlich. Wissentlich falsche Anzeigen werden bestraft.

All dies ist sofort durch Aufruf bekannt zu geben, um Selbsthilfeakte zu unterbinden. Dabei ist unnachsichtliche Verfolgung und öffent[143]liches Verfahren zuzusichern.

Die klare Vorstellung der unparteiischen Rechtsverfolgung, die Tatsache, daß das Recht ohne Ansehen der Person wiederhergestellt wird, ist im Bewußtsein des Volkes sofort wohltätig wieder einzubrennen. Das Feuer wird am schnellsten das allgemeine Vertrauen wieder herstellen u[nd] die Grundlage für Anstand schaffen. Es wird sich erweisen, wie schwer das Rechtsgefühl des Volkes verletzt ist.

Die Konzentrationslager sind sofort unter militärische Verwaltung zu stellen, um menschliche Behandlung zu sichern. Sonderstaatsanwälte untersuchen die „Fälle“ der [144] Insassen, entlassen die Schuldlosen und führen Verdächtige dem ordentlichen Verfahren, g[e]g[ebenen]falls mit ordentlicher Untersuchungshaft zu.[40] In einem Monat sind diese Lager, deren Bestehen sich das deutsche Volk eines Tages schämen wird, vollkommen zu räumen. Strafbare Handlungen auch seitens der Bewachung werden nach Ziffer d geahndet.

---

petenzverlust der traditionellen legislativen Gewalten am deutlichsten offenbarte. Vgl. Gruchmann, Justiz im Dritten Reich, sowie die Dokumentation Recht, Verwaltung und Justiz im Nationalsozialismus. Ausgewählte Schriften, Gesetze und Gerichtsentscheidungen von 1933 bis 1945, hg. u. erl. v. Martin Hirsch, Diemut Majer und Jürgen Meinck, Köln 1984.

[40] Die nationalsozialistischen Konzentrationslager verdankten ihre Legitimation der nach dem Reichstagsbrand erlassenen „Notverordnung zum Schutz von Volk und Staat“, mit der das Grundrecht der persönlichen Freiheit aufgehoben worden war. Die traditionelle Repressivmaßnahme der Schutzhaft wurde damit zu einem zeitlich unbegrenzten, juristischer Kontrolle entzogenem Instrument der staatlichen Bekämpfung politischer Gegner. Während die Konzentrationslager 1933 zumindest noch teilweise von Polizeikräften geführt und bemannt wurden, waren sie seit April 1934 der SS unterstellt. Vgl. Wolfgang Sofsky: Die Ordnung des Terrors. Das Konzentrationslager, Frankfurt/M. 1993.

e) Die Freiheit und Sicherheit der Person, der Schutz des Eigentums, das Post- und Bankgeheimnis werden sofort nach der Verfassung wieder hergestellt. Beschränkt bleiben die Pressefreiheit, das Versammlungs- und Vereinsrecht. Für das letztere ist der Zustand vom Juni 1914 schrittweise wiederherzustellen. [145] Die Presse erhält Freiheit unter Verantwortung der Reichspressekammer, die auf Grundlage der Selbstverwaltung, der freien Wahl und der standesgerichtlichen Ausmerzung ungeeigneter Elemente durch einen Kommissar reorganisiert wird.[41]

Die Kammer erhält je eine Abteilung für Verleger, für Schriftleiter, für sonstige Angestellte und Arbeiter. Verleger müssen selbständige Einzelpersonen sein; Gesellschaftsverlage sind verboten. Schriftleiter bedürfen ebenso wie Verleger der Zulassung. Der Staat schreibt für Schriftleiter die Berufsausbildung, die Bedingungen der Zulassung und das standesgerichtliche Verfahren vor. Ausführung durch [146] Selbstverwaltung der Kammern mit Beschwerderecht an Staat.

Bis zur Durchführung dieser Ordnung ist im Benehmen mit der Reichspressekammer die Freiheit der Meinungsäußerung soweit zu gewähren, daß nur Böswilligkeit, Unwahrheit und Verächtlichmachung des Staates mit sofortigem Verbot des Weitererscheinens geahndet wird. In jeder Zeitung hat die Kammer sofort eine Beratungsstelle einzurichten, die in vollem Vertrauen mit den Schriftleitern zusammenarbeitet, um reibungslose Überleitung zu gewährleisten.

Neue Zeitungen werden erst nach [147] Fertigstellung der neuen Ordnung (2 Monate) zugelassen.

Im übrigen ist durch Aufruf jedem das Recht der freien Äußerung seiner freien Meinung unter Beachtung der allgemeinen Strafgesetze wieder zu geben, damit die Menschen sich wieder frei ins Auge sehen können. Der Grundsatz: „Der Denunziant ist der größte Lump" ist wiederherzustellen.

Deutschland muß wieder Rechtsstaat werden.

Kulturpolitik

Hier sind seit den neunziger Jahren die größten Fehler gemacht. Schon Kaiser Wilhelm II. begann mit unruhigen in sich brodelnden Reformen. Die Hauptsache ist, eine auf Erfahrung u[nd] Vernunft beruhende klare Linie für [148] einige Jahrzehnte zu gewinnen u[nd] dann volle Ruhe allen Süchten nach Neuerungen gegenüber zu bewahren.

---

41 Die Reichspressekammer als Unterorganisation der Reichskulturkammer übte allein aufgrund ihres Zwangsmitgliedschafts- und Ausschließlichkeitscharakters Zensur aus (vgl. dazu S. 379, Anmerkung 62). Mit dem Schriftleitergesetz vom 4.10.1933 (RGBl. 1933/I, S. 713-717) wurde jede Mitwirkung in der Presse als eine „in ihren beruflichen Pflichten und Rechten vom Staat (...) geregelte öffentliche Aufgabe" deklariert (§ 1; ebd., S. 713). Der Staat beanspruchte damit das verlegerische Weisungsrecht für sich. Vgl. Norbert Frei und Johannes Schmitz: Journalismus im Dritten Reich. 3., überarb. Aufl. München 1999, S. 27 ff.

a) Volksschule. Schulpflicht klar. Lehrplan: *Schreiben, Lesen, Rechnen*, Deutsch u[nd] Geschichte, Erdkunde, Naturkunde. 3 Stunden Turnen wöchentlich, nicht mehr. Ab 5. Klasse 1 Stunde Gartenbau (praktisch); ab 7. Klasse 1 Stunde *Wirtschaftskunde.*

Hauptgewicht auf die unterstrichenen *Elementar*fächer; die Kinder müssen einfach unterrichtet werden. Erst lesen/schreiben, rechnen, dann weiter gehen.

b) Grundschule 3 Jahre, begabte Kinder 2 Jahre. [149]

c) Mittelschule: im Wesentlichen in Ordnung. 3 Stunden Turnen, 1 Stunde Gartenbau; von 4. Klasse an 1 Stunde Wirtschaftskunde.

d) Höhere Schulen im Anschluß an Grundschule; Übergänge von Mittel- und abgeschlossener Volksschule für besonders Begabte. Die Oberprima wird wiederhergestellt, d.h. die Schulzeit um 1 Jahr verlängert; es wird bei der Grundschule u[nd] im Militärdienst gespart.

Gymnasium (humanistisches) alter bewährter Art: Latein, Französisch, Griechisch (Englisch wahlfrei).

Realgymnasium: Latein, Französisch, Englisch.

Oberrealschule: Englisch, Französisch.

Alle anderen Arten werden abgeschafft. Jetzige Zurückdrängung des hum[anistischen] Gymnasiums ist falsch. Diese Schulform hat Deutschland die [150] hervorragenden Wirtschaftler, Wissenschaftler, Beamten, Offiziere im 19. Jahrhundert geschenkt. Das ist kein Zufall. Ich habe im Abschnitt Wirtschaftspolitik dargelegt, daß das 20. Jahrhundert den Menschen überspezialisiert hat, daß es notwendig ist, ihm wieder Verständnis und Erkenntnis der Zusammenhänge beizubringen. Das humanistische Gymnasium gibt diese geschlossene Bildung, eben weil es alle uns geschichtlich genügend zuverlässig bekannten Kulturen erfaßt und besonders die griechisch-römische, ohne die, teils als Kampfgegenstand, teils als Ideal die christliche Kultur, insonderheit die deutsche gar nicht geworden wäre, wie und was sie ist. Auf die geschlossene Total[151]bildung kommt es entscheidend für die Führerschicht des Volkes an. Hier dürft Ihr Euch durch nichts beirren lassen durch den Ruf nach realer Bildung! Er kam aus dem industriellen Westen; Industrie wird stets materielle Institute in den Vordergrund stellen u[nd] zwar nackt [!]. Der Bauer ist auch materiell, muß es sein, aber Gottes Naturgesetzen bleibt er fühlbar und sichtbar unterworfen. Was uns die Realbildung gebracht hat? Das, was wir heute in Deutschland haben: schrankenlosen persönlichen Materialismus, eingehüllt in ideale Phrasen. Was lehrt das humanistische Gymnasium? Die Tugenden um ihrer selbst willen üben! Der Materialismus kommt von selbst aus den Gesetzen des [152] Lebens. Auch ihnen muß ihr Recht werden.

Daher in allen höheren Schulen ab Untersekunda 1 Stunde wöchentlich Wirtschaftskunde.

3 St. wöch[entlich] Turnen, nicht mehr, 1 Stunde ab Quarta Gartenbau praktisch. Das hum[anistische] Gymnasium soll also wieder die vorherrschende Form

werden, nicht mit Englisch anfangend, sondern Latein – Französisch. Dies ist organisch, weil Franz[ösisch] sich auf Latein aufbaut. Die neue Ordnung, aus politischen Gründen mit Englisch anzufangen, ist vollkommen sinnlos. Im übrigen lasse man den Provinzen freie Hand bei der Wahl der 3 Formen höherer Schulen; nur müssen mindestens [153] die Hälfte der höheren Schulen der Provinzen hum[anistische] Gymnasien sein.

Sehr wesentlich ist die richtige Auswahl der Lehrkräfte! Klare Scheidung zwischen Vorbildung für höhere Schulen und Volksschulen. Letztere schon aus finanziellen Gründen für die Eltern und die öffentliche Hand keine Universitätsbildung oder Talmi!

Lehrerverbände verboten. Lehrer einer Schule bilden Lehrkörper unter Rektor. Wissenschaftliche Vereinigungen gestattet.

Ich habe die große Mehrzahl aller Lehrkräfte als vorzügliche Menschen befunden; ich bewahre dem größten Teil meiner Lehrer die höchste Verehrung. Aber ich habe gefunden, daß die Lehrerverbände die Lehrer schlicht [154] politisch mißbraucht, mißleitet u[nd] schließlich terrorisiert haben. Auch hier ist das wirksamste Gegengift nicht das Verbot, sondern die frühzeitige objektive Aufklärung über wirtschaftliche Zusammenhänge. Denn die Halbbildung, die Unwissenheit hat die Köpfe auch der Lehrer verwirrt u[nd] sie zu Forderungen an den Staat ohne Grenzen verführt, statt sie bei den Pflichten unbeirrt festzuhalten.

Gebt ihnen das Wissen in „Wirtschaft heißt Werte schaffen“ in die Hand, u[nd] sie werden gegen Alchemie und Marxismus gefeit sein. Macht zu Rektoren die Besten an Charakter und Leistung; macht *nie* einen [155] Charakterschwachen zum Rektor. Beseitigt aus diesen Stellungen sofort alle diejenigen, die sich schon als unanständig, als Gesinnungslumpen usw. erwiesen haben. Diese werden wieder Lehrer. Verfallt hierbei nicht in den Fehler des Nat[ional]-So[zialismus], rüde vorzugehen. Seid Euch klar, daß die Menschen schwach sind; überhebt Euch nicht in Schnüffelei. Greift durch schnell u[nd] rücksichtslos, wo Ihr einen Faulpelz und einen Unanständigen findet. Sucht unverdrossen nach den Besten als Schulleiter, aber seid Euch klar, daß eine Generation ruhiger anständiger Arbeit erforderlich ist, um wieder [156] einen großen Vorrat an guten gediegenen Kräften zu haben. Voll läßt sich dies hier nie erreichen; wenn 75% der Beamten u[nd] Lehrer allen Anforderungen genügen, ist ein sehr guter Stand erreicht.

Gebt das ganze höhere Schulwesen dem Rektor Dr. Jentzsch[42] (Thomasgymnasium Leipzig) in die Hand. Ich habe ihn als einen hervorragend tüchtigen organisatorisch hochbefähigten Lehrer, Leiter u[nd] Verwaltungsbeamten befunden. Gebt ihm diese Grundsätze u[nd] die erforderlichen Vollmachten, verlangt,

[42] Dr. Alfred Jentzsch war von 1935-1945 Rektor der Leipziger Thomasschule und vertrat eine christliche Erziehungspolitik. Vgl. Bernhard Knick (Hg.): St. Thomas zu Leipzig. Schule und Chor, Wiesbaden 1963, S. 362 f.

daß in 12 Monaten die Reorganisation durchgeführt ist; und es wird [157] der Fall sein.

e) Fortbildungsschulen, Fachschulen: Sie sind im wesentlichen klar. 1 Stunde wöch[entlich] *Wirtschaftskunde*, 1 Stunde wöch[entlich] Naturkunde. Geschlossener Einsatz bei Ernte u[nd] ähnlichen landw[irtschaftlichen] Arbeiten 1 Woche. Dann auch sind immer wieder Verbindung mit der Natur, Zug zum Ganzen, Verständnis der Zusammenhänge pflegen, je mehr das Lehrziel spezialisiert ist.

f) *Universitäten, Hochschulen.* Hier werdet Ihr ein Trümmerfeld vorfinden. Der Nat[ional]sozialismus hat unter dem an sich richtigen Schlagwort: „charakterlich nationalbewußte Grundhaltung" [158] den lippenbekennenden Ignoranten und Lumpen die Lehrstühle übergeben und die stolzen, aufrechten und wertvollen Menschen verjagt, gedemütigt, eingeengt.Wie überall hat er die Ausführung des an sich sachlich und sittlich richtig erkannten Gesetzes den gewissenlosen, ehrgeizigen, schreienden Stümpern und Lumpen überlassen oder übertragen und die Herrschaft der Minderwertigen errichtet.[43]

Das Reichserziehungsministerium steht ohnmächtig dabei, ihm fehlen Leitung u[nd] Inhalt. Es ist ein farbloser Haufen von Gehaltsbeziehern mit einflußlosen Ausnahmen. [159]

So ist in jeder Beziehung ein vollkommener Neubau nötig. Richtlinien: Ernennt zum Erz[iehungs]Minister einen tüchtigen älteren Verwaltungsbeamten, dessen Vater Universitätsprofessor war, z.B. den Ersten Landrat in Königsberg/Pr. Er bilde sich aus den besten Dozenten, verabschiedet oder im Amt, mit Weltruf, aus jeder Fakultät einen Beirat. Und dann entläßt er nach dessen Anhörung aus den Lehrstellungen alle Unwürdigen, Leistungsbeschränkten usw. und besetzt die Stühle mit den auffindbar besten. Rektoren werden wieder für 1 Jahr gewählt. Wahl nach 4 Monaten, bis dahin Kommissare! Die besten Assistenten aller Fakultäten der naturwissenschaftlichen Rich[160] [tung] usw. an ausländische Universitäten schicken, damit sie dort den Stand der wissenschaftlichen Forschung u[nd] Technik erst wieder erkennen. Gehalts-, Kolleggelder- usw. Regelungen nach der letzten Althoff'schen Ordnung[44] wiederherstellen. Die Regelungen vor 1933 waren Profitregelungen.

---

[43] „Herrschaft der Minderwertigen" war ursprünglich von Edgar Julius Jung geprägt worden, der damit gegen das „mechanische Mehrheitssystem" der Weimarer Demokratie polemisierte; vgl. Edgar Julius Jung: Die Herrschaft der Minderwertigen, Berlin ^{2}1930, S. 225. Vgl. die detaillierte Untersuchung von Helmut Heiber: Universität unterm Hakenkreuz, Teil II: Die Kapitulation der Hohen Schulen, 2 Bde, München 1992/94.

[44] Der preußische Kulturpolitiker Friedrich Althoff (1839–1908) fungierte seit 1882 als Leiter der Hochschulabteilung im preußischen Kulturministerium und war seit 1897 auch für die höheren Schulen zuständig. Das nach ihm benannte „System Althoff" bewirkte eine durchgreifende Modernisierung der preußisch-deutschen Wissenschafts- und Hochschulpolitik, indem es angebotsorientierte Management-Prinzipien in die universitäre Verwaltung implementierte. Zu den wichtigsten Impulsen des Systems Althoff zählten die Stimulierung

Die Altersgrenze aufheben. Sie ist gerade für die Hochschulen der größte Unsinn. Wer 70 Jahre ist, kann Pensionierung verlangen.

Im übrigen Selbstverwaltung! Staatskuratoren nach 1 Jahre zurückziehen. Die Oberpräsidenten sind Kuratoren im Nebenamt mit Recht, sich vertreten zu lassen. Die [161] hauptamtlichen Kuratoren sind überflüssig; sie sind 1922 aus politischen Gründen eingerichtet; das Geld kann gespart werden.

Die *Handelshochschulen* sind sofort aufzulösen. Studenten u[nd] Dozenten werden den wirtschaftswissenschaftlichen Fakultäten der nächsten Universität angegliedert. Die Grade u[nd] Prüfungen der Diplomkaufleute u[nd] der Diplomvolkswirte werden abgeschafft. Handel kann man nicht erlernen, man muß ihn betreiben. Volkswirt muß künftig jeder erwachsene Deutsche sein. Ich habe sehr tüchtige Diplomkaufleute und Diplomvolkswirte kennen gelernt; aber nicht in einem ihrem Studium entsprechenden schöpferischen Beruf, sondern fast immer [162] als Buchprüfer, Wirtschaftsprüfer usw. Ich habe zweierlei als pervers erfunden [lies: empfunden]

a) daß ein Professor, der nie in seinem Leben auch nur das einfachste Handelsgeschäft betrieben hat, sagen wir einen Zigarren-Markt, lehren soll, auf welcher Grundlage Handel zu treiben ist;
b) daß ein Dipl[om-]Kaufmann oder Volkswirt die Geschäftsführung von Betrieben prüfen und Kritik üben, Ratschläge erteilen darf, ohne selbst den praktischen Beweis geliefert zu haben, daß er einem solchen Betrieb führen kann. Ich habe es als lächerlich empfunden, daß auf diese Weise nachträglich weise Lehren erteilt werden, während [163] das Entscheidende der Entschluß zu einem Zeitpunkt ist, in dem der spätere Verlauf eben noch nicht klar ist. Dies System der Buchprüfung hat schließlich in Deutschland den Zustand herbeigeführt, daß die prüfungspflichtigen Betriebe den Buchprüfer schon zu den fachlichen Entscheidungen heranzuziehen beginnen, um seiner späteren Kritik vorzubeugen. Das ist ungeheuer gefährlich, da so die Verantwortung von dem Betriebsleiter auf den Prüfer verschoben wird, aber nicht offen, sondern versteckt. Außerdem wird die Verantwortlichkeit etwaiger Aufsichtsräte immer mehr verwässert; sie gewöhnen sich allmählich daran, sich durch den Prüfungsver[164]merk des Buchprüfers gedeckt zu glauben. So geht es nicht weiter. Die akademischen Kaufleute und Volkswirte müssen verschwinden, weil es sich um eine Überschätzung akademischer Bildung handelt, weil diese Studien nicht zur schöpferischen Ausübung der Berufe, zu denen sie vorbereiten sollen, führen. Dagegen bleibt es praktischen Kaufleuten und Betriebsleitern unbenommen, an den Universitäten voll oder gastweise zu studieren.

---

des Wettbewerbs unter den Fakultäten. Vgl. Jürgen G. Backhaus: Das System Althoff. Eine ökonomische Analyse, in: Bernhard vom Brocke (Hg.): Wissenschaftsgeschichte und Wissenschaftspolitik im Industriezeitalter. Das „System Althoff" in historischer Perspektive, Hildesheim 1991, S. 455-484, Zitat S. 455.

Die Pflicht zur Buchprüfung ist sofort aufzuheben. Die Verantwortung der Betriebsleiter und Aufsichtsräte ist auch in diesem Punkte voll herzu[165]stellen. Es bleibt ihnen unbenommen, eine Buchprüfung einzusetzen; aber ihre Verantwortung wird dadurch nicht berührt.

Durch alle diese Maßnahmen wird dem zur Seuche gewordenen Bildungsfimmel, der nur Tünchen [!] schafft, eine der notwendigen Grenzen gesetzt, wird dem Wahnsinn ein Ende gemacht, daß immer mehr Menschen nicht schöpferische Arbeit zur Lebenserhaltung u[nd] Verbesserung leisten, sondern die schöpferisch und verantwortlich Tätigen kontrollieren, stören, lähmen, so wie die Staatsaufsichtsorgane die Selbstverwaltung.

Die *juristische* Ausbildung ist sofort, alten Forderungen entsprechend, zu [166] reformieren. Es muß mit Leben erfüllt werden. 1/2 Jahr praktische Arbeit am Amtsgericht als Gerichtsschreiber und 1/2 Jahr Sekretär beim Landrat. 3 Jahre Studium: Referendar. 3 Jahre restliche Ausbildung, etwa aufgeteilt wie bisher: Assessor.

Diese Ausbildung ist für Justiz und Verwaltung gleich. Das hat den Vorteil, daß die Spezialisierung erst später einsetzt. Diese Ausbildung hat noch keinem Verwaltungsbeamten geschadet, für den gediegene Rechtskenntnis und Vielfertigkeit das Beste sind. Die eigentliche Verwaltungseignung muß im Blute liegen; ist sie vorhanden, so wird das Können in der Praxis selbst erlernt, aber nicht gelehrt. [167]

Die *Kunstakademien* werden als staatliche Anstalten aufgelöst; weil es sich um reine Maler- und Bildhauerschulen handelt. Sie haben uns ein Künstlerproletariat beschert, das eine Gefahr für Volk und Kunst ist. Die Akademien hielten aus finanziellen Gründen Nichtskönner. Diese bildeten sich ein, Künstler zu sein u[nd] überschwemmten den Markt mit zum Teil frechen Erzeugnissen. Diese Akademien werden freie Akademien. Der Staat vermietet die Ateliers an Künstler von Ruf. Diese mögen durch ihr Können Schüler um sich sammeln u[nd] ihnen beliebiges Lehrgeld berechnen. Ihr eigenes Interesse wird sie den richtigen Weg lehren; denn sie müssen nicht nur sich, *sondern „ihre Schule"*, ihren [168] Nachruhm im Auge haben. Auf dieser Grundlage allein haben sich seit jeher Schöpfer durchgerungen.

Akademien, die praktische Zwecke verfolgen, also Fachschulen sind, z.B. zur Erziehung guter Graphiker, bleiben bestehen, weil bei ihnen die Technik u[nd] nicht die schöpferische Kunst im Vordergrund steht.

Dasselbe gilt von den staatlichen Musikhochschulen aus dem gleichen Grunde; auch hier aber muß allmählich eine freiere Form geschaffen werden. Selbstverwaltung und öffentlich begrenzter Zuschuß, nicht öffentlicher Unterhalt; es gilt auch in ihnen, der Bürokratisierung u[nd] der verantwortungslosen Vielgeschäftigkeit vorzubeugen, Leistung und Ringen [169] wieder in den Vordergrund zu bringen. Die Lehrer dürfen nicht nur Lehrer sein, sie müssen in der ausübenden oder schöpferischen Kunst etwas bedeuten.

Die Kulturkammer und die Künstlerkammern werden aufgelöst. Erstere weil Kultur nicht von Einzelnen gewährt, sondern vom Volke gestaltet wird; diese weil es nicht möglich ist, den Begriff Künstler zu definieren; wie steht es z.B. mit dem Straßendrehorgler?

Die Reichsmusikkammer wird zur Musiklehrerkammer mit Selbstverwaltung u[nd] Aufbau von unten her; beamtete Musiker gehören ihr nicht an.

Die Kammer der bildenden Künstler verschwindet; weil der Begriff Künstler nicht feststellbar ist. Die schöpfende Kunst kann eben nicht organisiert werden. [170]

Die Theaterkammer kann bestehen bleiben, erhält aber 5 Abteilungen:

a) Kammer der Unternehmer

b) Kammer der Leiter

c) Kammer der Theaterkünstler

d) Kammer der Angestellten (ohne c)

e) Kammer der Arbeiter

Aufsichtsrechte über die einzelnen Bühnen stehen ihr nicht zu.

Die Schrifttumskammer kann nicht bestehen bleiben, weil der Begriff Schriftsteller als schöpferischer Menschen nicht zu fassen ist. Sie wird aufgelöst, zumal sie sich durch versuchte Zensurtätigkeit einen schlechten Namen gemacht hat.[45] Die Verleger u[nd] Händler sind im Börsenverein der deutschen Buchhändler zweckmäßig organisiert, die Schriftsteller können sich ebenfalls zusammentun. Hier [171] ist jeder Zwang entbehrlich, wie die Erfahrung lehrt. Unerträglichen Entartungen beugt staatliches Gesetz vor; im übrigen muß der Charakter u[nd] der gute Sinn des Volkes freie Entscheidung treffen.

Die landwirtschaftlichen u[nd] technischen Hochschulen sind in Ordnung.

An *allen* Hochschulen ist 1 Stunde Wirtschaftkunde in der Woche Pflichtfach. Den Studenten wird das freie Korporationsrecht wiedergegeben. Die Korporationsstudenten von 1914 schlugen Langemarck! Es kann dem gesunden Sinn der Studenten anvertraut werden, die zeitgemäßen Formen zu finden. Der Staat aber soll, zunächst an einer Universität, [172] das englische Collegesystem einführen. Es hat den Vorteil, die jungen Leute in ständiger Berührung mit Älteren zu halten

---

[45] Die Zensurtätigkeit im NS-Regime war zunächst von konkurrierenden Partei- und staatlichen Stellen bestimmt, bis sie durch Anordnung vom 25.4.1935 bei der Reichsschrifttumskammer zentralisiert wurde. Neben einer Liste jugendgefährdender Schriften und einem Verzeichnis angelsächsischer Schriftsteller gab die Reichsschrifttumskammer seitdem eine „Liste des unerwünschten und schädlichen Schrifttums“ heraus, die jährlich ergänzt wurde. Die Liste war jedoch nicht für die Öffentlichkeit bestimmt, sondern erhob den Anspruch, die Selbstzensur zu „fördern“ und ging an Verleger, Buchhändler und Bibliotheken. Vgl. die Pionierarbeit von Dietrich Strothmann: Nationalsozialistische Literaturpolitik. Ein Beitrag zur Publizistik im Dritten Reich, 2., verb. u. m. e. Reg. ausg. Aufl. Bonn 1963, S. 218 ff.; zur institutionellen Geschichte Jan-Pieter Barbian: Literaturpolitik im „Dritten Reich“. Institutionen, Kompetenzen, Betätigungsfelder, Frankfurt/M. 1993, S. 85 ff.

und damit ihrer politischen Entwicklung Anhaltspunkte zu geben. An dieser Universität sollen dann vorhanden sein:

a) staatliche Studentenschaften nach englischem Muster mit Mensuren,
b) dito ohne
c) freie Korporationen

In diesem neuen Wettbewerb, in dem alle Kräfte u[nd] Gestaltungsmöglichkeiten sich auswirken können, mag sich dann die leistungs- u[nd] lebensfähigste Form entwickeln. Dieser freie Weg der empirischen [173] Entwicklung ist hier geboten. Alte [vor]handene Traditionen und neue gebundene Organisationsformen können hier neues Besseres erzeugen. Die NSDAP hat ebenfalls das Recht der Korporationsbildung, aber ihr Monopol hört selbstverständlich sofort auf.

Gesamtziel aller Kulturerziehung:

a) bedingungslose Vaterlandsliebe,
b) klare Erkenntnis der wesentlichen Natur- und Wirtschaftsgesetze,
c) Unterordnung unter das christliche Sittengesetz kraft Einsicht in seine lebenserfüllende Gestaltungskraft, [174]
d) bestes Fachwissen auf möglichst breiter Grundlage.

Ich komme zu den letzten Teilen der Ratschläge, die ich aus meinen Erfahrungen für die *Rettung* des Vaterlandes zu geben habe. Kein außenpolitischer Erfolg darf uns darüber täuschen, daß er nicht im Stande ist, den Niedergang des Vaterlandes abzuwenden, wenn es nicht gelingt, die Seele des Volkes vor der Zersetzung zu retten.

Finanzpolitik und Religion betreffen diese beiden letzten Teile. Anscheinend haben sie nichts miteinander zu tun. Und doch sind [175] sie die Grundlagen gesunden völkischen und staatlichen Lebens. Jene sichert das Brot des Leibes, diese das Brot der Seele.

Finanzpolitik

Ich habe in „Wirtschaft heißt Werte schaffen" bereits dargelegt, daß jedes Wirtschaften gewordene Währung,[46] diese ausglichene öffentliche Finanzen voraussetzt. Dem habe ich nicht ein Jota hinzuzufügen; es handelt sich um ein unwandelbares Naturgesetz. Außer Belgien u[nd] Gotland sowie den nordischen Staaten beachtet es kein Land der Erde mehr. Sie alle verhehlen ihren Völkern jenes Naturgesetz und leben, die einen mit Währungsentwertungen, die anderen [176] mit Kreditschöpfungen – ungedeckten Schulden vom Vermögen; eines Tages ist es verzehrt. Dann ist die Inflation das äußere Kennzeichen. In Wahrheit geht es dann darum, öffentliche Ausgaben mit öffentlichen Einnahmen auszugleichen. Dies wird schwieriger als 1923. Denn diesmal sind alle Kulturstaaten berührt u[nd] keiner kann dem anderen mehr mit Krediten helfen. Je später der unausweichliche Entschluß

[46] Goerdeler leitet den Begriff „Währung" in seiner Abhandlung von „während" im Sinne von beständig ab.

gefaßt wird, um so schwerer wird seine Durchsetzung. Gewöhne ich mich an Ausgaben von 1.000, so ist es noch leicht, auf 900, aber schwer, auf 600 zu gehen. Um diese Größenordnungen aber handelt es sich überall. Der Staat, der [177] als erster den Mut hat, das Volk zur Anerkennung jenes Naturgesetzes zu bringen, wird die Welt führen, auch wenn er zu diesem Zwecke genötigt ist, seine Rüstung zu beschränken.

Es bleibt also die *unerläßlich* sofort in Angriff zu nehmende Aufgabe der Regierung, die öffentlichen Haushalte zum Ausgleich zu bringen. Jedes, aber auch jedes Mittel, das diesem Ziele dienen kann, ist anzuwenden. Es gibt hierfür weder Aufschub noch Entschuldigung. Je später diese Aufgabe angepackt wird, um so schwerer wird sie, um so größer wird die Not!

Jetzt im Herbst 1938 haben wir einen laufenden Haushalt von 17 Milliarden. Der normale liegt bei 10–11. Die gegenwärtigen Steuereinnahmen beruhen auf einer Steuerbeitreibung, die die Substanz [178] verzehrt, und auf dem fortgesetzten Hineinpumpen von Staatsschulden in die Wirtschaft; sie ist also aus letzterem Grunde schon irgendwie inflationistisch. Ich schätze diese ungesunden Steuerbeträge auf etwa 4–5 Milliarden.

Die Staatsschulden haben sich seit 1933 um 10 Milliarden langfristige und rd. 25 Milliarden mittel- u[nd] kurzfristige (berechnet bis März 1939) vermehrt, d.h. in 6 Jahren um 35, also jährlich um rd. 6 Milliarden. Die Arbeitslosen (5 Millionen) sind also *ausschließlich* durch Verschuldung des Staates beseitigt! Die Jahresbelastung des Haushalts mit Zins- und Tilgung beträgt ab 1.4.1939 rd. 3 Milliarden. Die l[au]f[en]d[en] Wehrmachtsausgaben betragen jährlich 6 Milliarden. 9 Milliarden von etwa 11 Milliarden normalen Einkünften sind also festgelegt. Für alle sonstigen Staatszwecke, [179] Gehälter, Kulturaufgaben, Straßen, Wohlfahrt usw. verbleiben also 2 Milliarden. Wir brauchen für sie aber 4 Milliarden. Vorauszahl sind in 1937/38 – das l[au]f[en]d[en] Jahr ist wegen Mobilmachung u[nd] Westbefestigung zu anormal – 15 M[illiar]d[en] ordentlich; 7 M[illiar]d[en] außerordentlich; zus[ammen] 22 M[illiar]d[en].

Eingespart werden müssen also etwa 10 M[illiar]d[en] d.h. die Anleihen ganz und beim ordentlichen Etat 3 M[illiar]d[en], von letzteren rd. 2 M[illiar]d[en] bei den Wehrausgaben.

An diesen Zahlen ersieht man die ungeheure Größe der Aufgabe. Sie ist gar nicht mehr auf einen Schlag zu lösen, sonst erleidet die Wirtschaft einen Schlaganfall. Sie ist ja auch nicht heute zu lösen, sondern in einem Zeitpunkt der noch viel höher sein wird, da die Schulden weiter steigen. Welche Mittel stehen zur Verfügung? [180] Denn eine Lösung muß gefunden werden.

1)	Die Zahlungen des Reiches an alle Versicherungen hören auf. Sie müssen sich aus eigenen Beträgen erhalten. Geht zu Lasten der Arbeiter u[nd] bei Erhöhung der Beiträge zu Lasten des Kapitals u[nd] der Preise. Ertrag	300.000.000

2)	Alle direkten u[nd] indirekten Beiträge an Partei u[nd] Organisationen fallen.	100.000.000
3)	Umbau von Städten usw. wird eingestellt.	100.000.000
4)	Für öffentliche Arbeiten und a[ußer]o[rdentliche] Rüstung stehen uns noch zur Verf[ügung] fallende Beträge, im ersten Reformjahr 3 M[illiar)d(en], Ersparnis	400.000.000
5)	Die Eink[ommens]steuer wird um 20 %, die Körpersch[afts]steuer um 30 % erhöht.	500.000.000
6)	Die Rüstungsgewinne werden, soweit nicht in Betrieben investiert, ganz fort gesteuert, in 3 Raten 3 X jährlich	200.000.000

Bleiben noch 3 M[illiar]d[en] zu decken.

Die öffentlichen Verwaltungen in Reich, Ländern, Provinzen, Gemeinden sparen ein die an das Reich fließen.	1.000.000.000
Die Wehrmacht spart am l[au]f[en]d[en] Haushalt in 3 Jahren jährlich 1 Milliarde, bis eine Belastung von 3 Milliarden erreicht ist. Auch sie muß auch aus sittlichen u[nd] erziehlichen Gründen zur altpreußischen Sparsamkeit zurück =	1.000.000.000
Deckung durch neue Anleihe	1.000.000.000
	3.000.000.000

Im übrigen werden weitere jährlich je 1 weitere Milliarde dem Kapitalmarkt entzogen [182] um die kurzfristigen Anleihen zu konsolidieren. Später folgen Konversionen auf 3½% Zinsen und 1½% Tilgung, damit diese beschleunigt wird.

Im zweiten Jahre der Reform fallen bei der Wehrmacht wieder eine Milliarde im l[au]f[en]d[en] Haushalt aus, im dritten Jahre noch einmal. Um diese Beträge wird der Anleihemarkt entlastet und später die Steuer zu 5 und dann die Körperschaftssteuern gesenkt. Allmählich sinken auch die Ausgaben für a[ußer]o[rdentlichen] Heeresbedürfnisse und öffentliche Arbeiten. Diese Beträge werden je nach der Weltlage insbesondere zur a[ußer]o[rdentlichen] Schuldentilgung oder zur Steuersenkung verwendet.

Denn Hand in Hand mit diesem Ausgleich [183] muß die positive Politik der Wirtschaftsbelebung gehen. Der Ausgleich entzieht schon im ersten Jahre dem Arbeitsmarkt rd. 8,7 M[illiar]d[en] Mark; das bedeutet eine Arbeitslosigkeit von rd. 6 Millionen Menschen. Das ist nicht verwunderlich; denn die ganze Kunst der nat[ional]soz[ialistischen] Regierung hat ja nur darin bestanden, die übernommenen Arbeitslosen mit direkten u[nd] indirekten öffentlichen Aufträgen zu beschäftigen u[nd] hierfür unverantwortlich Schulden zu machen!

Die Wirtschaftsbelebung darf an sich nur eine natürliche sein, d.h. sie muß den Austausch von Leistungen und Gütern zwischen den Menschen vergrößern. Das wichtigste Mittel hierzu ist, wie in [184] den Abschnitten über Außen-, Wirtschaftspolitik ausgeführt, eine Außenpolitik, die auf Wiederherstellung des Vertrauens, des Rechts und des Anstandes gerichtet ist. Sie allein wird eine Vermehrung des internationalen Güteraustausches um 20%. d.h. 1 M[illiar]d[en] Mark = rd. 1 Mill[ionen] Arbeitskräfte zur Folge haben. Aber eine Vermehrung um 3 M[illiar]d[en] Mark = 3 Mill[ionen] Arbeitskräfte verlangt die Befreiung des Außenhandels von Devisen- und Warenkontrolle. Er muß innerhalb der Zolltarife und Handelsverträge frei sein; das hat gesicherte u[nd] unabänderbare Währungen, diese wieder ausgeglichene Haus- [185] halte zur Voraussetzung. So scheinen wir uns im Kreise zu drehen. Aber nur scheinbar!

Zunächst ständen Auslandskredite – bei verständiger Außenpolitik – zur Verfügung; sie sind unerläßlich, um die deutsche Währung wieder weltfähig zu machen. Ich habe das immer wieder dargelegt.[47] Wenn die deutsche Reichsbanknote nicht im Ausland als Gold genommen wird, so ist kein Vertrauen auch aller sonstigen Maßnahmen möglich. Bei einem nötigen Notenumlauf von etwa 6 M[illiar]d[en] brauchen wir 2 M[illiar]d[en] Gold als Deckung und 1 M[illiar]d[en] zur Gewinnung [186] einiger Bewegungsfreiheit. Sie können über die BIZ in Basel laufen, um den Barverkehr auf das höchstmögliche Minimum zu beschränken; aber sie etwa müssen zu unserer Verfügung sein. In dieser Höhe *müssen* wir Gold borgen; aber wir können die Goldländer überzeugen, daß so verwandeltes Gold auch ihnen nützlicher ist als Goldmengen, die sie aus Preisgründen künstlich vom Markt fernhalten müssen. Den USA ist mehr gedient, wenn wir wieder Baumwolle kaufen, als wenn sie Gold nutzlos liegen haben. Wir können also erreichen, daß uns das Gold zinslos u[nd] nur gegen Tilgung [187] gewährt wird.

Aber ebenso muß ich davor warnen, Anleihen zu nehmen, um damit Rohstoffe für den inländischen Verbrauch zu kaufen. Wir würden den Fehler der Jahre 1925/ 1928 wiederholen,[48] uns an einen nicht aus eigener Schaffenskraft gedeckten Verbrauch wieder gewöhnen u[nd] bald entweder wieder schärfer bremsen oder säumig werden müssen. Dies letztere aber würde die zarte Pflanze Vertrauen wieder zerstören.

So kommen wir zu dem entscheidenden Punkt. Für 1–2 Millionen Arbeitskräfte, die jetzt mit öffentlichen [188] Arbeiten = Schulden beschäftigt werden, sagen wir 2 Millionen, denn die Schreibstuben und Ämter müssen entleert werden, müssen wir Arbeit schaffen

a) entweder dadurch, daß wir für öffentliche Arbeiten 2 M[illiar]d[en] mehr Steuern erheben, d.h. dadurch 2 M[illiar]d[en] dem natürlichen arbeitschaffenden Kreislauf in der Wirtschaft entziehen = 2 M[i]l[lionen] Arbeitslose,

[47] Insbesondere in seinen Reiseberichten hatte Goerdeler wiederholt auf die Möglichkeit ausländischer Kredithilfe verwiesen; vgl. seine Reiseberichte von 1937–39; Dok. 4.2.1 ff.

[48] Vgl. zu den zeitgenössischen Erklärungsansätzen für die Weltwirtschaftskrise S. 315, Anmerkung 3.

b) oder dadurch, daß wir 1 Stunde weniger arbeiten, den Produktionsausfall durch Einstellung der 2 M[i]l[lionen] Arbeitslosen decken, also im Schlußergebnis alle einfacher leben,

c) oder für den alten Tagelohn [189] alle soviel mehr leisten, daß dem gleich gebliebenen Geldeinkommen eine vergrößerte u[nd] im gleichen Maße verbilligte Produktion gegenübersteht. Dann kann jeder Arbeitende genau so viel verbrauchen wie bisher und der Überfluß steht zum Unterhalt der 2 Millionen Arbeitslosen zur Verfügung, die dafür öffentliche Arbeiten auf einer 6–9stündigen normalen Lohngrundlage zu leisten hätten, je nachdem die Entwicklung fortschreitet,

d) oder wo ein Marktbedürfnis in Erscheinung tritt, wird es gestattet mehr zu leisten, so daß die Mehrleistenden mehr kaufen u[nd] andere dadurch be- [190]schäftigen.

Die Lösung zu a scheidet aus. Die Lösung zu b ist nicht überall durchführbar, führt also zu Ungerechtigkeiten; sie ist nur als vorübergehende Maßnahme nutzbar, wenn die Lösung c ihr auf dem Fuße folgt. Die natürlichen Lösungen sind die zu c u[nd] d, die miteinander zu kombinieren sind. So erfüllt sich das Naturgesetz, daß wenn A u[nd] B jeder X haben wollen, aber nur 1,6X vorhanden sind, A und B entweder mit je 1,6:2X = 0,8 zufrieden sein oder vorher 2X erzeugen müssen; soll der Arbeitslose C auch noch mitleben, so müssen A u[nd] B entweder mit ihm die 1,6X teilen, [191] oder sie müssen 2X + Y erzeugen, so daß Y dann für C zur Verfügung steht. Ist C den A u[nd] B gleichwertig in seiner Leistung, so muß Y = X gemacht u[nd] von C volle Gegenleistung in Arbeit verlangt werden; ist er es nicht, so muß er sich mit einem geringerwertigen Y begnügen. So und nicht anders. Die Maßnahmen c und d haben den ferneren Vorteil, daß sie die Wettbewerbsfähigkeit auf dem Weltmarkt heben und von dieser Seite her die Arbeitslosigkeit beheben helfen.

So unerläßlich der Ausgleich der öffentlichen Haushalte zur Sicherung [192] der Währung, zum Schutze des Spargutes gegen Vernichtung durch Inflation oder Schulden, zur Ausweitung des Weltabsatzes deutscher Arbeitsleistung ist, so notwendig ist eine weise Außenpolitik, so notwendig sind die Hereinnahme von 3 M[illiar]d[en] Gold im Anleihewege *und* die *erhöhten Arbeitsleistungen aller Bürger.*

Für diese Maßnahmen werden sich die unter „Wirtschaftpolitik" geschilderten erziehlichen und organisatorischen Maßnahmen erst voll bewähren.

Nur diese harmonische Einheit vermag eine gesunde dauerhafte, das Spargut vermehrende, die Zukunft ver[193]bessernde Grundlage der Wirtschaft aller Deutschen zu erreichen und zu sichern. Ich beschwöre Euch, nun endlich der modernen Alchemie der „Kreditschöpfung" und dem Wahn zu entsagen, als ob das Los der Menschen durch geringere Leistungen verbessert werden könnte. Wenn eine Gemeinschaft von 100 Arbeitenden bisher alle Bedürfnisse mit 10stündiger Arbeitsleistung u[nd] Tausch je untereinander gedeckt hat, dann Maschinen erfunden werden, die es gestatten, daß dieselben Bedürfnisse einschließlich der Herstellung, der Instandhaltung und des Betriebes der Maschinen in 8 Stunden gedeckt werden können, dann ist es noch nicht das Wei[194]seste, nun bloß 8 Stunden zu arbeiten. Vielleicht ist es weiser, daß die zur Deckung der alten Bedürfnisse täglich erforderlichen 8 x 100 = 800 Stunden von 80 Menschen mit weiterhin je 10 Stunden erfüllt werden, während die ersparten 20 Kräfte – nicht in die Organisationsapparate verduften u[nd] von den 80 mitunterhalten werden, sondern neue, bisher nicht geübte, schöpferische Arbeit, sei es mechanischer, sei es geistiger Art vollbringen.

Leistet, gebt jedem den seiner Leistung entsprechenden, also gerechten Anteil an den [195] erleisteten Schöpfungen und haltet das von der Natur verordnete Gleichgewicht.

Aber jene Grundlage gesunder Wirtschaft wird immer nur so lange bestehen als der Leistungswillen von starken moralischen Kräften getragen u[nd] immer wieder befruchtet wird.

Religion

Denn der Mensch hat eine Seele. Auch das Tier mag sie haben. Aber allein der Mensch sucht mit der Seele nach einem befriedigenden Sinn dieses Lebens, beschäftigt sich [196] nicht nur gedanklich mit dem Wesen der Vorsehung und denkt über Tod und Verklärung [nach].

Daß menschliches Zusammenleben in Familie, Gemeinde, Staat, Verein usw. ohne klare Sitten- u[nd] Rechtsordnung unerträglich wäre, lehrt uns die Vernunft. Daß aber die Vernunft allein nicht ausreicht, um solche Ordnung zu sichern, daß wir sie nicht allein um ihres materiellen Nutzens, sondern um ihrer Sittlichkeit willen mit der Kraft des Gemüts ersehnen, ist eine Forderung der Seele.

Die Religion, welche auch immer, soll sie stark machen. Aber ein Erfor[197]dernis hat jede Religion: ihr Sittengesetz darf durch menschliche Willkür nicht abänderbar sein! Sonst versagt sie ihren Schutz und ihr Leben in der Stunde jeder Entscheidung. Der Nationalsozialismus hat die Totalität auf seine Fahne geschrieben, d.h. er nimmt für sich in Anspruch, den Menschen in allen seinen Handlungen, Äußerungen und geäußerten Urteilen zu bestimmen u[nd] zu lenken. Auf die Dauer kann selbst er nicht ertragen, daß das geäußerte Urteil mit dem inneren nicht übereinstimmt. Und so muß er daran gehen, die Gesetze für die Urteilsbildung selbst zu bestimmen, selbst verbindlich zu bezeichnen, was [198] der einzelne Mensch als gut oder böse zu bezeichnen hat. Somit kann er wohl einen Gott anerkennen u[nd] tut es auch. Er kann aber nicht zulassen, daß ein anderer wie der Nationalsozialismus bestimmt, welches das Gesetz dieses Gottes ist. Er kann nur Hitler, niemals Christus als Mittler zwischen Gott und den Menschen anerkennen. Darüber zu kritisieren ist müßig; er wird *daran* zu Grunde gehen, denn er maßt sich an, das Opfer fürs Vaterland dem Tode am Kreuze, freiwillig erlitten als Bekenntnis zur Seele des Menschen, gleichzustellen. Viel Leid wird [199] er noch deshalb über die leicht zu verführende Menschheit bringen. Das ist Gottes Strafe für die christliche Kirche, weil sie selbst Christi Gebete entseelt hat.

Die Kultur unseres Vaterlandes steht und fällt mit dem Christentum; eine edlere Religion als die von Christus in Demut vor Gott und in Liebe zu den Menschen gelebte Religion gibt es nicht. Sie allein vereint die Macht des Gewissens, edel und hilfreich zu sein, mit dem Befehl Gottes und läßt sie sich zu voller persönlicher Verantwortung entwickeln; sie allein erkennt aber [200] die Schwäche des Menschen an, ohne ihr zu gestatten, sich mit äußeren Opfern von der Macht des Gewissens loszukaufen.

So ist unsere Pflicht vor Vernunft und Seele, vor den Menschen und Gott, die christliche Religion als Grundlage unseres Lebens und Wirkens zu erhalten, in Christus allein den einen Gründer göttlichen Gesetzes zu sehen u[nd] ihn nicht von Eintagsgeschöpfen in den Hintergrund drängen zu lassen.

Sonst wird unsere Seele nicht stark genug sein, die für unser physisches Leben und für unser Gemüt notwendige Sittenord[201]nung zu erhalten.

Dazu ist aber nun innere Reform der Kirche erforderlich; die alte katholische Kirche ist am äußeren Opfer, dem Ablaß, verdorben; denn damit wurde sie heidnisch u[nd] leugnete die Macht des Gewissens. Die evangelische Kirche ist durch Bürokratismus an den Rand des Verderbens gebracht. Der Pfarrer bei Predigt, Taufe, Einsegnung, Trauung, Abendmahl und Tod sowie als Gehaltsempfänger. Nicht daß es überall so vor dem Kriege war. Aber zu vielfach.

Der Pfarrer muß wieder neu in der Frühzeit der deutschen christlichen [202] Kirche in die Niederungen des Lebens seiner Gemeinde hinabsteigen. Er muß wissen, welche Nöte u[nd] Fragen seine Gemeindeglieder bewegen; er muß ihnen ebenso in praktischer Nächstenliebe helfen, wie sie unter Hinweis auf Christus stärken. Er soll nicht mit der Bibel kommen, wo die Vernunft entscheiden kann; aber er kann die Seele aufrichten, daß sie nicht der Härte der Vernunft erliegt.

Der künftige Pfarrer muß mindestens die Hälfte seines Studiums der Naturwissenschaft widmen. Der moderne Mensch ist durch Enthüllung immer [203] weiterer Naturrätsel in Gewissenskonflikte mit verschiedenen Zielen des Katechismus gekommen, die nicht auf Christus zurückgeführt werden können. Hier soll der Pfarrer nicht ausweichen, sondern die Erkenntnis anerkennen, da uns auch die Vernunft und der Forschungsdrang von Gott gegeben sind. Aber er kann den Menschen klar machen, daß hinter der Erkenntnis neue Rätsel in unendlicher Kette stehen und daß nur das Leben und Sterben Christi uns über die Erkenntnis unserer Unvollkommenheit, alle Rätsel zu lösen, hinweghelfen kann. [204]

Der künftige Pfarrer soll nach der Weihe mindestens 1 Jahr in praktischer Hilfsarbeit tätig sein. Und endlich soll er sein Leben lang die handwerkliche, körperliche Arbeit nicht scheuen, um seinen Gemeindegliedern auch ein praktischer Ratgeber sein zu können. Er muß der große Born des unerschöpflichen Ratens und Helfens sein.

Nicht er soll die Gemeinde verwalten. Die Verwaltung gebührt der Gemeinde, die sich in ihr zur Verantwortung, zum Können und zur Arbeit emporringen soll u[nd] nur so kann. [205]

So hat folgendes zur Klärung der Kirchenfragen sofort zu geschehen:

1. Feierliche Verbürgung der Glaubens- und Gewissensfreiheit.
2. Feierliche Verbürgung freier Religionsübung.

3. Für die evangelische Kirche: Anordnung der Wahlen in den Kirchengemeinden; gewählt werden Gemeinde-Kirchenräte.[49]

 Diese wählen Synoden. Diese die Generalsynode. Alle diese Verwaltungskörper wählen ihre Vorsitzenden; Pfarrer dürfen es nicht sein. [206]

 Diese wiederhergestellten Vertretungskörper besetzen durch Wahl die freien Pfarr-, Super- und Bischofsstellen.

 Wahlberechtigt ist jedes volljährige Mitglied der Kirche in seinem Bezirk, das mindestens ein Jahr der Kirche angehört hat. Wählbar jeder Wahlberechtigte, der 25 Jahre alt ist, als Pfarrer usw. nur Ordinierte, ab 1942 nur solche, die den oben dargelegten Bedingungen entsprechen, an deren Innehaltung der Staat ein Interesse hat.

 Einzelheiten regelt ein Staatskom[207]missar nach Anhörung der Bischöfe; auf seine richtige Auswahl ist besonders Wert zu legen (z.B. Oberkonsistorialrat Karnatz in Berlin). Sein endet mit der Wahl der Vorsitzenden der Körperschaften.
4. In den Schulen wird Religion wieder Pflichtfach; der Staat muß ein christlicher sein: erst der Volljährige entscheidet nach vollendeter Wehrpflicht nach eigenem Gewissen. Der Soldat braucht den Halt einer lebensvollen Religion; nicht jeder. Aber der kann es frühestens erst ermessen, wenn er alle soldatischen Pflichten kennen gelernt hat. Die Armee muß grundsätzlich christlich sein, oder sie wird zum Landsknechtvolk. Nur muß die Kirche lebendig bleiben. Der Unterricht kann auch durch Geistliche erteilt werden. Ziel: allmählich sollen ihn überall junge Geistliche erteilen. [208]
5. Der Kirche wird die Wohlfahrtspflege in weitestem Umfange anvertraut. Die politischen Gemeinden haben mit ihr zusammenzuarbeiten. Nur durch praktische Arbeit unter Armen, Kranken usw. kann die Kirche wieder erstarken.
6. Auf diese Grundlage wird auch die katholische Kirche gestellt. Der Nationalsozialismus hatte die Möglichkeit, die deutsche christliche Kirche zu schaffen. Er hat es versäumt, weil er dem Totalitätswahn nachlief.[50] Solche Gelegenhei[209]ten lassen sich nicht künstlich herbeiführen. Hier muß Gottes Hand weiter wirken.

Denn wann diese meine Ratschläge durchgeführt werden können – und sie sind ein unteilbares Ganzes – vermag auch ich nicht zu sagen. Es steht in Gottes Hand. Daß ich alles tun werde, um diese Stunde zu beschleunigen, brauche ich nicht zu sagen; denn unser Volk ist in schwerster Not u[nd] Gefahr des Körpers und der Seele. Aber weil ich damit rechnen [210] muß, daß ich selbst es nicht mehr erlebe, habe ich diese meine Ratschläge zu Papier gebracht. Sie werden lange die richtigen sein; denn sie sind aus Leben und Vernunft geboren u[nd] die in ihnen wirksamen Naturgesetze haben bisher die Welt beherrscht.

---

[49] Vgl. zu dem Kampf zwischen dem NS-Regime und der evangelischen Kirche S. 369, Anmerkung 46.

[50] Vgl. S. 369, Anmerkung 46 sowie S. 640, Anmerkung 8.

Entscheidend ist, daß sie mit Mut und Gerechtigkeit durchgesetzt und ebenso stets mit Klarheit und Vernunft im Bewußtsein möglichst aller Bürger verankert, wie mit Charakterstärke und tröstlich [211] tatbereiter Nächstenliebe ihrem Gemüte nahegebracht werden.
Gott gebe seinen Segen.
Oktober/November 1938

5.1.3 *Vorschlag für eine päpstliche Initiative*

maschinenschriftliche Denkschrift vom 23.3.1939; BAK, N 1113, Bd. 16.[1]
Allgemeine Friedenssehnsucht wird von Hitler und Mussolini gefährdet. Notwendige Gegenmaßnahmen: moralische Ächtung der Aggressoren durch die Kirchen unter Führung des Papstes; wirtschaftliche Isolation; Verweigerung jedweder weiterer Zugeständnisse.

23.3.1939

Alle Völker wollen und brauchen Frieden. Läßt man die Entwicklung weitertreiben wie bisher, so geht eine unbegrenzte Aufrüstung weiter. Sie aber bedeutet, mit oder ohne Krieg, Verarmung auf lange Zeit, Zerstörung der moralischen Ideale, und schließlich Revolution, Kulturzerstörung und Nihilismus.

Gewiß braucht die menschliche Seele, nachdem der Glaube an Maschine und Materie zu lange und zu stark im Vordergrund gestanden hat, eine tiefe Aufrüttelung. In ihr werden sich die starken Seelen von den schwachen scheiden und Träger neuer sittlicher Ideale werden. Aber Gott hat uns auch die Vernunft verliehen, damit wir uns nicht einem reinen Fatalismus ergeben, sondern rechtzeitig handeln, um möglichst viele Seelen zu retten und die Leiden der Welt abzukürzen.

In den letzten Wochen hat Gott einen Schleier von den Augen vieler Menschen fortgezogen. Nunmehr wissen alle, daß das Gesetz eines totalitären Nationalsozialismus nur in einem Grundsatz bestehen kann: der Zweck heiligt jedes Mittel, und daß der einzige Zweck Hitlers die Gewaltherrschaft ist. Er und seine Genossen sind in ihrem Wahne auch weiterhin jedes Verbrechens fähig. Mussolini und seine Gefährten haben sich mehr und mehr dem sittenlosen Nihilismus Hitlers angeschlossen. Es sind diese beiden Männer und ihre Trabanten, die dem Weltfrieden entgegenstehen.

Das Sehnen nach einem wahren Frieden ist in allen Seelen der Welt aufgesprossen und wird volle Früchte tragen wenn nicht die eisigen Winde Hitlers und Mussolinis sie zerstören. Nachdem Gott uns dies hat erkennen lassen, befiehlt er uns auch die Blüten zu retten.

---

[1] Der Vorschlag an Papst Pius XII. hat seinen Adressaten wohl nie erreicht; vgl. die minutiösen Recherchen von Klemperer, Die verlassenen Verschwörer, S. 419, Anmerkung 237. Eugenio Pacelli (1876–1953), am 2.3.1939 zum neuen Papst gewählt, nachdem er seit 1930 Kardinalstaatssekretär unter seinem Vorgänger gewesen war, hatte den Zeitraum zwischen 1917 und 1929 als Apostolischer Nuntius im Königreich Bayern und dem Deutschen Reich verbracht. Vgl. Michael F. Feldkamp: Pius XII. und Deutschland, Göttingen 2000.

Diese Rettung ist heute eine klar erkennbare Möglichkeit.

Sie besteht aus folgenden Handlungen:

1. Es muß verkündet werden, daß die Welt einen wahren, gerechten und glücklichen und dauernden Frieden haben kann, wenn sie sich von den Menschen befreit, die gegen Gottes Gesetz und Christi Wort die Welt für eitle Machgelüste ausnutzen wollen und schließlich zerstören würden. Eine solche Erklärung sollte insbesondere von den Kirchen unter der Führung des Papstes der Welt vermittelt werden.
2. Es widerspricht der Vernunft und dem christlichen Gewissen, daß diesen Männern weiterhin Rohstoffe aus der ganzen Welt geliefert werden, um in Waffen der Zerstörung umgewandelt zu werden. Es ist notwendig, diese Rohstoffe denen, die sie bisher lieferten, abzukaufen, so daß sie nicht die gleichen Schäden erleiden wie bei den Sanktionen im abessinischen Kriege.[2] Es ist nötig diese Rohstoffe aufzustapeln, um sie nach Herstellung des wirklichen Friedens den notleidenden friedlich regierten Völkern für friedliche Zwecke zur Verfügung zu stellen. Nur das Schwert, das den friedlichen Pflug schützt, ist von Gott gestattet. Nicht das, das geschmiedet wird um seine Arbeit zu vernichten, und freie Menschen in Sklaven zu verwandeln.
3. Wenn Mussolini jetzt eine Verständigung mit den Friedensmächten erstreben sollte, so müssen seine Forderungen, auch wenn sie noch so bescheiden sind, entschieden abgelehnt werden. Seiner verantwortungslosen Unersättlichkeit darf keine Prestige-Stützung mehr zuteil werden. Diese Haltung soll sich aber nicht gegen das italienische Volk richten. Man soll deshalb den König und den Kronprinzen wissen lassen, daß es nunmehr ihre Aufgabe ist, die Lebensnotwendigkeiten des italienischen Volkes unter Loslösung von Mussolini mit Nachdruck zu vertreten, und gerade dadurch ihre Erfüllung zu ermöglichen.

Wenn der Papst als Sohn des italienischen Volkes hierzu entscheidenden Einfluß ausübt, so leistet er nicht nur seiner Heimat einen unersetzlichen Dienst, sondern rettet auch die Welt und die Blüten des Friedens vor der Vernichtung durch das Böse. Wenn der Papst in dieser Richtung tätig werden will, so wird er bei England, Frankreich und USA auf freudige Bereitschaft stoßen.

Wird ein solcher schöpferischer Entschluß in die Tat umgesetzt, dann erntet die Welt noch in diesem Jahre die ersten Früchte wahren Friedens. Damit entfällt auch der sonst unvermeidbare Zwang die Hilfe Rußlands in Anspruch zu nehmen.

Eine solche von Gott klar vorgestellte Aufgabe verlangt und rechtfertigt eine große Entscheidung der Kirche Christi. Wird sie unter Führung des Papstes getroffen, so ist das Werk Christi aufs neue gerettet und in neuer Lebendigkeit verwirklicht.

---

[2] Vgl. zum Abessinienkrieg S. 672, Anmerkung 18; zu den internationalen Sanktionen gegen Italien S. 403, Anmerkung 20 sowie ausführlich Manfred Funke: Sanktionen und Kanonen. Hitler, Mussolini und der internationale Abessinienkonflikt 1934–1936, Düsseldorf ^{2}1971.

5.1.4 *Vorschlag für einen britisch-französischen Aktionsplan*

maschinenschriftliche Denkschrift o.D. [Ende März/Anfang April 1939]; BAK, N 1113, Bd. 16.[1]

Notwendige Maßnahmen zur Mobilisierung der pazifistischen Kräfte in Deutschland und Italien: Abbruch aller persönlichen und diplomatischen Beziehungen; wirtschaftliche Isolation Deutschlands nach dem Vorbild der amerikanischen Neutralitätsgesetze; Ablehnung jedweder Zugeständnisse an die Aggressoren.

Um mit Hilfe des deutschen Volkes selbst den Frieden zu retten ist es notwendig, das Gesetz des Handelns in die Hand zu bekommen und durch klare Handlungen den Beweis dafür zu liefern, daß man nunmehr aktiv der Gewalt- und Wahnsinns-Politik Hitlers entgegentritt. In Ergänzung der bereits gemachten Vorschläge und auf Grund erneuter eingehender Prüfung der Lage werden folgende konkrete Vorschläge gemacht:

1. Der Abbruch der persönlichen Beziehungen muß sich auf jede gesellschaftliche Veranstaltung erstrecken. Die Botschafter dürfen bis zur Herstellung eines klaren Friedenszustandes nicht mehr auf ihre Posten zurück. Glückwunschtelegramme aller Art, insbesondere zum 50. Geburtstag Hitlers (20. April 1939) müssen unterbleiben. Sie würden nur dazu dienen, propagandistisch verwertet zu werden. Darüber sollte eine Verständigung auch mit den anderen in Betracht kommenden Staaten herbeigeführt werden.
2. Es kann nicht verantwortet werden, einem zum Wahnsinn neigenden Gewaltmenschen weiterhin die Rohstoffe zur Verfügung zu stellen, die es ihm ermöglichen, durch eigene Riesenrüstungen die Welt zu bedrohen und in einen Rüstungswahnsinn hineinzusteigern, der in absehbarer Zeit alle beteiligten Länder ruiniert. Der Verkauf der für diese Zwecke wesentlichen Rohstoffe an Hitler muß daher gestoppt werden. Die italienischen Sanktionen krankten daran, daß sie einzelnen Ländern schwere wirtschaftliche Nachteile im Interesse aller auferlegten.[2] Jetzt müssen England, Frankreich und USA den beteiligten Interessenten die Mengen, die sie bisher an Deutschland abgesetzt haben, unter der Bedingung abkaufen, daß sie weder direkte noch indirekte Lieferungen nach Deutschland machen. Soweit Clearingabkommen bestehen, wie z.B. mit Brasilien, soll geprüft werden, ob es notwendig ist, in sie einzutreten. Brasilien würde dann z.B. den Vorteil gewinnen, seine Bedürfnisse nicht nur wie bisher bei Deutschland, sondern bei mehreren Ländern decken zu können. Alle beteiligten Länder gewinnen hierdurch den Vorteil, ihren Export zu beleben und damit

[1] Der Vorschlag deckt sich zu einem großen Teil mit dem durch Young mündlich überlieferten Aktionsplan (Young, X-Dokumente, S. 192 f.); es ist wahrscheinlich, dass Goerdeler nach seinem Treffen mit Young am 16.3.1939 in London seine Vorschläge in der vorliegenden Form nachträglich aufzeichnete.

[2] Vgl. zu den gegen Italien verhängten Sanktionen S. 403, Anmerkung 20 sowie S. 763, Anmerkung 2.

der Arbeitslosigkeit entgegenzuarbeiten. Erst wenn breite Schichten der deutschen Wirtschaft die Folgen dieser Maßnahmen spüren, werden sie die Gewalttaten Hitlers in ihrer ganzen furchtbaren Auswirkung erkennen, und mehr als bisher Träger einer wahrhaften Verständigung werden.
Die den beteiligten Ländern hierdurch entstehenden Unkosten sind auf jeden Fall viel geringer als die ruinösen Ausgaben immer weiter gesteigerter Rüstung.
Wenn die aufgekauften Rohstoffe aufgestapelt werden, so können sie nach abgeschlossenem wahren Frieden als Rohstoff-Anleihe sofort an ein friedlich regiertes Deutschland abgesetzt werden, während Rüstungsausgaben verloren sind.
Diese ganze Maßnahme soll ebenfalls von den Sanktionen gegen Italien sich unterscheiden, sie sollen nicht laut angekündigt werden, sondern schweigend aber um so tatkräftiger verwirklicht werden.
Ferner empfiehlt es sich die von USA bereits ergriffenen Schutzmaßnahmen von allen Friedensmächten einzuführen und diese auch bekannt zu geben.[3]

3. Es muß damit gerechnet werden, daß Mussolini jetzt eine Verständigung mit den Friedensmächten erstrebt. Selbst wenn seine Forderungen noch so bescheiden sein sollten, muß auf das entschiedenste empfohlen werden, jeden Wunsch abzulehnen. Dabei kann man auf geeignetem Wege geeignete Stellen in Italien wissen lassen, daß die Lage sich völlig ändern würde, wenn König und Volk Garantien für einen wahrhaften Frieden geben, und volle Beteiligung an den Maßnahmen der Friedensmächte gegen alle Friedensstörungen sicherstellen würden.

Wenn man weiß, wie kampfunfähig Italien ist, (eine Tatsache, die Mussolini selbst weiß) so muß man den Zeitpunkt für gekommen erachten, die Verständigung nicht mehr der Unzuverlässigkeit eines Diktators anzuvertrauen, um nach einiger Zeit aufs neue vor Enttäuschungen und Erpressungen zu stehen. Ein solcher Mann kann nach allen historischen und persönlichen Erfahrungen niemals Ruhe halten. Sein inneres System zwingt ihn, nach äußeren Ausgleichsobjekten für innere Spannungen zu suchen.

Nach menschlichem Ermessen wird Mussolini sich darauf beschränken, die fürchterlichsten Drohungen auszusprechen. Aber mit diesen Drohungen kommt er aus seinen Schwierigkeiten nicht heraus, zwingt also die wahren Patrioten Italiens gegen ihn Stellung zu nehmen. Sie müssen dann Sicherheit haben, daß sie bei den Friedensmächten Entgegenkommen finden.

Selbstverständlich ist es bei der Unberechenbarkeit solcher Naturen nicht ausgeschlossen, daß Mussolini in seiner Verzweiflung auch einen verzweifelten Schlag nach außen wagt, selbst auf die Gefahr eines Krieges mit England und Frankreich. In diesem Falle kann man mit einer an Sicherheit grenzenden Wahrscheinlichkeit damit rechnen, daß die verantwortlichen Kräfte in Deutschland Hitler verhindern,

[3] Vgl. zu den amerikanischen Neutralitätsgesetzen S. 582, Anmerkung 51.

an der Seite Mussolinis in einen solchen irrsinnigen Krieg einzutreten. Es würde sich also dann nur darum handeln, in einer verhältnismäßig einfachen und kurzen Operation das Mittelmeer für immer von der Freibeuterei Mussolinis zu befreien.

Wird nach diesen Vorschlägen wirklich gehandelt, und zwar sofort, so wird nach menschlichem Ermessen die Welt noch in diesem Jahre von der immer unerträglicher werdenden Unsicherheit befreit und mit einem wahren Frieden beglückt werden.

Die Opfer, die dieser Plan erfordert, sind verhältnismäßig bescheiden, weil er darauf abzielt, tote Rüstungskosten in wieder verwertbare Rohstoffvorräte weitgehend umzuwandeln und die latenten und verantwortlichen Friedenskräfte in Deutschland und Italien zu mobilisieren.

5.1.5 *Verhandlungsangebot an Großbritannien und Frankreich*

maschinenschriftliche Denkschrift mit handschriftlichen Korrekturen o.D. [Frühsommer 1939]; BAK, N 1113, Bd. 16.[1]

Einigungsvorschläge: Grenzänderung zur Beseitigung des polnischen Korridors; deutsche Garantie der tschechoslowakischen Grenzen wie in München festgelegt; Schaffung eines deutschen Kolonialgebiets. Goldanleihe für Deutschland; allgemeine Beendigung der Aufrüstung; Garantie der wirtschaftlichen und politischen Autonomie aller europäischen Staaten; Garantie der Grenzen im Mittelmeerraum; Kooperation aller europäischen Mächte im ostasiatischen Konflikt. Gründung eines neuen europäischen Staatenbunds mit Frankreich, Großbritannien und Deutschland als Kern und mit den folgenden Zielen: Garantie des europäischen Friedens; Abbau zollpolitischer Beschränkungen; Angleichung der Rechts- und Sozialordnungen; Garantie von Selbstverwaltungsprinzipien.

England, Frankreich und Deutschland bilden eine Gemeinschaft, um die Welt auf der Grundlage des Rechtes, des vernünftigen Interessenausgleiches und der Menschlichkeit zu befrieden. Dabei werden zunächst folgende Punkte Zug um Zug durchgeführt.

1. England und Frankreich erkennen an, daß der jetzige Status des sogenannten polnischen Korridors eine Quelle dauernder Störungen der Ruhe Europas bedeutet.[2] Dieser Status wird daher so geändert werden, daß die deutschen und polnischen Interessen ausgeglichen werden und somit der Störungsfaktor verschwindet.

---

[1] Die Denkschrift ist in großen Teilen identisch mit einer früheren Variante vom 4.12.1938, abgesehen von der Präambel, Punkt 2 und dem Zusatz zu Südtirol. Das deutsche Original der früheren Fassung ist nicht erhalten; für die Rückübersetzung aus dem Englischen vgl. Young, X-Dokumente, S. 170-172. Die Dezember-Aufzeichnung Goerdelers, auf Anfrage des Foreign Office verfasst, erfuhr jedoch in britischen Kreisen hauptsächlich ablehnende Reaktionen und resultierte schließlich in einer Anweisung des Premierministers, dass keine Beantwortung erfolgen solle. Vgl. zu den britischen Reaktionen Aster, Carl Goerdeler und das Foreign Office, S. 160-167.

[2] Vgl. zu Goerdelers Engagement für das preußische Abtretungsgebiet Kapitel 2.1.

2. Deutschland stellt die Unabhängigkeit der Tschechoslowakei in den Grenzen, die in München getroffen sind, wieder her, so daß, als eine weitere europäische Friedensgarantie, die Tschechslowakei nach dem Vorbild der Schweiz ein neutraler Staat wird.[3] Dieser Zustand wird von den Vertragschließenden garantiert, die Garantie der anderen Staaten wird gemeinsam betrieben.
3. Deutschland erhält ein möglichst großes und möglichst entwicklungsfähiges Kolonialgebiet, das es nach den anerkannten Grundsätzen des Völkerrechtes verwaltet.[4] England und Frankreich werden dafür eintreten, daß alle Beteiligten diesen Zustand unverzüglich herstellen.
   An der Einwanderung in aufnahmefähige, für Weiße geeignete Siedlungsgebiete im Britischen und Französischen überseeischen Reich wird Deutschland so weit wie möglich teilnehmen können.
4. Deutschland erhält eine Goldanleihe von 4–6 Milliarden Goldmark, um seine Währung international zu sichern und so schnell wie möglich die Devisen-Einfuhr- und Ausfuhrkontrollen aufzuheben. Hierzu verpflichtet sich Deutschland. Die Anleihe ist zinslos, aber mit mindestens 2% zu tilgen. Die Tilgung darf schneller erfolgen.
   Die Partner der Aktionsgemeinschaft verpflichten sich, ihre Staatsbudgets auszugleichen bzw. ausgeglichen zu halten und so die Grundlage für eine dauerhafte Ordnung der Währungen zu schaffen.
5. Die weitere Aufrüstung wird sofort gestoppt.
   Erfordert das Verhalten anderer, z.B. Japans, Italiens usw. neue Verstärkungen, so werden sich England, Frankreich und Deutschland hierüber vorher verständigen.
   Diese drei Mächte treten sofort zusammen, um einen wirksamen Abbau der Rüstungen zu beraten und durchzuführen. Sie sichern sich gegenseitige Kontrolle zu.
   Das Ziel ist, die Rüstungen, soweit das Verhalten anderer es zuläßt, zu mindern und finanzielle Katastrophen zu vermeiden, künstliche Kreditschöpfungen zu stoppen und das Sparkapital wieder nützlicher, den Lebensstand bessernder Verwendung zuzuführen.

---

3 Vgl. zu dem Münchener Abkommen S. 618, Anmerkung 4. Die aus dem Münchener Abkommen hervorgegangene Zweite Tschechoslowakische Republik fiel knapp fünf Monate später endgültig dem deutschen Expansionsstreben zum Opfer. Am 14. März 1939 proklamierte der slowakische Landtag nach massiven Drohungen Hitlers seine Unabhängigkeit von der Prager Regierung. Einen Tag später teilte Hitler dem tschechischen Präsidenten Hacha mit, dass deutsche Truppen zum Einmarsch in das restliche tschechische Gebiet bereitstünden, und erzwang so die Auslieferung der „Rest-Tschechei"; vgl. Messerschmidt, Außenpolitik und Kriegsvorbereitung, S. 796-804 sowie den Überblick von Detlef Brandes: Die Politik des Dritten Reiches gegenüber der Tschechoslowakei, in: Funke, Hitler, Deutschland und die Mächte, S. 508-523.

4 Vgl. zu den deutschen Kolonialansprüchen S. 538, Anmerkung 18 und S. 586, Anmerkung 58.

6. Deutschland erstrebt im Südosten Europas keine politische Hegemonie. Die Unabhängigkeit der europäischen Staaten wird garantiert, sofern sie es nicht selbst für gut finden, untereinander Bindungen einzugehen die ihre Souveränität begrenzen.
   Der Wirtschaftsverkehr steht allen Völkern zu den gleichen Bedingungen offen, doch haben alle Staaten das Recht, unter Achtung der Verträge untereinander und mit dritten besondere wirtschaftliche Bindungen auch zollpolitischer Art einzugehen.
7. Deutschland muß den Vorgängen an seiner Ostgrenze nach den Erfahrungen seiner Geschichte stets ein besonders Interesse entgegenbringen. Dies muß ihm im Rahmen des vernünftigen Gleichgewichtes gestattet sein.
8. Deutschland garantiert den gegenwärtigen legalen Besitzstand im Mittelmeer.[5] Für einen Zeitraum von zehn Jahren auch mit militärischen Mitteln. Nach diesem Zeitraum der Beruhigung beschränkt sich die Garantie auf diplomatische Mittel.
9. Deutschland ist bereit, daran mitzuwirken, daß der wirtschaftliche Besitzstand der Weißen in Ostasien schleunigst in vollem Umfang wiederhergestellt wird. Es wird jedes zweckdienliche Mittel in dieser Richtung anwenden.[6]
   Es ist bereit hierfür auch militärische Machtmittel einzusetzen, wenn Punkt 1 durchgeführt und die Finanzierung gesichert ist.
10. England, Frankreich und Deutschland bilden den Kern eines neuen Europäischen Staatenbundes und einer Arbeitsgemeinschaft aller Völker und laden zu weiteren Beitritten ein.
    Jeder souveräne Staat kann beitreten, wenn gewisse Bedingungen erfüllt sind. Der Europäische Staatenbund soll Kriege durch Zusammenarbeit auf freiwilliger Grundlage ausschließen. Kriege würden lediglich die Grundlagen der europäischen Kultur zu Schaden aller vernichten oder schwer schädigen.
    Die Arbeitsgemeinschaft wird den alten Völkerbund ablösen. Sie darf keine Zwangsrechte haben, sondern muß durch die Macht der Idee und durch vernünftige Behandlung des Einzelfalles wirken.
    Er soll – selbst der in Ausschüssen – regelmäßig beraten und schleunigst die Währungen ordnen, die gegenwärtigen Handelserschwernisse abbauen, auftauchende Spannungen frühzeitig beobachten und ausgleichen, das soziale, wirtschaftliche und bürgerliche Recht angleichen, in außerordentlichen Notfällen auf der Grundlage der Menschlichkeit helfen.
    Er kann auf übereinstimmenden Wunsch der Beteiligten Schiedsgerichte einsetzen und wird so am besten der Erhaltung des Friedens dienen.

---

5 Vgl. zu den Auseinandersetzungen im Mittelmeerraum zwischen Italien und Großbritannien S. 537, Anmerkung 17; S. 587 f., Anmerkung 61; S. 605, Anmerkung 24.

6 Vgl. zu den japanischen Hegemoniebestrebungen in Ostasien S. 555 f, Anmerkung 14; S. 606, Anmerkung 25 sowie S. 618, Anmerkung 5.

11. Die drei genannten Mächte werden diese Zusammenarbeit insbesondere darauf richten, die Staatsgewalten wieder zum Segen aller und zur größeren Ruhe aller mehr und mehr auf die politischen Tätigkeiten zu beschränken, bei der Entwicklung der Wohlfahrt und Erziehung im besonderen, der Initiative der Einzelnen, der gewaltigsten Schöpferkraft im Interesse der Allgemeinheit freien Raum zu geben. Eine reale Erziehung (wirtschaftliche Zusammenhänge und Gesetze gründlich lehrende), wirtschaftliche Selbstverwaltung und soziale Gerechtigkeit werden Sterne auf diesem neuen Wege Europas zum Frieden sein.

Vorschlag für die Einschaltung: alle drei Beteiligten werden alles in ihrer Kraft stehende dafür tun, daß die mehr als 200.000 Deutschen in Südtirol,[7] seit vielen Jahrhunderten auf ihrer Scholle beheimatet und mit ihr durch die Arbeit vieler Generationen verwachsen, nicht durch tyrannische Willkür ihres Rechtes beraubt werden.

5.2 Kritik an der nationalsozialistischen Herrschaft

5.2.1 *Moralischer Zustand*[1]

maschinenschriftliche Denkschrift vom 1.7.1940; BAK, N 1113, Bd. 18.

Militärischer Sieg allein ist bedeutungslos, entscheidend ist die Aufbauarbeit durch einen verantwortungsbewussten Friedensschluss. Alle anderen Staaten waren zu einer friedlichen Einigung bereit; die nationalsozialistische Regierung hat den Krieg gewollt provoziert und durch ruinöse Wirtschaftspolitik unvermeidbar gemacht. Deutschland fehlt jede Voraussetzung – gesunde Wirtschaftspolitik, Rechtssicherheit, moralisches Empfinden –, um eine europäische Friedensordnung zu schaffen; der desolate innere Zustand wird von Deutschland auf die besetzten Länder übertragen. Die Wiederherstellung der Moral muss das wichtigste Ziel in Deutschland sein.

1. Juli 1940

Die Wehrmacht hat dank hervorragender Planung durch den Generalstab, dank glänzender Führung, dank des Mutes der Soldaten und nicht zuletzt durch aller-

---

[7] Seit dem Vertrag von Saint-Germain 1919 war Südtirol von Österreich an Italien übergegangen. Der Landstrich, in dem über 200.000 deutsche Einwohner ca. 20.000 italienischen gegenüberstanden, war seitdem Bestandteil der deutschen Revisionsforderungen.

[1] Die vorliegende Denkschrift ist von Goerdeler nicht betitelt; in späteren Schriften verweist er jedoch auf sie unter der Bezeichnung „Moralischer Zustand" (vgl. z.B. seine Denkschrift „Stand von Wirtschaft und Verwaltung" vom September 1940; Dok. 5.2.4, unten S. 801 ff.).

dings rücksichtslosesten Einsatz der Zerstörungstechnik bewiesen, was sie zu leisten vermag. Dieser Sieg gibt ihr große Macht und noch größere Verantwortung.[2]

Kriege dürfen nicht um ihrer selbst willen geführt werden. Das hat selbst Moltke betont, haben Clausewitz und alle großen Staatsmänner und Heerführer vor ihm bekannt,[3] das sagen uns Vernunft und Verantwortungsbewußtsein. Das Ziel ist immer und allein nur der ehren- und glückhafte Friede. Die Ehre ist in unserer Achtung vor uns selbst, in unserer Unabhängigkeit von fremdem Willen beschlossen. Glückhaft ist der Friede, der bei Anstrengung aller Kräfte zu einem auskömmlichen Lebensstand führt, seine Verbesserung ermöglicht, Freiheit des Gewissens und Fortschritt der Wissenschaft sichert, die seelischen Kräfte im Gleichgewicht hält und die Entwicklung wahrer Kultur ermöglicht: dauerhaft wird nur ein Friede sein, in dem der Mensch nicht erschlafft und nicht vergißt, daß er den Geboten, der Gewalt Gottes unterworfen ist.

Von einem solchen Frieden sind wir heute weiter entfernt denn je; es ist notwendig, hierüber volle, wenn auch grausame Klarheit zu gewinnen. Denn *dieser* Krieg dient nicht einem planmäßigen Aufbau, sondern phantastischen, zum letzten

---

[2] Zu dem Entstehungszeitpunkt der Denkschrift hatte die deutsche Wehrmacht Siege an allen Fronten zu verzeichnen: Polen, Norwegen, Holland und Belgien waren erobert, und Dänemark war kampflos besetzt worden; Frankreich war in einen besetzten und einen unbesetzten Teil mit einer konservativ-autoritären Kollaborationsregierung aufgeteilt worden. Die militärischen Erfolgsmeldungen schienen die nationalsozialistische Blitzkriegstrategie zu bestätigen und suggerierten nahezu unbegrenzte Expansionsmöglichkeiten, die den Großteil der deutschen Bevölkerung in einen Siegestaumel versetzten. Vgl. zum Überblick Lothar Gruchmann: Der Zweite Weltkrieg. Kriegführung und Politik, 10., durchges. u. akt. Aufl. München 1995 sowie Gerhard L. Weinberg: Eine Welt in Waffen. Die globale Geschichte des Zweiten Weltkriegs, Stuttgart 1995.

[3] Helmut Graf von Moltke (1800–1891) hatte als preußischer Generalfeldmarschall und als Chef des großen Generalstabs entscheidenden Anteil an den Siegen über Österreich 1866 und über Frankreich 1870/71. Carl von Clausewitz (1780–1831), zunächst ebenfalls preußischer General und nach dem Abschluss des französisch-preußischen Militärbündnisses 1812 in russische Dienste getreten, war an militärtheoretisch-philosophischen Fragen interessiert und lehrte seit 1818 an der Allgemeinen Kriegsschule in Berlin. Mit seiner Abhandlung „Vom Kriege“ vertrat Clausewitz den Primat der politischen Führung gegenüber dem Militär, indem er Krieg als Fortsetzung der Politik mit anderen Mitteln charakterisierte. Moltke dagegen, ähnlich wie viele seiner Zeitgenossen, akzeptierte und rezipierte zwar die militärtheoretischen Ausführungen Clausewitz', sprach jedoch dem militärischen Sektor eine unabhängigere Rolle vom zivilen Sektor zu. Moltke vertrat die Auffassung von einer Eigengesetzlichkeit des Krieges, dessen Ausbruch zwar von der Politik bestimmt sei, der sich jedoch während seiner Dauer alle Politik unterordne. Vgl. Volkmar Regling: Grundzüge der Landkriegführung zur Zeit des Absolutismus und im 19. Jahrhundert, in: Deutsche Militärgeschichte, Bd. 6, S. 11-425; zu Clausewitz S. 307-327, zu Moltke S. 379-425 sowie Jan Philipp Reemtsma: Die Idee des Vernichtungskrieges. Clausewitz – Ludendorff – Hitler, in: Hannes Heer und Klaus Neumann (Hg.): Vernichtungskrieg. Verbrechen der Wehrmacht 1941–1944, Hamburg 1995, S. 377-401.

Mal in der Zeit Napoleons gehegten Plänen. Um jenen Frieden zu haben, bedurfte es dieses Krieges überhaupt nicht. Es kann jederzeit nachgewiesen werden, daß die Westmächte zumindest seit 1932 bereit waren, sich über alle für uns lebenswichtigen Fragen so zu verständigen, wie es unserer Ehre und unserer Lebenskraft entsprochen hätte. Es ist insbesondere nachzuweisen, daß Polen, von England unter Druck gesetzt, am 31. August 1939 sich bereit erklärt hat, in den Ostfragen entgegenkommend zu verhandeln.[4] Dieses Nachgeben hätte bei dem Vergleich der Kräfte Deutschlands und Polens, sowie bei dem Friedensbedürfnis der Westmächte sehr bald ein vollkommenes werden müssen. Aber die Reichsführung zog den Krieg vor, weil sie ihn haben wollte und mußte.

Die Meinung, der englische Kaufmann habe aus Neid diesen Krieg gewollt, ist ein Sentiment. Tatsache ist, daß gerade der englische Kaufmann seit 1925 am stärksten auf die englische Regierung im Sinne friedlichen Nachgebens gewirkt hat. Kein Kaufmann, am wenigsten der Engländer, verkennt noch, daß nur ein organischer, d.h. ausgeglichener Frieden den Handel beleben und Gewinnmöglichkeiten schaffen kann, daß der moderne totale Krieg mehr Wohlstand und Entwicklungsmöglichkeiten zerstört, als an vorübergehenden Gewinnen eingeheimst werden kann. Gerade in der City von London hat man immer wieder erfahren können, daß sie in Hitler mindestens bis 1939 (Besetzung der Tschechoslowakei)[5] den großen Retter vor dem Bolschewismus, den willkommenen Zerstörer unbequemer Gewerkschaften und Arbeiterforderungen sah.

Angesichts der maß- und sinnlosen Haßpropaganda gegen England gebietet es der Anstand, für jene Engländer, die sich als ehrenwerte, anständige, den Frieden suchende Menschen erwiesen haben – und das ist die große Mehrheit –, einzutreten. Vollkommen wahrheitswidrig und sinnlos ist insbesondere die Behauptung, man müsse England niederwerfen, um Ruhe in Europa zu haben. Man nenne denjenigen von England gewollten Krieg, der vor 1914 gegen deutsche Interessen gerichtet gewesen wäre. Friedrich der Große hat seine Kriege gegen Österreich durch den Bund mit England gewonnen. Die Befreiung Preußens aus der napoleonischen Knechtschaft wäre ohne die auf gleichen Interessen beruhende Bundesgenossenschaft Englands nicht oder erst später oder nicht so vollkommen möglich gewesen;

---

4 Trotz der Aufkündigung des deutsch-polnischen Nichtangriffspakts im April 1939 sowie dem vier Monate später geschlossenen deutsch-sowjetischen Nichtangriffspakt zeigte sich Polen noch Ende August sehr kompromissbereit. Dass die fieberhaften Vermittlungsversuche Großbritanniens noch am 31.8.1939 fast ausschließlich an dem provokativen Verhalten der Nationalsozialisten scheiterten, war schon zeitgenössischen Beobachtern evident. Vgl. die sehr detaillierte Darstellung der Verhandlungsabfolge in den letzten Augusttagen bei Horst Rohde: Hitlers Erster „Blitzkrieg“ und seine Auswirkungen auf Nordosteuropa, in: Klaus A. Maier, Horst Rohde, Bernd Stegmann und Hans Umbreit: Die Errichtung der Hegemonie auf dem Europäischen Kontinent, Stuttgart 1979, S. 85 ff.

5 Vgl. zu dem nationalsozialistischen Vorgehen gegen die „Rest-Tschechei“ im März 1939 S. 767, Anmerkung 3.

England hat es damals Preußen nicht nachgetragen, daß es von Napoleon 1807–13 in offizielle Feindschaft gegen England hineingezwungen war. An die schnelle und erfolgreiche Durchführung des Krieges 1870/71 war ohne die wohlwollende Neutralität Englands gar nicht zu denken. Gerade das 19. Jahrhundert hat bewiesen, daß in Europa ein langer glückhafter Friede unter Einbeziehung Englands möglich war.[6] Endlich ist aus den Archiven und den der Veröffentlichung harrenden Erinnerungen von Zeitgenossen mit Sicherheit nachzuweisen, daß England seit der Jahrhundertwende mehrfach eine grundsätzliche, Deutschlands Entwicklung durchaus nicht hindernde Verständigung, ja Bundesgenossenschaft mit dem Reich ge- und versucht hat.

Es wird vor der Geschichte nicht möglich sein, die Verantwortung für diesen Krieg anderen aufzubürden; ihn hat die derzeitige Reichsregierung gewollt und bewußt heraufbeschworen. Es wird sich auch erweisen, daß kein nationales Interesse daran vorliegt, diesen Tatbetand zu verwischen. Wären England und Frankreich neutral geblieben, so wären sie unfehlbar 1940 oder 1941 ans Messer gekommen. Denn die Reichsführung verfolgt seit 1938 Eroberungspläne, die mit nur von Narren zu leugnenden Lebensinteressen Frankreichs und Englands in Widerspruch geraten mußten. *Sie*, nicht Deutschland, war finanziell und wirtschaftlich mit ihrem Latein zu Ende. Ihre allen Gesetzen der Natur, der Vernunft hohnsprechende Finanz- und Wirtschaftspolitik hatte uns, wie voraussehbar, in Knappheit und Preissteigerungen hineingeführt. Diese waren schon seit 1938 fühlbar. *Sie* hätte auch ohne Krieg im letzten Winter Karten einführen und das Volk frieren lassen müssen. Als Kriegsfolge nimmt ein Volk einen solchen Zustand eine Zeitlang hin; als Friedensinhalt zwingt er zur Unzufriedenheit und schließlich zur Abkehr. Niemand weiß das besser als die jetzigen Gewalthaber. Statt ihre vaterländische Pflicht zu tun, zur Vernunft zurückzukehren oder abzutreten, wählten sie den Krieg, damit den Weg aller derartigen Diktaturen gehend.

Es sei unterstellt, daß auch die Insel England niedergerungen wird; es sei unterstellt, daß Amerika den Krieg nicht führt, daß er also einschläft; es sei unterstellt, daß die andern irgend einen Frieden unterzeichnen, ja es sei unterstellt, daß wir den Bolschewismus zurückwerfen oder stürzen. Es sei unterstellt, daß Deutschland den Raum vom Nordkap bis zum Kap der Guten Hoffnung, vom Atlantik bis

---

[6] Während Goerdelers Beurteilung des deutsch-britischen Verhältnisses im 19. Jahrhundert nachvollziehbar ist, sind die preußisch-österreichischen Kriege unter Friedrich dem Großen eher ein unglückliches Beispiel. Der britische Sieg über Frankreich 1743 und die Entscheidung des österreichischen Erbfolgekriegs zugunsten von Maria Theresia löste erst den zweiten Schlesischen Krieg 1744/45 zwischen Österreich und Preußen aus. Die britische Teilnahme am Siebenjährigen Krieg (1756–63) auf der Seite Preußens war ebenfalls nicht unproblematisch, da Großbritannien durch separate Friedensverhandlungen mit Frankreich und die Einstellung von Subsidienzahlungen an Preußen dessen Lage erheblich gefährdete. Vgl. zusammenfassend Hans-Joachim Schoeps: Preußen. Geschichte eines Staates, Frankfurt/M. und Berlin 1966, S. 62 ff.; 132 ff.; 238 ff.

zum Dnjepr oder Ural militärisch beherrscht, daß das deutsche Volk die hierzu erforderlichen Kriege und die dauernd notwendige Machtentfaltung ohne Erschöpfung und ohne seelische Schädigung führen und durchhalten kann. Selbst bei diesem Optimum an militärischen Erfolgen und politischer Machtentfaltung könnten die in diesem Raum lebenden europäischen Völker ihre Lebensbedürfnisse aus ihm – nach etwa 10–20 Jahren im wesentlichen – nur decken, wenn alle Nationen in diesem Raum Höchstleistungen vollbringen. Dies ist aber nur möglich, wenn ihre Ehre und ihre politische Freiheit gewahrt werden, so daß die Völker diesen Großraum und eine gemeinsame Wirtschaft in ihm als ihren eigenen besten Interessen dienend ansehen.

An einen solchen schöpferischen Aufbau freier Völker unter deutscher Führung denkt aber ein System nicht, das in Deutschland von finanziellem Wahnsinn, von wirtschaftlichem Zwang, von politischem Terror, von Rechtlosigkeit und Unmoral lebt, das die Jugemd immer planmäßiger der Unkenntnis und der Überheblichkeit ausliefert, das christliches Denken, Fühlen und Handeln verspottet und sogar verfolgt.

Die Pläne gewaltsamer Umsiedlungen in Polen, Norwegen, Elsaß-Lothringen und Nordfrankreich sind bekannt.[7] Das Vorhaben, im mageren industrielosen Ostpolen eine Bevölkerungsdichte zu schaffen, die der Belgiens enspricht, was also

---

7 Das nationalsozialistische Ziel einer Neuordnung Europas verband einen aggressiven Expansionismus mit einer biologistisch-rassistischen Volkstumspolitik. Während Osteuropa, insbesondere Polen, als neuer „Siedlungsraum" für Auslandsdeutsche dienen sollte, waren der Norden und Westen Europas als Erweiterung des „Germanischen Reiches" vorgesehen. Die Umsiedlungspolitik im eigentlichen Sinne, als Aufeinanderfolge von Vertreibung, Vernichtung unerwünschter und Ansiedlung erwünschter Bevölkerungsgruppen, war jedoch von Beginn an stark auf Polen konzentriert; vgl. Götz Aly: „Endlösung". Völkerverschiebung und der Mord an den europäischen Juden, Frankfurt/M. 1995. In Elsass-Lothringen und dem besetzten Nordfrankreich war es zunächst die Praxis, unerwünschte Personengruppen (hierzu zählten neben Juden, Zigeunern u.a. „Fremdrassigen" Verbrecher, Obdachlose und antideutsche Agitatoren) in das südfranzösische Gebiet der Vichy-Regierung zu „evakuieren"; dazu ausführlich Lothar Kettenacker: Nationalsozialistische Volkstumspolitik im Elsaß, Stuttgart 1973, besonders S. 249-267. In Skandinavien dagegen, das als Teil der „nordeuropäischen Schicksalsgemeinschaft" definiert wurde, bildeten massive Zwangsmaßnahmen die Ausnahme. Aufgrund der variierenden Stellung der einzelnen skandinavischen Länder – während Dänemark und Norwegen besetzt waren, war Finnland zunächst Verbündeter und wahrte Schweden seine Neutralität – war es darüber hinaus für gefährdete Bevölkerungsgruppen einfacher, der nationalsozialistischen Verfolgung zu entgehen. Vgl. Hans-Dietrich Loock: Nordeuropa zwischen Außenpolitik und „großgermanischer" Innenpolitik, in: Funke, Hitler, Deutschland und die Mächte, S. 684-706 sowie Martin Moll: Die deutsche Propaganda in den besetzten „germanischen" Staaten. Norwegen, Dänemark und Niederlande 1940–1945. Institutionen – Themen – Forschungsprobleme, in: Robert Bohn (Hg.): Die deutsche Herrschaft in den „germanischen" Ländern 1940–1945, Wiesbaden 1997, S. 209-245. Ausführlich zu Norwegen Ders.: Reichskommissariat Norwegen. „Nationalsozialistische Neuordnung" und Kriegswirtschaft, München 2000.

langsamen Hungertod bedeutet, die Polen durch eine auf das 7. bis 12. Lebensjahr beschränkte primitive Schulbildung ohne mittlere und höhere Schulen künstlich herabzudrücken, ist das teuflischste, das bisher in der Menschheitsgeschichte planmäßig ersonnen ist.[8]

Drei Erfordernisse braucht jede menschliche Gemeinschaft, ob Familie, Staat oder Völkervereinigung: Gleichgewicht in Einnahmen und Ausgaben; Recht in der Hand unabhängiger Richter; unabänderliche, auf der Religion beruhende Moral. Kein lebender Deutscher vermag nachzuweisen, daß auch nur eine dieser drei Voraussetzungen heute in Deutschland vorhanden ist. *Fehlt* aber auch nur *eine* von ihnen, so ist der frühere oder spätere Zusammenbruch nach dem von Gott in dieser Natur verankerten Gesetz vollkommen gewiß. Ein Tyrann kann, wie die Geschichte und die psychologische Betrachtung beweisen, immer nur eine Tyrannis errichten; wer in seinem eigenen Lande die noch besonders zu schildernden Zustände in Verwaltung und Wirtschaft, Recht und Kultur, in Jugenderziehung und Moral herbeigeführt hat oder auch nur sich hat entwickeln lassen,[9] wird nach einem unwandelbaren Gesetz der Natur nach der Eroberung nicht weise und maßvoll, sondern immer ehrgeiziger, brutaler und eroberungslustiger.

Weit davon entfernt, jenen drei Erfordernissen auch nur in Deutschland zu genügen, wird das gegenwärtig – in Wahrheit nur dank der Soldaten herrschende – System seine Grundsatz-, Recht- und Hemmungslosigkeit in allen beherrschten Räumen unmittelbar oder mittelbar einführen. Die Vorbereitungen dazu sind in vollem Gange; die Übertragung der finanziellen Zügellosigkeit ist bereits in der Ausführung begriffen. Damit aber werden nicht nur Leistungswille und Leistungskräfte der beherrschten Völker immer geringer, ihr Lebensstand immer gedrückter, ihr Haß immer tiefer, sondern es ist auch unmöglich, die Erzeugnisse, die diesem Raume aus der anderen Welt noch für ein bis zwei Jahrzehnte zugeführt werden müssen, einzutauschen; ebenso muß natürlich der Lebensstand des deutschen Volkes, vielleicht nach kurzfristiger Erholung durch Aussaugung der anderen Völker, immer weiter sinken.

Es erscheint durchaus möglich, daß die Staaten Amerikas zunächst den Versuch machen werden, mit dem „neuen“ Europa Handel zu treiben; das entspricht

---

8 Die deutsche Besatzungspolitik in Polen strebte die „Degradierung des Generalgouvernements zum Reservoir einer entnationalisierten, ihrer Führerschaft beraubten und kulturell auf eine Elementarstufe herabgedrückten, halbfreien Arbeitsbevölkerung“ an. Vgl. ausführlich Martin Broszat: Nationalsozialistische Polenpolitik 1939–1945, Stuttgart 1961; Zitat von S. 22. Insbesondere in den Deutschland einverleibten westpolnischen Gebieten betrieben die deutschen Machthaber eine „Bildungspolitik“, die darauf abzielte, polnische Kinder ausschließlich für ein Arbeitsleben unter deutscher Herrschaft auszubilden; vgl. Boleslaw Pleśniarski: Die Vernichtung der polnischen Bildung und Erziehung in den Jahren 1939–1945, in: Manfred Heinemann (Hg.): Erziehung und Schulung im Dritten Reich. T. 1: Kindergarten, Schule, Jugend, Berufserziehung, Stuttgart 1980, S. 160-175.

9 Vgl. dazu die folgenden Dokumente, unten S. 792 ff.

ihrer materiellen Einstellung und den naiven Vorstellungen, die sie von dem Zusammenhang zwischen Wirtschaft und Politik haben. Ein solcher Handel wäre wenige Jahre möglich, solange nämlich, wie das in Europa befindliche Gold ausreicht. Dann bricht auch diese Illusion zusammen, weil dies Europa jene unerläßlichen Voraussetzungen staatlichen Wesens und wirtschaftlichen Lebens nicht erfüllt, sondern verelendet.

Was bisher zur Anbahnung dieses Zustandes angerichtet ist und was nur im Augenblick hinter den militärischen Erfolgen zurücktritt, allmählich aber unerbittlich immer beherrschender in den Vordergrund tritt, ist recht beachtlich: Vernichtung der Intelligenz und des Deutschtums im Baltikum, Vernichtung der Intelligenz in Polen, Bukowina und Bessarabien, Verwirrung und drohende Hungersnot auf dem Balkan, Vernichtung der nationalen Freiheit, beginnende Not, mehr oder minder starke Zerstörungen, die doch mit menschlicher Arbeitskraft wieder beseitigt werden müssen und die man nicht leichtfertig für nichts erachten darf in Finnland, Dänemark, Norwegen, Holland, Belgien und Frankreich; beginnende Zerstörung der Wirtschaft in der Schweiz, beginnende Verelendung und bedrohliche Demoralisierung in Italien; Vernichtung von Millionen von Menschenleben, darunter vieler Frauen und Kinder, Zerstörung des Glückes von Millionen von Familien in allen erwähnten Ländern, Erschütterung der Moral, der Ehrbegriffe, des Rechts, des religiösen und seelischen Friedens, Hinaufschwemmung brutaler Naturen, von Gesinnungslumpen, Unerfahrenen und Unwissenden in die Führung.[10] Daß dabei auf der deutschen Seite seit Jahren die besten verschwinden, darf in der Tragweite nicht unterschätzt werden, nachdem wir schon im Weltkriege die ehrenhaftesten und tapfersten Männer verloren haben. Wenn man also die Aufgabe dahin stellen würde, den Bolschwismus unter Narkose zu verbreiten, dann müßte sie ungefähr in Anlehnung an die Entwicklung dieser Passivseite gelöst werden.

Aber sie ist damit nicht erschöpft. Daß Kanada sich den USA anschließen würde, scheint, so obenhin gedacht, erträglich; aber damit würde das deutsche Element in Nordamerika in eine hoffnungslose Stellung hineingedrückt werden. Reizvoller für den Rassepolitiker und die Stellung der weißen Rasse wäre schon, daß Australien, Neuseeland und Niederländisch Indien an Japan fallen würden, selbst wenn die Japaner im Augenblick etwas anderes versichern sollten; daß Indien der inneren Auflösung verfallen würde und somit endlich einmal 500 Jahre europäischer Leistung – allerdings vor 1933 gelegen – ausgelöscht würden. Oder winkt da nicht gar die Eroberung Indiens, der Traum aller Tyrannen, die bisher Europa mit ihren Gott sei dank kurzfristigen Verwirrungen beglückt haben?

---

10 Vgl. zusammenfassend zu der wirtschaftlichen Ausbeutung durch die nationalsozialistische Besatzungspolitik Umbreit, Kontinentalherrschaft, S. 121-135; 210-233. Zu den einzelnen besetzten Staaten vgl. die Aufsatzsammlung von Gerhard Otto und Johannes Houwink ten Cate (Hg.): Das organisierte Chaos. „Ämterdarwinismus" und „Gesinnungsethik": Determinanten nationalsozialistischer Besatzungsherrschaft, Berlin 1999.

So das ungefähre Bild im Optimum militärischer Erfolge! Wie aber, wenn eine der auf Seite 3 gemachten Unterstellungen nicht eintritt? Es sei der Gedankenarbeit überlassen, die Folgen für jede Kombination klarzustellen. Sie sind unerbittlich und führen nur den unausbleiblichen Zusammenbruch noch schneller herbei. Berauschend wäre z.B. die Möglichkeit, daß der Bolschewismus am Mittelmeer erscheint, während der europäische Kontinent hungert.

Daß der Zusammenbruch nicht Volk und Vaterland in seinen Strudel hineinzieht, ist die vor uns stehende Aufgabe. Sie ist in erster Linie eine moralische, weil es ohne Moral vielleicht für andere, nicht aber für Deutsche ein lebenswertes, glückliches Dasein oder staatlichen Bestand geben kann. Darum allein handelt es sich zunächst, die schwer erschütterte und allmählicher Auflösung entgegengehende Moral wieder herzustellen. Sie beruht auf der Achtung vor den Geboten Gottes. Er hat unserem Gewissen klare Befehle anvertraut. Machen wir dem verderblichen und ins Verderben führenden Zustand ein Ende, daß Unerfahrenheit, Wahnsinn und Verbrechen das Volk um sein Bestes, nämlich seine Seele, betrügen. Das Volk kann gegen diesen Betrug nichts tun, solange jene finsteren Kräfte unter dem Schutze der Waffen es gewaltsam von den wahrenTatsachen und damit von richtiger Erkenntnis der Gefahr fernhalten. Die Aufgabe ist unaufschiebbar gegenüber den Soldaten, die ihr Leben für ihr Vaterland aufs Spiel setzen und gesetzt haben und die nicht der seelischen Verelendung in der Heimat überlassen werden dürfen.

„Ich halte es für wichtig, die Fesseln zu zerbrechen, durch welche die Bürokratie den Aufschwung der menschlichen Tätigkeit hemmt, jenen Geist der Habsucht, des schmutzigen Vorteils, jene Anhänglichkeit ans Mechanische zu zerstören, die diese Regierungsform beherrschen. Man muß die Nation daran gewöhnen, ihre eigenen Kräfte und Geschäfte zu verwalten und aus jenem Zustand der Kindheit herauszutreten, in dem eine immer unruhigere Regierung die Menschen halten will." (Brief des Freiherrn vom Stein vom 8.12.1807 an Hardenberg.)[11]

„Für den Redlichen ist kein Heil als in der Überzeugung, daß der Ruchlose zu allem Bösen fähig ist, und daß man nach dieser Überzeugung mit Schnelligkeit, Entschlossenheit und Beharrlichkeit handelt. Zutrauen auf den Mann zu haben, von dem man mit so vieler Wahrheit sagte, er habe die Hölle im Herzen, das Chaos im Kopf, ist mehr als Verblendung, ist hoher Grad von Torheit. Leider ist die Leichtgläubigkeit der Schwachen so unerschöpflich wie der Erfindungsgeist des Bösen; ohne diesem zu trauen, lassen sich jene immer mit Hoffnungen hinhalten

[11] Das Zitat stammt aus dem Anschreiben, mit dem Stein die Nassauer Denkschrift an Hardenberg übersandte (vgl. dazu auch S. 19, Anmerkung 2). In dem Kontext bildet das Zitat ein Plädoyer für Selbstverwaltungsprinzipien. Vgl. den Abdruck im französischen Original: Freiherr vom Stein. Briefe und Amtliche Schriften, neu hg. v. Walther Hubatsch, neu bearb. v. Peter G. Thielen, Bd. 2, T. 2: Das Reformministerium (1807–1808), Stuttgart 1960, S. 561 f.

...Ist also in jedem Falle nichts wie Unglück und Leiden zu erwarten, so ergreife man doch lieber einen Entschluß, der ehrenvoll und edel ist und eine Entschädigung und Trostgründe anbietet im Falle eines üblen Erfolges." (Denkschrift des Freiherrn vom Stein vom 12.Oktober 1808.)[12]

5.2.2 Stand der Finanzen

maschinenschriftliche Denkschrift vom Juli 1940; BAK, N 1113, Bd. 18.

Die deutschen Finanzen sind zerrüttet, weil seit 1933 defizitäre Wirtschaftspolitik betrieben wurde. Staatliche Kontrolleingriffe bewirken lediglich eine Verzögerung der Inflation; die inflationistische Entwicklung wirkt negativ auf den Außenhandel; negative Außenhandelsbilanz und mangelnde Geldwertstabilität zwingen zu einer Importentscheidung zwischen Rüstungs- und Versorgungsgütern. Militärische Siege können die finanzpolitische Entwicklung nicht kompensieren; Deutschland zwingt den besetzten Ländern die eigene Inflation auf; letztendlich muss die Inflation sich auch auf die Wehrpolitik negativ auswirken. Die nationalsozialistische Finanzpolitik ist eine perspektivlose Ausbeutung Deutschlands und der von Deutschland besetzten Länder, getragen von Terror, an deren Folgen auch ein militärischer Sieg nichts ändert.

Juli 1940

Die Finanzen des Reiches sind zerrüttet. Alle gegenteiligen Behauptungen, von welcher Seite sie auch kommen mögen, sind unrichtig und werden sich immer deutlicher als unrichtig erweisen. Seit 1934 hat das Reich unabänderliche Naturgesetze verletzt. Die Reichsschuld, die Anfang 1933 rd. 10 Mrd. RM betrug, war am 30. Juni 1940 auf rd. 80 Mrd. RM (davon rd. 38 Mrd. RM durch Anleihen gedeckt) gestiegen. Sie wächst infolge des Krieges um jährlich 36 Mrd. RM, Ende 1940 wird sie rd. 100 Mrd. RM betragen. Dieser Stand ist aber nicht eine Kriegsfolge allein; denn schon am 31. August 1939 betrug die Reichsschuld rd. 50 Mrd. RM. Ihre Verzinsung und Tilgung erfordert heute einen Jahresaufwand von rd. 10 Mrd. RM, Ende 1940 werden hierfür rd. 11 Mrd. RM benötigt werden. Aus Steuern können nur rd. 3 Mrd. RM gedeckt werden. Allein aus dieser Tatsache ergibt sich, daß die Reichsschuld nunmehr aus sich selbst heraus jährlich um 8 Mrd. RM steigen muß. Dieser Betrag der Selbsterhöhung steigert sich mit dem Anwachsen der Reichsschuld geometrisch.[1]

---

[12] Das Zitat stammt aus einer Denkschrift Steins, in der er gegen die Ratifikation des Pariser Vertrags argumentiert; der Vertrag erreichte ein Junktim zwischen der Räumung besetzter preußischer Gebiete und preußischen Tributzahlungen. In dem Zitat verweist Stein auf die mangelnde Vertragstreue Napoleons und plädiert für einen Aufstand Preußens gegen die französische Herrschaft; vgl. den Abdruck ebd., S. 889-891.

[1] Die von Goerdeler auch im folgenden angegebenen Zahlen werden, von geringen Abweichungen abgesehen, von der Forschung bestätigt. Vgl. Zumpe, Wirtschaft, S. 300 ff.; 408-416; Lutz Graf Schwerin von Krosigk: Staatsbankrott. Die Geschichte der Finanzpolitik des Deutschen Reiches, Göttingen, Frankfurt/M. und Zürich 1974, S. 295 f. sowie zusammen-

Das Deutsche Reich hat seit 1934 viel mehr Geld ausgegeben, als es seinen Bürgern abnehmen konnte. Es hat seine Ausgaben nicht nur mit Steuern und Anleihen bezahlt, sondern, da diese nicht ausreichten, auch mit ungedeckten Papieren aller Art (Wechseln, Lieferschatzanweisungen, Steuergutscheinen u.a.).[2] Über diese Art der Finanzierung sind so viele Wahnvorstellungen (ewiger Kreislauf des Geldes, keine Gefahr, da nur Inlandsverschuldung u.a.) verbreitet, daß auch auf die Gefahr der Weitschweifigkeit hin Klarheit geschaffen werden muß.

Der Mensch wird mit dem Willen geboren, das Leben zu erhalten; vielen Menschen ist auch der Wille angeboren, das Leben darüber hinaus zu gestalten. Alles, was der Mensch tut, um diesem Willen zu genügen, ist Wirtschaft. Der Mensch kann aber sein Leben nur erhalten und verbessern dadurch, daß er der Natur und ihren Kräften das abgewinnt, was er zum Leben braucht. Kein Mensch aber kann mehr verbrauchen, als er der Natur und ihren Kräften durch menschliche Leistung abgewonnen hat. Nicht ein Millionstel Milligramm mehr. Welches Maß von Leistung erforderlich ist, um der Natur das abzugewinnen, was der Mensch zur Erhaltung und Verbesserung seines Lebens braucht, bestimmt die Natur selbst. Unter dem Äquator mag ein Griff an die Bananenstaude, das Zerrupfen und Zerkauen der Früchte genügen, um menschliches Leben zu erhalten. An der Grenze des Eismeeres aber ist täglicher harter Kampf mit den Kräften der Natur erforderlich. Nirgendwo jedoch und nie steht mehr zur Verfügung, als der Mensch der Natur abgewinnt und abtrotzt. Der Staat als solcher kann der Natur nichts abgewinnen. Er kann nur durch Vermittlung seiner Bürger leben. Dem Staat steht zum Verbrauch nur zur Verfügung, was seine Bürger durch ihre Leistungen der Natur abgewinnen. Würde kein Bürger mehr irgend etwas leisten, wären auch die in der Vergangenheit der Natur abgewonnenen aber bisher nicht verbrauchten und aufbewahrten Erzeugnisse verbraucht, so wäre auch der Staat am Ende seines Könnens angelangt. Er vermag nicht ein Millionstel Milligramm mehr als alle seine Bürger zusammen.

Er ist niemals in der Lage, aus sich heraus, aus seinem Willen, mag er auch noch so fanatisch sein, durch seine Gesetzgebung, mag sie auch noch so umfangreich sein, irgend etwas zu schaffen, wenn nicht die Leistungen der Bürger dahinter treten.

Was der Staat seinen Bürgern von ihren Leistungsergebnissen abnimmt, um es für allgemeine Zwecke, z.B. zur Rüstung oder für die Erziehung einzusetzen, kann er ihnen entweder für immer nehmen, dann erhebt er Steuern. Oder er kann es ihnen nur auf Zeit fortnehmen, um es später wieder zurückzugeben. Dann nimmt er Anleihen auf. Steuern und Anleihen zusammen können, wie dargelegt, und wie es

---

fassend Willi A. Boelcke: Die Finanzpolitik des Dritten Reiches. Eine Darstellung in Grundzügen, in: Bracher/Funke/Jacobsen, Deutschland 1933–1945, S. 95-117.

2 Vgl. zur nationalsozialistischen Finanzpolitik S. 338, Anmerkung 12 sowie S. 423 ff., Anmerkungen 16 und 31.

mathematisches Naturgesetz ist, nie die Menge der Leistungserzeugnisse übersteigen, die die Bürger zur Verfügung haben. Die Bürger haben das zur Verfügung, was in der Vergangenheit erarbeitet, aber noch nicht verbraucht, sondern aufgespart ist (Kapital) und das, was sie in der Gegenwart erarbeiten (Arbeitseinkommen). Eine andere Art von Kapital wie Sparkapital gibt es überhaupt nicht. Naturschätze, die irgendwo unter dem Nordpol liegen mögen, haben keinen Wert, solange nicht der Mensch mit seiner Arbeit an ihre Auffindung und Ausnutzung herangeht. Es gibt also kein Kapital, das einen Wert ohne menschliche Arbeit hätte. Alles Gerede vom bösen Kapitalismus ist daher undurchdachter Unsinn. Daß Menschen vor uns gearbeitet, ihre Leistungsergebnisse nicht verbraucht, sondern zum Teil für uns zurückgelegt, also Kapital gebildet haben, ist kein Unglück für uns, sondern ein Segen. Ohne dies Kapital könnten wir große Unternehmungen gar nicht anfangen, denn man kann Kapital oder Geld, wie es sich aus den Darlegungen bisher und der weiteren Darstellung ergeben wird, nicht mit Bedrucken eines Stücks Papier schaffen, sondern nur durch vorangegangene Arbeit und Aufsparung. Bei dieser Kapitalbildung können Ungerechtigkeiten vorkommen, z.B. indem der Unternehmer zuviel von Arbeitsergebnissen erhält, davon gut leben und noch sparen kann, während der Arbeiter zu wenig erhält und schlecht leben muß. Niemals aber darf der Lohn höher sein, als aus dem Ertrag der Arbeit unter Erhaltung des Werkes gezahlt werden kann. Unternehmer und Arbeiter sollen daher unter Aufsicht des Staates für eine gerechte Verteilung der Arbeitsergebnisse sorgen. Das Kapital kann auch mißbraucht werden, indem für seine Ausnutzung ein Zins gezahlt wird, der im Verhältnis zum Gegenwartslohn des arbeitenden Menschen zu hoch ist. Ein solcher Mißbrauch ist in den meisten Kulturländern, jedenfalls in Deutschland, seit vielen Jahren so gut wie abgestellt. Ohne Verzinsung kann man das Kapital nicht lassen, sonst denkt kein Mensch daran, zu sparen und das Ergebnis seiner harten Leistungen anderen für wirtschaftliche Zwecke zu leihen. Denn jede Leihe ist ein Risiko, das höher ist, als wenn ich das Ersparte im Keller sicher aufbewahre.

Kann ein Staat seinen Bürgern alles, was sie durch Leistung der Natur abgewonnen haben, fortnehmen? Die Antwort kann selbstverständlich nur *nein* lauten. Er muß seinen Bürgern lassen, was sie brauchen, um Leben und Leistungsfähigkeit zu erhalten. Dazu gehört, daß er ihnen auch läßt, was erforderlich ist, um die wirtschaftenden Anlagen, z.B. Maschinen, leistungsfähig zu erhalten. Wenn der Staat diese Grenzen überschreitet, so muß sich mit eherner Notwendigkeit die Leistungsfähigkeit von Menschen und Werkzeug verringern. In diesem Prozeß stehen wir heute schon mitten drin.

Es ist somit ein Naturgesetz, daß die Ausgaben auch des Staates seine echten Einnahmen an Steuern und Anleihen nicht übersteigen dürfen. Jeder Einzelmensch weiß das für seine kleine Einzelwirtschaft ganz genau. Für den Staat aber hat man in Zeiten der Entartung und des Leichtsinns immer wieder die Unterwerfung unter dieses Naturgesetz vergessen, weil es viel bequemer ist und alles zunächst viel leichter geht, wenn man den Staat als eine unerschöpfliche Fundgrube für alles

das ansieht, was in Wahrheit nur aus dem der Natur durch die Bürger abgewonnenen Leistungsergebnissen zur Verfügung steht.
Wenn der Staat dies Naturgesetz verletzt, so muß das irgendwelche Folgen haben. Welche sind dies?
In den Urformen menschlichen Zusammenlebens gewann jeder Mensch der Natur alles ab, was er brauchte. Als Menschensiedlungen entstanden, entwickelte sich zunächst die Familie, dann in der örtlichen Gemeinschaft die Arbeitsteilung. Ursprünglich tauschte man die in der Arbeitsteilung entstandenen Erzeugnisse in Natur. Je größer aber die Entfernungen wurden, die der Mensch zurücklegen konnte, desto stärker schritt die Arbeitsteilung voran; konnte man nun doch das, was in der eigenen Gemeinde nicht erzeugt wurde, aber lebensnotwendig war, vielleicht auf zehn, zwanzig, hundert oder gar tausend Kilometer und mehr heranholen. Schließlich aber machten die Arbeitsteilung und Entfernung es immer schwieriger, durch echten Tausch von Gütern in den Besitz aller derjenigen Dinge zu kommen, die man zur Erhaltung und Verschönerung des Lebens brauchte. Ohne eine neue Erfindung wäre es z.B. gar nicht möglich gewesen, die Solinger Kleineisenindustrie zu entwickeln, sind doch an der Herstellung eines einzigen Taschenmessers bis zu 20 verschiedene Menschen beschäftigt! Man stelle sich vor, welches Hin und Her von Roggen, Mehl, Kartoffeln, Fleisch, Fett, Bekleidungsstücken usw. stattfinden müßte, wenn jeder einzelne an der Herstellung eines Taschenmessers Beteiligte seine Leistung nur gegen Naturalien abzugeben gezwungen wäre. Da erfand der menschliche Geist im Gelde den Tauschmittler, der es ermöglichte, auch ohne Ware in der Hand den Tauschverkehr zu tätigen. Dieses Geld bestand ursprünglich ebenfalls aus Leistungsergebnissen, die menschliche Arbeit der Natur abgewonnen hatte, die wie z.B. Eisen, später Silber oder Gold, also einen Eigenwert hatten, der in einem größeren Raum für eine längere Zeit gleichmäßig blieb. Noch später machte man sich dann klar, daß man ja auch Ersatzstoffe ohne Eigenwert als Geld benutzen könne (z.B. bedrucktes Papier), wenn man nur dafür sorgte, daß dieses Geld lediglich Transporteur, d.h. Wegbereiter des Tausches vorhandener Güter war. Wenn ein solches an sich wertloses Geld wirklich Vertrauen in seinen aufgedruckten Wert haben soll, so darf also seine im Umlauf befindliche Menge niemals größer sein als der Wert der zur selben Zeit zum Tausch zur Verfügung stehenden tatsächlichen Leistungsergebnisse, also der tauschbaren Güter. Man gewinnt von dem Wesen des Geldes und der Währung ein vollkommen anschauliches Bild, wenn man sich eine Waage vorstellt, auf der einen Schale liegen die tauschbaren Leistungen, die zur Verfügung stehen, auf der anderen Seite darf an Geldwert nicht mehr liegen, als dem Wert der Güterseite entspricht. Liegt zu wenig darauf, so senkt sich die Güterseite und die Preise fallen. Liegt zuviel darauf, so steigt die Güterseite und die Preise steigen. Wohlgemerkt, es muß sich immer um tauschbare, also begehrte Güter handeln.
Mit jeder Erfindung kann man Mißbrauch treiben, also auch mit dem Gelde. Wer kann verhindern, daß Eisen, Gold oder Silber oder andere der Natur abgerungene

Leistungen von jedem, der sie in die Hand bekommen hat, als Tauschmittel benutzt werden? Niemand. Aber damit entsteht die Gefahr von Fälschungen. Eine verläßliche Garantie, daß die Goldmünzen wirklich Gold enthalten und nicht Kupfer, daß Papiergeld ohne Eigenwert doch den Anspruch auf entsprechende tatsächliche Leistung gewährt in dem Werte, der auf das Papier aufgedruckt ist, ist offenbar erforderlich, um das Geld während zu erhalten. Diese Garantie kann nur die öffentliche Gewalt übernehmen, die den Wirtschaftsraum beherrscht, für den das Geld gelten soll, also der Staat. In Wahrheit kontrolliert auch der Staat überall die Menge des ausgegebenen Geldes. Aber mit dieser Kontrolle beginnt für ihn auch die Gefahr. Der Staat kann seine Gewalt mißbrauchen, indem er mehr Geld in den Verkehr bringt oder bringen läßt, als den auf der Güterschale der Währungswaage liegenden, zum Tausch zur Verfügung stehenden Gütern entspricht. Wir sahen ja oben, daß der Staat für seine Zwecke nie mehr verbrauchen kann, als begrenzte Teile dessen, was seine Bürger der Natur abgewonnen haben und abgewinnen. Es ist für den Staat nicht immer einfach, sich in diesen Grenzen zu halten. Wir haben das in bitteren Jahren der Nachkriegszeit gesehen und hatten uns dieses Gleichgewicht in harter Arbeit durch Verzichte etwa 1931 erkämpft.[3] Wie groß die Versuchung, die Geldschöpfungsmacht zu mißbrauchen und sich im Gelde das Mehr zu verschaffen, was auf der Güterseite durch Steuern und Anleihen nicht zu haben ist! Immer wieder in der Geschichte der Menschheit sind die Staaten dieser Versuchung unterlegen und haben ihren Bürgern vorgegaukelt, der Staat könne unbegrenzte Mittel zur Verfügung stellen, um allen auskömmliches Leben und Arbeit zu verschaffen. Und immer und mit eherner Notwendigkeit hat sich die Sünde im wirtschaftlichen Verfall gerächt. Denn aus Naturgesetzen gibt es kein Entrinnen; kann man doch auch dem Tode nicht entgehen, so gern man vielleicht länger leben möchte. Man denke an die Zeit der Kipper und Wipper des Mittelalters[4], an die französischen Assignaten des 18. Jahrhunderts[5]. Die zerset-

---

3 Goerdeler spielt hier auf die Dietramszeller Notverordnung vom 24.8.1931 an, mit der die Haushaltssicherung für Länder und Gemeinden auf dem Verordnungsweg verfügt wurde; vgl. S. 327, Anmerkung 18.

4 Kipper und Wipper sind Synonyme für Geldhändler, die in den ersten zwei Jahrzehnten des 17. Jahrhunderts durch Beschneiden von Münzen (kippen) oder Betrug bei ihrem Auswiegen (wippen) die Inflation der deutschen Kupferwährung verschärften. Mit Hilfe von Münzwaagen sortierten sie vollwertige Kupfer- und Silbermünzen aus, schmolzen sie ein und verkauften sie zu ihrem Metallwert. Dabei profitierten sie von der Tatsache, dass der Nominalwert der Münzen unter den Wert der in ihnen enthaltenen Kupfer- und Silberanteile gesunken war. Viele Landesherren nutzten ihre Regalien zur Prägung wertloser Münzen, mit denen sie vollwertige Münzen aufkauften, und trieben so die Inflation voran. Vgl. Fritz Redlich: Die deutsche Inflation des frühen Siebzehnten Jahrhunderts in der zeitgenössischen Literatur: Die Kipper und Wipper, Köln und Wien 1972.

5 Die enorme Staatsverschuldung in Frankreich unter Ludwig XIV. hatte die verfassunggebende Nationalversammlung im Dezember 1789 zu der Ausgabe von Assignaten veranlasst,

zende Folgewirkung des Mißbrauchs der Geldschöpfungsmacht ist ebenso unentrinnbar wie die Folge der Infizierung des Körpers mit Giften oder Bazillen.
Wie hat das Deutsche Reich seit 1933 seine Ausgaben finanziert? Es wäre gut gewesen, wenn sich mehr Bürger als geschehen klar und einfach mit diesen Fragen beschäftigt hätten. Das Reich hat für seine Staatsausgaben Steuern erhoben und Anleihen aufgenommen. Dabei hat es seine Bedürfnisse nicht auf das begrenzt, was seine Bürger ihm, wie oben dargelegt, aus ihren Arbeitsergebnissen ohne Schädigung gegenwärtiger und künftiger Leistungsfähigkeit zur Verfügung stellen konnten, sondern hat unbegrenzt nur seine eigenen Wünsche, und zwar in immer phantastischerem Ausmaß, in den Vordergrund gestellt. Es hat also nicht abgetastet, was die Bürger, abgesehen von den Steuern, aus echten Leistungsergebnissen ihm leihweise zur Verfügung stellen konnten, sondern es hat schließlich einfach auf gut Glück hin mit Schuldscheinen irgendwelcher Art seine Lieferanten bezahlt. Die Lieferanten konnten mit diesen Papieren nichts anfangen; sie mußten ja ihre eigenen Lieferanten und ihre Arbeiter bezahlen. Dazu konnten sie nicht die empfangenen Reichspapiere in Fetzen und Fetzchen schneiden, sie mußten also die Papiere zu ihrer Bank bringen. Die Banken können an sich natürlich nicht jeden Betrag an solchen Papieren kaufen. Ihnen steht ja nur zur Verfügung, was ihnen andere als Aktienkapital oder als Spargut anvertraut haben. Darüber hinaus gibt es also keine echte Möglichkeit, Reichspapiere bei den Banken in Geld umzuwandeln. Aber selbst diese Vollausschöpfung der der Bank zur Verfügung stehenden Mittel ist nicht möglich, weil ja die Sparer ihre Bankguthaben häufig täglich oder sonst kurzfristig benötigen, um ihrerseits wieder Zahlungen zu leisten. Dann kann die Bank mit längerfristigen Staatspapieren nichts anfangen; nur eins könnte sie tun, sie kann sie zur Reichsbank bringen und dort in Geld umtauschen lassen. Aber seit 1934 etwa hat kein Bankdirektor mehr wirklich wagen können, die Einlösung eines Reichspapiers abzulehnen, denn er wäre auf das schleunigste seiner Stellung enthoben oder in das Konzentrationslager gewandert. Mit ehernem Schritt naht dem deutschen Volke die Strafe für diesen Bruch des Rechts.
Denn nun haben die Banken schließlich immer sanfterem Druck nachgegeben und Reichspapiere auch dann genommen, wenn ihnen die Überlegung sagen mußte,

einem Papiergeld zur vorläufigen Befriedigung von Staatsgläubigern. Die beschlagnahmten Staatsländereien dienten als Garant des Assignatenwerts; als Obligationen konzipiert, nahmen die Assignaten jedoch rasch den Charakter eines alternativen Zahlungsmittels zur Deckung laufender Staatsbedürfnisse an. Gleichzeitig wurde jedoch an dem auf dem Wert des Landbesitzes basierenden Zwangskurs der Assignaten festgehalten, so dass sie gegen Bargeld eingetauscht werden konnten und den Charakter einer parallelen Währung annahmen. Mit jeder Ausgabe weiterer Assignaten wurde so eine Geldmengenvermehrung betrieben, Spekulationsanreiz geboten und die Inflation der folgenden Jahre forciert. Vgl. Francois Furet und Denis Richet: Die Französische Revolution, Frankfurt/M. 1987, S. 166 ff.; zu den Folgen ebd., S. 619 ff.

daß eines Tages daraus Unheil entstehen könne. Der Staat aber konnte sich, wenn er einen solchen Druck ausübte, auch nicht der Einsicht verschließen, daß er dann schließlich den Banken durch die Reichsbank das Geld zur Verfügung stellen mußte, wenn sie Reichspapiere abzustoßen hatten, um ihre Sparer zu befriedigen.
Das Reich hat die Reichsbank seit einigen Jahren ermächtigt, dem Reiche unbeschränkte Kredite zu geben, Reichspapiere in unbeschränkter Menge zu kaufen oder zu beleihen.[6] Bis dahin bestand noch die gesetzliche Vorschrift, daß der Staat seinem Noteninstitut bestimmte Grenzen auferlegen muß, in denen es Geld schaffen und Reichskredite befriedigen kann; bis dahin machte das Reich, seiner oben dargelegten Verantwortung gegen die Sicherheit der Geldwährung entsprechend, die Reichsbankdirektoren für das peinliche Einhalten dieser Vorschriften verantwortlich. Seitdem ist das Reich hemmungslos jener oben dargelegten Versuchung erlegen, die Geldschöpfungsmaschine zu mißbrauchen. Die Reichsbank hat Reichsschuldpapiere hemmungslos eingelöst und dadurch mehr Geld geschöpft, als es dem Werte der auf der Güterwaagschale liegenden tauschbaren Gütermenge entspricht. Dieses Geld braucht nicht in Form von Banknoten oder immer schlechterem Metallgeld herausgekommen zu sein.
Die meisten Menschen nehmen an, die neue Inflation müßte sich ebenso abspielen wie die erste. Weit gefehlt! Die erste war sehr primitiv und bestand darin, daß immer mehr Papiergeld gedruckt wurde. Seitdem aber hat sich die Geldtechnik mehr verändert. Heute vollziehen sich in großem Umfange Zahlungsvorgänge nicht mit Bargeld, sondern mit Schecks. In England werden sogar Löhne schon in größtem Umfange mit Schecks bezahlt. Aber auch ein solcher Scheck, in dem der Aussteller den Empfänger auf sein Guthaben bei der Bank verweist, sind Bargeld, und wandern als solches von Hand zu Hand, bis schließlich auf den Banken nur die Konten entsprechend verändert werden. Diese Entwicklung der Technik hat den Staat gezwungen, bestimmte Grundsätze für alle Banken herauszuarbeiten, nach denen die Banken Guthaben, über die täglich mit Scheck verfügt werden kann, ebenso zu behandeln haben wie Bargeld. Auch diese Vorschriften sind durch das Verhalten des Reiches nunmehr wertlos geworden.
Das Reich hat aber nicht nur mehr Geld aller Art, insbesondere Scheckgeld, zur Deckung seiner Bedürfnisse in den Verkehr gebracht, als der Güterseite entspricht, sondern es hat auch eine weitere naturgegebene Grenze überschritten: je höher die Schulden steigen, die das Reich macht, um so größer werden die Beträge, die es zur Verzinsung und Tilgung braucht. Heute sind wir bei ungefähr 90 Milliarden Reichsmark Schulden angelangt, von denen etwa 40 Milliarden langfristig sind, also für Zinsen 4% und 1% Tilgung jährlich 2 Milliarden erfordern. 50 Milliarden sind kurz- und mittelfristig, müssen also im Durchschnitt jährlich mit mindestens 4% verzinst und 12% getilgt werden, erfordern also rund 8 Milliarden jährlich. Zusammen sind also jetzt schon jährlich 10 Milliarden für Schulden zu zahlen bei einer

6 Vgl. zur Reichsbankpolitik S. 395, Anmerkung 12 sowie S. 442, Anmerkung 31.

Jahreseinnahme von rund 25 Milliarden. Ende 1941 würden bei Fortdauer auch nur der Ausgabenhöhe des letzten Friedensjahres (also ohne Krieg) bereits 3/5 der Jahreseinnahmen, also der in der Gegenwart möglichen Steuer-Arbeitsleistung für Schulden der Vergangenheit zu entrichten sein. Dann noch drei Jahre so weiter, und es bleiben für laufende Reichsausgaben einschließlich der laufenden Wehrmachtsausgaben nur noch 5 Milliarden übrig, während vor diesem Kriege allein für zivile Verwaltungszwecke rund 10 Milliarden jährlich ausgegeben wurden. Das heißt also, daß die Schuldenmacherei des Reiches bereits zu dem Ergebnis geführt hat, daß nunmehr der Schuldendienst nicht mehr aus laufenden Einnahmen bestritten werden kann, sondern die Schulden allein durch ihr Dasein sich immer mehr erhöhen.
Das einfache Rezept, das so vielen vorschwebt, daß das Reich dann eben die Schulden streicht, vergißt, daß dann alle Menschen, die sich irgend etwas an Kapital gespart haben, wieder einmal verarmen. Denn mit der Reichsbank und den Banken, die plötzlich im Besitz wertlos gewordener Reichspapiere dasäßen, würden ja auch die Sparer ihr Geld wieder einmal in größerem Umfange verloren haben, weil die Banken aus nichts nicht zahlen können.
Durch diese Schöpfung von Geld, d.h. Kaufansprüchen, denen entsprechende tauschbare Mengen von Gütern nicht entgegenstehen, mußte sich eine immer größere Kaufkraft auf immer weniger Waren ergießen. Wenn trotzdem die Preise scheinbar nur langsam gestiegen sind, so wird zunächst von Leichtfertigen übersehen, daß schon seit mindestens drei Jahren die Qualitäten immer weiter gefallen sind, während die Preise gleich bleiben. Ferner aber wird niemand dem Reich die allerdings nicht sehr wertvolle Anerkennung versagen können, daß es aus der ersten Inflation gelernt hat. In immer stärkerem Maße kontrolliert es die Preise und Löhne, die ja ein wesentlicher Bestandteil dieses Preises sind. In immer stärkerem Maße kontrolliert es die Einfuhr und Ausfuhr, die Rohstoffzuteilung, die Verwendung der Rohstoffe für Waren, schließlich weiterhin deren Herstellung usw. usw. Und hinter diesem ganzen, immer mehr sich aufblähenden und den Lebensstand senkenden, der Entbehrung zuführenden Apparat steht als letztes und einstweilen noch sicherstes Mittel das Konzentrationslager. Aber ohne die Anwendung aller dieser Mittel wären längst viel weiter reichende Geldzersetzungserscheinungen vorhanden. Gegenüber dem immer größer werdenden Überdruck des Geldes müssen sie jedoch alle schließlich versagen. Denn dieser Überdruck bedeutet im gleichen Maße Entbehrung. Mit jedem ungedeckten Papier, das nicht durch abgesteuerte oder abgeliehene echte Arbeitsergebnisse gedeckt ist, entsteht eine zusätzliche Nachfrage nach Gütern, die in dieser Menge nicht vorhanden sind. Sie können nicht vorhanden sein, weil der Staat immer mehr Arbeit und Naturstoffe für seine Zwecke in Anspruch nimmt und sie nicht der Erzeugung von Nahrung, Kleidung und Behausung der Bürger sich zuwenden läßt.
Es sei nochmals wiederholt: Jeder Geldschein bedeutet einen Anspruch auf einen entsprechenden Teil begehrenswerter Güter, jeder Mensch begehrt zunächst die Güter, die er zur Erhaltung des Lebens braucht (Tauschgüter). Er kauft sich nicht

ein Pfund Verwaltungsgebäude, eine Kanone, ein Achtel Parteitagsgelände und ähnliches. Solange also der Staat seine Ausgaben mit jenen Steuern und Anleihen aus dem Erarbeiteten deckt, und nicht mehr Geld in den Verkehr bringt, als dem Wert der Tauschgüter entspricht, kann niemals die Gefahr eintreten, daß in Geld mehr Ansprüche auf Tauschgüter entstehen als mit schon erarbeiteten Tauschgütern befriedigt werden können. Wenn der Staat aber mit Papieren bezahlt, deren Wert er nicht seinen Bürgern vorher durch Steuern oder Anleihen aus ihren Arbeitsergebnissen abgenommen hat, so schafft er Ansprüche auf Tauschgüter, die eben durch Arbeitsergebnisse nicht gedeckt sind, für die also genügend Nahrungsmittel, Wohnungen, Kleidungsstücke usw. nicht vorhanden sind. Was der Staat auf das Papier druckt, ist gleichgültig. Das Papier als solches hat immer nur einen Materialwert von wenigen Pfennigen. Seinen aufgedruckten Wert erhält es erst, wenn es tatsächlich in entsprechendem Umfange gegen benötigte Tauschgüter eingetauscht werden kann. Wenn der Mensch mit 100 Mark in der Tasche wegen Mangel an Nahrung total hungern muß, nützt ihm die Möglichkeit nichts, mit dem Gelde ein gutes Konzert hören oder ein Prachtgebäude bewundern zu können, abgesehen davon, daß ja dann auch die Musiker und Gebäudewärter verhungern müssen.
So steigen wir auch ohne Kriegsblockade mit eherner Folgerichtigkeit über Entbehrung zum Hunger. Und schon setzt ganz sichtbarlich die gewaltigste Kraft ein, die es in der Natur gibt, der Wille des Menschen, sein Leben zu erhalten. Vom Hunger ab wird die Wirksamkeit aller künstlichen Vorschriften aufhören, mit denen der Staat sich bemüht, die Zersetzung des Geldwesens noch zu verschleiern.

Diese inflationistische Entwicklung verschlechtert selbstverständlich auch die Bewertung der Währung im Auslande, genau so wie der Kredit *des* Mannes sinkt, von dem man weiß, daß er mehr Geld ausgibt, als er einnimmt. Auch der verschuldete Leutnant genießt schließlich keinen Kredit mehr, weil im allgemeinen die Menschen nicht darauf versessen sind, sauer verdientes Geld an zahlungsunfähige Schuldner zu verlieren. Das Reich kann keine Etats mehr veröffentlichen, weil selbst der laufende Haushalt nicht mehr durch normale Einnahmen gedeckt ist.[7] Die Folge ist, daß das Ausland das vom Reich hergestellte Geld nicht mehr voll bewertet. Das ist genau so selbstverständlich, wie ein Kaufmann keinen Kredit erhält, der sich weigert, dem Geldgeber seine Bilanz sowie seine Gewinn- und Verlustrechnung zu zeigen. An dieser Tatsache kann auch durch einen militärischen Sieg gar nichts geändert werden. Er kann immer nur vorübergehend eine neue Hoffnung erwecken, daß das Reich aus der Verantwortung heraus, nun einen lebenswerten Friedenszustand schaffen zu müssen, wieder zu den harten Naturgesetzen zurückgeht. Wenn sich aber erweist, daß dies nicht der Fall ist – und es wird nicht der Fall sein, weil man entschlossen ist, den bequemen Weg der

[7] Der letzte vollständig veröffentlichte Reichshaushalt war für das Haushaltsjahr 1934/35; seit 1935 wurden die einzelnen Posten nicht mehr veröffentlicht, um die illegale Aufrüstung zu verschleiern; vgl. dazu AdR Hitler, Bd. 2, S. 1233.

Selbsttäuschung weiter zu gehen –, dann bricht diese Hoffnung wieder zusammen; man wird niemals in der Welt einen Menschen veranlassen können, echte Leistung für Scheinwerte hinzugeben.
Je schlechter die Bewertung der Währung eines Landes wird, um so teurer werden die Rohstoffe, die das Land mit seiner Währung draußen erwirbt. Vollzieht sich der Außenhandel vollkommen frei auf der Grundlage reinen Geldverkehrs, so tritt diese Folge sofort ein. Denn der Ausländer erhält ja im Inland mit den ihm gezahlten deutschen Gelde nicht die Mengen und Qualitäten, die er mit geordneten Währungen kaufen kann, er verlangt also höhere Preise. Dieser Folge kann man sich nicht dadurch entziehen, daß man den Handelsverkehr durch besondere Verträge auf Tausch mit Verrechnung beschränkt.[8] Denn durch die innere Inflationswirtschaft steigen, wenn auch langsam, die Binnenpreise, es fallen die Qualitäten. Dann bleibt auch für den Verrechnungsverkehr nichts anderes übrig, als die Preise auf den Stand zu senken, auf dem sie für den ausländischen Käufer noch begehrenswert sind. Das kann aber nicht dadurch geschehen, daß man den einzelnen Hersteller zwingt, Waren unter den Selbstkosten zu verkaufen; dann wäre er ruiniert und mit ihm seine Arbeiter und alle, die ihm Geld geliehen haben. Sondern nur dadurch, daß man in Deutschland eine allgemeine Abgabe erhebt, um die überhöhten Inlandspreise auf den für die Ausfuhr erträglichen Stand zu senken. Tut man das nicht, so bleibt dem Verrechnungsland nichts anderes übrig, als entsprechend der Erhöhung der deutschen Preise auch seine Preise zu erhöhen. Dann wird also die Menge dessen, was man im Verrechnungsverkehr mit deutscher Ausfuhrware eintauschen kann, immer geringer. Dazu kommt die weitere Tatsache, daß von den eingeführten Rohstoffen immer weniger auf die Erhaltung der menschlichen Arbeitskraft und auch immer weniger auf die Herstellung von Exportwaren entfällt, weil ja der Staat immer mehr für seine Zwecke verbraucht. Man muß also an der Lebenshaltung, sowie an der Menge der Exportwaren kürzen. Will man das letztere nicht, so muß man die Lebenshaltung noch weiter herunter senken. Dagegen sträuben sich selbstverständlich Bürger und Staat. So versucht denn der Staat immer hemmungsloser, auch im Verrechnungsverkehr mehr Waren zu beziehen, als er mit Exportwaren bezahlen kann. Es ist daher kein Wunder, daß dies jetzt der Normalzustand geworden ist, in dem sich Deutschland gegenüber den anderen europäischen Staaten befindet. Es ist ihr Warenschuldner geworden. Könnten sie ihrem Lebensinteresse frei folgen, so würden sie nunmehr den Warenversand nach Deutschland sperren, wie Rußland es tut, bis Deutschland ausreichende Gegenleistungen gemacht hat. Wenn sie das nicht tun, so nur deshalb, weil sie sich fürchten, den Rest ihrer Selbständigkeit und Freiheit zu verlieren. So werden sie dazu getrieben, wenigstens das erhöhte Risiko auf ihre Preise aufzuschlagen. Zur Zeit ist Deutschland aber noch zu einer weiteren verhängnisvollen Gewaltmaßnahme übergegangen: Es hat Holland dazu gezwungen, Bulgarien dazu überredet, ihre

[8] Vgl. zum nationalsozialistischen Verrechnungsverkehr S. 416, Anmerkung 10.

Bürger, die nach Deutschland geliefert, aber keine deutschen Gegenleistungen erhalten haben, mit holländischen Gulden (bulg[arische] Lewas) zu bezahlen; Deutschland wolle dann später die geschuldeten Waren liefern. Bis dahin aber müssen die holländischen oder bulgarischen Staatsbanken Geld schaffen, dem auf der Güterseite der Währungswaagschale tauschbare Güter nicht entsprechen. Sie sind also gezwungen, ihre Währung zu zerrütten.[9] Holland erkennt das, ist aber ohnmächtig, Bulgarien übersieht es und hat sich daher bereden lassen.

Amtlich wird mit Stolz auf steigende Steuereinnahmen hingewiesen. Es wird aber verschwiegen, daß sie lediglich deshalb steigen, weil der Staat immer neue und wachsende Staatsschulden in die Wirtschaft hineinpumpt und mit ihnen Umsatz und Einnahmen in Papier, nicht aber in Tauschgütern vergrößert, und daß die Steuerveranlagung immer rigoroser und wirtschaftsschädigender wirkt. Eines Tages müssen die echten Leistungsergebnisse der Bürger in dem Maße zusammengeschrumpft sein, wie die unechten Staatsschulden zugenommen haben. Eines Tages sind der Wirtschaft auch die unentbehrlichen Reserven fortgesteuert. Beiden Zeitpunkten nähern wir uns immer schneller. Deshalb wird schon eine neue Theorie aufgestellt: Weder der Privatmann noch ein Unternehmen brauche fürderhin zu sparen oder Reserven zu bilden, weil der nationalsozialistische Staat dem ersteren dauernde Einnahmen und schließlich Altersversorgung,[10] dem letzten Einnahmen durch Beschäftigung gewährleiste; so könnten beide verbrauchen,

---

9 Auf der Grundlage des seit 1934 praktizierten Verrechnungsverkehrs (vgl. dazu S. 416, Anmerkung 10) diktierte Deutschland besetzten und abhängigen Ländern bilaterale Handelskonditionen zu seinen Gunsten. Staaten wie Holland und Bulgarien wurden gezwungen, ihre Exporteure in der Landeswährung zu bezahlen, und die jeweiligen Beträge wurden zwischenstaatlich über Verrechnungskonten durch Warenimporte beglichen. Vgl. Ludolf Herbst: Der Totale Krieg und die Ordnung der Wirtschaft. Die Kriegswirtschaft im Spannungsfeld von Politik, Ideologie und Propaganda 1939–1945, Stuttgart 1982, S. 134 ff.

10 Die Überlegungen zur Revision der Altersversorgung, hauptsächlich vom Arbeitswissenschaftlichen Institut (AWI) der DAF getragen, waren von Ley seit Ende 1935 öffentlich diskutiert worden. Seit dem Frühling 1939 existierte unter dem Vorsitz Leys ein Ausschuss, der sich mit der Reorganisation der Gesundheits- und Altersfürsorge befasste, und erste Entwürfe kursierten seit dem April 1940 in verschiedenen Reichsstellen. Über diese Quellen muss auch Goerdeler informiert gewesen sein, denn offiziell hatte Ley erst am 14. September 1940 auf einer Pressekonferenz ein neues Sozialprogramm angekündigt, das neben einer Neuordnung des Sozialversicherungssystems auch die Bereiche Zinspolitik, Wohnungsbau, Lohn- und Arbeitsbedingungen umfasste (vgl. die rückübersetzte Rede Leys aus der „Berlingske Tidende" vom 15.9.1940; BAB, R 41/5014 sowie einen übersetzten Artikel aus der „Nationaltidende Kopenhagen" vom 15.9.1940 mit kritischen Anmerkungen Goerdelers; BAK, N 1113, Bd. 21). Die Besonderheit der projektierten Altersversorgung lag in dem Bruch mit den bisherigen Versicherungsprinzipien: Die Leistungen sollten nicht aus zuvor gezahlten Beiträgen gedeckt werden, sondern auf der Grundlage eines Generationenvertrags mit staatlicher Garantie, ähnlich wie Beamtenpensionen, finanziert werden. Vgl. Marie-Luise Recker: Nationalsozialistische Sozialpolitik im Zweiten Weltkrieg, München 1985, S. 98-121.

was sie laufend verdienen. Daß dann schließlich der Zeitpunkt kommen muß, in dem der Verdienst nicht mehr ausreicht, auch Unterhaltung und Neuanschaffungen aller Art zu decken – diese erst nach weiteren Jahren eintretende Wirkung verschweigt man sich und dem Volke; aber sie ist im Zuge der ehernen Entwicklung unvermeidbar wie alle bisherigen Stufen allmählicher Zerrüttung und Verelendung. Mit rauhester Klarheit muß festgestellt werden, daß seit 1933 nicht Wirtschaftswunder vollbracht oder neue Gesetze entdeckt sind. Man hat nur jene uralte Alchimie wieder aufgewärmt, die eherne Naturgesetze zu umgehen sucht, die zunächst Gold aus Dreck zu schmelzen versuchte und später ihre bisher verhängnisvollste Verkörperung in den französischen Assignaten des 18. Jahrhunderts fand. Ihnen stehen die neuen deutschen Scheinpapiere vollkommen ebenbürtig zur Seite. Sobald die Tatsache offenbar wird, daß der Staat nicht mit echten Werten zahlt, streben die Scheinpapiere immer heftiger nach Umwandlung in Güter. Da Güter in genügender Menge nicht vorhanden sind, müssen Preise und Löhne trotz aller Kontrollen steigen, die Inflation rollt. Seit 1938 ist sie bei uns erneut erkennbar.[11] Die erste Inflation hat zu ihrer Vollentwicklung rund 10 Jahre benötigt, wir nähern uns dem Ende dieses Zeitraums, auch in dieser zweiten Periode.

So wird die Preis- und Lohnkontrolle, die der Inflation entgegenwirken soll, sichtlich immer unwirksamer. Für die kartenbewirtschafteten Nahrungsmittel werden die Preise noch aufrecht erhalten, aber die Qualitäten sinken; man hat sogar die Milch- und Butterpreise in den beiden letzten Jahren zweimal erhöhen müssen. Die Preise für nicht kartenbewirtschaftete Waren steigen, wenn auch zunächst langsam, so doch unaufhaltbar. Für Grundstücke werden trotz der Preisstopverordnung bereits hohe Aufschläge irgendwelcher Art gezahlt. Sofern die Preise noch unverändert erscheinen, sind die Waren vielfach schlechter geworden oder, wie in den Gastwirtschaften, die Mengen geringer. Auch die Löhne sind gestiegen; erst letzthin hat man wieder die bei Kriegsbeginn zurückgehaltenen Zuschläge dem Arbeiter wieder zugeführt.[12] Die amtliche Versicherung, daß die Kaufkraft

[11] Die Diagnose Goerdelers wird in der Wirtschaftshistoriographie bestätigt; vgl. etwa Zumpe, Wirtschaft, S. 310 ff.; Volkmann, NS-Wirtschaft, S. 412-439 sowie insbesondere Timothy W. Mason: Innere Krise und Angriffskrieg 1938/1939, in: Forstmeier/Volkmann, Wirtschaft und Rüstung, S. 158-188.

[12] Mit der Kriegswirtschaftsverordnung (KWVO) vom 4.9.1939 (RGBl. 1939/I, S. 1609-1613) waren zunächst alle Zuschläge für Überstunden-, Nacht-, Sonntags- und Feiertagsarbeit gestrichen worden. Erste Modifizierungen dieser Verordnung erfolgten bereits 6 Wochen später: die Zuschläge für Sonntags-, Feiertags- und Nachtarbeit wurden seit Ende November wieder ausgezahlt, Überstundenzuschläge ab der 11. Arbeitsstunde seit Mitte Dezember (vgl. Verordnung zur Ergänzung des Abschnitts III der KWVO vom 16.11.1939; RGBl. 1939/I, S. 2254). Zum Entstehungszeitpunkt der vorliegenden Denkschrift waren die Zuschläge für die 8. und 9. Arbeitsstunde im Steinkohlebergbau sowie in der Land- und Forstwirtschaft bereits wieder eingeführt worden; die Übertragung auf den gesamten Produktionsbereich erfolgte am 3.9.1940 (RGBl. 1940/I, S. 570). Vgl. ausführlich dazu Recker, Sozialpolitik, S. 37-58.

unverändert geblieben ist, daß nichts teurer werden wird, ist daher unrichtig. Die Inflation muß ständig zunehmen, weil die Menge der Reichsbanknoten, Münzen und Schuldpapiere aller Art ständig wächst. Dagegen kann auch die stärkste Armee nichts machen; dagegen gibt es weder Sturzflieger noch Tanks, noch U-Boote. Im Gegenteil, auch die Wehrmacht wird unrettbar in diese Zerstörung der Wirtschaftskräfte hineingezogen. Denn der Lebenswille des Menschen ist die stärkste Naturkraft und läßt sich nicht durch Verordnungen und schließlich auch nicht durch Terror und Strafen unterdrücken. Es mehren sich die Fälle, in denen nicht mehr Ware gegen Geld, sondern Ware gegen Ware verkauft wird. Der Bauer beginnt Lebensmittel gegen Stoffe, Kaffee, Tee, Tabak, der Schuster Sohlen gegen Lebensmittel abzugeben.

Um die deutschen Finanzen in Ordnung zu bringen, müßten die Zinsen der Reichspapiere von $4^{1}/_{2}$ auf $2^{1}/_{2}$, die Tilgungen von $1^{1}/_{2}$ auf 0,5% herabgesetzt werden; der Schuldendienst ist mindestens zu halbieren. Damit würde der Wert der Papiere um rund 40% sinken, das sind 32 Mrd. RM = 20% des verwertbaren Volksvermögens. Dieser Teil ist heute bereits völlig vertan. Am Ende dieses Jahres werden die Zinsen der Reichsschuld auf höchstens 2, die Tilgungssätze auf $^{1}/_{2}$% heruntergesetzt werden müssen. Dann sind schon 50 Mrd. RM = $^{1}/_{3}$ des Volksvermögens endgültig vertan. Je länger die Schuldenwirtschaft andauert, um so größer werden die Verluste. Von diesen Verlusten werden alle Bürger betroffen; diejenigen, die Staatspapiere besitzen, unmittelbar, die anderen durch die Auswirkungen (Knappheit, Teuerung und neue Steuern).

Wird aber an diesen Tatsachen nicht durch einen Gewinn des Krieges etwas vorteilhaft geändert? Bringt er nicht die Heilung? Das wäre unter zwei Voraussetzungen möglich:

a) wenn die nach der wirklichen Leistungskraft der Gegner zu bemessenden Kriegsentschädigungen verwendet werden würden, um die Schulden des Deutschen Reiches so zu senken, daß Zinsen und Tilgungen echt aus Steuern gedeckt werden könnten; also auf ca. 40–50 Mrd. RM;

b) wenn das Reich gleichzeitig seine Ausgaben auf seine wirklichen Einnahmen aus Steuern und echten Anleihen herabsenkt, dadurch die Währung sichert, die Erzeugung tauschbarer Güter steigert, die Preise stabilisiert und genügende Rohstoffzufuhren ermöglicht.

Dies alles wird nicht geschehen, denn es bedeutet Entsagung und Sparen. Man hat sich aber schon viel zu sehr der leichtfertigen Lehre ergeben, daß der Nationalsozialismus mit seinen Finanzierungskünsten auch ein neues Wundersystem (für Phantasten sogar ohne Währung!) erfunden hat. Schon werden riesige neue Rüstungs- und Baupläne vorbereitet. Von ihnen macht sich der gewöhnliche Sterbliche keine Vorstellung. Dem deutschen Volke ist eine totale Altersversorgung zugesichert. Man wird mit der Vergrößerung des beherrschten Gebietes sich in noch größere Bau- und Umgestaltungspläne hineinsteigern. Die Hemmungslosigkeit, die sich in jedem Kriege zu entwickeln droht, wenn nicht höchste moralische und geistige Energien ihr entgegenwirken, muß das ihre dazu tun. Den beherrschten Staaten ist oder wird ihr Gold genommen. Der Ausgleich von Einnahmen und Ausgaben wird von ihnen nicht nur nicht gefordert, im Gegenteil, auch in ihnen für rückständig und unwesentlich erklärt werden. Das nationale Geld dieser Länder erhält, um wenigstens Tauschhandel mit Verrechnung zu ermöglichen, Zwangskurs zur deutschen Reichsmark, deren eherner Gang in die Entwertung oben dargelegt ist. Diese Gebiete können also noch eine Zeitlang primitiven Tausch- und Verrechnungsverkehr, aber nur mit Deutschland und den von ihm beherrschten Gebieten treiben. Da Deutschland und diese Gebiete aber nicht genug oder nur immer teurere Tauschgüter erzeugen, wird man den beherrschten Ländern zunächst rücksichtslos schuldig bleiben. Man wird sie, wie oben für Holland erwähnt, zwingen, ihre Bürger, die an Deutschland liefern müssen, selbst zu bezahlen. Oder man bezahlt mit Reichskassenscheinen, wie jetzt schon in Teilen der besetzten Gebiete, und verpflichtet die öffentlichen Kassen der unterworfenen Staaten, diese Scheine in ihre Nationalwährung umzutauschen.[13] Diese Scheine hätten aber nur einen Wert, wenn in den betreffenden Staaten eine entsprechende Menge tauschbarer Güter vorhanden wäre. Solche herzustellen, macht man den anderen Ländern unmöglich, weil man ihnen ihre Rohstoffe und ihre Waren wegnimmt oder mit wertlosem Gelde verkauft, weil man sie in den Hungerzustand versetzt und damit leistungsunfähige Menschen in diesen Staaten vor ein Nichts stellt. Da die oben dargelegten Währungsgesetze für die ganze Welt unabänderlich sind, so ruiniert man mit diesem System natürlich auch die Währungen der besetzten Gebiete um so schneller, je hemmungsloser man die Ausgaben auf Kosten der Unterworfenen anschwellen läßt. So werden diese Länder durch das Reich selbst unfähig gemacht, bei Aufhebung der Blockade irgendwelchen Außenhandel zu betreiben; er kann auch nicht über Deutschland geleitet werden, weil die deutsche Währung ja selbst der Zerstörung entgegengeht.

So ist leider für die Zukunft des deutschen Volkes durch die leichtfertige Ausgabenwirtschaft der letzten Jahre nichts gewonnen. Die Annahme, diese Ausgabenwirtschaft sei vertretbar, weil ja schließlich ein gewonnener Krieg dazu benutzt werden könne, um die andern unsere Schulden bezahlen zu lassen, zerflattert in

[13] Reichskreditkassenscheine waren von der deutschen Reichsregierung bereits im September 1939 geschaffen worden und dienten als Hilfswährung für die Wehrmacht in den besetzten Gebieten. Die zwangsweise festgelegten Umrechnungskurse lagen, mit Ausnahme des Kurses für den belgischen Franken, unter der realen Kaufkraft der jeweiligen Landeswährung. Die Ausgabe der Reichskreditkassenscheine durch deutsche Behörden bedeutete einen erzwungenen Kredit von den okkupierten Ländern, unrentabel durch die verfügten Umrechnungskurse, und beschwor die Gefahr einer importierten Inflation herauf. Vgl. Hans Umbreit: Auf dem Weg zur Kontinentalherrschaft, in: Bernhard R. Kroener, Rolf-Dieter Müller und Hans Umbreit: Organisation und Mobilisierung des deutschen Machtbereichs, Erster Halbbd.: Kriegsverwaltung, Wirtschaft und personelle Ressourcen 1939–1941, Stuttgart 1988, S. 3-345, hier S. 250 f.

ein Nichts angesichts der irrsinnigen Ausgaben, die man sich für die Zukunft vorgenommen hat. Die vielen wackeren, vaterlandsliebenden und für ihren Beruf begeisterten Offiziere, die sich etwa durch schöne Kasernen, durch immer neue Rüstungen, durch die modernsten Waffen, durch schnelle Laufbahnen und ähnliche Erscheinungen haben blenden lassen, die jetzt ihr Blut hingeben und von den Waffenerfolgen begeistert sein mögen, werden mit dem gesamten deutschen Volk ihre Leichtgläubigkeit eines Tages bitter bereuen und bezahlen. Allerdings ist diese Leichtgläubigkeit auch ungewöhnlich groß gewesen, denn sie hat ebenso sehr alle Erfahrungen der Geschichte wie alle Ergebnisse einfachen Nachdenkens in den Wind geschlagen. Mit dem Scheinpapier ist eine rein militärische Kriegskraft geschaffen; die innere Volkskraft entspricht ihr aber nicht, weder auf wirtschaftlichem, noch auf geistigem, noch auf seelischem Gebiete. Vor der harten Erkenntnis dieser gerade im Totalkrieg und in seiner Nachzeit entscheidenden Tatsache werden wir in gemessener Frist stehen. Ja, die Dinge liegen noch viel ernster. Dieses System der hemmungslosen Ausbeutung durch eine hemmungslose Finanzwirtschaft schafft mit eherner Unentrinnbarkeit Entbehrung und Hunger, erst in den Deutschland umgebenden Staaten Europas, dann in Deutschland selbst. Die Folgen, die in absehbarer Zeit eintreten müssen, kann jeder halbwegs denkfähige Deutsche sich selbst ausmalen.

Deswegen darf die gewonnene Erkenntnis, so hart sie ist, nicht zur Untätigkeit verleiten. Weiteres Augenschließen, weiteres Frönen gegenüber allen Formen der Ichsucht wären ja auch vollkommen unsoldatisch.

Die Frage lautet: mit und in Illusionen und Selbstbetrug, also unverantwortlich, dem Verfall und schließlich der Ohnmacht trotz aller territorialer Eroberungen entgegengehen, eine Entwicklung, die bisher jeder ähnlichen Periode der Menschheitsgeschichte eigen war, oder mit Klarheit, Mut und sinnvollen Opfern verantwortlich das Schicksal meistern und wenden? Das letztere ist immer möglich. Natürlich wird das Rettungswerk immer schwieriger und opfervoller, je länger die sinnlose Verschwendung und Verwüstung aller Kräfte andauert. Das Ziel des Rettungswerkes aber bleibt immer dasselbe. Es handelt sich nicht um die Frage, ob Goldwährung oder nicht. Sie ist von ganz untergeordneter Bedeutung. Entscheidend aber ist der Ausgleich des öffentlichen Haushalts. Er ist nicht mit Buhlen um die Gunst der Menge, mit zügelloser bequemer Verschwendung zu erreichen. Er verlangt Beseitigung der Überorganisation, straffe Arbeit und bescheidene Sparsamkeit, gegründet auf Ordnung, Anstand und tatkräftige Nächstenhilfe. Die Anwendung dieser Mittel kann nicht plötzlich erfolgen, wie ja auch der Arzt Fieberkranke nicht ins kalte Wasser wirft.

5.2.3 Stand des Bildungswesens

maschinenschriftliche Denkschrift vom Juli 1940; BAK, N 1113, Bd. 21.

Seit dem 19. Jahrhundert haben Individualisierung und Spezialisierung das humanistische Ideal als Bildungsgrundlage verdrängt. Der Nationalsozialismus hat das Bildungswesen ideologisiert und politisiert, die freie Forschung unterdrückt, sachlich korrekte Bildung und Charakterbildung vernichtet. Die nationalsozialistische Erziehung fördert Dezisionismus statt eigenständiges Denken, Brutalität statt Verantwortungsbewusstsein, Führerverherrlichung und Jugendkult statt traditioneller Tugenden, Heuchelei statt Überzeugung.

Juli 1940

Das deutsche Bildungswesen hat schon im vorigen Jahrhundert Einheitlichkeit, Einfachheit, Geschlossenheit und klares Ziel verloren. Dieses in der Notzeit Preußen-Deutschlands zu Anfang des neunzehnten Jahrhunderts immer klarer herausgearbeitete Ziel ging daraufhin, der Jugend eine möglichst umfassende allgemeine Bildung zu verschaffen und deren Aufgliederung und Fachziele erst im Anschluß an die Schulzeit vorzunehmen. Selbst auf den Hochschulen aber sollten die Studierenden allgemein bildende Vorlesungen anderer Fakultäten hören. Mit der Entwicklung der Technik drangen Realismus und Materialismus an die Stelle des Idealismus und Humanismus. So wurde auch im Bildungswesen den Realien, d.h. den Naturwissenschaften und der Vor- und Ausbildung für bestimmte Berufe ein immer größerer Raum gegeben. Trefflich hat sich hierüber General v. Rabenau in den Aufsätzen geäußert, die im Juni 1940 in der Kölnischen Zeitung erschienen sind.[1] Der letzte Kaiser hat in dem Wunsch, für modern gehalten zu werden, diese der Klarheit und Geschlossenheit des Charakters abträgliche Entwicklung zu Beginn dieses Jahrhunderts noch wesentlich beschleunigt. Seine verantwortlichen Ratgeber wollten trotz Warnung nicht sehen, welche Gefahren der Einseitigkeit, der Zersplitterung und des Materialismus sie dadurch heraufbeschworen, daß sie die gediegenen Grundlagen allgemeiner harmonischer Bildung verließen. Sie verkannten die willen- und charakterstählende Bedeutung der Tatsache, daß der ins Leben tretende junge Mensch sich die Sonderkenntnis seines Berufes in größerer Selbständigkeit als auf der Schule selbst zu erarbeiten hatte.[2]

---

1 Rabenau, General und Militärhistoriker, hatte im Juni 1940 zwei Aufsätze zum preußisch-deutschen Offizierskorps veröffentlicht. In dem ersten Aufsatz stellte er die Bildungsentwicklung in Militärschulen zwischen 1790 und 1933 dar und kam dabei zu ähnlichen Schlussfolgerungen wie Goerdeler für das allgemeine Bildungswesen (Friedrich v. Rabenau: Soldat und geistige Entwicklung, in: Kölnische Zeitung vom 23.6.1940, S. 3). Der zweite Artikel beinhaltete Überlegungen zum Gehorsamsbegriff und das Fazit, dass dieser nach der Überwindung der Weimarer Zeit wieder einen Sinn bekommen habe (Ders.: Von der Ethik des Soldaten, in: Kölnische Zeitung vom 30.6.1940, S. 3).

2 Wilhelm II. hatte sich zu Beginn der 1890er Jahre in die pädagogische Diskussion in Preußen eingemischt mit der Forderung nach einem stärker national orientierten Gymnasialunterricht. In diesem Zusammenhang polemisierte er gegen das humanistische Bildungsideal: „Wir

Man glaubte, die Individualität zu fördern, begann aber in Wahrheit von staatswegen die Menschen zu gängeln. Im Jahrhundert des Kindes erlag man so in sattsam bekannter Weichlichkeit der Versuchung, um des lieben Kindes willen, und um ihm das Leben so angenehm wie möglich zu machen, und weil man doch durchaus ein intelligentes und erfolgreiches Kind haben wollte, mit immer zahlreicheren Schulreformen der Veranlagung jedes einzelnen Kindes folgen zu wollen. Man log sich vor, daß es schon in früher Jugend möglich sei, die Eignung des Kindes für einen bestimmten Beruf zu erkennen. Leichthin übersah man, daß dem Kinde viel mehr gedient ist, wenn ihm bei der Unübersichtlichkeit der Entwicklung, ja auch der Gestaltung der äußeren Lebensverhältnisse in einer möglichst gediegenen allgemeinen Bildung eine möglichst vielseitige Verwendung seiner Kräfte gegeben wird. Dazu allerdings gehört eine gewisse Härte gegen die sogenannten individuellen Neigungen des Kindes, die vielfach nur Ausweichen in größere Bequemlichkeit sind.

Auch im Lehrerstande entwickelte sich, dem Zuge der Zeit entsprechend, eine immer größere materielle Sucht. Dem Volksschullehrer war die Gleichstellung mit dem höheren Lehrer wichtiger als der Beruf, er übersah, daß für den Unterricht an höheren Schulen nun einmal ein höheres Maß von Wissen, von Vorbildung, von Zeitaufwand erforderlich ist. Statt besonders tüchtigen Volksschullehrern Möglichkeiten zu eröffnen, in den höheren Schuldienst überzugehen, wurde für *alle* schließlich die halbakademische, aber zu höheren Besoldungsstufen berechtigende Ausbildung eingeführt. In Wirklichkeit befriedigte sie keinen. An idealen Begründungen war man nicht verlegen. Ein schwacher Staat wagte nicht, das kühle Wasser klarer Vernunft über die überhitzten Köpfe zu gießen. Auch höheren Lehrern wurde schließlich der Studien*referendar* und der Studien*assesor* – Amtsbezeichnungen, die vollkommen sinnlos für Lehrer sind, aber doch nun endlich die Gleichheit mit dem Juristen zu bringen schienen, – wichtiger als das ideale Streben. Aber der Idealismus war noch nicht ausgestorben. Er war nur von einem immer hemmungsloser sich entfaltenden Materialismus und von Geltungssucht überwuchert.[3]

So trat im Kinde das klare Können der Grundelemente des Lebens und der Bildung immer mehr in den Hintergrund. Einsichtige Pädagogen und klare Köpfe hatten von vornherein auf diesen unausbleiblichen Verfall hingewiesen. Welches Erstaunen aber, als schließlich Universitätsprofessoren, Betriebs- und Kompanieführer feststellten, daß der Mangel an Elementarkenntnissen immer verhängnisvoller hervortritt. Selbst der intelligente Schüler der Volksschule kann nicht mehr fehlerlos schreiben und rechnen. Die Kenntnisse in Geographie und Geschichte sind von einer Lückenhaftigkeit, wie sie seit Einführung der allgemeinen Schulpflicht bisher nicht beobachtet wurde. Von 30 Rekruten wissen wohl höchstens

sollen nationale junge Deutsche erziehen und nicht junge Griechen und Römer"; vgl. Friedeburg, Bildungsreform, S. 186.

3 Vgl. zur Entwicklung der Lehrerausbildung S. 284, Anmerkung 9.

noch 6, wer Bismarck war. Auf den höheren Schulen hat das Bemühen, die Fachgebiete in den Vordergrund zu stellen, dazu geführt, daß die Kinder mit immer mehr Stoffen belastet werden. Das Ergebnis ist ein oberflächliches Wissen von Vielem, selten ein gründliches in den entscheidenden Fächern. Es verspricht viel für die zukünftige Stellung des deutschen Volkes, wenn in den Reifeprüfungen die Leistungen im Turnen gleichgestellt werden mit dem Wissen in Mathematik, Geschichte oder Deutsch! Statt die Stählung und Beweglichkeit des Körpers wie früher als etwas vollkommen Selbstverständliches zu betrachten, das uns befähigte, einen mehr als vierjährigen Krieg auch körperlich durchzuhalten, macht man aus Läufen, Riesenwellen und Klimmzügen ein besonders prüfbares Können! (Siehe Anhang!)[4]

Um den Niedergang der Bildung nicht allzu peinlich in die Erscheinung treten zu lassen, und um den lieben Kindern nicht zu nahe zu treten, wurden die Prüfungsanforderungen immer mehr herabgesetzt; man verminderte die Zahl der Zeugnisse im Jahr, störte es doch die Weihnachtsfreude, wenn die Seele der Eltern und Kinder mit solchen harten Dingen belastet wurde. Man vergaß dabei, daß das gesunde Streben allmählich ebenfalls zurückging, und daß das Leben auch hart ist. Diese Verringerung der Anforderungen verleitete die Jugend immer mehr, sich den sogenannten akademischen Berufen zuzuwenden. Junge Menschen, die früher durch das Sieb der Anforderungen nicht hindurchkamen, aber hervorragend tüchtige Handwerker wurden, ja, sich zu Führern im wirtschaftlichen und engeren politischen Leben heraufarbeiteten, traten unbefriedigt und unbefriedigend in die rauhe Wirklichkeit, die ihnen gar nicht genügend Stellungen bieten konnte. Der Mangel an elementaren Kenntnissen verführte sie, in zu frühen Jahren und zu vielen Gebieten ein Spezialistentum zu entwickeln und unerfüllbare Ansprüche zu stellen, und ohne genügenden Ballast waren sie jedem Sturm des Schicksals gegenüber wehrlos, weil ihnen die Möglichkeit des Ausweichens in eine andere Tätigkeit fehlte. Die bitteren Folgen legten sie dann dem Staat zur Last und überhäuften ihn mit Vorwürfen. Das Diktat von Versailles und eine falsche Staats- und Wirtschaftspolitik vermehrten das Übel.

Das war der Zustand, auf den die dem Volke aufgezwungene nationalsozialistische Revolution im Bildungswesen stieß. Sie erkannte ihn, aber sie ging mit unduldsamem Zwang, mit Verfolgung und äußeren Mitteln statt mit Idealismus, Geistigkeit und Erfahrung gegen ihn vor. Sie kannte kein Zurück zum Bewährten und Erprobten. Das Neue mußte etwas Erstmaliges sein. Bald fing sie an, das Bildungswesen zu mißbrauchen, um eine „Weltanschauung" durchzusetzen und sich selbst zu verherrlichen. Die Schulformen wurden zwar vermindert, aber nicht

4 In dem Anhang listet Goerdeler exemplarisch die fehlerhaften Antworten eines Abiturienten auf, die er vor seiner Annahme zum Militärdienst auf allgemeine Fragen zu Literatur, Geschichte und Geographie gegeben habe. Die detaillierte Beschreibung ist nicht in die Edition aufgenommen worden.

zugunsten einer gediegenen, den Idealismus pflegenden Allgemeinbildung, sondern erneut zu Gunsten der „Realien“ und damit – trotz aller Bedenken zu Gunsten des Materialismus. Statt des organisch dem Latein folgenden Französisch wurde aus politischen – schon heute überholten Erwägungen – das Englisch eingesetzt, das gut wegen seiner Verwandtschaft zum Deutschen der Selbsterlernung überlassen bleiben kann. Die Lehrer gewann man mit Zwang; d.h. man machte sie zu Strebern, zu Züchtern oder zu Unglücklichen; nur eine Minderzahl ist noch mit dem Herzen bei der Sache, alle tun ihre Pflicht.

Der Inhalt der neuen Lehrbücher geht nicht mehr ausschließlich von Tatsachen aus, sondern ist in fast allen Fächern, selbst im Rechnen und in der Physik von politischen Nebenabsichten erfüllt.[5] Man muß diese Bücher einmal lesen, um ein Urteil zu gewinnen, wieweit die nicht einmal beabsichtigte Zersetzung der Bildungsgrundlagen für das Leben bereits fortgeschritten ist. Besonders umfangreich ist die Verzerrung von Tatsachen, Schlußfolgerungen und Werken in den Geschichtsbüchern. Sie hat zum klaren Ziele, Entschließungen und Taten der Vergangenheit nicht mehr in ihrem natürlichen Zusammenhange erscheinen zu lassen, sondern von einer vorgefaßten Meinung aus mit allen möglichen Motiven und Wirkungen auszustatten, die in Wahrheit niemals bei ihnen lebendig, und die sie tatsächlich niemals hervorgebracht haben. Das höhere Ziel ist, die Arbeit der gegenwärtigen Reichsführung in einer nie dagewesenen Größe erscheinen zu lassen. Die sachlich richtige Erziehung der Jugend wird so der Verherrlichung untergeordnet.[6]

---

5 Die Ideologisierung des Mathematikunterrichts bestand im wesentlichen darin, Übungsaufgaben zu Transportmitteln nationalsozialistischer Ideologie umzufunktionieren. Neben positiver Propaganda – etwa Berechnungen zum Autobahnbau – handelte es sich überwiegend um Aufgaben, die dem Transport sozialdarwinistischer Weltanschauung dienten, wie etwa die Aufrechnung von Versorgungskosten Behinderter mit den Lebenshaltungskosten einer Arbeiterfamilie. Vgl. Herbert Mehrtens: Mathematik als Wissenschaft und Schulfach im NS-Staat, in: Reinhard Dithmar (Hg.): Schule und Unterricht im Dritten Reich, Neuwied 1989, S. 205-216. Der Physikunterricht war wesentlich stärker ideologisiert, da hier versucht wurde, die Wissenschaftsgeschichte selbst umzuschreiben. Der Physiker Philipp Lenard verfasste 1935 das am weitesten verbreitete Physik-Lehrbuch, in dem er „grundlegende arische Physik“ den „judengeistigen Verirrungen“, die lediglich „Trugbild“ und „Entartungserscheinungen“ seien, gegenüberstellte. Neben diesen ideologischen Ansprüchen wurde Physikunterricht in den Dienst der Wehrerziehung genommen, insbesondere wurden hier Wehrtechnik und Luftfahrt behandelt. Vgl. Jörg Willer: Physikunterricht unter der Diktatur des Nationalsozialismus, in: ebd., S. 187-204; Lenard-Zitate auf S. 188.

6 Der Geschichtsunterricht bot sich als Vehikel nationalsozialistischer Indoktrination geradezu an; so wurde bereits für die ersten Wochen des Schuljahres 1933/34 der lehrplanmäßige Geschichtsunterricht in allen Schulen suspendiert zugunsten einer „Einführung in die Bedeutung und Größe des historischen Geschehens der nationalen Revolution“. Der programmatische Titel der grundlegenden Geschichtsdidaktik von Dietrich Klagges – „Geschichtsunterricht als nationalpolitische Erziehung“ – wies dem Geschichtsunterricht seine Funktion zu. Gelehrt wurde deutsche Geschichte, orientiert an „Helden“ und dem Volk als „Kampf-

Der Erziehung ist die religiöse Grundlage genommen. Man spricht noch von Gott, aber dieser Gott ist nur noch Vorsehung, nicht mehr Richter. Er wird auch nur noch angerufen, wenn man ihn braucht; man dankt ihm für Erfolge. Aber Gott als Mahner, Warner und Rächer erkennt man nur noch als für andere Völker wirksam an. Es gibt nur noch einen deutschen Gott, daher der allerdings unfruchtbare Versuch, alte Göttervorstellungen zu beleben. Die Jugend wird nicht mehr angehalten, das eigene Handeln und das eigene Leben göttlichen Geboten zu unterwerfen, sie wird vielmehr erzogen, sich für höchst vollkommen zu halten; Triebe und Sünde gibt es nicht mehr. „Freut euch des Lebens“ ist anstelle des Suchens nach Erkenntnis und des Gebetes getreten. „Genießt, wo und wie immer ihr könnt! Lacht der Erfahrung und gehorcht dem Führer, der so unfehlbar ist, daß man neben ihm den Gottessohn Christus gar nicht mehr dulden kann.“

Aus den Universitäten und Hochschulen ist die unbedingt freie Forschung verschwunden. Wahre Forschung darf nur die Voraussetzungen anerkennen, die beweisbar sind. Sie muß auf der anderen Seite jede Erkenntnis anerkennen, die bewiesen ist. Nicht einer einzigen dieser harten Erkenntnisse darf sie ausweichen. Nicht einer einzigen als falsch bewiesenen darf sie Raum geben. Heute ist die Forschung zweckbedingt. Ein Ergebnis, das den herrschenden Anschauungen widerspricht, wird abgelehnt, mag es auch noch so wahr sein. In die Forschung sind Feigheit, Heuchelei und Phrase eingezogen.[7] Nicht, daß der Ernst der Forschung ganz verschwunden sei. Nein, aber eine überhaupt gehemmte Forschung muß schließlich in Widersprüche oder in Unfruchtbarkeit entarten. Wirtschaftlicher Fortschritt und Erfindungsgeist müssen schließlich zurückgehen; doch sie lassen sich nicht durch Phrasen ersetzen, sondern nur durch Kampf und Leistung. Schon überflügeln uns andere Nationen in Wissenschaften, in denen wir früher die unbedingte Führung hatten. Wir dürfen uns über diese Entwicklung nicht durch die Tatsache täuschen lassen, daß heute noch viele Erfindungen technische Verbesserungen ermöglichen. Wir zehren vom Können früher erworbener Bildung. Eins ist sicher, weil Naturgesetz: in *einer* Generation muß unser Vaterland wissenschaftlich hinter Kulturstaaten hinterdrein hinken, die der Forschung die Freiheit bewahrt haben, die dann unerläßlichen wirtschaftlichen Fogen liegen auf der Hand. Nun, das macht vielleicht nichts aus, denn inzwischen hat man ja den deutschen Herrenmenschen geschaffen, der als „Kämpfer“ die anderen Völker beherrscht und von ihrer Arbeit lebt! Aber: alle solche Versuche hemmungsloser Machtgier und Über-

---

gemeinschaft“; die NSDAP wurde in die Tradition einer „deutschen Freiheitsbewegung“, einer „deutschen Reichsidee“ und eines „Lebenskampfes der germanischen Rasse“ gestellt. Vgl. ausführlich Horst Gies: Geschichtsunterricht als deutschkundliche Weihestunde. Historische Nabelschau in der nationalsozialistischen Schule, in: ebd., S. 39-58 sowie Kurt F. K. Franke: Medien im Geschichtsunterricht der nationalsozialistischen Schule, in: ebd., S. 59-85; besonders seine Analyse zu Geschichtslehrbüchern, S. 67-73.

7 Vgl. zur nationalsozialistischen Hochschulpolitik S. 750, Anmerkung 43.

heblichkeit hat das Schicksal bisher mit Entartung und Entmachtung bestraft. Auf den Hochschulen weichen ängstliche Professoren sorgsam jedem Meinungskampf aus, den die Jugend in Wahrheit ersehnt. Sie regen auch nicht die Studenten zu einem solchen Kampf an, der doch in Wahrheit der Vater alles Lebens ist. In vollkommen falscher Ängstlichkeit, von der sie gar nicht wissen, wie viel sie sich durch sie vergeben, aber erschreckt durch vielfache Eingriffe in die Freiheit und in ihr Gewissen, weichen sie, die man 1933 zur Lebensnähe aufrief, immer mehr jeder Berührung mit den Problemen der Gegenwart aus.

Auf der Universität sollte der junge Mensch nicht nur Fachkenntnisse erwerben, sondern eine gründliche Allgemeinbildung erhalten, die ihn befähigt, in seinem Leben die Fächer noch zu einer harmonischen Einheit zusammenzufassen. Nicht der Chemiker ist das Ideal, der die Natur, wie er meint, immer vollkommener ersetzen kann, sondern derjenige, der den nützlichen Wirkungen seines Tuns auch die schädlichen klar gegenüber zu stellen vermag, und der Charakter genug besitzt, die gewonnene Erkenntnis wahrhaftig zu betätigen. Einer solchen Charakterbildung diente gerade unbedingte Wahrhaftigkeit der geistigen Forschung. Ihr diente aber auch die akademische Freiheit. Die Verpflichtung, für die Ehre mit der Waffe einzutreten, erzog zum Verantwortungsbewußtsein gegen sich und gegen andere, erzog dazu, sittliche Werte noch über materielle zu stellen. Die Erziehung zur Freiheit und Selbstzucht befähigte im Kampfe des Lebens Spreu vom Weizen zu unterscheiden. Durch sie erarbeitete sich der junge Mensch im allgemeinen die Fähigkeit, gut und schlecht, Vernunft und Torheit, Fleiß und Faulheit, Kameradschaft und Eigenbrötelei, Wert und Tand zu trennen. Die Ergebnisse einer solchen durch Freiheit und Selbstzucht sich abschleifenden Charakterbildung waren, wie die deutsche Geschichte von den Freiheitskriegen bis Langemarck beweist, nicht schlecht. Heute ist an die Stelle der Charakterbildung das Organisieren oder Organisiertsein getreten. Man sucht das Leben in allen Einzelheiten zu regeln und seine schöne und von Gott zu unserm Heil geschaffene bunte Mannigfaltigkeit zu einem Einheitsbrei zu gestalten. Man glaubt anstelle des persönlichen Ehrgefühls die befohlene Haltung ohne Eigenverantwortung setzen zu können.

Aber Gott verleugnet seine Schöpfung nicht. Die Jugend will auf Schulen und Universitäten diesen Brei nicht mehr. Sie macht ihn nur noch mit. Da sie aber von der älteren Generation im Stich gelassen wird, finden nur die Besten zu einem selbständigen Urteil und zu selbständiger Haltung. Viele andere treiben nihilistischer Verachtung der Tradition, der Erfahrung und aller sittlichen Werte zu. Es ist nur ein Zeichen der Verwilderung, daß die Studentenführung es wagt, einfach in die Befugnisse des Erziehungsministers und der Rektoren einzugreifen. Da der Student bei der älteren Generation nicht mehr den Mut zur Autorität sieht, so folgt er im Zweifel den Befehlen wenigstens äußerlich der Organisation, die im Augenblick mehr Macht hat, die ihm Schwierigkeiten bereiten kann. Ist es vernünftig oder bolschewistischer Anklang, daß in Wahrheit heute die Reichsstudentenführung Beginn, Verlauf und Schluß der Semester und Hochschulveranstaltungen ordnet und ihren Willen selbst dem Minister gegenüber durchsetzt?[8] Man muß mit der Jugend Fühlung haben, um diesen Stand der Dinge und seine Gefahren zu sehen. Es entwickelt sich hier eine furchtbare Tragik, weil die Jugend sich mit Hilfe der älteren Generation von dem Schönsten abgesperrt sieht, was sie, gerade die deutsche Jugend ersehnt – die Wahrhaftigkeit.

Einen vorläufigen Höhepunkt der Verzerrung des Bildungswesens stellen die nationalsozialistischen Burgen dar. Dort hat man für die jungen Menschen Prachtgebäude und Prachtparks errichtet, Zimmer und Einrichtungen auf den verwöhnten Geschmack abgestellt, Spielzimmer, Schwimmanstalten und Reitpferde stehen zur Verfügung, selbst das Waidwerk wird gelehrt. Hier wird der künftige Adel der deutschen Nation erzogen! Man lehrt das Genießen. Man lehrt zweifellos auch körperliches Können, zweifellos auch ein bestimmtes Maß von Pflichterfüllung. Aber was den jungen Menschen geistig geboten wird, ist vielfach ein Zerrbild der Wirklichkeit, ist wirtschaftliche Phantasterei, ist Verleugnung logischen Denkens und aller christlichen Grundsätze. Brutalität und Wille beherrschen den Erziehungsgang dort.[9] Der Selbständigkeit, damit dem Gewissen und dem Verantwortungsbewußtsein, wird damit jede Entfaltungsmöglichkeit dadurch entzogen, daß man blinden Gehorsam an politische Glaubenssätze verlangt. Da Gott aber auch in diese jungen Menschen Seele und Verstand gelegt hat, so erzieht man Lippenbekenntnis, Streberei und vielfach Heuchelei. Das Entscheidende ist, daß die Jugend nicht dazu erzogen wird, Bescheidenheit, Ritterlichkeit und Wahrhaftigkeit über alles zu stellen. Alle edlen Triebe und Neigungen werden in verkrampfte Vaterlandsliebe

---

8 Die Reichsstudentenführung (RSF) wurde am 5.11.1936 gegründet als Sammlungsorganisation der nationalistischen Deutschen Studentenschaft (Dst) und des Nationalsozialistischen Deutschen Studentenbunds (NSDStB). Reichsstudentenführer wurde Gustav Adolf Scheel, der selbst kein Student mehr war, sondern zu dem Zeitpunkt SD-Oberabschnittsführer in Süddeutschland und Inspekteur der Sipo in Stuttgart. Scheel versuchte, Disziplinarmaßnahmen der SS auf die Studentenschaft zu übertragen. Vgl. Geoffrey J. Giles: Students and National Socialism in Germany, Princeton 1985, S. 200-229. Das erst unter den Nationalsozialisten gegründete Reichserziehungsministerium bemühte sich jedoch, die Einflussnahme nationalsozialistischer Studenten auf die Universitätspolitik zurückzudrängen. Entsprechend dem Führerprinzip sollten Studenten keinerlei Befugnisse gegenüber dem Rektor haben, und die Aufgabe der RSF war offiziell auf die politische Erziehung der Studenten beschränkt. Vgl. Michael Grüttner: „Ein stetes Sorgenkind für Partei und Staat“. Die Studentenschaft zwischen 1930 und 1945, in: Eckart Krause, Ludwig Huber und Holger Fischer (Hg.): Hochschulalltag im „Dritten Reich“. Die Hamburger Universität 1933–1945, Teil I: Einleitung – Allgemeine Aspekte, Berlin und Hamburg 1991, S. 201-236.

9 In seiner Funktion als „Reichsschulungsleiter“ hatte Robert Ley bereits im Herbst 1933 begonnen, Kreis- und Gauschulungsburgen für die Ausbildung von Partei- und DAF-Funktionären zu errichten; bei Kriegsausbruch existierten über 130 dieser Schulungsburgen. Goerdelers Kritik verweist jedoch auf die nationalsozialistischen Ordensburgen, die der Schulung der Parteielite dienen sollten. Vgl. Harald Scholtz: Die „NS-Ordensburgen“, in: VfZ 15 (1967), S. 269-298.

und in einen verzerrten Führerkult umgewandelt. Wenn es nicht so traurig wäre, so könnte man über das Bestreben lachen, die zukünftigen politischen Führer Deutschlands wie einen Homunkulus in der Glasflasche frei von allen sittlichen Hemmungen frei zu organisieren.

Die Partei hat in Fortentwicklung der bestehenden und in ihr geschilderten Ansätze aus reinen Werbemotiven um das Kind und um die Jugend eine Glorіole gewoben. In ihrem Mittelpunkt steht der vollkommen sinnlose Grundsatz, die Jugend wolle von der Jugend geführt werden.[10] In Wahrheit will sie das gar nicht, sondern fühlt sich unter der Leitung Gleichaltriger oder nur wenig Älterer höchst unsicher und unbehaglich. Das ist ja auch ganz selbstverständlich, denn Führung kann ja nur von demjenigen übernommen werden, der mehr weiß als der Geführte und eine größere Erfahrung hat als er. Sonst entsteht keine wahre Führung, sondern bestenfalls ein mechanischer Befehls- und Gehorsamsmechanismus. Wir wissen, daß der Geführte, ob Arbeiter, ob Soldat, ob Beamter, ob Kind immer nur die Führung durch einen Überlegenen anerkennt. Das bedeutet nicht, daß Kinder nicht auch schon zur Führung erzogen werden sollen. Aber das muß, wie früher in den Kadettenanstalten, in einem Verantwortungsbereich geschehen, den der junge Mensch übersehen und dem er nach seinen Fähigkeiten und seinem Charakter gerecht werden kann.

Es soll und darf nicht verkannt werden, daß mit viel Idealismus daran gegangen ist, der Jugend Stolz auf die Nation und Achtung vor der Arbeit beizubringen. Wer aber die Seele der deutschen Jugend kennt und ihr nachgeht, muß die erschreckende Feststellung machen, in wie hohem Maße durch falsche Führung daraus bereits eine hohle Äußerlichkeit geworden ist. Das selbstbewußte Lied, in dem die Jugend sich als Garanten der Zukunft selbst preist, das disziplinierte Singen, der konzertmäßig geübte Sprechchor täuschen eine Haltung vor.[11] Was sich in Wahrheit in Herzen und Köpfen der jungen Menschen bewegt, kann man aus

[10] Vgl. zur HJ und dem Grundsatz der Führung durch Gleichaltrige S. 376, Anmerkung 58.

[11] Das Lied, auf das Goerdeler hier wohl anspielt, „Unsere Fahne flattert uns voran", stammt aus dem Propagandafilm „Hitlerjunge Quex". In dem im September 1933 entstandenen Film wendet sich ein Jugendlicher gegen sein kommunistisches Umfeld, einschließlich seiner Eltern, wird Mitglied der HJ, und schließlich nach heroischen Szenen von Kommunisten ermordet. Das Titellied, von dem HJ-Führer Baldur v. Schirach gedichtet, transportiert die dezisionistischen und jugendverherrlichenden Elemente des Films: „(...) Jugend, Jugend, wir sind der Zukunft Soldaten / Jugend, Jugend, Träger der kommenden Taten / Ja, durch unsere Fäuste fällt / Wer sich uns entgegenstellt / Unsere Fahne flattert uns voran / Unsere Fahne ist die neue Zeit / Führer, wir gehören dir / Wir Kameraden dir!". Vgl. zu dem Film Jerzy Toeplitz: Geschichte des Films, Bd. 3: 1934–1939, Berlin 1979, S. 255; 283 f. Zu dem Lied Wendelin Müller-Blattau: Das politische Lied als Bestandteil der Musikerziehung im NS-Staat, in: George Broderick und Gottfried Niedhart (Hg.): Lieder in Politik und Alltag des Nationalsozialismus, Frankfurt/M., Berlin, Bern, New York, Paris und Wien 1999, S. 209-227.

jenen Äußerlichkeiten nicht ablesen. Selbst das Spiel ist zum Drill geworden, und wir sehen immer deutlicher Anzeichen einer überbeanspruchten, unkindlichen, nervösen Jugend. Die Bezirks- und Frontoffiziere können berichten, wie groß der Schaden ist, den Kinder durch körperliche Übertreibungen, durch seelische Beunruhigung ins Leben nehmen; wieviel von der früheren Lust am Soldatenleben durch übertriebene Soldatenspielerei schon ertötet ist. Die Werte, die früher aus einer gesunden, einfachen und strengen Schulerziehung, aus Vorbild, Arbeit und Pflege des Familienlebens im Elternhaus, aus dem freien Toben im unbändigen Spiel erwuchsen und schließlich organisch sich in Liebe zum Vaterland, in Bescheidenheit und Charakterbildung umsetzten, weichen mehr und mehr der organisierten äußerlichen Darstellung. Die Form ist an die Stelle des Inhalts getreten. Höflichkeit gegenüber Älteren, gegenüber der Frau ist selten geworden; der „geschulte" Gemeingeist vermag Überheblichkeit und Selbstsucht vielfach nicht mehr zu verhüllen.

Mangelnde Kenntnis und Bewertung der seelischen Kräfte, Nervosität gegenüber jeder höheren Stelle, die Unsicherheit des Rechtsschutzes gegenüber Ungerechtigkeiten haben dazu verführt, denjenigen als den Besten hinzustellen, der jeden Befehl unbesehen hinnimmt. Im Soldatentum gehört neben den Gehorsam das Verantwortungsbewußtsein. Dieses verpflichtet den Untergebenen, der einen offenbar irrtümlichen oder zweifelsfrei zweckwidrigen Befehl erhält, wenn möglich die Befehlsstelle in der gebotenen Form darauf aufmerksam zu machen. Eine Erziehung in dieser Richtung fehlt der Jugend heute. Rückfragen werden oben als lästig empfunden und als Mangel an gutem Willen oder als Kritiksucht ausgelegt. So entwickelt sich im Befehl die Hemmungs-, in der Ausführung die Verantwortungslosigkeit. Die Nachahmung militärischer Einrichtungen tritt an die Stelle des Verständnisses ihres inneren Gehaltes. Und schließlich hat man gelernt, daß Papier geduldig ist, und daß bei der Ungeheuerlichkeit des Papierkrieges der heute gegebene Befehl morgen vielleicht wieder vergessen ist, daß Meldungen und Berichte in Akten verschwinden. Geltungssucht und Strebertum toben sich im Organisieren aus. Es ist trostlos, wie weit man in der Kunst gekommen ist, zu organisieren, wenn man nicht mehr weiter weiß oder der harten Erkenntnis ausweichen will. Kurz und gut, weite Kreise der Jugend sehen selbst ihre Erziehung in Widerspruch mit den Gesetzen der Vernunft und den sittlichen Gesetzen vor sich gehen. Es ist nur ein Zeichen für die Größe der Gefahr, aber auch für die wahre Sehnsucht der Jugend, daß heute fast kein Akademiker mehr Richter oder Verwaltungsbeamter werden will, daß die Abiturienten bis vor kurzer Zeit vorzugsweise dem Offiziersberuf zustrebten, weil sie dort noch eine klare Haltung und Schutz zu finden hofften. Vielleicht ist es noch gefährlicher, daß dies Streben in das Soldatentum hinein wieder nachläßt, weil jene Erwartungen nicht erfüllt worden sind.

Eine so er- und verzogene Jugend kann jene Eigenschaften nicht entwickeln, die den Menschen über das Werk erheben, die für wirtschaftliche Leistung und für politischen Kampf eines Volkes in einer Welt von Widerwärtigkeiten ausreichen.

Ihr werden Bescheidenheit vor Gott, Wahrhaftigkeit, der Wert des unerbittlichen logischen Denkens, Verantwortungsbewußtsein und edles, menschliches Mitgefühl vorenthalten. Hierfür wird sich die Jugend rächen, wenn sie nicht rechtzeitig noch die Rettung erfährt, Ideal mit Wirklichkeit in Übereinstimmung gebracht zu sehen. Man könnte an dieser Möglichkeit verzweifeln, wenn es nicht in Millionen von Familien noch genügendes Traditionsgut und genügend Verantwortungsbewußtsein gäbe, um entarteten Einflüssen edle Tugenden gegenüber zu stellen. In der deutschen Familie und in der deutschen Geschichte haben wir noch Kraftquellen, aber es wird Zeit, bewußt der Jugend helfend zur Seite zu treten. Hier zu zögern, ihr weiter die Wahrhaftigkeit vorzuenthalten, und sie zu zwingen, die sicher voraussehbare Schwere der Zukunft vollkommen unausreichend gerüstet oder verbildet durchzustehen, wäre die größte Verantwortungslosigkeit und Sünde, welche die ältere Generation auf sich nehmen könnte. Sie würde die Seele unserer Jugend, die Zukunft unseres Volkes der eigenen Bequemlichkeit und Feigheit opfern.

5.2.4 Stand von Wirtschaft und Verwaltung

maschinenschriftliche Denkschrift vom September 1940; BAK, N 1113, Bd. 18.

Stand der Wirtschaft: Nahrungs-, Kleidungs-, Wohnungs- und Heizstoffmangel, Lohn- und Preissteigerungen sowie Rohstoffmangel in der Rüstungsindustrie sind entweder bereits eingetreten oder spätestens für das nächste Jahr vorhersehbar; die deutschen Außenhandelsbeziehungen werden durch den Krieg nachhaltig gestört; die Kriegswirtschaft zerstört ökonomische Zukunftsperspektiven; maßlose Kriegsziele zerstören die Arbeits- und Opferbereitschaft der Bevölkerung; die nationalsozialistische Politik hat jede gesunde Wirtschaftsgrundlage zerstört durch defizitäre Finanzpolitik, Überorganisation, Prunksucht sowie Vernichtung von Rechtssicherheit und Selbstverwaltung. Stand der Verwaltung: nationalsozialistische Wirtschaftsverwaltung hat Überorganisation und Verwirrung der Zuständigkeiten geschaffen; zunehmender Parteieinfluss hat Selbstverwaltung in Gemeinden, Kreisen und Provinzen zerstört; Parteieingriffe in Stellenbesetzung und Handeln der Staatsverwaltung haben zu Korruption der Beamtenschaft geführt; Reichstag und Reichsminister haben ihre politische Funktion verloren; Rechtssicherheit, klares Befehlsgefüge und politische Kontrolle sind zerstört. Notwendig ist die Reorganisation der Staatsverwaltung zugunsten der ordentlichen Behörden, die Wiederbelebung der Selbstverwaltung, die Garantie der Rechtssicherheit.

September 1940

1. Unerfahrene und Leichtgläubige sagen häufig, dieser Krieg sei wirtschaftlich weit besser vorbereitet als der erste Weltkrieg. Das stimmt auf dem Papier, nämlich für die Organisation; dieser Teil der Vorbereitung war auch nicht schwer, denn der erste Weltkrieg bot selbst jungen Leuten genügend Stoff zum Lernen. Es stimmt auch für die rein militärische Rüstung, weil auf diesem Gebiet alle in Betracht kommenden Stellen, vor allem die Wehrwirtschaft, vorzüglich und in Anlehnung an Tatsachen und Erfahrungen gearbeitet haben. Es stimmt aber nicht für die sonstigen Tatsachen. Tatsachen sind die Vorräte an Rohstoffen und Fertigwaren für den notwendigen Lebensbedarf des Volkes, die Munition

an Gold oder anderen Tauschstoffen, die Sicherung der notwendigen Zufuhr. Alles dieses ist weit schlechter vorbereitet als für den ersten Weltkrieg. Er konnte gegründet werden auf eine in vierzig Friedensjahren der Aufwärtsentwicklung vollzogene Wirtschaft, auf ihre Ersparnisse und auf ein vorzügliches Finanz- und Geldwesen. Dieser Krieg aber wird von einem Staat geführt, der schon seit Jahren seine Geldkontrollmacht mißbraucht und damit große Teile der Wirtschaftskräfte des deutschen Volkes schon vor dem Kriege nutzlos aufgezehrt hat; dies ist in „Stand der Finanzen“ dargelegt.[1] Heute muß in ganz anderer Weise wie im ersten Weltkrieg der Zwang den Mangel ersetzen. Dieser Krieg ist nicht die Ursache des Mangels, sondern die Krönung einer phantastischen Auszehrungspolitik.

2. Für das Ernährungsjahr 1940/41[2] stehen dem großdeutschen Raum die erforderlichen Getreidemengen nicht zur Verfügung. Die Brotration ist daher vor einigen Wochen für weite Teile herabgesetzt und reicht für viele nachweisbar nicht mehr aus. Mit einer schlechten Ernte mußte man nach den Erfahrungen des ersten Weltkrieges und aus Überlegung vorher rechnen; die Abschnürung vom Weltmarkt war bei der Außenpolitik, die man getrieben hat, mit 100% Sicherheit voraussehbar. Die wahren Zahlen über die für dieses Jahr zur Verfügung stehenden Getreidemengen brauchen hier nicht angeführt zu werden, da sie jederzeit nachprüfbar sind. Zur genügenden Ernährung von Menschen und Vieh reichen Reserven, Ernte und mögliche Zufuhren nicht aus; auf dem Balkan ist nur geerntet, was dort benötigt wird. Wird er besetzt, was man machtmäßig kann, saugt man ihn, wie die bisher besetzten Gebiete aus, so hungert der Balkan und seine Erzeugung sinkt 1941/42 noch weiter.

   Deswegen und weil die Kraftfuttermittel im wesentlichen aufgebraucht sind, müssen auch Menge und Güte des Fleisches zurückgehen. Also sind auch die Fleischrationen zu kürzen. Vielleicht glaubt man sich dadurch helfen zu können, daß man mehr Knochen und Sehnen zuwiegt. Aber das ändert nichts an der Tatsache, daß die Portionen kleiner werden. Schon die jetzigen sind für alle voll arbeitenden Menschen unzureichend.

   Die Fettrationen können im Gewicht vielleicht bis Frühjahr 1941 aufrecht erhalten werden, indem man die sinkende Buttermenge durch Margarine ersetzt. Daß Magarine nicht den Nährwert wie Butter hat, ist bekannt. Die Fettnahrung

---

[1] S. Goerdelers Denkschrift „Stand der Finanzen“ vom Juli 1940; Dok. 5.2.2, oben S. 777 ff.

[2] Vgl. hierzu und zu dem folgenden die detaillierte Untersuchung von Hans-Erich Volkmann: Landwirtschaft und Ernährung in Hitlers Europa 1939–45, in: MGM 35 (1984), S. 9-74. Volkmann zieht das Fazit, dass die Versorgung der deutschen Bevölkerung bis 1944 sichergestellt worden sei, wenn auch mit erheblichen quantitativen und qualitativen Abstrichen und auf Kosten der besetzten Gebiete, der Kriegsgefangenen und der Zwangsarbeiter. Die Verbrauchssteigerung bei Brotgetreide und Kartoffeln war eine Folge des Fett- und Fleischmangels. Vgl. auch die Tabelle „Lebensmittelzuteilungen für einen Erwachsenen“ bei Müller, Mobilisierung, S. 400.

wird also schlechter. Vom Frühjahr 1941 aber ab muß sie auch in der Menge knapper werden, weil dann die Margarine-Rohstoffe im Wesentlichen aufgebraucht sein werden, die eigene Milchproduktion und die Zufuhren aus Dänemark und Holland stark sinken müssen. Das Vorhaben, die notwendigen Sojabohnen aus der Mandschurei auf dem Bahnwege einzuführen, kann nur kurze Zeit durchgeführt werden; dann wird es an dem Leistungsunvermögen der russischen und auch der deutschen Bahnen, an Schnee und Eis, und schließlich an der Zurückhaltung der Russen scheitern. Da selbst bei schneller Beendigung des Krieges die Zufuhren erst nach vielen Monaten wieder in Gang kommen können und erst nach etwa zwei Jahren die Lager sich füllen werden, müßte eine verantwortliche Staatsführung die Fettrationen daher nicht erst im Frühjahr stark, sondern jetzt bereits um 10% herabsetzen. Aber schon die jetzige Fettnahrung ist vollkommen unzureichend. Eine Zeitlang hat dieser Zustand sich dem Blick entziehen können, aber im zweiten Kriegswinter wird er in sinkender Leistungsfähigkeit und in abnehmender Seelenkraft offenbar werden. Weitere Verringerungen müssen daher gewichtige Folgen haben, aber sie sind nicht mehr zu vermeiden. Denn selbst auf der Insel England würde man höchstens Ergänzungsvorräte für etwa drei Monate vorfinden. Wie wenig die Vorräte neu besetzter Gebiete bedeuten, haben wir im ersten Kriegsjahr hinreichend klar erfahren.

Die Kartoffel- und Rübenernte verspricht gut zu werden. Die Kartoffel wird aber auf jeden Fall schlecht haltbar sein, da sie zuviel Wasser, in schweren Böden schon kranke Flecke hat. Sie kann außerdem an die Großstädte nicht so rechtzeitig herangeführt werden, daß die Versorgung der Einzelhaushalte in den Frostmonaten gesichert ist. Es dürfte gelingen, in den Großstädten jetzt den Verbrauch bis Anfang Januar einzulagern. Die weiteren Mengen müssen dann laufend herangeschafft werden; soweit der Transport im Frost erfolgen muß, wird die großstädtische Bevölkerung voraussichtlich im Jahre 1941 süße Kartoffeln bekommen und nur auf Karten beliefert werden. Dies ist eine Folge des Zustandes im Eisenbahnwesen, der bei Dunkelheit und Frost voraussichtlich die gleichen Erscheinungen aufweisen wird, wie in den beiden vergangenen Jahren.

Unter diesen Schwierigkeiten und unter dem beginnenden Rückgang der Kohlenproduktion wird auch die Kohlenversorgung leiden.[3] Im groben Durchschnitt sind die deutschen Verbrauchsstätten zur Zeit mit etwa 30 – 40% des Winter-

[3] Die Versorgung der Bevölkerung mit Hausbrandkohle litt sowohl an der sinkenden Produktivität der deutschen Kohlengruben, als auch an Problemen des Transportwesens. Während des Krieges wurden die Versorgungsprobleme durch zwei weitere Aspekte verschärft: die dezentralisierte Rüstungsproduktion band einen beträchtlichen Anteil der Transportmittel zur Beförderung von Industriekohle, und der Kohleexport zur Aufrechterhaltung des Handels mit neutralen Ländern vergrößerte die Mangellage; Vgl. Müller, Mobilisierung, S. 433.

bedarfes beliefert worden. Da die Heranführung von Kohlen auf dem Wasserwege aus bekannten Gründen stark gedrosselt ist, wird es im Oktober/November angesichts der Kartoffeltransporte nicht gelingen, diejenigen Vorräte an die einzelnen Feuerstellen zu bringen, die zum Ausgleich von Stockungen erforderlich sind. Voraussichtlich werden spätestens im Februar erhebliche Störungen in den Kohlenversorgungen eintreten. Auch bis dahin ist den einzelnen Haushaltungen größte Sparsamkeit aufgezwungen.
Die Wohnungsnot muß stark steigen, da im ersten Kriegsjahre wohl höchstens 150.000 Wohnungen fertiggestellt sein dürften. Es müssen in Deutschland jetzt etwa im groben Durchschnitt 10% Wohnungen fehlen; natürlich ist die Not in den Städten sehr viel größer als auf dem Lande und staffelt sich wieder in den Städten je nach Beanspruchung für militärische und Rüstungszwecke sehr unterschiedlich.[4]
Fast auf allen Gebieten steigen die Preise unaufhörlich, wenn auch langsam. Immerhin werden auf bestimmten Gebieten die Höchstpreise gar nicht mehr gehalten. Eine erhebliche Preissteigerung liegt auch darin, daß die Güte der Waren dauernd zurückgeht. Eine fernere Preissteigerung ist zu verzeichnen, da für den gleichen Preis, z.B. in Gastwirtschaften, geringere Mengen geliefert werden. Die Aktienkurse steigen seit einigen Wochen sehr erheblich; ein Zeichen, daß das Geld nicht mehr genügend Waren findet und sich auf die Werte stürzt, die nach den Erfahrungen der vorigen Inflation relativ am sichersten erscheinen. Grundstücke sind nur schwer und nur zu Überpreisen zu haben.
Auch auf dem Lohngebiet sind teils offen, noch mehr unter der Decke, Erhöhungen im Gange. Seit einigen Monaten erhalten die Arbeiter wieder die ihnen seit Kriegsbeginn entzogenen Lohnzuschläge ausgezahlt. Gelernt Kräfte jagt man sich trotz aller Vorschriften gegenseitig mit hohen Löhnen ab. Wir sind also am Rande jenes seit Jahren voraussehbaren Zustandes angelangt, in dem die amtliche Preis- und Lohnkontrolle an der unüberwindlichen Naturkraft des Menschen zum Leben zu scheitern beginnt.[5] Die vollen Wirkungen mögen erst nach Jahresfrist eintreten; ihr Beginn aber ist bemerkbar.

---

4 Der Wohnungsmangel, der schon in der Weimarer Republik nicht hatte behoben werden können (vgl. dazu S. 286 ff., Anmerkungen 12 ff.), musste sich nach dem Kriegsausbruch 1939 verschärfen. Neben dem Abzug von Arbeitskräften für kriegswichtige Betriebe war insbesondere die Warenverknappung dafür verantwortlich, da die Einschränkung der Konsummöglichkeiten ein größeres Budget für Mieten freisetzte, dem kein adäquates Angebot gegenüberstand. Vgl. Führer, Mieten, S. 222 ff. und S. 338 f.

5 Vgl. zur Entwicklung der nationalsozialistischen Lohnpolitik S. 788, Anmerkung 12, zur Entwicklung der staatlichen Preisbildungspolitik ausführlich die Schriften Goerdelers als Reichskommissar für die Preisüberwachung (Dok. 2.3.1 ff., oben S. 214 ff.). Zusammenfassend zu dem interdependenten Verhältnis von Preis- und Lohnentwicklung Tilla Siegel: Lohnpolitik im nationalsozialistischen Deutschland, in: Sachse u.a., Angst, S. 54-139. Siegel argumentiert überzeugend, dass die Grundvoraussetzung für eine funktionierende Preis-

Weiter rückgängig ist die Lederversorgung. Es mach steigende Schwierigkeiten, den Arbeitern noch die erforderlichen Stiefel zu liefern.
Die Produktion an Eisen und Stahl muß sinken,[6] weil die Leistungsfähigkeit in den Bergwerken und an den Hochöfen zurückgeht. Außerdem kommt im Winter das schwedische Erz spärlicher herein. Das französische wird auch dünn fließen, weil der französische Arbeiter in diesem Winter schwer hungern muß. Dazu kommt, daß die Koksöfen und Hochöfen alle 12 Stunden ausgestoßen werden müssen und jetzt eine Entleerung bei Dunkelheit erfolgen muß. In etwa vier Wochen haben damit die Engländer ausgezeichnete Bombenziele.
Die Lage in Kupfer, Nickel, Aluminium und Gummi hat sich durch die Beute und die in den besetzten Gebieten vorgefundenen Vorräte verbessert und dürfte im zweiten Kriegsjahr noch eben mit allerdings weiteren Einschränkungen zu halten sein. Betriebsstoffe erscheinen gesichert, da uns die rumänischen Erdöle zur Verfügung stehen.
Die Versorgung der Zivilbevölkerung mit Textilien muß in Menge und Güte weiter sinken. Die Bevölkerung lebt daher aus Kleiderschrank und Wäschekommode. Das ist für Erwachsene noch eine Zeitlang tragbar, für heranwachsende Kinder mehren sich die Schwierigkeiten. Mögen ihre materiellen Seiten noch tragbar sein, aber in der Vorstellung des Volkes spielt der Rückgang der Versorgung und ihre erhebliche Verteuerung sowie das Aufzehren ersparter Reserven selbstverständlich eine bedeutende Rolle.

3. Von den besetzten Gebieten werden das Generalgouvernement Warschau, Norwegen, Belgien und Frankreich in diesem Winter hungern; Dänemark und Holland werden Mangel an Getreide durch größeren Fleischverzehr ausgleichen. Im nächsten Jahr stehen dann aber Eier-, Fett- und Fleischreserven aus Dänemark und Holland nicht mehr zur Verfügung, weil Futtermittel nicht zugeführt werden können, Hühner, Schweine- und Rindviehbestände stark gelichtet sein werden.[7] Das deutsche Volk wird also in diesem Winter an Nahrung, Kleidung

---

kontrolle, eine planmäßig koordinierte Lohnpolitik, scheiterte an der nationalsozialistischen Befriedungsstrategie gegenüber der Arbeiterschaft (ebd., S. 77-83).

6 Die deutsche Eisen- und Stahlproduktion blieb auch während des Kriegs in starkem Maße von schwedischen Eisenerzen abhängig. Verknappungserscheinungen seit der Mitte der 30er Jahre hatten zu dem Befehl geführt, auch minderwertige deutsche Erze zu verwenden, was den neugegründeten „Reichswerken Hermann Göring“ einen Marktvorteil gegenüber der Schwerindustrie im Ruhrgebiet sicherte. Die Abwehrreaktion der Ruhrindustriellen führte zu weiteren Engpässen auf dem Eisen- und Stahlmarkt, und auch die Mangellage in der Industriekohle-Produktion verschärfte die Verknappung weiter. Der fehlenden Zentralisierung im Produktionsbereich entsprachen konkurrierende Anliegen in der Militärbürokratie, die zu einer gegenseitigen Blockade von OKH/OKW und Heereswaffenamt führten. Vgl. Müller, Mobilisierung, S. 436-442; zur Schwerindustrie Richard J. Overy: Heavy Industry in the Third Reich: The Reichswerke Crisis, in: Ders.: War and Economy in the Third Reich, Oxford 1994, S. 93-118.

7 Die nationalsozialistische Agrarpolitik gegenüber verbündeten, besetzten und beherrschten Staaten bewegte sich in dem Spannungsverhältnis zwischen Ausbeutung und Aufrechterhal-

und Behausung wesentlich stärkeren Entbehrungen ausgesetzt sein als im vorigen Winter. Italien befindet sich in einem noch ernsteren Zustande, Spanien hungert, der Balkan wird mit seiner Ernte eben auskommen, in wesentlichen Teilen der Deutschland umgebenden Gebiete wird glatter Hunger herrschen. Aus Hunger entstehen Seuchen. Damit muß der Mensch rechnen, der mit Hunger rechnet. Seuchen lassen sich trotz aller Kontrollen nicht abstoppen. Wachsende Gefahren hieraus sind ins Auge zu fassen.
Es ist schon wiederholt darauf hingewiesen und kann jederzeit mit Zahlen belegt werden, daß das deutsche Volk ohne Zufuhr von Roh- und Nahrungsstoffen sich nicht erhalten kann. Die Bevölkerungszahl Deutschlands hat sich im 19. Jahrhundert nur verdoppeln können, weil die deutsche Reichsführung eine Politik betrieb, die den Bauern schützte und doch der deutschen Industrie Ausfuhr ermöglichte. Was für Deutschland gilt, gilt für alle europäischen Völker westlich der Weichsel. Der Gesamtbedarf an Nahrungsmitteln und Rohstoffen könnte in absehbarer Zeit auch nicht aus Afrika gedeckt werden. Selbst wenn es möglich wäre, aus dem ergiebigen Südafrika die dort zur Verfügung stehenden Produktionsüberschüsse mit Schiffen nach Europa zu bringen, reicht bestenfalls die afrikanische Produktion nur soweit, um den europäischen Bedarf etwa zu 25 % zu decken. Mehr könnte Afrika nur liefern, wenn man zuvor seine Naturschätze und die Kraft seines Bodens mit den hierfür fähigen Menschen ergiebiger gestaltet. Der weiße Mann kann aber nur in einzelnen Teilen von Afrika arbeiten. In den überwiegenden Gebieten Afrikas ist nur der Schwarze für körperliche Arbeit befähigt. Hierin liegen sehr entscheidende Grenzen. Auf jeden Fall ist die Arbeit einer, wenn nicht mehrerer Generationen erforderlich, um die Produktionskraft Afrikas auf die Höhe zu bringen, die vielleicht ausreicht, um den Einfuhrbedarf Europas zu decken. Bis dahin sind wir auf den Tauschverkehr mit anderen Erdteilen angewiesen. Es darf daher auch nicht übersehen werden, daß, je länger der Krieg dauert, um so stärker die anderen Erdteile sich selbst zu helfen suchen. Immer mehr Tauschbeziehungen entstehen nun zu außereuropäischen Völkern, die sich bisher noch mit Europa in Verbindung hielten. Ganz gewaltige, weitreichende Vorgänge sind in Südamerika im Gange, wo wir in absehbarer Zeit mit Wirtschaftsunionen innerhalb der südamerikanischen Staaten rechnen können. Wenn sie sich dann noch in ihrer industriellen Erzeugung mit nordamerikanischen Maschinenlieferungen selbständig machen können,

---

tung der Wirtschaftskraft. Die Grundlage jeder Nahrungsverteilung war die Bevorzugung der deutschen Bevölkerung – während in Deutschland Festrationen zugewiesen wurden, gab es in besetzten Gebieten Höchstrationen. Hinzu kam die unterschiedliche Behandlung nord-, west- und osteuropäischer Staaten, je nach ihrem Rang auf der rassenideologischen NS-Skala (vgl. dazu auch S. 773, Anmerkung 7). Goerdelers Beurteilung der europäischen Ernährungslage wird in der Forschungsliteratur bestätigt, allerdings mit Abstrichen an seinen apokalyptischen Prognosen. Vgl. Volkmann, Landwirtschaft, S. 27-59.

so trägt die Länge dieses Krieges, genau wie der erste Weltkrieg, dazu bei, Europa auch diese jetzt noch lebensfähigen Tauschbeziehungen immer mehr zu entfremden.[8]

4. Noch viel ernster aber als dieser Zustand ist das Bild der Zukunft! Wirtschaften ist die Tätigkeit, die der Mensch aufwendet, um der Natur abzugewinnen, was er zur Erhaltung und Gestaltung des Lebens braucht. Nichts anderes. Die Menschen sind von der Geburt an verschieden, die Natur ist es in den verschiedenen Breiten- und Längengraden auch. Je härter und karger die Natur, um so mehr muß der Mensch mit ihr ringen, um ihr das Leben abzutrotzen. Je klüger und stärker der Mensch, um so vollkommenerer Mittel wird er sich in diesem Kampfe bedienen, um so besser wird er sein Leben gestalten können. Der Mensch lebt nicht vom Brot allein. Er hat eine Seele, die nach dem Zweck des Lebens fragt und Gutes und Böses, Großes und Niedriges kennt. Auch diese Seele ist eine der dem Menschen von Gott verliehenen Kräfte. Sie ist verschiedenartig, wie die Zahl der Menschen und wirkt bei allem Tun mit. Nur wenn alle Kräfte des Menschen harmonisch auf ein Ziel wirken, wird der Erfolg wirtschaftlicher Tätigkeit dauernd Leben erhalten und verbessern.
In der Betrachtung „Stand der Finanzen" ist dargelegt, daß der Staat nie mehr für allgemeine Zwecke verbrauchen kann, als an Leistungsergebnissen der Bürger zur Verfügung steht.[9] Daraus ergibt sich zwingend, daß der Staat über die meisten Kräfte für allgemeine Zwecke verfügt, dessen einzelne Bürger am meisten leisten. Also muß der Staat, der diesem Ziel zustrebt, alles tun, um die Leistungsfähigkeit seiner Bürger auf den höchsten Stand zu bringen. Er muß ihre physischen Kräfte stärken, ihre geistigen Kräfte bilden, ihre Seelen achten, wenn er dieses Ziel erreichen will. Das bedeutet aber nicht, daß der Staat nur alles dieses durch eigene Einrichtungen vollbringen muß. Er muß dafür sorgen, daß jeweils die besten Einrichtungen vorhanden sind, um Körper, Geist und Seele leistungsfähig zu machen. Wenn andere wie staatliche Einrichtungen mindestens ebenso fähig sind, diese Arbeit zu vollbringen, so ist es gerade Aufgabe des Staates, sie zu pflegen und zu schützen, und selbst weise zurückzustehen. Er hat nur die beste Antwort auf die Frage zu finden, welche Einrichtung am geeignetsten ist, um dauernd Geist, Körper und Seele auf bestem Leistungs-

---

[8] Von den deutschen Importen 1938 fielen nach Kriegsbeginn fast 50 % aus, weil die Handelspartner zu Kriegsgegnern wurden, oder wegen blockierter Transportverbindungen. Zu den wegfallenden Handelspartnern mit den höchsten Rängen in der deutschen Importstatistik 1938 zählten die USA (Rang 1), Großbritannien (Rang 2), Argentinien (Rang 5) und Brasilien (Rang 6). Vgl. Berthold Puchert: Außenhandel und Okkupationswirtschaftspolitik 1939 bis 1945, in: Zumpe, Wirtschaft, S. 366-407 sowie Ders.: Deutschlands Außenhandel im Zweiten Weltkrieg, in: Dietrich Eichholtz (Hg.): Krieg und Wirtschaft. Studien zur deutschen Wirtschaftsgeschichte 1939–1945, Berlin 1999, S. 253-277.

[9] S. Stand der Finanzen vom Juli 1940; Dok. 5.2.2, oben S. 777 ff.

stande zu erhalten. Nicht Geist, Körper und Seele irgend einer Gesamtheit, die diese Kräfte gar nicht haben kann, sondern des einzelnen Bürgers. Wirtschaftskraft ist nur in den Kräften des einzelnen begründet. Ihre Zusammenfassung zu gemeinsamem Wirken ist dann eine weitere Aufgabe des Staates. Um sie zu erfüllen, muß er an natürliche Regungen im Menschen anknüpfen, muß den Familiensinn, menschliche Tugenden und Nationalbewußtsein pflegen und stärken. Nur wenn und solange es ihm gelingt, dem einzelnen Bürger zum Höchststand der Leistungen sich entwickeln zu lassen und gleichzeitig sein Verantwortungsbewußtsein gegenüber den Gemeinschaften lebendig zu erhalten, wird er Macht entfalten können.

Hat der gegenwärtige Staat diese Aufgabe erfüllt? Daß er die Seele der Menschen nicht achtet, ist bereits in den Untersuchungen über den moralischen Zustand[10] und über den Stand des Bildungswesens[11] dargelegt. Aber auch auf dem Gebiete der Wirtschaft ist es nicht gelungen, einen verläßlichen Höchststand zu erreichen. Gern ist das Volk nach Jahren schwerer Arbeitslosigkeit dem Rufe zur Arbeit gefolgt. Die meisten haben sich zunächst auch nicht den Kopf darüber zerbrochen, ob die angewandten Mittel der Finanzierung gesunde waren oder nicht. Sie haben mit Hingabe gearbeitet. Sie haben sich auch zunächst gern einer verschärften Disziplin unterworfen, sie waren des mangelnden Zusammenschlusses überdrüssig und gaben sich der Hoffnung hin, diese Disziplin könne dem Volke endgültig aus den in frischester Erinnerung befindlichen Schwierigkeiten heraushelfen. Aber der Höhepunkt dieser Hingabe ist überschritten. Längst fragen sich gerade die breiten Massen der Arbeiter, woher auf die Dauer das Geld kommen solle, um alle die öffentlichen Aufwendungen zu bestreiten, an denen sie tätig sind. Der Deutsche ist viel zu klug, um diese Frage nicht zu stellen. Hat er sie einmal gestellt, so hat er innerlich auch bereits die Antwort gegeben. Und diese Antwort lautet, daß dieser gewaltige Staatsaufwand unmöglich von langem Bestand sein kann. Mehr noch: der wirtschaftende, d.h. für sein Leben arbeitende Mensch erwartet, daß intensivere Arbeit ein besseres Leben ermöglicht. Nun aber sieht er etwa seit 1936, daß seine Lebenshaltung fortschreitenden Einschränkungen unterworfen ist. Das muß ihn mißtrauisch machen. Dieses Mißtrauen wirkt der Intensität der Arbeit allmählich entgegen. Das deutsche Volk war bereit, auch dieses Mißtrauen zu überwinden und dem Rufe zu folgen, mit einer äußersten Kraftanstrengung auch durch Krieg gewisse nationale Notwendigkeiten zu vollziehen und sichere Grundlagen für zukünftige Wohlfahrt zu schaffen. Aber dieser Krieg hätte sich auf diese Notwendigkeiten begrenzen müssen. Dies Vertrauen ist nicht mehr vorhanden. Man empfindet, daß das, was an Krieg notwendig gewesen sein mag, nicht durch genügend weise politische Vorarbeit auf eben dieses Notwendige abgegrenzt wurde.

---

[10] S. Moralischer Zustand vom 1.7.1940; Dok. 5.2.1, oben S. 769 ff.

[11] S. Stand des Bildungswesens vom Juli 1940; Dok. 5.2.3, oben S. 792 ff.

So ist der gegenwärtige Zustand der, daß das deutsche Volk ungeheuer fleißig arbeitet, sich willig jeder Disziplin unterwirft, ja sogar eine noch nie da gewesene Beschränkung seiner geistigen Freiheit und den Krieg hingenommen hat, daß aber andererseits die Lebenshaltung für die weitesten Kreise des Volkes dauernd zurückgeht. Damit sinkt nach ehernem Naturgesetz die geistige und physische Leistungskraft; die Seele vermag nicht mehr auszugleichen. Sie versagt diesem System trotz Lippenbekenntnisses die Gefolgschaft, da sie auf das tiefste verletzt ist (vgl. Moralischer Zustand).

Ist denn noch eine Besserung möglich, die der Kriegführung zu gutem Ende dienen könnte? Wie wäre es mit weiteren Eroberungen? Nun, die ganzen Balkanvorräte sind weit geringer, als es die Hollands, Belgiens, Dänemarks und Norwegens waren, werden also noch schneller verbraucht sein. Aus Rußland ist nichts zu holen; denn Rußland ist durch den Bolschewismus vollkommen ausgelaugt. Darüber hat dieser Tyrannenstaat die Welt zwanzig Jahre lang getäuscht. Die Russen würden außerdem bei einem Rückzug rücksichtslos alles zerstören. Also die noch möglichen Eroberungen könnten unseren Mangel vielleicht für drei Monate etwas übertünchen. Da diese Gebiete uns aber jetzt schon liefern, was sie entbehren können, so würde ihre Produktionskraft unter den jetzigen Zustand sinken, wenn man ihnen zwangsweise im Augenblick noch mehr abnehmen würde.

5. So bleibt nur die Frage: Was ist erforderlich, um die Leistungskraft der Menschen in den für uns in Betracht kommenden Gebieten zu erhöhen? Denn davon hängt alles ab. Gehen wir einmal über die Tatsache hinweg, daß selbst ein baldiger günstiger Friedensschluß eine Entspannung auf allen Versorgungsgebieten erst in etwa sechs Monaten kaum fühlbar einleiten und erst in etwa zwei Jahren voll wirksam werden lasen kann, und beantworten wir die Frage grundsätzlich. Zur Hebung der Leistungskraft der Menschen sind erforderlich: Wiederherstellung des Rechts, der Moral, der persönlichen und wirtschaftlichen Schaffensfreiheit in Deutschland; Wiederherstellung der nationalen Freiheiten der jetzt besetzten Staaten; Ausgleich der öffentlichen Haushalte aller europäischen Staaten, auf deren Wirtschaftskraft wir Wert legen, zwecks Sicherung des Wertes der Währungen aller dieser Staaten; dabei ist es gleichgültig, ob Einzelwährungen beibehalten werden, was selbstverständlich vorläufig die einzig mögliche Lösung ist, oder ob eine Einheitswährung geschaffen wird; durch geordnete Währungen Sicherung des Güteraustausches auch mit außereuropäischen Ländern, selbst wenn dieser auch nur auf Verrechnungsverkehr beschränkt werden soll.

Zu einzelnen dieser Voraussetzungen ist nach allen bisher gemachten Darlegungen nichts mehr zu sagen. Weswegen aber muß die persönliche und wirtschaftliche Schaffensfreiheit der Deutschen wieder hergestellt werden? Einmal, weil der Mensch eine Seele hat und das Höchstmaß von Leistungen nur vollbringt, wenn diese Seele mitschwingt. Im Deutschen schwingt sie, wie in jedem anderen

Kulturvolk, nur mit, wenn er die Möglichkeit hat, sein Tun und Lassen nach seinem eigenen besten Urteil und Können zu gestalten und dafür mit seinem Gewissen einzutreten. Wir haben ferner gesehen, daß Geist und Körper Höchstleistungen nur hergeben, wenn das Ergebnis der Anstrengung dem Leistenden als Erfolg oder Mißerfolg voll zum Bewußtsein kommt und von ihm auch voll getragen werden muß. Deswegen ist die Erziehung der Beamten so schwierig, weil ein großer Teil ihrer Fehler ungesehen bleibt und vom Volke auszutragen ist, nicht von ihnen selbst. Wer weiß, daß das Ergebnis seiner Dummheit oder seiner Faulheit schließlich von anderen wieder gut gemacht wird, der wird immer gedankenloser und fauler werden. Wer aber weiß, daß er allein die volle Verantwortung für Gelingen oder Mißlingen, den vollen Lohn für Fleiß und Tüchtigkeit zu tragen hat und genießt, wer mit anderen Worten weiß, daß das Risiko seiner wirtschaftlichen Tätigkeit ihn und nicht andere trifft, der wird alle Kräfte des Geistes und Körpers anspannen, um sein Leben zu erhalten und zu verbessern. Nach diesem Gesetz vollziehen sich ja auch Auslese und Beförderung in der Wehrmacht.

Selbstverständlich gibt es auch sinnvolle Zusammenschlüsse von einzelnen Personen zu erfolgreicher Tätigkeit. Aber auch hier müssen die einzelnen gegenüber den Leitern dieses Zusammenschlusses für ihr Tun und Lassen verantwortlich sein; und die Leitung dieser Zusammenschlüsse müssen wieder wirtschaftlich interessierten Organen z.B. dem Aufsichtsrat oder den Gesellschaftern voll verantwortlich gemacht werden, so daß sie nur einer sinnvollen wirtschaftlichen Tätigkeit zustreben. Es handelt sich also darum, daß sich der deutsche Staat von dem auch in sonstigen Teilen der Welt fortschreitenden Kollektivismus mit aller Entschiedenheit abwendet, jeden Widerstand Eigensüchtiger und Gedankenfauler dabei überwindet, jeder Kritik klug und wahrhaftig begegnet, Aufklärung über die Notwendigkeit dieser Abkehr verbreitet, die ja einst auch in seinen Jugendtagen der Nationalsozialismus für notwendig erklärt hat, um das Höchstmaß von Leistungsfähigkeit der einzelnen Menschen wieder herzustellen; denn sie sind es, die da arbeiten, und nicht die Aktiengesellschaft und nicht der Staat.

Im „Stand der Finanzen“[12] ist dargelegt, wie das Deutsche Reich seit 1933 erneut das Geld und die Währung zu zerstören im Begriff ist. Lediglich diese ungeheuerliche Schuldenmacherei mit ihren zersetzenden Wirkungen hat das Reich genötigt, eine chinesische Mauer um Deutschland zu errichten. Hätte man sie nicht errichtet, so wäre ja die Inflation sehr schnell in steigenden Rohstoffpreisen, steigenden Löhnen usw. zum Ausdruck gekommen. Nur durch die chinesische Mauer ist es längere Zeit gelungen, zusammen mit anderen Kontrollmaßnahmen, die in der genannten Darstellung aufgeführt sind, insbesondere der Lohn- und Preiskontrolle, die Preisentwicklung im Innern nur langsam sich nach oben

---

12 S. Stand der Finanzen vom Juli 1940; Dok. 5.2.2, oben S. 777 ff.

entwickeln zu lassen. Aber man hat sie nicht verhindern können. Man hat die Preisunterschiede diesseits und jenseits der chinesischen Mauer durch Zölle, Schleusengebühren und Ausfuhrabgaben sehr geschickt ausgeglichen, aber die eherne Naturfolge der Senkung der Lebenshaltung durch Verschlechterung der Ware, durch langsame Verteuerung, durch Verknappung selbstverständlich nicht aufhalten können. Diese beachtliche Leistung, die einem Phantom gewidmet ist und die eines Tages als ungeheuerlichste Mißleitung menschlicher Kräfte klar erkannt und ausgesprochen werden wird, hat doch etwas gekostet! Nach einer neuen, ganz objektiven Statistik ist die Zahl der Beamten und Angestellten der öffentlichen Verwaltung und der Organisation auch der Partei seit 1933 um 1,5 Millionen gestiegen! Das besagt, daß die deutschen produktiv tätigen Menschen jährlich ungefähr 6 Milliarden RM; Arbeitsergebnisse mehr an unproduktiv tätige Menschen abgeben müssen.

Die chinesische Mauer verlangt, daß hinter ihr alles organisiert wird. Die neu geschaffenen Zusammenschlüsse sind sachlich zum Teil durchaus gute. Man wird den Reichsnährstand als solchen ebenso wenig beanstanden können, wie die verschiedenen Gruppen der gewerblichen Wirtschaft. Was ihnen fehlt, ist die Selbstverwaltung. Ohne Selbstverwaltung gibt es keine Verantwortung und keine Kontrolle. Ohne Verantwortung gibt es keine Freude an der Mitarbeit, ohne Kontrolle kein Sparen. Es ist ein Unding, daß die Führer dieser Organisationen von oben ernannt werden. Schon der Staat hat erkannt, daß es mit nur ernannten Organen nicht geht. Selbst der Nationalsozialismus hat daher die Selbstverwaltung in Gemeinden und Provinzen auf dem Papier aufrecht erhalten. Es ist Tatsache, daß die ernannten Führer der einzelnen Wirtschaftsgruppen durchaus nicht immer die geeignetesten sind. Viele von ihnen hätten sich nie aus eigener Kraft durchgesetzt, sie haben es nur unter dem Nimbus der Partei und mit der Ernennung durch den Staat geschaffen. Solche Führer werden von den Geführten sicher innerlich nicht anerkannt, sondern abgelehnt. Diese wirtschaftlichen Organisationen sparen nicht, sie sind zu bürokratischen Einrichtungen entartet, die sich nicht mehr des Vertrauens und der hingebenden Mitarbeit der Berufsgenossen erfreuen. Aber damit nicht genug, der Staat hat neben diese Gruppen nun noch wieder neue Behörden und Beauftragte gestellt. Neben ihnen bestehen nicht nur die alten Industrie- und Handelskammern, sondern diese sind wieder in Bezirkswirtschaftskammern zusammengefaßt, die, wie jeder Einsichtige vorher wußte und sich durchaus bestätigt hat, vollkommen überflüssige Zwischenglieder sind.[13]

Tritt eine neue Aufgabe auf, so wird sie nicht der Organisation oder Behörde übertragen, die sie am meisten angeht, sondern es wird ein neuer Beauftragter ernannt. Hinter der chinesischen Mauer wirken Zulassungs- und Überwachungsstellen, Devisen-, Rohstoffverteilungsstellen; in kurzem läßt sich die Fülle der

[13] Vgl. zur Organisation des Handwerks S. 382, Anmerkung 65.

Neuerscheinungen gar nicht aufführen. Aber es ist, wie jeder bestätigen wird, nunmehr als naturnotwendige Folge eingetreten: ein wildes Durcheinander der Zuständigkeiten, ein mit Heftigkeit und Leidenschaft geführter Schreibkrieg, Ungeheuer von Kartotheken aller Art, mangels der Verantwortungssinn, steigende Lächerlichkeit aller dieser Einrichtungen, die um so dramatischer hervortreten wird, je weniger zu bewirtschaften und zu verteilen sein wird, kurz und gut, das deutsche Volk spielt das leider sehr kostbare Spiel „Büro".
Hiergegen gibt es nur eine aber eine sehr einfache, schnell durchführbare und sofort wirksame Kur: Verweisung aller vernünftigen und notwendigen Zusammenschlüsse auf Selbstverwaltung, Übertragung aller Aufgaben auf sie unter einer gewissen aber zurückhaltenden Aufsicht des Staates und volle Verantwortung (strafrechtlich, zivilrechtlich, disziplinarisch) der durch die Selbstverwaltung geschaffenen Organe gegenüber dem Staat, Auflösung aller Sonderdienststellen und Übertragung ihrer Aufgaben an die Behörden der allgemeinen Landesverwaltung. Alle anderen Organisationen und Behörden geben ihre Unterlagen sofort an die bestehen bleibenden Stellen ab und werden mit entsprechenden Maßnahmen genötigt, ihre Kräfte produktiver Arbeit zuzuführen. Durch die Selbstverwaltung werden auch die Ausgaben aller dieser Organisationen wieder unter Kontrolle gestellt. Die Berufsgenossen werden schon dafür sorgen, daß die Beiträge nicht so hoch anschwellen. Ein Feuer in Deutschland wäre zu begrüßen: das Feuer für die Klubsessel aus Amtsräumen und Wirtschaftsbetrieben. Der preußische Holzstuhl in der Behörde verkörperte mehr Können, Verantwortung und Autorität als der Saffiansessel der Gegenwart. Dadurch werden Wirtschaft und Verwaltung wieder übersichtlich, einfach und billiger. Man sagt vielfach, der große Aufwand an und in öffentlichen Gebäuden schaffe Arbeit. Welcher Unsinn! Läßt man den Bürgern das hierfür benötigte Geld, indem man weniger Steuern und weniger Anleihen erhebt, so verwenden ja die Bürger dies Geld auch für Verbesserung ihres Lebens, schaffen also genau so viel Arbeit, aber nützlichere! Und ihren Bedürfnissen entsprechendere. Aus allen diesen Gründen muß die persönliche und wirtschaftliche Schaffenskraft und -freiheit der Deutschen wieder hergestellt werden.
Weswegen gilt dies auch für die nationalen Freiheiten der Fremdstaaten gegebenenfalls unter Grenzveränderungen? Weil weiße Kulturvölker nur dann hingebend arbeiten, wenn eins ihrer wesentlichen Bedürfnisse erfüllt ist, nämlich das der Achtung vor ihrer nationalen Ehre, vor der menschlichen Freiheit. Alle auf anderer Grundlage bisher in der Geschichte vorgenommenen Versuche sind gescheitert. Sie mußten scheitern, nicht weil es an Organisationskunst und Technik mangelte, sondern eben, weil jene den Kulturmenschen unerläßliche Grundlage nicht geschaffen wurde. Übrigens ist diese Grundlage vielleicht nur entbehrlich für die Menschen rein tropischer Rassen, und wie lange noch?
Weswegen müssen die öffentlichen Haushalte aller uns interessierenden Staaten ins Gleichgewicht gebracht werden? Aus demselben Grunde, aus dem es für

Deutschland nötig ist (vgl. „Stand der Finanzen"). Der ausgeglichene öffentliche Haushalt ist die einzige Sicherung der Stabilität der Währung. Wollte man eine Einheitswährung in Europa schaffen, so müßte man von Berlin aus zunächst die öffentlichen Haushalte aller beteiligten Staaten ins Gleichgewicht bringen. Es gehört etwas Kühnheit dazu, daran auch nur zu denken. Von Berlin aus kann man nicht einmal die Haushalte aller deutschen Gemeinden im Gleichgewicht halten. Weil man das nicht kann, hat man ihnen ein wenn auch nur kümmerliches Maß von Selbstverwaltung belassen. Fremden Völkern muß man also recht volle Selbstverwaltung gewähren. Man muß auch darauf verzichten, sie auszusaugen. Ohne Rohstoffe können sie nicht arbeiten, ohne Nahrung können sie nicht leben. Ohne gesicherte Währung können sie weder mit uns noch mit anderen Tauschhandel treiben. Auf dem Papier festzustellen, daß ein holländischer Gulden gleich 1,30 RM ist, kostet die Anstrengung von 30 Sekunden. Aber in Wirklichkeit sicherzustellen, daß die tatsächlichen Wertverhältnisse so sind, daß man in Holland etwa für 1,30 RM das kaufen kann, wofür man in Deutschland eine Mark bezahlt, das bedeutet Unterwerfung unter das Naturgesetz, daß die Lebenshaltung der Menschen sich nach der Eigenart ihres Landes, ihres Klimas, ihrer Rohstoffe, ihrer Geschichte durch lange Jahrhunderte hindurch verschieden gestaltet hat. Das bedeutet Verzicht auf die Wahnvorstellung, man könnte von einer Stelle aus alles über einen Leisten schlagen. Das bedeutet, daß man den einzelnen Staaten die Möglichkeit geben muß, ihre öffentlichen Haushalte ins Gleichgewicht und damit ihre Währungen in Ordnung zu halten und so die Lebenshaltung zu sichern. Wenn heute von der Neuordnung Europas gesprochen wird, und man geht diesen Gesprächen nach, so kommt man wieder nur zu der Feststellung: kleine Kinder spielen das Spiel „Neueuropa"; am Ende dieses Spiels steht die neue Unordnung in Europa.
Leider liegt nicht ein einziges Anzeichen dafür vor, daß auch nur eine der oben bezeichneten neuen Maßnahmen durchgeführt oder auch nur vorbereitet wird. Gelegentlich spricht man von ihnen in den Ministerien; erfahrene Beamte wissen sehr wohl, daß es ohne jene Maßnahme nicht geht. Aber die wahrhaft Verantwortlichen setzen teils bewußt, teils unbewußt ihr Zerstörungswerk fort und denken nicht einmal ernsthaft an einen Frieden der vernünftigen Ordnung, sondern träumen weiter von der Beherrschung großer Räume, von Umsiedlung ganzer Volksteile, von Verpflanzung ganzer Industrien, von Straßen durch die Sahara, von Riesenanlagen für Verkehr und Sport. Sie beschäftigen zur Zeit die Granitwerke aller unter deutschem Einfluß stehenden europäischen Staaten mit Aufträgen für die künftigen deutschen Großbauten; sie bauen die größte Flotte, die größte Luftflotte, das größte Meer aller Zeiten, ohne auch nur den Ansatz zu machen, sich über die Kosten klar zu werden, geschweige denn zu prüfen, ob diese tragbar sind. Der Begriff des Geldes, die Achtung vor ihm als dem Ergebnis schwerer Leistung ist verschwunden; man wälzt sich in wahnsinnigen öffentlichen Ausgaben. Und so nebenher und zwischendurch wird von vielen,

auch von Personen in großen Parteistellen, jede Gelegenheit zur persönlichen Bereicherung bedenken- und schamlos ausgenutzt.

Also müssen zunächst andere verläßliche Grundlagen im Staate für jene unerläßlichen Gesundungsmaßnahmen geschaffen werden. Sonst ist der schließliche Bankrott, sich ausdrückend in Hunger, Seuche und Mißtrauen, wenn nicht Verzweiflung in Deutschland und in anderen Hauptländern Europas eine naturnotwendige Folge, wie groß auch weitere militärische Erfolge sein mögen. Daran ändert sich auch nichts, wenn Frankreich sich jetzt – übrigens nur scheinbar – anschließt. Preußen war 1807–1812 auch der von Frankreich gepreßte Feind Englands.[14]

6. In der öffentlichen Verwaltung hat sich an der äußeren Organisation nichts geändert. Die Organisation der allgemeinen preußischen Landesverwaltung ist auch auf die nicht preußischen Länder ausgedehnt; die neue deutsche Gemeindeordnung[15] schafft für alle deutschen Gemeinden gleichartige Verwaltungsorgane und Aufgaben. Zweifellos ist mit dieser Vereinheitlichung auf dem Papier eine größere Durchsichtigkeit der Verwaltung geschaffen. Aber sie ist nicht entscheidend. Es ist besser, wenn die Verwaltungsorganisationen in den verschiedenen deutschen Ländern verschieden, aber einfach, billig und wirksam sind, als daß hinter der Einheitsuniform sich Aufblähung und geringere Leistung verbergen. Leider ist dies letztere der Fall. Das hat verschiedene Ursachen.

A) Neben den alten Stellen der allgemeinen Landesverwaltung hat das Reich immer neue Stellen mit neuen Zuständigkeiten geschaffen. Man kann sagen, daß seit der Ingangsetzung des sogenannten Vierjahresplanes jede neue Aufgabe dadurch der Lösung zugeführt wurde, daß man neue Kommissare oder Beauftragte einsetzte, ohne aber ihre Zuständigkeiten gegeneinander klar abzugrenzen.[16] Unter dem Abschnitt 3 ist schon darauf hingewiesen, wie unheilvoll das

---

14 Während Preußen nach den Niederlagen gegen die napoleonische Armee bei Jena und Auerstedt (vgl. dazu S. 406, Anmerkung 2) in das napoleonische Herrschaftssystem und damit in die Kriegführung gegen England eingebunden wurde, betrieben die führenden preußischen Politiker in den folgenden Jahren eine getarnte Widerstandspolitik gegen Frankreich (vgl. S. 19, Anmerkung 2 sowie zur Bewertung Steins Hans-Ulrich Wehler: Deutsche Gesellschaftsgeschichte, Bd. 1: Vom Feudalismus des Alten Reiches bis zur Defensiven Modernisierung der Reformära 1700–1815, München 1987, S. 397 ff.). Nach dem deutsch-französischen Waffenstillstandsvertrag vom 24.6.1940 hatte sich die französische Regierung verpflichten müssen, jede Feindbegünstigung zu unterbinden und Franzosen, die sich wie Charles de Gaulle auf die britische Seite schlugen, als Freischärler zu behandeln. Vgl. Hans Umbreit: Der Kampf um die Vormachtstellung in Westeuropa, in: Maier/Rohde/Stegemann/Umbreit, Errichtung der Hegemonie, S. 235-327; besonders S. 316-319.

15 Vgl. ausführlich zur DGO Goerdelers Stellungnahmen von 1934/35, Dok. 1.3.6 ff., oben S. 121 ff.

16 Vgl. zum Vierjahresplan Goerdelers Denkschrift zur Rohstoff-, Devisen- und Währungslage vom 17.9.1936; Dok. 3.8, oben S. 411 ff. Petzina schätzt den Personalaufwand der Vierjahres-

Reich sich auf dem Gebiete der Wirtschaft in dieser Richtung betätigt hat, aber das gilt auch auf allen anderen Gebieten der Wirtschaft in der allgemcinen Landesverwaltung, die hier nicht im einzelnen aufgezählt werden sollen. Es sei nur darauf hingewiesen, daß ein Baulustiger heute für den Wohnungsbau mit acht, für den gewerblichen Bau mit zehn oder gar zwölf Stellen sich in Verbindung setzen muß; ehe sie unter einem Hut sind, vergehen Monate. Das Witzige ist, daß der Baulustige selbst, wenn er vorwärts kommen will, die Arbeit übernehmen muß, diese Stellen unter einen Hut zu bringen. Damit hat sich der Sinn der Tätigkeit des Staates in das Gegenteil verwandelt. Vielfach weiß der Interessent gar nicht mehr und kann es nicht mehr wissen, an welche Stellen er sich zu wenden hat. Er wird meist auch nicht an die richtige Stelle verwiesen, sondern belehrt, daß er es falsch gemacht habe; er hat zu gewärtigen, daß die genannte neue Stelle auch wieder nicht die richtige ist. Diese Entwicklung muß mit Naturnotwendigkeit eintreten, wenn man zuviel Stellen mit ungeklärten Zuständigkeiten neben- und übereinander häuft. Dann wird selbst bei gescheitem Personal der Sinn für die Verantwortung, die der Hauptträger jeder Leistung ist, immer mehr verwässert. Aber es fehlt ja auch für eine solche Überorganisation an dem geschulten Personal. Die Tätigkeit wird zur reinen Brottätigkeit und wird nicht mehr von der Seele des Verantwortungsbewußtseins gehoben.

B) Für die Selbstverwaltung ist zwar in der Deutschen Gemeindeordnung eine gute Grundlage geschaffen, aber ihr Kernstück ist verkehrt. Selbstverwaltung heißt nämlich, daß die von der Verwaltung Betroffenen, also die Gemeindebürger, an der Verwaltung ihrer Angelegenheiten teilnehmen sollen; das kann man nach Adam Riese nur dadurch erreichen, daß man ihnen die Möglichkeit gibt, diejenigen mit zu bestimmen, die die Verwaltung ausüben und kontrollieren sollen. Das hat man nicht gewagt; vielmehr ernennt ein Beauftragter der Partei die Bürger, die jene Funktionen auszuüben haben. Diese wiederum wählen nicht etwa den Bürgermeister usw., sondern haben nur das Recht eines Vorschlages;

---

planbehörde auf über 1.000 Personen (vgl. Petzina, Autarkiepolitik, S. 64 f.). Die Vierjahresplanbehörde war jedoch nicht die einzig zuständige Instanz für die Wirtschaftsplanung und -koordination, sondern unverbunden stand daneben die Institution des „Generalbevollmächtigten für die Wirtschaft". Der Generalbevollmächtigte verfügte bereits über einen Behördenapparat, da er in Personalunion Reichswirtschaftsminister war. Nachdem mit der Erweiterung der Kompetenzen des Generalrats für den Vierjahresplan die Dienststelle des Generalbevollmächtigten aufgehoben worden war, war jedoch der polykratische Charakter der nationalsozialistischen Wirtschaftslenkung noch keineswegs beseitigt. Der Ende August 1939 gebildete „Ministerrat für die Reichsverteidigung" spiegelte lediglich die konkurrierenden Wirtschaftsinteressen und begann seine Arbeit mit der Ernennung von „Reichsverteidigungskommissaren" für jeden Wehrkeis; die Vierjahresplanbehörde selbst repräsentierte konkurrierende Interessen durch ihre Einteilung in Geschäftsgruppen; neben diesen beiden Institutionen kämpften Reichsnährstand, Wehrmacht und Reichswirtschaftsministerium weiterhin um Einfluss. Vgl. Herbst, Totaler Krieg, S. 111-117.

da sie aber den Parteibefehlen unterstehen, so müssen sie schließlich den vorschlagen, den ihnen ihre vorgesetzte Parteistelle aufzwingen will.[17] Bald nach Inkrafttreten der Gemeindeordnung war daher bereit festzustellen, daß, wie vorauszusehen, fast überall das Interesse der Bürgerschaft zu ersterben schien; heute dürfte wohl in keiner deutschen Gemeinde mehr ein Bürger an den Beratungen des Bürgermeisters mit den ernannten Ratsherren teilnehmen, trotzdem die Sitzungen öffentlich sein sollen. Man muß aber nicht unterstellen, daß damit das Interesse der Deutschen am Ergehen ihrer Gemeinde erstorben sei. Dies Interesse ist so alt wie die deutsche Geschichte. Es war stets der lebendigste Träger völkischen Zusammenhalts; es ist auch heute da, es wird nur nicht mehr befriedigt. Deswegen arbeitet es irgendwie unterirdisch. Entweder in geheimer Kritik oder in verbissener Ablehnung, jedenfalls negativ. Es ist aber gerade Aufgabe und Kunst des Staates, Geister und Seelen der Bürger für seine Aufgabe zu erfassen.

Schon hieraus geht hervor, daß die Partei mit ihren Ansprüchen und ihren ungeklärten Vorstellungen über das Wesen völkischer Gemeinschaftsbildungen, über die Bedeutung, Entstehung, Erstarkung des Verantwortungsbewußtseins die widerstandsfähigste und volkstümlichste Form der öffentlichen Verwaltung, eben die Selbstverwaltung, zum Erstarren gebracht hat. Ihr Einfluß hat sich aber noch weiter unheilvoll auf diesen Zweig der Verwaltung ausgewirkt. Bürgermeister und Landrat sind heute nicht mehr die verantwortlichen Leiter ihre Bezirke, sondern nach Persönlichkeit, und in den meisten Fällen sind es die Kreisleiter. Sie erhalten ihre Befehle vom Gauleiter und dieser verfügt über die Geheime Staatspolizei mit allen ihren Einwirkungsmöglichkeiten. Die Partei erhebt auch immer ungenierter den Anspruch, letzten Endes zu entscheiden. So sind die gesetzlich eingesetzten Verwaltungsorgane (Bürgermeister und Landrat) bestenfalls in einem ewigen Kampf mit den Kreisleitern und anderen Parteistellen. Häufig aber haben sie bereits resigniert und folgen willenlos den Wünschen der Partei, die selbstverständlich die Verantwortung, wenn es schief geht, auf Bürgermeister und Landräte abladen. Der Enderfolg ist, daß alle notwendigen Handlungen bestenfalls stark verzögert werden, häufig unterbleiben, nicht selten Doppelentscheidungen vorliegen.

Aber nicht genug damit. Neben den Kreisleitern gibt es ja noch die verschiedenen anderen Amtsleiter der verschiedenen Organisationen der Partei. Nur in wenigen Kreisen ist es der Partei gelungen, diese auf eine einheitliche, vom Kreisleiter zu vertretende Linie zu bringen. Viel häufiger ist der Zustand, daß sie sich wieder untereinander bekämpfen. Dann wissen Bürgermeister und Landrat erst recht nicht, an wen sie sich halten sollen. Erfahrene und energische Naturen

[17] Vgl. zu den Eingriffsrechten der NSDAP-Beauftragten und der Aufsichtsbehörden in die Gemeindeverwaltungen Goerdelers Stellungnahmen zur DGO von 1934/35; Dok. 1.3.6 ff., oben S. 121 ff.

werden dann einfach durchhauen und selbst entscheiden. Aber da die Allmacht der Partei und Geheimen Staatspolizei unendlich vielen Menschen das Rückgrat gebrochen hat, entsteht aus dem Gegeneinander der Leitenden meist ein Leiden der Bürger im Durcheinander.

C) Die Partei hat die Reichsgewalt dazu mißbraucht, die Selbstverwaltung der Kreise und Provinzen zu brechen. Hier ist sie offener vorgegangen als bei den Gemeinden. Man hat die Landeshauptleute einfach den Oberpräsidenten und Gauleitern unterstellt.[18] Damit ist diese großartige Schöpfung Preußens, in der sich die Ideen Steins lange nach seinem Tode vollendeten, um einen nur noch auf dem Papier stehenden Vexierbild geworden.

D) „Die Partei befiehlt dem Staate". Damit ist keine Abkehr von der Demokratie erfolgt, sondern die Unfruchtbarkeit ihrer Übertreibung mit Vermessenheit gekrönt. Schon 1920 wurde offenbar, daß die Weimarer Verfassung eine Lösung nach der Logarithmentafel, aber nicht nach den lebendigen Kräften der Menschen und der Natur war. Die Reichsregierung war vom Reichstag vollkommen abhängig. Damals bewährte sich die Schöpfung des Freiherrn vom Stein. In der Selbstverwaltung, in der Bürgermeister oder Magistrat noch die Verpflichtung hatten, die Verwaltung auch widerstrebenden Stadtverordneten gegenüber unter allen Umständen in Ordnung zu halten, in der sie auch durch ihre lange Amtszeit den notwendigen Schutz gegen Willkürhandlungen der Stadtverordneten fanden, erstarkten schon zu Beginn der zwanziger Jahre eben auf der Grundlage jener klaren Verantwortung wieder der Sinn für Erfahrung, Wissen, Können, Leistung, erstarkte die Fähigkeit, zwischen Unsinn, der sich bald rächen

[18] Nach der preußischen Provinzialordnung von 1875 waren die Provinzen gegliedert in staatliche Verwaltungsbezirke unter dem Oberpräsidenten einerseits und Provinzialverbänden unter dem Landeshauptmann andererseits. Der Landeshauptmann als gewählte Spitze des provinziellen Selbstverwaltungskörpers unterstand der Aufsicht des Oberpräsidenten, führte jedoch im Rahmen der ihm gesetzlich zugewiesenen Kompetenzen die Selbstverwaltung autonom, so dass seine Stellung auf der mittleren Verwaltungsebene der Stellung der Bürgermeister in der gemeindlichen Selbstverwaltung entsprach; vgl. dazu Ernst Rudolf Huber: Deutsche Verfassungsgeschichte seit 1789, Bd. IV: Struktur und Krisen des Kaiserreichs, Stuttgart, Berlin, Köln und Mainz 1969, S. 358 ff. Unter der nationalsozialistischen Herrschaft blieben die Oberpräsidenten Leiter der staatlichen Verwaltungsbezirke, übernahmen jedoch zusätzlich die Leitung der Provinzialverbände; seit dem November 1934 übten die preußischen Oberpräsidenten die Funktionen der Reichsstatthalter in anderen Ländern aus. Im Gegensatz zu den anderen Ländern waren die preußischen Oberpräsidenten i.d.R. nicht in Personalunion Gauleiter eines Gaus in ihrem Amtsbereich, so dass in der Verwaltung der preußischen Provinzen der Dualismus zwischen Partei/Gauleiter und Staat/Oberpräsidenten verschärft hervortrat. Die Landeshauptleute waren zur Bedeutungslosigkeit verurteilt, den Gauleitern per Parteidisziplin, den Oberpräsidenten per Gesetz unterstellt. Vgl. Ders.: Verfassungsrecht des Großdeutschen Reiches, 2., stark erw. Aufl. Hamburg 1939, S. 330 ff. sowie Dieter Rebentisch: Innere Verwaltung, in: Deutsche Verwaltungsgeschichte Bd. IV, S. 732-773.

mußte, und zwischen Sinnvollem, das sich trotz aller Kritik bald durchsetzen und rechtfertigen mußte, zu unterscheiden. 1930 gelang es, die Stellung des Reichspräsidenten gegenüber dem Reichstag zu stärken und damit auch der Regierung eine selbständigere Stellung gegenüber den Parteien zu geben.[19] Es ist daher ein Rückschritt ohnegleichen, daß diese Entwicklung jäh unterbrochen und wieder die Allmacht einer „Partei" sanktioniert wurde. Denn darüber kann doch gar kein Zweifel bestehen, daß der Staat unter der Diktatur einer Partei viel schwereren Erschütterungen ausgesetzt ist als sie je bei mehreren Parteien möglich sind. Eine weise und geschickte Staatsführung kann im Gegeneinander der Parteien immer noch prüfen und verantwortungsbewußt das Steuer des Staatsschiffs führen; man muß sich nur durch das Toben nicht verblüffen lassen. Führt aber einmal eine Partei den Staat falsch, so müßte sie den falschen Weg verlassen. Entschließt sie sich dazu überhaupt, so erfolgt die Abkehr jedenfalls viel später, als bei Kritik und Kampf der Parteien untereinander. Dazu tritt noch ein weiteres. Es handelt sich ja gar nicht um eine Partei, die also aus dem Volke heraus gewählt wurde, sondern das war einmal! Die Partei hat ihre Allmacht gegenüber dem Staate bezahlt mit der vollen, blinden Unterwerfung unter ihren Führer. Die Folgen sind unausbleiblich und waren voraussehbar. Da dieser Führer unmöglich überall sein kann, da er aber jeden Gefolgsmann mit der Vorstellung getränkt hat, daß die Partei dem Staate zu befehlen habe, so befiehlt in Deutschland nicht einer, sondern es befehlen viele Diktatoren. Sie befehlen sicherlich nicht immer falsch oder schlecht, aber sie befehlen zu häufig falsch und schlecht, und sie befehlen durcheinander. Sie haben nicht einmal mehr die Grundlage einheitlicher Auffassung. Das Parteiprogramm, das ihnen früher noch einen Anhalt bot, ist ja fast in allen Punkten verlassen. Der einzige Grundsatz, der erhalten ist, ist der von der Unfehlbarkeit des Führers. Und so ist auch allmählich in der Partei, die ursprünglich gewiß nicht unter einem Mangel an Energie litt, das Verantwortungsbewußtsein schlafen gegangen. Man verläßt sich, teils stolz und zuversichtlich lächelnd, teils in schwerer Sorge sich zermürbend, darauf, daß der Führer es schon machen werde. Und aus diesem Grundsatz heraus, der aber keine Richtpunkte mehr für klare und einheitliche Einscheidungen gibt, wird dem Staate befohlen. Das heißt, es wird den Beamten, die die Staatsgewalt vertreten, jede Schwierigkeit bereitet, jede Drohung ausgenutzt, wenn ihre Tätigkeit den Wünschen oder den Auffassungen der jeweils zuständigen Parteistelle nicht entspricht. Aber schon in den einzelnen Parteistellen ist vielfach ein Gegeneinander zu beobachten. Auch der Parteiorganisationsapparat dürfte innerlich mit Flucht aus der Verantwortung, mit Reibungen und mit Schreibkrieg überlastet sein. Jedenfalls ist der wunderbare Zustand

19 Seit dem Sturz der Regierung Müller im März 1930 waren Präsidialkabinette an der Macht, die ohne Reichstagsmehrheit mit Hilfe des Präsidenten regierten; vgl. ausführlich zu dem verfassungsrechtlichen Hintergrund S. 273, Anmerkung 3.

entstanden, daß ein großer Teil der Tätigkeit in der öffentlichen Verwaltung dazu aufgewendet werden muß, menschliche Unvollkommenheit erst zu vergrößern und dann wieder den Versuch des Ausgleichs zu machen. Die Menschen werden sich in der öffentlichen Verwaltung untereinander zur Last. Das Ansehen der öffentlichen Verwaltung und ihrer Vertreter im Volke ist auf den Nullpunkt gesunken. Wer fragt noch nach einem Regierungspräsidenten, wenn ein Kreisleiter oder sonstiger höherer Parteifunktionär erscheint?
Wenn trotzdem noch die Verwaltungsmaschine läuft, so liegt das an der Tatsache, daß die Bürger des Staates das Schwungrad noch in Bewegung halten, von dem auch die Verwaltungsmaschine ihre Antriebskraft bezieht. Aber der Erfolg wird gegenüber aufgewendeter Kraft immer geringer. Das überhaupt noch eine Leistung da ist, ist ein Verdienst der Beamtenschaft.
E) Diese Beamtenschaft ist im großen und ganzen gut geblieben. Denn noch ist ihre Mehrzahl ordnungsgemäß vorgebildet und nach Können, Fleiß und Charakter ausgelesen. Diese Zahl wird selbstverständlich immer kleiner; in immer höherem Maße nimmt die Partei auf Ernennungen und Beförderungen Einfluß. Der junge parteibequeme Streber wird vielfach bedenkenlos alten erfahrenen und tüchtigen Beamten vorgeordnet. Die voraussehbare Folge ist eingetreten: ein gewisser Teil der Beamtenschaft hat sich dem Strebertum ergeben; er ist gottlob sehr klein. Ein anderer Teil heuchelt; fast alle aber haben sich dem Zwang unterworfen und zum Lippenbekenntnis entschließen müssen. Da dieses Lippenbekenntnis vielfach nicht mit ihrer inneren Gesinnung übereinstimmt, sind sie unglückliche Menschen geworden, die tiefes Mitleid verdienen, weil ihre Vorgesetzten ihnen nicht genügend Schutz bieten konnten. Die Vorgesetzten, die solchen Schutz wagten, sind aus ihren Ämtern entfernt, uns so ist jeder Beamte auf sich selbst angewiesen. Aber in den meisten von ihnen lebt der heiße Wunsch, wieder anständig zu werden und ihre äußere Haltung mit ihrer wahren Gesinnung wieder in Übereinstimmung zu bringen.
Ebenso schlimm ist, daß der Beamte nicht mehr allein nach sachlichen Gesichtspunkten, die er als vernünftig versteht, entscheiden darf, sondern daß er häufig gezwungen ist, sinnlose, unverständliche, sogar gemeine Befehle auszuführen. So war es bei der Judenverfolgung im November 1938 den Feuerwehr- und Polizeibeamten verboten, irgend etwas zum Schutze des Anstandes, der Menschlichkeit und des Rechtes gegenüber teils verführten, teils gewissenlosen Brandstiftern und Totschlägern zu unternehmen.[20] Darunter leidet der Beamte selbst-

[20] Vgl. zu der Pogromnacht und ihren Folgen Saul Friedländer: Das dritte Reich und die Juden. Bd. 1: Die Jahre der Verfolgung 1933–1939, München 1998, S. 291-328 sowie Peter Longerich: Politik der Vernichtung. Eine Gesamtdarstellung der nationalsozialistischen Judenverfolgung, München und Zürich 1998, S. 190-207. In Goerdelers Heimatstadt Leipzig waren nachts alle drei Synagogen in Brand gesteckt worden; die Leipziger Feuerwehr war anwesend und verhinderte lediglich ein Überspringen der Flammen auf benachbarte Gebäude.

verständlich; schwerer noch als die ungerechte Unterbewertung seines Berufes und die mangelnde Freiheit der Person, drückt ihn der Schmerz über die verlorene Gewissensfreiheit und der ihm aufgezwungene Verlust des Anstandes. Höchste Anerkennung verdient es, daß sich die Beamtenschaft von der Korruption ferngehalten hat, die um sie herum ein immer größeres Ausmaß annimmt. Das wird sich für die Zukunft als wertvoller und wichtiger Baustein erweisen.
Sicher aber ist, daß die Leistungsfähigkeit dieser Beamten sowohl der großen guten, wie der kleinen minderwertigen Gruppe immer geringer wird und immer weniger den Anforderungen entsprechen kann, deren Erfüllung zur Aufrechterhaltung der öffentlichen Ordnung unerläßlich ist. Es erweist sich auch hier als unmöglich, auf die Dauer eine gewordene öffentliche Verwaltung ohne Rechtssicherheit und ohne eiserne Gerechtigkeit aufrecht zu erhalten. Die Folgen der Entseelung, der Entverantwortlichung und des schnellen Leistungsrückganges in der Verwaltung, das Sinken der Autorität des Staates sind unschwer vorauszusehen. Aus dem Staat wird eine mühsam mit Gewalt zusammengehaltene seelenlose und daher letzten schweren Anforderungen nicht gewachsene überorganisierte und daher höchst anfällige mechanische Organisation.
F) Das Reichskabinett ist seit Februar 1938 überhaupt nicht mehr zusammengetreten! Alles, was sich seitdem ereignet hat, selbst die Entscheidung über Krieg und Frieden, ist ohne jede Beratung der Reichsminister durchgeführt. Bestenfalls erhalten die Reichsminister noch die geheimen Informationen, die von den Zentralstellen ausgegeben werden. Sie werden auch nicht einmal in Einzelberatungen durch den Führer des Reiches über Lage und Aussichten unterrichtet. Sie müssen sich, so gut es geht, ihr Bild von der Lage und den Zielen der Reichsführung selbst machen.[21] Man stelle sich einmal vor, daß man die

---

Am Vormittag des 10. Novembers wurden zahlreiche Leipziger Juden durch die Stadt geführt, öffentlich gedemütigt und misshandelt, ohne dass ein Eingreifen der Polizei erfolgte. Vgl. den Augenzeugenbericht des amerikanischen Konsuls in Leipzig, David H. Buffum, vom 21.11.1938; abgedruckt in: Rita Thalmann und Emmanuel Feinermann: Die Kristallnacht, Frankfurt/M. 1987, S. 93-97.

21 Der Übergang des Regierungsmonopols von dem Kabinett auf Hitler setzte mit dem Ermächtigungsgesetz vom 5.3.1933 (vgl. dazu S. 82, Anmerkung 1) ein. Mit der „Änderung der gemeinsamen Geschäftsordnung der Reichsministerien" vom 20.7.1933 war der Beratung und Beschlussfassung in gemeinsamen Kabinettssitzungen die Stellungnahme auf dem Umlaufweg als gleichwertige Behandlungsform von Gesetzentwürfen zur Seite gestellt worden. Seit 1934 waren Kabinettssitzungen immer seltener geworden, die letzte fand am 5.2.1938 statt, und bereits vorher waren wichtige Entscheidungen wie die Remilitarisierung des Rheinlands in den wenigen Sitzungen gar nicht behandelt worden. Während die Gesetzesinitiative sich vom Kabinett auf die Ministerialbürokratie verlagerte und allgemeine Politikrichtlinien sowie endgültige Entscheidungen ausschließlich von Hitler getroffen wurden, erfuhren die einzelnen Reichsminister als Chefs ihrer jeweiligen Ressorts jedoch eine Machterweiterung. Vgl. Lothar Gruchmann: Die „Reichsregierung" im Führerstaat. Stellung und Funktion des Kabinetts im nationalsozialistischen Herrschaftssystem, in: Günther

deutsche Wehrmacht etwa in den Krieg gegen Frankreich geführt hätte, ohne daß der Generalstab die Oberbefehlshaber, diese die kommandierenden Generäle usw., herunter bis zu den Kompanieführern, über die Gesamtziele, Plan und Lage und die daraus für die einzelne Einheit sich ergebende Aufgabe unterrichtet hätten. Die Wehrmacht ist heute noch die einzige Organisation, in der Führung und Freiheit, Befehl und Gehorsam, wenigstens für ihre technischen Aufgaben verständig aufeinander abgestimmt sind. Daß dieser Zustand in der öffentlichen Verwaltung auch wieder hergestellt werden muß, ist selbstverständlich.

7. Die Entthronung des Staats, die Aufsplitterung seiner Verwaltung, die Ohnmacht der Minister, die Zerstörung des Rechtsstaates, die Zersetzung der Moral, die Zerrüttung der öffentlichen Finanzen, die Entseelung des Verantwortungsbewußtseins, haben sich nun in den eroberten Ostgebieten voll ausgewirkt. Welche Zustände dort herrschen, ist bekannt. Die unmenschlichen Verbrechen, die dort begangen werden, müssen und werden die deutsche Ehre für lange Zeit furchtbar belasten.[22] Aber abgesehen hiervon, entwickeln sich die beiden neuen Reichsgaue im Osten und das Generalgouvernement Warschau zu vollkommenen Satrapien. Die dortigen Gewalthaber lehnen die Anordnungen der Reichsregierung brüsk ab. Sie berufen sich auf Sonderbefehle des Führers; Reichsminister hätten in ihren Gebieten nichts zu suchen; sie können bestenfalls aus dem Steuer- und Anleiheaufkommen, das vom deutschen Volke erarbeitet wird, ungezählte und unkontrollierte Mittel zur Verfügung stellen. Jene Gewalthaber erklären, daß in diesen Gebieten alles bisherige Recht zu bestehen aufgehört habe; das neue Recht würden sie erst selbst schaffen.[23] Die Folgen dieser Einstellung

---

Doeker und Winfried Steffani (Hg.): Klassenjustiz und Pluralismus. Festschrift für Ernst Fraenkel zu seinem 75. Geburtstag am 26. Dezember 1973, Hannover 1973, S. 187-223.

[22] Als wichtiges Element des nationalsozialistischen Ziels einer „Neuordnung“ Europas war die antipolnische Politik insbesondere in den dem Reich einverleibten Gebieten Westpolens geprägt von einer Mischung aus organisierten Aktionen und willkürlichen Maßnahmen (vgl. auch Dokument 4.2.2, Anmerkungen 7 und 8). Das Machtvakuum, das zwischen dem Abbruch der Militärverwaltung Ende Oktober 1939 und dem Aufbau der Zivilverwaltung im Frühjahr 1940 entstanden war, förderte die Verfolgung und Ermordung von Geistlichen, Angehörigen der Intelligentsia, Gewerkschaftlern und Großgrundbesitzern. Neben der gezielten Ermordung nach bereits vorbereiteten Fahndungslisten durch SS-Einsatzgruppen fanden brutale Enteignungs- und Umsiedlungsaktionen, Geiselerschießungen, Schikanen und Plünderungen statt. Erst mit der Einführung des deutschen Strafrechts in den Ostgebieten am 6.6.1940 war zumindest formal wieder eine Rechtssicherheit garantiert; allerdings wiesen die besonderen Strafbestimmungen für „Fremdvölkische“ bereits den Weg zu dem späteren Polensonderstrafrecht. Vgl. Broszat, Polenpolitik, besonders S. 38-48. Vgl. auch Manfred Messerschmidt: Völkerrecht und „Kriegsnotwendigkeit“ in der deutschen militärischen Tradition, in: Ders.: Was damals Recht war... NS-Militär- und Strafjustiz im Vernichtungskrieg, hg. v. Wolfram Wette, Essen 1996, S. 191-229.

[23] Vgl. Dieter Schenk: Hitlers Mann in Danzig. Gauleiter Forster und die NS-Verbrechen in Danzig-Westpreußen, Bonn 2000, S. 138 ff.

brauchen nicht dargelegt zu werden. In jenen Gebieten herrscht daher vollendete Rechtlosigkeit, unter der mehr und mehr auch der nationale Opfermut die Reichsfreudigkeit und die Seelen der Deutschen verkümmern, die dort zwei Jahrzehnte gegenüber den Polen auf dem Posten gestanden und eine schwere Pflicht erfüllt haben. Zu schweigen von den Gefühlen der zugewanderten Balten usw., die aufs tiefste enttäuscht sind. Jene Gewalthaber behaupten, sie hätten den Auftrag, aus diesen Gebieten nationalsozialistische Mustergaue zu schaffen. Armes Deutschland!

Neuerdings sind die Reichsgaue Luxemburg, Elsaß und Lothringen ausschließlich den Weisungen des Reichskanzlers und Führers unterstellt. Den militärischen Befehlshabern ist die Stellung von stellvertretenden kommandierenden Generälen zugewiesen; sie haben also nichts mehr zu sagen. Die Gauleiter sind ausdrücklich von allen Bindungen an Reichsminister freigestellt. Sie sind nur ersucht, in wichtigen Fällen mit den Reichsministern Fühlung zu nehmen.[24]

So entstehen in Osten und Westen bereits Satrapien. Diese Entwicklung ist allen entartenden Diktaturen charakteristisch. Sie müssen kommen, weil das Recht entthront und durch Willkür ersetzt ist. Nunmehr nehmen die unteren Gefolgsleute die Willkür auch für sich in Anspruch. Mit fortschreitender Verschlechterung der Wirtschafts- und insbesondere der Ernährungslage im Kriege birgt diese Entwicklung zu Satrapien die Gefahr des Auseinandergleitens des Reiches in sich. Denn wenn die wesentlichen Nahrungsmittel eines Tages nicht mehr reichen, so wird die Willkür in den Überschußgebieten dazu benutzt werden, den Hunger von sich abzuwenden und die Mangelgebiete mit ihren eigenen Schwierigkeiten auf ihre eigene Willkür zu verweisen. Eine solche Entwicklung ist unerbittlich und hat sich bisher stets so vollzogen.

8. In verantwortlichen Parteikreisen gibt es Männer, die diese Entwicklung mit großer Sorge sehen, weil sie ihr Vaterland lieben und wissen, daß ein Staat ohne Autorität seiner Verwaltung gar nicht bestehen kann; genau so wenig wie ein Verein, dessen Vorstand die Dinge nicht in der Hand hat. Aber diese Männer

---

[24] Die Gebiete Luxemburg, Elsass und Lothringen befanden sich nach der Besetzung in einem völkerrechtlichen Schwebezustand: Sie waren nicht offiziell annektiert, standen jedoch unter deutscher Verwaltung. In allen drei Territorien waren die Gauleiter des jeweils angrenzenden NSDAP-Gaus zum „Chef der Zivilverwaltung“ (CdZ) ernannt worden. Die CdZ hatten denselben Status wie die Reichsstatthalter in den Ostgebieten (s.o., Anmerkung 23), d.h. sie waren dem Zugriff der Reichsverwaltung weitgehend entzogen und Hitler direkt unterstellt. Vgl. Lothar Kettenacker: Die Chefs der Zivilverwaltung im Zweiten Weltkrieg, in: Rebentisch/Teppe, Verwaltung contra Menschenführung, S. 396-417 sowie Peter Hüttenberger: Die Gauleiter. Studie zum Wandel des Machtgefüges in der NSDAP, Stuttgart 1969, S. 147 ff.; zum Überblick Wolfgang Benz: Typologie der Herrschaftsformen unter deutschem Einfluss, in: Ders., Johannes Houwink ten Cate und Gerhard Otto (Hg.): Die Bürokratie der Okkupation. Strukturen der Herrschaft und Verwaltung im besetzten Europa, Berlin 1998, S. 11-25.

können sich nicht mehr durchsetzen, die Entwicklung ist viel zu weit vorgeschritten. Nachdem man auch das Verbrechen benutzt hat, um Macht zu gewinnen und zu erhalten, kann man nicht mehr zu den Grundsätzen zurück, deren Anwendung allein noch die schweren Schäden heilen kann.

Diese Grundsätze sind: Wiederherstellung der Stellung des Staates und seiner Organe gegenüber allen zersetzenden, in Wahrheit überdemokratischen Einrichtungen, also gegenüber der Allgewalt einer Partei ebenso gegenüber der Macht von Parteien. Auf dieser Grundlage klare Gliederung der allgemeinen Staatsverwaltung und Beseitigung aller überflüssigen Dienststellen und Behörden; die ordentlichen Behörden werden wieder allein zuständig und verantwortlich. Selbstverwaltung wird wieder auf die Teilnahme der Bürger abgestellt und für die Erfüllung ihrer Aufgaben selbständig gelassen, aber auch verantwortlich gemacht. Die Beamten werden wieder in die Lage versetzt, auf gesicherter Rechtsgrundlage nach den Grundsätzen der Moral und somit nach der Stimme des Gewissens und der Vernunft ihr Amt zu versehen. Nur unter dieser Voraussetzung können sie für ihre Handlungen verantwortlich gemacht werden. Selbstverständlich muß durch Beratungen im Reichskabinett sichergestellt werden, daß alle Verwaltungszweige einheitliche Richtlinien erhalten und so ihre Arbeit nach einheitlichen klaren Grundsätzen erfolgen kann.

Es ist denkbar einfach, diese richtigen Grundsätze durchzuführen. Man muß nur nicht eine klare Erkenntnis damit beantworten, daß man sich Scheuklappen vorbindet, sondern mit dem Entschluß, das Unerläßliche zu tun. Fest und gläubig darauf bauend, daß sich hinter die Sache der Wahrhaftigkeit und der Reinheit immer die entscheidende Kraft der Deutschen stellen wird.

5.2.5 Die Zeit

maschinenschriftliche Denkschrift vom November 1940; BAK, N 1113, Bd. 18.

Die Nahrungsmittel- und Rohstoffversorgung wird im nächsten Kriegsjahr zusammenbrechen; Staatsverwaltung und Bildungswesen müssen reorganisiert werden; die staatlich verfügte Tötung von Geisteskranken sowie Wehrmachtsverbrechen sind symptomatisch für den moralischen Verfall. Militärische Erfolge haben für die deutsche Zukunft jede Bedeutung verloren; entscheidend sind solide Wirtschafts- und Finanzpolitik, Rechtssicherheit und moralisch verantwortungsvolle Innenpolitik.

November 1940

Was an Zeit zur Sicherung der Zukunft des deutschen Volkes noch zur Verfügung steht, ergibt sich aus den bisherigen Darlegungen.

1. Die Ernährung ist bestenfalls bis August 1941 in dem bisherigen Umfange möglich. Aber soweit übersehbar, sinken bereits bis dahin Fett- und Fleischrationen weiter. Kohl und Gemüse werden nach Weihnachten allmählich verschwinden; schon sind in den letzten Wochen Kundenkarten angeordnet. Obst ist außer in Württemberg und Teilen Hessen-Nassaus nicht vorhanden. Die

heutige Ernährung reicht nicht aus, um die Leistungsfähigkeit der Arbeiter zu erhalten; sie sinkt. Sie sinkt um so stärker, weil die seelischen Kräfte, wie dargelegt, längst verbraucht sind und sich immer nur kurzfristig wieder aufmöbeln lassen. Propaganda vermag hieran nichts mehr zu ändern; sie hat sich endgültig durch ihre jahrelange Unwahrheit totgelaufen. Natürlich wird es immer einige Dummköpfe oder Phantasten geben, die auch weiterhin alles glauben, was ihnen vorgesagt wird. So ist bereits der Sog nach unten angetreten, die Produktion fällt ständig. Ab August 1941 treten wir, welches auch immer die militärischen Ereignisse der nächsten zehn Monate sein werden, an die Seite der anderen hungernden europäischen Völker.[1] Damit wäre dann das Kriegspotential im wesentlichen erschöpft. Den Gedanken, dann mit wohlgenährten Soldaten weiter Krieg zu führen, kann man nicht ernsthaft erwägen, denn im Zeitalter der allgemeinen Dienstpflicht wird die Armee immer bald ein Spiegelbild des Volkes.
Im Herbst 1941 ist die wirtschaftliche Leistungsfähigkeit auch aller übrigen europäischen Staaten endgültig zusammengebrochen; woran sie zusammenbricht, ist mehrfach dargelegt; an der Unterdrückung der nationalen Seele, an der geradezu vorsätzlichen Verwüstung der öffentlichen Finanzen, an wirtschaftlicher Ausbeutung. Wie schnell diese Zerstörungen vor sich gehen, wird sich noch in diesem Jahre bei Rumänien erweisen. Es ist erst seit wenigen Wochen besetzt, aber schon sind seine öffentlichen Finanzen in voller Auflösung, weil man Rumänien Besatzungskosten auferlegt, die der Staat nicht tragen kann. Die Rumänen werden ersatzweise ihre Produktion an Öl und Getreide kostenlos abliefern und erhalten dafür vom Staat Rumänien wertloses Papiergeld.[2] Die innere Auflösung Rumäniens wird beschleunigt durch die Zerstörung des in 700 Jahren aufgebauten deutschen Volkstums. Vor kurzer Zeit ist zum Führer des deutschen Volkstums ein 28jähriger Student der Theologie, den niemand kennt, der bisher nicht einmal Prüfungen abgelegt hat, ernannt worden. Er ist munter ans Werk gegangen, das zu zerstören, was 25 Generationen deutscher Männer und Frauen in zähem Festhalten am deutschen Volkstum in fremdem Staate aufgebaut haben.[3] Die sogenannten Legionen in Rumänien sind nicht mehr wert als jede andere rumänische Organisation. Sie sind bestechlich und bestehen überdies zum Teil aus unerfahrenen, zum Teil verbrecherischen Elementen; es ist keine Ehre, insbesondere nicht für die deutsche Armee, sich mit

1 Vgl. zur Ernährungslage in Europa S. 802 ff., Anmerkungen 2 und 7.
2 Vgl. zu den Besatzungskosten S. 787 ff., Anmerkungen 9 und 13.
3 Andreas Schmidt, Jahrgang 1912, hatte in den 30er Jahren die Studiengänge Theologie, Jura und Landwirtschaft nacheinander begonnen und wieder abgebrochen. Mitglied der deutschen Volkspartei in Rumänien (DVR) und überzeugter Nationalsozialist, versuchte er, der DVR einen dezidiert nationalsozialistischen Charakter zu geben. Vgl. Johann Böhm: Das nationalsozialistische Deutschland und die Deutsche Volksgruppe in Rumänien 1936–1944. Das Verhältnis der Deutschen Volksgruppe zum Dritten Reich und zum rumänischen Staat sowie der interne Widerstreit zwischen den politischen Gruppen, Frankfurt/M. 1985, S. 123 ff.

solchen Elementen einzulassen. Wir ernten auch in Rumänien binnen kurzem Haß und Verachtung.[4]

Der Stand der Wirtschaft und ihr voraussichtlicher weiterer Ablauf nötigt zur Beendigung des gegenwärtigen Zustandes spätestens Ende 1941. Je später, um so größer und länger der dem Kriegsende folgende Hungerzustand. Denn um so mehr Nahrungsmittel und Rohstoffe sind zu seiner Behebung erforderlich, um so geringer der verfügbare Schiffsraum.

2. Auf dem Gebiete der Verwaltung ist der Zerfall des Reiches im Gange. Die beiden neuen Ostgaue und die neuen Westgaue sind bereits von der Reichsregierung unabhängig.[5] In ihnen wird eine Verwaltung entwickelt, in der nur wenig Sachkunde zu finden ist. Die Stimmung der guten Beamten nähert sich dem Zustande der Hoffnungslosigkeit. Um so hemmungsloser werden nunmehr die unerfahrenen Kräfte wirken, um so toller wird die Über- und Desorganisation. In welchem Umfange sich bei wirtschaftlichem Zusammenbruch das Vertrauen der Beamtenschaft in eine gerechte Staatsführung noch wiederherstellen läßt, kann nicht mit der Logarithmentafel errechnet werden.

   Vom Standpunkt der verfassungs- und verwaltungsmäßigen Zustände aus ist die sofortige Wiederherstellung von Recht und Moral unaufschiebbar.

3. Der Stand der Erziehung sinkt immer tiefer. Die Nachtalarme, die Verschickung von Kindern tragen das ihre dazu bei. Von den Lehrern gilt, was von den Beamten gesagt wurde. Sie sind müde, gleichgültig und hoffnungslos geworden. Solche Lehrkräfte vermögen kein Feuer mehr auszustrahlen. Es ist heute nach der Meinung ernsthafter Pädagogen, selbstverständlich auch solcher, die lange der Partei angehören, so weit gekommen, daß wir durch Entsendung junger Assistenten ins Ausland erst wieder den Anschluß an den inzwischen fortgeeilten Bildungsstand der anderen, insbesondere der Engländer und Amerikaner, finden müßten. Denn ohne Gleichwertigkeit in der Bildung werden wir nicht fähig, den etwaigen Wettkampf um die besten Leistungen zu bestehen. Augenblicklich

---

[4] Die faschistisch-antisemitische Organisation „Legion Erzengel Michael“ war in der 1930 gegründeten Massenorganisation „Eiserne Garde“ aufgegangen und bildete deren festen Kern. Sie war seit ihrer Gründung 1927 hauptsächlich durch politische Morde an den innenpolitischen Auseinandersetzungen in Rumänien beteiligt. Während der Wirtschaftskrise in den 30er Jahren erhielt die Eiserne Garde dank ihrer antisemitischen Agitation massenhaften Zulauf, und wurde so ein wichtiger politischer Machtfaktor. Nachdem Rumänien im Sommer 1940 fast die Hälfte seines Staatsgebiets an die Sowjetunion, Ungarn und Bulgarien verloren hatte, musste der rumänische König abdanken. Seit dem September 1940 regierte der neue Ministerpräsident Ion Antonescu mit außerordentlichen Vollmachten; seine autoritäre Staatsführung stützte sich auf die Eiserne Garde. Vgl. Martin Broszat: Deutschland – Ungarn – Rumänien, in: Funke, Hitler, Deutschland und die Mächte, S. 524-564 sowie Armin Heinen: Die Legion „Erzengel Michael“ in Rumänien. Soziale Bewegung und politische Organisation, München 1986.

[5] Vgl. zu der deutschen Verwaltung ehemals polnischer Gebiete S. 822, Anmerkung 24.

leben wir von verschwommenen, durch Phrasen genährten Vorstellungen auf der einen Seite und von einem geradezu rührend anmutenden Ernst der Jugend auf der anderen Seite. Von diesem Standpunkt aus ist überhaupt keine Minute mehr zu verlieren.[6]

4. Über den moralischen Zustand ist genug gesagt. Dem Volke ist er durch [nichts] so offenbar geworden wie durch die Tötung der sogenannten unheilbar Geisteskranken.[7] Selbst die deutschen Gaue, die noch aus der Natur der Menschen heraus bisher gläubig nach oben sahen, sind plötzlich erwacht; denn sie sagen sich, daß diese Ungeheuerlichkeiten nicht vor sich gehen können, ohne daß sie von der obersten Führung gedeckt werden. Und damit ist gerade in diesen Gauen das Vertrauen unwiederbringlich zerstört. Schon fängt man an, ob begründet oder nicht, davon zu sprechen, daß die Tötungsaktion bald auf weitere Kreise ausgedehnt wird, z.B. auf überalterte, auf Insassen von Konzentrationslagern usw.[8] Das ergreifendste aber ist, daß die Jugend anfängt, sich über die Sittenverderbnis bestimmter Kreise zu unterhalten und sich über den Ernst der Lage klar zu werden. Hier erwachsen, wenn die Dinge so weitergehen, der

---

6 Zu Goerdelers Beurteilung der Erziehung unter dem NS-Regime s. Stand des Bildungswesens vom Juli 1940; Dok. 5.2.3, oben S. 792 ff.

7 Die nationalsozialistischen Massenmorde an geistig Behinderten setzten direkt nach Kriegsbeginn ein mit der Tötung von geisteskranken Kindern; seit dem Januar 1940 wurden erwachsene Behinderte in besondere Anstalten verlegt, wo sie durch Injektionen oder Giftgas getötet wurden. Als Rechtsgrundlage diente ein Schreiben Hitlers, während ein geplantes „Gesetz über die Sterbehilfe" nie in Kraft gesetzt wurde. Die Vernichtungsaktion, seit dem Umzug der „Euthanasie-Verwaltung" in die Berliner Tiergartenstraße 4 „Aktion T4" genannt, hatte als Grundlage die Erfassung aller Heil- und Pflegeanstalten und die Meldepflicht sämtlicher in ihnen untergebrachter Patienten. Die nur halbherzige Tarnung der Aktion in der Öffentlichkeit und die erzwungene Kooperation der Anstalten, die sich i.d.R. in kirchlicher Trägerschaft befanden, führten zu Protesten vor allem von Geistlichen. Im August 1941, nach der Ermordung von über 70.000 Behinderten, wurde die Aktion aufgrund der massiven Proteste offiziell eingestellt. Vgl. Götz Aly (Hg.): Aktion T4. 1939–1945. Die „Euthanasie"-Zentrale in der Tiergartenstraße 4, 2., erw. Aufl. Berlin 1989 sowie Ernst Klee: „Euthanasie" im NS-Staat. Die „Vernichtung lebensunwerten Lebens", Frankfurt/M. 1983.

8 Nach dem offiziellen Abbruch der „Aktion T4" (s.o., Anmerkung 7) im Sommer 1941 wurde die Vernichtungsaktion tatsächlich auf Konzentrationslager ausgedehnt; das Personal und die Tötungsanstalten der „Aktion T4" wurden dafür übernommen. Die Häftlinge wurden nach medizinischen, aber auch nach rassischen und kriminellen Kriterien von den SS-Lagerärzten „vorselektiert" und von Ärzten der T4-Inspektion bestätigt. Friedlander schätzt die aufgrund dieses Verfahrens vergasten Häftlinge auf 20.000. Vgl. Henry Friedlander: Der Weg zum NS-Genozid. Von der Euthanasie zur Endlösung, Ulm 1997, S. 237 ff. sowie Walter Grode: Die „Sonderbehandlung 14f13" in den Konzentrationslagern des Dritten Reiches. Ein Beitrag zur Dynamik faschistischer Vernichtungspolitik, Frankfurt/M. 1987.

Armee die allerernstesten Folgen. In jedem deutschen Jungen steckt ein Stück Soldat. Aber wehe, wenn das ideale Bild, was er sich vom deutschen Soldaten gemacht hat, dadurch geschändet wird, daß die Wehrmacht Verbrechen und Unmoral nicht nur duldet, sondern wenn selbst Offiziere der Zügellosigkeit namentlich in den besetzten Gebieten obliegen![9] Schon wird zu viel von dem lockeren Leben selbst verheirateter Offiziere gesprochen. Oder ist es etwa nicht ernst, wenn die Studenten dies sagen und sich dann dazu bekennen, daß es nun an ihnen liege, eine vorbildliche Lebensführung zu verkörpern? Für die Zukunft des deutschen Volkes braucht niemandem, der sein Vaterland liebt, bange zu sein, denn die Sehnsucht der Jugend nach Wahrhaftigkeit läßt sich nicht zerstören; aber um die organische Gestaltung dieser Zukunft muß man sich die ernstesten Sorgen machen, wenn die Jugend mit Recht beginnt, den Älteren mangelnde Charakterfestigkeit und sogar moralische Zügellosigkeit zum Vorwurf zu machen und ein solches Tun abzulehnen. Denn organisch kann die Zukunft nur gestaltet werden, wenn es den erfahrenen und sauberen Kräften gelingt, die Führung wiederzugewinnen und zu behalten. Das ist aber nur möglich, wenn sie den Weg des Rechtes und der Wahrhaftigkeit wieder erzwingen. Um jede Minute, die die Entwicklung so weiterläuft wie jetzt, entfernen wir uns von der organischen Gestaltungsmöglichkeit.

5. Von jedem der Hauptgesichtspunkte aus ist also die Zeit begrenzt.
Die letzte Entscheidung ist aus der außenpolitischen Lage und aus der Lage der Wehrmacht zu entnehmen. Außenpolitische Lage ist nicht gleichbedeutend mit militärischer Lage. Militärisch mögen weitere, ja weiteste Erfolge möglich sein. Für die Zukunft unseres Volkes haben sie ihre Bedeutung verloren. Sie werden lediglich noch davon bestimmt, ob es rechtzeitig gelingt, Moral, Recht und Wahrhaftigkeit in staatlicher Ordnung, Finanzen und Wirtschaft herzustellen. Welche außenpolitische Frucht damit zu pflücken ist, ergibt sich wieder aus der richtigen Behandlung aller anderen Völker, dem rechtzeitigen Ausklingen der Gefühle des Hasses und der Verachtung, die um uns hervorbrechen. Heute ist dies alles noch möglich. Ob es möglich ist, wenn etwa im Herbst 1941 das deutsche Kriegspotential offensichtlich vor der Welt verdunstet, und das Deutsche Reich in Selbsterhaltungszonen auseinander zu fließen beginnt, ist überaus fraglich. Ein so großes Risiko darf die Politik nicht laufen, bloß weil es bequemer ist, die Dinge überreif werden zu lassen. Auch hier läßt sich nur sagen: der außenpolitische Erfolg ist um so sicherer, je früher die notwendigen innenpolitischen Voraussetzungen für ihn geschaffen werden.
Heute steht die Wehrmacht noch furchtgebietend vor der Welt da. Die Verdunstung des deutschen Kriegspotentials kann auch sie sich als Heer der allgemeinen Dienstpflicht nicht entziehen. Ihr innerer Wert muß angesichts des moralischen Zustandes, der sich in führenden Kreisen und besonders in den besetzten Gebie-

[9] Vgl. insbesondere zur Besatzungspolitik in Polen S. 774, Anmerkung 8.

ten breit macht, ohnehin sinken. Irgendwo steht also auf dem Wege der Wehrmacht das Tor „Zu spät!". Passiert sie dies Tor, so wird sie als organische Einheit unter organischer Führung nicht mehr bestehen. Dies voraussehbare Geschick abzuwenden, ist gerade für diejenigen höchste Pflicht, die schon einmal nach einem bitteren Zusammenbruch erfahren haben, wie schwer ein neuer Aufbau ist.

5.2.6 Gesamtlage

maschinenschriftlliche Denkschrift vom November 1940; BAK, N 1113, Bd. 18.

Geistes- und Gewissensfreiheit, Rechtssicherheit, Toleranz, Moral und Religiosität sind Voraussetzungen einer erfolgreichen Staatsführung. Die innenpolitische Situation in Deutschland ist verheerend: Mit dem Vierjahresplan wurde eine ruinöse Wirtschafts- und Finanzpolitik eingeleitet; der allgemeine Bildungsstand ist im Sinken begriffen; Parteieingriffe vernichten die Verwaltung. Die außenpolitische Konstellation macht einen militärischen Sieg für Deutschland langfristig unmöglich: Der Dreimächtepakt umfasst bereits alle Verbündeten, auf die Deutschland zählen kann; mögliche weitere Beitritte südosteuropäischer Staaten sind bedeutungslos; Italien ist als Bündnispartner unzuverlässig, als militärische Macht bedeutungslos; Japan steht vor der wirtschaftlichen Erschöpfung; mit Frankreich müsste eine echte Verständigungspolitik gesucht werden, um es als Bündnispartner zu gewinnen; Russland ist unzuverlässig und schwach aufgrund seiner innenpolitischen Situation; die USA werden hinter Großbritannien stehen. Der Krieg ist unnötig und kann nicht gewonnen werden; das Ziel muss die Bildung einer europäischen Union sein, deren Voraussetzung die Wiederherstellung einer gesunden Wirtschaftspolitik, der Grundrechte und der Völkerfreiheit ist.

November 1940

Aufgabe jedes Staates ist es, die auf Erhaltung und Verbesserung des Lebens gerichtete, naturgesetzlich gebotene Arbeit (Wirtschaft) seiner Bürger zu schützen, alle dieser Tätigkeit dienenden Kräfte zu stärken, sie vor Entartung zu bewahren und ihnen eine möglichst lange Dauergeltung sicherzustellen.

Die abgeschlossene Geschichte vergangener Staaten, die lebendige Geschichte der gegenwärtigen, in Sonderheit aber die Geschichte unseres eigenen Volkes und seiner Staatengründungen geben vollkommene Klarheit über die Voraussetzungen, die von der Staatsführung zur Lösung jener Aufgabe zu erfüllen sind. Der Mensch lebt nicht vom Brot allein, sondern er hat eine Seele. Daher gelangt er zur höchsten Leistungsfähigkeit auf allen Gebieten auch nur, solange es gelingt, die seelischen Bedürfnisse zu befriedigen. Kein Volk lebt allein auf dieser Welt. Gott hat auch noch andere Völker geschaffen und sich entwickeln lassen. Eine rein materialistische Betrachtung, die aber graue Theorie ist, könnte zu der Annahme führen, daß der Staat am besten seine Aufgabe erfüllt, der sich allen anderen gegenüber rücksichtslos auch mit Gewalt durchsetzt. Eine solche Betrachtung entspricht aber weder unserem seelischen Bedürfnis noch auch den Erkenntnissen der Vernunft. Ewiger Kampf bedeutet dauernde Kräftevergeudung. Ewige Unterdrückung anderer widerspricht offenbar ebenso den Geboten Gottes wie der vernünftigen und durch die Geschichte bewiesenen Erkenntnis, daß nur freie Menschen höchste Leistungen vollbringen und daß nur deren gegenseitiger Austausch dauernd Leben erhält und verbessert. [Nie wird der Mensch vollkommen sein. Dauernd wird er zwischen dem Naturgesetz, das ihm gebietet, sein Leben im Kampf][a] mit den Kräften der Natur, also auch mit anderen Menschen zu erhalten, und jener Erkenntnis hin- und herzuwandern. Erfolg wird diejenige Staatsführung haben, die dieses Hin- und Herschwanken auf ein Mindestmaß begrenzt und immer wieder mit weisen Mitteln einer Harmonie zwischen den beiden Polen zustrebt.

Die Geschichte lehrt uns daher auch klar, daß zu den Voraussetzungen erfolgreicher Staatsführung gehören: die Anerkennung und Ausnutzung aller Naturkräfte und Naturgesetze, ihre durch nichts behinderte Erforschung, daher die Freiheit des Geistes; die Befriedigung der seelischen Bedürfnisse, daher die Freiheit des Gewissens; der harmonische Ausgleich zwischen Trieb und Seele, daher Recht und Gerechtigkeit; die Sammlung aller körperlichen, geistigen und seelischen Kräfte in Vaterlandsliebe und menschliche Tugend, die Einordnung in die Schöpfung Gottes, daher die Rücksicht auf die Anschauungen und Interessen anderer und nicht zuletzt das ewige Suchen nach dem Sinn des Lebens und die dauernde Unterwerfung unter die Allgewalt Gottes. Nur die Perioden, in denen der naturhafte Lebens- und Geltungswille der Menschen und Völker von der Erkenntnis dieser Voraussetzungen und ihrer harmonischen Erfüllung durchdrungen waren, waren glückliche.

Soll unserem Volke eine gesicherte Stellung geschaffen werden, so müssen diese Voraussetzungen erfüllt, so müssen alle unsere Kräfte, die seelischen, geistigen und körperlichen, zu einer Sinfonie vereinigt werden. Wir müssen im Kampfe des Lebens die Gesetze der Natur, die Gebote Gottes beachten; sie richten sich an Geist, Körper und Seele. Daß sie jetzt nicht beachtet werden, ist in den Betrachtungen über den Stand der Finanzen, über den moralischen Zustand, über den Stand des Bildungswesens und über den Stand von Wirtschaft und Verwaltung dargelegt.[1] Es besteht auch weder Erkenntnis noch Wille, diese Harmonie etwa nach dem Kriege herzustellen. Auf dieser allgemeinen Grundlage heben sich folgende Tatbestände der Gegenwart ab, die für die Beurteilung der politischen Lage wesentlich sind:

1. Die wirtschaftlichen Kräfte des deutschen Volkes sind seit dem Entschluß zum Vierjahresplan im Jahre 1936 immer stärker überbeansprucht. Das ist die logische Folge dessen, daß man mit der Phantasie entsprungenen Finanzierungskunststücken die Mittel künstlich zu erweitern versucht hat, die dem deutschen

[a] Die eingefügte Textstelle ist bei dem Original anscheinend durch den Seitenumbruch verloren gegangen. Da der Absatz wörtlich dem zweiten Absatz in Dokument 4.3.1 entspricht, ist die fehlende Stelle zur besseren Verständlichkeit hinzugefügt worden.

[1] S. Goerdelers „Lageberichte“ vom Juli und September 1940; Dok. 5.2.1 ff., oben S. 769 ff.

Volke für alle seine Lebensbetätigungen zur Verfügung stehen. So ist die Lebenshaltung immer tiefer gesunken. Wir sind in den Krieg nicht etwa eingetreten in dem gut gepolsterten Wirtschaftsstand von 1914, sondern in einem Zustand, in dem die Rippen schon sichtbar wurden. Kein Zweifel kann darin bestehen, daß im Herbst 1941 auch in Deutschland nur noch solche Lebensmittelrationen möglich sind, die praktisch Hunger bedeuten. An dieser Tatsache kann durch keine irgendwie geartete Eroberung noch etwas geändert werden, davon später. Die Leistungsfähigkeit der Menschen beginnt heute bereits sichtbar nachzulassen. Im Herbst 1941 muß aus von der Natur gesetzten Gründen heraus der Abfall ein gewaltiger werden. Im übrigen sei auf die Sonderdarstellungen verwiesen.[2]

2. Dieser Abfall wird um so größer, als die seelischen Kräfte des deutschen Volkes noch viel stärker erschöpft sind, als die physischen es zu sein scheinen. Immer wieder ist darauf hingewiesen, daß die höchste Leistungsfähigkeit auch auf wirtschaftlichem Gebiete nur erreicht werden kann, wenn die seelischen Bedürfnisse geachtet und gepflegt werden. Daß dies seit Jahren in zunehmendem Maße nicht der Fall ist, ist in Sonderdarstellungen dargelegt.
3. Der Bildungsstand des deutschen Volkes sinkt, wie alle Sachverständigen ohne Rücksicht auf Parteigesinnung bestätigen müssen, erschreckend und nunmehr rapide. Die Höhe der Bildung auf allen Gebieten aber ist entscheidend für den im Krieg und im Frieden zu bestehenden Leistungskampf eines Volkes. Auf die Sonderdarstellung sei verwiesen.[3]
4. Die Verwaltungsmaschine holpert noch eben notdürftig auf den in den letzten Jahrzehnten ausgefahrenen Geleisen. Auch sie zehrt von dem in der Vergangenheit errichteten Kapital. Von einer einheitlichen Leitung, von selbständiger, verantwortungsbewußter Führung, die fähig ist, sich in das Ganze einzuordnen, ist kaum noch etwas zu spüren. Befehle, die mit den zur Verfügung stehenden Mitteln gar nicht ausführbar sind, wechseln miteinander ab. Mehr und mehr wird jeder Gauleiter sein eigener König. Immer mehr dringen ungeschulte, vom Parteiwillen gelenkte Kräfte in die Verwaltung ein. Diese letzteren blenden den oberflächlichen Betrachter durch einen gewissen Energieaufwand und -einsatz. Aber hinter dieser Energie stehen Geltungssucht und Unkenntnis; so kann diese Energie nicht zum gemeinen Besten dienen und führen. Auf die Sonderdarstellung sei verwiesen.[4]
5. Die nationalen Lebensnotwendigkeiten des deutschen Volkes waren durch harmonische Ausbildung und Einsatz aller Kräfte, insbesondere derjenigen des

---

[2] Zur Ernährungslage in Deutschland und im besetzten Europa vgl. S. 802 ff., Anmerkungen 2 und 7.

[3] S. Stand des Bildungswesens vom Juli 1940; Dok. 5.2.3, oben S. 792 ff.

[4] Zur Machtposition der Gauleiter, insbesondere in den besetzten Gebieten, vgl. S. 822, Anmerkung 24.

Geistes, *ohne Krieg* zu verwirklichen. Dies kann jederzeit nachgewiesen werden, die unerbittliche Geschichte wird eine geradezu überwältigende Klarheit hierüber bringen. Vielleicht waren einige militärische Handlungen erforderlich, um die notwendigen Grenzberichtigungen zu erzielen. Aber es war möglich, sie politisch so vorzubereiten, daß sie gewissermaßen als feine Blinddarmoperationen mit sicherem Erfolg und ohne den ganzen Körper in Anspruch zu nehmen und zu gefährden, durchgeführt werden konnten. In einigen Jahren des Friedens mußten, wie mehrfach dargelegt, die zweifellos vorhandenen schwachen Stellen im englischen Weltreich offenbar werden, ebenso wie die große Sehnsucht der Franzosen, einer neuen kriegerischen Auseinandersetzung mit Deutschland zu entgehen. Im friedlichen Wettkampf hätte sich die gewaltige Überlegenheit des deutschen Volkes über das französische ergeben. Preußen hat vor hundert Jahren die Einigung Deutschlands auf das großartigste und weiseste durch harmonische Anwendung eben *aller* Kräfte herbeigeführt. Es zog für den ihm durch Napoleon *aufgezwungenen* Befreiungskampf die besten *deutschen* Männer an sich. So schuf es in jenen Jahren tiefster Erniedrigung, bauend auf die Entwicklung des 18. Jahrhunderts, die geistige Einigung der Deutschen.[5] Ihr ließ es in der ersten Hälfte des vorigen Jahrhunderts, die technische Entwicklung des Eisenbahnwesens ausnutzend und auf jene geistige Einigung bauend, im Preußischen Zollverein und im Norddeutschen Bund die wirtschaftliche Einigung folgen. Die politische Einigung brachten die kurzen, vom Standpunkt der Politik aus gesehen, lokalen Operationen von 1866 und 1870.[6] Welcher Abstand der Unüberlegtheit, der Oberflächlichkeit, der Furiosität der Politik seit Bis-

[5] Nach der preußischen Niederlage gegen Frankreich 1807 (vgl. S. 19, Anmerkung 2) begann mit den preußischen Reformen eine Phase, die Wehler als „defensive Modernisierung" charakterisiert. Der gleichzeitig entstehende Nationalismus verband ein identitätsstiftendes Motiv mit dem sich aus den Reformen speisenden Mythos einer „nationalen Erneuerung". Die historiographische Überhöhung der preußischen Reformen und der Person des Freiherrn vom Stein, die insbesondere nach dem Versailler Vertrag 1919 wieder verstärkt betrieben wurde, interpretierte die Reformen als geistige Grundlage der deutschen Nationsbildung. Vgl. ausführlich zu den preußischen Reformen Wehler, Deutsche Gesellschaftsgeschichte, Bd. 1, S. 397-485, zu deren Bewertung ebd., S. 506-530.

[6] Die geradezu zwangsläufig anmutende Entwicklungslinie, die Goerdeler hier zeichnet, ist eine ex-post-Interpretation und verkennt den Dualismus zwischen Preußen und Österreich seit dem 19. Jahrhundert. Die Bildung des Deutschen Zollvereins 1834 war nicht zuletzt der Versuch Preußens, seine Stellung in Deutschland durch wirtschaftliche Interessenbindungen zu stärken. Der Norddeutsche Bund wurde bereits während des preußisch-österreichischen Krieges 1866 geschlossen und bereitete mit seiner umfassenden verfassungs-, militär-, wirtschafts- und finanzpolitischen Gesetzgebung die Reichsgründung, die den Kriegsgegner Österreich eben nicht einschloss, vor. Die Gründung des Deutschen Reiches 1871 war nicht zuletzt bestärkt worden durch die negative Integration der deutschen Staaten im Krieg gegen Frankreich 1870. Vgl. Siemann: Vom Staatenbund zum Nationalstaat, S. 337-342; 415-430.

marcks Abgang bis heute! Eine vollkommen gedankenlose Überspanntheit des Kräfteeinsatzes ohne klare Ziele und ohne Rücksicht auf die scheinbar nicht beteiligten Komplexe (Geist und Seele)! Der gegenwärtige Krieg hat, wie dargelegt, seine Ursache einmal in der immer hemmungsloser gewordenen Anbetung der Macht, in einer immer zügelloseren Herrschsucht, aber auch in der klaren Erkenntnis, daß sich die furchtbaren Auswirkungen einer falschen Wirtschafts- und Finanzpolitik dem deutschen Volke nicht länger verheimlichen ließen. Die Mittel, die angewandt sind, um dem deutschen Volke den Krieg als aufgezwungen und unvermeidlich erscheinen zu lassen, sind von einer Skrupellosigkeit, wie sie jedenfalls in der Geschichte des deutschen Volkes bisher nicht bekannt war. Es ist an anderer Stelle dargelegt,[7] daß kein militärischer Erfolg einen lebenswerten dauerhaften Frieden herbeiführen kann, wenn nicht zuvor die moralische Sauberkeit wieder hergestellt und eine den Naturgesetzen entsprechende Wirtschafts- und Finanzpolitik mit aller Härte in Angriff genommen wird. Es ist dargelegt, daß es nicht einmal möglich ist, Entbehrung, Hunger und Seuchen zu vermeiden, selbst wenn militärische Erfolge dazu führen sollten, daß Deutschland ganz Europa und Afrika militärisch beherrscht, es sei denn, daß jene Voraussetzungen zunächst erfüllt würden. Da es sich hier um unentrinnbare Gesetze handelt, ist es nicht schwer, unbeirrbar bei dieser Auffassung zu verbleiben.

6. Deutschland beherrscht zur Zeit Europa westlich Rußlands und ohne Spanien und Italien. Es ist zweifellos unschwer möglich, die deutschen Armeen auch nach Jugoslawien, Bulgarien, Griechenland und Spanien zu führen. Der Überlegenheit der deutschen Truppen sind jene kleinen Völker heute, auch wenn sie sich zusammentäten, zweifellos nicht gewachsen. Ebenso wäre es sicher technisch möglich, noch Italien zu besetzen; da die Italiener das wissen, so befinden sie sich einstweilen im Banne der deutschen Macht, ebenso wie die anderen genannten kleinen Staaten. Aber die Kriegsentscheidung ist hiermit noch nicht gewonnen. Denn die mangels weiser Erkenntnis der Totalität alles politischen Handelns bereits vergeudeten oder nicht entwickelten deutschen Kräfte sind die des wirtschaftlichen Tuns und die der Seele. Es sei auf die eingangs genannten Sonderabhandlungen verwiesen. Die wirtschaftlichen und seelischen Kräfte sind schon vor diesem Kriege, etwa seit 1936, zu einseitig und viel zu stark aufgebraucht; die wirtschaftlichen können daher durch erbeutete und eroberte Vorräte nur vorübergehend angereichert werden. Zu ihrer Wiedererstarkung gehört, wie mehrfach dargelegt, der Güteraustausch mit anderen Kontinenten.[8] Afrika allein würde, wie ebenfalls mehrfach dargelegt, den Mangel nicht decken können. Bleibt die Frage, ob nicht die Naturschätze und Kräfte der unter deutscher Macht befindlichen Gebiete vollkommener für deutsche Zwecke nutzbar

[7] S. Moralischer Zustand vom 1.7.1940; Dok. 5.2.1, oben S. 769.
[8] Vgl. zum deutschen kriegsbedingten Importausfall S. 807, Anmerkung 8.

gemacht werden können. Diese Frage kann nicht klar und entschieden genug verneint werden. Um sie zu lösen, bedürfte es der freudigen Mitarbeit der Menschen dieser Gebiete. Kleine Gruppen mögen dazu bereit sein, aber nicht aus Liebe zu ihrem Volk oder aus Treue zu ihrem Lande, sondern teils aus Dummheit, teils aus Geltungssucht, teils aus materiellen Beweggründen heraus. Das jetzige System hat es wirklich dahin gebracht, alle besetzten Gebiete auszusaugen, die große Masse der Völker ebenso wie die edlen Teile ihrer Intelligenz teils mit Haß, teils mit Verachtung, teils mit hoffnungsloser Gleichgültigkeit zu erfüllen. Auf solchem Boden wächst nicht größere Leistung, sondern geringere. Aus solchem Boden lassen sich nicht Lücken des Mangels ausfüllen, sondern nur steigende Entbehrung, Hunger und Seuchen gewinnen.
Hieran würde auch durch eine Einbeziehung Rußlands in den deutschen Machtraum nichts geändert werden.[9] Gewiß liegen dort wertvolle Rohstoffe, gewiß sind dort, wie in Frankreich, die landwirtschaftlichen Erzeugnisse beträchtlich zu steigern; aber dazu gehört, wie immer wieder gesagt werden muß, die Gewinnung der Menschen und ihre Anleitung durch saubere, menschliche und erfahrene deutsche Kräfte. Solche stehen diesem System einfach nicht mehr zur Verfügung; es kann sie auch gar nicht nützen, weil es von Phantastereien, von Herrschsucht und vom Terror lebt. Unter diesen Eigenschaften kann das Elend in Rußland nach einer deutschen Besetzung nur noch größer werden. Denn auch die Kräfte, die man in Rußland vielleicht gewinnen könnte, kommen gar nicht zur Wirkung, weil sie nicht durch Lauterkeit, sondern von Materialismus und Mißtrauen überwacht würden.

7. So bleibt für die weitere politische Entwicklung die Abschnürung Deutschlands und der von ihm machtmäßig abhängigen Gebiete von den für Jahre unentbehrlichen Wirtschaftsräumen *Amerika und Asien* entscheidend. Um diese Abschnürung kriegerisch zu beseitigen, wären gewaltige Anstrengungen erforderlich; sie sind bei *sinkenden* Rohstoffmengen und *sinkender* Ernährung nicht möglich. Hier macht sich – je länger um so entscheidender – bemerkbar, daß die rein mechanisch-totalitäre, aber nicht organisch-totale Staatsführung übersehen hat, daß zur wahren Totalität der Politik auch die Befolgung unentrinnbarer Naturgesetze in Wirtschaft und öffentlichen Finanzen sowie die Pflege der seelischen Kräfte eines Volke gehören. Diese Kräfte sind unter dem gegenwär-

[9] Ungeachtet des deutsch-sowjetischen Nichtangriffspakts vom 23.8.1939 wurden seit Anfang Juli 1940 in der Wehrmachtführung Operationsstudien für einen Feldzug gegen die Sowjetunion entworfen. Als Hitler am 21.7.1940 Vorbereitungen für einen Angriff auf die Sowjetunion befahl, konnten ihm deshalb die bereits in vorauseilendem Gehorsam ausgearbeiteten Pläne präsentiert werden. Vgl. Gerd R. Überschär: „Der Pakt mit dem Satan, um den Teufel auszutreiben". Der deutsch-sowjetische Nichtangriffsvertrag und Hitlers Kriegsabsicht gegen die UdSSR, in: Michalka, Der Zweite Weltkrieg, S. 568-585 sowie Arno J. Mayer: Der Krieg als Kreuzzug. Das Deutsche Reich, Hitlers Wehrmacht und die „Endlösung", Reinbek b. Hamburg 1989, S. 314-356.

tigen moralischen System überhaupt nicht wieder zu gewinnen. Damit sind die Aussichten, unter fortschreitenden Entbehrungen die für die kriegerische Wiedergewinnung der Weltverbindung notwendigen Anstrengungen erfolgreich zu machen, außerordentlich gering, ja überhaupt vom Beginn des Krieges an nicht vorhanden gewesen.

8. Drei Fragen schließen sich an diese Feststellung an:
a) Welche Bundeskräfte stehen zur Verstärkung zur Verfügung?
b) Gegen welche Kräfte hätten sich die Anstrengungen zu richten?
c) Kann ein weiterer Kraftaufwand in der bisher angetretenen Richtung vor unserem Volke und seiner Geschichte verantwortet werden?
Zur ersten dieser drei Fragen sei auf den kürzlich veröffentlichten *Drei-Mächte-Pakt* verwiesen.[10] Weitere Kräfte stehen nicht zur Verfügung. *Spanien* insbesondere hungert und hat alle Mühe, einen Wiederausbruch eines Bürgerkrieges zu vermeiden. Jede kriegerische Aktion würde ihn in den Bereich nächster Möglichkeiten rücken. Was soll man auch von Truppen erwarten, deren Leistungsfähigkeit ohnehin gering, durch Entbehrungen aller Art bereits erheblich weiter geschwächt ist und die man also aus immer knapper werdenden deutschen Beständen noch mit ausrüsten und verpflegen müßte? Eine reale Erwartung, etwa in Rumänien Hilfstruppen ausbilden zu können, dürfte wohl niemals bestehen.[11] Die Rumänen sind schlechte Soldaten und werden ebenso wie die Italiener schlechte Soldaten bleiben. Sie sind niemals für Kriege begeistert gewesen und werden selbst um Bessarabiens willen gegen die russischen Truppen nichts leisten. Die Hauptlast bliebe immer auf dem deutschen Soldaten. Alle anderen

---

[10] Mit dem Dreimächtepakt zwischen Japan, Italien und Deutschland vom 27.9.1940 sicherten sich die drei Mächte gegenseitige Hilfe zu gegen bisher nicht in den europäischen und den asiatischen Krieg verwickelte Angreifer. Die Stoßrichtung gegen die bisher neutralen USA war offensichtlich; durch die Isolation Großbritanniens wurde von deutscher Seite erhofft, doch noch zu einem Kompromissfrieden zu gelangen. Der auf 10 Jahre geschlossene Pakt sollte außerdem die Interessenssphären der drei Mächte festlegen, indem Japan der asiatische Raum, Italien der Mittelmeerraum, und Deutschland Kontinentaleuropa zugestanden wurde. Vgl. die immer noch ausführlichste Analyse bei Theo Sommer: Deutschland und Japan zwischen den Mächten 1935–1940. Vom Antikominternpakt zum Dreimächtepakt. Eine Studie zur diplomatischen Vorgeschichte des zweiten Weltkrieges, Tübingen 1962, S. 426-449.

[11] Zur Situation in Rumänien vgl. S. 825, Anmerkung 4. Der Führer der Eisernen Garde, Horia Sima, war unter dem neuernannten Staatschef General Antonescu stellvertretender Ministerpräsident geworden. Ungeachtet dieser Koalition verschärfte sich jedoch die Konkurrenz zwischen der konservativ-autoritären Fraktion unter Antonescu und der faschistischen Eisernen Garde unter Sima, die beide versuchten, Rückendeckung von Hitler zu erhalten. Nach langem Zögern und Appellen von beiden Seiten entschied sich Hitler im Februar 1941 für die konservative Fraktion, deren autoritäres Regime einen stabileren Ausgangspunkt für deutsche Eroberungspläne in Osteuropa versprach. Vgl. Carsten, Faschismus in Europa, S. 223-227.

Vorstellungen gehören auf die Ebene der gleichen Phantasie wie die ganze bisherige Wirtschafts- und Außenpolitik.

Vielleicht wäre es möglich, *Bulgarien* und *Jugoslawien* für einen Krieg gegen Griechenland und die Türkei zu gewinnen, da diesmal wohl von vornherein genügend deutsche Truppen zur Hilfeleistung zur Verfügung stehen und Bulgarien, wie vor zwei Jahren dargelegt, gegen jene Staaten territoriale Forderungen hat, für die ein starkes nationales Empfinden vorhanden ist.[12] Aber keinesfalls wird wohl Bulgarien unweise genug sein, seine Hilfe für Aufgaben zur Verfügung zu stellen, die abseits dieser nationalen Ziele liegen. Sie wäre im übrigen auch sehr geringwertig.

Dasselbe gilt von *Finnland*. Die Finnen sind sehr gute Soldaten und werden sicher für die Wiederherstellung ihres alten Staates mit Begeisterung ihr Leben einsetzen.[13] Aber die Entlastung durch sie dürfte uns zwar willkommen, doch in keiner Weise entscheidend sein. Auch hier liegt die Hauptlast auf der deutschen Wehrmacht.

Der Beitritt *Ungarns* zum Drei-Mächte-Pakt ist vollkommen bedeutungslos und von Ungarn nicht freiwillig geschehen.[14] Ungarn befindet sich zur Zeit in der Hand Deutschlands. Seine entbehrlichen Landeserzeugnisse können ohnehin nur nach Deutschland und Italien gehen, stehen uns also auch ohne diesen Beitritt zur Verfügung. Soldaten und Waffen wird es zum Kampfe gegen England nicht stellen. Es handelt sich also um einen Bluff.

Die Unfähigkeit *Italiens*, einen Großkrieg zu führen, ist mehrfach seit zwei Jahren dargelegt.[15] Sie ist inzwischen aus verschiedenen Gründen noch größer geworden. Die Versorgung mit den entscheidenden Rohstoffen hängt ganz von

---

[12] S. Goerdelers Zusammenfassende Schlußbetrachtung vom Dezember 1938; Dok. 4.2.6, oben S. 617 ff.

[13] Nach der Niederlage im Winterkrieg 1939/40 gegen die Sowjetunion versprach Finnland sich mit der Wendung nach Deutschland sowohl politischen Rückhalt gegenüber weiteren sowjetischen Ansprüchen, als auch eine Neuorientierung seiner Außenhandelswirtschaft. Letzteres wurde mit den deutsch-finnischen Wirtschaftsvereinbarungen vom Juni/Juli 1940 erreicht; im Gegenzug der Sicherung der finnischen Rohstoffressourcen für die deutsche Rüstung wurde Finnland von Deutschland insbesondere mit Brennstoff, Eisen und Stahl versorgt. Im Rahmen der deutschen Vorbereitungen für einen Angriff auf die Sowjetunion (s.o., Anmerkung 9) gewann Finnland auch an Bedeutung als Aufmarsch- und Nachschubbasis für die deutschen Truppen. Vgl. Manfred Menger: Deutsch-finnische „Waffenbrüderschaft" und Wirtschaftskooperation, in: Eichholtz, Krieg und Wirtschaft, S. 299-323.

[14] Nachdem Ungarn schon im Januar 1939 dem Antikominternpakt beigetreten war, trat es am 20.11.1940 als erster osteuropäischer Staat auch dem Dreimächtepakt bei. Vgl. ausführlich zu den deutsch-ungarischen Beziehungen Broszat, Deutschland – Ungarn – Rumänien.

[15] In seinem Reisebericht aus Italien vom 19.12.1938 schrieb Goerdeler u.a. von „nur bedingt vorhandenen soldatischen Eigenschaften" und kam zu dem Fazit: „Neben den gut ausgebildeten kampfbereiten Soldaten müssen mindestens auch gesicherte Rohstoffversorgung und leistungsfähige Finanzen treten. Diese beiden Voraussetzungen fehlen in Italien." Vgl. Reisebericht Italien vom 19.12.1938; BAK, N 1113, Bd. 14, Zitate von S. 31 f.

Deutschland ab, kann also nur noch abnehmen. Die Ernährung muß immer schlechter werden; in den letzten Wochen hat man Öle, Teigwaren (Makkaroni) und Fette rationiert;[16] dieser Zwang hat um so weiterreichende Wirkungen, als auch in Italien hinter diesem Kriege nicht die Seele des Volkes steht. Im Gegenteil. Es ist schon vor zwei Jahren darauf aufmerksam gemacht, daß nur eine kleine radikale Gruppe in Italien die Fortsetzung der alten faschistischen Innen- und Außenpolitik betreibt; eine Gruppe, die teils aus herrschsüchtigen, teils aus gewinnsüchtigen Leuten besteht. Vor zwei Jahren schwankte Mussolini noch, ob er dieser Gruppe folgen solle. Mit dem Eintritt in den Krieg hat er die Entscheidung vollzogen, kann sich nun aber auch den Folgen nicht mehr entziehen. Diese Folgen bestehen in der Revolution, falls er den Krieg nicht in absehbarer Zeit einem vernünftigen Ende entgegenführen kann.

Mussolini muß immer stark damit rechnen, daß die überwältigende Mehrheit des italienischen Volkes gegen ihn in Bewegung kommt. Die italienischen Soldaten wollen gar nicht kämpfen und fallen. Er dürfte sich daher darüber klar sein, daß die Durchhaltekraft des italienischen Volkes kaum bis zum Winter 1941/42 reichen wird. Um eine Revolution zu vermeiden oder wenigstens hinauszuschieben, wird er daher darauf bedacht sein müssen, Teilergebnisse an solchen Stellen zu vollziehen, an denen die sehr begrenzte militärische Kraft Italiens vielleicht noch mit Erfolg eingesetzt werden kann, also etwa gegenüber Jugoslawien und Griechenland. Daran aber hat Deutschland nicht das mindeste Interesse, da eine solche Verzettelung der italienischen Streitkräfte dem entscheidenden politischen Ziel abträglich sein würde. Soll Italien von dieser Abirrung und von einer revolutionären Beendigung des Krieges ferngehalten werden, so bleibt wieder nichts anderes übrig, als deutsche Kräfte auf die Ziele anzusetzen, die wirklich wichtig erscheinen und die an und für sich von den Italienern allein hätten bewältigt werden müssen. Das ist bei der geschilderten wirtschaftlichen Lage unseres Vaterlandes nicht ohne Gefahr. Nun hat Moltke mit Recht einmal gesagt, daß im Kriege alles gefährlich ist; aber das konnte er vom Standpunkt eines Mannes sagen, der seinerseits nicht nur alles getan hat, um diese Gefahren erfolgreich zu bestehen, sondern auch eine politische Führung um sich wußte, die fähig und erfolgreich bemüht war, die militärischen Aufgaben auf ein Mindestmaß zu beschränken. Ja nach Königgrätz wußte die Weisheit dieser politischen Führung weitere leichte militärische Erfolge zu opfern, um die Begrenztheit und schnelle Durchführbarkeit des Einigungskrieges 1870/71 zu sichern: Die letzten Früchte dieser Weisheit konnten im Zusammenschluß mit Österreich gepflückt werden, mehr als siebzig Jahre später! [17] Uns sollten die bitteren Er-

---

16 Laut Zamagni wurde in Italien erst 1941 eine erste Lebensmittelrationierung eingeführt; vgl. Vera Zamagni: Italy: How to Lose the War and Win the Peace, in: Harrison, Economics of World War II, S. 177-223.

17 Nachdem Preußen 1866 bei Königgrätz die entscheidende Schlacht gegen Österreich gewonnen hatte (s.o., Anmerkung 6), konnte sich Bismarck gegen den König und dessen Gene-

fahrungen des letzten Weltkrieges jene Gefahr um so ernster erscheinen lassen, als wir uns jener Moltkeschen politischen Sicherheit nicht erfreuen.

9. Der natürliche Verbündete England-Amerikas ist China. Darüber ist kein Wort zu verlieren. *Japans* Kräfte nähern sich der Erschöpfung. Es fehlt an Rohstoffen aller Art, die Ernährung ist schlecht. Die Stimmung des Volkes nach allen Berichten ebenfalls. Die neuen Ausfuhrverbote der amerikanischen Staaten werden seine Lage schnell weiter verschlechtern. Gewiß ist eine weitere Ausdehnung des Kriegsschauplatzes in Ostasien denkbar; aber sie hat für Japan die gleiche Folge, die wir im Weltkrieg an uns erlebt haben. Schließlich erreicht Japan in absehbarer [Zeit] den Punkt, wo die materiellen und seelischen Kräfte nicht mehr ausreichen, um die angefangenen Aufgaben zu lösen. Von dieser Erkenntnis ist China seit Beginn des Krieges mit Japan durchdrungen; die Chinesen haben in Tschiangkaischek einen wirklichen staatsmännischen Führer, der ebenso energisch wie klug und menschlich ist, dem es also gelungen ist, die Kräfte des chinesischen Volkes in ihrer Totalität wachzurufen. Nach seiner ganzen Geschichte, nach der Natur des Landes und der Eigenart der Menschen hat China Zeit, die volle Entwicklung und den harmonischen Einsatz dieser Kräfte abzuwarten, um sich schließlich als Sieger gegenüber Japan zu sehen.[18]
So ist auch *Japan* ein mehr als lahmer Verbündeter. Mit anderen Worten, es handelt sich um eine Verlegenheitsverbindung. Solche Bündnisse sind aber nicht fähig, derartige hohe Risiken zu tragen, wie sie ein Weltkrieg bedeutet. Alle Erfahrungen der Geschichte lehren uns, daß man sich rechtzeitig die richtigen Verbündeten oder die Begrenzungen des Krieges sichern muß. Man kann für Lebensfragen des Volkes nicht Improvisationen schaffen.
Bei Japan ist aber noch ganz anderes zu bedenken. Japan ist schon in den zwanziger Jahren dieses Jahrhundert zu einem gefährlichen Wettbewerber auf allen Märkten geworden, denn der japanische Arbeiter arbeitet in einer sehr viel billigeren Lebenshaltung und mit viel geringeren Ansprüchen als der deutsche.[19] Erinnern wir uns, daß vor zehn Jahren ein japanisches Fahrrad 6,50 RM

---

ralstabschef Moltke durchsetzen, die den Einmarsch der preußischen Truppen nach Wien und umfangreiche Annexionen in Böhmen planten. Durch die Aufgabe dieser Pläne wurde nicht nur ein Eingreifen Frankreichs in den Krieg verhindert, sondern auch eine grundsätzliche Feindschaft Österreichs, die jede zukünftige Einigung gefährdet hätte. Vgl. zu den Differenzen in der preußischen Führung Wolfgang J. Mommsen: Das Ringen um den nationalen Staat. Die Gründung und der innere Ausbau des Deutschen Reiches unter Otto von Bismarck 1850 bis 1890, Berlin 1993, S. 167 ff.; zu dem „Anschluss“ Österreichs 1938 vgl. S. 604, Anmerkung 22.

[18] Zu dem japanisch-chinesischen Krieg vgl. S. 618, Anmerkung 5 sowie die Verweise dort; zu Japans wirtschaftlicher Lage S. 698 f., Anmerkung 3.

[19] Die japanische Wirtschaft hatte zwischen 1913 und 1938 die höchsten Wachstumsraten aufzuweisen. Für die japanische Lohnstruktur war entscheidend, dass weder Gewerkschaften noch gesetzliche Mindestlöhne existierten. In großen Firmen hatten festangestellte Arbeiter

gekostet hat! Gewiß, von Europa läßt sich ja vielleicht der jetzige Bundesgenosse durch Zölle fernhalten. Aber es ist dargelegt, daß wir um die Wirtschaftsräume Amerika und Asien zur Erhaltung unserer Leistungsfähigkeit nicht herumkommen. Für diesen Wirtschaftskampf sich ausgerechnet den gefährlichsten Wettbewerber heranzuziehen und ihm die Rohstoffe erobern zu helfen, die er bisher nicht hatte, ist also vollkommen unrichtig. Entweder hat man diese Zusammenhänge ganz übersehen oder man hat sie übersehen müssen, um wenigstens noch mit diesem Verbündeten vor der Welt aufwarten zu können. Seine Schwäche aber lohnt den Einsatz nicht.

10. So liegt es nahe, *Frankreich und England* in die Kombination der zu gewinnenden Kräfte einzubeziehen. Vielleicht geschieht es; es sei unterstellt. Wenn wir überhaupt noch damit rechnen, daß diese beiden Völker einen nationalen Erhaltungstrieb haben, ein Gefühl für nationale Würde und einen Rest von Ehrgeiz und Freiheitssinn, wenn wir überhaupt noch damit rechnen, daß fremde Staatsführer ihr Denken und Tun sinnvollen Zielen zuwenden, *so können wir nicht damit rechnen, daß jene Mächte es ehrlich meinen*. Frankreich ist nicht durch seine Niederlage, aber durch den Zustand, in den es nach seiner Niederlage versetzt ist, aufs tiefste gedemütigt und sollte im innersten Winkel nur *ein* Hoffnungsfeuer nähren, nämlich das, wieder als freie Nation leben zu können. Es mögen viele Verfallserscheinungen jetzt in Frankreich sichtbar sein. Vor dem Kriege waren sie begrenzt. Und man darf nicht vergessen, daß man solchen Bildern auch in Preußen nach 1806 begegnet ist. Es wäre erstmalig in der Geschichte, daß ein Volk seinen Lebenswillen, seine Vaterlandsliebe und seine nationale Freiheit liquidiert. Frankreich befindet sich jetzt in etwa der gleichen Lage wie Preußen 1807. Man muß daher annehmen, daß es die gleiche Befreiungspolitik einleitet wie damals Preußen.[20] Ist dem so, so ist zu vermuten, daß die jetzige französische Regierung auf die neuen Verständigungsanerbieten eingeht, wenn ihm diese wenigstens für einen Gebietsteil des französischen Staates Souveränität sichern und gleichzeitig eine gewisse Neuaufrüstung ermöglichen. Aber der Franzose wäre kein Franzose, wenn er nicht weiterhin nur *ein* Ziel verfolgen würde, nämlich die Freiheit seines ganzen Landes wieder zu erstreben und hierzu schließlich eine etwaige militärische Wiedererstarkung auszunutzen. Man sieht, wie zwangsläufig politische Entwicklungen sind. Die Leistung kann natürlich nicht darin liegen, daß man nun danach trachtet, Frankreich für ewig unterworfen zu halten. An

zwar gute Verdienstmöglichkeiten; die Bezahlung setzte sich jedoch i.d.R. zusammen aus einem relativ niedrigen Grundlohn und einem halbjährlichen Bonus, der je nach Wirtschaftslage auch gestrichen werden konnte. Diese unternehmerische Machtposition entsprach Goerdelers Plädoyers gegen die deutschen „Tariffesseln“. Vgl. Angus Maddison: Economic Growth in Japan and the USSR, London 1969, S. 35-44.

[20] Vgl. zu Preußen S. 814, Anmerkung 14.

dieser Aufgabe würde Deutschland sehr schnell scheitern, zumal das Leben in Frankreich ernste Folgen der Demoralisation in den deutschen Besatzungstruppen bereits heute zeigt. Die richtige Lösung besteht vielmehr darin, auf Grund eines echten Interessenausgleiches zu einer Verständigung zu kommen, dic dann haltbar ist. Aber ein solcher Ausgleich ist nicht möglich, solange man die nationalen Freiheiten anderer Völker für nichts erachtet.

Rußland kann sich ebenfalls nach den Vorgängen der letzten sieben Jahre nicht einen Augenblick im unklaren darüber befinden, daß es sich voll siegenden Achsenmächten gegenüber in der Lage fast vollkommener Abhängigkeit sehen würde. Über sein späteres Schicksal kann es kaum im Zweifel sein. Würde Rußland sich stark fühlen, so würde und müßte es heute seinen Platz an der Seite Englands und Amerikas suchen. Wie immer wieder betont wurde, ist Rußland durch den bolschewistischen Kollektivismus geistig, körperlich und seelisch ausgebrannt, seine Macht ist trotz vieler Soldaten außerordentlich gering. Es kann also kein vermeidbares Risiko eingehen. Rußland wird daher schwanken zwischen den Folgerungen, die es aus jener harten Erkenntnis ziehen müßte und den Folgerungen, die sich aus seiner tatsächlichen Schwäche ergeben. Es erntet, was es gesät hat. Nach vernunftmäßigem Ermessen muß es versuchen, sich zwischen Scylla und Charybdis hindurchzusteuern. Dabei wird es ferner in Verbohrtheit seinem alten Traume von einer bolschewistischen Weltrevolution nachgehen. Das entspricht dem russischen Nihilismus. Ihm wäre am liebsten, wenn die anderen Großmächte sich gegenseitig solange zerfleischten, bis ihre Völker reif für den Bolschewismus sind. Daraus ergibt sich wenigstens als wahrscheinliche Rechnung der russischen Politik, daß man es einstweilen weder mit England/Amerika, noch mit Deutschland verderben wird. Man wird vielleicht auch die Lieferungen an Deutschland wieder aufnehmen, sie aber niemals zu einer entscheidenden Unterstützung anwachsen lassen, abgesehen davon, daß man dies gar nicht kann. Daß man aber in dem Augenblick, in dem eine Entscheidung vielleicht nicht weiter aufschiebbar würde, sich selbst auf hohes Risiko hin gezwungen sähe, auf die Seite Englands und Amerikas zu treten, weil von diesen beiden Großmächten Rußland keinerlei Gefahr droht, erscheint nicht unwahrscheinlich.

Wann dieser entscheidende Augenblick gekommen sein wird, läßt sich gar nicht voraussagen. Vorläufig spielt Rußland die Rolle des Umworbenen. Vielleicht ist es ihm sogar ganz erwünscht, wenn deutsche Truppen sich auf dem Landwege nach Ägypten begeben und die deutschen und englischen Kräfte so sich weiter gegenseitig verzehren; vielleicht behält man sich die Entscheidung für einen noch späteren Zeitpunkt vor.[21] Dagegen aber spricht die

[21] Während in der deutschen Versorgungsplanung vom Sommer 1940 die Fortsetzung der sowjetischen Getreidelieferungen als feste Größe angenommen wurde, verfolgte Stalin eine Doppelstrategie der zweiseitigen Verhandlungen mit den angelsächsischen Mächten einer-

vernunftmäßige Erwägung, daß es niemandem, weder dem einzelnen Menschen, noch einem Staate, in diesem Leben der Unvollkommenheiten gestattet ist, risikolos zu leben und die allergünstigsten Chancen auf dem Tisch des Lebens vorgesetzt zu erhalten. Der weise Politiker läßt es daher niemals auf einen sogenannten risikolosen Zeitpunkt ankommen, sondern begnügt sich mit einem Optimum. Lassen sich die Russen von so viel Klugheit leiten, so müssen sie allerdings so rechtzeitig als unsere Gegner in Erscheinung treten, daß ein mit vereinten englisch-amerikanisch-russisch-chinesischen Kräften herbeigeführter Erfolg auch ihnen wenigstens Rettung und Bestand verspricht.
Hier läßt sich also nichts Sicheres sagen, sondern es lassen sich nur Wahrscheinlichkeitsberechnungen aufstellen. Wer sich unbeteiligt fühlt, mag abwarten, was geschehen wird; der verantwortungsvolle Staatsmann darf aber dem Gegner nicht Dummheit zutrauen.

11. England und Amerika stehen, wie übrigens schon vor fast drei Jahren voraussehbar und vorausgesagt, in diesem Kriege fest zusammen. Dabei ist es ganz gleichgültig, ob die USA an Deutschland den Krieg erklären. Heute führt man Kriege ohne Erklärungen. Was die Japaner in China und wir in Spanien gemacht haben, können die andern auch, und man mußte sich daher die Folge überlegen, ehe man in dieses Spiel ohne Regeln eintrat. Die Amerikaner können von ihrem Standpunkt aus gar nichts nützlicheres tun, als ohne jede Kriegserklärung England mit allen Mitteln zu unterstützen. Man muß daher von der Präsidentenwahl nicht weitere Klärungen erwarten. Ob Roosevelt oder Willkie Präsident wird – beide sind sie im Interesse der USA gezwungen, England zu Hilfe zu kommen.[22] Die Vereinigten Staaten leisten diese Hilfe zur Zeit in keinem geringeren Umfange, als dies nach einer Kriegserklärung möglich

seits und den Bündnispartnern des Dreimächtepakts andererseits. Die Rolle des umworbenen Partners in der weltpolitischen Konstellation ermöglichte es der UdSSR, an beide Seiten weitreichende territoriale und wirtschaftliche Forderungen zu stellen, um die jeweilige Konzessionsbereitschaft auszutesten. Für Deutschland wurde im Sommer/Herbst 1940 deutlich, dass die UdSSR sowohl wegen des steigenden Eigenverbrauchs an Nahrungsmitteln und Rohstoffen, als auch aufgrund der eigenen Großmachtambitionen kaum gewillt war, die ihr zugedachte Rolle als Getreidelieferant für die deutsche Großraumwirtschaft zu übernehmen. Vgl. Rolf-Dieter Müller: Von der Wirtschaftsallianz zum kolonialen Ausbeutungskrieg, in: Horst Boog, Jürgen Förster, Joachim Hoffmann, Rolf-Dieter Müller und Gerd R. Ueberschär: Der Angriff auf die Sowjetunion, Stuttgart 1983, S. 98-189, besonders S. 98-113 sowie Andreas Hillgruber: Hitlers Strategie. Politik und Kriegführung 1940–1941, Frankfurt/M. 1965, S. 102 ff.; 273 ff.; 300 ff.

[22] Vgl zu der britisch-amerikanischen Kooperation der Vorkriegszeit S. 536, Anmerkung 15 und S. 623, Anmerkung 14. Der Wahlkampf zu den Präsidentschaftswahlen in den USA vom 5. November 1940 hatte bereits gezeigt, dass sowohl der amtierende Präsident Roosevelt als auch sein republikanischer Gegenkandidat Wendell Willkie die Unterstützung Großbritanniens nicht in Frage stellten. Vgl. Winston Churchill: Der Zweite Weltkrieg. Memoiren, Bd. 2/Buch 2, Bern und München 1985, S. 280 f.

sein würde; sie können also mit der Kriegserklärung mindestens noch ein gutes Jahr warten, erst dann sind sie fähig, sei es in Ostasien, sei es im Atlantik, mit beachtlichen Kräften selbst zu erscheinen, und erst dann verspricht ihnen die allgemeine Entwicklung Erfolg.

12. Somit gibt es in der für den Entschluß unerläßlichen politischen Aufrechnung noch einige unsichere Faktoren. Die wesentlichen Unsicherheiten liegen in Frankreich und in Rußland. Aber selbst wenn wir unterstellen, daß sie sich zur Zeit für uns günstig entscheiden sollten (Afrika), so ist damit nicht ein Frieden zu gewinnen, der Aussicht auf Dauer hat und dem deutschen Volke die Entwicklung seiner Kräfte gestattet. Die Gründe hierfür sind in allen bisherigen Betrachtungen dargelegt; sie sind zwingend. Mit Wundern darf der Politiker nicht rechnen. Wäre auch nur irgend *eine* Vorbereitung auf irgend *einem* Gebiete in einer durch die Naturgesetze bedingten Vernunftrichtung erkennbar, würde man sich z.B. heute auch nur ernsthaft mit der Frage beschäftigen, wie nach einem glückhaften Frieden die unerläßliche Aufgabe der Wiederherstellung der öffentlichen Finanzen gelöst werden soll, oder wäre auch nur *ein* Lichtblick auf dem Gebiete der Moral sichtbar, dann könnte man vielleicht noch die Hoffnung hegen, daß nach einem solchen Frieden auch wahrhaft totale Politik getrieben werden würde. Aber nicht eine leise Spur, nicht ein Fünkchen von Licht läßt sich, selbst wenn man mit Jupiterlampen danach sucht, irgendwo in den entscheidenden und verantwortlichen politischen Kreisen entdecken. Und deswegen muß ein weiterer Kräfteeinsatz in der bisherigen Richtung und mit den bisher angewandten Mitteln, muß weiteres Blutvergießen, das immer die Besten am meisten trifft, ebenso als nutzlose Vergeudung betrachtet werden wie weitere Zerstörungen.

Zu diesen sinnlos gewordenen Zerstörungen gehören auch die bei dem Gegner angerichteten, wenn sie nicht mehr zur Herbeiführung eines dauer- und glückhaften Friedens führen können. Der letzte Krieg hat uns bereits gelehrt, daß wirtschaftlich kein Kulturvolk von entscheidenden Vorgängen unberührt bleibt, die sich im Gebiete eines anderen vollziehen. Die deutsche Verelendung wurde Anlaß zu fortschreitenden Verelendungen auch der sogenannten Siegerstaaten. Sie alle haben ihre Inflation und ihr Durcheinander erlebt. Erst spät haben sie die Folgerungen daraus gezogen. Aber diese späte Einsicht ändert nichts an der Tatsache, daß die Verwüstung Englands auch Deutschland schwer treffen wird. Das deutsche Volk hätte mit dem englischen unter der Verwüstung zu leiden, ebenso wie das englische mit dem deutschen unter den Folgen jener Zerstörungen, die englische Flieger in Deutschland anrichten, zu leiden hat. Denn nach dem Kriege müssen nun zunächst beide Völker ihre Kräfte darauf verwenden, die primitiven Lebensbedürfnisse, insbesondere die zerstörten Wohnungen, Fabriken, Läden usw. wieder her[zu]stellen. Die Größe der Aufgabe wird sie zwingen, das in der einfachsten Weite zu tun. Auf beiden Seiten wird schon äußerlich jeder Wohlstand verschwinden. Jahrelange Arbeit wird dazu gehören, um zunächst einmal die dringendsten Lebensbedürfnisse wenigstens auf das einfachste zu befriedigen. Erst *dann* kommt die Arbeit für jene Gütererzeugung, mit der wir das Leben erleichtern und verschönen. Es ist leichtfertig, sich vor diesen Erkenntnissen herumzudrücken oder sie mit der billigen Phrase abtun zu wollen, daß die Völker mit idealem Schwung alles dies unverdrossen tun würden. O nein, die verantwortlichen Staatsmänner werden ihr blaues Wunder erleben, wenn die Völker erst gesehen haben, welche Opfer für wie lange Zeit solche langen, umfassenden Kriege, die nicht durch staatsmännische Weisheit in Raum und Zeit beschränkt sind, allen beteiligten Völkern, ja selbst den unbeteiligten, auferlegen. Man überschätzt die Opferfähigkeit der Völker in Größe und Zeit. Man geht schweren Erschütterungen entgegen, in denen man nach Verantwortlichen rufen wird. Solches Rufen ist bereits im Gange. Schon halten Funktionäre der Deutschen Arbeitsfront Betriebsappelle ab, in denen sie auf Einrichtungen und Körperschaften in unserem Lande schimpfen, als hätte es gar keine Änderungen seit 1933 gegeben! Schon geben hohe Parteifunktionäre ihrer Entrüstung über das Versagen des Reichsjustizministers zum Ausdruck, der das Recht habe verkommen lassen. Die *Flucht aus der Verantwortung* beginnt bereits.

Noch leichtfertiger sind die von Dr. Ley verkündeten Zukunftspläne. [23] Mit solchen Bildern hat auch Lenin das russische Volk in die bolschewistische Revolution geführt. Die Leyschen Pläne liegen auf keinem anderen Niveau und werden von ernsthaften alten Parteigenossen, die verantwortlich zu arbeiten gewöhnt sind oder gelernt haben, auch nur als Bluff bezeichnet. Ob Bluff oder nicht, sie sind unverantwortlich und beschwören geradezu die Gefahr des Bolschewismus herauf.

Mit diesen Gedankengängen soll der Ernst der vor uns liegenden Entscheidungen klargestellt werden. Daß auch wir ohnehin jahrzehntelang arbeiten müssen, um den Verbrauch auszugleichen, den wir uns in verschiedenen Perioden seit 1914 geleistet haben, geht aus der Darlegung über den Stand der Finanzen und über den Stand von Wirtschaft und Verwaltung hervor. [24] Mit Zauberkunststücken und mit den 1924, 1930 und seit 1933 angewandten Methoden ist der Verlust großer Vermögensteile nicht wieder gutzumachen. Was an einst geleisteten aber ersparten Arbeitsgütern seitdem verbraucht ist, muß durch echte Arbeitsleistung wieder aufgefüllt und kann nicht durch Papier irgendwelcher Art und mit irgendwelchem Aufdruck erledigt werden. An die Durchführung auch nur von Teilchen der phantastischen Auf- und Umbaupläne ist gar nicht zu denken, erst muß die Leistungskraft des einzelnen wieder gehoben sein und durch den Verlust von Spargut schwer erschüttertes Vertrauen

---

[23] Vgl. zu Leys Sozialversicherungsplänen S. 787, Anmerkung 10.

[24] S. Stand der Finanzen vom Juli 1940; Dok. 5.2.2, oben S. 777 ff. sowie Stand von Wirtschaft und Verwaltung; Dok. 5.2.4, oben S. 801 ff.

wieder geworben werden. Oder, das deutsche Volk entschlösse sich zu primitiver Sklavenarbeit oder gäbe sich der beglückenden aber wahnsinnigen Vorstellung hin, es könne andere weiße Völker als Sklaven für sich arbeiten lassen! Dann hätte es vielleicht Aussicht, einige Jahre Primadonnenstaat zu spielen.

13. Besteht noch eine Möglichkeit, die politische Aufgabe, die anfangs kurz umrissen ist, mit anderen als kriegerischen Mitteln zu erreichen? Diese Aussicht ist vollkommen gesichert, wenn die Möglichkeiten rechtzeitig genutzt werden. Es ist schon mehrfach erwähnt, daß weder Polen noch England, noch Frankreich den Krieg wollten.[25] Es kann jederzeit einwandfrei und bündig nachgewiesen werden, daß England und Frankreich sich in den letzten Jahren mehrfach um die Sicherung eines allgemeinen Friedens bemüht haben, in dem den deutschen Lebensinteressen Rechnung getragen werden sollte. Selbstverständlich gehört es niemals zu den Lebensinteressen eines Volkes, sich seinen berechtigten Lebensraum immer mit Gewalt zu verschaffen. Das sind Herrschaftsideen, die immer nur kurzen Bestand hatten und die die Geschichte der Menschheit kaum heroisch bereichern. Bei näherer Betrachtung verdienen die Schöpfer dieser Zeitalter nie den Namen des Großen: als groß sollte man nur den Staatsmann bezeichnen, dem es, wie dem Großen Kurfürsten, wie Friedrich dem Großen oder Bismarck gelungen ist, dauerhafte Grundlagen einer Aufwärtsentwicklung seinem Volke zu erringen und Bestand und Glück anderer Völker dabei nicht mit Füßen zu treten. Der Lebensraum eines Volkes ist nicht identisch mit dem Raum, den es *machtmäßig beherrscht*, sondern ist identisch mit dem Raum, den zu nutzen es unter totalem Einsatz *aller* seiner Kräfte, also durch eine harmonische Politik versteht. Zu den dem Menschen verliehenen Kräften gehören, wie immer wieder gesagt werden muß, die des Geistes und der Seele. Diese zwingt uns, das Glück anderer zu achten; jener nötigt uns die Erkenntnis ab, daß uns z.B. die Baumwolle aus Nordamerika, die Wolle aus Südafrika, der Kautschuk, das Zinn und das Kupfer aus Indien das entscheidende ist. Daß wir diese Naturkräfte und Schätze anderer Völker mit genießen können, darauf kommt es an, nicht darauf, daß hinter dem malaiischen Berg- oder Plantagenarbeiter ein deutscher Soldat steht. Selbstverständlich ist der Lebensraum um so idealer, je gesicherter er ist. Es wird also ein eminentes Streben jedes Volkes sein, diese Sicherung so weit wie möglich zu dehnen. Und immer wird ihm der Zustand am idealsten erscheinen, in dem es unter allen Umständen auch gegenüber dem vielleicht schädlichen Willen anderer diesen Lebensraum mit eigener Kraft sichern kann. Aber immer wieder nötigt uns die verständige Überlegung zu der Erkenntnis, daß es weder immer möglich ist, noch auch nur immer nützlich ist, diese Sicherung nur ausschließlich der physischen Kraft anzuvertrauen. Die Erhaltung eines Zustandes, in dem

[25] Vgl. zu den Verhandlungen vor dem deutschen Überfall auf Polen S. 771, Anmerkung 4.

der andere Beteiligte sein Ja, uns zu liefern, weil er Absatz für seine Arbeitserzeugnisse braucht, in die Tat umsetzen kann und umsetzt, das ist die entscheidende Aufgabe; sie wird nicht allein mit der Physischen Kraft, sondern auch mit den Kräften des Geistes und der Seele bewältigt. Das Schwergewicht, das in dem Friedensbedürfnis der Menschheit, in dem Naturgesetz, das Leben zu erhalten und zu gestalten gegeben ist, die Kraft, die aus der Kunst strömt, die menschlichen Werte anderer Völker zu werten und zu achten, sie sind mindestens ebenso groß wie die physischen Kräfte.

Die Menschheit wird nie in den Idealzustand des ewigen Friedens gelangen. Das hat ihr Gott versagt; dazu erscheint der Mensch zu unvollkommen. Vielleicht ist es auch zur Erhaltung aller seiner Kräfte nötig, daß er gelegentlich sich nicht nur den Unbilden von Wind und Wetter, von Sturm und Wogen, von Schnee und Eis ausgesetzt sieht, sondern auch dem Kampf mit der Waffe. Aber das Streben des Staatsmannes kann doch nur darauf gerichtet sein, alle Kräfte des Volkes total einzusetzen, und das bedeutet eben, auch den friedlichen Mitteln der Staatskunst, auch den Charakterkräften, der Geduld und der Zähigkeit eine Wirkungsmöglichkeit zu eröffnen.

Tut er dies, so wird er seinem Volke die Gelegenheit schaffen, aus seiner geistigen, moralischen und physischen Kraft zur wirtschaftlichen Zusammenarbeit auch ein größeres Maß von Macht zu gewinnen.

Diese Möglichkeiten liegen auch vor uns; das ist oft genug dargelegt. Je harmonischer das deutsche Volk seine totalen Fähigkeiten, also auch die nicht physischen, zur Geltung bringt, um so größer sind unsere Aussichten. Sicher aber ist eins, daß auch die heute mit uns im Kriege stehenden Mächte ein dringendes Interessen daran haben müssen, diesen Krieg so bald wie möglich beendet zu sehen. Denn auch, wenn er für sie günstig verlaufen sollte, stürzt er sie in einen lange dauernden Zeitraum der Armut. Alle diese Staaten müssen auch diesen Krieg mit einer Verminderung ihrer Kräfte, d.h. mit Inflation bezahlen. Aus ihr herauszukommen, kostet Arbeit und Sparen, Arbeit und Sparen, Arbeit und Sparen. Also Charakter. Solche Anforderungen sind hart, und kein Staatsmann wird eine Gelegenheit sich entgehen lassen, die in der Härte dieser Notwendigkeiten liegenden sozialen und politischen Gefahren noch zu vermindern. Er kann nur eine einzige Voraussetzung verlangen, und mehr wird er auch nicht, als daß der mit neuen ungeheuren Opfern gewonnene Friedenszustand die allseitigen Interessen wohl ausgleicht und durch guten und anständigen Willen auf allen Seiten für lange Zukunft gesichert erscheint. Denn nur dann haben die beteiligten Völker die Sicherheit, durch Arbeit und Sparen wieder einmal aus dem tiefen Tal herauszukommen.

Es ist auch heute noch so, wie in den Reiseberichten dargelegt, daß alle Völker einen solchen Friedenszustand ersehnen und kein Staatsmann sich mit Aussicht auf Erfolg dauernd einer solchen berechtigten und nach Jahrzehnten der Unrast und der Opfer natürlichen Sehnsucht widersetzen kann. Unser Vaterland hat an einer Zusammenarbeit der weißen Kulturvölker insbesondere in Europa im Hinblick auf seine zentrale Lage das höchste Interesse. Seine Aufgabe ist es heute, das in größerem Umfange anzubahnen, was Preußen vor hundert Jahren im Preußischen Zollverein vorbereitete. Damals die Einigung Deutschlands, heute den Klub der Staaten Europas. Aus dem Klub wird sich ganz von selbst bei zurückhaltender, bescheidener Führung die europäische Union ergeben. Aber folgende Voraussetzungen sind unerläßlich, um diese Gelegenheit zu schaffen: die Wiederherstellung der Moral, die Wiederherstellung von Recht und Gerechtigkeit, die Sicherung des unerläßlichen Gleichgewichts im öffentlichen Haushalt und die Rückgabe [der] vollen und nationalen Freiheit und Würde an die europäischen Kulturvölker. Dabei sind selbstverständlich die unerläßlichen Grenzänderungen zu erreichen. Es wäre ganz unweise, für diese territorialen Verschiebungen den Mund so weit wie möglich zu öffnen. Es ist weise im besten Sinne aller großen Staatsmänner der Vergangenheit, nur das wirklich Lebensnotwendige durchzusetzen und sich ganz von der Erkenntnis durchdringen zu lassen, daß ein freiwilliges Zusammenarbeiten der anderen europäischen Staaten unter deutscher Führung unendlich viel wichtiger ist als entbehrlicher Raumgewinn, der nur dem Machtbedürfnis, der Prestige-Sucht oder der Erfüllung phantastischer Ideen dienen würde.

Jene Voraussetzungen sind durch gar nichts ersetzbar. Sie werden so sehr von der Erkenntnis des Geistes und von der Stimme des Gewissens verlangt, sie sind so schlechthin entscheidend für die Zukunft von Volk und Vaterland, daß sie jedem Widerstand gegenüber zu schaffen sind. Mit welchen Mitteln dies im großen wie im kleinen möglich ist, wird gesondert dargelegt werden.

14. Man soll unentrinnbaren Erkenntnissen nicht ausweichen wollen. Man soll nicht glauben oder hoffen, daß man der notwendigen Taten überhoben wird. Aber man soll auch mit Überlegung und Kälte den möglichst glücklichsten Zeitpunkt abwarten können.

Dabei wäre es keine Kunst und infolgedessen auch höchst schädlich, abzuwarten, bis die Entwicklung selbst die Wendungen herbeiführt. Wäre Politik so leicht, daß man sich nur treiben zu lassen braucht, dann wäre sie keine Kunst; dann würde aber auch das Leben der Menschen und der Völker voraussichtlich rein triebhaft und seelenlos verlaufen. Von Heroismus wäre in der Geschichte der Menschheit nichts mehr zu finden.

Es ist in der Politik ebenso wenig wie auf anderen Gebieten menschlicher Tätigkeit uns gestattet, immer nur den besten Tropfen genießen zu wollen. Erfolgreiche Politik kann man nur treiben, wenn man bereit ist, ein noch klar erkennbares Risiko zu laufen. Nur soll dieses Risiko durch menschliche Kunst auf ein Mindestmaß begrenzt sein. Auf solchen Gedankengängen und auf solcher Erkenntnis, also auf genügender Vorsicht baut sich das vorliegende Urteil auf.

So bestehen bei Würdigung aller Tatsachen und Kräfte für unser Vaterland folgende Möglichkeiten:
a) Entweder wird ein voller militärischer Sieg errungen; dann geht das Gewonnene sehr bald in wirtschaftliche Zersetzung, in Hunger und Elend der europäischen Völker, sowie in moralische Zerrüttung weiter Kreise des Volkes über. In gleicher Weise wächst die Moral der unterdrückten Völker aus jener Sehnsucht nach Freiheit, Ehre, Recht und Anstand heraus. Der Endablauf kann nicht zweifelhaft sein. Die deutsche Macht würde überraschend schnell zerfallen.
b) Die heutigen Gegner siegen; dann ist bei dem Haß, den die Art dieser Kriegführung schon erzeugt hat und weiter erzeugen wird, wieder einmal unserem Vaterlande ein schweres, wenn nicht furchtbares Schicksal beschieden. Was sich davon durch Mut, Erfahrung und Tatkraft allmählich wieder bannen läßt, ist nicht zu übersehen.
c) Die dritte Möglichkeit, daß der Krieg wie etwa der Dreißigjährige, mit einer allgemeinen Erschöpfung endet, würde für unser Vaterland kein anderes Schicksal bedeuten als das zu a) angedeutete.
d) Infolgedessen kommt alles darauf an, rechtzeitig, insbesondere solange die Wehrmacht noch etwas bedeutet und Deutschland sich selbst noch, wenn auch notdürftig, wirtschaftlich behaupten kann, den Krieg zu beenden. Unter rechtzeitig ist der Zeitpunkt zu verstehen, in dem noch ein Frieden erreichbar ist, der die nationalen Belange und die deutsche Zukunft sichert; hierzu ist die Wiederherstellung von Recht und Moral *die* entscheidende Voraussetzung.

5.2.7 *Bericht über Judendeportationen*

maschinenschriftliche Denkschrift o.D. [1942]; Privatbesitz.[1]
Abtransport von Juden aus Leipzig unter unmenschlichen Bedingungen; die Morde werden nicht ungesühnt bleiben; niemand sollte sich dem NS-Regime zur Verfügung stellen.

Am 19. und 27. Januar wurden aus Leipzig wieder Juden abtransportiert.[2] Draußen herrschte eine Kälte zwischen -15 [und] -20°C. Die Juden mußten ihre Wollsachen abgeben, durften das bekannte Gewicht an Gepäck mitnehmen, erhielten je einen Spaten und wurden dann auf offenen Lastkraftwagen – Männer, Frauen und *Kinder* –

1 Die Denkschrift ist abgedruckt bei Helmut Krausnick: Goerdeler und die Deportation der Leipziger Juden, in: VfZ 13 (1965), H. 3, S. 338 f. sowie Adolf Diamant: Chronik der Juden in Leipzig. Aufstieg, Vernichtung und Neuanfang, Frankfurt/M. 1993, S. 683.

2 Die erste Deportation von Leipziger Juden nach Vernichtungslagern im Osten fand am 21.1.1942 statt; die nächste ist erst für den Mai 1942 belegt. Allerdings ist die Leipziger Aktenüberlieferung nicht vollständig, und die Deportationslisten wurden nur für Transporte nach Osten angelegt. Vgl. Diamant, Chronik, S. 677-682 sowie Manfred Unger: Die „Endlösung" in Leipzig, in: ZfG 11 (1963), H. 5, S. 641-657. Ungers Pionierarbeit leidet an seiner pauschalen Abstempelung aller Nichtmarxisten als Faschisten.

nach Delitzsch gefahren, das etwa 18 km von Leipzig entfernt liegt. Mit welcher unmenschlichen Grausamkeit hier vorgegangen wird, ergibt sich daraus, daß unter den Abtransportierten auch ein 64-jähriges Fräulein war, deren Bruder hier Universitätsprofessor gewesen ist, im vorigen Kriege schwer verwundet war und das Eiserne Kreuz I. erhalten hat. Allerdings ist er schon verstorben. Von Delitzsch aus erfolgt dann der Abtransport in Viehwagen nach dem Osten. Wie viele von den unglückseligen Menschen auf dem Transport verstorben sind, weiß ich nicht. Daß nicht jeder einen tagelangen Transport in ungeheizten Räumen und ohne warme Verpflegung verträgt, ist wohl selbstverständlich. Wie viele an Lungenentzündung später gestorben sind, weiß ich ebenfalls nicht. Aber Grauen erfüllt die Seele, wenn man die Herzen der Väter und Mütter sich vergegenwärtigt, ihre Kinder vor ihren Augen erfrieren und verhungern zu sehen. Ich kann mir nicht denken, daß ein deutscher Mann, der überhaupt noch Gefühl im Herzen hat, annehmen kann, daß solche Ungeheuerlichkeiten sich nicht an unserem Volke rächen müssen. Mit den Traditionen der preußischen Geschichte und mit den Überlieferungen der Menschheitsgeschichte sind diese Untaten nicht in Übereinstimmung zu bringen. In bewußter Unmenschlichkeit und in Anhäufung ist aus der ganzen bisherigen Geschichte der Menschheit nichts ähnliches bekannt geworden. Vielleicht ist die Christenverfolgung unter Diocletia[n][3] ähnlich gewesen. Von ihr spricht man heute noch mit Abscheu und Erbarmen, trotzdem sie fast 2.000 Jahre zurück liegt.

Ist nicht aber bereits die Vergeltung da oder beginnt sie nicht bereits zu wirken? Bei mir erschien eine kleine armselige Klavierlehrerin, die einen Teil dieses Transportes der unglücklichen flüchtig gesehen hatte; sie war vollkommen zusammengebrochen und fragte tonlos, welcher Vergeltung wohl das deutsche Volk von Gott ausgesetzt sein würde. Bei Freunden von mir erschienen Angehörige des Exekutionskommandos und erklärten, sie würden sich krank melden, sie könnten so etwas in Zukunft nicht mitmachen. Wer dies System überlebt, wird einst erfahren, was es in den Herzen von Deutschen angerichtet hat. Ist es nicht bereits Vergeltung, wenn wir feststellen müssen, daß der Krieg im Osten, seit Oktober nach sinnlosen obersten Befehlen geführt, nunmehr wohl annähernd 2 Millionen Männer gekostet hat, von denen die Mehrzahl tot, ein großer Teil in Gefangenschaft und der Rest für immer in seiner Gesundheit aufs schwerste geschädigt ist. Und das ist nicht irgendwer aus der Nation, das sind zumeist die besten Manneskräfte. Ich weiß aus der Geschichte und aus meinem eigenen Leben nur, daß die Wahrheit immer an den Tag kommt und daß Gott in eherner Gerechtigkeit stets eine folgerechte Vergeltung vollzieht.

Da dem so ist, so gebieten Vernunft und Ehre, Menschlichkeit und Gewissen, die deutsche Manneskraft nicht mehr einem System zur Verfügung zu stellen, das

[3] Diocletian, römischer Kaiser von 284–305, leitete 303/304 eine scharfe Manichäer- und Christenverfolgung ein. Vgl. Der Neue Pauly. Enzyklopädie der Antike, hg. v. Hubert Cancik und Helmuth Schneider, Bd. 3, Stuttgart und Weimar 1997, S. 578-587.

mit ihr Schindluder treibt, sie hinopfert, um schließlich das deutsche Volk einer furchtbaren Vergeltung und einem langwährenden harten Schicksal mit Sicherheit entgegenzuschleudern.

5.2.8 *Schreiben Goerdelers an Kriegsgerichtsrat Fröhlich*

handschriftlicher Brief vom 25.5.1942; Privatbesitz.
Dank für die Hilfe für Sohn Christian.

[1] Sehr verehrter Herr Kriegsgerichtsrat[1],
mein Sohn Christian ist seit 10 Tagen bei Charkow eingesetzt.[2] In diesen Wochen denke ich ganz besonders viel an die Tage in Paris und Fontainebleau, in denen Sie ihm und mir mit Ihrem sicheren Rat treu zur Sei[2]te standen. Ich danke Ihnen auch auf diesem Wege von Herzen für die warmherzige, kameradschaftliche, unbeirrbare und zielsichere Unterstützung, die Sie meinem sehr geliebten Sohn gewährt haben. Ich werde sie Ihnen ebensowenig je vergessen wie mein Junge, wenn Gott ihn am Leben erhält. Und [3] ich hoffe, daß die Zukunft sie voll rechtfertigen wird, denn auf diese innere Wahrhaftigkeit kommt es noch mehr an als auf den zunächst sichtbaren äußeren Erfolg, den wir Ihnen verdanken.

Es hat lange gedauert, bis das von meinem Sohn bestimmte äußere Zeichen unseres Dankes von kundiger Hand fertiggestellt werden konnte. Nun ist es [4] an Ihre Heimatanschrift in Schwerin abgesandt. Mein Sohn wünschte es von einem Stein aus dem „Golde" seiner geliebten samländischen Heimatküste geschmückt.[3] Das kleine Insekt, das Sie in diesem Stein gegen das Licht erblicken, soll vierzig Millionen Jahre alt sein. Solche Winzigkeiten erhält der Schöpfer; was der Mensch für groß hält, vermag sich [5] nicht immer vor seiner ewigen Gerechtigkeit zu halten. Entscheidend ist, daß wir die von ihm in die Natur und unsere Seele gelegten Gesetze beachten.

Mögen Sie bald in behaglichem Heim zur Entspannung von friedlicher, erfolgreicher Arbeit in dies Kästchen greifen können, [6] mögen Sie das viele Jahre tun dürfen, und möge die Erinnerung an den für sein Werden und Ihren Besitz Schuldigen keine unfreundliche sein!

---

1 Kriegsgerichtsrat Fröhlich war der Vorsitzende Richter in der Verhandlung gegen Goerdelers Sohn Christian (s.u., Anmerkung 2).

2 Christian Goerdeler hatte Anfang 1942, nachdem er in Frankreich Zeuge von Geiselerschießungen gewesen war, seine Offizierskameraden in einer Denkschrift zur Gehorsamsverweigerung aufgerufen. Von einem seiner Kameraden angezeigt, wurde er vor ein Kriegsgericht gestellt. Aufgrund der Interventionen seines Vaters konnte Christian zwar vor dem Zugriff der Gestapo bewahrt werden und wurde mit Arrest und Strafversetzung relativ mild bestraft, jedoch führte seine Versetzung an die Ostfront wenige Wochen später, am 15.5.1942, zu seinem Tod. Vgl. Meyer-Krahmer, Mut zum Widerstand, S. 247 f.

3 Im Samland, einem Küstenstrich nordöstlich von Königsberg, lebten Christians Großeltern.

Ich hoffe, daß es Ihnen gut geht, und bitte, auch Herrn Professor Dr. Köhler meine aufrichtigen dankbaren Empfehlungen gütigst zu übermitteln.

[7] Seien Sie nochmals meiner unauslöschlichen Dankbarkeit für Ihr mannhaftes Eintreten versichert!

Mit herzlichem Gruß, Ihr aufrichtig ergebener Goerdeler

5.2.9 *Schreiben Goerdelers an Helmuth Groscurth*

handschriftlicher Brief vom 6.7.1942; Privatbesitz.[1]

Dank für Kondolenzschreiben; Erinnerung an Putschpläne 1939. Der Tod Christians ist eine Folge seiner Integrität und Tapferkeit; die Opfer des Krieges dürfen nicht umsonst sein.

[1] Sehr verehrter Herr Oberst,

daß Sie an dem schweren Leid, in das wir durch den Tod unseres sehr geliebten Sohnes Christian versetzt sind, gütig verstehenden Anteil nehmen, hat mich sehr bewegt. Ich danke Ihnen für Ihre wohltuenden Worte herzlich.[2]

Gottes Wege sind geheimnisvoll; er führt uns durch diesen ernsten, [2] für mich bitterschweren Anlaß wieder zusammen. Ich habe gerade in den letzten Wochen mehrfach an unser Gespräch im November 1939 gedacht,[3] den schweren Opfern dieses Krieges nachsinnend. Sie sind von ernstester Bedeutung. Zum zweiten Male in 30 Jahren fällt eine große Zahl bester Männer. Die Wirkung in der Führerschicht, durch den ersten Weltkrieg hervorgebracht, sehen wir schon heute verhängnisvoll klar; die in diesem Krieg verdoppelte wird unser Volk durch Jahrhunderte [3] spüren. Das französische schleppt seine Revolutions- und Napoleonslast nun schon 150 Jahre.

---

1 Das Original befindet sich im Privatbesitz der Familie Groscurth; der Brief ist bereits abgedruckt in: Helmuth Groscurth: Tagebücher eines Abwehroffiziers 1938–1940. Mit weiteren Dokumenten zur Militäropposition gegen Hitler, hg. v. Helmut Krausnick u. Harold C. Deutsch, unter Mitarb. v. Hildegard v. Kotze, Stuttgart 1970, S. 553 f.

2 Christian Goerdeler war am 15.5.1942, nach seiner Strafversetzung an die Ostfront, gefallen; Groscurths Kondolenzbrief, der Anlass dieses Antwortschreibens Goerdelers, ist in den Akten nicht erhalten.

3 Groscurth hatte in seinem Tagebuch unter dem 23.10.1939 notiert: „Besprechung mit G[oerdeler] von 19.–24.00 Uhr. Guter Eindruck. Entschlossener Mann. Alles kommt darauf an, v. B[rauchitsch] und H[alder] zu sofortigem Handeln zu bewegen.“ (Groscurth, Tagebücher, S. 220). Die sich neu formierende Opposition im OKH seit dem Oktober 1939, die sich gegen Hitlers Pläne einer Westoffensive richtete, wurde maßgeblich von Helmuth Groscurth, dem Leiter des Verbindungsbüros des OKH zur Abwehr, sowie Erich Kordt und Hasso v. Etzdorf aus dem Auswärtigen Amt vorangetrieben. Vgl. Gerd R. Ueberschär: Militäropposition gegen Hitlers Kriegspolitik 1939 bis 1941 – Motive, Struktur und Alternativvorstellungen des entstehenden militärischen Widerstands, in: Schmädeke/Steinbach, Widerstand, S. 345-367.

Mein Sohn Christian hat für seine Überzeugung vor dem Kriegsgericht gestanden; er hatte einem Kameraden vertraut. Christian aber hatte seine Sache auf unseren christlichen Glauben gestellt. Sein Wesen war lautere Wahrhaftigkeit. So lehnte er jede Abschwächung ab und beharrte auf der Wahrheit. Die formale Bestrafung konnte und sollte wohl auch nicht den moralischen Sieg verhüllen, den [4] er in schwerer Anklage dem preußisch-deutschen Offiziertum, der Ritterlichkeit und Wahrhaftigkeit erstritten hatte. In diesen Tagen hat der Vater, der den Verhandlungen in Paris und Fontainebleau beigewohnt hatte, vor der unbeirrbaren Tapferkeit und Lauterkeit des Sohnes den Degen gesenkt. Kein Richter, kein Zuhörer, der nicht tief bewegt gewesen wäre.

Zwei Monate später ist der Junge gefallen, in voller Klar[5]heit dessen, was ist, und dessen, was unserem Volke nottut, aus reinem Pflichtbewußtsein gegenüber seinen Soldaten.

Diese Tragik steht sicher nicht vereinzelt da. Sie vertieft das Leid, sie erhöht unsere Verpflichtung. Dies alles sage ich Ihnen, damit Sie eine Bestätigung Ihres schönen Vorsatzes erhalten, „zu wirken, so lange es Tag ist", im Sinne „der Besten, [6], die in Gräbern liegen."

Gerade wir Älteren – das gilt nicht für Sie – haben die Pflicht, uns von den *Jungen* nicht an Tapferkeit übertreffen und beschämen zu lassen. *Sie* können mangels Erfahrung und Unterrichtung keinen Ein- und Überblick haben; ich hatte ihn im vorigen Kriege auch nicht. Aber *wir* haben zu wissen, zu erkennen und somit dafür zu sor[7] gen, daß Aufforderung zum Opfer und Hingabe zum Opfer wieder auf die gleiche sittlich gerade Ebene gestellt werden.

Diejenigen, die in die Wüste geschickt haben, werden selbst im Sande versinken. Ihr Urteil ist schon gesprochen. Aber Sie, Herr Oberst, wolle Gott schützen! Sie sind berufen zu neuen Ufern! Ich kenne die Welt; alle Völker bedürfen klarer reiner leuchtender Ziele. Wir können sie geben, wenn wir uns auf [8] die Grundlage nationaler Freiheit, sittlicher Lauterkeit, wirtschaftlicher Klarheit und christlichen Tuns stellen; denn überall tappt man irgendwo im Unklaren; auf die Harmonie der Totallösung aber kommt es an. Gott gebe uns Zuversicht und Kraft, dann werden wir dies Ziel allen Widrigkeiten zum Trotz erreichen.

Gerne würde ich bald das Abendgespräch fortsetzen. Lassen Sie mich bitte wissen, wann Sie in der Heimat sind. Ihr Besuch würde meine Frau und mich ganz besonders freuen. Haben Sie herzlichen Dank! Leid und Teilnahme stärken die Zuversicht.

Ihr ergebener Goerdeler.

5.2.10 *Brief Goerdelers an Ulrich Goerdeler*

handschriftlicher Brief vom 14.9.1942; Privatbesitz.

Bericht über Ostreise: Moral und Stimmung der Soldaten und Offiziere im Osten sind schlecht; die Einwohner werden ausgebeutet; Korruption und Überorganisation sind die vorherrschenden Eindrücke.

[1] Mein lieber Junge,
gestern Abend bin ich von meiner Ostreise, die mich zu den vordersten Bosch-Werkstätten nach Smolensk führte, heimgekehrt. Ich habe sie ab Terrespol in Dienstzügen teilweise auf der Bühne von Tankwagen zurückgelegt. Das Soldatentum des ersten Weltkrieges half mir, die Schaurigkeiten z.B. schlafen auf halben Holzbänken u.a. leicht überwinden. Die Marschverpflegung war ausgezeichnet, die Einrich[2]tungen des Roten Kreuzes sehr gut. Das Zusammensein mit Soldaten u[nd] Arbeitern, auch Offizieren, vermittelten mir klare umfassende Eindrücke; sie vervollständigten das geistig geschaffene Bild. Erschütternd die Feststellung einer allmählich in Eigennutz und Korruption versinkenden Klasse. Stimmung der Frontsoldaten gefaßt, aber verbissen, der Offiziere vielfach illusionistisch. Die Weite und Eintönigkeit des Landes ergänzt fortschreitende Wurstigkeit. Sie macht sich im Eisenbahnbetrieb verhängnisvoll bemerkbar. Er ist vollkommen (Streckenarbeiter, Wei[3]chensteller, Heizer, Landpersonal) auf Eingeborene angewiesen. Deren richtige Behandlung also entscheidend. Aber die Truppe soll aus dem Lande leben; die Soldaten dürfen mitschleppen, was nur die Etappe ausnützen kann; alles dies geht auf Kosten der Ernährung und Stimmung der Eingeborenen, die man braucht. Quadratur des Zirkels.

Dazu eine Überfülle von Organisationen

So ist das gewonnene Soldatenbild noch krasser als das gedachte. Beschleunigte Entwicklung erscheint mir unabwendbar. [4] Im übrigen bin ich vom Ergebnisse der Reise nicht unbefriedigt. Die Boscheinrichtungen sind die besten u[nd] werden allgemein anerkannt.

Nun bist du bald 6 Monate Soldat. Ich danke dir für die Kurzberichte v. 3., 5. u[nd] 8.9. Wie leid tut mir, daß du der Unbeständigkeit unterworfen bist. Nun, oben weiß man von unten nichts; man reist in Flugzeugen u[nd] Autos; das Mitmachen des Lebens unten fehlt. Hast, Egoismus und Hang zur Bequemlichkeit hindern, in die beschwerlichen u[nd] unangenehmen Tiefen des Lebens zu steigen. Das war schon seit langer Zeit auch der Schaden [5] in der öffentlichen Verwaltung; sie ist seit 5–6 Jahrzehnten ein schreiendes Ungeheuer geworden. Dem bin ich immer zu Leibe gegangen und – mit irren Opfern an Zeit, aber größtem Gewinn – allen Dingen an die Wurzel des Seins nachgegangen. Das schafft Klarheit, Fühlung, Erkenntnis und sichere Überlegenheit, aber auch schließlich Achtung unten. In solchem Tun schufen Fr[iedrich] Wilhelm I und Fr[iedrich] d[er] Gr[oße] den preußischen Staat.

Deine Sachen – insbesondere Bestellung zum K[riegs-]G[erichts-]Rat – laufen; die Schwierigkeiten sind dadurch entstanden, daß wir nicht [6] wußten, daß du k[riegs]v[erwendungsfähig] geschrieben warst u[nd] ich dich als g[arnisons]v[erwendungsfähig] – Feld. bezeichnet habe. Deine neueste Nachricht, daß du zurückgehalten bist und fachliche oder ähnliche Verwendung für möglich hältst, sowie die heutigen Erfahrungen bestimmen mich, jetzt nicht zu drängen, zumal man mir sagte, du seist zum K[riegs]Off[i]z[iers]Anw[ärter] erwogen. Ich hoffe dich einverstanden u[nd] bitte um baldige Nachricht, was geworden ist.

Meine Rückreise führte mich über K[öni]g[s]b[erg], wo ich Onkel Fritz u[nd] die Mädel frisch antraf u[nd] gestern früh auch noch Onkel G[ustav] u[nd] Tante R[osl] auf dem Bahnhof sah. Sie fuhren nach Kobbelbude für 14 Tage. Jochi wohlauf. Irma sprach ich fern; Rainer geht es gottlob wesentlich besser. Darmsachen grassieren bei Jung u[nd] Alt. Dienstag – Mittwoch bin ich Berlin, Donnerstag – Freitag Stuttgart. Grundstück ruht bis Ende des Monats. Mutti u[nd] die Schwerstern wohlauf. Innig wünsche ich dir gute Lösung deiner dienstlichen Verhältnisse. *Alles* wird werden.
Innigen Kuß, mein guter Junge, dein treuer Vater.

5.2.11 *Brief Goerdelers an Anna Ulrich*

handschriftlicher Brief vom 23.2.1943; Privatbesitz.
Bitte an die Schwiegermutter, sich um die Kinder zu kümmern; Entschuldigung für eigene Ungeselligkeit, die aus politischer Arbeit herrührt.

[1] Liebe Mutter[1],
Die Gründe, die dich bewegen, jetzt nach K[önigs]b[er]g zu fahren, kann ich sehr wohl verstehen. Ich bitte dich aber doch nochmals, länger bei uns zu bleiben. Gern würde ich Anneliese eine Ausspannung gönnen, da sie im letzten Sommer nur 3 Wochen freihatte. Daher [2] sollte sie vom 4.–18. in Ostpreußen bleiben; das ist aber, wie die Dinge liegen, nur möglich, wenn Du bei den Kindern bleiben könntest. Denn bei der Zuspitzung der Lage möchte ich sie so lange nicht allein lassen.

Wenn Du Dich also entschließen könntest, das Opfer zu bringen, wäre ich dir sehr dankbar; ich ver[3]spreche Dir auch, für sicheres Geleit nach K[önigs]b[er]g später Sorge zu tragen. Natürlich mute ich Dir nichts zu, was Dir ganz wider den Strich sein sollte. Ich bin sehr ungesellig geworden; dies Hin- und Herleben und das erbitterte Ringen um eine bessere Zukunft der Kinder machen mich leider für die Gegenwart wenig erträglich. Ich wundere mich manchmal selbst, wohin meine frühere [4] Heiterkeit gegangen ist. Wenn Gott einmal ein Gelingen schenkt, wird sie wieder da sein. Verzeih also meine Kratzbürstigkeit! Wenn Du bleiben kannst, freue ich mich herzlich.
Dir, Anneliese und den Kindern innige Grüße!
Dein treuer Sohn Carl.

---

1 Anna Ulrich, die Schwiegermutter Goerdelers, war in Königsberg ansässig und hielt sich während der Entstehung des Briefes anscheinend in Leipzig bei Goerdelers Kindern auf.

5.2.12 *Schreiben Goerdelers an Friedrich Olbricht*

handschriftlicher Brief vom 17.5.1943; Privatbesitz.[1]
Notwendigkeit, einen Regierungswechsel herbeizuführen; gefallene Soldaten, getötete Zivilisten und ermordete Kriegsgefangene haben Menschenverluste bereits auf Millionenhöhe getrieben. Angebot, eine Aussprache mit Hitler herbeizuführen.

17.5.1944[a]

Hochverehrter Herr General,
immer wieder habe ich mir die Auffassung überlegt, es müsse erst der psychologisch richtige Moment abgewartet werden.

Wenn man darunter den Zeitpunkt versteht, in dem die Ereignisse Handlungen auslösen, dann fällt er mit dem Beginn des Niederbruchs zusammen; für eine politische Auswertung würde die Handlung[b] dann zu spät kommen. Inzwischen wären[c] unersetzliche Kulturwerte, die wichtigsten Wirtschaftszentren Trümmerhaufen, wäre[d] die Verantwortung der militärischen Führer mit kostbaren Menschenleben überlastet. Deshalb darf das Nahen des „psychologisch richtigen" Zeitpunktes nicht abgewartet, er muß *herbeigeführt* werden. Denn wir sind uns sicher einig, daß Führung ohne vorausschauendes richtiges Handeln nicht möglich ist.

Von ihr möchte ich im Interesse der Zukunft unseres Vaterlandes die in Jahrhunderten herangebildete Intelligenzschicht nicht ausgeschlossen wissen; in ihr

---

[a] Muss 1943 heißen; s.u., Anmerkung 1.
[b] „Handlung" ist nachträglich eingefügt.
[c] Gestrichen: „sind".
[d] Gestrichen: „ist".

[1] Ein Faksimile des Originals ist abgedruckt bei Ritter, Goerdeler, nach S. 352; eine Abschrift mit geringfügigen Transkriptionsfehlern befindet sich im Nachlass Goerdeler (BAK, N 1113, Bd. 23). Bei der deutlich lesbaren Datierung des Briefs auf 1944 muss es sich um einen Irrtum Goerdelers handeln, denn hinsichtlich der Kriegslage war im Frühjahr 1943 eine Entspannung an der Ostfront eingetreten, während im Mai 1944 die sowjetische Frühjahrsoffensive bereits seit 10 Wochen kontinuierliche Erfolge zu verzeichnen hatte. Der Adressat des Briefs, General Friedrich Olbricht, war Chef des Allgemeinen Heeresamts im OKW in Berlin. Der Brief hat ihn nie erreicht, sondern wurde im Besitz des Hauptmanns d.R. Hermann Kaiser gefunden, der als Kriegstagebuchführer im Stab des Befehlshabers des Ersatzheeres der wichtigste Verbindungsmann zwischen der zivilen Verschwörergruppe und der Militäropposition wurde. Vgl. Ritter, Goerdeler, S. 525, Anmerkungen 32-35; Schlabrendorff, Offiziere gegen Hitler, S. 64-77; Hoffmann, Widerstand, S. 352 f. Die Rolle Hermann Kaisers ist bisher kaum erforscht worden; ein kurzes Portrait findet sich in Das Gewissen entscheidet. Bereiche des deutschen Widerstandes von 1933-1945 in Lebensbildern, hg. v. Annedore Leber in Zusammenarbeit mit Willy Brandt u. Karl Dietrich Bracher, Berlin und Frankfurt/M. 1957, S. 211-213; Ger van Roon: Hermann Kaiser und der deutsche Widerstand, in: VfZ 24 (1976), S. 259 ff. sowie in Meinecke, Deutsche Katastrophe, S. 143-150. Peter M. Kaiser, der Neffe Hermann Kaisers, bereitet zur Zeit die Veröffentlichung der Kaiser-Tagebücher vor.

sollten aus gleichem Grunde die erfahrenen führenden Köpfe unserer Soldaten nicht fehlen.

Stalingrad und Tunis sind so schwere Niederlagen, wie sie in der deutschen Geschichte seit Jena und Auerstedt nicht zu verzeichnen sind.[2] In beiden Fällen ist dem deutschen Volke gesagt, daß entscheidende Gründe verlangt hätten, Armeen zu opfern. Daß das unwahr ist, wissen wir; denn Soldat und Politiker können nur solche Opfer als notwendig vertreten, die auf anderen Gebieten einen das Opfer überwiegenden Erfolg verbürgen. In Wahrheit liegt unfähige gewissenlose Führung vor; bei rechter Führung wären beide Opfertragödien vermieden und damit eine günstigere militärische und politische Lage hergestellt.

Die Zahl der auf Befehl vor und[e] in diesem Kriege zum Tode gebrachten Zivilisten, Männer, Frauen und Kinder der verschiedenen Völker sowie der russischen Kriegsgefangenen[3] übersteigt weit eine Million. Die Art und Weise ihrer Beseitigung ist ungeheuerlich und hat mit Ritterlichkeit, Menschlichkeit, ja mit den primitivsten Anstandsbegriffen wilder Völker nichts zu tun. Dem deutschen Volke aber wird wahrheitswidrig dargestellt, als ob die russischen Bolschewisten es sind, die laufend ungeheure Verbrechen an Unschuldigen begangen hätten.

Die Liste solcher Tatsachen ließe sich fast beliebig vermehren. Ich habe nur diese beiden Vorgänge herausgegriffen, weil sie Schulbeispiele für die sittliche Vergiftung des Volkes sind und zusammen mit einer in der deutschen Geschichte noch nicht dagewesenen Korruption sowie mit der Vernichtung des Rechts jede Möglichkeit bieten, den „psychologisch richtigen" Zeitpunkt zu *schaffen*. Gewiß, die große Mehrheit des deutschen Volkes, fast die gesamte Arbeiterschaft, weiß heute, daß dieser Krieg kein gutes Ende mehr nimmt.

Demgegenüber erscheint die Geduld des Volkes unerklärlich. Aber diese Perversität beruht nur auf der Tatsache, daß Terror Geheimhaltung, Lüge und Verbrechen schützt. Die Perversität schwindet sofort, wenn das Volk sieht, daß dem Terror zu Leibe gerückt, der Korruption Vernichtung angesagt u[nd] an Stelle des Geheimnisses und der Lüge Offenheit und Wahrheit gesetzt werden. In derselben Stunde wird jeder Deutsche wieder zurechtgerückt, der Anständige wie der Unanständige; jeder wird die Handlung, die er gestern noch, weil sie heimlich blieb, ungehindert vornahm oder unbeanstandet ließ, heute ablehnen und verurteilen, weil Jener Anstand, Dieser Verantwortung vor sich stehen sieht.

Finden wir keinen anderen Weg, so bin ich bereit, alles zu tun, um zu einer Aussprache mit Hitler zu gelangen. Ich würde ihm sagen, was zu sagen ist, insbesondere daß sein Rücktritt vom Lebensinteresse des Volkes erfordert wird.

---

e „vor und" ist nachträglich eingefügt.

2 Vgl. zu den deutschen Niederlagen bei Stalingrad und Tunis S. 1003 ff., Anmerkungen 78 f.; zu Jena und Auerstedt vgl. S. 406, Anmerkung 2.

3 Vgl. zu der Ausbeutung und Ermordung russischer Kriegsgefangener S. 1002 f., Anmerkung 77.

Es ist nicht gesagt, daß eine solche Aussprache, wenn sie herbeigeführt werden kann, böse enden muß; Überraschungen sind möglich, nicht wahrscheinlich, aber das Risiko muß gewagt werden. Nur ist es wohl nicht unbescheiden, wenn ich Sicherheit verlange, daß dann unmittelbar gehandelt wird.[4]

Die politischen Voraussetzungen hierzu sind einsatzbereit. Ich bitte Sie, hochverehrter Herr General, dringend, nochmals zu prüfen, ob sich nicht auch die den technischen Maßnahmen entgegenstehenden Schwierigkeiten überwinden lassen. Ich bitte, auch das von mir vorgeschlagene Verfahren zu überdenken und mir nach meiner Rückkehr Gelegenheit zu ruhiger Besprechung der Lage und Möglichkeiten zu geben.

Mit herzlichem Gruß
Ihr
Goerdeler

5.2.13 *Brief Goerdelers an Gerhart Binder*

maschinenschriftlicher Brief vom 28.6.1943; BAK, kl.-Erw., Nr. 645.
Dank für Treffen und Aufsatz; Ablehnung der Behauptung, die Welt habe sich gegen Deutschland verschworen; es ist Deutschland, das sich ändern muss, um zu einer internationalen Verständigung zu gelangen.

Sehr verehrter Herr Oberstudiendirektor,
haben Sie nochmals herzlichen Dank für die schönen Stunden in dem Garten der Johannisgemeinde in Stuttgart, die mir unvergeßlich bleiben werden. Ihr wundervoller Vortrag hat mir die große Tragik des ewig suchenden, aber nicht zur letzten Klarheit gelangenden Menschen zum Bewußtsein gebracht.

Für die Soldatenblätter mit dem Aufsatz aus Ihrer Feder ebenfalls herzlichen Dank. Aber ist Deutschland noch das Land der Liebe? Und können wir reinen Herzens von den Haßgesängen einer wider Deutschland verschworenen Welt sprechen?

---

4 Zum Entstehungszeitpunkt des Briefes war zwar bereits klar, dass die Kooperation des Ersatzheeres in Berlin unter Generaloberst Friedrich Fromm im Falle eines Umsturzversuches benötigt würde. Fromm hatte jedoch nach seiner ursprünglichen Zusage an die Verschwörer, angesichts der verbesserten Lage an der Ostfront im März 1943, wieder einen Rückzieher gemacht (vgl. Hassell-Tagebücher, S. 349 ff.). General Olbricht sah sich wiederum nicht in der Lage, das Ersatzheer ohne die Zustimmung Fromms zu mobilisieren. Erst mit der Veränderung der Mobilmachungspläne unter dem Stichwort „Walküre" im Sommer 1943 kristallisierten sich neue Möglichkeiten für Olbricht heraus. Vgl. zu den Walküre-Bestimmungen Hoffmann, Widerstand, S. 355-378 sowie Ders.: Stauffenberg und die Veränderungen der außen- und innenpolitischen Handlungsbedingungen für die Durchführung des „Walküre"-Plans, in: Schmädeke/Steinbach, Widerstand, S. 1003-1020. Zusammenfassend Gerd R. Ueberschär: Der militärische Umsturzplan: Die Operation „Walküre", in: Steinbach/Tuchel, Widerstand, S. 353-363.

Entschuldigen Sie gütigst diese vielleicht taktlos erscheinende Härte. In weniger ernsten Zeiten und einem anderen Mann gegenüber würde ich schweigen, Sie aber haben Anspruch auf meine Wahrhaftigkeit; und die sagt mir, daß wir das reine Herz und die schuldlosen Hände wohl mit ganz anderen Opfern, Handlungen und Gesinnungen vielleicht einmal erringen werden, und daß die ewige Gerechtigkeit Gottes uns zur Verantwortung ziehen wird. Wenn Er die im Kriege befindlichen Völker zu einer wahren Verständigung im christlichen Geiste führt, dann müßten wir ihm noch für übergroße Gnade danken.

Ihrer hochverehrten Frau Gemahlin schickt meine Frau zunächst 2 Bilder unseres Christian. Wir wissen gar nicht, wie wir ihr für ihre Herzensgüte danken sollen.[1]
Ihnen beiden unser aller aufrichtige Grüße.
Stets Ihr ergebener
Goerdeler

5.2.14 *Schreiben Goerdelers an Günther v. Kluge*

maschinenschriftlicher Brief vom 25.7.1943; Privatbesitz.[1]
Die Bombenschäden in Westdeutschland sind katastrophal; Hitler hat ganz Europa wirtschaftlich ruiniert; die Moral im deutschen Militär ist zerstört. Es ist notwendig, rechtzeitig auf die hoffnungslose Kriegslage zu reagieren; noch ist ein günstiger Friedensschluss möglich, wenn eine verhandlungsfähige deutsche Regierung aufgestellt wird.

---

1 Die Ehefrau Gerhart Binders, eine Malerin, hatte Goerdeler angeboten, ein Porträt seines verstorbenen Sohns Christian zu malen.

1 Eine Abschrift des Briefes liegt im Nachlass Goerdeler (BAK, N 1113, Bd. 23); der Brief ist auch abgedruckt bei Ritter, Goerdeler, S. 596-600. Der Adressat des Briefes, Generalfeldmarschall Hans Günther v. Kluge, war seit dem Dezember 1931 Oberbefehlshaber der Heeresgruppe Mitte. Sein erster Generalstabsoffizier Henning v. Tresckow gehörte zu den rührigsten Werbern für eine Zusammenarbeit des Militärs mit dem Verschwörerkreis um Goerdeler; seine Versuche, Kluges Zusage für ein Zusammengehen mit dem Widerstand zu gewinnen, waren unermüdlich. Kluge blieb jedoch schwankend, und fiel ohne kontinuierliche Bearbeitung Tresckows immer wieder um (vgl. dazu Schlabrendorff, Offiziere gegen Hitler, S. 55 f.; S. 99). Im September 1942 hatte Tresckow es erreicht, dass Kluge Goerdeler in Smolensk empfing – Kluges Reaktionen waren symptomatisch für sein lavierendes Verhalten: während mehrerer Treffen mit Goerdeler und Tresckow gab er sich überzeugt von den Zielen der Verschwörer, um sich dann nach Goerdelers Abreise in einem Brief an Ludwig Beck über Goerdelers „überfallartigen Besuch" zu beschweren. Vgl. zu Kluge und Tresckow Joachim Fest: Staatsstreich. Der lange Weg zum 20. Juli, Berlin 1997, S. 173-205 sowie die wesentlich kritischere Beurteilung von Christian Gerlach: Männer des 20. Juli und der Krieg gegen die Sowjetunion, in: Heer/Naumann, Vernichtungskrieg, S. 427-446. Zu Goerdelers Besuch im Hauptquartier der Heeresgruppe Mitte in Smolensk vgl. seinen Brief an seinen Sohn Ulrich vom 14.9.1942; Dok. 5.2.10, oben S. 851 sowie Ritter, Goerdeler, S. 522, Anmerkung 14. Im Sommer 1943 war Kluge wieder schwankend geworden, während

Sehr geehrter Herr Generalfeldmarschall!
Die von hohen militärischen Stellen genährte Auffassung, daß die Zerstörungen im Westen[2] nicht so schlimm seien, und daß die Arbeiter nach wenigen Tagen, in denen sie sich „ihre Klamotten aus den Trümmern geholt" hätten, wieder zur Arbeit kämen, hat mich bestimmt, mir das Zerstörungsgebiet selbst anzusehen. Sie würden ebenso erschüttert sein wie ich. Dort liegt die Arbeit von tausend Jahren in Schutt. Es hat keinen Zweck, die Gefühle zu beschreiben, die mich bewegten, als ich vom Trollsturm ab auf die Ruinenstadt Barmen und auf das zur Hälfte zerstörte Elberfeld heruntersah. In Essen findet man kaum durch die Straßen, weil in den Trümmern alle Anhaltspunkte, die man gewohnt war, fehlen. Krupp ist zu 60% zerstört und arbeitet auch nur ungefähr zu 30%. Die gegenteilige Behauptung ist unrichtig. Er hat auch nicht etwa die zerstörten Teile an anderen Orten Deutschlands wieder aufgebaut; nein, der Beginn der Verlagerung ist im Anfang. Wer den Mut zum Denken hat, muß sich schon ohne besondere Sachkunde sagen, daß man erst Gebäude finden, dann sie herrichten, dann die Maschinen zum größten Teil neu beschaffen und dann Kohle und Arbeitskräfte herbeiholen muß. In Elberfeld arbeiteten selbst unversehrte Betriebe des Stadtteils Vohwinkel zu 30% weil die Arbeiter abgewandert sind. Aus Wuppertal und Essen sind je etwa zwei Drittel, aus Köln vier Fünftel der Bevölkerung verschwunden. *So* sieht es mit den Leuten aus, die sich ihre Klamotten in drei Tagen aus den Trümmern heraussuchen. Die Kohlenproduktion des Ruhrgebietes ist nunmehr von 420.000 t täglich auf 300.000 t gesunken und sinkt unablässig weiter. Im Juni ist auch erstmals die Fertigung der süddeutschen Rüstungsindustrie stark gesunken, weil der Rückgang der Zufuhr aus dem Ruhrgebiet sich nunmehr bemerkbar macht. Aus diesen Trümmern ist im übrigen nichts hervorzusuchen. Es sind Massen von Schutt, Beton und Eisen. Ein Wiederaufbau wird viele Generationen dauern. Die Unterbringung der Trümmer auf deutschem Boden ist überhaupt nicht möglich, weil zuviel Land verlorengehen würde. Man muß sie also ins Meer schaffen. Die Beseitigung der Trümmer allein von Essen wird, wenn man täglich 100 Waggons mit ihnen beladet, etwa drei Jahre in Anspruch nehmen!

Tresckow sich in Berlin aufhielt. In dieser Situation ist der Brief Goerdelers entstanden; anscheinend ist er jedoch nicht an Kluge übergeben worden, sondern stattdessen ein Brief Olbrichts, der ebenfalls Kluge beschwor, sich der Verschwörung nicht zu entziehen. Vgl. Aussage Helmuth Stieffs vor der Gestapo vom 28.7.1944 (Jacobsen, Opposition, S. 87 ff.) sowie Aussage Goerdelers vom 21.9.1944 (ebd., S. 410 ff.).

2 Essen – wegen seiner Beheimatung des Krupp-Imperiums von der britischen Aufklärung als „Waffenschmiede Deutschlands" angesehen – war seit dem Jahresbeginn 1943 das Ziel zahlreicher britischer Großangriffe geworden. Insgesamt war im ersten Halbjahr 1943 eine Bombenlast von über 6.000 t über Essen abgeworfen worden. Die Firma Krupp berechnete die verursachten Schäden auf rund 300 Millionen Reichsmark; im Juli 1943 musste die Produktion zeitweise ganz eingestellt werden. Vgl. Groehler, Bombenkrieg, S. 92-105.

Der bisher entstandene Schaden ist mit 100 Milliarden Mark zu gering geschätzt. Unsere bisherige Reichsschuld beläuft sich auf 250 Milliarden, in drei Monaten werden die Schulden genau so hoch sein wie das gesamte Vermögen.

Sie Herr Generalfeldmarschall, wissen, daß alle Theorien, als ob dies nichts zu sagen habe, und die heillose Schuldenwirtschaft ungestraft weitergehen könne, Unsinn sind. Nein, das deutsche Volk steht vor der Wahl, entweder seinen Bankrott zu erklären; dann haben wir alle unser Vermögen verloren, dann sind auch die Industrien ohne jedes Kapital. Da dieser Zustand unmöglich ist, weil er Revolution radikalsten Ausmaßes bedeutet, so müßten auch diejenigen, die ihr Vermögen in Grundbesitz angelegt haben, davon hergeben, um die Betriebe, die zur Aufrechterhaltung der Wirtschaft und zur Vermeidung der Revolution erhalten bleiben müssen, mit Vermögen auszustatten. Wir werden also alle arm. Oder das deutsche Volk kann wieder einmal die Wahrheit verschleiern und den Marsch in die Inflation antreten, indem es weiter Schulden macht und die Dinge sich weiter so entwickeln läßt, wie sie schon laufen. Das Ende *dieser* Entwicklung kommt auf dasselbe heraus wie das andere. Denn zum zweiten Male gibt es nicht die Möglichkeiten von 1923.[3]

Schon jetzt sind die Schwierigkeiten, das Leben des deutschen Volkes für Krieg und Frieden zu erhalten, gewaltig. Denn ganz Europa ist glücklich durch den Wahnsinn Hitlers ruiniert. 1918 waren wenigstens noch Norwegen, Dänemark und Holland intakt; heute sind sämtliche europäische Länder weithin verwüstet, der Vorräte und des Goldes beraubt und verfügen über ruinierte Währungen.[4] Es kann einen der heilige Zorn packen, wenn man hört, mit welcher Leichtfertigkeit selbst von gebildeten Menschen von dem Wiederaufbau nach dem Kriege gesprochen wird. Es kann einen mit Empörung erfüllen, daß gebildete Menschen einfach auf Kosten einer zusammenbrechenden Allgemeinheit in den Tag hineinleben und sich damit begnügen, daß wir *heute* noch nicht zusammengebrochen sind, sich der Illusion hingeben, als ob das so weitergehen würde!

Die Überleitung in den Friedenszustand, wo Millionen von Soldaten, der Arbeit entwöhnt, nach Wohnung und Arbeit suchen und vielfach nur Trümmer finden, *kann* überhaupt nur geschehen, wenn wir eine moralische, ideale, die Seele der Menschen packende und über materielle Schwierigkeiten hinwegreißende Auffassung zur Grundlage des Handelns machen und für sie die Menschen gewinnen.

Zur Zeit sind die Bande aller Moral zerrissen; was da ist, ist nur noch Konvention. Wer wie ich fast dauernd herumfährt, sieht, wie z.B. in den großen Hotels geschoben wird. Er sieht Offiziersgestalten, die nichts mehr mit unserem guten Offizierstum zu tun haben; er sieht junge Bengels namentlich mit Parteiabzeichen, die mit dem Maule siegen, aber nicht daran denken, ihrer Wehrpflicht zu genügen.

---

3 Vgl. zur Inflation 1923 S. 438, Anmerkung 26.

4 Vgl. zur Ausbeutung der besetzten Länder durch Deutschland die Schriften „Stand der Finanzen" vom Juli 1940; Dok. 5.2.2, oben S. 777 ff. sowie „Stand des Bildungswesens" vom Juli 1940; Dok. 5.2.3, oben S. 792 ff.

Selbst in der Wehrmacht müssen die Grundlagen der Moral auf das schwerste erschüttert sein, weil die religiöse Grundlage verlassen ist und weil der Kamerad den Kameraden hinter dessen Rücken anzeigen darf, ohne selbst als ein Lump behandelt zu werden. Die Errichtung des Sondergerichts beim Reichsmilitärgericht, die Durchsetzung der Armee mit Spitzeln spricht doch Bände! Vor einer Woche vernahm ich den Bericht eines 18½ jährigen SS-Soldaten, der früher ein ordentlicher Junge, war, jetzt mit Gelassenheit erzählte, daß es „nicht gerade sehr schön wäre, Gräben mit Tausenden von Juden angefüllt mit dem Maschinengewehr abzusägen und dann Erde auf die noch zuckenden Körper zu werfen!" Was hat man aus der stolzen Armee der Freiheitskriege und Kaiser Wilhelms I. nur gemacht! Aber das *Volk* weiß und fühlt dies mit einer bewundernswürdigen gottlob vorhandenen instinktiven Sicherheit. Lassen Sie sich, sehr verehrter Herr Generalfeldmarschall, um Gotteswillen nicht täuschen, wenn man Ihnen sagt, daß das Volk die Lügen glaubt, zu denen man es zwingen will! Das Volk verachtet diese Lügen und haßt ihre Verbreiter. Das ist die Wahrheit. Sie wird umso elementarer hervorbrechen, je länger man sie zu unterdrücken sich bemüht. Aber es wird sich dann auch gegen alle wenden, die eine *Mitverantwortung* auf sich geladen haben.

Im Süden macht Hitler den fünften militärischen Fehler: Er setzt deutsche Soldaten und wertvolle Waffen in Sizilien ein, während jede Überlegung ihm sagen muß, daß Italien nicht mehr zu retten ist, weil es sich selbst nicht mehr retten will.[5] Die Verzettelung der deutschen Kräfte, die nutzlose Aufopferung der deutschen Soldaten ist ein Verbrechen; denn selbst der durch Verteidigung Siziliens erzielte Zeitgewinn bedeutet gar nichts. Die geheimnisvollen Andeutungen von neuen gewaltigen Waffen sind nach meinen Feststellungen unverantwortliches Geschwätz; selbst wenn diese neuen Waffen eines Tages wirklich einsatzbereit sein werden, ändern sie ja gar nichts mehr an der innerlich schon vollzogenen Entscheidung – ganz abgesehen davon, daß der Gegner ebenso wirksame besitzt. Es wird also militärisch – bloß noch wahnwitziger – der gleiche Fehler gemacht wie 1918: *man hat nicht den Mut, rechtzeitig die gebotenen Folgerungen* zu ziehen. 1943 aber ist das sehr viel verhängnisvoller als 1918, weil damals die Führung geistig und moralisch gesund war, während sie heute geisteskrank und moralisch verderbt ist.

---

[5] Die Landung angelsächsischer Truppen auf Sizilien am 10.7.1943 und die Weigerung Mussolinis, Hitler auf einem Treffen der Achsenpartner am 19.7. darzulegen, dass Italien den Krieg nicht mehr weiterführen könne, hatte schließlich am 25.7. zum Sturz Mussolinis geführt. Während daraufhin deutsche Truppen an den italienischen Grenzen zusammengezogen wurden, um nach dem erwarteten Frontwechsel der Regierung Badoglio Mittel- und Norditalien zu besetzen, war die deutsche Hilfeleistung nach der alliierten Landung eher gering gewesen. Vgl. Frederick W. Deakin: Die brutale Freundschaft. Hitler, Mussolini und der Untergang des italienischen Faschismus, Köln und Berlin 1964, S. 431-559 sowie die Erinnerungen des damaligen Oberbefehlshaber Süd, Albert Kesselring: Soldat bis zum letzten Tag, Bonn 1953, S. 215-248.

Wer noch eines Beweises dieser Geisteskrankheit bedürfte, muß doch darauf verzichten, wenn er hört, daß Hitler seiner Umgebung die Teilung Italiens als Ziel hingestellt hat! Endlich würde Mussolini ihn um Hilfe bitten müssen; dann würde er ihn vielleicht zum Statthalter von Norditalien einsetzen und den Apennin zur deutschen Grenze machen! Hitler ist auch bereit, Rußland, wenn es nur Frieden macht, Grenzen zuzugestehen, die eine anständige deutsche Regierung auch heute noch nicht einzuräumen brauchte; er fabelt sich und andern nahen Sieg vor!

Angesichts dieses nun offenbar werdenden nationalen Unglücks, in das uns eine wahnwitzige, göttliches und menschliches Recht verachtende Führung gebracht hat, erlaube ich mir eine letzte Bitte an Sie, sehr verehrter Herr Generalfeldmarschall, zu richten. Sie können gewiß sein, daß es die letzte sein wird. Nunmehr ist die Stunde gekommen, in der wir auch über unser persönliches Geschick endgültig zu entscheiden haben. Hier ist der Weg, den das Gewissen klar weist, dort der andere, bequemere. Jener mag Gefahren enthalten, aber er ist ehrenvoll; dieser führt zu bitterem Ende furchtbarer Reue. Wissen Sie, sehr geehrter Herr Generalfeldmarschall, angesichts der furchtbaren, sich immer mehr beschleunigenden Zerstörungen deutscher Städte noch *ein* Mittel, um einen Sieg zu erringen, der 1. ermöglicht, Rußland endgültig von Europa fernzuhalten, 2. die USA und das englische Weltreich dazu zu zwingen, diese Angriffe aufzugeben und schließlich Frieden zu machen? *Das* ist doch politisch und militärisch gesehen die Frage, die vor uns steht. Wenn es diesen Sieg gibt, dann muß man seine Möglichkeit dem deutschen Volk nicht mit Lüge, sondern mit der Wahrheit, die doch dann vorhanden sein, muß, klar machen. Wenn es aber den Sieg nicht gibt, dann ist die Fortsetzung des Krieges ein glattes Verbrechen, weil es für ein Volk niemals ein heroisches Ende, sondern immer nur ein Weiterlebenmüssen gibt.

Ich habe erneut festgestellt, und übernehme dafür die Verantwortung, daß die Möglichkeit noch vorhanden ist, zu einem für uns günstigen Friedensschluß zu kommen, wenn wir Deutschen uns selbst wieder verhandlungs*fähig* machen.[6] Daß mit Verbrechern und Narren kein Staatsmann dieser Welt verhandeln kann, weil er nicht leichtfertig das Geschick seines Volkes Narrenhänden anvertrauen kann, ist doch selbstverständlich. Das sagt uns ja auch unser eigenes Gewissen. Natürlich sind die Möglichkeiten schwieriger zu verwirklichen als vor einem Jahr. Sie sind auch nur auszunutzen, wenn der Politiker noch eine gewisse zeitliche Bewegungsfreiheit hat, wenn er also nicht wie 1918 von heute auf morgen vor das militärische „Wir können nicht mehr!" gestellt wird. Wird diese zweite, vom Militär abhängende Voraussetzung erfüllt, so können wir mit Ruhe, mit verständigem Handeln, den Krieg sofort in der Luft und allmählich auch im Lande abbremsen. Wer dem deutschen Volk heute verkünden kann, daß der Krieg in der Luft beendet ist, der hat das Volk hinter sich, und es wird niemand wagen, gegen ihn eine Stimme

---

[6] Goerdeler überschätzt hier seine Möglichkeiten; vgl. auch sein Positionspapier für die britische Regierung vom 19./20.5.1943; Dok. 6.1.2, unten S. 944 ff.

zu erheben oder einen Finger zu rühren. *So* liegen die Dinge, und nicht ein Jota anders.

Zu einem solchen Handeln, in dem man einfach die Dinge beim richtigen Namen nennt und die Verbrecher packt, stehe ich auf jede Gefahr hin zur Verfügung. Ich könnte auch zu diesem Zweck wieder Offizier werden, wenn ich nur ein planvolles, schnelles Zugreifen damit sichergestellt wüßte. Heute noch kann ich erklären, daß ich Ihnen, Herr Generalfeldmarschall und jedem andern zum notwendigen Handeln entschlossenen General die erdrückende Mehrheit der deutschen Arbeiterschaft, der deutschen Beamten und der deutschen Wirtschaft zuführen kann. Ich kann Ihnen auch, wenn Sie es wollen, Herrn Goebbels oder Herrn Himmler zum Bundesgenossen; denn auch diese beiden Männer haben längst begriffen, daß sie mit Hitler verloren sind. Es handelt sich also wirklich nur um den Entschluß, um die kühle Überlegung und um das rechte Handeln. Am gefährlichsten und schließlich unerträglich aber ist, vor der Stimme des Gewissens Tag um Tag die Ohren zu verschließen. Darin werden Sie, sehr geehrter Herr Generalfeldmarschall, wie ich überzeugt bin, mit mir übereinstimmen.

Sie müssen aber auch wissen, daß meine Wirkungsmöglichkeit zeitlich begrenzt ist. Ich gelte seit vielen Jahren als Militarist, als Bewunderer des Militärs, als Förderer militärischen Wesens, als Freund manchen Generals. Ich habe manche unangenehme Stunde in meinem Leben deswegen erlebt sowohl nach dem ersten Weltkrieg wie in den letzten Jahren; denn viele Männer Deutschlands haben von vornherein von den Generalen nichts erwartet. Ich aber habe stets ihr Stange gehalten und habe gesagt, man könne sich auf ihren Charakter und ihr Verantwortungsbewußtsein verlassen. Nun kommt es wirklich soweit, daß ich selbst mich blamiert fühle und daß man mir in Süddeutschland, wo ich treffliche Freunde habe, schon sagt, an allem sei der preußische Militarismus schuld.[7] Es sind nicht törichte Männer, die dies sagen; es sind Männer, die ein warmes Herz für Deutschland und für den deutschen Soldaten haben, die aber darüber verzweifeln, daß man sehenden Auges, denkenden Verstandes und fühlenden Herzens von Verbrechern und Narren das Vaterland in den Abgrund führen und die deutsche Jugend und die deutschen Männer willenlos in Tod und Verstümmelung treiben läßt.

Wir müssen nunmehr Schluß damit machen, Narren zu gestatten, dem deutschen Volk ihre Illusionen und Lügen aufzwingen zu wollen, aus einem aus Herrschsucht geborenen Eroberungskriege einen Krieg notwendiger Verteidigung zu machen. Wir haben gar keine Veranlassung, den Bolschewismus oder die Angelsachsen zu fürchten. Auch dort wird mit Wasser gekocht, und wir haben vieles in die Waagschale zu werfen. Auch sie alle sind auf unsere Kraft und unser Können angewiesen. Aber es müssen wieder anständige Deutsche sein, die die deutschen Interessen mit Kraft und Vernunft vertreten.

Ich werde Ihnen nicht mehr lästig werden, sehr geehrter Herr Generalfeldmarschall; ich habe nur noch *eine* Antwort von Ihnen zu erbitten und weiß, welche

Bedeutung es hat, wenn Sie mir die Antwort verweigern. Nur eines bitte ich: sie nicht etwa deshalb zu verweigern, weil Sie Sorge haben. Ich habe zu schweigen gelernt und werde es jetzt nicht verlernen. Ich weiß, was ich den Männern schuldig bin, denen ich vertraue. Wenn aber nicht wenigstens drei oder vier Männer in Deutschland zueinander mehr Vertrauen haben, dann allerdings können wir einpacken.

Mit den besten Empfehlungen
Ihr sehr ergebener
Goerdeler

---

[7] Vgl. zu Goerdelers Kontakten im Stuttgarter Bosch-Unternehmen Dokument 4.1.2, Anmerkung 33. Die sehr distanzierte Haltung der Stuttgarter gegenüber einem Einbezug des Militärs in die Staatsstreichplanungen beschreibt auch Hans Walz: Meine Mitarbeit an der Aktion Goerdeler, in: Otto Kopp (Hg.): Widerstand und Erneuerung. Neue Berichte und Dokumente vom inneren Kampf gegen das Hitler-Regime, Stuttgart 1966, S. 98-120.

Kapitel 6: Goerdelers Staatsstreichvorbereitungen und seine verfassungspolitischen Neuordnungspläne

Einführung

Neben einer Reihe von Denkschriften, die Goerdeler seit Anfang 1940 in der Absicht verfasste, Gesinnungsgenossen zu finden, entstanden in den folgenden Jahren mehrere grundlegende Texte programmatischen Charakters. Darin waren die Hauptlinien der nach einer Regimeänderung notwendigen außen- und innenpolitischen Schritte skizziert und wurden zugleich die Grundlagen der anzustrebenden verfassungspolitischen Neuordnung beschrieben. Nachdem aus der Sicht Goerdelers sowohl das parlamentarische System von Weimar als auch die totalitäre Diktatur Hitlers gescheitert waren, hielt er nach historisch nicht verbrauchten politischen Formen Ausschau und griff dabei teilweise auf frühkonstitutionelle Vorbilder zurück. Seine Überlegungen fanden einen umfassenden Niederschlag in einer Ende 1941 verfassten Denkschrift, der er den programmatischen Titel „Das Ziel" gab. Sie gehört zu den bedeutendsten Reformdokumenten aus Goerdelers Feder. In den Text gingen Überlegungen ein, die er in den Jahren 1938 bis 1940 angestellt hatte und die in seiner Korrespondenz mit dem Historiker Gerhard Ritter, aber auch in den beiden Denkschriften vom Herbst 1938 einen Niederschlag fanden, aus denen größere Passagen wörtlich übernommen wurden.[1]

Nach einem grundsätzlichen Teil über das „Wesen der Politik", in dem Goerdeler die Forderung von Geistes-, Gewissens- und Forschungsfreiheit sowie Rechtssicherheit als Voraussetzungen sinnvollen politischen Handelns erhob und die Wiederherstellung von Moral und Religiosität einklagt, legte Goerdeler seine schon zuvor entwickelten außenpolitischen Vorstellungen dar und plädierte für einen Verständigungsfrieden und die Schaffung einer Europäischen Union. In diesem Zusammenhang ging er auf die „Judenfrage" ein, die nur durch internationales Zusammenwirken bei der Schaffung eines Judenstaates gelöst werden könne. Was die Juden im deutschen Herrschaftsbereich anging, setzte er sich für umfassende materielle Wiedergutmachung und die Herstellung menschenwürdiger Bedingungen in den Ghettos ein. Er wollte den deutschen Juden, allerdings mit Ausnahme der am stärksten assimilierten Teile, die deutsche Staatsangehörigkeit entziehen, ohne

---

[1] S. Das Ziel vom Herbst 1941; Dok. 6.1.1, unten S. 873 ff. Zu dessen Datierung vgl. die Korrespondenz zwischen Goerdeler und Ritter von 1941/42; BAK, N 1166/453 sowie Goerdelers Denkschrift zur Innenpolitik vom Oktober/November 1938; Dok. 5.1.2, oben S. 696 ff.; die Kontinuität der Argumentation in Goerdelers Denkschriften widerlegt die Annahme Schramms, dass es sich um „Gemeinschaftsdokumente" Goerdelers und Becks handele (vgl. Schramm, Beck und Goerdeler, S. 34 f.).

ihre wirtschaftlichen Betätigungsmöglichkeiten zu beschränken. Diese auf der Linie eines konservativen Antisemitismus liegenden Maßnahmen sollten sich in einem geordneten rechtlichen Rahmen vollziehen.

Anschließend daran entfaltete er seine innenpolitischen Zielsetzungen. Ausgehend von der generellen Wiederherstellung der Freiheits- und Menschenrechte schlug er einen Fächer von Maßnahmen vor, die den Gedanken der Selbstverwaltung im Bereich der Hochschulen, der Wirtschaftsordnung und der Sozialpolitik durchsetzen und dem schädlichen Zentralismus des NS-Systems entgegenwirken sollten. Neben den Forderungen zur Verwaltungsreform sowie zur Neuordnung der Finanz- und Steuerpolitik stellte Goerdeler vor allem einen Verfassungsumbau in den Vordergrund, der den Einfluss des Reichstags und der politischen Parteien durch eine weitgehende Föderalisierung und den Einbau ständischer Vertretungen zurückdrängen sollte. Um die aus seiner Sicht schädlichen Wirkungen des allgemeinen und gleichen Wahlrechtes zu beseitigen, sollten Direktwahlen nur auf kommunaler Ebene abgehalten werden, damit in übersichtlichen Verhältnissen und mit deutlicher Privilegierung ansässiger Honoratioren, während für die jeweils übergeordneten Repräsentativorgane bis hin zum Reichstag nur indirekte Wahlen bzw. die Delegierung aus ständischen Körperschaften vorgesehen waren. Neben den Reichstag sollte ein berufsständisch gebildetes Reichständehaus treten. Die von diesen beiden Kammern gebildete Legislative sollte jedoch gegenüber dem mit weitreichenden Vollmachten ausgestatteten „Reichsführer" überwiegend auf beratende Funktionen beschränkt sein.[2]

Mit dem vorgeschlagenen Verfassungsaufbau beabsichtigte Goerdeler eine Entpolitisierung der laufenden Regierungsgeschäfte und eine Neutralisierung politischer Parteien zu erreichen. In einer weiteren umfassenden Denkschrift, die im April 1944 entstand und Wilhelm von Schramm mit dem Titel „Der Weg" überschrieben hat,[3] legte er die Beweggründe für das von ihm angestrebte System indirekt gewählter Vertretungskörperschaften näher dar. Er wandte sich einerseits gegen den „Überparlamentarismus" von Weimar, den er vor allem auf das Verhältniswahlrecht zurückführte, andererseits gegen die Auflösung des Rechtsstaates und die Aushöhlung der Verfassungsinstitutionen durch das NS-Regime.

Mit der Beibehaltung eines stark modifizierten parlamentarischen Systems bei allerdings gestärkter Exekutive, wobei er an die Rückkehr zur Monarchie dachte, stieß Goerdeler jedoch auf die Kritik seiner engeren Gefolgschaft, die ihm den Vorwurf machten, „unmodernen" und „reaktionären" Vorstellungen verhaftet zu sein. So hatte Goerdeler die Abhaltung der ersten Kreistagswahlen innerhalb von

---

[2] Zum vorgesehen Verfassungsaufbau s. Hans Mommsen: Gesellschaftsbild und Verfassungspläne des deutschen Widerstandes, in: ders.: Alternative zu Hitler. Studien zur Geschichte des deutschen Widerstandes, München 2000, S. 112 ff. sowie Neuordnungspläne der Widerstandsbewegung des 20. Juli 1944, ebd., S 176 ff.

[3] S. Der Weg; Dok. 6.1.3, S. 950 ff.

drei Monaten nach dem Umsturz ins Auge gefasst, während Johannes Popitz und Ulrich von Hassell für eine autoritär geprägte Übergangsverfassung eintraten.[4] Insbesondere Hassell äußerte sich skeptisch über Goerdelers unverwüstlichen Optimismus, kritisierte den Rückgriff auf parlamentarische Methoden und hielt es für verfehlt, unmittelbar nach dem geplanten Umsturz die Abhaltung von Wahlen vorzusehen.[5] Der Verschwörerkreis, der sich um Goerdeler, Beck und Hassell gebildet hatte, stimmte daher nicht in allen Punkten mit den Vorstellungen Goerdelers überein, und es ist davon auszugehen, dass er im wesentlichen aus eigenen Anschauungen schöpfte.[6]

In der Form eines Vermächtnisses, Anfang August 1944 auf der Flucht vor der Gestapo, verfasste Goerdeler die Schrift „Die Aufgaben der deutschen Zukunft".[7] Sie enthält noch einmal eine stichwortartige Zusammenfassung seiner Reformvorstellungen und versucht, Prioritäten zu setzen, nimmt aber auch Vorstellungen auf, die auf das Zusammengehen mit den Gewerkschaftlern zurückgehen sowie eine gewisse Annäherung an die Neuordnungsvorstellungen des Kreisauer Kreises erkennen lassen, wie das auch schon bei der Denkschrift „Der Weg" hervortritt.[8]

Goerdeler konnte nicht wissen, wie viel Zeit ihm noch verblieb, um seine Vorstellungen auszubreiten. Am Beginn steht die Forderung nach Wiederherstellung von Rechtssicherheit, Geistes- und Gewissensfreiheit, Gerechtigkeit und Anstand, der Schaffung eines „sauberen und sachverständigen" Beamtentums sowie der Rückgewinnung von Religionsfreiheit und Religiosität. Auf der Ebene der Gemeinden, Kreise, Länder und Provinzen sollte die Selbstverwaltung als konstituierendes Prinzip gelten und mit möglichst weitgehenden Kompetenzen ausgestattet, die staatliche Verwaltung hingegen so klein wie möglich gehalten werden. Gleichzeitig sollte ein allgemeiner Abbau der Überbürokratisierung erfolgen. In wirtschaftlicher Beziehung plädierte Goerdeler für die Errichtung berufsständisch gegliederter Selbstverwaltungskörper und Wirtschaftskammern. Die Verantwortung für die Arbeitslosenversicherung sollte der zu gründenden Einheitsgewerkschaft übertragen werden. Im Hinblick auf die Wirtschaftsordnungspolitik griff er auf seine bekannten Forderungen nach einer Überleitung des planwirtschaftlichen Systems in eine freie Wirtschaft mit Leistungswettbewerb zurück. Er ging jedoch insofern über

---

4 S. Mommsen, Gesellschaftsbild, S. 106 ff.

5 Vgl. Hassell-Tagebücher vom 15.6., 20.9. und 4.10.1941 (S. 256 ff., 273 und 276 f.). So klagte Hassell bereits am 28.1.1940, Goerdeler wolle „abwegigerweise sofort eine Volksabstimmung" (ebd., S. 161).

6 Vgl. auch die Beurteilung des Sozialdemokraten Henk, der den Kreis um Goerdeler beschrieb als „Anzahl von Industriellen, von Politikern, von Gelehrten und sonstwie halbpolitisch interessierten Männern ..., ohne einheitliches Programm und ohne feste politische Idee ..., alles politische Einzelgänger." (Emil Henk: Die Tragödie des 20. Juli 1944. Ein Beitrag zur politischen Vorgeschichte, Heidelberg 1946, S. 13).

7 S. Die Aufgaben der deutschen Zukunft von Anfang August 1944; Dok. 6.1.4, unten S. 1013 ff.

8 Vgl. Klemperer, Die verlassenen Verschwörer, S. 302 f.

seine früheren Planungen hinaus, als er nun die Auflösung von Großkonzernen, eine „gerechte" Gewinnverteilung zwischen Unternehmern und Arbeitern sowie die Sozialisierung von Grundstoffindustrien in Betracht zog. Für den Bereich der Außenpolitik betonte er die Notwendigkeit einer Politik der Versöhnung und Vertragstreue; für die Anbahnung einer europäischen Gemeinschaft wurde erneut eine europäische Wirtschaftsgemeinschaft sowie deren Eingliederung in einen Weltbund empfohlen. Wie ein Fazit aus seiner einige Monate zuvor abgeschlossenen Denkschrift „Der Weg" liest sich die Schlusspassage seiner Schrift „Die Aufgaben der deutschen Zukunft", die als Konsequenz der Erfahrungen von Kaiserreich, Republik und Diktatur gelehrt hätten: „Unser Volk ist unpolitisch. Nur im engeren Bezirke kleiner Selbstverwaltungsgebiete" handele „es vorsichtig und folgerichtig. Auf der anderen Seite bedarf die Staatsführung öffentlicher Kontrolle durch das Volk." Daraus folgerte Goerdeler die Notwendigkeit einer starken Regierung, einer auf der Selbstverwaltung aufbauenden Volksvertretung, ein modifiziertes Wahlrecht, eine unabhängige Staatsspitze in Form der erblichen Monarchie, wirtschaftliche Erziehung sowie religiöse Rückbesinnung.

Aus Goerdelers verfassungspolitischen Neuordnungsvorstellungen spricht das Selbstvertrauen, die eklatanten Mängel der Verfassungen des Kaiserreiches und der Weimarer Republik, die aus seiner Sicht in dem Vordringen der Parteipolitik lagen, in der angestrebten Neuordnung vermeiden zu können. Das Fundament einer auf berufsständischen Prinzipien und umfassender Selbstverwaltung beruhenden Verfassungsordnung sollte es ermöglichen, eine „sachliche", im Kern unpolitische Verwaltung, als Regierungsform zu etablieren. Goerdeler strebte eine politische Ordnung an, die durch die Chance, bestehende Konflikte auszuhandeln, Politik im Sinne einer zwischen Parteien ausgetragenen Entscheidungsfindung überflüssig machte. Als Kommunalpolitiker stand ihm das Modell der Gemeindepolitik vor Augen, die im wesentlichen Sachentscheidungen auf der Basis einer gut funktionierenden Einheitsverwaltung vornahm und herkömmliche politische Auseinandersetzungen überflüssig zu machen schien. Der „Reichsaufbau von unten nach oben", der Goerdeler vorschwebte, implizierte aus seiner Sicht nicht nur ein Ende des Klassenkonflikts, sondern die Beendigung (partei)politischer Konflikte schlechthin. In der von ihm geplanten, auf berufsständisch organisierten Institutionen aufgebauten „Volksgemeinschaft" erschöpfte sich Politik in der reibungslosen Organisation eines ausschließlich an Sachzwängen orientierten verwaltungspolitischen Handelns.

Obwohl sich Goerdeler zunehmend mit der innenpolitischen Neuordnung für den Umsturzfall beschäftigte, war er ebenfalls bemüht, die außenpolitischen Grundlagen dafür zu schaffen. Dazu gehörte der von ihm seit dem Mai 1943 unternommene Versuch, über seine Beziehungen zu den Brüdern Wallenberg Kontakte zur britischen Regierung zu knüpfen und von ihr Zusicherungen für den Eintritt des Umsturzfalles, den er in allernächster Zeit erwartete, zu erhalten. Auf Bitten seiner schwedischen Partner verfasste er ein für britische Hände bestimmtes Positionspapier[9], das sich terminologisch an die englischen Vorstellungen anzupassen suchte. So führte er zur Bezeichnung des Reichsständehauses den Begriff „Oberhaus“ ein. Die zentrale Aussage seiner Denkschrift, dass eine Absetzung der NS-Regierung von innen erfolgen, aber von außen unterstützt werden müsse, zielte auf eine Rücknahme der Unconditional Surrender-Forderung, die vier Monate zuvor von den Alliierten beschlossen worden war. Goerdeler sicherte die Räumung der besetzten Gebiete sowie die Wiederherstellung der europäischen Staatenordnung zu und erneuerte den Vorschlag zur Bildung eine europäischen Union. Zugleich versprach er, dass Deutschland abrüsten werde, auf eine maritime Flotte verzichten und einer Internationalisierung der deutschen Luftwaffe zustimmen werde.

Mit dem Verlangen, die Forderung nach „bedingungsloser Kapitulation“ fallen zu lassen und alliierte Bombenangriffe auf von der Umsturzregierung kontrollierte Gebiete einzustellen, desgleichen die deutsch-polnische Grenze durch Verhandlungen festzulegen, von deren Ergebnis eine deutsche Garantie Polens abhängig gemacht werden sollte, stellte Goerdeler Bedingungen, die keinerlei Aussicht hatten, in London Zustimmung zu finden. Zwar gelang es Marcus Wallenberg, durch Mittelsmänner in die Umgebung des Premierministers zu gelangen und den Inhalt der Denkschrift zu übermitteln, aber eine eindeutige Antwort blieb schon wegen der inzwischen getroffenen Festlegungen der britischen Regierung aus. Winston Churchill sicherte Wallenberg lediglich zu, den Kontakt zur deutschen Opposition aufrechterhalten zu wollen. Als Jakob Wallenberg Ende November 1943 mit Goerdeler in Berlin zusammentraf und sich über das Ausbleiben des Attentats beklagte, teilte er ihm definitiv mit, dass eine Annahme seines Friedensplans durch die englische Politik aussichtslos sei und dass es zwecklos sei, vor der Durchführung des Attentats Verhandlungen mit London aufnehmen zu wollen.[10]

Goerdeler vermochte sich jedoch nicht von seinen außenpolitischen Illusionen zu trennen. In einem im Spätsommer oder im Frühherbst abgefassten Memorandum, das sich ausdrücklich an britische Leser richtete, wiederholte er seine Argumente und ergänzte sie durch die Zielsetzung, einen „ewigen Friedensbund“ der europäischen Staaten mit Ausnahme Russlands zu schaffen, was er auch mit dem Argument begründete, dass die USA „die Sicherung Europas gegenüber Rußland“ nicht auf Dauer wahrnehmen würden.[11] Auch bei Vertretern des Kreisauer Kreis verstärkte sich die Skepsis gegenüber einem übermächtigen Einfluss „raumfremder Mächte“, wie Alfred Delp formulierte.

Die Denkschrift ist eines der zentralen Dokumente für Goerdelers Bekenntnis zur Schaffung eines geeinigten Europa, aber die politischen Voraussetzungen für

9 S. Positionspapier für die britische Regierung vom 19./20.5.1943; Dok. 6.1.2, unten S. 944 ff.

10 S. Klemperer: Die verlassenen Verschwörer, S. 298 ff.

11 Abgedruckt bei Ritter, Goerdeler, Anhang VI, S. 570-76 Leider hat sich das Original nicht im Nachlass auffinden lassen.

eine Lösung, wie sie ihm vorschwebte, waren realiter nicht mehr gegeben.[12] Namentlich in der polnischen Frage verharrte Goerdelers Denkschrift bei dem Vorschlag, Polen für den Verlust von Posen und Westpreußen durch eine Union mit Litauen und direkten Zugang zum Meer zu kompensieren. Sein Plädoyer an die Westmächte, gemeinsam der russischen Gefahr zu begegnen, die auch zur Zerschlagung Polens führen müsse, verkannte deren spätestens nach der Unconditional Surrender-Forderung eingegangenen Verpflichtungen im alliierten Bündnis.

Goerdelers außenpolitisches Wunschdenken kam auch in der für die Generalität bestimmten geheimen Denkschrift über die Notwendigkeit eines Staatsstreichs vom 26. März 1943 zum Ausdruck.[13] Er legte dar, dass durch rasches Handeln der „Bestand des Reiches in den Grenzen von 1914, vermehrt um Österreich und Sudetenland" bei Modifikationen in der Elsass-Lothringen-Frage gesichert werden könne, wobei er sich auf seine in der Vorkriegszeit gemachten Erfahrungen in den angelsächsischen Ländern berief.[14] Während die Vermittlungsversuche der Brüder Wallenbergs zum Erliegen kamen, klammerte sich Goerdeler an die Überzeugung, doch noch einen Ausgleich mit den Briten bewerkstelligen zu können, doch begann der engere Kern des Widerstands um Claus Schenck von Stauffenberg, der sich auf die Expertisen von Otto John in Madrid stützte, von ihm abzurücken.[15]

Während sich die Bewegung des 20. Juli zunehmend konsolidierte und es zu engeren Kontakten zwischen dem Kreisauer Kreis und der Gruppe um Goerdeler kam, der wiederum Anfang 1942 engere Verbindungen zu dem Gewerkschaftskreis um Leuschner, Kaiser und Habermann geknüpft hatte, zerschlug sich die Hoffnung, dass die Befehlshaber der Heeresgruppen die Kapitulation der 6. Armee in Stalingrad am 31. Januar 1943 für eine Umsturzinitiative nutzen würden. Desgleichen scheiterten die wiederholten Attentatsversuche von 1943. Indem sich die Hoffnungen auf einen Militärputsch als trügerisch erwiesen, kam es auch seltener zu Treffen der „Honoratiorengruppe", die ohne militärische Initialzündung keine Handlungsmöglichkeiten für sich erblickte. „Von Popitz und Goerdeler", so schrieb Hassell im April 1943, „sah ich in letzter Zeit nur wenig. Es ist ja auch nichts zu machen."[16]

Im Zuge der Attentatsvorbereitungen, die in der Hand der Gruppe um Stauffenberg lagen, kam es zu einer Annäherung der verschiedenen Widertandsgruppen und auf die Anregung Becks hin zu einer Aussprache zwischen der Gruppe um Goerdeler und den Repräsentanten des Kreisauer Kreises, die zwar eine gewisse Übereinstimmung in den Grundauffassungen ergab, aber andererseits tiefe Meinungsverschiedenheiten offenbarte. So hielt Helmut James von Moltke nicht

[12] Vgl. Klemperer, Die verlassenen Verschwörer, S. 300 f.
[13] Abgedruckt bei Ritter, Goerdeler, S 577-95, Anhang VII.
[14] Ebd., S. 589.
[15] Vgl. Klemperer, Die verlassenen Verschwörer, S. 304 und 308.
[16] Vgl. Eintrag vom 20.4.1943; Hassell-Tagebücher, S. 363.

mit seiner Kritik an Goerdeler zurück und es fiel das bittere Wort von einer „Kerenski-Lösung“.[17]

Schon im Winter 1941 war es zur Kontaktaufnahme einer Reihe von ehemaligen Gewerkschaftsführern mit Ludwig Beck gekommen, die im Winter 1941 über Generaloberst Kurt Frhr. v. Hammerstein-Equord stattfand. Bei den ehemaligen Gewerkschaftsführern handelte es sich um die Gruppe um Jakob Kaiser, Wilhelm Leuschner und Max Habermann, unter deren maßgeblicher Mitwirkung Ende April 1933 der „Führerkreis der vereinigten Gewerkschaften“ gegründet worden war. [18] In Besprechungen, die Goerdeler seit Anfang 1942 regelmäßig mit den Gewerkschaftlern führte, wurde eine weitreichende Einigung über die Organisation und Funktion der zukünftigen Gewerkschaften erzielt. Die geplante „Deutsche Gewerkschaft“, über deren Form und Aufgaben man sich zum Jahresende 1942 geeinigt hatte, sollte horizontal und vertikal gegliedert sein, auf Zwangsmitgliedschaft beruhen und neben den Arbeitern auch die Angestellten umfassen. Unter der Reichsleitung mit Leuschner als Vorsitzendem sowie Habermann und Kaiser als seinen Stellvertretern sollten einerseits neun Ressortabteilungen, andererseits dreizehn Industriegruppen gebildet werden.[19]

Wenn auch Goerdelers Zusammenarbeit mit Vertretern des gewerkschaftlichen Widerstands zunächst den Eindruck einer Weiterentwicklung seines sozialpolitischen Konzepts vermitteln mag, so wird bei näherer Betrachtung deutlich, dass der Kern seiner sozialpolitischen Reformvorschläge unangetastet blieb. Die Deutsche Gewerkschaft entsprach in ihren Grundzügen den von Goerdeler in seiner Denkschrift „Das Ziel“ geforderten Arbeiter- und Angestelltenorganisationen. Sowohl das Prinzip der Zwangsmitgliedschaft und die Betonung des Selbstverwaltungsgedankens, als auch die Idee, die Arbeitnehmerorganisationen zur Grundlage berufsständisch organisierter staatlicher Institutionen zu machen, finden sich in beiden Konzepten. Ebenso sollte mit der Deutschen Gewerkschaft Goerdelers Ziel realisiert werden, die Organisation der Sozialversicherung Vertretungen der Arbeiterschaft zu übertragen.[20] Andererseits bildete die zentral geleitete „Deutsche Gewerkschaft“ einen Fremdkörper in dem regional und berufsständisch gegliederten Selbstverwaltungsaufbau, den Goerdeler anstrebte, und er kam nach dem gescheiterten Putschversuch darauf nicht wieder zurück.

---

[17] Spiegelbild einer Verschwörung, S. 264; vgl. Mommsen, Der Kreisauer Kreis und die künftige Neuordnung Deutschlands und Europas, in: ders.: Alternative zu Hitler, S 212 f.

[18] Vgl. Elfriede Nebgen: Jakob Kaiser. Der Widerstandskämpfer, Stuttgart 1967, S. 124 ff. sowie Gerhard Beier: Zur Entstehung des Führerkreises der vereinigten Gewerkschaften Ende April 1933, in: AfS 15 (1975), S. 365-392.

[19] Vgl. die Aussagen Leuschners vor der Gestapo; Spiegelbild einer Verschwörung, S. 383 ff.

[20] S. Goerdelers Denkschrift Das Ziel; Dok. 6.1.1, unten S. 873 ff. sowie Gerhard Beier: Einheitsgewerkschaft. Zur Geschichte eines organisatorischen Prinzips der deutschen Arbeiterbewegung, in: AfS 13 (1973), S. 207-242 sowie Mommsen, Wilhelm Leuschner und die Widerstandsbewegung des 20. Juli 1944, in: ders.: Alternative zu Hitler, S. 329 ff.

Die zweite Gruppe der nachstehend abgedruckten Denkschriften gehört in den Zusammenhang der unmittelbaren Umsturzvorbereitung. In sie sind entweder Kompromisse mit anderen Widerstandsgruppen aufgenommen worden, oder sie gehen auf mehrere Verfasser zurück. Zu dem Zeitpunkt von Hassells resigniertem Tagebuch-Eintrag im April 1943 hatte die zivile Verschwörergruppe ihre Vorbereitungen für eine neue Regierung abgeschlossen, soweit dies möglich war. Neben Listen für die Politischen Beauftragten und die Verbindungsoffiziere für die Wehrkreise handelte es sich insbesondere um erste Bekanntmachungen der Umsturzregierung. Die um die Jahreswende 1942/43 entstandenen „Grundsätze und Ziele der Reichsregierung" legen die rechtlichen, sozioökonomischen und moralischen Prinzipien dar, nach denen die angestrebte Umsturzregierung vorzugehen gedachte.[21] Der Text stellt offenbar ein Gemeinschaftswerk von Verschwörern im Umkreis Becks und Goerdelers unter Beteiligung der Gewerkschaftsvertreter dar. Die sehr allgemein gehaltene Erklärung liegt noch vor der Vereinbarung über die Bildung der Einheitsgewerkschaft und ist vermutlich von den christlichen Gewerkschaftlern beeinflusst. Der gesamte Duktus geht auf Goerdeler zurück, der der Wiederherstellung von Recht und Anstand zentrale Bedeutung beimaß.

Der für Prinz Louis Ferdinand von Preußen erstellte Redeentwurf[22] stellt die Überarbeitung eines von anderer Hand verfassten Textes durch Goerdeler dar, der sich nachdrücklich dafür einsetzte, den Prinzen mit dem obersten Staatsamt zu betrauen, doch hat sich Louis Ferdinand dem Ersuchen der Opposition entzogen, womit Goerdelers Liebäugeln mit einer monarchischen Lösung der Oberhauptfrage erledigt war.[23] Der Text ist wesentlich kämpferischer gehalten, als dies bei den sonstigen Stellungnahmen Goerdelers der Fall war und beschränkt sich auf noch allgemeiner gehaltene Grundsätze als die „Regierungserklärung". Die Diktion sucht offensichtlich dem Denkstil Louis Ferdinands Rechnung zu tragen und spielt auf die preußisch-deutsche Militärtradition und vaterländische Werte an. Aus dem Redemanuskript wird ersichtlich, dass der Prinz als Traditionsträger einen Gegenpol zu dem nationalsozialistischen Regime bilden und für „von den Vätern überliefertes Recht", „heilige Freiheit des Gewissens", „Ritterlichkeit und Menschlichkeit" eintreten sollte. Der Aufruf versprach das Ende des innen- und außenpolitischen Terrorregimes, die Rückgabe des militärischen Oberbefehls an sachverständige Befehlshaber und die Wiederherstellung verfassungsmäßiger Zustände.

Das bedeutendste der für die Regierungsübernahme vorbereiteten Schriftstücke, die nach der Übernahme der Regierungsgewalt vorgesehene Rundfunkrede des

---

21 S. Grundsätze und Ziele der Reichsregierung vom Jahreswechsel 1942/43; Dok. 6.2.1, unten S. 1024 ff.

22 S. Redeentwurf für Prinz Louis Ferdinand von Preußen vom Winter 1942/43; Dok. 6.2.2, unten S. 1032 ff.

23 Ritter, Goerdeler, S. 567 ff.

neuen Kanzlers, stammt von Goerdeler allein und ist im Frühsommer 1944 abgefasst worden.[24] Sie ist völlig in der für Goerdeler typischen Diktion gehalten und an ihrer Authentizität ist kein Zweifel.

Ähnlich jedoch wie die beiden anderen Stücke bleibt die Rede etwas vage und in allgemeinen Grundsatzerklärungen befangen, was Goerdeler selbst mit dem Motiv begründete, es gehe nicht um detaillierte Versprechungen, sondern darum zu handeln. Als Prioritäten listete er die Wiederherstellung von Rechtssicherheit, Geistes- und Gewissensfreiheit sowie die Bestrafung nationalsozialistischer Verbrechen auf. Während er als außenpolitisches Ziel eine sofortige Waffenruhe sowie ein friedliches und kooperatives Europa angab, betonte er in innenpolitischer Hinsicht die Vorläufigkeit der Umsturzregierung. Weiter kündigte er eine Revision der Besitzverhältnisse, Leistungsorientierung mit sozialer Gerechtigkeit sowie die Rückbesinnung auf Werte von Familie, Geschichte und Religion als innenpolitische Ziele an. Der letzte Satz ist symptomatisch für die Begrifflichkeit der Rede: „Es ist höchste Zeit, zusammenzustehen, um durch Anstand und Wahrhaftigkeit Bestand und Zukunft zu retten, Frieden und Glück zu erarbeiten, Recht und Freiheit zu gewinnen". Die verwendeten Begriffe bleiben ungefüllt und lassen konkrete verfassungspolitische Aussagen vermissen.

Bei einer Betrachtung sämtlicher Schriften Goerdelers zur Verfassungspolitik drängt sich der Eindruck auf, dass seine verfassungspolitischen Neuordnungsvorstellungen von zwei Elementen bestimmt waren. Einerseits waren seine Pläne geprägt von der Vorstellung, dass die bisherigen Verfassungsordnungen gescheitert seien. Das Fundament einer auf berufsständischen und Selbstverwaltungsprinzipien beruhenden Neuordnung erschien ihm als Möglichkeit, eine „sachliche", im Kern unpolitische Verwaltung als Regierungsform zu etablieren. Andererseits verweist die Begrifflichkeit in Goerdelers Schriften zur Verfassungspolitik auf seinen Versuch, eine der verfassungspolitischen Diskussion übergeordnete Ebene zu finden. Goerdelers Vision war die eines harmonischen, „gerecht" geordneten Gemeinwesens, das auf Sitte und Anstand, Wahrheit und Wahrhaftigkeit basierte. In diesen Auflistungen tauchen lediglich die beiden Begriffe Rechtsstaat und Rechtssicherheit als konkrete, inhaltlich gefüllte Forderungen auf. Gleichwohl hatte Goerdeler die Usurpation des Rechts durch den NS-Staat erkannt, so dass sein Verweis auf moralische Prinzipien auch als Suche nach Begrifflichkeiten für ein übergeordnetes Recht, einer „natürlichen Gerechtigkeit", gedeutet werden kann. Im Kern beschreiben seine moralischen Postulate das angelsächsische Prinzip des Rule of Law, also der Geltung und Herrschaft des Rechts über den Staat.[25] Dieses übergeordnete Prinzip war insofern komplementär zu Goerdelers auf berufsständischen

---

[24] S. vorgesehene Rundfunkrede nach der Übernahme der Regierungsgewalt vom Frühsommer 1944; Dok. 6.2.3, unten S. 1036 ff.

[25] So auch die These Ralf Dahrendorfs in seiner Gedächtnisrede vom 20.7.2002; Ralf Dahrendorf: Die Herrschaft der Gerechten. Zum 58. Jahrestag des 20. Juli 1944.

und Selbstverwaltungsprinzipien beruhendem Aushandlungsmodell, als beide Elemente eine verwaltungsbürokratische Zwangsläufigkeit und Folgerichtigkeit suggerierten und Regierung als politischen Entscheidungsprozeß obsolet machten.

Dokumente

6.1 Konzepte eines neuen Staatsaufbaus

6.1.1 Das Ziel

maschinenschriftliche Denkschrift o.D. [Herbst 1941][1]; Privatbesitz.[2]
Wirtschafts- und Militärpolitik können immer nur Bestandteile der gesamten Politik sein; reine Gewaltpolitik ist eine innen- und außenpolitische Kräftevergeudung; zu den Voraussetzungen einer erfolgreichen Staatsführung gehören Geistes-, Gewissens- und Forschungsfreiheit, Rechtssicherheit, Moral und Religiosität.

Außenpolitik: die politische, wirtschaftliche und technische Entwicklung läuft auf die Schaffung großer Wirtschaftsräume zu; eine deutsche Führungsposition in Europa bietet

---

[1] Die Datierung der Denkschrift ist in der Historiographie umstritten. Während der Goerdeler-Biograph Ritter und der Herausgeber Schramm den Entstehungszeitpunkt auf Anfang 1941 datieren (vgl. Ritter, Goerdeler, S. 500, Anmerkung 11 sowie Schramm, Beck und Goerdeler, S. 51), plädiert Mommsen für eine Datierung auf die Jahreswende 1941/42 (vgl. Mommsen, Gesellschaftsbild und Verfassungspläne , S. 331 f., Anmerkung 109). M.E. muss die Denkschrift als vorläufiges Fazit aus den Überlegungen seit 1938–40 (vgl. die Dokumente in den Kapiteln 4.2 und 5, aus denen z.T. Passagen wörtlich übernommen wurden) gelten; ihre endgültige Fertigstellung liegt zwischen dem deutschen Angriff auf die Sowjetunion am 22.6. 1941, der unter II. als Tatsache erwähnt wird, und der deutschen Kriegserklärung an die USA am 10.12.1941, die unter II. nicht erwähnt wird. Als weiteres Indiz für den Entstehungszeitraum sei auf die Korrespondenz zwischen Goerdeler und Ritter 1941/42 verwiesen: Im Juni 1941 schrieb Goerdeler dem Freiburger Historiker, dass „eben die Politik und nicht die Kriegführung es ist, die total sein muss, wenn sie ihres Wesens sich bewusst ist und wenn sie ihre Aufgabe erfasst hat. (...) Entschuldigen Sie gütigst diesen Gedankenausbruch; er liegt mir nahe, weil ich mich gerade in einem anderen Zusammenhange damit beschäftigen musste; ich darf Ihnen vielleicht gelegentlich das Ergebnis mitteilen. (...)"; Brief Goerdelers an Ritter vom 15.6.1941; BAK, N 1166/453. Im Januar 1942 schrieb Goerdeler, Bezug nehmend auf einen Aufsatz Ritters über den dualistischen Charakter der Politik zwischen Machtkampf und friedlicher Gestaltung (Vom Doppelsinn des Politischen, in: Deutsche Rundschau 68 (1942), S. 4-10): „(...) Ich würde mich besonders gern einmal mit Ihnen über die Möglichkeit aussprechen, diesem Doppelsinn eine vereinheitlichende Zusammenfassung zu geben. Ich habe mich in einer für ganz andere Zwecke bestimmt gewesenen Abhandlung, die ich augenblicklich nicht im Besitz habe, darum bemüht und hoffe, Ihnen eine Abschrift bald einmal senden zu können (...)"; Brief Goerdelers an Ritter vom 25.1.1942; ebd. Aus den Zitaten ist zu folgern, dass die vorliegende Denkschrift im Juni 1941 bereits in Arbeit, im Januar 1942 abgeschlossen war. Beide Zitate verweisen auf den ersten Abschnitt der Denkschrift, und tatsächlich weist das Original im Privatbesitz der Familie Goerdeler die handschriftliche Notiz Ritters auf „Mir von Dr. Goerdeler persönlich gegeben für Eigengebrauch, insbes[ondere] nach Kriegsende. Vorbereiten! Ritter."

[2] Ein weiteres Exemplar mit leichten, ausschließlich stilistischen Abweichungen befindet sich im Koblenzer Nachlass Goerdelers; BAK, N 1113, Bd. 19. Teile der Denkschrift sind

sich aufgrund der zentralen Lage an; die friedliche Eroberung von Wirtschaftsräumen ist wichtiger als die militärische Eroberung; die Achtung vor anderen Nationen muss die Basis jeder Außenpolitik sein. In friedlicher Entwicklung muss für Europa über Zoll- und Währungsunionen und Militärbündnisse ein politischer Staatenbund angestrebt werden, der mit der restlichen Welt freien Handel treibt; eine Verständigung mit den angelsächsischen Mächten ist notwendig; die besetzten Gebiete müssen unter militärische Verwaltung gestellt und letztendlich autonomer Verwaltung überlassen werden; die Juden müssen einen eigenen Staat bekommen und in Deutschland wie andere fremde Staatsbürger auch behandelt werden; das begangene Unrecht an Juden seit 1933 muss wieder gut gemacht werden.

Innenpolitik: Wiederherstellung der Rechtssicherheit; Auflösung der Konzentrationslager; Abschaffung der Auslegungskompetenz für Richter; Verfolgung aller straffällig gewordenen Juristen; Bestrafung von Denunzianten; Auflösung der Akademie für Deutsches Recht. Wiederherstellung der Geistes-, Gewissens- und Forschungsfreiheit sowie der Künstler- und Pressefreiheit; Reorganisation des Bildungswesens und der Lehrerausbildung; Wiedereinführung der Selbstverwaltung an Hochschulen. Neubildung der Wirtschaftskammern auf der Grundlage der IHK mit Unterabteilungen für Unternehmer, Angestellte und Arbeiter mit freien Vertreterwahlen; Ablösung der DAF und Überführung ihrer Organisationen und ihres Vermögens in selbstverwaltete Arbeiter- und Angestelltengruppen; Bildung einer Reichswirtschaftskammer aus Präsidenten der einzelnen Wirtschaftskammern; Beschränkung der staatlichen Wirtschaftspolitik auf die Setzung von Rahmenbedingungen; allmähliche Auflösung der Planwirtschaft. Koalitionsverbot für Beamte; Vereinfachung der Beamtengesetzgebung und des Verwaltungsapparats; Wiedereinführung des Generalstabsprinzips bei der Stellenbesetzung in Reichsministerien. Wiedereinführung der Selbstverwaltung in allen Bereichen der Sozialversicherung; Anpassung der Sozialleistungen an die volkswirtschaftliche Leistungsfähigkeit; Förderung der Kleinsiedlung. Wiedereinführung der Selbstverwaltung in allen kirchlichen Bereichen; Wiedereinführung des Religionsunterrichts; weitmögliche Überantwortung der Wohlfahrt an kirchliche Einrichtungen. HJ wird Staatsjugend unter Aufsicht eines Generals; Staatsjugend ist der elterlichen und schulischen Autorität nachgeordnet. Arbeitsdienst wird für Frauen aufgehoben, für Männer einem General unterstellt. Schutz gegen Arbeitslosigkeit muss von individueller Vorsorge über Unterstützung der Wirtschaftsgruppe gehen, staatliche Unterstützung nur als äußerstes Mittel. Rückführung der Polizeiaufsicht an Gemeinden und Kreise; Sicherheits- und Geheimpolizei wird RdI unterstellt. NSDAP bleibt bestehen, verliert aber alle Rechte, die ihre Funktion als eine Partei neben anderen überschreiten. Sanierung des Staatshaushalts durch Sparsam-

veröffentlicht in Ritter, Goerdeler, S. 561 f., bei seiner Herausgabe der Denkschrift hat Schramm das Koblenzer Exemplar benutzt und noch eigene stilistische Änderungen sowie Hervorhebungen selbst eingefügt (Das Ziel, abgedr. in: Schramm, Beck und Goerdeler, S. 81-166). Scheurig hat die Version von Schramm ohne Änderungen übernommen (vgl. Bodo Scheurig (Hg.): Deutscher Widerstand 1938–1944. Fortschritt oder Reaktion?, München ^{2}1984, S. 53-129). „Das Ziel" zählt zu den bekanntesten Denkschriften der konservativen Widerstandsbewegung, und ist ausschnittsweise in zahlreichen Sammelbänden abgedruckt, z.B. in Walter Lipgens (Hg.): Europa-Föderationspläne der Widerstandsbewegungen 1940–1945, München 1968, S. 123-125; Peter Steinbach und Johannes Tuchel (Hg.): Widerstand in Deutschland 1933–1945. Ein historisches Lesebuch, München ^{2}1997, S. 289-308; Wolfgang Benz (Hg.): „Bewegt von der Hoffnung aller Deutschen". Zur Geschichte des Grundgesetzes. Entwürfe und Diskussion 1941–1949, München 1979, S. 65-83.

keit, Mehrarbeit aller Bürger, Reorganisation des Schuldendienstes und der Steuererhebung; Währungssicherung durch Wiederherstellung der Selbständigkeit und Verantwortung der Reichsbank.

Verfassungspolitik: möglichst starke Dezentralisierung aller staatlichen Aufgaben über Gemeinden, Kreise und Gaue bei möglichst starker Selbstverwaltung; indirektes Verhältniswahlrecht außer in Gemeinden, Heraufsetzung des Wahlalters, Einbau wirtschaftsständischer Vertretungen in politische Führung, vermehrte Ausschussarbeit; Arbeitsgemeinschaften der Selbstverwaltungsinstanzen mit beratender Funktion bei der Reichsregierung. Gliederung der Reichsregierung in acht Ministerien, Zusammentritt zu regelmäßigen Beratungen, Kanzler mit Weisungsrecht gegenüber Ministern. Volksvertretung gegliedert in Reichstag und Reichsständehaus; Wahl der Reichstagsabgeordneten durch Verordnete der Gaulandtage; Reichsständehaus zusammengesetzt aus wirtschaftsständischen und wissenschaftlichen Vertretern, Landeshauptleuten und von dem Reichsführer berufenen Persönlichkeiten. Gesetzesinitiative bei Reichskanzler und Volksvertretung, Gesetzeserlass nur nach Zustimmung von beiden Kammern der Volksvertretung. Erbmonarchie stellt Reichsführer; repräsentativer Charakter mit Eingriffsrechten.

Friedrich der Große gab 1759 dem Gedanken Ausdruck: daß Tapferkeit ohne Klugheit nichts bedeute und daß der berechnende Geist über die Kühnheit siegen würde, daß der Erfahrene und der Wissende dem sich nur auf das Können Verlassenden überlegen sein dürfte.[3]

I. Die Totalität der Politik

Aufgabe jedes Staates ist es, die auf Erhaltung und Verbesserung des Lebens gerichtete, naturgesetzlich gebotene Arbeit seiner Bürger zu schützen, *alle* dieser Tätigkeit dienenden Kräfte zu stärken, sie vor Entartung zu bewahren und ihnen eine möglichst lange Dauer sicherzustellen. Der Mensch lebt nicht vom Brot allein, sondern er hat eine Seele. Daher gelangt er zur höchsten Leistungsfähigkeit auf allen Gebieten auch dem wirtschaftlichen nur, solange es gelingt, die seelischen Bedürfnisse zu befriedigen. Das gilt für sein religiöses Streben und Sinnen, das gilt

---

[3] In seinen „Betrachtungen über die militärischen Talente und den Charakter Karls XII." zog Friedrich der Große 1759 das Fazit: „Welchen Glanz auch die Taten unseres berühmten Helden verbreiten, man darf ihn doch nur mit Vorsicht nachahmen. Je mehr er blendet, desto geeigneter ist er, die leichtfertige, brausende Jugend irrezuführen. Ihr kann man nicht genug einschärfen, daß Tapferkeit ohne Klugheit nichts ist und daß ein berechnender Kopf auf die Dauer über tollkühne Verwegenheit siegt." (Zit. nach: Berthold Bolz (Hg.): Die Werke Friedrichs des Großen, Bd. 6: Militärische Schriften, Berlin 1913, S. 380). Die gleiche Passage war von Ritter in seiner gleichzeitig entstandenen Untersuchung des Militarismus zitiert worden (Gerhard Ritter: Staatskunst und Kriegshandwerk. Das Problem des „Militarismus" in Deutschland, Bd. 1: Die altpreußische Tradition (1740–1890), München 1954, S. 37 f.). Zu den Verbindungen zwischen Goerdeler und Ritter vgl. auch Anmerkung 1.

für seine Ehrliebe, das gilt für sein Nationalbewußtsein, für seinen Hunger nach Wahrhaftigkeit und für vieles andere.

Die Tätigkeit, die Staatsführung und Volk diesen umfassenden Staatsaufgaben widmen, nennt man Politik. Die Wirtschaftspolitik ist nur ein begrenzter Teil dieser allgemeinen Staatspolitik. Nur Stümper, Schönredner und Schwadroneure können daher in eine Erörterung darüber eintreten, ob der Wirtschaft oder der Politik das Primat im Leben des Staates gebühre. Kurzes Nachdenken schließt jede solche Erörterung aus. Politik ist die umfassende, Wirtschaft die begrenzte Tätigkeit. Aber aus dem gleichen Grunde darf die Politik des Staates niemals die wirtschaftlichen Kräfte der Bürger außer acht lassen, von ihnen lebt der Staat, ohne sie verfällt er dem Tode. Wirtschaften heißt immer mit den Kräften der Natur, also auch mit anderen Menschen zu ringen. Kein Volk lebt allein auf dieser Welt; Gott hat auch noch andere Völker geschaffen und sich entwickeln lassen. Eine rein materialistische Betrachtung, die aber graue Theorie ist, könnte zu der Annahme führen, daß der Staat am besten seine Aufgabe erfüllt, der sich allen anderen gegenüber rücksichtslos auch mit Gewalt durchsetzt. Eine solche Betrachtung entspricht aber weder unserem seelischen Bedürfnis noch auch den Erkenntnissen der Vernunft. Ewiger Kampf bedeutet dauernde Kräftevergeudung. Ewige Unterdrückung anderer widerspricht offenbar ebenso den Geboten Gottes wie der vernünftigen und durch die Geschichte bewiesenen Erkenntnis, daß nur freie Menschen höchste Leistungen vollbringen und daß nur deren gegenseitiger Austausch dauernd Leben erhält und verbessert. Nie wird der Mensch vollkommen sein. Dauernd wird er zwischen dem Naturgesetz, das ihm gebietet, sein Leben im Kampf mit den Kräften der Natur, also auch mit anderen Menschen zu erhalten, und jener Erkenntnis hin- und herwandern. Erfolg wird diejenige Staatsführung haben, die dieses Hin- und Herschwanken auf ein Mindestmaß begrenzt und immer wieder mit weisen Mitteln einen Ausgleich zwischen den beiden Kräften zustrebt.

Die Geschichte lehrt daher auch klar, daß zu den Voraussetzungen erfolgreicher Staatsführung gehören: die Anerkennung und Ausnutzung aller Naturkräfte und Naturgesetze, ihre durch nichts behinderte Erforschung, daher die Freiheit des Geistes; die Befriedigung der seelischen Bedürfnisse, daher die Freiheit des Gewissens; der harmonische Ausgleich zwischen Trieb und Seele, daher Recht und Gerechtigkeit; die Pflege aller körperlichen, geistigen und seelischen Kräfte in Vaterlandsliebe und menschlichen Tugenden; die Einordnung in die Schöpfung Gottes, daher die Rücksicht auf die Anschauungen und Interessen anderer sowie die Nächstenliebe, und nicht zuletzt das ewige Suchen nach den Sinn des Lebens und die dauernde Unterwerfung unter die Allgewalt Gottes. Nur *die* Perioden, in denen der naturhafte Lebens- und Gestaltungswille der Menschen und Völker von der Erkenntnis dieser Voraussetzungen und ihrer harmonischen Erfüllung durchdrungen waren, waren glückliche.

Politik muß daher immer die Erfüllung und beste Gestaltung *aller* dieser Voraussetzungen umfassen; sie muß total sein, wie die Natur es ist. Die Natur sucht aber auch ständig ein Gleichgewicht zwischen den ringenden Kräften herzustellen. Der ganze Kampf ist auf die Erringung des Gleichgewichts gerichtet. Der Ausbruch des Vulkans bedeutet nichts weiter, als daß im Ringen der Naturkräfte ein Streben nach neuem Ausgleich sich vollzieht. Der Mensch ist ein Teil der Natur und ihren ewigen Gesetzen unterworfen. Auch die Politik muß den ehrenhaften und nützlichen Ausgleich der skrupellosen Machtanwendung vorziehen.

Das politische Ringen der Menschen und der Staaten vollzieht sich teils mit friedlichen, teils mit kriegerischen Kampfmitteln; ein Ringen bleibt es immer. Die Totalität, die der Inbegriff der Politik sein muß, hat daher sowohl im Frieden wie im Kriege zu wirken. Diese Gedankengänge, die sich bemühen, in den Grenzen mathematischer Beweisbarkeit zu bleiben, rücken die in den letzten Jahrzehnten verbreiteten Auffassungen von der Politik des Krieges in das rechte Licht.[4] Es gibt nicht eine Totalität des Krieges als solchen, sondern es gibt nur eine Totalität der Politik im Kriege wie im Frieden. Nur das Versagen der politischen Führung seit fünfzig Jahren hat den verhängnisvollen Irrtum ermöglicht, von dem totalen Krieg in dem Sinne zu sprechen, daß im Kriege jedes Mittel erlaubt sei. Hier liegt eine schwere logische Verirrung vor. Da die Politik zu keiner Sekunde die ihr innewohnende Totalität leugnen kann und darf, so muß sie auch im Kriege an das ‚Ziel', an das neue, von Natur und Seele verlangte Gleichgewicht, also an den folgenden Frieden denken. Allgemeine Rezepte von ewiger Gültigkeit lassen sich weder für die Art der Kriegführung noch für die Entscheidung der Frage aufstellen, ob im Einzelfalle der rein militärische oder ein anderer Gesichtspunkt in den Vordergrund zu stellen ist. Es ist eben die Kunst der Politik, elastisch für jeden Schritt der Entwicklung das Richtige zu finden und zu bestimmen. Sie gestattet daher dem Soldaten nicht jede Art der Kriegführung: z. B. muß sie bedenken, ob die mit Zerstörung erzielte Wirkung dem gedachten und möglichen Ziel des günstigen Friedens sowie seiner gewollten Gestaltung näherführt und seiner Erhaltung zu dienen vermag oder nicht.

Zuletzt in unserer Geschichte verkörpert sich solche Staatsführung in Bismarck. Er schied aus ihr mit der beklemmenden Sorge, ja Voraussicht, daß nach ihm die Bahnen einer totalen Politik verlassen werden würden. Er hat recht

4 Das Schlagwort vom „totalen Krieg" war 1935 von Ludendorff in seinem gleichnamigen Werk geprägt worden (Erich Ludendorff: Der totale Krieg, München [2]1940, erstm. 1935). Darin stellte sich Ludendorff ausdrücklich in die Tradition Clausewitz' (vgl. zu Clausewitz S. 770, Anmerkung 3), kritisierte jedoch, dass dieser „nur an die Vernichtung der feindlichen Streitkräfte durch Schlachten und Gefechte" gedacht habe. Der von Ludendorff beschriebene totale Krieg erforderte dagegen die Mobilisierung des gesamten Volkes und bestritt darüber hinaus den von Clausewitz postulierten Primat des Politischen. Diesen beiden Elementen – der Mobilisierung der gesamten Bevölkerung und der Überordnung der Kriegführung über die Politik als Sinngebung – ist die Idee des Vernichtungskrieges bereits inhärent. Vgl. auch Reemtsma, Idee des Vernichtungskrieges.

behalten. Wer auch nur die *deutschen* Dokumente zum Kriegsausbruch 1914[5] liest, ist über den Mangel an Voraussicht und Entschlossenheit, über das Unmaß von Illusion und Vertrauensseligkeit, über die falsche Einschätzung der in dieser Welt wirksamen Kräfte aufs tiefste erschüttert. Es bleibt nichts anderes übrig, als die seit dem Abgange Bismarcks sich durchsetzende Politik als naiv, oberflächlich und leichtfertig zu bezeichnen. Letzten Endes vollendete sich in ihr die Überbewertung der materiellen Lebensgestaltung und damit auch der materiellen Macht, zu der die Entwicklung der Technik Veranlassung gegeben hat. Es ist nicht die sogenannte liberalistische Weltanschauung, die unser Vaterland schließlich in die Gefahren der Gegenwart hineingeführt hat; jener Ausdruck ist ein Schlagwort ohne jeden deutbaren Sinn.[6] Es ist auch nicht der Verlust jener hohen sittlichen Ideale, die die deutschen Schöpfer der preußischen Erhebung gegen Napoleon erfüllten und ihre Gestalten so rein und lauter erscheinen lassen; jene Ideale waren noch im deutschen Volke lebendig, als es in den Krieg 1914 eintrat: Es ist letztlich die fortschreitende religiöse Verkümmerung unseres täglichen Lebens.

Der Mensch hatte nach der mittelalterlichen Beengung freier geistiger Forschung, die ihn zum Stillstand verurteilte, wieder die geistige Freiheit erhalten, den Gesetzen und Kräften der Natur nachzuforschen. Indem er sie entdeckte, enträtselte, zusammenfaßte und sich dienstbar machte, erlag er der Versuchung, sich als Herrn der Schöpfung zu betrachten. Er leugnete schließlich die göttliche Schöpfungskraft; er verstieg sich zur unbeweisbaren Annahme einer alles Leben entwickelnden Urzelle, war stolz auf seine Entdeckung und mußte sich doch im stillen gestehen, daß hinter jener Zelle wieder Gott stand. Aber dies Geständnis schien ungeistig, wurde unmodern und unbequem. Die freie geistige Forschung hatte die seelischen Bindungen gelockert oder gar zerbrochen. Mit dieser Entwicklung schwand das Verantwortungsbewußtsein vor einem höheren Richter, die Gestaltung und Verbesserung des Lebens (die wirtschaftliche Tätigkeit) wurde zum Hauptinhalt des Daseins, die Seele verkümmerte. Die wirtschaftliche Entwicklung hatte eine immer weiter getriebene Aufsplitterung der wirtschaftlichen Tätigkeit in Spezialgebiete, eine immer maßlosere Verstädterung zur Voraussetzung

---

[5] Die früheste Aktenedition, auf die sich Goerdeler hier wohl bezieht, geht auf Vorarbeiten des Sozialdemokraten Karl Kautsky zurück. Kautsky hatte im Auftrag der deutschen Revolutionsregierung 1918/19 aus dem Archiv des AA Dokumente zum Ausbruch des Ersten Weltkriegs zusammengestellt, die im Dezember 1919 in vier Bänden veröffentlicht wurden (Karl Kautsky, Max v. Montgelas und Walter Schücking (Hg.): Die deutschen Dokumente zum Kriegsausbruch, 4 Bde, Berlin 1919). Vgl. ausführlich zur Kriegsschulddebatte in Weimar Ulrich Heinemann: Die verdrängte Niederlage. Politische Öffentlichkeit und Kriegsschuldfrage in der Weimarer Republik, Göttingen 1983.

[6] Der pejorative Begriff „liberalistisch" wurde besonders in der jungkonservativen Rhetorik gegen die Weimarer Republik verwandt. Unter dem NS-Regime diente der Begriff der pauschalen Verurteilung aller Gegner der Diktatur und der autarkistischen Planwirtschaft; vgl. Sontheimer, Antidemokratisches Denken, S. 143 ff.

und zur Folge. Diese Aufsplitterung erfaßte schließlich das ganze Gefüge des Menschen. So ging ihm mehr und mehr die Erkenntnis verloren, daß er nicht vom Brot allein leben könne, sondern, daß er auch der von Gott in ihn gelegten Seele Nahrung zuführen müsse. Er verlor den Sinn für die Totalität aller Lebensvorgänge ebenso wie für seine eigene Totalität; er verlor endlich Demut und wollte mit lauter Aufsplitterungen der Herr des Ganzen sein.

So entschwand allmählich auch aus der Politik jenes zuletzt in Bismarck so vollkommen verkörperte totale Bewußtsein, daß Glück und Erfolg nicht durch Anspannung und Einwurf *einzelner* Kräfte gewonnen werden können, sondern nur durch harmonische Abstimmung *aller* Kräfte des Geistes, des Körpers und der Seele auf *eine* Melodie. Als nach dem Weltkrieg die Ursachen des Zusammenbruches überdacht wurden, da fand der um diese Totalität ringende Ludendorff wohl wieder das Schloß, nicht aber den Schlüssel. Er sprach von einer Totalität, aber nur von der Totalität des *Krieges*,[7] während es sich hier einzig und allein um die Totalität der *Politik* handelt, die das Ziel unter weiser und richtiger Einschätzung *aller* Aufgaben und *aller* Kräfte suchen und bestimmen muß, die diese Kräfte richtig ausbildet und harmonisch zusammenfügt, die jene Aufgaben sinnvoll aneinanderreiht.

Der Kampf um die Durchsetzung *dieser* Totalität ist noch im Gange. Was sich seit 1918 in Deutschland ereignet hat, ist ein nochmaliger Sieg des Materialismus und des Spezialistentums; seit 1933 versuchen diese, sich für das letzte Rennen ideeller Kräfte zu versichern. Aber da sie nicht klar und stark genug sind, um diesen Kräften einen reinen Nährboden zu schaffen, da sie von der Vergötterung des Menschen ausgehen, so haben sie nur jene ideellen Kräfte auf den Plan gerufen, die mit der oberflächlichen Betrachtung der Aufgabe des Volks- und Menschentums, die mit dem Materialismus vereinbar erscheinen; sie haben auf jene verzichtet, die in der Seele ihre Wurzel haben und die ebenso unentbehrlich sind. Krankhafte Geltungs- und Genußsucht haben dazu verleitet, bestenfalls Tugenden von anderen zu fordern, aber nicht selbst zu verkörpern. So leben wir in Jahren, in denen eine Fehlentwicklung ihren Höhepunkt zu erreichen scheint. Die Revolution von 1933 ist künstlich gemacht und technisch organisiert; sie ist keine organische Fortsetzung; sie ist gepaart mit Überspanntheiten, wie die Reaktion in verschiedenen, längst überwundenen Epochen unserer Geschichte, die nicht einmal für die damals Lebenden als glücklich bezeichnet werden können.

Die Gefahr besteht nicht nur hierin, sondern sie wird vergrößert durch die Tatsache, daß die rein materielle Betrachtung und Gestaltung des Lebens sich bei allen Kulturvölkern als unfruchtbar erwiesen hat: in allen Völkern ist eine wachsende Sehnsucht lebendig, die seelischen Bedürfnisse vollkommener zu befriedigen und sich ihren Wert nicht durch die Technik rauben zu lassen. *Es wird also* ein Wettkampf um eine neue Besinnung auf möglichst harmonische Erfüllung menschlichen

---

[7] S.o., Anmerkung 4.

Lebens anheben. *Es ist hohe Gefahr, daß unser Vaterland diesen nicht unedlen Wettbewerb verliert.* Das würde dann sinnfällig auch in einer Erschütterung der Stellung zum Ausdruck kommen, die unser Volk braucht, um seine materiellen Bedürfnisse in dieser Welt befriedigen zu können.

Lichtblicke sind vorhanden. Auch die meisten anderen Völker haben noch nicht erkannt, daß die Lösung nur gefunden werden kann, wenn die Menschen sich den Gesetzen der Natur unterwerfen. Auch sie suchen noch nach bequemeren Auswegen; auch sie wollen noch nicht die Unentrinnbarkeit jener von Gott geschaffenen Naturgesetze erkennen. Die deutsche Jugend fängt an, zu begreifen, worum es geht. Sie bringt mit Abscheu die Erscheinungen der Korruption zur Sprache. Die jungen Menschen werden sich in ihrem Kreise klar, daß es an ihnen liegt, durch saubere Lebensführung Vorbilder zu werden. Mancher ältere Mensch kann sich vor dieser Erkenntnis einer nach Wahrhaftigkeit dürstenden Jugend schämen.

Soll unserem Volke eine gesicherte Stellung geschaffen werden, so müssen die eingangs dargelegten Voraussetzungen erfüllt, so müssen alle unsere Kräfte, die seelischen, geistigen und körperlichen, zu einer Sinfonie vereinigt werden. Wir müssen im Kampfe des Lebens die Gesetze der Natur, die Gebote Gottes beachten; sie richten sich an Geist, Körper und Seele. Daß sie jetzt nicht beachtet werden, ist in den Betrachtungen über den Stand der Finanzen, über den moralischen Zustand, über den Stand des Bildungswesens und über den Stand von Wirtschaft und Verwaltung dargelegt.[8] Es besteht auch weder Erkenntnis noch Wille, die Harmonie etwa nach dem Kriege herzustellen.

Auf der unabdingbaren Grundlage der Totalität der Politik sind die außen- und innenpolitischen Ziele aufzubauen. Es müssen neue Ziele sein; ein Zurück gibt es in der Geschichte niemals. Alle Bestrebungen, den bekannten, wenn auch erprobten und damals als ideal empfundenen Zustand wiederherzustellen, sind stets gescheitert. Aber die harten Lehren der Vergangenheit müssen selbstverständlich ebenso ausgenutzt werden wie die unabänderlichen Gesetze der Natur, die Erfahrung und das Wissen.

II. Das außenpolitische Ziel

Die Zusammenfassung der Völker hat sich in der bisher bekannten Geschichte im wesentlichen in folgendem Auf und Ab vollzogen: Die erste Zusammenfassung bildete sich um die Familie, Sippe, Rasse; die so geeinten Menschen gleichen Blutes und gleicher Sprache, gleicher Kultur und gleicher Weltanschauung geraten in Kämpfe mit anderen nationalen Völkern. Einzelne Völker erweisen sich als überlegen und beherrschen die anderen in einem neuen Staat, der nicht mehr national begrenzt ist. Diese Staaten fallen mehr oder minder schnell wieder auseinander,

---

8 S. Stand des Bildungswesens vom Juli 1940; Dok. 5.2.3, oben S. 792 ff. sowie Stand von Wirtschaft und Verwaltung vom September 1940; Dok. 5.2.4, oben S. 801 ff.

weil ihnen die oben angedeuteten natürlichen Bindungen der Menschen untereinander fehlen. Der Zusammenbruch erfolgt um so schneller, je rücksichtsloser das überlegene Volk die Unterlegenen behandelt, entrechtet, ausbeutet. Denn in diesem Zustand büßt das herrschende Volk geistige, seelische und physische Kräfte ein, das beherrschte aber gewinnt sie. Eine neue Zusammenfassung in größere Nationalstaaten geht vor sich. Wieder geraten sie nach gewissen Zeiträumen teils aus nationalem Erhaltungstrieb, teils aus übertriebenem Machttrieb heraus in Kämpfe miteinander.

Das 19. Jahrhundert ist in Europa ganz klar von der Entwicklung zu solchen Nationalstaaten beherrscht. Diese Entwicklung war um die Jahrhundertwende auf dem Balkan noch nicht abgeschlossen, aber sonst im wesentlichen beendet. Die Frage, die uns seitdem gestellt wird, ist, ob diese Nationalstaaten längeren Zeitraum hindurch friedlich nebeneinander bestehen können oder ob wieder die Ablösung des gewonnenen Zustandes durch Vorherrschaft des einen oder anderen Volkes eintreten muß. Der Erste Weltkrieg hat sie nicht geklärt; jetzt muß sie geklärt werden, wenn nicht mit Europa auch unser Vaterland in lange Verelendung versinken soll.

Die technische Entwicklung zwingt zu *großen Wirtschaftsräumen*. Das Flugzeug, das von Kleinstaat zu Kleinstaat hüpfen müßte, wäre ein wirtschaftlicher Unfug. Die Entwicklung treibt also geradezu den Menschen auf den Weg der Großraumentwicklung. Könnte der Großraum nur dadurch gewonnen werden, daß der Gedanke des Nationalstaates aufgegeben wird, so müßte die Technik in immer schärferen Widerspruch zu den nationalen Gefühlen treten. Dann würde sie selbst zu Stillstand und Rückentwicklung gezwungen werden: denn sie beruht ja darauf, daß höchst leistungsfähige Menschen höchst hingebungsvoll an und in ihr arbeiten. National unterdrückte Menschen aber büßen an Leistungsfähigkeit ein.

So kann eine vernünftige und glückhafte Entwicklung nur erreicht werden, wenn es gelingt, den Gedanken der Nationalstaaten mit der Notwendigkeit des Großraumes zu vereinen. Aus dieser Erkenntnis ergibt sich auch das *politische Ziel* für unser deutsches Vaterland. Dieses Ziel ist um so fruchtbarer, als Deutschland, im Zentrum Europas gelegen, durch die Natur zwischen Kälte und Wärme, zwischen Meer und Kontinent gestellt ist und daher die verhältnismäßig besten Eigenschaften zum Kampf in und mit der Natur entwickeln konnte, d.h. also die besten Eigenschaften zur Sicherung und Fortentwicklung des Lebens. Es ist kein Zufall, daß Deutschland der Welt so viele Dichter, Denker und Musiker geschenkt hat. Auch dies hängt mit der Tatsache zusammen, daß ein besonders leistungsfähiges Volk von der Natur zu ewigem, aber aussichtsvollem Kampf um das Leben gezwungen ist und über dem Kampf die Kräfte der Seele nicht vernachlässigt hat.

Hier gilt es, einen Blick auf England zu werfen. Das englische Volk steht uns rassenmäßig ebenso nahe wie die skandinavischen Völker. Es lebt aber seit jeher unter noch günstigeren Naturbedingungen als das deutsche. Die englische Rasse lebt unter den Wirkungen des Golfstroms. Die Natur verlangt auch dort Kampf. Die Erhaltung des Lebens zwingt noch mehr als in Deutschland zur kämpferischen Leistung auf dem Meere. Das hat den Blick frühzeitig ins Weite gelenkt, während das deutsche Volk in seiner großen Mehrheit kontinental sich entwickeln mußte. Die Natur Englands ist auf der anderen Seite ebenso vielseitig wie ausgeglichen. Jeder, der dies Land bereist hat, ist von dem Zauber ergriffen, den der Anblick der Eiche neben der Sykomore, der Kiefer neben dem Rhododendron ausübt. So ist auch der Mensch auf der Insel ebenso vielseitig wie ausgeglichen. Auf dieser aus der Natur geborenen besonderen Veranlagung des Engländers ist seine Kunst zurückzuführen, immer wieder mit den schwierigsten politischen Lagen fertig zu werden. Er hat wirklich die Totalität der Politik erfaßt und er beherrscht die Kunst, im Kriege *nur ein Mittel der Politik* zu sehen. Er ist ein Virtuose in der Erfassung praktischer Realitäten, er hat rechtzeitig aus einem Kolonialreich ungeheuren Umfanges den Bundesstaat „Empire" gemacht, der aus dem Mutterland, selbständigen Dominien und unselbständigen Kolonien besteht. Der Engländer hat sich also nicht auf die Logarithmentafel, d. h. auf das Schema festgelegt, sondern er hat die einzelnen Empireteile sich nach den ihnen innewohnenden Kräften organisch entwickeln lassen: das Empire vereint so in seinen Bundesstaaten die mannigfaltigsten Staatsformen und Bindungen. Diese Kunst geduldigen Zuwartens den organischen Kräften gegenüber kann man besonders an dem Verhalten Englands Indien gegenüber erkennen. Indien ist weder selbständiges Dominium noch unselbständige Kolonie; es hat heute noch eine Zwischenform, weil es aus dem Kolonialstand herausgewachsen, zum Dominium aber noch nicht reif geworden ist. So ist es England rechtzeitig gelungen, durch Gewährung größter und doch nicht überall gleicher Freiheiten den Zusammenhalt des Empires vom Zwang auf vernunft- und gefühlsmäßige Bindung umzustellen. Mit dem Ottawa-Abkommen des Jahres 1932 hat England als erster Staat in der Welt einen wirtschaftlichen Großraum zu schaffen versucht,[9] der nicht mehr von einer einheitlichen militärischen und politischen Macht, sondern durch andere vielgestaltige Kräfte der Wirtschaft, des Geistes, der Seele zusammengehalten wird. Es war aber der ungeheure und verhängnisvolle Fehler Englands, daß es nicht gleichzeitig in Europa die Bahn zur Großraumentwicklung freigab, sondern noch kurz vorher den Einsprüchen Frankreichs gegen den wirtschaftlichen Anschluß Österreichs an Deutschland unterstützt hatte.[10] Aber England hat sehr bald diesen Fehler eingesehen; schon auf der Wirtschaftskonferenz in London 1933 hat der damalige englische Kolonialsekretär Amery diesen Irrtum bekannt, und seitdem war England, wie die Geschichte einst nachweisen wird, bereit, auch Deutschland gegenüber die Folgerungen zu ziehen. Es hat sie auch entgegen den Wünschen

---

[9] Vgl. zu dem Präferenzsystem von Ottawa Dokument S. 360, Anmerkung 29.

[10] Zur deutsch-österreichischen Zollunion und dem „Anschluss" Österreichs vgl. S. 604, Anmerkung 22.

Frankreichs bei der Wiedereinführung der allgemeinen Wehrpflicht und bei der Remilitarisierung der Rheinlande sowie bei der Vereinigung des Sudetengebietes mit Deutschland gezogen.[11]

Ob *das deutsche Volk* die Fähigkeit entwickeln kann, die realen Gegebenheiten, dic großartigen Möglichkeiten auszunutzen, in die wirtschaftliche und damit schließlich auch die politische Führung Europas hineinzuwachsen, darüber kann man streiten. Aber es besteht keinerlei nachweisbare Berechtigung, die Möglichkeit abzuleugnen, daß das deutsche Volk eine solche politische Fähigkeit erreichen kann. Es ist oberflächlich zu sagen, daß das deutsche Volk jeweils *die* Führung hat, die es verdient. Es hat zu allen Zeiten Staatsführungen gegeben, die sich mit unredlichen Mitteln in den Besitz der Macht gesetzt und gehalten haben, ohne die aus klarer Unterrichtung und Urteilsbildung gewonnene Zustimmung des Volkes hinter sich zu haben. Die preußische Geschichte war von solchen Verirrungen bisher frei. Preußen hat nur der Kern Deutschlands werden können, weil es im wesentlichen stets Recht, Moral, ein klares politisches Ziel und eine ausreichende Staatsführung hatte. Von den drei Generationen jedes Jahrhunderts waren in Preußen immer zwei richtig geführt. Als die Hohenzollern in die Mark kamen, begann die Geschichte Brandenburg-Preußens. Weshalb? Weil die Hohenzollern die für die Politik entscheidende Aufgabe ihrer Zeit damals richtig erkannten: Recht und Ordnung im Staat. *Diese* stellten sie allen widerstrebenden Elementen gegenüber her. Damit gewann Preußen im damaligen Zustand Deutschlands eine weit über die Kraft der Bürger und die Größe des Landes hinausgehende Geltung und Anziehungskraft. Diese, eine der entscheidensten politischen Grundlagen staatlichen Bestandes, wurden in Preußen bisher niemals verlassen. Auf dieser Grundlage allein konnte sich die eminente sittliche Kraft des freien Gewissens entwickeln. Ihm verdankt schon Brandenburg im Zeitalter der beginnenden Religionskriege beruhigenderen Einfluß und Anziehungskraft. Die gleiche Stabilisierung und Festhaltung der Grundlage von Recht und Ordnung erfolgte fast zur gleichen Zeit im (ehemaligen) Ordensstaat Preußen. Der Große Kurfürst erkannte klar als nächste politische Aufgabe die Zusammenfassung der sich in den Grundlagen so ähnlich gewordenen Länder Brandenburg und Preußen zu *einer* politischen Macht auf eben dieser Grundlage. Er erkannte ferner, daß diese Zusammenfassung nur möglich war, nachdem die durch die Religionskriege hereingeschwemmten fremden Heere aus dem Lande hinausgedrückt waren. Sein Sohn mehrte den brandenburg-

[11] Die Wiedereinführung der Allgemeinen Wehrpflicht am 16.3.1935 war, ebenso wie der Aufbau der Luftwaffe und die Vergrößerung des Heeres, ein eklatanter Bruch der Bestimmungen des Versailler Vertrags. Indem Großbritannien dennoch nur drei Monate später einen Flottenvertrag mit Deutschland abschloss, sanktionierte es faktisch den deutschen Vertragsbruch; vgl. Messerschmidt, Außenpolitik und Kriegsvorbereitung, S. 701-713. Zur Remilitarisierung des Rheinlands vgl. S. 449 f., Anmerkung 36; zu dem Sudetenland und dem Münchener Abkommen vgl. S. 606, Anmerkung 26.

preußischen Besitz durch Erbschaften und Verträge. Rechtzeitig wandte sich dessen Sohn, Friedrich Wilhelm I., wieder der entscheidenden Aufgabe zu, *dem Recht und der Ordnung* in den auseinandergerissenen Teilen des preußischen Staates in einer einfachen, klaren und sauberen Verwaltung und in einer Wirtschaftspolitik, die von strenger Achtung aller Naturgesetze erfüllt war, gesunde Grundlagen zu geben. Ohne den naturhaft klaren und sauberen Wirtschaftssinn des Vaters, ohne dessen organische Organisationsgabe, ohne dessen Sparsamkeit und ohne dessen Verzicht auf alle Ruhmredigkeit wäre die Politik Friedrichs des Großen nicht möglich gewesen. Auch er setzte der Politik ein klares, begrenztes Ziel: er hat es erreicht, weil er rechtzeitig die Gefahr einer improvisierten Politik erkannte, zu der er im Beginn seiner Regierung nach eigenen Worten aus Ruhmsucht neigte, und die Politik in ihrer ganzen Totalität zur Anwendung brachte.[12] *So* gewann Preußen die Stellung einer europäischen Großmacht. Weil Preußen diese Stellung nicht mißbrauchte, sondern der Durchsetzung der Kraft immer wieder die Pflege der Seele, die Pflege sittlicher Tugenden und höchster idealer Kräfte folgen ließ, ist es schließlich der Magnet geworden, auf den im Zeitalter einer von der Dampfmaschine diktierten Entwicklung zum Großraum alle anderen deutschen Landesteile zustrebten. Auch ohne den Krieg von 1914 wäre bei dem Zusammenbruch, dem der österreichische Staat durch Erstarkung des Nationalgedankens entgegengehen mußte, Deutsch-Österreich schließlich zum deutschen Nationalstaat hingewandert.

Daß Preußen den Teilgedanken der Macht nicht mißbrauchte, sondern in der Totalität alle der Politik dienstbar zu machenden Kräfte im Auge behielt, verdankt es in dem entscheidenden 19. Jahrhundert der Politik Bismarcks und des alten Kaisers, der in vollendeter Großzügigkeit dem Kanzler neben sich Entwicklungsfreiheit gönnte und doch nicht auf jeden Einfluß verzichtete. Das Zeitalter Bismarcks ist das letzte, an dem wir die Kunst einer klaren, totalen politischen Staatsführung lernen können. Mit Bismarcks Abgang beginnt das Zeitalter der Zersetzung der politischen Führung aus der Totalität heraus in die Improvisation auf räumlichen und sachlichen Teilgebieten. Innen- und Außenpolitik, Sozial- und Wirtschaftspolitik strebten unter unerfahrenen oder ungeschulten Kanzlern und dem ebenfalls die Totalität weder erkennenden noch auf sie erzogenen Kaiser immer größerer Verselbständigung zu; sie entfernten sich ebenso wie die Führung von Heer und Flotte immer mehr von der totalen Einheitsgrundlage ihres naturhaften Zusammenhangs. Die politische Staatsführung verlor immer mehr die Fühlung mit der militärischen Führung und ließ umgekehrt diese in immer größerer Unkenntnis über die Ziele und die jeweiligen Mittel der politischen Staatsführung. Die militärische Führung verlor sich dafür ihrerseits immer ungehemmter in ihre Spezialaufgabe. Die Änderung der Kräfteverhältnisse, die mit dem Aufgeben des Rückversicherungsvertrages mit Rußland einsetzte und in dem Ausgleich Englands mit Frankreich

[12] Vgl. ausführlich zu Goerdelers Verwendung historischer Stereotypen S. 343, Anmerkung 3.

und Rußland bei gleichzeitigem und immer offenbarer werdendem Kräfteverfall Österreichs vor sich ging, wurde zwar in den verschiedenen Ressorts bemerkt, aber die totale Zusammenfassung der dadurch bedingten Sorgen und ihre schöpferische Auswertung zu neuen politischen Sicherungen fand nicht nur nicht statt, sie wurde nicht einmal von irgendeiner Seite, weder vom Monarchen, noch vom Kanzler, noch vom Chef des Generalstabs angeregt. So glitt man mit einer nicht nur nachträglich feststellbaren, sondern doch wohl als leichtfertig zu bezeichnenden Unzulänglichkeit in einen Krieg hinein, von dem man sich, sowie man an ihn dachte, schon seit Jahren klar war, daß er um den Bestand des Reiches gehen würde.[13] Man hatte nicht einmal einen gemeinsamen Operationsplan mit Österreich fertig zur Hand, geschweige denn, daß man sich hinreichend darüber Gedanken gemacht hätte, wie der Krieg auf zwei Landfronten unter Berücksichtigung der *englischen* Gegnerschaft zu führen sei. Ja, der Chef des Generalstabes wußte nicht einmal, daß seit einigen Jahren der Admiralstab die ursprüngliche Absicht, die deutsche Flotte gleich zu Beginn des Krieges zur entscheidenden Seeschlacht einzusetzen, aufgegeben hatte.[14] Irgendwelche wirtschaftlichen Kriegsvorbereitungen wurden und waren nicht getroffen. Man kann wahrhaftig nicht sagen, daß eine derartig fehlerhafte Politik *Schuld des deutschen Volkes war*. Das deutsche Volk hat den Krieg 1914/18 trotz unzureichender politischer Führung so großartig geschlagen, daß man umgekehrt feststellen muß, daß einer *richtigen Führung* politischer Erfolg nicht versagt geblieben wäre.

Wollen wir das Ziel, dem wir heute zusteuern müssen, recht erkennen, so müssen wir den Zweck staatlichen Lebens erkennen, uns der Totalität der Politik bewußt sein und souverän dann die ungeheure Fülle der zur Verfügung stehenden Mittel anwenden. Bei der Festsetzung des politischen Ziels müssen wir nach den Lehren Bismarcks uns bemühen, die wesentlichen zur Zeit in dieser Welt wirkenden Kräfte klar zu erkennen und auszunutzen. Wir müssen aus dem Zeitalter der Improvisationen, in dem wir uns seit Bismarcks Abgang befinden, wieder herausmarschieren. Seit dem Zusammenbruch im Jahre 1918 konnte das nächste Ziel nur in der Beseitigung des Versailler Diktates, in der Wiederzusammenfassung aller zusammenlebenden Deutschen in einem Deutschen Reich bestehen. Es darf nicht verkannt werden, daß diesem Ziel mit ständig gesteigerter Willenskraft zugestrebt wurde. Aber gleichzeitig erreichte die Kunst oder besser das Laster, wie

---

[13] Vgl. zusammenfassend zur internationalen Konstellation vor dem Ausbruch des Ersten Weltkriegs S. 960 f., Anmerkungen 15 ff.

[14] Die Gefahr der voneinander unabhängigen Planungen der Land- und Seekriegführung vor dem Ersten Weltkrieg wurde während des Krieges noch durch die Entwicklung verstärkt, dass der deutsche Kaiser lediglich die Landkriegführung dem Generalstab überließ, während er sich die Kontrolle über die Hochseeflotte vorbehielt. Vgl. Werner Rahn: Strategische Probleme der deutschen Seekriegführung 1914–1918, in: Wolfgang Michalka (Hg.): Der Erste Weltkrieg. Wirkung – Wahrnehmung – Analyse, München 1994, S. 341-365.

man es nennen will, der Improvisation ihren Höhepunkt. Oberflächlichem Beurteiler mag es als Staatskunst erscheinen, daß man heute mit Polen freundschaftliche Verträge abschloß, dinierte und jagte, und morgen das gleiche Polen unter Beiseitesetzung aller Friedensmöglichkeiten weit über alle Notwendigkeiten hinaus zerstörte und seine Führer beschimpfte.[15] Oberflächlichem Beurteiler mag es als Staatskunst erscheinen, die holländische und belgische Neutralität 1939 erneut feierlich zu garantieren, um sie 1940 mit Material zu torpedieren, das keiner ernsthaften Nachprüfung standhält.[16] Es mag als höchste Staatskunst erscheinen, seit 1933 das deutsche Volk zum Kampf gegen den Bolschewismus aufzurufen und die Überwindung des Kommunismus zum entscheidenden Motiv des Umsturzes von 1933 zu machen, um 1939 ein immer engeres Zusammengehen mit dem bolschewistischen Rußland anzustreben, 1940 russische Delegierte in allen Ehren zu empfangen und 1941 Rußland mit Krieg zu überziehen.[17] Oberflächlichem Beurteiler mag es als höchste Staatskunst erscheinen, die Rassen zu werten und in der nordischen Rasse die höchsten Werte zu preisen, um sie 1940 zu vergewaltigen und gleichzeitig die weißen Interessen in Ostasien gegenüber den gelben preiszugeben.[18] Oberflächlichem Beurteiler mag es als höchste Staatskunst erscheinen, 1938 mit England und Frankreich Konsultativpakte abzuschließen, um 1939 die

---

[15] Zu dem deutsch-polnischen Pakt vom Januar 1934 vgl. S. 363, Anmerkung 34; zu dem deutschen Überfall auf und der Besatzungspolitik in Polen vgl. S. 771 ff., Anmerkungen 4 und 8 sowie S. 821, Anmerkung 22.

[16] Belgien und Holland befürchteten, durch Verhandlungen mit den Alliierten oder gemeinsame Verteidigungsplanung den Deutschen einen Vorwand für ihren Einmarsch zu liefern. Beide Länder hofften, trotz ihrer exponierten Lage einen Einbezug in das Kriegsgeschehen vermeiden zu können, und hatten wiederholte Zusicherungen bekommen, dass Deutschland ihre Neutralität achten würde. Als die deutschen Truppen am 10.5.1940 ohne Kriegserklärung in die Beneluxstaaten einmarschierten, wurde von deutscher Seite auf angebliche Neutralitätsverletzungen Belgiens und Hollands verwiesen, u.a. Truppenaufmarsch an den Ostgrenzen, antideutsche Propaganda und militärische Absprachen mit den Alliierten. Vgl. Hans Umbreit: Der Kampf um die Vormachtstellung in Westeuropa, in: Maier u.a., Errichtung der Hegemonie, S. 276 ff.

[17] Vgl. zur Entwicklung des deutsch-sowjetischen Verhältnisses seit dem Abschluss des Nichtangriffspakts vom 23.8.1939 S. 833 ff., Anmerkungen 9 und 21. Der deutsche Überfall auf die Sowjetunion am 22.6.1941, ohne vorherige Kriegserklärung und unter Bruch des Nichtangriffspakts, suggerierte allein durch den Tarnnamen „Unternehmen Barbarossa“ seine ideologische Aufladung. Neben der Wiederaufnahme der Lebensraumideologie Richtung Osten sollte mit dem Feldzug gegen Sowjetrussland – in Anlehnung an die konservative Barbarossa-Legende und Kreuzzugsmythen – der Kampf gegen Bolschewismus und Judentum geschlagen werden. Vgl. zusammenfassend zur Kriegführung Gruchmann, Zweiter Weltkrieg, S. 124-139; zur Interpretation Arno J. Mayer: Der Krieg als Kreuzzug. Das Deutsche Reich, Hitlers Wehrmacht und die „Endlösung“, Reinbek b. Hamburg 1989, S. 309-419.

[18] Vgl. zur deutschen Besatzungspolitik in Skandinavien S. 770 ff., Anmerkungen 2 und 7; zur deutschen Unterstützung Japans vgl. S. 834, Anmerkung 10.

europäische Ordnung einseitig zu ändern.[19] Oberflächlichem Beurteiler mag es als höchste Staatskunst erscheinen, daß man die vorgeschobenen Stellen des Deutschtums im Baltikum und in Rußland preisgibt und die Deutschen wieder dahin zurückzieht, von wo sie vor 200, 500, 600 Jahren ausgegangen sind, um 1941 jene Gebiete wieder zu erobern.[20] Oberflächlichem Urteil mag es als höchste Staatskunst erscheinen, daß man Frankreich nach dem Siege vier Monate en canaille behandelte, um es dann für eine gemeinsame Front gewinnen zu wollen.[21] In Wirklichkeit sind diese Taktiken nur zum kleinen Teil richtig eingesetzte und bewußt angewandte Mittel, zum größten Teil handelt es sich um unzulängliche Improvisationen, von deren Notwendigkeit oder auch nur Möglichkeit sich man noch im Frühjahr 1939 keine auch nur annähernde Vorstellung machte.

Aber weder mit jenem bewußt angewandten brutalen Wechsel äußerster Gegensätzlichkeiten noch mit Improvisationen kann man einen großen Staat durch eine Welt führen, deren Kampffelder und Kräfte schon für den erfahrenen Mann nur schwer übersehbar sind. Man kann sich nicht solchen Improvisationen geradezu in die Arme stürzen, nur weil man es vorzieht, die seelischen Kräfte der Menschen für nichts zu erachten und sich dem sehr viel einfacheren, aber auch sehr viel gefährlicheren Wahn der ausschließlichen Achtung der physischen Kräfte hinzugeben. Diese sogenannte Politik hat sich überhaupt nicht mit den Lehren der Geschichte beschäftigt. Sie weiß daher nicht, welch ungeheure Kraft im *Vertrauen* liegt. Genausowenig, wie sie dies Vertrauen als unentbehrliche Grundlage zwischen den Angehörigen einer Parteiorganisation, zwischen den Offizieren unter sich, zwischen den Bürgern eines Staates erkannt hat – vielleicht konnte sie es nicht erkennen, weil Zwang Mißtrauen erzeugt –, ebensowenig hat sie bemerkt, daß die fruchtbarsten Epochen politischer Staatsführung diejenigen waren, in denen es gelungen ist, auch Vertrauen nach außen zu gewinnen. Nun ist es sehr leicht, dieser Tatsache die Tatsache gegenüberzustellen, daß unsere Gegner nach dem Ersten Weltkrieg im Diktat von Versailles ja selbst die Saat des Mißtrauens gesät und Vertrauen für nichts erachtet haben. Aber dieser Einwand wird widerlegt durch die Erkenntnis, daß ja dieses Versailles schon zusammenbrach, als die Franzosen von den Engländern gezwungen wurden, das Ruhrgebiet aufzugeben und die Räumung der besetzten Rheingebiete wesentlich früher durchzuführen, als im Diktat vorgesehen. Von 1924 an bewegt sich für diejenigen, die sehen und hören

[19] Die Konsultativpakte waren Bestandteil des Münchener Abkommens vom 30.9.1938 (vgl. dazu S. 618, Anmerkung 4), mit dem Hitler von weiteren eigenmächtigen Aktionen abgehalten werden sollte. Der Versuch wurde bereits ad absurdum geführt mit der Besetzung der „Rest-Tschechei" durch deutsche Truppen am 15.3.1939 (vgl. dazu S. 767, Anmerkung 3).

[20] In dem Geheimen Zusatzprotokoll des deutsch-sowjetischen Nichtangriffspakts waren der Sowjetunion Ostpolen und die baltischen Staaten als Einflusssphäre zugesichert worden; vgl. auch S. 833, Anmerkung 9.

[21] Vgl. zu dem deutsch-französischen Verhältnis S. 814, Anmerkung 13.

wollen, die ganze politische Entwicklung auf das Ziel hin, wieder das für die Politik jedes Volkes unentbehrliche Vertrauen herzustellen. Es wäre daher Hosenmatzpolitik, wenn man nur deshalb, weil andere noch vor verhältnismäßig kurzer Zeit sinnlos gewesen sind, sich selbst vernunftwidrig benehmen wollte.

Der gesunde Gedanke einer für kurze Zeiträume erforderlichen diktatorischen Durchsetzung der Vernunft gegenüber dem Irrtum ist in den letzten Jahren vollkommen entwertet durch die totalitäre Durchsetzung der Unvernunft und der Unmoral. Eine totale Politik einer wirklich verantwortlichen organischen totalen (nicht organisierten totalitären) Führung wird sich für die Erreichung des politischen Zieles wieder organische Organisationen herstellen und dem Unsinn der organisierten Mechanismen schleunigst und entschlossen den Abschied erteilen müssen.

Unter Berücksichtigung aller Erkenntnisse unserer eigenen Geschichte, der Geschichte anderer Völker, der in der Welt wirkenden Kräfte und der gegenwärtigen Lage lassen sich folgende außenpolitische Bestandteile politischen Totalzieles herausstellen:

1. Nationalstaat[a]

Alle zusammenwohnenden Deutschen gehören in einen Nationalstaat; dabei ist es keine Schwächung, sondern im Gegenteil eine Stärkung deutscher Geltung, wenn auch außerhalb der so zu bestimmenden Grenzen des Deutschen Reiches starke deutsche Teile wohnen. Diese Teile können aber nur Träger des Deutschtums bleiben, wenn sie sich in den fremden Nationalstaat einordnen. Nur dann haben sie und das Deutsche Reich die Möglichkeit, ihnen Erhaltung und Pflege des deutschen Wesens zu sichern.

2. [Militär]

Die Natur der Menschen und die zentrale Lage Deutschlands in einem Kreis anderer Nationalstaaten zwingt das Deutsche Reich zur Erhaltung einer ausreichenden starken Wehrmacht. Sie ist auch außenpolitisch durchzusetzen. Ob sie später der Kern europäischer militärischer Kräfte werden kann, muß der Entwicklung vorbehalten bleiben. Möglichkeit und Ziel sind ins Auge zu fassen. Die Erhaltung der deutschen Wehrmacht ist so wichtig, daß dieser Gesichtspunkt für Zeit und Art der Beendigung dieses Krieges in den Vordergrund zu stellen ist. Die Wehrmacht ist auch als innenpolitische Klammer und als Erziehungsschule des Volkes unerläßlich; sie bedarf aber hierzu der vollen Wiederherstellung und Achtung soldatischer Tugenden. Diese kann sie nur auf einer sittlich reinen Grundlage haben und erhalten.

---

[a] Die arabisch nummerierten Überschriften in diesem Kapitel (II. Das außenpolitische Ziel) sind in dem Manuskript nicht aufgenommen, allerdings in dem beigefügten Inhaltsverzeichnis. Zur besseren Lesbarkeit werden sie hier in den Text eingefügt.

3. Europa

Die Entwicklung der Technik verlangt *größere wirtschaftliche Räume*, als sie das 19. Jahrhundert geschaffen hat. Diese Erkenntnis ist heute Gemeingut fast aller Menschen der weißen und gelben Rassen. Europa war vor diesem Kriege zu einer solchen Zusammenfassung bereit und hat bereits außerhalb Deutschlands die verschiedensten Ansätze in dieser Richtung gemacht (Oslogruppe, Balkanbund)[22]. Der für Deutschland in Betracht kommende Großwirtschaftsraum ist sicherlich *Europa*. Aber abgesehen davon, daß er zumindest für die beiden nächsten Jahrzehnte infolge der Rückständigkeit Rußlands nicht ausreicht, wäre es schwächlicher Verzicht, wenn wir nicht unsere Leistungsfähigkeit auch in den übrigen Teilen der Welt ausnutzen wollten. Setzen wir sie in diesem Sinne eroberungslustig um den Erdball herum in allen Richtungen ein; nur hüten wir uns vor der Annahme, daß diese Art der Eroberung irgend etwas mit militärischer Eroberung zu tun hätte!

Der *Wirtschaftsraum Europa* kann mit Aussicht auf lange dauernden Bestand nur durch organische Zusammenfassung selbständiger europäischer Nationalstaaten erreicht und nicht durch Zusammenraffung erreicht werden. Auch hierzu sind, wie vor einem Jahrhundert seitens Preußens in Deutschland geschehen, die geistigen, wirtschaftlichen und seelischen Kräfte in erster Linie einzusetzen. Die zentrale Lage, die zahlenmäßige Stärke und die hochgespannte Leistungsfähigkeit verbürgen *dem deutschen Volk die Führung* des europäischen Blocks, wenn es sie sich nicht durch Unmäßigkeit oder durch Machtsuchtmanieren verdirbt. Es ist dumm und anmaßend, vom deutschen Herrenmenschen zu sprechen. Es ist töricht, für sich selbst Achtung vor der nationalen Ehre und Selbständigkeit zu verlangen und sie anderen zu versagen. In die Führung Europas wird diejenige Nation hineinwachsen, die gerade die kleinen Nationen achtet und ihre Geschicke mit weisem Rat und weiser Hand, nicht mit brutaler Gewalt zu leiten versucht. Die Sachlichkeit der Gesichtspunkte muß entscheiden. Berechtigte Interessen müssen klug und weit-

---

[22] Die Oslogruppe war bereits zum Jahreswechsel 1930/31 ins Leben gerufen worden durch eine norwegische Initiative. Das Ziel der Gruppe war es, dem zunehmenden Protektionismus eine kooperative Zusammenarbeit entgegenzusetzen; die Mitgliedsstaaten verpflichteten sich durch ihren Beitritt, Zolländerungen 30 Tage im voraus anzukündigen, und während dieses Zeitraums wurde über die geplanten Maßnahmen verhandelt. 1933 umfasste die Oslogruppe die vier skandinavischen und die drei Beneluxstaaten; während ökonomische Resultate eher gering waren, bildete die Oslogruppe die Basis des Neutralitätsanspruchs der Mitgliedsstaaten (vgl. T.K. Darry: A History of Modern Norway 1814–1972, Oxford 1973, S. 358 f.). Der Balkanpakt vom 9.2.1934 war dagegen von vornherein als politisch-territoriale Vereinbarung konzipiert und sollte der Konsolidierung der Balkangrenzen und dem Schutz vor sowjetischem und deutschem Expansionsstreben dienen. Zu den Gründungsstaaten Rumänien, Griechenland, Türkei und Südslawien stieß 1938 noch Bulgarien. Der unter französischer Mitwirkung zum Balkanbund ausgeweitete Pakt zerfiel mit den militärischen Erfolgen des NS-Regimes 1939/40 (vgl. Schultheß 1934, S. 481 f. sowie S. 546, Anmerkung 13).

schauend ausgeglichen werden. Tut man gar alles, um die Führung unsichtbar zu machen, läßt man anderen bei Äußerlichkeiten betont den Vortritt, so kann man spielend die europäischen Staaten zum gemeinsamen Wohle führen. In diesem Falle – und nur in diesem Falle – wird es in verhältnismäßig kurzer Zeit sogar gelingen, auch die militärischen Kräfte der europäischen Nationalstaaten zusammenzufassen.

Hierzu war, wie gesagt, Europa schon vor diesem Kriege reif. Durch diesen Krieg ist es dem Ziele nicht näher gekommen, sondern hat sich weiter von ihm entfernt. An dieser Tatsache ändert nichts die jetzige äußerliche Gleichschaltung. In Wahrheit ist sie eine Gleichschaltung auf Zwangssystem, Währungszerrüttung, Entbehrung und schließlich Hunger. Die Seelen und Geister anderer Völker sind uns heute viel weiter entfremdet als im Ersten Weltkriege. Daraus ergibt sich, daß für die Durchsetzung dieses Zieles überhaupt nur Raum ist, wenn Deutschland *rechtzeitig durch freien Entschluß* den falschen politischen Mitteln entsagt und sich zum verstehbaren politischen Ziel und zu tragbaren Mitteln entschließt.

Die Zusammenfassung Europas darf nicht roh und rücksichtslos durch Gleichschaltung erfolgen, sondern kann nur geschehen, wenn sie von der Weisheit getragen wird, die Bismarck bei der Zusammenfassung Deutschlands verkörperte. *Die Nationalstaaten Europas müssen volle Freiheit haben, ihre inneren Verhältnisse so zu gestalten, wie sie es ihren Eigenarten und Bedürfnissen entsprechend tun wollen;* volle Freiheit selbstverständlich auf allen Gebieten des Geistes und der Seele. Nötig ist zunächst nur eine Arbeitsgemeinschaft, deren Mitglieder sich auf einheitliche Spielregeln, auf Ausgleich ihrer öffentlichen Haushalte, damit auf Sicherung ihrer Währungen, auf allmählichen Abbau aller Zollgrenzen und Reisebehinderungen, auf ständige gemeinsame Beratungen zum Ziele der Aufeinanderabstimmung der Volkswirtschaften, auf Angleichung der Verkehrseinrichtungen usw. usw. beschränken. Von dieser Arbeitsgemeinschaft aus schreitet man in wenigen Jahren zu Zollbindungen, zu Zusammenschlüssen, zu Währungsregelungen usw. Von ihnen aus wird der Staatenbund mit militärischen Abmachungen entwickelt und so fort. Es ist nicht zu kühn gesagt, daß bei rechtzeitigem Handeln, d.h. Abbruch des Krieges zugunsten eines sinnvollen politischen Systems der europäische Staatenbund unter deutscher Führung in 10 bis 20 Jahren Tatsache sein wird. Wird der Zeitpunkt verpaßt, so ist an die deutsche Führung überhaupt auf lange Zeit gar nicht zu denken.

Diese Bedachtsamkeit, die Voraussetzung erfolgreicher Politik und Vollstreckung aller kühnen und schöpferischen Ideen ist, muß auch für die räumliche Begrenzung der europäischen Zusammenfassung gelten. Im Norden, Süden und Westen sind die europäischen Grenzen klar, wobei es Ländern wie Spanien und Portugal in aller Ruhe überlassen bleiben kann, wohin sie das Schwergewicht ihrer Entwicklung legen wollen. Denn nicht das Einheitsschema ist das Ideal, sondern das Wohlbefinden aller, weil dann der Frieden am glücklichsten und dauerhaftesten sein wird. Im Osten kann eine *fruchtbare* wirtschaftliche und politische Zusammenarbeit mit einem *bolschewistischen* Rußland sich nicht entfalten. Es kann jederzeit festgestellt werden, daß das bolschewistische System des Kollektivismus, der Seelenlosigkeit, des mechanischen Organisierens und der Gottlosigkeit die wirtschaftliche Leistungsfähigkeit des russischen Volkes nicht so entwickelt hat, wie es bei diesem an Naturschätzen reichen Lande möglich gewesen wäre. Alle Erfahrungen der Geschichte warnen uns vor militärischen Zwangseingriffen. Er kann ungeahnte nationale Kräfte auf den Plan rufen. Unter allen Umständen empfiehlt sich ständige Fühlung mit England, den USA, China und Japan. Das Ziel muß sein, Rußland allmählich in eine europäische Zusammenfassung einzubeziehen; denn in seinen weiten Räumen liegen die Rohstoffe und Nahrungsmittelmöglichkeiten, die die Lage eines zusammengefaßten Europa allen anderen Weltteilen gegenüber erheblich verbessern.

4. Kolonien

Es ist nützlich, daß das Deutsche Reich *Kolonien* hat. Die Annahme, daß dies notwendig sei, ist von rein materiellen Erwägungen aus irrig. Wir können alle kolonialen Produkte im freien Wettbewerb in allen Ländern der Welt ebenso billig und ebenso gut kaufen wie in eigenen Kolonien. Wer vom Standpunkt der Währung aus Kolonien verlangt, lebt in der phantastischen Vorstellung, daß dann alle Wirtschaftsnot ein Ende hätte und man unbesorgt wie bisher das Geld mit Händen zum Fenster hinauswerfen könne. Das ist nachgewiesener Unsinn, ob Kolonien oder nicht. Auch die Kolonien können nur Werte schaffen und tauschen, wenn die Währung in Ordnung gehalten wird. Geordnete Währung hängt einzig und allein davon ab, daß der Staatshaushalt im Gleichgewicht gehalten wird. Gelegenheiten zu neuen bequemen Taschenspielerkunststücken und Gaukeleien auf dem Gebiete der Finanzen gibt es also bei einem Kolonialbesitz nicht. Auch der Ausbeutungsgedanke muß ausscheiden, da er sehr schnell die Kolonien ruiniert. Es sind also weniger wirtschaftliche oder politische Gesichtspunkte, sondern im wesentlichen seelische Kräfte, die bei der Kolonialfrage als wirksam erkannt werden müssen. Das deutsche Volk wird sich, nachdem es einmal Kolonialbesitz hatte, immer gedemütigt fühlen, wenn es vom Kolonialbesitz ausgeschlossen bleibt.[23] Auch ist nicht zu verkennen, daß die Betätigung in Kolonien dem Landwirt, dem Kaufmann, dem Industriellen, dem Beamten, dem Soldaten die Möglichkeit bietet, überschüssige Kräfte unter schweren Bedingungen einzusetzen, Erfahrungen zu sammeln, weiteren Blick zu gewinnen, und daß Kolonien der Pionierlust der Jugend ein Wirkungsfeld eröffnen.

Ein geschlossenes Kolonialgebiet in Afrika wird einem weit verzettelten im allgemeinen vorzuziehen sein.

---

[23] Vgl. zur Kolonialfrage S. 538, Anmerkung 18 sowie S. 586, Anmerkung 58.

5. Freier Handel

Auf diesen Grundlagen ist ein möglichst *freier Gütertausch* mit allen Teilen der Welt zu pflegen. Der Popanz, daß der freie Handel eine jüdische Erfindung sei oder sonst irgend etwas Unerfreuliches an sich habe, ist barer Unsinn. Freier Handel bedeutet freien Wettbewerb; freier Wettbewerb bedeutet Kampf zur Erzielung höchster Leistungen. Der freie Handel ist also nicht unerfreulich, sondern eher heldisch zu nennen. Gegen ihn sperren sich auch nur unfähige Menschen und unfähige Völker.

Der freie Handel ist nur soweit zu beschränken, als es Wohlfahrt und Sicherung des eigenen Volkes unbedingt notwendig machen. Das deutsche Volk muß weniger aus Gründen der nationalen Sicherheit als aus Gründen der Gesunderhaltung einen lebensfähigen Bauernstand haben. Dauernder Aufenthalt in der Großstadt ruiniert die Familie. In Berlin stirbt nachweisbar jede Familie in etwa der dritten Generation aus. Wie der Schutz der Landwirtschaft und wie vielleicht ein vorübergehender Schutz einzelner anderer wirtschaftlicher Tätigkeiten (Industrien) durchzuführen ist, bedarf keiner besonderen Darlegung. Viele technische Mittel, insbesondere das der Zölle, stehen zur Verfügung. Natürlich sind sie mit der Zusammenfassung der europäischen Nationalstaaten in Übereinstimmung zu bringen. Dies ist möglich und kann im einzelnen dargelegt werden.

So das Ziel. Es ist unmöglich, es in einem Sprunge zu erreichen. Zur Zeit fehlen Rohstoffe, um die Ausfuhrgüter herzustellen. Mit *schlechteren* Ersatzstoffen dürfen wir nicht in der Welt erscheinen, sonst ruinieren wir unser Ansehen und unsere Zukunft. Ehe dieser Mangel behoben ist, werden von Friedensschluß ab zwei bis drei Jahre vergehen, weil die Verminderung des Schiffsraumes die Zufuhr verzögert und verkleinert. Daher ist es ein unvermeidbares Übel, daß zunächst auch der deutsche Außenhandel und damit die binnenwirtschaftliche Erzeugung vom Reich gesteuert werden müssen. Aber diese Steuerung muß das Ziel möglichst freier Wirtschaft und möglichst freien Handels unbeirrbar fest im Auge behalten, darf daher die Arbeitsfreudigkeit und die Eigenverantwortung des einzelnen nur soweit als jeweils notwendig beschränken und muß *sofort* alle irgend entbehrlichen Bevormundungen, Berichte, Parteien, Formulare usw. beseitigen; es muß sofort dem Bürokratismus und dem Schreibunwesen zu Leibe rücken.

6. Das englische Empire

Auf der Grundlage der Punkte 1–5 wird es gelingen, mit dem *englischen Empire sowie mit den Vereinigten Staaten von Nordamerika* zu haltbaren Verständigungen zu kommen. Diese Verständigung reift aus der europäischen Arbeitsgemeinschaft ganz organisch heran. Im übrigen bleibt dem englischen Empire unter Neuordnung des Kolonialbesitzes zugunsten Deutschlands ebenso wie den Vereinigten Staaten selbst vollkommene Freiheit, ihre Politik ihren Bedürfnissen entsprechend einzurichten. An friedlichen Verständigungsmöglichkeiten wird es nicht fehlen. Sie werden einstweilen, nachdem das Vertrauen 20 Jahre lang erschüttert ist, durch Rüstungen gesichert sein. Man kann und muß es ablehnen, zunächst überhaupt über Abrüstung zu sprechen. Aber die Erschöpfung der Wirtschaftskräfte zwingt jeden Großstaat, sich zu beschränken und schließlich eine Verständigung über eine vernünftige Abrüstung geradezu zu suchen. Aber dieses Suchen muß aus dem Bedürfnis organisch herauswachsen und in wiederhergestelltem Vertrauen die Möglichkeit der Verwirklichung haben. Eine solche Friedenspolitik ist jeder kriegerischen Politik vorzuziehen, weil gerade diese beiden Großreiche im Frieden vor ihre natürlichen Schwierigkeiten gestellt werden. Sie sind in meinen Reiseberichten über die Vereinigten Staaten und über England hervorgehoben.[24] Für England bestehen sie in der Schwierigkeit, die vielfach widerstreitenden wirtschaftlichen Interessen in seinem weitreichenden Empire auszugleichen, was England aber immer gelingen wird, wenn dies Empire zum Kampf nach außen gezwungen wird. Für die Vereinigten Staaten von Nordamerika bestehen sie in der Notwendigkeit, entweder für Baumwolle, Weizen, Mais und Fett einen sicheren Außenabsatz zu haben oder die innere Wirtschaftsstruktur des Landes auf kleinbäuerlichen Besitz umzugestalten. Die innere Wirtschaftspolitik Roosevelts, die genau wie die jetzige deutsche Politik die Schwierigkeiten mit Schuldenmachen umgeht, muß in sich zusammenbrechen.[25] Dieser unausbleiblichen Entwicklung gegenüber wird die Zusammenfassung der europäischen Staaten um so fruchtbarer, denn Empire und USA oder, wie man in der Zukunft annehmen muß, der ganze Kontinent Amerika, haben ein höchstes Interesse daran, ihre Erzeugnisse in anderen Großräumen abzusetzen. Mit Krieg und Waffengewalt kann man die Menschen nicht dazu bringen, sondern nur dadurch, daß man ihnen die Möglichkeit läßt, im Frieden fleißig zu arbeiten. Jene beiden Großräume können einen solchen Güteraustausch auch nicht zwischen sich erschöpfend einleiten. Auch sie brauchen ein leistungsfähiges Europa. Europa aber wird selbstverständlich durch Zusammenschluß in dem gleichen Maße leistungsfähiger gegenüber seiner bisherigen Zerrissenheit, wie das deutsche Volk unendlich viel leistungsfähiger wurde gegenüber der Summe der Kräfte der früheren selbständigen deutschen Staaten. Auf diesem Wege eröffnet sich einer schöpferischen, aber doch verständigen und bescheiden auftretenden deutschen Führung ungeahnte Möglichkeiten des Einflusses auch in anderen Erdteilen.

7. Ferner Osten

Es ist notwendig, sich mit England und den Vereinigten Staaten über eine gemeinsame Haltung im *fernen Osten* zu verständigen. Hierzu sind sie mit Freuden bereit, weil eine solche Verständigung in ihrem Interesse liegt. Sie ist aber nur möglich, ehe Japan ausgebrochen ist und sich seinerseits mit den angelsächsischen Mächten verständigt hat. Ziel der Politik muß sein, Deutschland aus Streitigkeiten herauszuhalten, die nicht „der Knochen eines pommerschen Grenadiers" wert sind. Der

[24] Vgl. Goerdelers Reiseberichte von 1937–39; Dok. 4.2.1 ff., oben S. 525 ff.

[25] Vgl. ausführlich zur Politik Roosevelts Goerdelers Reisebericht aus den USA vom 2.1.1938; Dok. 4.2.3, oben S. 547 ff.

tatsächlichen Lage tragen wir Rechnung, wenn wir mit China die besten Beziehungen pflegen. Darunter brauchen die Beziehungen zu Japan nicht unbedingt zu leiden. Aber Japan ist der Unruhemacher im fernen Osten und außerdem für uns durch seine Billigkeit in der Lebenshaltung und daher auch durch seine Erzeugnisse, durch seine maßlose Geltungssucht der gefährlichste Wettbewerber.[26] Der Chinese ist ruhig und anständig; er hat nicht die Neigung, sich industriell über seine eigenen Bedürfnisse hinaus zu entwickeln, er hat eine alte und schöne Kultur. Sein Land ist weit und hat noch viele Investitionsmöglichkeiten; auch an Rohstoffen ist es reich. Von einem freundschaftlich sich verhaltenden Deutschland wird China gern Erfahrung, Rat und Waren annehmen; nur muß der Rat niemals aufgedrängt werden, denn in dem Chinesen ist nach langem Schlaf der Nationalstolz wieder voll erwacht.

8. Afrika

Das Ziel einer Zusammenfassung *Afrikas* ist jedenfalls für die nächsten Jahrzehnte bedeutungslos. Es genügt, wenn wir in Afrika mit einem geschlossenen Kolonialreich dastehen. Afrika hat nur im Süden Arbeitsmöglichkeiten für den Weißen. Im größten Teile seines Kontinents können körperliche Arbeiten nur von Eingeborenen verrichtet werden. Darin liegen die wirtschaftlichen und politischen Grenzen. Das in Afrika zu verfolgende fruchtbare politische Ziel ist also das einer verständigen Zusammenarbeit mit den dort arbeitenden weißen Mächten. Diese Zusammenarbeit kann sich auf Verkehr, sanitäre Einrichtungen, Wasserfragen, Flußregulierung, Kraftwerke, Boden-, Wald- und Tierschutz usw. fortschreitend erstrecken.

9. Seerecht

Das bestehende *internationale Seerecht* ist veraltet, weil es der Entwicklung der Technik nicht mehr Rechnung trägt. Es bietet ja auch nur noch eine höchst dürftige Bekleidung für die Ausübung der Macht. Auf diesem Gebiete liegen die größten Schwierigkeiten, der die internationale Lage und Entwicklung in den nächsten Jahrzehnten begegnen wird. Theoretische Lösungen, die auch nach der Logarithmentafel richtig sein können, lassen sich finden, aber *praktisch* haltbare sind nur denkbar, nachdem die Welt zur Ruhe gekommen ist und die Völker wieder Vertrauen zueinander gefaßt haben. Sie sind nur möglich, wenn die Völker wieder alle erkannt haben, daß es ihnen nicht gestattet ist, die technische Entwicklung mit finanziellen Gaukeleien weiterzutreiben, daß jede Gaukelei echt mit ersparten Gütern bezahlt werden muß. Wenn die Völker wieder durch eigenen Schaden diese Erkenntnis gewonnen haben werden, dann wird von selbst in die Entwicklung der Technik jene größere Ruhe kommen, deren die Menschheit zu ihrem geistigen und seelischen Nutzen dringend bedarf. So bleibt auf diesem Gebiete einstweilen nichts

26 Vgl. zur japanischen Wirtschaft S. 837 f., Anmerkung 19.

anderes übrig, als sich der Unvollkommenheiten des gegenwärtigen Zustandes auch in allen Einzelheiten klar zu sein, weiterhin alle Verbesserungsmöglichkeiten immer wieder zu durchdenken und zu prüfen, mit ihnen aber nur hervorzutreten, wenn sich dazu günstige und erfolgversprechende Gelegenheiten ergeben.

10. [Besetzte Gebiete]

Alle besetzten Gebiete werden sofort ausschließlich militärischen Generalgouverneuren unterstellt, denen erfahrene charakterfeste Zivilbeamte und Beauftragte des Reichsaußenministers beigegeben und untergeordnet werden. So wird *eine* einheitliche Verantwortlichkeit geschaffen. Überflüssige Eingriffe in die Verwaltung dieser Gebiete und in das Leben ihrer Bürger werden *sofort* aufgehoben, die von der NSDAP und ihren Gliederungen aufgezogenen Organisationen und Einrichtungen *sofort* aufgelöst. In der Folgezeit wird die Selbstverwaltung dieser Gebiete so schnell wie möglich und mit den deutschen militärischen Sicherheitsinteressen vereinbar wiederhergestellt.[27]

11. Juden

Eine Neuordnung der Stellung der *Juden* erscheint in der ganzen Welt erforderlich; denn überall sind Bewegungen im Gange, die sich ohne organische Ordnung nicht aufhalten lassen und die ohne eine solche Ordnung nur zu Ungerechtigkeiten, Unmenschlichkeiten und mindestens zur unbefriedigenden Unordnung führen. Daß das jüdische Volk einer anderen Rasse angehört, ist eine Binsenweisheit. Im jüdischen Volke selbst sind die Meinungen geteilt, ob es eine staatliche Selbständigkeit erstreben soll oder nicht. Die Zionisten haben schon seit jeher einen eigenen jüdischen Staat verlangt und vorbereitet.[28] Eine bedeutende Rolle haben sie bis

[27] Zu der nationalsozialistischen Verwaltungspraxis in den besetzten Gebieten vgl. S. 821 f., Anmerkungen 22 ff.

[28] Der Zionismus als politische Strömung entstand in den letzten zwei Jahrzehnten des 19. Jahrhunderts und speiste sich aus den nationalstaatlichen Ideen dieser Zeit. Zu einer organisierten Bewegung entwickelte sich der Zionismus erst nach der programmatischen Schrift des ungarischen Juden Theodor Herzl, der in seinem Buch „Der Judenstaat" postulierte: „Wir sind ein Volk – der Feind macht uns ohne unseren Willen dazu", und daraus die Forderung an die internationale Staatengemeinschaft folgerte, „dem Judenvolke die Souveränität eines neutralen Landes zu gewähren". Als mögliche Territorien nannte er Palästina und Argentinien, in denen bereits jüdische Kolonisierungen in größerem Ausmaß erfolgt seien. Anstatt jedoch wie bisher eine unorganisierte und allmähliche Einwanderungspraxis zu betreiben – eine Praxis, die antisemitische Ressentiments in der jeweiligen Bevölkerung fördere –, müsse eine völkerrechtlich gesicherte Souveränität die Grundlage sein (vgl. Theodor Herzl: Der Judenstaat. Versuch einer modernen Lösung der Judenfrage, Zürich 1997, erstm. Leipzig und Wien 1896; Zitate v. S. 36-40). Obwohl in Deutschland seit dem Ende des 19. Jahrhunderts zionistische Bewegungen existierten, konnte die Zionistische Vereinigung für Deutschland (ZVfD) erst seit der Weltwirtschaftskrise und den antisemitischen Repressionen unter dem NS-Regime einen bedeutenden Mitgliederzuwachs verzeichnen.

1933 nicht gespielt. Zur Ruhe wird die Welt aber doch nur kommen, wenn das jüdische Volk eine wirklich ausnützbare Möglichkeit erhält, einen eigenen Staat zu gründen und zu erhalten. Ein solches Gebiet läßt sich auf jeden Fall unter durchaus lebenswerten Umständen entweder in Teilen Kanadas oder Südamerikas finden. Ist diese Frage durch Zusammenwirken der Mächte gelöst, so ergibt sich für die deutschen Verhältnisse folgende natürliche Regelung: Der Jude ist Staatsbürger seines jüdischen Staates, er hat, wie jeder andere Fremdbürger in Deutschland, nach den für jeden anderen geltenden Gesetzen das Recht der gewerblichen Betätigung. Dagegen scheidet, wie für jeden Engländer, Franzosen usw. aus, öffentlicher Beamter zu werden, in die Volksvertretungen zu wählen oder gewählt zu werden. Auf der anderen Seite genießt er genau die gleichen Rechte wie jeder andere Ausländer, der in Deutschland wohnt und Vermögen hat oder nicht. Was die sogenannten Nürnberger Rassegesetze betrifft, so erledigen sie sich durch diese Regelung auch vollkommen. Die Frage der Rassenvermischung muß stets dem gesunden Sinn des Volkes überlassen bleiben. Eine Ehe zwischen einem Juden und einer Nichtjüdin zwingt diese, der Staatsangehörigkeit des Mannes zu folgen, wie wenn sie Französin oder Engländerin werden wollte. Auch umgekehrt tritt diese Rechtsfolge ein, aber nur, wenn die Ehe vor den Nürnberger Gesetzen[29] geschlossen war, andernfalls erhalten erst Enkel deutsche Staatsangehörigkeit. Keine Regel ohne Ausnahme! Deutsche Staatsangehörige sind Juden,

a) die als deutsche Soldaten am Kriege teilgenommen haben und ihre direkten Nachkommen,
b) die oder deren direkte Vorfahren am 1.7.1871 deutsche Reichsangehörigkeit besaßen und ihre direkten Nachkommen,
c) die am 1.8.1914 die deutsche Staatsangehörigkeit besaßen und christlichen Religionsgemeinschaften angehörten und noch angehören sowie ihre direkten Nachkommen,
d) Abkömmlinge einer Mischehe, die vor dem 1.2.1933[30] geschlossen ist, sofern sie einer christlichen Religionsgemeinschaft angehören.

[29] Die Nürnberger Gesetze vom 15.9.1935 umfassten das „Reichsbürgergesetz" und das „Gesetz zum Schutz des deutschen Blutes und der deutschen Ehre" sowie das Flaggengesetz; vgl. RGBl. 1935/I, S. 1146 f. Das „Reichsbürgergesetz" führte neben der deutschen Staatsangehörigkeit ein Reichsbürgerrecht ein, von dem u.a. Juden ausgenommen waren. (vgl. dazu auch Anmerkung 34 zu dem nationalsozialistischen Sonderrecht). Mit dem „Blutschutzgesetz" wurden Eheschließungen und außerehelicher Geschlechtsverkehr zwischen Juden und Nichtjuden als „Rasseverrat" und „Rassenschande" unter Strafe gestellt; vgl. ausführlich dazu Lothar Gruchmann: „Blutschutzgesetz" und Justiz. Zu Entstehung und Auswirkung des Nürnberger Gesetzes vom 15. September 1935, in: VfZ 31 (1983), S. 418-442.

[30] Als einzig erkennbarer Grund für diese Festlegung drängt sich die Erklärung auf, dass sich eine jüdisch-christliche Ehe nach der nationalsozialistischen Machtübernahme von selbst verboten haben sollte.

In den vergangenen Jahren ist zweifellos ein Unrecht durch Enteignung, Zerstörung usw. jüdischen Besitzes und Lebens in Deutschland großgezogen, das wir vor unserem Gewissen und der Geschichte nicht verantworten können. Hier werden die Möglichkeiten einer Neuordnung erst dann geprüft und gelöst werden können, wenn der ganze Umfang des Geschehens feststeht. Es wird sich dann ergeben, daß wir im Hinblick auf unsere Stellung in der Welt und auf unser eigenes Gewissen aus eigenem Antrieb den Weg zur Heilung beschreiten müssen. Neben der Verfolgung dieses Zieles müssen diejenigen *Sofort*maßnahmen ergriffen werden, die aus außenpolitischen Gründen zur Entgiftung der öffentlichen Meinung notwendig, zur Wiederherstellung der deutschen Selbstachtung unerläßlich und aus klarem und uns vollkommen bewußtem Gerechtigkeitsgefühl geboten sind:

a) die Beschränkungen der Juden auf dem Gebiete des Ernährungs-, des Wohnungs- und des Fernsprechwesens, der kulturellen Betätigung, der Gesundheitspflege, der Namensgestaltung sind aufzuheben;
b) die Gettos in den besetzten Gebieten sind menschenwürdig zu gestalten; über ihr weiteres Schicksal bestimmen die zuständigen einheimischen Behörden mit Genehmigung der Militärgouverneure, da z. B. die Polen zu der Frage anders stehen als die Holländer.

III. Innenpolitik

Die innenpolitischen Bestandteile des politischen Totalzieles müssen selbstverständlich in Harmonie mit den außenpolitischen erkannt und verfolgt werden.

Das preußische Gesetz über die Verhängung des Belagerungszustandes,[31] *kraft dessen dann alle Gewalten auf den kommandierenden General übergehen, wird sofort für das ganze Reichsgebiet in Kraft gesetzt.* Es bedarf keines Hinweises, daß die ersten Reformschritte nur unter dem Belagerungszustand vor sich gehen können. Den kommandierenden Generalen werden die künftigen Oberpräsidenten *sofort* beigeordnet.

1. Rechtswesen

Als erstes sind Recht und Anstand wiederherzustellen. Die dazu erforderlichen Maßnahmen sind denkbar einfach. Einzelne müssen *in Stunden* wirksam und sichtbar werden.

a) Diejenigen Bestimmungen der Strafprozeßordnung und des Strafgesetzbuches sind *sofort* wieder in Kraft zu setzen, die die Freiheit der Person sichern. Ver-

[31] Das preußische „Gesetz über den Belagerungszustand" vom 4.6.1851 regelte die Übertragung der öffentlichen Gewalt an das Militär im Falle eines durch innere Unruhen oder Krieg geschaffenen Ausnahmezustands. Das Gesetz bildete in der Bismarckschen Reichsverfassung die Grundlage für den Artikel zur Verhängung des Reichsbelagerungszustands, und in der Weimarer Reichsverfassung für den Artikel 48. Vgl. Huber, Deutsche Verfassungsgeschichte, Bd. 3, S. 61 f.; 1042 ff.

haftungen dürfen also nur erfolgen, wenn richterlicher Strafbefehl vorliegt oder der Verbrecher auf frischer Tat ertappt wird: in diesem Falle ist er binnen 24 Stunden dem Richter vorzuführen, der über die Weiterhaft entscheidet. Während des militärischen Ausnahmezustandes ist der Richter verpflichtet, Verwahrungsbefehl zu erlassen, wenn der Reichskanzler, der Reichsminister, der Reichsjustizminister oder der stellv[ertretende] Kommandierende General es zur Sicherung des Reiches verlangen. Der Richter kann auf Antrag der gleichen Stellen auch Polizeiaufsicht anordnen.

b) die Konzentrationslager werden *sofort* der Wehrmacht überantwortet.[32] Der Reichsjustizminister führt die Insassen sofort dem Richter zu. Sind sie nicht straffällig, so kann der Reichsinnenminister ihre weitere Verwahrung anordnen, soweit diese während des Krieges zur Sicherheit des Reiches unerläßlich ist; anstelle der Verwahrung kann Polizeiaufsicht treten.

c) Das Strafgesetzbuch ist *sofort* von allen Bestimmungen zu befreien, die dem Richter irgendeine Willkürhandlung gestatten. Nicht der Richter ist zu irgendeiner Zeitepoche dazu berufen, die Strafgesetze unter Anwendung ihm gar nicht bekannter, alle Monate wechselnder Weltanschauungsgrundsätze auszudehnen, sondern dieser Mühe muß sich schon der Gesetzgeber selbst unterziehen.[33] Es ist unmöglich, die Gestaltung des Exerzierreglements Tausenden von Kompanieführern anzuvertrauen. Es ist ebenso unmöglich, die Ausdehnung von Strafgesetzen vielen Tausenden von Richtern zu überantworten. Die Bestimmungen, um die es sich handelt, sind bekannt.

d) Der Justizminister muß *sofort* den Oberreichsanwalt und die Generalstaatsanwälte unter Ausmerzung ungeeigneter mit den erforderlichen Weisungen versehen. Der Justizminister beauftragt den Oberreichsanwalt oder Sonderstaatsanwälte sofort, die Strafverfolgung derjenigen Personen ohne Rücksicht auf ihre Stellung einzuleiten und mit äußerster Beschleunigung durchzuführen, von denen bekannt und anzunehmen ist oder von denen behauptet wird, daß sie öffentliche Gelder veruntreut, insbesondere sich bereichert, ihre Amtsgewalt mißbraucht oder sonstige Verbrechen begangen haben.

Im übrigen haben die Weisungen dahin zu gehen, daß alle dem Staatsanwalt auf irgendeinem Wege bekanntgewordenen oder bekanntwerdenden und verfolgbaren Verletzungen der Gesetze sofort verfolgt werden. Staatsanwälte, die dieser Pflicht nicht nachkommen, werden *sofort* diszipliniert.

Auf Voruntersuchungen ist in weitestem Maße zu verzichten. Die Verfahren sind nicht mehr vor irgendeinem Sondergericht,[34] sondern vor dem ordentlichen

---

32 Vgl. zu den nationalsozialistischen Konzentrationslagern S. 746, Anmerkung 40, sowie S. 826, Anmerkung 8.

33 Vgl. zur Auflösung des Rechtsstaats unter dem NS-Regime S. 745, Anmerkung 39.

34 Im Rahmen des „Heimtückegesetzes“ („Verordnung des Reichspräsidenten zur Abwehr heimtückischer Angriffe gegen die Regierung der nationalen Erhebung“ vom 21.3.1933;

Gericht, auch vor dem Schwurgericht (die Geschworenen werden einstweilen durch die Amtsrichter aus den Bürgern über 30 Jahre gelost) öffentlich abzuhalten. Nur durch sofortige öffentliche Wiederherstellung des Rechts ist das Vertrauen des Volkes in die Sicherheit der Rechtspflege wieder zu gewinnen. Auch Richter, die strafbarer Rechtsbeugung schuldig geworden sind, bleiben von der Verfolgung nicht verschont.

e) An alle Organe der Rechtspflege, an alle Stellen der öffentlichen Verwaltung, an alle Organisationen und durch die Presse an das ganze Volk ergeht *sofort* die Verkündung, daß *anonyme Anzeigen* vernichtet werden, wo immer sie auch einlaufen, daß unrichtige Anzeigen bestraft werden. Damit wird dem Denunziantentum ein Ende gemacht. Ein Denunziant wird wieder das, wofür ihn das Volk unbeirrbar auch heute hält: ein Lump. Richtige Angaben dagegen unter Nennung seines Namens kann jeder in dem Vertrauen machen, daß sie geprüft werden. Damit wird der Anstand wieder in das öffentliche und private Leben eingeführt. Im übrigen ist die Sicherung anständigen Verhaltens eine Angelegenheit, die vorgelegt und von der Staatsführung zum so selbstverständlichen Inhalt ihres Wirkens gemacht werden muß, daß sich auf den verschiedenen Wegen der Gesellschaftsgestaltung und des gesellschaftlichen Lebens der Anstandsbegriff wieder durchsetzt.[35]

f) Die Akademie für Deutsches Recht wird *sofort* aufgelöst.[36] Es ist Sache der Reichsregierung, Sachverständige nach Bedarf zuzuziehen.

RGBl. 1933/I, S. 135 f.) war die Einrichtung von „Sondergerichten" verfügt worden, deren herausragendes Charakteristikum die Beschneidung der Rechte von Beschuldigten war. Während die Sondergerichte ursprünglich der Bekämpfung politischer Gegner dienen sollten, ebnete ihre bloße Existenz den Weg zu einer terroristischen Form der Gegnerbekämpfung, deren Zielgruppe durch die Schaffung von „Sonderstrafrecht" ständig erweitert wurde und u.a. Juden, Zigeuner und Polen betraf. Vgl. Diemut Majer: Grundlagen des nationalsozialistischen Rechtssystems: Führerprinzip, Sonderrecht, Einheitspartei, Stuttgart, Berlin, Köln und Mainz 1987, S. 117-182.

35 Die strafrechtliche Grundlage des Denunziantentums hatte sich unter dem NS-Regime insofern geändert, als die Erhebung der „Volksgemeinschaft" zur Sozialmaxime einen größeren Spielraum für die Kriminalisierung von abweichenden Gesinnungs- und Verhaltensweisen bot. Die NS-Diktatur nutzte eine latente, i.d.R. privat motivierte, Denunziationsbereitschaft in der Bevölkerung aus zur Stabilisierung des Terrorregimes. Vgl. Gisela Diewald-Kerkmann: Politische Denunziation im NS-Regime oder Die kleine Macht der „Volksgenossen", Bonn 1995.

36 Die Akademie für Deutsches Recht, im Sommer 1933 gegründet und seit dem Sommer 1934 eine öffentliche Körperschaft des Reichs, sollte durch die Abfassung eines „Volksgesetzbuches" einen „germanischen Rechtsstaat" begründen. Das Projekt wurde nie verwirklicht, und innerhalb der Gesetzgebung konnte die Ministerialbürokratie ihre Vormachtstellung behaupten. Vgl. Dennis LeRoy Anderson: The Academy for German Law, 1933–1944, New York und London 1987.

2. Geistesfreiheit

a) Alle Beschränkungen der Freiheit des Geistes, des Gewissens und der Forschung werden *sofort* aufgehoben. Das Volk muß sofort erkennen, daß der Tellshut entfernt ist. Nur dann, dann aber auch sicher, wird es wieder Tatsachen von Lügen unterscheiden lernen, Urteilsfähigkeit, Selbsterkenntnis, Bescheidenheit und Selbstachtung gewinnen, wenn die guten Elemente geistigen und sittlichen Schwung verbreiten. Von der Freimachung dieser Kräfte, die jetzt unter künstlich gedrosseltem Überdruck stehen, ist mit Sicherheit der Auftrieb zu erwarten, der notwendig ist, um die nächsten materiell sehr harten 3 Jahre zu überstehen.

b) Das *künstlerische* Schaffen auf allen Gebieten wird freigegeben;[37] es ist Sache freien Wettbewerbs, der Bildung, des Geschmacks, des Charakters, das Wertvolle von Schlechtem zu scheiden. Der Staat fördert nur jenes und verbietet von diesem nur das Gemeine. Während des Krieges müssen die Beschränkungen aufrechterhalten bleiben, die zur Sicherheit des Staates unentbehrlich sind. Ein Referent im Reichserziehungsministerium sorgt dafür mit einem Beirat der Kulturkammer.

c) Presse und Schrifttum sollen grundsätzlich frei sein.[38] Feige die Regierung, dumm das Volk, die diese Freiheit nicht vertragen. Aber der Grundsatz findet auch in Zukunft jene Begrenzungen, die aus dem Ethos der Freiheit hervorgehen; Freiheit gebührt nicht dem Verbrecher und dem Lumpen. Die Reichspressekammer wird Grundsatz und Begrenzung erarbeiten. *Sofort* ist sie durch den Reichsinnenminister zu reorganisieren. *Sofort* sind die Presseleiter zu beseitigen, denen die erforderlichen Charaktereigenschaften, ernstlichen Erfahrungen und sachliche Kenntnisse fehlen. *Sofort* sind die Eigentumsverhältnisse an den Zeitungen und Zeitschriften zu prüfen und verübtes Unrecht (Zwangsenteignungen usw.) wiedergutzumachen (Reichsinnen- und Justizminister). Hand in Hand mit der Wiedereinsetzung von Wahrheit, Anstand, Können und Recht in den ihnen gebührenden Stand wird die geistige Freiheit in Presse und Schrifttum wiederhergestellt. Dabei kann im Kriege nur bis an die Grenzen gegangen werden, die durch die Sicherheit des Reiches und die Reformaufgabe selbst bestimmt werden.

d) Der *sofort* einzusetzende, dem Reichskanzler unterstellte Reichsnachrichtenchef wird während des Krieges in allen diesen Fragen entscheidend zu beteiligen sein, soweit nicht, wie im Pressewesen, die Zuständigkeit ohnehin bei ihm liegt. Ihm obliegt *engste* Zusammenarbeit mit den Nachrichtenabteilungen der Wehrmacht.

3. Bildungswesen

a) Im *Bildungswesen* wird der Lehrerstand wieder auf klare Grundlagen gestellt. Die Zwittergebilde der pädagogischen Institute werden aufgelöst. Aus ihnen werden Lehrerbildungsanstalten. In sie werden künftig aufgenommen: junge

---

[37] Vgl. zur nationalsozialistischen Kulturpolitik S. 368 ff., Anmerkungen 44 und 62.

[38] Vgl. zur Zensur unter dem NS-Regime S. 747 ff., Anmerkungen 41 und 45.

Männer mit Primarreife, auch solche Volksschüler, die in einem zweijährigen Schulungskursus sich das nötige Ergänzungswissen erworben haben, endlich besonders tüchtige, pädagogisch veranlagte Soldaten, die diesen Beruf zu ergreifen wünschen und durch lange Dienstzeit Versorgungsansprüche erlangt haben. Auf Anstand des Charakters ist bei der Annahme besonderer Wert zu legen. Die Ausbildung dieser Lehrkräfte soll sich auf die Grundelemente dessen erstrecken und beschränken, die in der allgemeinen Schule gelehrt und gelernt werden müssen (Schreiben Lesen, Rechnen, deutsche Sprache, Erdkunde, Geschichte, *Wirtschaftskunde*, Turnen). Den ganz unsachlichen, auf Eitelkeit und Geltungssucht gegründeten materialistischen Lehrerwünschen ist ein Ende zu machen. Der Lehrerstand soll sich höchster Achtung des Staates erfreuen, aber er darf ebensowenig wie die anderen Stände unsachliche Ansprüche stellen. Die Besoldung richtet sich nach dem Maß der Vorbildung und später des Könnens. Besonders befähigte Lehrer werden auf die höheren Schulen übernommen. Der unentbehrliche *Religionsunterricht* wird in Zukunft von dazu besonders ausgebildeten und geeigneten Kräften erteilt; es können Lehrer, es können Pfarrer, es können Laien sein. Aber sie müssen wirklich Wert und Wesen der Religion von innen heraus erkannt haben und ein entsprechendes Leben führen. Auf diese Weise erhält die Religion wieder den ihr von Gott zugewiesenen Sinn und natürliches Leben.[39]

Für Lehrer an höheren Schulen ist eine akademische Ausbildung aus sachlichen Gründen notwendig. Daher wird diese beibehalten. Aber auch diese Ausbildung muß sich auf das Notwendige erstrecken und begrenzen. Notwendig sind eine umfassende Allgemeinbildung und Wirtschaftskunde. Daneben wählen die Studenten eine Mindestzahl bestimmter Fächer. Ein Mehr bleibt dem Leistungswillen des Einzelnen überlassen; er wird später seinen Lohn in der größeren Verwendungsfähigkeit finden.

---

[39] In der Weimarer Republik war der Religionsunterricht unter Staatsaufsicht gestellt (Artikel 149 WRV), eine Maßnahme, die unter dem NS-Regime beibehalten wurde. Der Unterricht wurde unter der Diktatur nicht offiziell aufgehoben, aber in dem Parteiprogramm von 1920 war Religionsfreiheit bereits lediglich unter dem Vorbehalt vertreten worden, dass nicht gegen „das Sittlichkeits- und Moralgefühl der germanischen Rasse verstoßen" würde. Nach der Machtübernahme wurden zunächst neue Richtlinien für den Religionsunterricht geplant, jedoch nie fertiggestellt; nach dem Novemberpogrom 1938 erfolgte dann eine Anordnung des NSLB-Reichswalters, „den Religionsunterricht mit sofortiger Wirkung niederzulegen, da wir eine Verherrlichung des jüdischen Verbrechervolkes in den deutschen Schulen nicht mehr länger dulden können". Dieser Anordnung wurde von einem Großteil der Lehrerschaft Folge geleistet, allerdings nur auf Zeit. Während der gesamten NS-Diktatur blieb der Religionsunterricht eine Ermessensfrage, abhängig von den örtlichen Nationalsozialisten und den jeweiligen Schulleitungen. Vgl. Peter C. Bloth: Kreuz oder Hakenkreuz? Zum Ertrag evangelischer Religionsdidaktik zwischen 1933 und 1945, in: Dithmer, Schule und Unterricht, S. 92.

b) Höhere Schularten sind ausschließlich Gymnasium, Realgymnasium, Oberschule. Alle anderen Schulen werden aufgelöst. Der Lehrplan ist organisch – wo antike Sprache, da wird mit Lateinisch begonnen; auf Lateinisch folgt nicht Englisch, sondern Französisch. Welche Schulart gewählt wird, bleibt dem Schulträger wieder überlassen. Schulträger sind die Gemeinden und Kreise. Sind sie leistungsfähig, können sie Landes- (Provinzial-)zuschüsse erhalten. Lehrpläne, auch hier einfach und auf die Grundelemente einer umfassenden allgemeinen Bildung beschränkt, sind ausgearbeitet: alte Sprachen, neue Sprachen, Deutsch, Geschichte, Erdkunde, Physik, Chemie, Wirtschaftskunde; freiwillig Zeichnen, Gesang, Sprachen.
An allen Schulen selbstverständlich Turnen und Spielen drei Stunden in der Woche. In kleinen Städten ergibt sich ein Mehr von selbst, in Großstädten verhindern es die Entfernungen. Im übrigen tritt hier die Staatsjugend ergänzend ein.
c) Die Lehr- und Schulbücher sind *sofort* einer Überarbeitung zu unterziehen. Geschichtliche Unwahrheiten, Zweckdarstellungen, unangebrachte Verherrlichungen, Bramarbasierungen sind zu streichen.[40] Auf bewährte Bücher kann zunächst zurückgegriffen werden.
d) Auf allen Schulgattungen und auf den Universitäten werden die *Anforderungen wieder erheblich verschärft*, insbesondere aber auf den höheren Schulen. Die Idee, die richtige Berufswahl vom Staat aus zu erzwingen, mit Zulassungen usw. zu regeln, muß sich totlaufen.[41] Der Beamte, der sich hieran begibt, hat nur selten eine Ahnung von den im jungen Menschen wirklich wirksamen Neigungen und Kräften. Wahre Berufsberater sind nicht bezahlte, kartothekführende Beamte, sondern Eltern, Lehrer und Freunde der Familie. Im übrigen ist die Berufswahl die erste Frage, die das Schicksal an den Charakter des jungen Menschen stellt. Ihr darf der junge Mensch nicht entzogen werden. Das genaue Gegenteil ist richtig. Er wählt in natürlicher Beratung des nächsten Lebenskreises selbst. Aber seine Wahl wird begrenzt durch sein Können. Und dies Können muß deswegen vor harte Anforderungen gestellt werden. Wenn wir wirklich wieder Bildung, Können und Charakter in unserem Volke haben wollen, dann müssen wir die Grundforderungen wiederherstellen, die vor 60 Jahren bei sehr viel geringeren Bildungsmöglichkeiten in allen deutschen Schulen, insbesondere in höheren, für selbstverständlich erachtet wurden. Damit tun wir unserem Volke einen wirklich dauerhaften Gesundungsdienst. Alle anderen Völker werden diesen Weg gehen müssen. Denn alle Völker leiden daran, daß die jungen Menschen den ihnen bequemen, in behaglicher Sicherheit verbürgt erscheinenden akademischen Berufen zudrängen. Sind die Anforderungen hart, so werden die höheren Schulen und Universitäten von selbst auf das Material zurückgeführt,

[40] Zu der Entwicklung des Bildungswesens s. Goerdelers Denkschrift „Stand des Bildungswesens" vom Juli 1940; Dok. 5.2.3, oben S. 792 ff.

[41] Vgl. zur nationalsozialistischen Berufslenkung S. 714, Anmerkung 20.

auf das sie sich um der künftigen Entwicklung des deutschen Volkes willen beschränken müssen. Die jungen Menschen, denen der liebe Gott diese Leistungsfähigkeiten nun einmal versagt hat, wenden sich wieder den zahlreichen anderen Berufen des Bauern, des Handwerkers, des Kaufmanns usw. zu. Diese Berufe werden ihnen in einer gesunden Wirtschaft Lebensmöglichkciten genug bieten. Jeder Makel scheidet aus, wenn es sich wieder um einen allgemeinen Grundsatz handelt. Der Makel begann erst, als man die Pforten der Hochschulen anfing, zu weit zu öffnen.[42] Er wird außerdem dadurch ausgeschlossen, daß alle öffentlichen Verwaltungen und Anstalten in Zukunft von einem gewissen Lebensalter an auch Menschen in ihren Dienst stellen, die auf *außergewöhnlichem Wege* zu Wissen und Können gelangt sind und sich durch Charakter auszeichnen. Diese Zufuhr frischen Blutes muß als ständige Gefahr vor den Bürokraten stehen. Dann verschwinden sie von selbst.
Auf den Hochschulen muß ebenfalls Allgemeinbildung in den ersten Semestern in den Vordergrund geschoben werden. Spezialisierung so spät wie möglich. Wirtschaftskunde ist kein Sonderstudium mehr, sondern gehört zur Allgemeinbildung, die alle Studierenden sich anzueignen haben. In ihren Grundelementen werden sie alle geprüft. Wer Verwaltungsbeamter werden will, hat die umfassenden volkswirtschaftlichen Kenntnisse in der Prüfung nachzuweisen. Viel ist dem eigenen Forschungs- und Wissensdrang des jungen Menschen zu überlassen. *Die Hochschulen erhalten sofort Selbstverwaltung unter Aufsicht des Reiches.*[43] Die 1924 geschaffenen Kuratoren werden zurückgezogen, ihre Aufgaben werden von den Oberpräsidenten übernommen. *Die Studenten erhalten ebenfalls Selbstverwaltung*; Satzungen und Vereinigungen bedürfen der Genehmigung des Staates. Im übrigen behält sich der Staat bis auf weiteres ein Aufsichts- und Eingriffsrecht vor, das der Rektor nach Weisungen des Erziehungsministers ausübt. Klare Verantwortlichkeiten und verständige, Dauer versprechende Grundsätze werden herausgebildet. Das Erziehungssystem des englischen College (Studierende erziehen sich in engen Gemeinschaften unter beratender Aufsicht jüngerer und älterer Dozenten!) verdient höchste Aufmerksamkeit. Die Zwangsorganisationen der Dozenten und Studenten werden aufgelöst; sie haben jede Autorität verwirtschaftet.
An der Zulassung von Frauen zu Berufen ist einstweilen nichts zu ändern: sie ergibt sich in einem gesunden Staate von selbst. Keine vordringliche Frage.

4. *Wirtschaftsorganisation*

a) Auf allen Gebieten der *Wirtschaft* bleiben die bisherigen Organisationen (Gruppen) einstweilen bestehen. Wir haben Reichsnährstand, Bauernführer, Wirtschaftsgruppen, Fachgruppen, Bezirksgruppen, Innungen usw. Ihre Ver-

---

[42] Vgl. zur Hochschulpolitik in der Weimarer Republik S. 63, Anmerkung 10.
[43] Vgl. zur nationalsozialistischen Hochschulpolitik S. 750, Anmerkung 43.

einfachung wird der Wirtschaft selbst überlassen; die Wirtschaftslage nach diesem Kriege wird sie schon zu den erforderlichen Einschränkungen zwingen. Damit die Wirtschaft sich auch auf organisatorischem Gebiete verständig und verantwortungsbewußt regt, ist allen wirtschaftlichen Organisationen sofort die Selbstverwaltung zu übertragen. Die Führer werden wieder unter die unerläßliche Kontrolle von gewählten Organen gestellt. Die bisherigen Führer bleiben einstweilen in Verantwortung; ausnahmsweise kann der Reichswirtschaftsminister sie vorläufig versetzen. Im übrigen wählen die überall bestehenden Beiräte *innerhalb von zwei Wochen* neue Führer oder bestätigen die jetzigen. Neu gewählte Führer brauchen den bisherigen Beiräten nicht anzugehören. Diese Beiräte werden darauf hingewiesen, daß sie demnächst selbst vor die Wahl von unten gestellt werden; denn Männer, die keine Knechte, sondern frei sein wollen, haben seit vielen Jahrhunderten in Deutschland sich ihren Obmann selbst gewählt. Dieses Wahlrecht gehörte sogar zu den Urverfassungseinrichtungen der germanischen Stämme. Der jetzige Staat hat das nur abgeschafft, weil er selbst dieser bescheidenen Selbstverwaltung nicht trauen durfte. Ein wirklich gesunder Staat braucht diese Selbstverwaltung und wird mit ihr spielend auf der Grundlage richtiger Gesetze fertig; durch Aufsicht sorgt er dafür, daß sie ihm nicht über den Kopf wachsen.

Die Angehörigen der einzelnen Berufe (des Reichsnährstandes, der Industrie, des Handels, des Handwerks usw.) treten also nach gehöriger Vorbereitung *in etwa sechs Wochen* zusammen und wählen Bezirksobmänner, diese Reichsobmänner. Die Vorstände wählen dann endgültig Vorsitzende und deren Stellvertreter. Sie bedürfen der Bestätigung durch den Staat.

Erste Aufgabe ist die Neuordnung der *Satzung*. Die Vorsitzenden sind den Vorständen, diese den Mitgliedern für saubere und gewissenhafte Geschäftsführung verantwortlich. Zur Sauberkeit gehört die Innehaltung der von den Mitgliederversammlungen zu genehmigenden *Haushaltspläne*. Damit gelangen auch die Beiträge und ihre Verwendung wieder unter Kontrolle. Der Staat behält sich vor, einzugreifen, falls eine dieser Organisationen eine verschwenderische Wirtschaft betreibt. Auch hier muß wieder als Motto gelten daß die *Leistung,* Achtung und Einfluß begründet. Besonders im Reichsnährstand werden, der Entwicklung der allgemeinen Wirtschaftspolitik folgend, Vereinfachungen Platz greifen. Aber die hauptsächlichste und entscheidende Tat ist, daß die Führenden wieder des Vertrauens der Geführten bedürfen. Denn sonst haben sie, wie schon jetzt viele Orts- und Kreisbauernführer, keinen Einfluß mehr. Im übrigen ist die Organisation des Reichsnährstandes die beste seit 1933 aufgezogene und hat sich auch als am wirkungsvollsten erwiesen. Ihre Krankheit besteht eben in der Ernennung der Führungen nach unsachlichen, in der Hauptsache parteipolitischen Gesichtspunkten.[44]

---

[44] Vgl. zum Reichsnährstand S. 355, Anmerkung 21.

Diese Gruppenorganisationen der Wirtschaft werden durch entsprechende *Gruppenorganisationen der Angestellten und Arbeiter* mit Zwangsmitgliedschaft ergänzt. Wahl des Vorstandes und der Vorsitzenden erfolgt wie bei jenen Gruppen. Auch hier bedarf der Vorsitzende und sein Stellvertreter der Bestätigung durch den Staat. Die Aufgaben dieser Angestellten- und Arbeitergruppen entsprechen den Aufgaben der Unternehmergruppen. Ihnen obliegt insbesondere die organische Vertretung und Gestaltung der Interessen der Arbeiter und Angestellten. Diese sind so scharf und klar wie möglich von ihnen herauszuarbeiten. Man darf sich nicht, wie das heutige System, vor der Schärfe fürchten. Diese Furcht schlägt dann in Nachlauferei mit bolschewistischen Ideen um, wie sie die Leyschen Pläne darstellen.[45] Sondern man muß wissen, daß Klarheit die Schärfe von selbst auf das organisch Erträgliche zurückführt.
Diese Gruppen der Gefolgschaftsglieder und Unternehmer treten beruflich, örtlich, bezirklich usw. auf, um die Arbeitsverträge teils für den Betrieb, teils für den Ort, teils für den Bezirk, teils für das Reich festzulegen. Über die Gestaltung und den Inhalt dieser Verträge liegen so zahlreiche Erfahrungen der Vergangenheit und der Gegenwart vor, daß sich besondere staatliche Eingriffe erübrigen. Der Staat hat durch Gesetze nur festzulegen, daß die Löhne Leistungslöhne sein müssen und nicht reine Zeitlöhne sein dürfen. Denn nicht darauf kommt es an, daß der Mensch *eine bestimmte Zeit* hindurch arbeitet, sondern darauf, *was er leistet*. Wer in einer Stunde das Dreifache leistet wie ein anderer, muß selbstverständlich wesentlich besser entschädigt werden als dieser. An den Sozial-, Urlaubs- und sonstigen Arbeiterschutzbestimmungen ist nichts grundsätzlich zu ändern. Kommen diese Gruppen über die Arbeitsverträge nicht zur Verständigung, so vermitteln letztlich und hilfsweise die Reichsgruppen unter Aufsicht des Staates, der sich der Treuhänder der Arbeit bedient. Einschaltung der Kammern wird grundsätzlich in Aussicht genommen, bleibt aber der Entwicklung vorbehalten. Streiks und Aussperrungen bleiben verboten. Sie sind und bleiben ein Mißbrauch individueller Freiheit gegenüber dem Wohle des Ganzen. An ihre Stelle tritt letztlich die ausgleichende Entscheidung des Staates.
Die Arbeitsfront, ein unkontrolliertes Gebilde ohne klare Verantwortlichkeiten, wird *sofort* einem Liquidationskommissar anvertraut, der vom Reichswirtschaftsminister ernannt wird, schrittweise mit dem Aufbau der Gruppenorganisation liquidiert und öffentlich Rechnung legt. Die Verwaltung der KdF-Organisation wird ebenfalls *sofort* einem Kommissar übertragen, der Arbeiter sein muß und dem ein Beirat aus Arbeitern und Angestellten beigesellt wird. Bestellung des Kommissars und des Beirats durch den Reichswirtschaftsminister. Der Kommissar stellt das Vermögen und die Schulden fest. Nach Abschluß legt er öffentlich Rechnung und überträgt Verwaltung, Vermögen und Schulden einem

[45] Vgl. zu dem von Ley geplanten „Sozialwerk des deutschen Volkes“ S. 787, Anmerkung 10.

Reichsgruppenausschuß der Angestellten und Arbeiter zur Selbstverwaltung. Das gleiche gilt für alle sonstigen Selbsthilfeeinrichtungen der Arbeiter, sinngemäß für die Konsumvereine.[46]

b) Neben diesen Berufsgruppen gibt es zur Zeit für die gewerbliche Wirtschaft *Industrie- und Handelskammern*. Und zwar gibt es 100 Industrie- und Handelskammern und darüber 23 ganz unorganische Wirtschaftskammern. Die jetzigen Wirtschaftskammern werden sofort stillgelegt. Ihre Arbeit war unfruchtbar. Neben den Industrie- und Handelskammern, in denen auch Fremdenverkehr, Banken und Versicherungswesen ihren Platz erhalten, werden für die Bezirke der Kreise *Handwerkerkammern*, für die Bezirke der Länder (Provinzen) *Landwirtschaftskammern* und *Energiewirtschaftskammern* gebildet. Nach Reorganisation der Berufsstände, wie oben geschildert, werden neue Wirtschaftskammern für die Bezirke der Länder (Provinzen) errichtet, zu denen die oben genannten Kammern ihre Vertreter entsenden. In jeder Wirtschaftskammer Abteilungen für Landwirtschaft, Industrie, Handel, Handwerk, Energiewirtschaft, Fremdenverkehr, Banken- und Versicherungswesen.

In jeder Kammer und jeder ihrer Abteilungen Gruppe Unternehmer, Gruppe Angestellte, Gruppe Arbeiter. *Angestellte und Arbeiter werden hiermit in die verantwortliche Mitarbeit an Wirtschaftsfragen einbezogen.* Sie sollen und müssen diese Verantwortung tragen. Nur Verantwortung und Wissen heilen sie von vernunftwidrigen und phantastischen wirtschaftlichen und politischen Ideen und Anforderungen. Außerdem dienen diese Gruppen später der Erörterung und der Vermittlung von Arbeitsverträgen, mit denen die freien Gruppen der Wirtschaft nicht fertig werden.

Die Zuständigkeiten dieser Kammern bleiben im wesentlichen wie bisher. Sie können in Abteilungen, in Gruppen und im ganzen tätig werden, je nach den Fragen, um die es sich handelt. Die Abteilungen und Gruppen können fachlich weiter untergegliedert werden, je nach dem Bedürfnis der Mitglieder des betreffenden Bezirkes. Kammermitglieder sind die Berufsgruppen des betreffenden Bezirkes und hilfsweise auch Einzelpersonen. Diese Mitglieder wählen den Kammer-, den Abteilungs-, den Gruppenvorstand. Diese Vorstände wählen den Kammerpräsidenten, die Abteilungs- und Gruppenführer sowie die Stellvertreter. Die Gewählten bedürfen der Bestätigung durch den Oberpräsidenten.

Die Präsidenten der Wirtschaftskammern bilden die Reichswirtschaftskammer und wählen deren Vorstand usw. Die Abteilungs- und Gruppenführer bilden die Abteilungen und Gruppen der Reichswirtschaftskammer, so daß Landwirtschaft, Industrie, Handel, Handwerk usw. und in jeder Abteilung die Gruppen Unternehmer und Angestellte und Arbeiter vertreten sein müssen. Die Reichswirtschaftskammer soll auf Anfordern, aber auch aus eigener Initiative Gut-

---

[46] Vgl. zur DAF S. 384, Anmerkung 67 und S. 730, Anmerkung 31; zur KdF-Organisation vgl. S. 733, Anmerkung 33.

achten für und Anfragen an die Regierung ausarbeiten, über Streitigkeiten innerhalb der Kammern oder zwischen den Kammern entscheiden und weiter bei Arbeitsverträgen zum Ausgleich beteiligt werden. Dieser bedarf der Bestätigung durch den Reichswirtschaftsminister, damit nicht Arbeitsverträge in Kraft treten, die der allgemeinen Wirtschaftspolitik, der allgemeinen Wirtschaftslage und dem Gemeinwohl widersprechen.
Soweit das Schema der neuen Organisation, das in etwa sechs Monaten voll durchgeführt sein kann.

5. *Wirtschaftspolitik*

a) Über die *sachliche Wirtschaftspolitik* ist nach den eingehenden Sonderdarlegungen nicht viel zu sagen.[47] Sie ist so scharf wie möglich auf die Erkenntnis aufzubauen, daß der Mensch nur von dem leben kann, was er der Natur abgewonnen hat. Je besser der Mensch leben will, um so mehr muß er mit Kopf und Hand leisten. Aus der jetzigen, durch den Ersten Weltkrieg, das Diktat von Versailles, seine Folgewirkungen, Irrtümer, die Mißwirtschaft der letzten Jahre und den Krieg bedingten Verarmung kommen wir um so schneller heraus, je härter und bescheidener wir arbeiten, d. h. je mehr wir anspruchslos leisten. Die zweite von der Natur gesetzte Grundlage ist die Erkenntnis, daß höchste Leistung nur im Kampf erzielt werden kann. In der Wirtschaft ist Kampf gleich Wettbewerb. Also müssen auf allen Gebieten möglichst viele schöpferische und ausfahrende Kräfte in Wettbewerb miteinander treten. Dritte Grundlage ist die Erkenntnis, daß der Mensch um so mehr leistet, je klarer das Ergebnis seiner Leistung sein eigenes Schicksal bestimmt. Nur wenn der Faule den Mißerfolg, der Fleißige den Erfolg als Gestalter seines Lebens empfindet, durchzustehen und durchzusetzen hat, wird höchste Leistung geboren. Daraus folgert, daß *die* Wirtschaft am blühendsten wird, in der der Staat oder ein anderer Zusammenschluß dem einzelnen möglichst viel Risiken beläßt und möglichst wenig Risiken abnimmt. Also *keinerlei Kollektivwirtschaft*, die immer in Unfruchtbarkeit und Hunger enden muß, sondern möglichst viele Einzelwirtschaften. Daher muß die staatliche Wirtschaftspolitik bewußt und geradezu fanatisch darauf verzichten, die Wirtschaftenden zu gängeln. Der Beamte im Wirtschaftsministerium, der beispielsweise die Maschinenindustrie gesunden lassen will, muß klar erkennen, daß er davon viel weniger versteht als jeder Prokurist, ja als viele Meister in den Maschinenfabriken. Er hat ja auch gar nicht den Erfolg oder Mißerfolg seiner, wenn auch noch so gut gemeinten Hilfsversuche am eigenen Körper auszubaden. Infolgedessen ist er sowenig wie möglich zum Heilgehilfen ge-

[47] Vgl. ausführlich zu Goerdelers Beurteilung der nationalsozialistischen Wirtschaftspolitik seine Denkschrift zur Innenpolitik vom Oktober/November 1938; Dok. 5.1.2, oben S. 696 ff. sowie seine Schrift „Stand von Wirtschaft und Verwaltung“ vom September 1940; Dok. 5.2.4, oben S. 801 ff.

eignet. *Die wesentlichen Stützen, mit denen der Staat der Wirtschaft helfen kann, sind Recht, Gerechtigkeit, Ordnung, Anstand und ausgeglichene öffentliche Finanzen als Sicherung stabiler Währung.* Die allgemeine Wirtschaftspolitik des Staates muß ferner darauf gerichtet sein, Kartelle, Syndikate, Konzerne, Trusts usw. so stark wie möglich zurückzudrängen und wieder in selbständige Unternehmungen zu zerlegen, um der schöpferischen Einzelpersönlichkeit und ihrem Verantwortungsbewußtsein Raum zu gewinnen.

b) Der Leistungskampf darf in einem geordneten Staats- und Volkskörper kein ungehemmter sein, sonst könnte er in den Krieg aller gegen alle ausarten. Er muß durch bestimmte Gebote und Verbote anständig gemacht werden. Die bestehenden Gesetze reichen hierzu aus. Sie sind von einigem Rankenwerk, das in den letzten Jahren beigefügt wurde, zu befreien.

c) Nicht jeder Zusammenschluß (Kartell usw.) ist ungesund. Wenn nachgewiesen wird, daß der Zusammenschluß wirtschaftlich größere Erträge bringt, also die Bedürfnisse des Volkes *besser und billiger* befriedigt, ohne die materielle und sittliche Lage der von ihm Beschäftigten zu verschlechtern, dann ist er unter Staatskontrolle zu gestatten. Die Kontrolle richtet sich auf die genannten Gesichtspunkte. Fallen sie hinweg, ist der Zusammenschluß aufzulösen. Gleiche Behandlungen erfahren die Zusammenschlüsse, die notwendig sind, um der deutschen Wirtschaft die Bedingungen zum Wettbewerb auf dem Weltmarkt zu verbessern.

d) Nach diesen Richtlinien sind sämtliche bestehenden Wirtschaftsgesetze zu prüfen und zu ändern. Dabei kann nicht scharf genug betont werden, daß diese Änderungen nicht von heute auf morgen Platz greifen können. Solange Knappheit an wichtigen Lebensgütern und den zu ihrer Herstellung erforderlichen Rohstoffen besteht, muß die jetzige Planwirtschaft beibehalten werden. Diese Feststellung soll kein Anerkenntnis der Güte der Planwirtschaft sein. Es war der größte Fehler, sie im Vierjahresplan zu schaffen.[48] Sie hat, wie mehrfach nachgewiesen, den jetzigen Zustand mit herbeigeführt. Auch durfte der Zweite Weltkrieg nach den frischen Erfahrungen des Ersten nicht begonnen werden, ohne daß u. a. die für den Sieg erforderlichen wirtschaftlichen Kräfte sichergestellt waren. Aber nachdem es nun so weit gebracht ist, daß wichtige Lebensbedürfnisse, ohne die der einzelne hungern oder frieren müßte, durch das Vorhandene nicht mehr gedeckt werden können, bleibt nichts anderes übrig, als diese Planwirtschaft fortzusetzen. Sie ist jedoch *sofort* von Überorganisationen zu befreien. Alle Sondervollmachten auf dem Gebiete der Wirtschaft werden zurückgezogen. Alle Zuständigkeiten gehen wieder auf die ordentlichen Ministerien und ihre Verwaltungsstellen im Lande über; alle überflüssigen Schreibereien, alle seelenlosen Statistiken, die nur aufgestellt werden, um in den oberen

[48] Vgl. dazu bereits Goerdelers Denkschrift zur Rohstoff-, Devisen- und Währungslage vom 17.9.1936; Dok. 3.8, oben S. 411 ff.

Stellen in Regalen und Kästen zu verschwinden, werden sofort abgeschafft. So muß auch in das jetzige System der Planwirtschaft sofort größte Einfachheit, Sparsamkeit und Elastizität hineingebracht werden. Die totale Politik des Staates auf allen Gebieten muß als wichtigstes anstreben, daß *die Mangellage so schnell wie möglich beseitigt wird.* In dem Maße, in dem diese Politik Erfolg hat, wird die Planwirtschaft abgebaut, bis ihre letzten Reste eines Tages völlig verschwinden können.

e) Diese Wirtschaftsgesinnung, die weiter nichts ist als ein Anerkenntnis harter Naturgesetze und die daher auch keine Theorien verträgt, ist wie das kleine Einmaleins auf allen Schulen und in allen Berufen zu lehren. Dies nicht rechtzeitig erkannt und getan zu haben, war der Fehler des 19. Jahrhunderts. Früher war ein solcher Unterricht nicht notwendig; er ist es erst geworden, seitdem die aufgesplitterte Arbeitsteilung dem Menschen die natürlichen wirtschaftlichen Zusammenhänge verdeckt hat. Dieser Erkenntnis ist auch durch entsprechende Besetzung der Lehrstühle an den Hochschulen Rechnung zu tragen. Für blutlose und fanatische Theoretisierereien ist kein Raum mehr, genausowenig, wie man neben der Chemie noch Lehrstühle für Alchimie duldet. Das Alleinstudium der Volkswirtschaft fällt fort. Es hat zuviel Volkswirte gezüchtet, die nicht einmal ein kleines Zigarrengeschäft betreiben können, weil sie niemals eine Verantwortung getragen haben. Es gibt sicherlich auch hervorragende Volkswirte unter den so ausgebildeten, aber man muß von der Erkenntnis ausgehen, daß jeder Mensch ein Volkswirt sein muß, denn jeder ist ja schöpfend und ausführend an der Volkswirtschaft durch seine Arbeit mit ihr verbunden. Deshalb muß volkswirtschaftliches Wissen von der Volksschule jedem beigebracht werden, welchen Beruf er auch immer im Leben ergreifen will. Dies Wissen ist ebenso leicht zu lehren wie die Gesetze der Algebra und Mathematik.

6. Freie Berufe

Zur Volkswirtschaft gehören alle Berufe, auch *Ärzte, Rechtsanwälte, Künstler, Beamte* usw., denn alle betreiben ihren Beruf, um ihren Lebensunterhalt zu finden; sie alle nehmen den anderen arbeitenden Menschen einen Teil derjenigen Tätigkeiten ab, die zur totalen Lebenserfüllung notwendig sind. Vor einigen tausend Jahren dokterte der Hausvater selbst herum. Heute nimmt ihm ein Arzt diese Tätigkeit ab. Aber diese Berufe haben eine Sonderheit. Wer sie ergreift, stellt im allgemeinen über den Ertrag ein nicht wirtschaftliches Ideal. Den wahren Künstler wird kein Gott und kein Teufel dazu verleiten, sein Ideal um wirtschaftlicher Vorteile willen aufzugeben.

a) Infolgedessen ist es logisch berechtigt, diese Berufe gesondert zu organisieren, wenn Organisation organische Gestaltung sein soll. Deswegen werden sie in Ärztekammern, Anwalts- und Kulturkammern zusammengefaßt. In die Kulturkammer kommen nur diejenigen Berufe, die wenigstens im Grundsatz jenen besonderen idealistischen Einschlag aufweisen. Auf dem Gebiete des Schrifttums gehört in die Kulturkammer der Schriftsteller, aber nicht der Verleger. Für den letzteren muß und soll der wirtschaftliche Ertrag seiner Leistung das Entscheidende bleiben. Er gehört in die Wirtschaftsgruppe Verleger und die der Buchhändler in die Handelskammer. Damit entfällt die heutige doppelt und dreifache Organisation der einzelnen, die sie zerreißt und ihre Kräfte und Finanzen über Gebühr in Anspruch nimmt, fort. Es wird also geben: Kammer der bildenden Künstler, Kammern der Schriftsteller, der Musiker, Kammern der Bühnenkünstler, wobei die meisten auch bezirklich, einzelne auch nach Berufen in Abteilungen gegliedert werden können. Dagegen gibt es keine Reichskulturkammer mehr.[49] Die Überorganisationen werden *sofort* beseitigt, die übrigen Kammern bleiben in ihrem bisherigen Bestande bestehen. Im übrigen gilt für die Neuwahl der Vorstände und Vorsitzenden das gleiche wie für die Wirtschaftskammern. Auch hier ist Leben, Geist und Verantwortungsbewußtsein durch Selbstverwaltung wiederherzustellen. Auch hier beaufsichtigt und bestätigt der Staat (Reichserziehungsminister). Der Staat genehmigt auch die Satzungen, so daß die Aufgaben dieser Kammern klargestellt werden.

b) Untersagt wird diesen Kammern *sofort* jede Tätigkeit, die den einzelnen in der Verwendung seiner Kräfte irgendwie behindert. Man hat in den letzten Jahren vielfach geglaubt, den Angehörigen dieser Berufe dadurch helfen zu können, daß man alle möglichen Vorschriften für die Betätigung der einzelnen erließ und ihnen insbesondere Mindestentgelte vorschrieb. Die katastrophale Folge war vorauszusehen und ist eingetreten. Auf dem Papier erhalten Konzertsänger und Musiker heute herrliche Honorare; sie werden nur nicht mehr beschäftigt, weil auf der einen Seite das Interesse totgeschlagen ist, auf der anderen Seite diese Honorare nicht bezahlt werden können.[50] Es ist ungewöhnlich geistreich, daß viele von jenen Künstlern nunmehr hungern müssen, die leben könnten, wenn sie sich mit bescheideneren Forderungen begnügten. Die notwendigen Verordnungen sind nicht schwer. Eine Fülle von Material liegt an den zuständigen Staatsstellen vor. Eine klare Anweisung an die Sachbearbeiter genügt, um in kurzer Zeit wieder Ordnung in das Chaos zu bringen. Alles Weitere entwickelt sich aus den frei gemachten Kräften von selbst, wobei der Staat nur Übergriffe und Übertreibungen zu verhindern hat.

[49] Vgl. zur Reichskulturkammer S. 368, Anmerkung 44.

[50] Diese Bewertung Goerdelers wird von Prieberg nicht bestätigt. Zwar trifft es zu, dass unter dem NS-Regime frei ausgehandelte Honorare durch Tarifordnungen ersetzt wurden – zuständig war hier der Sondertreuhänder der Arbeit für die kulturschaffenden Berufe –, jedoch hatte Arbeitslosigkeit unter den Künstlern andere Ursachen. Die Reichsmusikkammer hatte aufgrund ihrer Zulassungs- und Ausschließungskompetenz die Möglichkeit, Künstler wegen „rassischer" oder politischer Unliebsamkeit arbeitslos zu machen; an zugelassenen Musikern herrschte dagegen Mangel. Vgl. Prieberg, Musik, S. 260-309.

7. Beamte

a) Was das *Berufsbeamtentum* betrifft, so ist es bewußt von Organisationen auszuschließen. Die Organisation der Beamten war der Hauptfehler im Jahre 1919. Die anständigen Beamten wurden hin- und hergerissen zwischen den beschwerlichen Pflichten gegenüber der Allgemeinheit und den Pflichten gegenüber der Organisation. Der Beamte muß wie der Offizier von vornherein sich klar sein, daß er zwischen zwei Wegen wählen muß: entweder Freiheit der Organisation, dann muß er auf die Beamtenstellung verzichten und einen anderen Beruf ergreifen; oder gesicherte Lebenshaltung und Ausübung der öffentlichen Gewalt gegenüber seinen Mitbürgern, dann muß er auf das Recht des freien Zusammenschlusses verzichten. Beides zusammen ist unerträglich. Es war der tollste von ungesunden Zuständen, den wir in den 20er Jahren erlebt haben, wenn der Beamte den Einfluß seiner Organisation in den Parlamenten dazu benutzte, um den Gesetzgeber zu zwingen, Beamtenforderungen zu erfüllen; der Bürger, dem seine Mitbürger Gewalt über sich anvertrauen, zwingt also seine Mitbürger durch den Einfluß seiner Organisation, ihm unsachliche Vorteile zu gewähren. Daß die Stellung der Beamten sachlich und rechtlich gesichert bleibt, das ist Aufgabe des Staates, dessen Organ der Beamte ist und das gesund zu erhalten der Staat ein Lebensinteresse hat. Es wäre aber unlogisch, diesem Organ zu gestatten, daß es die öffentliche Gewalt mißbraucht. Das ist gar keine Zurücksetzung und Entrechtung des Beamten; denn einmal steht ihm die Wahl frei, Beamter zu werden oder nicht, und zweitens erhält er für diesen Verzicht Gewalt über seine Mitmenschen. Diese deutsche Auffassung vom Beamtentum steht im Widerspruch zu der englisch-amerikanischen, aber sie ist bewußt eine Quelle gesunder Staatsgewalt und überlegener Verwaltungskunst.

b) Das Beamtentum wird durch die Wiederherstellung von Recht, Gerechtigkeit und Anstand von selbst mit gesundem Leben und neuem Verantwortungsbewußtsein erfüllt werden. Natürlich sind in die Beamtenschaft Kräfte hineingekommen, die nach Leistung und Charakter nicht verdienen, öffentliche Gewalt gegenüber ihren Mitbürgern auszuüben. Es wäre nicht zweckmäßig, dem Beamtenabbaugesetz vom Jahre 1923[51] und dem Gesetz zur Wiederherstellung des Berufsbeamtentums von 1933[52] ähnliche derartige Gesetze folgen zu lassen.

[51] Die „Verordnung zur Herabminderung der Personalausgaben des Reichs (Personal-Abbau-Verordnung)" vom 27.10.1923 (RGBl. 1923/I, S. 999-1010) zählte zu den Verordnungen, die während der Hyperinflation von Stresemann auf der Grundlage des Ermächtigungsgesetzes erlassen wurden (vgl. dazu auch S. 273, Anmerkung 3). Mit ihr wurde ein schon während des Kaiserreichs diskutierter Beamtenabbau durchgesetzt durch Möglichkeiten der Versetzung in den einstweiligen oder vorzeitigen Ruhestand, Einstellungssperren und Besoldungsänderungen. Zur Genese der Verordnung vgl. Hans Hattenhauer: Geschichte des Beamtentums, Köln, Berlin, Bonn und München 1980, S. 345 ff.

[52] Vgl. zu dem „Gesetz zur Wiederherstellung des Berufsbeamtentums" vom 7.4.1933 (RGBl. 1933/I, S. 175-177) Mommsen, Beamtentum, S. 39-61. Das Gesetz diente der Ausschaltung

Man könnte daran denken, das Gesetz zur Wiederherstellung des Berufsbeamtentums *echt* durchzuführen und nicht in das Gegenteil umzufälschen, wie es in den letzten Jahren geschehen ist. Aber man muß von diesen Verfälschungen überhaupt Abstand nehmen und einfach zu einer strengen, aber anständigen Auffassung zurückkehren. Zu diesem Zweck sind aus dem neuen Reichsbeamtengesetz *sofort* die parteipolitischen Bindungen und Sonderrechte, die auf die jungen Parteimitglieder zugeschnittene Pensionsordnung usw. aufzuheben. Anstelle dieser Bestimmungen treten Paragraphen, die Pflichten und Rechte des Beamten festsetzen und die Pension wieder davon abhängig machen, daß der Beamte sich mindestens zehn Jahre lang unbescholten im öffentlichen Dienst bewährt hat. Das Gesetz stellt ferner fest, daß Beamter nur werden kann, wer bestimmten Prüfungsanforderungen genügt. Für bestimmte Stellen (z. B. Reichsminister, Bürgermeister, Stadträte), die politische Bedeutung haben, sind Ausnahmen zugelassen. Hier spielen Eigenschaften (z. B. politisches Können, ausgleichendes Wesen, Zivilcourage), die nicht durch Prüfungen festgestellt werden können, eine wesentliche Rolle. Immer bleiben bewiesene Charakterfestigkeit und vollkommene Unbescholtenheit unabdingbare Voraussetzung. Die Prüfungsanforderungen setzen das Reich für seine Beamten, aber auch die Länder (Provinzen), Kreise und Gemeinden unbehindert und ohne Dreinreden des Reiches für ihre Beamten fest. Auf der Grundlage des Anstandes, des Rechtes und der Sparsamkeit entwickeln sich im Wettbewerb um beste Leistungen und um die beste Verwaltung die strengen Anforderungen von selbst, namentlich wenn das Reich mit dem besten Beispiel vorangeht. In das neue Gesetz ist die Bestimmung aufzunehmen, daß ein Beamter auch dann aus dem Amte zwangsweise entfernt werden kann, wenn seine Leistungen in auffälligem Mißverhältnis zu den Anforderungen des Dienstes stehen oder wenn ihm nach seinem Verhalten öffentliche Gewalt ferner nicht anvertraut werden kann. *Mit dieser Bestimmung wird die Beamtenschaft von den Elementen gereinigt, die aus Parteigunst ohne sachliche Berechtigung in sie hineingeschoben sind.* Wenn die Beförderung künftig nur noch von der Leistung und von der anständigen Charakterhaltung ausgeht, ist der Günstlingswirtschaft auch hier ein Riegel vorgeschoben. Günstlingswirtschaft, von Vorgesetzten betrieben, macht diesen disziplinarisch strafbar. Harte Prüfungs- und Ausleseanforderungen, die übrigens jede gute anständige Verwaltung früher aufgebaut hatte, sichern die Beamtenschaft in der Zukunft vor ähnlichen Zerstörungen, wie sie ihr in den letzten Jahren zugemutet sind. So streng das neue Recht und seine Handhabung, so fern muß es sich von allen Kleinlichkeiten halten. Ob Parteimitglied oder nicht, es wird die Majestät des Rechtes wiederhergestellt.

---

politischer Gegner und war nicht zuletzt die nachträgliche Legitimierung der nationalsozialistischen Ämterpatronage nach der Machtübernahme.

c) Die Selbsthilfeeinrichtungen der Beamten für wohltätige Zwecke bleiben bestehen und erhalten wieder volle Selbstverwaltung.
d) Diese ersten Maßnahmen auf dem Gebiete des Beamtenrechts sind *am ersten Tage bekannt*zumachen. Ihre schnelle Durchführung ist vom Reichsminister des Innern zu betreiben, im übrigen bürgt die Stimmung in der Beamtenschaft selbst, ja die Stimmung der Bevölkerung für schnellen Vollzug. Nur soll sie vollkommen geordnet und eisern gerecht vor sich gehen.
e) Die Besetzung der Stellen in den Ministerien erfolgt künftig nach dem 1919 zerstörten Generalstabsprinzip. Der junge Beamte arbeitet zunächst in den Kreisen; die besonders tüchtigen werden *dann* als Hilfsarbeiter in die Ministerien berufen, um nach einigen Jahren Referenten oder Landräte beim Oberpräsidenten oder Landräte zu werden usw. hin und her zwischen Front und Zentrale, damit sie die Bedürfnisse jener mit den Notwendigkeiten dieser ausgleichen lernen und die Front wieder von zuviel Gesetzmacherei und Hineinregieren bewahrt bleibt.
f) So bald wie möglich ist an die Verkleinerung und Vereinfachung des übersetzten Verwaltungsapparates zu gehen. Dabei ist dem Volke und dem Beamten wieder die eherne Tatsache klarzumachen, daß üppige und überflüssige Verwaltungseinrichtungen mit entsprechender Verschlechterung der Lebenshaltung aller bezahlt wird. Einfachheit und Sparsamkeit sind rücksichtslos durchzusetzen. Dies ist sofort zu verkünden.

8. Ausgleichspolitik

a) Die Sozialpolitik ist in brauchbaren Gesetzen festgelegt. An ihnen ist wenig zu ändern, nur daß auch auf allen Gebieten der Sozialversicherung wieder Selbstverwaltung herzustellen ist. Das ist sofort anzuordnen und vollzieht sich dann unter der Aufsicht der zuständigen Organe in wenigen Wochen.
   Beim Schutze des Menschen gegen die Folgen des Alters, der Krankheit, des Unfalls, der gesundheitsschädigenden Arbeit usw. ist an dem Gedanken der Versicherung festzuhalten. Denn die Versicherung ruft die Energien anderer wach gegen den Trieb einzelner zur Ausnutzung öffentlicher Einrichtungen. Wer die Menschen kennt, weiß, daß dieses Gegengewicht unentbehrlich ist. Die Leysche Idee, daß der Staat – d. h. das Volk unterschiedslos – alles bezahlt, und mit einer Sozialsteuer, die aber nicht erhoben werden soll, sich die Mittel hierzu beschafft, ist für Sextaner verführerisch; für denkende Menschen ist sie unverantwortlich, weil sie ja geradezu einen Sturm von Ansprüchen auf die öffentlichen Kassen entfesselt.[53] Der zur Abwehr dieses Sturmes erforderliche Kontrollapparat würde ein Mehrfaches von dem verschlingen, was der gesunde organische Selbstverwaltungsapparat der Sozialversicherung verbraucht. Die Leistungen der Sozialversicherung richten sich nicht nach demagogischen Wünschen, sondern nach dem, was die Leistungsfähigkeit der Versicherten und

[53] S.o., Anmerkung 45.

des Volkes für solche Zwecke erübrigen kann. Denn ohne solche Leistungen gibt es auch keine Leistungen der Sozialversicherung. Der Arbeiter, der seinen Beitrag zahlt, gibt ein Stück seiner Lebenshaltung an andere ab, weiter nichts. Die Leistungen der Sozialversicherung müssen daher in angemessenem Verhältnis stehen zu der Leistungsfähigkeit der Versicherten und umgekehrt. Das ist das ganze Geheimnis und die ganze Kunst.
Die Sozialversicherungseinrichtungen bedürfen für die Festsetzung von Beiträgen und Leistungen der Genehmigung des Staates. Der weitere Ausbau ist nach der jeweiligen Lage der Bürger des Staates abzumessen. Dabei muß man sich klar sein, daß es nicht Aufgabe der Versicherungen sein soll, dem ringenden Menschen alle Risiken abzunehmen. Er muß aufgefordert und bestärkt werden, einen Teil der Lebensrisiken noch durch besondere Vorsorge seinerseits abzudecken. Dann wird der Tüchtige und Fleißige sich entweder für alle Fälle etwas sparen oder noch Zusatzversicherungen nehmen. Der Lässige, Faule oder Leichtsinnige läßt es darauf ankommen. Auch gut. Wenn nur jeder die Folge seines Tuns selbst zu tragen hat und hierüber vollkommene Klarheit für alle besteht. Das ist die beste und einzig mögliche Vorsorge gegen Klassenhaß. Im übrigen hat ihm eine verständige Lohnpolitik und eine nicht auf Gesetze, sondern auf Charaktererziehung gegründete Achtung untereinander entgegenzuwirken. Diese Achtung untereinander ist es, die den Engländer auszeichnet und stark macht. In England kann der arbeitende Arbeiter einen Mann im Frack auf der Straße sehen, ohne zu schimpfen, weil er sich im Besitze der gleichen politischen Rechte, aber auch der gleichen Lebensgestaltungs*möglichkeiten* fühlt. Außerdem weiß er aus seiner Beobachtung der Natur, daß im Durchschnitt die Entwicklung von unten nach oben, wenn man diesen mißverständlichen Ausdruck gebrauchen will, oder vom Einfachen zum Komplizierten meist nicht in einer Generation vor sich gehen kann. Aber er weiß auch, daß, wenn er etwas Besonderes geleistet hat, er den Sprung in kürzester Frist machen kann, ohne daß ihm etwas anderes entgegentritt als Achtung und Handschlag.

b) Das *Winterhilfswerk* wird von den Kreisen, Ländern (Provinzen) und in der Spitze von einer Arbeitsgemeinschaft der letzteren übernommen.[54]

---

[54] Das Winterhilfswerk (WHW) war bereits unter Brüning im Winter 1931/32 konzipiert, aber erst unter dem NS-Regime ausgebaut worden. Als Abteilung der NSV unter Erich Hilgenfeldt diente das WHW zunächst der Bewältigung sozialer Not im Gefolge der Weltwirtschaftskrise. Seine Finanzierung erfolgte über Lohn- und Gehaltsabzüge, Straßensammlungen und Firmenspenden, mehr oder weniger freiwillig unter der Parole der „nationalen Solidarität". Das WHW wurde auch nach der Überwindung der Arbeitslosigkeit aufrecht erhalten und diente seit den späten 30er Jahren der Finanzierung anderer NSV-Projekte. Vgl. zur Entstehungsgeschichte Florian Tennstedt: Wohltat und Interesse. Das Winterhilfswerk des deutschen Volkes: Die Weimarer Vorgeschichte und ihre Instrumentalisierung durch das NS-Regime, in: GuG 13/2 (1987), S. 157-180 sowie mit Einkommens- und Verwendungsnachweisen Hansen, Wohlfahrtspolitik, S. 25-48.

c) Der wichtigste Teil der Sozialpolitik, die man übrigens besser in Zukunft nicht mit diesem römischen Namen benennt, sondern durch den Ausdruck Ausgleichspolitik ersetzt, ist die Sorge für gesundes *Wohnen*. Hier hat das 19. Jahrhundert schwer versagt. Es hat die Bauern- und Arbeitersöhne des Ostens und Nordens im Westen und im Mitteldeutschland in freudlose Arbeiterkasernen zusammendrängen lassen. Württemberg hat rechtzeitig in der Mitte des vorigen Jahrhunderts diese Gefahr erkannt; es hat die Industrie dezentralisiert und so dem werdenden Menschen ermöglicht, Kleinbauer und Arbeiter zugleich zu sein. *Die Umbildung der deutschen Industriegebiete in die Lebensformen Württembergs ist die entscheidende Aufgabe.* Sie hat zu erfolgen durch eine Sperre für neue industrielle Unternehmungen an allen Orten über 100.000 Einwohnern. Ein großes Bedürfnis nach neuen und erweiterten Betrieben wird in den nächsten fünf Jahren nach dem Kriege überhaupt nicht vorhanden sein. Es ist also reichlich Zeit, daß die einzelnen Betriebe und Wirtschaftsgruppen zu Klarheiten über Neugründungen und Erweiterungen kommen. Wenn die Gruppen Vorschriften einengender Natur, insbesondere *Errichtungs-* und *Erweiterungsverbote* usw. erlassen wollen, so *bedürfen* sie hierzu *staatlicher Genehmigung*. Im übrigen sind alle Zentralstellen und Ämter für Großraumgestaltung, Planwirtschaft, Städteumbau usw. *sofort* aufzuheben. Dies gilt selbstverständlich auch für alle Zuständigkeiten, die der Partei eingeräumt sind. Es ist sinnlos, von Zentralstellen aus die Entwicklung im einzelnen so gängeln und kontrollieren zu wollen, daß man sich schließlich das Baugesuch für den Schafstall im Dorf A. in Berlin vorlegen läßt. Der Staat hat lediglich wenige klare, handfeste Grundsätze gesetzlich festzuhalten, die übrigen, insbesondere das Genehmigungswesen, sind *sofort* zu beseitigen. Es bedarf nur einer Baugenehmigung, nämlich der der Gemeinde- oder Kreisbaupolizeibehörde. Denn es ist Aufgabe der beteiligten Behörden im Lande, also insbesondere der Länder, Provinzen und Gemeinden, für die Durchsetzung dieser Grundsätze zu sorgen. Wer das nicht tut, trotzdem es seine Pflicht wäre, wird gefaßt. Nicht mehr, nicht weniger.

Die Gesetze über *Förderung der Kleinsiedlung* sind durchzuführen.[55] Die Kleinsiedlung, in der der Arbeiter über 300 bis 1.000 qm Land verfügt, ist das gegebene, um ihn und seine Familie gesund zu erhalten, auch eine gewisse Krisenfestigkeit gegen Rückschläge in seinem Beruf zu sichern. Einwendungen der Landwirtschaft gegen diese Aufsplitterung von Grund und Boden sind verfehlt. Die intensive Bearbeitung des Bodens im Kleingarten ringt ihm sehr viel größeren Ertrag ab als der beste landwirtschaftliche Großbetrieb. Der europäische

---

[55] Vgl. zur Kleinsiedlung S. 321, Anmerkung 11. Die staatliche Unterstützung der Kleinsiedlung war bereits mit der 3. Notverordnung im Oktober 1931 initiiert worden (vgl. „Dritte Verordnung des Reichspräsidenten zur Sicherung von Wirtschaft und Finanzen und zur Bekämpfung politischer Ausschreitungen" vom 6.10.1931, Vierter Teil, RGBl. 1931/I, S. 551 ff.).

Zusammenschluß bringt den Ersatz der wenigen ausfallenden Körner- usw. Ernten. Zur Förderung der Kleinsiedlung sollen sich Gemeinden, Kreise oder Gaue zu Zweckverbänden zusammenschließen; dadurch wird die Sucht nach weiteren Eingemeindungen eingedämmt. Kleinsiedlungen sind besonders, wie bisher schon in starkem Maße und erfreulicherweise geschehen, im Umkreis der Großstadt zu errichten.

Nicht alle Menschen eignen sich zu solchen allmählich ihr Eigentum werdenden Siedlungen. Sie bleiben auf gesunde Stockwerkswohnungen angewiesen. Hier ist mit der seit 1920 betriebenen Politik endgültig Schluß zu machen. Der Staat und die Gemeinden bauen überhaupt nicht mehr. Das Bauen wird wieder Aufgabe der Privaten, der Genossenschaften und der Baugesellschaften, und zwar ausschließlich. Der Mangel an Wohnungen treibt sie zum Bauen. Neigungen und Geltungsbedürfnis tun das ihrige. Die Finanzierung erfolgt im allgemeinen über Sparkassen, Versicherungen, Banken; diese sichern die ihnen anvertrauten Gelder lieber in solchen Wertanlagen als in faulen Reichspapieren. Die beste Unterstützung, die das Reich der Bekämpfung der Wohnungsnot, der Schaffung von Kleinsiedlungen und Wohnungen angedeihen lassen kann, sind Sparen und geordnete Finanzen, die die Steuerzahler entlasten und Sparkassen und Banken von unerfüllbaren Reichsanleihewünschen befreien. Für eine Übergangszeit, die auf etwa fünf Jahre zu schätzen ist, wird das Reich gewisse Zinsverbilligungsbeträge zur Verfügung stellen müssen. Im übrigen ist die entscheidende Maßnahme zur Verbilligung des Bauens die Senkung der überhöhten Bauarbeiterlöhne und Materialkosten sowie die Steigerung der Arbeitszeit im Baugewerbe. Stellt der Staat seine unverantwortlichen Bauten ein, so sinken die Materialkosten von selbst. Durch diese Maßnahme werden die Leistungen erhöht, die Unkosten verringert und die Lebenshaltung der Bau- und Industriearbeiter aufrechterhalten. Die Wohnungen werden billiger und finden daher besseren Absatz. Vor dieser Maßnahme stand das Reich im Juni 1932; diese Pläne wurden aber durch die politische Entwicklung unterbrochen und später durch Demagogie ersetzt.[56] Es kommt darauf an, im Rahmen dessen, was die Volkskraft hergibt, gesunde Wohnungen bauen zu lassen, dabei den Kleinsiedlungsgedanken zu fördern, den Menschen der Natur wieder nahezubringen, ihn mit Achtung vor den Gesetzen der Natur zu erfüllen und ihn krisenfest zu machen.

9. Religionswesen

a) Den *Kirchen* ist die volle Selbstverwaltung zu geben. Damit werden sie vom Staate getrennt. Der Staat soll seinen Einfluß in kirchlichen Angelegenheiten auf die Bestätigung der Oberen der Kirche beschränken.[57] Dabei kann er so starke Anforderungen an nationale Zuverlässigkeit, an Charakter und Haltung

---

[56] Vgl. zur Bauindustrie Anfang der 30er Jahre S. 287, Anmerkung 13.

[57] Vgl. zur nationalsozialistischen Kirchenpolitik S. 369, Anmerkungen 46 f.

stellen, wie er will. Damit erhält er, wie immer im Leben, die beste Gewähr dafür, daß saubere Persönlichkeiten die öffentlichen Belange beeinflussen. Die Kirche wird entpolitisiert, indem Geistliche in politische Körperschaften weder wählen noch gewählt werden dürfen.

Die Kirchen erhalten das Recht, Kirchensteuern zu erheben. Sie werden es nicht mißbrauchen, weil sonst die Austrittsbewegung zu stark wird. Ihr Vermögen bleibt ihnen nach dem Stande vom 1.1.1933. Der Staat überläßt es also den Kirchen vollkommen, ihre eigene Lebensgrundlage wiederzugewinnen. Ob und wie sie sich zu diesem Zwecke zusammenschließen, ist ihre Sache.

b) Aber der Staat hat auch ein eigenes Interesse an einer religiösen Erziehung der Jugend zu wahren; diese Erziehung muß so fruchtbar sein, daß sie dem Staatsbürger das ganze Leben hindurch sittlichen Halt gibt. Infolgedessen wird der Religionsunterricht auf den Schulen wieder eingeführt. Im übrigen sei auf die Darlegungen unter III, 3a) verwiesen.

c) Mit diesen Bestimmungen, die *sofort* angekündigt werden müssen, deren Fassung und Veröffentlichung in wenigen Tagen möglich ist, muß der Staat sich begnügen. Er wird aber auf dem Wege der persönlichen Besprechung durch Männer seines Vertrauens sich auf dem laufenden halten müssen, was bei den Kirchen geschieht, ja, er wird verständigen Rat geben und zu diesem Zwecke eine besondere Abteilung des Reichsministeriums für Erziehung mit wenigen Köpfen besetzen. Der Einfluß, den der Staat nehmen sollte, muß dahin gehen, erneut wieder aus der Pastorenkirche die Laien- oder Volkskirche werden zu lassen. Der Pastorenstand des 19. und 20. Jahrhunderts hat in zu großem Umfange versagt. Er ist verbeamtet. Es kommt darauf an, ihn wieder in lebensvolle Verbindung mit dem Volke zu bringen. Wie das zu geschehen hat, braucht hier nicht erörtert zu werden; aber der Staat soll die von ihm betreuten Angelegenheiten dahin prüfen, wieweit er sie wieder den Religionsgemeinschaften überantworten kann.

Das wird möglich sein auf allen Gebieten der Wohlfahrt. Die staatlichen und gemeindlichen Einrichtungen sind kraft staatlicher Anordnung soweit aufzulösen, als eine Sicherheit dafür besteht, daß Religionsgemeinschaften die Aufgaben ebenso gut betreuen können. Auch auf dem Gebiete des Schulwesens wird den Kirchen eine Mitarbeit einzuräumen sein. Dadurch wird ein Wettbewerb zwischen den Leistungen der Gaue, der Kreise, der Gemeinden und der Kirchen auf dem Gebiete des Unterrichts entfacht, der um so fruchtbarer sein wird, je härter die Anforderungen sind, die die einzelnen Schulgattungen und die Universitäten wieder stellen müssen. Dann wird der Staat, werden die einzelnen Berufe sehr bald sehen, welche Anstalten die besseren Leistungen auch in der Erziehung von Charakteren aufweisen. Dadurch wird die weitere Entwicklung wieder von dem Grundsatz der Leistungssteigerung beherrscht werden. Dieses aber, die Betreuung der Kirche mit Aufgaben, die notwendigerweise gemeinschaftlich erfüllt werden müssen, ist notwendig, wenn religiöses Leben, insbesondere das der christlichen Gemeinschaft, wieder gesunden und wachsen soll. Die Kirche des 19. Jahrhunderts ist im wesentlichen dadurch entartet, daß der Staat ihr die praktischen Betätigungsmöglichkeiten mehr und mehr abnahm. So wurde die Kirche immer mehr auf Gottesdienst, Predigt und Ordination beschränkt. Die christliche Religion aber ist die praktische Nächstenhilfe, d. h. die Betätigung mit edler menschlicher Gesinnung im tätigen Leben. Zur Erziehung hierzu, zur eigenen Schulung hierin, muß der Kirche wieder Gelegenheit gegeben werden. Mißbräuche sind ausgeschlossen, weil der Staat sich und anderen öffentlichen Verwaltungen vorbehält, selbst tätig zu sein, und die Aufsicht hat.

10. Staatsjugend

Aus der *Hitlerjugend wird die Staatsjugend.* Die Spitzenorganisation der HJ wird sofort aufgelöst, ihr Vermögen sichergestellt.[58] An ihre Stelle tritt ein in Erziehungsfragen bewährter Genera1. Er erhält Weisungen und Vollmacht nach folgenden Richtlinien:

a) Es ist anzuerkennen, daß in der Großstadt eine Jugendorganisation nützlich und wertvoll ist, die sich über den Kreis der einzelnen Klassen und der einzelnen Schule hinaus erstreckt. Auf dem Dorf und in der kleinen Stadt wachsen die Kinder der verschiedenen Schulen in so enger Gemeinschaft auf, daß sie sich im Spiel und Raufen immer wieder zusammenfinden. In der Großstadt muß dies Zusammenfinden organisiert werden. Es ist notwendig, um auch schon im jugendlichen Menschen das klassengelöste Gefühl der Volksgemeinschaft stark werden zu lassen. Nichtsdestoweniger bleibt die natürliche Grundlage der Jugendorganisation die Klasse und die Schule. In der Klasse ist der Turn- und Sportlehrer der gegebene Jugendführer. Für die Schule ist ein dazu besonders geeigneter Lehrer, der Soldat gewesen ist, mit dieser Aufgabe zu betrauen. Die Gleichaltrigen sind auch bezirklich zusammenzufassen. Zur Führung sind Offiziere berufen, die besondere pädagogische Begabung haben und für diesen Zweck allmählich besonders geschult werden. Solchen Kräften liegen auch die Gauzusammenschlüsse und der Reichszusammenschluß ob. Die Führung der Jugend erfolgt also nicht mehr durch die Jugend selbst. Dieser Satz war auch nur ein Schlagwort, um die Jugend zu gewinnen und zu verblenden. In Wahrheit empfindet sie selbst, daß sie nur von älteren Menschen geführt werden kann. Natürlich sollen jugendliche Kräfte zu Hilfsführern, etwa mit den Funktionen von Stubenältesten, herangezogen werden.
b) Um die Idee der Reichsgemeinschaft in der jungen Seele zu pflegen, bleibt eine Reichsorganisation erhalten. Diese wird von einem General mit einem Beirat aus allen Berufen geleitet. Er wird in das Reichserziehungsministerium eingegliedert.

---

[58] Vgl. zur HJ S. 376, Anmerkung 58.

c) Bei den Aufgaben der Jugendorganisation ist voranzustellen, daß die Autorität des Elternhauses und der Schule überhaupt nicht mehr angetastet wird. Die Jugend ist zuerst und dauernd zum Gehorsam gegen die Eltern zu erziehen, ihren Schulpflichten nie zu entziehen und zur Wahrhaftigkeit, Kameradschaft und Tüchtigkeit anzuhalten. Familie und Schule gehen der Jugendorganisation voran. Im übrigen werden Meinungsverschiedenheiten durch Takt und Rücksicht ausgeglichen. Die Aufgabe der Jugendorganisation besteht nicht mehr in irgendeiner nationalpolitischen Erziehung, sondern nur noch im Turnen, Sport, Spiel und Handarbeiten, sonst nicht einen Pfifferling mehr. Die nationalpolitische Erziehung ist Aufgabe der Eltern, der Schule, der politischen Vereinigungen namentlich auf den Universitäten, und vor allem der Wehrmacht: hier durch besonders sorgfältig ausgebildete Offiziere und frei gewonnene Kräfte.

d) Die Beanspruchung der Jugend muß herabgesetzt werden. Dies gilt namentlich für die großstädtische Jugend. Infolgedessen wird zum Jugenddienst höchstens nur noch an einem Tage der Woche angetreten, vielleicht auch nur alle zwei Wochen. Die Hauptsache ist, daß die übernervöse Jugend wieder zur Ruhe kommt, nicht hin- und hergezerrt wird, den Glauben an die Wahrhaftigkeit wiedergewinnt und nicht vorzeitig, namentlich soldatisch, überbeansprucht wird. Um so mehr Energie und Begeisterungsfähigkeit spart sie sich für ihr späteres Leben und die Soldatenpflichten auf.

11. Wehrmacht

a) Über die Wehrmacht ist hier nichts zu sagen. Das Entscheidende und Grundsätzliche ist dargelegt, das Organisatorische und Technische muß dem Fachmann vorbehalten bleiben. Vom Standpunkt der totalen Politik ist nur zu fordern, daß die volkswirtschaftliche und politische Erziehung im Generalstab eine breitere Grundlage erhält und daß eine *vollkommene Zusammenfassung* für alle Teile der Wehrmacht in Verwaltung und Führung stattfinden muß. Auch eine *organische* Berücksichtigung des Bildungsstandes und der Bewährung bei Beförderungen scheint in strengstem Maße geboten. Der Staat hat ein Interesse daran, daß der *gebildete* Mensch auch in der Wehrmacht führt; bei der allgemeinen Dienstpflicht ist dies Interesse ein eminent sachlich-politisches, wie schon Bismarck feststellte. Nur ihre demagogische, *mechanische* Auffassung kann dies verkennen.

b) Notwendig erscheint, daß die Achselstücke in der traditionellen Form und Farbe wieder ausschließlich dem Offizier vorbehalten werden. Für Polizei und Beamte sind andere Achselstücke einzuführen, die so prächtig und schön wie möglich sein mögen. Aber man wird einen Korpsgeist in der Armee im Sinne der Hochachtung bewährter Tradition nur erzielen, wenn man Portepee und Achselstück wirklich wieder zu einer selteneren Erscheinung macht, als sie es jetzt geworden sind. Die Waffen-SS-Formationen werden in die Wehrmacht eingegliedert und ihr *sofort* unterstellt.

12. Arbeitsdienst

Der *Arbeitsdienst* war eine aus der Not der Zeit geborene wohltätige Einrichtung.[59] So, wie er sich gestaltet hat, ist er leider vielfach zum Selbstzweck entartet. Auf jeden Fall ist festzustellen, daß er es nicht verstanden hat, in den jungen Leuten auch nur eine Spur von Idealismus wachzuhalten. Er wird abgearbeitet. Vielfach aber hat er sogar schwere sittliche und körperliche Schädigungen heraufbeschworen. Er ist nicht langsam und organisch unter zureichenden Führerpersönlichkeiten aufgebaut, sondern wie so vieles in den letzten Jahren um des äußeren Eindrucks willen gigantisch über Nacht. Infolgedessen sind die Führerstellen zu einem großen Teil mit vollkommen ungeeigneten Persönlichkeiten besetzt. Der Arbeitsdienst hat auch die Erwartungen nicht erfüllt, die verschiedene Berufsstände des Volkes einander näherzuführen. In vielen Lagern ist die Kameradschaft unter aller Kritik. Er ist aber mindestens so lange aufrechtzuerhalten, wie umfassende Maßnahmen gegen Arbeitslosigkeit erforderlich sind. Somit sind Reformen notwendig.

a) Der Arbeitsdienst für junge *Mädchen* wird *sofort aufgehoben*; sie haben genügend Möglichkeiten der handfesten Beschäftigung im Hause. Die Führerinnen werden durch geeignete Staatsmaßnahmen gegen Arbeitslosigkeit geschützt. Mit dieser Aufgabe wird eine im Roten Kreuz erfahrene, bewährte Frau beauftragt. Es ist dringend notwendig, daß das junge Mädchen eine Zeitlang wieder der Mutter hilft, um in der Familie selbst die Pflichten der künftigen Hausfrau kennenzulernen. Auch vom Standpunkt der Bekämpfung der Arbeitslosigkeit ist hier nichts zu veranlassen. Es gibt zahlreiche Berufe, in denen Kräfte dringend benötigt werden, z. B. für die Krankenpflege, den Wohlfahrtsdienst usw., und schlimmstenfalls ist es besser, es wird zu Hause geholfen, als in Lagern Unfug getrieben. Dagegen ist die Möglichkeit aufrechtzuerhalten, freiwillig mit Zustimmung der Eltern sich meldende junge Mädchen im Landdienst oder städtischen Haushalt oder in Jugend-, Alters- und Krankenhäusern zu beschäftigen. Vorbehalten bleibt ein drei- bis sechsmonatiger Pflichtkurs zur Ausbildung in Krankenpflege und allen damit zusammenhängenden Pflichten.

b) An die Spitze des Arbeitsdienstes für Männer wird ein General gestellt. Er prüft alle Führer daraufhin, ob sie die geeigneten sittlichen und charakterlichen Voraussetzungen für eine so ernste Aufgabe erfüllen. Wenn nicht, sind sie zu entlassen. Gegen Arbeitslosigkeit werden sie durch entsprechende Staatsmaßnahmen geschützt. Ihre Stellen werden mit dazu geeigneten Offizieren besetzt.

c) Es ist in Zukunft nicht möglich, junge Menschen zweieinhalb Jahre ihrer Berufsausbildung zu entziehen, ohne daß sie abstumpfen. Es bleibt also einer Prüfung insbesondere mit militärischen Sachverständigen vorbehalten, was hier zur Einschränkung dieser Überanforderung zu geschehen hat. Wenn nicht anders möglich, muß der Arbeitsdienst auch für junge Männer vollkommen fallen.

---

[59] Vgl. zum Freiwilligen Arbeitsdienst unter Brüning S. 320, Anmerkung 9; zur Arbeitsdienstpflicht im NS-Regime vgl. S. 349, Anmerkung 11.

13. Die Polizei

a) Die Polizei ist in dem früher bewährten Umfang (Feuer-, Gesundheits-, Wege-, Bau-, Gewerbe- usw. -polizei) wieder den Gemeinden und Kreisen zu übertragen. *Reichspolizei bleibt nur die Sicherheits- oder Schutzpolizei.* Sie allein trägt vom Reich geregelte Uniform. Große Änderungen sind der Ersparnis wegen zu vermeiden. Diese Sicherheitspolizei untersteht einem dem Reichsminister des Innern unterstellten Reichspolizeichef mit Gaupolizeikommandeuren und Polizeikommandeuren in Stadt- und Landkreisen.[60]

b) Die Geheimpolizei, deren kein Staat entbehren kann, untersteht selbstverständlich ebenfalls dem Minister des Innern, ist aber *sofort* dem Strafrecht und dem Strafprozeßrecht ebenso unterstellt wie jeder deutsche Staatsbürger und jede andere Staatseinrichtung.

c) *Sofort* sind die erforderlichen Personalveränderungen zu vollziehen. Zunächst werden die Gaupolizeikommandeure den stellv. kommandierenden Generalen unterstellt.

d) Ein besonderes Wort ist noch zu sagen über die Neuordnung des *Gesundheitswesens*. Das Gesundheitswesen ist wieder unter Leitung eines Fachmannes den Landräten und Oberbürgermeistern zur vollen Verantwortung zu übertragen: die in den letzten Jahren getroffenen Zwischenlösungen haben sich, wie gewarnt, nicht bewährt, sondern zu unverantwortlichem Durcheinander geführt. Es ist in Zukunft wieder Sache der Stadt- und Landkreise, diesen Dienst auch allein zu finanzieren. Dem Reich verbleibt die Gesetzgebung zur Vermeidung und Bekämpfung von Seuchen und ansteckenden Krankheiten auf allen Gebieten. Keines Wortes bedarf es, daß der Reichsgesundheitsführer verschwindet mit allen seinen die ärztliche Tätigkeit einengenden und daher verschlechternden Anordnungen. An die Stelle tritt ein Unterstaatssekretär im Innenministerium; jene Anordnungen sind unverzüglich aufzuheben. Der einzelne Bürger hat das allergrößte Interesse an einem freien Wettbewerb der Ärzte, der allein hohe Leistungen verbürgt. Bei den Krankenkassen wird die freie Arztwahl hergestellt, der Arzt wieder nach Leistung vergütet. Im übrigen erhalten auch, wie oben

---

[60] Die in der Weimarer Republik föderalistisch organisierte Polizei wurde in den ersten drei Jahren des NS-Regimes zentralisiert und politisiert. Der Verschmelzungsprozess von SS und Polizei war im wesentlichen abgeschlossen mit der Ernennung Heinrich Himmlers zum „Reichsführer SS und Chef der Deutschen Polizei" am 17.6.1936. Ein knappes Jahr später wurde Himmler zum ständigen Vertreter des Reichsministers des Innern für den Geschäftsbereich Polizei ernannt. Die Verreichlichung wurde durch die Einrichtung eines einheitlichen Reichshaushalts für die Polizei gewährleistet. Vgl. Hans Buchheim: Die SS – das Herrschaftsinstrument, in: Ders., Martin Broszat, Hans-Adolf Jacobsen und Helmut Krausnick: Anatomie des SS-Staates, München [6]1994, S. 15-211 sowie Friedrich Wilhelm: Die Polizei im NS-Staat. Die Geschichte ihrer Organisation im Überblick, Paderborn, München, Wien und Zürich 1997, S. 37-98.

dargelegt, die Ärzte eine Reichsärztekammer und Gauärztekammern, die mit den Wirtschaftskammern und der Reichswirtschaftskammer zusammenwirken können; also wieder Selbstverwaltung unter Aufsicht des Staates. Sie liegt bei dem Reichsinnenminister für das Reichsgebiet, bei dem Oberpräsidenten für die Gaugebiete.

14. Arbeitslosigkeit

Die *Bekämpfung der Arbeitslosigkeit* ist für den Staat nur von Belang, wenn sie besonders drückenden Umfang annimmt. In kleinen Größenordnungen ist sie etwas in einem großen Volkskörper Unvermeidliches. Gegen die Folgen soll sich der einzelne Mensch durch rechtzeitiges Sparen und gegebenenfalls durch freie Versicherungen selbst schützen. In einem gewissen Umfange ist die Arbeitslosigkeit eben weiter nichts als ein Anzeichen dafür, daß in der Volkswirtschaft irgend etwas nicht in Ordnung ist. Die Wirtschaft fühlt das dann sofort am rückläufigen Umsatz; die vom Umsatzrückgang Betroffenen stellen dies im eigenen Interesse mit höchster Geschwindigkeit fest und treffen nun durch vorübergehende Preis- und Unkostensenkungen die erforderlichen Gegenmaßnahmen. Dadurch kommt der Tauschverkehr wieder in Bewegung, die Arbeitslosen werden aufgesogen, die Kaufkraft ist mit natürlichen Mitteln geheilt, wie sie besser und schmerzloser kein Staat anwenden kann. Ohne Schmerzen geht es nie, außer wenn man demagogisch das Volk eine Zeitlang betrügt. Eine weitere Steigerung der Arbeitslosigkeit (etwa über 300.000 hinaus bis zu 600.000) muß durch eine Arbeitslosenversicherung der Wirtschaftsgruppen usw. aufgefangen werden. Dadurch erhalten sie den Antrieb zu wirtschaftlich vernünftigen Arbeitsverträgen. Erst wenn die Zahl der Arbeitslosen in Deutschland etwa 600.000 übersteigt, wird sie zu einer Erscheinung, die mit den einzelnen zur Verfügung stehenden Mitteln allein nicht mehr bekämpft werden kann. Die Vorsorge des Staates gegen eine solche Arbeitslosigkeit muß von doppelter Art sein:

a) Die *Arbeitsvermittlung*. Sie ändert nicht viel; aber sie gibt die Möglichkeit, Kräfte die in X. entbehrlich sind und in Y. gebraucht werden, schneller von X. nach Y. zu bringen. Die bisherige Organisation der Arbeitsvermittlung ist vollkommen umzustellen; die Arbeitsvermittlung gehört in die Verwaltung der Stadt- und Landkreise, darüber in die Gaue und erst für die nicht in diesen Instanzen erledigten Fälle in die Reichsstelle der Arbeitslosenversicherung. Diese Verlagerung ist notwendig, damit die natürlichen Kräfte der örtlichen und provinziellen Selbstverwaltung wieder im eigenen Interesse an der Bekämpfung der Arbeitslosigkeit mitwirken. Heute ist vollkommener Stumpfsinn und Ergebenheit in die Weisheit der Reichsregierung die Regel. An der Verwaltung der Arbeitsnachweise sind Arbeiter, Angestellte und Unternehmer zu beteiligen.
b) Die *Berufsberatung* ist wesentlich abzubauen bis auf wenige Kräfte bei den Stadt- und Landkreisen sowie bei den Gauverwaltungen und einen kleinen Stab bei der Reichsstelle. Ihr obliegt weiter nichts als die Veröffentlichung der freien

Stellen und der Arbeitslosen in den einzelnen Berufen sowie eine sehr vorsichtige Beurteilung der Aussichten in den Berufen. Was hier in den letzten Jahren amtlich prophezeit wurde, hat sich in kurzer Zeit immer wieder als falsch erwiesen.

Was zur Zeit für die Zukunft geplant wird, ist ungeheuerlich.[61] Da wird im Reichsarbeitsblatt mit dem Anschein höchster Weisheit verkündet, daß an dem vorhandenen Nachwuchs alle Berufe entsprechend ihrer staatspolitischen Bedeutung einen gerechten Anteil erhalten. Man will also mit der Waagschale die Menschen in bestimmte Berufe treiben, als ob sie Maschinen oder Tiere wären. Aber wer von den hochmögenden Herren weiß heute, wie der sogenannte Arbeitsmarkt in drei oder vier Jahren, in zehn Jahren aussehen wird? Wer von ihnen will dann die Verantwortung für unglücklich gewordene Existenzen tragen, die man von Ort zu Ort, von Beruf zu Beruf jagt? So müßte man die für diese, die Sklaverei überbietenden Eingriffe Verantwortlichen herumjagen, wie es Friedrich Wilhelm I. getan hätte.

Dann wird in demselben Blatt davon gesprochen, daß der Nachwuchs der landwirtschaftlichen Dauerkräfte, für den Bergbau und das Baugewerbe gesteigert werden müsse, während der Zustrom zu der Metallwirtschaft zurückzuhalten sei usw. usw. Ja, weiß man denn nicht, daß es die sinnlose und unlogische Wirtschaftspolitik des Reiches ist, die diese krankhaften Verhältnisse geschaffen hat? Wenn man in den Rüstungsindustrien bessere Versorgung und wesentliche bessere Löhne gewährt, wenn man in staatlichen Rüstungswerken sanatoriumsähnliche Einrichtungen sogar zur Verhütung von Erkältungskrankheiten usw. schafft, wenn man mit Anforderungen, die in Menge und Zeit mit den vorhandenen Kräften gar nicht zu schaffen sind, sich auf die Industrie stürzt, dann kann es doch gar nicht anders sein, als daß die Industrien, die so begünstigt werden oder vor solchen Anforderungen stehen, alle Kräfte an sich reißen. Wer will dann noch als Knecht auf einsamem Acker hinter dem Pflug einhergehen oder auch nur den Motortrecker bedienen? Der Staat erfülle nur die eine entscheidende Aufgabe, seinen Haushalt in Ordnung zu bringen, und alle diese krankhaften Erscheinungen verschwinden von selbst und machen einer ruhigen, organischen, selbsttätigen Dauerentwicklung Platz. An der Berufsberatung sind Arbeiter, Angestellte und Unternehmer zu beteiligen.

c) Für *vorübergehende* Arbeitslosigkeit ist die *Versicherung* aufrechtzuerhalten; denn der Staat kann nicht für ganz kurze Zeiträume durchgreifende Wirtschaftsmaßnahmen treffen. Wie oben dargelegt, liegt die Versicherung in bestimmten Grenzen (Zahl der Arbeitslosen in den einzelnen Gruppen) bei den Gruppen selbst.

Übersteigt die Arbeitslosigkeit diese Grenzen, so tritt das bisherige Versicherungssystem ein; es kann insoweit beibehalten werden. Organisch ist es wesent-

[61] Vgl. zur nationalsozialistischen Berufslenkung S. 714, Anmerkung 20.

lich zu vereinfachen, indem die Verwaltung und Verantwortung dezentralisiert wird. Die Reichsanstalt für die Arbeitslosenversicherung ist aufrechtzuerhalten. Sie überträgt ihre örtlichen und bezirklichen Aufgaben auf Land- und Stadtkreise sowie auf die Gaue. Diese haben zu den Kosten der Arbeitslosenversicherung beizutragen, indem sie rund 20 Prozent der Leistungssätze decken müssen. Weitere 20 Prozent trägt das Reich, so daß die Versicherten selbst 60 Prozent zu tragen haben. Durch Bildung von Reservefonds in guten Zeiten sind gleichzeitig die Mittel zu Maßnahmen gemäß Ziffer d) zu schaffen.[62]

d) *Für Arbeitslosigkeit größeren Umfanges und längerer Dauer* sind die Hilfsmittel der *Volksgemeinschaft* einzusetzen. Der Staat muß sich darüber immer klar sein, daß jene Erscheinung eine Krankheit ist. Er muß also sofort die Ursachen der Krankheit feststellen. Das Symptom der Krankheit besteht immer darin, daß die menschliche Arbeitskraft und ihre Erzeugnisse keinen Absatz finden. Die Kaufkraft kann man nicht künstlich steigern. Man muß also andere natürliche Kräfte zum Wirken bringen. Welche dies sind, ergibt sich aus der Lage.
Werden Menschen arbeitslos, weil bestimmte Erzeugungen zu stark gewachsen sind und keine Abnehmer mehr finden, so ist weiter gar nichts zu üben als Geduld und Anwendung des Versicherungsschutzes; denn die Preise werden, weil kein Absatz mehr vorhanden ist, von selbst fallen.
Anders aber ist es, wenn man in einzelnen Berufen zu wenig arbeitet und zu hohe Löhne verlangt, also die Produktion so verteuert, daß die unter ungünstigen Verhältnissen arbeitenden Berufe keine genügende Kaufkraft für sie zur Verfügung haben. Dann müssen diese Berufe, die ihren Anteil an der Gütererzeugung ungesund verteuert haben, zurückgepfiffen werden.
Endlich kann die Absatzstockung an Verhältnissen auf dem Weltmarkt liegen. Sind es politische Ursachen, so muß der Staat die entsprechenden Maßnahmen auf dem Gebiete seiner Außen- und Wirtschaftspolitik ergreifen. Sind es wirtschaftliche Ursachen, so bleibt im allgemeinen nichts anderes übrig, als die eigene Absatzfähigkeit durch größeren Fleiß und bessere Leistung zu heben, gegebenenfalls auch durch Verzichte in der Lebenshaltung zu verbilligen oder eine Verständigung mit den Wirtschaftskräften draußen zu suchen. Welche Maßnahmen in Betracht kommen, das soll die Regierung in jedem Falle bedrohlich wachsender Arbeitslosigkeit zusammen mit der Reichswirtschaftskammer schnellstens untersuchen und sofort entsprechende Maßnahmen ansetzen.
Als letztes und sehr rohes Hilfsmittel bleibt die Beschäftigung mit *öffentlichen Arbeiten* übrig. Roh ist dies Hilfsmittel deswegen, weil in einer gesunden Wirt-

---

[62] Vgl. zu Goerdelers Reformvorschlägen zur ALV, die er bereits während der Präsidialkabinette entwickelte, ausführlich sein Vortragsmanuskript „Organisatorische und finanzielle Vereinheitlichung der Arbeitslosenhilfe" vom 2.12.1932; Dok. 1.2.5, oben S. 71 ff. sowie seine Denkschrift zur Wirtschafts- und Finanzpolitik von Anfang 1931; Dok. 3.1, oben S. 271 ff.

schaft sich der Güterverkehr zwischen den einzelnen Bürgern unbegrenzt vollziehen muß, weil ja jeder den Wunsch hat, seine Lebenshaltung zu verbessern. Die feine Maßnahme ist also immer diejenige, die Hemmnisse und Krankheiten im Gütertausch beseitigt. Aber da in diesem Leben nichts vollkommen ist, so wird der Staat bei lange andauernden großen Arbeitslosigkeiten mit seinen echten Heilmaßnahmen nicht immer schnell genug wirksam werden können und daher vorübergehend auch um öffentliche Arbeiten nicht herumkommen. In diese muß er sich mit den übrigen öffentlichen Trägern (Gemeinden, Kreisen, Gauen) teilen. Für sie soll er Vorsorge treffen, indem er in guten Jahren mit seinen Arbeiten zurückhält und sich Rücklagen für solche ernsteren Jahre schafft. Da eine solche Vorsorge in den letzten Jahren nicht getrieben worden ist und man den Gemeinden, die solche Vorsorge getroffen hatten, ihre Rücklagen für Reichsanleihen fortgenommen hat, so bleibt für die Gegenwart nichts anderes übrig, als solche öffentlichen Arbeiten möglichst auf produktive Anlagen zu begrenzen und sie mit Opfern aller der Volksgemeinschaft angehörigen Bürger zu finanzieren. Es bleibt nichts anderes übrig, als von vornherein dem Volke die volle Wahrheit zu sagen über die Lage, in die es hineingeraten ist und ihm einen klaren Begriff von den ungeheuren Opfern zu geben, die es bringen muß, um aus dieser Lage wieder herauszukommen. Nur in sehr beschränktem Maße werden noch Anleihemittel zusätzlich eingesetzt werden können; über den Umfang läßt sich erst etwas sagen, wenn feststeht, bei welcher Schuldenlast der Weg zur Vernunft begonnen wird. Unsinnige Bauten aller Art sind *sofort* einzustellen. Alle Ausländer sind in ihre Staaten heimzusenden, damit die von ihnen besetzten Arbeitsplätze für Deutsche frei werden; eine Maßnahme, die natürlich eine entsprechende weise totale Außenpolitik zur Voraussetzung hat. Für die Demobilmachung sind alle Vorbereitungen (Ausscheiden der Frauen, der Hilfsdienstkräfte usw.) zu treffen, damit die Ausscheidenden sofort an die Arbeit gehen können. Um dies sicherzustellen, sind selbst hohe Steuern einzufahren. Hier muß die Volksgemeinschaft der *Tat* einsetzen. So bald wie möglich sind auch die Kriegsgefangenen zu entlassen.

15. Finanzen

Damit sind wir bei den *öffentlichen Finanzen* angelangt. Die Aufgabe, sie zu gesunden, ist die schwerste überhaupt. Sie übertrifft an Schwierigkeit alle Aufgaben, die auf dem Gebiete der Außenpolitik, der Wirtschaftspolitik oder sonstwo auftreten können. Es sei verwiesen auf die Betrachtung über den Stand der Finanzen.[63] Ende 1940 haben wir rund 100 Milliarden Schulden erreicht. Da hiervon nur ein kleiner Teil langfristig ist, der größere kurz- und mittelfristig, so wird nunmehr bereits ein Betrag von rund 11 bis 12 Milliarden Reichsmark für die Verzinsung und Rückzahlung dieser Schuld jährlich gebraucht. Die verbleibenden Reichs-

[63] Vgl. Stand der Finanzen vom Juli 1940; Dok. 4.2.2, oben S. 777 ff.

einnahmen reichen nicht mehr aus, um die laufenden Ausgaben des Reiches zu decken.

a) Es bleibt daher gar nichts anderes übrig, als zu sparen und zu dieser Sparsamkeit alle Bürger und Organisationen zu zwingen, damit möglichst viel Arbeitsleistungen eingesetzt werden können, um die öffentlichen Bedürfnisse des Reiches zu befriedigen und den Schuldendienst soweit wie möglich sicherzustellen. Wollte man sich über diese Verpflichtung leichtfertig hinwegsetzen, so würde man alle Bürger, die bisher in irgendeiner Form gespart haben, vom Arbeiter bis zum Großgrundbesitzer und Großindustriellen, um einen entsprechenden Teil ihres Vermögens erneut prellen. Nun sind aber Schulden und öffentliche Ausgaben in einem Maße aufgebläht, daß Sparsamkeit allein nicht mehr ausreicht.

b) Der Schuldendienst des Reiches ist zwangsläufig herabzusetzen, indem in sinnvoller Weise Zins- und Tilgungshöhe gesenkt, Tilgungsdauer heraufgesetzt werden. In welchem Umfange diese Maßnahmen, wohl aufeinander abgestimmt, anzuwenden sind, läßt sich erst sagen, wenn der Entschluß zur Vernunft gefaßt ist, weil bis dahin die Grundzahlen fehlen. Gleichzeitig ist durch Gesetz allen Besitzern von Reichspapieren (zur Zeit der Verkündung des Reichsgesetzes) zu gestatten, daß sie in den Bilanzen diese Papiere auf Nominalwert ansetzen dürfen, daß sie aber verpflichtet sind, jährlich etwa den 20. Teil des Unterschiedsbetrages in Reserve zu setzen, der sich zwischen dem Nominalwert und dem wahren Wert der Papiere ergibt; die Regierung behält sich vor, diesen Satz alle zwei Jahre zu ändern. Der wahre Wert der Reichspapiere muß so bald wie möglich erreicht werden. Sie behält sich ferner vor, allen Bürgern, die keine Reichsgläubiger sind, eine Bankrottabwendungssteuer aufzuerlegen, wenn dies notwendig ist, um einen gerechten Ausgleich zu sichern. Der wahre Wert der Papiere wird und muß durch jene unerläßlichen Maßnahmen sinken. Alle Besitzer von Reichspapieren wären also ruiniert, wenn man nicht die gedachte Zwischenlösung fände. Sie ist natürlich nur möglich, wenn man den Entschluß zur Vernunft noch so rechtzeitig findet, daß es gelingt, für eine totale Politik einheitlich angewandter Vernunft und einheitlich gewährleisteten Anstandes noch Vertrauen beim Volke zu finden. Wird dieser Zeitpunkt versäumt, so gibt es auch keine Patentlösungen mehr, sondern nur noch ein Aufräumen von Schutt und Trümmern.

Diese Darlegungen müssen im gegenwärtigen Zeitpunkt genügen. Sie können mit der Versicherung ergänzt werden, daß die Ausarbeitung der erforderlichen Gesetzesbestimmungen für einen erfahrenen Beamten oder Finanzpolitiker, der in den Zug des Ganzen eingeweiht ist, und einige Unterstützung durch eingearbeitete alte Beamte findet, eine Angelegenheit von *Stunden* ist.

c) Eine neue organische Finanzpolitik wird das jetzige Steuersystem erst nach Eintritt einer gewissen Beruhigung und Klärung ändern. Nur muß von vornherein klargestellt werden, wie die Finanzierung von Reich, Gauen und Kreisen

und Gemeinden erfolgen soll; die Lösung dieser Frage wird durch den neuen Aufbau außerordentlich erleichtert.[64] Die Gemeinden finanzieren sich:
aa) aus eigenen Steuern wie bisher,
bb) aus Abgaben ihrer wirtschaftlichen Betriebe und aus Konzessionsabgaben,
cc) aus Reichszuweisungen.
Die Landkreise finanzieren sich durch Umlagen auf die Gemeinden und durch Abgaben ihrer wirtschaftlichen Betriebe sowie durch Konzessionsabgaben. Die Gaue finanzieren sich durch Umlagen auf die Land- und Stadtkreise, durch Abgaben ihrer wirtschaftlichen Betriebe und Konzessionsabgaben sowie durch Reichszuschüsse.
Eigene Steuern erheben also nur die Gemeinden, also auch die Stadtkreise, sowie das Reich. Den Gemeinden stehen die Grund- und Gewerbesteuern, die Getränke-, Lustbarkeits-, Hundesteuern sowie Anteile an der Reichseinkommens- und Umsatzsteuer zur Verfügung. Alle übrigen Steuern sind Reichssteuern. Die Erhebung der Gemeindesteuern erfolgt wieder durch die Gemeinden selbst. Der Umbau, bei dem die Aufblähung der jetzigen Finanzämter fortfällt und Personal erspart wird, ist allmählich durchzuführen.
Ob Einkommen-, Körperschafts- und kleine Reichssteuern allmählich in eine Leistungssteuer zusammengezogen werden können, um eine Reihe von besonders kostspieligen Veranlagungen zu ersparen, muß geprüft werden.

d) Mehr braucht an dieser Stelle nicht gesagt zu werden; hier handelt es sich mit Ausnahme der oben erwähnten Schuldenliquidation nicht um Sofortmaßnahmen, sondern um Maßnahmen, die erst allmählich organisch gestaltet werden können und die die Wiederherstellung einer tragfähigen inneren Verwaltung, eines klaren Verantwortungsbewußtseins in allen Instanzen sowie in der Wirtschaft zur Voraussetzung haben. Notwendig ist nur der Mut, mit einer klaren Bilanz zu beginnen und schonungslos dem deutschen Volk zu sagen, in welchem Zustande seine Finanzen und seine Wirtschaft sich befinden, und welche Mittel *allein* die Natur dem Menschen zur Verfügung gestellt hat, um Schwierigkeiten zu überwinden. Dabei ist noch der Kriegslage Rechnung zu ragen. Manches, was offen gesagt werden müßte, muß einstweilen im Hinblick auf die Gegner ungesagt bleiben. Aber wer ihre Lage kennt, wird Worte finden, die dem eigenen Volke und ihnen verständlich sind und, anstatt zu schaden, Frucht tragen werden. Die Härte der Aufgabe, die Größe der Opfer muß eher zu stark und zu groß darstellt werden als umgekehrt. *Die Kraft, diese Opfer auf sich zu nehmen, kann allerdings nur aus der Wiederherstellung von Recht, Anstand und Freiheit gewonnen werden.*

[64] Vgl. auch zur Weimarer Diskussion um die Steuerquellenaufteilung zwischen Reich und Kommunen S. 42, Anmerkung 18.

16. Währung

a) *Stabile Währung* ist für die Volkswirtschaft unerläßlich. Das wurde mehrfach besonders dargelegt.[65] Sie hat ausgeglichene öffentliche Finanzen zur Voraussetzung. Bis zu deren Herstellung und bis zur Ordnung der außen-, insbesondere wirtschaftspolitischen Beziehungen ist angesichts des Mangels aller anderen Reserven die Bewirtschaftung der Devisen unerläßlich. Sie ist aber organisch zu vereinfachen. Die erforderlichen Gesetze stehen zur Verfügung. Sie ordnen auch den Geld- und Kapitalverkehr sowie die entsprechenden Aufgaben und Pflichten der Banken. Der Kommissar für das Kreditwesen wird damit überflüssig.

b) Seine Aufgaben übernimmt die Reichsbank. Ihre Verantwortlichkeit und Selbständigkeit wird wiederhergestellt. Dies ist *sofort* anzukündigen. Die Reichsregierung behält sich b. a. W. das Recht vor, den Reichsbankpräsidenten abzuberufen; die Reichsbank darf nicht mehr für die Finanzbedürfnisse des Reiches, die Währung zerrüttend, mißbraucht, sondern nur zur Sicherung des Geldbedürfnisses für die produktiv tauschbaren Güter benützt werden.[66]

17. Partei

Die waffentragenden Gliederungen werden *sofort* aufgelöst. Die Aufgaben der NSV[67] werden den Gemeinden, Kreisen, Gauen übertragen. Alle Gesetze und Verordnungen werden sofort aufgehoben, die der Partei irgendeinen Einfluß auf öffentliche, wirtschaftliche oder kulturelle Aufgaben übertragen. Der Partei wird sofort die Eigenschaft als Hoheitsträger und Körperschaft des öffentlichen Rechts genommen. Im übrigen bleibt sie bestehen. Die Meinungen müssen und werden sich bald von selbst klären.

IV. Verfassung

[1. Bewertung der bisherigen deutschen Verfassungen]

Über die deutschen Verfassungseinrichtungen der Vergangenheit ist viel Abfälliges gesagt worden. Die Kritiker der Bismarckschen Reichsverfassung verkennen die gewaltigen Schwierigkeiten, die der Gründung des Reiches überhaupt entgegenstanden. Bismarck, der die mangelnde Tragfähigkeit der Bundesregierung zu genau kennengelernt hatte, mußte dem Reich in einem Reichstag auf der Grundlage breitesten Wahlrechts erst eine volkstümliche Klammer und ein nationalpolitisches Gemeinschaftsgefühl schaffen, so daß die Reichsentwicklung nicht mehr durch

---

[65] S. Goerdelers Denkschrift zur wirtschaftlichen Lage vom 26.10.1935; Dok. 3.6, oben S. 387 ff. sowie seine Denkschrift „Stand der Finanzen" vom Juli 1940; Dok. 5.2.2, oben S. 777 ff.

[66] Vgl. zu Goerdelers Kritik an der Reichsbankpolitik unter dem NS-Regime seine Denkschrift zur deutschen Innenpolitik vom August/September 1934; Dok. 3.5, oben S. 342 ff.

[67] Vgl. zur NSV S. 377, Anmerkung 59.

die Neigung oder Abneigung einzelner Bundesfürsten gestört werden konnte. Die von Bismarck geschaffene Verfassung hätte sich übrigens eingespielt, wenn nicht die Führung der Reichsregierung, insbesondere bei der Berufung der Kanzler und Minister, versagt hätte. Eine Verfassung, die *automatisch* funktioniert, gibt es überhaupt nicht. Wie alles Leben, ist auch das Wesen und Wirken jeder Verfassung Kampf. Ihn kann man nicht ausschließen, man muß ihn ver- und bestehen.

Die Weimarer Verfassung scheiterte gerade an ihrer Sucht, mathematisch zu sein. Nicht am Parlament als solchem ist die Weimarer Verfassung zugrunde gegangen. Aber das Verhältniswahlrecht, das theoretische gerechteste, mußte die Weimarer Verfassung zur Maschine machen.[68] Es war kein organisches Wahlrecht mehr. Der Wähler wählte nicht Männer seines Vertrauens, die er in seinem gewöhnlichen Lebenskreis als rechtschaffen und erfahren erkannt hatte, sondern er wählte eine Liste, auf der ihm bestenfalls einer oder mehrere Männer aus gelegentlichen Wahlversammlungen durch schöne Reden bekannt geworden waren. Er wählte also ein papiernes Programm, das von allen Parteien jeweils mit demagogischen Speckbrocken angereichert wurde.

Im übrigen bestand zwischen Wähler und Gewähltem kein organischer Zusammenhang, sondern nur eine auf Zeit geschlossene, mehr oder minder brüchige Interessengemeinschaft. Das Diktat von Versailles entfachte die nationalen Leidenschaften; die harten Kriegsfolgejahre des ersten Weltkrieges brachten es mit sich, daß aber auch die materiellen Wünsche immer mehr in den Vordergrund traten, und so wählte schließlich die Mehrheit des Volkes die Männer, die den meisten die meisten materiellen und ideellen Verheißungen machten, nicht aber diejenigen, in deren Lauterkeit sie Vertrauen setzten. Dies Wahlrecht der Logarithmentafel mußte zu einer immer weitergehenden Aufsplitterung des Volkes, mußte aber auch die Demagogie auf den Höhepunkt führen. Dementsprechend ist auch die Periode seit 1933 die einer Vermischung zwischen fanatischem Idealismus und hemmungslosem Materialismus geworden. Beide Kräfte haben ihren Höhepunkt erreicht; beide gilt es durch Drosselung zu einen, da beide naturhaft und im Menschen lebendig sind. Diese Vereinigung kann nur auf der Grundlage der Vernunft, des Rechtes, des Ordnungssinnes, des Verantwortungsbewußtseins, des Anstandes, der Erfahrung sowie der Liebe zu Volk und Vaterland erfolgen.

Diese Kräfte muß die Verfassung wieder lebendig machen und stärken. Beim deutschen Volke liegen ihre Wurzeln in der Familie und in den engeren öffentlichen Gemeinschaften. Aus diesen ist die alte germanische Selbstverwaltung entstanden. An sie hat die neue Reform, wie die des Freiherrn vom Stein, anzuknüpfen.[69] Nur durch Wiederbelebung der dem Deutschen seit jeher eigenen Selbstverwaltung in Gemeinden, Kreisen und Gauen kann sich das Reich von allen Aufgaben entlasten,

[68] Vgl. zu Goerdelers Kritik an der Weimarer Verfassung sein Vortragsmanuskript „Mehr Macht dem Reichspräsidenten!" vom Dezember 1929; Dok. 2.2.1, oben S. 200 ff.

[69] Vgl. dazu Goerdelers Schriften zur Kommunalverfassung; Kap. 1.1, oben S. 18 ff.

die nicht aus zwingenden Gründen zentral bearbeitet werden müssen. Dadurch behält es sich Kopf und Arme für die großen Aufgaben grundsätzlicher Bedeutung frei.

[2 Organisation der Selbstverwaltung und Wahlrecht]

Der Aufbau muß also von unten nach oben erfolgen.

Alle dezentralisierten Aufgaben sind bei den Gemeinden, Stadt- und Landkreisen und bei den Gauen zusammenzufassen. Diese Verwaltungen sind wieder voll als organische Selbstverwaltungen auszubauen.

a) Die *Zuständigkeiten der Gemeinden* bleiben, wie in der Deutschen Gemeinde-Ordnung geregelt, *unbegrenzt.*[70] Die Zuständigkeiten der Kreise werden nach der Kreisordnung bemessen; insbesondere sind die Kreise zuständig für das höhere Schulwesen, für Jugenderziehung außerhalb der Schulen, für Kreisstraßen und für Kreismeliorationen, für Berufsberatung, für Arbeitsvermittlung, für Arbeitslosenbetreuung, Kreiswirtschaftsbetriebe, Kreissparkassen usw. Die Kreise können Aufgaben übernehmen, die alle Gemeinden des Kreises berühren und zweckmäßiger und wirtschaftlicher vom Kreis erfüllt werden können. Betreffen diese Aufgaben nicht alle Gemeinden, so kann der Kreis nur Arbeitsgemeinschaften und Zweckverbände fördern. Das Gesetz über Zweckverbände wird erlassen.
   Die Gaue betreuen alle öffentlichen Aufgaben mit Ausnahme derjenigen des Wehr- und Rechtswesens, des Verkehrs und der *Wirtschaftspolitik.* Sie sind insbesondere zuständig für Hochschulen, für Gaumeliorationen, für Gaustraßen, für Gauwirtschaftsbetriebe, für Wohlfahrtspflege, für ausgleichende Arbeitsvermittlung und Arbeitslosenbetreuung und Berufsberatung. Die Gaue können Aufgaben der Kreise übernehmen, wenn diese alle Kreise berühren und die Aufgabe von dem Gau besser und wirtschaftlicher erfüllt werden kann als von den Kreisen. Sonst kann der Gau nur Zweckverbände und Arbeitsgemeinschaften der betreffenden Kreise fördern.
   Durch diese Aufgabenverteilung, die sich organisch an die bisher in Deutschland erarbeiteten Erfahrungen der beiden letzten Jahrhunderte anreiht, werden die Reichsgeschäfte wohltätig nach unten verlagert und auf die lebendige Anteilnahme einer verständigen Volksvertretung gegründet. Die öffentliche Anteilnahme und Kontrolle stellen das Verantwortungsbewußtsein wieder her.
b) In den Gemeinden wird innerhalb von drei Monaten nach Demobilisierung wieder eine Gemeindevertretung gewählt. Man darf vor diesen Wahlen keine Angst haben. Nur Unerfahrene und Feiglinge können zurückschrecken. Wir sind mit Schlimmerem fertig geworden. Die Wahlen sind zur Wiederbelebung des Vertrauens unerläßlich. Die jetzigen Ratsherren nimmt kein Mensch mehr für

[70] Zu Goerdelers Mitwirkung an der Abfassung der DGO und seiner Kritik an ihrer letztendlichen Form vgl. Dok. 1.3.6 ff.

ernst, sie sind durch die Oberpräsidenten im Benehmen mit den Wirtschaftsgruppen und Kammern – nach der Reorganisation –, im Notfalle auch schon vorher zu ersetzen. An dem Ergehen seiner örtlichen Gemeinschaft hat jeder Mensch selbst noch in der Großstadt ein lebendiges Interesse. An diesem Interesse ist wieder anzuknüpfen wie vor 130 Jahren. Die Wahl erfolgt in kleinen Bezirken, die dadurch gebildet werden, daß die Zahl der Wahlberechtigten durch die halbe Zahl der Gemeindeverordneten geteilt wird. Berlin erhält 80, Hamburg und Wien erhalten 60, die Großstädte 40 usw. Verordnete.

Wahlberechtigt ist jeder ehrenhafte Bürger, der mindestens 24 Jahre alt ist, auch Frauen; der Gewählte muß 28 Jahre alt und *unbescholten* sein, er muß in dem Wahlbezirk wohnen. Damit ist, soweit es Menschenkunst vermag, sichergestellt, daß nur ein Mensch gewählt wird, die in seinem Lebensbezirk Achtung genießt. Als gewählt gilt nicht derjenige, der die Mehrheit der Stimmen der Wahlberechtigten seines Bezirkes hat, sondern derjenige, der die relativ meisten Stimmen hat. Stichwahlen finden also nicht statt, das mathematisch-mechanische Mehrheitsprinzip wird abgelehnt. Ein drittes Viertel der Gemeindeverordneten wird von allen Wahlberechtigten der ganzen Gemeinde gewählt. Gewählt sind diejenigen, die in den meisten Bezirken die relativ größte Stimmenzahl erreichen, im Zweifel diejenigen, die in der Gemeinde (alle Bezirke zusammen) die meisten Stimmen erhalten haben. So kommen auch Männer in die Verordneten, die die gemeinschaftlichen und nicht Bezirksinteressen in den Vordergrund stellen. Das letzte Viertel der Verordneten wird von den für die Gemeinde zuständigen Kammern der Wirtschaft gewählt, wobei stets mindestens ein Unternehmer *und* ein Arbeiter oder Angestellter zu entsenden ist. Können nicht alle Kammern berücksichtigt werden oder sind nach Berücksichtigung aller Kammern noch Stellen frei, so sind die für die Gemeinde wichtigsten Kammern zu bevorzugen. Die Einzelheiten werden durch Gemeindesatzungen bestimmt, die der Genehmigung des Oberpräsidenten bedürfen. Durch diese Maßnahme wird neben dem Gedanken der Selbstverwaltung auch der wirtschaftsständische Gedanke als dem deutschen Wesen eigentümlich in den Verfassungen anerkannt.

Die Gemeindevertretung wählt die Bürgermeister und deren Vertreter, die bis dahin im Amte bleiben, auf 12 Jahre. Die von der neuen Deutschen Gemeindeordnung aufgestellte Bewährungsfrist von einem Jahr, die entwürdigend ist, fällt fort. Die Regierung behält sich vor, untragbare Bürgermeister und Stadträte einstweilen durch Kommissare zu ersetzen.

Die Gemeindeordnung ist in diesen und wenig anderen Bestimmungen (z. B. die Rechnung ist wieder von der Gemeindevertretung zu legen) zu ändern (einige Stunden). Im übrigen bleibt sie, da gut, unverändert. Alle zu der Gemeindeordnung erlassenen Ausführungsbestimmungen werden sofort aufgehoben, weil sie so das in der Gemeindeordnung 1934 verankerte Grundgesetz der Selbstverwaltung über die Hintertreppe wieder beseitigt haben, wie Hardenberg es zum Schaden des Staates mit der Steinschen Gesetzgebung seinerzeit tat.[71] Diese neuen Gemeindeverwaltungen stehen innerhalb von sechs Monaten. Die Reform ist *sofort* anzukündigen.

c) Die bezirksgewählten Gemeindeverordneten wählen innerhalb der folgenden drei Monate Kreisverordnete für die Landkreise, und zwar eine Hälfte. Sie müssen in den Gemeinden wohnen, für die sie gewählt werden und im übrigen die gleichen Voraussetzungen erfüllen wie die Gemeindevertreter. Sie können auch Gemeindevertreter sein. Ein drittes Viertel der Kreisverordneten wird (entsprechend den Bestimmungen für die Gemeinden) von den Wahlberechtigten der Kreisinsassen gewählt, das letzte Viertel wird (wie bei den Gemeinden) von den Kammern der Wirtschaft gestellt.
So hat der Landrat in spätestens sechs Monaten wieder einen Kreistag zur Verfügung, aus dem ein geordneter Kreisausschuß gebildet wird. Die Aufgaben der Kreistage und Kreisausschüsse werden wiederhergestellt. Die notwendigen Änderungen der preußischen Kreisordnung sind geringfügig und brauchen hier nicht aufgeführt zu werden, sie paßt für alle Länder.

d) Preußische Provinzen und nichtpreußische Länder werden Gaue. Sie erhalten wieder volle Selbstverwaltung. Der Gauhauptmann wird wieder selbständig neben dem Oberpräsidenten.
Kreistage und die Gemeindevertretungen der kreisfreien Städte, also die Stadt- und Landkreise, wählen in weiteren drei Monaten die Hälfte der Gauverordneten, diese müssen in dem Kreise, von dem sie gewählt werden, wohnen und mindestens 30 Jahre alt sein. Später dürfen Provinzialvertreter nur Männer und Frauen werden, die mindestens vier Jahre Kreis- oder Gemeindevertreter gewesen, also schon in der Verantwortung geschult sind. Im Anfang ist dies nicht möglich. Das dritte und vierte Viertel der Gauverordneten wird nach dem für Gemeinde und Kreise angedeuteten Verfahren bestimmt.

---

[71] Vgl. zu Goerdelers Kritik an der DGO Dok. 1.3.6 ff. Karl August von Hardenberg (1750–1822) wurde nach dem Ausscheiden Steins aus dem preußischen Staatsdienst 1810 zum Staatskanzler ernannt; diese Stellung hatte er bis zu seinem Tod 1822 inne. Während ihn mit Stein die konstitutionellen Zielsetzungen verbanden, vertrat er eine zentralistischere Variante, die dem Steinschen Kollegialsystem das Kanzlersystem entgegensetzte. Hardenbergs Bemühungen um die Fortsetzung der Stein'schen Selbstverwaltungsideen scheiterten jedoch, sowohl bezüglich der Gemeinde-, als auch der Kreisordnung, an der Entscheidung des preußischen Königs, der die Verfassungskommission des Staatsrats mit Hardenberg-Gegnern besetzte und deren restaurativen Verfassungsvorschlägen den Vorzug gab. Vgl. Ernst Rudolf Huber, Deutsche Verfassungsgeschichte seit 1789, Bd. I: Reform und Restauration, Stuttgart 1957, S. 176-183 sowie Georg-Christoph v. Unruh: Die Veränderungen der preußischen Staatsverfassung durch Sozial- und Verwaltungsreformen, in: Kurt G.A. Jeserich, Hans Pohl und Georg-Christoph v. Unruh (Hg.): Deutsche Verwaltungsgeschichte, Bd. 2: Vom Reichsdeputationshauptschluß bis zur Auflösung des Deutschen Bundes, Stuttgart 1983, S. 435 ff.

Den einen wird dies Wahlrecht zu verwickelt, zu mißtrauisch erscheinen. Ihnen die Antwort, daß es nicht vertretbar ist, in einem derart durch Unfreiheit und Propaganda kritiklos gewordenen Volke die gesamte Politik und damit das Wohl der Menschen sowie die Sicherheit des Staates ganz auf das direkte Wahlrecht zu gründen. Anders ist es bei Fragen über einen *bestimmten Gegenstand* (vgl. unten Buchstabe h). So mancher Deutsche wird Sorgen vor Wahlrecht und Volksvertretung haben. Aber seine Sorgen sind unberechtigt, wenn man sich nur darüber klar ist, daß es not tut, die Erfahrungen der Vergangenheit zu berücksichtigen, und daß es überhaupt keine Möglichkeit gibt, den Kampfcharakter des Lebens auch auf diesem Gebiete zu umgehen. Der diktatorische oder tyrannische Führerstaat ist ebenso unmöglich wie der entfesselte überdemokratische Parlamentarismus. Vollkommen sinnlos und untragbar aber ist der Führerstaat, der zum großen Teil durch Nötigung und Terror zusammengetrieben wurde; ein Führerstaat, der den Grundsatz duldet, ja durchführt: die Partei befiehlt dem Staat. Wer führt nun den Führer oder die Partei? In Wirklichkeit je nach Laune und Gelegenheit: beide! Dieser Führerstaat ist ein durch Terror und unwahrhaftige, keine Verderbtheit scheuende Propaganda zusammengehalten, auf Ausnutzung der Geltungstriebe aufgebaut und muß daher die Freiheit des Geistes und des Gewissens, das helle Licht öffentlicher Wahrheit wie die Pest scheuen. Die Folgen werden sich in ernsten Lagen hier klar zeigen.

Wir hatten in unserem Leben genügend Möglichkeit, Erfahrungen zu sammeln. Wir haben uns seit 1919 mit allen Parteien herumgeschlagen; wir wissen daher auch, welche gefährlichen und welche nützlichen Kräfte in ihnen schlummern; wir wissen, daß es möglich ist, mit ihnen selbst unter den schwierigsten Umständen fertig zu werden, wenn wir nur ein klares sachliches Ziel vollkommen unbeirrt verfolgen, wenn wir nur von der großartigen Waffe Gebrauch machen, daß im allgemeinen *niemand eine leidenschaftliche Sehnsucht verspürt, sich durch Verletzung der Gesetze der Vernunft und des Anstandes öffentlich lächerlich zu machen.*

Aber wir wissen auch, daß wir auf der Verwaltungsseite an vielen Stellen mit Menschen rechnen müssen, die die Kunst der Behandlung der Menschen und Parteien nicht verstehen. Es sind daher Hilfsmittel gegen Entartung nach beiden Seiten einzubauen. Solche Hilfsmittel sollen sein:

a) Nur unten in der Gemeinde, wo ein besonders lebhaftes Interesse besteht und wo das persönliche Leben und Leistung des einzelnen bekannt sind, wo also eine gewisse Gewähr dafür besteht, daß man weder einen Lumpen noch einen Phantasten wählt, wird unmittelbar gewählt.

b) Das aktive und passive Wahlalter wird, wie oben dargelegt, heraufgesetzt.

c) Nur drei Viertel der Gemeinde-, Kreis-, Provinzial- und Gauverordneten wird in dem oben Ziffer a) dargelegten Verfahren gewählt. Damit wird der Gedanke der wirtschaftständischen Verantwortung verbunden sein.

d) In Gemeinden mit mehr als 12 Verordneten, in Kreisen und Gauen, werden aus der Zahl der Verordneten Wahlausschüsse gebildet, in denen die einzelnen Bestandteile der Verordneten vertreten sein müssen. Diese Ausschüsse beraten den Bürgermeister, den Landrat, den Gauhauptmann; sie treten etwa alle zwei bis vier Wochen zusammen, tagen in der Regel nichtöffentlich und sind für bestimmte Beschlüsse anstelle der Verordneten zuständig. Diese treten daher in größeren Gemeinden nur alle Vierteljahre, in Kreisen alle Halbjahre, in Gauen einmal im Jahre zusammen. Das Nähere bestimmen die Satzungen.

e) Bürgermeister, Landrat und Gauhauptmann sind nicht in allen Angelegenheiten an die Beschlüsse der Verordneten gebunden. Ihrer Zustimmung bedürfen alle Beschlüsse, die Steuern und sonstige Einnahmen betreffen. Kommt es infolge Meinungsverschiedenheiten auf diesen Gebieten nicht zu einer Einigung, so sind Bürgermeister, Landräte und Landeshauptleute verpflichtet, die Verwaltung auf der bisherigen Grundlage in geordneten Gang zu halten. Das entspricht einer berühmten preußischen Kabinettsorder vom Jahre 1837, durch die Auswüchsen der Selbstverwaltung entgegengetreten wurde und die in Preußen die wohltätigste Wirkung auch in den wilden Jahren nach dem Zusammenbruch von 1918 ausgeübt hat.[72] Beschlüsse der Verordneten, die Ausgaben bestimmen, ohne für Deckung zu sorgen, sind ungültig.

f) Es bleibt vorbehalten, für die ersten Wahlen allen Verordneten zur Pflicht zu machen, daß sie bis zu einem Zeitpunkt, der etwa 14 Tage vor der Wahl liegt, nach einem ihnen zugestellten Muster öffentlich bekanntzugeben haben, mit welchen Steuereinnahmen sie rechnen, in welchen *Gemeindesteuern* sie Änderungen vornehmen und für welche Ausgaben sie die Gemeindeeinnahmen verwenden wollen. Mit diesen Fragen stellt man nämlich Kandidaten und Wähler vor die entscheidenden Fragen der Gemeindeverwaltung und zwingt sie vor der Öffentlichkeit und vor der Wahl schon zu sachlichen Überlegungen und zum Verzicht auf Demagogie; denn ein Verordneter, der erklären würde, er wolle, um allen zu gefallen, keine Steuern erheben, wolle dafür aber Millionen ausgeben, würde der Lächerlichkeit verfallen und hätte keine Aussicht, gewählt zu werden.

g) Die Wahlzeit beträgt vier Jahre; aber alle zwei Jahre wird die Hälfte der Verordneten neu gewählt; wer bei der ersten Wahl nach den ersten zwei Jahren ausscheidet, wird durch Los entschieden. Dadurch wird sichergestellt, daß immer einige Erfahrung bei den verordneten Körperschaften vorhanden ist.

h) Die Regierung hat das Recht, das Volk zu einem unmittelbaren Volksentscheid, also zur allgemeinen gleichen direkten Stimmabgabe über einen bestimmten Gegenstand aufzurufen.

---

72 Wahrscheinlich irrt sich Goerdeler hier im Datum, denn 1837 ist keine für die kommunale Selbstverwaltung relevante Kabinettsorder ergangen. Dagegen wurde die revidierte Städteordnung per Kabinettsorder vom 17.3.1831 eingeführt (PrGS 1831, S. 9-33). Mit der revidierten Städteordnung wurden einerseits Staatsaufsicht und staatliche Eingriffsrechte in die städtische Verwaltung verstärkt, und andererseits Kompetenzen der Stadtverordnetenversammlung zurückgedrängt zugunsten des Magistrats und des Bürgermeisters; vgl. auch Heffter, Selbstverwaltung, S. 214 ff.

3. Gemeinde- und Kreisgrenzen

Die bisherigen Gemeinde- und Kreisgrenzen bleiben aufrechterhalten. Die neuen Gaugrenzen müssen in zwei Wochen festgelegt werden, damit nicht wieder das Reformwerk im Laufe der Zeit versandet.[73]

Viele sind der Ansicht, daß es zweckmäßig sei, die jetzige Gaueinteilung in größerem Umfange zu ändern etwa in der Richtung, daß möglichst ausgeglichene Gaue entstehen. Dieser Wunsch geht häufig so weit, daß man sogar möglichst gleich große Gaue für erstrebenswert hält.

Demgegenüber setzen wir den Gedanken der Tradition. Viel wichtiger als die sogenannte wirtschaftliche Ausgeglichenheit der Gaue, die übrigens ständig wechseln würde, ist das Zusammengehörigkeitsgefühl der Menschen in den Gauen, die nur durch eine gemeinsame Geschichte geschaffen werden. Ein Musterbeispiel für die bindende und widerstandsfähige Kraft einer solchen Tradition ist England, wo man seit vielen Jahrhunderten weder an den Verwaltungsgrenzen noch an der Verfassung mit Ausnahme der Stellung des Oberhauses Wesentliches geändert hat. Es bleibt dem gesunden Sinn der jeweils Lebenden überlassen, in dieses starre System der Tradition die Elastizität zu bringen, die die Gegenwart erfordert, aber nicht mit geschriebenem Recht, sondern mit gesundem Sinn, Takt und Sicherheit.

Aus diesen hier nur kurz zu behandelnden Erwägungen heraus sollten folgende Gaue bestimmt werden:

Ostpreußen – Westpreußen – Warthegau oder Posen – Oberschlesien – Niederschlesien – Sudetengau – Obersachsen (Dresden) – Mittelsachsen (Magdeburg einschl. Anhalt) – Brandenburg – Berlin – Pommern – Mecklenburg – Schleswig-Holstein – Niedersachsen (Bremen, Hannover und Braunschweig) – Hamburg – Oldenburg – Westfalen – Rheinprovinz (ohne Trier) – Hessen-Nassau (Kassel) – Thüringen – Saarpfalz (linksrheinische Pfalz, Reg. Trier) – Saargebiet – Hessen (Hauptstadt Darmstadt) – Elsaß – Baden – Württemberg mit Vorarlberg – Bayern mit Tirol (Hauptstadt München) – Franken (Hauptstadt Nürnberg) – Österreich.

Die Einteilung des Reiches in diese Gaue erfolgt in zwei Wochen; für die Überleitung in den neuen Zustand wird eine Frist von drei Jahren gesetzt. Diese ist notwendig, um die Verwaltungsmaßnahmen und die finanzielle Neuordnung ohne Reibung sicherzustellen.

4. Selbstverwaltung, Oberpräsidenten

Damit steht die Selbstverwaltung in Gemeinden, Kreisen, Gauen; das Reich übt über sie die Aufsicht aus. Sie obliegt den *Oberpräsidenten*. Bei den Oberpräsidenten vereinigen sich auch alle Zuständigkeiten und Aufgaben, die bisher den Regierungspräsidenten oblagen. *Die Regierungsbezirke und Regierungen werden sofort aufgehoben und aufgelöst.* Die Überleitung auf die Oberpräsidenten ist inner-

[73] Vgl. zu der Reichsreform-Diskussion, die während des gesamten Zeitraums der Weimarer Republik geführt wurde, S. 211 f., Anmerkung 17.

halb von sechs Monaten zu beenden. Mit der Beseitigung der Regierungspräsidenten und ihren Behörden wird endlich eine Reform vollzogen, über die man sich in Preußen seit 1897 streitet.[74] Daß damals schon diese Frage überhaupt erörtert wurde, liegt an der Erkenntnis, daß der Fortschritt der Technik Räume kleiner Entfernungen kürzer gemacht hat. Die heutige preußische Verwaltungsorganisation ist im wesentlichen 200 Jahre alt. Der Landrat brauchte vor 200 Jahren wesentlich mehr Zeit, um seinen Kreis zu inspizieren und Verbindung mit den Amtmännern und Schulzen aufzunehmen, als heute im Zeitalter von Eisenbahn, Kraftwagen, Flugzeug und drahtloser Nachrichtenübermittlung der Oberpräsident für die Inspektion der Gaue benötigt. Und welche gewaltige verkürzende und verkleinernde technische Entwicklung hat sich nun noch seit 1897 vollzogen! Bisher ist diese Reform immer an der Ängstlichkeit der Amtsminister und an der Seßhaftigkeit der Regierungspräsidenten gescheitert. Aber niemand wird bestreiten können, daß seit 20 Jahren alle wesentlichen Anweisungen, Beratungen und Beaufsichtigungen durch den Oberpräsidenten stattfinden. Landratskonferenzen finden seit 15 Jahren nicht mehr bei den Regierungspräsidenten, sondern vornehmlich beim Oberpräsidenten statt. Der Regierungspräsident ist zum Schatten seiner selbst geworden und auch nicht mehr zu neuem Leben zu erwecken. Es ist höchst bedauerlich, daß diese Reformen nicht schon vor 20 Jahren vollzogen wurden, dann wäre der Regierungspräsident in allen Ehren bestattet worden, die ihm aus seiner beinahe 200jährigen Verwaltungstätigkeit zukommen. In Württemberg hat sich die gleiche Reform seit 10 Jahren vorzüglich bewährt.[75]

---

[74] Es ist nicht ersichtlich, warum Goerdeler auf 1897 verweist; eventuell handelt es sich um einen Irrtum seinerseits oder um einen Schreibfehler, da 1817 als Zäsur einleuchtender wäre. Obwohl die Bezeichnung „Oberpräsident" schon früher existierte, wurde das Amt in seiner bis im 20. Jahrhundert geläufigen Funktion erst nach den Freiheitskriegen mit der „Verordnung wegen verbesserter Einrichtungen der Provinzialbehörden vom 30.4.1815" (PrGS 1815, S. 85-92) geschaffen. Mit der „Instruktion für die Oberpräsidenten" vom 23.10.1817 (PrGS 1817, S. 230-236) wurde seine Kompetenz entscheidend erweitert und die Grundlage für seine Kompetenzstreitigkeiten mit dem jeweiligen Regierungspräsidenten gelegt. Denn der Oberpräsident bildete seitdem als Spitze der Provinz eine selbständige Mittelinstanz, ebenso wie der Regierungspräsident an der Spitze des Regierungsbezirks. Um diesen doppelköpfigen Charakter der preußischen Mittelinstanz drehten sich die verfassungspolitischen Auseinandersetzungen seit 1817. Vgl. Georg-Christoph v. Unruh: Der preußische Oberpräsident – Entstehung, Stellung und Wandel, in: Klaus Schwabe (Hg.): Die preußischen Oberpräsidenten 1815–1945, Boppard a. Rhein 1985, S. 17-31.

[75] Der württembergische Verwaltungsaufbau wurde per Verordnung vom 10.3.1924 reformiert, indem die Kreisregierungen, d.h. die württembergischen Mittelinstanzen, aufgehoben und die darunter angesiedelten Instanzen der Oberämter direkt dem württembergischen Innenministerium unterstellt wurden. Goerdelers Verweis auf die 30er Jahre wird aus der Tatsache erklärlich, dass 1930 weitere Reformen geplant waren, und ein zu diesem Zweck von dem Reichssparkommissar Friedrich Saemisch erstelltes Gutachten eine breite öffentliche Diskussion in Gang setzte. Es wurden jedoch keine relevanten Reformen realisiert zu diesem

Diese Reform bringt eine gewaltige Vereinfachung des Schreibwerks, eine außerordentliche Erhöhung der Selbständigkeit und Verantwortlichkeit der Selbstverwaltung. Der Oberpräsident, gut ausgesucht, behält ein Aufgaben- und Raumgebiet, das er durchaus übersehen und zweckentsprechend verwalten kann. Er soll die Aufsicht auch nicht in der überkommenen Weise ausüben, daß er schriftliche Berichte einfordert und entgegennimmt, sondern ein wesentlicher Teil der Aufsicht soll durch Inspekteure, die im Gau herumreisen, die Dinge und Menschen an Ort und Stelle sehen und sprechen, Erfahrungen sammeln, Vergleiche aufstellen und darauf Rat erteilen und ihrem Chef Bericht erstatten, ausgeübt werden. Dieses System entspricht dem in der deutschen Armee üblichen und bei ihr und in der englischen Zivilverwaltung bewährten. Die frei werdenden Kräfte werden in andere Berufe überführt, viele überzählige Kräfte werden nicht gewonnen, da auf Grund des oben erwähnten neuen Disziplinargesetzes zahlreiche Beamte entlassen werden sollen, deren Leistungen in auffallendem Mißverhältnis zu den Anforderungen ihres Amtes stehen.

5. Gaustellen der Reichsverwaltung

Neben dem Oberpräsidenten bestehen dann in den Gauen die Gaustellen derjenigen Reichsverwaltungen, die nicht der Selbstverwaltung überantwortet werden können und dürfen: die kommandierenden Generale, die Reichsbahn-Gaupräsidenten, die Reichspost-Gaupräsidenten, die Gau-Gerichtspräsidenten und Gau-Staatsanwälte, die Gaupräsidenten der Reichsfinanzämter, die Gau-Treuhänder der Arbeit; dagegen können und sollen die Aufgaben des Reichswirtschaftsministers in den Gauen von den Oberpräsidenten wahrgenommen werden. Alle anderen Sonderbehörden, Spezialkommissionen, Vermessungsämter usw. werden aufgelöst und gehen im Oberpräsidenten auf.

Der Oberpräsident hat Recht und Pflicht, die genannten Stellenleiter regelmäßig zu Besprechungen unter seinem Vorsitz zusammenzuziehen, um die Einheitlichkeit der Verwaltung sicherzustellen. Dagegen wird das Weisungsrecht, das ihm vor einigen Jahren überantwortet wurde, beseitigt;[76] es ist, wie voraussehbar, die

---

Zeitpunkt. Vgl. Paul Sauer: Württemberg 1918–1933, in: Klaus Schwabe (Hg.): Die Regierungen der deutschen Mittel- und Kleinstaaten 1815–1933, Boppard a. Rhein 1983, S. 163-184 sowie Waldemar Besson: Württemberg und die deutsche Staatskrise 1928–1933, Stuttgart 1959.

[76] Vgl. zur Stellung des Oberpräsidenten im verwaltungspolitischen Machtgefüge des NS-Regimes S. 817, Anmerkung 18. Mit der „2. Verordnung über den Neuaufbau des Reiches" vom 27.11.1934 (RGBl. 1934/I, S. 1190) wurde die Stellung der preußischen Oberpräsidenten denen der Reichsstatthalter in anderen Ländern angeglichen, indem sie zu den designierten Vertretern der Reichsregierung in ihren Provinzen wurden. In dieser Funktion hatten sie ein Informationsrecht gegenüber Reichs- und Landesbehörden in ihrer Provinz sowie ein Weisungsrecht, das jedoch nur für den Ausnahmefall galt. Vgl. Karl Teppe: Die preußischen Oberpräsidenten 1933–1945, in: Schwabe, Oberpräsidenten, S. 219-248.

Quelle der Unsachlichkeit und der Verantwortungslosigkeit geworden. Kommt es zwischen Oberpräsidenten und den sonstigen Gaubehördenleitern zu Unstimmigkeiten, die eines Ausgleiches bedürfen, so ist es Sache des Fachministers, an den ein solches Ersuchen gelangt, den Ausgleich im Reichskabinett herbeizuführen; das ist logisch, denn dann handelt es sich um eine zweifellos wichtige Angelegenheit. Nur in Notständen, die noch nicht die Verhängung des Belagerungszustandes erfordern, hat der Oberpräsident ein Weisungsrecht, bis eine regelnde Anordnung der Reichsregierung eingeht.

6. Gemeindetag

Der jetzige Deutsche Gemeindetag wird zerlegt in je eine Arbeitsgemeinschaft der Gaue, der Stadtkreise, der Landkreise und der Gemeinden.[77] Auch sie arbeiten auf der Grundlage der Selbstverwaltung, haben aber weder den Gauen, Gemeinden noch dem Reich gegenüber irgendwelche Rechte; sie sind nur beratende Stellen für die genannten Selbstverwaltungen; die Regierung kann sie hören.

Den kommandierenden Generalen werden die künftigen Oberpräsidenten sofort eingeordnet.

7. Reichsregierung

Die *Reichsregierung besteht* aus folgenden Reichsministern:

1. Wehrminister	5. Wirtschaftsminister
2. Innenminister	6. Finanzminister
3. Außenminister	7. Erziehungsminister
4. Justizminister	8. Verkehrsminister

An ihrer Spitze steht ein Reichskanzler. Die Abgrenzung der Aufgaben zwischen den Ministern ergibt sich aus der bisherigen Organisation. Zu bemerken ist im einzelnen nur folgendes:

1. *Wehrminister*: Ihm unterstehen die drei Abteilungen Heer, Marine, Luft je unter einem General im Range eines Staatssekretärs. Neben dem Wehrminister der Chef des Generalstabs der Wehrmacht, unter diesem die Chefs der einzelnen Wehrmachtsteile. Den Oberbefehl hat der Reichsführer, der einen Vertreter ernennen kann.
2. *Innenminister*: Ihm unterstehen die Oberpräsidenten der Gaue. Ihm werden die leben bleibenden Teile des Reichspropagandaministers zugewiesen. Einen Reichspropagandaminister gibt es zukünftig nur für den Kriegsfall. Für diesen Fall wird er mobilmachungskalendermäßig vorgesehen. Zur Zeit hat sich die Einrichtung eines Propagandaministers durch Mißbrauch der Wahrheit ein für allemal erledigt. Durch Kabinettbesprechungen und durch das Vertrauen

[77] Vgl. zur Gleichschaltung des Deutschen Städtetags S. 114, Anmerkung 3; zu den Mitgliedsorganisationen des Deutschen Gemeindetags S. 116, Anmerkung 5.

anständiger Männer untereinander, durch die Verantwortung gegenüber dem Reichskanzler und dem Reichsführer wird sichergestellt, daß die bei den verschiedenen Ministerien bestehenden Nachrichtenabteilungen nicht gegeneinander arbeiten. In besonderen Fällen ist der Reichsnachrichtendienst, der beim Reichskanzler mit einem Reichspresse-chef an der Spitze eingerichtet wird, zuständig.

3. *Außenminister*: Die notwendigen und wohl fälligen Reformen für den Außendienst bleiben fachmännischem Vorschlag vorbehalten. Auf jeden Fall ist die Aufgabe der Wirtschaftsattachés zu erweitern, ihre Stellung ähnlich denen der Militärattachés zu gestalten.
4. *Justizminister*: Seine ersten Aufgaben sind bereits dargelegt; seine laufenden ergeben sich aus der Natur der Sache. Ihm unterstehen die Präsidenten der Gaugerichte und die Gaustaatsanwälte. Die Gerichtsorganisation, Amtsgerichte, Landgerichte, Gaugerichte, Reichsgericht, bleibt wie bisher, Schwurgerichte werden wiederhergestellt.
5. *Wirtschaftsminister*: Dem Wirtschaftsminister untersteht ein Staatssekretär zur allgemeinen Vertretung, eine Abteilung für Ernährung und Landwirtschaft (Ernährungspolitik, Bauern und Bodenrecht), für Industrie, Handel, Verkehr, Banken und Versicherungswesen (Außenwirtschaft, Binnenwirtschaft, Organisation), Bergbau, Saatwirtschaft, Handwerk, Ausgleichspolitik unter je einem Unterstaatssekretär. Dieses Arbeitsgebiet scheint groß; für einen Mann von Erfahrung, Wissen und Schulung bleibt es aber übersichtlich. Keines dieser Arbeitsgebiete kann ohne ständige Berücksichtigung der Aufgaben des anderen nützlich, schnell, erfolgreich geleitet werden. Daher gehören sie in die Hand eines Ministers zusammen. Dieser muß nur richtig ausgesucht sein und die Fähigkeiten haben, die großen Gesichtspunkte, die für alle Abteilungen maßgebend sind, durch Weisung, vornehmlich aber in beratender Besprechung, die allein schöpferische Energien auch bei seinen Untergebenen frei macht, fest- und durchzuhalten. Mit Einzelheiten der einzelnen Abteilungen braucht er sich dann nicht zu befassen, wenn auch der Staatssekretär und die Untersekretäre diejenigen Qualitäten besitzen, die jeder vortragende Rat vor dem Weltkrieg 1914 besaß.

   Insbesondere ist es notwendig, daß die Abteilung für Ausgleichspolitik zu der auch die Sozialversicherungen gehören, dem Wirtschaftsminister unterstellt wird; denn es gibt keine Wirtschaftspolitik, die nicht auch die Interessen der Arbeiter und Angestellten berücksichtigen müßte. Jede Abteilung hat daher Referate für Unternehmer (Kapital), Angestellte und Arbeiter. Ihm unterstehen zur unmittelbaren Beaufsichtigung die Reichsbank, die Privatbanken, Reichswirtschaftskammer; zur Aufsicht über die Wirtschaftskammern bedient er sich der Oberpräsidenten.
6. *Erziehungsminister*: Ihm unterstehen Abteilungen für Volksschulen, Mittelschulen, höhere Schulen, Hochschulen, Forschungsanstalten und Kirche. Im Lande unterstehen ihm direkt nur die Forschungsanstalten, im übrigen beauf-

sichtigt er die von den Gauen, Kreisen und Gemeinden zu errichtenden und zu erhaltenden Schulen durch die Oberpräsidenten.

7. *Verkehrsminister*: Ihm unterstehen Abteilungen für Eisenbahn, Landstraßen, Schiffahrt, Luftverkehr und Postwesen. Jede wird von einem Generaldirektor oder Unterstaatssekretär geleitet, dabei haben Eisenbahn, Post wie alle anderen wirtschaftlichen Reichsunternehmen ihre Verwaltung und ihren Betrieb nach den für private Unternehmungen geltenden Grundsätzen der Wirtschaftlichkeit einzurichten. Auch dies Aufgaben- und Verantwortungsgebiet erscheint groß; aber auch hier gilt das für den Wirtschaftsminister Gesagte. Deutschland wird stets genug Männer haben, die einer zusammenfassenden einheitlichen Leitung solcher großer Arbeitsgebiete gewachsen sind; man muß sie nur ohne Borniertheit und politische Voreingenommenheit aussuchen. Die Einheitlichkeit in einem Ministerium muß vor allem und endlich den ungeregelten Wettbewerb zwischen Eisenbahn und Kraftwagen beseitigen, indem für beide die gleichen Wirtschaftsgesetze zur Durchführung gebracht werden, das heißt, beide haben den Weg, auf dem sie verkehren, und die Einrichtungen, die zum Betriebe dienen, auf Kosten der Benutzer herzustellen und zu erhalten.[78] Rücksichtslos müssen die Interessen der privaten Betriebe an vorzugsweiser Entwicklung des einen oder andren Verkehrszweiges dem gemeinsamen, vernünftigen, naturgerechten Gesichtspunkt bester Wirtschaftlichkeit auf gleicher Wettbewerbsgrundlage untergeordnet werden.
8. *Reichsfinanzminister*: Ihm unterstehen Abteilungen für Haushaltsplan, Steuern und Anleihen, Zölle, Vermögensverwaltung, öffentliche Arbeiten. Zur Vermögensverwaltung gehört auch die Beaufsichtigung der reichseigenen wirtschaftlichen Unternehmungen. Die Trennung in einen Steuer- und einen Vermögensminister empfiehlt sich nicht. Die öffentlichen Arbeiten werden ihm überwiesen, damit gerade in den Zeiten außerordentlicher finanzieller Schwierigkeiten die Verantwortlichkeit für die Finanzierung aller öffentlichen Arbeiten auf das Höchste gehoben, auf der anderen Seite aber durch den Ehrgeiz des Leiters in dieser Abteilung sichergestellt wird, daß das Vernünftige und Durchführbare auch wirklich geschieht.

Bei dieser Zusammenstellung der Reichsminister mag auffallen, daß es keinen Reichsarbeitsminister mehr geben soll. Mit voller Absicht. Denn die Arbeit ist die erhaltende und tragende Kraft allen menschlichen Lebens und ist daher in jeder Organisation und in jedem Minister bereits voll verkörpert. Jeder der Reichsminister muß sich für die Bewältigung seiner Aufgaben klar sein, daß es das Wichtigste ist, dem deutschen Volk durch eine verständige Politik auf allen Gebieten zunächst überhaupt Arbeitsmöglichkeiten zu verschaffen und sodann die bestmöglichen. Es ist kein Zufall, daß die Staaten, insbesondere Deutsch-

---

[78] Vgl. zum nationalsozialistischen Autobahnbau und der Konkurrenz für die Reichsbahn S. 386, Anmerkung 71.

land, solange sie sich aufwärtsentwickelten, keine Arbeitsminister kannten. Die Einrichtung eines besonderen Arbeitsministeriums vermindert die entscheidende Verantwortung, die jeder Minister als erstes gerade auf dem Gebiete der Arbeit hat.

[8. Reichsregierung und Volksvertretung]

a) *Die Reichsregierung tritt unter Vorsitz des Reichskanzlers zu regelmäßigen Beratungen zusammen.* Dabei wird, wie in der Bismarckschen Zeit, eine Sitzung in der Woche nicht immer ausreichen. Kein Wort ist darüber zu verlieren, daß der jetzige Zustand, in dem überhaupt keine Beratungen mehr stattfinden, sinnlos ist und vor dem Volke und seinen Interessen nicht verantwortet werden kann.[79] Es besteht keinerlei Möglichkeit mehr für die Minister, durch gemeinsame Besprechungen ihre Aufgabenbereiche und deren Führung im ganzen wie in den Einzelheiten aufeinander abzustimmen und für die Sorge, durch gemeinsame Beratung noch Auswege zu finden, die der einzelne nicht mehr zu sehen vermag. Einstweilen muß dem Reichskanzler das Weisungsrecht gegenüber den Ministern gegeben werden. Diese Notwendigkeit ergibt sich aus der Schwierigkeit der Aufgabe und aus dem Zwang, sie schnell und einheitlich zu lösen. Ob und wann später ein förmliches Beschlußrecht anstelle des Weisungsrechtes tritt, kann und wird die Zukunft lehren. Auf der anderen Seite wird der Reichskanzler durch die erwähnten Tatsachen gezwungen, seine Mitarbeiter vollständig zu Worte kommen zu lassen; er wird sich hüten, ohne gewichtige Gründe ihrem Rat nicht zu folgen. Endlich bleibt es jedem Minister unbenommen, jederzeit seinen Abschied zu nehmen, wenn er glaubt, die Politik des Kanzlers nicht mehr mit verantworten zu können.
Schließlich stehen noch in der Person des Reichsführers letzte Eingriffs- und Ausgleichsmöglichkeiten zur Verfügung. Diese treten aber erst ein, wenn das Reichsschiff in Not gerät, weil die geordnete, in der Hand des Kanzlers befindliche Verwaltung offenbar den Aufgaben nicht mehr gerecht wird. Durch solche weise Zurückhaltung verschafft sich der Reichsführer diejenige Autorität, die nur entsteht, wenn das Volk in seine Gerechtigkeit und Vaterlandsliebe volles Vertrauen setzt, und die er nur erhalten kann, wenn er sich nicht in den Tagesstreit hineinziehen läßt.

b) *Die Reichsregierung einschließlich des Reichskanzlers bedarf*, wie schon gesagt, *einer Kontrolle.* Gerade zur Entlastung des Reichsführers im eben dargelegten Sinne und zur Sicherung des Vertrauens des Volkes ist es notwendig, daß diese Kontrolle vom Volk in irgendeiner Form ausgeübt wird, daß sie öffentlich ist, daß aber auch die Volksvertretung eine klare Verantwortung für Gegenwart und Zukunft des Volkes trägt.

---

[79] Vgl. zum Übergang des Regierungsmonopols von der Reichsregierung auf Hitler S. 820 f., Anmerkung 21.

Die Volksvertretung besteht aus dem Reichstag und dem Reichsständehaus. Die Mitglieder des Reichstages werden von den Verordneten der Gaulandtage gewählt. Sie brauchen nicht Gauabgeordnete zu sein, müssen aber ein Lebensalter von 35 Jahren haben und sollen in Zukunft mindestens vier Jahre Gau-, Kreis- oder Gemeindeverordnete gewesen sein. Die eine Hälfte wird von dem Gauverordneten gauweise, die andere von den Wählern im Reich unmittelbar und direkt gewählt. Wahlbezirke sind die Gaue. Die relative Stimmenmehrheit entscheidet.

Das aktive und passive Wahlrecht ruht bei Soldaten, Beamten, Geistlichen und gleichgestellten Religionsdienern.

Das Reichsständehaus besteht aus dem Präsidenten und den Gruppenführern der Reichswirtschaftskammer, aus den Präsidenten aller übrigen Reichskammern (Ärzte, Anwälte, Künstler usw.), der gleichen Zahl von Rektoren von Hochschulen, den Landeshauptleuten und bis zu 30 Personen, die der Staatsführer auf Grund ihrer Leistungen für das deutsche Volk auf Lebenszeit berufen muß; diese letzteren müssen 50 Jahre alt sein. Soweit die Kammern Vertreter entsenden, müssen es in gleicher Zahl Unternehmer und Arbeiter sein. Das gleiche gilt von den durch den Staatsführer zu Berufenden; Kapital und Arbeit müssen in der Verfassung des Staates wie in der Natur und im Leben gleichwertig nebeneinander stehen.

c) jedes Reichsgesetz bedarf eines übereinstimmenden Beschlusses des Reichstages und des Reichsständehauses. Kommt ein solcher nicht zustande, weil das Reichsständehaus seine Zustimmung nicht gibt, so bleibt einstweilen nichts anderes übrig, als einen neuen Versuch zu machen.

Gesetzentwürfe können vom Reichskanzler und von jedem der beiden Häuser eingebracht werden. Gesetzentwürfe mit finanziellen Auswirkungen dürfen von einem oder beiden Häusern jedoch nur eingebracht werden, nachdem der Reichskanzler vorher zugestimmt hat. Versagen die Häuser einem Reichshaushalt die Zustimmung, so hat der Kanzler einstweilen die Verwaltung nach dem alten Haushalt weiterzuführen. Diese Straffheit ist für die ersten Reformjahre unvermeidlich, weil die Aufgabe zur Wiederherstellung geordneter Finanzen die allerschwerste und sonst gar nicht zu lösen ist. Später mögen Erleichterungen in der Richtung möglich sein, daß auf dem Finanzgebiete solchen Gesetzen eine Sonderstellung eingeräumt wird, die von beiden Häusern mit mindestens Zweidrittelmehrheit beschlossen sind. Im übrigen beträgt die Wahlzeit in beiden Häusern vier Jahre mit der Maßgabe, daß auch hier bei den Gewählten alle zwei Jahre die Hälfte neu gewählt wird; der Reichsführer kann beide Häuser jederzeit auflösen mit der Maßgabe, daß die Neuwahlen innerhalb sechs Monaten stattfinden.

Dadurch ist sichergestellt, daß das Reichsschiff von der Reichsregierung unter Verantwortung des Reichskanzlers und der des Reichsführers immer in Fahrt und Kurs gehalten werden kann, daß aber wesentliche Änderungen nicht vorgenommen werden können, ohne daß vorher Vertrauen und Gesinnungsgemeinschaft des Volkes dafür gewonnen ist. Der Staatsführer hat es also in der Hand, durch Wechsel der Minister oder Wechsel des Kanzlers oder durch beide, oder durch erneuten Appell an die beiden Häuser, oder durch Neuwahlen, oder durch Kombination aller dieser Mittel, für wesentliche Änderungen in der Politik, die er für notwendig hält, eine genügende, im allgemeinen rechtzeitige Vorsorge zu treffen. Für äußerste Fälle eines Staatsnotstandes, für dessen Erklärung der Staatsführer allein die Verantwortung vor Gegenwart und Geschichte zu übernehmen hat, steht ihm ein alleiniges Verordnungsrecht zu. Es bleibt dann seinem Verantwortungsbewußtsein und seinem Können überlassen, die Dinge zu gegebener Zeit wieder in die rechten Geleise zu bringen, wie es seinerzeit Bismarck und der alte Kaiser in den 60er Jahren des vorigen Jahrhunderts getan haben. Eine mathematisch-mechanische Sicherheit gegen Mißbrauch dieses Verordnungsrechts läßt sich nicht finden und soll auch gar nicht gesucht werden.

d) Verträge mit auswärtigen Staaten bedürfen eines Reichsgesetzes oder einer gesetzlichen Ermächtigung. Die Kriegserklärung bedarf der Zustimmung der beiden Häuser.

9. Der Reichsführer

In Betracht kommen: Erbkaiser, Wahlkaiser, auf Zeit gewählter Führer. Eine ideale Lösung, d. h. eine solche, die für alle Fälle das Richtige vorausbestimmt, gibt es nicht. Es läßt sich vom Verstand her unendlich vieles zur Begründung der Kraft des monarchischen Gedankens in Deutschland sagen. Vieles liegt aber im Gefühlsmäßigen. Manche bitteren Erfahrungen der neueren Geschichte können auch gegen die monarchische Verfassung angeführt werden. Das Entscheidende scheint zu sein, daß

1. Deutschland wie kein anderes europäisches Land aus Landesteilen zusammengesetzt ist, deren Entwicklung, wie z. B. die Ostpreußens und Württembergs, um fast 1000 Jahre zeitlich auseinanderliegt;
2. das deutsche Volk von allen Völkern, das französische nicht ausgenommen, vielleicht den stärksten Soldatentrieb und -geist in sich trägt und daher
3. eine Staatsspitze notwendig ist, die aus einer überlegenen Tradition heraus und aus einer nie abreißenden Verantwortung vor der Zukunft die Spannungen und Gefahren die in dem zu 1. und 2. erwähnten Tatsachen begründet sind, auszugleichen und zu vermeiden weiß. Sonst erscheint allzu leicht ein Mißbrauch der Spannungen und eine Mißleitung der Leidenschaften möglich.

Man muß sieh also aus kalter Vernunft für die monarchische Staatsspitze entscheiden. Die Frage bleibt, ob sie erblich oder gewählt sein soll. *Für* jede der beiden Arten läßt sich das anführen, das *gegen* die andere spricht. Eine Vollkommenheit des Systems ergibt sich nach allen Überlegungen und geschichtlichen Erfahrungen nun einmal nicht. Auch hier bleibt alles in ständigem Fluß, wie das ganze Leben und Geschehen auf dieser Welt. Der Erfolg hängt immer davon ab, daß Vernunft, Weisheit und Erfahrungen im rechten Moment zusammenzuwirken vermögen.

Angesichts dieser Überlegung, erscheint jene monarchische Staatsform am sichersten, bei der möglichst viele Kräfte dieser Art zu dem gedachten Ziele hinwirken. Der Wahlmonarch wird stets vor der Wahl und während der Regierung der Gefahr unterliegen, sich solcher Kräfte zu bemächtigen und zu bedienen, die nicht immer Weisheit, Erfahrung und Können verkörpern. Er unterliegt auch der Gefahr, seinen Wählern Verheißungen und Versprechungen zu machen. Der Erbmonarch ist wenigstens *dieser* Gefahr, nach Stimmen und Unterstützung Ausschau zu halten, nicht ausgesetzt. So scheint die erbliche Monarchie mit den geringsten Fehlerquellen behaftet. Gegen die voraussehbaren kann man sich dadurch schützen, daß man dem Reichsführer alle Repräsentationen zuweist, ihn aber politisch nur auf den Plan ruft, wenn Kanzler, Reichsregierung und die beiden Häuser offensichtlich nicht mehr ordnungsmäßig zusammenarbeiten oder sich auf dem Holzwege befinden. In einem freien Staate freier Männer werden die Anzeichen hierfür stets so rechtzeitig erkennbar, daß der Reichsführer eingreifen kann. Im übrigen aber soll er sich, und wenn es Jahrzehnte ohne ihn geht, aus den Geschäften der Tagespolitik heraushalten; um so größer wird der Einfluß sein, den er auf seine Mitarbeiter, auf die Volksvertretung und auf das Volk selbst ausübt.

Dieser erbliche Monarch muß in Deutschland nicht nur der Oberste Befehlshaber des Heeres, sondern auch der Träger der öffentlichen Gewalt gegenüber den Beamten sein. So hat er durch seine vielfachen, aber nicht im Rampenlicht der Kritik sich vollziehenden Funktionen und Einflußmöglichkeiten immer das Heft in der Hand, wenn diese Hand fest und weich genug ist, um dem Staatsschiff jeweils die erforderliche Hilfe zu geben. Es tut not, daß das deutsche Volk nach allen Schwierigkeiten der letzten 25 Jahre nun einmal zur Ruhe kommt, und dazu gehört insbesondere auch eine ruhige, von Tageseinfluß und Tagesstreit unabhängige Staatsführung.

Zur Ausschaltung von Personenfragen kann die Stellung des Reichsführers zunächst durch einen Reichsverweser ersetzt werden.

6.1.2 *Positionspapier für die britische Regierung*

maschinenschriftliche Abschrift vom 19./20.5.1943; BAK, N 1113, Bd. 23.[1]

Die deutsche Bevölkerung muss das NS-Regime selbst beseitigen; Alliierte müssen Befreiungsaktion unterstützen; Forderung nach bedingungsloser Kapitulation muss zurückgenommen werden. Die neue deutsche Zivilregierung wird die gesamte deutsche Bevölkerung repräsentieren, einen Regenten an der Spitze haben, eine Volksvertretung, bestehend aus Reichstag und Oberhaus. Die neue deutsche Verfassung wird auf Selbstverwaltungs-

[1] Das Positionspapier wurde von Goerdeler verfasst auf Veranlassung der Brüder Jakob und Markus Wallenberg. Beide im Direktorium der schwedischen Enskilda-Bank, war Jakob Mitglied der schwedisch-deutschen Handelskommission der Regierung, während Markus für Geschäftsverbindungen mit Großbritannien verantwortlich war. Diese Konstellation versuchte Goerdeler zu nutzen als Verbindung mit britischen Politikern. Während eines Auf-

prinzipien basieren, Rechtssicherheit und unparteiische Verwaltung garantieren und Kriegsverbrechen bestrafen. Alle europäischen Staaten werden ihre Autonomie zurück erhalten; eine europäische Staatengemeinschaft wird gebildet werden zur Förderung wirtschaftlicher Zusammenarbeit und Wiederaufbau; ein Weltbund wird gebildet werden zur Schlichtung von Streitigkeiten und Errichtung einer Weltwährungsbank. Deutschland wird in großem Maße abrüsten, die Seerüstung ganz aufgeben und die Luftwaffe internationalisieren. Die deutsche Wirtschaftsverfassung wird nach einer Übergangszeit die staatlichen Interventionen auf die Setzung von Rahmenbedingungen beschränken; die Sozialversicherung wird fortgeführt werden unter Verantwortung der Gewerkschaften; Religiosität und Familie werden die entscheidenden Grundlagen der Gesellschaft werden.

1. Das deutsche Volk muß und wird sich selbst von einem System befreien, das unter dem Schutz des Terrors ungeheuerliche Verbrechen begeht und Recht, Ehre und Freiheit des deutschen Volkes zerstört hat.
2. Im Interesse der ganzen Menschheit muß die Beseitigung dieses Systems so bald wie möglich erfolgen. Bisherige Versuche sind gescheitert.[2] Tausende Deutsche sind hingerichtet und hingefoltert; viele Zehntausende schmachten in Konzentrationslagern und Zuchthäusern.
3. Daher ist es wichtig, daß die Befreiungsaktion nicht gestört wird; auch ist sie im Kriege kaum durchführbar. Truppen des Befreiers dürfen nicht bombardiert werden; in dem Gebiete, das er jeweils befreit hat, dürfen keine Bomben geworfen werden. So muß der Luftkrieg vorläufig gebietsweise aufhören.[3] Der Befreier wird die Beleuchtung der Städte anordnen.

---

enthalts in Stockholm vom 19. bis 21.5.1943 drängte er Jakob Wallenberg, seinen zu der Zeit in London arbeitenden Bruder zu veranlassen, in Goerdelers Namen Kontakt mit Churchill aufzunehmen. Goerdelers Anliegen war es, eine Garantie der Alliierten zu bekommen, dass die Forderung nach bedingungsloser Kapitulation (s.u., Anmerkung 4) nach dem Sturz Hitlers zurückgenommen werden würde. Die Brüder verlangten jedoch eine schriftliche Ausarbeitung von Goerdeler über die Kriegsziele der geplanten deutschen Oppositionsregierung, und Goerdeler verfasste daraufhin das vorliegende Positionspapier. Jakob Wallenberg sandte nicht das Original nach London, sondern eine eigene Zusammenfassung. Die vorliegende Abschrift ist von Ritter angefertigt worden, der Jakob Wallenberg 1953 in Stockholm zu Goerdeler befragte und seinerseits eine Gesprächsnotiz über die Kontakte Goerdeler-Wallenberg anfertigte; vgl. Gesprächsnotiz Ritters über seine Unterredung mit Jakob Wallenberg am 26.9.1953 (BAK, N 1166, Bd. 131). Das Original, das Besitz Wallenbergs blieb, befindet sich in den Papieren der Enskilda Bank in: Stiftelsen för Ekonomisk Historisk Forskning inom Bank och Företagande (Stockholm). Vgl. Gert Nylander: Carl Goerdelers Friedensbemühungen und die Wallenberg-Brüder. Neue Dokument, in: Nordeuropaforum 1/98, S. 3-38.

2 Nach der Darstellung Hoffmanns sind insgesamt über vierzig Attentatsversuche auf Hitler bekannt (Peter Hoffmann: Die Sicherheit des Diktators. Hitlers Leibwachen, Schutzmaßnahmen, Residenzen, Hauptquartiere, München und Zürich 1975).

3 Der strategische Luftkrieg der angelsächsischen Alliierten gegen Deutschland hatte 1940–1942 hauptsächlich in britischen Flächenbombardements deutscher Städte bestanden. Auf der Konferenz von Casablanca (s.u., Anmerkung 4) war u.a. eine Intensivierung der Luft-

4. Sobald die Aktion beendet ist, wird eine Zivilregierung eingesetzt. Sie wird die Einstellung der Ubootoperationen anordnen.
5. Dies alles ist nur möglich, wenn der Befreier das Vertrauen haben kann, daß ihm kein unconditional surrender zugerufen wird.[4]
6. Die Regierung wird alle socialen Schichten, alle Konfessionen, alle deutschen Länder repräsentieren.
7. Ein Regent wird die Spitze des Reiches bilden.
8. Das Reich wird eine Verfassung haben. Das Volk wird einen Reichstag wählen. Die deutschen Länder und Berufsstände werden ein Oberhaus[5] bilden.
9. Da Wahlen im Kriege und vor Beruhigung nicht möglich, wird ein vorläufiger Reichsrat gebildet werden, vor dem die Regierung Erklärungen abgibt, Gesetze vorlegt usw.
10. Grundlage von Recht und Ruhe für Deutschland ist die Selbstverwaltung. Die durch das Diktat von Versailles erzwungene Zentralisierung wird aufgehoben.[6]

---

angriffe beschlossen worden durch eine kombinierte Bomberoffensive: Während die US-Air-Force seitdem Präzisionsangriffe bei Tage durchführte, setzte die britische Royal Air Force ihre nächtlichen Flächenbombardements fort. Vgl. Horst Borg: Der anglo-amerikanische strategische Luftkrieg über Europa und die deutsche Luftverteidigung, in: Ders., Werner Rahn, Reinhard Stumpf und Bernd Wegner: Der globale Krieg. Die Ausweitung zum Weltkrieg und der Wechsel der Initiative 1941–1943, Stuttgart 1990, S. 429-565.

4 Die Formel der bedingungslosen Kapitulation war vier Monate zuvor auf der Konferenz von Casablanca formuliert worden. An der Konferenz vom 14. bis 25. Januar 1943 hatten sich Roosevelt, Churchill und die alliierten Stabschefs in erster Linie auf militärische Prioritäten geeinigt, wie etwa die Koordination des Luftkriegs und Invasionsplanungen. Die Forderung nach bedingungsloser Kapitulation der Achsenmächte wurde von Roosevelt in einer abschließenden Pressekonferenz aufgestellt und schloss die Möglichkeit eines Verhandlungsfriedens aus. Vgl. sehr kritisch dazu Anne Armstrong: Bedingungslose Kapitulation. Die teuerste Fehlentscheidung der Neuzeit, Wien und München 1965; ausgewogener Horst Boog: Die Anti-Hitler-Koalition, in: Ders. u.a., Globaler Krieg, S. 3-94.

5 Vgl. zu Goerdelers verfassungspolitischen Vorstellungen und seiner Konstruktion eines deutschen Oberhauses ausführlich seine Denkschrift „Das Ziel“ vom Herbst 1941; Dok. 6.1.1, oben S. 873 ff.

6 Die beiden verfassungspolitischen Hauptanliegen der Siegermächte nach dem Ersten Weltkrieg waren die Verhinderung einer „Bolschewisierung“ Deutschlands im Gefolge der Novemberrevolution und die möglichst rasche Schaffung einer handlungsfähigen deutschen Regierung, die zur Annahme der Friedensbedingungen legitimiert war. Wenn sich auch die Weimarer Verfassung tatsächlich für eine bundesstaatliche Lösung mit starken zentralistischen Zügen entschied, so wird sich Goerdelers Charakterisierung der Verfassung als „Zentralisierung“ in erster Linie auf die von ihm kritisierte finanzpolitische Abhängigkeit der Länder und Gemeinden vom Reich beziehen (vgl. dazu S. 21, Anmerkung 6). Vgl. Ernst-Wolfgang Böckenförde: Der Zusammenbruch der Monarchie und die Entstehung der Weimarer Republik, in: Bracher u.a., Weimarer Republik, S. 17-43 sowie Hans Boldt: Die Weimarer Reichsverfassung, in: ebd., S. 44-62.

Die deutschen Länder, Kreise und Gemeinden erhalten wieder größte Selbstverwaltung. Die preußischen Provinzen werden deutsche Länder.[7]

11. Erste Aufgabe ist die Wiederherstellung von Recht, Anstand und Freiheit. Alle Verbrecher, wo immer die Verbrechen begangen sind, werden vom deutschen Volke selbst bestraft.[8] Davon wird die Welt genügend Kunde erhalten. Lynchjustiz wird nicht geduldet. Die Partei verschwindet.
12. Reinheit und Gewissenhaftigkeit der Verwaltung werden wieder hergestellt; die Beamten haben nur die Gesetze gerecht auszuführen.
13. In den besetzten Gebieten werden die nationalen Gewalten wieder hergestellt. Die Räumung erfolgt schleunigst mit Rücksicht auf Lage, Erhaltung der Ordnung usw.
14. Die volle Selbständigkeit aller europäischen Nationen wird hergestellt und garantiert.
    Die deutsche Grenze gegen Polen ist durch Verhandlung festzusetzen. Deutschland verbürgt bei Einigung den Bestand Polens und fördert eine Staatsunion Polen-Litauen. Im Osten von Polen wird das russische Gebiet von 1938 geräumt. Weitere Räumungen nur im Benehmen mit Polen und seinen Verbündeten.[9]
    Im Westen ist die Sprachgrenze die, die gerecht ist und Ruhe verspricht.
15. Polen und Tschecho-Slowakei werden vollkommen frei, ihre politische und wirtschaftliche Zukunft so zu gestalten, wie ihre Interessen liegen.
16. Deutschland wünscht, daß Finnland bestehen bleibt und ist bereit, dafür ebenso zu kämpfen, wie für die polnische Ostgrenze.
17. Denn westlich dieser Grenze muß sich die europäische Interessen- und Kulturgemeinschaft bilden, unter deren Mitgliedern es nie wieder Krieg geben darf. Wie Rußland sich dazu stellt, hängt von Verhandlungen ab.
18. Erster Schritt in Europa ist eine europäische Wirtschaftsunion mit ständigem Wirtschaftsrat und klaren praktischen Zielen. (Verkehr, Recht, Währung, Zölle usw.)

---

[7] Vgl. zu der Diskussion um die Reichsreform bereits während der Weimarer Republik S. 211 f., Anmerkung 17.

[8] Den Hintergrund dieser Forderung bildete die Kriegsverbrecherfrage nach dem Ersten Weltkrieg. Der Versailler Vertrag legte in seinen Strafbestimmungen (Art. 227-230) das Recht der Siegermächte fest, deutsche Staatsbürger der Verletzung von Kriegsgesetzen zu beschuldigen und vor ihrer Militärjustiz zur Verantwortung zu ziehen; die deutsche Regierung sollte zur Auslieferung der Beschuldigten gezwungen werden. Vgl. Walter Schwengler: Völkerrecht, Versailler Vertrag und Auslieferungsfrage. Die Strafverfolgung wegen Kriegsverbrechen als Problem des Friedensschlusses 1919/20, Stuttgart 1982.

[9] Die Aufteilung Polens zwischen dem deutschen und dem sowjetischen Machtbereich, wie sie 1939 geplant und dann auch vorgenommen worden war, sollte also nach Goerdelers Vorstellungen hauptsächlich durch eine territoriale Verschiebung Polens nach Osten rückgängig gemacht werden, ohne die deutsche Einflusssphäre zurückzudrängen.

Im Rahmen dieser Union möge ein europäisches Wiederaufbauwerk errichtet werden, in dem Deutschland alle Kräfte selbstlos, aber nach vernünftigen wirtschaftlichen Gesichtspunkten einsetzen wird.[10]

19. Diese Union soll ein Gerichtswesen zur Entscheidung von Streiten aller Art und eine Polizei haben.
20. Deutschland tritt einem regional gegliederten Weltbund bei, dessen Ziele klar und praktisch sind und der ein Schlichtungsverfahren einrichtet. Hauptaufgabe ist die Errichtung einer Welt-Währungs-Bank.
21. Deutschlands Finanzlage erfordert größte Abrüstung. Das mögliche Maß richtet sich nach dem Verhältnis Europas zu Rußland und nach der Lage im Fernen Osten, in dem gemeinsame europäische Interessen auf dem Spiele stehen. Auf Seerüstung wird verzichtet. Deutschland ist bereit, die Luftwaffe zu internationalisieren.
22. Die deutsche Wirtschaftspolitik wird gegen jede Autarkie, gegen *jede* Staatsplanwirtschaft für Freiheit des Individuums, für privaten Unternehmungsgeist, für freien Wettbewerb und Leistung gerichtet sein. Für eine Übergangszeit müssen Kontrollen über Preise, Löhne, und Waren weitergehen. Der Staat soll nur für Recht, Anstand und sociale Gerechtigkeit, sowie für gesunde Finanzen sorgen.[11] Das ist der Hauptbeitrag, den er zum Glücke der Menschen leisten kann. Viel wird er den religiösen Gemeinschaften überlassen müssen.

    Die Nationalisierung der Bodenschätze wird erfolgen. Die Art ihrer besten Durchführung wird geprüft.
23. Der beste Beitrag zur Stabilisierung der Währungen und zur Wiederherstellung des Gütertausches in der Welt ist die Ordnung des öffentlichen Budgets. Sie zwingt zu größter Abrüstung.
24. Die deutsche Socialpolitik wird auf Zusammenarbeit mit anderen Völkern größten Wert legen. Sie wird Kranken-, Invaliden-, Alters-, Unfall-Versicherung fortsetzen. Aber die gewerkschaftlich zusammengefaßten Arbeiter werden diese Einrichtungen selbst verwalten, Mitglieder in die Wirtschaftskammer entsenden und in den Betrieben ebenso unterrichtet werden wie Aufsichtsräte. Dazu ist erforderlich, die wirtschaftliche Bildung zu heben.

    Die Arbeiter werden wirtschaftliche Unternehmungen genossenschaftlich auf der Grundlage des Wettbewerbs betreiben können.
25. Die Arbeitslosigkeit wird nicht mit künstlichen Krediten bekämpft werden; die zerrütten die Finanzen. Soweit Unterstützungen notwendig sind, werden

---

[10] Das Konzept eines europäischen Wiederaufbauwerks zielte darauf ab, einen Reparationskonflikt wie nach dem Ersten Weltkrieg (vgl. dazu ausführlich S. 524, Anmerkung 6) zu vermeiden.

[11] Vgl. zu Goerdelers Kritik an der nationalsozialistischen Wirtschaftsverfassung ausführlich seine Denkschrift zur wirtschaftlichen Lage vom 26.10.1935; Dok. 3.6, oben S. 387 ff. sowie seine Denkschrift zur Rohstoff-, Devisen- und Währungslage vom 17.9.1936; Dok. 3.8, oben S. 411 ff..

sie so finanziert werden, daß die Verantwortung gehoben und der Wille zur Arbeit und zu richtigen Maßnahmen gestärkt wird.[12]

26. Die Sozialpolitik wird nicht dazu führen dürfen, die Verantwortung der Eltern und Familien, der Einzelnen für sein Geschick zu vermindern. Das Gegenteil tut not. Hierfür ist die Heiligkeit der Ehe und die Reinheit des Familienlebens unerläßliche Grundlage.
27. Die Erziehung wird wieder auf umfassende allgemeine Bildung und Stärkung der religiösen Kräfte gerichtet sein, ohne die edle Menschlichkeit nicht möglich ist.

Dies ist der Plan. Die zu seiner Durchführung fähigen Menschen besitzt Deutschland zur Genüge.

Aber gerade sie lehnen, die Selbständigkeit aller anderen Völker achtend und wollend, die Einmischung anderer Völker in deutsche Fragen leidenschaftlich ab.

Wenn man also hört, daß Polen Ostpreußen und Teile Schlesiens verlangt, daß man Einfluß auf das deutsche Erziehungswesen nehmen, daß man in Deutschland tun will, was Deutsche selbst tun müssen und auch allein mit Erfolg tun können, dann muß man schwarz in die Zukunft Europas und der weißen Völker sehen. Denn sie kann nur auf ihrem freien Bund, auf Selbständigkeit und Achtung, nicht auf neue Entwürdigung gegründet werden.

Wir werden Hitler und seine Mitverbrecher allein zur Rechenschaft ziehen, weil sie unsere guten Namen befleckt haben. Aber wir werden dahinter unsere Selbständigkeit verteidigen.[13]

---

[12] Vgl. zu den nationalsozialistischen Arbeitsbeschaffungsmaßnahmen und Goerdelers Kritik daran seine Denkschrift zur deutschen Innenpolitik vom August/September 1934; Dok. 3.5, oben S. 342 ff.

[13] Nach dem Bericht Wallenbergs war die britische Reaktion auf Goerdelers Positionspapier sehr verhalten. Markus Wallenberg sprach lediglich mit Churchills Sekretär Desmond Norton; die Mitteilung weckte zwar Interesse, resultierte jedoch lediglich in der indirekt an Wallenberg übermittelten Bitte Churchills, die Verbindung zur deutschen Oppositionsbewegung aufrechtzuerhalten; vgl. Nylander, Carl Goerdelers Friedensbemühungen, S. 17 ff.

6.1.3 *Der Weg*[1]

maschinenschriftliche Denkschrift o.D. [fertiggestellt im April 1944]; BAK, N 1113, Bd. 19.[2]
Kaiserreich: Verfassungsmängel waren unklare Kompetenzen des Kaisers, unzureichende Verantwortung der Minister und des Reichstags sowie die Behinderung politischer Entwicklungen durch das Mehrheitswahlrecht; positiv waren die Entwicklung der Selbstverwaltung und die Grundrechtsgarantien sowie deren Verteidigung durch den Staat. Die leistungs- und wettbewerbsorientierte Wirtschaftsordnung des Kaiserreichs hat sich bewährt; die staatliche Beschränkung auf die Setzung von Rahmenbedingungen, den Schutz der Volkswirtschaft nach außen und die Garantie geordneter Staatsfinanzen hat den allgemeinen Wohlstand gehoben; die staatliche Sozialpolitik hat sich positiv entwickelt, jedoch Mängel aufgewiesen im Bereich der Arbeitszeit- und Arbeitsschutzgesetzgebung; die staatliche Unterdrückung der Arbeiterbewegung hat ein unnötiges Konfliktpotential geschaffen. Die außenpolitische Entwicklung ist nach dem Rücktritt Bismarcks negativ verlaufen wegen Kompetenzunklarheiten in außenpolitischen Entscheidungen, der Geltungssucht des Kaisers und inkompetenten Entscheidungsträgern; der Kriegsausbruch ist inkompetenter deutscher Außenpolitik, russischer Aggressionen und der europäischen Geheimdiplomatie anzulasten; für die Kriegsniederlage waren nicht innenpolitische Entwicklungen, sondern außenpolitische Fehlentscheidungen verantwortlich; die Mehrheitssozialisten haben ihren Patriotismus während der Novemberrevolution unter Beweis gestellt; Hindenburg und Groener haben dem militärischen Widerstand gegen den Versailler Vertrag die Spitze genommen; die Dolchstoßlegende hat die innenpolitische Atmosphäre vergiftet und Deutschland außenpolitisch geschadet.

---

1 Goerdeler hat der vorliegenden Denkschrift keinen Titel gegeben; der Titel „Der Weg" stammt von Schramm, der damit ihren geschichtskritisch orientierten Charakter verdeutlichen wollte im Unterschied zu der Denkschrift „Das Ziel"; Dok. 6.1.1, oben S. 873 ff. Da die Bezeichnung „Der Weg" seitdem in der Historiographie übernommen wurde und um Verwechslungen zu vermeiden, wird sie auch hier beibehalten. Zu Schramms Begründung vgl. Schramm, Beck und Goerdeler, S. 59 f.

2 Ein weiteres Exemplar mit handschriftlichen Korrekturen befindet sich im Privatbesitz der Familie Goerdeler. Das Exemplar im Privatbesitz ist eine frühere Fassung, da die handschriftlichen Korrekturen Goerdelers in der Koblenzer Fassung eingearbeitet sind. Schramm hat in seiner Edition das Koblenzer Exemplar verwandt und eigene stilistische Änderungen sowie Hervorhebungen eingefügt (vgl. Der Weg, abgedr. in Schramm, Beck und Goerdeler, S. 167-232). Die dortigen handschriftlichen Anmerkungen, als deren Verfasser Schramm den damaligen Präsidenten der kriegsgeschichtlichen Forschungsanstalt des Heeres, Wolfgang Foerster, identifiziert, sind minimal und ausschließlich sachlicher Natur – z.B. die Korrektur der Datierung des deutschen Überfalls auf die Sowjetunion vom Juli auf den Juni 1941 –, und sind in der vorliegenden Bearbeitung ohne Kommentar mit aufgenommen. Scheurig hat die Version von Schramm ohne Änderungen übernommen (vgl. Scheurig, Deutscher Widerstand, S. 217-277). Die Datierung der Denkschrift ist problematisch, weil sie z.T. ältere Schriften Goerdelers inkorporiert. So endet seine Analyse der nationalsozialistischen Wirtschafts- und Sozialpolitik mit einer Warnung vor einem möglichen Kriegsausbruch, während seine Bewertung der nationalsozialistischen Außenpolitik das Kriegsgeschehen mit einbezieht. Das jüngste Ereignis, das er dort beschreibt, ist der Besuch Pétains in Paris, so dass die Denkschrift anscheinend im April 1944 abgeschlossen wurde.

Weimarer Republik: Verfassungsmängel waren die zu schwache Autorität der Regierung und die Förderung der Demagogie durch das Verhältniswahlrecht; die staatliche Bürokratie und die Selbstverwaltung hatten entscheidenden Anteil an der Wiederherstellung der Ordnung, an Modernisierung und sozialem Ausgleich; die Garantie von Rechtssicherheit und Menschenrechten konnte sich durchsetzen. Die Wirtschaftsverfassung hat sich im Anschluss an die Kriegsverwaltungswirtschaft negativ entwickelt wegen zu starker Staatsinterventionen und überhöhter Forderungen der Siegermächte; Währungsabwertungen, Erhöhungen des Geldumlaufs und steigende Haushaltsdefizite waren Kriegsfolgen in allen Volkswirtschaften und wurden falsch bekämpft durch Kartellbildungen, Produktionsdrosselung und planwirtschaftliche Elemente; die sozialpolitische Entwicklung überforderte die deutsche Volkswirtschaft weiter; Hitler konnte die Früchte der Arbeit der Präsidialregierungen ernten, nachdem die Reparationsfrage geregelt war. Eine positive Außenpolitik hat die verzweifelte Situation von 1919 entscheidend verbessert; die Rechtsparteien haben sich auf blinde Kritik aller notwendigen Maßnahmen beschränkt; 1932 wäre die Durchsetzung der meisten außenpolitischen Forderungen auf dem Verhandlungsweg möglich gewesen.

NS-Diktatur: Die Verfassungsänderungen unter der Diktatur sind durch Betrug und Terror durchgesetzt worden und haben jede Grundlage der Rechtsstaatlichkeit zerstört; für die Regierungsbildung unter Hitler sind Ehrgeiz und Egoismus der Rechtsparteien verantwortlich; der Reichstag ist funktionslos geworden, ebenso die Wahlen. Die deutsche Volkswirtschaft ist unter den Nationalsozialisten ruiniert worden durch künstliche Kreditschöpfung und Rüstungsforcierung; die falschen Maßnahmen wurden ergriffen, um die eigene Popularität in der Bevölkerung zu steigern; die sozialpolitische Befriedungsstrategie bei gleichzeitiger Zerschlagung der Arbeiterorganisationen hat mit unhaltbaren Versprechungen gearbeitet und das Haushaltsdefizit vergrößert. Alle außenpolitischen Erfolge der Republik sind durch die Nationalsozialisten zerstört worden; was vor dem Krieg mit Drohungen durchgesetzt wurde, hätte auf dem Verhandlungsweg erreicht werden können; der Krieg ist von der Diktatur bewusst herbeigeführt worden, um von innenpolitischen Problemen abzulenken; die britisch-französische Appeasement-Politik hat die außenpolitischen Gewaltmaßnahmen der Diktatur unterstützt; die antisemitische Terror- und Ausrottungspolitik sowie die maßlosen Expansionsziele müssen zur deutschen Niederlage führen; die pure Machtpolitik des NS-Regimes muss scheitern an mangelnden Ressourcen, fehlendem Augenmaß und der Abwendung von allen moralischen Grundsätzen.

Von anderer Seite sind einige wenige Gedanken in kurzer Form gebracht, die wir alle unterschreiben können, ohne daß sich irgend einer etwas vergibt.[3] Darüber hinaus aber scheint eine Erörterung notwendig, welche die Aufgaben und die Art und Weise der Lösung dieser Aufgaben umreißt.

Was das Ziel betrifft, so dürfte folgende Formulierung keinen Bedenken begegnen: Höchstziel ist, alle Deutschen in einem Staate zusammenzufassen, der ihnen Freiheit im Innern, Sicherheit nach außen und die Möglichkeit der Erarbeitung höchstmöglichen materiellen Wohlstands und seelischen Glücks verbürgt.

Welche Aufgabe müssen wir lösen, um jenem Ziel näherzukommen? Die Antwort müssen wir aus der Welt der Erfahrung suchen. Uns stehen zur Verfügung die Erfahrungen, die wir selbst gemacht haben, die uns überlieferten Erfahrungen

---

3 Es konnte nicht ermittelt werden, auf welche Schrift sich Goerdeler hier bezieht.

unserer Vorväter und die Erfahrungen anderer Völker. Bei der Sammlung und Bewertung dieser Erfahrungen unterliegen wir selbstverständlich der Gefahr eines ungewollten Intellektualismus. Diese Gefahr wird um so geringer, je weiter der Überblick gespannt wird, d. h. je größere geschichtliche Zeiträume er umfaßt. Ein solcher, auf das alte Römerreich zurückgehender, Überblick ist hier nicht möglich. Wir müssen uns beschränken und wir können das, ohne jener Gefahr zu verfallen, indem wir nur die Geschichte seit der letzten Jahrhundertwende betrachten. Denn in dieser Epoche haben wir alle politischen Systeme mit Ausnahme der absoluten Monarchie arbeiten, haben wir alle wirtschaftlichen Systeme, die erdacht werden können, wirken gesehen. Ein solch umfassender Erlebnis- und Anschauungsunterricht ist bisher noch keiner Generation zuteil geworden. Ihn also können und müssen wir nutzen, um aus diesen Erfahrungen das herauszuholen, was eindeutig ist. Die Herausbildung unterschiedlicher Auffassungen, die Fruchtbarmachung ihres Ringens, die Ausschaltung verderblicher Folgen politischen Meinungskampfes können wir dann getrost der Zukunft überlassen.

Der Entwicklungsablauf seit der Jahrhundertwende läßt sich für uns Deutsche in drei Abschnitte einteilen: 1. Abschnitt: das kaiserliche Deutschland, 2. das republikanische Deutschland, 3. das Diktaturdeutschland.

Was diese drei Epochen lehren, soll nur auf den Gebieten betrachtet werden, die mir wesentlich erscheinen. Es bleibt selbstverständlich unbenommen, die Untersuchung auf weitere Gebiete auszudehnen. Wir betrachten im folgenden 1. Verfassung, 2. Wirtschafts- und Sozialpolitik, 3. Außenpolitik, alle drei Gebiete so, wie sie in den drei Epochen sich uns darstellen.

I. Das kaiserliche Deutschland

1. Verfassung

Die Bismarck'sche Verfassung litt an einigen Unklarheiten, die aus seiner Zeit und seiner Person heraus verständlich sind.[4]

a) Unklar war die Stellung des Kaisers. Jedes Gesetz bedurfte seiner Unterschrift. Auf der anderen Seite genügten für ein Gesetz übereinstimmende Beschlüsse von

[4] Die folgende Auflistung der verfassungsrechtlichen Probleme des Kaiserreichs ist sachlich korrekt: Die Gesetzgebungskompetenz war konkurrierend; die Regierung war nicht dem Reichstag, sondern über den Reichskanzler dem Kaiser verantwortlich; das Mehrheitswahlrecht war demokratischer als das Wahlrecht zum britischen Unterhaus; die kommunale Selbstverwaltung war ein wichtiges Element der Verfassung und eine liberale Nische im Obrigkeitsstaat. Goerdelers konservative Grundhaltung offenbart sich mehr in seinen Auslassungen, als in seinen expliziten Bewertungen: Nicht erwähnt wird von ihm die Funktionalisierung der Selbstverwaltung zur Abwehr weitergehender demokratischer Forderungen und die Instrumentalisierung des Föderalismus gegen die Forderungen nach einer Parlamentarisierung des Reiches; die Dominanz Preußens und der Stellung von Bürokratie, Militär und Diplomatie außerhalb der Kontrollbefugnisse des Reichstags. Vgl. Thomas Nipperdey: Deutsche Geschichte 1866–1918, Bd. 2: Machtstaat vor der Demokratie, Sonderausg. München 1998, S. 85-140.

Bundestag und Reichstag. Eine ganze Literatur ist darüber entstanden, ob also der Kaiser dritter Faktor der Gesetzgebung war. Die zweite Unklarheit in der Stellung des Kaisers ist bedeutsamer. Der Reichskanzler war nur ihm verantwortlich, nicht dem Reichstag. Es gab keine Reichsminister, sondern nur Staatssekretäre. Verfassungsrechtlich hatte also der Kaiser nur einen Berater, den Reichskanzler, von dem es abhing, ob er zur Beratung Staatssekretäre heranziehen wollte. Verfassungsrechtliche Verantwortung hatten sie nicht, denn sie waren des Reichskanzlers Untergebene. Diese Unklarheiten haben sich schließlich beim Fehlen einer Bismarck-Persönlichkeit besonders in der Außenpolitik ausgewirkt.

b) Der Reichstag hatte zwar eine klare gesetzgebende Gewalt, aber keine klare Verantwortung vor dem Volke. Er konnte wohl der Regierung sein Mißfallen aussprechen, aber sein Mißtrauensvotum brauchte keine Regierung zu erschüttern. Es blieb Sache des Kaisers, auf ein Mißtrauen des Reichstags hin den Reichskanzler zu wechseln. Damit wurde die Verantwortung des Kaisers in den Vordergrund gerückt, ohne daß sie verfassungsrechtlich begründet war.

c) Das Wahlrecht zum Reichstag sah Stichwahlen vor, wenn in einem Wahlkreis kein Kandidat die Mehrheit der abgegebenen Stimmen erreicht hatte. In England ist derjenige Kandidat gewählt, der die meisten Stimmen hat, selbst wenn er nicht die Mehrheit hinter sich vereinigt. Das kaiserliche Deutschland hatte also den Gedanken der Demokratie sehr viel folgerichtiger durchgeführt als England. Aber diese Folgerichtigkeit widersprach eben den Bedürfnissen der Praxis, sie war doch zu mathematisch. Sie zwang in Deutschland zum Kuhhandel zwischen den Parteien, um wenigstens in der Stichwahl den gewünschten Kandidaten durchzubringen. Dadurch wurde die klare politische Entwicklung der Parteien behindert.

Voll bewährt hat sich in dem Verfassungssystem des kaiserlichen Deutschland die Selbstverwaltung in Bundesstaaten für Provinzen, Kreise und Gemeinden. Sie blühte in einer die ganze Welt in Bewunderung versetzenden Klarheit. Irgendwelche nennenswerten Schwierigkeiten erwuchsen aus ihrer weitreichenden Zuständigkeit nicht; im Gegenteil, die Männer, die damals die Selbstverwaltung hochhielten und den Fortschritt in ihnen vorwärtstrugen, waren, ganz gleichgültig wo sie politisch standen, innerlich vom Reichsgedanken durchdrungen.

Im kaiserlichen Deutschland war jedem Deutschen die Freiheit der Person, des Gewissens, der Religion, des Geistes und der Rasse, war die Sicherheit des Rechtslebens, die Lauterkeit der Richter eine vollkommene Selbstverständlichkeit. Als in den 90er Jahren in der Kleinstadt Konitz in Westpreußen im Anschluß an die Ermordung eines Gymnasiasten, den Hitzige für einen Ritualmord eines Juden erklärten, Unruhen in der Bevölkerung gegen die Juden ausbrachen, wurde ein königlich preußisches Bataillon nach Könitz geschickt, um unter allen Umständen Übergriffe auszuschließen, Ruhe und Ordnung zu sichern.[5] Anstand und Sauber-

5 Ritualmord-Beschuldigungen waren um die Jahrhundertwende weit verbreitet im Deutschen Kaiserreich, ebenso wie in Russland, Polen und Österreich-Ungarn. Der Konitzer Mordfall

keit in der Verwaltung und im Verkehr der Menschen untereinander waren selbstverständliche Grundsätze. Aber die Regierung beging den verhängnisvollen Fehler, die politische und gewerkschaftliche Arbeiterbewegung zu bekämpfen und so die Idee des Klassenkampfes zu verschärfen und zu vertiefen. Statt daß er ihr Gelegenheit gab, an der Verantwortung teilzunehmen und sich auszurichten, machte er sie so zu Gegnern des Staates und stärkte ihre revolutionären Ziele.

2. Wirtschafts- und Sozialpolitik

Die wirtschaftliche Tätigkeit des Menschen war frei und freizügig. Europa konnte seine Waren, kaum durch Zölle behindert, nach Amerika, nach Asien, nach Afrika ausführen. Stockte der Warenverkehr, weil in irgendeinem Teile Europas vielleicht zuviel erzeugt wurde, so wanderten anstelle der Waren Menschen aus. Sie fanden überall in fremden Erdteilen Aufnahme. Vor solche harten Entschlüsse wurden die Menschen gestellt, weil der Staat von dem Grundsatz ausging, daß jeder für sich selbst zu sorgen habe. Jeder müsse die wirtschaftliche Tätigkeit wählen, von der er glaube, daß er mit ihr am weitesten vorwärtskomme. So wurde dem einzelnen auch das Risiko für die eigene Berufswahl überlassen. Ein Fehler war, daß die Bildungsmöglichkeiten zu sehr von den Besitzverhältnissen abhingen. Gewiß gab es für ganz besonders befähigte Kinder von Besitzlosen Stipendien und ähnliche Unterstützungen. Aber eine allen nach der Leistung zugängliche Bildungsmöglichkeit bestand nicht. Dieser Nachteil wurde zum Teil ausgewogen durch die Aufstiegsmöglichkeiten, die längerer Dienst in der Armee gewährte (Zivilversorgungsschein).[6]

---

erlangte jedoch besonders großes Aufsehen durch die von ihm ausgelöste reichsweite antisemitische Publizität. Die Ermordung des Gymnasiasten Ernst Winter am 11.3.1900 in der westpreußischen Kreisstadt Konitz führte zu einer antisemitischen Hetzpropaganda, die nicht nur von dem Berliner Verleger der antisemitischen „Staatsbürger-Zeitung", Wilhelm Bruhn, getragen wurde, sondern auch von führenden Vertretern kirchlicher Kreise, den Honoratioren der Stadt Konitz und weiten Kreisen der Einwohnerschaft. Obwohl die Untersuchung des Mordes ergebnislos blieb, die Ritualmord-Beschuldigungen als Gerüchte abgewiesen wurden, und der Hauptbelastungszeuge gegen den Verdächtigen – einem ortsansässigen jüdischen Metzger – wegen Meineids verurteilt wurde, kam es in der Folgezeit zu mehrfachen pogromartigen Ausschreitungen in Konitz. Deren Höhepunkt am 10.6.1900 eskalierte in der Zerstörung der Konitzer Synagoge und des Hauses des zu Unrecht beschuldigten Metzgers und führte schließlich zur Entsendung preußischer Truppen nach Konitz. Vgl. Helmut Walser Smith: Die Geschichte des Schlachters. Mord und Antisemitismus in einer deutschen Kleinstadt, Göttingen 2002.

6 Vgl. zum Berechtigungswesen S. 63, Anmerkung 9. Der Zivilversorgungsschein wurde an entlassene Unteroffiziere und Mannschaften ausgegeben, die sich durch langjährigen Heeresdienst eine Anwartschaft auf Anstellung bei Reichs-, Landes- oder Kommunalbehörden erworben hatten. Die damit implizierte Möglichkeit der Umgehung des Berechtigungswesens war jedoch minimal, da die Erlangung der Anwartschaft eingeschränkt wurde durch die Bedingung, dass Anwärter die erforderliche Befähigung nachweisen mussten.

Die Wirtschaftspolitik des kaiserlichen Deutschland baute auf der Überlegung auf, daß nicht nur der Wohlstand des einzelnen, sondern auch der der Allgemeinheit nur durch Leistung gefördert werden könne, und daß höchste Leistung wieder nur im Wettbewerb erzielbar sei. Die Wanderungsbewegung über die Erdteile hin ermöglichte den Ausgleich zu harten Kampfbedingungen durch Verschiebung der Lebensstandorte nach Gegenden, in denen die Lebensbedingungen besser erschienen. Durch diese Wanderungsmöglichkeit wurden auch politische Spannungen leichter ausgeglichen.

Dieser Wettbewerb war aber durchaus nicht zügellos, wie nach dem vom Nationalsozialismus erfundenen Schlagwort „liberalistisch"[7] angenommen werden könnte. Er war geordnet.[8] Einmal durch das Bürgerliche Gesetzbuch, das unlautere Handlungen für unwirksam erklärte, sodann durch das Gesetz gegen den unlauteren Wettbewerb, durch Konkursordnung und Strafgesetze. Auch im Herkommen namentlich des Handwerks waren hemmende Tendenzen vorhanden, weil die Innungen immer wieder sich bemühten, durch Abreden ihren Mitgliedern Mindestpreise aufzuzwingen. Eine weitere starke Hemmung des freien Wettbewerbs war durch Zölle und andere international gelegentlich einsetzende Sperrungen geschaffen. Deutschland hatte zum Schutze der Landwirtschaft und einzelner Industriepreise Zölle eingeführt, aber die Möglichkeit geschaffen, sie herabzusetzen, wenn dafür günstige Handelsverträge erhalten werden konnten. Die größte Hemmung aber trug der freie Wettbewerb in sich selbst durch den Zwang, mindestens soviel herauszuwirtschaften, wie man aufgewendet hatte, da nach der Konkursordnung mit Recht jeder für den Erfolg des Wirtschaftens verantwortlich war und seinen Gläubigern hierfür geradezustehen hatte. Die Konkurse waren damals im Vergleich zu der Entwicklung [seit] 1933 sehr häufig und übten eine heilsame Wirkung gegen hemmungslose Geschäftemacherei aus. Seit 1930 ist an die Stelle der Konkurse der Ruf nach Staatshilfe getreten, weil man sich daran gewöhnt hatte, für alle Wirtschaftspaniken nicht sich selbst, sondern den Staat verantwortlich zu machen.

Eine letzte Hemmung fand die Wirtschaft durch Selbsthilfe. Da, wo der Wettbewerb ihr zu hart erschien, versuchte sie Zusammenschlüsse zu seiner Eindämmung. Damit gebar sie selbst aus dem System des Wettbewerbs das Gegenstück: das Monopol. Diese Gefahr rief den Staat auf den Plan.

---

7 Vgl. zu dem Schlagwort „liberalistisch" S. 878, Anmerkung 6.

8 Die folgende Charakterisierung der Wirtschaftspolitik des kaiserlichen Deutschlands ist in ihren Grundzügen korrekt, jedoch geprägt von einer konservativen Idealisierung des 19. Jahrhunderts. So erwähnt Goerdeler nicht die langen Depressionsphasen zwischen 1873 und 1895, durch die die liberale Wirtschaftstheorie in Frage gestellt und der moderne Interventionsstaat eingeleitet wurde. Seine Vorstellung eines Bruches in der Wirtschaftspolitik während des Ersten Weltkriegs übersieht die Tatsache, dass es sich um einen weitaus langfristigeren Entwicklungsprozess handelte, der mit der Entwicklung vom Agrar- zum Industriestaat Hand in Hand ging. Vgl. Wehler, Gesellschaftsgeschichte Bd. 3, S. 618-700.

Im kaiserlichen Deutschland war der Staat weder Wirtschafter noch Planer. Er beschränkte sich darauf, die Rechtsordnung zu führen, heimische Grundlagen der Wirtschaft zu schützen und dadurch dem einzelnen wirtschaftenden Menschen klare Dispositionen über längere Zeiträume und lange Entfernungen hinweg zu ermöglichen. Die Sicherung [der] Währung erfolgte, indem die öffentlichen Haushalte unter allen Umständen im Gleichgewicht gehalten und die Schöpfung künstlicher Kredite abgelehnt wurden. Deutschland besaß keine Goldlagerstätten. Die Reichsbank konnte jede Summe in goldenen 10- und 20-Mark-Stücken bezahlen; weil das die Welt wußte, war die deutsche Währung wie die Währungen aller großen Staaten der damaligen Zeit unantastbar, sie hielten untereinander das Gleichgewicht.

Dies waren also die Hauptleistungen des Staates. Deswegen war aber das Wirtschaften dem Staat nicht fremd. Frühzeitig waren bereits Post und Eisenbahn, erstere auf das Reich, letztere auf größere Gemeinschaften von Bundesstaaten, übergegangen. Preußen hatte Bergwerke erworben und vermehrte diesen Besitz. Auch diese Bergwerke konnten dem Wettbewerb sich nicht entziehen, weil der Absatz von Kohle unter anderem auch davon abhing, zu welchem Preise die englische Kohle geliefert werden konnte. Daher konnten die preußischen Bergwerke keine höheren Preise erzielen als die privaten Bergwerke, daher konnten sie auch keine höhere[n] Löhne zahlen als diese. Sie konnten nur durch Verzicht auf Kapitalrente die Sicherheitseinrichtungen für die Bergleute erhöhen und ihnen eine leichte Verbesserung der Sozialrente, insbesondere der Altersversorgung gewähren.

Provinzen und Städte betrieben Gas- und Elektrizitätswerke sowie Straßenbahnen und ähnliche Unternehmungen. Auch sie waren dem Wettbewerb überantwortet. Er wurde ihnen erschwert dadurch, daß selbstverständlich die Belegschaften ihre politischen Freunde in den Parlamenten, in den Stadtverordnetenversammlungen usw. in Bewegung setzten, um bessere Arbeitsbedingungen aller Art zu erzielen. Es war ein ständiges Ringen um feste Anstellung, um höhere Löhne.

Wir haben festzustellen, daß die öffentliche Wirtschaft im kaiserlichen Deutschland sich dem Motor Wettbewerb nicht entzog, ja nicht entziehen konnte und im Interesse der Verbraucher auch nicht entziehen durfte, daß also der Wettbewerb auch für sie der Motor und der Zwangsregler blieb und daß aus der Verbindung zwischen diesen Tatsachen und den Erwartungen, mit denen die Belegschaft öffentlicher Betriebe erfüllt war, starke Spannungen bestanden. Auf dem letzten Städtetag des kaiserlichen Deutschland im Juni 1914 stand im Vordergrund der Erörterungen, ob die Gemeinden, um diesen Spannungen zu entgehen, nicht besser täten, die öffentlichen Betriebe zu verpachten oder vom Zwang des Haushalts zu befreien.

Das positive Ergebnis dieser Wirtschaftsepoche war nicht schlecht. Die Bevölkerung hat sich seit den Freiheitskriegen bis zum letzten Weltkrieg mehr als verdoppelt. Die Summe der Sparer hatte sich vervielfacht. Kein Zweifel, daß selbst der tüchtige, gehobene Arbeiter sein Sparkonto hatte.[9] Den ärgsten Wirkungen des Wirtschaftskampfes war die deutsche Sozialpolitik mit ihren Einrichtungen für den Krankheitsfall, für Invalidität und Überalterung, durch Gesetze zum Schutz von Frauen und Kindern zu Leibe gerückt.[10] Die Wohnungspolitik schob sich um die Jahrhundertwende in den Vordergrund. Städte und große Werke gingen dazu über, gesunde Arbeiterwohnungen mit Kleingärten zu schaffen; denn die Vermehrung der Bevölkerung hatte in einzelnen Teilen des Reiches untragbare Wohnungsverhältnisse geschaffen. Preußen schuf kurz vor dem Ersten Weltkrieg ein Wohnungsgesetz.[11] Selbst die hin und wieder auftretende Arbeitslosigkeit, deren Dauer und Umfang sich im Verhältnis zu derjenigen zwischen den beiden Weltkriegen in bescheidenen Grenzen hielt, rückte allmählich in das Blickfeld der Sozialpolitik. Der Gedanke einer Arbeitslosenversicherung nach Genter System wurde immer häufiger erörtert.[12] Es stand zu erwarten, daß auch ohne Weltkrieg eine solche Einrichtung schließlich durchgesetzt wurde.

---

9 Eine durchschnittliche Wachstumsrate der Bevölkerung von knapp 1 % zwischen 1817 und der Reichsgründung führte bereits in dieser Periode zu einer Verdoppelung der Bevölkerung; während des Kaiserreichs betrug die durchschnittliche jährliche Wachstumsrate sogar 1,3 % (vgl. Sozialgeschichtliches Arbeitsbuch I, S. 26-28, Tabelle 4).

10 Im Kaiserreich wurde bereits in den 1880er Jahren das erste moderne System der Sozialen Sicherung geschaffen: die Versicherungen von Arbeitern gegen Krankheit (1883), Unfälle (1884) und Invalidität (1889) bedeuteten im Gegensatz zur traditionellen Armenpflege einen individuellen Rechtsanspruch der Versicherten auf Leistung. Vgl. Gerhard A. Ritter: Entstehung und Entwicklung des Sozialstaats in vergleichender Perspektive, in: HZ 243 (1986), S. 1-90.

11 Bereits vor dem Kriegsausbruch, in einem Klima der Kriegsgefahr seit 1911, war die Bautätigkeit so stark gesunken, dass ein Mangel an kleineren Wohnungen herrschte. Der Kleinwohnungsbau litt an Finanzierungsschwierigkeiten, so dass Forderungen nach einer staatlichen, sozial orientierten Wohnungspolitik immer lauter wurden. 1913 wurde schließlich vom Reichstag eine Immobiliar-Kredit-Kommission eingesetzt, die sich mit der Beschaffung ausreichender Kredite für den Kleinwohnungsbau beschäftigte. Die Mangelsituation verschärfte sich während des Krieges, ohne dass von staatlicher Seite über provisorische Hilfsmaßnahmen hinausgegangen wurde. Erst im Frühjahr 1918 wurde das preußische Wohnungsgesetz erlassen, aufgrund dessen u.a. Enteignungsverfahren vereinfacht wurden und die Staatsregierung sich mit einem Betrag von 20 Mio. RM am Kleinwohnungsbau beteiligte (Wohnungsgesetz vom 28.3.1918; PrGS 1918, S. 23-37). Vgl. Preller, Sozialpolitik, S. 67 ff.

12 In der ostflandrischen Stadt Gent wurde 1901, ähnlich wie in einigen französischen Gemeinden vor der Jahrhundertwende, ein Unterstützungsprogramm für Arbeitslose konzipiert, das die Unterstützungsleistungen aus Gewerkschaftskassen mit öffentlichen Mitteln mit 50-70 % subventionierte. Der Vorteil für die Berufsorganisationen lag darin, dass einerseits Fluktuationen in ihrer Mitgliedschaft vermindert, andererseits ein zu starker Lohndruck durch Arbeitslose verhindert wurde; die öffentlichen Körperschaften konnten ihrerseits die notwendige Kontrolle den Fachverbänden überlassen. Die Popularität des Genter Modells hatte jedoch bereits vor dem Kriegsausbruch 1914 wieder abgenommen, da es auch bedeutende Mängel

Diesen positiven Ergebnissen der Wirtschaftspolitik standen selbstverständlich auch Unvollkommenheiten gegenüber. Die große Masse der Arbeiter mußte zu lange arbeiten, 10 und 12 Stunden am Tage. Ansprüche auf regelmäßigen Urlaub wurden stur abgelehnt, die Feiertage wurden nicht bezahlt. Es blieb ihr für Ruhe und ein geordnetes Familienleben keine Zeit, insbesondere trieben die Wohnverhältnisse vielfach die Familien auseinander. Es wurde fast nichts getan, um eintönige Arbeit zu beleben. Infolgedessen spielte der Alkoholgenuß zur Zerstreuung von Sorge und Unlust eine große Rolle. Die Unternehmer vertraten den Arbeitern gegenüber den Herrenstandpunkt. Der Arbeiter hatte seine Kraft und sein Können zur Verfügung zu stellen, erhielt dafür einen bestimmten, häufig nur mit ihm ausgemachten Lohn, und damit war das Verhältnis zwischen Kapital und Arbeit umschlossen. Die Folge war, daß der größte Teil der Arbeiter nur ein geringes Interesse am Unternehmen, an seiner Wirtschaftlichkeit, an den Schwierigkeiten, vor die es gestellt war, usw. nahm. Ebenso war ein Zusammenhalt zwischen Unternehmer und Arbeiter häufig überhaupt nicht feststellbar. Auffallend war nur, daß Unternehmer, die selbst aus dem Arbeiterstand hervorgegangen waren, vielfach einen sehr harten Standpunkt einnahmen und ihn damit erklärten, daß in allen Berufen die Mehrzahl der Menschen den Durchschnitt nicht überragten und daher durch eine gewisse Strenge zur Leistung angehalten werden mußten.

Die Sozialordnung wies Härten und Ungerechtigkeiten auf. Sie vermochte nicht, den steigenden Wohlstand in die breite Masse der Arbeiter dringen zu lassen, und ließ eine gesunde Weiterentwicklung der Besitzverhältnisse nicht zu. Die gewerkschaftlichen Zusammenschlüsse der Arbeiter wurden als ausschließliche Vertragskontrahenten für Lohnverträge nicht anerkannt. Der Staat beging den entscheidenden Fehler, die Bedeutung dieser Zusammenschlüsse zu verkennen und sich einzubilden, er könne eine Entwicklung aufhalten, die mit der Zusammenballung des Kapitals und der Arbeiter in Großbetrieben unvermeidbar war. So zwang er die Arbeiter, ihre Interessen politischen Parteien anzuvertrauen, deren Programm die Besserung des Loses der Arbeiter, die Durchsetzung demokratischer Verfassungsideen und den sozialen Ausgleich in die vorderste Linie rückte.

Nun beging der Staat den zweiten Fehler, diese Parteien zu bekämpfen und ihre Angehörigen von öffentlichen Ämtern auszuschließen. Damit setzte sich der Staat unverantwortlich und kurzsichtig dem Vorwurf aus, seine Einrichtungen nur bestimmten Schichten des Volkes zur Verfügung zu stellen und anderen zu versagen,

---

aufwies: Neben der Bevorzugung einzelner Arbeitergruppen – es hatten bei weitem nicht alle die Möglichkeit zur beruflichen Organisation – war ein weiteres Problem, dass nicht alle Gewerkschaften ihren Mitgliedern eine Arbeitslosenversicherung einrichteten; auf staatlicher Seite herrschten außerdem politische Bedenken gegen eine Unterstützung der Gewerkschaftsbewegung. Vgl. K. Kumpmann: Arbeitslosigkeit und Arbeitslosenversicherung, in: HdStW, 4. Aufl, Bd. 1, Jena 1923, S. 791-824 sowie Jens Alber: Vom Armenhaus zum Wohlfahrtsstaat. Analysen zur Entwicklung der Sozialversicherung in Westeuropa, Frankfurt/M. und New York 1982, S. 166 ff.

ja zum Kampf gegen andere einzusetzen. Er war es, der so auch von der wirtschaftspolitischen Seite her der Idee des Klassenkampfes Vorschub leistete. In diesen Kampf wurden nun alle Spannungen des politischen Lebens, der weltanschaulichen Bewegungen, der Religionen und der Konfessionen hineingezogen.[13] Sehen wir tiefer, so läßt sich nicht feststellen, daß dieser Kampf eine naturgegebene Folge des Wirtschaftssystems freien Wettbewerbs war, sondern daß er durch die schnelle Vermehrung der Bevölkerung, durch die Entwicklung der Technik die Zusammenballungen von Arbeitern und Kapital förderte, er war durch die Entseelung des Arbeitsprozesses wie durch jene Haltung des Bürgertums und des Staates bedingt, die sich der vollen Gleichberechtigung und der verantwortlichen Eingliederung der Arbeiter in Wirtschaft, Verwaltung und Verfassung zäh und vielfach total egoistisch versagten. Es lag aber damals nicht außer dem Bereich der Möglichkeit, daß es bei friedlicher Entwicklung höchst wahrscheinlich gelungen wäre, die Vorteile jenes Wirtschaftssystems zu erhalten und seine Nachteile durch Sozialpolitik und Anerkennung der politischen und wirtschaftlichen Gleichberechtigung der Arbeiterschaft in die Verantwortung auszugleichen.

3. Außenpolitik

Die Außenpolitik des kaiserlichen Deutschland war auf die Sicherheit der 1871 erreichten Stellung gerichtet. Als wichtige Tatsache verdient festgehalten zu werden, daß England den Kampf Deutschlands gegen Frankreich mit größtem Wohlwollen begleitet und das Ergebnis des Krieges begrüßt hat. Der Grund für diese Haltung Englands lag gewiß einmal in der Persönlichkeit der Königin Viktoria, deren Tochter mit dem damaligen deutschen Kronprinzen verheiratet war; aber viel wichtiger war, daß England diese Korrektur der Wiener Kongreß Arbeit vom Jahre 1815 für notwendig hielt, um ein dauerhaftes Gleichgewicht auf dem Kontinent zu erreichen.[14] Die Außenpolitik hatte sich ferner zum Ziele gesetzt, den

---

[13] Die beiden größten innenpolitischen Auseinandersetzungen in der Ära Bismarck betrafen die Rolle des Katholizismus und des Sozialismus. Beide Konfliktherde – sowohl der Kulturkampf 1871 bis 1887, als auch die Ära des Sozialistengesetzes 1878 bis 1890 – sind jedoch nicht ursächlich auf die „Idee des Klassenkampfes" zurückzuführen, wie Goerdeler es tut. Vielmehr waren sie Bestandteil des Ausbaus und der Konsolidierung des neuen Deutschen Reichs, das sich durch den internationalen Charakter von Katholizismus und Sozialismus bedrängt sah. Vgl. Nipperdey, Deutsche Geschichte, Bd. 2.

[14] Das britische Konzept eines Kräftegleichgewichts in Europa führte, entgegen der Interpretation Goerdelers, gerade zu einer Unterstützung der Beschlüsse des Wiener Kongress von 1815. In den Jahrzehnten nach dem Wiener Kongress begrüßte Großbritannien Reformen innerhalb des Deutschen Bundes als Stabilisierungsfaktor, wollte aber weiterreichende Änderungen hin zu einem nationalen Bundesstaat verhindern (vgl. dazu Wolf D. Gruner: Großbritannien und die Staaten des Deutschen Bundes im Vormärz, in: Wolfgang J. Mommsen (Hg.): Die ungleichen Partner. Deutsch-britische Beziehungen im 19. und 20. Jahrhundert, Stuttgart 1999, S. 44-64). Während des deutsch-französischen Krieges 1870/71 waren die britischen Sympathien stärker auf der preußischen Seite, da einerseits eine deutsche National-

wirtschaftlichen Kräften des deutschen Volkes freie Bahn und insbesondere der Unternehmungslust und überschüssigen Kraft Betätigungsmöglichkeit in Kolonien zu schaffen. Demgegenüber entwickelte sich in Frankreich selbstverständlich der Gedanke der Revanche; aber es scheint so, als ob er um die Jahrhundertwende seinen höchsten Punkt überschritten hatte. Allmählich mußten sich in Frankreich ruhigere Auffassungen durchsetzen, weil Frankreichs Volkskraft zu stark angeschlagen war und weil Frankreich ja auch starke Reibungsflächen mit England in Nordafrika hatte. Es bestand auch nach Meinung führender Franzosen die Aussicht eines Ausgleichs zwischen Deutschland und Frankreich und einer friedlichen Entwicklung der deutschen Großmacht zur Weltmacht. Diese Entwicklung wurde weiter durch die Tatsache gefördert, daß Rußland entweder im Fernen, Mittleren oder Nahen Osten den Ausgang zum freien Meer gewinnen wollte, und daß die panslawistische Bewegung und die russische Politik immer stärker nach dem Balkan trieb. In allen Richtungen aber traf Rußland auf lebenswichtige Interessen Englands, sei es in Ostasien, sei es in Persien oder im Schwarzen Meer.

So war für die deutsche Außenpolitik die Aufgabe klar und lösbar. Bismarck hatte sie erkannt, hat aber nicht dafür gesorgt, eine öffentliche Meinung zu schulen oder Nachfolger vorzubereiten, die diese Aufgabe ebenso klar erfaßten und die heraufziehenden Gefahren erkannten. Als 1890 der Rückversicherungsvertrag mit Rußland nicht verlängert wurde, hätte deutscherseits insbesondere mit der Gefahr der Isolierung gerechnet werden müssen. Hatte doch Rußland seit etwa 1876 bei gleichzeitiger Stärkung der panslawistischen Bewegung sich immer mehr Frankreich genähert. Diese Gefahr wurde aber nicht klar eingeschätzt und es wurde nichts unternommen, um ihr zu begegnen. Man mußte sich klar sein, daß man sich eine Isolierung nur kurzfristig gestatten konnte. Vor allem mußte erkannt werden, daß bei einem russisch-französischen Zusammenschluß alles von der Haltung Englands abhängen würde.[15]

---

staatsbildung eine europäische Stabilisierung zu versprechen schien, andererseits die hegemonialen Ambitionen Frankreichs mit Misstrauen beobachtet wurden. Vgl. Nipperdey, Deutsche Geschichte, Bd. 2, S. 55-75.

15 Die deutsche Außenpolitik unter Bismarck war seit der Reichsgründung 1871 auf eine Verständigung mit Österreich und Russland angewiesen. Aufgrund des österreichisch-russischen Gegensatzes auf dem Balkan konnte unter Bismarck ein prekäres Gleichgewicht nur durch die Einbindung des Deutschen Reichs in zwei Bündnissysteme aufrechterhalten werden. Auf der einen Seite stand der Dreibund zwischen Deutschland, Österreich und Italien (vgl. S. 497, Anmerkung 5), der gegen Frankreich und Russland gerichtet war; auf der anderen Seite stand der deutsch-russische Rückversicherungsvertrag von 1887, in dem sich die Partner Neutralität im Falle eines unprovozierten österreichischen oder französischen Angriffs zusicherten. Nach dem Wechsel des Kanzleramts von Bismarck auf Leo v. Caprivi im März 1890 wurde der Rückversicherungsvertrag mit Russland nicht erneuert. Die von Goerdelers Zeitgenossen vertretene These, dass Bismarcks Nachfolger durch außenpolitischen Dilettantismus das deutsche Bündnissystem und damit das europäische Gleichgewicht zerstört hätte, wird in der neueren Historiographie nicht bestätigt. Dass die Nichtverlängerung

Die Außenpolitik ist an allen diesen Entwicklungen und Möglichkeiten vorbeigegangen. Die Gründe sind wohl in folgendem zu erblicken:

a) In der Verfassung, die, wie erwähnt, weder dem Kaiser noch dem Reichskanzler, noch dem Staatssekretär des Äußeren, noch dem Reichstag klare Verantwortungen zugemessen hatte. Offenbar hat Bismarck hier zuviel vom eigenen Wesen in die Verfassung gegossen.
b) In der schillernden Persönlichkeit eines der Repräsentation durchaus fähigen, aber geltungsbedürftigen und der Zurückhaltung unfähigen Kaisers, der sich in den Vordergrund drängte und dem dies gestattet wurde, bis es 1911 sich als unerträglich erwies.[16] Da war es zu spät.
c) Daher erhielten unverantwortliche Ratgeber die Möglichkeit, Einfluß zu gewinnen.
d) Damit war die Gefahr geboren, daß man von der Erbschaft lebte, daß man es mangels klarer Verantwortung für Politik hielt, jedes übersehbare Risiko zu vermeiden, und dabei sich nicht bewußt wurde, daß man tatsächlich unübersehbare Risiken lief.

So wurden die Möglichkeiten einer grundsätzlichen Verständigung, sogar der angebotenen Bundesgenossenschaft mit England 1900, 1911 und 1913, versäumt. Man trieb gegenüber der Wahrscheinlichkeit einer Triple-Entente Vogel-Strauß-Politik, machte keine klare Rechnung der Machtmittel auf und ließ sich von einem schwächeren Bundesgenossen ins Schlepptau nehmen.[17]

---

des Rückversicherungsvertrags eine engere Bindung Russlands an Frankreich zur Folge haben würde, wurde in der Ära Caprivi durchaus gesehen, jedoch erhoffte sich die deutsche Diplomatie 1890 eine engere Bindung an England. Vgl. Nipperdey, Deutsche Geschichte Bd. 2, S. 426-470 sowie Rainer Lahme: Deutsche Außenpolitik 1890–1894. Von der Gleichgewichtspolitik Bismarcks zur Allianzstrategie Caprivis, Göttingen 1990, S. 81-115.

16 Hier dürfte sich Goerdeler in der Datierung geirrt haben; wahrscheinlich spielt er auf die Daily-Telegraph-Affäre vom Oktober 1908 an. In der britischen Zeitung wurden am 28.10.1908 eine Reihe von Äußerungen Wilhelms II. veröffentlicht, in denen er sich u.a. damit brüstete, einer der wenigen Englandfreunde zu sein und den Engländern im Burenkrieg zum Sieg verholfen zu haben. Der diplomatische Affront löste heftige Reaktionen im Ausland aus, und resultierte innenpolitisch in einer scharfen System- und Kaiserkritik. Selbst der Vorstand der Konservativen bat Wilhelm II. öffentlich um größere Zurückhaltung. Vgl. Nipperdey, Deutsche Geschichte Bd. 2, S. 734 ff.

17 Die Tripleentente war das Einvernehmen zwischen England, Frankreich und Russland, entstanden aus der englisch-französischen Entente Cordiale (1904) und dem englisch-russischen Vertrag von 1907. Von Großbritannien hatten um die Jahrhundertwende verstärkte Bündnissondierungen nach Deutschland stattgefunden; sie blieben jedoch ergebnislos und führten schließlich zu einer Umorientierung der britischen Außenpolitik. Die Bindung Großbritanniens an Japan (1902), Frankreich (1904) und Russland (1907) hatte diese Umorientierung, auch angesichts der als Bedrohung empfundenen deutschen Flottenrüstung, besiegelt. Vgl. ebd., S. 654-683.

Eine klare Außenpolitik wurde also überhaupt nicht mehr gemacht. Man ließ die Dinge immer größeren Risiken zutreiben und beschwor damit die Totalität des Krieges und entgegen den klaren Erkenntnissen von Clausewitz und den Erfahrungen von 1866 und 1870 das Übergewicht der militärischen Führung über die politische Führung herauf. Eine Betrachtung der Geschichte lehrt, daß totale Kriege sich stets dann entwickeln, wenn die Politik nicht total ist. Eine Politik, die alle Lebensbeziehungen eines Volkes zum Gegenstand und zum Ausgangspunkt ihrer Erwägungen und ihres Handelns macht, wird Entwicklungen vermeiden, die schließlich das Ringen in die Totalität ausarten lassen. Das ist eine eindeutige Lehre auch für uns.[18]

In der gleichen Zeit leitet England die zielbewußte Gliederung und Zusammenfassung seines Empire ein. Man scheut den Krieg gegen die Burenrepubliken und Schwierigkeiten nicht, trotzdem er ein Akt totaler Gewaltpolitik war, aber man ist 1911 klug genug, Südafrika den Status eines selbständigen Staates innerhalb des englischen Empire zu geben. Man leitet damit die gleiche Haltung auch gegenüber anderen Teilen des Empire ein und sichert sich so die Gefolgschaft des gesamten Empire für den Krieg. England bereitet sich für diesen Krieg durch diese und jene Abmachung mit Rußland und Frankreich vor, läßt Generalstabsbesprechungen stattfinden, bindet sich aber noch nicht, um die letzte Entscheidung in der Hand zu halten.

Der Erste Weltkrieg wurde von Deutschland nicht vorsätzlich herbeigeführt;[19] er entsprang auch nicht einem bösen Willen, sondern er hat seine Ursache auf deutscher Seite ausschließlich in mangelnder Vorsicht, in mangelnder Entschlußkraft, in bis zur Dummheit gesteigerter Naivität. Selbstverständlich wäre er 1914 zu vermeiden gewesen, wenn Deutschland nicht den unverantwortlichen Fehler begangen hätte, Österreich in und nach dem Ultimatum an Serbien zu lange Zeit zu lassen, anstatt zu verlangen, daß es einen ehrenvollen Ausgleich mit Serbien durch Teilnahme an der von England vorgeschlagenen Konferenz suche. Kein

18 Vgl. zu Clausewitz S. 770, Anmerkung 3; zu dem Schlagwort vom „totalen Krieg" S. 877, Anmerkung 4.

19 Die „Kriegsschulddebatte" war während der gesamten Weimarer Republik ein Politikum ersten Ranges, da die Stipulierung der deutschen Schuld am Ausbruch des Ersten Weltkriegs als Grundlage und Rechtfertigung für die Bestimmungen des Versailler Vertrags dienten. Als der Hamburger Historiker Fritz Fischer zu Beginn der 60er Jahre mit den traditionellen Untersuchungsmethoden über internationale Diplomatie und militärische Ereignisgeschichte brach und stattdessen innen- und machtpolitische Kontinuitäten in das Zentrum seiner Untersuchung stellte, entbrannte eine Debatte um Kriegsziele und Kriegsschuld des Deutschen Kaiserreichs. Bei der Betrachtung von Goerdelers Urteil auf dem Hintergrund der ihm zugänglichen Informationen (vgl. S. 878, Anmerkung 5) ist auffallend, dass er einerseits die Verletzung der belgischen Neutralität durch die deutschen Truppen nicht erwähnt, andererseits die deutschen innenpolitischen Verhältnisse als Mitursache am Kriegsausbruch betont.

Mensch weiß, ob dann der Krieg nicht später doch ausgebrochen wäre. Vieles aber spricht dafür, daß durch ein solches Zusammenwirken Deutschlands mit England eine lange Zusammenarbeit der deutschen und der englischen Politik eingeleitet worden wäre, die den Weltkrieg überhaupt verhindert hätte.

Ebenso klar ist heute, daß Rußland den Krieg wollte, um seine inneren Schwierigkeiten zu übertönen und ungehindert durch England auf den Balkan vorzudringen. Klar ist, daß Frankreich mit der Lockung liebäugelte, doch noch Revanche zu finden, und es daher unterließ, auf Rußland mäßigend einzuwirken. Klar ist endlich, daß die österreichisch-ungarische Regierung jedes Augenmaß verloren hatte und es am bequemsten fand, sich auf Deutschland zu verlassen. England versuchte zweifellos aufrichtig, den Frieden zu retten, konnte sich aber, da ein rechtzeitiger Entschluß Deutschlands ausblieb, nicht entschließen, öffentlich zu warnen und klipp und klar zu erklären, daß die Teilnahme Englands am Kriege durchaus in Rechnung zu stellen sei. Der Kenner der englischen Verfassung wird Lloyd George immerhin zubilligen müssen, daß er zu größter Vorsicht in seinen Erklärungen gezwungen war. Aber er kann sich ebensowenig dem Eindruck entziehen, daß er durch die Gestaltung der Generalstabsbesprechungen Rußland und Frankreich zur antideutschen Haltung ermutigt hatte. Ein Mann, der absolut klar die Lage überschaute und die Entwicklung richtig voraussagte, war der deutsche Botschafter in London, Fürst Lichnowsky. Aber gerade dem glaubte man nicht. Die deutsche Außenpolitik wird sehr treffend, vielleicht durch nichts treffender beleuchtet als durch den Vermerk, den der damalige Unterstaatssekretär im Auswärtigen Amt, Zimmermann, auf ein Telegramm des Fürsten Lichnowsky machte, das in den letzten Julitagen 1914 in Berlin einging und darauf hinwies, daß nach Greys Äußerungen Italien nicht an der Seite Deutschlands kämpfen würde: „Was geht *das* den Botschafter in Italien an?" Lebensfragen der Nation, deren falscher Beantwortung wir letzten Endes das verdanken, was heute ist, wurden also mit der Brille subalterner Zuständigkeitsprüfung betrachtet.

Übersieht man die unheimliche Folgerichtigkeit, mit der die Völker in den Ersten Weltkrieg trieben, so muß man zugeben, daß Präsident Wilson durchaus richtig fühlte, als er die Geheimdiplomatie verdammte.[20] Denn wenn alles das, was seit 1890 an Politik in den europäischen Kabinetten gemacht wurde, der Kontrolle der Öffentlichkeit und damit der Kritik ausgesetzt worden wäre, so wäre der Ausbruch des Krieges nach menschlichem Ermessen verhindert worden. Wir haben aus dieser Periode der Außenpolitik die Lehre zu ziehen, daß die großen Ziele der Außenpolitik auf lange Sicht festgelegt werden müssen, daß eine Grenze einzuhalten ist: Vermeidung der Machtgier; daß bei der Bemessung der Ziele mit absoluter

[20] Vgl. zu Wilsons 14 Punkten S. 665, Anmerkung 7; Punkt 1 besagte: „Offene, öffentlich abgeschlossene Friedensverträge. Danach sollen keinerlei geheime internationale Abmachungen mehr bestehen; sondern die Diplomatie soll immer aufrichtig und vor aller Welt getrieben werden" (vgl. Schultheß 1918/II, S. 559).

Nüchternheit Kräfte und Risiken richtig eingeschätzt werden müssen, daß unerbittlich klare Verantwortlichkeiten in der Führung der Außenpolitik sichergestellt werden müssen, und daß dies nur möglich ist, wenn über die Grundziele der Politik eine wahrheitsgemäße Unterrichtung der Öffentlichkeit stattfindet. Ebenso eindeutig ist die Lehre, daß die Durchführung der Politik nicht in allen Einzelheiten der Öffentlichkeit anvertraut werden kann, damit nicht die Demokratie die Entschlußkraft beeinflußt und schließlich auf ganz falsche Bahnen drängt, daß es also notwendig ist, die Durchführung einer dem Volke klargemachten Politik erfahrenen Männern anzuvertrauen, die in der Technik der Diplomatie bewandert sind. Daß aber auch diese Männer wieder unter eine handfeste Verantwortung gegenüber dem Außenminister gestellt werden müssen, der seinerseits diesem Kabinett verantwortlich ist, dessen Verantwortung vor dem Volk verfassungsmäßig festgelegt sein muß. Dabei wird man sich klar sein, daß alle noch so guten Regelungen nicht die letzten Gefahren ausschließen; ihnen kann nur durch die Wahl charakterfester Männer begegnet werden.

Diese Lehren werden durch die Entwicklung im Weltkrieg noch deutlicher unterstrichen. Unentschlossenheit, Unsicherheit, Hin- und Herschwanken zwischen Überschätzung der großen militärischen Siege und besserer Einsicht in das Verhältnis der Dauerkräfte der beiden Parteien, mangelnder Mut, das Volk auch über ernste Lagen und Gefahren klar zu unterrichten, wie es Gepflogenheit in England ist, ließen unter dem Eindruck der militärischen Erfolge politische Überziele ins Kraut schießen und in den leeren Raum des politischen Willens die Energien Ludendorffs eindringen. Ludendorff sah klar, daß die Frühjahrsoffensive 1918 den Endsieg nicht verbürgte, sondern vielleicht nur ermöglichte. In diesem Augenblick wäre es Pflicht der politischen Führung gewesen, einen Frieden ohne Sieg entschlossen vorzubereiten. Da die politische Führung fehlte und praktisch von Ludendorff übernommen war, so ist es ein Beweis absolut unpolitischer Haltung, daß er nach dem Scheitern der großen Offensive noch im Juli 1918 den Sturz des damaligen Staatssekretärs Kühlmann herbeiführte, weil dieser im Reichstag erklärt hatte, man müsse die Beendigung des Krieges mit politischen Mitteln erstreben. Zwei Monate später drang er mehrmals am Tage auf sofortige Herausgabe eines Waffenstillstandsangebots, trotzdem der in Aussicht genommene Kanzler Prinz Max von Baden immer wieder darauf hinwies, daß diese Übereilung voraussichtlich die verhängnisvollsten Wirkungen haben würde. Zur Unterstützung seiner Auffassung entsandte Ludendorff sogar einen Stabsoffizier in den Hauptausschuß des Reichstags, der diesen über die Notwendigkeit eines sofortigen Waffenstillstands aufklären sollte. Seine Ausführungen erregten Entsetzen; denn nichts war geschehen, um auch nur die Parteiführer auf eine so ernste Bedrohung der Dinge allmählich vorzubereiten.[21] Es steht fest, daß selbst die Parteiführer der

[21] Mit dem Führungswechsel in der Obersten Heeresleitung (OHL) im Sommer 1916 löste Hindenburg Erich v. Falkenhayn am 29.8.1916 als Chef des Generalstabs des Feldheeres

Linken damals die Nerven behielten und bereit waren, jedes Opfer zu bringen und jeden Weg zu gehen, sofern nur wahrhaftige Unterrichtung über die Lage und vernünftige, ruhige Überlegung sichergestellt würden.

Gewiß, es erscheint heute im Lichte der Gegenwart charaktervoll, daß Hindenburg und Ludendorff weitere Opfer für unverantwortlich erklärten. Aber ebenso klar tritt nun ihr politisches Denken in den Vordergrund. Eine so plötzliche Umkehr, eine so vermeidbare Enttäuschung mußte im Volke nach vier Jahren schwerer Opfer und höchster Entbehrungen das Gefühl einer vollkommen verfehlten Führung hervorrufen und selbstverständlich verhängnisvolle Rückwirkungen auch auf die Armee haben. Wie immer man darüber urteilen mag, ob die politischen Parteien, ob der Prinz Max von Baden und andere eine andere Haltung hätten einnehmen müssen, fest steht, Hindenburg und Ludendorff hatten in Verkennung psychologischer Wirkungen und außenpolitischer Möglichkeiten sofortigen Waffenstillstand mit blitzartiger Überraschung verlangt; Max von Baden hatte auf die Gefahr einer solchen plötzlichen Änderung der diplomatischen Technik hingewiesen; die beiden Heerführer bestanden auf dem sofortigen Waffenstillstand, auch als die Feinde in ihrer ersten Antwort politische Bedingungen aufgestellt hatten, die Max von Baden vorausgesehen hatte und deren Bekanntwerden verhängnisvolle Wirkungen auf das erschöpfte Volk haben mußte. Von nun an war mit revolutionären Empörungen eines falsch geführten Volkes mit Sicherheit zu rechnen. Man mag nun der Ansicht sein, daß der Kaiser, seine Berater, die politischen Führer usw. in der Lage gewesen seien, Meutereien und offenen Zusammenbruch zu vermeiden. Fest aber steht,

a) daß es dann an Fähigkeit und Willensstärke hierzu allen politischen Faktoren gefehlt hat und daß man der Rechten ebenso den Vorwurf machen kann, sinnlos

---

ab und mit ihm trat Ludendorff als Erster Generalquartiermeister an die Spitze der OHL. Zwar wurden damit weitreichende Änderungen in dem Verhältnis von politischer und militärischer Führung eingeleitet, jedoch ist die Bewertung Goerdelers, Ludendorff habe praktisch die politische Führung übernommen, übertrieben. Ludendorff trug zwar entscheidende Verantwortung für die Entlassung Bethmann Hollwegs (s.u., Anmerkung 27), konnte jedoch bei der Neubesetzung des Kanzleramts keinen Einfluss geltend machen. Nachdem Richard v. Kühlmann, der Staatssekretär im Auswärtigen Amt, am 24.6.1918 vor dem Reichstag darauf hingewiesen hatte, dass die militärische Lage von Deutschland Verständigungsangebote fordere, erreichte die OHL auch seine Entlassung. Nur drei Monate später, nach dem Zusammenbruch Bulgariens am 29.9.1918, forderte Ludendorff plötzlich selbst die Aufnahme von Friedensverhandlungen; das war zwar eine Kehrtwende gegenüber seinen bisherigen Verlautbarungen, aber konnte für halbwegs informierte Beobachter nicht völlig überraschend kommen. Innenpolitisch war Ludendorffs Entscheidung motiviert von dem Versuch, eine Revolution zu vermeiden sowie von dem Versuch, die Verantwortung für die Niederlage vom Militär auf die zivile Regierung abzuwälzen (vgl. dazu die Tagebuchaufzeichnungen des Obersten v. Thaer am 1.10.1918, abgedr. in: Gerhard A. Ritter; Susanne Miller (Hg.): Die deutsche Revolution 1918–1919, 2., erhebl. erw. u. überarb. Aufl. Hamburg 1975, S. 25-27).

lang Überforderungen vertreten zu haben, wie der Linken, revolutionären Entwicklungen nicht frühzeitig genug entgegengetreten zu sein;[22]

b) daß das Kriegsende nicht durch Dolchstoß von rückwärts, sondern dadurch herbeigeführt wurde, daß Hindenburg und Ludendorff übereilt, aber zu spät der veränderten militärischen Lage politisch Rechnung getragen haben und daß sie und die anderen befragten Heerführer im Oktober 1918 insbesondere nach dem Ausscheiden Österreichs, Bulgariens und der Türkei nicht in der Lage waren, den Politikern zu erklären, daß im Falle einer allgemeinen Volkserhebung die feindlichen Armeen vom Reichsgebiet ferngehalten werden können. Mit anderen Worten, daß nach menschlichem Ermessen die Niederlage unabwendbar war. Niemals wird entschieden werden können, ob im Falle einer Massenerhebung des Volkes und des Hineinzerrens des Krieges in den Winter 1918/19 vielleicht in Frankreich oder in England die Revolution ausgebrochen wäre. Wahrscheinlich aber ist es nicht; denn wenn die Gegner schließlich auf der ganzen Front im Vordringen waren, wenn sie gar die deutschen Reichsgrenzen erreichten, so mußte der zweifellos vorhandenen Kriegsmüdigkeit die von den Siegen und Erfolgen ausgehende Belebung der Stimmung entgegenwirken;[23]

c) daß Foch und Clemenceau in jedem Falle die Rheingrenze erstrebten und die totale Entwaffnung durchgesetzt hätten, die ja schon in der ersten Antwort Wilsons angedeutet war;[24]

---

22 Goerdelers Kritik richtet sich in erster Linie gegen die attentistische Haltung der Mehrheitssozialdemokraten angesichts der Abspaltungen der USPD. Auf der anderen Seite des politischen Spektrums hatten sich – ebenfalls 1917 – konservative Politiker mit Großadmiral Alfred v. Tirpitz und unter Federführung Wolfgang Kapps zur Deutschen Vaterlandspartei (DLVP) zusammengeschlossen, die durch lautstarke Propaganda für einen Siegfrieden und weitreichende Annexionen hervortrat sowie durch ihre vehemente Opposition gegen Parlamentarisierungsforderungen und Wahlrechtsreformen die innenpolitische Polarisierung verschärfte. Vgl. zur DLVP Heinz Hagenlücke: Deutsche Vaterlandspartei. Die nationale Rechte am Ende des Kaiserreiches, Düsseldorf 1997.

23 Die Dolchstoßlegende besagte, das deutsche Heer sei während des Ersten Weltkriegs im Feld unbesiegt geblieben und erst durch die innenpolitischen Unruhen in der Heimat zu Fall gebracht worden. Die Legende, von deutschen Zeitungen in Umlauf gebracht, von Hindenburg öffentlich vor dem parlamentarischen Untersuchungsausschuss der Nationalversammlung unterstützt und von Militärs begierig aufgegriffen, wurde in der Folgezeit von der politischen Rechten zur Denunziation der Weimarer Republik instrumentalisiert. Vgl. Manfred Vasold: Dolchstoß-Legende, in: Benz, Legenden, S. 59-61.

24 Die erste Antwort Wilsons auf das deutsche Friedensangebot vom 3.10.1918 war lediglich um Klärung der deutschen Intentionen und der Kompetenzen der neuen deutschen Regierung bemüht. In seiner zweiten Antwortnote vom 14.10.1918 wies Wilson dann darauf hin, „daß keine Vereinbarung von der Regierung der Vereinigten Staaten angenommen werden kann, die nicht völlig befriedigende Sicherheiten und Bürgschaften für die Aufrechterhaltung der gegenwärtigen militärischen Überlegenheit der Armeen der Vereinigten Staaten und der Alliierten im Felde vorsieht". Schließlich zitierte er seine eigene Forderung vom 4.7.1918:

d) daß Noske, Ebert und entschlossene Offiziere die Ordnung des Staates und die Interessen des Vaterlandes über alles gesetzt haben, als sie die spartakistische Bewegung niederschlugen;[25]
e) daß Hindenburg im Juni 1919 durch Groener jeden militärischen Widerstand im Falle der Ablehnung des Diktates von Versailles als aussichtslos bezeichnet hat.[26]

Laufen wir noch einmal den roten Faden objektiver Feststellungen entlang: eine unentschlossene, unfähige politische Führung hatte einen Leerraum geschaffen, in den die gewaltigen Energien eines Ludendorff bei der auf ihm liegenden Verantwortung eindringen mußten. Nunmehr wurde auf dem politischen Gebiet militärisch gedacht und gehandelt, nach den Gesichtspunkten des Befehlens, des Gehorchens und des reibungslosen Funktionierens einer glänzend aufgezogenen Organisation. Die Politik aber hat es mit Kräften zu tun, die sich nicht durch harte Disziplin allein bändigen und leiten lassen. Gewiß, brutale Energie vermag sie vielleicht, wie Clemenceau und Hitler beweisen, eine Zeitlang zu unterdrücken, aber wenn nicht

---

„Vernichtung jeder willkürlichen Macht, die für sich allein, heimlich und nach eigenem Entschluss den Frieden der Welt stören kann, oder wenn ihre Vernichtung jetzt nicht möglich ist, mindestens ihre Herabdrückung zu tatsächlicher Machtlosigkeit." (Der Notenwechsel zwischen Deutschland und den USA ist abgedruckt in Schultheß 1918/II, S. 608-618). Vgl. Klaus Schwabe: Deutsche Revolution und Wilson-Frieden. Die amerikanische und deutsche Friedensstrategie zwischen Ideologie und Machtpolitik 1918/19, Düsseldorf 1971, S. 88-226. Die französischen Forderungen gegenüber Deutschland entsprangen einer Mischung von Motiven, unter denen das sicherheitspolitische Bedürfnis der Militärs mit revanchistischen Motiven einiger Politiker zusammentrafen. Dass die linksrheinischen Gebiete schließlich nicht Frankreich zugeschlagen, sondern nach dem Versailler Vertag lediglich befristet besetzt wurden, war ein Ergebnis der britischen und amerikanischen Vorbehalte gegen die französischen Forderungen. Vgl. Raymond Poidevin und Jacques Bariéty: Frankreich und Deutschland. Die Geschichte ihrer Beziehungen 1815–1975, München 1982, S. 295-305.

25 Am 4. Januar 1919 entließ der preußische Ministerpräsident den Berliner Polizeipräsidenten Emil Eichhorn – ein legaler Schritt, da Eichhorn Mitglied der USPD war, die aus der provisorischen Regierung ausgeschieden war. Die Entlassung nahmen USPD, KPD und revolutionäre Obleute zum Anlass zu einer Protestdemonstration, die rasch eskalierte und zur bewaffneten Besetzung von regierungsnahen Zeitungs- und Verlagsgebäuden führte. Gustav Noske, der mittlerweile den Oberbefehl über die Berliner Regierungstruppen übernommen hatte, ordnete den Einmarsch der Freikorpsverbände an, obwohl der Kampf bereits entschieden war, die mit Hilfe der Regierungstruppen ein Blutbad anrichteten, deren erste Opfer Karl Liebknecht und Rosa Luxemburg waren. Luxemburg und Liebknecht, die Gallionsfiguren des Spartakusbundes und der KPD, in die der Spartakusbund Ende Dezember 1918 aufgegangen war, galten den nationalistischen Freikorpsoffizieren als Symbol der vielbeschworenen „Roten Gefahr". Vgl. Heinrich August Winkler: Von der Revolution zur Stabilisierung. Arbeiter und Arbeiterbewegung in der Weimarer Republik 1918–1924, Berlin ^{2}1985, S. 49-134.

26 S. Goerdelers Bericht über seine Tätigkeit in dem preußischen Abtretungsgebiet von Ende Juni 1919; Dok. 2.1.1, oben S. 191 ff.

rechtzeitig Ventile gezogen werden, so werden die zusammengepreßten Kräfte schließlich den äußeren Druck überwinden und explodieren. Der soldatische Führer darf vielleicht nicht während des Angriffs den Rückzug vorbereiten, gibt er doch damit schon zu erkennen, daß er an die Möglichkeit des Mißerfolges glaubt und muß er doch damit rechnen, daß diese Sorge sich auf Stab und Unterführer überträgt und die Angriffskraft lähmt. Der Politiker muß umgekehrt auch die Möglichkeit von Fehlschlägen in Rechnung stellen und für diesen Fall Auswege vorbereiten. Man bürdet also selbst dem bestdurchgebildeten Soldaten zuviel auf, wenn man von ihm richtige politische Führung erwartet. Selbst im Kriege hat der militärische Führer nur ein Teilgebiet des Geschehens zu vertreten. Die politische Führung muß dagegen, wie in England immer wieder mit so staunenswertem Erfolge bemerkt ist, die totale Verantwortung tragen. Sie kann sich daher manchmal peinlichen Notwendigkeiten nicht entziehen, die entscheidende Stimme zu beanspruchen, eine Notwendigkeit, um die selbst ein Bismarck zuviel Kraft hat verbrauchen müssen. Der Soldat erreicht historische Größe in Einordnung unter diese harten Notwendigkeiten. Den Politiker enthebt, wie Bethmann, kein Zurück der harten Verurteilung, wenn er sich entgegen der ihm obliegenden Verantwortung die Führung aus der Hand nehmen läßt. Edlere Charaktereigenschaften mögen das Urteil der Geschichte mildern. Hart bleibt es; denn unsere heutige Lage ist nicht zuletzt eine Auswirkung der Unentschlossenheit Bethmann-Hollwegs.[27]

Die teils gutgläubige, teils von blinder Parteiwut oder von getäuschten Erwartungen diktierte Verzerrung der politischen Entwicklung zum Dolchstoß hat das Verhältnis der deutschen Parteien untereinander vergiftet, die Wiederfindung inneren Gleichgewichts verzögert und uns außenpolitisch schwer geschadet. Sie hat die Gegner ermutigt, zu hohe, ja sinnlose Forderungen zu stellen; vor der gleichen Gefahr stehen wir heute. Auch dies muß uns eine Lehre sein.

II. Das republikanische Deutschland

Hitler hat vom Wesen und Wirken der deutschen Republik ein Zerrbild gegeben. Er hat Kübel des Schmutzes und der Beschimpfung über sie ausgegossen und damit die ehrliche Arbeit aller beleidigt, auch derjenigen, die nicht Republikaner waren, aber in der Not ihre besten Kräfte dem Vaterland und seinem Wiederauf-

---

[27] Theobald v. Bethmann Hollweg (1856–1921), deutscher Reichskanzler von 1909 bis 1917, arbeitete nach der gescheiterten Westoffensive auf die Entlassung Falkenhayns und dessen Ersetzung durch Hindenburg hin, von dessen Mythologisierung zum Kriegshelden er sich einen stärkeren Durchhaltewillen in der Bevölkerung versprach. Sein Sturz 1917 wurde maßgeblich von der OHL betrieben, nachdem er sich immer stärker für Wahlrechtsreformen eingesetzt hatte. Goerdelers Kritik an Bethmann Hollweg scheint, gerade angesichts Goerdelers eigenen Verweises auf die mangelnden verfassungsrechtlichen Kompetenzen des Reichskanzlers, ungerechtfertigt hart. Vgl. Fritz Fischer: Theobald von Bethmann Hollweg, in: Wilhelm v. Sternburg (Hg.): Die deutschen Kanzler von Bismarck bis Schmidt, Königstein/Ts. 1985, S. 87-114.

bau zur Verfügung stellten. Er, der das Volk von Bonzen vergewaltigen läßt, die Korruption in nie gekanntem Ausmaß begünstigt, donnerte seit 1933 jahrelang gegen Parteibuch und Mißwirtschaft des Welmarer Systems. Rufen wir uns die Wirklichkeit so objektiv wie möglich ins Gedächtnis zurück.

1. Verfassung

Die Verantwortlichkeiten des Reichspräsidenten, der Reichsminister und des Reichstages waren klar geregelt. Aber die des Reichstags standen auf dem Papier, weil in professorenhafter Gründlichkeit die Demokratie auf exakte mathematische Formeln gebracht war. Das Verhältniswahlrecht war zwar rechnerisch gerecht, bedingte aber große Wahlkreise und war in demokratischer Übergenauigkeit noch auf eine Reichsliste gesteigert. Diese Technik zwang die politischen Parteien, Programme und nicht Persönlichkeiten in den Vordergrund zu stellen, und dies in einer Zeit, wo es galt, aus Niederlage, Zusammenbruch und dem Vernichtungswillen Frankreichs, aus Zerrüttung von Wirtschaft und Finanzen, aus einem physisch, seelisch und sittlich geschwächten Volk höchste Leistungen herauszuholen. Die unausbleibliche Folge war die Entwicklung zur Demagogie; sie hob das Verantwortungsbewußtsein der Abgeordneten gegenüber dem Volke auf. Sie verleitete zu unerfüllbaren Versprechungen und zur Abwälzung der Schuld an der Nichterfüllung auf andere politische Parteien.[28]

Dazu kam, daß der Regierung keinerlei klare Führungsgewalten anvertraut waren, sondern nur die Ausarbeitung von Gesetzentwürfen und die Instruierung der Verwaltung. England, das nicht einmal ein demokratisches Wahlrecht hat, hat der Regierung wenigstens die unabdingbare Initiative auf dem Gebiet der Finanzpolitik vorbehalten. Im republikanischen Deutschland konnte die Regierung sich Führungsgewalt nur auf Grund einer Ausnahmegesetzgebung gemäß Art. 48 verschaffen. Solche außerordentliche Gewaltbeanspruchung unterliegt natürlich der Gefahr der Abnutzung.[29]

Angesichts dieser Konstruktion der Verfassung bleibt es ein Beweis besonders guten Sinnes des Volkes, daß es trotzdem gelang, die Verwaltung, gestützt auf wohlerzogenen sachkundigen Kräfte aus der Beamtenschaft, in Ordnung zu bringen, die Sicherheit des Rechts und die Sicherheit der persönlichen Freiheit wiederherzustellen. Daß es auf diesem Wege Entgleisungen und auch höchst unerfreuliche Vorgänge korruptiven Charakters gab, darf angesichts der Gesamtlage nicht wundern.

Charakteristisch ist auch in dieser Periode wieder, wie kräftig sich die Selbstverwaltung trotz äußerster Demokratisierung des Wahlrechts durchsetzte. Sowohl in den deutschen Ländern wie in den Gemeinden wirkte sie einmal der zentralisti-

---

[28] S. Goerdelers Argumentation zur Wahlrechtsfrage in seiner Denkschrift „Das Ziel"; Dok. 6.1.1, oben S. 873 ff.

[29] Vgl. zu den verfassungsrechtlichen Möglichkeiten, den Reichstag zu umgehen, S. 273, Anmerkung 3.

schen Entwicklung entgegen (einer Gefahr, der jede Demokratie ausgesetzt ist), dann aber auch in übersehbaren Bezirken dieser so weitgehenden politischen Parteizersetzung, wie sie im Reich als Wirkung des Verhältniswahlrechts sich bemerkbar machte. Ja sie hat ihren klaren Anteil an der Überwindung aller vom Reich wegführenden Bestrebungen und an der Erringung lokaler Einigkeit. Diese entscheidende Tätigkeit der Selbstverwaltung wird beeinträchtigt durch die Tatsache, daß man hier und da in den Großstädten großmannssüchtig wurde und die Sicherstellung finanzieller Art erschwerte.[30] Im großen ganzen hat sie einen gewaltigen Anteil an der Wiedergewinnung des inneren Gleichgewichts. Sie liefert zahlreiche Beiträge zur Modernisierung der Gesetzgebung und zur sozialen Beruhigung. In ihr wirkten eben traditionell gebundene Kräfte wie Heimatliebe, lebendige Interessen, Übersehbarkeit der Probleme den Wirkungen des Diktates von Versailles und der überspitzten demokratischen Verfassung entgegen.

Im allgemeinen können wir aus dieser Periode lernen, daß jähe Änderungen dem Staatsganzen gefährlich sind, daß es erforderlich ist, sie wie in England zu vermeiden und in steter Angleichung der gesetzgebenden Verwaltung an die fortschreitende Entwicklung die Lösung zu finden. Wir empfangen die Lehre, daß eine Regierungsgewalt auch in der Demokratie Führungsmöglichkeiten haben muß, daß das Wahlrecht nicht durch mathematische Genauigkeit unorganisch werden darf und daß Deutschland in der seinem Wesen gemäßen Selbstverwaltung im wesentlichen einen gesunden Träger seiner nationalen Einheit und seines sozialen Ausgleichs besitzt.

2. *Wirtschaft und Sozialpolitik*

Aus dem Ersten Weltkrieg wurde die Zwangswirtschaft übernommen.[31] An ihr mußte, da die Blockade fortgesetzt wurde, zunächst festgehalten werden. Aber die Zahl ihrer Anhänger wurde immer geringer. Der einzelne wollte seinen Bedarf nicht nur voll decken, sondern er erkannte auch häufig aus seinem eigenen Arbeitskreis heraus, daß zentrale Regelungen der Fülle der schöpferischen Möglichkeiten ebensowenig gerecht werden können wie der Durchsetzung des Erhaltungswillens des einzelnen in der Familie. Er bekam es allmählich satt, sich von prüfenden, z. T. unzulänglichen, häufig zum Versagen gezwungenen Beamten die Seele aus dem Leibe fragen zu lassen und kostbare Zeit zu vergeuden. Die Menschen wollten kaufen, wo es ihnen paßte, um dem Händler zu beweisen, daß sie nicht von seiner Laune und von seinem guten Willen abhängig seien. Die erstarkenden Konsumvereine wurden machtvolle Helfer zur Wiederherstellung des freien Wettbewerbs im Handel. Als 1921 die öffentliche Fleischbewirtschaftung aufgehoben werden sollte, hielten sie sich von dem Kampf der Gewerkschaften gegen die Aufhebung

---

[30] Vgl. zu der prekären finanziellen Situation Leipzigs zum Zeitpunkt der Amtsübernahme Goerdelers S. 88, Anmerkung 5.

[31] Vgl. zur Wirtschaftspolitik während des Ersten Weltkriegs S. 465, Anmerkung 2.

fern und behielten recht: Wenige Wochen nach Aufhebung konnte die Bevölkerung ausreichend mit frischem und preiswertem Fleisch beliefert werden. Überlegung erweist, daß mit freiem Handel zumindest eine lückenlose Planung der Produktion unvereinbar ist. Denn wenn der freie Handel, den die Bevölkerung aus eigenem Interesse wünschen muß, Stockungen in der Versorgung meiden soll, so müssen Klein- und Großhandel der Produktion gegenüber frei disponieren können. In der Industrie müssen wir in dieser Periode ein Drängen zum Zusammenschluß feststellen. Verschiedene Beweggründe veranlaßten die Industrie dazu. Es war selbstverständlich und wurde von den Gewerkschaften durchaus begrüßt, daß ihnen größtmögliche lückenlose Unternehmerverbände gegenübertraten. Der Kampf um den Absatz drückte die Preise. Es erschien bequemer, dem Wettbewerb auszuweichen und durch Zusammenschluß in Syndikaten oder Kartellen sowohl Zwischengewinne auszuschalten wie Preise zu halten. Indem einzelnen Unternehmern ihren Fabrikationen einen besonderen Standard verschafften, gelang es ihnen, dem Handel Preisbindungen aufzuerlegen und das System der überall gleichen Preise in immer steigendem Umfange durchzusetzen. Gehen wir auf die Ursache dieser ganzen Entwicklung zurück, so finden wir sie einmal in dem Hang der Menschen, die Staatsgewalt vor ihren Wagen zu spannen, um eigenen Anstrengungen überhoben zu sein, zum anderen in den wirtschaftzerrüttenden Auswirkungen des Diktates von Versailles.

a) Die unerträglichen und unbegrenzten Reparationsforderungen wurden von den Franzosen benutzt, um auf diesem Umweg die Rheingrenze durchzusetzen. Als Deutschland erklärte, gewisse Leistungen nicht mehr vollbringen zu können, besetzten die Franzosen und Belgier Anfang Januar 1923 das Ruhrgebiet. Der Regierung blieb nichts anderes übrig, als zur Waffe des passiven Widerstands zu greifen, damit aber auch die schnelle Vollendung einer vollkommenen Inflation in Kauf zu nehmen. Diese zwang schließlich zur Aufgabe des passiven Widerstands, weil alle wirtschaftlichen Funktionen, die in unserem Zeitalter der Arbeitsteilung ohne Geld, und zwar ohne währendes Geld, nicht durchzuführen sind, aufzuhören drohten. Tägliche Lohnzahlungen, die sofort in Ware umgesetzt werden mußten, waren das Kennzeichen der unerträglichen Lage. Die Aufgabe des passiven Widerstands ermöglichte die Schaffung der Rentenmark.[32] Sie ist

[32] Nachdem französische und belgische Truppen am 11.1.1923 das Ruhrgebiet besetzt hatten, weil Deutschland mit Holz- und Kohlelieferungen im Rückstand war, rief die deutsche Regierung unter Cuno den passiven Widerstand aus und hoffte auf eine Unterstützung durch die angelsächsischen Mächte, während sie innenpolitisch auf eine Einheitsfront aller politischen Kräfte gegen den äußeren Feind spekulierte. Die fatalen ökonomischen Folgen für Deutschland führten im Sommer 1923 zur Hyperinflation und dem Sturz der Regierung Cuno. Unter Gustav Stresemann wurde der passive Widerstand abgebrochen (26.9.1923) und durch die Ausgabe der Rentenmark am 25.10.1923 eine Währungsreform eingeleitet. Vgl. zum Mommsen, Verspielte Freiheit, S. 166-190 sowie Peter Krüger: Die Außenpolitik der Republik von Weimar, Darmstadt 1985, S. 183-218.

kein Wunder. Sie gab dem Geld in den unveräußerlichen Werten der Wirtschaft, insbesondere des Grundes und Bodens, die Stütze, an die das Volk glauben konnte. Sie wurde erkauft mit der weitgehenden Vernichtung des mobilen Sparkapitals. Eine andere Lösung konnte es damals, da Deutschland kein Gold hatte, nicht geben.

b) Das Diktat von Versailles hat die Weltverbindungen zerschlagen, die sich im 19. Jahrhundert als ein vom wirtschaftlichen Leben durchpulstes Netz von Adern organisch über alle Teile der Welt entwickelt hatten. Das Diktat von Versailles unterband die Adern und verhinderte so den Ausgleich im Tauschkreislauf der Güter und Leistungen.[33] Selbstverständlich und voraussehbar mußten die Folgen auch von den Siegerstaaten getragen werden. Allmählich erwies sich, daß auch ihnen durch die Unterbindung des Kreislaufs unmöglich gemacht war, ihre Kriegsschulden untereinander zu zahlen. Denn [an] das letzte Mittel der Schuldentilgung, der Übertragung der Vermögen in allen seinen Bestandteilen, wollte niemand herangehen. Die Wirkungen wären auch revolutionär gewesen, wenn z. B. England seine großen Investitionen in Fremdländern drangegeben hätte, deren Zinsen in Gold oder in Waren nach England flossen. Dann hätte England sich vor Not nur durch vermehrten Export zur Bezahlung seiner Einfuhrbedürfnisse retten können. Diese erhöhte Warenmenge aber war durch unterbundene Adern nicht herauszubringen. Infolgedessen schritt man in dieser Verwirrung zu allen nur denkbaren Hilfsmitteln, von denen jedes schließlich sich als Quacksalberei erweisen mußte. Deutschland, das unfähig war, die Reparationen zu tilgen, erhielt neue Kredite, bis 1929 das Voraussehbare eintrat, daß es nämlich die Zinsen und Tilgung dieser Kredite auch nur durch erhöhten Warentransport hätte vornehmen können und daß dieser Fluß bei unterbundenen Adern unmöglich war. Denn inzwischen hatten nun wieder die einzelnen Staaten, um Arbeit zu schaffen, sich gegen Wareneinfuhr durch Zollerhöhungen und durch andere Maßnahmen gesperrt. Die Unterbindungsstellen in den Adern wurden gewissermaßen noch durch dicke Stricke gefestigt und markiert.

Als weitere Folge gerieten die öffentlichen Haushalte immer mehr in Unordnung. Man hatte den Völkern der Siegerstaaten fast überall ein leichteres und besseres

[33] Die Krise der internationalen Handelsbeziehungen muss entgegen der Schuldzuweisung Goerdelers auf andere Ursachen zurückgeführt werden: Zum einen konnte die Europa einseitig bevorzugende Weltwirtschaft angesichts der politischen Emanzipationsbestrebungen in außereuropäischen Ländern nicht von Dauer sein; zum anderen waren die internationalen Handelsbeziehungen seit dem Kriegsausbruch 1914 als direkte Folge der Blockadesituation neu geordnet worden, so dass die Mittelmächte nicht mehr einbezogen waren. Vgl. William Woodruff: Die Entstehung einer internationalen Wirtschaft 1700–1914, in: Knut Borchardt (Hg.): Die Entwicklung der industriellen Gesellschaften, Stuttgart und New York 1985, S. 435-483 sowie Karl Hardach: Deutschland 1914–1970, in: Knut Borchardt (Hg.): Die europäischen Volkswirtschaften im zwanzigsten Jahrhundert, Stuttgart und New York 1980, S. 47-99.

Leben nach dem Kriege versprochen. Damit hatte man den Grundirrtum eingeleitet, daß es möglich sein könne, mit verminderten Leistungen der einzelnen höhere Leistungen der Allgemeinheit zu bewirken und unter Erhöhung der Lebensansprüche der Menschen noch Schulden des Staates zu tragen. So wurden die öffentlichen Haushalte mit immer mehr Lasten zugunsten der Staatsangehörigen aufgefüllt, während ihnen aus einer immer schwieriger werdenden Wirtschaft immer geringere Steuern zuflossen. Mit der einfachen Streichung der Schulden, wenigstens der Inlandschulden, wagte sich nur das bolschewistische Rußland hervor.[34] Die Staaten, denen an dem Wohlstand der einzelnen gelegen war, waren sich klar, daß solche gewaltsamen Schuldenstreichungen die Banken und Sparkassen außerstand setzen würden, die Ansprüche der Sparer auf Rückzahlung ihrer Guthaben zu erfüllen. Denn Banken und Sparkassen sind ja immer die Hauptbesitzer der Staatsschuldpapiere, in denen sie praktisch das Geld ihrer Sparer anzulegen gezwungen waren. Unausgeglichene öffentliche Haushalte haben aber stets zur harten Folge, daß die Staaten den Fehlbetrag mit künstlichen Krediten decken müssen, die sie entweder ohne Deckung bei den Banken nehmen oder zu denen sie ihre Noteninstitute zwingen. Dadurch wird der Umlauf an Metall-, Papier- und Buchgeld erhöht und schließlich außer Verhältnis zur verfügbaren Warenmenge gebracht. Dieser Verfall der Währungen bewirkt immer ein Steigen der Preise. Das Groteske jener Periode ist nun, daß fast von allen Staaten der Verfall der Währungen zum Mittel erhoben wurde, um die Wirtschaft zu sanieren, indem man durch Herabsetzung des Währungswertes die Exporte steigerte und die Augen davor verschloß, daß damit die Importe und die Auslandsschulden teurer wurden. Diese Quacksalberei war also zur Kurzfristigkeit in ganz besonders ausgeprägtem Maße verurteilt.

Andere Mittel wurden ersonnen. Industriezusammenschlüsse zur Ausschaltung des Wettbewerbs, zur Aufteilung der Märkte, internationale Kartelle zu gleichem Zweck, zur Einschränkung der Produktion, während die wahre Lösung lauten mußte: durch vermehrte Leistung die vergrößerte Produktion an mehrleistende und daher kaufkräftigere Abnehmer zu bringen, wozu allerdings politische Entschließungen notwendig gewesen wären. Da nun infolge der Aderunterbindung die Gefahr einer durchgreifenden Wanderungsbewegung der Menschen selbst an Orte mit besseren Lebensmöglichkeiten auftauchte, half man sich durch Verbot der Einwanderung. Dadurch kam es zur Aufstockung von unverwendbar erscheinenden menschlichen Arbeitskräften. Das Heilmittel suchte man nun in der Aufpäppelung von Industrie für die, wie zum Beispiel auf dem Balkan, oder in Südafrika oder in

[34] Während im Verlauf der russischen Revolutionen mehrmals erklärt worden war, dass alle Staatsschulden übernommen werden würden (vgl. dazu Schultheß 1917/II, S. 670 f. und S. 787), beschloss der Hauptvollzugsausschuss der Sowjets am 3.2.1918 die Annullierung sämtlicher Staatsschulden. Die ausländischen Anleihen wurden ausnahmslos annulliert; über private Anleihen bei russischen Staatsbürgern sollte individuell je nach deren Bedürftigkeit entschieden werden (vgl. Schultheß 1918/II, S. 416 f.).

Australien, die natürlichen Vorbedingungen fehlten. Alles Quacksalbereien, die zum Zusammenbruch führen mußten. Denn schließlich erkannte man, daß man sich auf dem Gebiete der Währungsabwertungen, der Exportunterstützungen usw. nichts mehr vormachen konnte und daß, wenn ein Staat heute eine dieser Maßnahmen ergriff, der andere sie morgen mit einer ähnlichen Maßnahme parierte. So mußte die Erkenntnis durchbrechen, daß politische Regelungen, nämlich das Diktat von Versailles, die organisch gewordenen Verbindungen und Entwicklungen des 19. Jahrhunderts jäh zerrissen hatten. Eine leichtfertige, von Leidenschaften getriebene Politik hatte es den Menschen unmöglich gemacht, ihre Bedürfnisse wie gewöhnt und wie verständig, mit den ihnen gemäßen, also geringsten Kräften da zu decken, wo sie am besten und wirtschaftlichsten erhältlich waren. Die Grundlagen der Wohlstandsentwicklung waren zerrüttet.[35]

Dazu hatte auch Rußland durch seine Politik der Staatswirtschaft das seine bereits beigetragen. Nichtachtend der Tatsache, daß die Leistungsfähigkeiten der einzelnen Menschen verschieden sind und daß die Gleichbehandlung aller Menschen zur Ertötung höherer Leistungsfähigkeit führen muß, hat es auf Kosten auch nur eines primitiven Lebensstandes seiner Staatsangehörigen den Moloch einer ausschließlich staatlichen Außenwirtschaft großgezogen. Statt der Versuchung zu widerstehen, diesem Moloch den Antimoloch gleicher Prägung entgegenzusetzen, bis Rußland den Gesetzen der Natur Rechnung zu tragen gezwungen wäre, gingen immer mehr Staaten dazu über, den russischen Markt durch Eingehen auf die russischen Gedanken zu gewinnen. Sie haben es mit dem weitgehenden Verlust ihres geistigen Eigentums an die wirtschaftliche Werteschöpfung bezahlt; denn die Russen trugen keine Bedenken, die empfangenen Maschinen auseinanderzunehmen und sorgfältig ohne jede Patentbeachtung nachzubauen.

So reifte etwa 1930 die Entscheidung heran, entweder wieder zu einer vernunftgemäßen, ausgleichenden, die Grundlage des Wirtschaftens und des Gütertausches sichernden Politik überzugehen und damit den wirtschaftlichen Kräften den Weg frei zu machen oder autarkisch die heimischen Retorten aufzuheizen, bis die wachsende Schuldenlast, die steigenden Kosten und Preise sowie der fortschreitende Mangel durch immer lückenlosere Planwirtschaft zu neuen gewaltsamen Auseinandersetzungen treiben mußten.[36] Denn darüber kann kein Zweifel bestehen, daß Staaten, die die Funktionen der wirtschaftenden Menschen auf ihre eigenen Schultern übernehmen, mit dieser unmittelbaren Veranwortung und Verflochtenheit in das Wirtschaften viel stärker die Dynamik zum Kriege in sich tragen als

---

[35] S.o. Anmerkung 8. Zu den Währungsabwertungen vgl. S. 317, Anmerkung 4; zu den nationalsozialistischen Exportsubventionen vgl. S. 393, Anmerkung 8.

[36] Goerdeler datiert den Wendepunkt der wirtschaftlichen Entwicklung mit der Einsetzung Brünings zum Reichskanzler am 30.3.1930; zu dessen Wirtschaftspolitik vgl. Goerdelers Rückblick auf seine Mitarbeit in der Reichspolitik zwischen 1931 und 1935 vom 9.7.1937; Dok. 2.3.7, oben S. 240 ff.

solche Staaten, die sich darauf beschränken, in der Rechtsordnung die Grundlagen für das Wirtschaften des einzelnen zu sichern, ihre Finanzen in Ordnung zu halten, damit ihre Währung vor Schwankungen zu schützen und so durch Einschaltung des Verantwortungsbewußtseins von Millionen Menschen weiteren Abstand von deren täglichem Geschehen zu gewinnen, den sicheren Blick für die wirklich notwendigen sozialpolitischen Ausgleichsmaßnahmen bewahren, ebenso auch der Anfechtung widerstehen können, in der ultima ratio die einzige Rettung zu sehen.

Die deutsche Sozialpolitik trug in jener Periode der Entwicklung der Wirtschaft Rechnung. Die Sicherheit der Arbeiter gegen Unterentlohnung, gegen Krankheit, Unfall, gegen Invalidität und Alter wurde verbessert, Kinderzulagen wurden allmählich eingeführt, aber nicht bis zu einer organischen Versicherungsgrundlage durchgeführt, die Gewerkschaften förderten diese Entwicklung, sich mit politischen Parteien zu machtvollem Wirken verbindend, in ihrer Tarifregelung weiter. Eine umfassende Arbeitslosenversicherung wurde aufgebaut, dabei aber übersehen, daß die Versicherungslasten in eine kommunizierende Verbindung mit dem Wirtschaftsprodukt gebracht werden müssen. Denn es ist offenbar eine ungesunde Entwicklung, wenn ein fallendes Wirtschaftsprodukt steigende Arbeitslosenlasten tragen muß.[37]

Erst allmählich gewann man die Klarheit, daß jede Belastung einer wirtschaftlichen Einheit, woher sie auch kommen möge, entweder den Gewinn schmälert oder die Preise erhöht oder von der Substanz zehrt. Wieweit die ersten beiden Wirkungen getragen werden können, entscheiden ausschließlich die arbeitenden, sparenden und kaufenden Menschen. Sie setzen bestimmte Grenzen, die auch der Staat nicht übersteigen kann. Die letzte Wirkung der Substanzverzehrung gleicht der eines Krieges, weil sie schließlich Arbeiten sinnlos macht. Daß diese Grenzen von einer befreiten und zum Handeln in einer Zeit der Verwirrung aufgerufenen Gewerkschaftsbewegung nicht von vornherein und immer erkannt, zugegeben oder beachtet wurden, ist um so selbstverständlicher, da auch weite Unternehmerkreise diese Zusammenhänge nicht sehen und würdigen wollten, weil die Folgen unbequem waren. Es war leichter, mit Hilfe politischer Einflüsse die Hilfe des Staates anzurufen. Daß dies letzten Endes nichts weiter war als die Inanspruchnahme des gesamten Volkes für Einzelinteressen, wurde gern übersehen. Es ist zur Ehre der 1933 so unwürdig von Hitler zu Boden getretenen Gewerkschaften zu sagen, daß sie in steigender Erkenntnis harter Tatsachen und Zusammenhänge ihren Mitgliedern außerordentliche Opfer im Interesse des gesamten Volkes zugemutet haben. Dieses Bewußtsein ist schwer errungen. Es mündet in der Erkenntnis, daß, je größer der Einfluß, um so klarer auch die Verantwortung gestaltet werden muß. Im Frühjahr 1932 standen wir vor der Auswertung dieser Erkenntnisse auch für die Lösung der Arbeitslosenfrage.[38]

---

[37] Vgl. zur Sozialpolitik zwischen 1930 und 1932 S. 298 ff., Anmerkungen 23 ff.

[38] Vgl. hierzu auch Goerdelers Beschreibung der erzwungenen Demission Brünings in seinem Rückblick von 1937 (Dokument 2.3.7); mit der „Lösung der Arbeitslosenfrage“ spielt Goer-

Man hat es den republikanischen Regierungen später zum Vorwurf gemacht, daß sie der Arbeitslosigkeit nicht stärker mit öffentlichen Arbeiten begegnet sind. Nichts ist ungerechter als dieser Vorwurf. Gewiß hätte Herr Schacht den republikanischen Regierungen die gleichen Möglichkeiten eröffnen können, wie er sie später Hitler zur Verfügung stellte. Aber dann wären zwei unvertretbare Nachteile erwachsen: einmal wären wir genau, wie es Hitler 1939 erreicht hatte, einer steigenden Entwertung der Mark im Verhältnis zur Außenwelt zugeeilt, weil wir die Mittel nur durch künstliche Schulden hätten aufbringen können, d. h. durch Vermehrung des Geldumlaufes. Wir hätten uns also genau wie Hitler durch immer größere chinesische Mauern abschließen und immer unwirtschaftlichere Autarkie betreiben müssen, ferner aber wäre es damit [nicht] möglich gewesen, die Reparationen 1932 zum Erlöschen zu bringen; denn nur die Tatsache, daß Deutschland mit aller Härte den Ausgleich seines öffentlichen Haushalts durchgeführt hatte und gleichzeitig auf die schweren Folgen auf seine Wirtschaft hinweisen konnte, ermöglichte den Beweis, daß jede Reparationsleistung durch Geld unmöglich war und daß Reparationsleistung in Ware von den anderen Völkern abgelehnt wurde, weil die Politik von Versailles auch ihnen Arbeitslosigkeit gebracht hatte.[39] Die richtige Lösung der Arbeitslosenfrage war nur zu finden mit der Hilfeleistung aller, die billigere Ware gleichbeibender Kaufkraft gegenübergestellt hätte. Um diese Erkenntnis zum Durchbruch zu bringen, bedurfte es aber längerer eindeutiger Erfahrungen.

Eine kurze Betrachtung gebührt noch der Entwicklung Rußlands in dieser Periode. Von 1917 bis etwa 1920 liquidierte es weitgehend die Intelligenz und führte eine Staatswirtschaft nach dem Grundsatz: jedem das Gleiche. Die Folgen waren im Zusammenwirken mit anderen Ursachen ausgedehnte Hungersnöte und bitteres Elend. Ab 1920 versuchte Rußland das Fehlende durch staatlichen Außenhandel hereinzubringen. Ab 1924 begann die neue innere Wirtschaftspolitik, gegründet auf die unabdingbaren Erkenntnisse, daß die Menschen das Beste nur leisten, wenn sie ihren Lebensstand von ihrer Leistung abhängig sehen. Die Löhne wurden durch Leistungsprämien gestaffelt. Damit ist, worüber kein Zweifel zulässig ist, durch das gewaltigste Beispiel, das die Geschichte gesehen hat, bewiesen, daß der reine Kommunismus zur Verelendung führen und an dem Lebenswillen der Menschen zerbrechen muß. Das russische Wirtschaftssystem ist seit 1924 mehr und mehr dem Kommunismus entglitten.[40]

---

deler wohl auf die Sozialabbaupläne des Reichsarbeitsministeriums im Frühjahr und Sommer 1932 an (vgl. dazu S. 323, Anmerkung 15).

[39] Vgl. zu dem reparationspolitischen Kalkül Brünings hinter seinen wirtschafts- und finanzpolitischen Maßnahmen Kapitel 2.3. Zu der Entwicklung der reparationspolitischen Bestimmungen zwischen 1918 und 1931 vgl. S. 524, Anmerkung 6.

[40] Die Periodisierung der sowjetischen Wirtschaftsgeschichte, wie Goerdeler sie vornimmt, ist im wesentlichen korrekt: Nach dem extremen Terrorregime der ersten Jahre der stalinistischen Diktatur wurde seit Ende 1920 das autarkistische Ziel aufgegeben; 1924 setzte die relativ liberale Neue Ökonomische Politik (NEP) ein, in der die industriellen Schlüsselsek-

3. Außenpolitik

Es ist kein Zweifel gestattet, daß hier die Größe der 1918 entstandenen Aufgaben, das Bewußtsein um die Existenz des Volkes zu ringen, und die demokratische Kontrolle offener Kritik zusammenwirkten, um alle Kräfte aufs äußerste zu steigern.

Uns allen erschien die Lage 1918 fast hoffnungslos, im Sommer 1919 verzweifelt.[41] Mit den Volksabstimmungen im Osten, also mit einem demokratischen Mittel, anvertraut einem gesunden heimattreuen Volk, begann die Starrheit sich zu lösen. Das unverminderte Streben Frankreichs nach der Rheingrenze brachte ferner Klarheit. Keine Regierung hätte die Besetzung des Ruhrgebietes im Jahre 1923 abwenden können.

Sie erzwang uns die Unterstützung Englands, dem ein Frankreich am Rhein viel zu stark erschien. Die dauerhafte Sanierung der Währung war ohne den Übergang vom passiven Widerstand zur Politik von Locarno nicht denkbar. Locarno brachte die Räumung der Ruhr und zerschlug Frankreichs Pläne einer englischen Garantie für ein französisch-polnisches Bündnis. Locarno führte England stärker an unsere Seite, machte uns überraschend schnell zum vollberechtigten Mitglied des Völkerbundes, brachte uns einen Sitz im Völkerbundsrat und führte zur vorzeitigen Räumung der Brückenköpfe am Rhein. Eine weitere Folge war die Begrenzung der bis dahin unbemessenen Reparationen im Dawesplan und ihre Bindung an bestimmte deutsche Einkünfte.[42]

Natürlich war eine Opposition im Interesse des Ganzen schon aus außenpolitischen Gründen nützlich. Aber sie hätte ehrenhaft bleiben müssen. Sie hätte den politischen Rednern die geschuldete Anerkennung nicht versagen und sich nicht zu persönlichen Verunglimpfungen hinreißen lassen dürfen. Ein weiterer Erfolg war es, daß nach drei Jahren im Youngplan eine Herabsetzung der Totalsumme der Reparationen sowie die Abschaffung der Kontrolleinrichtungen durchgesetzt wurde. Im Frühjahr 1932, knapp 14 Jahre nach dem Zusammenbruch, war Deutsch-

toren in staatlicher Regie blieben, aber kleine Privatunternehmen wieder gefördert wurden. Vgl. Alfred Zaubermann: Russland und Ostmitteleuropa 1920–1970, in: Borchardt, Volkswirtschaften, S. 213-244.

41 S. Goerdelers Bericht über seine Tätigkeit im preußischen Abtretungsgebiet von Ende Juni 1919; Dok. 2.1.1, oben S. 191 ff.

42 Zum Ruhrkampf s.o., Anmerkung 32; mit der „Politik von Locarno" wurde Deutschlands europäische Isolation beendet; durch mehrere Schieds- und Sicherheitsabkommen zwischen Belgien, Deutschland, Frankreich, Großbritannien, Italien, Polen und der Tschechoslowakei, am 1.12.1925 unterzeichnet, wurde u.a. die deutsche Westgrenze garantiert und entmilitarisiert. Die Locarno-Verträge bildeten die Voraussetzung für Deutschlands Aufnahme in den Völkerbund am 8.9.1926 sowie für die vorzeitige Räumung der letzten rheinländischen Besatzungszone. Auf den Haager Konferenzen im August 1929 und im Januar 1930 wurde der Übergang der Reparationsmodalitäten vom Dawes- zum Young-Plan sowie die Rheinlandräumung zum 30.6.1930 festgelegt. Vgl. Krüger, Außenpolitik, S. 295 ff.; 353 ff.; 495 ff.

land von allen Reparationen und Besatzungen frei, hatte es sicheres Recht und volle bürgerliche Freiheit für jeden Bürger wieder geschaffen, waren Finanzen und Verwaltung geordnet, war die Inflation überwunden. Mit nur 10 Mrd. Mark Schulden stand Deutschland an der Spitze aller Staaten vom Gesichtspunkt der Verschuldung aus.[43] Wir hatten kein Chaos, wir hatten keinen Bolschewismus, wir hatten einen Rechts- und Verfassungsstaat. Wer von uns hätte diese schnelle Entwicklung an der Wende der Jahre 1918/19 für möglich gehalten? Diese Leistungen wurden von den Rechtsparteien nicht anerkannt. Ihre Opposition war blind und kurzsichtig und sie verfiel der Demagogie.

Gewiß war nicht alles erreicht. Unsere Souveränität war belastet mit Beschränkungen der Wehrmacht. Wir hatten den Verlust von Elsaß-Lothringen, des polnischen Korridors und Oberschlesiens, von Eupen und Malmedy sowie der Kolonien zu tragen. Aber über diese Belastungen – Elsaß-Lothringen ausgenommen – wurde im Frühjahr 1932 verhandelt. Eine wesentliche Erhöhung des Bestandes der Reichswehr war in den Abrüstungsbesprechungen zugesagt; selbst Frankreich hatte in Aussicht gestellt, sich am polnischen Korridor zu desinteressieren. Aber die deutsche Regierung verlangte noch ein Entgegenkommen in der Kolonialfrage. Hätten alle Deutschen in nationaler Pflichterfüllung die Nerven behalten, wären nicht kurzsichtige und ehrgeizige Politiker in diesem Augenblick zum Teil aus höchst selbstsüchtigen Beweggründen der Regierung in den Rücken gefallen, so wären nicht nur diese Fragen einer friedlichen Endlösung, jedenfalls unter Vermeidung des Weltkrieges, näherzuführen gewesen, sondern es war auch möglich, dadurch und durch sinnvolle Opfer aller die Arbeitslosigkeit in schnellem Tempo ohne neue Riesenverschuldung zu beseitigen.[44]

Diese Periode unserer geschichtlichen Entwicklung seit der Jahrhundertwende kann tatsächlich aller Kritik zum Trotz ein wesentlich besseres Ergebnis der Außenpolitik aufweisen, als die Politik der letzten Jahrzehnte des kaiserlichen Deutschland. Es ist das Ergebnis einer an einem großen Ziel zäh festhaltender, von Verantwortungsbewußtsein klar und nüchtern blickender Männer getragenen, von der Öffentlichkeit kontrollierten und kritisierten Außenpolitik. Es ist von der von Leidenschaft und Demagogie (Wahlsystem) verzerrten Parteipolitik nicht rechtzeitig zur allgemeinen Anerkennung gebracht, sondern der Verzerrung ins Gegenteil ausgesetzt worden. Wäre die Kritik sachlich, also verantwortungsbewußt geblieben oder geworden, so hätte sich wahrscheinlich noch mehr erreichen, mit Sicherheit aber das Unglück der Hitler-Diktatur vermeiden lassen.

43 Die Angabe über den deutschen Schuldenstand ist korrekt; frappierend war jedoch in diesem Zusammenhang nicht der Stand der von Vorjahren übernommenen Schulden, sondern die rapide Herabdrückung ihrer Zuwachsrate und der Abbau von öffentlichen Auslandsanleihen (vgl. Tabellen 225 und 226 bei Hoffmann, Wachstum, S. 790 f.).

44 Vgl. zu der internationalen Verhandlungsbereitschaft und den deutschen Revisionsmöglichkeiten ausführlich Goerdelers Reiseberichte von 1937–39; Dok. 4.2.1 ff., oben S. 525 ff.

III. Die Diktatur

1. Verfassung

Hitler hatte feierlich erklärt, nur auf legalem Wege zur Macht kommen zu wollen. Äußerlich könnte es scheinen, als ob er wenigstens dies Versprechen erfüllt habe. Sachlich ist es nicht so. Wir haben ein großes Interesse daran, hier die Wahrheit festzustellen und die Verantwortung des deutschen Volkes ins rechte Licht zu setzen. Die Verfassungsänderungen, die Hitler die Diktatur verschafften, sind durch Unehrlichkeit, mit Betrug und Terror herbeigeführt worden. Zur Begründung der Diktatur brauchte Hitler die Ermächtigung des Reichstages, verfassungsändernde Gesetze auch ohne Zustimmung des Reichstages erlassen zu können. Es wird notwendig sein, die Vorgänge genau aufzuklären, die zur Berufung Hitlers zum Reichskanzler im Januar 1933 führten. Durch die innenpolitische Lage war diese Berufung nicht geboten. Der damalige Reichskanzler von Schleicher hatte die Möglichkeit, eine Regierungsmehrheit im Reichstag zu bilden, zumal sich ihm der Arbeiterflügel der NSDAP unter Strasser zur Verfügung gestellt hatte. Es waren eigene Interessen schlimmster Art (Nachprüfung der Osthilfe) und verletzter Ehrgeiz bestimmter Persönlichkeiten, die zu dem Kuhhandel der Regierungsbildung unter Hitler führten.[45] Schon im Februar begann die Ernüchterung unter einem Teil der sogenannten Politiker, die dieses Spiel mitgemacht hatten. Damals verfügte Hitler nicht über eine Mehrheit im Reichstag, die zu Verfassungsänderungen ausgereicht hätte. Insbesondere die NSDAP konnte nicht einmal die einfache Mehrheit stellen. Hitler löste daher den Reichstag auf. Er wurde Anfang März 1933 neu gewählt. Wieder gelang die notwendige Merheitsbildung nicht. Das deutsche Volk hatte sich damit selbst bei diesen Wahlen unter der Reichskanzlerschaft Hitlers klar gegen eine Diktatur entschieden. Nunmehr löste Hitler wenige Tage nach der Neuwahl die Kommunistische Partei auf. Hätte er, wie es

[45] Kurt v. Schleicher hatte gehofft, über eine Interessenallianz in der Arbeitsbeschaffungsfrage eine Querachse bilden zu können, die von den freien Gewerkschaften bis zur Strasser-Gruppe in der NSDAP reichen sollte. Sein Vorhaben scheiterte aber an dem Misstrauen, das ihm von der Arbeiterseite entgegengebracht wurde und an den Richtungskämpfen innerhalb der NSDAP. Strasser, der von Schleicher den Posten des Vizekanzlers angeboten bekommen hatte, beugte sich dem Veto Hitlers und legte dann alle seine Parteiämter nieder. Der Verlauf dieser Ereignisse war jedoch wenig bekannt in der Öffentlichkeit, und insbesondere die parteiinternen Auseinandersetzungen in der NSDAP wurden von Hitler in einer Form umgedeutet, die die tatsächlichen Vorgänge verschleierte. Auch hinsichtlich der Regierungsneubildung unter Hitler ist Goerdeler Gerüchten aufgesessen. Die umstrittene Osthilfe (vgl. zu deren Entstehung S. 291, Anmerkung 18) wurde von politischen Gegnern Hindenburgs dazu instrumentalisiert, ihn mit Korruptionsvorwürfen zu diffamieren. Goerdeler insinuiert hier, dass Hindenburg sich dadurch erpressbar gemacht und die Regierungsneubildung aus diesem Grund vollzogen hätte. Mit dem verletzten Ehrgeiz bestimmter Persönlichkeiten spielt Goerdeler auf Hugenberg an, dessen Koalitionsangebote von v. Schleicher brüsk zurückgewiesen worden waren. Vgl. Mommsen, Aufstieg und Untergang, S. 593-644.

der Sinn der Verfassung geboten hätte, die Auflösung vor den Wahlen vorgenommen, so hätten die Kommunisten ihre Stimmen anderen Parteien zugewandt, nur wenige wohl der NSDAP. Durch diesen Trick schuf Hitler verfassungswidrig die Mehrheitsverhältnisse im Reichstag. Da aber auch dieser Trick nicht genügte, so wurden bei der Durchsetzung des verfassungsändernden Gesetzes die anderen politischen Parteien unter dem Druck der SA und unter den Terror der Konzentrationslager gesetzt. Wie die Cromwellzeit beweist, bedarf ein Parlament, um organisch wirken zu können, der Freiheit der Stimmabgabe. Wird diese von der Regierung vorsätzlich behindert, so ist das Parlament nur noch ein Schein, aber nicht die in der Verfassung geforderte Einrichtung. Die im März 1933 erzwungene Abstimmung, die zur Verfassungsänderung führte, ist also staatsrechtlich ungültig und kann auf keinen Fall dem deutschen Volk zur politischen Verantwortung angelastet werden. Was seitdem an Wahlen und Volksabstimmungen vor sich gegangen ist, hat befohlener Fälschung unterlegen, ist also ebenfalls ein vielleicht in der Geschichte noch nicht dagewesener Betrug des deutschen Volkes und der Weltöffentlichkeit.[46]

Seitdem sind die Mitglieder des Reichstags nicht mehr gewählt, sondern in Wirklichkeit ernannt. Sie sind ein Zerrbild der Einrichtung geworden, die in jeder Verfassung einer Volksvertretung zustehen muß. In den Reichstagen finden nicht einmal mehr Beratungen statt, nachdem der Wille des Führers zum obersten Gesetz erklärt ist.[47] Eine Groteske, da ja niemand im Augenblick weiß, wohin der Wille

---

[46] Die beiden Parteien der am 30.1.1933 gebildeten „Regierung der nationalen Konzentration" verfügten nach den Reichstagswahlen vom November 1932 nicht einmal zusammen über eine Mehrheit (die DNVP vereinigte 8,9 %, die NSDAP 33,1 % der Wählerstimmen auf sich). Zu dem Zeitpunkt der Reichstagswahlen vom 5.3.1933 war bereits die sogenannte „Reichstagsbrandverordnung" in Kraft, und ein Großteil der KPD-Abgeordneten war verhaftet oder untergetaucht. Die KPD hatte mit nur knapp über 12 % empfindliche Verluste hinnehmen müssen, während die Regierungskoalition von NSDAP (43,9 %) und „Kampffront Schwarz-Weiß-Rot" (8 %) die absolute Mehrheit erreichte. Für die Verabschiedung des Ermächtigungsgesetzes war jedoch eine verfassungsändernde 2/3-Mehrheit erforderlich. Das notwendige Anwesenheitsquorum wurde vermindert, indem die 81 KPD-Mandate als nicht existent behandelt wurden. Kassiert wurden die KPD-Mandate allerdings erst nach der Annahme des Ermächtigungsgesetzes, am 31.3.1933. Die verfassungsändernde Mehrheit bei der Abstimmung wurde schließlich durch die Zustimmung der Abgeordneten der bürgerlichen Mitte erreicht, die sich einerseits dem NS-Terror beugten, andererseits zu dem Zeitpunkt auch noch auf ein Arrangement mit dem neuen Regime hofften. Vgl. zur Ausschaltung der KPD Heinrich August Winkler: Der Weg in die Katastrophe. Arbeiter und Arbeiterbewegung in der Weimarer Republik 1930 bis 1933, 2., vollst. durchges. u. korr. Aufl. Bonn 1990, S. 880-906; zu dem verfassungsrechtlichen Hintergrund der Wahlen und der späteren Volksabstimmungen Otmar Jung: Plebiszit und Diktatur: die Volksabstimmungen der Nationalsozialisten. Die Fälle „Austritt aus dem Völkerbund" (1933), „Staatsoberhaupt" (1934) und „Anschluss Österreichs" (1938), Tübingen 1995.

[47] Vgl. zu dem Übergang des Regierungsmonopols vom Reichstag auf Hitler S. 820 f., Anmerkung 21.

des Führers gerade gerichtet ist. Nicht das deutsche Volk ist hierfür verantwortlich zu machen, sondern diejenigen, die diese Entwicklung im Januar 1933 eingeleitet und wider besseres Wissen bei ihrer Aufrechterhaltung als Reichstagsabgeordnete oder hohe Funktionäre mitgewirkt haben. Rechtlich ist über die Verfassungsgeschichte dieser Periode lediglich festzustellen, daß sie der Gesetzlichkeit entbehrt. Dem verderblichen Grundsatz, der Wille des Führers ist oberstes Gesetz, wurde der noch groteskere gesellt: „Die Partei befiehlt dem Staate!“. Die Zusammenstellung allein zeigt den Unsinn. Aus der Vermählung dieser beiden Grundsätze konnten nur Zerstörung des Pflichtbewußtseins, Verwirrung, Überorganisation, Desorganisation und Korruption entstehen. Es genügt hier festzustellen, daß heute keine staatliche Behörde, kein Beamter mehr anzutreffen ist, die Autorität und Verantwortungsfreudigkeit besitzen. Anliegen der Bevölkerung an eine Behörde werden durch ein endlos erscheinendes Band von Dienststellen des Staates und der Partei, durch Erwägungen und Bedenken usw. hindurchgewunden. Ab und an treffen sie auf eine selbstbewußtere Persönlichkeit, die dann einfach so oder so durchhaut. Dieser Zustand erstreckt sich bis in das Gefüge der Wehrmacht. Er wird verstärkt durch die Kunst, die Hitler offenbar beherrscht: des Herrschens durch Zerteilung der Gewalten. Man kann immer wieder feststellen, daß einer gegen den anderen geschaltet ist.[48]

Unter solchen Umständen ist es nicht verwunderlich, daß das Ganze nur noch durch den Terror zusammengehalten wird, auf dem die Diktatur beruht. Der Terror wird nicht nur zentral gehandhabt; auch die kleinsten Parteifunktionäre erliegen der Versuchung, in den belanglosesten Angelegenheiten ihre Autorität durch Drohung und Denunziation durchzusetzen.

Es gehört zum Begriff des Terrors, daß er nicht nur mit dem Schwert der Freiheitsberaubung arbeitet, sondern daß ihm jedes Mittel recht ist. [Zu] der Aufhebung der unabhängigen Gerichtsbarkeit, der völligen Rechtslosigkeit des einzelnen, die da einsetzt, wo irgendein Parteiinteresse auf dem Spiel zu stehen scheint, [zu] der Zertrümmerung der Autorität des Staates gesellt sich so die Kopflosigkeit, der Mißbrauch der Gewalt zu persönlichem Vorteil, die Lüge. Alle Laster der Menschen haben die menschlichen Beziehungen, also auch die außenpolitischen, vergiftet. Kräfte aus allen Lastern der Menschen zusammengebraut, haben sich in allen Adern menschlicher Beziehungen also auch in die außenpolitischen ergossen.

Uns lehrt diese nicht nur in der deutschen Geschichte, sondern auch in der bekannten Weltgeschichte noch nicht dagewesene Entthronung jeder Moral, wo der Hebel anzusetzen ist, wenn man den Körper des Staates und des Volkes heilen will.

---

[48] Zur Frage der bewussten Ausnutzung des Prinzips divide et impera vgl. Ian Kershaw: Der NS-Staat. Geschichtsinterpretationen und Kontroversen im Überblick, Reinbek b. Hamburg ^{3}1995, S. 114-148.

2. Wirtschafts- und Sozialpolitik

Der Ansatz der Wirtschaftspolitik der Diktatur ergab sich aus der Lage 1933 und in jahrelang gemachten Versprechungen von selbst. Alle Erscheinungen, die damals das deutsche Volk irgendwie bedrückten oder beunruhigten, mußten den vorangegangenen Staatssystemen in die Schuhe geschoben werden. Alles, was diese Systeme Gutes in sich getragen oder gewirkt hatten, mußte verschwiegen oder so verzerrt werden, daß jede Tat der Diktatur als bessernder, wohltätiger Ausfluß der Weisheit und Tatkraft erschien.

Das Drückendste aber war die Arbeitslosigkeit. Sie war auch das Problem, an das man ohne die Diktatur nach Streichung der Reparationen herangehen wollte und mußte. Herr von Schleicher hatte sogar einen besonderen Reichskommissar zur Bekämpfung der Arbeitslosigkeit angesetzt. Da dieser zu dem an sich unrichtigen Mittel gegriffen hatte, nämlich durch Kredite Arbeit zu schaffen, da dies Mittel aber dasjenige war, das sich am bequemsten und mit schnellster Wirkung anwenden ließ, so mußte zunächst dieser Kommissar moralisch erledigt werden. Das geschah.

In dem äußersten Versuch, das Volk vor dem Schlimmsten zu bewahren, ist Hitler damals rechtzeitig darüber unterrichtet worden, welche richtigen Mittel anzuwenden gewesen wären, um der Arbeitslosigkeit zu Leibe zu rücken; insbesondere wurde ihm geraten, unter Erhaltung der Kaufkraft (des Tageseinkommens) die Arbeitsleistungen zu erhöhen, so daß einer gleichbleibenden Kaufkraft billigere Preise und mehr Ware entgegengetreten wären. Dadurch wäre Nachfrage und Absatz gesteigert worden. Er hat diesen unpopulär erscheinenden Weg, den das deutsche Volk zu gehen aber durchaus bereit gewesen wäre, verschmäht, um sich den Ruf eines gottbegnadeten Wundertäters zu verschaffen.[49] Er setzte die gewaltigste künstliche Kreditschöpfung in Bewegung, die die Welt je gesehen hat, und die die etwa gleichzeitig angekurbelte Kreditschöpfung in den USA (Roosevelts New Deal) noch übertraf. Die Reichsbank wurde veranlaßt, alle möglichen Wechsel, Staatsschuldscheine usw. aufzunehmen und entsprechende Geldbeträge zu schaffen. Wenn man sich auf öffentliche Arbeiten beschränkt hätte, die einen den Tilgungsnotwendigkeiten entsprechenden Ertrag, wenn auch auf lange Sicht, versprochen hätten, so wäre das Schlimmste verhütet worden. Aber die demagogische Lobhudelei: „Daß wir hier arbeiten dürfen, verdanken wir dem Führer!" verleitete dazu, vollkommen überflüssige, ja Luxusanlagen auf Kredit zu bauen. Erinnert sei nur an die vielen Millionen, die allein aufgewendet wurden, um im Dutzendteich von Nürnberg das Hauptgebäude für die Parteitagsveranstaltungen zu fundieren![50]

---

[49] Vgl. dazu Goerdelers Denkschrift zur deutschen Innenpolitik vom August/September 1934; Dok. 3.5, oben S. 342 ff.

[50] Zu den nationalsozialistischen Arbeitsbeschaffungsmaßnahmen vgl. S. 331 f., Anmerkung 1; zu deren Wechselschuldenfinanzierung S. 338, Anmerkung 12. Vgl. zu der New Deal-Gesetzgebung unter Roosevelt ausführlich Goerdelers Reisebericht aus den USA vom

Man kann nicht sagen, daß diese Kreditschöpfung technisch nicht meisterhaft geleitet worden wäre. Das wurde sie schon. Mit allen möglichen Mitteln wurde der steigende Geldumlauf, der im Verhältnis zur Menge der erzeugten Bedarfsgüter immer größer wurde, abgesogen. Insbesondere wurden die Banken veranlaßt, ihn nicht unmittelbar ins Publikum fließen zu lassen, sondern wieder Anlagen, insbesondere in der Rüstungsindustrie, dienstbar zu machen. Dabei aber wurde übersehen, daß auch diese Anlagen, wenn man die Dinge bis zum Schluß durchdenkt, immer wieder im Lohn für geleistete Arbeit entstehen, also, wenn auch langsam, so doch immer wieder neues Geld den einzelnen Menschen zu ihren Käufen zur Verfügung stellen. Man blendete die gern geblendete gedankenlose Intelligenz mit der konfusen „Entdeckung" vom Kreislauf des Geldes, verschwieg aber, daß Schulden und Geldumlauf stiegen, während die Menge der verfügbaren Verbrauchsgüter ständig zurückging. So traten mit eherner Naturnotwendigkeit folgende voraussehbare Wirkungen immer klarer in Erscheinung:[51]

1. Die Preise begannen zu steigen. Durch Wiederberufung des Reichskommissars für die Preisüberwachung mit weitgehenden Vollmachten mußte der Versuch gemacht werden, dem entgegenzuwirken. Der Reichskommissar aber mußte feststellen, daß die Fortsetzung der öffentlichen Verschuldung ihn schließlich wieder auf das System des Ersten Weltkrieges zurückwerfen würde; nämlich Höchst-

---

2.1.1938; Dok. 4.2.3, oben S. 547 ff. Die städtebaulichen Maßnahmen in Nürnberg wurden ergriffen auf der Grundlage des „Gesetzes über die Neugestaltung deutscher Städte" vom 4.10.1937 (RGBl. 1937/I, S. 1054f.). Wie in den anderen „Führerstädten" auch, wurden in Nürnberg eindrucksvolle Prestigeprojekte durchgeführt, ungeachtet der Finanz- und Wohnungsknappheit. Als „Stadt der Reichsparteitage" wurden in Nürnberg jedoch besonders gigantomanische Projekte geplant; die Finanzierung lag direkt bei dem Reichsfinanzministerium. Nach den Angaben des architektonischen Leiters Speer sollten die Kosten für das gesamte Parteitagsgelände zwischen 700 und 800 Mio. RM betragen. Auf der Basis des Neuordnungsgesetzes wurden Anordnungen erlassen, aufgrund derer die Nürnberger Synagoge enteignet und abgerissen, große Grundstücke dem „Zweckverband Reichsparteitagsgelände Nürnberg" zugeschlagen, und insbesondere die Verkehrswege um das projizierte Gelände herum vergrößert wurden. Das Gebiet nördlich des Großen Dutzendteichs, ursprünglich ein Wohngebiet, wurde ebenfalls dem Zweckverband zugeschlagen und sollte mit großen Prachtstraßen den Zugang zu den Aufmarschplätzen und der Kongresshalle erleichtern. Vgl. Gerd-Dieter Liedtke: NS-Stadtplanung, in: Helmut Beer, Thomas Heyden, Christian Koch, Gerd-Dieter Liedtke, Winfried Nerdinger und Alexander Schmidt: Bauen in Nürnberg 1933–1945. Architektur und Bauformen im Nationalsozialismus, Nürnberg 1995, S. 114-129 sowie die Darstellung bei Albert Speer: Erinnerungen, Frankfurt/M., Berlin und Wien 1969, S. 77-84.

[51] Der Primat der Rüstung vor der zivilen Versorgung im NS-Regime wurde durch die straffe Organisation des gewerblichen Mittelstands und der Landwirtschaft erleichtert (vgl. dazu S. 355 f., Anmerkungen 21 f. und S. 390, Anmerkung 6); die zunehmende staatliche Lenkung der Wirtschaft und ihre Ausrichtung auf die Aufrüstung erforderte wiederum zunehmende Eingriffe in die Preisbildungspolitik (vgl. dazu und zu Goerdelers folgenden Ausführungen zur Preispolitik die Dokumente 2.3.4 ff.).

preise festzusetzen, die schließlich im schwarzen Markt von immer höher gehenden Wogen überspült würden.

2. Sobald diese Wirkungen fühlbar wurden, mußten Beschränkungen des privaten Verbrauchs angeordnet werden. Sie begannen bereits 1935 beim Fettverbrauch und setzten sich 1936 beim Fleisch fort.
3. Das Steigen der Preise im Innern, das Absinken der Bedarfsgüterproduktion, mußte zu einem Sinken des Wertes der Reichsmark im Ausland und damit zur Erschwerung des Exports der immer teurer werdenden deutschen Ware führen. Um das System zu halten, wurden daher zu Lasten des Steuerzahlers zunächst die Erportzuschüsse gewährt, die den deutschen Preis auf den Weltmarktpreis senkten, aber immer höher werden mußten. Als sie allein nicht mehr ausreichten, mußte die Einfuhr, die immer höhere Mittel der sinkenden deutschen Währung beanspruchte, gedrosselt werden. Die Planwirtschaft fing an, in Staatswirtschaft auszuarten. Um aber wenigstens das Lebensnotwendige hereinzubringen, schloß man mit den Staaten, die eine gewisse Notwendigkeit empfanden, ihre Überschüsse wenigstens in Deutschland abzusetzen (Balkanländer) oder deutsche Erzeugnisse brauchten (Schweiz, Schweden), Tauschverträge ab, bei denen, um die Unterwertigkeit der Mark auszugleichen, weit höhere Preise bewilligt werden mußten, als durch den Weltmarkt sonst üblich.

Man muß sich mit aller Folgerichtigkeit klarmachen, daß dies der naturnotwendige Verlauf jeder Wirtschaftspolitik ist, die glaubt, Schwierigkeiten, insbesondere Vermögensverluste, d.h. Verarmung, mit dem Wundermittel der Schaffung künstlicher Kredite lösen zu können. Die naturgegebene einzig wirksame Lösung heißt: Mehrleistung. Welche technischen Mittel man auch anwendet, um die Folgen künstlicher Kreditschöpfung auszuschalten, sie durchbrechen jeden Cordon und belasten immer das Volk, das in der Gegenwart die Mehrarbeit scheut, mit Zukunftslasten und Entbehrungen. Immer wird die Lebenshaltung verteuert, sei es, daß man die Inflation offen sich entwickeln läßt, sei es, daß man Exportzuschüsse gibt, sei es, daß man die Chinesische Mauer errichtet: immer bleibt die Wirkung die gleiche und dem Volke schädlich. Sie wurde nur noch ins Groteske durch die im Eiltempo betriebene Aufrüstung gesteigert. Wer nicht alle Einzelheiten der politischen Vorgänge dieser Periode kennt, muß zu dem Zweifel kommen, ob die falsche Wirtschaftspolitik zur Rüstung oder die Aufrüstung zur falschen Wirtschaftspolitik getrieben hat. Die Frage ist aber uninteressant. Eine genaue Untersuchung dürfte dazu führen, daß das demagogische Bestreben, sich populär zu machen, zu den bequemen Mitteln einer falschen Wirtschaftspolitik getrieben hat, daß aber von vornherein auch ins Auge gefaßt war, durch Aufrüstung der Außenpolitik eine Stütze zu geben. Gesellt man dieser Feststellung die ungeheure Dosis Skrupellosigkeit hinzu, die sich sehr bald offenbarte, so kommt man zu der ferneren Schlußfolgerung, daß auch dieser Diktatur wie jeder ihrer Vorgängern in der Geschichte von vornherein der Krieg nicht nur als letztes Hilfsmittel, sondern als Ziel vorschwebte. Im Sommer 1939 war durch diese Wirtschaftspolitik der 1933 von der Republik hinterlassene Schuldenstand von 10 Mrd. auf 50 Mrd. Reichsmark gestiegen.[52] Die oben beschriebenen Wirkungen waren eingetreten und fingen an, offenbar zu werden. Man stand damals vor der Notwendigkeit zu einer scharfen und weite Gebiete erfassenden Rationierung und Preisfestsetzungen. Da man aber das Zwangswirtschaftssystem des Ersten Weltkrieges als Ausfluß vollendeter Unfähigkeit der Staatsregierung gebrandmarkt hatte, war man sich bewußt, daß eine Wiederholung durch den Brandmarkenden selbst seiner Diktatur einen Todesstoß hätte versetzen können. Was lag näher, als nun die unvermeidliche Zwangswirtschaft als weise Einleitung eines dem Volke als unvermeidlich dargestellten Krieges erscheinen zu lassen?[53]

Diese Wirtschaftspolitik in Verbindung mit der Aufrüstung hat zwei Maßnahmen, vielleicht mit unvermeidlichen Begleiterscheinungen, nach sich gezogen:

1. Die Nachahmung des so verhaßten und bekämpften bolschewistischen Systems, die Finanzgebarung des Staates nicht auf ein Jahr, den natürlichen Kreislauf der Natur, sondern auf mehrere Jahre abzustellen; ein Plan, der übrigens auch jetzt in England auftaucht.[54] Er ist sehr verführerisch, ermöglicht er doch, das

---

52 Die von der Reichsschuldenverwaltung beurkundete Reichsschuld betrug für das Rechnungsjahr 1933/34 11,8 Mrd. RM, für das Rechnungsjahr 1939/40 47,9 Mrd. RM (vgl. Statistisches Handbuch von Deutschland, S. 556).

53 Goerdelers Bewertung wird in der Historiographie bestätigt; vgl. z.B. die Schlussbetrachtung bei Deist u.a., Ursachen, die einerseits die Indienstnahme aller Maßnahmen des NS-Regimes für die Aufrüstung, andererseits die Eigendynamik der Aufrüstung selbst betonen.

54 Zu der deutschen Entwicklung vgl. Goerdelers Denkschrift zur Rohstoff-, Devisen- und Währungslage vom 17.9.1936; Dok. 3.8, oben S. 411 ff. sowie zu dem „Sozialwerk des Deutschen Volkes“ Dokument 4.2.1, Anmerkung 10. In Großbritannien wurde seit der Jahreswende 1940/41 eine Diskussion geführt unter dem Schlagwort „A Plan for a New Britain“, in der sich ein breiter Konsens herausbildete über Forderungen nach einer stärkeren staatlichen Sozialpolitik und nach weitreichenden Staatsinterventionen in das Wirtschaftsleben. Der zunehmende öffentliche Druck auf das britische Kabinett, ein „besseres Nachkriegsengland“ zu planen, konzentrierte sich in Großbritannien rasch auf den sozialpolitischen Bereich: William Beveridge, Protagonist der Reformbewegung, veröffentlichte im November 1942 seine Reformvorschläge zur Sozialversicherung, zwei Jahre später seine Empfehlungen zur Sicherung der Vollbeschäftigung. Gegenüber Kritikern, die auf ökonomische und finanzielle Probleme der Reformen hinwiesen, vertrat Beveridge die Auffassung, derartige Planungen seien nicht von Finanzierungsmöglichkeiten, sondern von Zukunftsvisionen abhängig. Vgl. sehr kritisch zu der britischen Entwicklung Correlli Barnett: The Audit of War. The Illusion & Reality of Britain as a Great Nation, London 1986, S. 11-51. Vgl. auch die zeitgenössische Kritik, die im wesentlichen der Goerdelers entspricht, bei Hayek, Weg zur Knechtschaft. Der Beveridge-Plan zur Reform der britischen Sozialversicherung wurde sehr negativ in der nationalsozialistischen Presse rezipiert, weil er als demokratische Konkurrenz zu Leys „Sozialwerk des Deutschen Volkes“ gesehen wurde. Vgl. dazu Karsten Linne: „Die Utopie des Herrn Beveridge“. Zur Rezeption des Beveridge-Plans im nationalsozialistischen Deutschland, in: 1999. Zeitschrift für Sozialgeschichte des 20. und 21. Jahrhunderts, H. 4/1993, S. 62-82.

Gewissen der unabänderlichen Rechenkunst zu beschwichtigen, man gibt im ersten, zweiten, vielleicht auch noch dritten Jahr eines Vierjahresplans mehr Geld aus, als man den Bürgern aus ihren Arbeitsergebnissen fortnehmen kann, weil man ja im vierten Jahr alles ausgleichen könne. Am Ende des dritten Jahres macht man dann einen neuen Vierjahresplan und nimmt den Fehlbetrag mit in den neuen Plan hinein, so die Wirkungen des Selbstbetruges immer weiter steigernd. Es wäre unrichtig, behaupten zu wollen, daß Rußland mit diesem System Erfolg gehabt habe. Rußland hat einmal seiner Bevölkerung einen unglaublich tiefen Lebensstand zugemutet, einer Bevölkerung, die im übrigen unvorstellbar bedürfnislos ist; und Rußland ist ferner im Besitz reicher Goldvorkommen, die es ihm ermöglichen, selbst bei großen Fehlbeträgen in seinem Staatshaushalt in der Welt die notwendigen Importe mit Gold zu bezahlen. In Deutschland standen und stehen beide Möglichkeiten nicht zur Verfügung. Wir müssen uns immer gegenwärtig halten, daß wir alles, was wir einfuhren wollen, nicht mit Naturschätzen, sondern nur mit den der Natur und ihren Kräften durch Arbeit abgerungenen Erzeugnissen abtauschen können. Bei uns müßte daher die Wirkung einer den Selbstbetrug des Vierjahresplans sich schaffenden Planwirtschaft in der oben beschriebenen Richtung sich dauernd verstärken.

2. Das Kapital wurde immer mehr zusammengeballt und in immer größerem Umfange in die Hand des Staates gebracht. Denn was ist einfacher, als daß der Staat, der die Wirtschaft zunächst führt, dann stärkt, dann plant, schließlich die künstlichen Krechte, die er schafft, in Beteiligungen an Unternehmungen umwandelt, die durch jene ins Leben gerufen wurden! Daß in dem vom Staat mit eigenem Risiko wirtschaftenden Unternehmungen Lohn- und Lebensbedingungen für die Arbeiter irgendwie hätten besser gestaltet werden können als in reinen privaten Unternehmungen, ist auch in dieser Periode nicht feststellbar. Wohl aber drängt sich uns immer wieder die Frage auf, ob nicht der selbst wirtschaftende Staat das Volk in immer größere Risiken hineinführt und viel eher der Versuchung erliegen wird, die letzten Schwierigkeiten durch Verbindung von Macht und Wirtschaft äußerstenfalls durch Krieg zu lösen, als ein nur die Wirtschaft überwachender Staat.
3. Das Verantwortungsbewußtsein der Kapitalträger mußte zum Schweigen gebracht werden. Dazu waren die Erinnerungen an den Ersten Weltkrieg, an seine Wirkungen und insbesondere an Inflation denn doch noch zu stark, als daß diese gewaltigen neuen Kreditschöpfungen, von einzelnen besonders willfährigen Universitätsprofessoren als Finanzwunder bezeichnet, weitgehend großes Mißtrauen erweckt hätte. Selbst die kleinen Sparer begannen zu überlegen, ob es noch zweckmäßig wäre, Geld auf die Sparkasse zu bringen. Kaufleute und Industrielle stellten Überlegungen an, ob sie sich nicht durch große Lager gegen spätere Geldentwertung sichern müßten. In den Aufsichtsräten der Aktiengesellschaften wurden warnende Stimmen laut, gegenüber den Vorschlägen des Vorstandes, die Anlage immer mehr zu vergrößern und dazu immer neue Kredite aufzunehmen.

Dagegen mußte sich die Wirtschaftspolitik der Diktatur schützen. Das geschah auf vielfältige Weise: durch Zwangsanordnungen gegenüber Banken und Sparkassen, insbesondere dadurch, daß man es unterließ, das Volk selbst zur Zeichnung von Reichsanleihen aufzufordern, durch Einschränkung der Zuständigkeit und Verantwortlichkeit von Aufsichtsräten und Generalversammlungen.[55] An ihre Stelle wurden die sogenannten Betriebsleiter gesetzt, die man als Einzelpersönlichkeiten sich durch Zuckerbrot und Peitsche schneller in die Hand spielen konnte. Es ist sehr leicht, feststellen zu müssen, daß die Stärkung der Betriebsführer, die zumeist gar keine Kapitalbeteiligung an den von ihnen geleiteten Unternehmen haben, sehr viel plastischer gewirkt hat als der Einfluß der Kapitaleigner, wie er in Aufsichtsrat und Generalversammlung früher zu Worte kam. Jenes System der Verantwortung der Kapitaleigner führte eben zu einer Kontrolle, die ihrerseits der beste Nährboden für Freiheit und Verantwortungsbewußtsein ist. Das jüngst erlassene Gesetz des republikanisch-faschistischen Italien verläuft übrigens genau in der gleichen Richtung, nämlich einmal die kapitalistische Beteiligung des Staates auf der Grundlage künstlicher Kreditschöpfung des Staates gewaltig zu erhöhen, die Verstaatlichung immer weiteren Betrieben anzukündigen und die Betriebsführer praktisch als allein verantwortliche Träger der Wirtschaft zu erklären.[56]

Wir dürfen uns keiner Täuschung hingeben, daß diese Entwicklung mit eherner Folgerichtigkeit dabei endet, daß der einzelne Mensch, wie immer er auch tätig sein mag, überhaupt nicht mehr spart, weil er gezwungen sein würde, sein Geld dem Terror oder der Spiellust eines anderen anzuvertrauen, und daß der Staat in immer größerem Umfange gezwungen ist, durch Selbstbewirtschaftung, durch Schaffung künstlicher Kredite die unmittelbare Verantwortung für das Wirtschaften der Menschen zu übernehmen, durch diese Maßnahme aber auch gleich-

---

[55] Vgl. zur nationalsozialistischen Kreditpolitik und dem Zugriff auf Spareinlagen S. 395, Anmerkungen 11 f.; zum Aktienrecht allgemein S. 721 f., Anmerkung 24. Die faktische Emissionssperre, die mit der Genehmigungspflicht bei der Neuausgabe von Wertpapieren erreicht worden war, ließ sich nicht nur auf öffentliche Anleihen und Pfandbriefe anwenden, sondern kontrollierte de facto die Aktien- und Obligationsausgabe privater Wirtschaftsunternehmen. Vgl. Kroll, Weltwirtschaftskrise, S. 596 ff.

[56] Die faschistische Wirtschaftspolitik in Italien zielte im industriellen Bereich auf eine korporative Umorganisation, innerhalb derer die staatliche Rolle auf Kosten des privaten Unternehmertums ausgeweitet wurde. Dies erfolgte hauptsächlich durch eine Reform des Bankwesens, mit der seit 1936 privaten Kreditbanken die Darlehensvergabe an die Industrie verboten wurde. Die Unterstellung privater Investitionen in neue Industrieanlagen unter staatliche Aufsicht sowie die staatliche Rolle als Gläubiger und (Mit-) Eigentümer kreditschwacher Unternehmen führten dazu, dass der italienische Staat einen wachsenden Anteil der Industrie unter seine Kontrolle bringen konnte. Vgl. Sergio Ricossa: Italien 1920–1970, in: Borchardt, Volkswirtschaften, S. 175-212 sowie zur italienischen Kreditpolitik S. 698 f., Anmerkung 3.

zeitig den totalen Verfall der Wirtschaft, das immer weitere Sinken der Lebenshaltung anzukurbeln, bis der Krieg als einzig mögliche oder wirksame Maßnahme erscheint und mit dem Schlagwort „Kampf der Habenichtse gegen ihre Entrechter und Erdrücker!" eingeleitet wird.

Das ist der Weg, den auch die Wirtschaftspolitik der Diktatur beschritten hat und den sie folgerichtig so lange weitergehen muß, bis diese Politik sich an dem Lebenswillen der einzelnen Menschen totgelaufen hat. Auf dem Gebiete der Sozialpolitik hat die Diktatur selbstverständlich sich bemühen müssen, Verbesserungen zu schaffen. Sie erfolgte auf allen Gebieten der sozialen Versicherung, aber sie wurde aufgehoben dadurch, daß man den Arbeitern jede verantwortliche Mitwirkung an den Einrichtungen der Sozialversicherung immer stärker abnahm. Nachdem die ersten Wahlen zu den Vertrauensräten gezeigt hatten, daß die deutsche Arbeiterschaft nicht geneigt war, ihre Interessen politisch zu verkaufen, wagte man nicht, sie zu wiederholen. Auch hier hat die Diktatur den Weg gehen müssen, den sie zu ihrer Selbsterhaltung beschreiten mußte: Vernichtung jeder selbständigen Willensäußerung anderer. Gegenüber diesem Grundzug spielt die Zusammenfassung der verschiedenen sozialen Versicherungseinrichtungen und ihrer Verwaltung keine entscheidende Rolle. Da keine Zahlen veröffentlicht werden, da dem Arbeiter keine Rechnung mehr gelegt wird, läßt sich auch gar nicht übersehen, ob diese Zusammenfassung den Interessen der Arbeiterschaft mit Vereinfachung und Verbilligung gerecht geworden ist.

Der deutsche Arbeiter ist viel zu intelligent, um nicht längst gesehen zu haben, was man ihm nahm. Die Diktatur wieder war viel zu gut unterrichtet, um diese Verstimmung in der Arbeiterschaft zu übersehen. So griff sie zu den verschiedensten Mitteln, um dem Arbeiter Sand in die Augen zu streuen. Die Bewegungen „Schönheit der Arbeit" und „Kraft durch Freude" sollten ebenso wie die Vorspiegelung der nachweislich undurchführbaren Hoffnung, daß in Deutschland jeder Arbeiter seinen Wagen haben könne (man denke an die monatlichen Ausgaben dafür!) die vollkommene Entrechtung des Arbeiters verschleiern.[57] Alle diese Mittel wurden ersonnen und zu einem Bruchteil der Arbeiter auch in die Tat umgesetzt. Daß diese Veranstaltungen sich nicht selbst finanzieren können, liegt auf der Hand. Es ist im Augenblick nicht bekannt, woher die Mittel hierfür genommen sind, ob die Partei sie aus ihren Beiträgen zur Verfügung gestellt hat oder der Reichshaushalt, oder ob Schulden gemacht wurden, oder ob die Organisationsbeiträge der Arbeiter-

[57] Mit der Entrechtung der Arbeiterschaft wird Goerdeler auf Maßnahmen anspielen wie die Zerschlagung der Gewerkschaften und dem Diebstahl ihres Vermögens durch die DAF (S. 730, Anmerkung 31), die Neuregelung der Arbeitsbeziehungen durch das Arbeitsordnungsgesetz (S. 384, Anmerkung 67), die nationalsozialistische „Berufslenkung" (S. 714, Anmerkung 20) und die Einfrierung der Löhne mit der Kriegswirtschaftsverordnung (Dokument 4.2.1, Anmerkung 12). Zu den Institutionen „Kraft durch Freude", „Schönheit der Arbeit" sowie zum Volkswagen vgl. S. 733, Anmerkung 33.

schaft dazu verwendet wurden; das kann nur eine spätere Untersuchung lehren.[58] Festzustellen ist lediglich, daß die Diktatur gewissenlos genug war, dem Arbeiter eine Lebensmöglichkeit vorzugaukeln, die nur sie ihm verschaffen könne, einer Lebensmöglichkeit, deren Verwirklichung selbst einem Mann mit sehr viel höheren Leistungsmöglicheiten und daher höheren Einnahmen angesichts seiner Familienverpflichtungen nicht möglich ist. Die Sozialpolitik der Diktatur hat dem deutschen Arbeiter wesentliche materielle Besserstellungen überhaupt nicht gebracht, im Gegenteil, sie hat ihm bestimmte Beträge wie die Beiträge zur Arbeitslosenversicherung, Zahlungen für den Volkswagen und sonstige Beiträge genommen, um mit ihnen Rüstungsarbeiten zu finanzieren. Sie hat ihm endlich jede Möglichkeit geraubt, an der Führung der Sozialpolitik und dem Ausbau der inneren Verwaltung der sozialpolitischen Einrichtungen mitzuwirken.

Abschließend müssen wir feststellen, daß die Wirtschaftspolitik der Diktatur trotz entscheidender Warnung und trotz klarer entgegengesetzter Vorschläge gerade die im Augenblick, aber auch nur im Augenblick wirksamen Täuschungsmaßnahmen ergriffen hat, die mit unentrinnbarer Folgerichtigkeit zur Verengung der Lebensmöglichkeit führen und schließlich entweder im wirtschaftlichen und finanziellen Zusammenbruch oder im Kriege enden müssen; daß sie die Allmacht der Generaldirektoren begründet und bei ihnen vielfach Charakterlosigkeit gefördert hat, die sich als höchst verderblich für das Wohl des Volkes erweisen wird, daß sie unterlassen hat, den Arbeiter wirtschaftlich zu bilden und ihn zum Spielball immer gigantischer werdender Kapitalzusammenballungen gemacht hat, denen jedes Gegengewicht verantwortlicher Mitwirkung der Kapitalbesitzer und der Arbeiter genommen wurde; daß sie unseren Außenhandel auf die primitivsten Stufen des Tauschhandels zu Lasten der Lebenshaltung des deutschen Volkes herabgeführt hat. Auf dem Gebiete der Sozialpolitik ist die Verantwortung der Arbeiter ausgeschaltet, sind sachliche Verbesserungen von Bedeutung nicht durchgeführt sind vielfach Scheinvorteile dem Arbeiter zugewendet, deren Vergänglichkeit sehr bald offenbar wurde, sind Versprechungen (Volkswagen, Wohnungen, KdF) gemacht, die nicht gehalten werden können.

3. Außenpolitik

Die Diktatur entwickelt sich auf diesem Gebiete vollkommen folgerichtig. Um die eigene Leistung als erste und einmalige in einer geradezu verblüffenden Naivität herauszustreichen, mußten die Leistungen aller früheren Perioden als erbärmlich hingestellt werden. Das ging so weit, daß selbst die Leistung Karls des Großen verunglimpft und zu willkommenem Anlaß genommen wurde, das Christentum als durch Gewalt dem deutschen Volke aufgezwungen zu kennzeichnen. Seit Jahren

[58] Die Finanzierung erfolgte zu einem Teil aus dem gestohlenen Gewerkschaftsvermögen, zu einem weitaus größeren Teil aus den Geldern des Winterhilfswerks; diese Mittelverschiebungen waren den Zeitgenossen nicht bekannt (vgl. auch S. 914, Anmerkung 54).

ist die Kritik Karls des Großen aufgegeben. Denn immerhin ließ sich nun einmal nicht leugnen, daß er die Grundlage für das spätere Deutschland geschaffen hatte. Den jüngeren Gestalten unserer Geschichte, Friedrich dem Großen und Bismarck, mußte man von vornherein eine gewisse Achtung zollen. Man fühlte, daß ein Angriff auf diese historischen Persönlichkeiten denn doch zuviel Mißtrauen erweckt hätte. Mit Bismarck fand man sich, einige Anerkennungen findend, ab, wenngleich er als Vertreter des verfluchten liberalistischen Jahrhunderts eine etwas unheimliche Erscheinung bleibt. Aus Friedrich dem Großen machte man sich die Figur zurecht, die man brauchte, um gerade die in Preußen auftauchenden Bedenken gegen die Solidität und Ernsthaftigkeit des Nichtpreußen Hitler zu beschwichtigen. Außerdem glaubte man, mit dieser Figur außenpolitisch einiges erreichen zu können, weil er ja immerhin der Verbündete Englands gewesen war. Der Tag von Potsdam war daher nicht nur durchsichtige innenpolitische Propaganda, auf alte Soldaten, insbesondere auf den Stahlhelm, Monarchisten und die Gefühle der Frauen abgestellt, sondern sollte auch die außenpolitische Wirkung haben und hat sie gehabt.[59]

Aber allen anderen politischen Schöpfungen der Vergangenheit ging die Außenpolitik der Diktatur sehr schnell zu Leibe. Mit dem Austritt aus dem Völkerbund im Herbst 1933 wurde praktisch der Vertrag von Locarno erledigt. Die Remilitarisierung der Rheinlande war der nächste Schritt, ihm folgte die Wiedereinführung der allgemeinen Wehrpflicht.[60]

Diese Maßnahmen waren die einer offenen, durch nichts verschleierten Absage an das Diktat von Versailles. Sie sind nicht zu beanstanden; sie hätten an sich das Verhältnis zur Außenwelt noch gar nicht zu erschüttern brauchen, weil die Welt reif war, die volle Wiederherstellung der deutschen Souveränität zu dulden. Frankreich wurde zwar stutzig und wollte gegen die Remilitarisierung der Rheinlande mit Gewalt einschreiten, England aber versagte sich einem solchen Schritt ganz offenbar, einmal in Fortsetzung seiner gegen eine zu große Erstarkung Frankreichs gerichteten Politik, andererseits wohl aber auch, weil es die Persönlichkeit des Diktators jahrelang vollkommen falsch eingeschätzt hatte. Es folgten diejenigen außenpolitischen Maßnahmen, deren Durchführung sich zwar nicht verheimlichen

---

59 Die Konstituierung des neuen Reichstags in der Potsdamer Garnisonskirche war 1933 auf den 21. März gelegt worden, dem 62. Jahrestag der ersten Reichstagssitzung nach der Reichsgründung 1871. In dem Festakt wurde durch das Treffen Hitlers mit Hindenburg am Grab Friedrichs des Großen eine Traditionslinie suggeriert, die alle vielbeschworenen preußischen Mythen und Tugenden mit dem Nationalsozialismus verbinden sollte. Im Nachhinein als „Rührkomödie" charakterisiert (so Friedrich Meinecke: Die deutsche Katastrophe. Betrachtungen und Erinnerungen, Wiesbaden 1946, S. 25), erfüllte der Festakt zu dem Zeitpunkt seinen Zweck, die national-konservative Regierungsfraktion in Sicherheit zu wiegen.

60 Deutschland war im Oktober 1933 aus dem Völkerbund ausgetreten. Zur Remilitarisierung des Rheinlands im März 1936 vgl. S. 449 f., Anmerkung 36; die Wiedereinführung der allgemeinen Wehrpflicht war bereits ein Jahr zuvor erfolgt, am 16.3.1935 (vgl. „Gesetz für den Aufbau der Wehrmacht"; RGBl. 1935/I, 1. Halbj., S. 375).

ließ, also offen erfolgen mußten, deren Vorbereitung aber mit allen Mitteln der Unaufrichtigkeit, ja sogar des Betrugs, erfolgte. Der Anschluß an Österreich wurde der Weltöffentlichkeit und dem deutschen Volk als ein Zusammenfließen übereinstimmender Volksmeinungen in Deutschland und Österreich dargestellt. In Wahrheit war jahrelang vorher in Österreich jedes Mittel, auch das des offenen Verbrechens (Ermordung von Dollfuß, Sprengstoffattentate usw.), angewendet worden, um die dem Nationalsozialismus abholde Mehrheit des österreichischen Volkes einzuschüchtern und um der österreichischen Regierung jeden Knüppel, den man finden konnte, zwischen die Beine zu werfen. Indem man vor der Öffentlichkeit mit Österreich einen dauernden Freundschaftsvertrag abschloß, der die Außenwelt beruhigen und der österreichischen Regierung die Meinung beibringen sollte, daß man Schlimmeres nicht plane, bereitete man mit den eben erwähnten Maßnahmen unter Aufwendung ungeheurer Bestechungsgelder, unter Heranziehung der unsaubersten Elemente in Österreich den Putsch von innen und den Einmarsch von außen vor.[61]

Die Vorgänge um den Freiherrn v. Fritsch veranlaßten den Diktator, die Entwicklung zu beschleunigen. Die tiefgehende Bewegung, die damals zumindest die Führer der Wehrmacht über das Vorgehen gegen Fritsch, erfaßt hatte, mußte durch einen großen außenpolitischen Erfolg übertönt werden.[62] Nunmehr wurde der österreichische Kanzler Schuschnigg unter Druck gesetzt. Er sah klar, stand aber angesichts der Übermacht Deutschlands und der Entschlossenheit des Diktators, angesichts der noch vorhandenen Ohnmacht und falschen Beurteilung der Lage in England und Frankreich vor einer unlösbaren Aufgabe. Ging er in Österreich schroff vor, so hatte er einen von der deutschen Regierung entfesselten Sturm zumindest in Deutschland zu befürchten. Handelte er vorsichtig, so mußte er bei den österreichischen Nationalsozialisten den Eindruck der Schwäche erwecken und sie zu neuen Taten ermutigen. Kurzum, was er auch tun mochte, die Wirkungen mußten sich immer gegen ihn kehren. Er wählte die Volksabstimmung, und selbst diese wurde ihm als Illoyalität ausgelegt. In Wahrheit ist hier der springende Punkt, bei dem eines Tages die jetzigen Kriegsgegner mit dem Hinweis ansetzen können, daß die Vereinigung Österreichs mit Deutschland ohne Feststellung des wahren Willens des österreichischen Volkes vor sich gegangen sei. In diesem Punkt offenbart sich erstmalig die Brüchigkeit einer mit unlauteren Mitteln arbeitenden und auf reinem Zwang beruhenden Außenpolitik, insbesondere einem Brudervolk gegenüber.

Der Anschluß des Sudetengebietes an Deutschland wurde nach dem Muster des österreichischen Anschlusses, nur mit noch skrupelloseren Mitteln vorbereitet. Die Sudetendeutschen, an und für sich sehr ruhige Menschen, wurden nicht nur

---

[61] Vgl. ausführlich zu der nationalsozialistischen „Anschluss"-Politik zwischen 1934 und 1938 S. 604, Anmerkung 22.

[62] Vgl. zu der Blomberg-Fritsch-Krise S. 257, Anmerkung 43; zu deren Beurteilung im Ausland auch S. 639 f., Anmerkung 7.

zu Unbesonnenheiten durch Agenten veranlaßt, sondern man täuschte auch durch verkleidete deutsche Agenten tschechische Übergriffe und Provokationen vor. Aber die Außenwelt war bereits mißtrauisch geworden und fing an einzugreifen. Dieses Eingreifen entbehrte indes der Folgerichtigkeit und des starken Willens. Zunächst lehnte man überhaupt jedes Entgegenkommen über Zugeständnisse in Richtung autonomer Rechte an die Sudetendeutschen ab, dann entsandte man englische Beobachter und Vermittler, die immer weitergehende Erklärungen abgaben, und schließlich erschien der englische Premierminister Chamberlain, als Hitler mit gewaltsamem Vorgehen drohte, persönlich mehrfach bei dem Diktator und bewog auch die französische Regierung, dem vollen Anschluß zu dem von Hitler verlangten Termin zuzustimmen. Dabei wurde eine großartige Gelegenheit versäumt, einen wirklichen Frieden zu stabilisieren. Damals hätten England und Frankreich, ohne deutsche Gefühle zu verletzen, den Vorschlag machen können, die an sich notwendige und in sich berechtigte Eingliederung des Sudetengebietes in das Deutsche Reich zu verbinden mit einer vollkommenen Bereinigung aller schwebenden Ansprüche der europäischen Großmächte untereinander. In unbesonnener Angst vor einem Kriege gab Chamberlain diese Chance aus der Hand und erreichte einen rauschenden, aber schnell versiegenden Friedenstaumel.[63]

Die englische Öffentlichkeit, zunächst über die Vermeidung des Krieges begeistert, fing mit der ihr eigenen Instinktsicherheit an zu begreifen, daß England unmittelbar vor schwersten Beeinträchtigungen seiner Interessen stehen würde, wenn das Spiel so weiterginge. Das Sturmzeichen ging am Mast hoch. Alles von der Diktatur bisher Erreichte wäre als ausgezeichnete außenpolitische Leistung angesprochen gewesen, wenn man dies Sturmzeichen beachtet hätte. Statt dessen begann man, nachdem die militärische Kraft der Tschechoslowakei gebrochen und die eigene Kampfkraft durch die gewonnenen tschechischen Waffen gestärkt war, die eigene Macht zu überschätzen und die Kräfte und den politischen Willen der Engländer und Franzosen, insbesondere aber der Engländer, zu unterschätzen. Diese vollkommen falsche Einschätzung der Lage kam zum Ausruck, als Hitler im März 1939 die Besetzung der Tschechoslowakei und die Vernichtung ihrer Selbständigkeit durchführte. Nunmehr war auch England gezwungen, über den Rubikon zu gehen. Es tat dies, indem es den Polen ein feierliches Garantieversprechen gab und damit klar verkündete, daß nun jede weitere Gewaltpolitik, die etwa zunächst in Richtung auf den polnischen Korridor zu erwarten war, England zum Kriege entschlossen finden würde. Aber dieser englische Schritt wurde von der Diktaturregierung nicht ernst genommen.[64]

---

63 Vgl. zur Sudetenkrise im Frühjahr 1938 S. 607, Anmerkung 26; zu dem Münchener Abkommen vom September 1938, das die Abtretung des Sudetenlands an Deutschland besiegelte, S. 618, Anmerkung 4.

64 Vgl. zur deutschen Besetzung der „Rest-Tschechei" am 15.3.1939 S. 767, Anmerkung 3. Zwei Tage später hielt der britische Premier Chamberlain eine Rede in Birmingham, in der er

Schon im Frühjahr 1938 war der Entschluß gefaßt, die Machtmittel, die man angesammelt zu haben glaubte, die überschätzte Schwäche der andern auszunutzen, um ein deutsches Weltreich zu schaffen. Es sollte aus dem deutschen Kernreich, aus Tirol, Elsaß-Lothringen und Burgund, aus dem flandrischen Teil Belgiens, aus Skandinavien, den baltischen Randstaaten und der Ukraine bestehen und selbstverständlich das gesamte kontinentale Europa dann zumindest verdeckt beherrschen. Diesen Plan durchzuführen, war man fest entschlossen, trotzdem darauf hingewiesen wurde, daß diese Politik nicht nur zum Kriege, sondern zum Weltkriege führen müsse, trotzdem darauf hingewiesen war, daß insbesondere die Vereinigten Staaten von Nordamerika diesmal von vornherein entschlossen sein würden, mit England zusammenzugehen. Alle diese Warnungen wurden entweder beiseite geworfen oder in ihrer Bedeutung unrichtig eingeschätzt, denn der Außenminister hatte aus London die irrige Überzeugung mitgebracht, England würde nicht nur jeden Krieg scheuen, sondern es würde auch in einem aufgezwungenen Kriege nicht mehr kämpfen; es sei dekadent. Diese Überzeugung hegte man übrigens schon, seitdem England sich den Austritt aus dem Völkerbund, die Remilitarisierung der Rheinlande und die Einführung der Wehrpflicht hatte gefallen lassen. In dieser Überzeugung gab man Frankreich, das im Jahre 1937 zweimal angeboten hatte, sich am polnischen Korridor zu desinteressieren, Deutschland Kolonien wieder zu verschaffen und mit Deutschland wirtschaftlich zusammenzuarbeiten, wenn man nur einen zuverlässigen Frieden sichern könne, keine Antwort. Der deutsche Botschafter in Paris blieb auf seine dringenden Bitten, ihn mit Instruktionen zu versehen, überhaupt ohne jeden Bescheid.

Angesichts dieser Tatsachen erscheinen die Briefwechsel mit Chamberlain im Anschluß an die Münchener Konferenz und die Vereinbarungen mit Frankreich in Paris im November 1938 nur noch als ein Mittel der Einlullung der demnächstigen Kriegsgegner. Man wollte sie täuschen, damit sie so lange wie möglich ihre Rüstung vernachlässigten.[65]

Die Meinungen über die in der Außenpolitik zulässige Technik sind zu allen Zeitaltern geteilt gewesen. Es sei an Machiavelli und seine Gegner erinnert.[66]

---

das deutsche Expansionsstreben nach Osten offen kritisierte und am 31.3. erklärte Chamberlain vor dem Unterhaus die britische Garantie der polnischen Grenzen (vgl. Messerschmidt, Außenpolitik und Kriegsvorbereitung, S. 817-824).

65 In der deutsch-französischen Erklärung vom 6.12.1938 in Paris versicherten die beiden Regierungen, dass zwischen ihnen keine territorialen Fragen mehr offenstünden, und dass eventuelle zukünftige Schwierigkeiten einvernehmlich geregelt werden würden (vgl. Schultheß 1938, S. 403 f.). Das deutsch-britische Verhältnis war nach München wesentlich gespannter wegen Hitlers öffentlicher Ausfälle gegen die britische Opposition – in der Datierung des Briefwechsels zwischen Hitler und Chamberlain irrt Goerdeler; er fand vor der Münchener Konferenz statt (vgl. dazu Messerschmidt, Außenpolitik, S. 791 ff).

66 Der italienische Politiker und Staatstheoretiker Niccolò Machiavelli (1469-1527) hatte in seinem Werk „Il Principe“ die Mittel diskutiert, mit denen sich politische Macht gewinnen

Man wird auch in diesem Falle sagen müssen, daß die Leichtgläubigkeit Englands und Frankreichs nach allen diesen Warnungen einen gewissen Teil von Verantwortung für den Krieg, der nunmehr kommen mußte, trägt. Aber diejenigen, die aus der Geschichte die Lehre entnehmen, daß auf die Dauer nur anständige Außenpolitik gesicherten Frieden herbeizuführen vermag, erhalten an allen diesen Vorgängen und an der Entwicklung, die sich an sie anknüpft, volle Bestätigung ihrer Auffassung.

Für den letzten Endes nur von neuen Erfolgen lebenden Diktator war eine solche Einschätzung der Gegenspieler immerhin verführerisch nahe. Denn in Frankreich war in dieser Periode eine außerordentliche Schwäche offenbar geworden. Gott hatte bereits den Wahnsinn von Versailles gerichtet. Der Bumerang war auf den Schützen zurückgeschnellt. Frankreich litt genauso wie Deutschland unter den zersetzenden wirtschaftlichen Wirkungen der Versailler Regelungen; zu spät erkannte es, daß es aus eigener Kraft seine Finanzen würde in Ordnung bringen müssen. Der sonst kluge Ministerpräsident Blum jagte ebenfalls der Illusion nach, daß man lediglich durch Staatsgesetze die Löhne zu erhöhen und die Arbeitszeit zu verringern brauche, um das Los des Arbeiters zu bessern. Die notwendige Lösung, daß man mehr leisten müsse, wenn man mehr genießen will, namentlich da durch den langjährigen Krieg der größte Teil des Sparkapitals vernichtet war, wurde einfach für reaktionär oder veraltet erklärt. In den Jahren 1935–1936 wurden diese Experimente in Frankreich ins Leben gerufen; da Frankreich über einen zahlenmäßig viel stärkeren Mittelstand verfügte als Deutschland, mußte die Undurchführbarkeit im schnellen Verfall des Wirtschaftslebens und der Finanzen in kürzester Frist offenbar werden und wurde es. Daladier und Reynaud hatten nicht genug Zeit, die Finanzen wieder in Ordnung zu bringen und dem Staate wieder Kraft zu verleihen. So gaben sie immer wieder nach und bekräftigten dies bei der Konferenz in München in ungeahnter Weise, trotzdem für Frankreich das Schweigen Hitlers auf die Angebote im Jahre 1937 eine furchtbare Warnung hätte sein müssen.[67]

Noch verführerischer war das englische Verhalten. Richtig hatte der Diktator erkannt, daß England die Unsinnigkeit des Diktates von Versailles längst begriffen hatte und ein genügend starkes Deutschland gegenüber Rußland und Frankreich brauchte. Denn Rußland, das 1918 ohne jede politische Machtbedeutung war, begann wieder zu Kräften zu kommen und wurde insbesondere wirtschaftlich als Absatzgebiet immer wichtiger. Die Engländer verschätzten aber auch die Person des Diktators. Die rechtsstehenden Kreise, insbesondere die City, sahen in ihm einen erfolgreichen Vernichter der Gewerkschaften und der politischen Arbeiter-

---

und erhalten ließe. In diesem Zusammenhang plädierte er für eine pragmatische Staatsräson, der Recht, Moral und Religion unterzuordnen seien.

67 Vgl. zur Francabwertung im September 1936 unter Blums Volksfrontregierung S. 511 f., Anmerkung 4, zu deren Sozialgesetzgebung im Sommer 1936 S. 542, Anmerkung 4; zur Bildung des Kabinetts Daladier im April 1938 vgl. S. 610, Anmerkung 30; zu Reynaud S. 611, Anmerkung 31.

bewegung, einen höchst willkommenen Vorkämpfer gegen den Bolschewismus. Da der Engländer außerdem vor jedem Nationalbewußtsein Achtung hat, so hatte Herr Hitler bis zu Lloyd George eine sehr gute Presse in England.

Es ist für unsere spätere außenpolitische Stellung wichtig festzustellen, daß England nicht nur Frankreich sich versagte, als es gegen die Remilitarisierung der Rheinlande vorgehen wollte – Hitler hatte bereits den Befehl zum Rückzug der Waffen gegeben –, sondern daß Lord Halifax, damaliger Außenminister, noch im Herbst 1937 bei einem Besuch in Berlin unzweideutig wissen ließ, England würde sich auch für die Tschechoslowakei nicht interessieren, erwarte nur rechtzeitige Unterrichtung von den deutschen Plänen, um die Stimmung in England entsprechend vorbereiten zu können. Als der englische Botschafter Sir Neil [richtig: Nevile] Henderson sein Amt in Berlin antrat, erklärte er Anfang 1938 auf einem Essen der Englisch-Deutschen Gesellschaft im Kaiserhof zu Berlin, er hoffe von dem nationalsozialistischen Deutschland viel für sein Vaterland lernen zu können. Kurzum, berechtigte nationale Handlungen des Diktators, die Beseitigung der Arbeitslosigkeit, die in Erscheinung getretenen Wirkungen des Fleißes, die äußere Zucht verdeckten dem Engländer, was in Wahrheit vor sich ging. Das in vielen Engländern seit dem 30.6.1934 lebendig gewordene Wissen, es müsse etwas nicht in Ordnung sein, wurde immer wieder eingeschläfert.[68]

In die gleiche verführerische Richtung wirkte die Haltung Mussolinis. Bis 1935 hatte er die Politik des Zusammenstehens mit England und Frankreich fortgesetzt. Er selbst aber brauchte, da er in seinem Lande ebenfalls nur auf der Grundlage ständig steigender Staatsschulden seine Macht aufrechterhielt und deren wirtschafts- und währungzersetzende Wirkungen fürchten mußte, angesichts der sinkenden Lebenshaltung immer neue Erfolge und wandte sich daher neuen Einflußgebieten zu. Da er hierbei auf englische und französische Interessengebiete stieß wie z. B. in Abessinien (Flankenstellung gegenüber dem Sudan) und Tunis, so brauchte er

[68] Zu Halifax' Sondierungsgesprächen vgl. S. 672, Anmerkung 16; zu dem Röhmputsch 1934 S. 371, Anmerkung 50. Die Wahrnehmung des Röhmputsches in Großbritannien stärkte eher das britische Bild von Hitler als einem Erfüllungsgehilfen deutscher Militärkreise, denn die weithin akzeptierte Interpretation der Vorgänge war, dass mit Hilfe der Reichswehr die „radikalen Nationalsozialisten" ausgeschaltet worden waren (vgl. dazu Detlev Clemens: Herr Hitler in Germany. Wahrnehmung und Deutungen des Nationalsozialismus in Großbritannien 1920 bis 1939, Göttingen und Zürich 1996, S. 368-377). Nevile Henderson, seit dem März 1937 britischer Botschafter in Berlin, hatte einen Monat nach seinem Amtsantritt in der Deutsch-Englischen Gesellschaft eine Rede gehalten, die in zahlreichen deutschen und britischen Zeitungen veröffentlicht worden war und ihm in Großbritannien erhebliche Kritik einbrachte. Nach Hendersons eigener Darstellung war es seine Bewertung, „es wäre besser, wenn die Leute in England weniger Nachdruck auf die Nazi-Diktatur legten und statt dessen dem großen sozialen Experiment, das in Deutschland ausprobiert würde, mehr Beachtung schenkten", die ihm Schlagzeilen wie „Unser Nazi-Botschafter in Berlin" einbrachten. Vgl. Nevile Henderson: Fehlschlag einer Mission. Berlin 1937 bis 1939, Zürich o.D. [1939], S. 22 ff.

hierzu eine andere Unterstützung. Das militärisch erstarkende Deutschland schien ihm trotz seiner zweifellos vorhandenen Abneigung gegen den Nebenbuhler der geeignete Partner. Damit sahen England und Frankreich sich eines wichtigen Mitspielers beraubt. Hitler ermutigte Mussolini selbstverständlich zu seinen nationalen Aspirationen nicht, weil er ein Interesse an einer Erstarkung Italiens hatte, sondern weil es ihm darauf ankam, Italien von England und Frankreich zu lösen. Die nunmehr beginnende Achsenpolitik ist aber weniger ein Erfolg der deutschen Außenpolitik als eine Folge der notwendigen, auf Prestige angewiesenen Innenpolitik Mussolinis.[69]

Noch im Herbst 1938 hatten sie [England und Frankreich] es in der Hand, den Weltkrieg abzuwenden, indem sie das auch objektiv notwendige Entgegenkommen in der Sudetenfrage von der Forderung abhängig machen konnten, daß gleichzeitig mit der Überantwortung dieses Gebietes an Deutschland alle Streitpunkte in neu abzufassenden Abmachungen beseitigt werden müßten. Dadurch, daß sie diese Gelegenheit versäumten, ermutigten sie Hitler, den Weltkrieg auszulösen. Vor der Annäherung an Rußland schreckten sie, insbesondere England, immer wieder zurück.

Die außenpolitische Entwicklung dieser Periode beweist ebenso wie die verfassungspolitische Entwicklung, daß es vollkommen unrichtig ist, dem deutschen Volk die Verantwortung für diesen Krieg allein aufbürden zu wollen. Die Verantwortung trifft auch die jetzt mit uns im Krieg stehenden Mächte; diesmal war ihre Politik ebenso naiv, kurzsichtig und dumm wie die deutsche vor dem Ersten Weltkrieg. Sehr viel schwerer wird außenpolitisch wiegen, was in diesem Kriege an Verletzungen des Völkerrechts und der Gesetze der Menschlichkeit geschehen ist.

So war durch das skrupellose Vorgehen der deutschen Diktatur einerseits, durch naive Leichtgläubigkeit unserer jetzigen Kriegsgegner andererseits im Frühjahr 1939 eine außenpolitische Lage herbeigeführt, bei der jede Unbedachtsamkeit oder auch nur der leiseste Ausbruch bösen Willens zum Kriege führen mußte. Trotzdem Hitler nach der Erledigung der sudetendeutschen Angelegenheit erklärt hatte, nun keine territorialen Forderungen mehr in Europa zu haben, eine Erklärung, die für ihn nur ein Mittel der Einlullung war, schritt er unmittelbar nach der Besetzung der Tschechoslowakei zur Lösung der Korridorfrage um jeden Preis. Auch hier hatte er ohne jede Rücksicht auf höhere Gesetze des Anstands darauf verzichtet, nachhaltiges Vertrauen zu begründen. Ihm genügte vorübergehende Einschläferung des Gegners. Seit 1934 wurde das polnische Mißtrauen durch Beweise der Schmeichelei gegenüber dem polnischen Geltungsbedürfnis eingeschläfert. Der Marschall Pilsudski wurde auch von der deutschen Diktaturregierung anscheinend mit aller Hochachtung behandelt. Man brach den gesellschaftlichen Boykott, indem man sich zu Jagden und Diners nach Polen einladen ließ und dort dauernde Freundschaft versicherte. Man lud polnische Diplomaten nach Deutsch-

[69] Vgl. zur Bildung der „Achse Rom-Berlin" im Oktober 1936 S. 545 f., Anmerkung 12; allgemein zu der italienischen Bündnispolitik S. 620 f., Anmerkungen 7 ff.

land ein und nahm sie gastfrei auf, während man das Schwert schliff. Währenddem wurde ein Freundschaftsvertrag abgeschlossen; Polen nützliche Wirtschaftsverträge folgten. Als man die Tschechoslowakei als Aufmarschgebiet gegen Polen gewonnen hatte, war der Augenblick gekommen, die Maske fallenzulassen. Nunmehr wurde wieder dasselbe Spiel skrupelloser Mittel angewendet. Durch Zwischenfälle wurde zunächst die Unhaltbarkeit der Verhältnisse in Danzig dem deutschen Volke vorgespielt. Selbstverständlich waren diese Verhältnisse auf die Dauer angesichts des rein deutschen Charakters der Stadt Danzig nicht tragbar. Es fragt sich nur, ob solche Mittel angewendet werden durften. Man organisierte deutsche Banden, die in polnischer Verkleidung, ja in Uniformen, überall im Grenzgebiet Überfälle vornahmen, ja sogar vor der Ermordung von Deutschen und vor der Inbrandsetzung deutscher Höfe nicht zurückschreckten. Das Feld der Außenpolitik wurde in ein Theater umgewandelt, die Außenpolitiker wurden zu Regisseuren. Selbstverständlich verhandelte man mit Polen weiter, wußte es aber immer so einzurichten, daß der jeweils letzte eigene Vorschlag bei den Polen dies und jenes Bedenken auslöste. Man war von vornherein entschlossen, es zum Kriege kommen zu lassen, spielte aber auf dem Theater die Rolle des zu jedem friedlichen Entgegenkommen Bereiten. Dieses Spiel wurde in letzter Stunde in seiner ganzen Skrupellosigkeit offenbar. Am 31. August 1939 wurde durch England, das den Krieg in seiner weltweiten und für uns unglücklichen Entwicklung vorausgesehen, ein letzter Versuch gemacht, ihn zu verhindern. Auf deutsche Veranlassung wurde durch Vermittlung des englischen Botschafters, der die Erklärung verlangte und erhielt, Hitler sei einverstanden, der polnische Botschafter bewogen, zu einer regelnden Aussprache bei dem deutschen Reichsaußenminister nachzusuchen. Als er dies gegen 12.30 Uhr tat, wurde ihm die bezeichnende Antwort gegeben, er möge um 17 Uhr wiederkommen. Als er erschien, wurde er nach seinen Vollmachten gefragt, trotzdem durch den englischen Botschafter ausdrücklich vereinbart war, daß Vollmachten nicht verlangt werden sollten, weil sie in der Kürze der Zeit gar nicht zu beschaffen waren. Auf eine entsprechende Antwort des polnischen Botschafters wurde ihm erklärt, daß dann der Reichsaußenminister ihm nichts mehr zu sagen habe. [70] Das war ein ganz offenbarer, wenn auch stümperhafter Versuch, das Verhalten Bismarcks vor dem Kriege mit Frankreich 1870 nachzuahmen. Nur war das Verhalten Bismarcks so geschickt, daß 1870 Frankreich den Krieg erklärte[71] und nicht Deutsch-land wie 1939. Am Abend des

[70] Vgl. zu dem deutsch-polnischen Nichtangriffspakt vom Januar 1934 S. 363, Anmerkung 34; zur nationalsozialistischen Politik in Danzig S. 363 f., Anmerkung 35. Zu dem deutschen Überfall auf Polen und den vorangegangenen britischen Vermittlungsversuchen vgl. S. 771, Anmerkung 4.

[71] Den Vorwand für den deutsch-französischen Krieg von 1870/71 lieferte die Kandidatur des Erbprinzen Leopold von Hohenzollern-Sigmaringen für den spanischen Thron, über die der preußisch-französische Konflikt wieder aufbrach. Beide Seiten waren im Sommer 1870 eher bereit, einen Krieg zu riskieren, als eine diplomatische Niederlage in der spanischen

31. August wurde dem deutschen Volk durch Rundfunk mitgeteilt, daß Polen das weitgehende Angebot friedlicher Verständigung mit Deutschland abgelehnt habe. Das war gelogen. Gleichzeitig wurde dem englischen Botschafter dieser angeblich der polnischen Regierung gemachte, ihr aber nie zugegangene Vorschlag in einer solchen Schnelligkeit verlesen, daß der Botschafter einfach unfähig war, ihm zu folgen. Seine Bitte, ihm eine Aufzeichnung dieses deutschen Vorschlags zu überreichen, damit er eine Vermittlung noch versuchen könne, wurde abgelehnt. Wenige Stunden später wurde der Krieg gegen Polen begonnen und damit die Entwicklung bis zu der Lage eingeleitet, in der wir uns heute befinden.

Es sei ausdrücklich festgestellt, daß die Diktaturregierung seit 1938 mehrfach darauf aufmerksam gemacht war, daß der Beginn eines europäischen Krieges durch sie den sofortigen Eintritt Englands und Frankreichs in den Krieg und deren Unterstützung durch die Vereinigten Staaten von Nordamerika hervorrufen und somit einen zweiten Weltkrieg entfesseln würde, in dem wieder, wie im Ersten Weltkriege, die große Überlegenheit auf der anderen Seite stehen würde.[72]

Nach der Eroberung Polens erwies sich die Berechnung als falsch, daß England den Krieg nicht wahrhaft führen würde. Vielleicht aus Wut darüber, aber auch in einem sinnlosen ungezügelten Haß auf Polen begannen nun dieselben Machthaber der Diktatur, die im Jahre zuvor mit den polnischen Grafen diniert hatten, einen Ausrottungsfeldzug gegen die polnische Intelligenz, wo immer sie anzutreffen war. Hitler erklärte, daß die Polen auf der Stufe eines unterworfenen Volkes zu halten seien; er versagte für die Polen jede höhere Schulbildung über das 10. Lebensjahr hinaus; sie sollten und müßten so unwissend wie möglich gehalten werden. Aus dem befreiten Korridor vertrieb man innerhalb von 24 Stunden die Polen, die gezwungen wurden, ihre gesamte Habe bis auf etwa 20 Pfund Gepäck je Person zurückzulassen. Man verbot die polnische Sprache in den ehemals deutschen Gebieten, um übrigens vier Jahre später ihre Erlernung den deutschen Grundbesitzern zu empfehlen, damit sie sich mit der Bevölkerung besser verständigen könnten. Man ließ jedes Verbrechen gegenüber Polen zu, auch wenn es lediglich von dem Wunsch getragen war, sich in den Besitz polnischer Güter oder sonstigen polnischen Eigentums zu setzen.[73]

Thronfolge hinzunehmen. Das aggressive und ungeschickte Vorgehen Frankreichs nach dem Verzicht Leopolds auf die Thronkandidatur – der Versuch, aus dem Nachgeben des preußischen Königs durch weitere öffentliche Zusicherungen einen Prestigegewinn zu erreichen – wurde wiederum von Bismarck genutzt, um in der „Emser Depesche" die französische Regierung zur Kriegserklärung zu provozieren. Vgl. Nipperdey, Deutsche Geschichte Bd. 2, S. 55-63.

[72] Vgl. dazu Goerdelers eigene Warnungen in seinen Reiseberichten 1937–39; Dok. 4.2.1 ff. sowie zu der amerikanischen Politik S. 582 f., Anmerkungen 51 f.

[73] Vgl. zu der nationalsozialistischen Besatzungspolitik in Polen S. 774, Anmerkung 8 sowie S. 821, Anmerkung 22; allgemein zur Umsiedlungspolitik des NS-Regimes S. 773, Anmerkung 7.

Die deutsche Außenpolitik hielt es für nützlich, noch während des Krieges den Beweis dafür zu liefern, daß Deutsche einem geschlagenen Volk gegenüber jede Ritterlichkeit, jede Betätigung von Soldatentugenden, jedes Gesetz der Menschlichkeit ableugnen. Die deutsche Außenpolitik verschloß die Augen vor den verhängnisvollen Wirkungen solchen Vorgehens auf die Gesamtlage Deutschlands. Über die Ungeheuerlichkeit der planmäßig und bestialisch vollzogenen Ausrottung der Juden ist kein Wort zu verlieren; daß aber die moralischen und politischen Wirkungen nicht einmal von der Außenpolitik in Rechnung gestellt wurden, kann man nur als Wahnsinn bezeichnen.

Um die Jahreswende 1940 konnte die Außenpolitik des Diktators zwar den Gewinn des Krieges gegen Polen buchen, hatte sich aber genötigt gesehen, noch während des Krieges dem verhaßten bolschewistischen Rußland nicht nur entgegenzukommen, sondern sogar mit ihm abzuschließen. Um sich nicht auch diesen Kriegsgegner, zumindest nicht vor der Auseinandersetzung mit den Westmächten, auf den Hals zu laden, überließ man ihm die unglücklichen Baltenstaaten und Litauen sowie den östlichen Teil Polens. Die Deutschen, die standfest noch 1918 in den Baltenprovinzen ausgeharrt hatten und seit Jahrhunderten Pioniere deutscher Kultur und deutscher Wirtschaft an den Ostgestaden der Ostsee gewesen waren, wurden aufgefordert, das Land unter Zurücklassung des größten Teils ihrer Habe zu verlassen, und wurden sage und schreibe zum großen Teil in bisher polnischen Gebieten angesiedelt! Ein gleiches geschah mit den in Bessarabien und im Wolgagebiet lebenden Deutschen. So liquidierte die nationalsozialistische Diktatur seit Jahrhunderten gehaltene wichtige deutsche Außenposten. Dies schon eine Wirkung des entfesselten Krieges.

Hitler bezeichnete im Herbst 1939 den Vertrag mit Rußland als einen für die Dauer bestimmten. Es habe sich herausgestellt, daß die wahren Interessen der beiden Völker auf keinem Gebiet miteinander in Widerspruch stünden. Wir haben auch hier nicht die sachliche Unrichtigkeit einer Äußerung des Diktators zu beanstanden, sondern wir haben nur die Skrupellosigkeit festzustellen, mit der er diese Meinung bekundete, während er bereits entschlossen war, seinen seit anderthalb Jahrzehnten verkündeten Kampf gegen den russischen Bolschewismus in einen Krieg ausmünden zu lassen. Um den Schein aufrechtzuerhalten, wurde selbst Finnland in diesem Augenblick bedenkenlos geopfert. Man mutete dem finnischen Volk einen Kampf um seinen Bestand zu, ohne ihm Unterstützung zu gewähren; ja man betrachtete es als eine günstige Gelegenheit festzustellen, was die Russen militärisch leisten könnten![74]

Objektiv betrachtet, stand die deutsche Außenpolitik Ende 1939 vor der Möglichkeit, den Krieg ohne weitere militärische Maßnahme als reinen Wirtschaftskrieg

[74] Vgl. zusammenfassend zu dem deutsch-sowjetischen Nichtangriffspakt vom August 1939 sowie den nationalsozialistischen Angriffsplanungen auf die Sowjetunion S. 833, Anmerkung 9; zu dem deutsch-finnischen Verhältnis S. 835, Anmerkung 13.

fortlaufen zu lassen, bis schließlich im Laufe der Zeit die Welt seiner überdrüssig werden würde, ohne die deutsche Wehrmacht wieder aktiv einzusetzen. Wenn man sich ausschließlich darauf beschränkt hätte, die deutsche Luftwaffe auf allergrößte Stärke zu bringen, dann wäre vielleicht eine Möglichkeit aufgetaucht, schließlich doch zunächst Frankreich aus dem Kriege durch Verhandlung herauszubringen und so schließlich luftüberlegen mit England kämpfen zu können.

In Wahrheit war man aber von vornherein – wie gesagt, seit Frühjahr 1938 – entschlossen, Eroberungskriege zu führen, um ein wahnwitziges Machtziel zu erreichen und das deutsche Volk nicht zum Nachdenken kommen zu lassen. Es ergab sieh von selbst, daß bei solcher Einstellung im Frühjahr 1940 der Kampf im Westen eröffnet werden mußte. Die Erfahrungen des Jahres 1914 nicht achtend, trug man keine Bedenken, die Neutralität Belgiens und Hollands zu überrennen. Es liegen bündige Beweise dafür vor, daß die belgische und holländische Regierung alles getan haben, um diesmal jede militärische Besprechung mit England und Frankreich zu vermeiden und peinlich jeden Vorwand zur Verletzung ihrer Neutralität auszuschalten. Angesichts der Skrupellosigkeit der deutschen Außenpolitik halfen ihnen diese Bemühungen nichts. Es wurden nunmehr gefälschte Urkunden veröffentlicht, durch die bewiesen werden sollte, daß Belgien und Holland zum Kriege gegen Deutschland entschlossen seien. Diese vielleicht für die Zukunft nicht zu verantwortende Maßnahme schob man aber dem Oberkommando der Wehrmacht zu, dessen leitende Persönlichkeiten sie auch, vielleicht sogar stolzgeschwellt über den ihnen eingeräumten Beschluß, übernahmen und den bestellten Bericht erstatteten. Den nordischen Staaten gegenüber war man weniger wählerisch. Sie stellte man einfach vor vollendete Tatsachen. Unter dem Vorwand der Sicherung der deutschen Nordflanke, unter dem Vorwand, daß gleichartige englische Unternehmungen bevorständen, besetzte man Dänemark und Norwegen „zu ihrem Schutz“. Schweden entzog sich geschickt der Einbeziehung in den Krieg, indem es zu Anfang seine Bahnen für gewisse militärische Transporte zur Verfügung stellte, außerdem geschickt durchblicken ließ, daß für die Versorgung Deutschlands mit mancherlei Waren die Neutralität Schwedens von außerordentlicher Bedeutung sei.[75]

Nach der Kapitulation Frankreichs im Jahre 1940 ergab sich eine einzigartige Gelegenheit zu einem durch Großzügigkeit dauerhaft gemachten Frieden mit Frankreich. Damals war Frankreich ganz offenbar für jedes Zeichen edelsinnigen Entgegenkommens aufnahmefähig, und auch für Elsaß-Lothringen hätte sich eine Regelung finden lassen, die den beiderseitigen Interessen Rechnung getragen hättee. Ja damals wäre vielleicht in Frankreich ein Verbündeter zu gewinnen gewesen. Aber die oben dargestellte und seit Mai 1938 beschlossene fanatische

[75] Vgl. allgemein zur nationalsozialistischen Umsiedlungspolitik S. 773, Anmerkung 7; zur Neutralitätsverletzung Belgiens und Hollands vgl. S. 886, Anmerkung 16.

Maßlosigkeit der Außenpolitik des Diktators hat an einen solchen Ausgleich nur dem Namen nach gedacht. In Wirklichkeit stand diesem Ausgleich nicht nur jene Maßlosigkeit entgegen, sondern auch die vollkommene Unfähigkeit der deutschen Außenpolitik, in der Diktaturzeit sich in die Seele und in die Interessen anderer Menschen und anderer Völker auch nur ahnungsweise hineinzudenken. So erhellt an diesem Beispiel der Behandlung Frankreichs der Widerspruch zwischen Wort, Gesinnung und Tat, der so bizarr ist, daß es kaum möglich erscheint, ihn mit den Kräften des Verstandes zu formen, daß sich vielmehr immer wieder Fragen aufdrängen, die nur von einem Psychiater beantwortet werden können.

Der Diktator zog es vor, im Wald vom Compiègne in demselben Waggon, in dem die deutsche Abordnung 1918 die furchtbaren Waffenstillstandsbedingungen in Empfang genommen hatte, über die geschlagenen Franzosen und seine Heerführer zu triumphieren. Nicht genug mit dieser gänzlich überflüssigen, der Ruhm- und Vergeltungssucht des Augenblicks entsprossenen unbesonnenen Geste, nunmehr schritt man zu Plänen, um Frankreich in seine Bestandteile zu zerlegen. Das ganze französische Gebiet nördlich der Somme und östlich einer Linie Reims-Genf sollte in irgendeiner Form von Frankreich losgelöst und zum großen Teil zu Deutschland geschlagen werden. Die Erörterung dieser Pläne mußte schließlich den Franzosen die vollendete Klarheit darüber verschaffen, welchem Geschick sie entgegengingen, wenn Deutschland den Endsieg davontragen würde. Von diesem Augenblick an mußte Frankreich, was immer es auch nach außen tun würde, der bis zum Ende erbitterte Feind des Diktatur-Deutschland werden. Es ist nicht anzunehmen, daß andere Gefühle die Brust Pétains erfüllen. Jetzt, nach vier Jahren, konnte Pétain erstmalig wieder Paris besuchen, von den Parisern mit begeisterten Ovationen begrüßt. Ein verhängnisvoller Irrtum anzunehmen, dieser Besuch sei eine versöhnende Geste gegenüber Deutschland! Die Skrupellosigkeit der Außenpolitik der Diktatur hat nur die andere Seite ermutigt, ihre wahren Gedanken gleich skrupellos zu verbergen.[76]

Nach dem Zusammenbruch Frankreichs versuchte die deutsche Außenpolitik, die Wehrmacht der Niederwerfung Englands nutzbar zu machen. Der totale Mißerfolg dieses mit unvollkommenen Mitteln unternommenen Versuchs, die zum Teil ins Lächerliche gehenden Vorbereitungen für eine Landung in England sind

---

[76] Pétain war am 26.4.1944 erstmals seit seiner Übernahme der Vichy-Regierung (vgl. auch S. 611 f., Anmerkung 33) wieder nach Paris gekommen. In einer Rede an die Nation vom 28. April verurteilte er dort die französische Widerstandsbewegung als terroristisch und lobte Deutschland als Retter Europas vor dem Kommunismus. Mit seiner Rede hatte Pétain dem Druck des militanten Anti-Bolschewisten Philippe Henriot – der wohl auch der Verfasser der Rede war – und des pro-faschistischen Regierungschefs Pierre Laval nachgegeben. Vgl. zu den innerfranzösischen Auseinandersetzungen H.R. Kedward: Das Vichy des anderen Philippe, in: Gerhard Hirschfeld und Patrick Marsh (Hg.): Kollaboration in Frankreich. Politik, Wirtschaft und Kultur während der nationalsozialistischen Besatzung 1940–1944, Frankfurt/M. 1991, S. 43-59.

bekannt. Anfang 1941 war offenbar, daß es nicht möglich sei, England zum Frieden zu zwingen, auch nicht mit den wüstesten Drohungen.

Von nun an hätte der deutschen Außenpolitik nach den Erfahrungen des Ersten Weltkrieges höchste Vorsicht größtes Gesetz sein müssen. In Wirklichkeit setzt sie die Politik der Maßlosigkeit fort. Sie handelt mit einer Unberechenbarkeit, die selbst diejenige des Tieres übersteigt. An der Jahreswende 1940/41 hatte Molotow durchaus erörterbare Verständigungsvorschläge Rußlands überbracht. England hatte sich selbst in seiner bedrohten Lage nicht verstanden, Rußland irgendwelche Zugeständnisse zu machen, insbesondere jedes Entgegenkommen in bezug auf Meerenge von Konstantinopel und baltische Staaten abgelehnt. In diesem Verhalten leuchtet die Zähigkeit und Vorsicht der englischen Politik, ihre Kunst, die Dinge durch die in ihnen wirkenden Kräfte sich organisch entwickeln zu lassen, bis ein Optimum für das eigene Einschreiten erreicht ist, aufs klarste hervor. Die Diktatur aber bricht sinnlos die 1939 begonnene Politik der Verständigung mit Rußland ab, trotzdem die Sachverständigen ihn nicht nur beschwören, das Entgegenkommen Stalins auszunutzen, Getreide, Erze, Petroleum, Wolle und Baumwolle zu nehmen und sich in Rußland nicht einen neuen Gegner zu schaffen, sondern auch warnen, die Kräfte Rußlands zu unterschätzen. Aus der Unberechenbarkeit und Maßlosigkeit leuchtet das der Diktatur innewohnende Gesetz ebenso klar hervor: Sie braucht sichtbare neue Erfolge, um über tote Punkte der von ihr selbst geschaffenen politischen Lage hinwegzukommen.

Im Juni 1941 wird der Krieg mit Rußland mit brutalem Überfall eröffnet. Er führt zur schnellen Eroberung der Gebiete, die man für ein großdeutsches Weltreich besitzen zu müssen glaubte. Ziel war, in sich schon überspannt, Weißrußland und die Ukraine von Rußland zu trennen und den deutschen Machtgebieten anzugliedern. Ziel war ferner, den russischen Bolschewismus auszurotten. Dazu hätte man unter allen Umständen und vor allem andern alles, aber auch alles versuchen müssen, um die 40 Millionen Menschen, die in diesen Gebieten sitzen, für Deutschland zu gewinnen, so daß sie die deutsche Herrschaft als Befreiung von der schlimmeren russischen ansahen. Geschehen ist das Gegenteil. Man hat nicht nur auf die gleiche bestialische Weise wie vorher die deutschen und russischen Juden ausgerottet, man ist auch gegen die russische Bevölkerung selbst mit brutalster Rücksichtslosigkeit, mit Ausplünderung, mit Terror, mit Zwangseinziehung zur Arbeit in Deutschland vorgegangen. Man hat weiße Menschen ähnlich zu Sklavenmärkten zusammengetrieben wie vor hundert Jahren die Neger in Afrika! Auch hier hat man nicht die weltweite Wirkung auf das leichtfertig begonnene Ringen in Rechnung gestellt.[77]

[77] Vgl. zu den deutschen Angriffsplanungen auf die Sowjetunion S. 833, Anmerkung 9. Die großen Anfangserfolge der deutschen Truppen im Sommer und Herbst 1941 hatten zu der Besetzung der größten Teile Weißrusslands und der Ukraine geführt. In den daraufhin gebildeten Reichskommissariaten Ostland und Ukraine wurde eine äußerst brutale Ausbeutungs-

Der Diktator hat Augenmaß nie besessen. Er benutzte die scheinbare militärische Überlegenheit, um in den immer breiter werdenden russischen Raum und sogar noch in den russischen Winter hineinzurennen. Was sich nun weiter bis zum heutigen Tage im Osten an Tragödien vollzogen hat, braucht nicht näher ausgeführt zu werden. Die Selbstvergottung des Diktators, der ein nie dagewesenes Feldherrngenie verkörpern will, hat mit Außenpolitik und überlegter Kriegführung überhaupt nichts mehr zu tun. Geringste Überlegung hätte ergeben müssen, daß in Rußland niemals England, der entscheidende Kriegsgegner, hätte getroffen werden können. Nur Phantasten konnten annehmen, daß man auf dem schmalen, durch den Kaukasus verschlossenen Rücken zwischen Schwarzem und Kaspischem Meer, durch Persien hindurch, einen erfolgreichen Feldzug gegen Indien unternehmen könne. Kriegführung und Außenpolitik wandern in das Reich der Groteske. Einem Sinn nachzuspüren, ist nicht mehr möglich, weil jeder Sinn des Tuns von vornherein ausgeschaltet ist. Seit Stalingrad führt Hitler von Niederlage zu Niederlage.

Die Feststellung dieser Kriegführung ist in dieser der Außenpolitik der Diktaturregierung in Deutschland gewidmeten Betrachtung unentbehrlich, weil ja im Diktator sich die gesamte Leitung der Politik vereint und er sich nicht nur als einziger Staatsmann, sondern auch als „größter Feldherr" bezeichnet. Somit ist jede militärische Operation dieser Diktaturperiode gleichzeitig eine außenpolitische Handlung. Parallel mit den verfehlten Offensiven in Rußland, die, ob 1941, 1942 oder 1943, stets mit unzulänglichen Kräften in zu weite Räume und zu große Ziele gingen,[78]

---

und Vernichtungspolitik praktiziert. Neben der wirtschaftlichen Ausbeutung und der Deportation von Zwangsarbeitern wurde rücksichtslos gegen – tatsächliche und vermeintliche – Saboteure und Freischärler vorgegangen; die systematische Ermordung der jüdischen Bevölkerung, die Ermordung gefangener sowjetischer Kommissare und die völkerrechtswidrige Behandlung sowjetischer Kriegsgefangener förderten die Partisanentätigkeit in den besetzten Gebieten. Vgl. zum Kriegsverlauf Mayer, Krieg als Kreuzzug, S. 357-419; zu den Kriegsgefangenen Christian Streit: Keine Kameraden. Die Wehrmacht und die sowjetischen Kriegsgefangenen 1941–1945, Neuausg. Bonn 1997. Ausführlich zur Ausbeutung Weißrusslands Christian Gerlach: Kalkulierte Morde. Die deutsche Wirtschafts- und Vernichtungspolitik in Weißrussland 1941 bis 1944, Hamburg 1999.

[78] Die deutsche Blitzkriegstrategie war mit dem fehlgeschlagenen Angriff auf Moskau im November 1941 gescheitert; die deutsche Sommeroffensive im Südabschnitt der Ostfront von 1942 endete, nach anfänglichen Siegen, in der Einschließung der 6. Armee und deren Kapitulation in Stalingrad; im Frühjahr und Sommer 1943 scheiterte mit dem „Unternehmen Zitadelle" die letzte große Offensive der deutschen Streitkräfte in Russland. Vgl. Jürgen Förster: Der historische Ort des Unternehmens „Barbarossa", in: Michalka, Zweiter Weltkrieg, S. 626-640; Gerd R. Ueberschär: Stalingrad – eine Schlacht des Zweiten Weltkriegs, in: Ders. und Wolfram Wette (Hg.): Stalingrad. Mythos und Wirklichkeit einer Schlacht, Frankfurt/M. 1992, S. 18-42 sowie Bernd Bonwetsch: Der „Große Vaterländische Krieg". Vom deutschen Einfall bis zum sowjetischen Sieg (1941–1945), in: Handbuch der Geschichte Russlands, Bd. 3, Stuttgart 1992, S. 909-1008.

läuft die Kriegführung in Afrika und später in Italien. Im Jahre 1941 entschloß sich Hitler, Truppen nach Afrika zu schicken. Die bisherigen Erfahrungen europäischer Kriegführung in Afrika hätten eine Warnung sein müssen. Europäische Truppen, insbesondere aus gemäßigtem Klima, brauchen in Afrika eine sehr lange Zeit der Gewöhnung an das total veränderte Klima. Man muß wissen, daß jeder Europäer im italienschen Tripolitanien jedes Jahr mehrere Wochen nach Europa mußte, um dem Afrikafieber zu entgehen. Man mußte also auch mit einem großen Abgang von Menschen, mit der Notwendigkeit häufigen Ersatzes ebenso rechnen wie mit den besonderen Anforderungen, die Klima und Wüste an Waffen und Material stellen. Im Kriege ein solches Unternehmen zu mobilisieren, war von vornherein nur als gewissenlose Leichtfertigkeit zu bezeichnen. Soweit bekannt, haben ernsthafte Teile des Generalstabs das Unternehmen abgelehnt, Hitler aber entschloß sich dazu, weil er glaubte, ohne eine Unterstützung in Afrika Mussolini nicht bei der Stange halten zu können, und weil er sich der Illusion hingab, aus Afrika heraus den Suezkanal angreifen zu können! Auch träumte er damals wohl von der großen Zange Tripolitanien-Kaukasus. Eine exakte Berechnung, was das Wirksamwerden dieser Zange kostete, welche sorgfältigen Vorbereitungen und in welchem Umfang nötig gewesen wären, wurde nicht unternommen. So war auch das Afrikaunternehmen von vornherein zum Scheitern verurteilt. Kenner ließen sich durch die vorübergehenden Erfolge, die bis über die ägyptische Grenze führten, nicht täuschen. Der außenpolitische Rückschlag, den das Scheitern der afrikanischen Unternehmung im Frühjahr 1943 verursachte (Eindruck auf Neutrale und Verbündete, Stärkung des Selbstgefühls der Angelsachsen) ist nicht zu unterschätzen; die französische Freiheitsbewegung hat daraus einen neuen Antrieb gewonnen.

Richtige Außenpolitik und Kriegführung hätten spätestens nach der Landung der Amerikaner und Engländer (im November 1942; gleichzeitig Stalingrad) verlangt, sofort die in Afrika stehenden deutschen Divisionen, deren Schicksal klar besiegelt war, herauszuziehen, um spätestens nach der Niederlage von Stalingrad unter Aufgabe Italiens mit den so ersparten Kräften eine starke Alpenstellung zu beziehen.

Aber die Außenpolitik eines auf Tageserfolg angewiesenen Diktators ist offenbar großzügiger Verzichte nicht fähig. So wurden in Afrika und Italien Hunderttausende bestausgebildeter deutscher Soldaten von bester Qualität mit dem einen einzigen Nutzen geopfert, daß Zeit verstrich – von einem Gewinn an Zeit kann man nicht sprechen –, denn die Verzettelung der deutschen Kräfte war ein unschätzbarer Gewinn für die andere Seite![79]

---

[79] Die Involvierung deutscher Truppen in Afrika kam nur auf Drängen Mussolinis zustande, der bei einer Niederlage der italienischen gegen britische Truppen in Nordafrika einen empfindlichen Prestigeverlust fürchten musste. Anfängliche Erfolge des Deutschen Afrika-Korps im Frühjahr 1941 wurden von britischen Gegenoffensiven kompensiert; am 7.11.1942 begann die Landung britischer und amerikanischer Truppen in Marokko und Algerien, und deutsche Truppen, die dringend an der Ostfront benötigt worden wären, wurden zur Verstär-

Nachdem sich Anfang 1941 herausgestellt hatte, daß England aus der Luft nicht zu bekämpfen und eine Landung mangels des erforderlichen Seekessels nicht möglich sei, griff der Diktator zu zwei weiteren Ausflüchten: Einmal wiederholte er den Versuch des vorigen Weltkrieges, die englischen Überseeverbindungen durch rücksichtslosen U-Boot-Krieg abzuschneiden. Er übersah dabei, wie die Erfahrungen ganz eindeutig gelehrt haben, daß eine U-Boot-Kriegführung ohne Rückhalt an einer starken Hochseeflotte immer an sich schon fragwürdig ist, in diesem Weltkrieg aber zu Ergebnislosigkeit verurteilt war, weil inzwischen das weitfliegende Flugzeug als neuer Feind des U-Bootes entwickelt war. Dem kühlen Berechner durfte nicht entgehen, daß auch dieses Mittel versagen mußte. Unverständlich, unverantwortlich und gewissenlos erscheint auf dem Gebiete der Seekriegführung nicht nur die Aufopferung von Material, Arbeitskraft und Menschenleben im U-Boot-Krieg, sondern auch die fast zielsichere Vernichtung blühender Menschenleben, wie die Entsendung der Bismarck, die man als Schlachtschiff einsam auf dem Ozean fahren ließ![80]

Der zweite Hilfsweg ging auf die Gewinnung neuer Bundesgenossen hin. Man verstärkte die Bemühungen, Japan zum Eintritt in den Krieg zu gewinnen, und benutzte die Bindung der russischen Streitkräfte im Westen, um die ebenfalls ver-

---

kung des Deutschen Afrika-Korps umgelenkt über Vichy-Frankreich. Die nur vordergründige Kooperation des besetzten Frankreichs mit Deutschland führten zum Einmarsch deutscher Truppen und dem Versuch, die französische Flotte in deutsche Hände zu bringen; die Flotte versenkte sich daraufhin selbst. Während die Besetzung Südfrankreichs den Marionettencharakter des Vichy-Regimes endgültig besiegelt hatte, war die deutsche Niederlage in Afrika mit der Landung angelsächsischer Truppen eingeleitet worden. Am 11.5.1943 ergaben sich die eingekesselten deutschen und italienischen Truppen, über 250.000 Mann, in alliierte Kriegsgefangenschaft. Vgl. Reinhard Stumpf: Der Krieg im Mittelmeerraum 1942/43: Die Operationen in Nordafrika und im mittleren Mittelmeer, in: Horst Boog, Werner Rahn, Reinhard Stumpf und Bernd Wegner: Der globale Krieg. Die Ausweitung zum Weltkrieg und der Wechsel der Initiative 1941–1943, Stuttgart 1990, S. 569-757.

[80] Dass der Versuch der deutschen Luftwaffe fehlgeschlagen war, die Luftherrschaft über den Ärmelkanal und Südengland zu erringen, war bereits im September 1940 offensichtlich geworden. Das vorrangige Ziel der deutschen Seekriegführung war die Versenkung feindlicher Handelstonnage und die Bindung der britischen Seestreitkräfte, während die Verwicklung feindlicher Kriegsschiffe in direkte Kampfhandlungen zur Schonung der deutschen Kampfkraft vermieden werden sollte. Die Operation „Rheinübung“ mit dem neuen Schlachtschiff „Bismarck“ und dem schweren Kreuzer „Prinz Eugen“ im Mai 1941 sollte eben diesem Ziel dienen durch die Störung britischer Zufuhren im Nordatlantik. Aufgrund einer Verkettung unglücklicher Zufälle sowie von Führungs- und Planungsfehlern des Flottenchefs Günther Lütjens wurde die Bismarck am 27.5.1941 von einer Übermacht britischer Einheiten gestellt und versenkt. Die Versenkung der Bismarck war mit ein Anlass für die Umorientierung der deutschen Seekriegsführung hin zu einer Konzentration auf den Einsatz von U-Booten. Vgl. zum Luftkrieg Klaus A. Maier: Die Luftschlacht um England, in: Ders. u.a., Errichtung der Hegemonie, S. 375-408; zum Seekrieg Werner Rahn: Der Seekrieg im Atlantik und Nordmeer, in: Boog u.a., Globaler Krieg, S. 275-425.

zweifelte Militärdiktatur in Japan in eine letzte Illusion zu jagen. Gewiß hat Japan große Anfangserfolge erzielt. Aber die deutsche Außenpolitik mußte wissen, daß der Eintritt Japans in den Krieg den sicheren Eintritt Nordamerikas in die Kampfhandlungen bedeutete und daß in kurzer Zeit die USA alle Staaten des amerikanischen Kontinents aus ihrer Neutralität gegenüber Deutschland herausbringen würden. Die deutsche Außenpolitik mußte sich ferner sagen, daß die Japaner sich bisher stets als klügste Vertreter nur der eigenen Interessen betätigt haben und daß daher von ihren Kampfhandlungen gegen die englischen Weltmächte nur mittelbare und bei dem Kräfteverhältnis nur vorübergehende Entlastungen auf dem europäischen Kriegsschauplatz zu erwarten waren. Die Außenpolitik des Diktators rechnete wieder einmal nicht. Sie gewann einen rein egoistischen Bundesgenossen, von dem man wußte, daß er nur seinen eigenen Krieg führen würde, und verschaffte sich einen neuen Kriegsgegner, dessen Kraft der des neuen Bundesgenossen mehrfach überlegen war.[81] Man wird auch hier vergeblich nach einer verstandesgemäßen Erklärung suchen. Die Gier, die eigene Macht zu erhalten und dem Volke die Möglichkeit eines Gewinns des Krieges vorzutäuschen, hat es offenbar zu vernünftigen Überlegungen gar nicht kommen lassen. Irgendeine Bremse, die durch ein sittliches Verantwortungsbewußtsein, durch Bindung an moralische Grundsätze errichtet worden wäre, war nicht vorhanden. Dieselbe Verachtung aller Warnungen des Verstandes, aller sittlichen Hemmungen sprach aus der Behandlung der

[81] Japans primäres Interesse musste schon während der 30er Jahre sein, das angelsächsische Militärpotential auf dem europäischen Schauplatz zu binden, um gegenüber China freie Hand zu haben (vgl. zu dem japanisch-chinesischen Krieg S. 618, Anmerkung 5; zu dem Verhältnis zwischen Japan und den USA S. 555 f., Anmerkung 14). Die deutschen militärischen Erfolge 1940/41 weckten außerdem den Eindruck in Japan, dass eine Niederlage Großbritanniens nur noch eine Frage der Zeit sei. Die Annahme des amerikanischen Flottenbauprogramms im Sommer 1940 war letztendlich der entscheidende Faktor, der Japan im September 1940 in ein Abschreckungsbündnis mit Deutschland und Italien führte. In der japanischen Bewertung war die US-Navy der einzig ernsthafte Gegner im Pazifik, und der japanische Admiralstab hatte auf der Grundlage von Bauplanungen und Werftkapazitäten errechnet, dass die amerikanische Flottenstärke im Verhältnis zu Japan ab 1942 kontinuierlich steigen würde. Aufgrund dieser strategischen Überlegungen sowie massiver ökonomischer Probleme – die Westmächte hatten Japan von seinen Öl- und Treibstoffzufuhren abgeschnitten – wurde die Entscheidung zum Krieg gegen die USA getroffen. Dem japanischen Angriff auf den US-Flottenstützpunkt Pearl Harbour am 7./8.12.1941 folgte am 11.12. die Kriegserklärung Deutschlands und Italiens an die USA; zu diesem Schritt waren die Achsenmächte durch den Dreimächtepakt keineswegs verpflichtet. Die Koalition zwischen Deutschland und Japan blieb im wesentlichen auf die Hoffnung beschränkt, dass der amerikanische Gegner im jeweils anderen Einflussgebiet gebunden würde. Es bestanden kein hinreichender Informationsfluss oder auch nur Koordinationsversuche in der Kriegführung der Mächte; insofern ist Goerdelers Bewertung, Deutschland habe einen rein egoistischen Bundesgenossen gewonnen, zwar korrekt, aber ebenso umgekehrt anwendbar auf die Situation Japans. Vgl. Werner Rahn: Japan und der Krieg in Europa, in: Boog u.a., Globaler Krieg, S. 143-170.

sogenannten Verbündeten, der Neutralen, der besetzten Gebiete. Es wird sich erweisen, daß die Bündnisse im wesentlichen durch Bestechung und Korruption gewonnen sind, zu einem kleinen Teil auch auf falscher Einschätzung der Person des Diktators und der deutschen Kräfte durch die Regierungen der verbündeten Staaten (Rumänien, Ungarn, Finnland) beruhten. Je größer der Bedarf an Rüstungsgütern, aber auch an Bedarfsgütern für die Zivilbevölkerung wurde, um so rücksichtsloser wurden die Verbündeten an das deutsche Wirtschafts- und Finanzsystem gefesselt. Sie wurden somit in die Inflation getrieben und der Verödung ihrer Märkte ausgeliefert. Immer mehr Waren mußten sie liefern, ohne Gegenleistungen zu erhalten.[82]

In den besetzten Gebieten wurde dieses System der wirtschaftlichen Aussaugung mit allen Mitteln kurzsichtig und rücksichtslos betrieben. Es wird sich als eine ungeheure Kurzsichtigkeit nicht nur der Außenpolitik, sondern auch einzelner Teile der deutschen Wirtschaft erweisen, daß die letztere sich an dieser Ausraubung wehrloser Menschen und ihrer Wirtschaft vielfach beteiligt hat. Man kann heute feststellen, daß alle besetzten Gebiete, vielleicht mit Ausnahme von Dänemark, jedenfalls aber Frankreich, Belgien, Holland und der Balkan, wirtschaftlich vollkommen ruiniert sind. Das Schlimmste ist, daß nicht einmal der Versuch gemacht wurde, wenigstens in Form des Privatrechts mit den Behörden und den wirtschaftlichen Faktoren der besetzten Gebiete zu verhandeln.[83]

Außenpolitisch wichtig ist, daß es der Schweiz, Schweden und der Türkei durch eigene Willenskraft, durch tatkräftige Hochrüstung und durch entschlossene Haltung ihrer Völker gelungen ist, neutral zu bleiben. Dazu hat auch ihr Geschick, zwischen den beiden kriegführenden Parteien zu lavieren, einen großen Anteil beigetragen. Die Stimmung aber auch dieser Gebiete ist ebenso wie die in den besetzten Gebieten und in den verbündeten Staaten im allgemeinen die des Hasses gegenüber Deutschland. Vielleicht ist dieser Haß in den letzten Monaten ein wenig gemildert durch die furchtbaren Zerstörungen, die die englischen Luftangriffe in Deutschland angerichtet haben, durch das Nahen eines russisch-bolschewistischen Sieges und durch die ungeschickten Härten, mit denen England und Amerika gegen die Neutralen vorgehen. Diese leichte Minderung der Haßgefühle ist im wesent-

---

[82] Während die nationalsozialistische Ausbeutung der besetzten Gebiete unbestritten ist (vgl. dazu auch S. 787 ff., Anmerkungen 9 und 13), wird das ökonomische Verhältnis zu den verbündeten Staaten besonders in Südosteuropa kontrovers bewertet. Ritschl vertritt die These, dass die Hinwendung der NS-Wirtschaft nach Südosteuropa insgesamt nicht erfolgreich war und positive Ergebnisse in bilateralen Handelsbilanzen nur im Fall der militärischen Eroberung und den damit einhergehenden ökonomischen Zwangsmaßnahmen festzustellen seien. Vgl. A.O. Ritschl: Nazi Economic Imperialism and the Exploitation of the Small: Evidence from Germany's Secret Foreign Exchange Balances, 1938–1940, in: Economic History Review, LIV, 2 (2001), S. 324-345.

[83] Vgl. zur nationalsozialistischen Ausbeutung der besetzten Gebiete S. 787 ff., Anmerkungen 9 und 13 sowie S. 802, Anmerkung 2.

lichen darauf zurückzuführen, daß die neutralen Staaten die Vorherrschaft einer Großmacht in Europa fürchten und daß ihr wahres Interesse im europäischen Gleichgewicht liegt. Es ist wichtig, daß sich diese tatsächliche Interessenlage auch in diesem Kriege wirksam erweist.

Die Außenpolitik des Diktators gestattet also nunmehr, die vorher gestellte Frage zu beantworten, ob die Politik eines Staates skrupellos jedes Mittel benutzen darf, um seine Interessen zu verfolgen. Man wird nicht verkennen dürfen, daß in der Vergangenheit Gewaltpolitik diesem oder jenem Staat Dauervorteile verschafft hat. Das beste Beispiel dafür ist England selbst. Die Eroberungen von Indien, die Eroberung von Kanada, insbesondere von Französisch-Kanada und zu Beginn dieses Jahrhunderts die Vernichtung der Burenrepubliken, sind unbestreitbare Beweise für Gewaltpolitik. Aber daß die Früchte dieser Gewaltpolitik auch heute noch nicht verfehlt sind, ist nicht auf ein Ergebnis dieser Gewaltpolitik selbst zurückzuführen, sondern der Tatsache zuzuschreiben, daß England wie in seiner inneren Verfassung, so auch in dieser Außenpolitik verstanden hat, der geistigen und seelischen Entwicklung der Menschheit Rechnung zu tragen. Denn man darf nicht übersehen, daß die Engländer ein Jahrzehnt nach der Vernichtung der Burenrepubliken alle ihre südafrikanischen Besitzungen zu einer Union vereinigt haben, daß sie dadurch eine den wirtschaftlichen Lebensinteressen der Südafrikaner dienende Großraumbildung schufen und daß sie dieser südafrikanischen Union das Geschenk der Selbständigkeit im Rahmen des britischen Empire in die Wiege legten. Dieses Vertrauen war kühn, aber es hat sich gelohnt. Man darf nicht verkennen, daß Kanada längst den Status eines selbständigen Dominion erhalten hat und daß seit zwei Jahrzehnten die Verfassung Indiens immer selbständiger gestaltet ist. Wenn Indien noch nicht die Stellung eines Dominion hat, so wissen die Inder selbst sehr wohl, daß die Engländer hieran nicht schuld sind, und daß die Verantwortung hierfür in den Gegensätzen liegt, die in indischen Volke selbst herrschen. Alle verständigen und verantwortungsbewußten Inder würden mit Entsetzen den Tag herannahen sehen, an dem England Indien aufgibt. Der Gewaltpolitik, mit der Indien einst erobert ist, steht also die außerordentliche Anpassungsfähigkeit der englischen Politik an die wahren Interessen eroberter Gebiete und an die Entwicklung gegenüber.[84] Man wird also trotz dieser Beispiele für erfolgreiche

[84] Während Kanada bereits seit 1867 den Status eines Dominion mit bundesstaatlicher Ordnung besaß, war in Südafrika mit dem Burenkrieg 1899–1902 und der darauf folgenden Umwandlung der Burenrepubliken in britische Kolonien die Entwicklung zu politischer Unabhängigkeit fast um ein halbes Jahrhundert verzögert. Erst 1909 wurde den britischen Besitzungen in Südafrika, die sich zur Südafrikanischen Union zusammenschlossen, der Status eines selbstregierten Dominions zuerkannt. In Indien waren ebenfalls seit der Jahrhundertwende zunehmende britische Zugeständnisse zu verzeichnen, aber Indien wurde erst 1947 zu einem britischen Dominion. Die zeitgenössische Bewertung dieser Entwicklung, die von Goerdeler zutreffend beschrieben wird, war gespalten: Zum Teil wurde die britische Politik wie hier von Goerdeler als meisterhafte Diplomatie bewertet, die sich durch

Machtpolitik, die England liefert, die oben gestellte Frage jedenfalls für uns verneinen müssen. Machtpolitik widerspricht heute einem in der Welt so allgemein verbreiteten Rechtsbewußtsein, einem im 19. Jahrhundert so stark entwickelten Selbständigkeitswillen der Nationen, daß schon aus diesen Gründen ihr mehr Widerstände als Erfolge beschieden sein müssen. Das letzte Beispiel dafür, daß Machtpolitik zur Ergebnislosigkeit verurteilt ist, liefern wir selbst in unserer Entwicklung gegenüber dem Diktat von Versailles. Die Gründe hierfür liegen einmal in der Verbreiterung, wenn auch Verflachung des christlich-religiösen Bewußtseins, zum andern hat die fortschreitende Beherrschung der Naturgesetze und Naturkräfte, die sich in der Entwicklung der Technik ausprägte, zur Erkenntnis geführt, daß eine nützliche Anwendung dieser Mittel nur möglich ist, wenn die Menschen die Güter, die sie unter den günstigsten Bedingungen mit den geringsten Kräften zu erzeugen imstande sind, ungehindert miteinander tauschen können. Dazu gehört, daß entweder eine Macht die ganze Welt beherrscht und dann in diese Welt eine Rechtsordnung setzt, die jeder anerkennt und die jedem das Vertrauen einflößt, das er zu hinreichender wirtschaftlicher Arbeit braucht – eine ganz offenbare Utopie wenigstens für absehbare Zeit –, oder daß die verschiedenen Mächte, die sich im Laufe der Geschichte herausentwickelt haben, untereinander jene Ordnung einhalten, ohne die auf weite Entfernungen und über größere Zeiträume hinweg Wirtschaft nicht getrieben werden kann.

Zu jeder Ordnung gehört die Betätigung des guten Willens, die Ordnung auch wirklich halten zu wollen. Diese Betätigung setzt voraus, daß bestimmte moralische Grundsätze oder wenigstens Spielregeln von allen als solche anerkannt werden, ohne deren Beachtung jener Wille nicht offenbart werden kann. Der primitivste Grundsatz ist aber der, daß jeder – zumindest vertraulich – seine Worte mit seinen Gedanken in Übereinstimmung bringt und nicht Worte wählt, um andern eine unrichtige Vorstellung beizubringen, während man sich selbst vorbehält, genau das Gegenteil auszuführen, von dem man den andern überzeugt hat. Hat man einmal diese Notwendigkeit erkannt, so ergeben sich alle weiteren Grundsätze von selbst. Man kann nicht, ohne das Wesen des Menschen in sein Gegenteil zu verkehren, das Böse zum Gegenstand der Willensbetätigung grundsätzlich erheben, weil man ja dann wieder die Offenbarung des guten Willens vollkommen ausschließt. Man muß also, wenn Menschen überhaupt friedlich zusammenleben und ihre Interessen ausgleichen wollen, auch den außenpolitischen Handlungen sittlich unangreifbare Grundlagen sichern. Die Skrupellosigkeit der deutschen Außenpolitik mußte also von vornherein ihre Anfangserfolge in endgültigen Mißerfolg umwenden. Diese

strategische Zugeständnisse ihre Allianzen und den Bestand des Empires sicherte; von kritischer Seite wurde darauf verwiesen, dass der Dominion-Status nicht das Ende der Entwicklung, sondern der Ausgangspunkt des Strebens nach vollständiger Unabhängigkeit sei – die britische Krone sei in diesem Prozess nicht agierender, sondern reagierender Partner. Vgl. Correlli Barnett: The Collapse of British Power, Gloucester [2]1987, S. 123-233.

Verletzung aller guten und edlen Grundsätze, wie sie uns das Bessere im Menschen als unabdingbar lehrt, muß darüber hinaus zu einem furchtbaren Unglück für uns ausarten, um so mehr, als es den bisher unbefleckten Ruf des deutschen Wesens fast zu vernichten droht. Es wird äußerster Anstrengung bedürfen, wir werden tatkräftige Beweise für das wahre, bessere Wesen der Deutschen antreten und geben müssen, um diese vernichtende Wirkung allmählich aufzuheben.

Um so wichtiger ist aber auch hier die Feststellung, daß die Gegner nicht ganz unbeteiligt an dieser Entwicklung sind. Sie haben ebenfalls wahrheitswidrig im Ersten Weltkriege zur Entfachung der eigenen Leidenschaften der Welt ein falsches Bild vom deutschen Wesen vorgemalt und mit dem beleidigenden Wort „boches" Greueltaten aller Art uns angedichtet, daß sie sich nicht wundern können, daß die Lüge wucherte. Sie haben im Diktat von Versailles, insbesondere in ihrem Verhalten den deutschen Unterhändlern gegenüber, sich so unedel und unmenschlich benommen, daß sie nicht als Richter über das deutsche Wesen anerkannt werden können. Sie haben gegen schon halb verhungerte Frauen und Kinder noch mehr als ein Jahr lang die Blockade fortgesetzt, ohne daß irgendein anderer Grund hier für die Verlängerung vorlag als der Wille, Deutschland zu jeder Unterwerfung zu nötigen. Sie haben im Diktat von Versailles weit in deutsches Privatrecht eingegriffen und damit einen bis dahin geheiligten Grundsatz des Völkerrechts verletzt; sie, insbesondere die Franzosen, haben bis 1923 eine aufs äußerste zugespitzte Erpressungspolitik uns gegenüber in Bewegung gesetzt, sie haben also, und zwar gerade in der deutschen Jugend, die Vorstellung mit großgezogen, daß Macht vor Recht geht und durch ihre verächtliche Behandlung des deutschen Volkes ihrerseits Haß gesät.[85] Kurzum, sie haben die Büchse der Pandora geöffnet, Hitler hat ihren Inhalt bis auf den letzten Rest über die Menschheit ausgeschüttet.

Das wurde ihm aber wiederum wesentlich dadurch erleichtert, daß, wie oben dargelegt, England, Frankreich, insbesondere aber England, den Steigbügel und das Pferd so lange gehalten haben, bis er fest im Sattel saß. Sie haben dies getan, trotzdem sie über die wahre Natur des Diktators und seine wahren Ziele rechtzeitig vollkommen objektiv unterrichtet waren und trotzdem ihnen durchführbare Leistungen angeraten waren, mit deren Hilfe es möglich gewesen wäre, diesen Weltkrieg zu vermeiden, jedenfalls im deutschen Volk rechtzeitig die erforderlichen Gegenkräfte auszulösen. Erleichtert wurde Hitler diese alle menschlichen Bindungen und sittlichen Grundsätze, jedes Interesse eines andern verachtende Außenpolitik aber dadurch, daß überall in der Welt eine unverkennbare Entwicklung zur Illusion Raum gewonnen hatte. Wohin man vor diesem Kriege auch kam, man begegnete überall der Vorstellung, daß die moderne Technik doch ein besseres Leben unter

[85] Die französische und deutsche Kriegspropaganda gegen den jeweiligen Gegner im Ersten Weltkrieg standen einander in nichts nach; zu den französischen Waffenstillstandsbedingungen 1918 s.o., Anmerkung 24; zu der Kulmination der deutsch-französischen Auseinandersetzungen im Ruhrkampf s.o., Anmerkung 32.

geringeren Anstrengungen ermöglichen müsse, als es unsere Väter gewöhnt waren. Das ist an und für sich richtig. Man vergaß dabei nur, daß dieselben Menschen, die den technischen Fortschritt geschaffen haben und schaffen, auf politischem und wirtschaftlichem Gebiet alles getan haben, um die Ausnutzung der technischen Entwicklung zu unterbinden. Man übersah ferner überall, daß die Menschheit immer, welches auch immer der Stand der Technik sein möge, ebenso wie in der Technik, so auch in der Finanz- und Wirtschaftspolitik, an mathematische und reale Gesetze der Natur gebunden bleibt. Man übersah endlich, daß der vorige Weltkrieg allen Völkern große Teile ihres Vermögens genommen hatte, die nun fehlten, und die erst wieder neu erarbeitet werden mußten. Überall in der Welt der gleiche Schrei nach der Hilfe des Staates, den Menschen, die die Dinge nicht bis zu Ende denken können oder wollen, für fähig halten, das zu tun, was die Summe der Bürger nicht kann. Und deshalb begegnete die Politik Hitlers in ihren täuschenden Erfolgen (Beseitigung der Arbeitslosigkeit, äußere Disziplin, Volksfeste) nicht nur einem allseitigen Interesse in der ganzen Welt, sondern vielfach auch der Bewunderung. Praktisch machte Roosevelt in USA das gleiche, um die Arbeitslosigkeit zu bekämpfen wie Hitler. Es sei daran erinnert, daß in England unter Hinweis auf die deutsche Reichsautobahn stürmisch ähnlich großzügige Bauten auch für England gefordert wurden. Daß diese Bahnen auf Schulden aufgebaut sind, die das deutsche Volk sehr belasten, daß ihre Unterhaltung nicht zu tragen ist, daß es wirtschaftlich unverantwortlich ist, den auf selbständigen Ertrag angewiesenen Eisenbahnen gegenüber das neuartige Verkehrsmittel des Kraftwagens auf Kosten der Steuer zu bevorzugen, das wurde von den Interessenten als veraltet kritisiert und verworfen. Heute sind alle diese Schleier gefallen.[86]

Wir haben also festzustellen, daß an der Fehlentwicklung der deutschen Außenpolitik und an diesem Kriege auch eine gemessene Verantwortung auf der Seite unserer jetzigen Kriegsgegner liegt, da sie die Herrschaft der Diktatur in Deutschland gefestigt haben.

Wenn wir also anerkannt haben, daß es not tut, auch in der Außenpolitik bestimmte sittliche Grundlagen zu achten, so müssen wir auch klar darüber sein, daß es sich hier nicht um eine von uns Deutschen, sondern auch von den andern zu erfüllende Forderung handelt. Ja mehr. Die Menschheit ist gerade durch die ihr ermöglichte und von ihr errungene Beherrschung der Natur nunmehr vor die entscheidende Frage in ihrer Geschichte gestellt, ob sie die Folgerungen daraus ziehen will, daß sie sich durch diese Beherrschung nähergerückt ist als vor hundertfünfzig Jahren noch Berliner und Frankfurter. Entweder werden die Folgen durch einen Akt, den nur Einsicht und Charakter vollbringen können, anerkannt, und bekennen sich alle zu einer auf sittliche Grundsätze aufgebauten internationalen Ordnung, oder auch dieser Weltkrieg war nur eine in einer Reihe von blutigen Auseinander-

[86] Zu Großbritannien s.o., Anmerkung 68; zu den USA vgl. Goerdelers Reisebericht aus den USA vom 2.1.1938; Dok. 4.2.3, oben S. 547 ff.

setzungen, die schließlich zu einer Vernichtung aller die Welt überziehenden technischen Errungenschaften und jeder höheren Kultur führen müßten. Dies Bild ist nicht zu schwarz gemalt, denn in der Geschichte der Menschheit sind bisher Kulturen im Abstand von Jahrtausenden untergegangen. Die Hoffnung, einen neuen, viel umfassenderen Untergang menschlichen Fortschritts zu vermeiden, ist aber keine Utopie. Es gibt heute dank der Möglichkeit, das gesprochene Wort, den gedachten Gedanken in Sekunden über den ganzen Erdball zu verbreiten, die Möglichkeit, diese technische Entwicklung in den Dienst des guten Willens zu stellen.

Wir sehen, zu welchen erschütternden Wirkungen eine nicht kontrollierte, insbesondere diktatorische Politik führen kann. Wir sehen, daß sie der Willkür und Skrupellosigkeit verfällt und so schließlich eine ganze Welt in Kampf bringen und ihre Kultur der Vernichtung zuführen kann. Wir lernen daraus, wie wohltätig und notwendig eine geordnete Kontrolle durch die öffentliche Meinung ist, wie unerläßlich hohe sittliche Ziele sind, um Zweck und Art der Politik vor Entartungen zu bewahren. Diese entscheidende Lehre dieser Betrachtung ist: die Politik, die das Glück und das Wohl der Völker zum Ziele sich setzt, muß auf die christlichen Grundsätze der Wahrhaftigkeit, der Menschlichkeit und der Hilfsbereitschaft aufgebaut sein, letztlich auf dem Grundsatz, daß man einem andern nicht antun darf, was man selbst nicht erdulden will.

Da die Außenpolitik der Diktaturperiode diesen Grundsatz überhaupt nicht kannte, geschweige denn unbewußt anwandte, konnte sie auch die positiven Möglichkeiten einer Verständigung mit den jetzigen Kriegsgegnern weder vor noch in diesem Weltkriege wahrnehmen. Solche Verständigungsmöglichkeiten werden erleichtert durch die in den Tatsachen begründeten Interessengegensätze zwischen England und Frankreich, England und Rußland auf politischem Gebiet einerseits und zwischen England und USA auf der anderen Seite. Es soll nicht als Ziel der deutschen Politik gepriesen werden, diese Gegensätze auszuspielen und die anderen Mächte gegeneinander zu hetzen. Nein, es ist notwendig, diese Spannungen auszuwerten und durch die Auswertung die deutschen Lebensnotwendigkeiten am besten durch friedlichen Ausgleich jener Spannungen zu sichern.

Die Außenpolitik des kaiserlichen Deutschland hat Gelegenheiten verpaßt, weil sie naiv und töricht war. Die Außenpolitik des republikanischen Deutschland hat solche Möglichkeiten angesichts der Kurzsichtigkeit und Torheit der Gegenspieler nicht vorgefunden. Sie hat sich die Befreiung erkämpfen müssen. Die Außenpolitik der Diktatur hat alles, was vom kaiserlichen und republikanischen Deutschland geschaffen war, vertan; sie hat die geschaffenen und gegebenen Möglichkeiten nicht nur nicht ausgenutzt, sondern uns jede nur mögliche Schwierigkeit verschafft. Für die Zukunft gilt es, nicht nur die oben festgestellten Folgerungen zu sichern, sondern auch entschlossen die zur Ausführung reifen Ideen zur tragenden Grundlage der Politik zu machen. Nach außen müssen wir für den Zusammenschluß der selbständigen europäischen Nationalstaaten und für die Zusammenarbeit aller Völker der Welt, die den Frieden wollen, wirken.

6.1.4 Die Aufgaben der deutschen Zukunft

maschinenschriftliches Konzept o.D. [zwischen 1. und 8.8.1944]; Privatbesitz.[1]

Wiederherstellung einer unabhängigen Rechtssprechung und einer loyalen Beamtenschaft, der Geistes- und Gewissensfreiheit, der Moral und Religionsfreiheit. Reform der Schul- und Hochschulausbildung; Wiederaufbau einer unabhängigen Selbstverwaltung; Reorganisation der Reichsverwaltung auf der Grundlage von Selbstverwaltung und wirtschaftsständischen Vertretungen, mit autoritärer Regierung. Wirtschaftsorganisation auf der Grundlage von selbstverwalteten Arbeitgeber- und Arbeitnehmer-Organisationen, denen Regelung des Arbeitsrechts, der Arbeitslosenversicherung und des kollektiven Vertragsrechts obliegt; Arbeitnehmerorganisationen verwalten die Sozialversicherungen. Überleitung zu freier Marktwirtschaft; soziale Gerechtigkeit; eventuell Sozialisierungen von Grundstoffindustrien. Außenpolitik muss friedlichen europäischen Zusammenschluss verfolgen; europäischer Staatenbund eingegliedert in weltweite Wirtschafts- und Schiedseinrichtungen. Der deutsche Wiederaufbau muss sich auf Berufsgruppen stützen und für gerechte Verteilung finanzieller Lasten sorgen. Lehren der Vergangenheit: Selbstverwaltung hat sich als gesunde und unbürokratische politische Grundlage für Deutschland erwiesen; deutsche Regierung muss weitreichende Vollmachten haben; Volksvertretung muss auf Selbstverwaltungs- und wirtschaftsständischen Prinzipien aufbauen; erbliche Monarchie als Gegengewicht zum Parteienstaat; Aufwertung der Familie; liberale Wirtschaftsordnung; Rückbesinnung auf religiöse Grundsätze; Innen- und Außenpolitik auf der Grundlage von Toleranz und Moral.

1. Recht wiederherstellen. Unabhängige, unabsetzbare Richter
   a) unterste Instanz ehrenamtliche Friedensrichter
   b) mittlere Instanz Amts- und Landrichter, letztere mit Laien gemischt
   c) obere Instanz Obergerichte mit Laien gemischt
   d) Reichsgericht ohne Laien.
   Richter viel aus Anwälten nehmen.
2. Freiheit des Geistes und Gewissens wiederherstellen und damit die menschliche Würde.
3. Anstand muß Grundlage des Verhaltens zwischen Menschen und für alle Handlungen des Staates sein.
4. Auf dieser Grundlage Verbrechen und Korruption ohne Ansehen der Person bestrafen.
5. Sauberes sachverständiges Beamtentum schaffen, das gewissenhaft seine Pflicht erfüllt, bescheiden bleibt und nicht im Kampf um Besoldungsordnung seine Kraft verzehrt.[2]

---

[1] Die Denkschrift ist während Goerdelers Aufenthalt bei der Familie Labedzki zwischen dem 1. und 8. August 1944 entstanden, von ihm dort hinterlegt, und von Labedzkis nach Kriegsende an die Hinterbliebenen Goerdelers übergeben worden. Zu der Fahndung nach Goerdeler s.u., Anmerkung 5; zu Goerdelers Aufenthaltsorten während seiner Flucht vor der Gestapo zwischen dem 18.7. und 12.8.1944 vgl. die Aufzeichnungen seines Sohnes Reinhard, die er aufgrund von Recherchen nach dem Kriegsende 1945 verfasst hat (Privatbesitz; Kopie in BAK, N 1113, Bd. 27).

[2] Vgl. zu den Auseinandersetzungen um Beamtenvertretungen und deren Besoldung während der Weimarer Republik S. 279 f., Anmerkungen 6 und 7.

6. Christus in den Mittelpunkt stellen, seine Lehre vermag die bösen Instinkte zu bändigen, die guten Sinne zu stärken und unser Leben auf Gott zuführen. Das aber ist in dieser Welt der Unvollkommenheiten das Entscheidende für unser Glück.
7. Den christlichen Kirchen freie Betätigung in Erziehung und Wohlfahrtspflege geben. Sie müssen sich finanziell selbst unterhalten.
8. Schulen: wenige, einfache Formen
   a) gemeinsame Grundschule 3 Jahre
   b) Volksschule 5 Jahre oder
   c) Höhere Schule 9 Jahre als humanistisches Gymnasium oder Oberrealschule
   keine weiteren Formen
   hohe Anforderungen, Auslese durch Leistung nötig, sonst unsere Zukunft verloren.
9. Universitäten und technische Hochschulen sowie Handelshochschulen vereinen, damit allgemeine Fachbildung wieder gemeinsame Grundlage schafft. Wir leiden an Überspezialisierung. Hohe Anforderungen, um Überandrang zu Hochschulen zu unterbinden und akademisches Proletariat zu vermeiden. Kriegsteilnehmer in Sonderkursen unterrichten
10. Im übrigen gehört Erziehung *zuerst* in die Familie, dann in Schule und Kirche. Religionsunterricht in allen Schulen durch dazu bereite Lehrer, sonst durch Geistliche oder Laien, aber nicht, wenn Eltern ablehnen.
11. Verwaltungsaufbau
   I. Selbstverwaltung
   a) Gemeinden mit Verordneten durch Wahl nach englischem System.[3] Wahlberechtigt nur Männer von 24 Jahren, wählbar Männer von 30 Jahren.
   b) Kreise, deren Kreistage von Gemeindeverordneten beschickt werden; Landrat wird gewählt wie in Städten der Bürgermeister.
   c) Länder und Provinzen, deren Landtage von Kreistagen beschickt werden; Landeshauptmann wird vom Landtag gewählt.
   Dieser Selbstverwaltung werden übertragen alle Verwaltungsaufgaben, die nicht beim Reich zentral zu liegen brauchen. Dem Reich verbleiben:
   a. Rechtssetzung
   b. Wirtschafts- und Verkehrsrecht
   c. Gerichtswesen
   d. Militärwesen und Polizei
   e. Währung, Reichsbank
   f. Außenpolitik
   g. Grundsatzgebung für Selbstverwaltung

[3] Gemeint ist ein Wahlsystem nach dem Mehrheitsprinzip im Unterschied zu dem reinen Verhältniswahlrecht der Weimarer Republik; vgl. hierzu auch S. 969, Anmerkung 28.

Selbstverwaltung wird nur beaufsichtigt durch Oberpräsident (Statthalter), der genügende Zahl von Reisebeamten hat. Wenig Berichte, viel Inspektionen. Beaufsichtigt wird nur auf Wahrung des Rechtes, nicht auf Zweckmäßigkeit. Selbstverwaltung muß Fehler machen können, sie trägt die Folgen selbst. Das ist beste Erziehung.
II. Reichsverwaltung so klein wie möglich.
Reichskanzler, Reichsinnen-, Außen-, Wirtschafts-, Finanz-, Verkehrs-, Kultus-, Wiederaufbau-, Wehrminister, Minister für Österreich. Möglichst nicht mehr. Aus allen Schichten und Gauen die Minister nehmen. Ihnen *ständige* Staatssekretäre und mit den Ministern wechselnde *persönliche* Sekretäre geben.
Unter den Ministern Landes- oder Oberpräsidenten.
Preußen geht im Reich auf, die preußischen Provinzen werden deutsche Länder, das Reich wird neugegliedert in große Länder, z.B. Ostpreußen, Pommern, Nordmark, Westfalen, Hannover-Braunschweig, Thüringen-Nassau, Rheinprovinz, Rheinfranken, Schwaben-Baden, Oberbayern, Mainfranken, Mark-Prov[inz] Sachsen, Obersachsen, Oberschlesien, Niederschlesien, Österreich, dies als *ein* Land mit besonders selbständigen Rechten und Einrichtungen. Nach Wien Reichsverwaltungsgericht und katholische Universität sowie die Akademie der Wissenschaften legen.
Das Reich hat ferner die Finanzverwaltung, wie bisher, als Unterbau. Vorübergehend werden noch Regierungspräsidenten erhalten, bis sie allmählich eingehen, sobald die Oberpräsidenten- Reichsstatthalter ihren Aufbau mit kleinerem aber bestem Stab vollendet haben.[4]
Beim Reichsstatthalter auch Aufsicht über Schulen, die im übrigen von den Selbstverwaltungen (Gemeinde, Kreis, Land) errichtet werden.
Also stärkste Freiheit der Selbstverwaltung, stärkste Dezentralisation.
Die Reichsbahn- und die Reichspost sowie die Reichselektrowirtschaft werden je einem Generaldirektor unterstellt und wirtschaftlich selbstverantwortlich gemacht. Reichsinteressen wahrt der Verkehrsminister, der Vorsitzer der Aufsichtsräte wird; im Aufsichtsrat Reichstagsabgeordnete, Wirtschafts- und Finanzminister, Vertreter der deutschen Gewerkschaften und Betriebsangehörige. Reichstag wird zur Hälfte 150–200 von den Landtagen, zur Hälfte 150–200 vom Volk gewählt. Wahlrecht wie bei Gemeinden, wer im Wahlkreis die meisten Stimmen hat, ist gewählt. Also kein Verhältniswahlrecht, damit nicht kleine Parteien. Möglich, nur 2–3 stärkste Parteien jeweilig zuzulassen, aber entbehrlich. Neben Reichstag Reichsständehaus aus den Vorsitzenden der Wirtschaftskammern, aus Vertretern der Wissenschaft, Kunst und Gewerkschaft usw.
Regierung kann Gesetze auch ohne Reichstag erlassen, muß aufheben, wenn Reichstag und Reichssständehaus es mit je 2/3 Mehrheit fordern.

---

4 Vgl. zur Stellung von Ober- und Regierungspräsidenten innerhalb der preußischen Mittelinstanz S. 936, Anmerkung 74.

Zum Gesetz sonst erforderlich einfache Mehrheit beider Häuser.
Finanzfragen dürfen nicht ohne Zustimmung der Regierung zum Gesetz erhoben werden.
Also starke Regierung, in ersten Jahren *nur* berufenes Ständehaus, erst nach Ruhe auch Reichstag, nachdem Volk gelernt hat, zu Gemeinde usw. zu wählen.
Deutsches Volk muß lernen, ohne große verzweigte Bürokratie aus den inneren Kräften mit seinen Angelegenheiten fertig zu werden. Wenig verwalten, Dinge laufen und reifen lassen, das ist Weisheit, die ich unter bitteren Bedingungen erfahren und deren Verletzung ich mit dem Leben zu bezahlen habe. Gott verlangt von uns offenbar Handeln *nur* im Sinne der Nächstenliebe, sonst Dulden und Reifenlassen.[5]

Wirtschaft

I. Organisation
1. Unternehmer-Berufsgruppen, etwa wie heute, aber vereinfacht, und mit Selbstverwaltung, selbstgewähltem Vorstand, Vorsitzendem usw.
2. Arbeiter und Angestellte in einer Deutschen Gewerkschaft, der alle 20-jährigen und älteren angehören müssen. Ihr wird die Verwaltung der Sozialversicherungen unter Aufsicht des Reiches übertragen, insbesondere auch
   a) die Mitwirkung an Arbeitslosenversicherung,
   b) die Mitwirkung bei der Führung und Beaufsichtigung sozialer Betriebe damit sie klare Verantwortungen zu tragen hat. Sie ordnet ihre Verwaltung *selbst.*
   1. und 2. zusammen regeln im reichsrechtlich festgesetzten Rahmen das Arbeitsrecht, Tarifverträge usw.

Arbeitslosenversicherung
a) erste drei Monate von Berufsgruppen der 1. und 2. allein getragen, damit sie organischen Zusammenhang zwischen unwirtschaftlichen Arbeitsverträgen und Arbeitslosigkeit begreifen und ausregulieren.

---

[5] Gegen Goerdeler war bereits seit dem 17.7.1944 ein Haftbefehl ausgestellt, dessen Auslöser nach wie vor nicht eindeutig zu klären ist. Jedenfalls war Goerdeler, durch den Berliner Polizeipräsidenten Wolf Heinrich Graf v. Helldorf gewarnt, seit dem 18.7. auf der Flucht. Während seine Situation so schon bedenklich genug war, musste er nach dem gescheiterten Attentat vom 20.7., der Entdeckung der Ministerliste mit seinem Namen als Reichskanzler einige Tage später und schließlich der Aussetzung eines Kopfgelds auf seine Ergreifung in Höhe von einer Million Reichsmark seit dem 1.8. fast zwangsläufig mit seiner Verhaftung und Aburteilung rechnen. Am 12.8., mittlerweile in Ostpreußen, wurde er von einer Bekannten der Familie Goerdeler erkannt und verraten. Vgl. zu den Vorgängen den Bericht Reinhold Goerdelers (BAK, N 1113, Bd. 27) sowie zu Goerdelers Denunziation durch Helene Schwärzel die Schilderung der Ereignisse in dem Schwurgerichtsverfahren gegen sie vom 30.10.-1.11.1947 (Kopie in: BAK, N 1166, Bd. 153); zu den Fahndungssteckbriefen gegen Goerdeler z.B. DAZ v. 2.8.1944; 8.8.1944 und Chemnitzer Zeitung v. 2.8.1944 und 9.8.1944.

b) zweite drei Monate von *allen* Unternehmern und Arbeitern, Angestellten gemeinsam getragen, wieder aus Grund zu a).
c) Darüber hinaus Reichs-, Landes- und Gemeindezuschüsse.
Zu a) und b) Selbstverwaltung, zu c) Reichsanstalt.
Zunächst Verbot von Streiks und Aussperrungen, später Freiheit erwägen.

Zur territorialen Zusammenfassung der Wirtschaft Kammern.
a) für Industrie und Handel
b) für Handwerk
c) für Landwirtschaft
d) für Ärzte
e) für Anwälte
f) für sonstige freie Berufe
g) für Künstler
h) für Schriftsteller, Verleger und Buchhändler (Börsenvereine)
Bezirksprüfer prüfen, für g) und h) genügt Reichskammer.

In den Kammern a) – c) je eine Abteilung Unternehmer, eine Abteilung Arbeiter, eine Abteilung Angestellte. Unternehmer durch Wirtschaftsgruppen wählen, Arbeitnehmer und Angestellte aus Vorschlagslisten der Deutschen Gewerkschaft.

Kammern erstatten Gutachten auf Anfordern der Regierung und geben Anregungen.

Im Wirtschaftsministerium ein Staatssekretär für Sozialangelegenheiten, kein Arbeitsminister.

Wirtschaftspolitik

1. Zuerst Planwirtschaft in straffster Form erhalten, die Rohstoffe, Lebensmittel und Konsumgüter fehlen.
2. Allmählich in freie Wirtschaft überleiten, da nur Leistungswettbewerb höchste Leistung sichert. Diese aber für jedes Volk entscheidend.

Freie Wirtschaft nur bändigen durch Gesetze, die Lauterkeit und Anstand sichern, nicht mehr.

Angehen gegen Monopole durch scharfe Bestimmungen, gegebenenfalls Staatsaufsicht.

Stellung der Generalversammlungen und der Aufsichtsräte wieder herstellen, Vormacht der Vorstände und Generaldirektoren brechen, damit klare Verantwortlichkeiten entstehen. Korrupte Generaldirektoren beseitigen, aus der tüchtigen Arbeiterschaft ersetzen.

In alle Aufsichtsräte Vertreter der Belegschaft, diese wählt aus Vorschlagsliste der Deutschen Gewerkschaft.

Unternehmer verpflichtet, Belegschaft jeden Monat über Stand des Unternehmens zu unterrichten, in großen Betrieben wenigstens den Betriebsrat.

Alle Deutschen müssen ab 15. Lebensjahr Grundgesetze der Wirtschaft lernen, die leicht und unentrinnbar sind wie Einmaleins.

Dann sie weiterbilden, daß sie Bilanz verstehen können und wissen und überprüfen, daß sie nicht betrogen werden.

Gewinne gerecht zwischen Kapital und Belegschaft verteilen.

Überall soziale Gerechtigkeit voran! Kein Klassenkampf!

Große Konzerne auflösen. Wenn nötig sozialisieren, dies aber nur für Kohle, Kali, Salz, Kraftstoffe, Energie, Eisen. Besser Übertragung einzelner Unternehmen an Arbeitergenossenschaften oder besonders straffe Reichsbeteiligung und Reichsaufsicht.

Immer aber, auch bei sozialisierten Betrieben, freie Form der Führung, unter Verantwortung für den wirtschaftlichen Erfolg und Wettbewerb, dazu scharfe Wirtschaftsprüfung. Jede Sozialisierung birgt die Gefahr in sich, daß die Belegschaft Sondervorteile erstrebt auf Kosten der Allgemeinheit und damit den Betrieb unwirtschaftlich macht, das muß vermieden werden, sonst ist der Schaden größer als der Gewinn.

Wichtiger als Sozialisierung ist straffe Aufsicht über das Kapital und Verbot, Erträge zu betriebsfremden Zwecken zu benutzen (politische, persönliche usw.). Erträge *nur* für Erhaltung des Werkes, wirtschaftliche Erweiterungen und soziale gerechte Zins- und Lohnzahlung.

Arbeiter muß verantwortlicher Mitträger werden, dazu bedarf er der Schulung und Erziehung im und zu tatsächlichem Wissen. Unternehmer muß vom Vermögenswalter wieder verantwortlicher Risikoträger werden. Beide zusammen müssen in Wirtschaft Höchstleistung zur Erhaltung der Substanz und zur Erzielung größten Ertrages vollbringen.

Für Wirtschaftspolitik gilt fort von der Autarkie zur Weltverbindung. Die Völker sind verschieden, die Erzeugnisse , Klima usw. ebenso. Das Gesunde ist, den Bedarf im Tauschwege da zu decken, wo es am billigsten geschehen kann. Davon können die Menschen am besten leben.

Voraussetzung ist, daß die Währungen stabil sind. Dies hängt davon ab, daß die öffentlichen Haushalte im Gleichgewicht gehalten werden. Nicht mehr ausgeben als einnehmen. Dies alles habe ich in Wirtschaftsfibel dargelegt. Sie liegt bei Reklam in Leipzig zum Druck.[6]

Außenpolitik

Die deutsche Politik nach Bismarck war naiv und leichtfertig. Der erste Weltkrieg mußte vermieden werden.[7] Nach ihm war die Politik zielbewußt und stetig. England und Frankreich gaben zu spät nach.[8] Versucht, zwischen England und Ruß-

6 Zu Goerdelers „Wirtschaftsfibel" vgl. S. 658 f., Anmerkung 1.

7 Vgl. zu der internationalen Konstellation vor dem Ersten Weltkrieg S. 960 f., Anmerkung 15; zum Kriegsausbruch und der Bewertung Bethmann Hollwegs S. 968, Anmerkung 27.

8 Vgl. zu den unterschiedlichen Standpunkten der Alliierten während der Verhandlungen zum Versailler Vertrag S. 535 f., Anmerkung 14. Zu der Konzessionsbereitschaft des Aus-

land zur Ruhe zu kommen. Verfolgt nur die Politik der Versöhnung der Völker auf der Grundlage der Vertragstreue, der gegenseitigen Achtung, der Hilfsbereitschaft und Nächstenliebe. Sie allein kann die erregbaren Seelen beruhigen und langen Frieden bringen.

Ihn brauchen alle Völker zum Wiederaufbau. Alle sind überschuldet, alle ersehnen den Frieden der Seelen und der Arbeit. Weist gegenüber den furchtbaren Vorwürfen, die erhoben werden, darauf hin, wie viele Opfer wir Deutschen gebracht haben, unschuldige Jungens, die als Soldaten sterben mußten, die in Konzentrationslagern gequälten und die, die im Versuch starben, das Schlimmste abzuwenden. Bald geht die Rechnung der Millionen Opfer auf.

Dieser Krieg muß zu einem engen Zusammenschluß der europäischen Völker führen, wenn die Opfer einen Sinn erhalten sollen.

Es gilt, wie vor hundert Jahren, über den preußischen Zollverein und den Norddeutschen Bund der Dampfmaschine,[9] so jetzt durch einen Europäischen Wirtschaftsbund dem Flugzeug den für diesen Stand der Technik erforderlichen Großraum zu wirtschaftlicher Nutzbarmachung zu schaffen. Aber nicht durch Unterwerfung und Aussaugung anderer Völker, sondern durch freiwilligen Zusammenschluß selbständiger Nationalstaaten, die in ihm ihre eigenen Lebensinteressen verkörpert sehen. Sie sollen sich nur der Souveränitätsrechte entäußern, die auf den europäischen Staatenbund übergehen müssen, um seine Zwecke wirksam zu machen:

a) einheitliches Wirtschafts- und Verkehrsrecht
b) Zollunion
c) Einheitliche Verkehrstechnik
d) Stabile Währungen auf der Grundlage gegenseitig kontrollierter Haushalte,
e) Obligatorisches Schiedswesen
f) Vollstreckung von Schiedssprüchen. Hierzu insbesondere Aufstellung einer europäischen Luftpolizei unter Abbau der eigenen Wehrmachten einer europäischen Verteidigungswehr.

Der europäische Staatenbund würde einen Wirtschaftsrat, eine Bundesversammlung und ein ständiges Bundeskommitee haben, dessen Sitz und Vorsitz wechseln könnte.

Aber Europa muß sich auch in die Welt und ihre neuen Einrichtungen eingliedern. Diese werden eine Währungsbank, Wirtschaftsversammlungen und Schiedswesen umfassen. An tatkräftiger Mitarbeit dürfen wir uns von keinem andern der Staaten übertreffen lassen. Aber wir dürfen nicht mit Macht- oder Prestigeansprüchen hervortreten, sondern müssen uns Ansehen und Einfluß erst wieder durch Leistung und Rechtlichkeit verschaffen.

---

lands in den 30er Jahren vgl. ausführlich Goerdelers Reiseberichte von 1937–39; Dok. 4.2.1 ff., oben S. 525 ff.

9 Vgl. zu der wirtschaftspolitischen Entwicklung im 19. Jahrhundert S. 496, Anmerkung 4.

Nur auf dieser Grundlage können wir auch an einen gesunden Wiederaufbau der zerstörten Werke gehen, ohne ausreichende Ernährung und Rohstoffversorgung ist er nicht denkbar.

Der Aufbau muß in einer Rangordnung nach dem Wesentlichen vor sich gehen, dabei darf dem Volke kein Zweifel gelassen werden, daß er umso schneller und vollkommener erfolgen wird, je mehr Arbeit jeder Einzelne leistet.

Für den Wiederaufbau muß eine allgemeine jeden nach seiner Leistungsfähigkeit treffende Dienstpflicht angeordnet werden, die neben der Berufsarbeit zu leisten ist.

Außerdem ist eine Sachlieferungspflicht für Hausrat, Wäsche und Kleidung zu bestimmen, damit die Geschädigten je nach Verlust einen gewissen Ersatz sofort erhalten. Diese Lieferpflicht kann dadurch erfüllt werden, daß der Nichtgeschädigte die Realversorgung eines Totalgeschädigten nachweist und dieser seine Befriedigung anerkennt und auf Anspruch gegen das Reich verzichtet.

Im übrigen hat sich der Wiederaufbau nach folgender Rangordnung zu vollziehen:

Arbeitsstätten
Wohnungen
Einrichtungen
Kleidung und Wäsche
Schulen und Universitäten
Öffentliche Verwaltungsgebäude
Kulturwerte

Vorhandene Straßen, Altmaterial und Schutt müssen an Ort und Stelle verwertet werden, da in ihnen große Arbeitsleistungen der Vergangenheit stecken und der Abtransport neue große Arbeitsleistungen erfordern würde. Der Aufbau muß unter Zurückschraubung der Ansprüche auf das Einfachste erfolgen.

Insbesondere muß bei dieser Gelegenheit wieder schlichteste Sparsamkeit in die öffentliche Verwaltung einziehen. Der Luxus muß aus ihnen verschwinden und zum Wiederaufbau verwendet werden. Über der öffentlichen Verwaltung muß der Spruch stehen: „Höchste Leistung, vollendeter Anstand bei größter Sparsamkeit."

Um das Reich zu entlasten und einen großen Verwaltungsapparat zu vermeiden, sind Aufbaugemeinschaften nach Berufszweigen zu bilden. So haben die Hotelbesitzer ihre, die Gastwirte ihre, die Elektroindustrie ihre, die Hausbesitzer usw. ihre geschädigten Berufsgenossen wieder aufzubauen. Sobald jede Gruppe das Verhältnis zwischen Schaden und gerettetem Bestand übersieht, erfolgt Meldung an Reichsaufbauminister, dann gleicht das Reich aus dem Leistungsvermögen des Gesamtvolkes Überbeanspruchungen einer Gruppe aus.

So werden die Gruppen, die dieses Werk selbst tun sollen, aus eigenem Interesse genötigt, dafür zu sorgen, daß Schäden nicht übertrieben und wirtschaftlich beseitigt werden.

Die Berufsgruppe kann alle am Wiederaufbau unmittelbar interessierten Vermögensträger heranziehen, z.B. die Hypothekengläubiger. Sie müssen einer Wiederaufbauhypothek auf allen dt. Grundstücken den Vorrang einräumen und zeitweise zu deren Gunsten auf Tilgung der Zinsen ganz oder teilweise verzichten. Diese Aufbauhypotheken dienen den Pfandbriefanstalten zur Grundlage der Finanzierung des Wiederaufbaus.

Alle Deutschen, die irgendeine Wohnung haben, werden eine Wohnsteuer entrichten, damit die Wohnungsnot schnell beseitigt werden kann und außerdem Arbeit zum Aufbau leisten. Denn was an Arbeitswerten zerstört ist, kann nur durch Arbeit wieder aufgebaut werden. Diese ungefähre Grundlage müßt Ihr innehalten, sonst geratet Ihr in noch weitere Erhöhung untragbarer Schulden und in die Leiden einer Inflation.

Gleichzeitig müssen nämlich die gigantischen Schulden bereinigt werden. Sie betragen am 1.8.1944 einschließlich 30 Md. Clearingschulden 350 Md. Man muß rechnen, daß sie bis zum Beginn der Aufbauarbeit auf 400 bis 450 Md. angewachsen sein werden. Am 1.1.1919 betrugen sie 110 Md., am 1.1.1933 10 Md., am 1.9.1939 50 Md.[10] Darin sind die durch Luftangriffe angerichteten Schäden noch nicht eingerechnet. Die Schulden sind also höher als das deutsche Volksvermögen.

Dr. Erhardt vom Forschungsinstitut der deutschen Industrie in Nürnberg hat über die Behandlung dieser Schulden eine sehr gute Arbeit geschrieben, der ich im Wesentlichen beistimme.[11] Er wird euch gut beraten. Es gilt

1.) Die dieser Reichsschuld entsprechende künstliche Kaufkraft des deutschen Volkes einstweilen unwirksam zu machen, bis das steigende Angebot an Ver-

10 Die Angaben sind korrekt; vgl. Statistisches Handbuch von Deutschland, S. 556.

11 Ludwig Erhard, der spätere Bundeswirtschaftsminister (1949–1963) und Bundeskanzler (1963–1966), hatte im Sommer 1942 das Institut für Industrieforschung mit Sitz in Berlin und Nürnberg gegründet. Das Institut wurde maßgeblich von der Reichsgruppe Industrie finanziert. Im Rahmen von Überlegungen zur Nachkriegswirtschaft innerhalb der Reichsgruppe Industrie hatte Erhard im März 1944 eine Denkschrift zu der Konsolidierung der Kriegsschulden in der Nachkriegszeit verfasst. In dieser Denkschrift vertrat er ebenso wie Goerdeler die Lösung, dass die überproportionale Kaufkraft mit dem zu erwartenden Gütermangel der Nachkriegszeit durch die Umwandlung von Privatvermögen in öffentliche Schuldverschreibungen miteinander in Einklang gebracht und die Staatsschulden allmählich getilgt werden sollten, um eine Inflation zu vermeiden. Eine gekürzte Fassung der Denkschrift wurde im Frühsommer 1944 einem größeren Kreis Industrieller zugänglich gemacht, und in diesem Rahmen muss auch Goerdeler ein Exemplar erhalten haben (vgl. auch die Neuveröffentlichung anlässlich Erhards 80. Geburtstag: Ludwig Erhard: Kriegsfinanzierung und Schuldenkonsolidierung, Frankfurt/M. 1973). Vgl. die detaillierte, leider sehr polemische Biographie von Volker Hentschel: Ludwig Erhard. Ein Politikerleben, München; Landsberg a. Lech 1996, S. 24-35. Dagegen die überaus positive Bewertung Erhards bei Nicholls, der auch kommentarlos Erhards Selbststilisierung zum Widerstandskämpfer übernimmt (Anthony J. Nicholls: Freedom with Responsibility. The Social Market Economy in Germany, 1918–1963, Oxford 1994, S. 116-121).

brauchsgütern und Investitionsgütern gestattet, sie allmählich wieder in Kraft zu setzen. Dies geschieht durch Einziehung von Banknoten, an deren Stelle Forderungen gegen das Reich treten, durch Sperre der Sparguthaben, Bankkonten usw.

2.) Die Reichsschuld von einschließlich rd. 500 Md. allmählich zu tilgen. Dabei wird man mit $^1/_2$% anfangen können, was den Reichshaushalt mit 2,5 Md. belastet. Mehr kann er nicht tragen, denn die Einnahmen des Reiches werden 10 Md. nicht übersteigen. Davon sind zu finanzieren

Kriegsopfer	3 Md.
Verwaltung und Justiz	2,5 Md.
Erziehung	1 Md.
Soziales und Ordnung	1 Md.
Schuldentilgung	2,5 Md.
	10 Md.

3.) Also müssen Erziehungs- und Wohlfahrtslasten im Wesentlichen durch Länder und Gemeinden aufgebracht werden.
Es kommt auch in Betracht, die Schulden teilweise zu streichen, also eben auf 300 Md. zusammenzulegen. Dann muß jeder Sparer auf 40% seiner Einlage verzichten, in diesem Falle müssen alle Nichtbetroffenen eine entsprechende Steuer entrichten. Ob sich eine solche Maßnahme empfiehlt, läßt sich erst in der genauen Kenntnis der Lage beurteilen, die dann vorliegen wird. Jedenfalls haben wir die Folgen der wahnwitzigen Schuldenwirtschaft mit echten Opfern auszugleichen, ebenso können wir Zerstörtes nur mit Opfern wieder herstellen, denn wir haben eben viel mehr verbraucht als wir haben, in der Vergangenheit geleistete Arbeitswerte vertan und können nun nicht mit Kunststükken, sondern nur mit Arbeit wieder das Vertane und Vergeudete aufholen.

Es kommt darauf an, daß die älteren Männer des Volkes noch sich mühen, die bitteren Erfahrungen, die wir in drei Perioden unserer Geschichte wissen und sehend gesammelt haben, zu nutzen: Kaiserreich, Republik, Diktatur.

Diese Erfahrungen lehren:

1.) Unser Volk ist befähigt zur Selbstverwaltung. Diese gilt es auf allen Gebieten der Lebensgestaltung so herzustellen, daß klare Verantwortungen entstehen.

2.) Unser Volk ist organisatorisch einseitig begabt. Es gilt, der Organisationswut und der Gefahr der Verbürokratisierung entgegenzutreten. Auch das geschieht durch Überantwortung aller Aufgaben, die nicht zentralisiert werden *müssen*, an die Selbstverwaltung der Länder, Kreise und Gemeinden.

3.) Unser Volk ist unpolitisch. Nur im engeren Bezirke kleiner Selbstverwaltungsgebiete (Verwaltung, Wirtschaft, Kunst usw.) handelt es vorsichtig und folgerichtig.

Auf der anderen Seite bedarf die Staatsführung öffentlicher Kontrolle durch das Volk. Also

a) die Regierung muß kraftvolle Vollmachten besitzen

b) der Reichstag muß sich stark auf die Schulung und Erfahrung der Selbstverwaltung aufbauen

c) dem Reichstag muß ein Ständeausschuß zur Seite stehen

d) das Wahlrecht darf nicht überspitzt demokratisch sein (Verhältniswahlrecht), sondern muß zur Bildung weniger großer Parteien nötigen; es muß Männer und nicht Programme herausstellen

e) wenig regieren, lieber einmal die Dinge laufen lassen, sie gestalten sich häufig von selbst sehr viel besser. Man gewöhne sich doch endlich ab, jedem an jeder Stelle auf die ihm drohende Gefahr hinzuweisen, und lasse ihn seinen eigenen Kopf auf eigene Verantwortung anstrengen.

f) der Staatschef sollte erblicher Monarch sein; das deutsche Volk wird sonst immer wieder der Gefahr ausgesetzt sein, daß die Präsidentschaftskandidaten um seine leichtentflammbare Seele buhlen, an militärischen Hang, an Heldensinn usw. zu viel appellieren. Wir brauchen den beruhigenden Ballast einer von Wahlen unabhängigen Staatsspitze, die sich von allen Abenteuern fernhält, die sich nicht in die Tagespolitik mischt, die nur den Staat repräsentiert wie in England, Belgien usw., und hervortritt, wenn die verfassungsmäßigen Einrichtungen des Volkes nicht ausreichen, um eine Regierung zu bilden.

g) Wir sind neuerungssüchtig und müssen im Fortschritt bedürftiger werden. Das gilt insbesondere für das Erziehungswesen, in dem seit fünfzig [Jahren] eine neue Schulform nach der andern geschaffen ist. Die Folge? Die Eltern haben noch ein klares Wissen und können daher logisch denken und handeln, die jüngeren entbehren des erlernten Wissens, sie haben „spielend“ gelernt und jagen Illusionen nach. Unter dem Strich aber steht, daß unsere Geltung in der Welt schnell sinken muß, denn Wissen ist Macht.

h) Wir haben den Familienzusammenhang verloren. Den Eltern fehlt die Autorität, den Kindern die Achtung vielfach. Die Familie aber ist die wirtschaftliche und sittliche Zelle der Volksgemeinschaft. Der Staat muß sie wieder stärken, nicht durch Muttertage und ähnliche Einrichtungen, nicht durch Schultüten, sondern durch Achtung vor der Ehe, durch Verzicht auf staatliche Eingriffe auf Gebieten, wo die Familie selbst dem Rechten zustrebt, durch den Verzicht, Familien auseinanderzureißen, nicht zuletzt durch das Beispiel des Anstandes und der gegenseitigen Achtung.

4.) Wir müssen wie andere Völker wirtschaftlich denken lernen. Es ist nicht schwer; schwer ist es nur, das Einmaleins anzuwenden, auch wenn es hart ist, daß zweimal zwei nur vier und nicht fünf oder gar zehn ist. Überall in der Welt neigt man unter dem Eindruck der technischen Entwicklung und des geldlosen Zahlungsverkehrs dazu, alles für durchführbar zu halten und wirtschaftliche Grenzen nicht anzuerkennen. Und doch gibt es keine Möglichkeit, sich dem Gesetz zu entziehen, das da heißt „Du kannst nichts genießen, was nicht vorher durch Menschenhand und Geist der Natur abgewonnen ist – wir können nicht mehr verbrauchen, als wir erarbeitet – eingenommen haben." Nur wenn Ihr diesen einfachen Satz, den ich in meiner Wirtschaftsfibel dargelegt habe, beherzigt, werdet Ihr wieder zu Wohlstand und Ruhe kommen.

5.) Unser Volk hat das religiöse Bewußtsein verloren. Es ist nicht religionslos. Aber durch die materielle Entwicklung und durch die Schuld der Kirchen ist uns die Klarheit verloren gegangen, daß Gott sein Wesen zuletzt durch Christus offenbart und dabei Forderungen an uns gestellt hat. Diese müssen wir erfüllen, auch wenn es uns hart ankommt. Wir müssen wieder lernen, Gott aus allen Kräften zu lieben und den Nächsten wie uns selbst. Gott lieben heißt seine Gebote zu befolgen; den Nächsten lieben heißt ihm helfen. Kirchen und Menschen müssen sich wieder mit der Tat zu Christi Lehre bekennen.
Dies Erfordernis das allein uns die Ruhe der Seele und das Glück des Herzens geben kann, müssen wir ohne Einschränkung vollziehen. Auch der Staat in seinem Verhalten zu den Bürgern. Der Staat ist kein Selbstzweck, sondern nur Mittel, Ordnung des Lebens und Wohlfahrt der Bürger zu ermöglichen.
Auch in der Außenpolitik muß der Boden der Doppelmoral verlassen werden, sonst kann es keinen wahren Frieden und kein echtes Glück geben. Auch diese Politik muß sich auf der Achtung vor den Interessen und der Eigenart anderer und der Bereitschaft zum Helfen aufbauen, muß also Gottes Gebote schlechthin befolgen, wenn die Botschaft wahr werden soll „Frieden auf Erden und den Menschen ein Wohlgefallen!" Dies ist die tiefe – vielleicht nicht neue Erkenntnis, von der wir erfaßt werden müssen nach Jahrzehnten der Irrungen und furchtbaren Leides. Es ist Eure heilige Pflicht, den furchtbaren Opfern dieser Jahrzehnte einen Sinn zu geben, indem ihr Euer Tun auf allen Gebieten Gottes Geboten unterstellt.

6.2 Dokumente für die Regierungsübernahme nach dem 20. Juli 1944

6.2.1 Grundsätze und Ziele der Reichsregierung

maschinenschriftliche Denkschrift o.D. [Jahreswechsel 1942/43]; BAK, N 118, Bd. 125, Bl. 89-95.[1]

Baldmöglicher Friedensschluss muss erstes Ziel sein; Vertrauen, Wahrheit und Rechtssicherheit als Grundlage der deutschen Verfassung und internationaler Bündnisse; Menschenrechte, Toleranz gegenüber Minderheiten, Informations- und Meinungsfreiheit werden wieder garantiert. Wiederherstellung der Rechtssicherheit, der Unabhängigkeit der Richter, des Schutzes der Familie sowie der Religionsfreiheit; Reform des Schulwesens, Garantie der Freiheit von Forschung und Lehre. Primärziele der deutschen Wirtschaftspolitik sind Ver-

[1] Die vorliegende Denkschrift existiert in zwei Versionen: eine ältere Fassung weist zahlreiche handschriftliche Korrekturen Goerdelers auf (ebenfalls in BAK, N 1018, Bd. 125, Bl. 82-88),

sorgung der Soldaten und der Kriegsopfer sowie Grundversorgung der gesamten Bevölkerung; allmähliche Auflockerung der Zwangswirtschaft und Abbau der Wirtschaftsbürokratie; Wiederherstellung der Tarifautonomie und der sozialen Sicherung; Überführung der Sozialversicherung in die Selbstverwaltung von Arbeitern und Angestellten; Haushaltsausgleich.

Die Mitglieder der Reichsregierung haben diesen Krieg nie gewollt und niemals für notwendig gehalten. Sie erblickten in ihm das größte Unglück, das Europa und die Welt treffen konnte. Sie betrachten es daher als ihre erste und wichtigste Aufgabe, ihn unverzüglich durch einen wahren und dauerhaften Frieden zu beenden, der es allen Völkern, großen wie kleinen, ermöglicht, sich innerhalb ihrer eigenen Grenzen in staatlicher Unabhängigkeit und Sicherheit selbst zu regieren, miteinander die Wunden des Krieges zu heilen und den verwundeten Erdteil wieder aufzubauen.

Die Reichsregierung weiß, daß auf dem Wege zu diesem Ziele gewaltige aus gebrochenen Verträgen und sinnlosen[a] Gewalttaten aufgetürmte Hindernisse zu überwinden sind. Voraussetzung für jede Verständigung unter den Völkern ist die Rückkehr des Vertrauens. Nur eine von gegenseitigem Vertrauen erfüllte Welt ist fähig, einen Frieden herzustellen, der den ungeheuren, von den Völkern der Erde gebrachten Opfern würdig ist,[b] dem Leben eine wahre und dauerhafte Grundlage zu geben,[c] die den Namen Frieden verdient und nach dem Unglück dieses Krieges zu vermeiden, daß ihm das noch schlimmere Unheil eines verfehlten Friedens folgt.

---

[a] Ursprünglich: „sittenlosen".

[b] Ursprünglich bis Anmerkung c: „einen wahren und dauerhaften Frieden, der".

[c] S.o., Anmerkung b.

die alle in eine neue maschinenschriftliche Fassung eingearbeitet wurden; ein Exemplar dieser Fassung befindet sich auch im Besitz der Familie Hammerstein. Für die Edition wurde diese jüngere Fassung ausgewählt, bei der Goerdelers Mitverfasserschaft nachgewiesen werden kann; in den alphabetischen Annotationen finden sich die Textvarianten der älteren Fassung, die von Goerdeler korrigiert wurden. Die Formulierungen der älteren, ursprünglichen Fassung, ebenso wie ihr Fundort, deuten auf ein Mitglied der Arbeiterbewegung als Verfasser. Goerdeler stand seit Anfang 1942 in engem Kontakt mit Jakob Kaiser, einem führenden Mitglied der christlichen Gewerkschaftsbewegung, und über Kaiser auch mit Wilhelm Leuschner, dem ehemals stellvertretenden ADGB-Vorsitzenden. Im Oktober 1942 hatte Goerdeler mit Kaiser eine Reise nach Wien unternommen, um dort Unterstützung für die Widerstandsbewegung gegen Hitler zu finden. Wahrscheinlich wurde die Denkschrift nach dieser Reise als gemeinsames Positionspapier verfasst; die alliierte Forderung nach bedingungsloser Kapitulation ist nicht erwähnt (vgl. dazu S. 946, Anmerkung 4), so dass eine Datierung auf die Zeit zwischen dem November 1942 und Ende Januar 1943 plausibel ist. Vgl. zu Goerdelers Kontakt mit Protagonisten der Gewerkschaftsbewegung Elfriede Nebgen: Jakob Kaiser. Der Widerstandskämpfer, Stuttgart, Berlin, Köln und Mainz 1967, S. 139-160. Die Denkschrift ist abgedruckt bei Schlabrendorff, Offiziere gegen Hitler, S. 92-98.

Die Reichsregierung ist entschlossen, ihren Beitrag zur Rückkehr des Vertrauens zu leisten. Sie wird dabei vor rücksichtslosen Maßnahmen gegen alle Zerstörer dieser Grundlage jeder völkischen und zwischenstaatlichen Gemeinschaft nicht zurückschrecken.

Vertrauen ruht auf der Achtung vor der Wahrheit und der Ehrfurcht vor dem Recht. Hitler[d] hat beides, Wahrheit und Recht, gleicherweise verachtet. An die Stelle der Wahrheit setzte er die Propaganda und an die Stelle des Rechts die Gewalt. Propaganda und Gestapo waren die Mittel seiner Herrschaftsbehauptung. Für ihn gab es nur einen letzten Wert: den Staat. Darum nannte und machte er ihn zum totalen Staat, der an die Stelle aller anderen Werte trat, alles ersetzte und alles zweckbestimmte. Der Staat stand außer und über Recht und Sittlichkeit. Der Einzelne und die Gemeinschaften mußten sich ihm völlig unterordnen. In der neuen Formulierung „Recht ist, was dem Volke nützt"[2] wurde der von allen Gutgesinnten verdammte Grundsatz „Der Zweck heiligt die Mittel" auf das Panier geschrieben. Die dem Germanentum und dem Christentum eigene Idee der Persönlichkeit wurde von ihm verneint.

Der Mensch war nur Teil, Glied und Funktionsträger des Staates, er sollte zum kollektiven Menschen umgeprägt werden und sein Recht aufgeben, dem Staat als Person gegenüber zu treten. Dieser Anschauung des Staates entsprach die Einpartei; ihr zentraler Begriff war die autoritäre politische Willensbildung, die sich durch Propaganda und Gewalt durchsetzte. An die Stelle dieses[e] Zerrbildes jeder wahren staatlichen Gemeinschaft wird die Reichsregierung den der christlichen Überlieferung des Abendlandes entsprechenden Staat setzen, der auf der Pflicht seiner Bürger und Glieder zu Treue, Opfer, Dienst und Leistung für das Gemeinwohl ebenso ruht wie auf der Achtung[f] vor der Person und ihren ursprünglichen Persönlichkeitsrechten.[g] Mit feierlichem Ernst lehnt die Reichsregierung den Gedanken des totalen Staates ab,[h] der niemals auf die Zusammenfassung der natio-

---

d Ursprünglich: „Der Nationalsozialismus".

e Gestrichen: „nationalsozialistischen".

f Gestrichen: „des Reichs".

g Ursprünglich bis Anmerkung h: „In feierlicher Form entsagt die Reichsregierung dem Gedanken des totalen Staates".

h S.o., Anmerkung g.

2 Das Schlagwort „Recht ist, was dem Volke nützt" wurde von den Nationalsozialisten aufgegriffen und gegen das als „liberalistisch" und „individualistisch" verhöhnte rechtsstaatliche Prinzip, Gewaltenteilung und Rechtspositivismus ausgespielt. Vgl. die Einleitung Hans Franks in: Ders.(Hg.): Nationalsozialistisches Handbuch für Recht und Gesetzgebung, München 1935, S. XIII-XXIV; Frank nimmt hier für sich in Anspruch, 1926 die Formulierung als erster verwandt zu haben, „Alles, was dem Volke nützt, ist Recht, alles, was ihm schadet, ist Unrecht" (ebd., S. XIV). Vgl. Michael Stolleis: Gemeinschaft und Volksgemeinschaft. Zur juristischen Terminologie im Nationalsozialismus, in: VfZ 20 (1972), S. 16-38.

nalen Kräfte abzielt, der nicht bezweckt, aus der Vielfalt der gegebenen Kräfte, Strömungen und Stimmen eine höhere Einheit des Handelns zu formen, dessen Absicht vielmehr nur ist, einer einzigen, ganz bestimmten Ton- und Denkart den rücksichtslosen Sieg über alle anderen Meinungen zu verschaffen und der die Ausrottung der Andersdenkenden und die Vernichtung der Minderheiten[i] zum Ziele hat[j]. Das Heil liegt in einer das organische Gefüge des Volkes berücksichtigenden Verfassung, die allen politischen und sozialen Elementen des Volkes ein ruhiges und friedliches Nebeneinander gestattet und alle die verschiedenen Formen des Gemeinschaftslebens, die unserer Zeit entsprechen, in die Bahn des friedlichen Wirkens lenkt, ohne daß die Kraft des Staates und seine zur Wohlfahrt des Volkes unentbehrliche Macht und Fähigkeit zu ordnen und zu verwalten, darunter leidet. Die Reichsregierung beginnt ihr Werk damit, daß sie die Staatsgewalt unter das Gesetz der Moral und des Rechtes stellt. Sie achtet die Persönlichkeit, die Familie, die religiösen Bekenntnisse, die Berufsverbände, die örtlichen Selbstverwaltungen und die Freien Gewerkschaften, verlangt aber, daß sich alle dem Gemeinwohl verpflichtet fühlen.

Es ist für die Reichsregierung eine Selbstverständlichkeit, daß sie dem deutschen Volke wieder die Möglichkeit gibt, sich in unverfälschter Weise über die Politik und die Handlungen seiner Regierung, die Lage des Reiches, Europas und der Welt zu unterrichten und seine Meinung[k] in freier Weise auszudrücken.[3]

Die Reichsregierung sagt daher der bis zur Lüge gehenden Unterdrückung und Verfälschung der Wahrheit den Kampf an. Das deutsche Volk muß durch allen Propagandanebel hindurch die Wahrheit und nichts als die Wahrheit erfahren. Ohne alle Illusionen muß es die wirkliche Lage erkennen, damit es seine Zukunft frei von allen Wunschträumen gestalten kann. Wer die leichten Siege der beiden ersten Kriegsjahre für ein dem deutschen Volk gemachtes Geschenk der göttlichen Vorsehung gehalten hat, wird lernen müssen, in einer solchen Auffassung eine Gotteslästerung oder einen leichtfertigen Irrtum zu erkennen, den das deutsche Volk mit 2½ Millionen Toten und 6 Millionen Heimatlosen bezahlt hat. Die Reichsregierung hat in ihrem Dienst an der Wahrheit nichts und niemanden zu scheuen und hat darum als eine ihrer ersten Maßnahmen alle Strafen auf das Hören ausländischer Rundfunksender aufgehoben. Sie wird aller gegnerischen Propaganda, die nicht dem Frieden der Versöhnung der Völker dient, zu antworten wissen.

---

h S.o., Anmerkung g.

i Ursprünglich bis Anmerkung j: „bezweckt“.

j S.o., Anmerkung i.

k Ursprünglich: „seinen Willen“.

3 Vgl. zur Pressezensur unter dem NS-Regime S. 747, Anmerkung 41; zur Zensur unerwünschter Bücher S. 753, Anmerkung 45.

Recht und Gerechtigkeit

Entsprechend dem Grundcharakter des totalen nationalsozialistischen Staates sind in den vergangenen zehn Jahren Recht und Rechtspflege zu einer Karikatur ihres wahren Wesens geworden. Gewissenlose Rechtsbrecher haben ihre Gewalt mißbraucht, um die Gerichte unter dem albernen Schlagwort der Volksnähe zu Handlangern des Propagandastaates und zu Zutreibern der Scharfrichter zu erniedrigen. Die Gesetze müssen wieder die Grundlage alles Richtens werden und die von allen politischen und staatspolizeilichen Weisungen befreiten Richter müssen als unabsetzbare Diener der Allgemeinheit allein dem Recht und der Gerechtigkeit dienen. Konzentrationslager, Zwangsverschickungen und wie all die schauerlichen Entartungen der öffentlichen Gewalt in den vergangenen zehn Jahren noch genannt werden mögen, sollen ab sofort nur noch gegen ihre Urheber und diejenigen angewandt werden, die gegen die Gesetze der sittlich begründeten Gemeinschaft des[l] deutschen Volkes verstoßen.

Sitte und Sittlichkeit

Die im Nationalsozialismus Gestalt gewordene „Vergottung" jeder rohen Gewalttat, die ihm nutzen konnte, hat neben der in Kriegen unvermeidlichen Auflockerung der Sitten, weithin zu einem sittlichen Verfall geführt, dem die Reichsregierung mit allen Mitteln Einhalt gebieten will. Mit der Zerreißung der Familien, den leichtfertig geschlossenen Ehen und der staatlichen Prämierung der unehelichen Kinder hat es ein Ende[m].[4] Nicht aus muckerischer Gesinnung, sondern einfach um der Gesundheit und Zukunft unseres Volkes willen müssen die jungen Männer und Frauen einsehen lernen, daß es glückliche Familien, dauerhafte Ehen und gesunde Kinder nur auf der Grundlage der Verantwortung vor ewig gültigen Gesetzen geben kann.

---

l Gestrichen: „zur Homogenität strebenden".

m Ursprünglich: „muß es ein Ende haben".

4 Die nationalsozialistische Rassen- und Bevölkerungspolitik arbeitete einerseits mit repressiven Maßnahmen wie dem „Gesetz zur Verhütung erbkranken Nachwuchses" oder den Nürnberger Gesetzen (vgl. dazu S. 896, Anmerkung 29). Andererseits wurden Ehestandsdarlehen und Kinderbeihilfen gewährt zur Förderung des „rassisch wertvollen" Nachwuchses (vgl. dazu S. 399, Anmerkung 15). In diesen Kontext gehört der von Himmler 1935 gegründete SS-Verein Lebensborn. Insbesondere seit dem Kriegsbeginn wurden SS und Polizei zur Zeugung einer zahlreichen Nachkommenschaft aufgerufen, und unverheiratete Schwangere wurden in Entbindungsheimen des Lebensborn versorgt. Vgl. Rita Thalmann: Frauen im Dritten Reich, München; Wien 1984, S. 136-156; sowie Georg Lilienthal: Der „Lebensborn e.V.". Ein Instrument nationalsozialistischer Rassenpolitik, Stuttgart und New York 1985.

Religion und Kirche

Unbeschadet der Religionsfreiheit Einzelner bekennt sich die Reichsregierung zum Christentum als einer der Grundkräfte, die die deutsche Nation geschichtlich geformt haben.

Die Reichsregierung weiß, daß mit den Mitteln der Politik kein Weg zu den abgerissenen religiösen Überlieferungen und Ordnungen des deutschen Volkes gefunden werden kann. Sie hebt aber sofort alle staatliche Verfolgung der christlichen Kirchen, die Verhaftungen, Verbannungen und Redeverbote gegen Geistliche auf. Alle Religionsgemeinschaften sollen frei von staatlicher Vormundschaft ihren göttlichen Auftrag erfüllen. Das Reich wird sie[n] und ihre Diener schützen.

Jugend und Jugenderziehung[o]

Die Schulen aller Gattungen werden sofort von der ihrem Wesen ganz unzuträglichen Rolle[p] befreit dazu zu dienen Tatsachen zu verfälschen, den Wahrheitssinn der Jugend zu beleidigen und sie Phrasen statt Wissen, Heuchelei statt edlen Mut, Kraftmeiertum statt wahren Könnens zu lehren.[q]

Die oberste Erziehungsgewalt steht den Eltern zu. Die Schule hat sie dabei zu unterstützen, indem sie durch sachlich und charakterlich dazu befähigte Lehrer die Kinder anhält, das Höchstmaß der ihnen verliehenen geistigen und körperlichen Kräfte zur Reife zu bringen.

Die begabten Kinder aller Schichten des Volkes sollen zu allen Schulen zugelassen werden, für die sie sich eignen.

Die Reichsregierung lehnt jede[r] ausschließliche staatliche[s] Jugendorganisation ab; sie wird alle Bemühungen der religiösen Gemeinschaften der Berufsverbände und der Vereine für Leibesübungen ihre Hilfe angedeihen lassen, die der Jugend, ihrem Gemeinschaftswillen[t] und dem Volke[u] dienen wollen.

Die Hochschulen[v] sollen ihren Inhalt und ihre Würde von ihrem Auftrag empfangen, in Wahrheit und Freiheit Stätten der Forschung und der Lehre zu sein. Eine akademische Selbstverwaltung, die die Rechte und Pflichten der Lehrer und Studenten in ihren gehörigen Grenzen festsetzt, muß die inneren Angelegenheiten der Hochschulen und der Studentenschaft ordnen.

---

n Ursprünglich: „die religiösen Gemeinschaften".

o Der Abschnitt steht in der ursprünglichen Fassung hinter dem Abschnitt „Finanzen".

p Ursprünglich bis Anmerkung q: „entlassen, als Organe der Parteipropaganda zu wirken".

q S.o., Anmerkung p.

r Ursprünglich bis Anmerkung s: „Art von staatlicher".

s S.o., Anmerkung r.

t Nachträgliche Einfügung bis Anmerkung u.

u S.o., Anmerkung t.

v Gestrichen: „Universitäten und".

Wirtschaft und Sozialpolitik

Solange die Waffen noch nicht ruhen, muß die heimische Wirtschaft alles in ihrer Macht Stehende tun, um die Soldaten mit allem Notwendigen an Nahrung, Kleidung und Waffen zu versorgen.

Die Reichsregierung ist davon durchdrungen, daß alles Wirtschaften in dem durch den Krieg und seine Vorbereitung ungeheuer verarmten Deutschland zunächst nur den Zweck haben kann, das deutsche Volk zu ernähren, zu kleiden, ihm seine zerstörten Wohnungen aufzubauen und seinen vernichteten Hausrat wieder zu schaffen. Mit der Versorgung der Opfer dieses Krieges, der Witwen, Waisen und Kriegsbeschädigten wird dieser Zweck der vornehmste Inhalt der deutschen Sozialpolitik sein müssen.

Die Reichsregierung ist entschlossen, in diesem verarmten Deutschland die Wirtschaftspolitik so zu führen, daß[w] die wahrhafte Gemeinschaft des Volkes, die diesen Namen durch Gemeinsinn und Nächstenliebe verdient[x] und ihn nicht zur Tarnung der Korruption von Gewalthabern mißbraucht, über die dem deutschen Volk verbliebenen Schätze des Bodens und[y] Naturkräfte die Grundlage des Lebens für Alle macht[z] . Die Reichsregierung wird ein von ihr vorbereitetes Grundgesetz über wirtschaftliche Reichsgerechtsame erlassen.

Das Ausmaß der nach dem Kriege wieder herzustellenden wirtschaftlichen Freiheit wird allein von dem davon zu erwartenden allgemeinen Nutzen bestimmt werden. Eine zum Selbstzweck gewordene Wirtschaftsbürokratie, die in einem endlosen Papierkrieg Arbeit und Wirtschaft verteuert und[aa] erschwert, vermindert den Ertrag und ist daher verfehlt[ab] . Wo[ac] freier Wettbewerb die Leistungen steigert,[ad] eine billigere Versorgung ermöglicht und den Käufer davor bewahrt, das ohnmächtige Schlußglied einer langen Verteilungskette zu sein, soll[ae] er sein volles Wirken[af] entfalten.

Der jetzt nur noch als kriegswirtschaftliches Tauschorgan dienende Außenhandel soll alsbald in den Stand gesetzt werden, den Lebensbedürfnissen des gesamten deutschen Volkes zu dienen, um ihm an Nahrung, Kleidung, Rohstoffen und Gütern[ag]

---

w Ursprünglich bis Anmerkung x: „eine wahrhaft sozialistische Gemeinschaft, die diesen Namen verdient".

x S.o., Anmerkung w.

y Ursprünglich bis Anmerkung z: „der Energie als Grundlage des Lebens in ihre Hand nimmt".

z S.o., Anmerkung y.

aa Ursprünglich bis Anmerkung ab: „schwerfällig macht, hat ihren Zweck verfehlt".

ab S.o., Anmerkung aa.

ac Ursprünglich bis Anmerkung ad: „freie Konkurrenz".

ad S.o., Anmerkung ac.

ae Ursprünglich bis Anmerkung af: „sie ihre vollen Freiheiten".

af S.o., Anmerkung ae.

ag Nachträglich eingefügt.

zu verschaffen, was die fleißige Arbeit der deutschen Bauern[ah] und Arbeiter nicht oder nur unwirtschaftlich[ai] zu leisten vermag und die Schätze des deutschen Bodens nicht hergeben.

Eine Auflockerung des Lohn- und Preisgefüges kann erst in Angriff genommen werden, wenn[aj] unsere Versorgung sichergestellt ist und[ak] keine wirtschaftlichen Machtpositionen einseitig ausgenützt werden können. Die Lohnentwicklung soll soweit wie irgend möglich durch freie Tarifvereinbarungen von Unternehmern und Gewerkschaften gelenkt werden, wobei das bewährte staatliche Schlichtungswesen wie in vergangenen Jahrzehnten hilfreichen Beistand zu leisten hat. Das nur zur Entmündigung des deutschen Arbeiters ausgenutzte[al] Gesetz zum Schutze der nationalen Arbeit wird sofort geändert.[5] Die Unternehmer, die ihre wirtschaftliche Verantwortung[am] erniedrigt und sich zum geistlosen Befehlsempfänger politischer Machthaber entwürdigt[an] haben, müssen in allen Betrieben der deutschen Wirtschaft aus verantwortlichen Stellungen entfernt werden.

Die durch nationalsozialistische Mißwirtschaft übrig gebliebenen Trümmer der einstmals in der Welt vorbildlichen deutschen Sozialversicherung sollen in die Selbstverwaltung der Arbeiter und Angestellten, für die sie bestimmt sind, überführt und zu einem einheitlichen Träger der gesamten Sozialversicherung zusammengefaßt werden.

Öffentliche Finanzen

Die heillose Schuldenwirtschaft der öffentlichen Hand hat in den vergangenen zehn Jahren die Reichsschulden[ao] 10 Milliarden Reichsmark auf 300 Milliarden Reichmark anwachsen lassen.[6] Dazu kommen noch die gewaltigen durch Zerstörungen angerichteten Schäden.[ap] Damit ist uns und den kommenden Geschlechtern eine kaum zu tragende Last auferlegt, die das gesamte Volksvermögen weit übersteigt. Die Reichsregierung ist entschlossen, diese Schuldenlast ohne eine neue Inflation durch eine harte Steuerpolitik und andere Maßnahmen, die der allgemeinen

---

[ah] Ursprünglich bis Anmerkung ai: „nicht".
[ai] S.o., Anmerkung ah.
[aj] Ursprünglich bis Anmerkung ak: „durch sie".
[ak] S.o., Anmerkung aj.
[al] Ursprünglich: „dienende".
[am] Ursprünglich bis Anmerkung an: „Machtstellung zu einer Propagandafunktion des Nationalsozialismus erniedrigt".
[an] S.o., Anmerkung am.
[ao] In der ursprünglichen Fassung sind Lücken gelassen zur Einsetzung der Schuldenbeträge.
[ap] Der vorstehende Satz ist in der ursprünglichen Fassung nicht aufgenommen.

[5] Vgl. zum Arbeitsordnungsgesetz S. 339, Anmerkung 13.
[6] Die von der Reichsschuldenverwaltung beurkundete Reichsschuld betrug für das Rechnungsjahr 1933/34 11,8 Mrd. RM; für das Rechnungsjahr 1943/44 273,4 Mrd. RM (vgl. Statistisches Handbuch von Deutschland, S. 556).

Verarmung des deutschen Volkes entsprechen, abzubürden durch einen in Einnahme und Ausgabe alsbald auszugleichenden öffentlichen Haushalt und durch öffentliche Rechnungslegung die Grundlagen dauerhaften und soliden wirtschaftlichen Lebens wieder zu schaffen.

Das Ende des Krieges

Die Reichsregierung weiß, daß die vor ihr liegende Aufgabe, dem Leben des deutschen Volkes eine neue staatliche Form zu geben und sie mit Werken des Friedens auszufüllen, erst gelöst werden kann, wenn das von ihr heiß ersehnte Ende des Krieges erreicht[aq] ist. Bei aller Bereitschaft zum Frieden weiß die Reichsregierung auch, daß es nicht allein von ihr abhängt, wann und wie er[ar] verwirklicht werden kann.[as] Sie wird an alle Möglichkeiten anknüpfen, die aus den Äußerungen der gegnerischen Staatsmänner über die Zukunft der Welt hervorgehen, um ihren Willen zu einem dauerhaften Frieden kundzutun, der allen Völkern den Weg öffnet, in Freiheit und gegenseitiger Achtung miteinander zu leben.

6.2.2 *Redeentwurf für Prinz Louis Ferdinand von Preußen*

maschinenschriftliches Redemanuskript mit handschriftlichen Korrekturen o.D. [Winter 1942/43]; BAK, N 1160 I/64.[1]

Übernahme der Regierungsgewalt zur Wiederherstellung von Recht und Freiheit sowie zur Entscheidung des Kriegs an der Ostfront; Beendigung des innenpolitischen Terrorregimes und der Gewaltherrschaft in den besetzten Gebieten. Rückgabe des militärischen Oberbefehls an militärische Sachverständige; Beendigung des nationalsozialistischen Machtrausches, der Ermordung Unschuldiger, der Vernichtung von Recht, Moral und Christentum. Wiederherstellung von Verantwortung und Moral in militärischer und ziviler Führung; gerechter Friedensschluss; Wiederherstellung verfassungsmäßiger Zustände.

[aq] Ursprünglich: „da“.

[ar] Ursprüngliches Satzende: „kommt“.

[as] Das Ende der ursprünglichen Fassung lautet: „Sie wird an alle in den Reden der gegnerischen Staatsmänner über die Zukunft der Welt gemachten Äußerungen anknüpfen, um ihnen ihren Willen zu einem dauerhaften Frieden, der allen Völkern ermöglicht, in Freiheit und gegenseitiger Achtung miteinander zu leben, kundzutun. Von der deutschen Wehrmacht, deren unerhörte Heldentaten gegen eine gewaltige Übermacht, zu Lande, zu Wasser und in der Luft sie mit heißer Dankbarkeit bewundert, erwartet die Reichsregierung, daß sie weiterhin in Disciplin und Ordnung ihre Pflicht erfüllt die Heimat zu schützen und eine dauerhafte Ordnung der Welt herbeiführen zu helfen, in der große und kleine Völker ihr Lebensrecht und ihren Schutz finden. Die Reichsregierung hat die Befehlshaber der Wehrmacht bereits angewiesen, in den besetzten Gebieten alle Maßnahmen gegen die Bevölkerung aufzuheben, die über die durch das Kriegsrecht gebotene Sicherheit der deutschen Truppe hinausgehen.“

[1] Unter den Verschwörern herrschte Uneinigkeit über den geeigneten Prätendenten im Falle einer Restauration der Hohenzollernmonarchie; nach dem Tod des Prinzen Wilhelm von

Zur Rettung des Vaterlandes in der Stunde höchster Not habe ich die gesamte vollziehende Gewalt übernommen. Ich rufe das deutsche Volk auf, Recht, Sittlichkeit und Anstand wiederherzustellen, der im Winter leichtfertig in schwerste Kämpfe hineingezwungenen Ostfront alle Kräfte zum Schutze des Vaterlandes zuzuführen, und[a] diesem zweiten Weltkriege ein würdiges Ziel zu geben.[2]

Deutsche, es muß sofort ein Ende damit haben, daß Willkür und rohe Gewalt an Stelle des uns von den Vätern überlieferten Rechts, Terror an Stelle der uns heiligen Freiheit des Gewissens herrschen. Es muß ein Ende damit haben, daß das deutsche Volk über die Verschwendung seiner Mittel, über die Größe seiner Blutopfer, über den Ernst seiner Lage schamlos belogen wir. Es geht nicht an, daß in den durch Heldentaten unserer Soldaten mit ihrem Blut eroberten[b] Gebieten, ja unmittelbar im Rücken unserer kämpfenden Söhne, Männer, Väter ein Regiment der Unmenschlichkeit errichtet ist,[c] Haß gesät und damit der gute Name unseres Volkes[d] geschändet wird.

Es muß ein Ende haben, daß gewissenlose Burschen in führenden Stellungen sich schamlos bereichern und ein üppiges Lotterleben führen, während von allen andern Deutschen größte Opfer verlangt werden.

---

a Ursprünglich: „um"
b Gestrichen: „und besetzten"
c Gestrichen: „unschuldige Menschen vergewaltigt werden,"
d Gestrichen: „wie er uns von unsern Vätern überantwortet ist"

Preußen plädierte ein Teil der Verschwörer für die Unterstützung des früheren Kronprinzen Wilhelm, der am 30.11.1918 zum Thronverzicht gezwungen worden war, ein anderer Teil für dessen jüngeren Sohn Louis Ferdinand. Im Gegensatz zu der bei Ritter abgedruckten Version (Ritter, Goerdeler, S. 567 f.), deren Original sich im Nachlass Kaiser befindet (BAK, N 1018, Bd. 135, Bl. 16), wird in dem vorliegenden Entwurf der Thronverzicht Wilhelms nicht erwähnt; außerdem hatte die Verschwörergruppe um Goerdeler wesentlich engeren Kontakt mit Louis Ferdinand als mit dem früheren Kronprinzen (vgl. dazu auch Louis Ferdinands eigene Darstellung: Die Geschichte meines Lebens, Göttingen ^{2}1969, S. 297-303), besonders Popitz setzte sich sehr stark für Louis Ferdinand ein (vgl. auch Hassells Darstellung in seinen Tagebüchern, S. 290). Die Datierung auf den Winter 1942/43 erfolgt aufgrund des ersten Absatzes, der auf die Schlacht um Stalingrad verweist; gerade zu diesem Zeitpunkt hatte die Verschwörergruppe auch mehrere Treffen mit dem Prinzen (vgl. Brief Kaisers an Ritter vom 30.6.1954; BAK, N 1166, Bd. 492). Der ursprüngliche Verfasser des Redeentwurfs ist nicht mehr eindeutig feststellbar; während die bei Ritter abgedruckte Variante allem Anschein nach von Karl Magnus Knebel-Döberitz stammt, der ein enger Freund des früheren Kronprinzen war, weist der vorliegende Entwurf eine deutlich andere Diktion auf. Die handschriftlichen Korrekturen in dem Entwurf stammen von Goerdeler und sind in das edierte Dokument aufgenommen worden; in den alphabetischen Anmerkungen findet sich die ursprüngliche Fassung.

2 Vgl. zur Kriegslage an der Ostfront S. 1003, Anmerkung 78.

Es muß ein Ende haben, daß die Armee ihrer sachkundigen und verdienten Führer mitten im schwersten Kampfe beraubt wird, nur weil der Mann, der dies alles befohlen und geduldet hat, jetzt feige aus der selbstübernommenen Verantwortung flüchten und andere in Wahrheit Unschuldige,[e] die nur seine unsachgemäßen, gewissenlosen Befehle ausgeführt haben, nun dem deutschen Volke als die Schuldigen hinstellen will.

Es muß ein Ende damit haben, daß unsere besten und tapfersten Männer, die Gesundheit unserer Frauen und Kinder uferlosen, ja sinnlosen Zielen bedenkenlos geopfert werden. Denn diese Opfer werden nicht für das Vaterland, sondern nur zur Erhaltung der eigenen zur Tyrannei entarteten Macht gefordert, nur um dem zum Größenwahn entarteten Geltungstrieb *eines* Menschen zu dienen.

Lassen wir uns weiter als willenlose Sklaven zu Werkzeugen solchen vermessenen Machtrausches gebrauchen, dulden wir weiter die Vernichtung von Recht und Moral, die verbrecherische Vergewaltigung, ja den Mord Unschuldiger, erheben wir nicht ... der Ritterlichkeit und Menschlichkeit gerade auch gegenüber den Schwachen und Unterlegenen auf unseren Schild, so ist ein furchtbares Geschick nicht mehr von Volk und Vaterland abzuwenden. Vergeblich wäre, was unsere Väter und Vorväter in Jahrhunderten fleißiger Arbeit, harter Kämpfe und mit viel bitterer Not geleistet haben. Dahin wären die Opfer von Waterloo und Langemarck,[3] dahin unsere materiellen und sittlichen Güter, entschwunden jede Möglichkeit, in der Welt Achtung und Geltung zu behalten. Verludert und vertan wäre das Glück unserer Kinder und Kindeskinder. Dulden wir weiter eine Führung, die jeder militärischen wie wirtschaftlichen Sachkunde entbehrt, die alles Bestehende, auch das Gute nur um undurchdachter Theorien willen ändern will, die jede Verantwortung vor unserem Volke und vor Gott leugnet, die nahezu das gesamte Nationalvermögen vergeudet hat, die einen Kampf gegen den Bolschewismus bestehen will, während sie dem eigenen Volke die freie Ausübung des christlichen Glaubens immer mehr einengt, die christliche Kirche in Ost und West zerstört, die Verhöhnung aller menschlichen Tugenden zuläßt, dann gehen wir unausweichlich einer furchtbaren materiellen und seelischen Niederlage entgegen.

Das aber wollen wir nicht. Wir wollen keine schwarze Nebenregierung, die in blutigem Terror das Recht schändet und das ganze Volk entwürdigt.

Wir wollen, daß unsere Wehrmacht von geschulten und erfahrenen Männern verantwortungsbewußt geführt wird. Wir wollen, daß auch in diesem Krieg ritterliche Soldatentugenden geübt werden. Wir wollen, daß hinter dem Rücken unserer Soldaten Wahrhaftigkeit und Würde, Recht und Anstand herrschen. Wir wol-

[e] Ursprüngliches Satzende: „die nur den Fehler machten, seine unsachgemäßen, gewissenlosen Befehle auszuführen, nun dem deutschen Volke als die Schuldigen hinstellen will.“

[3] Die Schlacht bei Waterloo von 1815, in der die napoleonische Armee besiegt wurde, gilt als Kulmination der Befreiungskriege; der Sturmangriff auf Langemarck durch deutsche Kriegsfreiwillige 1914 stand als Symbol der Opferbereitschaft der deutschen Jugend.

len uns von sauberen Männern regiert wissen, die uns die Wahrheit sagen, auch wenn sie hart ist, die menschliche Fehler und Irrtümer zugestehen und auch dem Feinde gegenüber den Anstand in Tat und Wort wahren, wie wir es von unseren Vätern je und je gewohnt waren, wir wollen an unserer Spitze Männer, die sich nicht selbst bis zur Vermessenheit loben, sondern schlicht ihre Pflicht tun und für ihr Tun verantwortlich einstehen.

Wir wollen klar und zielbewußt einem Frieden zustreben, der unsere nationalen Lebensnotwendigkeiten voll erfüllt, aber ebenso die nationalen Rechte und Freiheiten[f] aller anderen Völker, der kleinen wie der großen, auf das Peinlichste achtet und so die Grundlage freiwilliger, fruchtbarer gesegneter Zusammenarbeit in Achtung vor den Gesetzen Gottes schafft zum Glücke aller Menschen, die es ehrlich meinen.[g]

Hitler hat den uns geschworenen Eid[h] gebrochen, indem er Recht und Anstand zerstört, Unschuldige in der Heimat und in den besetzten Gebieten der Freiheit beraubt, Peinigungen und grausamer Tötung ausgeliefert, unsere Wehrmacht mit falschen Befehlen versehen u[nd] unmenschlichen Leiden ausgesetzt, dann unsere Söhne, Väter, Brüder und Männer seiner Eigenliebe und seinem Größenwahn bedenkenlos geopfert hat. Er hat den deutschen Arbeiter aller seiner Rechte beraubt und ihn betrogen[i] wie den deutschen Soldaten.

In diesem Notstande habe ich einstweilen die gesamte vollziehende Gewalt übernommen, die ich in der Heimat den stellvertretenden kommandierenden Generälen, in den besetzten Gebieten den Militärgouverneuren, im Operationsgebiet den Oberbefehlshabern der Heeresgruppen übertragen werde.[4]

Ich werde aus Männern, die sich dem Vaterlande und mir zur Verfügung gestellt haben, eine Regierung bilden, die sobald wie möglich verfassungsmäßige Zustände herstellen wird.

Ich vertraue auf die Ehrenhaftigkeit des deutschen Volkes, auf die Tapferkeit der deutschen Soldaten, auf unser aller Liebe zu unserem Vaterlande und auf unsern festen Willen, es in treuer Zusammenarbeit aller Schichten der Bevölkerung wieder aufzubauen.[j]

Ich muß von allen Arbeit u[nd] Kampf, Opfer und loyale Pflichterfüllung fordern; versprechen kann ich nur Gerechtigkeit, Sauberkeit und heißes Bemühen, dem Krieg ein ehrenhaftes Ende zu geben. Dazu bitte ich Gott um seinen Segen.

---

f Ursprünglich: „Notwendigkeiten“

g Gestrichen: „Für diese Ziele wollen wir unsere letzte Kraft einsetzen.“

h Gestrichen: „ehrlos“

i Ursprünglich: „verraten“

j Ursprünglich anstelle des folgenden Absatzes: „Ich bitte Gott um seinen Segen zu diesem Werke.“

4 Das mit dieser Maßnahme angestrebte Ziel war es wohl, der besonders unmenschlichen „politischen Verwaltungsführung“ in den besetzten Gebieten durch parteitreue Statthalter und CdZ ein Ende zu bereiten (vgl. auch S. 822, Anmerkung 24).

6.2.3 *Vorgesehene Rundfunkrede nach der Übernahme der Regierungsgewalt*

maschinenschriftliches Redemanuskript o.D. [Frühsommer 1944]; Privatbesitz.[1]

Die Wiederherstellung von Rechtssicherheit, Toleranz, Geistes- und Gewissensfreiheit sowie die Bestrafung von nationalsozialistischen Verbrechern sind die dringendsten Aufgaben. Außenpolitik: sofortige Waffenruhe, gerechter Friedensschluss, neugeordnetes Völkerrecht; Räumung der besetzten Länder; Wiederaufnahme geordneter politischer und wirtschaftlicher Beziehungen zu anderen Ländern; Bildung einer europäischen Gemeinschaft zur wirtschaftlichen Zusammenarbeit und Friedenssicherung. Innenpolitik: Einsetzung eines Staatsoberhaupts mit vorläufiger Regierung; Wiederherstellung der Selbstverwaltung, einer einfachen Staatsverwaltung, einer unabhängigen Rechtsprechung; Wiederaufbau bei gleichzeitiger Revision der Besitzverhältnisse; leistungsorientierte Wirtschafts- und Sozialpolitik unter Berücksichtigung sozialer Gerechtigkeit und des Gemeinwohls; Gleichstellung der Fremdarbeiter mit deutschen Arbeitern; Bildung einer Einheitsgewerkschaft mit wirtschaftlichen Betätigungsmöglichkeiten und sozialer Verantwortung; geordneter öffentlicher Haushalt mit stabiler Währung; Rückbesinnung auf Werte der Familie, der Geschichte und der Religion.

Wir lehnen aus Überlegung und mit vollkommener Deutlichkeit ab, ein bis ins einzelne gehendes Programm dem deutschen Volke vorzulegen oder gar irgendwelche Verheißungen zu machen. Es ist nicht die Zeit, Programme aufzustellen, sondern zu handeln. Es ist nicht die Zeit, sich Illusionen hinzugeben, sondern die *bittere Wahrheit* zu sagen und an jeden Einzelnen die äußersten Forderungen zu stellen. Wir beschränken uns darauf, dem deutschen Volke klarzulegen, welche Ziele wir verfolgen, Ziele, von denen wir überzeugt sind, daß sie nicht nur mit dem *Wohle des Ganzen* eins, sondern auch für das Glück jedes einzelnen Deutschen unerläßlich sind, und auf die wir uns daher alle vereinigen können. Mögen sich später Meinungsverschiedenheiten ergeben; wir alle wollen sie nicht scheuen. Ohne geistigen Kampf kein Fortschritt! Aber jetzt handelt es sich nicht um Einzelfragen der Verfassung oder der Sozialpolitik, auch nicht um grundsätzliche Auseinandersetzungen über kommunistische, sozialistische oder um individuelle, staatsgeplante oder freie Wirtschaft. Jetzt handelt es sich darum die *nackte Existenz* zu erhalten, den *Bestand des Reiches* zu retten und die verlorengegangene *Verbindung mit dem Denken und Fühlen der Außenwelt* wiederzufinden.

Die entscheidende Aufgabe, von deren Erfüllung alles andere abhängt, ist die *Wiedergewinnung der sittlichen Grundlage* für das Wirken des Staates nach innen und außen. *Gleiches Recht* für alle, unbeirrbare *Gerechtigkeit* ohne Rücksicht auf

[1] Das vorliegende Manuskript wurde bereits 1946 unter der Bezeichnung Regierungsprogramm veröffentlicht (Gerhard Ritter (Hg.): Das Regierungsprogramm vom 20. Juli 1944, in: Die Gegenwart v. 26.6.1946, 1. Jg., Nr. 12/13, S. 11-14); eine Kopie des Manuskripts liegt im Nachlass Kaiser (BAK, N 1018, Bd. 125, Bl. 269-279); in dem Privatbesitz der Familie Goerdeler befinden sich vier identische Exemplare. Die Datierung erfolgt aufgrund der im Manuskript angegebenen Reichsschuld.

die Person, vollkommene Sicherung der Freiheit des Geistes, der *Freiheit* des Gewissens; absoluter Schutz gegen Willkür, gegen Terror und jede Art der Vergewaltigung; Anerkennung der Interessen und der Rechte anderer; Bereitwilligkeit zu *versöhnlichem Ausgleich*, Wiederherstellung des Anstands in allen Handlungen des Staates und im Verhalten der Menschen und ihrer Gemeinschaft untereinander. Diese einfachsten aber verlorengegangenen Grundlagen gilt es, wiederzugewinnen. Das sollte uns nicht schwer fallen; war doch unser Volk einst rechtschaffen und hatte hohe Ideale; waren doch seine Rechtspflege und die Sauberkeit seiner Verwaltung in der ganzen Welt geachtet, wenn auch in den Augen vieler Deutscher selbst nicht vollkommen genug.

Um diese Achtung und fast um die eigene Selbstachtung hat uns eine ebenso *gewissenlose wie wissensarme und leichtfertige Diktatur* gebracht. Die Gerechtigkeit verlangt, daß wir vielen Nationalsozialisten zugestehen, daß sie sich von lauteren Motiven haben leiten lassen. Unerbittlich muß das Schwert der Gerechtigkeit diejenigen treffen, die das Zerrbild eines Staatswesens aus unserem Vaterlande gemacht haben, die Recht und Anstand vom Thron verstießen, Korruption duldeten und förderten, die sich schamlos bereicherten, während das Volk Not litt, blutete und seine Söhne zum Opfer brachte; die durch grauenvolle Verbrechen gegen Leib und Leben, gegen Ehre und Glauben Menschen, die Gottes Antlitz ebenso tragen wie wir, gequält, verstümmelt, vernichtet haben; die die Staatsgewalt mißbrauchten und sich sowie ihren erbärmlichen Klüngel schonend, fast drei Millionen deutsche Männer in den blutigen Kämpfen dieses unseligen Krieges opferten, die Gesundheit weiterer Millionen zerstörten, Millionen von Wohnungen, Tausende von Arbeitsstätten, unwiederherstellbare Kulturwerte in Trümmer gehen ließen, um ihrer eigenen krankhaften Machtgier zu frönen, die die Idee der allgemeinen Wehrpflicht ihrer sittlichen Grundlage beraubten. Zur Wiederherstellung von Recht, Gerechtigkeit und Anstand, zur Wiedergewinnung jener Sicherheit, die nur gewonnen werden kann, wenn jeder weiß, daß er für sein Tun und Lassen verantwortlich ist, ist daher auch die Verantwortlichkeit aller derjenigen zu prüfen, die an führenden Stellen Befehle widerspruchslos entgegengenommen und ausgeführt haben, von denen sie wußten, daß sie gegen Recht, Gewissen oder Sachkunde verstießen. Verantwortlich werden auch diejenigen gemacht, die sich im Ausland irgendeines Verstoßes gegen das Völkerrecht, gegen Ehre und Pflicht eines anständigen Menschen haben zuschulden kommen lassen. Wo immer wir feststellen, daß nationalsozialistische Irrlehren die Interessen des Vaterlandes geschädigt, das Wohl der Menschen hintangesetzt haben, wollen wir mit der Macht der Wahrheit eingreifen. Dabei wollen wir der Tatsache Rechnung tragen, daß manche aus edlen Motiven, viele aus Unerfahrenheit oder Unwissenheit sich von diesen Irrlehren haben führen lassen. Sie, soweit sie guten Willens sind, in das Gemeinschaftswerk der Neugestaltung der Zukunft wieder einzureihen, gebieten Gerechtigkeit und Vernunft; aber wir wollen uns nicht nachsagen lassen, daß wir mit unserem guten Namen ungestraft haben Schindluder treiben lassen. *Wir wollen das, was zur Herstellung von Achtung und Selbstachtung erforderlich ist, selbst tun* und nicht daran denken, dem Willen anderer zu überlassen.

Nur wenn wir wieder ein *Rechtsstaat* werden, in dem jeder Bürger in Ruhe schlafen kann, weil er sich und die Seinen gegen Unrecht geschützt weiß, in dem jeder Fremde sich sicher aufhalten kann, weil niemand seiner Ehre und seinem berechtigten Selbstbewußtsein zunahe tritt, nur dann können wir mit der Außenwelt wieder in Verbindung treten. In der Wiederherstellung geordneter politischer und wirtschaftlicher Beziehungen zu anderen Völkern liegt die zweite, für alles weitere entscheidende Aufgabe. Auch diese Beziehungen können gesund und dauerhaft nur gestaltet werden, wenn wir *sittliche Grundsätze als einzige feste Grundlage* auch für diese Ordnung anerkennen und einhalten. Wir sind keine Utopisten. Wir bilden uns ebenso wenig wie die Regierungen anderer Völker ein, daß es möglich sein könnte, die Neigung zum Kampf aus dem Wesen des Menschen auszuschalten. Aber wenn der Mensch überhaupt Anspruch darauf erheben will, von Gott zu höheren Aufgaben berufen zu sein, dann muß es gelingen, dieses Ringen aus dem Gebiet der gegenseitigen physischen Vernichtung auf die Ebene des Wettbewerbs um beste Leistungen zu führen. Für den berechtigten Drang der jungen Menschen nach Abenteuer und Kampf bleibt noch genug Raum, wenn wir unser Sinnen und Trachten auf die Meisterung der Naturkräfte, auf die Erforschung der Geheimnisse der Welt und auf die Förderung des Wohles der Menschheit richten.

In vieljährigem Ringen haben die Völker sich gegenseitig gezeigt, daß Tapferkeit, Opferbereitschaft und Heldentum Eigenschaften sind, die alle Völker und Stämme der Erde besitzen. Die Fähigkeit, Unmögliches zu vollbringen und Leiden zu ertragen, ist allen Völkern eigen. Jede echte soldatische Leistung ehrt auch den Gegner. Die Kämpfer zu Lande, zu Wasser und in der Luft haben bei allen Völkern ebenbürtige Leistungen vollbracht.

Alle Völker der Erde sehnen sich danach, wieder friedlicher Arbeit nachzugehen. Alle Völker der Erde haben nur den einen Wunsch, die Schäden des Krieges zu heilen und ihre Fähigkeiten und Leistungen in Ruhe, Frieden und Sicherheit zu entwickeln. Um dies Ziel zu erreichen, gilt es, nüchtern und doch mit heiligem Feuer die Beziehungen der Völker untereinander wieder auf *gegenseitige Achtung vor den Eigenarten und Interessen* zu gründen. Es gilt ein Neues hinzuzufügen wenigstens für uns, die wir uns zu den Grundsätzen christlicher Lebenshaltung bekennen: Es gilt auch den Gedanken der *gegenseitigen Hilfsbereitschaft* selbst zwischen entferntesten Völkern als eine sittliche Verpflichtung anzuerkennen und in die Tat umzusetzen. Mit solcher Gesinnung erfüllt, sollte unsere Vernunft stark genug sein uns zu lehren, daß keine, auch nicht die allerkleinste menschliche Gemeinschaft in Frieden zusammenleben kann, wenn sich nicht alle einem für alle gültigen Recht unterwerfen und ihren Handlungen den einfachen Verzicht zu Grunde legen, das den anderen zuzufügen, was man selbst nicht zu erleiden wünscht. Nur ein auf dieser Grundlage neugeordnetes Völkerrecht wird die Gewähr der Dauerhaftigkeit in sich tragen.

Deshalb lehnen wir ab, uns nach diesen furchtbaren anderthalb Jahrzehnten und nach diesem grauenhaften und unseligen Kriege als ein Volk zweiter Ordnung behandeln zu lassen. Denn es ist nicht gerecht, *dem deutschen Volke* die Verantwortung für das aufzubürden, was sich ereignet hat. Das deutsche Volk hat zahllose Männer der Freiheit gestellt, die im Stillen unbeachtet grauenhafte Qualen erduldet haben oder eines furchtbaren Todes gestorben sind, weil sie die Gesetze der Menschlichkeit nicht mit Füßen treten lassen wollten. Zahllose deutsche Soldaten sind gefallen in einem grausamen, für sie unlösbaren Konflikt zwischen äußerer Pflicht und klarer Erkenntnis. Wir erwarten nicht aus Trotz, nicht aus Überheblichkeit, nicht aus verstiegener Ehr- und Geltungssucht, nicht aus Machtstreben, sondern um der Anerkennung und Wiedergewinnung der entscheidenden sittlichen Grundlage willen, daß man in eine unparteiische Würdigung der Ereignisse und der Politik im 20. Jahrhundert eintritt. Dabei wird sich auf deutscher Seite erweisen, daß es nicht ein Dolchstoß, sondern die Erkenntnis der bevorstehenden militärischen Niederlage war, die die deutsche Regierung Ende 1918 dazu zwang, die Niederlegung der Waffen einzuleiten.[2] Auch anderen den Völkern dienende Feststellungen werden sich bei einer Nachprüfung ergeben, die sich vom Willen zur Wahrheit leiten läßt. Welches Verhängnis für die Zukunft der Völker wäre es, wenn man sich jetzt, wo sich vielleicht eine in der Geschichte einzigartige Gelegenheit bietet, zu einer echten Versöhnung zu kommen, von der Leidenschaft übermannen ließe!

Dem Vermächtnis der Besten folgen wir, wenn wir uns mühen, den guten Ruf unseres Vaterlandes wieder herzustellen. Wir hoffen, daß alle Völker ihren kostbaren Opfern einen höheren Sinn geben, indem sie nun von der Vorstellung ablassen, als könne durch Vergeltung irgend etwas erreicht werden, was ihnen in der Zukunft irgendwie nützlich sein könnte. Wir halten es für nötig, daß die *europäischen Völker* sich zu einer wirtschaftlichen Gemeinschaft und zu einem politischen *Bund des ewigen Friedens* zusammenschließen. Wir sind erfüllt von der Vorstellung, daß es notwendig und nützlich ist, die wirtschaftliche, soziale und kulturelle *Zusammenarbeit aller Völker* in der Welt auf allen Wegen, die Erfolg versprechen, zu fördern und sind bereit, jeder Organisation unsere Kraft zur Verfügung zu stellen, die diesem Ziele der Befriedung und des friedlichen Ausgleichs von Interessengegensätzen dient. Das Ziel ist erreichbar, wenn jener einfache Grundsatz befolgt wird, daß keiner dem anderen etwas zufügt, was selbst erleiden zu wollen er ablehnt. Die nationalen, wirtschaftlichen und kulturellen Lebensgrundlagen jedes Volkes können bei Anwendung dieses Grundsatzes gesichert werden. Wir sind überzeugt, daß eine solche Organisation einer Macht bedarf, um zu wirken. Wir sind bereit, an der sehr schwierigen Frage der Errichtung einer solchen Macht, die von jedem Beteiligten die Entäußerung von Souveränitätsrechten verlangt und nur bei einem Beitrag aller bestehen kann, mitzuwirken. Wir

2 Vgl. zu dem deutschen Friedensangebot und zur Dolchstoßlegende nach dem Ersten Weltkrieg S. 966 f., Anmerkungen 23 und 24.

müssen damit rechnen, daß die Verwirklichung dieses hohen Zieles nur schrittweise geschehen kann und daß bis dahin jedes Volk in international geordneten Grenzen die Möglichkeit erhalten muß, die Wohltat der Ordnung nach innen und außen zu verteidigen.

Um einen solchen, die Lebensmöglichkeiten auf allen Gebieten menschlicher Betätigung sichernden, also wahrhaften und dauerhaften Frieden ausgleichender Gerechtigkeit zustande zu bringen, müssen alle bereit sein, genügend Zeit und viel Geduld aufzubringen. Daß das deutsche Volk den guten Willen dazu hat, davon wollen wir tatsächliche Beweise geben. Die *Souveränität und die Selbständigkeit* der Nationen, deren Bestand Hitler angegriffen und vernichtet hat, werden sofort wieder hergestellt werden, die Regierungsgewalten ihren eigenen Regierungen wieder anvertraut werden. Die besetzten Gebiete werden so schnell geräumt werden, wie es mit der Notwendigkeit von Ordnung und Sicherheit vereinbar ist. Wir haben endlich Weisung gegeben, die kriegerischen Handlungen gegen die Zivilbevölkerung, ob sie nun aus der Luft oder auf dem Wasser geführt werden, sofort einzustellen,[3] weil wir diese Art der Kriegführung als mit den Geboten der Menschlichkeit und mit den wahren Interessen der Völker für unvereinbar halten. An unserem guten Willen, auf dieser Grundlage zu einer sofortigen *Waffenruhe*, die jedes weitere Opfer für alle beteiligten Völker überflüssig macht, soll es nicht fehlen.

Die in Deutschland befindlichen *Fremdarbeiter* werden sofort in jeder Beziehung dem deutschen Arbeiter gleichgestellt. Unser Volk muß beweisen, daß es die Ausnutzung und Ausbeutung anderer Völker, die die Hitlerdiktatur betrieben hat, verabscheut und bereit ist, *verletztes Ehrgefühl zu heilen und verletzte Rechte wiederherzustellen.*[4] Den Fremdarbeitern wird grundsätzlich freigestellt, in ihre Heimat zurückzukehren, doch muß dies, nicht zuletzt in ihrem eigenen Interesse, in voller Ordnung und nach entsprechenden Verständigungen mit ihren Heimatstaaten geschehen.

---

3 Gerade die relativ früh erwiesene deutsche Unterlegenheit in der Luft- und Seekriegführung (vgl. dazu S. 1005, Anmerkung 80) hatte dazu geführt, dass Luftangriffe und U-Boot-Operationen, hauptsächlich gegen England gerichtet, sich auf zivile Ziele konzentrierten. Von der Bombardierung britischer Kulturstätten und der Störung britischer Schiffsrouten erhoffte man sich in erster Linie eine Demoralisierung der britischen Bevölkerung. Vgl. Maier, Luftschlacht und Rahn, Seekrieg.

4 Die Rekrutierung von Fremdarbeitern zur Behebung des Arbeitskräftemangels in der deutschen Kriegswirtschaft hatte direkt 1939 mit der Besetzung Polens begonnen. Nachdem die ursprüngliche Praxis von Anwerbungskampagnen sich als wenig erfolgreich erwiesen hatte, gingen die deutschen Besatzer zur Zwangsrekrutierung über. Die Zwangsrekrutierung betraf sowohl Kriegsgefangene als auch Zivilisten in den besetzten Ländern. Am unteren Ende dieser Hierarchie standen die sowjetischen und polnischen Zwangsarbeiter, unzureichend verpflegt und rechtlich diskriminiert, deren Überleben von der Willkür ihrer Vorgesetzten abhing. Vgl. Ulrich Herbert: Fremdarbeiter. Politik und Praxis des „Ausländer-Einsatzes“ in der Kriegswirtschaft des Dritten Reiches, Neuaufl. Bonn 1999.

Während dieser Wiederordnung unserer außenpolitischen Beziehungen müssen *im Innern* alle Maßnahmen ergriffen werden, um den *Rechtsstaat auf eine verfassungsmäßige Grundlage* zu stellen. Sie kann nur eine vorläufige sein, weil unseren Frontsoldaten, deren Leistungen und Leiden wir ehren, eine besondere Stimme bei der Gestaltung der verfassungsmäßigen Grundlagen eingeräumt werden muß. Aber wir wollen diese nach den Erfahrungen der Vergangenheit und den bitteren Lehren der Gegenwart so einrichten, daß wir sie mit gutem Gewissen auch den heimkehrenden Kriegern zur Annahme empfehlen können. Ein *Staatsoberhaupt* muß in neutraler Souveränität dafür sorgen, daß ständig eine handlungsfähige Regierung für den Ausgleich der Spannungen im Innern und für eine würdige Wahrnehmung der Interessen nach außen sorgt. Von den politischen Geschäften des Tages und von der Verantwortung für die einzelnen Maßnahmen der Regierung ist das Oberhaupt des Staates deshalb freizuhalten. Eine *handlungsfähige, verantwortungsfreudige* Regierung ist von ihm zu bestellen, die feste Schranken gegen jeden Versuch der Willkür im Gesetz und in der verantwortungsbewußten Teilnahme des Volkes an allen öffentlichen Einrichtungen finden muß. Diese Vertretung des Volkes, an deren Stelle vorläufig ein Rat von fünfzig Mitgliedern aus allen Schichten des Volkes berufen wird, hat sich auf die besten, in der Geschichte erwiesenen Fähigkeiten des deutschen Volkes aufzubauen, wie sie in dem hervorragenden Stand seiner Selbstverwaltung durch Jahrhunderte zum Ausdruck gekommen ist.

Deshalb sind auch alle öffentlichen Aufgaben auf die wiederherzustellende *Selbstverwaltung von Ländern, Kreisen und Gemeinden* zu übertragen; der Reichsgewalt gebühren nur diejenigen Aufgaben, ohne deren einheitliche Betreuung das Reich nicht zusammengehalten werden könnte. Die Reinigung der Verwaltung von allen unlauteren und unfähigen Kräften, ihre Verkleinerung auf den denkbar geringsten Stand, ihre Erfüllung mit dem Geist der Zucht und der Einfachheit ist eine weitere sofort in Angriff zu nehmende Arbeit.

Mit ihrer Hilfe und gestützt auf *Gerichte*, die von ungeeigneten und entarteten Kräften ebenso gereinigt werden wie jeder andere Stand und in denen *Männer aus allen Schichten des Volkes* die Sicherheit und Unparteilichkeit der Rechtsprechung verbürgen, werden wir an die nächste große Aufgabe gehen: *den Wiederaufbau* aus den von Hitler geschaffenen Trümmern. Es war feige und erbärmlich, dem deutschen Volke vorzulügen, daß dieser Aufbau in wenigen Jahren und schöner denn je erfolgen könne. Vernichtet sind die Ergebnisse des Fleißes von Generationen, vernichtet sind Kulturwerte, die überhaupt nicht wiederherstellbar sind, weil sich die Zeugen der geschichtlichen Entwicklung eines Volkes, wenn sie einmal verschwunden sind, nicht wieder ins Leben rufen lassen. Es gilt der wertvollsten Zelle des Volkes, der Familie, wieder den Schutz des eigenen Heims zu schaffen. Es gilt die Stätten der Arbeit und der Erziehung wieder einzurichten. Dabei wollen wir in den Vordergrund stellen: die Wohnungen, und in den Hintergrund: die Ausgestaltung der öffentlichen Einrichtungen. Es kommt nicht auf die Pracht eines öffentlichen Gebäudes an, sondern auf den Geist der Zucht und Hilfsbereitschaft sowie auf den Fleiß, der in ihm waltet. Es ist sinnlos, daß Millionen von Deutschen in äußerster Not leben, während in öffentlichen und privaten Verwaltungseinrichtungen äußerste Verfeinerung und Luxus herrschen. Der Wiederaufbau wird lange dauern, er wird umso kürzer und vollkommener sein, je hingebungsvoller sich jeder, und sei es auch zu der einfachsten Arbeit, in und außerhalb seines Berufes, zur Verfügung stellt. In Wahrheit müssen wir aus den Trümmern möglichst da, wo sie liegen, wieder aufbauen, weil allein ihr Transport Jahre in Anspruch nehmen würde. Dabei werden selbstverständlich Sanierungsmöglichkeiten, die im Interesse der Volksgemeinschaft ausgenutzt werden müssen, nicht versäumt werden. Der Wiederaufbau wird alle, die von Schaden verschont geblieben sind, zu härtesten Opfern zwingen. Untragbar gewordene Besitzverhältnisse werden nicht auf Kosten der Gesundheit wiederhergestellt. Dem gesunden Garten- und Siedlungsbedürfnis des deutschen Volkes wird gegebenenfalls zulasten ungesund großen Grundbesitzes Rechnung getragen werden. Bei dem Wiederaufbau wollen wir den Gedanken der Selbstverwaltung und der Selbsthilfe durch Familie, Berufsverband und Gemeinde in den Vordergrund stellen, damit die Gesamtheit des Volkes von ungerechten Ansprüchen und von Mammutverwaltungen verschont bleibt. Keinen überflüssigen Pfennig in den Büros, jeden entbehrlichen Pfenning in Wohnungen, Arbeitsstätten und Erziehungseinrichtungen!

An *Arbeitsmöglichkeiten* wird es nicht fehlen. Für viele Jahre sind sie vorhanden. Das Entscheidende ist, daß jeder sein Bestes auch wirklich leistet und sich bewußt ist, daß immer mehr geleistet werden muß, je mehr von Generationen ersparte Werte zerstört sind.

Auch auf dem Gebiete der *Ernährung und Bekleidung* gilt es durch die einfachsten Maßnahmen, durch Förderung des Fleißes und der Leistung, durch Steigerung des Verantwortungsbewußtseins und der Arbeitsfreudigkeit mit den verschiedensten Hilfsmitteln zunächst einmal die Deckung des primitivsten Lebensbedarfs sicherzustellen. Wenn keiner mehr hungert und keiner mehr zu frieren braucht, dann erst geht es an die Erarbeitung der höheren Werte des Lebens: an Wohlbehagen und an Wohlstand für alle, die schaffen. Bis dahin muß sich jeder der gebotenen Zurückhaltung befleißigen und sich in das große *Gemeinschaftswerk einordnen.*

Die *Wirtschafts- und Sozialpolitik* muß von dem Willen beherrscht sein, die Leistungen zu steigern, die Verteilung der Arbeitsergebnisse gerecht nach Leistung zu bewirken und die von Natur oder durch Unglück Schwachen durch gemeinschaftliche Hilfe gegen Not zu sichern. Den Frontsoldaten und den Opfern des Krieges gebührt die Hilfsbereitschaft des ganzen Volkes; vornehmlich diejenigen werden herangezogen werden, die vom Dienst an der Front befreit waren. Wir sind uns vollkommen bewußt, daß die höchste menschliche Leistung, zu der die Fähigkeit in den einzelnen Menschen sehr verschieden vorhanden ist, nur erzielt werden kann, wenn der einzelne fühlt, daß er *seines eigenen Glückes Schmied* ist, und daß sein Schicksal in erster Linie von seinem Willen, von seinem Können und von seinem Tun und Lassen abhängt. Aber wir wissen auch, daß dies Ringen um die beste Leistung, daß der Wettbewerb der Gefahr der Entartung durch skrupellose Menschen, durch hemmungslose Machtgier, durch rabulistische Vereinbarungen ausgesetzt ist. Wir werden mit allen Mitteln der beruflichen Ehrengerichtsbarkeit, der Gesetzgebung und geordneter Staatsgewalt zu verhindern wissen, daß charakterlose Lumpen die ihnen anvertraute Betriebsführung ferner mißbrauchen, um dem eigenen Nutzen zu dienen, dabei aber das Wohl des Volkes und seine Ehre vor die Hunde gehen lassen. Die Verantwortlichkeiten der Kapitalbesitzer und der Betriebsführer werden klar geordnet werden. *Wir sind entschlossen, jeder Form des Kapitalismus jede Möglichkeit zu nehmen, zu Monopolen, zu politischen oder zu sonstigen betriebsfremden Zwecken mißbraucht zu werden.*

Den *Schaffenden* wird ein höchstes Maß von *Verantwortungsfreudigkeit und Arbeitsfreude* dadurch ermöglicht werden, daß sie den mit der Ordnung, dem Verantwortungsbewußtsein und der Initiative auch nur irgend zu vereinbarenden *Einfluß auf Leitung und Funktion des Betriebes* erhalten. In allen Betrieben ist es notwendig, der Belegschaft vollkommen Einblick in den laufenden Stand und die Entwicklungsmöglichkeiten des Unternehmens zu geben, ihre Meinung zu hören und ihren Rat und ihre Erfahrungen zu berücksichtigen. Auf dem einen Gebiet mag es genügen, in die Leitung des Betriebes von der Deutschen Gewerkschaft vorgeschlagene Betriebsangehörige zu berufen. Auf allen Gebieten sollen die Schaffenden Gelegenheit erhalten, selbst Eigentümer oder Miteigentümer von Unternehmungen zu werden, um dann allerdings auch die Verantwortung für die Erhaltung und den Stand des Unternehmens in der gleichen Weise mit zu tragen, wie es sonst ein ordentlicher Eigentümer muß. Es soll ihnen auch die Möglichkeit eröffnet sein, durch Bildung von Genossenschaften sich in den Besitz von Produktionsmitteln und Betrieben zu setzen. Wenn wir dafür nur die soziale Gerechtigkeit, die hingebende Arbeitsfreudigkeit und die große Leistung eintauschen, dann wollen wir jeden anderen Gesichtspunkt diesem Ziele unterordnen. Denn wir wollen nicht um des Grundsatzes der Zwangswirtschaft oder der Planwirtschaft willen die Produktion drosseln, Mangel erzeugen und Mangel verteilen, sondern wir wollen volles Genügen sich entwickeln lassen und den Zugang zu ihm jedem, der guten Willens ist, eröffnen. Soweit es zur Sicherstellung des Wohles des Volkes zweckmäßig oder notwendig ist, einzelne Betriebe oder Produktionsgebiete wie z.B. die der *Bodenschätze und der Grundstoffe in das Eigentum des Volkes zu überführen*, wird diese Überführung so erfolgen, daß Bürokratismus vermieden und Leistungsstreben und Wettbewerb aufrecht erhalten werden.

Vor dem ersten Weltkrieg haben deutsche Regierungen die Arbeiterbewegungen bekämpft. Zwischen den beiden Weltkriegen haben politische und gewerkschaftliche Vertreter der Arbeiter in hohem Verantwortungsbewußtsein ihr Bestes gegeben, um das Vaterland vor den äußersten Folgen des Zusammenbruchs zu bewahren; aber der Klassenkampf ging weiter. Jetzt gilt es, auch ihn zu beenden und dem deutschen Arbeiter den vollen Beweis vollkommener Gleichberechtigung auf allen

Gebieten des öffentlichen Lebens zu geben. Das kann nur durch einen Akt größten Vertrauens geschehen. Deshalb begrüßen wir lebhaft, daß aus dem Willen der legitimen, von Hitler total zertretenen deutschen Arbeiterbewegung die Bildung einer alle deutschen Schaffenden in sich vereinigenden deutschen Gewerkschaft in Angriff genommen ist.[5] Ihr obliegt auch die Betreuung der Interessen der Schaffenden in den einzelnen Betrieben in geordnetem Zusammenwirken mit der Belegschaft, der Kampf gegen Arbeitslosigkeit in Zusammenarbeit mit dem Reich und dem Kapital; ihr wird die Selbstverwaltung aller Einrichtungen der Sozialpolitik übertragen. Der Reichsregierung verbleibt nur die für alle Selbstverwaltungen vorgesehene und notwendige Oberaufsicht.

Die Sicherung höchster Leistungsfähigkeit, der Tausch bester Leistungen untereinander, ist nur möglich, wenn der Tauschmittler, die *Währung*, *stabil* gehalten wird. Dazu ist die *Ordnung des öffentlichen Haushalts* ebenso unerläßlich, wie der Haushalt des Einzelnen nur bestehen kann, wenn er nicht mehr ausgibt als er einnimmt. Dabei werden wir uns durch nichts, auch durch keine sonst in der Welt verbreiteten unklaren Vorstellungen beirren lassen. Wir haben *eine* Inflation bis zur Neige ausgekostet. Das Hitler-Regime hat uns erneut in Schulden gestürzt, die mit 400 Milliarden[6] bisher in der deutschen Finanzgeschichte unerhört sind, und zu denen noch die Summe der im Kriege zerstörten Werte treten. Wir sind trotzdem und gerade deshalb als vielleicht am härtesten Betroffene auch am härtesten entschlossen, dem deutschen Volke das neue Opfer einer auch dem kleinsten Sparer tödlich treffenden Inflation zu ersparen. Dazu ist der Ausgleich der öffentlichen Haushalte unerläßlich. Dieser Ausgleich hat mit Arbeitslosigkeit nicht das mindeste zu tun. Arbeitslosigkeit kommt, wenn wir zu gegenseitigen Opfern bereit sind, bei der Fülle der vor uns liegenden Arbeiten überhaupt nicht in Betracht. Es handelt

---

5 Zu Goerdelers Kontakten mit der Arbeiterbewegung vgl. S. 1024 f., Anmerkung 1. Im November 1933 war auf der Zweiten Sozialistischen Internationale in Zürich die Organisation einer illegalen Einheitsgewerkschaft in Deutschland beschlossen worden, die seitdem das Zentrum des gewerkschaftlichen Widerstands gegen das NS-Regime bildete. Seit 1937 war Wilhelm Leuschner die Schlüsselfigur in der illegalen deutschen Gewerkschaftsbewegung; er stand in ständigem Kontakt mit Jakob Kaiser und dem ursprünglich aus dem DHV stammenden Max Habermann. Die geplante „Deutsche Gewerkschaft", über deren Form und Aufgaben man sich zum Jahresende 1942 geeinigt hatte, sollte horizontal und vertikal gegliedert sein unter der Reichsleitung mit Leuschner als Vorsitzendem sowie Kaiser und Habermann als seinen Stellvertretern. Während die gewerkschaftliche Konzeption von dem Gegenbild der zersplitterten und deshalb handlungsunfähigen Arbeiterorganisationen der Weimarer Republik geprägt war, hoffte Goerdeler bereits 1938, einer starken Arbeitnehmerorganisation den gesamten Verantwortungsbereich des Sozialversicherungssystems übergeben zu können (s. Goerdelers Denkschrift zur Innenpolitik vom Oktober/November 1938; Dok. 5.1.2, oben S. 696 ff.). Vgl. Hans Mommsen: Der 20. Juli 1944 und die deutsche Arbeiterbewegung, in: Ders., Alternative zu Hitler, S. 285 f., 290 ff.

6 Die von der Reichsschuldenverwaltung beurkundete Reichsschuld betrug für das Rechnungsjahr 1944/45 379,8 Mrd. RM (vgl. Statistisches Handbuch von Deutschland, S. 556).

sich lediglich darum, der Irrlehre nicht weiter zu folgen als ob es möglich sei, durch staatliche Einrichtungen einen bestimmten Lebensstand zu garantieren. Er kann nur durch Leistung erarbeitet werden, und dazu müssen wir alle bereit sein.

Damit haben wir das Wesentliche, was zunächst zu tun ist, dargelegt. Es ist wahrhaftig genug. Gehen wir entschlossen und arbeitsbereit an diese Aufgaben heran, so haben wir *Freiheit, Wohlstand und Glück* vor uns. Um sie zu bekräftigen, bedürfen wir gewaltiger Anstrengungen, die nur von Menschen geleistet werden können, die *seelisch befriedet* sind, denen eine Hoffnung leuchtet und die sich in den Wechselstürmen des Schicksals die *Stärke seelischer Haltung* erkämpft haben. Solche Haltung wird gewonnen aus unserer Verantwortung für die Zukunft unserer Kinder, aus dem Zusammenhalt der Familie, aus dem Bewußtsein, daß unsere Geschichte gute Kräfte und edle Ideale unseres Volkes offenbart hat, und nicht zuletzt aus überzeugter Religiosität. Die Kulturentwicklung aller europäischen Völker ist ohne die gestaltenden Kräfte christlichen Glaubens nicht denkbar. Den von Hitler verfolgten christlichen Kirchen[7] gebührt die volle Freiheit der Betätigung auf den verschiedenen Gebieten des Lebens im Sinne ihres göttlichen Stifters. Das Recht der Selbstverwaltung wird keiner Religionsgemeinschaft vorenthalten werden.

Wichtig aber ist, daß die Völker untereinander christlich handeln und in Achtung aller religiösen Bekenntnisse und aller Rassen friedlich miteinander leben. Alle diesem Grundsatz entgegenstehenden Ausnahmegesetze werden daher aufgehoben, eine gerechte Neuordnung wird in die Wege geleitet werden.

Wir fordern alle Deutschen auf, ohne Rücksicht auf frühere politische Bekenntnisse mitzuarbeiten. Es ist nicht Zeit zu parteipolitischem Kampf. Es ist höchste Zeit, zusammenzustehen, um durch Anstand und Wahrhaftigkeit Bestand und Zukunft zu retten, Frieden und Glück zu erarbeiten, Recht und Freiheit zu gewinnen.

Kapitel 7: Goerdeler in Gestapo-Haft

Einführung

In dem folgenden letzten Kapitel wird eine Auswahl der Schriften präsentiert, die Goerdeler in Gestapo-Haft in dem Zeitraum zwischen September 1944 und Februar 1945 abgefasst hat. Dabei handelt es sich um zwei unterschiedliche Arten von Schriften. In der ersten Textgruppe befinden sich Denkschriften, die er auf Anforderung des NS-Regimes erstellt hat, während die zweite Textgruppe Aufzeichnungen, Denkschriften und Briefe enthält, die Goerdeler heimlich verfasst hatte und hoffte, über seinen Wärter Wilhelm Brandenburg aus dem Gefängnis schmuggeln zu können.

Goerdeler erlebte den 20. Juli 1944 bereits auf der Flucht vor der Gestapo und hatte keinen aktiven Anteil an den Ereignissen. Am 12. August 1944 denunziert und verhaftet, wurde er am 8. September vom Volksgerichtshof zum Tode verurteilt. Während das Todesurteil gegen seine Mitangeklagten Ulrich v. Hassell, Paul Lejeune-Jung und Josef Wirmer noch am Nachmittag desselben Tages vollstreckt worden war, wurde Goerdeler fast fünf weitere Monate in Haft gehalten, bis er am 2. Februar 1945 vom NS-Regime ermordet wurde. Nach einer Mitteilung des Reichsjustizministers Thierack an Martin Bormann vom 8. September 1944 wurde die Vollstreckung des Todesurteils in Goerdelers Fall zunächst aufgeschoben, da er noch „zu weiteren Gegenüberstellungen benötigt" würde.[1] Der Volksgerichtshof war zu der zutreffenden Einschätzung gelangt, dass Goerdeler „Haupt und Motor" der zivilen Verschwörergruppe gewesen sei und versprach sich von weiteren Vernehmungen Goerdelers Aufklärung über den Verschwörerkreis.[2] Dies schien um so notwendiger, als die Hauptbeteiligten der militärischen Seite entweder bereits am Abend des 20. Juli standrechtlich erschossen oder nach dem Schauprozess vom 7./8. August 1944 hingerichtet worden waren.

Während seiner Haftzeit in der Prinz-Albrecht-Straße in Berlin verfasste Goerdeler, ebenso wie sein inhaftierter Mitverschwörer Johannes Popitz, Denkschriften auf Anforderung des NS-Regimes. Nachdem das Amt III (SD-Inland) des Reichssicherheitshauptamts im Oktober 1944 erfahren hatte, dass Goerdeler und Popitz sich noch in Gestapo-Gewahrsam befanden, hatte der dortige Referent für „Innere Verwaltung/Reichsgebiet" Erhard Mäding den Antrag initiiert, ihnen Fragen zum Wiederaufbau vorzulegen sowie Goerdeler mit der Abfassung von Denkschriften zum Verwaltungsaufbau und zur Preisüberwachung zu beauftra-

1 Vgl. Fernschreiben Otto Thieracks an Martin Bormann vom 8.9.1944; BAB, NJ 17548, Bd. 2.

2 Vgl. das Urteil des Volksgerichtshofs vom 8.9.1944; abgedr. bei Jacobsen, Spiegelbild, S. 533 ff.

gen.[3] Von den drei umfangreichen Denkschriften, die Goerdeler auf Anforderung des Regimes verfasst hat, sind die Ausarbeitungen zum Wiederaufbau nach dem Krieg und zur Reorganisation der Reichsverwaltung von größtem Interesse.[4]

Die erste Schrift, Goerdelers Beantwortung von 39 Fragen für den Wiederaufbau,[5] impliziert bereits Goerdelers Anliegen bei seiner Abfassung der Denkschriften auf Anforderung des NS-Regimes. Sein Hauptziel war nicht, das Regime zu beseitigen, sondern sein Vaterland zu retten – anders ist seine Mitarbeit nicht zu erklären. Eine nähere Betrachtung der Fragen und Goerdelers Antworten zeigt, dass es sich bei fast einem Drittel um Entscheidungsfragen handelt, von denen Goerdeler keine eindeutig beantwortet hat. Anstatt sich zwischen vorgegebenen Alternativen zu entscheiden, wich er in seinen Antworten einer eindeutigen Festlegung aus. Die restlichen Fragen erforderten nicht diese Festlegung, da sie offener formuliert waren, jedoch ist auch hier die Tatsache auffallend, dass er in seinen Nachkriegsplanungen nationalsozialistische Organisationen berücksichtigte, die er in anderen Denkschriften aufgelöst sehen wollte.

Auch in der zweiten hier abgedruckten Denkschrift, „Kritik am Verwaltungsaufbau",[6] übte Goerdeler größtmögliche Zurückhaltung gegenüber seinen Kerkermeistern, während er gleichzeitig versuchte, Bestandteile seiner verfassungspolitischen Neuordnungsvorstellungen zu retten. Unter Vermeidung jeder Bezugnahme auf den Nationalsozialismus verwies er abstrakt auf „das Land", „das Volk", „den Staat" und „den Volksgenossen". Auch der von ihm geplante Aufbau der Regierung und der Ministerien war betont sachlich gehalten und sein Verweis auf Joseph Goebbels beschränkte sich auf die wohlwollende Beschreibung eines von „Schöpfungsbedürfnis überquellenden" Ministers.

Beide Schriften werfen die Frage auf, warum Goerdeler mit ihrer Abfassung überhaupt den Forderungen seiner Kerkermeister entsprach, wenn er doch nur in sehr geringem Maße seine Neuordnungsvorstellungen anbringen konnte. Sicherlich erhoffte er sich von seiner Schreibtätigkeit einen Aufschub der Vollstreckung

---

[3] Vgl. Schreiben Mädings an Gerhard Ritter vom 29.8.1954; BAK, N 1166, Bd. 492.

[4] In seiner Denkschrift zur Preisüberwachung arbeitete Goerdeler mit fiktiven Preisniveaus, auf deren Grundlage er „gerechte Preise" zu entwickeln versuchte; die Schrift ist nicht in die Edition aufgenommen worden (vgl. Original in BAB, R 58, Bd. 58 sowie Exemplar in BAK N 1113, Bd. 25). Von der Schrift „Kritik am Verwaltungsaufbau und Gedanken zur Neuordnung der Selbstverwaltung" ist nur der erste Teil übernommen worden. Dies schien gerechtfertigt angesichts der Tatsache, dass die Denkschrift klar in zwei Teile aufgegliedert ist und der zweite Teil nach sehr allgemeinen Bemerkungen bei den Ausführungen zur wirtschaftlichen und sozialen Selbstverwaltungskörpern abbricht (vgl. Original in BAB, R 58, Bd. 59 sowie Exemplar in BAK, N 1113, Bd. 25; abgedr. bei Jacobsen, Spiegelbild, S. 850-908).

[5] S. Goerdelers Beantwortung von 39 Fragen über den Wiederaufbau von Anfang Januar 1945; Dok. 7.1.1, unten S. 1054 ff.

[6] S. Kritik am Verwaltungsaufbau vom Januar/Februar 1945; Dok. 7.1.2, unten S. 117 ff.

des Todesurteils und außerdem die Möglichkeit, in seinen privaten Aufzeichnungen noch einmal seine Vorstellungen zusammenfassen zu können. Auch die Umstände seiner Haft werden eine Rolle dafür gespielt haben, dass die Zeit, die er mit der Abfassung von Schriften verbrachte, eine willkommene Ablenkung von seinen Haft- und Verhörbedingungen war.

Goerdeler hat offensichtlich während seiner Haftzeit Nachrichten darüber erhalten, dass seine gesamte Familie in „Sippenhaft" genommen worden war. Er wusste, dass sein Vermögen beschlagnahmt und er seine Familie mittellos hinterlassen würde. Anscheinend war ihm auch mitgeteilt worden, dass seine Enkel – beides Kleinkinder – verschleppt worden waren. Zu den seelischen Qualen, die ihm die Sorge um seine Familie bereiten musste, kamen auch körperliche Entbehrungen. Aus den Berichten Überlebender werden Goerdelers Beschreibungen der äußeren Bedingungen bestätigt: die Einzelhaft und mangelhafte Verpflegung, das grelle Licht, das die ganze Nacht in den Zellen schien, die ständige Fesselung und die psychologische Zermürbung durch gezielte Zuspielung von Informationen.[7] Die Aussagen von Mitgefangenen über Foltermethoden der Gestapo und den Einsatz von Drogen sind dagegen widersprüchlich. Die Aussage mehrerer Mitgefangener, die bei einer Gegenüberstellung mit Goerdeler den Eindruck hatten, dass er unter Drogen stünde, ist der einzige Anhaltspunkt für diese Vermutung.

Die ausführlichsten Berichte über Goerdelers Zustand während seiner Gestapo-Haft sind von Hermann Pünder und Constantin v. Dietze überliefert, die ihn beide mehrmals in der Prinz-Albrecht-Straße trafen. Pünder beschreibt Goerdeler als „bleich und abgemagert ... Füße waren durch Kette miteinander verbunden, die so kurz war, daß er sich nur Schrittchen um Schrittchen vorwärtsbewegen konnte ... an jedem Fuß eine schwere eiserne Kugel" hinter sich herschleppend. Ebenso wie Constantin v. Dietze betonte Pünder Goerdelers abgemagerten Zustand und seinen starren Blick.[8]

Es bleibt jedoch die Tatsache, dass die Schriften, die Goerdeler auf Anforderung des NS-Regimes abfasste, schlüssig und in der bekannten Diktion verfasst sind. Seine privaten, inoffiziellen Aufzeichnungen aus dieser Zeit lesen sich dagegen konfuser und fast besessen. Dieser deutliche Unterschied muss auf den äußeren und inneren Druck zurückgeführt werden, unter dem Goerdeler stand. Seine sehr kritischen Reflexionen über seine Rolle in der Familie und in der Politik, seine lange Isolation sowie die Tatsache, dass er seine heimlichen Aufzeichnungen

---

7 Vgl. z.B. die Berichte von Eugen Gerstenmaier: Streit und Friede hat seine Zeit. Ein Lebensbericht, Frankfurt/M., Berlin und Wien 1981, S. 199 ff. sowie von Hans Speidel: Aus unserer Zeit. Erinnerungen, Berlin, Frankfurt/M. und Wien 1977, S. 214 f. Vgl. auch Ger van Roon: Wilhelm Staehle. Ein Leben auf der Grenze 1877-1945, München 1969, S. 65.

8 Vgl. Hermann Pünder: Von Preußen nach Europa. Lebenserinnerungen, Stuttgart 1968, S. 159 ff. sowie Brief Constantin v. Dietzes an Marianne Meyer-Krahmer vom 7.9.1948 (Durchschlag in BAK, N 1166, Bd. 492).

blattweise abgab und dadurch nicht kontrollieren konnte, was er bereits geschrieben hatte, werden hier eine Rolle gespielt haben.

An seinen Wächter Wilhelm Brandenburg schrieb Goerdeler im November 1944 einen Dankesbrief,[9] der auch eine Verfügung über seine Gefängnisschriften umfasste. Hier beschrieb Goerdeler seine Motivation für die Abfassung der Schriften in Gestapohaft: Rechtfertigung für ihn und seine Mitverschwörer, Rehabilitierung seiner Angehörigen, Weltfrieden und Deutschlands Wohl sowie ein Vermächtnis für die Zukunft. Sicherlich hoffte er auch auf die Gelegenheit, sich zumindest in schriftlicher Form gegenüber der Nachwelt rechtfertigen und seine Reformvorstellungen in geschlossener Form hinterlassen zu können.

Ebenso wie Goerdeler nach seinem Selbstverständnis die Schriften der ersten Textgruppe verfasst hat nicht „für Hitler“ sondern „für Deutschland“, konnte er sich nicht damit abfinden, als Vaterlandsverräter oder gar als Kriegsspion verurteilt worden zu sein und versuchte mit den Schriften der zweiten Textgruppe, das gegen ihn gefällte Urteil zu widerlegen. In der ersten überlieferten Schrift aus seiner Haftzeit, den „Gedanken eines zum Tode Verurteilten über die deutsche Zukunft“ vom September 1944,[10] nahm er zwar den Vorwurf des Hochverrats an, wehrte sich jedoch gegen die Verurteilung wegen Landesverrats. Sein Anliegen, so argumentierte er, sei stets die Rettung Deutschlands gewesen, die mittlerweile lediglich durch den Sturz Hitlers noch zu erreichen sei. Daran anschließend legte er die strategischen Überlegungen und Möglichkeiten dar, die ein früher Friedensschluss nach einem gelungenen Staatsstreich ermöglicht hätte. Auch seine bekannten verfassungs-, wirtschafts- und sozialpolitischen Reformvorstellungen sowie seine Pläne zu einer europäischen Union fasste er in derselben Form zusammen, wie er dies schon während der Jahre zuvor in seinen Denkschriften getan hatte.

Sein Brief an seinen ältesten Sohn Ulrich vom Oktober 1944[11] ist der einzige Abschiedsbrief Goerdelers im engeren Sinne, so wie sie von anderen Inhaftierten überliefert sind. Der Brief ist geprägt von Selbstvorwürfen und Schuldgefühlen gegenüber der Familie, die schließlich in den Rat münden, der Politik und dem öffentlichen Leben nicht zuviel Platz einzuräumen, sondern sich auf familiäre und freundschaftliche Bindungen zu konzentrieren. Der Brief zeigt Goerdeler als liebevollen Vater, der sich in seinen privaten Reminiszenzen, ebenso wie in seinen politischen, mit Selbstvorwürfen quälte. Er ist eines der wenigen Dokumente, die einen Blick auf den Familienvater Goerdeler gestatten, wenngleich Goerdeler auch in diesen persönlichen Abschiedsbrief politische Bemerkungen einfließen ließ.

---

9 S. Schreiben Goerdelers an Wilhelm Brandenburg vom November 1944; Dok. 7.2.4, unten S. 1195 ff.

10 S. Gedanken eines zum Tode Verurteilten über die deutsche Zukunft vom September 1944; Dok. 7.2.1, unten S. 1148 ff.

11 S. Brief Goerdelers an Ulrich Goerdeler vom Oktober 1944; Dok. 7.2.2, unten S. 1190 ff.

Während seiner langen Haftzeit verfasste Goerdeler eine Vielzahl von inoffiziellen Denkschriften, deren Umfang beachtlich ist, die sich jedoch nicht thematisch ergänzten, sondern oft redundant waren. Aus diesem Grund wurde für das folgende Kapitel eine stärkere Auswahl vorgenommen. Goerdelers Schreiben an Jakob Wallenberg vom 8. November 1944[12] steht stellvertretend für mehrere Schreiben, mit denen Goerdeler versuchte, einerseits seiner Familie Hilfe zu sichern und andererseits den Bestand des deutschen Staates unter geänderten politischen Strukturen zu retten. In seinen außenpolitischen Vorstellungen brach einmal mehr sein schier unverwüstlicher Optimismus durch, als er Wallenberg gegenüber den Plan einer angloamerikanischen Union mit dem nationalsozialistischen Deutschland erörterte, um den Bolschewismus einzudämmen. „Ich weiß", so schrieb er, „daß die Nazis, die unter meinem im Gefängnis ausgeübten Einfluß das Kriegsziel bereits begrenzt haben, mitmachen würden, die notwendigen inneren Reformen in Deutschland folgen automatisch, wenn meine Freunde und ich am Leben bleiben."[13]

Derartige Vorstellungen, ebenso wie seine im Dezember 1944 ventilierten Überlegungen zu der Bildung einer „Regierung Hitler-Goerdeler-Schacht-Himmler"[14] sind schwer nachzuvollziehen. Auch hier wird die Hoffnung Pate gestanden haben, sein Leben über das Ende des Regimes hinweg retten zu können, ebenso wie der Wunsch, eine völlige deutsche Niederlage abzuwenden. Die Stellungnahme vom Dezember 1944 beinhaltet jedoch darüber hinaus eine scharfe Verurteilung der nationalsozialistischen Politik, die den Krieg bewusst herbeigeführt und alle moralischen Grundlagen verlassen habe.

In ähnlicher Form hatte Goerdeler bereits im November 1944, mit seiner Denkschrift „Unsere Idee", die nationalsozialistische Politik kritisiert, indem er dem Regime vorwarf, ein „materielles, sittliches und seelisches Trümmerfeld" geschaffen zu haben.[15] Während er hier erneut eine negative Bilanz des Krieges aufmachte, in der er Korruption, Rechtsbrüche und ruinöse Wirtschaftspolitik auflistete, versuchte er auf diesem Weg auch, seine Beteiligung an den Umsturzplänen zu rechtfertigen. Im Dezember 1944 nahm Goerdeler erneut ihm offensichtlich bewusst zugespielte Artikel der Parteipresse zum Anlass, sich gegenüber nationalsozialistischen Denunziationen zur Wehr zu setzen. Unter der Überschrift „Im Gefängnis Weihnachten 1944" legte er nochmals die Ziele der Verschwörer dar, klagte das innenpolitische Terrorregime und den außenpolitischen Dilettantismus an und entwickelte zum wiederholten Male seinen Plan einer Europäischen

[12] S. Schreiben Goerdelers an Jakob Wallenberg vom 8.11.1944; Dok. 7.2.3, unten S. 1192 ff.

[13] Ebd. Ein ähnlicher Tenor findet sich in seinen Schreiben an den schwedischen Gesandten in Berlin vom 24.12.1944, an den Reichsgerichtsrat Fröhlich vom Dezember 1944 und an Anton Kippenberg vom 13.1.1945 (alle Privatbesitz).

[14] S. Gegendarstellung zu einer Rede des Reichsaußenministers vom Dezember 1944; Dok. 7.2.5, unten S. 1197 ff.

[15] S. „Unsere Idee" vom November 1944; Abschrift in BAK, N 1113, Bd. 26.

Union.[16] Seine Aufzählung der nationalsozialistischen Verbrechen reichte über die Ermordung von Geisteskranken, Juden und Kriegsgefangenen, über deutsche Verbrechen in besetzten Gebieten, bis zu dem konstatierten „Mißbrauch der deutschen Wehrpflicht und der deutschen Jugend".

Einen Monat später verfasste er einen „Aufruf", der mit der Versicherung begann, dass die Schrift „keiner Zellenpsychose" entspringe.[17] Dem Leser seiner Schriften aus Gestapohaft drängt sich diese Vermutung jedoch fast zwangsläufig auf, denn wie sonst wäre das Schwanken zwischen utopischen Rettungsversuchen, verzweifelten Selbstanklagen und Rückzug in historische Betrachtungen zu bewerten? Während einzelne Passagen seiner Schriften durchaus kohärent seine bereits bekannten Reformvorstellungen zusammenfassten, wurden sie nicht selten unterbrochen von Beschwörungen, privaten Reminiszenzen und Appellen an die Außenwelt. An einzelnen Schriften sind Goerdelers Stimmungsumschwünge zwischen Niedergeschlagenheit, Hoffnung und Verzweiflung deutlich abzulesen. In dem „Aufruf" tauchten erstmals Vorwürfe direkt an Hitler auf, während Goerdeler zuvor i.d.R. „schlechte" oder „radikale" Elemente in der NSDAP für Ausschreitungen verantwortlich gemacht hatte. Er ging hier sogar noch weiter, indem er auch die Verantwortung von Teilen der Bevölkerung betonte: „Ich liebe mein Vaterland mit Inbrunst. Aber gerade deshalb empfinde ich die ganze Schmach seiner Entehrung, einer Entehrung, wie sie noch nie einem Volke durch eigene Bürger angetan ist."

In der Form eines Politischen Testaments verfügte Goerdeler am 31. Januar 1945[18], zwei Tage vor seiner Hinrichtung, über seine hinterlassenen Schriften und empfahl seiner Familie die Auswanderung für den Fall, dass das NS-Regime nicht gestürzt würde. Auch hier quälte er sich wieder mit Selbstvorwürfen – sowohl seine Ablehnung 1932, in das Kabinett v. Papen einzutreten, als auch seine Überzeugung, zu wenig Zeit mit seiner Familie verbracht zu haben, waren wiederkehrende Motive. Schließlich berichtete er, dass er in den Verhören der Gestapo „manchen Freund" habe belasten müssen. Selbstmord, so rechtfertigte er sich, sei ihm nach seiner Verhaftung nicht mehr möglich gewesen, außerdem sei ihm mit Repressalien gegen seine Familie gedroht worden. Das Hauptmotiv für seine Aussagen vor der Gestapo schien jedoch die Vorstellung gewesen zu sein, dass er damit einerseits Unschuldige entlasten und andererseits dem Regime den unterschätzten Umfang der Verschwörung demonstrieren könnte. Hinter diesem letzteren Motiv verbarg sich Goerdelers Vorstellung, dass er mit der Widerlegung der von Hitler aufgestellten Behauptung, es handele sich bei den Attentätern um eine kleine Clique ehrgeiziger Offiziere, etwas erreichen könnte.

---

[16] S. „Im Gefängnis Weihnachten 1944" vom Dezember 1944/Januar1945; Abschrift in BAK, N 1113, Bd. 26.

[17] S. Aufruf vom 27.1.1945; Dok. 7.2.7, unten S. 1235 ff.

[18] S. Politisches Testament vom 31.1.1945; Dok. 7.2.8, unten S. 1248 ff.

Im Januar 1945 legte Goerdeler in der Form eines persönlichen Rechenschaftsberichts seine anfängliche Mitarbeit und seine zunehmende Desillusionierung mit dem NS-Regime zwischen 1933 und 1937 dar.[19] Detailliert beschrieb er hier seine Enttäuschungen in den ersten Jahren der Zusammenarbeit mit dem Regime, die sich schließlich zu einer ablehnenden Haltung verfestigt hatten. Die ausbleibende Integration der Arbeiterbewegung, die innerparteilichen Machtkämpfe und Korruptionserscheinungen sowie die ruinöse Wirtschafts- und Finanzpolitik nannte er ebenso als Gründe für seine zunehmende Ablehnung des neuen Regimes wie die Auflösung des Rechtsstaats und den innenpolitischen Terror.

Der Rechenschaftsbericht ist Goerdelers längstes Schriftstück aus Gestapohaft und weist von allen hier aufgenommenen Schriften auch die stärksten Brüche auf. Auch hier wechseln sich utopische Planungen mit Selbstvorwürfen, Einschüben über seine Familie und Fluchten in die Vergangenheit ab.

Goerdelers inoffizielle Schriften aus seiner Haftzeit mit ihren vielfältigen Brüchen und Wiederholungen unterscheiden sich deutlich von den hinterlassenen Schriften anderer Inhaftierter, die sich reflektierter und abgeklärter lesen. Das war nicht Goerdelers Art, der stets nach Möglichkeiten zur Mitarbeit und Mitverantwortung gestrebt hatte und dies auch in seiner Todeszelle nicht aufgab. Für ihn erschwerend kam der lange Schwebezustand hinzu, in dem er sich mit dem Warten auf die Vollstreckung des Todesurteils befand und der bei ihm Stimmungswechsel von Verzweiflung zu Resignation und zu neuer Hoffnung verursachte. Dass er sich zum Schluss, nach einer fünfmonatigen Haftzeit unter erschwerten Bedingungen, mit seinen Gedanken im Kreis drehte und die Abfassung von Schriften fast zum Selbstzweck wurde, ist nicht schwer nachvollziehbar.

Immerhin ist bereits aus seinen früheren Schriften der Jahre 1929 bis 1944 deutlich geworden, dass es Goerdelers Wesen entsprach, nach Mitarbeit und Mitverantwortung zu streben. Seine Gefängnisschriften zeigen die ihm eigene Art von Verantwortungsbewusstsein, dessen Übergang zu Selbstüberschätzung fließend war und nicht selten in fantastischen Plänen mündete. Die Schriften zeigen sowohl die Kontinuität zu seinen früheren Ausarbeitungen als auch Goerdelers Hinwendung zur Religion – der stets ein skeptischer Unterton beigemischt bleibt. Sie zeigen einen isolierten Häftling, der fünf Monate lang auf die Vollstreckung des gegen ihn gefällten Todesurteils wartete und sich mit dem ungewissen Schicksal seiner Familie quälte. Sie zeigen auch einen Patrioten, der sich bis zu seiner Hinrichtung als „Landesverräter“ Gedanken über die Zukunft seines Vaterlandes machte.

[19] S. Rechenschaftsbericht vom Januar 1945; Dok. 7.2.6, unten S. 1202 ff.

Faksimile einer handschriftlich verfassten Denkschrift Goerdelers aus Gestapohaft. Es handelt sich um die ersten sechs Seiten der Denkschrift „Gedanken eines zum Tode Verurteilten über die deutsche Zukunft“ (vgl. die Transkription der Schrift auf S. 1148 ff.).

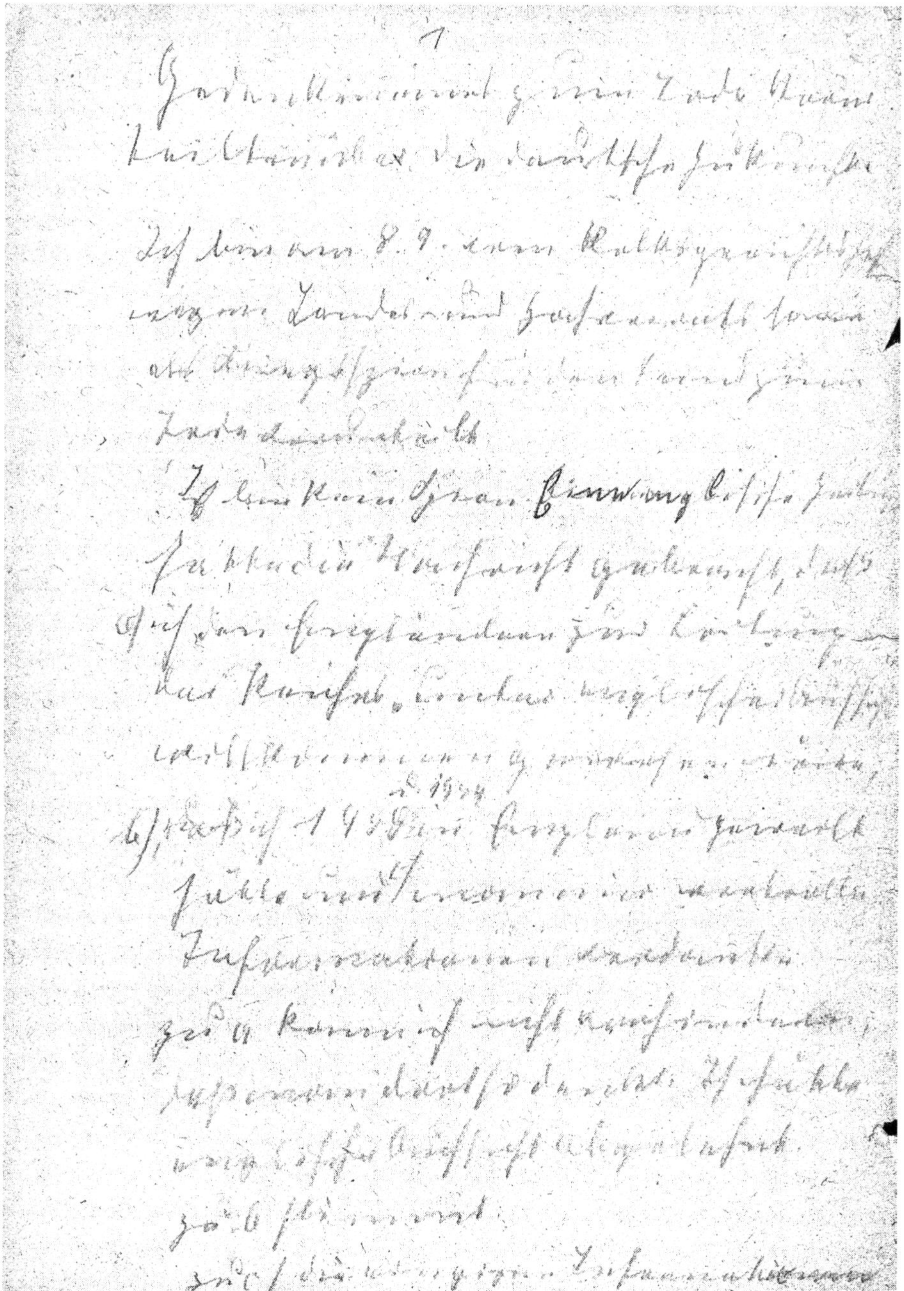
1

Gedanken eines zum Tode Verurteilten über die deutsche Zukunft

4

durch den Engländern gegenüber haben,
die zugesichert [illegible] Sudetendeutschen [illegible] [illegible]
Ich habe Vansittart und letzten
Gwatkin erläutert, daß der Umschwung
Deutschlands auf dem Sudeten-
gebiet [illegible] und [illegible]
[illegible]. Ich habe Gwatkin dazu bestimmt,
nach Prag zu gehen und später
Chamberlain zu seinem Besuch
nach Deutschland zu bewegen!
Ich habe schon den Engländern
meine Gedanken über die Notwen-
digkeit der europäischen ~~[illegible]~~ Zusammen-
schluß vorgetragen, die Deutschland [illegible]
bis zu ihrer Lösung gebracht hätten. [illegible]
Ich habe ihnen endlich ~~[illegible]~~ [illegible]
Deutschland niemand Krieg wolle.
[illegible] [illegible] [illegible] gelangen [illegible]

[illegible]

Als ab Februar 1943 die schweren englischen Luftangriffe einsetzten, wurde uns immer klar, daß die deutsche Luftwaffe, aber auch die Rüstung auf das schwerste getroffen würden, wenn es dem weiteren Steigen der ~~englischen~~ angelsächsischen Luftüberlegenheit kein Einhalt geboten würde. Damals war der in Deutschland angerichtete Schaden auf 30 Md. geschätzt, heute auf 150-180 Md. Damals war noch kein einziges Hydrierwerk getroffen, heute sind 60% der künstlichen [illegible]erzeugung ausgefallen, und dadurch wurde der [illegible] gestaltet.

Als dann noch der Herr F. Marschall Kluge mitteilen ließ (durch Oberst v. [illegible]), daß die ~~[illegible]~~ russischen Heere im Jahre 1944 an der ostpreußischen

Grenze [illegible] würden, weil die deutschen [illegible] nicht rasch [illegible] könnten, wenn auch [illegible] zu [illegible] wären, sobald den schwedischen [illegible] lenkung, der mir befreundet ist, gebeten, nach Berlin zu kommen. Er kam [illegible] oder [illegible].

Ich stellte ihm dar, die [illegible] Deutschlands eine ungeheure Gefahr für die Zukunft Europas und Amerikas darstelle. Denn die Technik, die das deutsche Volk besitzen müsse, um sich wieder [illegible] u. [illegible], gewaltige [illegible] zu schaffen, zwingen die [illegible] von

Waren verloren, ~~Die~~ damit war ihr
den anderen Staaten, insbesondere U.S.A.
~~Ru~~ ihre Überschüsse abzusetzen. Hinzu kam
die [illegible] Überzeugung,
daß sich die furchtbaren wirtschaftlichen
Notstände der Jahre 1920–1934 (Arbeits-
losigkeit, Währungsverfall u.s.w.) nicht
wiederholen würden. Dazu aber
kamen die weiteren Forderungen
der Russen, die ungeheure Gefahr für
Europa bestehende Gefahr der Bolsche-
wisierung von außen her. Deutsch-
land stand bei dieser Gefahr für
[illegible], bei [illegible] zu den
Russen und [illegible] Verteidigungs-
kraft frei. Ich legte Wallenberg nahe,
mit Churchill Fühlung zu nehmen,
ob es nicht eine Möglichkeit gebe,

diesem Wahnsinn ein Ende zu machen. Er sagte, dass es im genannten [illegible] Lebensinteresse Englands, dass Russland nicht übermächtig würde. Denn ein starkes Russland, ~~[illegible] ... 19. Jahrhundert [illegible]~~ von persischen Golf, von den Ölfeldern [illegible] und dem Suezkanal tödlich zu bedrohen, können nicht durch ein genügend starkes Deutschland, wie im 19. Jahrhundert in Schach gehalten würde.

Wallenberg ~~[illegible]~~ erkannte die ~~[illegible]~~ Deutschlands gleichberechtigte staatliche Lebensnotwendigkeiten an und sagte zu, dass er mit Churchill Fühlung nehmen wolle.

Dokumente

7.1 Denkschriften auf Anforderung des NS-Regimes

7.1.1 *Beantwortung von 39 Fragen über den Wiederaufbau*

maschinenschriftliches Manuskript o.D. [Anfang Januar 1945]; BAB, R 58, Bd. 57.[1]

Privatinitiative als Grundlage des Wiederaufbaus, mit Lenkung und Aufsicht durch staatliche Selbstverwaltungskörper unter einem Ministerium für Wiederaufbau; Lenkung notwendig wegen knapper Arbeitskräfte, Rohstoffe und Geldmittel sowie zur Koordination raumordnerischer Gesichtspunkte. Rangordnung für den Wiederaufbau: Wohnraum, Geschäfts- und Betriebsanlagen, Verkehrsanlagen; Gas- Wasser-, Elektrizitätsversorgung sowie Nachrichtennetz; Erziehungseinrichtungen; Einrichtungen zur Krankenpflege; Einrichtungen zur Wohlfahrtspflege und Verwaltungsanlagen; militärische Anlagen; Einrichtungen zur Kulturpflege; repräsentative Anlagen. Wiederaufbau grundsätzlich an ursprünglichen Standorten zur Ausnutzung noch vorhandener Einrichtungen, Wiederverwertung der Trümmer, geringer Belastung des Verkehrsnetzes; nur extreme Zerstörungen und ungesunde Standorte sollen zu umfangreicheren Verlagerungen führen; Vermeidung von Betriebsverlagerungen, falls Zerstörungsgrad unter 50 % liegt; Betriebsverlagerungen in andere europäische Länder kommen nicht in Betracht. Beschränkung von Luftschutzeinrichtungen auf rudimentäre Maßnahmen; staatliche Beschränkung der Großstadtbildung durch Genehmigungspflicht für die Errichtung großer Arbeitsstätten; Dezentralisierung von Betrieben zur Vermeidung der Großstadtbildung. Dezentralisierung staatlicher Lenkung soweit wie möglich auf starke kommunale und wirtschaftliche Selbstverwaltungskörper; keine sche-

---

[1] Seit dem 12.8.1944 war Goerdeler in Gestapo-Haft (vgl. zu seiner Flucht und Ergreifung S. 1016, Anmerkung 5), am 8.9.1944 wurde er vom Volksgerichtshof als „Verräter“ und „politischer Kriegsspion“ zum Tode verurteilt (vgl. die vollständige Urteilsbegründung in Jacobsen, Spiegelbild, S. 533-545). Bis zu seiner Hinrichtung am 2.2.1945 vergingen fast fünf Monate, die er in dem Gestapo-Gefängnis in der Prinz-Albrecht-Straße mit der Abfassung von Schriften verbrachte. Es ist nicht eindeutig zu klären, warum die Vollstreckung des Todesurteils in Goerdelers Fall aufgeschoben wurde. Nach den Aussagen Erhard Mädings, des Referenten für „Innere Verwaltung/Reichsgebiet“ im Amt III (SD-Inland) des Reichssicherheitshauptamtes (RSHA) unter Otto Ohlendorf, hatte das Amt III des RSHA den Antrag gestellt, Goerdeler Fragen zum Wiederaufbau vorzulegen sowie ihn Denkschriften zum Verwaltungsaufbau und zur Preisüberwachung schreiben zu lassen. Diese Arbeiten waren jedoch nicht der Grund für den Vollstreckungsaufschub, sondern wurden erst im Oktober 1944 beantragt, nachdem das Amt III erfahren hatte, dass Goerdeler noch lebte; vgl. den Brief Mädings an Gerhard Ritter vom 29.8.1954; BAK, N 1166, Bd. 492. Während das Ablieferungsprotokoll das vorliegende Manuskript auf den 3.1.1945 datiert, deutet die Erwähnung eines Artikels im Völkischen Beobachter vom 7.1.1945 klar auf einen etwas späteren Abschluss; die Datierung auf Anfang Januar 1945 scheint jedoch unumstritten. Die Denkschrift ist abgedruckt bei Jacobsen, Spiegelbild, S. 802-849; ein identisches Exemplar befindet sich im Nachlass Goerdeler (BAK, N 1113, Bd. 24), wo sich auch die ursprünglichen Fragen fanden. Zur besseren Verständlichkeit sind im folgenden die Fragen Goerdelers Antworten in eckigen Klammern vorangestellt.

matische Planung beim städtischen Wiederaufbau, lediglich Richtlinien durch den Staat. Lebensmittel-, Energie- und Wasserversorgung in den Städten erfordern schärfste Zwangswirtschaft im ersten Wiederaufbaujahr, die allmählich aufgelockert werden kann; staatliche Eingriffe in die Produktion sind unnötig; alle Einwohner müssen zur Ableistung einer wöchentlichen Wiederaufbauarbeit herangezogen werden unter der Leitung des Reichsarbeitsdienstes oder der Organisation Todt; Freizügigkeit, freie Berufswahl und freie Lohnaushandlung müssen garantiert sein, Einschränkungen nur für eine Übergangszeit.

[1. Ist der Wiederaufbau ausschließlich *örtlicher* oder *privater* Initiative zu überlassen, oder bedarf er der Lenkung durch den *Staat*?]

Zu 1: Der Wiederaufbau bedarf der Lenkung durch den Staat. Er bedarf auch der Lenkung im Gau, im Kreis und in der Gemeinde; jeder dieser Hoheitsträger muß durch Richtlinien der oberen gebunden werden. Die private Initiative ist im Rahmen dieser Lenkung unerläßlich.

[2. Ist die *Lenkung* nur durch die *Verknappung* von Arbeitskräften, Baustoffen, Energien und Geldmitteln bedingt – oder ist sie auch aus Gründen einer geordneten *Verwaltung* – oder aus *volkspflegerischen – landespflegerischen – raumordnerischen* Gründen erforderlich?]

Zu 2: Die Lenkung ist nicht nur durch die Verknappung von Arbeitskräften und Baustoffen bedingt, sondern sie ist auch aus volkspflegerischen und raumordnerischen Gründen erforderlich.

Der Umfang dieses Wiederaufbaues wird durch die Menge von menschlichen und materiell einsetzbaren mechanischen Kräften bestimmt. Von dieser Leistungsseite her muß er angegriffen werden. Neben der neun- bis zehnstündigen Berufsarbeit ist eine zehnstündige Wiederaufbau-Dienstpflicht in der Woche für jeden Volksgenossen zwischen 18 und 70 Jahren unerläßlich, damit wir schnell und sichtbar aus den Trümmern herauskommen. Die Geldmittel, die erforderlich sind, um diese Leistungskräfte in Bewegung zu setzen, lassen sich ohne weitere Erschütterung der Währung schaffen. Entscheidend ist nur, daß die Wiederaufbaupflicht den Gruppen der Wirtschaft, also den Interessenten, selbst auferlegt wird, daß zur Finanzierung die angesammelten Reserven voll eingesetzt werden, daß der Notenumlauf durch Einziehung auf 8 bis 10 Milliarden herabgesetzt und die Buchgeldmenge durch Sperrung der Konten entsprechend gedrosselt wird! Und endlich, daß die öffentlichen Haushalte innerhalb von zwei bis drei Jahren nach Kriegsende echt ausgeglichen werden. Im einzelnen habe ich Ausführungen hierüber bei meiner Vernehmung über die Nachkriegswirtschaft gemacht und nehme auf sie Bezug.[2]

---

2 Im folgenden schreibt Goerdeler von einer Abhandlung über die Nachkriegswirtschaft (s.u., S. 1061 und 1106); gemeint ist damit wohl seine Denkschrift über die Preisüberwachung, unter denselben Bedingungen entstanden wie das vorliegende Manuskript (s.o., An-

Einen Mangel an Baustoffen befürchte ich nicht, wenn noch einmal der deutsche Wald zu einem Sonderopfer herangezogen wird, das aber in den folgenden Jahren durch entsprechende Sparsamkeit und Pflege wieder gutzumachen ist. Die Ziegeleien und Zementwerke reichen aus; hier besteht die Schwierigkeit lediglich in der Kohlenversorgung, die mit der Länge des Krieges schon jetzt größeren Schwierigkeiten ausgesetzt ist. Aber bei gutem Willen müssen diese Schwierigkeiten sich innerhalb eines Jahres nach Kriegsende überwinden lassen. Endlich stehen, und zwar in sehr großem Ausmaße, die Zerstörungstrümmer zur Verfügung. Wichtig ist, daß die Zerkleinerungsmaschinen schnell und in ausreichender Menge auf den Markt kommen. Die Energieversorgung kann nach Wegfall der Kriegsbedürfnisse Schwierigkeiten nur in der Kohlenanlieferung finden. Deshalb gehört die Instandsetzung der Verkehrsmittel zu den vordringlichen Aufgaben des Wiederaufbaues.

Aus Gründen einer geordneten Verwaltung ist die Lenkung nicht erforderlich. Ich habe Vorschläge für die Neuordnung der Verwaltung, insbesondere Selbstverwaltung gemacht.[3] Wichtiger noch als diese ist, daß man die Verwaltung auf der Grundlage der Gesetze ohne Einmischungen ihrem Gewissen und ihren Erfahrungen gemäß arbeiten läßt. Fachlich und sachlich ist der öffentliche Verwaltungsapparat fähig, den Wiederaufbau anzupacken, auch ohne zentrale Lenkung. Insbesondere wird von den Gemeinden eine gewaltige Initiative ausgehen, wenn man ihnen echte Selbstverwaltung gewährt.

Die Lenkung ist aber erforderlich, um sicherzustellen, daß im Rahmen des Möglichen bei dem Wiederaufbau den Gesichtspunkten der Volksgesundheit und einer zweckmäßigen Raumordnung Rechnung getragen wird. Eine Raumordnung ist ohne Lenkung seitens des Staates nicht denkbar. Die Volksgesundheit nach diesem mörderischen Kriege zu pflegen, ist für die Zukunft unseres Volkes so entscheidend, daß der Staat, vor die Frage des Wiederaufbaues gestellt, sie nicht allein den Mittel- und Grundbehörden überlassen kann.

[3. Ist eine lediglich ordnende *Lenkung* ausreichend, oder bedarf es einer vorausschauenden *Planung*?]

Zu 3: Grundsätzlich bedarf es einer vorausschauenden Planung und einer ordnenden Lenkung. Die erstere ist unerläßlich, wenn im Rahmen des Möglichen

---

merkung 1). In ihr beschrieb er auf über 80 Seiten seine Erfahrungen als Reichskommissar für die Preisüberwachung (vgl. dazu seine Schriften als Reichspreiskommissar von 1931/32 und 1934/35; Dok. 2.3.1 ff., oben S. 214 ff.) und stellte detaillierte Pläne für eine Preisüberwachung in der unmittelbaren Nachkriegszeit auf. Die Schrift ist nicht in die Edition aufgenommen worden. Ein Exemplar befindet sich im Nachlass Goerdeler (BAK, N 1113, Bd. 25).

3 Vgl. dazu Goerdelers Denkschrift „Kritik am Verwaltungsaufbau" von Ende Januar 1945; Dok. 7.1.2, unten S. 1117 ff. Seine Abhandlung zur Selbstverwaltung konnte er nicht mehr fertig stellen (vgl. dazu S. 1055, Anmerkung 2).

Wohnsiedlungen und Arbeitsstätten gelegentlich des Wiederaufbaues aus Gründen einer verständigen Raumordnung verlagert werden sollen. Denn die Gesamtübersicht über den Raum hat nur der Staat. Seiner Macht bedarf es auch, um Widerstände auszuschalten, die sich aus dem Beharrungsvermögen am Ort, im Kreis oder im Gau mehr als genug ergeben werden. Diese vorausschauende Planung halte ich für noch wesentlicher als die ordnende Lenkung. Letztere wird für eine gewisse Anlaufzeit notwendig sein, bis sich die Verteilung der Arbeitskräfte und die Finanzierung eingespielt und die Produktion der Baustoffe ausreichend gehoben hat. Dann wird die Lenkung in größtem Umfange den Wiederaufbauträgern sowie den Gauen und Kreisen, vor allem aber den Gemeinden überlassen bleiben können. Die vorausschauende Planung dagegen muß eine Dauereinrichtung bleiben. Ich bin mir der damit verbundenen Versuchung für den Staat wohl bewußt. Je fähiger und tüchtiger, je schöpferischer und willensstärker die dabei angesetzten Beamten sind, um so mehr wird es sie locken, ihren gestaltenden Einfluß über das ganze Reich hin geltend zu machen. Deswegen ist es wichtig, daß diese Beamten durch ihr Verantwortungsbewußtsein und durch ihre Erfahrung gegen solche Versuchung gefeit sind. Denn sie dürfen nicht übersehen, wieviele von der Zentrale aus nicht vorauszusehende Kräfte in Friedenszeiten täglich an der Gestaltung des Siedlungs- und Baubildes eines Volkes wirken. Ihnen und ihrem Streben darf kein Hindernis entgegengesetzt werden, das nicht aus wichtigen Interessen des ganzen Volkes gebieterisch geboten erscheint. Die vorausschauende Planung muß sich also darauf beschränken, den Standort von Großunternehmungen im voraus ungefähr zu bestimmen, die Entwicklung der Siedlungen unter Kontrolle zu nehmen, sobald die Menschenansammlungen eine gewisse Dichte und Größe erreichen, und die Verkehrslinien im wesentlichen für einen längeren noch übersehbaren Zeitraum festzulegen. Alle Bestimmungen, die der Sicherheit, der Volksgesundheit und der Schönheit dienen, gehören in ein Reichsbaupolizei-Gesetz, dessen Durchführung vollkommen den örtlichen Baupolizeibehörden überlassen bleiben kann.

[4. Ist diese Planung in regionaler Hinsicht eine *örtliche – gaumäßige* – oder das ganze *Reich* umfassende Angelegenheit?]

Zu 4: Die vorausschauende Planung ist in regionaler Hinsicht eine örtliche, eine gaumäßige und eine das ganze Reich umfassende Angelegenheit. Das ideale wäre, wenn das Reich mit seiner vorausschauenden Planung bereits fertig wäre und diese jetzt den Gau-Selbstverwaltungen zugehen könnte. Dann wären die örtlichen Stellen in der Lage, sich innerhalb der nächsten sechs Monate ein Bild zu machen, in welche Pläne des Reiches und des Gaues sie die ihrigen einordnen müssen. Ist die Arbeit noch nicht so weit fortgeschritten, so sollte sie schnell zu einem vorläufigen aber umfassenden Abschluß gebracht werden, damit die vorausschauende Planung der Gaue und Kreise beginnen kann. Dauert der Krieg länger, so kann die Zeit genutzt werden, um die vorläufigen Pläne zu ergänzen und zu verfeinern. Geht er aber, wie ich annehme, mit den Westmächten im Laufe des Jahres 1945 zu Ende, so wäre es weder zu verantworten noch möglich, den Beginn des Wiederaufbaues hinauszuschieben, weil man mit den Plänen nicht fertig ist. Denn sowie die Kriegsspannung nachläßt und die Erfordernisse der Friedensarbeit in den Vordergrund treten, werden sich die Bedürfnisse wie ein ungeheurer Strom gegen einen Staudamm pressen. Man denke nur an den Zustand, daß auch nur die erste halbe Million demobilisierter Soldaten nach Hause kommt und nun Wohnung und Arbeitsplätze braucht, von denen dann vielleicht 20 bis 30 %, wenn nicht mehr, zerstört sein werden. Diese Menschen wollen auch mit ihren Familien wieder zusammenziehen. Nach einem so langen Kriege wäre es auch nicht möglich, an und für sich vertretbare Entlassung nicht vorzunehmen, weil die Wiederaufbauarbeiten noch im Rückstand sind. Kurz und gut bei Kriegsende ist es unerläßlich, mit den wirklichen Arbeiten am Wiederaufbau sofort zu beginnen, und zunächst die Wiederherstellung aller Wohnungen überall freizugeben, wenn das betreffende Haus einen Zerstörungsgrad von unter 50 % aufweist.

Wenn das Reich sein Dauerwerk der vorausschauenden Planung auf die wesentlichen Gesichtspunkte beschränkt (vergl. Ziffer 3), dann ist die Ergänzung seiner Planung durch Gaue, Kreise und Gemeinden unerläßlich. Die Hauptarbeit wird bei der Gemeinde liegen, die über die größte Vertrautheit mit den täglichen Lebensnotwendigkeiten verfügt und nun einen Idealplan in die raue Wirklichkeit übersetzen würde. Es wird sich in wenigen Wochen zeigen, daß das Wiederaufbauwerk auf ihre Initiative, auf ihren Verantwortungssinn, auf ihren Mut und ihre Tatbereitschaft ganz entscheidend angewiesen sein wird. Die Geschädigten werden das ihre tun. Sie und die Gemeinden werden dauernd den Wiederaufbauträgern auf den Hacken sein müssen, damit schnell und tatkräftig gearbeitet wird.

[5. Ist sie in sachlicher Hinsicht auf den *Städtebau* (Flächenausweisung im engeren Siedlungsbereich und Architektonik) zu beschränken – oder hat sie *Raumordnung* (den Gesamtraum umfassend) zu sein?]

Zu 5: Die vorausschauende Planung muß sowohl den Städtebau umfassen als auch Raumordnung sein. Ihre raumordnende Funktion steht für das Reich und für den Gau im Vordergrund, für Kreis und Gemeinde ist sie nicht beiseite zu stellen. Keine deutsche Gemeinde wird heute das Wiederaufbauwerk ideenlos anpacken und den zerstörten Schlachthof z.B. einfach da wieder aufbauen, wo er einst stand, sondern dahin legen, wo er nach den Erfahrungen der verschiedensten Art besser gestanden hätte. Insofern also muß selbst die kleinste Gemeinde ihren Siedlungsraum in der Idee und im Plan aufgliedern und selbst im Dorf sich darüber klar werden, wo die Gemeinschaftseinrichtungen am besten hingehören. Wird die Selbstverwaltung wieder belebt, so werden Bürgermeister und Gemeinderäte im Dorf nach den besten Lösungen suchen. Ich empfehle aber, den Kreis aus naheliegenden Gründen nicht zu übergehen.

Was den eigentlichen Städtebau betrifft, so kann sich das Reich auf einige wenige Richtlinien beschränken, wenn es nicht möglich ist, jetzt schon das Reichsbaupolizeigesetz fertigzustellen. Das letztere würde ich dringend empfehlen. Ich habe vor Jahren einen Entwurf dazu ausgearbeitet, der ist mir aber abhanden gekommen.[4] Ich müßte ihn auf Verlangen neu ausarbeiten. Sonst muß man sich wie gesagt auf Richtlinien beschränken, die in einem kurzen Gesetz für verbindlich erklärt werden und eigentlich lauter Selbstverständlichkeiten enthalten würden. Trotzdem sind sie unerläßlich. Für die Städte wären sie vielleicht entbehrlich, weil seit Jahren jede Stadt um die 20.000 Einwohner herum einen Stadtbaurat hat, der den Ehrgeiz besitzt, auf dem Gebiet des Städtebaues Vorbildliches zu leisten. Dieses Leistungsstreben muß man selbstverständlich nutzen und nicht beengen. Anders liegt es in den kleineren Gemeinden, und deswegen sind solche Richtlinien unentbehrlich.

Daraus ergibt sich die zweckmäßige Arbeitsteilung zwischen Reich und Ort: Das Reich ordnet den Raum, die Gemeinde den Städtebau.

[6. Kann sich die Raumordnung auf die Regelung von geltend gemachten *Landansprüchen* der einzelnen Bedarfsträger beschränken, oder erfordert sie eine *lagemäßige* – oder auch die Boden*qualität* beachtende *Gesamtwertung* des Bodens im Lebensraum?]

Zu 6: Die Raumordnung kann sich nicht auf die Regelung von Landansprüchen beschränken. Sie erfordert auch eine lagemäßige Gesamtwertung des Bodens im Lebensraum. Wenn sie dabei auch die Bodenqualität berücksichtigen könnte, so wäre sie geradezu ideal. Einem solchen Ideal soll sie zustreben. Nur muß man sich darüber klar sein, daß die gigantische Aufgabe des Wiederaufbaues keine Möglichkeit bieten wird, ein solches Ideal auch nur annähernd zu verwirklichen. Ich komme auf diese Frage bei der Beantwortung der Ziffern 11) und 12) zurück. Deswegen braucht die Planung in dieser Richtung nicht überstürzt zu werden. Als Dauerwert bedarf sie ohnehin der ständigen Überprüfung. Außerdem ist jede Gelegenheit auszunutzen, um die Wirklichkeit mit dem Ideal in Übereinstimmung zu bringen. Man soll also diesen Teil der Raumordnung planmäßig und mit größter Sorgfalt weiter betreiben und den Wiederaufbau als erste Möglichkeit der Verwirklichung einiger Teilchen dieses Ideals benutzen. Denn es ist selbstverständlich wirtschaftlich nicht sinnvoll, große Gemeinden dahin zu legen, wo in absehbarer Zeit mit dem Abbau von Bodenschätzen oberirdisch oder unterirdisch begonnen werden soll; man legt Siedlungen nicht auf besten Rüben- und Weizenboden, wenn es ebenso gut möglich ist, sie auf leichten Böden zu errichten. Nur muß man sich über die verschiedenen wirtschaftlichen Notwendigkeiten klar sein; sie werden immer wieder manchen Strich durch das Idealbild machen.

[7. Sollen der Raumordnung nur die boden- und *raumpolitischen* Erwägungen zugrunde liegen oder auch *volkspolitische* Zielsetzungen (Volkstum – Stammesgliederung – Sozialstruktur – Bevölkerungspolitik)?]

---

[4] Der Entwurf war in Goerdelers nachgelassenen Unterlagen nicht mehr aufzufinden.

Zu 7: Der Raumordnung sollen nicht nur boden- und raumpolitische Erwägungen zugrundeliegen, sondern auch Zielsetzungen, die sich aus dem Volkstum und aus der Bevölkerungspolitik ergeben. Die Sozialstruktur halte ich nicht für eine Angelegenheit der Raumordnung, sondern für eine solche der örtlichen Lenkung. Die Stammesgliederung schalte ich ebenfalls aus, weil es nicht Aufgabe des Reiches sein kann, jedem deutschen Stamme einen besonderen Siedlungsraum zuzuweisen. Die Vermischung soll der eigengesetzlichen Entwicklung überlassen bleiben. Somit verbleiben als Ordnungsprinzipien neben boden- und raumpolitischen Erwägungen die Volkstumspolitik und die Bevölkerungspolitik.

Die erstere spielt in meiner östlichen Heimat eine große Rolle.[5] Der deutsche Osten, also etwa das Gebiet östlich der Oder, ist das jüngste deutsche Siedlungs- und Wirtschaftsgebiet. Es ist der deutschen Besiedlung und Bewirtschaftung erst vor 700 Jahren wieder erschlossen, nachdem die letzten Germanenstämme es zur Zeit der Völkerwanderung verlassen hatten. Infolgedessen weist dieses Gebiet auch noch eine Reihe von völkischen Unausgeglichenheiten auf.

Die alte preußische Bevölkerung ist im Laufe der Jahrhunderte vollkommen eingedeutscht. Anders steht es mit den Teilen der Bevölkerung, die polnischer Nationalität sind. Hier waren und sind die Spannungen noch außerordentlich groß. Sie waren stark genug, um die Idee eines polnischen Nationalstaats aufrechtzuerhalten durch mehr als anderthalb Jahrhunderte. Ob sich jetzt unter dem Eindruck der jüngsten Vorgänge um Polen[6] darin eine Änderung anbahnen wird, kann ich nicht übersehen. Nach meinen Erfahrungen glaube ich es nicht. In Polen ist das Nationalbewußtsein von außerordentlicher Stärke. Es wird alles davon abhängen, ob es gelingt, ihr in einem freien Polen östlich der deutschen Reichsgrenze ein selbständiges Betätigungsfeld zu bieten. Ist dies der Fall – und es sollte das Ziel sein – dann halte ich es für sicher, daß sich dieses Polen aus Schutzbedürfnis gegenüber den Sowjets eng an das Deutsche Reich anlehnen wird. Diesen Zustand unterstelle ich bei meiner Erörterung der Frage 7). Denn nur dieser Zustand stellt ein Kriegsende dar, in dem die Zukunft Deutschlands und Europas gesichert ist. Die Raumordnung müßte dann darauf abzielen, eine Absiedelung der Polen aus dem deutschen Ostraum und ihren Ersatz durch deutsche Zusiedlung zu fördern. Ist das auch nicht unmittelbare Aufgabe einer Raumordnung, sondern der großen Politik des Reiches, so müssen doch die Auswirkungen auf die Raumnutzung in

---

[5] Vgl. zu Goerdelers Engagement in der Ostpolitik seine Schriften von 1919, Dok. 2.1.1 f., oben S. 191 ff.

[6] Im Sommer 1944 war in Polen das Lubliner Komitee gegründet worden, ein Zusammenschluss von Linkssozialisten und Kommunisten mit sowjetischer Unterstützung. Das Komitee erklärte sich am 1.1.1945 zur Provisorischen Regierung Polens. Angesichts der sowjetischen Winteroffensive von 1944/45 erschien nun eine Westverschiebung Polens, wie sie auf der Konferenz von Teheran von den westlichen Alliierten gebilligt worden war, nur noch eine Frage der Zeit. Vgl. Gerhard L. Weinberg: A World at Arms. A Global History of World War II, Cambridge 1994, S. 709 ff.

jener Ordnung bedacht werden. Denn die deutsche Art des Siedelns und Wirtschaftens ist eine andere wie die polnische. Zur Festigung der Neusiedler in diesem Raum müßte man auch auf seine Durchsetzung mit industriellen Werken und mit kleinen Städten bedacht sein. Die letzteren werden, wie in den vergangenen Jahrhunderten, Mittel- und Haltepunkte der Bildung und Kultur sein. Bei dieser Gelegenheit läßt sich in diesem zur Zeit industriearmen Raum eine nicht an Bodenschätze gebundene Industrie so einstreuen, daß sich eine möglichst ideale wirtschaftliche und soziale Struktur ergibt. Unter ihr verstehe ich eine Mischung der Bevölkerung verschiedener Berufe und die Bindung der Schaffenden an verschiedenartige wirtschaftliche Betätigung. Dem Industriearbeiter kann und muß hier die Möglichkeit gegeben werden, sich in einem eigenen landwirtschaftlichen Kleinbetrieb zu verwurzeln und so sein Leben gewissermaßen auf zwei Füße zu stellen.

Zur Sozialstruktur und der Notwendigkeit, sie zu einem Ordnungsprinzip im Raume zu machen, brauche ich nichts weiter zu sagen.

Die Bevölkerungspolitik wird nach diesem mörderischen Kriege und, nachdem wir innerhalb von 30 Jahren zwei Weltkriege durchgemacht haben, von entscheidender Bedeutung. Dabei muß man sich an die Erfahrung halten, daß Großstädte Menschen und Familien fressen, während das Land sie hervorbringt. Es muß also alles geschehen, um auch den Wiederaufbau zur Gelegenheit zu nehmen, praktische Bevölkerungspolitik zu betreiben. Aber die Vorsorge dafür bleibt eine Daueraufgabe der vorausschauenden Planung. Ich komme bei der Frage 13c) darauf zurück.

[7a. Haben diese Erwägungen und Zielsetzungen auch Auswirkungen auf die *Wirtschaftspolitik*?]

Zu 7a: Ich kann nicht finden, daß diese Erwägungen und Zielsetzungen die Wirtschaftspolitik in bestimmter Richtung beeinflussen könnten. Die Wirtschaftspolitik muß sich nach diesem Kriege dem Großraum zuwenden. Ich habe über die nach meiner Ansicht notwendige Nachkriegswirtschaft mich in einer besonderen Abhandlung ausgelassen und nehme darauf Bezug.[7] Auch die Wirtschaftspolitik muß zunächst ausschließlich darauf gerichtet sein, den Mangel zu beseitigen, der am Ende dieses Krieges in Deutschland, vielleicht stärker noch in anderen europäischen Ländern herrschen wird. Davon wird es abhängen, ob es gelingt, die menschlichen Arbeitskräfte wieder auf höchste Leistungsfähigkeit zu bringen und die Gefahr inflationistischer Bewegungen auszuschalten. Ich kann nur davor warnen, dieses entscheidende Erstziel der Nachkriegswirtschaftspolitik durch irgendwelche anderen Erwägungen verrücken zu lassen. Aber auch hinter diesem Erstziel stehen für die deutsche Wirtschaftspolitik nach dem Kriege nur Lenkungsrichtpunkte erster Ordnung zur Frage. Auf dem Gebiete der Raumpolitik spielen dabei nicht innerdeutsche Vorgänge eine Rolle, sondern Fragen des europäischen Rau-

7 S.o., Anmerkung 2.

mes. Was sich innerhalb der deutschen Reichsgrenzen durch Raumordnung beim W[iederaufbau hinsichtlich der Wirtschafts]ordnung[a] an Änderungen ergibt, sind im wesentlichen nur Verschiebungen wirtschaftlicher Tätigkeiten von einem Reichsgebiet in das andere, oder gar nur von einer Gemeinde in eine nahegelegene Gemeinde. Anders steht es mit den raumordnenden Einflüssen einer Wirtschaftsplanung, die sich mit Europa ohne das sowjetische Rußland und vielleicht ohne England zu befassen hat. Ich bin zwar der Auffassung, daß diese europäische Zusammenarbeit unmittelbar nach Kriegsende in Angriff genommen werden muß. Aber ich bin der Überzeugung, daß es sich um eine Zusammenarbeit national und kulturell selbständiger Staaten handeln wird. Zwischen ihnen muß sich erst eine Vertrauensgrundlage bilden. Und selbst wenn diese geschaffen ist, wird es nicht einfach sein, beispielsweise die Balkanstaaten zur Aufgabe ihrer ungesunden, weil verfrühten Industrialisierung und zur vorzugsweisen Förderung ihrer Agrarwirtschaft zu bewegen. Erst wenn wir soweit sind, daß die europäischen Völker von der Gemeinschaftlichkeit ihrer Interessen durchdrungen sind und diese vor liebgewordene Einzelinteressen stellen, erst dann gewinnen raumordnende Änderungen Einfluß auf die deutsche Wirtschaftspolitik. Es sind dies dann aber Pläne, die eben allein nicht mehr Deutschland, sondern Europa betreffen.

[8. Soll der eigentliche Wiederaufbau als *gesonderte* – vorwiegend *technisch-wirtschaftliche* Aufgabe – oder als *Bestandteil* einer umfassenden *Neuordnung* angesehen werden?]

Zu 8: Der eigentliche Wiederaufbau ist sowohl eine technisch wirtschaftliche Aufgabe wie Bestandteil einer umfassenden Neuordnung. In welchem Umfange er ein solcher Bestandteil werden kann, läßt sich im voraus nicht sagen. Je größer und umfangreicher die Zerstörungen sein werden, um so mehr Anlaß wäre an sich für eine umfassende Neuordnung gegeben. Aber diejenigen, die dann vor dieser Aufgabe stehen werden, werden erkennen, daß dann die Tagesnotwendigkeiten sich überstürzen und daß es dann gilt, so schnell wie möglich und daher unter Ausnutzung aller noch unzerstörten Werte wieder Wohnungen und Arbeitsstätten zu schaffen. Hierauf muß ich aufmerksam machen. So sehr ich davon durchdrungen bin, daß man diesen unglückseligen Anlaß benutzen muß, um Zufallsentwicklungen der Vergangenheit durch organische, wirtschaftlich glücklichere Lösungen zu ersetzen. Im übrigen ist die menschliche Voraussicht begrenzt. Die beste Planung durch beste Sachkenner wird nicht davor schützen, daß die nächste Generation oder die übernächste sich fragt, weswegen es einst so gemacht ist. Man muß sich immer klar sein, daß gewisse Lösungen erst möglich geworden sind, nachdem der Stand der Technik eine bestimmte Entwicklung erreicht hat. Und daß dieser Stand in 60 Jahren vielleicht Lösungen ermöglicht oder gar aufzwingt, an die wir heute alle noch nicht denken. Deswegen kann und soll sich die Planung auch nur auf

[a] Lesevorschlag; im Original ist die Zeile durch Seitenwechsel verloren gegangen.

wirklich große Gesichtspunkte beschränken. Denn die Folgen jeder Planung, die durchführbar sein soll, müssen auch auf ihre Wirtschaftlichkeit wohl erwogen werden.

Ich unterstelle eine Höchstmöglichkeit, den Wiederaufbau zum Anlaß einer umfassenden Neuordnung zu machen. Immer bleibt er gleichzeitig eine Aufgabe, für deren Lösung nur die Mittel der Gegenwartstechnik zur Verfügung stehen und die angesichts ihrer Größe und der ungeheuerlichen Kriegsverschuldung nur mit den wirtschaftlichsten Mitteln durchgeführt werden kann.

[9, 10. Was ist wieder aufzubauen? a) Wohnraum; b) Geschäfts- und Betriebsanlagen (Branchen); c) öffentliche Anlagen der Versorgung; d) öffentliche Anlagen des Verkehrs; e) öffentliche Anlagen der Verwaltung; f) öffentliche Anlagen der Kulturpflege; g) öffentliche Anlagen der Gesundheitspflege; h) öffentliche Anlagen der Erholung und Entspannung; i) Repräsentative Gemeinschaftsanlagen; k)? Ist eine Rangordnung der genannten Anlagen (Branchen) festzulegen?]

Zu 9: Ich habe der Aufzählung nur noch hinzuzufügen die Anlagen, die der Wohlfahrtspflege, also der gegenseitigen Hilfeleistung und religiösen Bedürfnissen dienen.

Zu 10: Für den ersten Teil der Wiederaufbau-Periode ist eine Rangordnung festzulegen. Denn in ihr sind nicht nur bestimmte Bedürfnisse besonders drängend, sondern sie wird auch durch Mangel und Unzulänglichkeiten aller Art gekennzeichnet sein. Es wäre auch psychologisch für die Volksgenossen unerträglich, wenn sie sehen würden, daß eine repräsentative Gemeinschaftsanlage in Angriff genommen wird, solange nicht die Wiederherstellung des Wohnraumes in vollem Gange ist. Endlich ermöglicht in dieser Periode des Mangels die Rangordnung dem Reichskommissar für Preisbildung seine Aufgabe. Ohne diese Rangordnung würde er einer Jagd aller Interessenten nach Baustoffen und Arbeitskräften sich gegenübersehen, die ihm die Aufrechterhaltung stabiler Preise sehr bald zur Unmöglichkeit machen würde. Wurden doch bereits vor sechs Monaten für 1000 Ziegelsteine außerhalb des normalen Marktes, auf dem keine zu haben waren, 120 bis 140 RM anstelle von 24 bis 30 RM gezahlt. Für sonstige Baustoffe lagen die schwarzen Preise noch höher und wurden gerne gewährt. Mit dem Kriegsende geht auch eine Änderung in der psychischen Haltung des Volkes diesen Fragen gegenüber vor sich. Einem Staate, der nicht alles täte, um das dringendste Bedürfnis zunächst zu decken, würde man gerne ein Schnippchen schlagen. Und da dabei beide Teile, Käufer und Verkäufer, ihr Interesse erfüllt sehen, so werden nur sehr wenige solcher Fälle zur Kenntnis der Behörde kommen.

Als sachliche Rangordnung schlage ich folgende vor:

a) Die Erstellung von Wohnraum im Wege des Wiederaufbaues ist den Interessenten restlos freizugeben, sofern die Zerstörung unter 50 % des Gebäudewertes bleibt. Zuständig für die Genehmigung ist ausschließlich die Baupolizei in der betreffenden Gemeinde. Diese hat hierbei die Möglichkeit, raumordnende und städtebauliche Interessen durchzusetzen. Deswegen ist es wichtig, daß sie bis dahin die Raumordnungspläne des Reiches und ihres Gaues kennen und im Besitze ordnender Richtlinien sind. In dem Maße ihrer Neuordnungen werden sie sich ebensosehr durch wirtschaftliche Erwägungen wie durch die Notwendigkeit leiten lassen, so schnell und so viele Wohnungen wie möglich zu schaffen. Je größer die Gemeinde, um so mehr Möglichkeiten zu Neuordnungen werden sich hier ergeben. Denn eine große Gemeinde kann die Wiederaufbauarbeit zunächst in die Bezirke lenken, in denen nichts Wesentliches zu ändern ist. Und sie denjenigen Bezirken zunächst noch fernhalten, die größerer Vorarbeiten bedürfen. Es ist zu Beginn des Wiederaufbaues nicht notwendig, Großstädten besondere Beschränkungen aufzuerlegen. Denn erst etwa vom dritten Jahre ab werden diejenigen Maßnahmen einsetzen und einzusetzen brauchen, die der Größenentwicklung einer Stadt den Riegel vorschieben sollen. Bis dahin ist der Hauptgesichtspunkt, Wohnungen zu bauen. Die Baupolizeibehörden müssen rechtzeitig Mitteilung erhalten, mit welchen Baustoffquoten sie rechnen können. Wenn sie die Genehmigung erteilen, so haben sie damit auch die Genehmigung zum Bezug der erforderlichen Baustoffe gegeben. Denn für die Interessenten muß das Verfahren so einfach wie möglich geordnet werden.

b) In gleicher Rangordnung mit dem Wohnraum stehen die Wiederaufbauten von Geschäfts- und Betriebsanlagen mit der Maßgabe, daß die Wiederaufbauträger für möglichst schnelle Schaffung zusätzlicher Arbeitsplätze verantwortlich sind, d.h. ein nach der Zerstörung geschaffenes Provisorium, das die Weiterführung des Betriebes ermöglicht, muß noch weiter aufrechterhalten werden, um zunächst die überhaupt ausgefallenen Arbeitsstätten wieder zu ersetzen. Aber für die Arbeitsstätten muß von vornherein ein planender Einfluß des Reiches vorbehalten bleiben. Deswegen ist die Genehmigung zum Wiederaufbau nur in Gemeinden bis 100.000 Einwohnern in die Hände der Baupolizei zu legen; für Gemeinden von 100.000 bis 300.000 Einwohner müssen die Baupolizeibehörden die Genehmigung des Reichsstatthalters einholen. Dieser kann das Verfahren durch den Erlaß von Richtlinien vereinfachen, in denen er z. B. die Wiederherstellung kleiner Arbeitsstätten freigibt. Für Gemeinden über 300.000 Einwohner soll die Errichtung von Betriebsstätten, die mehr als 500 Arbeiter beschäftigen, dem Reiche vorbehalten bleiben. Im Gegensatz zu dem Verfahren für den Wiederaufbau von Wohnungen muß der Wiederaufbau von Arbeitsstätten von Anfang an solchen Begrenzungen unterworfen werden. Im übrigen gilt auch hier, daß die Genehmigung der Baupolizei die Genehmigung zum Bezug von Baustoffen mit einschließen.

c) Im gleichen Rang mit a) und b) sind die der Inganghaltung des Verkehrs dienenden Einrichtungen wieder aufzubauen. Ich wähle mit Vorbedacht diese Formulierung. Es ist durchaus nicht möglich, daß jedes zerstörte Bahnhofsgebäude vordringlich wieder aufgebaut wird. Im Gegenteil, wir werden hier lange auf den einfachsten Stand abstoppen können, ohne daß deswegen eine einzige Personen- oder Güterbeförderung zu unterbleiben braucht oder eine Verzögerung erleidet.

Wir haben alle diese Einrichtungen in der Vergangenheit sehr üppig ausgestattet. Wir hätten gleich nach dem Ersten Weltkriege daran denken müssen, daß die Versorgung des Volkes mit gesunden Wohnungen und behaglichem Hausrat viel wichtiger ist, als luxuriöse Bahnhofsgebäude, in denen man Fahrkarten löst und gelegentlich auf einen Zug wartet. Die Anlagen, die dazu notwendig sind, um das Verkehrswesen wieder auf den Stand der Leistung zu bringen, den gerade der Wiederaufbau in Güterbewegungen und Personenversorgung erfordert, müssen, ob es technische Anlagen sind, Lokomotiven oder Waggons, sofort wieder hergestellt werden. Auch dabei wird eine verständige Verkehrsverwaltung Unterschiede machen und ein Provisorium, das noch zwei Jahre seinen Dienst erfüllen kann, einstweilen zurückstellen. Denn es wird Wiederaufbauarbeiten geben, deren sofortige Inangriffnahme solchen noch haltbaren Zuständen gegenüber für den Ablauf der Wirtschaft unerläßlich sind.

d) In den zweiten Rang gehören die Anlagen, die der Aufrechterhaltung der Versorgung der Bevölkerung mit Wasser, Gas und elektrischem Strom sowie der Wiederherstellung des Nachrichtennetzes dienen. Auch das letztere ist wirtschaftswichtig. Denn durch die Abschaltung von Fernsprechanschlüssen aus Gründen aller Art wird heute viel Zeit unnütz vertan, die sonst mit Leistungen ausgefüllt werden könnte. Auch hier gilt aber das gleiche wie für den Wiederaufbau der Verkehrseinrichtungen. Es kommt auf die wesentlichen Einrichtungen und nicht auf die äußere Aufmachung an.

e) Der dritte Platz gebührt dem Wiederaufbau der Erziehungseinrichtungen. Nachdem der Mensch satt und gewärmt ist, kann er wieder an eine ruhige und planmäßige Erziehung der Jugend gehen. Voranzustellen sind die Schulen, die der Erziehung bis zum 18. Lebensjahr dienen sowie eine bestimmte Zahl von Universitäten. Deren Gesamtzahl wird bei dieser Gelegenheit erheblich einzuschränken sein, wenn man sich nicht dazu entschließen will, eine größere Zahl kleinerer Universitäten zu halten. Das hängt davon ab, in welchem Umfange die wissenschaftlichen Forschungsinstitute, deren eine Universität nicht entraten kann, bestehen geblieben sind. Die noch vorhandenen müssen den Kern des ersten Wiederaufbaues der Universitäten bilden, damit wir möglichst schnell wieder zu einem geordneten Hochschulstudium kommen. Im ganzen ist aber der Wiederaufbau auf eine wesentlich kleinere Zahl von Studierenden zuzuschneiden. Wir müssen bewußt der Überschätzung der akademischen Bildung entgegenwirken; denn in ihr liegt gleichzeitig eine Unterschätzung anderer Berufe, sondern auch anderer Bildungsmöglichkeiten, die vollkommen unangebracht ist. Den verderblichen Einfluß schnell fortschreitender Akademisierung eines Volkes habe ich in USA gesehen, wo eine erschreckende Abneigung gegen schaffende Berufe Platz gegriffen hat. Die Folge ist, daß Akademiker schließlich doch aus Not zu Berufen gedrängt werden, denen sie aus Neigung sich nicht hingeben würden. Beim Wiederaufbau der Universitäten ist ferner zu prüfen, ob sie nicht grundsätzlich mit den technischen Hochschulen vereinigt werden sollen. Nach meinen Erfahrungen sprechen alle sachlichen und psychologischen Erwägungen dafür, die von Kaiser Wilhelm II. durchgesetzte Trennung wieder zu beseitigen und zu Hochschulen zu kommen, die alle akademischen Lehrzweige umfassen.

Umfang des Wiederaufbaues, Notwendigkeit der mit Stoffen und Arbeitskräften haushälterisch umzugehen und erzieherische Überlegungen werden dazu führen, bei dem Wiederaufbau der Schulen die gebotene Einfachheit walten zu lassen.

f) Sodann kommen die Anlagen, die der Gesundheitspflege dienen. Hier ist ja die Möglichkeit gegeben, eine ganze Zeit lang mit Baracken auszukommen, wie das im Felde im großen Umfange möglich und erträglich war.

g) Es folgen die der Wohlfahrtspflege dienenden Einrichtungen und mit ihnen auf gleicher Stufe der Wiederaufbau der Verwaltungsanlagen. Aus drei Gründen muß die Verwaltung mit ihren Ansprüchen sich im Hintergrunde halten. Einmal aus psychologischen; nach dem ersten Weltkrieg wurde vielfach der Fehler gemacht, neue Verwaltungsgebäude zu errichten oder alte zu modernisieren, während ein erheblicher Teil der Bevölkerung noch in Notwohnungen, Baracken und Asylen hausen mußten. Dieses Mal muß es also umgekehrt gemacht werden. Der zweite Grund wird dadurch aufgezwungen, daß die endgültige Standortswahl für bestimmte Verwaltungen erst im Laufe des Wiederaufbaues getroffen werden kann. Und der dritte Grund ergibt sich aus der Notwendigkeit, den gesamten öffentlichen Verwaltungsapparat rücksichtslos zu verkleinern. Wir brauchen in erster Linie, in zweiter Linie und in dritter Linie produktiv schaffende Menschen, deren gemeinschaftliche Angelegenheiten von so wenig Kräften wie irgend möglich erfüllt werden müssen. Das ergibt sich ja schon aus der ungeheuerlichen Aufgabe, neben dem Wiederaufbau auch noch eine Schuldenlast von 500 Milliarden, wenn auch langsam, wieder abzutragen und aus der ebenso schweren Aufgabe, die Opfer zweier Weltkriege angemessen zu versorgen. Das geschieht nicht durch Verwaltungstätigkeit, sondern durch Schaffung von Werten aller Art.

h) Was Kasernen und Flugplätze betrifft, die jetzt an die Reihe kämen, entsprechend der dem Kriege folgenden militärischen Entspannung, so ist es schwer, jetzt schon ein Urteil abzugeben, zu welchem Zeitpunkte und in welchem Umfange die Wiederaufbauarbeiten einsetzen müssen. Wenn der Krieg so endet, daß wir im Westen abrücken können, um im Osten Rußland wieder zurückzuwerfen, so reichen die in Deutschland vorhandenen Bauten militärischer Art vollkommen aus. Denn dann wird noch auf längere Zeit ein erheblicher Teil der unter den Waffen zu haltenden Soldaten sich außerhalb der deutschen Reichsgrenzen befinden. Der Wiederaufbau von Anlagen dieser Art wird sich also, wenn man in die Zukunft blicken kann, auf das Westgebiet des Reiches und auf Ostpreußen beschränken.

i) Endlich folgen die Anlagen, die der Kulturpflege dienen, wie z.B. das Gewandhaus in Leipzig und die Theater. Ich habe Provisorien gesehen, die jahrelang aufrechterhalten werden können. Es gibt Intendanten, die darin Meister sind. So wurde in Leipzig mit einem Aufwand von 150.000 RM aus dem großen Saal eines Gasthauses ein Schauspielraum geschaffen, in dem 800 Zuschauer Platz haben.

Auch die Oper ist in einem großen Saal untergebracht. Selbstverständlich sind dadurch keine idealen Zustände geschaffen, aber Leiter, Künstler und Publikum sind darin einig, daß die Qualität der persönlichen Leistung auf der Bühne durch die Vereinfachung des äußeren Rahmens eher gehoben als gesenkt ist.

j) Die repräsentativen Gemeinschaftsanlagen gehören selbstverständlich an die letzte Stelle. Ich brauche diese Rangordnung wohl nicht zu begründen. Die Repräsentation richtet sich nach der Wirtschaftskraft eines Volkes. Zunächst müssen seine primitiven Lebensmöglichkeiten und dann diejenigen Verfeinerungen wieder hergestellt werden, die der Erhöhung der Leistungsfähigkeit dienen. Wenn das geschehen ist, wird sich übersehen lassen, was das deutsche Volk neben seinen anderen Aufgaben nach zwei Weltkriegen innerhalb 30 Jahren, von denen der erste mit allen Folgen etwa 400 Milliarden RM gekostet hat und der zweite nicht unter 1.000 Milliarden bleiben wird,[8] für repräsentative Anlagen aller Art leisten kann.

[11. Ist grundsätzlich *am alten Ort* – nach den Grundzügen des *bisherigen* Planes und Zustandes wieder aufzubauen?]

Zu 11: Grundsätzlich ist am alten Ort wieder aufzubauen und dabei an den Grundlagen des bisherigen Planes nicht vorbeizugehen. Diesen Grundsatz muß man in dieser Begrenzung aufstellen. Er ist unerläßlich, weil in dem Straßennetz am alten Ort außerordentlich hohe Werte an Leitungen aller Art verkörpert sind. Vielfach handelt es sich dabei um Material, das wie Kupfer, Blei und Isolierung bis in das zweite Wiederaufbaujahr knapp sein wird und das überhaupt so wertvoll ist, daß man es ausbauen und an anderen Stellen wieder verwenden müßte. Ich kann nur das oben Gesagte wiederholen: Der Umfang des Wiederaufbaues und der nach dem Kriegsende zu bewältigenden Aufgaben werden einfach dazu zwingen, alle noch ausnutzbaren Werte im Wiederaufbau zu verwenden. Aber dieser Grundsatz hat seine Begrenzung. Wenn z.B. am alten Ort auch das Straßennetz mit seinen Einrichtungen zu mehr als 75 % zerstört sein sollte, dann ist die Frage aufzuwerfen, ob der Aufbau an einem anderen Orte letzten Endes nicht wirtschaftlicher ist. Dabei ist natürlich auch zu berücksichtigen, daß bei einem Wechsel des Ortes die Trümmer nicht zur Verfügung stehen, die der alte Ort bietet und daß die Trümmer des alten Ortes zumindest allmählich beseitigt werden müs-

[8] Es ist nicht eindeutig zu klären, was Goerdeler mit „allen Folgen“ meint; Kriegsfolgeschäden sind kaum eindeutig aufzuschlüsseln. In den deutschen Statistiken wird die öffentliche Reichsschuld nach dem Ersten Weltkrieg mit rund 156 Milliarden, nach dem Zweiten Weltkrieg mit rund 380 Milliarden RM angegeben (vgl. Statistisches Handbuch, S. 554; Keesing's Archiv 1945, S. 480; Horkenbach, Das Deutsche Reich, Bd. 1, S. 627). An Sachschäden infolge des Zweiten Weltkriegs gibt Karlsch einen Wert von 57,23 Milliarden RM an – der Posten umfasst industrielle und landwirtschaftliche Zerstörungen sowie Schäden im Verkehrswesen, Wohnungs- und öffentlichen Bauten. Vgl. Rainer Karlsch: Kriegszerstörungen und Reparationslasten, in: Hans-Erich Volkmann (Hg.): Ende des Dritten Reiches – Ende des Zweiten Weltkriegs. Eine perspektivische Rückschau, München 1995, S. 525-556.

sen. Ich vermute daher, daß eine nähere Nachprüfung zur Entscheidung führen wird, daß man am alten Ort mit dem Wiederaufbau beginnen muß. Vielleicht ergeben sich hin und wieder im Westraum des Reiches organische Zusammenlegungsmöglichkeiten. Wenn die neue Siedlung damit innerhalb der gewünschten Größenordnung bleibt.

Der bisherige Plan kann aber nur als Anhalt dienen. Wollte man ihn sklavisch nachahmen, so wären diese ganzen Betrachtungen überflüssig. Nach Richtlinien des Reiches ist daher in jeder Gemeinde vor dem Wiederaufbau der bisherige Plan in einen Idealplan umzugestalten. Wenn man von diesem eine klare Vorstellung hat, dann ist technisch und wirtschaftlich zu überprüfen, inwieweit der Wiederaufbau diesen Idealplan verwirklichen kann. Die Entscheidung wird sich nach verschiedenen Gesichtspunkten richten. Sie würde das Reich vor eine nicht zu bewältigende Aufgabe und Aufwendung stellen, wenn es sich selbst zum Träger des Wiederaufbaues machen würde. Es darf daher nur sein Ordner und Lenker werden und den Ausgleich übernehmen, wenn die Aufbauträger die Last nicht tragen können. Wenn aber die Interessenten selbst den Wiederaufbau tragen müssen, dann wird sich dem Idealplan des Wiederaufbaues die wirtschaftliche Verantwortung der Interessenten entgegenstellen. Daraus wird sich in einer verantwortlich geleiteten Gemeinde unter breitester Mitwirkung der Gemeinderäte und der Öffentlichkeit die Lösung ergeben, die dem Idealplan möglichst nahe kommt, aber technisch und wirtschaftlich getragen werden kann.

An sich müßte bereits in jeder Gemeinde, die von Zerstörungen betroffen ist, an einem Idealplan gearbeitet werden. Da das aber wahrscheinlich nicht der Fall sein wird, empfehle ich, daß der Reichsminister des Innern die Gemeinden möglichst bald in einem Erlaß auf diese Notwendigkeit aufmerksam macht; es wäre erwünscht, wenn der Erlaß bereits auch die ersten Richtlinien, die ich oben erwähnte, enthielten. Warnen muß ich davor, Reichsbeauftragte zur Ausarbeitung von Stadtbauplänen zu entsenden. Die deutsche Gemeinde muß armselig sein, die hierbei nicht aus eigenem Verantwortungsbewußtsein das bestmögliche tut. Zumindest sollte den Gemeinden freigestellt werden, besondere Wiederaufbausachverständige vom Reiche zu erbitten. Viel wichtiger ist, die Gemeinden sobald wie möglich mit einem Reichsbaupolizeigesetz mit den mehrfach erwähnten Richtlinien und mit den später noch zu behandelnden Ermächtigungen zu versehen, damit sie handeln können. Auf diese Arbeit muß sich das Reich konzentrieren. Sie muß nach meiner Überzeugung in den nächsten Monaten mit einem greifbaren Ergebnis abgeschlossen sein, damit die Gaue, Kreise und Gemeinden rechtzeitig auf Grund zuverlässiger Unterlagen an ihre Aufgaben gehen können und bei Kriegsende bereitstehen, sofort mit dem Wiederaufbau zu beginnen; sonst müssen sie sich dann in kostspielige Provisorien verlieren.

[12. In welchem Umfang und unter welchen Voraussetzungen ist der Wiederaufbau am alten Ort wirtschaftlich?]

Zu 12: Wie ich schon in der Ziffer 11) angedeutet habe, wird in der überwältigenden Zahl der Fälle der Wiederaufbau am alten Ort wirtschaftlich sein, wenn man die Kosten dieses Wiederaufbaues mit denen eines Aufbaues an einem neuen Ort vergleicht. Denn am alten Ort werden sich in Straßen, in unzerstörten Gebäuden, in halbzerstörten, in noch benutzbaren Kellergeschossen, ja selbst in den verwertbaren Trümmern eben noch Stoffe und Arbeitsleistungen vorfinden, die man an einem neuen Orte erst wieder aufwenden müßte. Nur im Falle der Totalzerstörung eines Ortes einschließlich seiner Straßen kann die Rechnung anders ausfallen.

Man muß aber die Frage der Wirtschaftlichkeit auch noch nach dem gesamtwirtschaftlichen Ergebnis betrachten. Wenn ich z.B. an die fast totale Zerstörung des Stadtteils Barmen und eines Teiles des Stadtteils Elberfeld im Wuppertal denke, so würde ich, für den Aufbau dieser Gemeinden verantwortlich, jedoch verschiedentlich Fragen hinsichtlich des Standortes vorlegen.[9] Das enge Wuppertal bot der Großstadtentwicklung ganz außerordentlich ungünstige Möglichkeiten. Die Bergstraßen waren kostspielig und beanspruchten einen hohen Verbrauch von Zugkräften für alle Transporte. Die Verkehrsverbindung zwischen den verschiedenen Stadtteilen machte von Tal zu Berg und umgekehrt sowohl im Bau wie im Betriebe außerordentliche Kosten. Entstanden sind diese Städte aus der dort vorherrschenden Beschäftigung der Bevölkerung. Seit Jahrhunderten wurden in der Wupper Faserstoffe gebleicht und aufbereitet und dann zu Geweben aller Art verarbeitet. Der Wupperlauf wurde zum Betriebe von technischen Einrichtungen aller Art benutzt. Dann kam die industrielle Entwicklung. Die Industrie fand es sehr einfach und wirtschaftlich, die Wupper zu benutzen, um die Dampfkessel mit Wasser zu versorgen und die industriellen Abwässer, die gerade in der Spinnstoffwirtschaft sehr umfangreich sind, in sie abzuleiten. Aus dieser technischen Entwicklung ging die Farbenindustrie hervor, die zunächst künstliche Farben zum Färben von Textilstoffen herstellte. Sie nutzte den Wupperlauf, um die besonders schädlichen chemischen Abwässer wegzuführen. Erst als diese Entwicklung zu unerträglichen Verhältnissen führte, verstand sich die I.G.-Farben-Industrie zur Verlegung ihrer Werke aus Elberfeld und Barmen nach Leverkusen in die Nähe des Rheins. Den letzten Teil dieser Entwicklung habe ich selbst mitgemacht. Immer war es also der Flußlauf, der den Anziehungspunkt bildete. Da es sich um das regenreichste Gebiet Deutschlands handelt, führte sie auch immer genügend Wasser. Nun hat die technische Entwicklung die Wupper entbehrlich gemacht, und inzwischen hat die Hygiene festgestellt, daß die Benutzung von Flüssen zur Abwasserbeseitigung ungewöhnlich schädlich ist und manche wirtschaftlichen Werte zerstört. Damit sind diese Gründe, die zur Großstadtentwicklung im Wuppertal

[9] Wuppertal war im Zweiten Weltkrieg zu 45 % zerstört worden; dieser Zerstörungsgrad war im Vergleich zu Städten des angrenzenden Ruhrgebiets relativ gering. Vgl. das Schaubild bei Christoph Kleßmann: Die doppelte Staatsgründung. Deutsche Geschichte 1945–1955, 5., überarb. u. erw. Aufl. Bonn 1991, S. 354.

Veranlassung gegeben haben, weggefallen. Verblieben ist die Tradition, die die Bevölkerung vornehmlich an die Textilindustrie bindet. Geblieben sind Eigentumsverhältnisse an Grund und Boden, die vielen dort Geborenen heilig sein werden; geblieben sind die seelischen Bindungen an die Heimat, die auch ihren großen staatspolitischen Wert haben. Eingetreten ist eine Verminderung der werktätigen Bevölkerung durch Kriegsverluste aller Art und durch solche Wegzüge, die schließlich doch zu einem dauernden Wohnsitzwechsel führen. Eine Prüfung, die sich auf einwandfreie und sorgfältige Feststellungen an Ort und Stelle beziehen müßte, könnte also sehr wohl dazu führen, eine sehr großzügige Verlagerung des Standorts dieser Stadt auf die Höhe oder in das breitere Untertal der Wupper oder gar eine sehr großzügige Umsiedlung der Bevölkerung in eine Reihe von kleineren Städten ins Auge zu fassen. Dabei denke ich an Städte, die sich, um das Heimatgefühl zu schonen, in der Nähe der bisherigen Wupperstadt entwickeln müßten. Eine Reihe von kleinen Städten und Dörfern könnten die Kristallisationspunkte abgeben.

Diese großzügige Verlagerung ist natürlich schon wegen des damit verbundenen Straßenbaues sehr viel kostspieliger, als der Wiederaufbau am alten Ort. Unter kostspieliger bitte ich immer zu verstehen einen größeren Aufwand an Leistungen aller Art. Erst wenn wir uns abgewöhnen, immer in Geld zu denken, werden wir lernen, wie notwendig es ist zu sparen; denn in der Nachkriegszeit werden wir alle Leistungen und Stoffe, die ja auch ihrerseits wieder das Ergebnis von Leistungen sind, dringend für die Schaffung der lebensnotwendigen Güter benötigen. Aber in einem solchen Falle muß auch berechnet werden, was in einer zweckmäßiger gelegenen Stadt an täglichen Unkosten für den einzelnen und in der Bewältigung der Gemeinschaftsaufgaben gespart wird. Führt diese Rechnung dazu, daß die Ersparnis erheblich ist, so daß man in etwa zwei Generationen den jetzigen Mehraufwand beim Wiederaufbau herauswirtschaftet, dann ist, wenn irgend möglich, die großzügige neue Lösung auszufahren. Dieses Ergebnis kann wie gesagt erst auf Grund einer gründlichen Durchprüfung mit genügender Gewissenhaftigkeit festgestellt werden. Deswegen ist es aber auch notwendig, daß die Gemeinden und ihre Leiter mit einer unbändigen Tatkraft und aus eigener Initiative an diese Aufgaben herantreten, u[nd] zw[ar] schon jetzt. Denn dieses Beispiel beweist, wie rechtzeitig diese Vorarbeiten in Angriff genommen werden müssen, damit man im gleichen Augenblick an die praktische Arbeit gehen kann, in dem die Wiederaufbauarbeit beginnt.

[12a. Grenzen der Instandsetzung?]

Zu 12a: Eigentlich geht schon aus meiner Antwort zu 12) hervor, daß der Instandsetzung kaum irgendwelche wirtschaftlichen Grenzen gesetzt sind, wenn man an das einzelne Objekt denkt. Irgend etwas Verwertbares, dessen Verwendung neue Leistungen gleicher Art erspart, wird fast in jedem Falle vorhanden sein. Und wenn es nur der Erdaushub für die Fundamente und die Anschlußstutzen für die verschiedenen Hausversorgungsleitungen sind. Ja selbst die Trümmer stellen, richtig bearbeitet, noch einen wieder verwendbaren Wert dar. Am einzelnen Objekt kann der Wiederaufbau also nur die aus dem örtlichen Baupolizeirecht sich ergebenden Grenzen finden. In allen unseren Städten standen und stehen ja Bauwerke, die mit den heutigen Baupolizeivorschriften nicht übereinstimmen und die neu nicht gebaut werden dürfen. Ihre Wiederherstellung dürfte nach dem alten Plane überhaupt nicht mehr gestattet werden, es sei denn, daß der Zerstörungsfaktor 25 % nicht überschreitet. In den Grenzen zwischen 25 und 50 % ist eine besondere Genehmigung der zuständigen Baupolizei erforderlich, die nur erteilt werden darf, wenn ein dem Baupolizeirecht entsprechender Wiederaufbau überhaupt nicht oder nur mit unverhältnismäßigen Mehraufwendungen durchführbar ist, und die nicht erteilt werden darf, wenn das betreffende Objekt in den Rahmen eines zur Ausführung vorgesehenen neuen Planes fällt, also in einem Gebiet liegt, das grundsätzlich nach einem neuen Plan wieder aufgebaut werden soll. Der letztere und die Entscheidung, ihn auszufahren, steht dem Wiederaufbau der in sein Gebiet fallenden Einzelobjekte endgültig hemmend entgegen. Welche Folgerungen rechtlicher Art sich daraus ergeben, werde ich bei der Ziffer [35f.] erörtern.

[13. Ist eine grundsätzliche Wandlung der bisherigen städtebaulichen Entwicklungslinien erforderlich? a) aus wirtschaftlichen Gründen? b) aus architektonischen Gründen? c) aus volksbiologischen Gründen? d) aus Gründen der Luftkriegstechnik?]

Zu 13: Eine grundsätzliche Wandlung der bisherigen städtebaulichen Entwicklungslinien ist nicht erforderlich, wohl aber eine Betonung und Ordnung der verschiedenen beim Wiederaufbau zu berücksichtigenden Punkte.

In den Vordergrund sind die wirtschaftlich technischen Gründe zu stellen. Denn der Umfang der Wiederaufbauarbeit im Verhältnis zu den zur Verfügung stehenden Leistungskräften wird so gewaltig sein, daß sich diese wirtschaftlichen und technischen Gesichtspunkte von selbst in den Vordergrund schieben werden. Immer wieder wird es sich darum handeln, mit dem geringsten Verlust von Zeit und dem wirtschaftlichsten Aufwand an Stoffen und Kräften wieder Wohnungen und Arbeitsstätten zu schaffen. Selbstverständlich ist die Betonung des architektonischen Gesichtspunktes. Selbst kleine Gemeinden haben in den beiden letzten Jahrzehnten auf städtebauliche Wirkung, auf Zweckmäßigkeit und Schönheit im Stadtbilde Wert gelegt. Es wäre nicht notwendig, sie daran zu erinnern. Aber da ohnehin, wie mehrfach erwähnt, Richtlinien erforderlich sind, so muß in ihnen auch auf dem architektonischen Gehalt des Wiederaufbaues hingewiesen werden.

Die Volksbiologie spielt in Literatur und Praxis des Städtebaues schon seit mindestens drei Jahrzehnten eine steigende und schließlich entscheidende Rolle. Insofern ist eine Wandlung nicht erforderlich, ein Hinweis in den Richtlinien aber der Vollständigkeit halber unerläßlich.

Weshalb der Luftkriegstechnik und der allgemeinen Kriegstechnik keine besondere, jedenfalls keine besonders betonte Berücksichtigung zuzuerkennen ist, werde ich bei den folgenden Ziffern darlegen.

[13c. Wie weit ist die aus volksbiologischen und psychologischen Gründen geforderte Auflockerung zu treiben? Genügen öffentliche Freiflächen zwischen den Wohnblocks? Sind Massenmiethäuser grundsätzlich zu beschränken? oder zu verbieten? Können die aus wirtschaftlichen Gründen gegen die Auflockerung gemachten Einwände (Erhöhung des Versorgungs-, Verkehrs- und Verwaltungsbedarfs) bei einer Abwägung das Übergewicht verlangen?]

Zu 13c: Das theoretische Ideal wäre es, wenn jeder Deutsche in einem eigenen Häuschen mit eigenem Garten an ruhiger Straße nahe den Hauptverkehrslinien wohnen und seine Berufsstätte sowie Läden und Handwerkstuben in nächster Nähe hätte. Ich nenne dieses Ideal nicht nur deshalb theoretisch, weil es in größeren Gemeinden zu einer gewaltigen Ausdehnung des Gemeindegebietes zwingen würde; sondern auch deshalb, weil es vom subjektiven Gesichtspunkt aus theoretisch ist. Es gibt nämlich sehr viele Menschen, die dieses Ideal sich gar nicht wünschen, sondern lieber in einem großen Miethause wohnen, die einen, weil sie die Gartenarbeit scheuen, die anderen, weil sie die Geselligkeit lieben, die dritten, weil sie furchtsam sind, die vierten, weil im großen Hause manche Einrichtungen vorhanden sind, ohne daß sich die Mieter um ihre Instandhaltung zu kümmern haben usw. Ich habe in Leipzig, zunächst gegen sehr starken Widerstand der marxistischen Partei, später auch mit großen Anfangsbedenken der NSDAP, schließlich aber mit Zustimmung aller, Kleinsiedlungspolitik im größten Maßstäbe betrieben.[10]

In der Stadt gab es etwa 150.000 selbständige Haushaltungen, die theoretisch für solche Kleinsiedlungen in Betracht kamen. Ich bemerke, daß die Kleinsiedlungshäuser mit einer Monatsmiete zwischen 20 und 26 RM in 23 Jahren in das Eigentum der Siedler übergehen und daß zu jedem Häuschen etwa 900 m^2 nutzbare Gartenfläche gehören. Immer wieder wurde in der Öffentlichkeit zu Meldungen aufgefordert. Allmählich hatte die Bevölkerung auch Gelegenheit, die überall an den Stadträndern entstandenen Siedlungen zu sehen und sich ein eigenes Urteil zu bilden. Ich nahm auch Verbindung mit der Großindustrie auf, um auch sie zur Mitwirkung bei der Errichtung solcher Siedlungen für ihre Gefolgschaften zu gewinnen. Das Gesamtergebnis war überraschend. Von 1930 bis 1936 hatten sich von den 150.000 in Betracht kommenden Familien rund 8000, also noch nicht einmal 5 Prozent zur Siedlung gemeldet. Davon waren bis 1936 etwa 5000 gesiedelt. Von diesen war nur 1 Prozent dem Siedlungsgedanken untreu geworden oder hatte sich während der Siedlungszeit als ungeeignet erwiesen. Aus diesem Ergebnis in einer sehr siedlungsfreudigen Stadt, deren Bevölkerung außerdem durch eine achtzigjährige Tradition ausgedehnte Schrebergartenanlagen gepflegt hat,[11] ist das

---

[10] Vgl. zu Goerdelers Unterstützung der städtischen Kleinsiedlung auch S. 321, Anmerkung 11.

[11] Die Idee der Schreber- oder Kleingärten geht auf den Leipziger Mediziner und Pädagogen Daniel Gottlieb Moritz Schreber zurück, der als Leiter der orthopädischen Heilanstalt seit 1844 in Leipzig praktizierte. Schreber vertrat eine strenge Körpererziehung, als deren Bestandteil die Arbeit in den von ihm geschaffenen Kleingartenanlagen diente. Vgl. zu Schreber ADB, Bd. 32, Leipzig 1891, S. 464 f.

abzulesen, was wir für die Beantwortung der gestellten Frage brauchen. Es hat keinen Zweck, vorzeitig zu siedeln und es wäre falsch, die Flinte ins Korn zu werfen. Beim Siedeln kommt es auf Neigung und Arbeitswillen beider Ehegatten an. Diese stimmen durchaus nicht immer überein. Aber wenn der Mann seine Berufsarbeit hat, muß die Frau einen erheblichen Teil der Gartenarbeit leisten und außerdem noch die Kleintiere versehen. Das wollen durchaus nicht alle in der Großstadt aufgewachsenen Frauen. Ich bin aber der Überzeugung, daß der Nachwuchs aus den Siedlerfamilien selbst den Prozentsatz der Siedlungsfreudigen vergrößern wird. Denn die in Licht und Luft fernab dem Großstadtverkehr aufwachsenden besser ernährten Kinder, werden diese Erinnerung in ihr Leben mitnehmen. Nur läßt sich diese Entwicklung nicht erzwingen. Es wäre sogar falsch, Ehepaare, die nicht von vornherein bereit sind, auch die Schattenseiten der Kleinsiedlung in Kauf zu nehmen, zum Siedeln zu überreden; man würde dann nur den Siedlungsgedanken entwerten; denn man würde dann verwahrloste Siedlungen sehen. Ich bin fast jeden Sonntag durch alle Leipziger Siedlungen gegangen und habe kaum eine gefunden, die durch schlechte Haltung auffiel. Daraus ergeben sich die Richtlinien für den Wiederaufbau. In der kleinen Gemeinde kann die Siedlung durch einen Garten vor den Toren der Stadt ersetzt werden. Dort wird sich von selbst die richtige Streuung bilden. Um den Marktplatz herum, der in Zukunft wieder eine Rolle spielen wird, weil auf ihm sich an bestimmten Tagen der Woche Markt abspielen wird, liegen die Geschäfte und die notwendigen Unterkünfte der öffentlichen Verwaltung. Vom Marktplatz führen nach allen Richtungen die Ausfallstraßen. Zwischen ihnen werden die Wohnungen geordnet. Die großen Miethäuser um den Marktplatz herum, hie und da unterbrochen durch eine bescheidene Freifläche. Der Außenring enthält dann die Einzelwohnungen, die zumeist einen Garten haben.

In größeren Gemeinden ist das Gebiet aufgelockerter Siedlungen reichlich groß gegriffen. Wenn man dafür etwa 10 Prozent der Wohnungszahl, die die Stadt nicht überschreiten soll, auswirft. Es ist kein Grund ersichtlich, weswegen Massen-Miethäuser verboten sein sollten. Sie können mit genügenden Freiflächen so gut und gesund gebaut und ausgerichtet werden, daß diese sehr wirtschaftliche Ausnutzung des Bodens nicht abgelehnt werden darf, zumal wir in Deutschland keinen Überfluß an Boden haben. Selbstverständlich sind je nach der Höhe und dem Flächenumfang der Wohnblocks Freiflächen einzuschalten. Es ist nun gar nicht nötig, daß diese Freiflächen immer öffentliche Anlagen sind. Sie lassen sich sehr gut, zwar nicht im Kern der Stadt, aber in einiger Entfernung von ihm mit dem Gedanken des Kleingartenwesens in Verbindung bringen. Denn diese Kleingärten können, gleichzeitig von öffentlichen Wegen durchschnitten und mit Bänken versehen, den Erholungsbedürftigen, insbesondere Müttern mit Kindern nutzbar gemacht werden. Mit anderen Worten, kleine Schrebergärten eingestreut in große und hohe Wohnblocks können den wirtschaftlichen Gesichtspunkt mit dem volksbiologischen sehr gut verbinden. Dabei muß auch die Frage der Verwertung von Abwässern, die jetzt in den meisten Städten ungenutzt abfließen, gelöst werden.

Durch Einbau von kleinen Tanks mit einer elektrischen Pumpe ist dies, wie ich in Königsberg erprobt habe, möglich. Dadurch gewinnt der Boden an Fruchtbarkeit und die etwas höheren Straßenbaukosten, die vielleicht durch die Eingliederung von Schrebergärten in die Wohngebiete entstehen, werden hierdurch und durch die Einsparung besonderer Grünanlagen aufgehoben. Bei der Stadt Leipzig ist reichliches Material über diese Fragen des künftigen Stadtbildes vorhanden. Nach mehrfachen Lufterkundungen und auf Grund sorgfältigen statistischen Materials ist ein Idealbebauungsplan aufgestellt, um einen cityähnlichen Stadtkern gruppieren sich Wohn- und Geschäftsstraßen mit hohen Häuserblocks, durchsetzt von Grünanlagen, die untereinander in Verbindung stehen, so daß selbst im Innern der Stadt ein Dauergang durch Grünanlagen möglich ist und die dort Beschäftigten während der Arbeitspausen in den Anlagen Erholung finden können. An diesen Stadtring gliedern sich die Wohngebiete durchsetzt mit Schrebergärten; ihnen ist nach außen das Gebiet der Kleinsiedlungen aller Art vorgelagert. Dieses Idealbild erhält natürlich Schatten z.B. durch die das Stadtgebiet durchlaufenden Eisenbahnen und Wasserläufe. Sie sind die Kristallisationslinien für die Industrien, in deren Nähe genügend Möglichkeiten aller Art für die in ihnen Beschäftigten für Wohnzwecke geschaffen werden muß.

Ein solches Idealbild, das durch die landschaftliche Formation auch ganz anders gestaltet sein kann (man denke z. B. an Stuttgart mit seinen Flußläufen und Bergen), sollte sich jede Gemeinde, insbesondere jede Gemeinde mit Wiederaufbaunotwendigem ebenso anfertigen wie das Reich einen Idealraumplan aufstellen muß. Dann aber muß, wie mehrfach betont und am Beispiel von Wuppertal erläutert, eine präzise Übprüfung daraufhin stattfinden, in welchem Umfange dieses Idealbild durch wirtschaftliche Notwendigkeiten korrigiert wird. Ich will nicht sagen, daß die aus wirtschaftlichen Gründen gegen die Auflockerung geltend gemachten Einwände das Übergewicht verlangen, das hieße, das Kind mit dem Bade ausschütten. Aber diese wirtschaftlichen Gesichtspunkte können im Einzelfalle das Übergewicht erlangen. Das kommt darauf an, ob diese wirtschaftlichen Gesichtspunkte gewichtig sind. Beiseite geschoben werden können sie nicht angesichts der außerordentlichen Lasten, die die Kriegsschulden und das Wiederaufbauwerk einer verminderten Zahl von Deutschen neben der Fürsorge für die Kriegsopfer auferlegen. Es hat keinen Zweck, sich über die Schwere der Aufgabe und Last hinwegtäuschen zu wollen. Es ist für alle am Wiederaufbauwerk Planenden sicher ungeheuer verführerisch, alle möglichen Gründe zu finden, um nun ein Idealbild verwirklichen zu können. Aber alles ist mit Leistung zu schaffen und die Leistungskraft des deutschen Volkes wird nach diesem Kriege täglich sich vor die Frage gestellt sehen, welcher Aufgabe sie sich zuerst zuwenden soll. Ohne haushälterische Betreuung seiner Leistungskräfte und ohne haushälterischen Einsatz dieser Kräfte ist keine der Aufgaben zu lösen.

Sind also die wirtschaftlichen und technischen Erwägungen aller Art, die sich aus dem Straßenbau, aus der Verlängerung und Vergrößerung der Versorgungsleitungen und des Verkehrsnetzes ergeben können, nicht einfach beiseite zu schieben, so können sie doch nicht das Idealbild einfach ausradieren. Man muß in jedem einzelnen Falle das Ausmaß dieser unwirtschaftlichen Faktoren berechnen; man muß dabei sowohl die höheren Gegenwartsaufwendungen in Betracht ziehen, als auch eine etwaige Erhöhung der dauernd laufenden Unkosten. Man muß auch in Betracht ziehen, was dem einzelnen Gemeindebürger durch eine zu weitläufige Bebauung an dauernden Sonderlasten entsteht; das Ausmaß an Zeitverlust, Kleidungsverschleiß für eine ganze Familie kann so groß sein, daß diese Einzelbelastung zusammen mit der Erhöhung der Gemeinschaftsunkosten den Ausschlag gegen das Idealbild geben kann. Das besagt aber im Einzelfall noch nicht, daß man beim Wiederaufbau deshalb gleich in das Gegenteil zu verfallen braucht. Eine volksbiologisch erträgliche und wirtschaftlich durchführbare Lösung ergibt sich vielleicht aus einer Mittellinie. Kurz und gut, ich halte daran fest, daß die Wiederaufbauarbeit in der Gemeinde sich zwischen zwei Richtpunkten zu bewegen hat. Der eine wird durch das radikal aufzustellende, für die einzelnen Gemeinden verschiedene durch natürliche Faktoren aller Art bestimmte Idealbild festgelegt; der andere wird durch die Notwendigkeit bedingt, den Wiederaufbau so zu gestalten, daß er und die aus ihm erwachsenen Dauerlasten von der Leistungskraft des deutschen Volkes getragen werden können. Dabei hätte es keinen Zweck, ein äußerlich schönes Stadtbild hinzustellen, das aber höchst unzulängliche Wohnungen enthält. Dann wäre zu viel Leistungskraft auf jenes äußere Bild und zu wenig auf Gesundheit und Behagen der Familienwohnstätte verwandt. Die letztere aber ist nicht nur die biologische Zelle von Volk und Staat, sondern muß auch in einem Staatswesen der sozialen Gerechtigkeit allen Schaffenden gewisse Bequemlichkeit und gewisse Behaglichkeit bieten, mit anderen Worten, die Qualität der Wohnungen steht vor der Qualität des Stadtbildes und des Stadtplanes.

[13d. Welche Konsequenzen sind aus der gegenwärtigen und zu erwartenden Entwicklung der *Luftkriegstechnik* zu ziehen? Totale Bebunkerung der Bevölkerung? Weitgehende Auflockerung oder Konzentration der Wohneinheiten in Verbindung mit Bunkern (Hoch- oder Tiefbunker – Stollen)? Welche öffentlichen Anlagen und Betriebe müssen total gesichert werden?]

Zu 13d: Ich bekenne mich zu einer sehr radikalen Auffassung, die ich schon bei der Aufstellung des deutschen Luftschutzes sehr zum Unwillen seiner Vertreter öffentlich dargelegt habe. Der billigste und beste Schutz gegen Luftangriffe ist eine genügend starke eigene Luftwaffe. Diese kann dauernd auf einem Höchststand der Leistungsfähigkeit gehalten werden. Was von den Einrichtungen des passiven Luftschutzes nicht gilt. Wer hat vor 30 Jahren, vor derartige Fragen gestellt, die Entwicklung der Luftkriegstechnik voraussehen können? Wer von uns Heutigen will sagen, über welche Mittel der Zerstörung die Menschheit in 30 Jahren verfügen wird. Es können so gewaltige Zerstörungsmittel bis dahin entwickelt werden, daß eine heute mit gewaltigen Kosten errichtete Luftschutzanlage sich als vollkommen bedeutungslos erweisen kann. Es ist sogar höchstwahrscheinlich, daß es so sein wird. Denn die Bunker, die man zu Beginn des Krieges baute und damals für bombensicher hielt, sind heute zum Teil schon Mausefallen. Alle Völker stehen also vor der Entscheidung, ob sie den größten Teil ihrer Leistungskraft und damit ihres Lebens darauf verwenden wollen, sich gegen die jeweilig denkbaren Zerstörungsmöglichkeiten zu sichern, oder ob sie zugunsten des Lebensinhaltes das Risiko des Todes und der Zerstörung in Kauf nehmen. Dieses Risiko aber durch andere Maßnahmen verkleinern wollen. Zu den anderen Maßnahmen gehören einmal die schon erwähnten und sehr realen aktiven Luftkampfmittel und Vergeltungswaffen, zum anderen die in den letzten drei Jahrzehnten übermäßig zu kurz gekommenen Mittel, die sich aus der Vernunft ergeben und deren Verbreitung und Anwendung von der Vertrauensgrundlage abhängig ist. Nun geht die Geschichte der Menschheit in Wellenlinien. 30 Jahre Unvernunft, Zerstörung, Tötung, Mißbrauch der menschlichen Natur, Abkehr der Menschen von den Werten, die das Leben erfüllen sollen, bieten eine ziemlich starke Gewähr dafür, daß dieser Totalkrieg, je länger er dauert, um so sicherer eine gewaltige Sehnsucht der Völker nach wahrem und lange währendem Frieden hervorbringen wird. Aber selbst, wenn ich mich in dieser Erwartung täuschen sollte, kann ich doch nur empfehlen, sich auf jene von mir dargelegte Linie zu stellen. Ich empfehle, wohl bei der Anlage der Kellergeschosse diejenigen Rücksichten zu nehmen, die sich aus den Erfahrungen des jetzigen Krieges gebieten und wirtschaftlich durchführen läßt (Gassicherheit, Deckenfestigkeit u.a.). Ich empfehle ferner, im Stadtplan die Bunker vorzusehen, die im Falle eines Krieges vielleicht gebaut werden müssen, aber ich rate davon ab, diese Bunker schon jetzt zu bauen. Das hätte nur einen Sinn, wenn man sie dauernd durch Umbauten aller Art auf dem Stand erhalten wollte, den die fortschreitende Technik erzwingt. Das ist offenbar ausgeschlossen.

Ich kann daher auch nicht eine weitgehende Auflockerung der Bebauung empfehlen, zumal die Entwicklung der Luftminen auch die Frage aufzwingt, ob aufgelockerte Bauweise einen größeren Schutz gewährt als geschlossene. Ich empfehle, wie gesagt, eine hinreichende Zahl von Gelegenheiten vorzusehen, um Hoch- und Tiefbunker errichten zu können, wenn der Bedarf naht. Gemeinden in bergiger Lage mögen sich weiterhin in Gemeinschaftsarbeit Stollen bauen, die ja in Friedenszeiten auch für andere wirtschaftliche Zwecke (Lager) verwendet werden können und wohl noch für Jahrzehnte genügend Schutz bieten, wenn der gewachsene Boden über ihnen eine Mächtigkeit von mindestens 20 m hat.

Deshalb ist auch die Frage, welche öffentlichen Anlagen und Betriebe total gesichert sein sollen, sehr schwer zu beantworten. Legt man den Hauptton auf das Wort „total“, dann muß man die Auswahl sehr eng halten. Denn die Sicherung der Totalität des Schutzes wird in kurzen Zeitabständen immer neue Maßnahmen notwendig machen. Wenn man nicht von vornherein und auf ein sehr hohes Risiko hin mit sehr gewaltigen Schutzvorrichtungen arbeiten will. Theoretisch kommen in Betracht Gas-, Wasser- und Elektrizitätszentralen, Staudämme für große Talsperren, Krankenhäuser und Kinderheime. Diese Aufzählung beweist, daß eine umfassende Sicherung aller dieser Einrichtungen unmöglich ist; denn das würde bedeuten, daß man für die Verkokung der Kohle im Gaswerk, ja sogar die Gasometer ebenso bombensicher schützen müßte wie riesige Krankenhausanlagen. Es kann sich daher bei allen diesen Anlagen immer nur um einzelne Betriebspunkte handeln, wie deren Zerstörung den ganzen Betrieb lahmlegt und deren Wiederherstellung ungewöhnlich viel Zeit erfordern würde. Wenn diese Gefahrenpunkte in der Gas-, Wasser- und Elektrizitätsversorgung der Bevölkerung festgestellt sind, dann muß geprüft werden, ob nicht durch Einbau der gleichen Einrichtung an anderer Stelle oder durch entsprechende Lagerhaltung oder durch Vervollkommnung der Verbundwirtschaft mit sehr viel wirtschaftlicheren Aufwendungen hinreichende Vorsorge getroffen werden kann. In jeder Gemeinde wird eine nach ihrer Größe bemessene Zahl von Kranken der Krankenanstalten bombensicher untergebracht werden müssen. Die Verteilung der Krankenanstalten über das Land muß so geschehen, daß in der Nähe von Großstädten auf dem platten Lande Ausweichstellen vorhanden sein müssen. Man wird also totalzerstörte Krankenhäuser bei Großstädten nicht alle im Weichbild wiederherstellen, sondern zum Teil außerhalb desselben.

Eine besonders wichtige Frage haben in diesem Kriege die Vorkehrungen zur Löschung von Bränden gespielt. Die genügenden Wassermengen lassen sich in den meisten Fällen, sofern die Natur sie nicht zur Verfügung stellt, in kleinen Teichen bereithalten. Die Ausstattung mit Schlauchmaterial müßte allmählich vervielfacht werden. Das braucht nicht auf einmal zu geschehen, sondern kann allmählich durchgeführt werden. Eine sehr viel schwierigere Frage ist die Bereithaltung der erforderlichen Pumpen und Leitern. Sie unterliegen einer schnellen technischen Veralterung. Es handelt sich also nicht nur um die Aufwendung der ersten Anschaffung, sondern um eine dauernde Last. Hier empfehle ich folgende Lösung: Es wird wieder Aufgabe der einzelnen Gemeinde, für genügenden Feuerschutz im Frieden zu sorgen. Den kriegsmäßigen Schutz übernimmt das Gesamtvolk, also das Reich, gegebenenfalls durch Aufstellung entsprechender Feuerwehrregimenter, wie sie ja schon in diesem Kriege entstanden sind. Das Reich hat es dann in der Hand, je nach der Beurteilung der politischen Gesamtlage, diesen Schutz in sehr engen Grenzen in Bereitschaft zu halten und ihn erst bei nahenden oder erkennbar werdenden Bedarf zu verstärken, oder ihn zunächst besonders stark zu halten und allmählich abzubauen. Dabei wird das Reich sich nach der Leistungskraft des Gesamtvolkes richten müssen. Es gilt hier dasselbe wie oben zur Bunkerfrage gesagte.

[14. Erfordern wichtige Gründe eine staatliche Lenkung des *Wachstums* von Siedlungen? Gilt das nur – oder überhaupt nicht oder nur für gewisse Großstädte?]

Zu 14: Die staatliche Lenkung des Wachstums von Siedlungen wird durch wichtige Gründe gefordert. Diese sind verschiedenen Ursprungs. Einmal wäre es in sich unsinnig, Raumplanung zu betreiben, wenn man sich nicht die Möglichkeit sichern wollte, den Plan im Rahmen des wirtschaftlich Tragbaren bei passenden Gelegenheiten zu verwirklichen. Solche bieten sich bei jeder in Frage stehenden Erweiterung einer Siedlung. Sodann aber erweist die Erfahrung, daß das menschliche Geltungsbedürfnis immer wieder bessere Erkenntnisse und Grundsätze überspringt. Zu einem der naturhaftesten Geltungsbedürfnisse jeder Gemeinde gehört der Wille zum Wachsen. Jeder Bürgermeister einer Mittelstadt hat den Ehrgeiz, seine Gemeinde in die Reihe der Großstädte aufrücken zu sehen. Deswegen kann der Selbstverwaltung diese Entwicklung allein nicht überlassen bleiben. Es besteht sonst die Gefahr unsachlicher Entwicklung, die einer vernünftigen volksbiologischen Auflockerung und einer durchdachten Raumordnung zuwiderläuft. Ich bin sonst seit mehr als zwei Jahrzehnten für größte Freiheit der Selbstverwaltung eingetreten und habe auch in meiner Ausarbeitung über die Verwaltungsreform[12] aus sachlichen Gründen die Herstellung einer freien verantwortungsbewußten Selbstverwaltung auf allen Gebieten als eilig und dringend bezeichnet. Um so objektiver kann ich deswegen bei dieser Frage erklären, daß eine Beeinflussung des Wachstums der Gemeinden durch das Reich unerläßlich ist. Es würde sonst die durch den traurigen Anlaß der Zerstörungen gebotene großartige Gelegenheit raumordnenden Wiederaufbaues verpaßt werden. Diese Überwachung muß aber möglichst elastisch konstruiert werden und braucht nicht in allen Fällen Sache des Reiches zu sein. Da sich im allgemeinen die Bevölkerungszahl der Gemeinde nach der Zahl der Arbeitsstätten richtet, die in ihr vorhanden sind, so empfehle ich, die Neuerrichtung von Arbeitsstätten bestimmter Größe in Gemeinden bestimmter Größe einem besonderen Genehmigungsverfahren zu unterwerfen. Gewiß gibt es auch Gemeinden, die der Gunst der Lage, insbesondere Reizen der Natur, ihre Anziehungskraft für Wohnzwecke verdanken. Dieser Vergrößerung, die sich immer in gewissen Grenzen halten wird, ist keine Gefahr beizumessen; im Gegenteil, es pflegt sich hier im allgemeinen um Gemeinden mit besonders günstiger Gesundheitslage zu handeln, die nach Erfahrung und aus eigenem Interesse die aufgelockerte Bauweise vorschreiben.

Die von mir empfohlene Regelung würde etwa aus folgenden Sätzen bestehen: „Die Errichtung von Arbeitsstätten, in denen mehr als hundert Arbeiter beschäftigt werden sollen, bedarf der Genehmigung des Reichsstatthalters, wenn die Einwohnerzahl der Gemeinde, in der die Arbeitsstätte errichtet werden soll, hunderttausend beträgt oder überschreitet.

Die Errichtung von Arbeitsstätten, in denen mehr als 500 Arbeiter beschäftigt werden sollen, bedarf der Genehmigung des Reichsministers für Wiederaufbau und öffentliche Arbeiten, wenn die Einwohnerzahl der Gemeinde, wo die Arbeitsstätte errichten werden soll, 300.000 beträgt oder überschreitet.

Diese Vorschriften finden auf Erweiterungen schon bestehender Arbeitsstätten sinngemäße Anwendung."

---

12 S.o., Anmerkung 2.

[15. Ist der Städtebau als eine vorwiegend künstlerisch-architektonische – oder bauwirtschaftliche oder verkehrspolitische Angelegenheit anzusehen – oder ist er auch – oder überwiegend – auf den Gesamtraum – oder nur ein gewisses Einflußgebiet – oder nur die eigentliche Baufläche bezogenes soziologisches Problem?]

Zu 15: Der Städtebau ist nicht eine vorwiegend künstlerische architektonische Angelegenheit. Das würde dem Kampfcharakter des Lebens widersprechen. Der Mensch schafft sich zunächst Schutz und dann erst Schönheit. Der Städtebau ist trotzdem aber auch unter künstlerisch architektonischen Gesichtspunkten zu betrachten. Die Gründe dafür liegen auf der Hand. Der Storch baut sein Nest immer nach demselben Muster. Dem Menschen ist vom Schöpfer das Streben mitgegeben, alle Dinge um ihn herum nach ästhetischen Gesichtspunkten und vielfältig gestalten zu wollen. Die Verzerrung des Jugendstils, in der wir zu Beginn dieses Jahrhunderts standen, führte kurz vor dem Ersten Weltkriege die große Besinnung auf die Echtheit des Stoffes, die Zweckmäßigkeit der Gestaltung und die Schönheit der daraus sich ergebenden Linien herbei. Seit mehr als 30 Jahren ringen die Städtebauer selbst in den kleinen deutschen Gemeinden um eine möglichst befriedigende Vereinigung von Stoff, Zweckmäßigkeit und Schönheit und gleichzeitig um die Erzielung eines ästhetisch befriedigenden Gesamteindrucks eines Platzes, einer Straße, eines Gebäudekomplexes. Bei dem Wiederaufbau diese heute als Notwendigkeiten empfundenen Bestrebungen ausschalten zu wollen, kann wohl nicht in Betracht kommen. Ich empfehle dringend, aber nun nicht von Reichs wegen noch einen besonderen Druck hinter diese Entwicklung zu setzen. Sie ist heute selbstverständlich in allen verantwortlichen Organen einer Gemeindeverwaltung verankert. Deswegen erübrigt sich jeder erneute Hinweis selbst in Richtlinien, man würde unten nur über die Weltfremdheit oben lächeln. Jeder Einfluß des Reiches auf diese Entwicklung hat sogar die große Gefahr der Uniformierung, die geradezu ertötend wirken würde. Ich habe solche Siedlungen in Uniformen in den Pontinischen Sümpfen und in Libyen gesehen, eine wie die andere nach demselben Schema, nichts vergessen, aber auch nichts hinzu gelernt, so daß schließlich der Eindruck einer steingewordenen Ödigkeit übrig bleiben würde.[13] Vor ihr müßte der Aufbau in unserem Vaterlande bewahrt bleiben. Die Verschiedenartigkeit der deutschen Landschaft, die höchstverschiedenartige Zeitdauer der deutschen Besiedlung, die Unterschiede im Klima haben in unserem Vaterlande eine Fülle von schönen Entwicklungen gezeigt, deren jede sich neben der anderen sehen lassen

[13] In beiden Reiseberichten, sowohl aus Italien als auch aus Libyen, hatte Goerdeler den schematischen Charakter der von den Italienern angelegten Siedlungen kritisiert. Sein Fazit war: „Solche Mittelpunkte kann man nicht organisieren und künstlich schaffen; sie müssen organisch wachsen.“ Vgl. Reisebericht Italien vom 19.12.1938, S. 26 ff.; BAK, N 1113, Bd. 14 sowie Reisebericht Libyen vom Juni 1939; ebd., Bd. 15 (Zitat aus dem Reisebericht Libyen, S. 12).

kann. Gerade weil der Wiederaufbau aus überragenden wirtschaftlichen Gesichtspunkten und aus solchen der Volksbiologie einer Reichsraumordnung bedarf, sollte die Ausfüllung des Planes im einzelnen der gestaltenden Schöpferkraft der Gaue und Gemeinden sowie ihrer Berater überlassen bleiben. Sie werden gut tun, dabei Heimatpflege im besten Sinne zu treiben. Das ist notwendig, denn die Anziehungskraft Deutschlands für Deutsche und andere bestand in der Vielfalt der überlieferten Kulturdenkmäler und des Siedlungsbildes. Der Luftterror hat sie zum größten Teil zerstört. Wir können nicht wünschen, daß in Deutschland dieselbe Gleichmacherei Platz greift wie in USA und müssen beim Wiederaufbau jede Versuchung in dieser Richtung bekämpfen.

Der Wiederaufbau ist auch eine verkehrspolitische Angelegenheit. Er zwingt sowohl zur Anlehnung an leistungsfähige Verkehrsstraßen, und er darf in sich nicht geschehen, ohne die daraus erwachsenden örtlichen Verkehrsbedürfnisse einzuschätzen und auf eine möglichst wirtschaftliche technisch vollkommene Lösung zu kommen.

Alles dies anerkannt, messe ich doch dem Wiederaufbau auch eine gewaltige soziologische Bedeutung zu. Daß diese für die eigentliche Baufläche besteht und auch für die Gestaltung des gesamten Bebauungsplanes einer Stadt mit entscheidend ist, liegt auf der Hand und bedarf keiner besonderen Begründung. Aber im Zeitalter des Wiederaufbaues und einmal angefangen, für immer, ist der Städtebau auch ein bedeutsames soziologisches Problem innerhalb des Gesamtraumes. Es ist natürlich nicht so, daß das Wesen jeder einzelnen Großstadt unbegrenzt in den Gesamtraum hineinwirkt. Auch solche Großstädte gibt es, das waren bisher Berlin, München, Leipzig, Köln und Königsberg, auch Hamburg und Bremen, aber im allgemeinen ist der Einfluß der Großstadt auf ein bestimmtes Gebiet begrenzt. Wie groß dieses Gebiet ist, richtet sich nach der Bevölkerungsdichte. Die Anziehungs- und Gestaltungskraft der einzelnen Großstadt im rheinisch-westfälischen Industriegebiet, die noch zu Beginn dieses Jahrhunderts außerordentlich groß war, hat gewaltig nachgelassen, seitdem dort eine Großstadt an die andere grenzt. Die einzelne Großstadt ist dort hinter der anziehenden und gestaltenden Kraft des Ruhrsiedlungsgebietes zurückgetreten. Daraus ergibt sich, daß die soziologische Bedeutung des Städtebaues stark von der Bevölkerungsdichte abhängig ist. Man wird daher Einflußmöglichkeiten, die es gestatten, eine soziologisch richtige Lösung anzustreben und durchzufahren, sowohl den Gemeinden selbst wie auch den Gauen geben und dem Reiche vorbehalten müssen. Denn gewisse Lösungen dieses Problems gehen über die Wirkungsmöglichkeiten, ja wir wollen es ruhig so nennen, über den Horizont eines Baues hinaus. So kann die Frage der rechten Besiedlung der großen Kohlengebiete in Deutschland durch die zuständigen Gaue nicht richtig gelöst werden. Sie würden sich zum Teil durch selbstische Erwägungen und Interessen leiten lassen. Hier muß das Reich besonders wichtige soziologische Forderungen durchsetzen. Welches diese besonders wichtigen soziologischen Forderungen sind, wird sich bei der Prüfung der weiteren Fragen ergeben.

[16. Erfordert die nach 13, 13c und 15 zu treffende Entscheidung eine Begrenzung des Größenwachstums – nach Einwohnerzahl, Fläche, Betriebsdichte – der Großstädte?]

Zu 16: Die nach 13, 13c und 15 oder wegen des Landbedarfs zu treffende Entscheidung erfordert nicht eine Begrenzung des Größenwachstums der Großstädte in absoluten Zahlen, ob diese nun nach Einwohnern, nach Flächengröße oder nach Betriebsdichte festgesetzt werden würden. Für die Flächengröße lassen sich absolute Zahlen überhaupt nicht feststellen.

Die benötigte Fläche für eine bestimmte Zahl von Bewohnern ist nach Bodenart und Bodengestaltung verschieden, auf altem Kulturboden kleiner als auf Sand oder Fels. Die für eine bestimmte Betriebsdichte erforderliche Flächenzahl richtet sich nach der Art der Betriebe. Dadurch verbietet sich eine absolute Begrenzung nach diesen beiden Merkmalen. Selbst wenn man nur eine absolute Begrenzung nach der Einwohnerzahl festsetzen würde, würde man sich sehr bald vor die Notwendigkeit gestellt sehen, mit Ausnahmebewilligungen zu arbeiten. Denn wir dürfen bei aller Anerkennung raumordnender Notwendigkeiten niemals außer acht lassen, daß siedeln immer ein Ausdruck des Lebenswillens der Menschen ist und daß man diesem Willen auch gewisse Freiheiten lassen muß, damit er sich voll entfalten kann. Wenn z.B. eine Arbeitsstätte in einer Gemeinde dank der Tätigkeit des Leiters in Verbindung mit einer gerade an dem betreffenden Ort besonders wirtschaftlich sich ergebenden Grundlage wächst und durch die Vermehrung der Bevölkerung damit die Gemeinde die ihr gesetzte absolute Grenze überschreiten würde, würde man kaum dem Volksganzen dienen, wenn man die weitere organische Entwicklung verbieten würde.

Es kann sich deshalb m.E. immer nur um eine relative und elastische Begrenzung des Größenwachstums handeln. Und diese kann nur, wenn man sich nicht ins uferlose der Schattierungen verlieren will, nach der Einwohnerzahl sich richten. Welche relative Zahl man wählen will, ist schwierig überzeugend festzulegen. Man wird sich an Erfahrungen halten müssen. Ich habe in meinem Vorschlag zwei Grenzen genannt, nämlich 100.000 und 300.000. Nach meinen persönlichen Erfahrungen liegt bei der Stadt von 300.000 Einwohnern eine scharfe Grenze. Eine Stadt dieser Größe kann von dem Oberbürgermeister und seinen Mitarbeitern noch wöchentlich in allen Teilen persönlich in Augenschein genommen werden. Je größer die Stadt wird, um so größer die Zeiträume, in denen man sich einen solchen Gesamtüberblick verschaffen kann. Deswegen würde ich aber wie gesagt rein nach Erfahrung, bei 300.000 Einwohnern den dicken Strich ziehen und das Wachstum der Städte über diese Größe hinaus unter Reichskontrolle halten. Zur Entlastung des Reiches dient es, wenn schon der Reichsstatthalter bei Gemeinden über 100.000 Einwohner eine solche Überwachung vorsieht. Der Wiederaufbau muß dazu benutzt werden, um unter Ablehnung der undurchführbaren absoluten Begrenzung, die elastischen Begrenzungsmöglichkeiten wirklich wirksam zu machen. Sonst hat die ganze Raumordnung aus soziologischen Gründen nur platonischen Wert. Diese relative Begrenzung, die sich an die Zahl der Großbetriebe anlehnt (Gründe siehe oben) wird also in Zukunft folgende Wirkungen ausüben. Erstens werden die Städte über 300.000 Einwohner, die heute z.T. in Trümmer liegen, in ihrem Wiederaufbau einer besonderen Überwachung durch das Reich unterworfen, und Gemeinden, die vor der Zerstörung 100.000 Einwohner zählten, eine gleiche Überwachung ihres Wiederaufbaues durch den Statthalter. Dabei soll aber jene von mir vorgeschlagene Wiederaufbaubestimmung den Vorrang haben, die den Wiederaufbau aller Arbeitsstätten freigibt, deren Zerstörung 50 % ihres Wertes nicht überschreitet. Es ist möglich, daß dadurch Wiederaufbaustädte erst bei einer größeren Einwohnerzahl als 300.000 (100.000) in die Sonderüberwachung des Reiches (Reichsstatthalters) einrücken.

Die zweite Wirkung wird die sein, daß sich neue Städte über 100.000 Einwohner nur entwickeln können, wenn dies soziologisch unbedenklich ist oder durch überragende gesamtwirtschaftliche Notwendigkeiten erforderlich ist.

[17. Falls eine Begrenzung gemäß 14 und 16 und demgemäß Betriebsverlagerung und -ansatzlenkung gedacht werden muß: welche Betriebe sollen bleiben – welche sollen verlagert bzw. eingeschränkt werden? a) standortbedingte (Bodenschätze, Wasser usw.); b) ausstattungsbedingte (Energie, Verkehr usw.); c) historisch oder soziologisch in der Stadt verankerte; d) bereits verlagert; e) unzerstörte?]

Zu 17: An dem bisherigen Standort müssen bleiben

a) alle unzerstörten Betriebe;

b) alle in diese Gemeinde verlagerten und unzerstörten Betriebe, wenn feststeht, daß die Verlagerung endgültig sein soll;[14]

c) die unter a) und b) aufgeführten Betriebe, falls die Zerstörung 50 % nicht überschreitet; die Gründe hierfür habe ich dargelegt; sie sind wirtschaftlicher Natur, aber auch durch die Notwendigkeit geboten, den Wiederaufbau von Arbeitsstätten und Wohnungen aufs äußerste zu beschleunigen und mit ihm ohne Verzug bei Kriegsende zu beginnen;

d) alle standortbedingten Betriebe, wobei ich das Wort standortbedingt natürlich in seiner Begrenzung auslege, d.h., die gleichen Standortbedingungen, die der Betrieb braucht, finden sich in Deutschland überhaupt nicht wieder oder könnten nur mit unwirtschaftlichen einmaligen oder mit laufenden Mehraufwendungen nutzbar gemacht werden;

e) die ausstattungsbedingten Betriebe, wenn sich eine gleiche technische und wirtschaftliche Ausstattung an einem anderen Orte nicht finden läßt; ist dies aber

[14] Die Verlagerung kriegswichtiger Betriebe war die deutsche Reaktion auf den alliierten strategischen Luftkrieg gewesen. Die Verlagerung kriegswichtiger Fabriken in Gebiete, die als „nicht luftgefährdet“ galten, erwies sich jedoch nicht als sonderlich erfolgreich; seit dem Sommer 1943 wurde deshalb verstärkt die Untertageverlagerung und Verbunkerung von Rüstungsbetrieben gefördert. Vgl. Olaf Groehler: Bombenkrieg gegen Deutschland, Berlin 1990, S. 125 ff.

der Fall, so hat bei einer Zerstörung, die mehr als 50 % des Wertes erfaßt hat, die raumordnende Prüfung stattzufinden, bei der dann auch soziologische Erwägungen anzustellen sind;

f) alle historisch in der Stadt verankerten Betriebe, aber nur, wenn ihre Geschichte in der Stadt von der Gründung an mindestens ein Alter von 50 Jahren erreicht hat. Denn nur dann ist ein gewisser Grad der Wahrscheinlichkeit dafür gegeben, daß der Betrieb über die Generation des Gründers hinaus lebensfähig ist. In diesem Falle wäre es nicht zu verantworten, gegen den Willen des Betriebsunternehmers den Betrieb an einen anderen Ort zu zwingen;

g) soziologisch in einer Stadt verankerte Betriebe stets, wenn die soziologische Verankerung in der besonderen Eignung der Bevölkerung für das Schaffen besteht, dem der betreffende Betrieb dient. Solche Eignungen liegen z.B. vor in Schwaben für alle feinmechanischen Arbeiten, im Bergischen Lande für Kleineisenarbeiten und Werkzeuge, im oberen Wuppertal für Textilarbeiten, in Leipzig für Pelz und Druckereigewerbe, im Erzgebirge für Holzschnitzerei und Holzbearbeitung, in Thüringen für Glasarbeiten u.a.

Man sieht aus dieser Aufzählung, daß die Zahl der zur Verlagerung geeigneten Betriebe doch stärker begrenzt sein wird als bei der ersten Betrachtung erscheint. Aber es werden Betriebe aller Größenordnungen in jeder Gemeinde sich finden, die durch eine Verlagerung keinen wirtschaftlichen Schaden erleiden werden. Überschreitet der Grad ihrer Zerstörung 50 %, so hat die oben erwähnte Prüfung einzusetzen.

[18. Wohin soll regional verlagert werden? a) in die Umgebung – in den Gau; b) in den Osten; c) in andere Gebiete – auch besetzte Gebiete – andere europäische Länder]

Zu 18: Um diese Frage richtig beantworten zu können, muß ich kurz zwei Grundlagen feststellen, von denen ich bei meiner Beantwortung ausgehe. Ich kann mich kurz fassen, da ich über beide Fragen in anderem Zusammenhange meine Auffassung dargelegt habe.

1.) Der im Frieden erreichbare europäische Zusammenschluß scheint mir nur ein solcher national, kulturell und innenpolitisch selbständiger Völker sein zu können. Die Hauptaufgabe dieses Zusammenschlusses muß daher der gemeinsame Wiederaufbau und engste wirtschaftliche Zusammenarbeit unter dem Schutz bestimmter gemeinsamer Polizeieinrichtungen werden. Diese wirtschaftliche Zusammenarbeit wird ihre Krönung in einer europäischen Raumordnung finden. Eine solche aber schließt für jeden Beteiligten Verzichte auf wirtschaftliche Selbständigkeit ein und wird daher erst fruchtbar werden, wenn sich eine Vertrauensgrundlage wiederhergestellt hat.

2.) Ich warne davor, daß die Volksgemeinschaft, also das Reich, den gesamten Wiederaufbau auf sich übernimmt. Ich befürchte daraus, nicht nur eine Belastung neben den anderen gewaltigen Aufgaben, sondern auch eine Entfesselung von

Ansprüchen, deren Nachprüfung eine ungeheure Verwaltungsarbeit erfordern würde. Ich schlage daher vor, den Wiederaufbau den verschiedenen Gruppen der Interessenten zu übertragen. Nach diesem Vorschlag würden alle Wohnhausbesitzer des Großdeutschen Reiches einen Verband zum Wiederaufbau der zerstörten Wohnungen bilden; die Wirtschaftsgruppe Maschinenbauindustrie würde die zerstörten Maschinenbaufabriken wiederherstellen usw. Dieses Verfahren hat zwei Vorteile, es erleichtert die Finanzierung und nötigt die Interessenten zur Selbstkontrolle. Die unzerstörten Objekte und diejenigen Objekte, deren Zerstörung [unter] 20 % ihres Wertes liegen, müssen die anderen ihrer Gemeinschaft, die einen größeren Zerstörungsschaden [haben] wiederaufbauen, und zwar so, daß am Ende jeder mindestens 20 % des entstandenen Schadens selbst trägt und ferner so, daß am Ende alle Mitglieder einer Gemeinschaftsgruppe zu dem gleichen Prozentsatz am Wiederaufbau finanziell beteiligt sind. Diese gleiche Lastenverteilung soll aber auch alle diejenigen erfassen, deren Vermögen durch die Wiederherstellung eines Objekts selbst gerettet wird, also die Gläubiger des zerstörten Unternehmens, insbesondere die Hypothekengläubiger und die Versicherungsgesellschaften, denen die Versicherungsobjekte wiederhergestellt werden. Beim Wohnungsbau sollen auch die Mieter unzerstörter Wohnungen zu einem Ausgleich herangezogen werden, falls die Mieten der wiederaufgebauten Wohnungen bei wirtschaftlicher Errechnung teurer werden als vordem.

Hiernach beantworte ich die gestellten Fragen wie folgt: Eine Verlagerung in andere europäische Länder dürfte nicht in Betracht kommen, denn mit dem Wiederaufbau muß sofort begonnen werden. Wenn man sehr optimistisch ist, wird man vielleicht zwei Jahre nach Kriegsende soweit sein, mit Erfolg über raumordnende Fragen für Europa sprechen zu können. Aber es gibt auch hier Ausnahmefälle. Sollten z.B. die Kupfergewinnungsanlagen der Mansfeld-A.G. zerstört werden, so hängt es von den dann gegebenen Einfuhrmöglichkeiten ab, ob man diesen Betrieb an der alten Stelle wieder einrichten will. Dem Reich kostet nämlich jede dort abgebaute Tonne Kupfer etwa 800 RM Zuschuß. Kommt es zu einer europäischen Zusammenarbeit, so wird [man] an bessere Ausbeutung der Kupferlager in Serbien, in Norwegen und in Schweden gehen, könnte also im Rahmen einer europäischen Raumordnung an eine Verlagerung der Mansfeld-A.G. in jene Gebiete denken. Ich möchte auf diesen mir einfallenden Ausnahmefall wenigstens aufmerksam machen. Im allgemeinen aber werden nur Verlagerungen innerhalb der deutschen Reichsgrenze in Betracht kommen.

Was diese Verlagerungen betrifft, so würde ich empfehlen, bei jeder in Betracht kommenden zu prüfen, ob sie für den Osten wirtschaftlich geeignet ist, und zwar selbstverständlich nur für den deutschen Osten. Dieser ist industriearm. Er hat seit 1860 etwa 3 Mill[ionen] Menschen aus seinem Geburtenüberschuß zur Industrialisierung des Westens abgegeben. Zu einem erheblichen Teil ist die Industrialisierung standortbedingt. Soweit es nicht der Fall ist, liegt aber noch nicht eine Verlagerbarkeit nach dem Osten vor. Frühere, sehr energische Versuche, in Danzig unter

Ausnutzung billiger englischer Kohle und billiger schwedischer Erze Hochöfen aufzubauen, sind vollkommen gescheitert. Es würde zu weit führen, hier die Gründe zu erörtern. Die Vorgänge müssen beim Oberpräsidium in Danzig liegen. Es muß also in jedem Einzelfalle eine Prüfung stattfinden, ob der Osten der geeignete Nährboden für die Wirtschaftlichkeit eines Betriebes ist. Aber diese Frage ist bei jeder Verlagerung aufzuwerfen. Es wäre natürlich überaus erwünscht, im Osten eine gewisse Industrie aufzubauen. Ob militärpolitische Gründe dafür sprechen, das wird sich nach der politischen Lage richten. Aber soziologische Erwägungen schlagen durch. Die Industrie muß nach Möglichkeit von jeder entbehrlichen Massierung gelöst und über das Reichsgebiet verstreut werden. Im Osten würde sich die Möglichkeit bieten, den industriellen Arbeiter gleichzeitig kleinsiedlungsmäßig zu verwurzeln, so daß er ähnlich wie es in Württemberg der Fall ist, wirtschaftlich auf zwei Beinen stehen könnte. Auch nationalpolitisch wäre es von hoher Bedeutung, wenn der Bevölkerungsüberschuß im Osten erhalten und eine größere Bevölkerungsdichte erreicht werden würde.

Führt die Prüfung der Möglichkeit der Ostverlagerung zur Verneinung, so ist zunächst vom Reiche aus festzustellen, ob die Verlagerung in einem anderen bestimmten Teil des Reiches grundsätzlich in Betracht kommt und besonders erwünscht wäre. Ist dies der Fall und kann der bisherige Gau dies einwandfrei nachweisen, daß die Verlagerung dem Betriebe nicht auszugleichenden Schaden bringt oder daß die Fernverlagerung gesamtwirtschaftlich unrichtig ist, dann darf man vor der Verlagerung auch in abgelegene Reichsgebiete nicht zurückschrecken. Liegen aber die Voraussetzungen für eine wirtschaftlich vernünftige und technische Fernverlagerung nicht vor, so muß die Verlagerung im Heimatgau erfolgen. Eine Bindung an die bisherige Umgebung ist nur dann anzuerkennen, wenn sie von nicht zu übersehender wirtschaftlicher Bedeutung für den Betrieb ist. Denn sonst würde der raumordnende Einfluß des Reiches eine gar zu begrenzte Anwendungsmöglichkeit haben.

Was das Verfahren betrifft, so empfehle ich, daß die nach den früheren Antworten für Verlagerung in Betracht kommenden Betriebe aufgefordert werden, ihre Wünsche der betreffenden Gemeinde, dem Kreise, dem Gau, dem Reich und ihrem zuständigen Wiederaufbauträger gleichlautend zu übermitteln. Gemeinde, Kreise und Gaue geben die Anträge mit ihren Stellungnahmen an den Reichsminister für Wiederaufbau und öffentliche Arbeiten. Dieser hat sich inzwischen schon auf Grund des unmittelbar ihm zugegangenen Antrages ein Bild darüber gemacht, ob ein raumordnendes Interesse des Reiches in Betracht kommt. Ist dies der Fall, so setzt er sich mit dem Wiederaufbauträger und dem Betriebe unmittelbar in Verbindung, um sicherzustellen, daß die Weiterarbeit nach einheitlichem Gesichtspunkt erfolgt. Sobald der Betrieb und der Wiederaufbauträger zu einer Entscheidung in sich gekommen sind, findet eine Besprechung an Ort und Stelle statt, zu der Gemeinde, Kreis und Gau hinzugezogen werden. Auf Grund dieser Vorarbeiten erfolgt dann die Entscheidung. Liegt ein Reichsinteresse nicht vor, so gibt der Minister die Sache an den Reichsstatthalter zur Erledigung innerhalb des Gaues ab. Liegt auch ein Interesse des Gaues nicht vor, so wandert die Sache weiter an den zuständigen Kreis und gegebenenfalls an die Gemeinde. Will aber der Wiederaufbauträger unter allen Umständen eine Verlagerung durchführen, so bedarf diese im Gau der Genehmigung des Reichsstatthalters, im Reich der Genehmigung des Ministers.

[19. In welche Siedlungskategorien soll verlagert werden? a) Großstädte – Mittelstädte; b) Kleinstädte – „Städtchen"; c) Dörfer bzw. vorwiegend land- und forstwirtschaftlich genutzte Flächen]

Zu 19: Grundsätzlich soll die Verlagerung in so kleine Siedlungen wie möglich erfolgen. Infolge des Krieges sind eine Reihe von Werken in die Wälder getarnt verlegt oder auch sonst unauffällig abseits von Siedlungen in die Landschaft gebaut. Soweit diese Werke unzerstört geblieben sind, soll man sie nach Möglichkeit benutzen, um in sie zerstörte Betriebe zu verlagern. Das hat auch den Vorteil, daß man in der Nähe dieser Betriebe in den meist dort aufgestellten Baracken vorläufige Unterkunft für die Gefolgschaft schaffen kann. Daraus kann man dann allmählich kleine Ortschaften mit allen notwendigen Einrichtungen schaffen.

Wo solche Gelegenheiten sich nicht bieten, soll man bei einer Verlagerung, deren Zweckmäßigkeit und Möglichkeit festgestellt ist, möglichst auf Streuwirkung sehen. Man soll also wie bereits erwähnt, sich nicht davor scheuen, auch in kleinste Orte zu gehen. Ich mache auf das Beispiel von Württemberg aufmerksam.[15] Dort hat man vor hundert Jahren, als die Industrialisierung in Deutschland begann, sich in England einen Anschauungsunterricht geholt, was bei der Industrialisierung vermieden werden müsse und was das Zweckmäßigste sei. Auf Grund des so gewonnenen Berichtes hat Württemberg seine Industrie planmäßig über das ganze Land verstreut, so daß man fast in jedem Dorfe auf eine Fabrik stößt. Der Bedarf an Arbeitern wird aus der Landwirtschaft gedeckt. Die meisten Arbeiter haben ein eigenes Anwesen, das sie mit der Familie neben ihrer industriellen Tätigkeit versehen. Die wirtschaftlichen, hygienischen und soziologischen Vorteile liegen auf der Hand. Sie haben sich in dem Jahrzehnt nach dem ersten Weltkrieg besonders eindrucksvoll hervorgehoben. Der durch eigenen landwirtschaftlichen Kleinbesitz gesicherte Arbeiter ist in gewissem Sinne auch bei vorübergehenden Stockungen in der industriellen Beschäftigung krisenfest. Aus eigenem Leben weiß er, daß es mit acht Stunden nicht zu bewältigen ist und endlich bewahrt ihn die Doppelarbeit und die

[15] Die Industrialisierung im Südwesten Deutschlands baute im Gegensatz zu der großindustriellen Montanwirtschaft im Norden auf verarbeitende und veredelnde Kleinbetriebe auf. Durch die hohe Bevölkerungsdichte in Württemberg wurde außerdem die Kombination von Agrarwirtschaft und gewerblichem Nebenerwerb gefördert. Die wirtschaftlichen Folgen der württembergischen Entwicklung waren eine höhere Flexibilität und größere Krisenfestigkeit. Vgl. Harald Winkel: Vom Armenhaus zum Musterländle, in: Zeitschrift für Württembergische Landesgeschichte, 50. Jg. (1991), S. 305-315.

ständige Beschäftigung mit der Natur vor geistiger und seelischer Verödung. Dieses Vorgehen verdient, beim Wiederaufbau für ganz Deutschland nutzbar gemacht zu werden.

Natürlich muß in jedem einzelnen Fall auf das sorgfältigste geprüft werden, welche Verlagerung für den Betrieb wirtschaftlich und technisch die beste ist und welche Verlagerung er überhaupt noch wirtschaftlich und technisch vertragen kann. Diese Grenzen sind schon bei den Fragen 17) und 18) behandelt. Ihre Beantwortung muß entscheidend sein. Denn am Ende des Krieges wird ganz eindeutig feststehen und erkennbar, daß wir uns irgendeine Unwirtschaftlichkeit auf keinem Gebiete mehr leisten können. Aber ebenso entschieden muß auch dem Streben nach der Großstadt entgegengetreten werden, wenn es nicht in wirtschaftlichen oder technischen zwangsläufigen Erwägungen seine nicht abweisbare Berechtigung findet.

Zu den wirtschaftlichen und technischen Prüfungen rechne ich auch alle diejenigen, die die wirtschaftlichste und technisch beste Erfüllung der Gemeinschaftsaufgaben betreffen. Braucht ein Betrieb eine besondere Wassermenge oder unter allen Umständen Gasversorgung, und sind diese beiden Voraussetzungen an den sonstigen Idealort mit wirtschaftlich tragbaren Mitteln nicht zu schaffen, so muß man auf die Verlagerung verzichten und dahin gehen, wo diese Voraussetzungen gegeben sind. Eine wichtige Frage wird auch die Beschulung der Kinder der Gefolgschaftsangehörigen sein. Reichen die erreichbaren Schulen aus, um die Kinder des zu verlagernden Betriebes mit aufzunehmen, so ist es gut. Ist das nicht der Fall, müßten neue Klassen errichtet, neue Lehrkräfte herangezogen werden, so ist die Verlagerung nur dann zu rechtfertigen, wenn dieselben Aufwendungen auch an jedem anderen Orte entstehen würden. Größe des Betriebes und Siedlungsdichte in dem Raum, in dem er verlegt werden soll, werden also in einem gewissen korrespondierenden Verhältnis zueinander stehen.

[20. Gelten entsprechende Erwägungen auch für Dienststellen?]

Zu 20: Entsprechende Erwägungen gelten auch für Dienststellen der Verwaltung. Seit Beginn dieses Jahrhunderts hat sich ein immer schärferes Drängen der Behörden in die Großstädte bemerkbar gemacht. Es wurde mit allen möglichen Motiven begründet. Die Masse der Beamtenschaft suchte angeblich bessere Bildungsmöglichkeit für ihre Kinder, andere Beamte wiesen auf die Notwendigkeit geistiger Anregungen hin, vielfach spielte hinter den Kulissen die Vergnügungssucht der Frauen eine beachtliche Rolle. Alle diese Erwägungen haben auszuscheiden, weil sie teils unbeachtlich, teils unrichtig sind. Ich habe im Osten noch jenen Zustand kennengelernt, der aus der Kolonisationszeit her eine gesunde Streuung der Behörden als selbstverständlich vorgenommen hatte. Da befanden sich Regierungen und hohe Gerichte in kleinen Landstädten, ja der Staat beförderte diese Entwicklung noch durch Errichtung von Garnisonen. Dadurch gewannen die Beamten eine viel innigere Berührungsmöglichkeit mit den verschiedensten

Teilen der Bevölkerung in Land und Stadt. Sie lernten die Bedürfnisse, das tägliche Leben der Menschen spielend kennen. Ein ungeheurer Strom von Lebensnähe floß dadurch in ihre tägliche Arbeit. Die Exclusivität wurde durch natürliche Beziehungen mit anderen Kreisen aufgelockert. Die Bevölkerung ihrerseits empfing durch den Verkehr mit den Beamten manche geistige Anregung und gewann Verständnis für die Aufgaben und die Eigenart der Behörden. Eine genügende Ansammlung einzelner Behörden in kleinen Orten genügte dann zusammen mit dem Bedarf der Bevölkerung, um auch das Schulwesen auf gleiche Leistungsfähigkeit zu bringen, wie in jeder Großstadt. Ja vielfach genossen die Schulen in diesen kleinen Landstädten von etwa 10.000 Einwohnern weit über den Kreis der Provinz hinaus ein besonderes Ansehen, weil ja auch die Schularbeit infolge der geringen Entfernungen viel intensiver sein konnte und die Lehrer materiell in den billigen Lebensbedingungen der Kleinstadt ein viel besseres Auskommen haben.

Ich kann also nur dringend empfehlen, bei etwa nötig werdenden Behördenverlagerungen ebenfalls bis auf die Kleinstadt herunter zu dezentralisieren und manche Verlagerungen nach der Großstadt, die seit Beginn des Jahrhunderts erfolgt sind, wieder rückgängig zu machen. Es ist nicht einmal notwendig, daß alle Mittelbehörden (Oberlandesgerichte, Oberpostdirektion, Reichsbahndirektion, Landesarbeitsämter, Landesfinanzämter usw.) ihren Sitz an demselben Orte haben, an dem der Reichsstatthalter sich befindet. So groß die Bequemlichkeit des Zusammensitzens für die Abhaltung von Besprechungen ist, so groß ist doch auch die Unruhe und die Zeitvergeudung, die durch die Versuchung geboten wird, alles und jedes miteinander zu bereden. Die Verkehrsmittel bieten heute ausreichend Möglichkeiten, im Bedarfsfalle zusammenzukommen, selbst wenn diese Behörden an verschiedenen Orten sind. Die Selbständigkeit und das Selbstvertrauen der Behördenchefs wächst; die Arbeit ihrer Beamten gewinnt an Stetigkeit; die Vorteile, die die Behörden und ihre Beamten sowie die Bevölkerung aus engerem Zusammenleben haben, breiten sich über den ganzen Raum des Gaues aus. Ich empfehle daher ganz grundsätzlich, unbeirrbar auf einen Zustand hinzustreben, in dem alle diese Behörden möglichst jede an einem anderen Ort ihres Gaues untergebracht wird. Allerdings ist erwünscht, daß an diesem Ort sich auch Unterbehörden befinden, damit die Erziehungsfragen gelöst werden können. Das wird aber durch die Streuung von Betrieben ebenfalls in Zukunft erleichtert. Wenn also beispielsweise das Landesfinanzamt in Königsberg i/Pr. zerstört sein sollte, so lege man es in eine kleine Stadt, in die Nähe von Königsberg, also etwa nach Braunsberg, Wehlau, Insterburg oder Wormdit; das Oberlandesgericht für Westpreußen, das von seiner Gründung ab in Marienwerder war und 1935 nach Danzig verlegt wurde, weil der Präsident lange in der Richtung gearbeitet hatte, gehört wieder in die Stadt Marienwerder mit ihren vorzüglichen Bildungseinrichtungen zurück.

Ich habe die wohltätige Wirkung dieser Streuung dann auch vom Westen aus verfolgt, wo die Massierung schon vor dem ersten Weltkriege viel weiter fortgeschritten war. Alle im Westen groß gewordenen Beamten scheuten die Versetzung nach dem Osten, insbesondere, weil sie der Großstadt oder ihrer Nähe entrissen wurden. Alle waren nach einjähriger Tätigkeit im Osten begeistert und überzeugt, daß die Vorteile des Lebens in den kleinen Orten des Ostens von ihnen bisher vollkommen verkannt worden waren.

Außer für die Zentralbehörden und für den Reichsstatthalter können, soweit ich übersehen kann, keine zwingenden Gründe dafür angeführt werden, daß Verwaltungsstellen aller Art massiert oder in die Großstadt gelagert werden müßten.

[21. Wird die Verknappung an Arbeitskräften, Transportmitteln und Baustoffen Einfluß auf die örtliche Wiederaufbaukapazität und -geschwindigkeit haben, – insbesondere in Großstädten – und sollen hieraus Folgerungen für Planung und Lenkung gezogen werden?]

Zu 21: Es ist möglich, daß die Verknappung von Arbeitskräften, Transportmitteln und Baustoffen Einfluß auf die örtliche Wiederaufbaukapazität und Geschwindigkeit haben kann. In Großstädten wäre dies dann der Fall, wenn durch umfangreiche Zerstörungen alle lokalen und Fernverkehrsmittel für lange Zeit stillgelegt sein sollten. Es ist aber nicht anzunehmen, daß dieser Zustand sich nicht in absehbarer Zeit sollte beheben lassen. Zur Frage 9) habe ich bereits dargelegt, daß die Inbetriebsetzung der Verkehrsanlagen auf ausreichende Leistungsfähigkeit ohnehin eine Voraussetzung für die Schnelligkeit des Wiederaufbaues ist. Ich möchte also meinen, daß es sich hier immer um Ausnahmefälle handeln wird, deren man im Ernst und Bedarfsfalle Herr werden muß. Denn es wäre sehr mißlich, eine planmäßig durchdachte Raumordnung wirtschaftlicher Art sichernde Wiederaufbauarbeit durch solche unsachliche Erwägungen stören zu lassen. Mit einer Verknappung von Arbeitskräften – abseits der Beförderungsfrage – rechne ich im allgemeinen nicht. Der Krieg beweist, daß die meisten Menschen den Wunsch haben, trotz aller Zerstörungen zu bleiben wo sie sind und sobald wie möglich wieder an den Ort zurückzukehren, in dem sich ihre Lebensbeziehungen eingespielt haben. Mag das bei einzelnen Evakuierten allmählich in den Hintergrund getreten sein, so wird es doch bei Rückkehr demobilgemachter Soldaten wieder eine mächtige Förderung erfahren. Diesen Gefühlen und diesen Bindungen soll man bewußt Rechnung tragen, denn sonst irrt die Masse des nicht auf dem Lande seßhaften deutschen Volkes wurzel- und heimatlos im großdeutschen Reiche herum; das wäre eine schwere und soziale politische Gefahr und würde das Reich vor noch schwierigere Aufgaben stehen als die Beseitigung einzelner Verkehrsengen in besonders betroffenen Zerstörungsgebieten. Und letzten Endes bleibt ja doch nichts anderes übrig, als die Verkehrsmittel so schnell wie möglich gerade in diesen Gebieten wiederherzustellen, schon um den Abtransport der Kohle und den Antransport der Erze vom und nach dem Erzeugungsort unter allen Umständen zu sichern. Fördert man dieses Bestreben, so wird man sehen, daß die Menschen bereit sind, in der Heimat ein Maß von Entbehrungen im Wohnungswesen auf sich zu nehmen, an das sie in der Fremde gar nicht denken würden.

Ich empfehle daher, sich durch derartige Erwägungen wie sie mit Recht vorsorglich in der Frage 21) angeschnitten sind, nicht im geringsten in der Verfolgung und Durchführung von Wiederaufbauplänen beirren zu lassen, die im übrigen nach allen Gesichtspunkten hin durchgeprüft sind und den höchsten Anforderungen entsprechen.

[22. Welche Grundsätze müssen für die Gliederung der Großstädte entwickelt werden? Citybildung? Zusammenfassung der Streuung von Verwaltungs- und Kulturgebäuden? Bildung von Wohngebietszellen? Größe und Ausstattung mit Gemeinschaftseinrichtungen und Versorgungsbetrieben (mit Handel, Handwerk, usw.)? Zuordnung von Industrie- und Wohnflächen? Anordnung der Baugebiete (ringförmig oder radial)?]

Zu 22: In der ganzen Welt weist die Gliederung der Großstädte eine ähnliche Bildung auf, wie sie in der Frage angedeutet ist. Um einen dichtbevölkerten Geschäftskern herum entwickeln sich in allmählicher Abdachung und Auflockerung Industrie- und Wohngebiete. Nur in Washington habe ich ein anderes Bild gefunden. Dort sucht man vergeblich nach einer City. Das Zentrum der Stadt wird dort durch die großen, öffentlichen Gebäude aller Art gebildet, die man in der Bundeshauptstadt für den Verwaltungs- und Verfassungsapparat errichtet hat. Aber diese zentrale Anordnung ist in sich so weiträumig und großzügig aufgelockert, daß man eher den Eindruck eines gewaltigen Parkes im Mittelpunkt der Stadt gewinnt. Industrie befindet sich in dieser Stadt überhaupt nicht. Auch sämtliche Wohngebiete weisen aufgelockerte Bauweise auf. Es ist also hier eine organisierte Stadt gebaut, die in allen Teilen den Willen zur Repräsentation und zur Modernität erkennen läßt.[16] Insofern wirkt die Stadt bei aller Großzügigkeit kalt. Es ist wie ein künstlicher Mensch, gestellt neben den natürlichen. Es fehlt jene Seele, die sich nur entwickelt, wenn in einem Gemeinwesen Generation um Generation an der Zellenbildung arbeitet. Da mögen manche Ungereimtheiten entstehen und trotzdem bleibt das Gesamtbild natürlich und organisch. Daraus entnehme ich die Anregung, bei dem Wiederaufbau von deutschen Großstädten nicht nach einem Einheitsschema vorzugehen. Es lassen sich verschiedene Lösungen denken. Alle haben Vorteile und alle haben Nachteile. Die wirtschaftlichste und technisch idealste Lösung erscheint mir eine bebaute Fläche, in deren Mittelpunkt sich sämtliche Hauptgeschäftseinrichtungen und die großen Kaufhäuser befinden, die die Bevölkerung aus allen Stadtteilen und aus der Umgebung täglich in großer Zahl aufzusuchen pflegt und die auch untereinander in täglicher Verbindung stehen. Da es sich hier um Aufenthalts- und Arbeitsräume handelt, in denen die Menschen nur

[16] Die Anlage der Stadt Washington, DC, folgt den Entwürfen des französischen Architekten Pierre L'Enfant mit einem 1,5 km langen Einkaufszentrum sowie dem Kapitol und dem Weißen Haus als Angelpunkten. Die symmetrische Straßenführung ist geprägt durch breite Alleen, die diagonal durch ein Gitter von Straßen und Avenuen kreuzen; vgl. USA-Lexikon, S. 746 ff.

den kleineren Teil ihres Lebens verbringen, kann der Grund und Boden besonders sparsam ausgenutzt werden. Hier kann man auch in der modernen Zeit zu Hochhäusern kommen, muß nur deren Massierung vermeiden. Denn sonst ergeben sich wie in New York Verkehrsprobleme, die den wirtschaftlichen Vorteil der Citybildung wieder aufsaugen. Wenn man in der City von New York nicht eine Untergrundbahnstation in der Nähe hat, tut man gut, mittlere Entfernungen in der City zu Fuß zurückzulegen, weil alle anderen Verkehrsmittel durch die Straßen schleichen müssen. Um diesen Geschäftskern herum sollten die Mietswohnhäuser liegen, bei denen man auf Einzelgärten verzichtet und die man daher mit einer genügenden Zahl von Grünflächen und Schrebergärten durchsetzen muß. Diese sollten unter allen Umständen durch eine grüne Promenade untereinander in Verbindung gebracht werden, so daß sich ein ununterbrochener Rundgang ermöglicht. Zwischen City und Promenade sind unter allen Umständen diejenigen Kulturgebäude mit unterzubringen, die wie Theater, Museen, wissenschaftliche Institute u.ä. nur einmal in der betreffenden Stadt vorhanden sein können. Jenseits der Promenade nach außen gesehen folgen dann die Miethäuser mit wenigen Stockwerken, von denen eine bestimmte Zahl schon Einzelgärten enthält. In diesem Ring wären zweckmäßig die Schulen untergebracht, so daß die Kinder aus dem Ring zwischen City und Promenade und die Kinder aus dem Raum außerhalb der Promenade ungefähr gleiche Schulwege haben. Hier werden auch noch zahlreiche Läden und Handwerksstuben aus dem gleichen Grunde vorzusehen sein. Zuletzt nach außen und um dieses Gebiet herum liegt dann der Kranz der Stadtteile mit Einzelhäusern und Siedlungen bis zur Kleinsiedlung aller Art. In diesem Stadtteil muß der Ausnutzung der städtischen Abwässer für die Gartenkultur eine besondere Aufmerksamkeit gewidmet werden. In diesem Teil sind Läden nur noch vereinzelt zu finden, weil ihre Lage im allgemeinen mit Rücksicht auf die gelockerte Siedlung hier so gestreut sein müßte, daß die meisten Bewohner dieser Stadtteile nähere Wege zu den Läden des nächst inneren Ringes haben. In diesen äußeren Ring gehören auch die Krankenhäuser, die Alters- und Kinderheime, sowie die Sondererziehungsanstalten sowie die Friedhöfe mit den Verbrennungseinrichtungen. Während in der City Unfallstationen und Feuerlöschpolizeiwachen in dichter Streuung unterzubringen sind, befinden sich die Rückhalte für diese Dienste in diesem äußeren Stadtring, weil sie auch nach außerhalb eingesetzt werden müssen und ihr Einsatz nach dem Stadtinnern durch die konzentrische Bewilligung erleichtert ist. Die erforderlichen Gemeinschaftseinrichtungen (Volksbibliothek, Volksbäder, NSV, Innere Mission, Kirchen usw.) gehören in alle Stadtteile mit Ausnahme der eigentlichen City.

Bei diesem Idealschema ist nun die gestellte Unterfrage zu beantworten, wie Industrie und Versorgungsbetriebe einzuordnen sind, wohin die Verwaltungsstellen gehören und endlich, ob die Anordnung der Baugebiete ringförmig oder radial erfolgen soll.

Was die Industrie betrifft, und das gleiche gilt auch für die Versorgungsbetriebe, so wird der Grundsatz gelten, daß sie nicht in das Gebiet der erwähnten Promenade gehören. Sodann ist für Deutschland als zweiter Grundsatz zu beachten, daß wegen des vorherrschenden Westwindes Industrie möglichst nie im Westen angelegt werden soll. Aber das sind auch nicht mehr als Grundsätze. Denn im allgemeinen wird sich die Anlage dieser Betriebe danach richten, wo sie die besten Fern- und Nahverbindungsmittel vorfindet. Zunächst kommen also für Industriegegenden die Räume beiderseits der Bahnstrecken in Frage, um den Werken Bahnanschlüsse zu ermöglichen. In Städten mit Wasserverbindungen gilt das gleiche für den Hafen und für die Wasserwege. Durch diese beiden Gesichtspunkte werden wohl für alle deutschen Großstädte die künftigen Räume für Industrie und Versorgungsbetriebe bestimmt werden, während Einzelhandel und Handwerk mit ihren Arbeitsstätten in bunter Streuung das ganze Stadtgebiet durchziehen müssen und der Großhandel seinen Sitz in der City zu finden hat. Durch diese Zwangslagen für Industriebetriebe aller Art erhält der Idealplan schon radial wirkende Unterbrechungen. Beim Wiederaufbau sollen diese Unterbrechungen benutzt werden, um in allen Zonen zwischen City und Stadtrand die entsprechenden Wohngrößen auch für die Gefolgschaft vorzusehen, und zwar möglichst in Angrenzung an die Industriegebiete. Dadurch wird die Möglichkeit gegeben, die verschiedenen Gruppen der Gefolgschaft betriebsnahe unterzubringen, ob sie nun in Mietskasernen wohnen wollen oder schließlich Eigensiedlungen bevorzugen.

Was die Verwaltungsstellen betrifft, so sprechen natürlich viele Gesichtspunkte dafür, sie ebenfalls in die City zu verlegen, um einen schnellen Verkehr der Verwaltungsstellen untereinander und mit den verschiedensten zentralen Wirtschaftsstellen auf kürzestem Wege zu ermöglichen. Dagegen spricht, daß dann die gesamte Beamtenschaft zumeist auf verhältnismäßig weitem Wege wird herangeschafft werden müssen und ebenso für den Heimweg auf lange Strecken angewiesen ist. Hier versagt m.E. die Möglichkeit einer schematischen Regelung. Ich persönlich würde die Verwaltungen in das Gebiet zwischen äußeren Cityrand und Promenadenring legen, also eine Mittellösung wählen, die mir für alle Interessenten die relativ meisten Vorteile zu bieten scheint. Aber auch hier können örtliche Besonderheiten, z.B. besonders gute Wasserverkehrsverbindungen, eine andere Lösung vorteilhafter machen. Ich würde die Lösung dieser Frage der Geschicklichkeit, der Sorgfalt und dem Interesse der örtlichen Verwaltung überlassen. Nur für die Reichshauptstadt wird das Reich die Entscheidung treffen müssen. Für sie hat sie nach jeder Richtung eine besondere Bedeutung. Auf der einen Seite steht die Zweckmäßigkeit, einen möglichst schnellen Verkehr zwischen den Reichsministerien zu sichern, auf der anderen Seite stehen die großen Entfernungen, die tausende von Beamten täglich zurückzulegen haben. Ich glaube aber, daß der entscheidende Gesichtspunkt der sein wird, daß diese Reichszentralbehörden auch stark von Besuchern in Anspruch genommen werden, die von auswärts kommen und denen man das Aufsuchen der verschiedenen Behörden erleichtern sollte. Es ist nun nicht notwendig, alle Ministerien um einen Platz oder an eine Straße zu legen. Aber es wird sich kaum umgehen lassen, sie in der sogenannten City zu vereinigen.

Im übrigen hoffe ich, daß diese Frage für das Deutsche Reich dadurch erleichtert wird, daß die bisher nicht zerstörten Ministerien unzerstört bleiben. Dann wird man diese an der bisherigen Stelle lassen und dadurch die Orientierung für den Neuaufbau der anderen haben. Ob es zweckmäßig ist, die diplomatischen Vertretungen wie vorgesehen, alle auf engem Raum zu vereinigen, kann ich nicht beurteilen. Es hat sicherlich Vorteile, wenngleich das äußere Bild sehr schematisch ist.

Ringförmig oder radial? Grundsätzlich ringförmig. Innerhalb der ringförmigen Anlage ergibt sich die radiale Gliederung von selbst durch Eisenbahnlinien, Wasserstraßen und Ausfallstraßen. Wie schon erwähnt, sind sie die natürlichen Adern, zu deren beiden Seiten Industrie und Versorgung angelegt werden. Diese Planmäßigkeit muß sich möglichst auch auf die Landstraßen erstrecken, damit die Wohngebiete von dem auf diesen Straßen stark entwickelten Verkehr möglichst unbelästigt bleiben. In den Sektoren zwischen den Radien ist dann in den verschiedenen Ringen das rechte Gebiet für den Wohnungsbau aller Stufen gegeben, der von billiger hergestellten Straßen bedient werden kann. Bis schließlich im Außengebiet mit den Kleinsiedlungen die geteerte Straße ohne Bürgersteig die zweckmäßige und ausreichende Verbindung schafft.

Dies durch die Radien akzentuierte Idealbild kann nun im Einzelfalle durch die Natur weitgehend umgeworfen werden. Ich denke da insbesondere an Städte und Großstädte in hügligem oder gar bergigem Gelände. Hier werden die Wiederaufbaupläne noch ganz deren von der Natur gesetzten Aufgaben gerecht werden müssen. Aber wenn ich wieder an die Stadt Stuttgart denke, bin ich überzeugt, daß diese Stadt ihre eigenen Erfahrungen wohl überdenken und ihrem Wiederaufbauplan die bestmögliche Gestalt geben wird.

So fragt sich nur, ob in den Reichsrichtlinien irgendwelche Ausführungen gemacht werden sollen, die den Städtebauern beim Wiederaufbau den Weg weisen. Das kann nichts schaden. Für wirksamer halte ich Besprechungen der Sachbearbeiter vom Reichsministerium Wiederaufbau und öffentliche Arbeiten mit den Sachbearbeitern im Gau und in den Land- und Stadtkreisen. Diese sollten stattfinden, sobald eine grundsätzliche zentrale Klärung der hier aufgeworfenen Fragen erreicht ist, und dies kann nicht schnell genug herbeigeführt werden. Denn alle Vorarbeiten müssen möglichst schon am Ort fertig [sein], wenn der Krieg zu Ende geht.

[22a. Welche Konsequenzen müssen verwaltungsorganisatorisch – auch verfassungsmäßig – gezogen werden?]

22a: Auch das Wiederaufbauproblem und seine Lösung gebieten die Herstellung einer leistungsfähigen, selbständig und verantwortungsfreudig arbeitenden Selbstverwaltung. Sie muß die Mitarbeit aller von ihr Betreuten für diese gewaltige Aufgabe gewinnen; ja sie ist in ihrem Wirken vollkommen davon abhängig, daß dies gelingt. Ebenso erhärtet die Wiederaufbauaufgabe meine Vorschläge, die Organisationen der Wirtschaft und der Berufe, sowohl der Unternehmer wie der Gefolgschaft auf die Grundlage der Selbstverwaltung zu stellen. Denn sie alle müssen freudig und verantwortungsbewußt an die Aufgabe des Wiederaufbaues gehen, um das Reich von finanziellen und organisatorischen Lasten zu entlasten, die es sonst einfach gar nicht bewältigen kann. Da im Krieg der Grundsatz Befehlen und Gehorchen im Vordergrund gestanden hat, muß für die Nachkriegszeit, die kein Ende der Opfer bedeutet, sondern sich nur auf andere Kraftanstrengungen verlagert, ein frischer Motor anspringen; er ist uns Deutschen in der Idee und der Gestaltungskraft der Selbstverwaltung gegeben.

Die für den Aufbau und seine zentrale Leitung erforderliche Organisation habe ich bereits gestreift: Reichsbehörde ist das Reichsministerium für Wiederaufbau und öffentliche Arbeiten, dem auch die gesamten Aufgaben der Baupolizei übertragen werden und das sich organisch aus dem Ministerium für Rüstung und Kriegsproduktion entwickeln muß; Mittelbehörden sind die Reichsstatthalter mit ihren Fachkräften; Grundbehörden die Land- und Stadtkreise und innerhalb der Landkreise die Gemeinden. Dem Reichsminister sind diejenigen Vollmachten zu erteilen, die für die Verteilung der Baustoffe, für die Aufteilung und Eigentumsveränderungen an Landflächen erforderlich sind und die ihn auch befähigen, die Eigentumsverhältnisse an den Resten zerstörter Einrichtungen gegen angemessene Entschädigung zu ändern; endlich muß er das Recht erhalten, Statthalter, Kreise und Gemeinden mit ordnenden Weisungen für den Wiederaufbau zu versehen. In allen übrigen Fragen wird er an die Mitarbeit anderer Minister gebunden sein. Das gilt insbesondere für den Einsatz der Arbeitskräfte, die ja nicht nur nach den Bedürfnissen des Wiederaufbaues, sondern vor allem nach den Bedürfnissen der schnellen Wiedergewinnung ausreichender Ernährung der Bevölkerung sich zu richten hat.

[22b. Ergeben sich besondere Folgerungen hinsichtlich der Versorgung der Stadt mit Nahrungsmitteln, Energie und Wasser?]

Zu 22b: Hinsichtlich der normalen Versorgung der Stadt mit Nahrungsmitteln, Energie und Wasser ergeben sich keine besonderen Folgerungen, die ich nicht bereits erwähnt hätte. Im ersten Jahr nach Kriegsende ist ohnehin eine Aufrechterhaltung schärfster Zwangswirtschaft erforderlich, und zwar auf allen Gebieten. Sie ergibt die Möglichkeit, den örtlichen Erfordernissen des Wiederaufbaues gerecht zu werden. Man muß damit rechnen, daß das Zusammenströmen von Arbeitskräften in den Wiederaufbaugebieten erster Ordnung besondere Kollektivmaßnahmen zur Sicherung der Verpflegung erforderlich macht. Also Einrichtung von Volksküchen, festen und fahrbaren. Das empfehle ich auch angesichts der Tatsache, daß in dieser Periode der stärkste Mangel an Nahrungsmitteln herrschen wird. Aber diese Sonderzeit hat nichts mit dem Ziel des Wiederaufbaues zu tun. Mit fortschreitendem Wiederaufbau und mit fortschreitender Verbesserung der Ernährungsmöglichkeiten treten die freieren und individuellen Formen der Versorgung der Bevölkerung allmählich wieder in den Vordergrund, bis schließlich ein großer Teil der Versorgung der freien Initiative des Handels und des Verbrauchers überlassen werden kann. Die Wirkungen einer ausgedehnten Gartennutzung treten organisch ein. Für die Gesamtwirtschaft könnte sich ergeben, daß der Bedarf an Einfuhr von Gemüse und Eiern sinkt und der an Futter und Brotgetreide etwas steigt. Das wäre nur ein Vorteil, weil die Einfuhr von Getreide und seine Lagerung einfacher und billiger ist. In welchem Umfange Vorsorge für einen Krieg zu treffen ist, ist von der Art und Weise des Wiederaufbaues unabhängig. Denn sofern man in der Lage sein wird, für einen künftigen Krieg weitreichende Vorsorge zu treffen, versteht sich von selbst, daß die Lagerung solcher Vorräte in möglichst kleinen Mengen über das ganze Reich verstreut erfolgen muß.

Für die Energieversorgung mögen sich aus den Strukturveränderungen, die der Wiederaufbau bewirkt, ebenfalls Änderungen ergeben. Ich glaube nicht, daß sie grundlegende Umwälzungen hervorrufen werden. Denn einmal erstreckt sich der Wiederaufbau mindestens auf ein Jahrzehnt im ersten Teil, gibt also den Energieversorgungsunternehmen hinreichend Zeit, sich auf solche Änderungen umzustellen, sodann aber ist unsere Energieversorgung bereits derartig verästelt und verbunden, daß im allgemeinen besondere Schwierigkeiten nicht zu erwarten sind. Da, wo diese auftreten, müssen sie eben bei der Festsetzung des raumordnenden Planes auf ihre wirtschaftliche Tragweite geprüft werden. Ist diese so bedeutsam, daß die Mehraufwendungen nicht getragen werden können, dann muß, wie bereits mehrfach erwähnt, die gewünschte Strukturveränderung unterbleiben.

Ob sich aus diesen Strukturveränderungen die Notwendigkeit ergibt, die Gas-, Elektrizitäts- und Wasserversorgung in irgendeiner Form Ihrer bisherigen Vielgestaltigkeit zu entkleiden und zu uniformieren, rate ich, der organischen Entwicklung zu überlassen. Natürlich drängt sich der Gedanke auf, die Großerzeugung in den Händen des Reiches oder eines vom Reich beeinflußten Unternehmens zu vereinen, diesem auch die Starkstromleitungen, die Verbundleitungen und die Hauptverteilungsrohre zu überantworten, die Unterverteilung in den verschiedenen Gauen den Gauselbstverwaltungen oder wirtschaftlich selbständigen Mittelunternehmungen zu übertragen und nur das Ortsverteilungsnetz den Gemeinden zu belassen. Ich habe in den letzten Jahren die Entwicklung nicht so eingehend verfolgt, wie es notwendig wäre, zu beurteilen, ob sie bereits einen solchen endgültigen Entschluß erheischt. Soweit ich es beurteilen kann, ist dies nicht der Fall. Die Verbundwirtschaft hat weitere Fortschritte gemacht und es ist möglich, daß sie den Anforderungen auch noch geraume Zeit gerecht wird. Wenn nicht mir unbekannte Gründe auf dem Gebiete der Elektrizitätsversorgung zu jener Zusammenfassung und Aufgabenteilung zwingen, rate ich, von Eingriffen abzusehen. Das Energiewirtschaftsgesetz gibt genug ordnende Eingriffsmöglichkeiten. Kapazitätserweiterungen kommen ohnehin nach dem Kriege zunächst nicht in Betracht. Selbst eine weitgehende Strukturveränderung infolge raumordnender Eingriffe beim Wiederaufbau braucht die erwähnte Zusammenfassung noch nicht zur Folge zu haben. Es ist möglich, daß die Energieversorgungs-Unternehmen ihrer Herr werden, ohne daß unnötige neue Investierungen stattzufinden brauchen.

Bei der Gasversorgung liegt die Entwicklung noch viel weiter zurück. Hier ist ja an eine einheitliche Versorgung in Deutschland, namentlich östlich der Elbe, noch gar nicht zu denken. Außerdem muß abgewartet werden, ob nicht das fahrbare Butangas und ähnliche Gasarten, die selbst Gasversorgung auf dem Dorfe ermöglichen, Umbiegungen der Entwicklung zur Folge haben. Und endlich muß, wie bekannt, immer wieder die Frage der Koksversorgung und des Verhältnisses zwischen Kohlen- und Kokstransport im Auge behalten werden.

Beim Wasser ergeben sich wie in der Vergangenheit so auch in der Zukunft die durch Bedarf und Naturvorkommen möglichen und bedingten Zusammenfassungen von selbst. Sie werden in gewissen Gebieten, namentlich Mitteldeutschlands, künftig noch eine größere Rolle spielen, aber keineswegs dazu Veranlassung geben, die Wasserversorgung etwa grundsätzlich zu einer Aufgabe des Reiches oder der Gaue zu machen.

Anders liegt es mit der Beseitigung der Abwässer. Sie werden auch heute noch vielfach nutzlos vertan; im Gegenteil, die einfachste Art ihrer Abführung hat zu schweren Schäden innerhalb der deutschen Flußläufe geführt. Die Stadt Leipzig hat bewiesen, daß es möglich ist, die Abwässer ohne Erhöhung der Kosten so abzuleiten, daß wirtschaftliche und hygienische Vorteile miteinander verbunden sind. Der größte Teil der Abwässer wird nicht mehr wie früher in die Flußläufe geleitet, diese verschmutzend und ihren Fischbestand vernichtend, sondern durch eine 20 km lange Leitung auf den höchsten Punkt der Umgebung gedrückt und fließt von dort aus der landwirtschaftlichen Berieselung zu. Die zu berieselnde Fläche ist so groß gewählt, daß niemals Überfütterungen eintreten können.[17] Diese Art der Beseitigung muß beim Wiederaufbau auf ihre Anwendbarkeit überall geprüft werden, die berieselten Flächen weisen eine Ertragssteigerung von 50 bis 80 % auf. Sie hat zur Voraussetzung, daß Bestandteile den Abwässern ferngehalten werden, die dem Pflanzenwuchs schädlich sind, insbesondere chemische Abwässer. Das ist durch Vorkehrungen in der chemischen Industrie durchaus möglich. Das System wird vielleicht Schwierigkeiten machen in Gebieten mit starken Niveauunterschieden, weil dort zu viele Kräfte benötigt werden, um das Wasser in die Höhe zu drücken. Wo aber diese wirtschaftlichen oder technischen Hindernisse nicht vorliegen, muß man zur Abwasserausnutzung der erwähnten Art schreiten, und ich empfehle, diese Verpflichtung den Aufbaugemeinden aufzuerlegen, sofern die Lösung gelegentlich des Wiederaufbaues mit wirtschaftlich vertretbaren Mitteln durchgeführt werden kann.

Die sonstige Abfallbeseitigung kann der örtlichen Regelung überlassen bleiben.

[23. Wie ist das Gebiet Stadtgemarkung (Stadtgrenze) gegen die Landgebiete bzw. Trabantengemeinden abzugrenzen?]

---

[17] Vgl. dazu auch Goerdelers „Rechenschaftsbericht" vom Januar 1945; Dok. 7.2.6, unten S. 1217.

Zu 23: Die Stadtgemarkung ist gegen das umliegende Landgebiet so abzugrenzen, daß in das Stadtgebiet noch die Flächen fallen, die zur Deckung des Garten- und Ackerbau-Betriebes der Stadtbürger und zur Schaffung der erforderlichen Freiplätze mit einem bescheidenen Erweiterungszuschlag notwendig sind. Für diesen Zuschlag kann man keine Normen aufstellen. Er muß sich im einzelnen Falle nach den natürlichen Gegebenheiten richten, nach Geländeeinschnitten, nach festliegenden Grenzen der umliegenden Gemeinden, nach der Frage, ob an das bebaute Stadtgebiet sich vielleicht noch Guts- oder Waldbesitz anschließt und nach ähnlichen Gesichtspunkten. Ich vertrete grundsätzlich den Standpunkt, Stadtgebiete nur mit den notwendigen Grenzen zu versehen und nicht auf Vorrat einzugemeinden, insbesondere nicht selbständige Nachbargemeinden aufzusaugen, solange diese noch ein Eigenleben führen können. Voraussetzung hierfür ist, daß die Gemeinde- und Kreisleiter in solchen Lagen gut nachbarlich zusammenarbeiten. Wenn also die Großstadt X ein neues Wasserwerk errichtet und dabei unschwer die Wasserbedürfnisse der benachbarten Kleingemeinde Y mitbefriedigen könnte, dann muß rechtzeitig zwischen beiden Gemeinden über ein gemeinschaftliches Vorgehen Fühlung genommen werden. Die Formen der Zusammenarbeit können mannigfach sein; die zweckmäßigste ist zu wählen.

[23a. Bedarf es einer Stadt und Umland zusammenfassenden „übergeordneten" Verwaltungsform? Wie wäre diese verfassungsmäßig zu lösen?]

Zu 23a: Einer Stadt und Umland zusammenfassenden Verwaltungsreform widerrate ich. Es ist sehr verführerisch, sich in einer Person die Funktionen eines Oberbürgermeisters und eines Landrats, der die Stadt umgebenden Landbezirke vereinigt, vorzustellen. In der Praxis ist diese Doppelaufgabe in einer Person nicht zu vereinen, weil niemand zweien Herren dienen kann. Daraus wird weder Fisch noch Vogel. In den zahlreichen Fällen, in denen die Interessen zwischen beiden Gebieten leicht auszugleichen sind, ergibt sich ein solcher Ausgleich unschwer auch dann, wenn ein Landrat und ein Oberbürgermeister sich gegenüberstehen. Wo aber die Interessen wirklich hart aufeinander platzen, müssen sie zunächst mit aller Energie von jeder Seite vertreten werden, sonst kommen nur faule Kompromisse zustande. In einem Kopfe aber würden sich dauernd dann solche halben Ausgleiche vollziehen. Haltbare Dauerlösungen würden nur selten zustande kommen. Und nun denke man sich dies noch in den Besonderheiten durch, die sich aus der Selbstverwaltung folgerichtig ergeben. Der Bürgermeister muß die städtischen Interessen mit den Gemeinderäten, die des umliegenden Landgebietes mit den entsprechenden Vertrauensleuten der Landgemeinden beraten. Getrennte Beratungen stellen ihn immer vor die Frage eines vorzeitigen Kompromisses. Gemeinsame Beratungen können fruchtbar sein, werden aber ebenso häufig zu einer Verschärfung der Gegensätze führen, weil es sich meist auch um Lasten handelt und hier jeder die Tragfähigkeit des anderen als besonders groß darstellen wird. Mit anderen Worten, Interessengegensätze bescheidenen Ausmaßes werden unschwer zwischen zwei Verwaltungsleitern ausgeglichen werden können; tiefgehende Gegensätze finden im allgemeinen eine bessere Lösung, wenn sie vorher gedanklich und interessenmäßig bis zur Reife ausgetragen sind. Es kommt also nicht darauf an, die beiden erwähnten Funktionen in einer Person zu vereinigen, was keinem der betreuten Gebiete gut tun würde, sondern es muß nur sichergestellt werden, daß jeder seine Vorhaben daraufhin prüft, ob sie die Interessen des anderen berühren und, wenn dies der Fall ist, mit dem anderen Fühlung nimmt. Meines Erachtens genügt es, auf diese Notwendigkeit seitens der zuständigen Minister in einem gemeinsamen Erlaß hinzuweisen. Das Geschütz einer gesetzlichen Regelung erscheint mir als zu schwer. Die notwendige Zusammenarbeit findet auch hier im Einzelfalle die verschiedensten Möglichkeiten der Verwirklichung, insbesondere durch Zweckverband oder durch Zweckgesellschaft. Sie werden eine Rolle spielen bei Gas-, Wasser- und Elektrizitätsversorgung, bei der Abwässer- und Abfallbeseitigung, bei den Verkehrseinrichtungen, beim Straßenbau und im Erziehungswesen.

[24. Welche bauwirtschaftliche Kapazität in fachlicher und personeller Hinsicht wird für den Wiederaufbau zur Verfügung stehen?]

Zu 24: Wenn beim Wiederaufbau die in Ziffer 9) dargelegte Rangordnung innegehalten wird, so schätze ich, daß die bauwirtschaftliche Kapazität im zweiten Wiederaufbaujahr bei folgender Leistungsfähigkeit wieder angelangt sein wird:

Neue Wohnungen	800.000
wiederhergestellte Wohnungen	400.000

die Arbeitsstätten des Kleinhandels und des Kleingewerbes, die zur Versorgung der Bewohner dieser Wohnungen erforderlich sind; dabei gehe ich davon aus, daß diese Kleinarbeitsstätten, falls es an Kräften und Baustoffen fehlen sollte, um sie in den endgültigen Zustand zu versetzen, einstweilen provisorisch wiederhergestellt werden, wie das heute schon im großen Umfange in den Zerstörungsgebieten der Fall ist; wesentlich ist nur, daß die Versorgung der Bevölkerung keine Not leidet. Dafür wird der Selbsterhaltungstrieb der Kleingewerbetreibenden ohne weiteres sorgen.

Diejenigen Arbeiten, die erforderlich sind, um das Fernverkehrswesen wieder in den Zustand zu bringen, der die glatte Versorgung der Bevölkerung und die Durchführung des Aufbauwerks ermöglicht.

Diejenigen Großarbeitsstätten, deren Wiederaufbau nach den oben aufgestellten Grundsätzen sofort freigegeben werden kann: Das sind diejenigen, deren Zerstörungsgrad unter 50 % liegt und deren Verlagerung nicht durch übergeordnete wirtschaftlich tragbare Notwendigkeiten erforderlich ist.

Diese Berechnung bedarf der Begründung. Wir haben in den besten Baujahren seit dem Ersten Weltkriege jährlich etwa 800.000 neue Wohnungen bauen können. Der vorübergehend eingetretene Ziegelmangel wurde durch Errichtung von Kalksandsteinwerken schnell behoben. Seit 1935 ist die Ziegelerzeugung verstärkt. Die Zementbeschaffung machte nie Schwierigkeiten; im Gegenteil, wir hatten eine

Überkapazität. Sorgen macht die Beschaffung des notwendigen Holzes. Auch diese Frage ist zu lösen, wenn man den zweifellos nicht leichten aber unvermeidlichen Entschluß faßt, bei Kriegsende noch einmal tief in den deutschen Holzbestand einzugreifen und sofort auf Vorrat zu schlagen, um trockenes Bauholz zur Verfügung zu haben. Wie an anderer Stelle erwähnt, muß dann natürlich im ersten Wiederaufbaujahr alles daran gesetzt werden, um den Bedarf im dritten Jahre stark durch Einfuhren zu decken. Gelingt das, so können die seit 1936 in den deutschen Wald geschlagenen Lücken durch sparsameren Einschlag allmählich wieder ausgeglichen werden. Die Produktion an Glas und Beschlagteilen läßt sich innerhalb des ersten Jahres auf die erforderliche Höhe bringen. Schwierigkeiten können eintreten bei Blei, Zink und Kupfer. Sollte dies der Fall sein, muß man sich mit den üblichen Hilfsmitteln bis in das zweite Jahr hinein behelfen. Dann können die erforderlichen Einfuhren laufen. Schwierigkeiten sind ferner denkbar bei den Inneneinrichtungen. Treten sie auf, muß man sie schrittweise herstellen. Die einzelnen werden den Wiederbesitz einer Wohnung, wenn auch unvollkommen eingerichtet, immer als einen Fortschritt gegenüber dem bisherigen Zustand betrachten.

Neben 800.000 Wohnungen wurden in normalen Jahren noch beträchtliche Neubauten an Arbeitsstätten durchgeführt. Es ist wahrscheinlich, daß das Baustoffvolumen dieser Art in den ersten Wiederaufbaujahren wesentlich größer ist als in Normaljahren. Aber es ist ebenso sicher, daß man sich auch hier vielfach behelfen wird, um schnell wieder in Betrieb zu kommen und den endgültigen Zustand erst allmählich herbeiführt.

Was vielleicht im Wiederaufbau innerhalb des von mir für möglich gehaltenen Rahmens an Baustoffen mehr gebraucht wird, steht durch rationelle Verwertung der Trümmer zur Verfügung. Notwendig ist, die hierzu erforderlichen Aufbereitungsmaschinen rechtzeitig in erforderlicher Zahl bereitzustellen. An dem verbindenden Zement ist kein Mangel.

Was die Arbeitskräfte betrifft, so liegen die Verhältnisse zweifellos schlechter als sie im letzten Friedensjahr gelegen haben. Ein Teil der Bauarbeiter ist gefallen, ein anderer Teil durch Kriegsverletzung berufsunfähig geworden. Ein Nachwuchs ist kaum herangebildet. Diese Lücken müssen durch drei Maßnahmen geschlossen werden und sind auch zu schließen. Einmal durch den vermehrten Einsatz von Maschinen und sonstigen technischen Hilfsmitteln. Zweitens durch die schleunige oberflächliche, aber für Normalzwecke ausreichende Fachausbildung von rund 100.000 jungen Menschen, die den Beruf ergreifen wollen und in Kursen von drei Monaten zu Maurern und solchen von sechs Monaten zu Bauzimmerleuten ausgebildet werden. Diese Aktion wird dadurch erleichtert, daß während des Krieges in den Pionierformationen, in der Organisation Todt und im Arbeitsdienst eine große Zahl von Männern vorgeschult sind. Endlich dient die von mir vorgeschlagene Einführung der jeden Deutschen treffenden persönlichen Wiederaufbaupflicht dazu, etwaigen Mangel an Arbeitskraft auszugleichen. Bedenkt man, daß es an Arbeitseifer nicht fehlen wird, wenn es gilt, aus Trümmern Ordnung und aus Tod Leben zu machen, so kann man ohne Übertreibung annehmen, daß auch die erforderliche Arbeitskapazität zur Verfügung stehen wird, um den oben umrissenen Umfang des Wiederaufbaues zu bewältigen. Er fängt im ersten Jahr sich selbst hemmend auf Grund eines Reichsbaupolizeigesetzes, von Richtlinien des Reiches und der Reichsstatthalter zu laufen an, kommt im zweiten Jahr auf den angegebenen Umfang und kann vom dritten Jahr ab wenn möglich gesteigert werden. Dann sind aber auch Rohstoffschwierigkeiten nicht mehr zu befürchten; dann handelt es sich lediglich darum, wie weit die Leistungskraft des deutschen Volkes ausreicht, um alle nach dem Kriege anstürmenden Aufgaben zu bewältigen.

[25. Wie kann diese Kapazität erweitert werden? a) durch Betriebsumstellung (Demobilmachung); b) durch Rationalisierung und Normung.]

Zu 25: a) Eine Erweiterung der Kapazität durch Betriebsumstellung halte ich bei Wiedereinführung der Wiederaufbaupflicht nicht für notwendig. Bei der Demobilmachung, die angesichts der Lage im Osten nur schrittweise erfolgen kann, müssen zunächst die Bedürfnisse der deutschen Landwirtschaft berücksichtigt werden. Denn Leistungskraft ist nur möglich bei ausreichender Ernährung. Dann kommen die Industrien, die Ausfuhrgüter zur Sicherung der notwendigen Nahrungsmittel- und Rohstoffeinfuhr produzieren, und dann die Bauwirtschaft. Diese selbst ist in Groß-, Klein- und Mittelbetriebe reich gegliedert. Ihrer Wirtschaftsgruppe wird schon jetzt die Frage vorzulegen sein, ob sie irgendwelche Umstellungen oder Zusammenlegungen für notwendig hält, um das Leistungsvermögen zu steigern. Nach meinen Erfahrungen werden sehr starke Vorschläge in dieser Richtung gemacht werden. Sie verlangen sorgfältigste Überprüfung. Denn in der Bauwirtschaft herrscht ganz besonders das Bestreben, durch Preisbindungen aller Art den Wettbewerb möglichst weit auszuschließen, um sich sicheren Ertrag zu verschaffen. Mir wurden seinerzeit geradezu groteske Vorschläge gemacht, die auf einen vollkommenen deutschen Einheitskonzern der deutschen Bauwirtschaft hinliefen. Ich kann vor diesen Bestrebungen nur warnen. Gerade der deutschen Bauwirtschaft tut Wettbewerb not. Selten hat sich eine bessere Gelegenheit für ihn ergeben, als der Wiederaufbau bieten wird. Reiche Beschäftigungsmöglichkeiten und reiche Gelegenheiten für findige Köpfe zu fruchtbaren und volkswirtschaftlich nützlichen Neuerungen. Ich rate, alle solche Vorschläge in einem Kreise von Sachverständigen zu beraten und in ihn einige erfahrene Stadtbauräte und Bautechniker großer Reichsverwaltungen, z. B. Reichsbahn, Reichsfinanzministerium sowie Reichspost zu berufen.

b) Was durch Rationalisierung und Normung im Bauwesen vereinfacht werden kann, dürfte im wesentlichen durch die verschiedenen Stellen, namentlich auch während des Krieges geklärt sein. Bei der Akademie für Bauwesen liegen jedenfalls die gewonnenen Erfahrungen gesammelt vor. Ich glaube nicht, daß bei den Einzelteilen, aus denen ein Bau besteht, noch wesentliches vereinheitlicht werden kann. Man steht eben immer wieder vor der Frage, zu welchem Baumaterial man sich grundsätzlich entschließen soll. Ist diese Entscheidung getroffen, so liegen die zu wählenden Normen fest. Wird z. B. der Ziegelstein gewählt, so ist nach allen bisherigen Versuchen seine überlieferte Form und Größe diejenige, mit der ein Maurer am schnellsten ein Mauerwerk aufführen kann. Und so ist es auch bei dem anderen in Betracht kommenden Grundmaterial. Angesichts der Knappheit von Holz, im Hinblick auf das Klima, und nach allen Erfahrungen, die man auch auf der Baumesse in Leipzig gesammelt hat, sollte man grundsätzlich beim Ziegelbau verbleiben und nach Möglichkeit Ersatzbauten ablehnen. Diese kommen nur da in Betracht, wo es sich um vorübergehende Unterbringung von Menschen handelt, die unbedingt an einem gegebenen Ort untergebracht werden müssen. Für solche Einrichtungen sollte man die transportable Bauweise einführen.

[25a. Wie weit kann die Normung beim Wohnungsbau getrieben werden?]

Zu 25a: Über die mögliche Normung beim Wohnungsbau ist eine ganze Literatur erschienen. Eine bestimmte Richtung geht davon aus, daß sich alle Größenordnungen beim Wohnungsbau nach dem Vielfachen einer Zentimeterzahl richten müssen. Darin ließen sich alle notwendigen Inneneinrichtungen unterbringen und käme durch ein solches System zu gleich großen Türen, Fenstern usw. Ich habe die Einzelheiten und den Namen des Verfassers nicht im Kopfe. Er hat mir vor etwa zwei Jahren seine in einer Zeitschrift erschienenen Ausführungen übersandt, die, wenn ich mich recht erinnere, in den Veröffentlichungen des Reichskuratoriums für Wirtschaftlichkeit abgedruckt waren. Ich habe mich in einem langen Schriftwechsel mit ihm darüber auseinandergesetzt. Soviel ich weiß, war dies der radikalste Vorschlag für die Normung von Wohnungen. Man müßte sich mit ihm beschäftigen. Aber ich glaube, man sollte von vornherein radikal ablehnen, einige Typen von Wohnungen reichszunormen. Einmal würde dann der Wiederaufbau sehr langweilig werden und zweitens wäre nichts Wesentliches damit gewonnen, denn man braucht doch eine große Zahl von Unternehmungen, die Baustoffe, Bauzubehörteile, Installationsmaterial usw. herstellen und wird sich daher darauf beschränken können, daß sich innerhalb bestimmter Gebiete für bestimmte Bedürfnisse bestimmte Normen herausbilden. In dieser Begrenzung sind sie nicht nur vorteilhaft, sondern unerläßlich, wenn man schnell vorankommen will. So hatten wir in Königsberg für den Bau von Kleinst- und Kleinwohnungen seit 1924 zwei bis drei Typen entwickelt, die flott und in einer bestimmten Mischung rationell fertiggestellt werden konnten. Ebenso wurden die schon erwähnten Kleinsiedlungen in Leipzig nach etwa drei Typen gebaut und dadurch Schnelligkeit und Wirtschaftlichkeit erhöht. Je umfassender ein vollkommener Neuaufbau innerhalb des Wiederaufbauwerkes werden muß, um so mannigfaltiger wird die Zahl der gewählten Typen werden müssen, um eine Eintönigkeit zu vermeiden, die für Deutsche unerträglich ist. Ihre verödende Wirkung habe ich in Nordamerika gesehen. Wir müssen sie beim Wiederaufbau um so sorgfältiger meiden, als ja viele Bauwerte verlorengegangen sind, die uns eine besonders beseelte Erinnerung an unsere Vergangenheit vor Augen führte. Ich glaube es wird genügen, sowohl die Reichsstatthalter wie auch die Landräte und Bürgermeister auf die Wichtigkeit dieser Frage hinzuweisen und ihnen das notwendige Material an die Hand zu geben, über das im allgemeinen die Fachkräfte unterrichtet sein dürften. Da vor dem Beginn des Wiederaufbauwerkes, und zwar wie ich empfohlen habe möglichst bald, Besprechungen zwischen Zentral-, Mittel- und Grundbehörden über das Werk stattfinden müssen, ergibt sich hierbei Gelegenheit, die notwendige Zusammenarbeit sicherzustellen. Die Frage ist vorher mit der Wirtschaftsgruppe Hoch- und Tiefbau zu klären.

[25b. Wie verhalten sich Bauwirtschaft und Hausrat- und Möbelindustrie zueinander – kapazitätsmäßig? Koppelung?]

Zu 25b: Die Wirtschafts- oder Fachgruppe, in der die Hausrat- und Möbelindustrie vereinigt ist, sowie der Reichshandwerksmeister müssen, sobald sich das Kriegsende übersehen läßt, über das Wiederaufbauprogramm und über den Umfang der Zerstörungen der Inneneinrichtungen von Wohnungen unterrichten. Zweifellos ist der letztere Umfang wesentlich geringer als der der zerstörten Wohnungen. Manches ist an Ort und Stelle gerettet, manches aus den brennenden Häusern getragen, manches vorsorglich sichergestellt. Ich kann nicht annähernd übersehen, wie das Verhältnis sein wird. Aber mehreres ist sicher. Wir hatten eine sehr leistungsfähige Hausrat- und Möbelindustrie. Hausrat und Möbel hilfsweise auch in anderen Betrieben herzustellen, insbesondere in allen holzverarbeitenden Fabriken, ist erfahrungsgemäß leicht möglich. Die Lust und Schaffenskraft der einzelnen Menschen, einfachen Hausrat selbst herzustellen, ist außerordentlich groß und auch in diesem an der Front und in der Heimat gesteigert. Und endlich kann, wie die Erfahrung lehrt, der Mensch wenn er satt ist und nicht friert und eine Verbesserung des Zustandes vor Augen hat, ein großes Maß von Einschränkung in der Inneneinrichtung vertragen. Das ist ja auch nicht verwunderlich, wenn wir an die Einfachheit denken, die noch heute im Kleinbauernhaus herrscht und die zu Anfang des vorigen Jahrhunderts noch gang und gäbe war. Ich empfehle, sich das Aufbauwerk nicht schwieriger zu machen, als es ohnehin schon ist. Wenn es gelingt, die Hauptfragen Ernährung, Wohnung und Beheizung schnell und sichtbar fortschreitend zu lösen, so werden die aufgeführten Leistungskräfte im deutschen Volk ausreichen, um die Frage der Innenausstattung der Wohnung so zu lösen, daß soziale Schwierigkeiten überhaupt nicht aufkommen. In Sonderfällen muß durch Einrichtung der freiwilligen Nächstenhilfe und insbesondere der Familienhilfe den Mitgliedern der einzelnen Sippen der erste Ausgleich erfolgen. Insbesondere wird am Beginn des zweiten Wiederaufbaujahres die Industrie soviel Hilfsmittel in Vereinfachung und Normung der Inneneinrichtung gefunden haben, daß ich mir leicht eine Überschwemmung des Marktes mit Angeboten vorstellen kann. Eine mechanische Koppelung dieser Industrie mit der Bauwirtschaft ist nicht notwendig.

Viel wesentlicher als die Möbel ist die Ausstattung der Küchen mit den erforderlichen Geräten. Aber wenn hier der Bedarf der Wehrmacht wegfällt und die einschlägige Industrie sich auf die sehr leicht herzustellenden Küchengeräte wirft, dürfte man auch hier mit der Aufrechterhaltung des Bezugsscheinsystems im ersten Wiederaufbaujahr wieder auskommen. Im zweiten wird das Angebot ausreichen, so daß man auf die Bezugsscheine verzichten kann.

[26. Wie ist unter Beachtung der Entscheidung zu 10. die Kapazität zu verteilen?]

Zu 26: Die Kapazität ist so zu verteilen, daß der in Ziffer 24) dargelegte Wiederaufbauumfang erfüllt werden kann. Ich bin der Ansicht, daß es auch hier genügt, die zuständigen Wirtschafts- und Fachgruppen mit dem Programm bekannt zu machen. Sie werden sich dann von selbst und aus Eigeninteresse auf eine Produktion einstellen, die den Bedarf befriedigt, weil sie sich sonst ihr eigenes Geschäft verderben. Übersteigt die Produktion den Jahresbedarf, so ist gar nichts verloren, denn Lager sind erforderlich und geben die Möglichkeit, den Wiederaufbau zu beschleunigen. Da im übrigen die für die vordringlichen Aufgaben erforderlichen Stoffe und Materialien gleichartig sind, gleichgültig, ob es sich um Wohnungen oder um Betriebsanlagen handelt, so fallen aus diesem schematischen Rahmen nur die Spezialeinrichtungen heraus, die zur Instandsetzung des Verkehrsapparates benötigt werden.

[27. Wie soll die einzelne Wohn- oder Betriebseinheit wieder aufgebaut werden: behelfsmäßig – im Umfang und in der Ausstattung beschränkt – standardgemäß?]

Zu 27: Man muß unterscheiden:

1.) Wohnungen. Die Wohngelegenheiten, die notwendig sind, um Menschen an einem bestimmten Ort unterzubringen, müssen, soweit nicht vorhanden, zunächst ganz behelfsmäßig geschaffen werden. Die Rückkehr der Soldaten wird planmäßig entweder an die Orte erfolgen, wo ihre letzte Arbeitsstelle war oder dahin, wo sich jetzt ihre Angehörigen befinden. Sie werden sich beim Arbeitsamt zu melden haben. Das Arbeitsamt des letzten Beschäftigungsortes wird feststellen müssen, ob der alte Arbeitsplatz wieder eingenommen werden kann und an welchem Ort. Das ist die erste Ordnung. Für diejenigen, für die das nicht der Fall ist, weil der alte Betrieb nicht mehr besteht, bestimmt das Arbeitsamt des bisherigen Beschäftigungsortes, ob Unterbringungsmöglichkeit besteht. Wenn nicht, bestimmt das Arbeitsamt, in dessen Bezirk die Familie jetzt wohnt, ob dort Arbeitsmöglichkeit vorhanden. Wenn auch dies nicht der Fall ist und wenn der Betreffende nicht nachweisen kann, daß er an einem bestimmten Ort durch Grundeigentum oder sonstige Interessen oder durch eine von ihm selbst gefundene Arbeitsgelegenheit geboten ist, bestimmt das für seinen bisherigen Beschäftigungsort zuständige Landesarbeitsamt seinen vorläufigen Wohnort. Im allgemeinen werden sich die Zurückkehrenden da sammeln, wo sie zuletzt beschäftigt waren und dort auch im allgemeinen einstweilen bleiben. Es sei denn, daß ihr Betrieb sie an einem anderen

Orte beschäftigen kann. Dadurch stellt sich allmählich eine gewisse Ruhe her. Die Gemeindebehörden gewinnen die Möglichkeit zur Feststellung, ob besondere Vorkehrungen für vorübergehende Unterbringung getroffen werden müssen. Neben dieser vorläufigen Aktion läuft unbeirrt die Wiederherstellung und der Neubau von Wohnungen durch die Wiederaufbauträger und in dem Rahmen, der bei den früheren Fragen dargestellt ist. Inzwischen finden raumordnender Reichsplan, Gauplan und Ortsplan auf natürlichem Wege eine immer größere Annäherung aneinander. Es ist im Hinblick auf das begrenzte Tempo des Wiederaufbaues ausgeschlossen, daß plötzlich an einem Orte Wohnungen vorhanden sind, für die kein Bedarf vorliegt.

2.) Arbeitsstätten. Die Kleinarbeitsstätten des Handels und des Handwerks behelfen sich automatisch mit Provisorien, bis sie überraschen können, ob sie im neuen Stadtbilde genügende Betätigungsmöglichkeiten haben werden. Sowie das feststeht, bauen sie endgültig wieder auf. Bei den großen Betriebseinheiten empfehle ich zunächst die Standortsfrage zu klären. Durch meinen Vorschlag, die Betriebe sofort zum Aufbau freizugeben, deren Zerstörung unter 50 % liegt und durch die verschiedenen im Kriege entstandenen behelfsmäßigen Anlagen sowie durch die Überführung von Rüstungswerken auf Zivilproduktion ist dafür gesorgt, daß für die in planmäßigen Abständen Demobilisierten genügend Arbeitsstellen, bisher von Ausländern und Frauen besetzt, zur Verfügung stehen. Die Betriebe, die hiernach wissen, an welchem Ort sie verbleiben, werden selbst entscheiden, ob sie gleich an den endgültigen Aufbau gehen wollen oder einen behelfsmäßigen Zwischenzustand herstellen müssen. Meist wird es sich um ein Nebeneinander beider Formen handeln. Inzwischen erfolgt bei den für eine Standortverlagerung in Betracht kommenden Betrieben die Entscheidung, die sie instand setzt, zu disponieren. Sie werden am neuen Ort entweder eine vorhandene Anlage zu erwerben trachten oder sich eine neue errichten und vielleicht auch in diesem Falle gewisse Teile zunächst behelfsmäßig herstellen, um schnell in Arbeit zu kommen. Die Fragen werden unendlich erleichtert, wenn man meinem Vorschlag folgt und den Wiederaufbau den Gruppen der Interessenten selbst überträgt. In ihnen wirken dann die beschleunigenden mit den überlegenden Tendenzen auf das wirtschaftlich Richtige hin.

[28. Welche Baustoffe sind zu wählen?]

Zu 28: Die Notwendigkeit, die Trümmer im großen Umfange mit auszunutzen, zwingen von selbst zu einer starken Verwendung von betonähnlichen Baustoffen. Daneben wird dem Ziegelstein, Eisen und Holz die Hauptverwendung zukommen. Alle anderen Baumaterialien sind, soweit ich es übersehen kann, in dem Wohnungsneubau nach dem Ersten Weltkriege bereits durchgeprüft. Darüber liegen Erfahrungen vor bei der Reichsmesse in Leipzig und bei der Akademie für Bauwesen. Soweit ich mich erinnere, sind die Erfahrungen eindeutig und lehren, daß

Ziegel, Zement, Holz und Eisen aus den verschiedensten Gründen die besten Baustoffe geblieben sind. Ich sehe davon ab, Spezialfragen zu behandeln über die Zweckmäßigkeit des Fußbodenbelags für Küchen, Schulklassen und Schulkorridore. Darüber liegen in jeder Großstadt eindeutige Erfahrungen vor.

[28a. Soll dem Wiederaufbau der durch die Kriegsentwicklung gegebene Stand zugrunde gelegt werden?]

Zu 28a: Wie schon erwähnt, kann ich nicht empfehlen, dem Wiederaufbau den veränderlichen Stand durch Kriegsentwicklung zugrunde zu legen. Die Bauweise soll nach Möglichkeit die in jeder Hinsicht technisch und wirtschaftlich in langer Erfahrung bewährte sein. Soweit nicht die notwendige Verwendung der Trümmer etwas anderes gebietet, wird für Wohnhäuser der Normalziegel, für Verwaltungs- und Geschäftsbauten in Großstädten der Betonbau zu wählen sein. Dem Kellergeschoß muß die bauliche Ausstattung zuteil werden, die sich aus dem derzeitigen Stande der Kriegstechnik als Gasschutz und Sicherheit der Decken sowie Spannweite zwischen den Mauern betrifft, ergibt.

[29. Einschätzung der Selbsthilfe?]

Zu 29: Die Bedeutung der Selbsthilfe schätze ich sehr hoch ein. Sie hatte schon seit 1930 bedeutenden Wert erreicht, als allmählich klar wurde, daß die einzelnen selbst mit Hand anlegen mußten, um der Wohnungsnot zu steuern. Bei der Errichtung der Kleinsiedlungen in Leipzig haben wir grundsätzlich Selbsthilfe verlangt, schon aus dem Grunde, um während der Aufbauzeit die Zähigkeit und den Leistungswillen des Siedlers zu prüfen. Nach diesem Kriege kommt ein psychologischer Faktor hinzu. Jeder wird gerne dazu beitragen, daß die Bilder des Krieges und der Zerstörung sobald wie möglich verschwinden. Ich halte es für unerläßlich, angesichts des zunehmenden Ausmaßes der Zerstörungen diese Selbsthilfe zu organisieren. Komme darauf bei den nächsten Fragen zurück. Wenn man jeden Deutschen vom 18. bis zum 65. Lebensjahr heranzieht und zunächst eine Wochenleistung von 10 Stunden verlangt, so kommt man theoretisch auf einen Produktionswert von etwa 8 bis 10 Milliarden, da es sich ja im wesentlichen um Verrichtungen handeln wird, die ungelernte Kräfte sonst ausfahren. Da aber diese Selbsthilfe neben einer täglichen Arbeitsleistung von 9-10 Stunden geleistet werden muß, so ist sie natürlich nicht mit dem theoretisch errechenbaren anzusetzen, sondern etwa nur zu 50 %, das sind also 5 Milliarden.

[30. Folgerungen aus der zu erwartenden Finanzlage des Reiches – der Gemeinden? Lage und Organisation des langfristigen Kredits (Sparpolitik)?]

Zu 30: Die Reichsschuld betrug am 31. 12. 1944 rund 400 Milliarden RM. In der Schätzung von Dr. Nonnenbruch (V[ölkischer]B[eobachter] vom 7. 1. 1945), der die Schuld für den 30. 9. 1944 mit 320 Milliarden angibt, fehlen eine Reihe von Schuldposten, namentlich solche, die mit Wechseln eingegangen sind. Ich rechne, daß am Kriegsende rund 450 Milliarden einzusetzen und daß dann in den beiden ersten Nachkriegsjahren noch etwa 50 Milliarden hinzu kommen, denn der Übergang von dem einen in den anderen Zustand vollzieht sich ja nur allmählich. Zu den Schulden kommen Zerstörungsschäden, deren Betrag ich zurzeit auf etwa 200 Milliarden schätze.[18] Das Vermögen des deutschen Volkes betrug zu Beginn des Krieges etwa 500 Milliarden. Durch Neubauten aller Art hatte es sich im Kriege um etwa 50 Milliarden vermehrt. Der heutige Stand abzüglich der zerstörten Werte muß ungefähr 350 Milliarden sein. Ihm stehen insgesamt Schulden von 700 Milliarden gegenüber. Die Hälfte der Schulden ist also ungedeckt. Der Wiederaufbau kann nicht auf weitere Schulden gestellt werden, wird auch bereits jetzt ein unerträglich großer Teil des Steueraufkommens durch Zinsen und Tilgungsbeträge verschlungen. Bei weiterer Verschuldung müssen diese Beträge mit unentrinnbarer Sicherheit alles auffressen, was aus der Produktionsleistung des deutschen Volkes für die Gemeinschaftsaufgaben erübrigt werden kann. Im Gegenteil, wie ich in der Arbeit über die Nachkriegswirtschaft ausgeführt habe,[19] bleibt gar nichts anderes übrig, als den Schuldendienst für die Reichsanleihen einzustellen bis auf eine etwa ½ betragende Tilgung. Weiter: Sollte die Schuldenwirtschaft fortgesetzt werden, so müßte man auch die bisherige Zwangswirtschaft auf allen Gebieten fortsetzen. Denn das angesammelte Spargeld würde sonst den Versuch machen, sich auf die wiedererscheinende Ware zu stürzen, um den lange aufgestauten Bedarf zu decken. Wir müßten also die Sparguthaben sperren und das Ergebnis wäre, daß jedes Interesse am Sparen aufhören würde. Im Kriege verzichtet man schon aus psychologischen Gründen darauf, die Reichsschulden zinslos zu machen. Wieviel weniger könnte man im Frieden daran denken, noch weiter zu gehen. Ferner: Für die Nachkriegswirtschaft ist der Leistungswille des Volkes entscheidend. Von Höchstleistungen hängt nicht nur die Schnelligkeit des Wiederaufbaues, sondern auch die Stellung Deutschlands in der Welt ab. Auf sie ist aber nicht zu rechnen, wenn an allen Ecken und Kanten der Erhaltungs- und Gestaltungswille des Menschen eingeengt wird. Und endlich: Für den Wiederaufbau und für die Wiedergewinnung der Leistungsfähigkeit des Volkes ist eine erhebliche Einfuhr von Nahrungsmitteln und Rohstoffen im jährlichen Werte von etwa 5-6 Milliarden RM erforderlich. Setzen wir im Innern die Schuldenwirtschaft fort, so müssen wir Deutschland wie seit dem Neuen Plan Schachts (1934) mit einer Chinesischen Mauer umgeben.[20] Denn diese ist nur entbehrlich, wenn der ausländische Verkäufer mit dem ihm vom deutschen Käufer gezahlten Geld in Deutschland auch kaufen kann und nicht auf Bezugsscheine angewiesen ist. Die Folge ist dann weiter der Handelsvertrag Land-Land, bei dem derjenige, der ihn sucht, immer derjenige ist, der die gewünschte Ware teuer bezahlen und die eigene Gegenleistung

[18] Zu den Kriegsschulden und den Kriegsschäden s.o., Anmerkungen 8 f.

[19] S.o., Anmerkung 2.

[20] Zu Schachts „Neuem Plan“ vgl. S. 403, Anmerkung 19.

billig liefern muß. Das haben wir nicht nur in dem Jahrfünft vor diesem Kriege, namentlich im Verhältnis zu den Balkanstaaten erfahren, sondern wir haben selbst im Kriege im Güterverkehr mit den besetzten Ländern die gleiche Erfahrung machen müssen, trotzdem uns in diesem Zeitraum Machtmittel genügend zur Verfügung standen.[21] Das hat seinen Grund darin, daß Leistungen immer eines Mindestmaßes von Willen bedürfen.

Damit ist klargestellt, daß der Wiederaufbau nur aus der laufenden Leistung des deutschen Volkes geschaffen werden kann, und zwar so, daß alle übrigen aus der Leistung zu deckenden Aufgaben auch erfüllt werden und daß das Geldwesen nicht in Unordnung gerät.

Dr. Nonnenbruch errechnet in dem erwähnten Aufsatz die Kriegsjahresleistung des deutschen Volkes auf 112 Milliarden, übersieht aber dabei, daß in diesem Betrag auch die Zins- und Tilgungsleistungen für die Reichsanleihen enthalten sind, daß alle sonstigen persönlichen Kriegsausgaben, wie Familienunterstützungen, Wehrsold usw. in diesem Betrage stecken, daß wir eine auf die Dauer nicht zu haltende Übersteigerung der Arbeitszeit einkalkulieren, und daß etwa 8-10 Mill[ionen] Ausländer ihre Leistungskraft heute dem deutschen Volk zur Verfügung gestellt haben.[22] Im Jahre 1938, einem Jahr hoher Leistungen, betrug der Gesamtwert der deutschen Produktion etwa 85 Milliarden. Nun ist aber die Annahme von Nonnenbruch irrig, daß man nach der Demobilmachung mit höheren Leistungen rechnen kann. Genau das Gegenteil ist der Fall. Von den erwarteten Facharbeitern ist ein Prozentsatz gefallen, ein anderer verstümmelt. Man wird mit etwa 10 % zu rechnen haben. Der Nachwuchs ist immer dürftiger ausgebildet und ebenfalls durch Verluste an der Front um den gleichen Prozentsatz gekürzt. Endlich ist aus der Gesamtproduktion, und zwar ohne daß neue Schulden gemacht werden, für die Kriegsopfer zu sorgen. Ich schätze bei 9- bis 10-stündiger Arbeitszeit den Produktionsanfall auf einen Jahresdurchschnitt von 80 Milliarden. Dabei muß man sich vollkommen klar darüber sein, daß er in den ersten Jahren niedriger liegen und dann steigen wird. Die eingearbeiteten ausländischen Arbeiter werden verschwinden; Soldaten, die der geregelten Arbeit entwöhnt sind, kehren zurück. Viele von ihnen müssen zunächst für sich und ihre Familie Arbeitsstätten und Unterkunft neu suchen, denn beide sind zerstört. Man muß also den Tatsachen so wie sie sind ins Auge sehen und greift mit 80 Milliarden nicht zu niedrig, zumal ja auch nach Rückkehr der Soldaten die Fabrikarbeit der Ehefrauen und Mütter allmählich wieder auf ein tragbares Maß zurückgeführt werden müssen. Von den 80 Milliarden werden 50 Milliarden für Ernährung, Kleidung, Wohnung, Gesund-

---

[21] Zu den bilateralen Handelsverträgen der Vorkriegszeit vgl. S. 317, Anmerkung 4; zu dem Verrechnungsverkehr mit besetzten Ländern S. 787, Anmerkung 9; allgemein zum wirtschaftspolitischen Verhältnis des NS-Regimes zu Südosteuropa S. 1007, Anmerkung 82.

[22] Zu den Fremd- und Zwangsarbeitern im nationalsozialistischen Deutschland vgl. S. 1040, Anmerkung 4.

heitsdienst und kleine, unerläßliche Kulturausgaben benötigt. Für die Wehrmacht sind 3 Milliarden nach den heute gewohnten Zahlen eher zu wenig als zu viel; öffentliche Verwaltung und Erziehung sowie die sozialen Ausgaben verlangen mindestens 12 Milliarden und der Schuldendienst 2 Milliarden (½ % Tilgung). Für den Wiederaufbau verbleiben mithin 8 Milliarden. Dazu tritt der Wert der Selbsthilfe 5 Milliarden, zusammen 13 Milliarden. Daraus läßt sich das oben dargestellte Volumen des Wiederaufbaues erfüllen (800.000 neue Wohnungen, 400.000 wiederhergestellte Wohnungen, 1,8 Milliarden Hausrat und 2 Milliarden für Arbeitsstätten usw.).

Die Gemeinden haben eine sie hinreichende belastende Aufgabe im Wiederaufbau, wenn ihnen der Straßenbau und die Entschädigungen auferlegt werden, die an Grundeigentümer für Wertminderungen zu zahlen sind. Denn eine Reihe von Grundflächen werden nicht mehr bebaut und daher wertloser werden. Sparkassen- und Bankgelder stehen in nennenswertem Betrage nicht zur Verfügung. Sie sind fast vollkommen vom Reich durch seine Anleihen abgezogen. Wollte man auf diese Gelder wieder zurückgreifen, müßten die Reichsanleihen etwa durch Verpfändung zu Geld gemacht werden und würden damit das Gleichgewicht zwischen Geld, Waren und Produktionsmarkt sofort in Unordnung bringen. Will man diese Unordnung unter allen Umständen vermeiden, und das ist notwendig, wenn wir uns in der Welt frei bewegen wollen, dann gibt es nur zwei echte Quellen zur Finanzierung des Wiederaufbaues: das noch vorhandene Realvermögen und die laufende Arbeitskraft. Daraus ergeben sich ganz bestimmte und nicht zu umgehende Notwendigkeiten. Die erste ist die schon an anderer Stelle erwähnte Ausnutzung aller Trümmer; denn sie müssen Bauwerte werden und nicht Gegenstand kostspieligen Abtransportes. Diese Tatsache wird den Reichsideal-Bauplan in vielen Punkten unausführbar machen und Einschränkungen erzwingen. Trotzdem muß er aufgestellt werden. Die zweite Notwendigkeit, die Besitzer von Realvermögen und die Träger der Arbeitskraft heranzuholen, daher mein Rat an anderer Stelle, den Wiederaufbau den Wirtschaftsgruppen und überhaupt den Wiederaufbaugemeinschaften zusammenfassenden Berufsvereinigungen zu übertragen mit der Maßgabe, daß jedes Mitglied mit etwa 20% des Schadens belastet wird, d.h. mit 20% seines Vermögens. 20% von 550 Milliarden sind rund 100 Milliarden. Diese Verteilung erfolgt durch die Berufsorganisationen. Zu Lasten jedes Mitglieds werden je nach Art seines Vermögens Hypothekenbriefe, Aktienanteile, Schuldverschreibungen der Reichsbank oder der Reichskreditgesellschaft in treuhänderische Verwahrung gegeben. Sie verkauft diese Realwerte mit jener Vorsicht, die durch die Beobachtung der Spartätigkeit und des Geldmarktes geboten ist. Man wird diese Werte mit mindestens 4% zu Lasten der Wiederaufbauträger verzinsen müssen, um einen Anreiz zum Sparen zu bieten. 2 Milliarden fließen den Banken und Sparkassen ohnehin jährlich als Tilgung der Reichsanleihen zu. Man kann also wohl damit rechnen, daß durch die Verwertung dieses Realvermögens 5 Milliarden echtes Geld jährlich hereinkommt, um im Wiederaufbau verwendet zu werden und dadurch den zerstörten Kapitalwert des deutschen Volkes allmählich wiederherzustellen. Zweitens weitere 5 Milliarden müssen durch Steuern aufgebracht werden. Da der gesamte Wiederaufbau etwa 20 Jahre Höchstleistung erfordert, wobei die unersetzlichen Kulturwerte nicht eingerechnet sind, so bringt diese Steuer in 20 Jahren die zweiten 100 Milliarden, die zum Wiederaufbau aufbaufähiger Werte erforderlich sind. Dazu kommt der Wert der Selbsthilfe mit 5 Milliarden. Somit ist eine echte Deckung geschaffen. Die Frage bleibt offen, wie man die 5 Milliarden Wiederaufbausteuer erheben will. Angesichts der Höhe des Betrages kommen nur sehr hohe Steuern in Betracht, also entweder Umsatzsteuer oder Gehalts- und Lohnsteuer, oder, was ich empfehle, eine Kombination von beiden, um auch an sich hohe Steuern möglichst sozial zu verteilen.

[31. Wer ist für den Wiederaufbau auf der Reichsebene hauptverantwortlich?]

Zu 31: Auf der Reichsebene soll für den Wiederaufbau, wie schon erwähnt, ein Reichsministerium für Wiederaufbau und öffentliche Arbeiten errichtet werden. Das jetzige Reichsministerium für Rüstung und Kriegsproduktion bietet dazu die Möglichkeit in zweckmäßiger Form.[23] Eine Koppelung dieses Ministeriums mit anderen Ministerien kann ich nicht empfehlen. Die Größe der Aufgabe und die Tatsache, daß dieses Ministerium dauernd zuständig bleiben soll für alle öffentlichen Arbeiten, für Raumordnung und Baupolizei, erfordert eine ungeteilte Kraft und auch ungeteiltes Interesse. Für die erste Periode des Wiederaufbaues, die ja gleichzeitig die einer Demobilmachung ist, wird sich empfehlen, diesen Minister, den Reichsernährungsminister, den Reichsminister für Wirtschaft und Sozialpolitik, den Reichsinnenminister und den Präsidenten der Reichsbank zu einem Wiederaufbaurat näher zusammenzubringen.

[32. Organisation des Lenkungsapparates auf der Mittelstufe. Grenzen der fachlichen Aufsicht der Reichsressorts?]

Zu 32: Auf der Mittelstufe gebührt die Lenkung des Wiederaufbaues dem Reichsstatthalter; sie wird zu einer seiner wesentlichsten Aufgaben werden, und ich kann mir nicht denken, daß ein Reichsstatthalter von Format sich um diese

[23] Das Reichsministerium für Rüstung und Kriegsproduktion, bis zum November 1943 Reichsministerium für Bewaffnung und Munition, diente der Zentralisierung und Leistungssteigerung der Rüstungswirtschaft. Es verfolgte auch den Zweck, die Zuständigkeiten des OKW zu beschneiden, indem es zunehmend mehr Kompetenzen des Wehrwirtschafts- und Rüstungsamts beanspruchte. Das Ministerium arbeitete mit einer minimalen Bürokratie, indem den Industriegruppen die Verantwortung zur Erfüllung von Rüstungsvorgaben zugewiesen wurde – dieses System einer scheinbaren Selbstverwaltung wird Goerdeler besonders angesprochen haben. Während der zuständige Minister Albert Speer sein System als das einer „demokratischen Wirtschaftsführung" bezeichnete, wird aus seinen weiteren Memoiren die völlige Abhängigkeit von Hitlers Einmischungen deutlich. Vgl. Speer, Erinnerungen, S. 205 ff. (Zitat v. S. 225); zur Bewertung Herbst, Totaler Krieg, S. 255 ff.

Aufgabe nicht leidenschaftlich kümmern wird. Wollte man also besondere Mittelbehörden einsetzen, wofür ja die Sonderbeauftragten des Reichsministeriums für Rüstung und Kriegsproduktion den Ansatzpunkt geben könnten, so würde deren Chef in dauernder für ihn nicht immer einfacher Zusammenarbeit, wenn nicht gar Abhängigkeit mit oder von dem Reichsstatthalter stehen.

Die Fachaufsicht des Reichsministers sollte sich auf nicht mehr erstrecken als auf die Überwachung der Beobachtung der Reichsgesetze und der Reichsrichtlinien durch häufige Besichtigungen an Ort und Stelle. Der Reichsstatthalter muß gehalten sein, die Richtlinien, die er für den Bau zu erlassen gedenkt und die sich ohnehin innerhalb der Reichsrichtlinien halten müssen, vorher dem Reichsminister vorzulegen. Im übrigen genügt ein Fachstab bei dem Reichsstatthalter, der je nach der Bedeutung ausgestattet sein muß, den der Wiederaufbau in dem betreffenden Gau hat. Im allgemeinen wird ein sehr kleiner Stab genügen; denn die Selbstverwaltung hat genügend durchgebildete und an dem Wiederaufbau innerlich aufs äußerste beteiligte Fachkräfte.

[33. Soll das Schwergewicht der Durchführung bei einem Reichsapparat (Behörde – „Unternehmen“) oder bei der Selbstverwaltung der Gemeinden – und Landkreise – liegen?]

Zu 33: Das Schwergewicht soll also bei den Selbstverwaltungen der Stadt- und Landkreise liegen. Einmal handelt es sich ja um die Wiederheilung ihres eigenen Lebenskörpers. Sodann würden neue Reichsunterbehörden ja wieder darauf angewiesen sein, sich mit diesen Selbstverwaltungen ständig auseinanderzusetzen, sowohl was die Aufstellung der Pläne betrifft, als auch was deren Ausführung anbelangt. Ich habe aber schon mehrfach auch in der Arbeit über die Verwaltungsreform darauf aufmerksam gemacht: und die Antwort auf Frage 30 erhärtet diese Notwendigkeit – daß in der Verwaltung eisern gespart werden muß, wenn man den Wiederaufbau so schnell wie möglich durchführen will.

Auch die Errichtung eines Reichsunternehmens anstelle einer Reichsbehörde würde nichts daran ändern, daß jede neue Organisation dem eigentlichen Aufbau Kräfte entzieht. Wenn die Selbstverwaltungen wissen, über wieviele Baustoffe sie in den Zeiten der Knappheit verfügen dürfen, dann soll man ihnen die Verantwortung für den Wiederaufbau und die Freude an ihm nicht nehmen. Sie werden [sich] von selbst dann mit den zunächst in Betracht kommenden Unternehmern, Arbeitsämtern usw. in Verbindung setzen, die ihrerseits von ihren Reichszentralen mit den notwendigen Unterrichtungen versehen sind. Diese gehen hinaus, nachdem der Reichsminister Baustoffindustrie, Bauunternehmer, Reichsarbeitsverwaltung usw. zu Informationsaussprachen vereinigt hat. Ich habe schon an anderer Stelle erwähnt, daß der Einsatz des Wiederaufbaupflichtdienstes einer gewissen Lenkung von oben und Selbständigkeit nach unten bedarf. Sie ist dadurch zu erreichen, daß die Kreise in Zusammenarbeit mit den Arbeitsämtern die Zahl der Wiederaufbaupflichtigen feststellen und ebenso ihren jeweiligen Bedarf angeben.

Die Überschüsse stehen zunächst dem Gau und die Gauüberschüsse dem Reich zur Verfügung. Für die Leitung des Wiederaufbaudienstes im einzelnen Kreise kann entweder die Organisation des Reichsarbeitsdienstes oder die der Organisation Todt nutzbar gemacht werden.[24] Auch aber muß das Bestreben sein, mit einer Organisation und mit möglichst wenigen Verwaltungskräften auszukommen.

Ich schlage die Land- und Stadtkreise für die Durchführung des Wiederaufbauverfahrens vor und nicht die Gemeinden, weil der Gemeindeapparat kleiner Gemeinden namentlich bei deren umfangreichen Zerstörungen zur Bewältigung der Aufgaben nicht ausreichen wurde. Selbstverständlich muß der Landrat die kleinen Gemeindeverwaltungen zu möglichst intensiver Mitarbeit heranziehen, um auch hierfür möglichst viel ehrenamtliche Kräfte mobil zu machen.

[34. Wiederaufbau*verfahren*? Reicht das sog. Neuordnungsverfahren nach der VO vom 2.12.40 aus?]

[Nicht beantwortet]

[35. Falls die Fragen 1, 3, 16 usw. bejaht werden und eine grundlegende Neuordnung der wieder aufzubauenden Städte (Großstädte) erforderlich wird: Sind die gegebenen rechtlichen Handhaben ausreichend – wenn nein, welche müssen geschaffen werden auf den Gebieten a) der Bauordnung; b) des Grundstücksrechts; c) des Enteignungs- und Umlegerechts?]

Zu 35: Wie aus den Antworten 1, 3, 16 usw. hervorgeht, ist eine grundlegende Neuordnung der wiederaufzubauenden Städte erforderlich, selbst wenn sich im Laufe der Durchführung ergeben sollte, daß der Idealplan starke Einschränkungen erfahren muß. Ich empfehle

a) ein Reichsaufbaugesetz und Reichsrichtlinien für den Wiederaufbau sowie ein Reichsbaupolizeigesetz zu erlassen. In das letztere gehören alle Bestimmungen, die dauernd die Bautätigkeit in den Rahmen der von den zuständigen Stellen aufgestellten Plänen einordnen und den Bedürfnissen der Volksgesundheit, der Verkehrssicherheit, der Kriegssicherheit unterwerfen sollen. Es wird sich hier im wesentlichen um eine Zusammenfassung der jetzigen Landesgesetze und darum handeln, das Raumordnungs- und Planungsrecht des Reiches gesetzlich zu verankern. Das Reichsaufbaugesetz muß regeln: Gegenstand des Wiederaufbaues,

---

[24] Zum Reichsarbeitsdienst vgl. S. 349, Anmerkung 11. Die Organisation Todt (OT) war 1938 unter der Leitung Fritz Todts, dem Vorgänger Speers im Reichsministerium für Bewaffnung und Munition, gegründet worden. Zuständig für die gesamte Bauwirtschaft, war die OT während des Krieges bereits verantwortlich für den Wiederaufbau zerstörter Verkehrswege und militärischer Projekte. Die OT war paramilitärisch organisiert und setzte in großem Umfang Zwangsarbeiter und Kriegsgefangene sowie KZ-Häftlinge ein. Vgl. ausführlich Ulrich Herbert (Hg.): Europa und der „Reichseinsatz". Ausländische Zivilarbeiter, Kriegsgefangene und KZ-Häftlinge in Deutschland 1938–1945, Essen 1991.

Träger des Wiederaufbaues, Finanzierung des Wiederaufbaues, Wiederaufbaudienstpflicht, Zuständigkeitsverteilung für Planung, Verteilung von Baustoffen und Arbeitskräften, Enteignungsbefugnis an Trümmern mit der Verpflichtung des Enteigneten, sich mit Ersatz in Natura zu begnügen, Enteignungsrecht für Reich, Gaue und Kreise an Grundstücken, die nach dem Wiederaufbauplan für den Gemeindegebrauch benötigt werden, Verpflichtung des enteigneten Grundeigentümers zur Annahme der Entschädigung von Grundstücken, womit gleichzeitig das Zusammenlegungsverfahren seine Erledigung findet.

Über den Inhalt der Reichsrichtlinien, die insbesondere das Ziel und den Geist des Wiederaufbaues den Ausführungsbehörden nahebringen müssen, habe ich bereits in den anderen Antworten das Notwendige gesagt.

b) Im Grundstücksrecht des Bürgerlichen Gesetzbuches empfehle ich keine materiellen Änderungen. Das Grundbuchamt muß berechtigt und verpflichtet werden, Änderungen am Eigentum und an den darauf liegenden Belastungen (Hypotheken u.a.) auf Ansuchen des Reichsministers, des Reichsstatthalters und des Landrates einzutragen, wenn bescheinigt wird, daß es sich um eine Rechtsänderung auf Grund des Reichsaufbaugesetzes handelt.

c) Das Enteignungs- und Umlegungsrecht bedarf lediglich der in a) und b) erwähnten Ergänzung, denn diese Ergänzung gewährt ja bereits die Möglichkeit, Privatgrundstücke für alle Zwecke des Wiederaufbaues zu enteignen und bisher öffentliche Grundstücke auch als Entschädigung zwangsweise an beteiligte Privateigentümer abzugeben.

[36. Welche Folgerungen ergeben sich für die Bodenpreispolitik – die Bewertung – die Entschädigungsfrage?]

Zu 36: Für die Bodenpreise liegen die Folgerungen auf der Hand, die eintreten müssen, wenn der neue Plan vom alten Bild abweicht. Grundstücke, die bisher mit außerordentlich ertragreichen Bauten besetzt waren, werden vielleicht Freiflächen, Grundstücke, die bisher nicht oder landwirtschaftlich genutzt werden, werden durch Bebauung ertragreicher. Die Bodenpreispolitik erhält als solche durch den Wiederaufbau einen gewaltigen Antrieb, in einer gelenkten Ordnung gehalten zu werden. Ich glaube aber, daß auch hier ein entsprechender Hinweis in den Richtlinien vollkommen ausreichen wird, um alle am Wiederaufbau Beteiligten zu größter Sorgfalt und Vorsicht zu veranlassen. Ein besonderes Geschäft soll niemand am Wiederaufbau machen. Aber man kann auch nicht einen einzelnen, der bisher ein ertragreiches Grundstück besaß und der nunmehr den Interessen der Gemeinschaft weichen muß, diesen für ihn schicksalhaften Vermögensverlust allein tragen lassen. Das wäre eine ganz offenbare harte Ungerechtigkeit. An einen Ausgleich im Reich läßt sich auch kaum denken. Denn man wird den armen Rhönbauern nicht für Entschädigungen heranziehen können, die an großstädtische Grundbesitze erforderlich werden. Hier fehlt die interessen- und gefühlsmäßige Verbindung. Eher wäre schon an einen Ausgleich innerhalb des Baugebietes zu denken, wenn man ihn auf die städtischen Grundbesitzer begrenzt. Ich empfehle dieses Verfahren, soweit es nicht im einzelnen Gaue zu umständlich wird. Wenn nämlich in einem Gau der Zerstörungsschaden weit unter dem Durchschnitt liegt und auch die in dem Gau gelegenen Gemeinden nur tragbaren Schaden erlitten haben, dann empfiehlt sich das einfachere Verfahren, den Ausgleich innerhalb einer Gemeinde vorzunehmen. Die Entscheidung, ob Gau oder Gemeinde (immer nur die Grundbesitzer städtischer Grundstücke) das Entschädigungsausgleichsverfahren tragen sollen, rate ich der Berufsgruppe der Haus- und Grundbesitzer zu überlassen. Sie haben das größte Interesse daran, den vernünftigsten Ausgleich zu wählen. Sie sollen ihn auch im wesentlichen tragen. Aber es ist eine Beteiligung des Gaues, der Kreise und der Gemeinden erforderlich, je nachdem es sich um die Durchführung des Reichs- oder Gauplanes, des Planes eines Kreises oder des Planes der Gemeinde handelt. Diese Beteiligung ist erforderlich, weil sonst die Gefahr besteht, daß die Planungen ohne Rücksicht auf die Tragbarkeit der Lasten für die Grundbesitzer aufgestellt werden. Ich empfehle, diese Entschädigungen abzüglich des Zuwachses, den andere Grundbesitzer erfahren, zu 50 % den Interessenten und zu 50 % der beteiligten Selbstverwaltung aufzuerlegen. Diese Entschädigungen können auch hier entweder in bar geleistet werden oder durch Hingabe von Hypothekenbriefen, Aktienschuldverschreibungen usw. Sie geraten von dem Entschädigungsverpflichteten auf dem Umweg über die erwähnte Organisation des Berufes an Entschädigungsberechtigten.

[37. Sind Rechtshandhaben auf dem Gebiet des Gewerberechts, der Freizügigkeit (Niederlassungserlaubnis), des Arbeitseinsatzes, der Berufslenkung erforderlich?]

Zu 37: Auf dem Gebiet des Gewerberechts sind besondere Rechtshandhaben nicht erforderlich, da das Wiederaufbaugesetz und das Reichsbaupolizeigesetz (vergl. Ziff. 35) den zuständigen Stellen die erforderlichen Eingriffsrechte gibt, insbesondere auch, was die Beschränkung der Errichtung von Arbeitsstätten bestimmter Größen in Gemeinden von bestimmter Größe angeht.

Was die Freizügigkeit angeht, so sind Dauerbeschränkungen nicht erforderlich. Wären sie es, so müßte ein schwerer organischer und systematischer Fehler vorliegen, denn die Beschränkung der Freizügigkeit im Zeitalter einer die Räume überspringenden Technik wäre ein Schildbürgerstreich. Sie ist außerdem deshalb zu verwerfen, weil sie den Leistungswillen beeinträchtigt. Wohl aber ist während der Demobilmachung und eines ihr folgenden Zeitraumes von jetzt nicht bestimmbarer Dauer eine solche Einschränkung erforderlich. Sie ergibt sich aus der Tatsache, daß viele entlassene Soldaten entweder nicht mehr ihre Wohnung und auch keinen Ersatz oder nicht mehr ihre Arbeitsstätte an dem früheren Orte vorfinden. Würde es sich um einige Fälle handeln, brauchte man sich um sie zentral nicht zu kümmern. Es handelt sich aber um einige Millionen, und die müssen wissen, was sie tun sollen, an welche Stelle sie sich nach der Entlassung zu begeben und an wen sie sich wegen Unterkunft und Arbeitsstelle zu wenden haben. Ich würde ihnen aber überlassen, nach geschehener Meldung sich eine neue Arbeitsstelle, auf die kein anderer Anspruch hat, selbst zu suchen. Denn alle Selbsthilfe ist auch der Gemeinschaft nützlich, solange sie sich in erlaubten Grenzen hält. Der einzelne müßte nur verpflichtet werden, den Meldestellen unverzüglich Anzeige zu erstatten, falls er mit Erfolg für sich selbst gesorgt hat. Die übrigen müssen dann diejenigen Wohn- und Arbeitsmöglichkeiten annehmen, die ihnen die Volksgemeinschaft bieten kann. Allmählich stellt sich dann die Möglichkeit der freien Wahl von Wohnung und Arbeitsstätte von selbst wieder ein.

Ich kann nicht empfehlen, den Gedanken der Berufslenkung weiterzutreiben.[25] Man hat ihn ja über die Berufsberatung, über die Sperre von Lehrstellen, über die Zulassung nur von bestimmten Quoten der Abiturienten zu den Hochschulen zu verwirklichen gesucht. Alle Versuche haben sich immer wieder als Fehlschläge erwiesen. Eine Wirtschaft, die erkannt hat, daß das Leben Kampf ist, daß alles auf Leistung und die Anständigkeit des Kampfes ankommt, muß die Menschen auch in ihrer Berufswahl sich möglichst selbst überlassen. Die meisten empfangen von Eltern, Verwandten oder Freunden eine natürliche Beratung, soweit nicht eine Neigung vorliegt, die aller Beratungen und Hindernisse spottet. Kleine Berufsberatungen, die man am besten der Selbstverwaltung entweder der Deutschen Arbeitsfront anvertraut oder mit den Arbeitsämtern verbindet, genügen dem Bedürfnis. Aber keine Regel ohne Ausnahme. Es gibt Lagen und Zeiträume, in denen eine planende Nachhilfe zweckmäßig erscheinen kann. So ist z. B. seit einigen Jahren klar, daß der Nachwuchs an Bergarbeitern den künftigen Bedarf bei weitem nicht deckt. Auf diesen Tatbestand kann die Zentralbehörde mit den verschiedensten Mitteln die Aufmerksamkeit des Volkes richten. Reicht das nicht aus, so wird nichts anderes übrig bleiben, als eine Verschiebung in den Lohnverhältnissen vorzunehmen oder durch sonstige Verbesserungen einen Anreiz für die Wahl dieses Berufes zu schaffen. Aber auch hier sollte die Zentrale erst eingreifen, wenn die Organisationen der Beteiligten sich selbst nicht mehr helfen können. Im übrigen ist schon deshalb größte Zurückhaltung geboten, weil es wirklich über die Prophetengabe jedes Beamten hinausgeht, die Aussichten in einem Beruf auch nur für die nächsten 10 Jahre richtig einzuschätzen. Auch hier muß jeder seines Glückes Schmied werden. Auf einem anderen aber hier nicht zu behandelnden Gebiet liegt die Frage der Begabtenförderung, in der großzügige Reformen erforderlich sind.

Für den Wiederaufbau genügt die oben erwähnte Lenkungsmöglichkeit des Arbeitseinsatzes und des Wohnsitzes während einer Anlaufszeit.

[38. Welche Folgerungen ergeben sich aus dem städtischen Wiederaufbau für die *Landvolkpolitik*? (Eine nähere Erörterung des ländlichen Sektors ist unterlassen, weil er bisher schon weitgehend theoretisch durchgearbeitet und – von Einzelfällen abgesehen – nicht in gleicher Weise von Kriegszerstörungen betroffen worden ist).]

---

[25] Zur nationalsozialistischen Berufslenkung vgl. S. 714, Anmerkung 20.

Zu 38: Ich habe bereits erwähnt, daß die deutschen Bauern den allgemeinen Wiederaufbau nicht mittragen sollen. Zunächst ist abzuwarten, wie weit sie durch Wiederaufbau zerstörter Landwirtschaftsbetriebe in Anspruch genommen werden. Dieser ist natürlich ihre Sache. Ich habe auch bereits erwähnt, daß die deutschen Bauern in sich die Kosten des allgemeinen Wiederaufbaues tragen müssen, der ohne Zerstörung erforderlich wird. Er muß die Mangelhaftigkeit des Inventars, die Vernachlässigung an den Gebäuden, die Wiederanreicherung des Bodens mit Dung und alle diejenigen Folgen umfassen, die eine lange Kriegswirtschaft der Landwirtschaft stärker zugefügt hat als anderen Berufszweigen. Sollte sich ergeben, daß das so gewonnene Verhältnis zwischen der Belastung des Landvolkes und des Stadtvolkes eine Unbilligkeit aufweist, so bleibt es Sache des Reiches, die in der Landwirtschaft noch steckenden Reserven etwa in der Form einer Wiederaufbau-Hypothek dem allgemeinen Wiederaufbau nutzbar zu machen.

Im übrigen aber muß der sonstige Bedarf zur Durchführung einer zielbewußten Landvolkpolitik einstweilen zurückgestellt werden. Ich muß dringend befürworten, die drängenden Fragen, die Schaffung von Arbeitsstätten und Wohnungen für die heimatlos gewordenen Städter bis auf weiteres allem anderen voranzustellen, was nicht der Sicherung einer vollkommen ausreichenden Ernährung und Kleidung dient. Dadurch findet auch nebst der produktiven Förderung des Bauernstandes seine natürliche Entlastung von allen den Unannehmlichkeiten statt, die ihm heute aus der Aufnahme oder Zwangseinquartierung einer wachsenden städtischen Bevölkerung zufallen. Erst wenn sich das städtische Wiederaufbauwerk (ohne Kulturbauten) dem Ende nähert, sind die Folgerungen dieses Wiederaufbaues auf die Landvolkpolitik zu beziehen, bis auf eine Ausnahme: Macht ein Wiederaufbau einer Stadt im Rahmen eines technisch und wirtschaftlich einwandfreien und durchführbaren Planes die Errichtung von Kleinsiedlungen notwendig und sind die dafür erforderlichen Flächen anderweit nicht gleich wirtschaftlich zu beschaffen, so muß (im Wiederaufbaugesetz) der Kreis, der Gau, das Reich die Möglichkeit haben, auch landwirtschaftlich genutzten Besitz zu enteignen. Dabei soll, falls die Natur und der Zweck eine Wahl möglich lassen, der größere Besitz vor dem kleineren enteignet werden.

Weitere Wirkungen des gesamten Wiederaufbauwerkes können sich da ergeben, wo große oder mittlere Arbeitsstätten auf das Dorf oder die Kleinstadt verlagert werden. Hier ist in jedem einzelnen Fall zu prüfen, ob der Bedarf an Arbeitskräften in der Stadt unterzubringen ist, oder ohne Schädigung des landwirtschaftlichen Kräftebedarfs aus der Umgegend gedeckt werden kann, oder ob sich empfiehlt, die erforderlichen Neuansiedlungen in den umliegenden Dörfern vorzunehmen. Wie schon erwähnt, finden wir in der wirtschaftlich zielbewußten entwickelten Struktur Württembergs ein Vorbild. Auch die Stadt Leipzig hat aus dem gleichen Beweggrunde Verträge mit Siedlungsgesellschaften der umgebenden Landkreise geschlossen, um in der Stadt beschäftigte Arbeiter weiter ab auf dem Lande zu siedeln. (Stellengröße nicht über 4 Morgen). Es wird sich im praktischen Einzelfall empfehlen, von einer geschlossenen grundsätzlichen Verlagerung eines Groß- oder Mittelbetriebes sofort den zuständigen Landrat und, wenn mehrere Kreise beteiligt sind, den zuständigen Reichsstatthalter zu unterrichten, damit diese im Benehmen mit dem Bürgermeister des neuen Stadtorts sich über die zweckmäßige Ansiedlung etwa benötigter neuer Arbeitskräfte klar werden.

In Zukunft werden also auch auf dem Lande mehr Kleinsiedlungen in Erscheinung treten als bisher. Da die Intensität der Bodenbearbeitung dadurch steigt, treten ernährungspolitische Nachteile nicht ein. Nur eine Verschiebung des Einfuhrbedarfs kann die Folge sein.

Eine fernere Wirkung im wahren Sinne des Wortes erfährt die Landvolkpolitik weniger durch den städtischen Wiederaufbau als durch den in dem Wiederaufbauwerk lebendigen Geist. Dieser schwört der einseitigen Großstadtentwicklung ab und will den Menschen wieder näher an die Natur heranbringen, auch wenn sein Beruf ihn an die Stadt bindet. Das hat aber auch zur Folge und zur Voraussetzung eine stärkere Betonung der Kulturpflege auf dem Lande. In erster Linie muß sie der Hebung des Schulwesens dienen. Für den Winter kann auch die Einrichtung von Volksbüchereien vorgesehen werden, deren Bestände im Sommer anderweit ausnutzbar sind. Alles weitere ist Sorge einer noch ferneren Zukunft und auch sehr stark davon abhängig, wie sich inzwischen die Verkehrstechnik entwickelt hat.

[39. Welche besonderen Probleme, Regelungen und Aufgaben bestehen für den ländlichen Wiederaufbau?]

Zu 39: Im Wiederaufbau des einzelnen zerstörten Gehöfts auf dem Lande liegen keine Probleme, aber die Aufgabe, diesen Wiederaufbau unter Berücksichtigung der in dem Landesteil gemachten Erfahrungen und in Auswertung eines dort charakteristischen Baustils, dem neuen Gehöft den zweckmäßigsten Bestand zu geben. Auf diesem Gebiet liegen ja reiche Erfahrungen vor. Die Einordnung in den Baustil des Landesteils soll Deutschland vor einem Wiederaufbau bewahren, der öde und langweilig würde, wenn er sich durch Zweckmäßigkeit zur Einförmigkeit oder geradezu zur Normung verleiten ließe.

Diese Bindung an überlieferten und im Geschmack entsprechenden Eigenstil muß auch der Wiederaufbau geschlossener Siedlungen auf dem Lande Rechnung tragen, also dem Wiederaufbau von Dörfern. Auch dabei ist innerhalb des einzelnen Landesteils bewußt jede Einförmigkeit zu vermeiden. Aber dieser Aufbau kann und soll Mängel vermeiden, die die alte Siedlung aufwies. Ich glaube, daß zu allen diesen Maßnahmen die Regelungen ausreichen, die im Wiederaufbaugesetz und im Reichsbaupolizeigesetz Aufnahme finden sollen. Besonderer Regelungen scheint es mir nicht zu bedürfen.

Bei dem Wiederaufbau von Gütern entsteht die Sonderaufgabe, die Wohnstätten der Gefolgschaft recht zu planen und aufzubauen. Man wird auch hier davon ausgehen müssen, daß es gilt, den Landarbeiter mit möglichst hoher Leistungsfreudigkeit an die Scholle zu binden. Dazu braucht er eine gesunde Wohnung und soviel Land als erforderlich ist, um seinen Eigenbedarf für Kuh und Schwein und Federvieh zu decken. Seinen sonstigen Naturalienbedarf kann er zweckmäßiger bei seinem Gute kaufen. Hier ist die Frage nur, ob die Landarbeiter nur Mieter und Pächter dieser Wohnstätte sein oder auf eigenem Grund und Boden in der Nähe des Gutes siedeln sollen. Rein menschliche Erwägungen sprechen für die letztere Lösung; Zweckmäßigkeitserwägungen für die erste. Meines Erachtens muß die Entscheidung nach der Lage des einzelnen Falles getroffen werden und wird daher im dünner besiedelten Osten abweichen von der für den dichter besiedelten Westen. Hat der Arbeiter von der Wohnstätte aus die Möglichkeit, verschiedene Arbeitsstätten zu finden, so wird er auf eigenem Grund und Boden gesiedelt werden müssen. Ist das nicht der Fall, ist man doch beiderseits aneinander gebunden und vielleicht auch auf Trennung angewiesen, so darf diese beiden Teilen nicht unnötig erschwert werden. In diesem Falle ist es zweckmäßig, die Form der Miete und der Pacht zu wählen oder ein besonderes Gefolgschaftsverhältnis zu begründen.

Alles in allem dürfen wir uns durch die gegenwärtige ernährungspolitische Vorzugsstellung des Bauern den klaren Blick nicht trüben lassen. Die industrielle Entwicklung ist zu einem nicht unerheblichen Teil auf seine Kosten gegangen, von dem Augenblick an als der Städter verlangte, mit 8-stündiger Arbeit voll genügenden Lebensunterhalt zu finden. Dem Bauern ist ein solches nicht möglich. Er muß wesentlich länger Arbeit verrichten, um für sich und seine Familie das Auskommen zu schaffen. Dieser Unterschied kann nur dadurch gerecht ausgeglichen werden, daß entweder der Städter dem Bauern für dessen Produkte größere Gegenleistungen in höheren Preisen gewährt, oder selbst mehr produziert, um damit die Produktionsverhältnisse für den Bauern zu verbilligen. Der Zwang zum Wiederaufbau schreibt uns einzig und allein diesen Weg vor.
Selbst diktiert, genehmigt und unterschrieben:
[Goerdeler]

7.1.2 Kritik am Verwaltungsaufbau

maschinenschriftliche Denkschrift o.D. [Januar/Februar 1945]; BAB, R 58, Bd. 59.[1]
Notwendigkeit von Sparsamkeit und Einfachheit in der zukünftigen Organisation der Reichsverwaltung und in der Beamtenausbildung; Verwaltungsabbau, um möglichst wenige verantwortliche Stellen nebeneinander zu haben. Reichskanzlei als Führungsstelle aller anderen Ministerien; Innen-, Außen- und Finanzministerium sowie Ernährungs- und Justizministerium bleiben in ihrer bisherigen Form bestehen. Erziehungs- und Wissenschaftsministerium: starke Vereinfachung der Schulverwaltung, -aufsicht und -formen; Hochschulen bekommen Selbstverwaltung; Betreuung von Forschungsinstituten, kulturellen Einrichtungen und Literatur. Ministerium für Wirtschaft und Sozialpolitik: legt

[1] Vgl. zu Goerdelers Haft und Verurteilung S. 1054, Anmerkung 1. Die Denkschrift ist abgedruckt bei Jacobsen, Spiegelbild, S. 850-872; ein identisches Exemplar befindet sich im Nach-

Wirtschaftsordnung fest und überwacht deren Einhaltung; beaufsichtigt Wirtschaftskammern; übernimmt Aufgaben des Reichsarbeitsministeriums, die durch Selbstverwaltungsprinzipien in Wirtschaftskammern und DAF verringert werden; beaufsichtigt Arbeitsämter und Sozialversicherungswesen; übernimmt Befugnisse des Reichsministeriums für Rüstung und Kriegsproduktion. Verkehrs- und Postministerium zuständig für Reichsbahn und Reichspost, Land- und Wasserstraßen, zivile Luftfahrt; Kriegsministerium übernimmt Rüstungsaufgaben des Ministeriums für Rüstung und Kriegsproduktion, militärische Luftfahrt und Teile des OKW. Aufgelöst werden das Reichsarbeitsministerium, das Ministerium für Rüstung und Kriegsproduktion sowie das Luftfahrtministerium. Das Ministerium für Volksaufklärung und Propaganda gibt seine wirtschaftspolitischen Befugnisse an das Wirtschaftsministerium ab, seine kulturellen Befugnisse an das Ministerium für Erziehung und Wissenschaft; die verbleibende Funktion als Sprachrohr der Reichsregierung und zur öffentlichen Meinungsbildung wird in enger Zusammenarbeit mit den Reichsstatthaltern ohne eigenen Verwaltungsapparat erfüllt, eventuell Unterstellung unter die Reichskanzlei. Das neue Ministerium für Wiederaufbau und öffentliche Arbeit koordiniert in enger Zusammenarbeit mit den wirtschaftlichen und kommunalen Selbstverwaltungskörpern die notwendige Aufbauarbeit.

Diese Kritik muß [sich] in vertikaler und horizontaler Richtung bewegen. Die vertikale Untersuchung erfaßt die Zahl der übereinander geordneten Verwaltungsstellen (Instanzen); die horizontale die Zahl der nebeneinander bestehenden Verwaltungsorganisationen aller Stufen. Ich beginne mit der letzteren; denn der vertikale Aufbau der wichtigsten Verwaltung, nämlich der Allgemeinen Verwaltung, kann nicht unbeeinflußt von der Zahl der Spezialverwaltung bleiben.

Selbstverständlich beschränkt sich diese Arbeit auf die Reichsverwaltung. Die Selbstverwaltung wird im zweiten Hauptteil betrachtet werden.[2] Unbearbeitet bleiben die noch vorhandenen Reste der ehem[aligen] Landesverwaltung. Denn sie müssen entweder von den Verwaltungseinrichtungen des Reichs aufgesogen oder den Selbstverwaltungskörpern überantwortet werden. Für selbständige staatliche Landesverwaltungen ist im Großdeutschen Reich um so weniger Raum, als

lass Goerdeler (BAK, N 1113, Bd. 25). Die Denkschrift war konzipiert als erster Teil umfassenderer Überlegungen zum Verwaltungsaufbau und der Selbstverwaltung; der zweite Teil zur Selbstverwaltung konnte nicht mehr abgeschlossen werden und wurde nicht in die Edition aufgenommen (vgl. den Abdruck bei Jacobsen, Spiegelbild, S. 873-908). Da es sich von der Konzeption her um zusammenhängende Überlegungen handelt, erfolgt die Datierung auf den Januar/Februar 1945, nach dem Abschluss von Goerdelers Beantwortung der 39 Fragen zum Wiederaufbau; Dok. 7.1.1, oben S. 1054 ff.

2 Die letzte Denkschrift Goerdelers für das NS-Regime, „Gedanken zur Neuordnung der Selbstverwaltung“ (BAB, R 58, Bd. 59), ist unvollendet geblieben. In ihr macht Goerdeler nach allgemeinen Überlegungen zur Selbstverwaltung Reformvorschläge zur DGO (entsprechend seinen Vorschlägen von 1934/35; vgl. dazu die Dokumente 1.3.6 ff.), zum Deutschen Gemeindetag und zur Selbstverwaltung in den Kreisen und Gauen. Bei den Ausführungen zu wirtschaftlichen und sozialen Selbstverwaltungskörpern bricht die Denkschrift ab; vgl. auch den Abdruck bei Jacobsen, Spiegelbild, S. 873-908.

die ganze Entwicklung seit 1870 schon in die Richtung ging, die Zuständigkeiten des Reiches immer weiter auszudehnen.

Die Aufteilung einer großen Verwaltung in Spezialabteilungen hat viel Bestechendes. Vor allem sichert sie in allen Instanzen den Einsatz der Sachkunde. Sie hat den Nachteil, daß dasselbe Staatsziel von mehreren nebeneinanderstehenden Verwaltungen einheitlich erfaßt und auch auf dem Spezialgebiet mit den zweckmäßigsten Mitteln so durchgeführt werden muß, daß die Aufgabenerfüllung anderer dadurch nicht behindert wird. Bei weitreichender Spezialisierung der Verwaltungsaufgaben und ihrer Erfüllung entstehen also Reibungsverluste, die zu vermeiden Aufgabe jeder Verwaltungsorganisation sein muß. Ein fernerer Nachteil besteht darin, daß diese Spezialbehörde zur Durchführung ihrer Aufgaben auch allgemeiner gleichartiger Einrichtungen bedarf, die natürlich wirtschaftlicher ausgenutzt werden, wenn sie mehreren Spezialaufgaben gleichzeitig dienen können. Damit komme ich zu einem sehr wichtigen Gesichtspunkt, der sich als entscheidend erweisen wird.

Der materielle Lebensstandard des einzelnen wird durch die Menge der Güter- und Dienstleistungen bestimmt, die er für sich und die Seinen verbrauchen darf. Gewiß ist es nicht die alleinige Aufgabe des Staates, die materielle Wohlfahrt seiner Bürger zu fördern. Der Notwendigkeit, nationale Ideale zu pflegen, die seelischen und sittlichen Kräfte zu entwickeln und zu stärken, ist er ja nicht überhoben. Aber daß Staat und Volk zerfallen oder zergehen, wenn die materiellen Lebensgrundlagen entschwinden oder unter den Stand sinken, der die Erhaltung der Lebenskräfte ermöglicht, ist eine eherne Tatsache. Es bleibt also die Aufgabe des Staates, diese Grundlagen zu sichern. Deshalb ist der Bauernstand für die Erhaltung des Staatsvolkes, für den Bestand des Staates lebenswichtig, weil ohne seine schaffende Tätigkeit ein Leben der Menschen in der heutigen Bevölkerungszahl überhaupt nicht denkbar ist. Es muß ferner Ziel der Staatspolitik sein, soviel Menschen wie möglich der produktiven schaffenden Tätigkeit, wie sie von der Natur geboten und durch die Technik ermöglicht wird, zu erhalten wie irgend möglich. Eine der wichtigsten, immer wieder in den Vordergrund zu rückende Aufklärung muß darin bestehen, allen Volksgenossen immer wieder klarzumachen, daß die verwaltenden Kräfte von den produzierenden erhalten werden, gleichgültig, ob das wie vor Jahrhunderten durch Naturalleistungen oder wie jetzt durch Geldleistungen erfolgt.

In und nach diesem Kriege wird die Aufgabe, mit möglichst wenig verwaltenden Kräften die Aufgaben der Gemeinschaft im Staat und in allen anderen Organisationen zu erfüllen, von geradezu entscheidender Wichtigkeit. Denn im Kriege nehmen Front und Rüstung alle irgendwie freizumachenden Kräfte in Anspruch; nach dem Kriege ist es für den Bestand von Volk und Staat einfach entscheidend, soviel Kräfte wie möglich wirklich Güter aller Art für die Volksgenossen schaffen zu lassen. Mit besonderer Entschiedenheit muß dem Hang zur Akademisierung möglichst vieler Funktionen entgegengetreten werden, der besonders in [den] USA zu einem Verhängnis werden wird, wo die ganze Jugend seit Jahren zur

Universität zustrebt, um dann vom Staate oder der Gemeinde Anstellung und Unterhalt zu verlangen. Entschieden muß die Bedeutung der werteschaffenden Arbeit schon allen jungen Menschen ebenso klargemacht werden, wie die Tatsache, daß der Staat als solcher mit allen seinen Verwaltungseinrichtungen nichts ist, wenn nicht hinter ihm das schaffende, seine Einrichtungen und Beamten unterhaltende Volk steht. Ich selbst bin gegen Verdacht gefeit, den Wert des Beamtentums zu verkennen; ich bin in der vierten Generation Beamter und weiß, was eine könnende, redliche und gewissenhafte Beamtenschaft für das Volk bedeutet. Aber ich habe auch erfahren, wie sehr ihr Ansehen durch eine dem Volk aufdringlich bewußt werdende Vielzahl von Behörden und in ihnen Tätigen herabgemindert wird.

Die Produktionsleistung, die nach diesem Kriege von jedem Deutschen verlangt werden muß, findet in der uns bekannten Geschichte keinen Vorgang. Die Arbeit von vielen Generationen ist buchstäblich vernichtet. Die Zerstörungen im westlichen Reichsgebiet sind vielfach totale, und haben nicht nur große Mittelstädte, sondern auch Kleinstädte erfaßt, ja in das glatte Land sich hineingefressen. Rund 8 Mill[ionen] Wohnungen, davon die Hälfte mit Hausrat, liegen in Trümmern; dazu viele Tausende Arbeitsstätten aller Art, Schulen, Krankenhäuser, Verwaltungsgebäude usw. Insgesamt wird der Schaden jetzt etwa eine Höhe von 200 M[illiar]d[en] RM erreicht haben. In bisher in der Geschichte unbekannter Menge müssen Wohnungen, Hausrat, Kleidung, Arbeitsstätten usw. neu geschaffen werden, damit die Volksgenossen auch nur arbeiten können. Der Zwang dazu wird zumindest durch Teildemobilmachungsmaßnahmen verstärkt werden. Für diese Produktion sind Rohstoffe aller Art erforderlich, die wir im Inlande nicht oder nur schlechter oder nur teurer herstellen können, also in unserem Interesse einführen wollen. Bezahlen können wir sie und die zur Leistungssteigerung erforderlichen Fett- und Getreideeinfuhren nur mit Ausfuhrgütern, die unsere schaffenden Kräfte herzustellen haben. Nähere Berechnungen zwingen zu der Erkenntnis, daß wahrscheinlich eine allgemeine Dienstpflicht für Jahre aufrechterhalten werden muß, um überhaupt in der gebotenen Zeit zu Lebenszuständen zu kommen, die längere Zeit hindurch erträglich sind. Also wird jeder in jedem Berufe Tätige eine bestimmte Zahl von Stunden in der Woche neben der Berufstätigkeit praktische körperliche Wiederaufbauarbeit leisten müssen.

Es gibt neben den eigentlichen Kriegsleistungen keine dringendere Aufgaben als die Erhaltung des Geldwertes, wozu die Herstellung der schon ins Wanken kommenden Preisstabilität erforderlich ist, ebenso die äußerste Sparsamkeit, in der an sich unproduktiven Verwaltung. Denn nichts war verkehrter und verderblicher als die jahrelang verbreitete Parole: Geld spielt keine Rolle. Wer auch nur die elementaren Naturgesetze, die die Wirtschaft beherrschen, sich klargemacht hat, weiß, daß Verschwendung von Geld immer Vergeudung von Stoffen und Arbeitskräften bedeutet, so daß sie, auf entbehrliche Verwendungszwecke verwendet, in entscheidenden Augenblicken an den Leben erhaltenden Stellen fehlen. Diese Erkenntnisse sind nach meiner Überzeugung auch für unsere Untersuchung entscheidend; denn die Zukunftsparole lautet ebenso stark und gebieterisch wie im Kriege, aber anderen Zielen zustrebend, Produktion, Produktion und nochmals Produktion. Ein Nebeneinander von Spezialbehörden hat der sparenden Zusammenfassung der Organisation zu weichen.

Die der Zusammenfassung innewohnende Tendenz zur Einsparung von Kräften wird nun noch dadurch gesteigert, daß Beamte mit ausgedehntem Wirkungskreis der Gefahr des Vielregierens nicht in dem Umfange ausgesetzt sind, wie Beamte mit begrenzten Aufgaben. Der weitere Wirkungskreis nötigt die Amtsträger, sich auf große Gesichtspunkte zu beschränken und Angelegenheiten von untergeordneter Bedeutung nur dann aufzugreifen, wenn sie typisch für irgendein Versagen oder für Mängel der Verwaltung oder ihres Aufbaues sind.

Ich verbinde mit einer solchen straffen Zusammenziehung der staatlichen Aufgaben auf wenige Behörden auch noch einige andere Gesichtspunkte.

Erstens haben wir allen Anlaß, unserer eigenen Schwäche entgegenzuwirken, die in dem Hang zum Ausdruck kommt, alles zu reglementieren, Einzelfälle zu verallgemeinern, alles schwarz auf weiß nach Hause tragen zu wollen. Das ist nämlich die Kehrseite unserer unbestreitbaren Organisationskunst. Wenn wir ein Großdeutsches Reich mit einem großdeutschen Volke erfüllen und in die Welt wirken lassen wollen, müssen wir lernen, unseren Standpunkt höher zu nehmen, den Kreis der belanglosen Dinge zu erweitern, die man laufen läßt, wissend, daß sie Vereinzelungen darstellen, vertrauend aber vor allem, daß sie durch die waltenden natürlichen Kräfte von selbst zurechtgerückt werden. Und endlich sie in Kauf nehmend, weil sie für Zustand und Bestand des Ganzen nichts oder zu wenig bedeuten.

Zweitens müssen wir ebenso bewußt die Totalität des Bereiches des politischen Handelns pflegen. Zu totalen Kriegen wird es nur kommen, wenn die politischen Kräfte sich nicht rechtzeitig jener Totalität bewußtgeworden sind. Den totalen Krieg von 1914–18 haben wir nur der Tatsache zu verdanken, daß schwächliche politische Führungen der Großmächte schon vor dem Kriege die Zusammenfassung ihres Wirkens unterließen und in vornehmer Großzügigkeit oder Lässigkeit und entgegen den Lehren Bismarcks immer mehr Zuständigkeiten an andere Stellen, insbesondere auch militärische, ableiten ließen. Dazu die bürokratische Engherzigkeit, die am besten in jenem Randvermerk zum Ausdruck kommt, den der damalige Unterstaatssekretär Zimmermann auf ein Telegramm des deutschen Botschafters in London „erfahre soeben, daß Italien seine Bündnispflicht nicht erfüllen wird" setzte; der Randvermerk lautete, „was geht den Botschafter in London Italien an?"[3] Dieser Krieg ist total geworden, weil die Politiker 1939 nirgendwo an seine

---

[3] Arthur Zimmermann (1864–1940), war seit dem Mai 1911 Unterstaatssekretär im Auswärtigen Amt; im November 1916 löste er Gottlieb v. Jagow als Staatssekretär des Auswärtigen Amtes ab. Von Zeitgenossen als „Bürokrat" kritisiert, dem „politischer Blick und eigenes

Universalität glauben wollten. Der totale Politiker Bismarck der um das naturhafte, selbstverständliche, von Clausewitz meisterhaft herausgearbeitete Primat der Politik mit dem König bis zum Bruch ringen mußte, wird die Politik machen, die totale Kriege meidet, weil sie auch die Volkskraft des Siegers in verhängnisvoller Weise vermindern.[4] Je größer also der Gesichtskreis der leitenden Beamten wird, je umfassender ihre Verantwortung, um so größer muß der Bestand an Männern werden, der der Staatsführung und den Ministern die totale Erfassung und Durchführung der politischen Aufgabe ermöglicht.

Damit komme ich zu dem dritten Gesichtspunkt. Die zusammengefaßte und zusammenfassende Verwaltungsorganisation zwingt den Staat, die Erziehung der Beamten von vornherein so zu gestalten, daß sie für eine möglichst vielseitige Verwendung einsatzfähig sind. Die Erziehung muß also auf eine vorzügliche allgemeine Bildung gerichtet sein, die es ja auch Humboldt und seinen Altersgenossen ermöglichte, in kurzer Zeit eine gewaltige Reformarbeit zu leisten und den Staat zu erneuern.[5] Welche umfassenden Kenntnisse entwickelten jene preußischen Minister, die ohne Vorgänge die Zeichen der Zeit erkannten, und durch eine vorzügliche auf Großraum gerichtete Wirtschaftspolitik die außenpolitische, die nationale Entwicklung auf den totalen Staatszweck hin trefflich und wirksam förderten. Auf dieser Grundlage festgegründeten allgemeinen Wissens lassen sich die unerläßlichen Kenntnisse auf den Spezialgebieten schneller und leichter erlernen, als auf einer von vornherein einer Spezialisierung zugewandten Erziehung; dabei bewahrt sie die Beamten vor der Überheblichkeit, sich nun auch für Spezialisten zu halten und den wahren Sachverständigen auf dessen Sachgebiet ins Handwerk pfuschen zu wollen.

Je mehr die technische Entwicklung die Berufe spezialisiert, um so bewußter muß der Staat die Erziehungseinrichtungen auf die Grundlage umfassenden elementaren Wissens stellen. Nur dann wird im späteren Leben die Spezialisierung für den schaffenden Menschen geistig und seelisch erträglich. Ich habe in der jetzt vernichteten Solinger Stahlwarenindustrie als junger Anfänger in der Stadtverwaltung vor dem ersten Weltkriege die verheerenden Folgen der Spezialisierung der Arbeitsgänge gesehen. Daneben gab es noch selbständige Handwerker, die von der Freude, das ganze Werk selbst zu fertigen, mit Stolz und Selbstbewußt-

---

Urtheil“ fehle, zeichnete er sich besonders durch Geschäftsroutine und Detailkenntnis aus. Vgl. zur Charakterisierung Zimmermanns Johannes Hürter: Die Staatssekretäre des Auswärtigen Amtes im Ersten Weltkrieg, in: Michalka, Erster Weltkrieg, S. 216-251. Die Urteile über Zimmermann stammen von Jagow, zit. nach ebd., S. 224 f.

4 Vgl. zu Clausewitz S. 770, Anmerkung 3; zur Begrenzung des preußisch-österreichischen Kriegs durch Bismarck 1866 vgl. S. 836 f., Anmerkung 17.

5 Vgl. zu den preußischen Reformen S. 19, Anmerkung 2 und S. 932, Anmerkung 71. Wilhelm Frhr. v. Humboldt, 1809/10 Leiter der preußischen Kulturpolitik, war für die neuhumanistische Reform des preußischen Schulwesens verantwortlich. Vgl. Friedeburg, Bildungsreform, S. 140-157.

sein erfüllt wurden; sie fühlten sich wie Könige gegenüber dem Kameraden, der die feste Stellung ohne eigene Verantwortung in einem großen Werke der Selbständigkeit vorgezogen hatte, der nun aber dazu verurteilt war, jahrein – jahraus dieselben Bewegungen mit Händen und Füßen zu machen und damit nur ein Teilchen eines Vollstückes herzustellen. Diese wurden die ersten Träger marxistischer Ideen. Seit 30 Jahren habe ich diese Entwicklung fortschreiten sehen und ihr nicht nur in Deutschland, sondern auch in anderen Ländern jede Aufmerksamkeit gewidmet. In der Arbeitsteilung liegt eine der Hauptwurzeln der marxistisch-kommunistischen Gefahr. Wie es eine der wesentlichen Aufgaben geworden ist, den Industriearbeiter im Wege der Kleinsiedlung wieder mit dem Heimatboden zu verwurzeln und ihm in Feld- und Gartenarbeit die Freude an der totalen Schöpfung zu verschaffen, so kann ich nur raten, der gesamten Erziehung eine breite Grundlage allgemeiner Bildung zu geben. Vornehmlich muß dies für die Beamten gelten, die dazu bestimmt sind, allmählich in leitende Stellen einzurücken. Aber auch das Amt selbst und seine Aufgaben sollten ihn immer wieder nötigen, die inneren Zusammenhänge sowohl der verschiedenen Staatsaufgaben wie auch der mannigfaltigen Tätigkeiten der Volksgenossen zu sehen und zu suchen. Daß diese durch Kompliziertheit der Technik gezwungen sind, Spezialisten zu sein, ist nicht abzuwenden, soweit nicht der Kleinmotor die handwerkliche Ganzheit des Schaffens wiederbringt. Die inneren Zusammenhänge führen immer wieder in die Tiefe des Waltens ewiger Naturkräfte. Der Verwaltungsbeamte, der durch sein Amt gezwungen ist, überall das Gemeinsame zu suchen, wird ein sehr schlechter Bürokrat sein, dafür aber dem Volksganzen besonders wertvolle Dienste leisten. Denn er wird die Totalität der Staatsziele zur Klammer machen, welche die verschiedenartigen Aufgaben zusammenhält, und wird den Volksgenossen durch diese einende und ausgleichende Gesinnung, mit der [er] sein Amt erfüllt, auch ohne den Einsatz äußeren Aufwandes ein Höchstmaß von Achtung vor der Autorität des Staates abgewinnen. Diese Zielsetzung hat das 19. Jahrhundert an seinem Ende versäumt. Es hat sich dem Wohlstand entwickelnden Strom der Industrialisierung anvertraut und sich von ihm in die Aufsplitterung der menschlichen Tätigkeiten und damit auch des menschlichen Wesens forttragen lassen.

Meine eigenen, nun drei Jahrzehnte umspannenden Erfahrungen bestärken mich in der Auffassung, daß eine weitgehende Zusammenfassung der staatlichen Verwaltungsaufgaben die vollkommenste Lösung schaffen wird. Ich selbst habe in der 50.000 Einwohner großen Stadt Solingen dank der Kleinheit der Verwaltung schnell einen umfassenden Überblick über und dann einen tiefen Einblick in die einzelnen Verwaltungsaufgaben gewinnen können. Die größten und die kleinsten Belange lernte ich kennen, aber auch in Verbindung mit dem Ziel der Verwaltung bringen, die gesunde Entwicklung der Stadt, Wohlfahrt ihrer Bürger, die Solidität der Gemeindefinanzen zu fördern. Vor allem lernte ich die Grundlagen der wirtschaftlichen, sozialen und kulturellen Arbeit aller Bürger gründlich kennen, da die Größe der Stadt mir erlaubte, mit allen Schichten in lebendige Fühlung zu kommen und auf allen Gebieten zu arbeiten.[6] Ich habe dann später gefunden, daß die Aufgaben in den großen Verwaltungen sich in der Substanz nicht ändern, sondern nur im Ausmaß; und wenn ich später ein großes Reichsamt mit ganz neuen Aufgaben und diktatorischen Befugnissen einzurichten und zu leiten imstande war,[7] so verdanke ich das der Grunderziehung im Elternhause und in der Schule, sowie jener umfassenden Ausbildung in einer kleineren Verwaltung, in der ich mir umfassende Grundkenntnisse aneignen konnte.

Aus dem 1. Weltkriege zurückgekehrt, habe ich dann auf der gleichen Grundlage der im Kriege ungeheuerlich gesteigerten Zerrissenheit der Verwaltung ganz planmäßig ein Ende gemacht und nebst den der Reinigung des Beamtenkörpers gewidmeten Maßnahmen die Aufgaben der Verwaltung in immer größere Dezernate zusammengefaßt. Die Vorteile dieser Zusammenfassung habe ich schon beschrieben; doch ist eine wesentliche Ergänzung notwendig. Die Zersplitterung in viele Spezialdezernate bringt naturgemäß viele Reibungen in die Verwaltung. Die Dezernenten müssen in den meisten Fragen feststellen, wie die Mitarbeiter auf Nachbargebieten denken. Liegen aber z. B. Stadterweiterung und Baupolizei oder Grund- und Verkehrswesen oder Hoch- und Tiefbau oder Wohlfahrts- und Gesundheitspflege oder wirtschaftliche Unternehmen in einer Hand, so ist auch das Einfachste, eine einheitliche, Zeit und Geld sparende Verwaltung, gesichert.

Häufig ist mir der Einwand begegnet, daß so umfassende Arbeitsgebiete für einen Kopf zu groß seien. Ich habe diese Befürchtung nie bestätigt gefunden. Im Gegenteil: je vielseitiger die Aufgaben, um so größer das Interesse, um so hingebender die Schaffensfreudigkeit, um so stärker die Leistungsfähigkeit und um so ausgeprägter das Verantwortungsbewußtsein. Nie hat es an einer genügenden Auswahl unter einer ganzen Anzahl befähigter Köpfe gefehlt. Es ist schon so, daß der Mensch mit höheren Zwecken wächst.

Ich kann daher unter Würdigung aller Gesichtspunkte nur dringend empfehlen, den Verwaltungsaufbau horizontal auf die unentbehrliche Zahl von Säulen zusammenzuziehen, die einzelnen Verwaltungsbehörden aber selbstverständlich auch mit den erforderlichen Spezialkräften zu versehen. Ich will das in Folgendem für die einzelnen Ministerien durchführen. Da mir hierfür kein greifbares Material

---

[6] Goerdeler hatte im Oktober 1911 eine Stelle als juristischer Hilfsarbeiter in der Solinger Stadtverwaltung angenommen; seit dem Dezember 1912 war er Beigeordneter. Nach dem Ersten Weltkrieg auf seinen Posten zurückgekehrt, setzte er mit einer Reihe von Anträgen u.a. Reformen im Schul- und Polizeiwesen durch, organisierte die örtliche Kriegsbeschädigtenfürsorge und amtierte als Vertreter des Oberbürgermeisters. Zu dem Zeitpunkt seines Übertritts in die Stadtverwaltung Königsberg hatte er die Bereiche Schul-, Finanz-, Steuer- und Personalwesen selbständig verwaltet. Vgl. GehSta, Rep. 77, Titel 3528, Nr. 1, vol. 3, Bl. 35-38; StA Solingen, V-A-1-17, Bl. 140 ff. und Bl. 245 ff; Zeugnis des Solinger Oberbürgermeisters vom 1.9.1919 in BAK, N 1113, Bd. 1.

[7] Vgl. zu Goerdelers Amt eines Reichskommissars für die Preisüberwachung 1931/32 und 1934/35 Dok. 2.3.1 ff., oben S. 214 ff.

zur Verfügung steht, bin ich auf mein Gedächtnis angewiesen; der Leser wird also Lücken entdecken, die ausgefüllt werden müssen.

1. Reichskanzlei:

Hier wird nur die Führung der Politik zusammengefaßt und sichergestellt. Ihre Einzelheiten werden von den Ministerien in Gesetze und Vollzug übergeleitet. Diese sind daher Unterbau der Reichskanzlei.

2. Innenminister:

Er leitet und instruiert die gesamte Verwaltung der Aufgaben der Volksgemeinschaft, soweit sie nicht aus wohl erwogenen, durchschlagenden Gründen anderen Gemeinschaftsorganen überwiesen sind. Dieser Minister braucht also einen leistungsfähigen Unterbau in den allgemeinen Verwaltungsbehörden, über deren vertikale Gliederung ich später Näheres ausführen werde.[8]

3. Außenminister:

Aus der Natur seiner Aufgaben ergibt sich die Entbehrlichkeit des Unterbaues im Inlande.

Man könnte wohl an die Notwendigkeit denken, für den Verkehr mit den Konsuln der ausw[ärtigen] Staaten Stellen im Inlande außerhalb der Reichshauptstadt zur Verfügung zu haben. Aber irgendeine Notwendigkeit hierfür hat sich nicht ergeben. Soweit solche Fühlungnahmen außerordentlicher Art erforderlich sind, können sie den Reichsstatthaltern (Oberpräsidenten) anvertraut werden.

4. Reichsfinanzminister:

Nachdem die Steuerhoheit auf das Reich übergegangen ist,[9] läßt sich die Notwendigkeit eines eigenen Unterbaues nicht leugnen. Es wäre zwar durchaus denkbar, auch diese Aufgaben den Behörden der allgemeinen Verwaltung zu übertragen. Dann müßte man sich aber entschließen, die Stadt- und Landkreise mit den Aufgaben der Finanzämter zu betrauen, während die Landesfinanzämter an die Reichsstatthaltereien anzugliedern wären. Die große Aufgabenfülle, die die Veranlagung und Einziehung der Steuern und Zölle sowie die Verwaltung weiter Teile des Reichsvermögens in sich schließen, spricht sehr stark gegen eine solche Zusammenlegung, insbesondere seitdem jüngst der Finanzausgleich direkt auf das Reich verlagert ist. Immerhin kann in dieser Frage das letzte Wort z. Zt. nicht gesprochen

8 S.o., Anmerkung 2; über seine Reformvorstellungen zum Unterbau durch Selbstverwaltung konnte Goerdeler keine Ausführungen mehr machen.

9 Im Gegensatz zur Finanzverfassung des Kaiserreiches hatte die Weimarer Verfassung dem Reich die Gesetzgebungshoheit über Steuerabgaben zugewiesen (WRV, Art. 8). Seit der Erzbergerschen Finanzreform von 1920 hatte das Reich auch die Ertragshoheit (vgl. Seite 21, Anmerkung 6).

werden. Wir müssen uns daran erinnern, daß vor dem 1. Weltkriege ein Bruchteil der heutigen Beamten erforderlich war, um die Steuer- und Finanzverwaltung für Gemeinde und Kreise, für Provinzen und Staaten sowie für das Reich zu ermöglichen. Die spätere Entscheidung wird davon abhängen, zu welchen Entschließungen sich Deutschland nach diesem Kriege wird durchringen müssen. Unsere Propaganda weist darauf hin, welche großen Summen der Krieg die Gegner kostet. Aber wir dürfen nicht vergessen, daß sich die Höhe der deutschen Reichsschuld z. Zt. auf etwa 400 M[illia]rd[en] RM beziffert und daß dazu z. Zt. etwa 200 M[illia]rd[en] RM zerstörter Werte treten.[10] Ich habe bereits darauf hingewiesen, daß wir unsere Produktionskraft aufs Äußerste anstrengen müssen und gleichzeitig genötigt sein werden, die Verwaltungskosten aufs Äußerste zu senken. Dieser Zwang wird uns nötigen, das Steuerwesen außerordentlich zu vereinfachen, um mit einigen leicht zu veranlagenden Steuern auszukommen. Es wäre möglich, daß daraus sich auch Änderungen im Unterbau der Finanzverwaltung ergeben. Jedenfalls muß ohne Rücksicht auf Prestige der Minister später die Organisation gewählt werden, die mit den geringsten Kosten die höchsten Erträge sichert. Eine andere Frage ist, wie bei Aufrechterhaltung eines selbständigen Unterbaues des Finanzministeriums die Stellung des Reichsstatthalters zu diesen Behörden gestaltet werden soll. Ich lasse die Frage hier unbeantwortet und komme im allgemeinen Zusammenhange auf sie zurück.

Die Beamtenschaft der Reichsfinanzverwaltung ist vorzüglich durchgebildet und genießt im allgemeinen ein hohes Maß von Ansehen. Das enthebt nicht der Verpflichtung, auch diese Behörden auf alle nur möglichen Ersparnisse durchzuprüfen. Einen Vorschlag in dieser Richtung kann ich schon jetzt machen. Die Unterbringung und Ausstattung dieser Behörde muß, wie überhaupt der meisten Behörden, wesentlich einfacher werden. Der jetzige Zustand ist viel zu üppig und trägt gar nicht dazu bei, das Ansehen zu heben. Hier hat sich dieselbe Entwicklung eingeschlichen, wie sie bei der Privatwirtschaft schon seit Ende des vorigen Jahrhunderts zu beobachten ist. Jede Gesellschaft und jede Bank glaubt, durch einen gewissen Luxus ihrer Verwaltungsgebäude sich Ansehen verschaffen zu müssen. In einer Zeit steigenden Wohlstandes konnte man diese Entwicklung zugleich übersehen. Jetzt aber steht im Vordergrund die Notwendigkeit, die lange vernachlässigten Bedürfnisse der breiten Masse des Volkes zu befriedigen. Es ist ferner zu berücksichtigen, daß ein erheblicher Teil der Volksgenossen jetzt in den primitivsten Verhältnissen leben muß und daher jenen Hang zum Luxus nicht verstehen wird. Denn die auf ihn gewendeten Arbeitskräfte und -stoffe gehen ja in Zukunft der Erzeugung der Massengüter, insbesondere der Wohnung und des Hausrates, verloren. Hier muß also ganz radikal durchgegriffen werden.

[10] Vgl. zur Reichsschuld und den Kriegsschäden S. 1067, Anmerkung 8.

5. Reichsministerium für Erziehung und Wissenschaft:

Alle Erziehungsanstalten, soweit nicht der Spezialzweck so eng begrenzt und die anzuwendende Erziehungsmethode so spezialisiert ist, daß die Unterstellung unter das Fachministerium das durch die Natur Gegebene ist, ebenso alle öffentlichen vom Reich unterhaltenen wissenschaftlichen Veranstaltungen müssen von diesem Ministerium betreut werden. Eine Ausnahme gilt ferner für diejenigen Bildungseinrichtungen, in denen junge Menschen erzogen werden, die sich schon an einen bestimmten Beruf und an eine bestimmte öffentliche Einrichtung gebunden haben. Diese Voraussetzung liegt z. B. vor für die Anwärter auf militärische Laufbahnen und auf den Beruf der staat[lichen] Forstverwaltung, nicht dagegen für landwirtschaftliche Hochschulen, Forschungsanstalten, höhere, Mittel-, Volksbildungs- und Fachschulen. In der untersten Instanz liegt die Verwaltung bei diesen Schulen und ihren Leitern selbst. Ich empfehle, bei den Universitäten die in der Zeit der Weimarer Republik geschaffenen Kuratoren wieder einzuziehen. Sie sind ein besonderes treffendes Beispiel, wie sich aus dem Prestige-Bedürfnis eines Ministers (Dr. Becker) allmählich eine ganze Verwaltungsorganisation entwickelte.[11] Zunächst erschienen im Jahre 1924 die Kuratoren, setzten sich in ein Zimmer der Universität und arbeiteten. Bald hatten sie eine Schreibkraft, dann einen Sekretär usw. Heute haben sie große eigene Dienststellen mit einem Stab von Beamten und Angestellten. Ich kann nur empfehlen, diese Einrichtung rücksichtslos zu beseitigen und die Verwaltung der Hochschulen den Rektoren zu übertragen, die einen Teil der Aufgaben mit ihrem Personal, einen anderen mit einem Bruchteil des Aufwandes der Kuratoren erledigen; ein wesentlicher Teil wird gar nicht entstehen, weil er im Schriftwechsel und in Meinungsverschiedenheiten zwischen Kurator und Rektor bestand. Dabei gehe ich davon aus, daß es im Großdeutschen Reiche noch notwendiger als im kleinen Vaterlande wird, den Gedanken der Selbstverwaltung weiter auszubauen. Ich empfehle, den Hochschulen das Recht der Selbstverwaltung zu verleihen, die Rektoren voll verantwortlich zu machen und durch einen Senat von Professoren zu entlasten, sowie die ganze Aufsicht dem Reichsstatthalter zu übertragen. Soweit ich es übersehen kann, wird er mit einem früheren Beamten diese Aufsicht bewältigen können. Ja dieser wird nicht einmal von ihr voll in Anspruch genommen werden.

Auch die höheren Schulen können die unteren Verwaltungsgeschäfte selbst führen. Aber es läßt sich nicht verkennen, daß gewisse Aufgaben durch gemeinschaftliche Betreuung sparsamer erfüllt werden können. Das gilt insbesondere von der baulichen Unterhaltung, von der Anschaffung von Material, von Lehrmitteln usw. Diese Zusammenfassung erfolgt, soweit es sich um Schulen der Kreise und Gemeinden handelt, durch die Selbstverwaltung. Sollten in Zukunft auch noch Reichsschulen dieser Art unterhalten werden, dann ist die Zusammen-

11 Vgl. zu Carl Heinrich Becker und den von ihm initiierten Reformen S. 209, Anmerkung 15.

fassung dieser Aufgaben in einer Mittelinstanz notwendig, der gleichzeitig die Fachbetreuung übertragen werden kann. Diese Zusammenfassung erfolgt dann zweckmäßig in den Gauen (Provinzen). Die Regierungsbezirke wären auf jeden Fall dazu zu klein und würden unwirtschaftlich arbeiten. Denn nur durch Zusammenfassung einer genügend großen Zahl von höheren Schulen wird jener Vorteil erzielt. Ich hoffe aber, daß in Zukunft alle höheren Schulen eine Selbstverwaltungsaufgabe der Gaue, Kreise und Gemeinden sein werden, die das größte Interesse an einer guten und sachlichen Lösung haben und finanziell und fachlich fähig sind, diese Aufgabe zu erfüllen. Dann würden für die Mitte nur die Aufgaben der fachlichen Aufsicht verbleiben, die unschwer durch Spezialkräfte vom Reichsstatthalter aus wahrgenommen werden kann. Bei dieser Tätigkeit kommt es vor allem darauf an, daß möglichst wenig Fachkräfte eingesetzt werden, die sich aber durch ständige Teilnahme am Unterricht in den einzelnen Anstalten einen dauernden und umfassenden Überblick über die Leistungen verschaffen müssen. Die Zwischenzeiten benutzen sie, um Berichte zu fertigen, die Erfahrungen zu ziehen und Vorschläge auszuarbeiten. Es besteht nicht der mindeste Grund, dieser Spezialabteilung beim Reichsstatthalter auch die Aufsicht über alle anderen Schulen seines Bezirkes anzuvertrauen. Genauso, wie bei den Großstadtverwaltungen die Betreuung aller Schularten durch einen Stadtrat sich auf das Glänzendste bewährt und in hervorragenden Leistungen Ausdruck gefunden hat, so wird auch die Zusammenziehung der Schulaufsicht in eine Abteilung beim Reichsstattalter sich aufs Fruchtbarste auswirken. Wie unzweckmäßig, welche Kraftvergeudung war es, daß früher die höheren Schulen in Preußen den Provinzialkollegien, die mittleren, die Fach- und Fortbildungsschulen den Regierungspräsidenten und die Volksschulen Kreisschulinspektoren anvertraut waren. Denn das gesamte Erziehungswesen müssen wir als eine Einheit betrachten, deren einzelne Abstufungen aufeinander Rücksicht nehmen müssen. Die einheitliche Aufsicht ermöglicht, Erfahrungen guter oder schlechter Art, die bei einer bestimmten Schulgattung gemacht werden, auf das Einfachste für andere Schulgattungen auszunutzen. Diese Zusammenziehung der Aufsicht wird nun noch dadurch vereinfacht, daß, wie ich dringend anrate, in Zukunft alle Schulen bis zu den höheren Schulen einschließlich der Selbstverwaltung der Gemeinden, Kreise und Gaue anvertraut werden, so daß bei den Reichsstatthaltern keine eigentliche Verwaltung, sondern nur die fachliche Aufsicht ruht. Nur für die Volksschulen muß mit Rücksicht auf ihre Zahl noch eine ortsnähere Aufsicht eingerichtet werden; hierzu dienen die Kreisschulräte, die aber Organe der Kreise sein sollen und nur an gewisse, die Einheitlichkeit der Erziehung sichernde Gesetze und Richtlinien des Staates gebunden sind.

Die Zusammenfassung der Erziehungsverwaltung bei den Selbstverwaltungen und der Aufsicht bei dem Reichsstatthalter hat zwei sichtbare Vorteile.

a) Die ideellen Erziehungsaufgaben verlangen von der Hochschule bis zur Volksschule und umgekehrt eine einheitliche Ausrichtung; in allen Schulen muß ihrem abgestuften Zweck entsprechend das notwendige Maß allgemeinen Wissens gelehrt und erlernt werden. Darauf erst sollen sich die Spezialschulen und die Speziallehrstoffe aufbauen. Jede Schulart muß im Aufbau, Lehrplan und Ziel auf die anderen Rücksicht nehmen. Eine besonders wichtige Einheitlichkeit muß durch die Zusammenfassung auf einem Wissensgebiete angestrebt und schließlich sichergestellt werden, nämlich dem der Wirtschaftskunde. Die Gründe, aus denen diese Wichtigkeit erhält, werde ich vielleicht an anderer Stelle außerhalb dieser Arbeit ausführlich darlegen können. Hier sei nur kurz bemerkt, daß seit dem Beginn der Spezialisierung der wirtschaftlichen Tätigkeiten den einzelnen Menschen der Überblick über die Zusammenhänge innerhalb der Wirtschaft und die Kenntnis der in ihr waltenden ewigen Naturgesetze (Kampf und Leistung, Handeln und nicht Worte) verlorengegangen ist. Dies Versäumnis hat sich schwer gerächt und muß durch planmäßige Schulung wieder gutgemacht werden.

b) Die der Erhaltung der materiellen Werte dienenden Aufgaben bedürfen nunmehr keiner Spezialkräfte einer Sonderverwaltung mehr, sondern werden den Selbstverwaltungen überlassen, wobei nur die Frage zu beantworten ist, ob es sich um eine echte Aufgabe der Selbstverwaltung handeln oder eine Auftragsangelegenheit werden soll. Um es vorweg zu nehmen, empfehle ich, eine echte Selbstverwaltungsangelegenheit daraus zu machen. Es besteht keine Notwendigkeit, daß das Großdeutsche Reich sich unmittelbar mit der Unterhaltung von Schulen beschäftigt, wenn es genügend leistungsfähige Träger für diese Aufgabe in der Selbstverwaltung zur Verfügung hat. Das ist der Fall; Gaue, Stadt, Kreise und Gemeinden zwischen 10.000 und 20.000 Einwohnern sind tragfähig; es bleibt nur die Frage übrig, ob die Kosten zum Teil vom Reich ersetzt oder was einfacher ist, in die Steuerverteilung und in den Finanzausgleich mit eingearbeitet werden sollen.

Als eine reine Reichsaufgabe im Gebiet des Erziehungsministeriums verbleibt die Betreuung der großen Forschungsanstalten, vielleicht auch einiger Kulturzentralen, von denen es nur einige im Reiche gibt. Auch bei ihnen ist die Frage zu prüfen, ob ihre laufende Verwaltung anderen öffentlichen Gemeinschaften, der allgemeinen Selbstverwaltung oder der wirtschaftlichen Selbstverwaltung übertragen werden soll. Vorweg ist eine grundsätzliche Klärung erforderlich. Ich wähle das Beispiel der Kaiser-Wilhelm-Gesellschaft.[12] Sie ist am Anfang dieses Jahrhunderts von Industriellen gestiftet und ein typisches Beispiel einer undurchdachten Ausnutzung gestatteter Freiheit. Denn es ist nicht so, daß die Industriellen die Stiftung aus ihrem eigenen Vermögen gemacht und aus ihrem eigenen Ein-

[12] Die Kaiser-Wilhelm-Gesellschaft (KWG), am 11.1.1911 gegründet, verfolgte laut ihrer Satzung das Ziel, „die Wissenschaften, insbesondere durch Gründung und Erhaltung naturwissenschaftlicher Forschungsinstitute, zu fördern". Gründungsmitglied war u.a. Gustav Krupp v. Bohlen und Halbach. Nach dem Zweiten Weltkrieg ist die KWG liquidiert und in die neugegründete Max-Planck-Gesellschaft überführt worden. Vgl. Eckart Henning und Marion Kazemi: Chronik der Kaiser-Wilhelm-Gesellschaft zur Förderung der Wissenschaften, Berlin 1988.

kommen unterhalten. Nein, die erforderlichen Millionenbeträge sind aus den Roherträgen der Unternehmungen entnommen, also von allen Verbrauchern im Preise der von den Unternehmen hergestellten Produkte oder von den Belegschaften in geringeren Löhnen und Gehältern bezahlt. Die Stifter strichen höchst persönlichen Ruhm (Ehrenstellungen, Titel und Orden) für diese hochherzigen und großzügigen Schenkungen ein. Diesem unwahren Zustande muß schon im Interesse der Klarheit ein Ende gemacht werden. Entweder werden derartige Anstalten vom Reich finanziert oder von den Reichsgruppen oder sonstigen Gruppenorganisationen der gewerblichen Wirtschaft oder vom Reichsnährstand je nach Fachgebiet unter Aufsicht des Reiches (Reichserziehungsminister oder Reichswirtschaftsminister oder Reichsernährungsminister oder einem von den drei Ministerien beschickten Beirat). Der Zusammenhang dieser Anstalten mit dem sonstigen Aufgabengebiet des Reichserziehungsministeriums spricht jedenfalls dafür, die Aufsicht bei diesem zu vereinen; im Bedarfsfalle sind die anderen Fachminister zu beteiligen; nur im außerordentlichen Ausnahmefall wird die Aufsicht dem Fachminister anvertraut.

Zum Aufgaben- und Betreuungsgebiet eines Ministers für Erziehung und Wissenschaft gehören aber auch die anderen mit dem Bildungs- und Erziehungswesen eng zusammenhängenden Kulturaufgaben. Also insbesondere auch die Kunst in allen ihren Äußerungsformen. Damit geht dies Aufgabengebiet, wie immer es auch bearbeitet werden möge, ob durch Erziehungsanstalten, durch Theater, durch Unterstützung bestimmter Einrichtungen und Personen, ob durch Errichtung und Unterhaltung von Museen, vom Reichspropagandaminister auf den Reichserziehungsminister über.

Die Betreuung des deutschen Schrifttums in allen seinen Wirkungsmöglichkeiten könnte auch einer Zentralstelle überlassen bleiben, die sich vornehmlich mit der schriftstellerischen Tätigkeit in Zeitungen und Zeitschriften, also mit der Presse befaßt. Aber es besteht hierzu keine Notwendigkeit, ja bei näherem Nachdenken nicht einmal eine besondere Zweckmäßigkeit. Denn die Betreuung, an die hier gedacht ist, betrifft nicht einzelne spezielle Wirkungsmöglichkeiten, sondern den Grundgehalt alles Schrifttums, nämlich Bildung, Erziehung und ihre Förderung. Alles was diesen Grundzwecken dient, muß als Zweig am gemeinsamen Baum Kultur dem Minister anvertraut werden, der für den Schutz des deutschen Kulturgutes verantwortlich ist. Auch auf diesem Gebiet ist die heutige Zweiteilung nicht als zweckmäßig oder sinnvoll zu bezeichnen. Sie ist auch nicht aus einem logischen Denkprozeß oder aus einer organischen Entwicklung entstanden, sondern aus dem überquellenden Schöpfungsbedürfnis eines besonders energischen, klugen und initiativeerfüllten Ministers.[13] Ich habe das auf einem anderen Gebiet zu beobachten Gelegenheit gehabt, nämlich als es galt, festzustellen, welches Ministerium

13 Joseph Goebbels hatte neben seinem Amt als Reichsminister für Volksaufklärung und Propaganda seit dem September 1933 auch den Vorsitz der Reichskulturkammer inne (vgl. dazu ausführlich S. 368, Anmerkung 44 sowie S. 747 ff., Anmerkungen 41 und 45).

für die Leipziger Messe das zuständige sei. Jahrzehntelang war es das Wirtschaftsministerium. Indem man aber die propagandistische Wirkung der Messe in den Vordergrund stellte, fand man ein vorwiegendes Interesse des Reichspropagandaministers heraus. Die dementsprechende Neuregelung der Zuständigkeit war und bleibt eine gekünstelte und unorganische, auch auf dem Gebiete des Schrifttums muß man zwischen seinem wesentlichen Gehalt und seinen propagandistischen Wirkungsmöglichkeiten unterscheiden. Die letzteren in den Vordergrund stellen heißt, das Schrifttum allmählich von dem Streben nach Wahrheit, nach Formung der eigenen Überzeugung, nach Befriedigung des Gewissens des Schriftstellers zu entfernen. Die Überlegung erheischt also, auch diesen Teil des deutschen Kulturgutes durch den Reichsminister betreuen zu lassen, dem seine übrigen Bestandteile anvertraut sind.

Auf allen Arbeitsgebieten des Reichserziehungsministers ergibt sich eine Fülle von Möglichkeiten, die Interessen anderer Minister oder interessierter Kultur- oder Wirtschaftsgruppen in gemeinsamen Besprechungen oder auch durch Bildung ständiger Beiräte zu befriedigen.

6. Reichswirtschaftsminister:

Seine Hauptaufgabe ist die wirtschaftspolitische, d. h. Inhalt und Richtung, sowie Mittel der Wirtschaft bestimmende. Die Gestaltung des Wirtschaftsrechtes, die Regelung der Zollfragen, die Mitwirkung bei der Steuerpolitik, Inhalt, Richtung und Mittel der Sozialpolitik sind Beeinflussungen des natürlichen Ablaufes des wirtschaftlichen Lebens. Ohne diese Beeinflussung fände ein dauernder Kampf um den besten Platz statt. Er hätte zwar alle Vorteile äußerster Leistungssteigerung für sich, trüge aber auch in sich alle Entartungsansätze zügellosen Ringens. Es wäre ein Spiel ohne Regeln. Also kein Sport, sondern ein Raufen.

Soweit dem Reiche selbst unmittelbare Wirtschaftsaufgaben obliegen, wie z. B. Betrieb und Verwaltung der Reichsbahn und Reichspost, wird die Entscheidung, welche Zentralbehörde Verwaltung und Aufsicht übernehmen soll, im Einzelfalle geklärt werden müssen.

Neben der Wirtschaftspolitik obliegen dem Reichswirtschaftsminister zweifellos auch verwaltende Aufgaben. So die Aufsicht über die Durchführung der Wirtschaftsgesetze, die Mitwirkung im Erziehungswesen, soweit es sich um wirtschaftliche Schulen oder wirtschaftliche Schulung handelt, und gewisse Entscheidungen auf den Gebieten, in denen sich das Reich, z. B. in der Energiewirtschaft, einzuschalten für zweckmäßig befunden hat oder befinden soll.

Zur Vorbereitung der Wirtschaftspolitik, zu ihrer Ausführung auf wichtigen Gebieten, zur Durchführung seiner Verwaltungsaufgaben braucht das Ministerium, wenn es sich nicht in Einzelheiten verlieren will, eines Unterbaues, dem es Entscheidungen anvertrauen kann und durch den es Fühlung mit der schaffenden Wirtschaft aufrechterhält. Der Minister findet sie in reichstem Maße in den Organen der wirtschaftlichen Selbstverwaltung, also in den die wirtschaftliche Arbeit beratenden, beeinflussenden, teilweise auch lenkenden und zusammenfassenden Gruppen und in den Hoheitsbefugnisse ausübenden und die Wirtschaft regional zusammenfassenden Kammern. Inwieweit diese Organisationen der Vereinfachung bedürfen, kann ich nicht beurteilen. Daß eine solche notwendig ist, ist mir aber nach verschiedenen Einblicken, die ich gewonnen habe, nicht zweifelhaft. Ich habe mit verschiedenen Stellen dieser Organisation zu tun gehabt, deren Tätigkeit nur darin bestand, Material zu sammeln und weiterzugeben; gelegentlich rafften sie sich auch zu einer Stellungnahme auf. Eine eigene Entscheidung trafen sie nie. Eine solche Stelle ist überflüssig. Eine nähere Nachprüfung wird ergeben, daß sie vollkommen verschwinden kann; was sie bisher leistete, wird unschwer, vielleicht mit einer kleinen Verstärkung, von der Stelle mitgeleistet werden können, bei der die Entscheidung liegt. Ich empfehle, eine erste und vollkommen unabhängige Kraft an die Aufgabe zu stellen, diese Organisationen durchzuprüfen, ihre Zuständigkeiten zu klären und so aufzuteilen, daß jede Doppelarbeit vermieden wird und nur so viel Kräfte eingesetzt werden, die erforderlich sind, um zu verantwortlichen Entscheidungen zu gelangen. Dies wird dann entbehrlich, wenn man sich entschließt, diesen Organisationen der Wirtschaft volle Selbstverwaltung zu gewähren. Dann werden sie aus eigenem Interesse, schon um die Beiträge niedrig zu halten, ihre Verwaltungen rationalisieren.

Der in diesen Organisationen zur Verfügung stehende Unterbau ist für die Zwecke des Reichswirtschaftsministers ausreichend. Die Aufsicht über ihn kann ausreichend und ohne Überbeanspruchung vom Reichswirtschaftsminister unmittelbar ausgeübt werden. Aber im Bedarfsfalle stehen ihm auch die Reichsstatthalter als Zwischenorgane zur Verfügung; besonderer Richtlinien hierfür bedarf es nicht, zumal die einzelnen Verhältnisse in den Gauen sehr verschieden liegen und sich daher einheitlichen Grundsätzen entziehen. Hier mag sich das einfachste und zweckmäßigste Verfahren von selbst einspielen. Der Minister wird die Statthalter heranziehen, wenn es nützlich ist; diese werden sich melden, wenn sie sich zum Schaden der Sache ausgeschaltet sehen. Notwendig ist nur, daß der Verkehr zwischen dem Minister und den Kammern nachrichtlich über den Reichsstatthalter läuft, damit dieser den Überblick über die Vorgänge in seinem Gau nicht verliert. Der Statthalter muß das Recht haben, zu den Berichten und Eingaben der Kammern Stellung zu nehmen und auch bei dem Minister Vorstellungen zu erheben und Anregungen an ihn gelangen zu lassen.

Auf die Maßnahmen, mit denen die Organisationen der gewerblichen Wirtschaft und des Reichsnährstandes zur Selbstverwaltung umzugestalten sind, werde ich im zweiten Hauptteil dieser Arbeit eingehen. Dabei werde ich auch die Gründe darlegen, die nach meiner Überzeugung dafür sprechen, in die Kammern auch Arbeiter und Angestellte zur Mitwirkung zu bringen.[14]

---

[14] S.o., Anmerkung 2; zu seinen Reformvorstellungen über die Selbstverwaltung der Arbeitnehmerschaft konnte Goerdeler keine Ausführungen mehr machen.

7. Reichsernährungsminister:

Hier gilt im wesentlichen das gleiche wie für den Reichswirtschaftsminister. Der Minister für Ernährung und Landwirtschaft findet im Reichsnährstand einen vorzüglichen Unterbau. Er war verwaltungsmäßig leichter zu schaffen als der Unterbau der gewerblichen Wirtschaft, da die aus der Bearbeitung des Bodens sich ergebenden Aufgaben gleichartiger sind, als die überaus mannigfaltige Tätigkeit der gewerblichen Wirtschaft. Ein wesentlicher Unterschied besteht darin, daß im Reichsnährstand auch eine Reihe von Organisationen geschaffen sind oder in seine Organisationen mit einbezogen wurden, die unmittelbar wirtschaften und [in] deren wirtschaftliche Tätigkeit der Reichsnährstand mit Anweisungen und anderen Maßnahmen eingreift.[15] Es handelt sich hier also nicht nur um eine Organisation von wirtschaftlichen Interessenten, sondern auch um eine mit Macht- und Hoheitsbefugnissen ausgestattete selbst wirtschaftende Organisation von Interessenten. Dadurch, daß der Minister gleichzeitig Reichsbauernführer ist, wird dieser Tatbestand überdeckt.[16] In Zeiten einer festgelenkten Zwangswirtschaft und einer staatlichen Preisbildung sichert diese Personal-Union der Volksgemeinschaft große Vorteile. Meinungsverschiedenheiten und Auseinandersetzungen werden vermieden; Reibungsverluste treten nicht in die Erscheinung. Aber wir nähern uns jetzt dem Zeitpunkt, wo der Warenmangel auf der einen Seite, und der Geldüberfluß auf der anderen zu starken und zunehmenden Spannungen führen muß. Denn der Bauer muß alle seine Erzeugnisse zu festgesetzten Preisen liefern, die nicht wesentlich über den Vorkriegspreisen liegen, erhält dafür aber nur noch einen geringen Teil der von ihm benötigten Kleidung, der Wirtschaftsgeräte, der Düngemittel, der Betriebsstoffe, der Zugkräfte usw. Da er diese zur Aufrechterhaltung seiner Wirtschaft aber und zur Sicherung weiterer Produktion einfach braucht, wird er genötigt, immer mehr Tauschgeschäfte zu machen. Es ist ein offenes Geheimnis, daß Handwerker auf dem Lande nur noch zu haben sind, wenn ihnen zumeist gute und volle Verpflegung ohne Markenabgabe gewährt wird. In den Städten übernehmen selbst gebildete Frauen Wascharbeiten bei Kaufleuten und Handwerkern, um sich dafür in Lebensmitteln und Waren bezahlen zu lassen. Von einem in der näheren Zukunft liegenden Zeitpunkt an wird es sich als notwendig erweisen, dem Reichsernährungsminister einen von der Interessenvertretung getrennten Verwaltungsunterbau zu schaffen. Wir müssen damit rechnen, daß es sich nicht dauernd nützlich erweist, dem Reichsernährungsminister auch noch die Obliegen-

---

15 Vgl. zum Reichsnährstand S. 355, Anmerkung 21.

16 Die Personalunion von Reichsbauernführer und Reichsminister für Landwirtschaft und Ernährung, die Walter Darré innehatte, war offensichtlich beabsichtigt; Darré hatte neben der ständischen und staatlichen Führungsposition auch die parteiamtliche Spitzenstellung in der Agrarpolitik durch seine Leitung des „Reichsamts für Agrarpolitik". Vgl. auch Goerdelers Auseinandersetzungen mit Darré über die landwirtschaftliche Preisbildungspolitik 1934/35 (S. 237 f., Anmerkung 4).

heiten eines Reichsbauernführers zu überweisen. Auf alle Fälle ist es daher notwendig, eine gedankliche Vorsorge zu treffen. Das besagt aber nicht, daß es nun etwa nötig wäre, eine selbständige landwirtschaftliche Spezialverwaltung aufzuziehen. Wir haben sie nie gehabt, auch als dem Landwirtschaftsminister keine so vollkommene Organisation zur Verfügung stand, wie sie der Reichsnährstand darstellt. Die Abteilung III der Regierung hat diese Aufgaben früher wahrgenommen. Deshalb können die zur Betreuung und Beaufsichtigung der Landwirtschaft erforderlichen Aufgaben von den Behörden der allgemeinen Landesverwaltung zweifellos auch heute mit wahrgenommen werden, in erster Linie also von dem Reichsstatthalter mit entsprechend geschulten Spezialkräften. Ob der Reichsstatthalter für kleinere Aufgaben, und um sich nicht in Einzelfälle zu verlieren, sich eines Regierungspräsidenten oder des Landrates bedienen soll, wird die spätere Untersuchung zeigen. Die Entscheidung wird vereinfacht durch die Tatsache, daß in Deutschland der landwirtschaftliche Staatsbesitz nicht vom Staate selbst bewirtschaftet, sondern verpachtet wird. Würde der Staat selbst wirtschaften, so würden noch sowohl in der Zentrale wie in den Gauen wirtschaftende Stellen notwendig sein, die die sachverständige und wirtschaftliche Verwaltung des Staatsgutes sicherstellen. Bei der klaren antikollektivistischen Auffassung, die der heutigen deutschen Wirtschaftspolitik zu Grunde liegt, ist zu hoffen, daß es bei diesem bewährten Verpachtungssystem bleibt.

Daß der Reichsnährstand in sich auf Selbstverwaltung umgebaut werden muß, werde ich im zweiten Hauptteil dieser Arbeit darlegen.[17] Hier bleibt noch die Frage zu beantworten, ob im Nährstand ebenso wie in der gewerblichen Wirtschaft Kammern mit öffentlich-rechtlichen Befugnissen erforderlich sind. Dort erscheinen sie zumindestens zweckmäßig, weil die gewerbliche Wirtschaft irgendwie regional, also im Gau einheitlich zusammengefaßt werden muß. Die Vielfalt der gewerblichen Wirtschaft zwingt also zu einem Doppelaufbau: einem horizontalen, der alle Unternehmen gleicher Art in sich vereint und einem vertikalen, der alle, auch die verschiedenartigsten Unternehmen eines bestimmten Bezirkes zusammenfaßt. Bei dem Reichsnährstand gestattet die Gleichartigkeit der Betriebe, die horizontale und die vertikale Gliederung in einer Organisation gleichzeitig zu bewirken. Also im Orts-, Kreis- und Landesbauernführer. Man könnte also daran denken, dem Reichsstatthalter und dem Landrat einen Beirat beizugesellen, der alle landwirtschaftlichen Formen des Gaues repräsentiert und somit kammerähnliche Funktionen ausüben könnte. Mißlich bleibt nur, einem solchen Beirat auch Hoheitsfunktionen zu übertragen. Die Entscheidung für oder wider die Landwirtschaftskammer hängt davon ab, ob man sich dazu entschließt, in die Industrie-, Handels- und Handwerkskammern auch Vertreter der Angestellten und Arbeiter hereinzunehmen, die aus Vorschlagslisten der Organisation der Arbeiter von den

[17] S.o., Anmerkung 2; zu seinen Reformvorstellungen über die wirtschaftliche Selbstverwaltung konnte Goerdeler keine Ausführungen mehr machen.

Betriebsobleuten zu benennen wären. Ich halte auch hier den Einbau der Arbeiter in die tragende Verantwortung für geboten. Der Landesbauernführer würde gleichzeitig Präsident der Landwirtschaftskammer sein können, deren laufende Aufgaben unter Leitung eines von der Kammer angestellten Beamten unter weitgehender Ausnutzung der Verwaltung der Landesbauernschaft erledigt werden müßte.

Was die verschiedenen vom Reichsnährstand aufgezogenen Reichsstellen betrifft, die selbst Wirtschaft [betreiben] oder die die Wirtschaft der angeschlossenen Brauereien, Brennereien, Konservenfabriken usw. lenken, so ist an ihrem Aufbau während des Krieges nichts zu ändern. Sobald aber Auflockerungen durch die bessere Versorgung des Volkes nötig werden, muß Stelle auf Stelle daraufhin durchgeprüft werden, ob ihr Wirken tatsächlich den bestmöglichen einzel- und volkswirtschaftlichen Ertrag gewährleistet. Dabei ist die Ausschaltung des Wettbewerbs mit ihren Wirkungen auf Leistungsstreben und Leistungsvermögen ebenso zu berücksichtigen, wie die Verringerung des Verantwortungsbewußtseins durch Kollektivisierung des Risikos und endlich durch die Möglichkeit, Unkosten einer unproduktiven Verwaltung auf den verschiedensten Wegen unsichtbar zu machen.

Die Untersuchung ergab, daß der Reichsminister für Ernährung und Landwirtschaft eines eigenen Verwaltungsunterbaues nicht bedarf, sondern daß die allgemeinen Landesverwaltungsbehörden unter Eingliederung von Fachkräften für seine Zwecke ausreichte.

8. Reichsarbeitsminister:

Ihm obliegen z. Zt. arbeits- und sozialpolitische Aufgaben; er beaufsichtigt die sozialpolitischen durch Gesetz geschaffenen Einrichtungen. Ihm stehen die Landesarbeitsämter und die Arbeitsämter, sowie die Zusammenfassungen der soz[ialen] Versicherungseinrichtungen für die Erfüllung dieser Aufgaben zur Verfügung.

Ich habe seit 1924 den Standpunkt vertreten, daß ein gesondertes Arbeitsministerium ein Unding ist.[18] Keine Wirtschaftspolitik ist möglich, ohne ihre Auswirkungen auf das Los der wirtschaftlich Unselbständigen im voraus zu überdenken. Keine Sozialpolitik kann mit Aussicht auf Dauerhaftigkeit in Angriff genommen werden, ohne daß man sich ein klares Bild von den Möglichkeiten verschafft hat, die der Stand der produktiven Wirtschaft zur Verwirklichung jeder Politik zur Verfügung stellen kann; auch muß man im voraus die Folgen veranschlagen, die jede soziale Maßnahme auf die produktive Wirtschaft, auf Preise, Arbeitsfreudigkeit, Lohnentwicklung haben muß. Es war einer der größten Mißgriffe der Weimarer Republik, ein besonderes Arbeitsministerium zu errichten. Es wird eine der wichtigsten Maßnahmen sein, dieses Ministerium mit dem Reichswirtschaftsministerium zu einem Reichsministerium für Wirtschaft und Sozialpolitik zusammenzulegen.

---

[18] Aus der Zeit vor 1929 sind keine Stellungnahmen Goerdelers zur Reichspolitik erhalten geblieben. Die mit der Verabschiedung des Dawesplans notwendige finanzpolitische Konsolidierung verstärkte den Druck auf das sozialpolitische System, der in der Forderung einer Zusammenfassung des Wirtschafts- und des Arbeitsministeriums zum Ausdruck kam.

Diesen Vorschlag mache ich auch jetzt, trotzdem mir häufig entgegnet wird, daß das Aufgabengebiet dann für einen Minister zu groß werden würde. Dies kann ich nicht anerkennen. Ich verweise auf meine allgemeinen Darlegungen. Ich kann mir keinen Reichswirtschaftsminister denken, der nicht bei jeder Maßnahme von Bedeutung die sozialen Auswirkungen in den Kreis seiner Überlegungen mit einbezieht. Also, einen Teil der Arbeit des Arbeitsministers schon bei den eigenen Entscheidungen mit leistet. Gleichzeitig mit der Bildung eines Reichsministers für Wirtschaft und Sozialpolitik kann aber auch der Aufgabenkreis verringert, zumal aber auch vereinfacht werden. Das geschieht durch Ausbau der Wirtschaftsgruppe zu Organen mit Verantwortung und Selbstverwaltung, und das geschieht, indem die Aufgaben der Soz[ial]-Versicherung der ebenfalls neuzuordnenden Deutschen Arbeitsfront übertragen werden. Das Ministerium führt über die gesetzmäßige und ordentliche Erfüllung dieser Aufgaben nur noch die Aufsicht. Ich werde am Schluß des 2. Hauptteils näheres darlegen.[19] Ein Staatssekretär mit dem entsprechenden Stab von Mitarbeitern übernimmt im Reichswirtschaftsministerium die sozialpolitischen Aufgaben und nimmt an allen wichtigen wirtschaftspolitischen Beratungen teil.

Die Arbeits- und Landesarbeitsämter müssen sobald wie möglich verkleinert werden. Ihr jetziger aufgeblähter Zustand ist selbstverständlich eine Wirkung des Krieges und seiner Sonderaufgaben. Aber mir sind doch auch Fälle der unsachgemäßen Eingriffe und Entscheidungen dieser Ämter bekannt, die nur darin ihre Erklärung finden, daß bei der Auswahl der Arbeitskräfte nicht genügend hohe Anforderungen gestellt werden können. So sind mir viele Fälle mitgeteilt, in denen Betriebe Kräfte zugewiesen erhalten haben, für die eine Verwendung nicht vorhanden ist. Die Leiter der Ämter verabsäumen, nach oben zu berichten, daß die erlassenen Anordnungen solche Überdeckungen zur Folge haben.

Das hat sich auch hier als bequemer erwiesen, eine unrichtige Anordnung durchzuführen, und nicht auf die Unrichtigkeit aufmerksam zu machen. Einer der krassesten Fälle unproduktiver Tätigkeit von Arbeitsämtern sei hier aufgeführt. 14jähriger Junge; Vater ist im 1. Weltkriege gefallen; zwei Brüder bei der Wehrmacht, der Vierzehnjährige mit seiner Mutter zusammen in einem kleinen schwäbischen Dorf. Der Junge will gern Schneidermeister werden; die Mutter hat ihm eine ausgezeichnete Lehrstelle in einem anderen 3 km entfernten Dorf besorgt. Dies Dorf gehört zum Arbeitsamtsbezirk X, das Dorf, in dem Mutter und Sohn wohnen, zum Arbeitsamtsbezirk Y. Arbeitsamt X erklärt nunmehr, daß der Zuzug eines Lehrlings aus dem Arbeitsamtbezirk Y in den Bezirk X untragbar sei, weil damit dem Bezirk X eine Lehrstelle verlorengehe. Folge: Hätte der Junge die für den Bestand des Reiches sicher lebenswichtige Genehmigung erhalten, die ausgesuchte Lehrstelle anzunehmen, so hätte er jeden Morgen um 6.30 Uhr abmarschieren müssen und jeden Abend um 18.30 Uhr zu Hause sein und der Mutter

[19] S.o., Anmerkung 2.

noch etwa in Feld und Haus helfen können. Da die Genehmigung verweigert und er einem Schlossereibetriebe in der Stadt zugewiesen wurde, ergaben sich folgende Wirkungen: der Junge mußte jeden Morgen 5.30 Uhr vom Hause fort, denn 30 Min. Fahrt mit Kraftwagen, 30 Min. Warten, 30 Min. Bahnfahrt, so daß er 7.15 Uhr in seinem Betriebe war; auf demselben Wege aber die letzten Kilometer zu Fuß gehend erreichte er abends 20.30 Uhr die Wohnung der Mutter; also: zweifellos gerade in Kriegsernährungsverhältnissen eine unverantwortliche Überbürdung des Jungen; eine Belastung der Verkehrsmittel, die ohnehin überfüllt sind; ein ungern ausgeübter Beruf; und statt einer Ent-, eine Belastung der Mutter. Eine unproduktivere Arbeit einer Behörde ist nicht denkbar, sie ist in ihrem Ergebnis nicht des Zeitaufwandes auch nur einer Sekunde darauf verwendeten Arbeit wert. Und dies im 20. Jahrhundert, nachdem das 19. Jahrhundert die innerdeutschen Zollschranken überwunden hat. Während damals es als Aufgabe gut gelenkter Behörden galt, solche Schranken zu beseitigen, werden jetzt ähnliche Grenzen, nämlich solche für die menschliche Arbeitskraft von Behörden, die das Volk zu unterhalten hat, geschaffen. Allein dies Beispiel beweist, daß hier durchgegriffen werden muß.

Was während des Krieges an Vereinfachungen möglich ist, läßt sich nur durch mehrwöchige Mitarbeit in den verschiedenen Abteilungen eines Arbeits- oder Landesarbeitsamtes ersehen. Ich empfehle, für den Bezirk jedes Landesarbeitsamtes sofort einen erstklassigen mittleren Beamten herauszusuchen, ihn etwa 6 Wochen durch verschiedene Musterverwaltungen, insbesondere auch von großen Gemeinden, gehen zu lassen, und ihn dann auf Durchforstung des Landesarbeitsamtes und seiner Arbeitsämter anzusetzen. Diese Beamten könnten nach etwa zweimonatiger Tätigkeit zusammengerufen werden, ihre Erfahrungen austauschen, und dann eine zweite Durchprüfung vornehmen. Man muß ihnen aber auch das Vertrauen wirklich schenken und ihre Vorschläge wirklich durchführen.

Nach dem Kriege wird so schnell wie möglich die Zwangsbewirtschaftung menschlicher Arbeitskraft abzubauen sein. Selbstverständlich muß den zur Wehrmacht eingezogenen ihr Arbeitsplatz eine angemessene Frist offen gehalten werden. Im übrigen aber müssen die Menschen sich wieder daran gewöhnen, ihre Berufs- und Stellenwahl selbst verantwortlich zu tätigen. Fast alle haben genügend Verwandte und Bekannte, um sich beraten zu lassen. Gegen eine begrenzte öffentliche Beratung ist nichts einzuwenden. Wird eine durchsichtige Wirtschafts- und Finanzpolitik jedem verständlich betrieben und ein klarer Wiederaufbauplan aufgestellt, so hat der einzelne genügend Richtpunkte, um sich zu orientieren.

Zu prüfen ist ferner, ob der von mir 1932 gemachte Vorschlag[20] nicht zu einer wesentlichen Vereinfachung führen würde, nämlich die, in die er sachkundige

[20] Vgl. zu Goerdelers 1932 aufgestelltem Reformvorschlag sein Vortragsmanuskript „Organisatorische und finanzielle Vereinheitlichung der Arbeitslosenhilfe“ vom 2.12.1932; Dok. 1.2.5, oben S. 71 ff.

Männer aus seinem Gau beruft. Werden die Arbeitsämter der politischen oder wirtschaftlichen Selbstverwaltung anvertraut, dann entfällt die Frage, ob die Leiter der Landesarbeitsämter dem Reichsstatthalter zu unterstellen sind. Nimmt man aber von jener Lösung Abstand, dann empfiehlt sich die Unterstellung nicht. Es genügt die Verpflichtung für den Leiter, dem Reichsstatthalter von allen wichtigen Vorfällen und Entschließungen Kenntnis zu geben. Es genügt ferner die organisatorische Maßnahme, daß der Minister alle wichtigen Erlasse in Abschrift dem Reichsstatthalter zuleitet. Die Unterstellung würde entweder nichts bedeuten, oder die Gefahr zeitigen, daß der Reichsstatthalter einen Sachbearbeiter einschaltet, der die Verantwortung des Leiters ungünstig beeinflußt, und dem schaffenden Volke die Unterhaltung unnützer Zwischenkräfte aufbürdet. Erhält der Reichsstatthalter von beiden Seiten die erwähnten Unterrichtungen, so wird er sich in wichtigen Fällen einschalten, soweit es ihm unerläßlich zu sein scheint.

9. Reichsverkehrsminister und Reichspostminister:

§ 67 der Deutschen Gemeindeordnung setzt der wirtschaftlichen Betätigung für Gemeinden bestimmte Grenzen. Auf Grund des § 105 DGO haben Innen- und Finanzminister die Eigenbetriebsverordnung vom 21.10.1938 erlassen. Danach sind die wirtschaftlichen Unternehmen der Gemeinde ohne Rechtspersönlichkeit als Eigenbetriebe zu führen. Deren Leitung hat eine gewisse Selbständigkeit; das ihnen gewidmete Kapital aller Art ist als Sondervermögen zu verwalten.[21] Diese Regelung, das Ergebnis 40jähriger Erfahrungen, ist zweckmäßig, klar und vorbildlich, weil sie die Führung wirtschaftlicher öffentlicher Unternehmen nach streng wirtschaftlichen Grundsätzen sichert und die Gemeinschaft vor Zuschüssen bewahrt, die unvertretbar sind, für die auch nach dem Kriege kein Raum mehr sein wird. Der feierliche Vorspruch der Deutschen Gemeindeordnung erklärt diese zu einem Grundgesetz des nationalsozialistischen Staates, auf dessen Boden sich der Neubau des Reiches vollenden soll.

Wenn dies nicht nur eine schöne Vorstellung bleiben soll, dann müssen streng die leichtabzulesenden Folgerungen, auch für die wirtschaftlichen Unternehmungen anderer öffentlicher Körperschaften gezogen werden, vor allem des Reiches selbst, das so klare, eindeutige Vorschriften als Grundgesetz bezeichnet hat. Aber auch abgesehen davon, ist es ein Gebot logischen und gemeinnützigen Denkens, daß für Unternehmen, die Werte schaffen wollen, nicht Zuschüsse gezahlt werden. Denn dann schaffen sie in Wahrheit keine Werte, sondern fressen solche fort. Die Sicherheit dafür gewährt in einer Zeit der Gärung nur die unabdingbare Vor-

---

[21] Die Eigenbetriebsverordnung vom 21.11.1938 – Goerdeler irrt in der Datierung – stützte sich auf die DGO-Paragraphen 105 und 121. Sie stärkte die Stellung des Werksleiters gegenüber der Gemeindeverwaltung und ermöglichte einen größeren Ermessensspielraum in der Besoldungsregelung, d.h. insbesondere Gehaltsenkungen, wenn deren betriebswirtschaftliche Notwendigkeit erwiesen werden konnte; vgl. RGBl. 1938/I, S. 1650-1660.

schrift, die dem Unternehmen anvertraut ist, und von ihm erarbeiteten Werte streng von den allgemeinen Volksvermögen abzusondern und die dem Unternehmen zugunsten der Gemeinschaft aufgelegten Leistungen genau festzulegen.

Die Reichsbahn hat ein wechselvolles Schicksal durchgemacht. Vom reinen Staatsbetriebe zum Privatbetrieb mit internationalem Kapital. Sie und die Post sind heute Eigenbetriebe des Reiches.[22] Aber da sie von Ministern geführt werden, die eines Tages wieder eine kabinettsmäßige Verantwortung werden zu übernehmen haben und die heute an Weisungen gebunden sind, tritt dieser Zustand nicht so klar in Erscheinung. Ich schlage daher vor, Reichsbahn, Reichspost und Reichsdruckerei zu Eigenbetrieben des Reiches zu machen, sie unter ein Einheitsrecht zu stellen, das der Verordnung vom 21.12.1938 nachgebildet ist und Generaldirektoren (Generalpostmeister) an ihre Spitze zu stellen.[23] Diesen werden Beiräte aus den politischen und wirtschaftlichen Trägern der Volksgemeinschaft zur Seite gestellt; das Reichsverkehrsministerium führt die Aufsicht. Für diese kämen an sich auch der Reichsfinanzminister wegen des finanziellen Interesses des Reiches oder der Reichswirtschaftsminister aus wirtschaftspolitischen Gründen in Betracht. Aber da das Reich noch andere Verkehrseinrichtungen zu betreuen hat, so ist es organisch, die Aufsicht über jene Unternehmungen dem Reichsverkehrsminister zu übertragen.

Notwendig ist eine klare Auseinandersetzung über den Betrieb von Kraftwagenlinien zwischen Reichsbahn und Reichspost. In der Geschichte beider Unternehmungen laufen Entwicklungslinien auf dieses neuzeitliche Verkehrsmittel hin. Die Post hat seit ihrer Gründung, und zwar schon lange vor der Bahn, Personen befördert. So verständlich es daher ist, daß sie sich des Kraftwagens bemächtigt hat, um diesen Betriebszweig wieder zu entwickeln, so unorganisch ist es doch heute. Das Eisenbahnnetz hat in den letzten vier Jahrzehnten seine außerordentliche Verdichtung erfahren. Heute muß jede Kraftwagenlinie daraufhin, ob sie neben den Eisenbahnen wirtschaftlich gerechtfertigt ist, sorgfältig geprüft werden. Gewiß ist der Gedanke des Wettbewerbs bestechend. Aber dem ist entgegenzuhalten, daß der Bahn von seiten der Volksgemeinschaft bestimmte Verpflichtungen auferlegt sind, die sie nicht übernehmen würde, wenn es ihr gestattet wäre, nur nach wirtschaftlichen Gesichtspunkten ihren Betrieb zu führen. Wer diesen Einwand verwirft, kann aber einem anderen nicht ausweichen. Die Reichsbahn hat keine Möglichkeit, sich aus anderen Quellen Zuschüsse zu verschaffen. Bei der Reichs-

[22] Die Deutsche Reichsbahn war 1920 aus den Bahnen Preußens und der anderen deutschen Länder gebildet und seit 1924 in der Form eines Sondervermögens des Reichs als Deutsche Reichsbahn-Gesellschaft geführt worden. Am 10.2.1937 wurde sie in die unmittelbare Reichsverwaltung übernommen und dem Reichsverkehrsminister Julius Dorpmüller unterstellt, der bereits seit 1926 als Generaldirektor der Deutschen Reichsbahn fungierte. Vgl. Alfred C. Mierzejewski: The Collapse of the German War Economy, 1944-1945, Chapel Hill und London 1988, S. 35-60.

[23] S.o., Anmerkung 21.

post besteht zumindestens die Möglichkeit, aus dem eigentlichen Postbetriebe, also über das Porto und die Gebühren aller Art, Erträge zu erhalten, die teilweise auf dem Umwege über eine geschickt aufgemachte Verrechnung dem Kraftwagenunternehmen zufließen. Wollte man der Reichsbahn die gleichen Möglichkeiten zubilligen oder wollte man ein Auge zudrücken, wenn sie von solchen Gebrauch machen würde, so würde man zu dem Zustand kommen, daß die Reichspost über das Porto, die Reichsbahn über Fahrkarten und Frachten Kraftwagenlinien finanzieren würde oder wenigstens könnte. Dieser Zustand wäre offenbar wirtschaftswidrig. Es muß also eine klare Regelung, die wirtschaftlich ist, getroffen werden. Es wird sich empfehlen, ein besonderes Unternehmen von Kraftwagenlinien des Reiches mit Sondervermögen als Eigenbetrieb zu errichten und an ihm Reichsbahn und Reichspost zu beteiligen. Dies Unternehmen muß dann alle seine Unkosten mit eigenen Einnahmen decken und ist daraufhin verhältnismäßig einfach zu überwachen.

Ebenso ist eine Prüfung über die Stellung der Reichsautobahnen, ihre Unterhaltung, ihre Verwaltung und gegebenenfalls ihre Erweiterung erforderlich, trotzdem nicht anzunehmen ist, daß im nächsten Jahrzehnt ein Bedürfnis für weitere Linien vorhanden sein wird oder daß dafür Arbeitskräfte und Rohstoffe zur Verfügung stehen werden. Das Verhältnis der Reichsautobahnen zur Volksgemeinschaft und zu den übrigen Verkehrsunternehmungen des Reiches darf nicht ungeklärt bleiben. Denn jetzt besteht die Gefahr, daß sowohl die Verzinsung im Kriege der für den Bau aufgenommenen Anleihen und die Kosten der Unterhaltung entweder aus öffentlichen Steuermitteln oder aus Mitteln der Reichsbahn entnommen werden, die ja ebenfalls vom Volke in Fahrpreisen und Frachten bezahlt sind. Dieser Zustand wäre unverantwortlich. Denn dann würde die Gesamtheit auch der gänzlich unbemittelten Reisenden dazu beitragen, ein Verkehrsunternehmen zu unterhalten, dessen Vorteile vorwiegend und offensichtlich wohlhabenderen Volksgenossen zugute kommt. Außerdem aber wäre es unverantwortlich, von der Reichsbahn zu verlangen, daß sie ihre Straßen und ihren Betrieb in allen Einzelheiten eben aus den Einnahmen des Betriebes deckt, während dasselbe Reich ihr in den Reichsautobahnen einen vom Gesamtvolk subventionierten Wettbewerber entgegenstellt. Das wäre geradezu ungeheuerlich.

Wahrscheinlich wird es sich empfehlen, die Reichsautobahnen dem oben erwähnten Unternehmen Kraftwagenlinien des Reiches zur Verfügung zu stellen, in dem dann die Vertreter der Reichsbahn und der Reichspost dafür Sorge zu tragen hätten, daß die einzelnen Verkehrsunternehmungen des Reiches auf gleicher Wettbewerbsgrundlage arbeiten. Oder man muß ein besonderes reichseigenes Unternehmen „Reichsautobahn“ mit Sondervermögen errichten, das dann sich durch eine Wegegebühr von den Benutzern die erforderlichen Einnahmen verschafft. Auch dann würde eine gesunde und geordnete Wettbewerbsgrundlage sichergestellt sein. Zu welcher Organisationsform man auch immer kommen möge, sie darf nur auf dieser Grundlage gewählt werden und muß der Aufsicht des Reichsverkehrsministers unterstellt sein.

Sonstige Reichsverkehrseinrichtungen sind

a) Landstraßen aller Art.

Ihre Planung, ihr Bau und ihre Unterhaltung werden in denkbar größtem Ausmaße den politischen Selbstverwaltungskörpern (Gauen, Kreisen und Gemeinden) übertragen sein, wie es ja schon jetzt der Fall ist. Aber es können besonders wichtige Straßen aus Reichsinteresse auch gegen das oder ohne das Interesse jener Selbstverwaltungskörper zu bauen sein. In diesem Falle wird die Planung vom Reichsverkehrsminister in der dafür zuständigen Abteilung betrieben; aber auch nicht mehr. Bau, Unterhaltung und Aufsicht können gegen Abrechnung und auf Kosten des Reiches den erwähnten Selbstverwaltungen übertragen werden. Dadurch werden besondere Baustäbe bei den Gauen erspart.

b) Wasserstraßen und Häfen.

Für die Unterhaltung letzterer haben sich die verschiedenartigsten Träger mit den verschiedenartigsten Beteiligungen herausgebildet. Eine der verwickeltsten Formen ist für Stettin gewählt.[24] Ob hier Vereinfachungen im einzelnen Falle möglich sind, bedarf der Prüfung; jedenfalls wird überall dahin zu streben sein, die Allgemeinheit von Zuschüssen zu entlasten, da ja die Häfen wirtschaftlichen Zwecken dienen. Leistet die Volksgemeinschaft Zuschüsse, um durch billigere Hafentarife die Unkosten für die Wirtschaft zu senken, so erzeugt sie ein falsches Bild. Aber es kann Gründe geben, die ein solches Verfahren rechtfertigen. Insbesondere solche, die aus dem internationalen Wettbewerb sich entwickeln.

Die Wasserstraßen werden in der Hauptsache Reichsstraßen sein. Es ist eine alte Meinungsverschiedenheit, ob sie dann auch vertretbar sind, wenn ihr Ertrag die laufenden Unterhaltungskosten nicht deckt, geschweige denn die Baukosten. Es liegt außerhalb des Rahmens dieser Arbeit, zu diesem Streit Stellung zu nehmen. Für unseren Zweck genügt es, daran festzuhalten, daß die Verwaltung der Wasserstraßen dem Reichsverkehrsminister anvertraut sein muß. Befindet sich der ganze Lauf einer Wasserstraße in den Grenzen eines und desselben Gaues, so kann es nützlich sein, daß der Minister die Verwaltung dem Reichsstatthalter überläßt, der seinerseits die erforderlichen Fachkräfte umsetzt. Handelt es sich aber um be-

[24] Das besondere an der Stettiner Hafenanlage war die Kombination von Industrie- und Passagierhafen, beides sowohl für die See- wie auch für die Binnenschifffahrt. Während der Hafenausbau Ende des 19. Jahrhunderts von öffentlichen Geldern finanziert wurde, hatten am Industriehafen angesiedelte Unternehmen wie Thyssen, Krupp und Stinnes erheblichen Anteil am weiteren Ausbau nach der Jahrhundertwende. Nach dem Ersten Weltkrieg war es die Deutsche Reichsbahn, die sich maßgeblich am Wiederaufbau des Hafens beteiligte, um den Passagierverkehr mit den Ostseehäfen wiederherzustellen. Vgl. Ilse Gudden-Lüdecke: Der Hafen und der städtische Bauhof, in: Dies. (Hg.): Chronik der Stadt Stettin, Leer 1993, S. 258-275.

sonders schwer zu unterhaltende Straßen, oder durchlaufen sie das Gebiet mehrerer Gaue, so werden besondere Wasserverwaltungsbehörden (Strombaudirektionen, Kanal-Direktionen) einzusetzen sein, die zweckmäßig unmittelbar von dem Reichsverkehrsminister (Abteilung Wasserstraßen und Häfen) betreut werden.

c) Der Luftverkehr.

Hier hat sich für die Einrichtung und Verwaltung der Verkehrsstrecken, der dazugehörigen Häfen und Vorrichtungen aller Art, sowie für Beschaffung, Wahl und Unterhalt der Verkehrsmittel die Organisation der Deutschen Lufthansa vollkommen bewährt.[25] Dank ihrer Zusammenarbeit mit dem Reichsverkehrsminister und durch die Aufsicht, die dieser ausübt, ist es stets möglich gewesen, die Interessen des Reiches und damit des Gesamtvolkes mit den wirtschaftlichen Gesichtspunkten in Übereinstimmung zu bringen, die ein Unternehmen wie die Lufthansa nicht außer acht lassen darf. Ich habe also nur vorzuschlagen, daß nach Beendigung des Krieges die Deutsche Lufthansa in dem gleichen Verhältnis wie vor dem Kriege ihre Tätigkeit wieder aufnimmt, daß aber die Beaufsichtigung des zivilen Luftverkehrs von dem Reichsluftfahrtministerium an das Reichsverkehrsministerium übergeht. Dies ist schon deswegen notwendig, weil in der Hand eines Ministers alle öffentlichen Verkehrseinrichtungen zusammenlaufen müssen, um einen Wettbewerb zu verhindern, der sich etwa auf den Schultern und auf Kosten des Volkes abspielen würde, andererseits aber auch eine organisch ineinandergreifende Entwicklung der verschiedenen Verkehrsmittel sicherzustellen. Nur die einheitliche Zusammenfassung gewährleistet einen klaren, die Einzelheiten umfassenden Überblick und deren Einordnung in einen großen Rahmen und ihre Unterordnung unter einheitliches Ziel. So wird durch die Einheitlichkeit der Überwachung und Lenkung im Wettbewerb der öffentlichen Verkehrsmittel diejenige Ordnung sichergestellt, die in der Privatwirtschaft durch das Gesetz, durch die Regeln des Anstandes und dadurch gewährleistet ist, daß der einzelne Teilnehmer am Wettbewerb sein Risiko selbst zu tragen hat. Die öffentliche Kritik und die öffentlichen Forderungen werden das ihre dazu tun, um engherzigen Bürokratismus zu verbannen.

Bei dieser Gelegenheit möchte ich die Frage der weiteren wirtschaftlichen Unternehmungen und Beteiligungen des Reiches anschneiden. Es ist bekannt, daß das Reich selbst oder über die früheren Länder an einer verhältnismäßig großen Zahl wirtschaftlicher Unternehmungen beteiligt ist (Elektrounternehmungen, Kohlen-

---

[25] Die Deutsche Lufthansa wurde 1926 durch den Zusammenschluss von Junkers Luftverkehr und Deutscher Aero Lloyd gegründet und bildete mit der Deutschen Versuchsanstalt für Luftfahrt und dem Reichsverband der deutschen Luftfahrtindustrie ein zunächst informelles Kartell in der Luftfahrtindustrie. Der Reichsverband Deutscher Luftfahrtindustrieller, in dem die Lufthansa wichtigstes Mitglied war, erhielt jedoch erhebliche staatliche Subventionen, eine Regelung, die Goerdeler bei der Reichsbahn verurteilte. Vgl. Lutz Budraß: Flugzeugindustrie und Luftrüstung in Deutschland 1918–1945, Düsseldorf 1998, S. 225 ff.

bergbau, Erzbergbau, insbesondere Kupfer, Aluminium-Erzeugung, Braunkohlenbergwerke u.a.).

Die erste Prüfung hat dahin zu gehen, ob alle diese wirtschaftlichen Unternehmungen, die vielfach nicht planmäßig, sondern zufällig an das Reich gekommen sind, weiter reichseigene Unternehmungen bleiben sollen. Ich darf darauf aufmerksam machen, daß der § 67 der Deutschen Gemeindeordnung die wirtschaftliche Tätigkeit der Gemeinden begrenzt. Sie sollen u.a. nur solche Unternehmungen wirtschaftlicher Zweckbestimmung betreiben, wenn dieser Zweck nicht besser und wirtschaftlicher von anderer Seite erreicht werden kann. In dem zweiten Hauptteil habe ich diesen § 67 noch weiter ergänzt und dabei die Erfahrungen zu Grunde gelegt, die ich nicht vereinzelt, sondern mehrfach gemacht habe. Da die Deutsche Gemeindeordnung ein Grundgesetz für den Neuaufbau des Reiches sein soll, so würde das Reich mit seiner eigenen Absicht und seiner eigenen Autorität spielen, wenn es die Beachtung dieser Grundsätze zwar von Gemeinden und Gemeindeverbänden verlangt, für sich selbst aber ablehnt. Es ist daher Unternehmen für Unternehmen daraufhin durchzuprüfen, ob entscheidende Gründe für den Betrieb durch das Reich oder für seine Beteiligung an ihm spricht, oder ob nicht das gesamte Risiko oder ein Teil desselben der Privatwirtschaft überlassen werden kann, ohne daß daraus irgendein volkswirtschaftlicher Nachteil entsteht. Das Ergebnis dieser Prüfung muß maßgebend für das weitere Schicksal dieser Unternehmungen sein. Dabei darf ich darauf aufmerksam machen, daß sich bisher nirgend die Möglichkeit ergeben hat, die Arbeits- und Lohnverhältnisse in einem solchen Reichsunternehmen besser zu gestalten, als in einem entsprechenden Privatunternehmen. Denn das Reich kann sich für den Absatz den Gesetzen des Wettbewerbes und der Leistung nicht entziehen. Der einzige Vorteil, der sich aus dem staatlichen Bergwerksbesitz Preußens ergeben hat, ist der, daß die Staatsbeamten in der Lage waren, die Unfallverhütungsvorschriften und Einrichtungen sachgemäß vorwärts zu treiben. Die weitere Frage zu behandeln, ob aus anderen Gründen, nämlich denen der Rücksicht auf Wünsche der Arbeiterschaft eine gewisse Sozialisierung gewisser Wirtschaftszweige anzustreben ist, darf ich nicht hier anschneiden, weil es zu weit führen würde.

Zweitens ist die Frage zu klären, welcher Reichsminister diese wirtschaftlichen Unternehmen des Reiches außerhalb der Verkehrswirtschaft betreuen soll. Man könnte sowohl an den Reichswirtschaftsminister wie an den Reichsfinanzminister denken, da aber hier nicht der allgemeine wirtschaftspolitische Zweck im Vordergrund steht, sondern die Aufsicht sich darauf zu richten hat, daß die finanziellen Interessen der Volksgemeinschaft nicht geschädigt werden, ist die Betreuung durch den Reichsfinanzminister durch Zweckmäßigkeitserwägungen gegeben.

Damit ist der Aufgabenkreis des Reichsverkehrsministers umgrenzt. Mit seinem Ministerium werden das Reichspostministerium und die erwähnten Aufgaben des Reichsluftfahrtministeriums zusammengelegt.

10. Das Reichsministerium für Rüstung und Kriegsproduktion

ist erst im Kriege geschaffen und dient ausschließlich seinen Zwecken und den durch ihn geschaffenen Verhältnissen. Man hätte seine Aufgaben auch dem Reichswirtschaftsminister übertragen können, der heute nur noch einen sehr begrenzten Aufgabenkreis für den Wirtschaftsverkehr mit den neutralen Ländern und für das Kreditwesen sowie für Handel und Handwerk hat. Es waren wohl aber Personalfragen, die zur Gründung eines besonderen Ministeriums führten.[26] Mit Kriegsende muß es seine Aufgaben wieder an das Reichswirtschaftsministerium abgeben, weil dieses sonst seine lebenswichtige Aufgabe der Überleitung der Wirtschaft in Friedenswirtschaft gar nicht erfüllen könnte. Ein Teil seiner Aufgaben wird dies Ministerium durch seine eigene Verschmelzung mit dem Kriegsministerium an dieses überführen.

11. Reichskriegsministerium:

Aus den der Rüstung geltenden Aufgaben, des in Ziffer 10 genannten Ministeriums und aus den nicht zum Reichsverkehrsministerium übertretenden Abteilungen des Reichsluftfahrtministeriums, aus Teilen des Oberkommandos der Wehrmacht wird das Reichskriegsministerium gebildet. Diese Zusammenziehung wird große Vereinfachungen mit sich bringen und auch auf dem Gebiete der Rüstung und der Verwaltung eine Einheitlichkeit und damit Vereinfachung der Verwaltung aller drei Wehrmachtsaufgaben im Gefolge haben. Dies Ministerium wird zweckmäßig tun, wenn es die Verbindung mit der Wirtschaft in anderer Form herstellt, als es zu Beginn dieses Krieges geschehen war. Ich glaube nicht, daß die selbständigen Rüstungsämter und Rüstungsinspektionen sich bewährt haben und sehe eine Bestätigung für diese Annahme in der Tatsache, daß diese Organe unter Auflösung des Wehrwirtschaftsstabes dem in Ziffer 10 genannten Ministerium unterstellt wurden.[27] Die Abteilung „Rüstung" im künftigen Reichskriegsministerium muß unter Ausnutzung der in diesem Kriege gesammelten Erfahrungen eine möglichst einfache Verbindung mit den Organen der wirtschaftlichen Selbstverwaltung herstellen und sich ihrer zur Erfüllung ihrer Zwecke bedienen.

---

26 Vgl. zum Ministerium für Rüstung und Kriegsproduktion S. 1109, Anmerkung 23. Die Schaffung des Ministeriums unter Fritz Todt war begünstigt worden durch dessen Erfolge als „Generalinspektor für Sonderaufgaben im Vierjahresplan"; hinzu kam die resignierte Haltung des Reichswirtschaftsministers Funk, der sich gegen eine Beschneidung seiner Kompetenzen nicht zur Wehr setzte. Vgl. Boelcke, Deutsche Wirtschaft, S. 238 ff.

27 Die Unterstellung der Rüstungsämter und Rüstungsinspektionen unter das Ministerium für Rüstung und Kriegsproduktion war 1943 abgeschlossen. Die Änderung war jedoch nicht so sehr eine Folge der mangelnden Bewährung, als vielmehr ein Ausdruck des Machtkampfes zwischen Speer und Georg Thomas, dem Chef des beim OKW angesiedelten Wehrwirtschaftschaftsamts. Vgl. Thomas, Geschichte der deutschen Wehr- und Rüstungswirtschaft, S. 307-324; 368-372.

12. Das Reichsluftfahrtministerium

wird aufgelöst und geht mit Teilen ins Reichsverkehrsministerium, mit dem Rest ins Reichskriegsministerium über.

13. Das Reichsjustizministerium

hat in den Generalstaatsanwälten und in den Präsidenten der Gerichte seinen organischen Verwaltungsunterbau. Es bedarf einer Mitwirkung der Reichsstatthalter nicht.

14. Das Reichspropagandaministerium

gibt, wie schon erwähnt, seine wirtschaftspolitischen Aufgaben an den Reichsminister für Wirtschaft und Sozialpolitik, seine kulturellen Aufgaben an den Reichsminister für Erziehung, Kunst und Wissenschaft ab. Als Aufgabe verbleibt ihm diejenige, von der es seinen Namen empfangen hat: Die Verbindung der Reichsregierung mit der öffentlichen Meinung im In- und Auslande. Es ist heute noch verfrüht, darüber zu sprechen, wie diese Aufgabe am besten erfüllt wird. Es gibt die jetzt durchgeführte Möglichkeit, diese Aufgabe stark in den Vordergrund zu rücken, aus ihr keinen Hehl zu machen und sie entsprechend herauszustellen. Dann wird man bei der bisherigen Organisation und der bisherigen Bezeichnung verbleiben. Es gibt aber auch eine andere Möglichkeit, den Propagandazweck nicht offenkundig zu machen, sondern unsichtbar auf die öffentliche Meinung unter verschiedenen Mitteln einzuwirken. In diesem Falle wird man den ganzen Aufgabenkreis näher an den Reichskanzler heranziehen und ihm eine entsprechende Organisation zur Verfügung stellen. Ich bin mir bewußt, daß die Endregelung auch eine Frage der Persönlichkeit ist. Wie immer sie erfolgen möge, dieser Minister wird stets ohne einen besonderen Unterbau auskommen. Er wird sich sogar zwangsläufig der Reichsstatthalter bedienen müssen; denn der Verkehr gerade mit diesem Minister wird den Reichstatthaltern das wertvollste Mittel der eigenen Unterrichtung auf allen Gebieten der Staatspolitik sein; er wird sie befähigen, die eigenen Entschließungen und Handlungen in dem richtigen allgemeinen Rahmen zu halten und ihrerseits der Reichsregierung die für die wertvollen Anregungen für die Beeinflussung der öffentlichen Meinung aus dem Lande und aus ihrem Erfahrungskreis zu vermitteln.

Werden so nach meinen Vorschlägen mindestens drei Ministerien eingespart, so muß ich doch dringend raten, für eine nach dem Kriege sich erhebende gewaltige Aufgabe ein besonderes Ministerium zu errichten, nämlich das Reichsministerium für den Wiederaufbau und öffentliche Arbeit. Die Größe der Aufgaben, die diesem Reichsminister zuwachsen, ist im voraus, jedenfalls jetzt, nicht vollkommen zu übersehen. Es ist aber von vornherein klar, daß dieser Minister seine Aufgaben nur in enger Zusammenarbeit mit allen anderen Ministern wird erfüllen können. Im Hinblick darauf, daß seine Aufgabe im wesentlichen sein wird, Hochbauten aller Art zu planen und in Gang zu bringen, ist es geboten, zumindestens zweckmäßig, ihm auch die Baupolizei zu übertragen, die bisher teils vom Reichsminister des Innern, teils vom Preußischen Finanzminister verwaltet wurde.

Dieses Ministerium würde dann in folgende Abteilungen aufgegliedert werden.–

1.) Allgemein- und Personalangelegenheiten,
2.) Rechtsangelegenheiten und Baupolizei,
3.) Wiederaufbau,
4.) Öffentliche Arbeiten, letztere soweit nicht die dem Reichsverkehrsministerium obliegenden Aufgaben in Frage stehen.

Für den Aufbau dieses Ministeriums kommt der dann allmählich freiwerdende Apparat des Reichsministeriums für Rüstung und Kriegsaufbau sehr zweckmäßig in Betracht.

Was die sachliche Aufgabe des Wiederaufbaues betrifft, so empfehle ich dringend, beim Reich lediglich den Erlaß für Grundgesetze, der Richtlinien und der vom Reich zu gebenden Zuschüsse zu belassen, im übrigen aber den Aufbau den inzwischen hergestellten wirtschaftlichen und kommunalen Selbstverwaltungen zu überlassen. Ich darf dazu einige Gedanken angeben. Würde das Reich den Wiederaufbau in allen Stücken selbst in die Hand nehmen, so würde nicht nur ein zusätzlicher großer Verwaltungsapparat erforderlich werden, sondern es würde auch durch diese Zentralisation mit einer großen Verzögerung zu rechnen sein; ferner würden die Geschädigten nach allen menschlichen Erfahrungen im großen Umfange mit Überansprüchen hervortreten und zu deren Abwehr wieder ein umfangreicher Kontrollapparat eingesetzt werden müssen. Weiterhin muß man sich darüber klar sein, daß das Reich, richtig gesagt, das deutsche Volk, nicht in der Lage ist, die Beseitigung von Schäden zentral zu finanzieren, die jetzt einen Wert von 200 M[illiar]d[en] RM überschritten haben müssen. Endlich ist es von entscheidender Bedeutung, sowohl das Interesse der Geschädigten wie das der Nichtgeschädigten auf Schnelligkeit, auf Sorgfalt und auf gegenseitige Rücksicht hinzuleiten und schöpferisch lebendig zu machen. Ich schlage daher vor, zum Hauptträger des Wiederaufbaues die wirtschaftlichen Organisationen zu machen, d. h. die Untergruppen, Fachgruppen usw., den Zusammenschluß der Hausbesitzer, der Gastwirte usw. Diese würden durch Gesetz mit der Aufgabe betreut werden und bestimmte Anweisung für die Durchführung erhalten. Sie hätten also selbst den erforderlichen Verwaltungsapparat einzurichten, den Umfang der Schäden festzustellen, ebenso aber auch die unbeschädigten Vermögenswerte ihrer Gruppe. Die letztere und solche Vermögenswerte, die nur bis zu 25 % Schaden erlitten haben, müssen den Aufbau der Beschädigten in ihrer Gruppe finanzieren. Nur soweit die Feststellung ergibt, daß wegen der Höhe der Schäden und der Geringfügigkeit der unbeschädigten Werte auf dieser Grundlage der Aufbau nicht möglich ist, treten die Gauselbstverwaltungen und das Reich ergänzend ein. Auch die Gauselbstverwaltung finanziell zu beteiligen ist zweckmäßig, um blindes Geltungsbedürfnis einzudämmen. Durch dieses Verfahren wird erreicht, daß die Interessenten untereinander sich auf die Finger sehen. Es wird ihnen die Möglichkeit gegeben, den Aufbau nach wirtschaftlichen Gesichtspunkten organisch zu betreiben, so daß zunächst das für das Leben des Volkes Wesentliche vorangestellt und die übrigen Arbeiten später nachgeholt werden. Es wird auch die Möglichkeit geschaffen, dabei auf das Einfachste Änderungen in der Struktur der Wirtschaft vorzunehmen, indem man bei gewissen Betrieben auf den Wiederaufbau vollkommen verzichtet und die Entschädigung in Beteiligungen gewährt. Bei anderen wieder Verlagerungen in andere Gebiete betreibt und somit die großen Erfahrungen, die diese Gruppen in den letzten 20 Jahren gesammelt haben, nutzbar macht. Es wird auch dafür gesorgt, daß die Interessenten selbst an einem möglichst wirtschaftlichen, d. h. sparsamen Wiederaufbau eigenes Interesse haben. Und auf der anderen Seite, einen Endzustand erstreben, der ihrer Gesamtheit und damit auch dem Allgemeinwohl am nützlichsten ist.

Zur materiellen Finanzierung müssen zunächst ausschließlich Spargelder aller Art herangezogen werden, gleichgültig ob sie bei Sparkassen oder Banken liegen oder bei den wirtschaftlichen Unternehmungen als Reservefonds, Rückstellungen usw. angesammelt sind. Dies ist sehr wichtig; es muß vermieden werden, neues Geld zu schaffen. Im Gegenteil, hier bietet sich eine Möglichkeit, die gewaltigen Neugeldbeträge, die im Kriege geschaffen sind, und denen keine Werte gegenüberstehen, in solche umzuwandeln. Technisch sind an dieser Finanzierung Versicherungsgesellschaften, Hypothekenbanken, und Sparkassen zu beteiligen; wahrscheinlich wird das Mittel einer gesetzlichen Hypothek mit Vorrang vor allen anderen angewendet werden müssen.

Damit der Wiederaufbau wirklich schnell beginnt, ist er für Wohnungen sofort unbeschränkt freizugeben, ohne Rücksicht auf etwaige von Reichs wegen beabsichtigte und vorzuschreibende Strukturveränderung. Diese werden sich, um das Trümmermaterial möglichst an Ort und Stelle ohne Abtransport zu verwerten, Straßeneinrichtungen usw. weiter benutzen zu können, auf sehr sorgfältig zu überlegende Fälle von besonderer Bedeutung beschränken müssen. Die wesentlichste Strukturveränderung wird darin bestehen, daß man am alten Ort gesunde Wohnungen und genügend Möglichkeiten für Kleingärten schafft. Während also der Wohnungsbau überall in Gang kommt, werden die Reichsplanungen fertiggestellt; dabei ist ein Beirat zu beteiligen, in dem die Gaue und die jeweils beteiligten Wirtschaftsgruppen vertreten sind.

Der Aufbau wirtschaftlicher Unternehmungen, also auch aller Läden und Werkstätten, ist in Gemeinden bis zur Letztgröße von 100.000 Einwohnern vollkommen freizugeben, weil diese Gemeindegrößen unbedenklich sind. In Gemeinden von 100.000 bis 300.000 Einwohnern ist die Genehmigung des Reichsstatthalters und für noch größere die des Reichsministers für Wiederaufbau und öffentliche Arbeiten vorzuschreiben. Dadurch wird zusammen mit der Möglichkeit, jederzeit verbindliche Richtlinien festzusetzen, dem Reich jede Möglichkeit geschaffen, in den Wiederaufbau planend einzugreifen.

Endlich halte ich für notwendig, von vornherein Klarheit zu schaffen, daß der Wiederaufbau nur mit hingebender Arbeit aller Volksgenossen so schnell gefördert werden kann, daß die Notwendigkeit erfordert, bald wieder größtmögliche Produktivität zu gewinnen. Es ist daher von vornherein durch Gesetz eine persönlich abzuleistende Wiederaufbaupflicht einzuführen, die zunächst auf 12 Stunden wöchentlich angesetzt werden kann. Gewährt das Reich endlich noch den einzelnen und den Gruppen Schnelligkeitsprämien, so ist jedes Interesse eingespannt, um den Wiederaufbau zu beschleunigen. Wesentlich bleibt dann nur eine zentrale Steuerung aller Baustoffe und der zum Bau gehörenden Installation. Auch hier aber kann durch Heranziehung der Selbstverwaltungen Einfachheit und Schnelligkeit sichergestellt werden.

7.2 Letzte Rettungsversuche und Lebensbilanz

7.2.1 Gedanken eines zum Tode Verurteilten über die deutsche Zukunft

handschriftliche Denkschrift vom September 1944; Privatbesitz.[1]
Rechtfertigung gegenüber dem Hochverrats- und Spionagevorwurf des Volksgerichtshofs: Verhandlungen mit Großbritannien zur Rettung Deutschlands; keine Unterstützung der Attentatspläne; angelsächsischer strategischer Bombenkrieg und sowjetische Gegenoffensive 1943 haben zur Überzeugung von der alliierten Überlegenheit geführt; Angebot an Großbritannien, die Grenzen von 1914, den Aufbau einer europäischen Wirtschaftsunion und einer europäischen Wiederaufbau-Kooperation ohne Reparationen zu unterstützen; deutsche und angelsächsische Interessen machen diesen Weg auch jetzt noch möglich. Der Friedensschluss 1945 muss eine neue Epoche internationaler Zusammenarbeit einleiten und darf nicht die Wurzeln eines neuen Krieges in sich tragen; Notwendigkeit der Abkehr von engem Nationalismus; Achtung anderer Völker als Grundlage der zukünftigen Politik. Außenpolitische Ziele: Deutschland in den Grenzen von 1914 einschließlich Österreich, Sudetengebiet, Südtirol, selbstverwaltete Kolonien; Räumung aller besetzten Gebiete in Europa und

---

[1] Eine Abschrift der vorliegenden Denkschrift befindet sich im Nachlass Goerdeler (BAK, N 1113, Bd. 26). Zu Goerdelers Haft und Verurteilung vgl. S. 1054, Anmerkung 1. Wegen seiner Denkschriften, die Goerdeler für das Amt III des RSHA schrieb (vgl. Dokumente 7.1.1 und 7.1.2), war es ihm möglich, umfangreiche persönliche Aufzeichnungen während seiner Haftzeit zu machen. Diese Aufzeichnungen übergab er seinem Wärter, Wilhelm Brandenburg, der sie nach Kriegsende an die Hinterbliebenen Goerdelers weitergab. Brandenburg war als Angehöriger der SS nach den umfangreichen Verhaftungen im Sommer 1944 zum Wachdienst im RSHA abkommandiert worden. Er wandte sich nach Kriegsende an zahllose Hinterbliebene der Ermordeten mit Informationen und der Bitte um finanzielle Hilfe. 1950 hat er ein Manuskript verfasst über „Widerstandskämpfer des 20. Juli 1944 während ihrer Haftzeit im Gefängnis des Reichssicherheitshauptamtes" (Abschrift in BAK, N1113, Bd. 27); hier beschreibt er u.a. die Haftbedingungen Goerdelers. Trotz Brandenburgs eigener zwielichtiger Rolle während dieser Zeit scheint Goerdeler ihm vertraut zu haben; im November 1944 schrieb er ihm einen Dankesbrief mit Anweisungen, wie mit seinen Aufzeichnungen nach seiner Hinrichtung zu verfahren sei (vgl. Abschrift des Briefs Goerdelers ebd.).

Wiederherstellung ihrer Souveränität; Volksabstimmung über Elsass-Lothringen; Ostverschiebung und Souveränität für Polen in Staatsunion mit Litauen; Jugoslawien als Staatsunion der autonomen Teilstaaten Serbien und Kroatien; Empfehlung von Staatenbünden für Skandinavien, Balkan und Benelux-Länder; Wiederaufbaugemeinschaft aller europäischen Staaten. Bildung eines europäischen Wirtschaftsbunds: einheitliches Verkehrs- und Wirtschaftsrecht, kooperative Energieversorgung und Währungsstabilisierung, Abbau von Zollschranken; europäische Wirtschaftspolizei, gemeinsame Wirtschaftsplanung, gemeinsame Verhandlungen mit außereuropäischen Ländern; Abbau von Außenhandelsschranken und innerer Zwangswirtschaft; Beaufsichtigung einer allgemeinen Abrüstung; Einbezug Großbritanniens und Ausschluss Russlands wird alliierten Block spalten. Rückzahlung gestohlenen jüdischen Vermögens; Gründung eines jüdischen Staates und Ausländerstatus für Juden in allen anderen Staaten; Vermeidung von Kriegsschuld- und Kriegsverbrecherfrage; Abwendung von heroischem Geschichtsbild. Neuordnung des Völkerrechts, das Grundlage eines Weltbunds der Nationen wird; europäischer Wirtschaftsbund wird Mitglied des Weltbunds; Aufgaben des Weltbunds: Einsetzung von Schiedsgerichten für internationale Streitigkeiten; Förderung des internationalen Handels, gemeinsamer Kulturinteressen und des sozialen Friedens; Gründung einer internationalen Polizei.

[1] Ich bin am 8.9.[19]44 vom Volksgerichtshof wegen Landes- und Hochverrates sowie als Kriegsspion für den Feind zum Tode verurteilt.[2] Ich bin kein Spion. Eine englische Zeitung hatte die Nachricht gebracht, daß ich a) den Engländern zur Leitung des Reichs „unter englischer Aufsicht" willkommen gewesen wäre, b) daß ich 1938 und 1939 in England geweilt hätte und c) man mir wertvolle Informationen verdanke.[3] – Zu a) kann ich nicht verhindern, daß man dort so denkt. Ich hätte englische Aufsicht abgelehnt. Zu b) – stimmt,[4] zu c) die einzigen Informationen, [2] die ich den Engländern gegeben habe, bezogen sich auf Sudetenland und auf folgendes: Ich habe Vansittart und Ashton-Gwatkin erläutert, daß der Anspruch Deutschlands auf das Sudetengebiet berechtigt und unabdinglich sei, ich habe Gwatkin dazu bestimmt, nach Prag zu gehen und später Chamberlain zu seinen Reisen nach Deutschland zu bewegen! Ich habe ferner den Engländern meine Gedanken über die Notwendigkeit des Zusammenschlusses Europas vorgetragen, die Deutschland friedlich in die Führung gebracht hätten. Ich habe ihnen endlich dargelegt, daß in Deutschland niemand Krieg wolle.[5] Dasselbe habe ich in Frankreich getan und darüber Eintragungen in mein Reisetagebuch gemacht. Dieses ist von der Gestapo beschlagnahmt.

---

2 Vgl. das vollständige Urteil abgedruckt bei Jacobsen, Spiegelbild, S. 533-545.

3 In der Urteilsbegründung des VGH wurde auf den Artikel des News Chronicle vom 21.8. 1944 verwiesen als Beweis für Goerdelers Tätigkeit als „Kriegsspion" (vgl. ebd., S. 534 und S. 544).

4 Vgl. Goerdelers Reiseberichte aus Großbritannien vom 15.7.1937 (Dok. 4.2.1, oben S. 525 ff.) und vom 30.4.1938 (Dok. 4.2.4, oben S. 589 ff.) sowie die Korrespondenz mit seinen britischen Kontakten; Dok. 4.3.1 ff., oben S. 635 ff.

5 Vgl. dazu exemplarisch Goerdelers Verhandlungsvorschläge an Großbritannien vom Frühling und Frühsommer 1939; Dok. 5.1.4 f., oben S. 764 ff.

[3] Als im Februar 1943 die schweren englischen Luftangriffe einsetzten, wurde ich mir klar, daß die deutsche Zukunft, aber auch die Rüstung auf das schwerste getroffen würden, wenn es bei weiterem Steigen der angelsächsischen Luftüberlegenheit so weiter gehen würde. Damals war der in Deutschland angerichtete Schaden auf 30 Milliarden zu schätzen, heute auf 150-180 M[i]ll[iar]d[en]. Damals war noch kein Hydrierwerk getroffen, heute sind 60 % der künstlichen Betriebsstofferzeugung auf mehr oder minder lange Zeit ausgeschaltet.

Als dann noch Gen[eral]-Feldmarschall Kluge mitteilen ließ (durch Oberst von Tresckow), daß die russischen Heere im Jahre [19]44 an der ostpreußischen [4] Grenze stehen würden, weil die deutschen Heere dies nicht mehr verhindern könnten, wenn noch andere Fronten zu ver[s]orgen wären,[6] habe ich den schwedischen Bankier Jakob Wallenberg, der mir befreundet ist, gebeten, nach Berlin zu kommen.[7] Er kam unverzüglich noch im August oder Anfang September. Ich stellte ihm vor, daß die weitere Zerstörung Deutschlands eine ungeheure Gefahr für die Zukunft Europas und Amerikas darstelle. Denn die Arbeit, die das deutsche Volk leisten müsse, um sich wieder Wohn- und Arbeitsstätten, geschweige denn Kulturstätten zu schaffen, gingen der Erzeugung von [5] Waren verloren, mit denen wir den anderen Staaten, insbesondere den USA, ihre Überschüsse abkaufen könnten. Die Folge würde unausbleiblich sein, daß sich die furchtbaren wirtschaftlichen Notstände der Jahre [19]20-34 (Arbeitslosigkeit, Währungsverfall usw.) wiederholen würden. Dazu aber käme bei weiterem Vordringen der Russen die ungeheure ganz Europa treffende Gefahr der Bolschewisierung von außen her. Besonders stark sei diese Gefahr für Schweden, das ein altes Ziel der Russen und schon jetzt sehr bedroht sei. Ich legte Wallenberg nahe, mit Churchill Fühlung zu nehmen, ob es nicht eine Möglichkeit gebe, [6] diesem Wahnsinn ein Ende zu machen. Es läge doch auch im geradezu brennenden Lebensinteresse Englands, daß Rußland nicht überstark würde, denn ein solches Rußland brauche kein einziges Schiff, um das englische Empire in Indien, am Persischen Golf, an den Ölquellen von Mesopotanien und am Suezkanal tödlich zu treffen, wenn es nicht wie im 19. Jahrhundert durch ein genügend starkes Deutschland in Schach gehalten würde.

Wallenberg erkannte das mit Deutschland gleichlaufende schwedische Lebensinteresse an, und sagte zu, daß er mit Churchill Fühlung nehmen wolle. [7] Er

---

6 Vgl. ausführlich zu Tresckow und Kluge Dokument 5.2.14, S. 856 ff. Schlabrendorff schreibt – ohne genaue Datierung – von einem Treffen zwischen Kluge, Beck, Olbricht, Tresckow und Goerdeler, das wohl im Frühherbst 1943 in Berlin stattgefunden hat. Im Oktober 1943 erlitt Kluge einen schweren Autounfall, so dass seine Mitteilung über Tresckow ebenfalls vor diesem Zeitpunkt gelegen haben muss. Bei dem Versuch, die Abfolge der Ereignisse zu rekonstruieren, bleibt die Forschung auf den Bericht Schlabrendorffs angewiesen. Vgl. Schlabrendorff, Offiziere gegen Hitler, S. 98-106.

7 Vgl. zu Goerdelers Verhandlungsangebot an Großbritannien über Wallenberg Goerdelers Positionspapier für die britische Regierung vom 19./20.5.1943; Dok. 6.1.2, oben S. 944 ff.

könne es umso leichter, als er schon mehrfach als schwedischer Außenminister vorgesehen [gewesen] sei.

Wie Wallenberg mir dann etwa Anfang Oktober berichtete – er kam hierzu nach Berlin – hat Churchill selbst oder durch seinen nächsten Vertrauten wie folgt geantwortet: Ein genügend starkes Deutschland sei auch für England zum Schutze gegen Rußland erforderlich. Die deutschen Grenzen im Osten könnten daher wie 1914 laufen. Österreich und Sudetengebiet verbleiben beim Reich; Südtirol bis Bozen mit Meran käme als rein deutsch an Deutschland grenzendes Gebiet zum Deutschen Reich. Polen solle zur Entschädigung für den Korridor in Staatsunion [8] mit Litauen verbunden werden, das in der Union Autonomie erhalten müsse. Im übrigen müsse Polen vollkommen selbständig werden. Über Elsaß-Lothringen sollten sich Deutschland und Frankreich direkt verständigen. Alle übrigen von deutschen Truppen besetzte europäischen Gebiete müßten sofort, aber in ruhiger Ordnung, geräumt und wieder unabhängige Staaten werden. Dann solle ein zunächst rein wirtschaftlicher Zusammenschluß der europäischen Staaten in freiwilligem Vertrage erfolgen, der später politisch werden [9] könne. Die deutsche Souveränität werde auf keinem Gebiete angetastet werden. Der Wiederaufbau Europas müsse – ohne irgend eine Reparation – gemeinschaftlich erfolgen.

Der Luftkrieg könnte und würde sofort eingestellt werden, wenn Deutschland sofort den U-Boot-Krieg einstelle.

Welcher Deutsche würde heute (September 1944) nicht wünschen, daß dieses Angebot Wirklichkeit würde! Wer kann in dieser meiner Tätigkeit Spionage oder auch nur Landesverrat erblicken? Worin liegt hier die von der Anklage behauptete Würdelosigkeit? Jedes ordnungsmäßig arbeitende deutsche oder internationale [10] Gericht müßte alle diese Vorwürfe für unbegründet erklären. Denn die Grundbedingung Churchills „Bedingungslose Kapitulation" war fallen gelassen.[8] An ihre Stelle war von der Gegenseite die Forderung getreten „die geschilderten Grundlagen des Friedens könnten nur einer nicht-nationalsoz[istischen] Regierung zugesagt werden".

Indem ich sie zur Grundlage meiner innenpolitischen Handlungen machte, beging ich Hochverrat, nach dem Gesetz, aber zur Rettung Deutschlands, die auf anderem Wege nicht möglich war, und auf einer geradezu glänzenden die deutsche Zukunft sichernden Grundlage. Die Ge[11]schichte hat mir dies bewiesen. Solchen „Hochverrat", der nach meinem Willen und meiner dem Militär mitgeteilten Erklärung ohne Attentat und Mord in offenen Forderungen erfolgen sollte, hat die Geschichte stets legalisiert.[9] Auch Bismarck beging 1861 Staatsstreich, als er ohne Genehmigung des Landtages rüstete. Auch Hitler hat die höhere Pflicht der

[8] Zu der alliierten Forderung nach bedingungsloser Kapitulation vgl. S. 946, Anmerkung 4; sie wurde zu keinem Zeitpunkt fallen gelassen.

[9] Vgl. zu Goerdelers Ablehnung der Attentatspläne S. 1016.

Rettung des Vaterlandes 1923 zur Entschuldigung für seinen Staatsstreich in Anspruch genommen.

Unser Volk wird 1945 entsetzt sein, wenn es erfährt, welche Rettung möglich war und diejenigen, die sie, wenn auch vergeblich versuchten, nicht mehr verdammen. Ja, vielleicht wird es auch der Tatsache, daß Deutsche [12] sich für seine Rettung opferten, und dabei noch von Angelsachsen teilweise geschmäht wurden, nutzen können, um seine Selbstachtung und die Achtung vor anderen Völkern wieder zu gewinnen. Zu verwerfen bleibt das Attentat, aber die Angelsachsen haben mehrfach im *Kriege* eine *solche Tat offen als ehrenhafte Notwendigkeit gefordert.* Sie also können sich nicht entrüsten. Nutzt unser Tun, nutzt diese Tatsachen, wie ich sie hier mitteile, nutzt die schweren Opfer, um meine Ehre wiederherzustellen, meiner Familie ihre [13] moralische Stellung und ihre materiellen Rechte (Pension und Vermögen) wieder zu verschaffen,[10] aber auch, um vor der Welt Euch darauf zu berufen, daß es Deutsche gab, die alles wagten, um vom Vaterlande *und von anderen* Völkern weitere Opfer und weiteres Unheil abzuwenden. Ich selbst konnte es nicht. Meinem Verteidiger war meine Verteidigung ein Greuel. Er erschien am Abend vor dem Termin zur Besprechung von 45 Min[uten]. Er hat mich angeklagt, aber nicht den leisesten Versuch unternommen, mich auch nur gegen die kurz vor Schluß vom Oberreichsanwalt erhobene [14] Anklage der Spionage zu verteidigen. Keiner von uns Angeklagten durfte auch nur 3 zusammenhängende Sätze sprechen. Der Vorsitzende sprach fast ausschließlich allein. Wir konnten unsere Motive nicht darlegen, nichts. Es stand von vornherein fest, daß wir als dumme und ehrlose Verbrecher erscheinen sollten und mußten.[11]

Ich stelle fest: meine Verurteilung als Spion ist erfolgt auf Grund des Geschreibes eines Engländers, also eines Feindes, damit erhält jeder [15] Feind die Möglichkeit, durch eine Zeitungsnotiz jeden Deutschen zu Fall zu bringen. Der Feind als Zeuge gegen einen Deutschen, ohne nähere Feststellung, was er gemeint haben könne, aber als Zeuge, den man nicht hören kann! Das ist eine offenbare Unmöglichkeit, und dasselbe Gericht kam nicht auf den Gedanken, den neutralen Wallenberg zu hören, trotzdem die Möglichkeit dazu auf diplomatischem Wege

---

[10] Das Vermögen der vom VGH Verurteilten wurde vom Reich eingezogen (vgl. das Urteil bei Jacobsen, Spiegelbild, S. 534).

[11] Die den Angeklagten des 20. Juli zugewiesenen Offizialverteidiger hatten wenig gemein mit Verteidigern in rechtsstaatlichen Systemen; in den Verhandlungen vor dem VGH unterstützten sie i.d.R. die Anklage mit Beschimpfungen ihrer eigenen Mandanten. In den Prozessen gegen die Verschwörer vom 20. Juli zeichnete sich der Vorsitzende Roland Freisler durch eine schreiende und tobende Verhandlungsführung aus, die sich in ständigen Unterbrechungen und Beleidigungen der Angeklagten erging. Zum VGH vgl. Walter Wagner: Der Volksgerichtshof im nationalsozialistischen Staat, Stuttgart 1974, S.715-770 sowie seine Charakterisierung der „Ära Freisler" ebd., S. 832-844. Vgl. zu der Verhandlung gegen Goerdeler die beiden Berichte des Reichsjustizministers Otto Thierack an Martin Bormann vom 8.9.1944 (Abschriften in IfZ, Fa 57, Bl. 29-34).

geschaffen werden kann! Ich selbst durfte es nicht, denn als ich mich auf den Gen[eral]-[16]Feldmarschall Kluge, auf Jaenicke und Choltitz berief, die bezeugen könnten, daß ich das Attentat abgelehnt habe, wie jeden Mord und verlangt habe, die Oberbefehlshaber müßten mit dem Chef des Gen[eral]stabes zu Hitler gehen, wurde mir sofort verboten, mich auf die Namen von Nichtanwesenden zu berufen.[12] Es war einfach nichts zu machen.

[17] Die Anklage warf uns vor, daß wir würdelosen Verhandlungen hätten kapitulieren wollen. Dies ist unrichtig. Wir wollten uns durch Fühlungnahme mit den Angelsachsen die Möglichkeit schaffen, den Westen und Süden zu räumen und dadurch die Ostfront, und zwar nicht weiter westlich als alte polnische Ostgrenze unbezwingbar machen. Dadurch wären Finnland, Rumänien, Bulgarien bei der Stange gehalten; USA durch keinen Vertrag mit Rußland gebunden, hätten, da wir kein fremdes Gebiet außer Polen besetzt hielten, Besprechung unter unseren Gegnern verlangen können, damit wäre der [18] Bann gebrochen gewesen, der auf Tod und Leben gehende englisch-russische Interessengegensatz hätte sich ebenso wirksam gemacht, wie die Tatsache, daß ein genügend starkes Deutschland für England ein Lebensinteresse gegenüber Rußland ist, wie seit 1815.

Gleichzeitig sollte V 1[13] gestoppt werden, unter der Bedingung, daß England die Luftangriffe auf Deutschland einstelle. Dazu war es nach Churchills Erklärungen bereit. *Damit war aber auch das Mitgehen des deutschen Volkes gesichert, das erleichtert aufgeatmet hätte.* – Im englisch-russischen Vertrag verpflichten sich beide Staaten, keine territorialen Erweiterungen zu erstreben. Rußland blieb also nichts anderes [19] übrig, als einzuschwenken oder mit England zu brechen oder direkt mit uns Fühlung zu nehmen. Zu diesem Zwecke sollte der beste Kenner Stalins, Botschafter a.D. v.d. Schulenburg, in Stockholm bereit sitzen, um tätig werden zu können.[14] Also 2 Eisen im Feuer. Der ostasiatische Krieg hätte in der-

---

[12] Es war nach dem Bericht Thieracks insbesondere der Name Kluges, bei dessen Nennung Goerdeler sofort von Freisler überschrieen wurde (vgl. ebd., Bl. 30).

[13] Die V-Waffen, sogenannte „Vergeltungswaffen", sollten der nationalsozialistischen Propaganda zufolge den angelsächsischen strategischen Bombenkrieg über Deutschland vergelten. V 1 bezeichnete dabei die von der Luftwaffe vorangetriebene Konstruktion der Flugbombe Fi 103, die zunächst auf London zielte. Seit dem Juni 1944 war die V 1 auf die alliierten Nachschubzentren in Antwerpen und Lüttich gerichtet. Vgl. Heinz-Dieter Hölsken: Die V-Waffen. Entstehung – Propaganda – Kriegseinsatz, Stuttgart 1984.

[14] Friedrich Werner Graf von der Schulenburg, 1934–1941 deutscher Botschafter in der Sowjetunion, galt nicht nur als bester Russlandkenner in der deutschen Politik, sondern war sogar in den sowjetischen Verhandlungsangeboten seit Ende 1942 als Verhandlungspartner angefordert worden (vgl. Hoffmann, Widerstand, S. 292 f. sowie Klemperer, Verlassene Verschwörer, S. 332 f.). Schulenburg, von Beginn an Gegner des deutschen Angriffs auf die Sowjetunion, vertrat die Ansicht, dass ein deutsch-sowjetischer Sonderfrieden möglich und wünschenswert sei. Von dem Verschwörerkreis um Goerdeler wurde er aufgrund seiner guten Kontakte zur Sowjetunion zeitweise als Außenminister vorgesehen (vgl. Hassell-Tagebücher, S. 400-407). Nach dem gescheiterten Attentat war Schulenburg verhaftet und am

selben Richtung der Besinnung auf beide (Angelsachsen und Rußland) gewirkt. Wo liegt hier die Würdelosigkeit, wo ist hier eine Kapitulation vorgesehen? Nein, dieser Weg ist der einzige, um Deutschland, um seine Zukunft zu retten, der deutschen Wehrmacht weitere Opfer zu ersparen und kostbares Blut der deutschen Jugend zu schonen, deutsche Arbeit, Wohn- und Kulturstätten nicht weiterer Zerstörung auszusetzen. – ob er noch gegangen werden kann, weiß ich nicht. Ich halte ihn für Deutschland, England, Europa [20] und USA für so zwingend, um den allgemeinen Verfall zu vermeiden, daß ich heute glaube, selbst Hitler könne ihn mit Erfolg gehen, wenn er die rechten Mittler wählt und sich freiwillig zu kleinen inneren Reformen, die längst fällig sind, entschließt. Diese will ich, wenn mir die Zeit gelassen wird, noch darlegen.

Aber ich muß fürchten, daß dies nicht geschieht. Und trotzdem, selbst, wenn Deutschland den Krieg verliert und besetzt wird, *der Weg, dann aus jenem Zustand herauszukommen, bleibt derselbe*. Denn es wird durch deutsche – englische und amerikanische Lebensinteressen bestimmt. [21] Ich müßte jetzt den europäischen Zustand schildern, den ich hiermit im Auge habe, und der den unseres Vaterlandes mit umschließt. Da ich aber nicht weiß, ob mir diese Zeit zur Verfügung steht, stelle ich zunächst dar, welchen inneren Zustand Deutschland braucht, um zu gesunden und zu bestehen. Denn ohne ihn wäre der außenpolitische, uns lebensnötige, Stand nicht zu erreichen und zu halten.

1. Das Recht muß in der Hand unabhängiger Gerichte gesichert werden. Diese dürfen *nur nach dem Gesetz*, nicht nach Weltanschauung Recht sprechen. In die Gerichte müssen in allen Instanzen auch angesehene Laien, in die Richter-[22]stellen in großem Umfange Rechtsanwälte berufen werden, um Lebensnähe in die Rechtsprechung zu bringen. Immer zwei Instanzen!
2. Die Perönlichkeitsrechte: Freiheit der Meinung, des Gewissens, der Religionen, der Lehre, des Körpers müssen gegen jeden Eingriff, den nicht der Richter kraft Gesetzes verfügt, geschützt, aber durch Verfassung und Gesetz unter das Gemeinwohl geordnet werden.
3. Die Presse darf keine schrankenlose Freiheit erhalten. Ihr ist die Pflicht zur Wahrheit aufzuerlegen. Unwahrhaftigkeit wird, auch wenn sie nicht beleidigend ist, bestraft. Denn der Mißbrauch der Meinungsfreiheit in der Presse ist untragbar. [23] Ordnung der Presse durch Ehrengerichte, deren Zusammensetzung und Zuständigkeit der Staat gesetzlich bestimmt.
4. Grundlage des staatlichen Wirkens müssen Anstand und Lauterkeit sein; sie müssen auch die Beziehungen der Menschen untereinander bestimmen, und zwar auf allen Gebieten des Zusammenwirkens.

23.10.1944 zum Tode verurteilt worden. Zusammenfassend zu den außenpolitischen Plänen der Verschwörer vgl. Bernd Martin: Das außenpolitische Versagen des Widerstands 1943/44, in: Jürgen Schmädeke und Peter Steinbach (Hg.): Der Widerstand gegen den Nationalsozialismus. Die deutsche Gesellschaft und der Widerstand gegen Hitler, 3. Aufl. München 1994, S. 1037-1060.

5. Der Familie gebührt besonderer Schutz, als der Zelle staatlichen und völkischen Aufbaues. Das geschieht durch Zuweisung der Erziehungsaufsicht an sie und durch Einrichtung von Kinderrentenkassen, die kinderreichen Familien Renten zu Lasten kinderloser oder kinderarmer zuweist; außerdem ist das Wahlrecht für Verheiratete [24] mit mindestens fünf beim Vater ein doppeltes.
6. Das Erziehungswesen ist zu vereinfachen. 3 Jahre Grundschule, 5 Jahre Volksschule, 3 Jahre Fortbildungsschule, 9 Jahre Höhere Schule oder 6 Jahre Mittelschule. An höheren Schulen zum Zwecke der Einheit und der Erleichterung für Eltern und Kinder nur: Gymnasium der humanistischen Form und Oberrealschule. Auf allen Schulen ab 15. Lebensjahr Volkswirtschaftskunde an Hand einfacher *Fibel* (schon verfaßt),[15] so daß alle Deutschen gegen die Pest der Gegenwart, gegen wirtschaftliche Illusionen geimpft sind. – Universitäten [und] Technische Hochschulen werden zusammengelegt, um die Einheit des Wissens und seinen umfassenden [25] Inhalt wiederherzustellen. Sie und die Studenten erhalten das Recht der Selbstverwaltung unter der Aufsicht des Staates. Eine Universität (Heidelberg) wird nach englischem College-System versuchsweise eingerichtet. Die hauptamtlichen Kuratorenstellen werden zur Ersparnis eingezogen. Die Reichsstatthalter üben die Aufsicht aus. – In allen Erziehungsanstalten Höchstanforderungen zur Erzielung höchster Leistungen. – Religionsunterricht: bis zum 14. Lebensjahr, wenn die Eltern nicht das Gegenteil wünschen, damit die Jugend wieder die 10 Gebote lernt und beherzigt. Der Unterricht darf nur von dazu bereiten Lehrern oder Geistlichen erteilt werden. Über den Religionsstand bestimmen die Eltern bis zum 18. Lebensjahr, danach der Jugendliche selbst. [26]
7. Die Kirchen erhalten das Recht der Selbstverwaltung und verlieren die Staatszuschüsse, sie finanzieren sich selbst. Die evangelische Kirche erhält Steuerrecht, nur wenn sie sich vereint nach dem Synodalsystem (Mitwirkung von Laien). Die katholische Kirche nur, wenn sie einen deutschen Primas stellt, der für Bestätigung hoher Kirchenstellenbesetzungen zuständig wird. – Die Kirchen erhalten Freiheit der Betätigung zur praktischen Übung ihrer Lehre, insbesondere auf dem Gebiet der Wohlfahrt, der Krankenpflege, der Erziehung. Ihre Einrichtungen stehen im Wettbewerb mit denen [27] des Staates, der Gaue, Kreise und der Gemeinden.
8. Die Verfassung baut sich auf der Selbstverwaltung großer Gaue, der Kreise und der Gemeinden auf. Ihnen sind alle Aufgaben zuzuweisen, die nicht der Reichseinheit wegen vom Reich wahrgenommen werden müssen. Das Reich behält:
   1. Das Rechtswesen,
   2. die Wirtschaftspolitik einschl[ießlich] Sozial- und Arbeitsrecht,
   3. die Innenpolitik,

[15] Vgl. zu Goerdelers Wirtschaftsfibel S. 958 f., Anmerkung 1.

4. Außenpolitik,
5. die Finanzpolitik,
6. die Grundsätze des Erziehungswesens und das Kirchenwesen,
7. die Grundsätze für den Wieder[28]aufbau, die öffentlichen Arbeiten des Reiches,
8. das Reichsverkehrswesen und die Aufsicht über den öffentlichen Verkehr einschl[ießlich] Luftfahrt,
9. das Wehrwesen

Zu 2: im Wirtschaftsministerium ein Staatssekretär für Sozialpolitik. Kein Arbeitsministerium, da Wirtschaftspolitik die auf Ausgleich gerichtete Sozialpolitik mitumfaßt.

Zu 8: der Reichsverkehrsminister beaufsichtigt:

a) den Generaldirektor der Reichsbahn

b) Generaldirektor der Reichspost

c) Generaldirektor der Luftfahrt.

[29] Unter ihm je 1 Staatssekretär für a) Landstraßen, b) Wasserstraßen und Häfen.

Die *Gaue* verwalten selbst:

a) Universitäten

b) Wohlfahrtswesen

c) Gesundheitswesen.

b) und c) – soweit von den Kreisen übernommen oder bisher üblich.

d) Landesmeliorationen

e) Friedens-, Kreis- und Gaugerichte.

Die Landgerichte werden durch Erweiterung der Zuständigkeit der Friedens- und Kreisgerichte, letztere in kollegialer Zusammensetzung mit Laien, entbehrlich. Das Reich errichtet selbst alle Gerichte, be[30]setzt aber selbst nur das Reichsgericht.

f) die Gaustraßen

g) ihr Vermögen

h) die ihnen vom Reich übertragenen Aufgaben

i) solche Aufgaben ihrer Kreise, die sie von diesen mit ihrer Zustimmung übernommen haben.

Die Kreise verwalten:

a) Höhere Schulen

b) Wohlfahrtswesen

c) Gesundheitswesen, soweit nicht an Gaue abgetreten oder von Kreisen übernommen

d) Kreismeliorationen

e) Kreisstraßen

f) ihr Vermögen, insbesondere ihre wirtschaftlichen Unternehmen

g) die ihnen vom Gau übertragenen [31] Aufgaben

h) solche Aufgaben ihrer Gemeinden, die sie von diesen mit ihrer Zustimmung übernommen haben.

Die Gemeinden verwalten alle Ausgaben der örtlichen Gemeinschaft, soweit sie nicht von Reichsbehörden betraut werden oder von den Kreisen mit Zustimmung der Gemeinden übernommen sind.

Die Aufsicht über die Selbstverwaltung der Gaue, Kreise oder Gemeinden führt der Reichsstatthalter, [32] diese Zusammenfassung schafft Vereinfachung. Der Statthalter soll sich zur Ausübung reisender Beamten bedienen, die an Ort und Stelle nach dem Rechten sehen und Berichtswesen vermeiden. Das schafft die 2. wesentliche Vereinfachung. Die Aufsicht beschränkt sich auf die Gesetzmäßigkeit der Handlungen der Selbstverwaltung und erstreckt sich nicht auf die Zweckmäßigkeit. Die deutsche Gemeindeordnung bleibt bestehen. Anstelle der Ernennung der Ratsherren durch die NSDAP tritt deren Wahl, sobald die Soldaten zu Hause sind.[16] Bis dahin werden die Ratsherren von den örtlichen Berufsorganisationen aller Art bestellt. [33] Die Oberbürgermeister bedürfen der Zustimmung der Ratsherren für alle Entschließungen, durch die die Steuern erhöht oder Schulden eingegangen werden. Sonst hat er sie nach dem in der Gemeindeordnung festgelegten Verfahren nur zu hören. – Der Oberbürgermeister und die Beigeordneten werden von den Ratsherren gewählt und bedürfen der Bestätigung durch den Reichsstatthalter. – Die Gemeindewahlen erfolgen in kleinen Bezirken, die der Zahl der Ratsherren (5-60) entsprechen. [34] Für jeden Bezirk werden 4 Kandidaten aufgestellt, die im Bezirk wohnen und 30 Jahre alt sein müssen. Die Aufstellung erfolgt durch die im Bezirk hauptsächlich vertretenen Berufe (Wirtschaftsgruppen) durch die Deutsche Gewerkschaft und die politischen Bewegungen; jede stellt einen Kandidaten, die [35] politischen Bewegungen zwei. Von den vier Kandidaten ist gewählt, wer die meisten, nicht die mehrsten Stimmen hat. Also weder vergleiche Verhältniswahlrecht, noch Stichwahl. Ob später bei weiterer politischer Entwicklung Änderungen des Wahlsystems notwendig werden, ist später zu entscheiden. Vorerst verlangt die unpolitische Veranlagung der Deutschen und ihre Entwöhnung von der Politik vorsichtiges Vorgehen. Darin lasse man sich auch nicht von den Westmächten beirren.

Die Kreistagsabgeordneten werden [36] von den Ratsherren der Gemeinde gewählt, die zum Kreise gehören. Denn die Gemeinden sind die Zellen des Kreises. Die Zahl der Kreisverordneten beträgt je nach Größe des Kreises 20-50. Diese werden auf die Gemeinden entsprechend der Größe der Gemeinden verteilt, die Ratsherren kleiner Gemeinden treten zur Wahl zusammen in einen Wahlkörper; ein Kreisstatut kann die Verteilung mit Genehmigung des Reichsstatthalters ändern, um ländlichen Gemeinden angemessenen Einfluß gegenüber städtischen zu sichern; in jedem Falle müssen ländliche Gemeinden mindestens 2/5 der Kreisverordneten

[16] Die Wahl der Ratsherren anstelle ihrer Ernennung durch die NSDAP war eine der zentralen Forderungen Goerdelers seit den Beratungen zur DGO 1934 (vgl. Dok. 1.3.6 ff., oben S. 121 ff.).

wählen. Die Kreisverordneten brauchen nicht Ratsherren zu sein, müssen aber im Kreise wohnen. Gemeinden über 25.000 Einwohner [37] bilden einen Stadtkreis.

Die Kreisverordneten wählen

1. den Landrat, der der Bestätigung durch den Reichsstatthalter bedarf; die höheren Beamten stellt das Reich zur Verfügung, um Ausbildungsmöglichkeiten zu haben, der Kreis bezahlt sie.
2. Die Gauverordneten, 50-80. Verteilung auf die Kreise erfolgt analog der auf die Gemeinden. Das Gaustatut kann Änderungen festsetzen; Landkreise müssen mindestens ½ der Gauverordneten stellen. Diese müssen *später* 5 Jahre Gemeinde- oder Kreisverordneter gewesen sein, um Erfahrung in der Selbstverwaltung [38] nachzuweisen. Die Gauverordneten bilden den Gautag. Dieser wählt
   1. den Landeshauptmann, der die Gauselbstverwaltung leitet,
   2. die Landesräte, seine Mitarbeiter.

   Zu 1. und 2.: bedürfen der Bestätigung des Statthalters.
3. Die Hälfte der 300 Reichstagsabgeordneten; diese werden auf die Gaue nach der Einwohnerzahl verteilt, müssen im Gau wohnen, 35 Jahre alt und 5 Jahre in der Selbstverwaltung tätig gewesen sein.

[39] Die Kreis- und Gauordnung sind als Reichsgesetz nach dem Vorbild der Gemeindeordnung zu erlassen. – Die andere Hälfte der Reichstagsabgeordneten (150) werden von den [über] 25jährigen Deutschen in 150 Wahlkreisen gewählt. Auch sie müssen 35 Jahre alt und mindestens 5 Jahre in öffentlichen Ehrenämtern tätig gewesen sein. Für jeden Wahlkreis werden 4 Kandidaten aufgestellt nach dem Muster der Gemeindewahlen. Gewählt ist der Kandidat, der die meisten Stimmen erhält. Also auch hier weder [40] Verhältnis- noch Mehrheitswahlrecht. Die Kandidaten müssen im Wahlkreise wohnen.

Neben dem Reichstag wird ein Reichsständehaus errichtet. Ihm gehören an:

a) Die Leiter der Reichsgruppen (Wirtschaft),
b) die Präsidenten der Reichswirtschaftskammer,
c) die Leiter der sonstigen Reichsberufsgruppen (Ärzte, Anwälte, Beamte, Künstler, Techniker usw.),
d) je 3 evangelische und katholische Bischöfe,
e) Direktoren der Universitäten, [41]
f) die gleiche Zahl Vorstandsmitglieder der Deutschen Gewerkschaft,[17] wie Betriebsführer zu a) und c),
g) bis zu 50 angesehene Deutsche aller Stände, die [über] 50 Jahre alt sein müssen und vom Generalstatthalter berufen werden.

Die *Reichsregierung* arbeitet als Kabinett, also in Beschlußfassung mit Führung durch den Reichskanzler. Minister, die seine Richtlinien nicht billigen, scheiden aus. Die Minister werden vom Generalstatthalter berufen. Sie [42] bedürfen nicht des Vertrauens der Reichshäuser. Er hat sie aber abzuberufen, wenn

[17] Zur Deutschen Gewerkschaft s.u. Goerdelers Vorschläge zur Wirtschafts- und Sozialpolitik.

der Reichstag mit 2/3 Mehrheit oder *beide* Häuser mit einfacher Mehrheit dies verlangen *und* gleichzeitig eine neue Regierung namhaft machen.

Die Regierung kann Gesetze mit und ohne Zustimmung des Reichstags erlassen. Im letzteren Falle muß sie das Gesetz aufheben oder zurücktreten, wenn beide Häuser mit Mehrheit, davon mindestens eine mit 2/3 Mehrheit, es verlangt. So hat sie ein nicht nur auf Notzeiten beschränktes [43] Führungsrecht und ausreichende und doch kontrollierte Führungsmöglichkeiten. Der Zustimmung der Reichshäuser bedarf sie immer:

a) für das Etatsgesetz
b) Steuergesetze
c) Verträge mit dem Ausland
d) Zollgesetze.

Auch die Reichshäuser können mit übereinstimmenden Beschlüssen Gesetze machen. Solche mit finanziellen, im Etat nicht vorgesehenen, Auswirkungen aber nur mit Zustimmung der Regierung. [44] Der Reichstag allein ist zuständig für die Kontrolle der Einhaltung des Etatsgesetzes durch die Regierung. Verweigert er die Entlastung, so ist das Ständehaus zu hören. Verweigert auch sie dies, so ist die Regierung verantwortlich, der Beanstandung nachzukommen; im anderen Falle entscheidet ein Ausschuß endgültig, für den beide Häuser je die Hälfte der Mitglieder ernennen, und der vom Präsidenten des Rechnungshofes ohne Stimmrecht geleitet wird. [45]

Die Reichsregierung bedient sich zur Durchführung ihrer Aufgaben:

1) der Gauselbstverwaltung gegen Erstattung der Unkosten
2) der Statthalter
3) besonderer Behörden (Finanzämter, Arbeitsämter usw.).

Die Arbeitsämter werden im Zuge der Reform der Arbeitslosenversicherung von der Reichswirtschaftkammer übernommen.

Dies der ungefähre Aufbau der Reichsverfassung und Verwaltung. Man muß auf der den Deutschen am meisten auf den Leib geschnittenen [46] Selbstverwaltung aufbauen, die das 19. Jahrhundert so glanzvoll gestaltete. Also keine Wiederholung des Bismarck-Reiches, keine des Weimarer, keine des Dritten Reiches, vielmehr aus allen Erfahrungen das Beste. – An der Spitze des Staates vorläufig ein Generalstatthalter, der von der Regierung vorgeschlagen, erstmals nur vom Ständehaus gewählt wird, da Wahlen erst nach voller Demobilmachung möglich. Amtsdauer 5 Jahre. Später Wahl durch [47] beide Häuser (Reichstag und Ständehaus in gemeinsamer Sitzung).

Mir erscheint für unser Volk die erbliche Monarchie als beste Staatsführung. Unser wetterwendisches, unpolitisches Volk bedarf des Ballastes im Staatsschiff. Der Monarch soll nicht regieren, sondern über der Verfassung wachen und den Staat repräsentieren. Das Hohenzollernhaus und die Wittelsbacher könnten würdige Monarchen stellen. Z.B. den Kronprinzensohn Prinz Friedrich.[18] Kann die

[18] Es ist nicht verständlich, warum Goerdeler hier auf den jüngeren Bruder des Prinzen Louis

Monarchie nicht in den Sattel gehoben werden, dann muß es beim Generalstatthalter oder Reichspräsidenten verbleiben, dessen unbeschränkte Wiederwahl möglich sein [48] muß, und der bei der 3. Wiederholung seiner Wahl auch auf Lebenszeit gewählt werden kann.

Die Verwaltung muß ganz *auf äußerste* Sparsamkeit abgestellt werden, eingedenk der Tatsache, daß das Volk allein die Mittel erarbeitet, die der Staat usw. verbrauchen. Bevor nicht jeder Deutsche sein behagliches Heim hat, gehören in die Amtsräume weder Polstermöbel noch Teppiche. Erst müssen die Wohn-, Produktions- und Arbeitsstätten erarbeitet werden. Wenig, ausreichend bezahltes Personal, dem Selbständigkeit und Verantwortung anerzogen [49] und gewährt werden muß, Zutrauen und Selbstverantwortung erhöhen die Leistungen der Menschen; wer eine Sache wirklich verantwortlich bis ans Ende bearbeitet, muß sie auch unterzeichnen dürfen.

Wenig Gesetze, wenig Verordnungen. Wie der Selbstverwaltung, muß man auch den einzelnen Staatsbürgern gestatten, Dummheiten auf eigene Kosten zu machen. Nur soweit ein Interesse der Allgemeinheit besteht, sind obrigkeitliche Regelungen erforderlich. Wir sind in der Vielgesetzgebung geradezu entartet. – Um so lange als möglich politische Parteien zu vermeiden, von denen immer nur die 3 stärksten zugelassen [50] werden dürfen, die von den schwächeren Gruppen gewählten scheiden aus – ist eine Volksbewegung auf breitester Grundlage zu entwickeln, die zunächst von der Regierung, später selbständig zu führen ist. In ihr sind auch Oppositionsgruppen gestattet, die Volksbewegung soll ihnen bei der Aufstellung der Kandidaten Rechnung tragen. Später mögen sich daraus Parteien – Konservativ-Liberal, Sozialisten, – Kommunisten – entwickeln. Der Marxismus hat abgewirtschaftet und kann nicht wieder Grundlage einer Partei werden, ebenso wenig ist den Kirchen gestattet, über Parteien Politik zu machen. Doch läßt sich in dieser Richtung nichts dogmatisch festlegen. Hier beginnt die politi[51]sche Kunst, wie sie Bismarck meisterhaft geübt hat. Sein Staat machte nur den Fehler, die Arbeiterbewegung zu bekämpfen und so Arbeiter zu Gegnern statt zu Trägern des Staates zu machen. Der Staat muß nur dafür sorgen, daß möglichst wenig Parteien politisch wirken: ideal eine für die Regierung, eine gegen die Regierung. Der Staat hat ferner die Aufgabe, die Arbeiter zu Mitträgern der Verantwortung für den Staat zu machen. – Auf drei Gebieten: Verfassung – Außenpolitik – Sozialpolitik müssen wir insbesondere das Beste aus den [52] großen Erfahrungen ziehen, die die ältere Generation in 3 Staatssystemen Deutschlands Kaiserreich, Weimarreich, Drittes Reich und aus der Tatsache hat schöpfen dürfen, daß in den letzten 30 Jahren alle nur denkbaren politischen, wirtschaftlichen und sozialen Systeme in der Welt ausgeprobt sind, alle!

Verfassung s. oben.

Ferdinand verweist; vgl. zu der Diskussion innerhalb der Verschwörergruppe über den geeigneten Prätendenten S. 1032 f., Anmerkung 1.

Wirtschafts- und Sozialpolitik.

Die deutschen Arbeiter und Angestellten ab 18. Lebensjahr sind in einer deutschen Gewerkschaft durch Gesetz als Pfliichtmitglieder [53] zusammenzuschließen. Sie erhält alle Selbstverwaltung, wählt also ihre Organe selbst, muß sich aber so gliedern, wie die gewerbliche Wirtschaft in Gruppen gegliedert ist oder wird. Diese Gewerkschaft muß

1. Die Sozialversicherungen aller Art mit Ausnahme der Unfallversicherung selbst betreuen. Nur die Arbeiter und Angestellten zahlen – gegen entsprechende Lohnerhöhung – Beiträge. Die von der Gewerkschaft verwalteten Versicherungsanstalten stehen unter Aufsicht des Staates.
2. Die Tarifverträge mit den Unternehmergruppen abschließen, [54] bei Schwierigkeiten entscheiden Schiedsgerichte, deren oberstes von der Reichswirtschaftskammer eingerichtet ist, verbindliche Sprüche fällt.
3. Die Kandidaten der Belegschaften in doppelter Zahl benennen, die von diesen zu wählen sind in:
   a) Vorstände der großen Gesellschaften
   b) Aufsichtsräte aller Gesellschaften
   c) Vertrauensräte aller Wirtschaftsbetriebe.
4. Ihre Vertreter in die Wirtschaftskammern entsenden,
   sonstige von Staat usw. gewünschte Vertreter z.B. in das Ständehaus zu entsenden und Arbeiten zu leisten.

Um diese Aufgaben zu erfüllen, muß sich die Gewerkschaft territorial [55] gliedern, und zwar bis zu Bezirken der Wirtschaftskammern. Örtliche Dienststellen sind gestattet. Die Gewerkschaft darf eigene Wirtschaftsbetriebe haben, und zwar auf allen Gebieten. Die aber nach wirtschaftlichen Grundsätzen betrieben werden müssen, also keine Zuschüsse empfangen dürfen, und daraufhin vom Staate beaufsichtigt werden. Dadurch werden übertriebene Sozialisierungswünsche der Arbeiter beseitigt. Was die Sozialisierung betrifft, so ändert sie am Lohn der Arbeiter nichts. Auch ein Kohlenbergwerk des Staates ist dem Wettbewerb zumindest [56] des Auslandes ausgesetzt; dieser bestimmt die Preise; der Arbeiteranteil am Ertrage kann nur durch Leistung und Wirtschaftlichkeit gesteigert werden. Aber die Sozialisierung der Bodenschätze und der der ganzen Wirtschaft dienenden Monopolbetriebe (Eisenbahn, Post, Elektrizitätsversorgung, Gas, Wasser), die Monopole sein müssen, weil Wettbewerb unwirtschaftlich wäre (doppelte Gleisanlagen, Mehrleitungen) entspricht den Forderungen der sozialen Gerechtigkeit. Ich habe das in 6 Aufsätzen „Die wirtschaftlichen Grundgesetze der deutschen Gemeindeordnung" ausgearbeitet, die [57] in der Zeitschrift „Der deutsche Volkswirt" 1935, 36 oder 37 erschienen sind.[19]

Sie sind beim Reich, Gau, Kreis oder Gemeinden zu sozialisieren, d.h. in Gemeineigentum zu überführen, aber ebenfalls nach rein wirtschaftlichen Grundsätzen

---

[19] Vgl. zu den Aufsätzen S. 699, Anmerkung 4.

zu betreiben, d.h. ohne Fremdzuschüsse müssen sie sich selbst erhalten. Nach Möglichkeit sind sie z.B. in der Kohlenwirtschaft, zu dezentralisieren, so daß auch zwischen ihnen noch leistungssteigernder Wettbewerb herrscht. In sozialisierten Betrieben haben [58] die Arbeiter die gleichen Vertretungen im Vorstand, Aufsichtsrat usw. wie in großen Kapitalgesellschaften. Große Kapitalgesellschaften sind solche, die mehr als 50 Millionen Goldmark anonymes Kapital haben. Für sie gilt:

a) im Aufsichtsrat hat das Reich einen Bevollmächtigten

b) in den Aufsichtsrat und in den Vorstand entsenden die Arbeiter und Angestellten Vertreter, in jenen für 3 Jahre 3, in diesen für 6 Jahre 1-2 [Vertreter]; die Gesellschaft wählt sie aus Listen, die die deutsche Gewerkschaft aufstellt.

In sonstige Kapitalgesellschaften [59] entsenden die Arbeiter und Angestellten 2 Vertreter in den Aufsichtsrat. – In Konzerne, Trusts und Syndikate entsendet das Reich einen Bevollmächtigten in den Aufsichtsrat oder das gleichstehende Organ, der auch das Recht hat, jederzeit jede Auskunft und jede Einsicht zu verlangen. Zweck dieser Bestimmung ist, einzugreifen, wenn die Zusammenfassung sich als wirtschaftswidrig oder wirtschaftlich nicht notwendig erweist. Dann kann das Reich die notwendigen und wirtschaftlichen Dezentralisierungen verlangen. [60] Denn es muß das Ziel sein, möglichst viele selbständige, wirtschaftliche Existenzen zu schaffen, die auf eigene Verantwortung wirtschaften. Je mehr solcher Existenzen in Klein- und Mittelbetrieben, desto besser für die Volkswirtschaft. Also Förderung des Mittelstandes in Stadt und Land, aber ohne Subventionen, dagegen durch eine Steuerpolitik, die die Klein- und Mittelstände entlastet.

Die Wirtschaftspolitik muß sich streng auf die wirtschaftlichen Naturgesetze aufbauen, wie ich in der „Wirtschaftsfibel" dargelegt habe. [61] In ihr müssen alle Deutschen ab 15. Lebensjahr geschult werden. Vor 200 Jahren war das nicht nötig, da der Wirtschaftsablauf sich in Kleinbetrieben übersichtlich vollzog, denn die Betriebe bedurften keiner kapitalfressenden Maschinen. Jetzt ist in allen Ländern der ganzen Welt die Über- und Einsicht verloren gegangen und daher eine Pest bequemer Illusionen über Wirtschaft, Währung, Geld, Schulden verbreitet, die Unmögliches von den Regierungen verlangen, und die öffentliche Meinung verwirren. Ihnen können nur [62] festes Wissen und Aufklärung entgegenwirken. Dies ist notwendig. Es muß erreicht werden, daß der intelligente Arbeiter die Bilanz seines Betriebes lesen kann. Sie muß aufhören, für ihn ein Buch mit sieben Siegeln zu sein, das er als Betrug seiner einfachen Sinne betrachtet und das sein Mißtrauen erweckt. Erst dann wird er fähig zu beurteilen, was der Betrieb ihm geben kann, ohne daß die Leistungsfähigkeit nachläßt. Das wäre entscheidend wichtig. Die Betriebsführer sind verpflichtet, [63] ihren Gefolgschaften jedes Vierteljahr, ihren Vertrauensleuten jeden Monat eine erschöpfende Übersicht über die Lage des Betriebes in jeder Hinsicht zu geben, damit die Gefolgschaft immer bewußter in die Verantwortung für den Betrieb hinein wächst und den Kreis ihrer verantwortlichen Trägerschaft schließt.

Was die wirtschaftlichen Grundgesetze angeht, so verweise ich auf die beiden Aufsätze, die ich oben genannt habe. Sie gipfeln in der Erkenntnis, daß der Mensch nur [64] verbrauchen kann, was Menschen mit ihren Kräften der Natur abgewinnen, und daß daher der Lebensstand von den Leistungen der Menschen abhängt, geistigen und körperlichen, nichts anderem. Der Staat lebt nur von den Leistungen seiner Bürger, deren Ertrag er ihnen nur zum Teil abnehmen kann, weil sie sonst verhungern. Die Leistungen werden durch Wettbewerb aufs Höchste gesteigert. Dieser muß vor zerstörenden Entartungen gegen Hyänen geschützt und durch staatliche und ständische Ordnungen geläutert werden. Daher muß die Wirtschaft [65] grundsätzlich frei sein, abgesehen [davon], daß der Staat umso weniger jedem seine Stelle nach seinen Fähigkeiten zuweisen kann, je größer das Staatsgebiet ist. Jeder muß sich selbst regen. Wettbewerb regelt die Preise auf den tiefsten Stand, geläuterter Wettbewerb auf den sozial gerechtesten.

In diesem Rahmen macht die Wirtschaft frei, Ihr, die Ihr lebt. Sichert und ordnet sie durch klares gutes Recht und durch ein sauberes Geldwesen. Geld ist Ware, nur, wenn es aus Material (Gold, Eisen, Elfenbein) [66] besteht, sonst ist es und braucht es nur zu sein – Tauschmittler. Eine Bescheinigung, daß A eine Ware in den Verkehr gebracht und dadurch Anspruch auf eine entsprechende Gegenleistung erworben hat. Denn wirtschaften heißt Wert schaffen. Ich habe dies alles in der Fibel dargestellt.

Ursprünglich tauschten die Menschen, was sie erzeugt hatten. Je mehr der Verkehr sich entwickelte, umso umständlicher wurde es, die Waren auf große Entfernungen zum Tausch zu transportieren. Trotzdem geschah es noch bis in dies Jahrhundert zur Leipziger Messe, zum Handel mit unwissenden [67] Eingeborenen Afrikas. Aber in den alten Wirtschaftsländern erfand der Mensch schon frühzeitig einen Tauschmittler, der es ermöglichte, nur die Ware in Marsch zu setzen, die fest bestellt war, das Geld.

Ursprünglich war es *selbst* Ware, die um ihres Stoffes willen begehrt war: Eisen, Elfenbein, Muscheln, Kupfer, Silber, Gold. Unter diesen rückte Gold an die erste Stelle aus ganz natürlichen Gründen. Es wirkte schön, nutzte sich wenig ab, rostete nicht und war selten. Der Mensch strebt nach Seltenem. Alle nehmen Gold gern, lieber als Papier, weil dieses *keinen* Eigenwert hat. [68] Papiergeld ist eine geniale Erfindung eines Schotten, der das Wesen des Geldes erfaßt hatte: es bescheinigt, daß A eine Ware in den Verkehr gebracht, also Anspruch auf gleichwertigen Gegenwert hat. Geld will sich immer in Ware (Kartoffeln, Brot, Fett, Kleider, Hausrat, Rad, Auto, Haus, Garten usw.) umsetzen oder in Leistung, die nur andere bieten können (Bildung, Konzert usw.). Wenn A heute einen Zentner Roggen für 10 Mark verkauft, und er braucht nach 2 Monaten selbst Roggen, dann will er für die 10 Mark wieder einen Zentner haben. Also muß das Geld seinen Wert wahren. Wann tut es das? [69] Wenn nie mehr Geld im Umlauf ist, wie dem Wert der im Umlauf befindlichen Waren entspricht. Geld darf daher nur von einer Stelle des Staates ausgegeben werden, die für jenes Gleichgewicht sorgt, indem sie nur Geld für die Produktion von Tauschwaren ausgibt und dafür sorgt, daß dies Geld wieder zu ihr zurückfließt, wenn die Ware abgesetzt ist. Wie das geschieht, habe ich in der „Fibel“ dargelegt. Da nun der Staat es ist, der das Geld schafft (druckt, prägt usw.), besteht eine große Gefahr, der Staat braucht selbst Geld, um die Gemeinschaftszwecke zu erfüllen. [70] Er beschafft es sich von seinen Bürgern durch Steuern und Anleihen, denn nur von Leistungen seiner Bürger kann er leben, von nichts anderem. Sie bauen seine Wege, Bahnen, Schulen; sie ernähren und kleiden seine Beamten, Soldaten usw. Das könnten sie und taten es früher durch Naturalleistungen, seit der „Erfindung“ des Geldes durch Geld, für das der Staat seinen Bürgern jene Leistungen abkauft.

Wie groß ist nun die Versuchung für den Staat, soviel Geld zu schaffen, wie er irgend braucht, ohne seine Bürger mit Steuern [71] zu belasten, die ihm doch so viel Kritik einbringen! Was ist aber die Wirkung solcher Geldschöpfung? Daß mehr Geld in Umlauf kommt, als Ware. Denn stürzt sich mehr Geld auf Ware, die Preise steigen! Wie sie fallen, wenn der Staat zu wenig Geld in Umlauf bringt, so daß die Ware, auf der ja der Produzent und der Kaufmann nicht sitzen bleiben wollen, anfängt, das Geld zu suchen. Gegen dies Wirken von Naturkräften gibt es Schutzmittel, aber keine Beseitigungsmöglichkeit. Man muß sie anerkennen, wie Blitz und Donner. [72] In der „Fibel“ habe ich das Schutzmittel der Preisüberwachung dargelegt, aber auch ihre Grenzen. Auch sie kann nicht verhindern, daß ständige steigende Geldmenge gegenüber sinkender oder gleichbleibender Warenmenge Inflation erzeugt, d.h. Entwertung des Geldes. Da sie der Tod des Leistungs- und Sparwillens ist, da aber Wohlstand auf Höchstleistungen und Sparen allein wächst, ist Inflation gleichzeitig die Quelle der Not, der Armut, der sozialen Zerreißung des Volkes. Die größte Ordnungsleistung also, die die Staatsgewalt [73] dem Volke erweisen kann, ist die währende Kraft des Geldes dadurch zu erhalten, daß er nie Geld schafft, um seine – des Volkes – Ausgaben zu decken, sondern nur soviel ausgibt, wie er mit den Steuern und Anleihen aus den echten Ersparnissen seiner Bürger decken kann. Ich weiß, daß das schwierig ist. Aber diese Leistung ist *unerläßliches* Fundament währenden Geldes, glatten Verlaufes des Wirtschaftens, des Leistungs- und Sparwillens, des Wohlstandes, der Kultur. Verläßt der Staat diese Pflicht, so schafft er zwar wie Roosevelt im New Deal [74] und Hitler seit 1933 große öffentliche Werke, zernagt aber die Grundlage des gesamten Wohlergehens: die Lebenshaltung der Bürger, sinkt, sinkt ... Selbst der Arbeitslosigkeit darf der Staat nicht durch Arbeiten entgegentreten, für die er Geld (Kredite) schöpft. Arbeitslosigkeit ist nur eine Folge davon, daß ein Teil der Bürger von zu wenig Arbeit gut leben will. Sie ist nur dadurch zu beseitigen, daß diese Bürger mehr für dasselbe Geld leisten, dadurch die Waren verbilligen, so daß das echte Geld immer größere Warenmengen sucht und so die [75] Produktion und die Arbeitsgelegenheit vergrößert, bis die Arbeitslosen wieder Arbeit haben. Alle anderen Mittel sind Gift, das sich schwer rächt. Mit anderen Worten, wenn ein Volk arm geworden und seine altgewohnte Wirtschaft verfallen ist, dann kann es *nur* durch vermehrte Leistung wieder hochkommen. Wenn dem Bauer die Scheune abgebrannt ist, dann kann sie nur durch Leistung wieder aufgebaut werden. Das ist das Vermächtnis, das ich meinem Volke als das Ergebnis unermüdlicher Arbeit, ständigen Durchdenkens und bitterer Verzichte auf Familienleben, [76] leidenschaftlichen Kämpfen für die Wahrheit hinterlasse.

Verlangt als Bürger vom Staate nicht mehr, als er aus Euren Steuern leisten kann. Bedenkt, daß Ihr in Eurer Gemeinschaft der Staat seid. Staat, verlange für die Gemeinschaftsaufgaben vom Bürger nicht mehr, als er abgeben kann, ohne seine Leistungsfähigkeit zu vermindern, denn von ihr und seinem Willen hängst Du ab. Bedenkt beide, daß es Wahnsinn ist, wenn die staatlichen Einrichtungen in Prachtbauten sich befinden – das gilt auch für die Wirtschaft und ihre Ver[77]-waltungsgelüste – die Beamten auf Teppichen, in Sesseln arbeitend, während dem Bürger gesunde Wohnung, ausreichendes Essen, genügende Kleidung fehlen! Das ist das entscheidend Wichtige: Staat, erfülle also nur so viel Gemeinschaftsaufgaben, wie Du in diesen Grenzen übernehmen kannst, erfülle sie mit äußerster Einfachheit und Sparsamkeit und gib nie mehr Geld [78] aus, als Du aus Steuern einnimmst.

Du kannst Dir auch Geld von Deinen Bürgern leihen. Aber nur aus dem echten Geld, das sie aus Leistungen erspart haben. Du darfst Dir nicht durch Schuldschein künstliche Kredite bei der Staatsbank geben lassen und Du darfst nur so viel Schulden machen, als Du aus Steuern tilgen kannst. Sonst betrügst Du Deine Bürger in beiden Fällen um ihre Ersparnisse. Du kannst Dir auch Geld außerhalb des Staatsgebietes leihen, aber nur so viel, wie Du sicher zurückzahlen kannst. Sonst bringst Du dich um Deinen Kredit. Bedenke auch, daß Du diese Schulden dem Ausländer in Geld oder Ware zurückzahlen mußt. Gibst Du ihm deutsches Geld, so kauft er doch dafür deutsche Ware oder gar deutsche Grundstücke, weil ihm nichts anderes übrig bleibt.[20]

Habt Ihr Arbeitslosigkeit, so müßt Ihr für 8 Mark, nicht 9, sondern 10 und 12 Stunden arbeiten, alle! Denn erzeugt Ihr mehr billigere Ware, da die Kaufkraft [80] unverändert bleibt, steigt die Nachfrage und nun brauchen die Fabriken mehr Maschinen, Kohle, Licht usw., d.h. mehr Arbeitskräfte. Sucht dann durch diesen Preisvorteil die Ausfuhr zu steigern, sie schafft neue Arbeit. Und die Arbeitslosen, die dann noch bleiben, denen gebt Arbeit, die mit echten Steuern bezahlt wird. Ihr müßt erkennen, daß es aus diesem Kriege, der 400 Milliarden Schulden und 200 M[i]ll[iar]d[en] Zerstörungen geschaffen hat, keinen anderen Ausweg gibt, wie eben den: *Mehr leisten, einfacher leben.*

[81] Je klarer Ihr diese Folgerung zieht, – ist es so schwer, nach diesen furchtbaren Kriegsopfern, in friedlicher Arbeit, in der Ruhe der Seelen mehr zu schuften? – desto schneller und besser werdet Ihr wieder aufbauen, desto eher die Spuren und Folgen dieses Krieges tilgen, desto größer wird die deutsche Stellung in der Welt

---

[20] Randbemerkung: „Das ist das entscheidend Wichtige!“

sein. Denn Ihr werdet sehen, daß die Welt wiederhallt von Illusionsforderungen, die ich in meinen Reiseberichten beschrieben habe. Lest sie. Überall ist die Wirkung der Tatsache da, daß die Menschen [82] durch die Zersplitterung des Wirtschaftens in Arbeitsteilchen den Überblick und Hinblick in die einfachsten Gesetze der Wirtschaft verloren haben. Die Technik mit ihren „Wundern" hat das ihre dazu beigetragen, alles zu verlangen. Die Professoren der Volkswirtschaft, die nie selbst gewirtschaftet haben, haben sich in Theorien überboten. Die Staatsgewalten sind in den Vordergrund getreten. Kurz, man verlangt die Leistung vom Staat und nicht vom schaffenden Menschen, nicht sehend, daß der Staat als solcher gar nichts kann, daß er es ist, der vom Menschen und seinen Leistungen lebt. Der Staat soll Arbeit schaffen, der [83] Staat soll für hohe Löhne und niedrige Preise sorgen, der Staat soll die Armen und Kranken unterhalten, der Staat soll Kredite geben? So fand ich in Kanada plötzlich als eine der stärksten Parteien die „Social Credit Reform Party", die forderte, daß der Staat die Arbeitslosigkeit beseitigen soll, indem er jedem Bürger monatlich 150 Dollar Kredit gibt![21] Daß diese 150 Dollar vom Staat nur geschaffen werden können, indem er sie seinen Bürgern als Steuern wegnimmt, wurde nicht berechnet. Denn wenn er dies nicht tut, sondern er sie durch seine Notenpresse „schafft", dann müssen ja die Preise steigen, wie wir sehen, dann [84] ist Inflation unausbleiblich. Auf Illusion beruhte auch der New Deal Roosevelts.[22] Der Staat erhöhte die Löhne, um mehr Kaufkraft zu schaffen. Er senkte die Arbeitszeit, um mehr Arbeiter in Arbeit zu bringen. Daß er damit gleichzeitig die Unkosten erhöhte und die Waren teurer machte, wurde übersehen. Der Farmer wurde noch ärmer. Nun setzte der Staat Mindestpreise für die Agrarprodukte fest. Damit half er im Augenblick dem Farmer, steigerte aber die Kosten für den Industriearbeiter und beschwor neue Lohnforderungen herauf. Schon schwand der Vorteil für [85] den Farmer, da er höhere Preise für Industrieprodukte zu zahlen hatte, der Kreislauf der Unüberlegtheiten vollendete sich. Nun mußte der Staat Stützungskäufe machen, aber wohin mit der Baumwolle und dem Weizen? Welches wäre für USA der rechte Weg gewesen?

Entweder: die Bestimmungen des Diktats von Versailles beseitigen, die den Güterverkehr zwischen USA und Europa hemmten, durch den USA sich im 19. Jahrhundert entwickelt hatte.

Oder: Großgrundbesitz aufteilen, Industriearbeiter zu Bauern machen, um das Gleichgewicht zwischen Land- und Industrieerzeugnis wiederherzustellen, Arbeitszeit in der Industrie bei gleichem Tagelohn erhöhen, so Industriepreise senken und den Farmer kaufkräftiger auch bei geringerer Erzeugung zu machen.

Oder als Bestes – Kombination beider Methoden. – In Holland wurden Mindestpreise für Gartenerzeugnisse festgesetzt, da diese keinen ausreichenden Absatz

---

21 Zur Social Credit Party in der kanadischen Provinz Alberta vgl. S. 600, Anmerkung 18.

22 Zu dem New Deal unter Roosevelt vgl. ausführlich Goerdelers Reisebericht aus den USA vom 2.1.1938; Dok. 4.2.3, oben S. 547 ff.

fanden und die Preise dauernd sanken. Was nicht zum Mindestpreis verkauft wurde, wurde vernichtet!

Echtes Heilmittel: Internationalen Güteraustausch herstellen, Preise sinken lassen, bis die Überproduktion sich von selbst einschränkte und durch Mehrleistung in der Industrie [87] deren Warenpreise senken, so daß die Gärtner kaufkräftig wurden, der Industrie mehr abnahmen und diese in Stand setzten, arbeitslos werdende Gärtner aufzunehmen. Dazu vorübergehende Hilfsmaßnahmen, zu denen die von der Krise nicht betroffenen besondere Steuern zahlen müssen. – Immer muß der Staat den Ursachen der Krise nachgehen und versuchen, den natürlichen Wirtschaftsablauf herzustellen. Angebot und Nachfrage gleichen sich aus. Es ist ein Irrtum, daß der Staat dies durch Planung erreichen könne. 25 Millionen Gehirne und Schicksale seiner [88] Bürger schaffen es schneller und vollkommener. Denn sie ringen um das Ihre, der Staat reglementiert die Schicksale anderer. Der Staat soll und kann Überleitungshilfen geben, aber er soll und kann die Überleitung von Fehlproduktion in absetzbare Produktion nicht hindern. Je schneller sie sich vollzieht, umso besser. Die zweite Grundordnunghilfe, die der Staat geben muß, und die allein *er* geben kann, ist ein sicheres, lauteres Recht, das jedem Bürger ermöglicht, seinen Wirtschaftsbereich sicher zu betreuen und zu wissen, wie die anderen Partner sich verhalten werden und müssen. [89]Innerhalb dieser Ordnung kann und soll er eine dritte richtige Hilfe geben. Die Bürger stellen sich ganz von selbst, weil es um ihr Schicksal geht, auf die Produktion ein, die sie mit bestem Nutzen absetzen können. Jeder ringt um Absatz, den er durch Güte und Billigkeit fördern kann. Dieser Wettbewerb um beste wohlfeilste Leistungen ist der stärkste Motor alles Wirtschaftens. Aber natürlich kann dieser Kampf ausarten, indem der und jener unanständige Methoden anwendet, z.B. seine Steuern nicht bezahlt und dadurch die Waren verbilligt. Der Staat muß also den Wettbewerb ordnen, [90] so daß er lauter wird. Das hat er seit 70 Jahren getan, ich habe 1934-35 als Reichskommissar selbst solche Gesetze erlassen.

Ich will nicht überheblich sein, aber ich rate, das Ergebnis harter Arbeit zu verarbeiten:

1) meine Wirtschaftsfibel

2) meine Reiseberichte

3) meine Gesetze und Ordnungen aus dem Reichskommissariat 1931–32, 1934–35

4) den Aufsatz „Geld spielt keine Rolle“

5) den Aufsatz „Die wirtschaftlichen Grundsätze der deutschen Gemeindeordnung“, erschienen 1936 im „Deutschen Volkswirt“.[23]

---

[23] Goerdelers Wirtschaftsfibel ist nicht in die Edition aufgenommen worden (vgl. dazu S. 958 f., Anmerkung 1); zu seinen Reiseberichten vgl. Kapitel 4.2, zu seinen Reichspreiskommissariaten Kapitel 2.3; zu seinen Aufsätzen im Deutschen Volkswirt vgl. S. 699, Anmerkung 4. Der Aufsatz „Geld spielt keine Rolle“ vom Juni 1941 (BAK, N 1113, Bd. 19), ebenfalls

[91] Sie enthalten alle diese Naturgesetze und die Ordnungen, die der Mensch daraus ableiten kann, die Schutzmittel gegen ihr ehernes Walten (Blitzschläge) in geschlossenen Darstellungen. Erzieht die Jugend und die Erwachsenen planmäßig in diesen Gesetzen, sie sind zu lernen, wie das Einmaleins. *Das Volk, das sie am besten beherrscht und am klarsten und mutigsten anwendet, kommt an die Spitze, das ist die Gerechtigkeit Gottes!* Die anderen versinken in der Unordnung der Illusionen wenn sie ihren bisherigen [92] Weg weitergehen, so auch England mit seinem Beveridge-Plan.[24] Er soll jeden Engländer gegen Krankheit, Alter, Invalidität, Arbeitslosigkeit usw. mit Renten versichern. Der geistloseste Plan, den man sich denken kann. Denn dies alles kann der Engländer heute schon haben, bei den bestehenden Versicherungen. Die Hauptsache ist denn auch, daß der *Staat* große Zuschüsse zahlen soll, etwa 3x so große wie bisher. Staat = Volk. Ein Volk also, das nach diesem Kriege Städte wieder aufbauen muß, das für 100 Milliarden Mark Schulden verdauen muß, das seinen Welthandel wieder herstellen muß, glaubt mit achtstündiger [93] Arbeitsleistung diese Aufgaben bewältigen, wohlhäbig leben und noch sich allversichern zu können ... bei seinen eigenen bequem gedachten Leistungen! Das absurdeste aber ist die schematische Arbeitslosenversicherung. Arbeitslosigkeit ist ein Anzeichen dafür, daß der Ausgleich zwischen den verschiedenen Produzenten in Unordnung geraten ist. Es werden eben mehr Stühle z.B. oder zu teure Stühle hergestellt, als abgesetzt werden können. Da nun aber die Lebenshaltung der Menschen nach oben gesteigert werden kann, liegt der Fehler meist darin, daß die Waren zu teuer geworden sind. Dadurch, daß man Gehälter und Löhne [94] erhöht, wird nicht gebessert, denn dann müssen auch die Preise steigen. Also muß man die Preise senken! Vor dem 1. Weltkriege geschah das automatisch, die Löhne wurden gesenkt. Nach dem Kriege herrschte die marxistische Theorie vom 8-Stundentag und hohem Lohn. Sie verblockte die schnelle Anpassung der Preise, kehr nie wieder zu ihr zurück. Bei Arbeitslosigkeit gibt es nur ein schnell helfendes Mittel: Löhne senken, und damit keine Not aufkommt, Arbeitszeit erhöhen. Dann kommt billigere Arbeit auf den Markt und findet Absatz. Dann steigen auch die Ausfuhrmöglichkeiten. Dieses Heilmittel liegt bei den Arbeitern [95] und Unternehmern selbst. Deshalb müssen sie auch den ersten Stoß einer Arbeitslosigkeit selbst tragen, d.h. die ersten 3 Monate müssen die Beteiligten in der betroffenen Wirtschaftsgruppe die Unterstützung Arbeitsloser tragen, damit sie zur Überlegung und zum rechten Tun gezwungen werden. Dauert die Arbeitskrise länger als 3 Monate, dann ist zu vermuten, daß die Ursache tiefer liegt. Daß z.B. eine falsche Kohlenwirtschaftspolitik schuld ist, daß die Hütten nicht genügend Beschäftigung haben. Daher ist es logisch, den 4.-6. Monat der Arbeitslosigkeit *allen* Arbeitern und Unternehmern aufzubürden. Dann beginnt

---

nicht in die Edition aufgenommen, ist einmal mehr ein Plädoyer für eine liberale Marktwirtschaft und entspricht Goerdelers anderen wirtschaftspolitischen Stellungnahmen.

[24] Vgl. zum Beveridge-Plan vgl. S. 985, Anmerkung 54.

bei ihnen der Erziehungsprozeß. [96] Währt die Krise noch länger, so hat sie wahrscheinlich ihre Ursache in noch tieferen Gründen, also in Weltkriegen, denen nur der Staat, d.h. das Gesamtvolk durch rechte Maßnahmen begegnen kann, z.B. durch Senkung von Zöllen, durch Änderung oder Abschluß von Handelsverträgen, Einfuhrsperren u.a.

Also müssen zur Hilfeleistung bei Arbeitslosigkeit folgende Einrichtungen geschaffen werden:

1) Unterstützungskassen der Wirtschaftsgruppen
2) solche der Reichswirtschaftskammer
3) solche des Reiches.

Zu allen tragen Arbeiter und Betriebe [97] je die Hälfte bei. Die Einrichtungen haben untereinander Verbindung, können auch gemeinschaftlich verwaltet werden. Auf jeder Stufe erzeugt die Belastung Verantwortung und wirkt dahin, daß das richtige Heilmittel angewandt wird. Der Staat hat ein Aufsichtsrecht, mit seiner Zustimmung können angesammelte Fonds zur Beschaffung von Arbeit teilweise eingesetzt werden. Der moderne Staat, die Gaue, Kreise und Gemeinden werden, wie das weise Verwaltungen schon vor dem Kriege taten, in guten Jahren Fonds ansammeln, die sie in Krisen einsetzen, um Arbeit zu schaffen. Das *Entscheidende ist nur, [98] daß nicht, wie von Roosevelt und Hitler, künstliches Geld gemacht wird, um Arbeit zu schaffen. Der Motor der Volkswirtschaft ist nicht Geld, sondern Leistung.*

In allen Stufen werden Gaue, Kreise und Gemeinden sich bereit halten, Hilfe sozialer Art zu leisten, ebenso die Kirchen. *Baut die Arbeitslosenhilfe und Vorbeugung so auf, dann werdet Ihr Erfolg haben.* Verzichtet darauf, von oben her die Arbeitskräfte gängeln zu wollen. Laßt Eltern, Jugendliche und Erwachsene selbst die rechten Wege wählen, um zu ihrem Glück zu gelangen. Erzieht sie dadurch zur Verantwortung! [99] Es genügen Berufsberatungen in den Stadt- und Landkreisen, die möglichst mit ehrenamtlichen Kräften besetzt sind und über eine Reichszentrale mit den Wirtschafts- und Berufsgruppen in Fühlung stehen. Die Arbeitsnachweise müssen mit den Stellen verbunden sein, die die Arbeitslosen-einrichtungen verwalten.

Ich habe schon ausgeführt: die unerläßliche Grundlage der sicheren Währung ist ein ausgeglichener Haushalt des Reiches; die Grundlage der Kaufkraft und der Wohlfahrt sind hohe Leistungen und zielbewußtes Planen. Für den inneren Tausch der Wirtschaftsgüter genügt dies. [100] Für die Wertung einer Währung im Auslande kann es genügen. Wenn ein Staat jährlich offen Rechnung legt und die Rechnung sich ausgleicht, wird sein Geld geachtet werden, und er wird Kredite erhalten. Aber will er ganz sicher gehen, daß sein Geld überall in der Welt genommen wird, dann muß er dafür sorgen, daß es jederzeit in die überall gangbare Ware Gold eingetauscht werden kann. Dann muß er oder seine Staatsbank sich dazu einen bestimmten Goldvorrat halten. Das hat noch den Vorteil, daß er mit dem Gold auch einmal kaufen kann, wenn z.B. ein Jahr mit Verlust der Rechnung abgeschlossen hat. Die Goldwährung ist nicht eine Erfindung des Teufels, [101] sondern eine durch die Wertschätzung des Goldes dem Menschen nahegelegte Ausnutzung nun einmal vorhandener Kräfte. Ihr schärfster Gegner wird im Ernstfall lieber 1kg Gold als 3.000 Mark in Papier nehmen.

Die Entwicklung der Völker im 19. Jahrhundert war der Wohlfahrt zugewandt, weil die nationalen Wünsche befriedet waren und alle großen Völker die Naturgesetze der Wirtschaft achteten, weil sie den Austausch der Güter und der Arbeitskräfte untereinander so wenig wie möglich behinderten. Auch die Menschen, die in Deutschland z.B. keine Arbeit fanden, konnten nach anderen Ländern gehen. Diese Beweglichkeit [102] der Leistungsträger und Güter hat der blöde Egoismus des Diktats von Versailles zerschnitten und verbremst. Daher und aus den ungeheuren Vermögensverlusten im Kriege sowie seiner Folgelasten (Schulden plus Zerstörungen plus Renten) stammt das Wirtschaftselend des 20. Jahrhunderts. Es wurde vermehrt durch den Durchbruch der marxistischen Idee vom guten Leben, hohen Löhnen bei möglichst wenig Arbeit, vom Klassenkampf und Streik und Aussperrung. *Davor hütet Euch nach diesem Kriege zehnfach.* Seine Folgen sind grauenhaft. Ihr könnt sie nur überwinden, wenn Ihr viel arbeitet, spart, einfach bleibt [103] und Eure Brust mit neuen Idealen erfüllt, denen der christlichen Nächstenhilfe und der Würde der *Menschen.* Dies müßt Ihr nicht nur unter Euch, sondern auch anderen Völkern gegenüber in die Tat umsetzen. Auf dem Gebiete der Wirtschaft gilt es, schnell wieder Vertrauen herzustellen und einen möglichst ungehemmten Tausch der Güter in Gang zu bringen. Die Völker und Menschen fahren am besten, wenn sie die Waren dort kaufen, wo sie am billigsten und besten hergestellt werden. Eine Ausnahme: den Bauern müßt Ihr durch Schutzzoll gegen billige [104] Getreide- und Fleischeinfuhr schützen; der deutsche Bauer ist an sein Klima gebunden, er kann nicht so billig erzeugen wie der rumänische, zumal er auch Anspruch hat, den allgemeinen Lebensstand seines Volkes zu teilen. Ein gesunder Bauernstand aber ist einem Industrievolk von Nöten, um es naturnah zu halten, Gottes Gesetzen im Werden und Vergehen gegenüberzustellen und gesunden Nachwuchs in die Städte zu geben. Ein Volk ohne Bauern oder Kolonisten wird blutarm. – Aber sonst zur billigst-besten Ware. Es ist Wahnsinn, Fahnen aus 40-jährigen deutschen Bäumen zu machen, [105] die die Baumwollstaude USA's in 6 Monaten, das Schaf in 12 Monaten liefert. Es ist Unsinn, die schwindende deutsche Kohle in Kunststoff, Leder und Benzin zu verwandeln, während uns Textilrohstoffe, Echtleder und Petroleum aus den Schätzen und Leistungen anderer Länder billiger zufließen. Kaufen wir diese zur Schonung unserer Wälder und Kohlen und bezahlen wir sie mit dem, was wir besser und wohlfeiler herstellen können (Maschinen, Optik, Elektrotechnik, Kunstwerke, Glas, Porzellan, Bücher u.a.). Der Schwarze liefert uns [106] die Bananen, deren Aufzug seiner Primitivität entspricht. Wir liefern ihm dafür Geräte, die die Höhe unseres Geistes herzustellen gestattet.

Nehmt Abstand vom Schacht'schen 2-Länder-Tauschsystem.[25] Besser ist der Großraum-Tausch. In jenem beschränken wir selbst die Bestmöglichkeiten. In diesem nutzen wir sie wie im 19. Jahrh[undert] aus. Z.B. wir liefern beste Maschinen nach England, England liefert andere Maschinen nach China, China liefert Reis an Japan, Japan liefert Papierwaren nach Frankreich, Frankreich liefert Gemälde nach Kanada, Kanada liefert Mais und Fette an uns. [107] Da haben wir und die anderen reichste Zahlmöglichkeiten, die Kaufleute können alle Chancen ausnutzen.

Die Wiederherstellung dieses freien Systems wird mächtiger Initiative und Förderung bedürfen. Aber England und USA sind dazu bereit. Ihre Pläne zur Errichtung einer Welthandelsbank sind grundsätzlich auf rechtem Wege. Aber eines haben sie vergessen. Es gibt geldlose Länder, die einbezogen werden müssen. Das kann dadurch geschehen, daß man auch den Ländern kurzfristige Kredite zur Ingangsetzung [108] des Warenverkehrs gibt, die 2x im Jahre Rechnung legen. Verlangt man dies von allen an die Bank angeschlossenen, dann stehen *alle gleich. Verweigert man den Kredit denjenigen, deren Rechnung* nicht ausgeglichen ist, die also über ihre Verhältnisse leben, so tut man das naturgesetzlich Rechte und übt *dann entscheidenden Einfluß* auf die *schnelle Gesundung* der Weltwirtschaft aus, denn, mit welchem Recht beansprucht ein Volk Hilfe, das über seine Verhältnisse lebt? Welche Bank würde einem Verschwender Kredite geben?

[109] Wenn Ihr dahin wirkt, daß die Welthandelsbank so aufgezogen wird und geldlosen Ländern Jahreskredite in Höhe von 20 % einer Ausgabenseite einer ausgeglichenen Rechnung gewährt, dann habt Ihr den größten Beitrag zur schnellen Wiedergesundung der Welt geliefert.

Der zweite besteht in der Gründung des „Bund zum Wiederaufbau Europas", dem alle Länder Europas beitreten können. Darüber besteht kein Zweifel, daß nach dem Kriege zunächst Wohnungen und Arbeitsstätten wieder aufgebaut werden müssen. Dieser Wiederaufbau kann [110] bei dem Umfang der Zerstörungen kein Neubau sein. Es ist nicht möglich, die Trümmer abzutransportieren, die Werte unbenutzt zu lassen, die in den Straßen stecken (Rohrleitungen aller Art, Unterbau, Pflaster). Also neue Städte schaffen. Aber es ist notwendig, die schlimmsten Bausünden der Vergangenheit zu beseitigen und Wasserköpfe zu vermeiden, also, ins platte Land zu siedeln, wie es Württemberg getan hat.[26] Prachtstraßen sind nicht vertretbar. Kräfte und Stoffe müssen in Wohnungen, Läden, Werkstätten, Fabriken gesteckt werden. Ich halte es für notwendig, daß jeder Deutsche verpflichtet wird, selbst Handdienste mit zu leisten, und zwar außerhalb der Berufszeit. [111] Je schneller aus Trümmern Bauten werden, umso schneller werden hygienische und soziale Gefahren überwunden. Den Willen dazu im Volke zu erzeugen, kann nicht schwer sein. Denn wir müssen ja auch die Güter produzieren, mit denen

---

[25] Vgl. zu den bilateralen Handelsverträgen S. 317, Anmerkung 4.

[26] Zur württembergischen Entwicklung vgl. S. 1086 Anmerkung 15.

wir im Auslande die erforderlichen Rohstoffe, Fett, Futtermittel eintauschen können. Jeder muß also Hand anlegen.

Die Organisation sollte so geschaffen werden, daß sie der Gefahr der Zentralisierung entgegen das Reich der großen Gefahr unberechtigter Ansprüche überhoben wird. Träger der Finanzierung werden daher die Wirtschafts- und Berufsgruppen:[112] z.B. des Wohnungsbaues, der Verband der deutschen Hausbesitzer. Er ermittelt die Schäden und die verbliebenen Werte. Jene mögen ein Drittel der letzteren sein. Dann wird jedes Wohnhaus zu 1/3 seines Wertes mit einer Aufbauhypothek belastet, die an erster Stelle steht und zur Beschaffung von Pfandbriefdarlehen dient. Die übrigen Hypothekengläubiger verlieren so viel an ihren Werten, daß der Schaden zwischen ihn und dem Eigentümer gerecht ausgeglichen ist. Die Mieter der unzerstörten Wohnungen zahlen 5-10 % Mietzuschlag, der dazu dient, den Mietzins der neuen Wohnungen zu senken. [113] Das Reich zahlt lediglich Schnelligkeitsprämien, die alle zu äußerster Kraftanstrengung treiben sollen und vermittelt den Ausgleich zwischen über- und unterbelasteten Gruppen. – Dieses System hat den Vorzug zu dezentralisieren, zu beschleunigen, die Interessenten zu Wächtern ihrer eigenen Ehrlichkeit gegenseitig zu bestellen und die Verwaltung zu verbilligen, ebenso wie den Wiederaufbau. Dafür sorgen die Interessenten. Diese erhalten auch das Recht, den Wiederaufbau von Arbeitsstätten wieder abzulösen, wenn das zweckmäßig erscheint, um Überkapazitäten [114] zu vermeiden.

In allen Fällen behält das Reich:

a) die Aufsicht,

b) das Eigriffsrecht,

c) die Entscheidung auf Beschwerde,

d) die Genehmigung der Pläne im Großen,

e) die Befugnis, Richtlinien zu geben.

Zu d) soll das Reich wirklich nur die Auflockerung der Siedlung, insbesondere der Großstädte nach württembergischem Muster sicherstellen, um den Industriearbeitern Kleinlandwirtschaft, den Kleinbauern Nebenbeschäftigung zu sichern und die Schäden der [115] Wasserköpfe zu vermeiden. Im übrigen darf es nur noch eine Genehmigungsstelle geben: die Kreisbaupolizei. In Städten über 10.000 die Gemeindebaupolizei – die baupolizeilichen Vorschriften sind zu vereinfachen bis zu den geringsten Anforderungen. Wir müssen ja von vorn anfangen! – Die Reichsschnelligkeitsprämie soll betragen: bei Fertigstellung in 12 Monaten 30 %, in 24 Monaten 20 %, in 36 Monaten 12 %, sie fließt zu 1/6 [116] der Gruppe für vom Reich zu genehmigende Wiederaufbauzwecke besonderer Art zu. Zu 2/6 dem Geschädigten, zu 3/6 der Senkung der Mieten, also der Sonderabschreibung. – Dieser Plan könnte von anderen Staaten übernommen werden. Aber das ist nicht Voraussetzung für den Bund zum Wiederaufbau Europas.

Die Motive für diesen Vorschlag sind mehrfache.

a) Ich will dem Gerede von Reparationen vorbauen, verständige [117] Leute auf der Gegenseite wissen ebenso wie ihre Politiker, daß Reparationen nach diesem

Totalzerstörungskriege ausgeschlossen sind. Weder Gold noch Sachwerte stehen zur Verfügung. Aus zertrümmerten Ländern und haushoch überschuldeten Volkswirtschaften läßt sich nichts herausholen. Trotzdem spukt diese Illusion in den Massen. Die Staatsmänner müssen sich also Ventile schaffen, durch die sie solche Anfangsräusche ableiten können. Alle sozialen Reparationsfragen werden dem Bunde zum Wiederaufbau Europas [118] überwiesen.

b) In diesem Bunde verschwindet auch die Frage der Zwangsgestellung von Arbeitskräften und der Lieferung von Material, die den Krieg verewigen würden.

c) Dann, und das ist das Hauptmotiv, es muß alles geschehen, um Haß und Zerstörungstriebe sofort auf positive ausbauende Gefühle und Absichten umzuleiten. Dies kann gar nicht schnell und packend genug geschehen. Eine neue Idee muß die alte überwinden und die Gefahr bannen, daß Verzweiflung die Massen ergreift. Diese Idee kann nur die des gemeinschaftlich[119]en Schicksals der weißen Kulturnationen in Europa sein, erfüllt von dem hohen Ideal der christlichen Pflicht, einander zu helfen und zu dienen. Selbst die Antike erkannte die übergewaltige Fruchtbarkeit dieser Idee schon an: „Nicht mitzuhassen, mitzulieben bin ich da."

Die Kirchen müssen in diesen Ruf miteinstimmen, sie müssen seinen Bannerträgern sich gesellen, evangelische und katholische einträchtiglich zusammen.

Daß dieser Aufruf zur Begrabung des Hasses, zur Betätigung der Nächstenliebe mit heißer Wärme, tiefster [120]Überzeugung in die leeren, hassenden oder verzweifelten Seelen der Menschen dringt, darauf komme alles, aber auch alles an. Daß er mit dem Angebot verbunden ist, sofort, morgen, nein heute, gemeinsam ans Werk zu gehen, sichert ihm Gehör, sichert Entspannung, Beruhigung und neue Hoffnung. Dieser Bund wählt [120] einen Vorsitzenden (Neutralen) und einen Vorstand, in den jeder Staat einen Vertreter entsendet, ob England sich entschließen will, bleibt ihm überlassen. Es wäre erwünscht, um seine überseeischen Hilfsquellen nutzbar zu machen. Rußland sollte mit seinem europäischen Raume nicht ausgeschlossen sein; auch er enthält Rohstoffe und die Zerstörungen reichen nur bis zur Linie Petersburg, Smolensk-Kursk-Stalingrad-Kaukasus. Eine Mitgliederversammlung umfaßt mehrere Vertreter der Beteiligten. Ein geschäftsführender Ausschuß 6-12 [121] Techniker und Wirtschaftler von Erfahrung und Können. Der Sitz sollte in einem Hauptzerstörungsgebiet liegen, also in Deutschland oder Polen. Unterkunft in Räumen, die später den Teil einer städtischen Siedlung bilden, also auch einfach. Der Ausschuß stellt im großen Rahmen die Schäden durch Berichte der Länder fest, den Bedarf an Baustoffen [122] und Kräften. Er empfiehlt Richtlinien für den Aufbau (vielleicht deutsches Muster) und berechnet die in jedem Land erforderlichen Beträge, rechnet sie auf den Kopf der Bevölkerung um und stellt so fest, wo besonderer Ausgleich erforderlich. Dieser erfolgt nicht in Geld, sondern in Baustoffen und Kräften, die er organisiert. Er schafft im Zusammenwirken mit einem Finanzausschuß in jedem Staat die gesetzlichen Grundlagen für Wiederaufbauscheine, deren Zahlungen allen garantiert werden und die bei der Bank für internationalen Handel beliehen werden.

Bei dem Wiederaufbau darf er mit Zustimmung der Betroffenen planende Grundsätze durchführen, z.B. gewisse Industrien, die in Deutschland oder Jugoslawien fehl am Platze sind, vom Gemeinschaftsaufbau ausschließen. Ob der Betroffene es dann allein tun will, ist seine Sache. Hier beginnt also die Arbeit dieses Wiederaufbaubundes sich mit [123] der Arbeit des europäischen Wirtschaftsbundes zu berühren, mit dem enge Fühlung gehalten und auf den später die Arbeit übergeleitet werden soll. Über ihn spreche ich, wenn ich noch Zeit habe, später.

Was haben wir außenpolitisch anzustreben? Ich beantworte diese Frage mit dem Wissen, das ich meinen Reisen und der Berührung mit den meisten Staatsmännern und Politikern sowie Wirtschaftsführern der anderen Länder verdanke.[27] Ich kenne Eden und im Foreign Office den trefflichen Ashton-Gwatkin, der uns das Sudetengebiet verschafft hat, Sir Archibald Sinclair (Liberal), Morrison (Labourparty), Sir Wyndham [124] Deedes, einen sehr einflußreichen Konservativen, A.P. Young, den Industriellen aus Rugby, den Vertrauensmann Edens, Prof. Young in London, sehr einflußreichen deutschfreundlichen Konservativen, ferner einflußreiche Presseleute, Lord Riverdale (Balfour) in Sheffield, Lord Astor (Times), Lord Halifax und mehrere Beamte in den Ministerien; in USA Hull, den Außenminister, Wallace, den früheren Ackerbauminister, Roosevelt, Messersmith im Auswärtigen Amt, Sumner Welles, einen Mann der Zukunft, Mr. Mooney und Mr. Smith, leitende Direktoren der großen Automobilfabrik in Detroit (nicht Ford).[28] Er leitet deren Export Corporation [125] in New York. Spencer Miller, einen einflußreichen Mann der Jugenderziehungsbewegung in New York, die Leiter der großen Banken und des Rockefeller-Trusts in New York, Mr. Taft in Cincinnati, den Sohn des Präsidenten, Hoover, den ehemaligen Präsidenten, Stimson, den Kriegsminister, Morgenthau, den Finanzminister, Mr. Busser, den ehemaligen amerikanischen Konsul in Leipzig, jetzt in Philadelphia, den sehr einflußreichen früheren Rektor der Universität New York, der das Buch über Wilhelm II. geschrieben hat, den Chefredakteur der New York Times und zahlreiche andere, darunter Owen Young, den Mann des Young-Planes, Leiter der General Electric Co. Ich kenne Mackenzie King, den [126] Premier in Kanada und seine Minister aus dem Jahr 1937, insbesondere Mister Euler in Kitchener, Provinz Ontario, den trefflichen deutschfreundlichen Mann. Ich kenne den Vorstand der Foreign Policy Association in New York, vor dem ich gesprochen habe. Ich kenne Montague Norman, den Gouverneur der Bank von England, den Gouverneur der Bank of Canada, einen vormöglichen Mann. Ich kenne Mr. Brandt und Mr. Tiser von der großen City Bank in der Leeds Street in London, deren Namen ich nicht gegenwärtig habe. Mit allen habe ich die nagenden Probleme Europas besprochen.

---

27 Vgl. zu den Politikern und Wirtschaftsführern, mit denen Goerdeler während seiner Auslandsreisen 1937–1939 Kontakt hatte, Kapitel 4.2 und 4.3.

28 Es handelt sich um General Motors; vgl. auch S. 636, Anmerkung 6.

Ebenso mit Daladier, Reynaud, Charles Rist, französischer Industrieller [127] und Bankier in Paris, vor allem die französischen Aufsichtsratsmitglieder der Dillinger Hütte in Saarbrücken, großen Stahlindustriellen, Vater und Sohn, Name entfallen.

Auch mit ihnen war ich einig, daß Europa einer zunächst wirtschaftlichen, später politischen Zusammenfassung zustreben müsse. Alle verurteilten das Diktat von Versailles, alle waren bereit, Deutschlands berechtigte Ansprüche anzuerkennen. Der König von Belgien und der letzte Gen[eral]-Gouverneur von Kongo boten mir ein Zusammengehen in Belgisch-Kongo an. Wir sollten Ingenieure, Techniker usw. stellen, Belgien wollte das Geld geben. Der Betrag sollte 50 zu 50 geteilt werden. Ich habe das Angebot Göring übermittelt, es [128] erfolgte nichts.[29] Frankreich bot auf Veranlassung des Königs der Belgier 1932 an, sich von Polen zu trennen, wenn Deutschland mit Frankreich einen festen, bündnisähnlichen Vertrag schließe. Vor allem wirtschaftlich zusammengehe, auch zur Beteiligung Deutschlands an Kolonien sei Frankreich bereit. Dies wurde von deutschen und französischen Wirtschaftsführern in Luxemburg mit Wissen beider Regierungen verhandelt. 1937 bot mir Sir Robert Vansittart eine gleiche Totalverständigung mit England an, ich berichtete sie auf seinen Wunsch an Göring – vergeblich. [129] Im gleichen Jahr erzählte mir der deutsche Botschafter in Paris, Graf Welczek, folgendes: im März habe ihm der französische Außenminister Delbos eine deutsch-französische Totalverständigung angeboten, in der Frankreich auf die Unterstützung Polens verzichten, einen festen Wirtschaftsvertrag mit Deutschland abschließen, Kolonien mit England abtreten wolle, wenn Deutschland den Frieden mit Frankreich garantieren wolle. Welczek hat dies Angebot nach Berlin berichtet. Da er zu seinem Schrecken bis Juni keine Antwort hatte, hat er die Anwesenheit Schachts zur Eröffnung des deutschen Pavillons auf der Pariser Weltausstellung [130] benutzt, um den französischen Ministerpräsidenten Blum mit Schacht zusammenzubringen. Blum wiederholte das Angebot, Schacht versprach sofortigen Vortrag beim Führer und Bescheid, dieser ist nie nach Paris gelangt. Graf Welczek kamen die Tränen, als er mir das sagte.

Am 30. August wurde der mit mir verurteilte, schon tote, Botschafter a.D. v. Hassell von Freunden nach Berlin geholt zum Auswärtigen Amt, dort baten sie ihn, sofort den ihm befreundeten englischen Botschafter Henderson aufzusuchen und ihn zu bitten, daß er in letzter Stunde zwischen Deutschland und Polen vermittelt, Hassell ging sofort zu Henderson, der zunächst ablehnte, sich dann aber bereit erklärte, unter der Bedingung, daß der Führer einverstanden sei. [131] Hassell eilte zu Göring, konnte ihn aber nur fernmündlich erreichen. Göring war begeistert, verpflichtete sich für den Führer und erklärte sich einverstanden, wenn der polnische Botschafter noch heute – 31.8. – sich zu Verhandlungen bereit, aber ohne Vollmachten, auf dem Auswärtigen Amt melde. Dies stellte Hassell ausdrücklich fest und fragte noch nach der Haltung Ribbentrops. Göring antwortete, die sei

[29] Vgl. zu dem belgischen Angebot S. 538, Anmerkung 18.

gleichgültig, dafür sorge er. Hassell eilte zu Henderson, dieser zum polnischen Botschafter von Lipski und kam 12 Uhr 30 freudestrahlend zurück, es sei ihm gelungen, Lipski würde sich sofort im Auswärtigen Amt melden. Dies traf auch ein. Ribbentrop bestellte ihn auf 17 Uhr, also 6 Std. Pause!! [132] Als Lipski sich 17 Uhr meldete, wurde er im Auftrage Ribbentrops vom Chef des Protokolls nach seinen Vollmachten gefragt. Auf seine Antwort, es sei vereinbart, daß er heute ohne Vollmachten komme, erhielt er den Bescheid „daß ihm dann der Herr Reichsaußenminister nicht mehr mitzuteilen habe!"

20 Uhr 30 erschien ein deutsches, leider unrichtiges Communiqué im Rundfunk, 24 Uhr brach der 2. Weltkrieg aus. Bismarck war schlecht kopiert.

Darauf, daß jede einseitige Gewalthandlung nach der Besetzung von Tschechoslowakei, deren Souveränität 1938 in München vertraglich zugesichert war, Weltkrieg bedeuten würde, habe ich schriftlich und mündlich keinen Zweifel gelassen. Ich habe dies in meinen Reiseberichten niedergelegt. Mit einem der letzten bin ich im Mai 1938 auf die Reichskanzlei, um auch ihn wieder dem Führer übergeben zu lassen. Sein Adjutant, H[au]pt[mann] Wiedemann, sagte mir, er würde meinen Bericht nicht übergeben, das würde ihn und mir den Kopf kosten. Auf meine Frage nach dem Grunde erwiderte er: „Weil die Kriege eine beschlossene Sache sind." Ich frage, „Welche Kriege?", Antwort: „Die, die zur Herstellung eines Großdeutschen Weltreiches erforderlich sind". Auf meine [134] Frage, wie dies aussehen solle, war die Antwort „Großdeutschland, Polen, Baltikum, Elsaß-Lothringen, Luxemburg, Holland, Flämischer Teil von Belgien, skandinavische Staaten." Auf meine erregte Entgegnung „Das ist Weltkrieg", war die Antwort „Jawohl, das ist Weltkrieg". Auf meinen Ruf „Das ist Katastrophe", Antwort „Jawohl, das ist Katastrophe. Aber daran ist nichts mehr zu ändern. Ribbentrop hat gesiegt, es ist ihm gelungen, dem Führer die Meinung beizubringen, England sei dekadent, würde keinen Krieg mehr erklären, jedenfalls in keinem mehr kämpfen, es sei am Ende seines politischen Wollens." [135] Wiedemann und ich waren uns über das Verhängnis dieses Irrtums klar und trennten uns bewegt.[30]

Ich habe dann noch bis zum Sommer 1939 mich bemüht, durch General Beck, den Chef des Gen[eral]-Stabes, aufklärend zu wirken, daß wir den Korridor, Kolonien, durch Vertrag und in langem Frieden die Vormachtstellung erreichen könnten, daß der Krieg also unverantwortlich sei, aber es war vergeblich. Trotzdem ich – wie in meinen Berichten – auf folgendes hinwies: das Empire zeigt Risse; sie sind durch die Gegensätzlichkeit der wirtschaftlichen Interessen der verschiedenen Dominien verursacht. [136] Das Ottawa-Abkommen von 1932 hat bewiesen, daß das Empire nicht autark sein kann. England kann den Dominien ihre Überschüsse nicht allein abkaufen. Diese brauchen noch andere Europaländer als Abnehmer.

---

[30] Vgl. zu dem Kontakt zwischen Goerdeler und Wiedemann S. 636, Anmerkung 1. Wiedemann bestätigt in seinen Memoiren den Vorgang (Vgl. Wiedemann, Der Mann, der Feldherr werden wollte, S. 168 ff.).

Sie können aber nur mit Waren bezahlen. Das stört das englische Absatzinteresse. Die Dominien ringen ebenfalls untereinander um den Absatz, z.B. nach Deutschland wollen Kanada und Südafrika Weizen, Südafrika und Australien Wolle verkaufen. Dieses Ringen hat Risse erzeugt. Im Kriege schließen sie sich sofort wieder durch den [137] nationalen Kitt. Im Frieden müssen sie immer größer werden. Allmählich, bei langem Frieden, so groß, daß wir uns in ihnen bewegen können. Ich wies darauf hin, daß wir England friedlich beerben können, wenn wir es wollen und mit weiser Geduld arbeiten, fleißig arbeiten. Es war vergebens. Die Schacht'sche Pumppolitik hatte die Schuldenlast von 10 auf 50 M[i]ll[iar]d[en] erhöht, der Stand der deutschen Mark war im Freiverkehr nicht zu halten. Die Einfuhren wurden knapper und knapper, teurer und teurer, Fett war bereits still rationiert. Eine scharfe Preisüberwachung im Gange. Zu dem einzig richtigen Entschluß, diese Schuldenwirtschaft [138] aufzugeben, auf große Bauten und Überrüstung zu verzichten, den Etat auszugleichen, mehr Leistung zu verlangen, die Volkswagen und die Autobahnen fallenzulassen, kurz auf eine stabile Finanzwirtschaft die Wiedergewinnung der wirtschaftlichen Verbindungen mit aller Welt und damit den Frieden aufzubauen, konnte man sich nicht entschließen. Ich versuchte, Schacht und Krosigk mobil zu machen. Bei jenem gelang es, bei diesem nicht. Mitte August bat ich noch den Min[isterial]-Direktor Gramsch, Göring meine Auffassung zu berichten. Er tat es. Alles ohne Erfolg.[31]

Am 1.9.1939 hat ein furchtbares Unglück für die ganze Welt begonnen. [139] Unser Vaterland wird 1945 vor einer furchtbaren Rechnung stehen. Da gilt es, daß die Älteren nicht verzagen, denn sonst müßten die Jungen verzweifeln. Ich beschwöre Euch aus dem Grabe heraus, Euch Älteren dann noch einmal Eure ganze Energie, Eure Vaterlandsliebe, Eure Liebe zu den Kindern des Volkes, zu Euren eigenen, und wenn Ihr keine habt, zu denen Eurer Freunde, zu den meinen zusammenzunehmen, Eure Erfahrungen einzuwerfen und die Sieger zu beschwören, daß sie Vernunft walten lassen. Sonst geht die christlich-abendländische Kultur verloren. Ruft meine Freunde in England, USA und Frankreich an, [140] veröffentlicht in allen Sprachen meine Berichte, Aufsätze, dieses Vermächtnis. Es ist nicht Überheblichkeit, die mich dazu treibt, aber gutes Blut ist nicht nur auf den Schlachtfeldern von allen Völkern in Strömen vergossen, sondern, was ich wollte, dieses Vermächtnis ohne weitere Opfer lebend zur Wirklichkeit zu machen, ist mit wertvollsten Opfern gescheitert. Deshalb habe ich die Pflicht, Euch dies zuzurufen, und alle Christen und Edeldenkenden, alle Männer, die Verantwortung fühlen, alle Frauen, die Kinder ihr Eigen nennen und die anderen helfen, die ganze Jugend der Welt zu beschwören: [141] haltet ein mit dem Richten! Haltet ein mit den Kriegen! Besinnt Euch, daß wir es schlimmer getrieben haben als die Tiere, die nur töten, wenn sie hungrig sind.

---

[31] Vgl. zu Goerdelers fortgesetzten Verständigungsbemühungen die Dokumente 5.1.3 ff., oben S. 762 ff.

Besinnt Euch auf Eure göttliche Natur! Seht nicht die Splitter nur im Auge der anderen, seht die Balken im eigenen. Richtet nicht, auf daß Ihr nicht gerichtet werdet, sondern rastet ein wenig und denkt nach. Dann setzt Euch zusammen, gebt Euch die Hände und sprecht zueinander „das Blut, das vergossen ist, fließe in einen Strom. Unsere toten Söhne, Väter und Brüder, Frauen und Kinder stehen nun beieinander in einer anderen Welt. [142] Versuchen wir auch, beieinander zu stehen und folgen wir diesem Strom. Er führe uns zu wahrem Frieden, zu gegenseitiger Hilfe, zu schöner und beglückender Gemeinschaft, zur frohen Gesundung. Suchen wir den gerechten Frieden, jeder vom Geiste der Eintracht und von der ungeheuren Verantwortung vor unseren Kindern getragen, damit uns nicht ihr Fluch, sondern ihr Segen zuteil werde. Ehren wir so auch die Kämpfer aller Völker, die für dieses Ziel sich geopfert haben. Ans Werk!"

[143] Welches Werk ich meine, habe ich für Deutschland dargelegt. Andere Völker müssen ihm ihren Inhalt geben. Aber gemeinsam sollte sein, ja muß sein, das Bekenntnis zum Anstand, zum Recht, zum gegebenen Wort. Erstrebt werden sollte das gemeinsame Bekenntnis zur Pflicht der Nächstenliebe, zur Hilfsbereitschaft. Die Krönung sollte das Anerkenntnis sein, daß die Menschheit ihr Glück auf Erden nur erreicht, wenn sie die Gebete Gottes auf allen Gebieten des Lebens achtet, auch die Völker untereinander. Ich bin kein Phantast, aber es ist bitter erkämpfter Realismus, wenn ich, [144] der ich schweren Herzens verzichten muß, dies alles selbst zu tun, bekennen muß, daß es Glück von Bestand, seelisches und materielles, nicht auf der Grundlage doppelter Moral geben kann. Frieden kann es nicht geben, wenn Politiker verschiedener Völker Vorbehalte machen. Insbesondere den, sich jederzeit auf veränderte Umstände berufen zu dürfen oder die Völker in Kriege zu stürzen. Eure Rede: „Ja, ja, nein, nein" und „Du sollst nicht töten". Erzieht Euch ständig zu diesem Ideal hin, erzieht dazu Eure Jugend. Den Nationalismus enger [145] Art, in dem ich aufgewachsen bin, der sehr gut von meinen geliebten Eltern gemeint war, habe ich erst langsam im Verkehr mit Angehörigen anderer Völker abstreifen gelernt. Wir Deutschen neigen zu der Einbildung, daß wir die beste Nation seien und auf andere Völker herabzusehen. Jedes anständige Volk muß gewiß *Selbst*achtung haben, und nicht vor anderen auf dem Bauch kriechen, aber Selbstachtung ist nicht gleich Hochmut. Selbstachtung hat und übt in vollkommenster Weise der, der sie mit gleicher Achtung für andere verbindet. Ebenso wie Ehre der hat, der auch die Ehre anderer achtet. Wir neigen zur [146] Kleinlichkeit, indem wir nicht verstehen wollen, daß wie jeder Mensch, so auch jedes Volk, seine Eigenart hat, gebildet durch Klima, Boden, Geschichte und Erlebnisse.

In der Wüste Afrikas können wir keine Berliner oder Tiroler vorfinden, dorthin verschlagen, wären sie längst ausgestorben, ihre Lebensbedingungen können nur von zähen, anspruchslosen klimaangepaßten Nomaden erfüllt werden. Aber weit gefehlt, sie als Menschen zweiter Klasse betrachten zu wollen. Sie haben ihre Fehler und ihre guten Eigenschaften, naturgemäß andere wie wir. Wir müssen allen

Völkern, wie wir es einst in Kolonien lernten, mit Achtung begegnen, müssen ihre Eigenart verstehen lernen und können doch die unseren, umso [147] sicherer, ohne Herausforderung bewahren. Alles das hat schon Christus uns gelehrt, aber wir müssen neu anfangen, uns mit seiner Offenbarung Gottes zu beschäftigen. Lacht nicht darüber, versucht es einmal und Ihr werdet erfahren, welche Wahrheit, Klarheit und Kraft in seiner Erkenntnis lebt: Du sollst lieben von ganzem Herzen, von ganzer Seele und mit allem Gemüte, Du sollst lieben Deinen Nächsten wie Dich *selbst*. Ihr werdet erkennen, daß wir in das Unglück geraten sind, seit und weil wir diese Gebote nicht beachteten. Darauf muß die Erziehung der Jugend ohne Weichlichkeit gegründet werden. Wir sind erzogen zur Achtung vor Griechen und Römern und zum Haß gegen Franzosen, nicht zur Achtung [148] vor den Engländern. Sind uns je gute Eigenschaften lebender Völker klargemacht? Wohlgemerkt, wir dürfen uns nicht herabsetzen, aber die anderen zu verstehen, wie uns selbst, müssen wir uns mühen. Nur auf dieser neuen Gesinnung ist ein neuer, dauerhafter Aufbau möglich. Die Achtung, die zur Zeit absoluter Herrscher, zur Zeit der Ritter diese sich über die Nationen hinweg entgegenbrachten, müssen jetzt die Völker lernen. Je klarer und kraftvoller Deutschland diese Stimme erhebt, nicht in Knechtseligkeit wie weiche Pazifisten und verbohrte Marxisten, sondern mit aufrechtem Glauben, damit die Welt zu schaffen, wie sie nach Gottes Willen sein soll, [149] umso schneller verfliegen die Wolken des Hasses und der Verkennung, umso überraschender und gewaltiger wird das Echo sein, umso größer das Vertrauen, umso sicherer sinkt der Bolschewismus in sich zusammen. Und noch großartiger wird die Wirkung sein, wenn wir klare, erreichbare, den Naturgesetzen folgende Ziele und Methoden verkünden, wenn wir schöpferische Vorschläge zum Wiederaufbau von Ruhe, Glück und Wohlstand machen. Dann hat dieser Krieg seinen Sinn gehabt, dann lassen sich die furchtbaren Opfer rechtfertigen.

Welche *außenpolitischen* Ziele können [150] und sollen wir auf dieser Grundlage verfolgen?

1. Jede Nation hat das Recht, ihre staatliche Gemeinschaft zu haben, die alle umfaßt, die räumlich zusammenwohnen und in der sie verbleiben, wenn sie sie vorübergehend verlassen. Also haben wir das Deutschland etwa in den Grenzen von 1914 zu verlangen, mit Änderungen:

   a) dazu kommen Österreich, Sudetenland und Südtirol bis Bozen-Meran.

   b) Mischvolk sitzt im Korridor und Posen. Jener ist als Trennung deutscher Gebiete unhaltbar, er kommt zu Deutschland. Für Posen sind Grenzen durch Verständigung zu finden, [151] die durch ruhige Umsiedlung zu echten Volksgrenzen gemacht werden können. Die Polen in Oberschlesien waren eingedeutscht.

   c) Elsaß-Lothringen darf weiterhin kein Zankapfel sein. Seine Bevölkerung schwankt verständlich hin und her. Sie soll sich gemeindeweise entscheiden, ob sie zu Deutschland, Frankreich oder einem Eigenstaat kommen will. Dazu müssen die Gemüter sich beruhigt haben. Also Abstimmung in 10 Jahren. Bis dahin gemeinsame Verwaltung durch Deutschland und Frankreich, die eine gemischte Regierung bilden und so von innen heraus diese alte Wunde zur [152] Heilung bringen. Ein Direktorium, 3 Deutsche, 3 Franzosen, Vorsitz wechselt alle 2 Jahre oder ein Schweizer als Vorsitzender. In jedem Kreise, in jeder Gemeinde gemischte Verwaltung in gleicher Weise. Deutschland und Frankreich können Änderungen vereinbaren.

d) Kolonien sind zu erstreben, damit Deutschland nicht das Gefühl der Zurücksetzung hat, und wieder lernt, die Eigenart anderer Völker, auch der primitiven, zu achten. Dagegen müssen wir verkünden, daß Kolonien so schnell wie möglich den Stand der Selbstverwaltung erreichen, so daß ein wirkliches Schutz- und Betreuungsverhältnis entsteht. [153]

2. Alle europäischen Nationen, auch die noch fremdbesetzten (Finnland, Rumänien, Bulgarien usw.!) erhalten volle Souveränität. Auch die deutsche Nation darf durch *keine* Schuld-, Rache- oder sonstige Bestimmungen eingeschränkt werden.
3. Polen wird wieder ein souveräner Staat zwischen deutscher Ost- und russischer Westgrenze. Diese ist mindestens bis zur Grenze 1939 zurückzudrücken. Polen erhält Ausgang zum Meer durch Staatsunion mit Litauen. Dies in ihr autonom. Gemeinsam: Außenpolitik, Landesverteidigung, Wirtschaft und Sozialpolitik. Diese Ressorts müssen teilweise auch [154] mit Litauern besetzt werden. Wenn möglich, ist in diese Staatsunion auch Lettland aufzunehmen. Um dieses Polen beginnt die Auseinandersetzung mit Rußland, in der England auf unsere Seite getrieben wird. Nimmt wegen seines Garantieversprechens an Polen, dann aber auch wegen seines Lebensinteresses, Rußland zurückzudrücken. Polen haben auch wir volle Souveränität zuzugestehen. Sein Lebensinteresse treibt es an unsere Seite, weil es sonst dem russischen Bolschewismus verfällt. Wir können ihm Wirtschaftsbund, Freihäfen usw. zugestehen, müssen aber seine Anregung abwarten. Es sei Herr seines Geschickes. Dann kommt [155] es zu uns aus eigenem Antriebe.
4. Für die Tschechoslowakei gilt das Gleiche wie für Polen.
5. Jugoslawien muß sich in ein autonomes Serbien und ein ebenso solches Kroatien gliedern. Staatsunion wie Polen. Zu dieser Erkenntnis waren Serben und Kroaten selbst gekommen. Der rechte Kroatenführer auf diesem Wege ist der Bauer Marzeck.[32]

[32] Die Aufteilung Jugoslawiens in besetzte und annektierte Gebiete nach dem Balkanfeldzug der Achsenmächte im April 1941 hatte die Ausrufung des „Unabhängigen Staats Kroatien" (USK) zur Folge gehabt. Der USK unter der faschistischen Ustascha-Bewegung war kaum mehr als ein Satellitenstaat des faschistischen Deutschland; Rassengesetze und Staatsterror kulminierten in der Ermordung von Serben, Juden, Roma und Regimegegnern unter dem USK-Führer Ante Pavelic. Der Führer der Kroatischen Bauernpartei, Vladko Macek, vertrat im Gegensatz zu dem rechten Flügel seiner Partei eine ausgleichende Position und hatte die Stellung des Stellvertretenden Ministerpräsidenten inne, nachdem die jugoslawische Regierung im August 1939 erhebliche Zugeständnisse an die Kroaten gemacht hatte.

6. Den Balkanvölkern ist zu empfehlen, sich zu einem Balkanbund auf der Grundlage gleicher Interessen zusammenzufinden, ebenso den skandinavischen Staaten, ebenso Holland und Belgien. [156] Dies das Ziel, da Rußland schon an den Grenzen Ostpreußens und schon auf dem Balkan steht, wird es darum ein hartes Ringen geben. Wir sollen aber lange Friedensverhandlungen nicht scheuen, denn in ihnen wird sich immer klarer die deutsch-angelsächische Interessengemeinschaft gegenüber Rußland herausstellen. Für die Engländer ist sie in den Tatsachen geben, die ich dargelegt habe. Für USA ist der Bolschewismus rotes Tuch. – Lange Verhandlungen ermöglichen auch, Japan in sie einzubeziehen. Wir können den Vertrag mit ihm nicht brechen. Die Angelsachsen stehen vor der Gefahr, daß Rußland Japan zumindest beliefert, weil [157] es kein Interesse an einem Vollsieg der Angelsachsen in Asien haben kann. Für dort könnte ich mir die Lösung denken, daß Japan die Philippinen in autonomer Form behält, auf die USA ja 1936 schon verzichtet hatten und wirtschaftliche Rechte in China, dafür die Mandschurei (Köder für Rußland) volle Selbständigkeit erhält, entsprechend dem Grundsatz 1. Alle anderen besetzten Gebiete muß Japan räumen. Die Idee der Angelsachsen, Japan zu entmachten, ist absurd und die Quelle sicheren neuen Krieges. Wenn wir die rechte, schöpferische Friedenssprache führen, sind diese territorialen Ziele ohne Kampf zu erreichen. Wir dürfen uns aber auch [158] nicht scheuen, Rußland zusammen mit den Angelsachsen auf die polnische Ostgrenze zurück- und aus dem Balkan herauszudrücken. Dazu können sich alle freien europäischen Völker vereinen. Es wäre ein kurzer Prozeß.
7. Die freien europäischen Staaten bilden eine Wiederaufbaugemeinschaft, über die ich schon vorher auf S. 116 ff. das Nötige gesagt habe. Schlagt ihn gleich zu Anfang vor, versichert Euch dazu der Stimmen der Neutralen, die Lebensinteresse daran haben. Aber auch die Angelsachsen sind daran lebhaft interessiert, denn sie brauchen ein gesundes Europa gegen Rußland und zum Absatz ihrer Überschüsse. [159]
8. Die freien europäischen Staaten bilden einen europäischen Wirtschaftsbund. Er hat ein Direktorium, einen Geschäftsführenden Ausschuß, einen Beirat, eine Mitgliederversammlung, deren Funktionen klar sind. Sachverständige können in freier Wahl zugezogen werden. Wir dürfen uns nicht nach dem Vorsitz drängen, müssen ihn einem Neutralen (Schweden, Schweizer) anbieten. Er wächst uns später durch unsere Leistung ganz von selbst zu. Aufgaben dieses Bundes:
a) einheitliche Verkehrseinrichtungen (Straßen, Bahnen, Post usw.) zu schaffen, z.B. überall rechts oder links fahren, aber überall eben das Gleiche.

Nach der Ausrufung der USK war Macek mehrmals in KZ-Haft genommen worden. Er symbolisierte mit seiner Politik eine nationalkonservativ-rechtsstaatliche Alternative zu der faschistischen Ustascha-Bewegung. Vgl. Ladislaus Hory und Martin Broszat: Der Kroatische Ustascha-Staat 1941–1945, Stuttgart 1964.

b) Einheitliches Wirtschaftsrecht [160] schaffen (Wechsel, Scheck, Verkehr, Handel usw.).
c) Wirtschaftliche Ausnutzung aller Verkehrs- und so weiter Einrichtungen, auch der Kraftquellen durch Zusammenarbeit (Berner Konventionen sind Muster).[33]
d) Abbau der Pass- und Zollgrenzen mit aller Vorsicht, damit Erschütterungen vermieden werden.
e) Mitarbeit an der Stabilisierung von Währungen durch gegenseitige Hilfen, Ratschläge usw.
f) Errichtung gemeinschaftlicher Einrichtungen, Bahnen, Elektrizitätswerke, Luftlinien usw.
g) Einrichtung einer europäischen Wirtschaftspolizei.
h) Gemeinsame Wirtschaftsplanung und [161]
i) gemeinsame Verhandlungen mit Außer-Europa.
Diese Aufgaben können sich allmählich erweitern, das muß ganz organisch geschehen. So kann eine „europäische Handels- und Wirtschaftsbank“ eine nützliche Einrichtung werden und das Gewicht Europas in der „Völkerbank“ vergrößern. Dieser Wirtschaftsbund soll der Vorläufer des *europäischen Staatenbundes* werden. Die Verschiedenheit der Sprachen steht der Gründung eines europäischen Bundesstaates gleich USA entgegen – Deutschlands Einigung ist aus dem preußischen Zollverein hervorgegangen, der nur Staatenbund wird und muß als Frucht dieses Krieges aus dem europäischen Wirtschaftsbund erwachsen. [162] Eine Vorstufe dazu soll sein, daß der Wirtschaftsbund sobald wie möglich die europäische *Luftpolizei* errichtet, mit Kontingenten aller Mitglieder, aber so, daß die Polizei in Frankreich von Schweden, in Deutschland von Schweizern, auf dem Balkan von Deutschen, in Skandinavien von Franzosen – beispielsweise – ausgeübt wird, so daß militärische Nebenabsichten ausschalten. Allmählich begeben sich so die einzelnen europäischen Staaten ihrer Selbständigkeit, unmerklich und alle in gleichem Tempo, werden sie „europäisch“. Dies ist im Ziel wichtig, denn gegen USA und Rußland kann sich nur ein in seinen Interessen geeintes Europa durchsetzen. [163] Der Vorschlag, den europäischen Wirtschaftsbund zu gründen, muß umso lebhafter erwogen und vertreten werden, als er der Gefahr der Hoffnungslosigkeit entgegenzuwirken, aufs wirksamste geeignet ist. Schnell Europa zu praktischen Aufgaben zu vereinen, muß das Ziel sein. Wir können abwarten, wie sich Rußland, England und USA zu dem Plane verhalten. Rußland wird ihn ablehnen, weil es kein Interesse hat, Europa geeint zu sehen. Seine Ablehnung soll uns nicht hindern. Will es mitmachen, dann nur, wenn es die Souveränität aller europäischen Staaten, wie oben geschildert, anerkennt und durchführt und nur mit seinem europäischen Besitz. [164] Dagegen

[33] Mit den Berner Konventionen zwischen 1886 und 1924 wurden grundsätzliche europäische Übereinkommen erzielt über den Fracht-, Personen- und Gepäckverkehr der europäischen Eisenbahnen; vgl. Woodruff, Internationale Wirtschaft.

werden sich England und USA auflehnen. Dann gründen wir zunächst den Wirtschaftsbund West- und Mitteleuropas ohne Rußland, was vorzuziehen ist. England wird in den Bund hineinwollen, um seinen Einfluß auf dem Kontinent zu behalten und seinem Empire Absatz zu sichern. USA werden das Letztere verhindern wollen, da sie Europa selbst als Absatzgebiet brauchen. – So entwickelt sich um unseren Vorschlag ein erbitterter Kampf unserer jetzigen Gegner. Er ist unvermeidlich, um die Unnatur ihrer Koalition zu offenbaren und wegzuschwemmen. In ihm haben wir lange und vor der Öffentlichkeit neutral zu bleiben bis sich die Gelegenheit [165] der gesundesten und dauerhaftesten Lösung ergibt. Mit Ashton-Gwatkin war ich mir einig, daß es unser stilles Ziel sein sollte, die Mitgliedschaft Englands im Bunde zu betreiben. Europa ohne Rußland plus europäische Kolonien plus England plus Empire sind ein unüberwindlicher Machtbund, wirtschaftlich vollkommen unabhängig, weil dieser Raum alle Klimate und alle Rohstoffe in sich hat. Er würde zu Lande von Deutschland, zu Wasser von England, zur Luft von Europa geschützt werden. Wir und Kontinentaleuropa hätten aber noch den Sonderausweg, daß das Empire nicht Mitglied werden kann, also ständig um das Absatzgebiet Europa mit USA und Rußland [166] in Wettstreit werben muß. England ist die Verbindungsklammer und hat so eine schwere Aufgabe, als Folge seiner falschen Politik seit 1918. Europa aber hat einen ungeheuren Nutzen, eine gewaltige Entspannung von Kriegspsychose und Aussicht auf schnelle Entwicklung zu neuem Wohlstand.

9. Wir erklären, daß wir im Tausch der besten, wohlfeilsten Leistungen die Voraussetzung des Wohlstandes sehen und daher einem möglichst ungehinderten Wirtschaftsverkehr der Völker untereinander zustreben. Dazu ist erforderlich, daß wir durch ausreichende Zufuhren möglichst bald die Zwangswirtschaft im Inneren abbauen können. Wir verkünden [167] unsere wirtschafts- und sozialpolitischen Grundsätze und erklären uns bereit, an allen Einrichtungen arbeitend mitzumachen, die auf gesunder Grundlage dem Gütertausch dienen sollen, auch einer Weltbank, die zu diesem Zwecke errichtet wird, beizutreten. Unsere Erklärungen werden bei den Angelsachsen und neutralen geradezu Begeisterung auslösen. Sind sie sich doch der Gefahren ihrer Illusionen vollkommen bewußt, wissen sie doch, daß unsere Erklärungen ins Schwarze treffen und die Welt von einem furchtbaren Alpdruck erlösen. Der Grundsatz, daß jedes Mitglied der Weltbank Kredit erhält, das eine ausgeglichene öffentliche [168] Rechnung legt, ist unanfechtbar, befreit alle geldlosen Länder von einem Alpdruck und eröffnet die einfachste Methode, Überrüstungen zu vermeiden, Abrüstung zu fördern. Denn wer seinen öffentlichen Haushalt ausgleichen muß und aus bescheidenen Steuern seine Schulden tilgen, seine Kriegsopfer betreuen will und muß, der hat nur geringe Mittel zur Rüstung. Dies gilt für *alle* Staaten der Welt, daher können sich *alle* ohne Bedenken der Kontrolle unterwerfen, daß ihre Ausgaben und Einnahmen sich ausgleichen. Keine Ehrenbelastung für [169] Einzelne, gleiche Beschränkung der Souveränität für alle.

10. Die Arbeiter der Welt müssen angesprochen werden durch die Verkündung unseres dargelegten Programms.
11. Die evangelische Kirche muß ihre weltbekannten Geistlichen, die katholische durch ihre Bischöfe zu den Christen aller Völker sprechen.
12. Bleiben 4 Fragen

 a) *Reparationen*: Jeder Gedanke daran wird abgelehnt. Ich war mir auch mit Engländern und Amerikanern einig, daß sie nie wieder auftauchen dürfen. Alle Völker sind überschuldet, Deutschlands Großstädte liegen in Trümmern. Woher sollen Stoffe und Kräfte genommen werden, um mangels Gold [170] zu zahlen? Die Reparationsfrage wird begraben im Bund zum gemeinschaftlichen Wiederaufbau Europas. Es ist nicht schwer, klarzustellen, daß schnelle Wiederherstellung aller Volkswirtschaften eine zuverlässigere Grundlage des Wohlstandes ist als Reparationen aller Art.

 b) *Abrüstung*. Sie ist dem europäischen Wirtschaftsbund zu überweisen, soweit Europa in Betracht kommt, im übrigen einer Weltorganisation. Praktisch kommt sie über die Notwendigkeit zur Lösung, daß ohne stabile Währungen kein Gütertausch, ohne diesen keine Behebung des Mangels, kein Wohlstand [171] denkbar ist, und daß stabile Währungen ausgeglichenen öffentlichen Haushalt zur unabdingbaren Voraussetzung haben. Die Goldländer werden ihr Gold schnell verlieren, wenn sie ihre Verluste weiterführen und mit Gold decken wollen. Die erste große Welle der Abrüstung wird durch Wiederaufbau und die Notwendigkeit eisernen Sparens herbeigeführt. Sie ist schon entscheidend bei der allgemeinen Verarmung.

 c) *Judenfrage*. Ungerechtfertigte Bereicherungen am Judenvermögen sind unrecht und wieder gut zu machen. Entschädigung noch lebender Geschädigter ist unerläßlich.[34] Ein Kommissar unter dem Reichswirtschaftsminister regelt dies. Das bieten [172] wir an. Im übrigen verlangt die Frage eine für alle Völker anwendbare Regelung. Ich sehe sie in folgender Weise: Ein großes oder kleines Territorium (Etwa Palästina oder Südamerika) wird zum souveränen Judenstaat erklärt. Alle Juden in der Welt sind dessen Bürger und erhalten von ihm ihre Papiere, zahlen ihm Steuern, gleichzeitig verlieren sie die Staatsangehörigkeit ihres Gastlandes. Ihr Staat hat Vertreter usw. bei fremden Regierungen. Nunmehr richtet sich das Recht der Juden in den Gastländern nach *Fremden-Recht*. Sie können gewisse Berufe und Geschäfte treiben, aber nicht Beamter

[34] Der Prozess der sogenannten „Arisierung" bezeichnete die Enteignung jüdischen Besitzes und Vermögens und die Verdrängung von Juden aus dem Berufsleben. Bis zum 1.1.1939 waren die nationalsozialistischen Zwangsmaßnahmen so weit fortgeschritten, dass Juden keinen Beruf mehr ausüben konnten, jüdische Betriebe und Grundstücke zu staatlich festgelegten Niedrigpreisen verkauft waren, ebenso Wertpapiere und andere Wertgegenstände aus jüdischem Besitz. Vgl. Avraham Barkai: Vom Boykott zur „Entjudung". Der wirtschaftliche Existenzkampf der Juden im Dritten Reich 1933-1945, Frankfurt/M. 1987.

sein, nicht wählen usw. [173] Ich bin überzeugt, daß dieser Vorschlag, folgerichtig vertreten, allmählich allgemeine Zustimmung findet. Denn Juden und Angelsachsen empfinden selbst die Notwendigkeit einer gerechten Neuregelung. Es ist ein Irrtum, daß die Angelsachsen die Juden lieben, das Gegenteil ist der Fall. In USA sah ich 1937 Hotels „not for jewish people!" Auf den Universitäten der USA dürften nach ungeschriebenem Recht nie mehr als 3 % Juden studieren![35] Mischehen finden damit ihre Regelung. Die Frau und Kinder folgen jeweils dem Recht des Mannes. [174] In Deutschland werden Mischehen selten sein, also keine Rolle spielen. In anderen Völkern waren sie noch seltener. Nicht häufiger, wie hier verbreitet ist. Den Rest muß das gesunde Gefühl für Rasse und Menschlichkeit tun. Wir dürfen nicht bemänteln wollen was geschehen ist, müssen aber auch die große Schuld der Juden betonen, die in unser öffentliches Leben eingebrochen waren in Formen, die jeder gebotenen Zurückhaltung entbehrten. Als ich 1917 mit meinem verwundeten, 1918 gefallenen, Bruder Franz zusammen auf Urlaub in Uniform im Zoo saß, nahmen [175] an unserem großen Tisch zwei ältere jüdische Ehepaare Platz und begannen sofort laut auf die Offiziere zu schimpfen, die draußen gut lebten, die Landesbewohner schikanierten, Raubgut nach Hause schickten usw. Wir standen angeekelt auf. Am liebsten hätte ich gesagt, „Schade, daß wir Sie vor den Kosaken geschützt haben!" Das habe ich 1917 selbst erlebt und habe doch die Stadt Königsberg 1927 auf einem Jubiläum der jüdischen Gemeinde vertreten, das religiös gefeiert wurde. Wir dürfen den Juden die Rechte nicht versagen, die allen Menschen durch Gott verliehen sind. [176] Ich bin überzeugt, daß mein Vorschlag schließlich den rechten Weg für alle weiß.

d) Die Frage der *Kriegsschuld* und der Kriegsverbrechen darf nicht wieder Gegenstand eines Spezialvorgehens gegen Deutschland werden. Die Wirkungen würden denen des Diktates von Versailles nicht nachstehen. In früheren Jahrhunderten sind solche Fragen nicht aufgetreten. Man war zu klug, sie aufzuwerfen, so mutwillig mancher Krieg vom Zaune gebrochen war. Napoleon I. war der erste Gegenstand internationaler Verurteilung und ist trotzdem Nationalheros von Frankreich geworden. Denn er war der Beender der Revolution, der Organisator der Verwaltung, der Erneuerer nationaler Einheit – trotz allem. [179][36] Cromwell ist nach seinem Tode gehenkt und dann geehrt. Das letzte Urteil also spricht die Geschichte. Dieser Krieg hat seine Wurzeln im Diktat von Versailles, Gewiß, nach allem Material, das ich auch hier übermittelt habe, war er vermeidbar. Auch die Korridorfrage hätte sich ab 1932 bis [19]39 friedlich lösen lassen. Aber die Gegenseite hat durch falsche Politik in diesen Jahren auch schuld. Sie mußte die Regelung der sudetendeutschen Frage von der Einigung über alle anderen schwebenden Streitfragen abhängig machen,

35 Vgl. zu der inoffiziellen Quote an den Ivy League-Universitäten S. 578, Anmerkung 46.
36 Die Seiten 177 und 178 sind im Original leer.

statt dessen [180] beteiligten sich die Polen an der Aufteilung der Tschecho-Slowakei.[37] Damals mußten England und Frankreich die deutsche Forderung auf das Sudetengebiet anerkennen, aber vorschlagen, daß diese Forderung zusammen mit allen noch offenen Forderungen auf einer Konferenz verhandelt und erledigt wurden. Alle europäischen Mächte mußten aufgefordert werden, ihre Forderungen auf irgendwelche Änderung dieser Konferenz anzumelden. Diese Forderungen mußten im kleinen Kreise geklärt und ausgeglichen werden. Wir hätten dann angemeldet: [181] Korridor, Posen, Südtirol bis Bozen-Meran, Kolonien. In etwa 6 Monaten hätten die Vorbereitungen beendet und Frühjahr [19]39 die Hauptkonferenz stattfinden können mit der Tagesordnung „europäischer Frieden". Polen konnte damals mit Litauen und den Randstaaten zu einem baltisch-polnischen Staatenbund vereint werden, wirtschaftlich stark, Häfen Libau und Riga, Bollwerk gegen Rußland. Dies haben die Engländer trotz Rates versäumt, weil sie die Nerven verloren hatten. [182] So muß ich auch hier anstelle des richtenden Gedankens den schöpferischen vertreten. –

Ein Ausschuß aus Vertretern der Nationen arbeitet eine Neuordnung des Völkerrechts aus. Sie wird einer Konferenz der Nationen unterbreitet und bildet die Grundlage eines *Weltbundes der Nationen.* Jenem Ausschuß werden alle Beschwerden und Klagen über Verletzungen des Völkerrechts vorgelegt, wodurch er auch Material erhält, um seine Neuordnung zu fördern. Der Ausschuß überweist [183] die Beschwerden, die er für begründet hält, den betroffenen Nationen zur Selbsterledigung. Diese führen nach nationalen Verfahren ihre Untersuchungen usw. durch. Und teilen dem Ausschuß oder dem inzwischen errichteten Weltbund mit, was sie veranlaßt haben. Die Selbstachtung, der Wunsch, Achtung zu gewinnen oder zu behaupten, wird sie geradezu zwingen, der Gerechtigkeit den Weg frei zu machen. Denn welche Nation wollte sich vor wirkliche Verbrecher stellen! Die Nationen verpflichten sich, bei [184] Einsetzung des Ausschusses, sich gegenseitig Rechtshilfe zu leisten. Die betroffene Nation muß ihre Entscheidung öffentlich vor dem Ausschuß oder dem zuständigen Organ des Weltbundes vertreten. Auf diese Weise können die Weisheit und Vorsicht, zu denen die Erfahrung auf dem Gebiete der Politik zwingt, mit den Forderungen der Gerechtigkeit, der Menschlichkeit und der Achtung der Souveränität vereinigt werden. Je ruhiger diese Fragen in den Prozeß der allgemeinen Entspannung eingeordnet werden, um so befriedigender und vereinigender wird das Ergebnis sein. [185] Dieser Weltbund muß das Friedenswerk krönen. Er mag in vielem eine Nachbildung des Völkerbundes sein. Aber dieser Name ist ein böses Omen geworden. Der neue Bund muß mit bescheideneren verwirklichbaren Zielen anfangen. Im „europäischen Wirtschaftsbund" wird er ein tragfähigeres Mitglied haben, als in den einzelnen rivalisierenden Staaten Europas; denn diese werden ihre Interessen künftig unter sich in ihrem

---

[37] Vgl. zu dem Münchener Abkommen S. 618, Anmerkung 4; zu der Besetzung der CSR S. 767, Anmerkung 3.

Bunde ausgleichen. Über dem *europäischen Bund* muß die in ihm verwirklichbare [186] Überschrift stehen: „*Nie wieder Krieg in Europa!*" Über dem Weltbund die in ihm erfüllbare: „*Alles zur Vermeidung neuer Kriege*". Seine Aufgabe ist:

1. Das Völkerrecht neu zu ordnen und jeweils anzupassen.
2. Schiedsgerichte einzusetzen, die auf Anruf tätig werden. Alle Mitglieder sind zum Anruf *vor* einseitigen Maßnahmen bei Strafe der Ächtung verpflichtet. Das erste Verfahren ist ein schlichtendes. Wird der Schlichtungsvorschlag abgelehnt, [187] so ist der Ablehnende verpflichtet – bei Strafe der allgemeinen Ächtung, die automatisch für alle wirksam dem Weltbundpräsidenten festgestellt wird – das Schieds*gericht* anzurufen, dessen Spruch verbindlich ist, wenn nicht Revision eingelegt wird. Die Revision geht an den Senat des Weltbundes, den 12 erfahrene Weltrichter von 12 Nationen, vier großen – vier mittleren – vier kleinen angehören. Die Parteien können ein anderes verbindlich richtendes Verfahren vereinbaren. Wird deren Spruch verworfen, so setzt die allgemeine Ächtung ein. Die allgemeine, automatisch einsetzende Ächtung ist bei genauerer Prüfung eine furchtbare Strafe für [188] den Brecher der Treuga Dei[38].
3. Bei der Wiederherstellung des internationalen Handelns mitzuwirken (Weltbank),
4. die gemeinsamen Kulturinteressen zu fördern,
5. gemeinsame Einrichtungen zur Förderung des sozialen Friedens und der wirtschaftlichen Wohlfahrt zu schaffen,
6. weitere Aufgaben zu erfüllen, die die Nationen ihm einstimmig zuweisen. Vorerst darf der Weltbund, abgesehen von seiner richterlichen Funktion, seine Beschlüsse zu 3. bis 6. niemandem aufzwingen. So mühselig der Weg ist, die Mitglieder [189] müssen aus freiem Entschlusse sich beteiligen oder von einzelnen Einrichtungen fernbleiben auf eigenes Risiko. Dies wird sie von selbst zusammenführen.
7. Die Schaffung einer internationalen Polizei zu erwägen und zu betreiben, die allmählich dem Rechtsbewußtsein die materielle Grundlage der Durchsetzbarkeit gegen Geächtete schafft. Und zu gemeinsamem Schutz gemeinsamer Einrichtungen eingesetzt werden kann. *Ruhiger schrittweiser Aufbau der gemeinsamen Einrichtungen ist der sicherste Weg zum Erfolg.*

[190] Die Zukunft der abendländischen Kultur, ich möchte sagen die Zukunft der Entwicklung der Menschheit hängt davon ab, ob ihre verantwortlich denkenden Führer nun kraftvoll, ja mit hinreißendem Schwunge zur Abkehr vom bisherigen Wege aufrufen. Die Menschheit ist bisher den Weg der besonderen Verherrlichung *kriegerischer* Taten gegangen. Nationalistischer Übereifer hat dies Kleben an den

[38] Goerdeler verwendet den Begriff „Treuga Dei", der innerhalb des Gottesfriedens das Fehdeverbot an bestimmten Tagen kennzeichnet, hier im Sinne von Gottesfrieden, wobei er die im Mittelalter übliche Androhung von Kirchenstrafen mit diplomatischer Isolation ersetzt.

Gefühlen und Vorstellungen gefördert, die aus der Urzeit der Menschen herrührt, als sie gezwungen war, um das tägliche Leben mit Einsatz des Lebens zu kämpfen, wo jede kriegerische Mannestat [191] diese Sorge für Tage, Wochen, Monate, Jahre scheuchte. Aber machen wir uns klar: damals kannte der Mensch im von Lichterfelde-West den Menschen bei Wittenberg kaum. Feind schon in nächster Nachbarschaft, wie wir es im 19. Jahrhundert noch in Afrika und Amerika erlebt haben! Bedeutet es denn gar nichts, daß die Technik heute die Menschen im weiten Raume miteinander bekannt macht? Wir können in 10 Stunden nach Amerika fliegen, wir können in Sekunden um die Welt sprechen, bald sehen; wir kennen heute die Eigenarten [192] der Rassen und ihre Abhängigkeit vom Klima. Wir brauchen den Schwarzen mit seinem Schurz nicht zu verachten, wir wissen, daß er zur Arbeit keine andere Kleidung brauchen kann. Das Klima hat ihn des Sinnens um bessere Kleidung und Behausung überhoben, es begrenzt seine Leistungen, ist nun das Vertrautsein der Menschen miteinander nicht auf einem Stande angelangt, der gestattet, der weiteren Entwicklung der Menschheit einen entscheidenden Stoß in eine andere Richtung zu geben? Sie überzuleiten von der einseitigen Hochschätzung [193] kriegerischer, gewiß auch charakterlicher, Leistungen zu einer stärkeren Bewertung geistiger und moralischer Anstrengungen? Wenn wir an eine Höherentwicklung glauben, wenn wir glauben, daß Gott uns eine Seele anvertraut hat, dann müssen wir auch der Notwendigkeit mit diesem Pfande zu wuchern uns nunmehr bewußt werden. Wir müssen die Großtaten des Geistes, der Entdecker und Erfinder, der Denker und Dichter, der Künstler und Ingenieure, der Forscher und Ärzte, der Architekten und Maler höher bewerten als die physischen Leistungen. [194] Verbinden sich jene Taten noch mit Beweisen des Mutes (Kolumbus, Robert Koch u.a.), so müssen sie für die Betrachtung der Menschheitsgeschichte an erste Stelle gerückt werden. Dem Manne, der sein Leben aufs Spiel setzt, um Mitmenschen zu retten oder sie vorwärts zu bringen, gebührt höchste Auszeichnung. Kolumbus, Galilei, Pythagoras und Robert Koch stehen über Alexander dem Großen und Napoleon. Jenen gebührt dies Beiwort, nicht einem kühnen, genialen und doch unfruchtbaren herzlosen Eroberer und Zerstörer! Wer das Glück [195] der Menschen fördert, muß dem vorangestellt werden, der Leid und Schmerzen fordert und verbreitet.

Dabei soll keine Verherrlichung verzichtender Schwäche eingeleitet werden. Immer müssen Moral und Charakter der Handelnden die letzte Note geben. In diese Richtung muß die Erziehung der Jugend überall geleitet werden, sie soll dabei zu höchsten Leistungen des Mutes angespornt werden, der ja für alle Fortschritte der Technik unentbehrlich ist. Die mutige Tat zum Zwecke der Schöpfung, der Entdeckung, zur Förderung des Guten, zum Wohle anderer muß [196] das höchste Ideal werden. Dies müssen die besten und tapfersten der Nationen ihr als erstrebenswert darstellen und beweisen. Der Staat muß solches Wirken fördern. Nicht genug kann er dafür tun! Das Volk, das sich zu diesem Ideal bekennt ohne weichlich zu werden, das also sich an Leistungswillen, an Fleiß, an Wirtschaftlichkeit im besten

Sinne nicht übertreffen lassen will, das die Jugend Körper und Charakter zu mutigen Taten des Friedens erzieht, das wird an der Spitze marschieren. – In den Schulen müssen nicht nur in den einzelnen Fächern Betrachtungen den „Großen" des Geistes [197] gewidmet werden (in Deutsch, Mathematik, Physik, Erdkunde), nein, im Geschichtsunterricht muß bei der Behandlung der verschiedenen Epochen der Geistesgeschichte, d.h. der Geschichte der geistigen Entwicklung der Menschen ein hervorragender Raum gesichert werden.

Die Professoren der Geschichte sind anzufeuern, der Erforschung dieser Entwicklung ihre Tätigkeit zuzuwenden und volkstümlich das Ergebnis darzustellen. Sie sollen einmal vergleichen, was ein Alexander der Große und ein Kant oder Kolumbus der Menschheit genützt hat. Das Ergebnis wird überraschend [198] sein für viele. Die Menschheit muß sich bei den Werken der Erziehung, bei ihrem Forschen, bei ihren Plänen und ihrem Wirken ihres göttlichen Auftrages bewußt werden, der göttlichen Seele trotz ihrer erdgebundenen Natur gerecht zu werden und aus diesem Streben einen neuen begeisterten und begeisternden Idealismus zu neuem Anfang finden. Dann wird sie zu wahrem Frieden gelangen, in dem die Losung heißt: „Helfen wir einander", dann wird sie auf Trümmern und in Trümmern neu aufbauen können, dann wird sie durch die gewaltigen Schwierigkeiten sich nicht [199] entmutigen lassen, dann wird sie die grausamen Opfer dieses Krieges, das Leid und das Grauen, als die Geburtswehen einer neuen, schöneren, glücklicheren Epoche empfinden, dann wird sie den Zerstörungen der Seele, die der technische Fortschritt mit seiner Stärkung materieller Begierden verursacht, die innere Kraft zur Überwindung dieser furchtbaren Gefahr gegenüberstellen. –

Leitet das Werk der Versöhnung, sobald die Waffen ruhen, mit solchem Bekenntnis ein und ihr werdet erfahren, daß in allen Völkern [200] eine tiefe Sehnsucht lebt, das Leben aus einem klaren Idealismus heraus neu zu gestalten und Frieden für die zerrissenen Seelen zu finden. Dieser Sehnsucht Bahn und Erfüllung zu geben, heißt die materiellen Schwierigkeiten, die sich dem wahren Frieden entgegenstellen, siegreich zu überwinden.

September 1944 im Gefängnis
Carl Goerdeler

Meiner innig geliebten Frau!
Meinen zärtlich geliebten Kindern!
Meinen Freunden!
Den strebenden Menschen!

7.2.2 *Brief Goerdelers an Ulrich Goerdeler*

handschriftlicher Brief vom Oktober 1944; Privatbesitz.
Selbstvorwürfe: Nur dem ältesten Sohn Ulrich wurde genügend Zeit gewidmet; seit dem Ersten Weltkrieg hatte Politik Primat vor der Familie; der Sohn Christian ist nicht genügend unterstützt worden. Vermächtnis an die Kinder: Pflicht gegenüber Vaterland und Beruf muss erfüllt werden, aber auch die Pflicht vor der Familie und Freunden. Politische Aktionen haben das Glück der Familie aufs Spiel gesetzt.

Mein geliebter ältester Sohn,[1]
noch stehst Du als einjähriger in roten Schuhen vor mir, das einzige unserer Kinder, mit dem ich täglich morgens, mittags und abends gespielt und gelacht habe! Dann kam der Krieg und nach ihm verfiel ich hemmungsloser Arbeit. Gewiß war ich von der Vorstellung und dem Ziel getrieben, die Wirkungen der Niederlage gut zu machen, die Heimat wieder mit dem Reich zu vereinen[2] und Euch, Ihr innig geliebten Kinder, das Vaterland wieder in geordnetem Zustand zu übergeben, Euch furchtbare Opfer zu ersparen u[nd] lieber selbst harte Verzichte auf mich zu nehmen. Aber schon vor dem Kriege hat mich ein gewisser Ehrgeiz gepackt. [...][3] Dazu sah ich die unermüdliche Arbeit meines lieben Schwiegervaters, der Ehrgeiz der sehr energischen Schwiegermutter tat das Seine. So habe ich über der Arbeit vergessen, daß auch Pflichten gegenüber der Familie bestehen, die erfüllt werden müssen. Ich habe Euch, vor allem aber der lieben Mutti, Opfer an Ruhe und Behagen aufgenötigt, die mir heute unfaßbar erscheinen. Ich habe mich selbst dadurch des schönsten Glückes im Leben beraubt. Keine Mahlzeit mit Euch eingenommen, Eure Freundschaften nicht gefördert, nicht Mutti und Euch, sondern mich in den Mittelpunkt des Lebens gestellt. Heute begreife ich einen Brief, den mir Lori[4] vor einem halben Jahre schrieb, und bewundere die Klarheit, mit der sie auf meine den Kindern abgerückte Stellung in der Familie hinwies. Heute verstehe ich auch Irma[5], die sich schwer in unsere Familie einleben konnte – denn heute weiß ich, daß ich daran Schuld bin. Wie viel mehr hätte ich in den letzten Jahren der Entlastung von meinen öffentlichen Ämtern mich der geliebten Mutti und Euch widmen können, statt immer zu reisen und dem Gelde und dem Vaterlande nachzujagen!

In dieser Verhärtung habe ich auch Christian gegenüber versagt. Als der gute Hoihoi am 31.5.1928 gestorben war, hätte ich mit Mutti zu seinem Geburtstag

---

[1] Ulrich Goerdeler, Jahrgang 1913, war Goerdelers ältester Sohn.

[2] S. Bericht Goerdelers über seine Tätigkeit im preußischen Abtretungsgebiet von Ende Juni 1919; Dok. 2.1.1, oben S. 191 ff.

[3] In der ausgelassenen Passage hatte Goerdeler in drei Sätzen über persönliche Probleme seiner beiden Brüder berichtet.

[4] Lore war die Tochter von Sabine und Fritz Goerdeler, dem Bruder und politischen Vertrauten Goerdelers.

[5] Irma war Goerdelers Schwiegertochter, die Ehefrau Ulrich Goerdelers.

fahren müssen und nicht Tante Bauz und Onkel Fritz schicken dürfen.[6] 1936 mußte ich ihn von dem unlieben Beruf wegnehmen. Er hat ihn nie geliebt, er hat sich seinem kalten Verstande gefügt und sich dann in eine Notwelt eingesponnen. Im Jahre 1939 war nach unserer Reise sein „Nix wie raus!" die richtige Parole. Welches Glück hätten wir retten können, wenn wir uns schnell entschlossen hätten! Aber wieder hatte *ich* selbstische kleinliche Bedenken. 1942 mußte ich ihn noch ganz anders heraushauen u[nd] durfte nicht ihn in ein ihm unliebes Regiment hineinbringen. In Afrika wäre er uns vielleicht erhalten geblieben.

So betrachte ich mein Geschick als eine mir von Gott auferlegte Buße u[nd] werde sie, Christian vor Augen, erlegen.

Dir aber, mein guter Junge, der Du uns immer Freude u[nd] Heiterkeit bereitet hast, – das eine Fehlexamen rechnet gar nicht – und Deinen innig geliebten Geschwistern lege ich dies Vermächtnis ans Herz: Gestaltet Eurer Leben, wenn Gott Euch läßt, anders wie ich das meine. Erfüllt mit Fleiß die Pflicht an Volk und Vaterland, dienet Eurem Beruf, um das Leben zu gestalten u[nd] zu erhalten. Aber stellt daneben gleichwertig das Glück der Familie und die kleinen Freuden des Lebens. Pflegt Freundschaften, feiert die Geburtstage u[nd] Feste in Ruhe mit den Euern, wie es einst in meinem Elternhause so schön war. Du hast – ich danke Gotte dafür – die Anlage dazu. Trage dafür Sorge, daß sie auch bei den Geschwistern sich entfalte. Nur dann werdet Ihr wahrhaft glücklich werden. Die Jahre verfliegen, nutzt sie. Tragt Eure Mutter auf Händen; ihr verdanke ich nebst meinen Eltern alles Glück. Sie ist eine großartige Frau, wie es nur ganz wenige gibt. Sie hat mich mit hingebender Liebe verwöhnt [...][7]. Um Euch Söhne insbesondere vor einer schweren Zukunft zu bewahren, um dem Vaterlande ein bitteres Geschick zu ersparen, habe ich das Glück der ganzen Familie aufs Spiel gesetzt. Dazu war ich nicht berechtigt.

So hinterlasse ich Euch seelisch u[nd] materiell ein schweres schweres Erbe. Aber ich wollte nichts Schlechtes u[nd] habe mit dem Attentat nichts zu tun. Ich wollte abwenden, was sich nun vollziehen wird. Ich vertraue zu Gott, daß er aus reinem Willen schließlich noch Segen sprießen läßt. Ihr könnt mit meinem Namen auf der Gegenseite wohl doch manche Milderungen erreichen zu Gunsten des Ganzen und dann wohl auch meinen Namen in Ehren tragen.

Die Ergebnisse meiner schriftstellerischen Tätigkeit sind Dir bekannt; macht sie später zu Gelde. Du wirst noch manches erhalten, was in dieser Richtung auszuwerten ist, vor allem dazu dienen soll, die Gründe u[nd] Ziele meines Tuns dar-

---

6 „Hoihoi" war der Kosename des Schwiegervaters Goerdelers; weil die Brüder Carl und Fritz Goerdeler die Schwestern Anneliese und Sabine („Bauz") Ulrich geheiratet hatten, bestanden sehr enge Verbindungen zwischen den beiden Familien.

7 In der ausgelassenen Passage hatte Goerdeler in anderthalb Sätzen über das Verhältnis zwischen ihm und seiner Frau geschrieben.

zulegen. Halte Dich an Kriminalrat Lange[8] im Reichssicherheitshauptamt Berlin SW 11, Prinz-Albrecht-Str. 8, an Oberbürgermeister a.D. Lohmeyer[9] in Berlin, an Dr. Gisevius[10] in Zürich u[nd] hole Dir Rat und Hilfe beim Vorstand von Bosch. Für Deine kleine Familie, für die gute fleißige Irma, für Eure entzückenden Kinder, für Euch alle, meine innig Geliebten, erflehe ich Gottes Segen und Hilfe. Bleibet zusammen und liebet einander in Eintracht und Versöhnlichkeit und wendet Euch von unfruchtbarer Trauer dem Glück Eures Daseins zu. Zärtlich küßt Dich, mein geliebter Sausewind,
Dein treuer Vater.

7.2.3 *Schreiben Goerdelers an Jakob Wallenberg*

handschriftlicher Brief vom 8.11.1944; Privatbesitz.[1]
Bitte um Hilfe für Familie in Sippenhaft und Söhne an der Front: Bitte um Aufnahme der Familie in Schweden; Veröffentlichung der Wirtschaftsfibel zur finanziellen Absicherung der Familie. Beendigung des Krieges durch Verbündung der Angelsachsen mit dem NS-Regime gegen die Sowjetunion; Schweden als Vermittler; Begnadigung der inhaftierten Verschwörer muss vom NS-Regime verlangt werden.

Verehrter Herr Wallenberg,
1. Meine ganze Familie, unschuldig und unwissend, Frau und Kinder, Brüder und deren Kinder, Enkel, ist seit 3 Monaten in Haft (Sippenhaft).[2]

---

8 Leo Lange war als Kriminalkommissar der „Sonderkommission 20. Juli" im RSHA zugeteilt worden. Das Sonderkommando unter Lange war berüchtigt für brutale Verhörmethoden. Vgl. Hoffmann, Widerstand, S. 622.

9 Hans Lohmeyer war während Goerdelers Königsberger Amtszeit Oberbürgermeister dort. Die beiden verband auch später ein freundschaftliches Verhältnis.

10 Hans Bernd Gisevius, seit 1939 Mitglied der Abwehr unter Canaris und 1940-44 Vizekonsul beim deutschen Generalkonsulat in Zürich und hielt sich zum Zeitpunkt des Attentats in Berlin auf. Er gehörte zu den Verbindungsmännern Goerdelers zu Allen Welsh Dulles, dem Chef des OSS in Zürich. Nach dem misslungenen Attentat war er in die Schweiz geflüchtet. Vgl. Hans Bernd Gisevius: Bis zum bitteren Ende. Vom Reichstagsbrand bis zum 20. Juli 1944, Sonderausg. Stuttgart 1961.

1 Zu dem Entstehungshintergrund des Briefes vgl. S. 1054, Anmerkung 1. Brandenburg hat die Briefe Goerdelers erst nach dem Kriegsende an Goerdelers Familie weitergeleitet; Wallenberg erhielt eine maschinenschriftliche Abschrift des Briefs von der Familie nach Kriegsende, die im Archiv der Enskilda Banken liegt (Stiftelsen för Ekonomisk Historisk Forskning inom Bank och Företagande, Stockholm). Der Brief ist veröffentlicht bei Nylander, Carl Goerdelers Friedensbemühungen, S. 33 ff.; vgl. zu Wallenberg S. 944 f., Anmerkung 1.

2 Die Sippenhaft, vor dem gescheiterten Umsturzversuch nur vereinzelt eingesetzt, wurde nach dem 20. Juli zu einem umfassenden Bestrafungsinstrument ausgebaut. Goerdeler wurde darüber informiert, dass seine Familie inhaftiert, sein Bruder Fritz ermordet, und seine zwei Enkelkinder von den Eltern getrennt worden waren. Vgl. zum Schicksal der Familie Meyer-Krahmer, Mut zum Widerstand, S. 272 ff. Der Leipziger Intendant Hans Schüler hat Goerde-

Ich bitte Sie und Herrn Dr. Lickfett, sich meiner Frau und meiner 4 Kinder anzunehmen. Ihren Aufenthalt kann das Reichssicherheitshauptamt Berlin SW 11, Prinz-Albrecht-Str. 8 angeben. 2 Söhne sind Soldaten. Da mir mein ganzes Vermögen, auch Wäsche und Anzüge, genommen ist, ebenso jedes Einkommen, stehen meine Frau und meine Kinder vollkommen mittellos da. Später wird Bosch einspringen. Ich bitte zu prüfen, ob Sie nicht meine ganze Familie nach Schweden nehmen können, bis die Verhältnisse sich geklärt haben. Dann müßten auch meine beiden Söhne mitgenommen werden, die Soldaten sind und deren Stellung zur Zeit ohnehin sehr schwierig ist. Die deutsche Regierung wird mit sich reden lassen, wenn ihr Schweden eine Kompensation durch Austausch mit Offizieren anbietet, die in Schweden interniert oder in England Kriegsgefangen[e] sind, und wenn Schweden sich verpflichtet, daß meine Familie sich jeder politischen Tätigkeit enthält. Meine Familie wird alle Arbeit übernehmen, die man von ihr verlangt. Ich bitte Ihre und die englische Regierung sowie Seine Kgl. Hoheit Ihren Kronprinzen herzlich, daß im Interesse der Menschlichkeit alles versucht wird, um meiner unglücklichen Familie zu helfen.[3]

2. Bei dem Verlag Reclam in Leipzig liegt das Manuskript einer von mir verfaßten „Wirtschaftsfibel". Sie legt in volkstümlicher Fassung mit Bildern die ehernen Gesetze dar, die die Wirtschaft beherrschen. Ich habe festgestellt, daß die jungen Arbeiter sie vollkommen verstehen. Halten Sie mich nicht für überheblich. Diese Fibel, in der ich alle meine Erfahrungen zusammengefaßt, ist geeignet, die vielen wirtschaftlichen Irrlehren zu entthronen, die in den letzten Jahrzehnten die Köpfe (selbst Lord Keynes) verwirren und ins wirtschaftliche soziale und politische Elend zu stürzen im Begriffe sind. Reclam (Direktor Müller) wird das Buch sofort nach Kriegsschluß drucken.[4] Wenn das in Deutschland

---

lers Enkel nach Kriegsende gefunden, die unter dem Namen Hofmann SS-Leuten zur Adoption angeboten worden waren; vgl. BAK, kl.Erw. 666-4.

3 Herbert Lickfett, seit dem Beginn der 30er Jahre Vertreter der IG Farben in Stockholm, gehörte zu der Gruppe deutscher Wirtschaftsvertreter, die sich um die Zurückdrängung des NSDAP-Einflusses in den deutsch-schwedischen Wirtschaftsbeziehungen bemühte. Wahrscheinlich war er Goerdeler durch Krupp bekannt, für den er bezüglich der Ausbeutung schwedischer Erzvorkommen vermittelte (vgl. dazu Klaus Wittmann: Schwedens Wirtschaftsbeziehungen zum Dritten Reich 1933-1945, München und Wien 1978, S. 38 ff. und S. 244 f.). Zu dem Bosch-Unternehmen vgl. S. 729, Anmerkung 30. Der Schwedische Kronprinz Gustav VI. Adolf (König 1950-1973) war Goerdeler bereits seit 1932 bekannt. Anlässlich des 300-jährigen Todestages Gustav II. Adolfs bei Lützen hatte Leipzig eine Gedenkfeier ausgerichtet, zu der auch der Kronprinz erschienen war. Im Januar 1936 hatte Goerdeler ihn erneut getroffen während einer Reise nach Schweden; vgl. zu den Vorgängen 1932 Goerdelers Korrespondenz mit dem schwedischen Gesandten (BAK, N 1113, Bd. 1); zu Goerdelers erster Reise nach Schweden im Januar 1936 seinen Reisebericht (Privatbesitz).

4 Zu Goerdelers Wirtschaftsfibel vgl. S. 658 f., Anmerkung 1; zu Keynes S. 571 f., Anmerkung 37; der Verleger Gotthold Müller war eingeweiht in die Verschwörung und übernahm

nicht möglich, bitte ich Sie – Reclam hat in Stockholm Geschäftsverbindungen – das Manuskript nach Schweden zu schaffen und dort zu drucken. Es müßte in *alle* Sprachen übersetzt werden. Dann besteht die Aussicht, daß die Welt wieder gesund denken lernt. Ihr großer Landsmann Cassel wird das bestätigen.[5] Ich bitte Sie herzlich, Ihre Tatkraft daran zu setzen. Der Erlös soll meiner Frau zufließen oder meinen ältesten lebenden Nachkommen; sie werden Ihnen und Dr. Lickfett Ihre für meine Familie gemachten Auslagen ersetzen, soweit es nicht Bosch tut.

3. Es ist höchste Zeit, daß der Krieg beendet wird. Die wertvollen europäischen Völker verbluten sonst, die Trümmer werden größer als die Möglichkeiten des Wiederaufbaus, die Staatsschulden wachsen ins Phantastische. Der lachende Dritte wird der russische Bolschewismus. *Dem muß und kann ein Ende bereitet werden.* Das kann nur geschehen, wenn unser Plan verwirklicht wird. England, USA und Deutschland müssen sich versöhnen. Da England auf den Sturz des Nationalsozialismus nicht rechnen kann, muß es mit dem jetzigen Deutschland Waffenstillstand schließen. Der Kampf gegen den Nationalsozialismus kostet ihm sonst seine ganze Zukunft; Rußland steht in Skandinavien, auf dem Balkan, an den Dardanellen, vor Persien, vor Indien und hat, sich später mit Japan vereinend, den Schlüssel in Ostasien in der Hand! *So und nicht anders ist es.* Europa nähert sich schnell einem Zustand, in dem es unfähig wird, den USA, dem Empire und Südamerika die überschüssigen Rohstoffe und Ernten abzunehmen. *Die allgemeine Katastrophe ist bei Fortsetzung des Krieges unvermeidbar.* Also muß England den Nationalsozialismus dulden; dann kann es auch die polnische Frage lösen. *Ich habe den Europa rettenden, England und USA befriedigenden Friedensplan fertig.*[6] Ich weiß, daß die Nazis, die unter meinem

---

aufgrund seiner Geschäftsverpflichtungen in Stockholm des öfteren die Vermittlung zwischen Goerdeler und Wallenberg; vgl. Ritter, Goerdeler, S. 389.

[5] Der schwedische Nationalökonom Karl Gustav Cassel (1866–1945) vertrat Schweden auf zahlreichen internationalen Konferenzen als Wirtschaftssachverständiger und genoss unter Zeitgenossen weltweite Anerkennung. Seine wirtschaftsliberalen Überzeugungen sowie sein Talent zur vereinfachten Darstellung wirtschaftlicher Zusammenhänge werden auf Goerdeler besonders ansprechend gewirkt haben. Cassel stand der Theorie Keynes' aufgrund seiner Überzeugung von einer sich selbst regulierenden Volkswirtschaft mit Vollbeschäftigung, ebenso wie Goerdeler, verständnislos gegenüber. Vgl. exemplarisch Cassels Aufsatz „Die Allgemeine Theorie" von Professor Keynes, in: Internationale Rundschau der Arbeit, 15 (1937), S. 22-31.

[6] Ebenfalls im November 1944 verfasste Goerdeler in Gestapohaft die Denkschrift „Unsere Idee", dessen letzter Abschnitt mit „Mein Friedensplan" übertitelt war (BAK, N 1113, Bd. 26). Hier entwickelte er erneut den Plan eines Europa in den territorialen Grenzen von 1914 sowie der Errichtung einer Europäischen Union und eines Weltbunds der Nationen. Die Denkschrift ist nicht in die Edition aufgenommen worden; ihr Inhalt entspricht Goerdelers Forderungen in seinen „Gedanken eines zum Tode Verurteilten über die deutsche Zukunft" vom September 1944; Dok. 7.2.1, oben S. 1148 ff.

im Gefängnis ausgeübten Einfluß das Kriegsziel bereits begrenzt haben, mitmachen würden, die notwendigen inneren Reformen in Deutschland folgen automatisch, wenn meine Freunde und ich am Leben bleiben. Da wir zum Tode verurteilt sind, *muß schnell gehandelt werden*. Da weder England noch Deutschland das erste Wort sprechen können, muß Schweden es tun. Schweden ist dazu berufen, weil es selbst von Rußland bedroht ist. Zunächst muß alles hinter den Kulissen, Rußland verborgen, vorbereitet werden. Ich beschwöre *Sie, sofort die Initiative zu ergreifen*. Als erstes muß Ihre Regierung der deutschen mitteilen, daß sie unter zwei Bedingungen die Initiative ergreifen würden:

1. Absolutes Schweigen.
2. Meine und meiner Freunde Begnadigung, weil diese und unsere Mitwirkung in England und USA *unentbehrlich ist*. (Es handelt sich um Schacht, Popitz, Schulenburg, Halder, Bismarck, führende deutsche Sozialdemokraten, Katholiken und mich). Die Nationalsozialisten werden, wenn Ihre Regierung fest bleibt, darauf eingehen, und Schweden rette[t] Europa, die Welt, die Menschlichkeit und die Kultur. Retten Sie, aber sofort! Ich rate Ihnen mit dem Papst und Dr. Gisevius in Zürich Verbindung zu nehmen. Er ist mein deutscher Freund und Freund des Vertrauensmanns von Roosevelt in Bern.[7] Seine Adresse ist diesem und der Schweizer Fremdenpolizei bekannt. Machen Sie ihn mit meinem Plan bekannt, er wird Sie vorzüglich unterstützen. Ebenso mein Freund, der diesen Brief Ihrem Gesandten in Berlin bringt.

Alles steht auf dem Spiel, auch die Zukunft Ihres Vaterlandes. Alles ist zu retten, wenn Sie meine Bitte erfüllen, sonst alles verloren.

Haben Sie Dank! Gott segne Sie!
Ihr Goerdeler

7.2.4 *Schreiben Goerdelers an Wilhelm Brandenburg*

handschriftlicher Brief vom November 1944; Privatbesitz.

Dank für Hilfe; Verfügung über Gefängnisschriften; Schriften als Rechtfertigung vor der Welt und vor der Geschichte: nicht alle Deutschen haben das Regime unterstützt; ein Großteil des deutschen Volkes hat die Wahrheit nicht gewusst; die Schriften sollten helfen, einen „wahren Frieden" zu schaffen.

Verehrter, lieber Herr Brandenburg,[1]
haben Sie herzlichen Dank für alle edle Menschlichkeit und christliche Nächstenhilfe, die Sie mir in den schwersten Monaten meines Lebens erwiesen haben. Gott

[7] Allen Welsh Dulles, Leiter des OSS in Zürich, knüpfte Kontakte zur Widerstandsbewegung des 20. Juli; s. seine Erinnerungen (Allen Welsh Dulles: Germany's Underground, New York 1947) sowie Klemperer, Verlassene Verschwörer, S. 2273 ff. Zu Papst Pius XII. vgl. S. 762, Anmerkung 1.

[1] Zu Brandenburg vgl. S. 1148, Anmerkung 1.

segne Sie dafür! Meine Angehörigen und Freunde bitte ich, Ihnen alle guten Taten zu vergelten.

Die Briefe hoffe ich im Besitz von Herrn L[itt].[2] Alle anderen Schriftstücke bitte ich Sie, sorgfältig zu bewahren und nach meinem Tode, wenn die Zeit reif ist, zu verwerten. Es sind einmalige Aufzeichnungen, sie enthalten viele Tatsachen, die sonst lebende Menschen nicht alle wissen, die aber für die Nachwelt wichtig sind. Ergänzungen befinden sich bei Freunden in England und in USA.[3] Sie sollen dienen

1. Der Wahrheitsforschung
2. Meiner und meiner Freunde Beck, Olbricht, v. Witzleben, Stieff, Tresckow, Graf Stauffenberg, Hauptmann Kaiser, Dr. Strünck Rechtfertigung,[4]
3. Dem Frieden der Menschheit und dem Wohle Deutschlands.
4. Der Jugend aller Völker und ihrer Nachkommen
5. Der Rehabilitierung meiner Familie und der Sicherung ihrer Existenz.

Wir wollten abwenden was bittere Wahrheit sein wird, wenn Sie an diese Verwertung gehen. Die Welt wird fragen, ob denn keine Deutschen helfend und vorbeugend eingreifen konnten. Ja, hier ist die Geschichte unserer Bewegung, deren Mitglieder aus den Akten der Geheimen Staatspolizei (Reichssicherheitshauptamt) ersichtlich ist. Das Verfahren vor dem Staatsgerichtshof, dessen Präsident ein Besessener ist, ist eine Farce, um beschlossener Vernichtung den *Schein* des Rechtes zu geben. Die Welt muß wissen, daß außer uns viele Tausende Deutsche einen furchtbaren Opferweg gegangen sind; sie muß erfahren, daß dieses System mit erfaßten Mitteln aller Verbrecher und Diktatoren gearbeitet hat, um die Wahrheit dem Volke fern zu halten, seine Kräfte zu mißbrauchen und des Widerstands auch nur Verdächtige zu vernichten. Grauenhaft ist die Zahl der Hingerichteten. Dagegen verlangt die Wahrheit, zu sagen, daß die Staatspolizei um die Ermittlung der Wahrheit bemüht ist, allerdings mit rücksichtsloser Kälte. Ich habe seit 1933 jeden Versuch gemacht, mitarbeitend und Widerstand sammelnd, schon im Inter-

---

2 Wahrscheinlich meinte Goerdeler Theodor Litt; der Leipziger Philosophieprofessor zählte zu seinen politischen Vertrauten.

3 An Schriften, die Goerdeler in England hinterlegt hat, ist lediglich sein Rückblick auf seine Mitarbeit in der Reichspolitik zwischen 1931 und 1935 vom 9.7.1937 (Dok. 2.3.7, oben S. 240 ff.) bekannt. Zu Schriften in den USA vgl. Goerdelers Politisches Testament. Dokumente des Anderen Deutschland, hg. v. Friedrich Krause, New York 1945.

4 Die militärischen Mitverschwörer Generaloberst Ludwig Beck, General Friedrich Olbricht, Generalfeldmarschall Erwin v. Witzleben, Generalmajor Helmuth Stieff, Generalmajor Henning v. Tresckow und Oberst Claus Schenk Graf v. Stauffenberg waren bereits tot zu diesem Zeitpunkt, entweder am Abend des 20. Juli standrechtlich erschossen oder nach dem Urteil des Schauprozesses vom 7. und 8. August hingerichtet worden. Hermann Kaiser (vgl. zu Kaiser S. 853, Anm. 1) und der Jurist und Hauptmann in der Abwehr Theodor Strünck lebten noch, befanden sich jedoch bereits in Gestapohaft und wurden beide noch vor Kriegsende hingerichtet.

esse der eigenen Kinder dieses System eines perversen zerstörenden Fanatismus, dem jedes Mittel recht ist, frühzeitig unschädlich zu machen. Es war nicht möglich, ich büße den Kampf gegen den Satan mit dem Tode.

Und doch glaube ich an den Sieg des Guten und Gottes gerechtes Gericht. Mögen die Menschen es suchen, indem sie einander die Hand reichen.

Halten Sie mich nicht für überheblich, die Papiere, die ich Ihnen gab, enthalten die rechten Mittel, den wahren Frieden zu schaffen, deswegen hüten sie sie sorgfältig. Und wenn dann die Zeit reif ist, besprechen Sie die beste Art der Verwertung und des Vorgehens mit einem Ihnen erreichbaren Angehörigen meiner Familie, den ich verpflichte wie Sie meine Aufzeichnungen meinen nächsten Erben zu Eigentum zu übergeben, Sie haben das Verzeichnis meiner Angehörigen. Ziehen Sie auch einen oder mehrere meiner Bekannten ins Vertrauen, auch deren Liste haben Sie. Ich zähle sie Ihnen nur auf, da ich nicht weiß, wer noch am Leben sein wird, und will meinem Freund Generalintendant Dr. Schüler,[5] Leipzig, nicht vergessen. Ein großer Teil meiner Schriftstücke muß durch öffentliche Verbreitung wirken, bedarf aber der Überarbeitung. Ich grüße alle meine Freunde in Deutschland und in der Welt, auch meinen treuen Reisebegleiter in USA Richard Adams, dessen Anschrift Mr. Mooney in New York weiß.[6] Er steht auf der Liste. Sie sollen nicht verzweifeln. Ich rufe mit meinem Freund A.P. Young[7] in Rugby, „We will win the last battle". Habt alle innigen Dank für Eure Freundschaft, nicht zuletzt Sie.

Einen Brief an meine Frau übergebe ich Ihnen noch.[8]

7.2.5 *Stellungnahme zu einer Rede des Reichsaußenministers vom 11.12.1944*

handschriftliche Stellungnahme vom Dezember 1944; Privatbesitz.

Stellungnahme gegen unrichtige Behauptungen Ribbentrops: Deutschland ist zwischen 1932 und 39 konzilianter Haltung des Auslands mit immer neuen Forderungen begegnet; Deutschland, Italien und Japan tragen die Kriegsschuld; Großbritannien hat vor Angriff auf Polen gewarnt; nicht die gegnerische, sondern die deutsche Führung handelt unmoralisch und zerstörerisch. Warnung vor einem neuen Versailler Vertrag, der allen Staaten schaden würde; Rückkehr zu moralischen Grundlagen. Bitte an Wallenberg um Vermitt-

---

5 Der Leipziger Generalintendant Hans Schüler war mit Goerdeler bereits seit 1928 bekannt, als beide noch in Königsberg arbeiteten. Er gehörte zu Goerdelers politischen Vertrauten und beriet mit ihm über kulturpolitische Fragen für die Zeit nach dem Umsturz. Vgl. das Manuskript Schülers „Meine Beziehungen zu Dr. Karl Goerdeler und zum Umsturzversuch vom 20. Juli 1944" vom 27.5.1945; BAK, kl. Erw. 666-4, Bl. 27-39.

6 Zu Adams und Mooney konnten keine näheren Angaben gefunden werden. Mooney wird von Goerdeler auch in seinem „Rechenschaftsbericht" vom Januar 1945 (Dok. 7.2.6, unten S. 1174) erwähnt; dort bezeichnet er diesen als „leitenden Direktor der großen Automobilfabrik in Detroit".

7 Zu A.P. Young vgl. S. 601, Anm. 19.

8 Ein Brief Goerdelers an seine Frau ist nicht überliefert.

lung: „Regierung Hitler-Himmler-Goerdeler-Schacht" könnte mit Großbritannien und den USA verhandeln und den Bolschewismus gemeinsam eindämmen.

[1] Am 11. Dezember hat der deutsche Reichsaußenminister gesprochen.[1] Seine Rede zeichnet sich durch ruhige Sprache und Verzicht auf persönliche Angriffe gegen feindliche Staatsmänner aus. Sie enthält grobe Unrichtigkeiten.

1. Deutschland ist bei seinem Kampf gegen Versailles keiner aggressiven Haltung und Feindschaft anderer Mächte seit 1932 mehr begegnet. Denn seit diesem Jahr werden a) die Reparationen gestrichen, b) trat Deutschland aus dem Völkerbund aus, c) [2] remilitarisierte es das Rheinland, d) führte die allgemeine Wehrpflicht ein, e) vollzog den Anschluß Österreichs und Memels, f) erhielt das Sudetengebiet, g) besetzte die Tschechoslowakei. Erst *diese* vertragswidrige Handlung, die Einseitigkeit des Vorgehens brachte England und Frankreich sowie USA dazu, Stop zu rufen. Erst *1939* garantierte England Polen.[2] Roosevelt und Chamberlain warnten. Jetzt mußte *Hitler* unter allen Umständen über den Korridor Verständigung suchen. Er lehnte, aufgebracht durch die Haltung der anderen Mächte, ab, und wählte Krieg. Hitler hat das mir im Juni 1937 gemachte Angebot Vansittarts über alle Fragen sich zu verständigen, ebenso unbeachtet gelassen, [3] wie das Angebot Blum-Delbos, das diese dem deutschen Botschafter Grafen Welczek im Jahre 1937 und im gleichen Sommer Schacht gemacht hatten: Deutsch-französischer Pakt, in dem Frankreich auf Unterstützung Polens verzichtete und Kolonien zusagte. Endlich hat Hitler die durch mich gebrachten Erklärungen des Königs von Belgien über seinen Wunsch, neutral zu sein und sich über den Kongo mit ihm zu verständigen, unbeachtet gelassen. September 1938 bot die Münchener Konferenz eine glänzende Gelegenheit, alle noch offenen Punkte anzuschneiden und für eine neue Konferenz vorzubereiten. [4]
2. In gleicher Weise haben Italien und Japan ihre Forderungen überspannt und ihre Maßnahmen *einseitig* bestimmt, ohne sie diplomatisch mit der genügenden

---

1 In seiner Rundfunkrede anlässlich des dritten Jahrestags des deutsch-italienisch-japanischen Waffenbündnisses am 11.12.1944 hatte Ribbentrop u.a. ausgeführt: „Jahrelang hatten sich unsere Regierungen bemüht, den berechtigten Ansprüchen unserer jungen und aufstrebenden Völker Geltung zu verschaffen. Obwohl diese Ansprüche maßvoll waren, stießen sie auf völliges Unverständnis, scharfe Ablehnung oder sogar offene Feindseligkeit. Diese Einstellung einer feindlichen Welt veranlasste Deutschland, Italien und Japan (...), im Verlaufe der Jahre immer enger zusammenzurücken. Als dann nach Ausbruch des europäischen, von England willkürlich gegen Deutschland entfesselten Krieges die Haltung Amerikas immer aggressiver wurde, beschlossen unsere Regierungen (...), die bestehende Zusammenarbeit in einem feierlichen Vertrag zu verankern." Die Rede ist in Auszügen gedruckt in Keesings Archiv der Gegenwart, 1944, S. 6623 f.

2 Zur britischen Garantie der polnischen Grenzen nach dem Einmarsch deutscher Truppen in die „Rest-Tschechei" S. 992 f., Anmerkung 64. Zu den vorherigen ausländischen Vermittlungsangeboten an Deutschland vgl. Goerdelers Reiseberichte, Dok. 4.2.1 ff., S. 525 ff.

Sorgfalt vorbereitet zu haben. So kann man den Frieden nicht erhalten. Außerdem ist die Parole, daß diese Völker neuen Raum gebrauchen, Unsinn. Die heutige Technik ermöglicht auch dem dichtbevölkerten Staat (Schweiz, Schweden) Wohlstand durch Gütertausch. Ohne diesen ist auch aus eigenen Kolonien nichts herauszuholen. Die Mandschurei ist für Japan kein klimatisch tragbares Siedlungsland, die Philippinen und China sind übervölkert.

3. Die Atmosphäre war mit Mißtrauen geladen, seitdem Italien und Deutschland in den Bürgerkrieg in Spanien eingegriffen hatten, um dort *ihr* Staatssystem [5] durchzusetzen, nicht aber von Staats wegen einzugreifen. Sie erregten dadurch den Anschein, als ob sie eine Gelegenheit ergriffen hätten, um moderne Kampfmittel zu erproben.
4. England hat diesen Krieg *nicht* willkürlich entfesselt. Hitler wußte beim Angriff auf Polen um das englisch-französisch-polnische Bündnis. Chamberlain hatte ihn – bewußt auf 1914 hinweisend – gewarnt.

Am 12. Dezember hat Dr. Dietrich über die politische Lage gesprochen.[3] Er dreht den Spieß um, indem er den Gegnern Unmoral und Verwüstung der von ihnen besetzten Gebiete vorwirft und übersieht, daß wir sie mit Krieg überzogen, und zwar Ordnung mit starken Polizeikräften gehalten, aber durch [6] Zwangslieferungen gegen Papiergeld ihre Währungen und ihre Wirtschaft ruiniert haben. Auch an verbalen Beschimpfungen läßt er es nicht fehlen.

Alles dies verkenne ich nicht. Aber in leidvollen Monaten habe ich mich bemüht, nach dem Willen Gottes zu forschen. Weshalb duldet seine Allweisheit dieses millionenfache Leiden Unschuldiger? Weshalb schützt er die Urheber dieser ungeheuren Zerstörung christlicher Kultur?

Eins habe ich erkannt. Gott gestattet uns nicht, seine Naturgesetze, seine Gebote ungestraft zu verletzen. Unter den Männern [7] des 20. Juli waren viele edle Charaktere, die nur von dem Ziele gleitet waren, das Vaterland und die Kultur zu retten, auch den Bestand der anderen Kulturvölker aber. Gott hat auch geboten: Du sollst nicht töten. Dieses Gebot muß befolgen, wer die Welt von Leid und Not erlösen will. Bei Gott ist auch mehr Freude über einen Sünder, der Buße tut, als über 1.000 gerechte. Und so wollen und müssen wir wieder den Anschluß an Gottes Willen finden, um zur Erlösung zu gelangen. Den unrichtigen Darstellungen auf deutscher Seite steht die Tatsache gegenüber, daß die Gegner Deutschlands im Diktat von Versailles die Wahrheit entehrt und Deutschland Bekenntnisse und

[3] Auf dem dritten Kongress der „Union nationaler Journalistenverbände" in Wien am 12.12. 1944 hatte Reichspressechef Otto Dietrich über Kriegführung und Europapolitik gesprochen. Während er England und den USA vorwarf, „mit ihrem gemeinen Luftterror gegen die Zivilbevölkerung Europas (...) an Stelle des Kampfes als Kriegsmittel den Mord gesetzt" zu haben, charakterisierte er die sowjetische Kriegführung als „Hinmordung von Millionen europäischer Menschen durch die in ihrem grauenvollen Haß gegen alles Schöne und Gute verkommenen bolschewistischen Horden". Die Rede ist vollständig abgedruckt in Keesings Archiv der Gegenwart, 1944, S. 6627-6629.

Leistungen auferlegt haben, von denen sie wußten, daß jene unwahr, [8] diese unerfüllbar waren. Die Fortsetzung der Blockade hat den Tod und die Krankheit vieler Deutschen verschuldet. Die Zerreißung politischer Zusammenhänge und die Unterbindung wirtschaftlicher Verbindungen, die Aufoktroyierung unerfüllbarer Zahlungen hat Unruhe, Zerrüttung der Währungen und schwerste Dauerkrisen allen Völkern gebracht. Diese Tatsachen sind allen ernsthaften und verantwortungsbewußten Menschen in der Welt bekannt. Sie haben den politischen Radikalismus in Deutschland großgezogen. Wir Deutschen, die wir dies abwenden wollten, haben auch Fehler gemacht, wir haben zu lange gewartet. Insbesondere bekenne *ich*, daß [9] ich 1932 den Ruf Hindenburgs in das Kabinett Papen als Arbeits- und Wirtschaftsminister einzutreten, hätte annehmen müssen.[4] Ich besaß das Vertrauen des Volkes und der Wehrmacht, ich wußte, wie die Probleme anzupacken sind. Ich konnte meine Gedanken verständlich machen, ich kannte aber – die Welt nicht. Hätte ich sie, ihre Interessen und Wünsche, ihre große Friedenssehnsucht gekannt, dann hätte ich trotz des Abratens Brünings nicht gezögert.

So ruft Gott uns durch das Leid, das er sich hat entwickeln lassen, alle auf, in uns zu gehen, die Balken im eigenen Auge zu sehen und das *Unsere* zu tun, um Leid und Not zu bannen. Wir müssen einen Schlußstrich ziehen! Ich bitte in Ruhe zu überlegen, ob es klug ist, dem deutschen Volke einen Zerststückelungsfrieden anzukündigen.[5] [10] Die jetzige Wirkung ist, daß es alle, auch die letzten Energien dransetzt, um ein solches Geschick abzuwenden. Wird aber ein solcher Frieden Wirklichkeit, dann kann er in einem Volke wie dem deutschen nur negativ wirken. Ein solcher Frieden kann die Spannungen nur verewigen. Aber er hat noch weitere Wirkungen.

1. Er schafft dem Bolschewismus Nährboden.
2. Er stärkt die Macht Rußlands, zum schwersten Schaden Finnlands, der skandinavischen und der Balkanstaaten.
3. Er beraubt USA eines wichtigen, ja unentbehrlichen Absatzgebietes, ohne das sie ihres Agrarproblems und der Arbeitslosigkeit nicht Herr werden *können*. [11] Deswegen beschwöre ich meine Freunde im Ausland, nicht ihre Gefühle zum Ausgangspunkt zu machen, sondern sie nach Geboten Gottes, die den Haß verbieten, zu mäßigen und die ihnen von Gott verliehene Vernunft sprechen zu lassen.

Wenn Dr. Dietrich nach Erhaltung der Wiederherstellung letzter moralischer Bindungen ruft, so ist es leicht, ihn darauf aufmerksam zu machen, was Hitler in den

4 S. dazu auch Goerdelers Rückblick auf seine Mitarbeit in der Reichspolitik zwischen 1931 und 1935 vom 9.7.1937; Dok. 2.3.7, oben S. 240 ff., in dem er seine Gründe für die Ablehnung beschreibt.

5 Goerdeler meint hier wohl die alliierte Forderung nach bedingungsloser Kapitulation Deutschlands, durch die im Januar 1943 auf der Konferenz von Casablanca die Möglichkeit eines Verhandlungsfriedens ausgeschlossen worden war.

besetzten Gebieten des Ostens an grauenvollen Taten angerichtet, daß er Millionen Juden bestialisch vernichtet, daß er Hunderttausende russischer Kriegsgefangener hat verhungern lassen. *Tut das*! Aber laßt Gott richten. Stoßt den Sünder, [12] der Buße tut, nicht zurück. Heute weiß ich, daß Hitler allein dafür verantwortlich ist, aber Gott hat sich das Gericht vorbehalten. Er hat alle anderen durch ein raffiniertes System sich untertan gemacht. Laßt *uns* damit allein fertig werden! Unter dem Zwang, auf Trümmern wieder aufzubauen, die schon marschierende Inflation zu verhindern, uns den Bolschewismus vom Halse zu halten, *müssen* wir zu den Grundlagen zurückkehren, ohne die jenes nicht zu vollbringen ist, d.h. zu den moralischen!

Das Wichtigste ist, daß Ihr helft, [13] daß in Deutschland die kleine Schicht erhalten bleibt, die diese Grundlagen noch beherrscht, Erfahrung und Sachkunde besitzt und sich bald Vertrauen im Volke schaffen kann und auf vernünftiger, anständiger Grundlage Jung und Alt vereinen und verirrte wieder gewinnen kann. Wenn Ihr sie rettet, dann habt Ihr auch Eure Zukunft gesichert. Denn diese Älteren in allen Völkern sind es, die so umfassende Erfahrungen besitzen, wie sie noch nie einer Generation zur Verfügung gestanden haben. Es wäre eine furchtbare Schande für die Menschheit, wenn diese nicht für die Lösung von Problemen ausgenutzt würden, wie sie gewaltiger noch nie vor der Menschheit gestanden haben. [14] Ich bitte zunächst auf diesem Wege Herrn Jakob Wallenberg um folgendes: Es ist möglich, daß er in den nächsten 2 Wochen einen *offiziellen* Brief von mir erhält. Dieser ist dann von Himmler genehmigt, aber meiner Anregung entsprungen.[6] Wenn ich Wallenberg darin bitte, zu kommen, soll er schleunigst kommen, sich aber freies Geleit sichern. Wenn Wallenberg diesen Brief nicht erhält, bitte ich ihn herzlich, aus eigener Initiative zu handeln; mir schwebt dafür folgendes vor:

1. Seine Majestät, der König von Schweden möge – wenn es nützlich erscheint, zusammen mit dem Papst – bei den Kriegführenden anregen, für die Zeit von 2 Monaten auf den U-Boot-Krieg sowie Luftkrieg gegen Handelsschiffe und auf Luft- und Fernbomben aller Art [15] gegen das Gebiet 50 km und weiter hinter den Fronten zu verzichten. Dieser Zeitraum würde genügen, die notwendige erste Entspannung herbeizuführen.
2. Die königl[iche] schwedische Regierung möge Herrn Wallenberg gestatten, bei den Regierungen der Kriegführenden über Möglichkeiten zur *Beendigung* der

[6] Die Überlegungen innerhalb der Opposition, Heinrich Himmler in Umsturzpläne einzubeziehen, gingen vor dem Attentat vom 20. Juli 1944 in erster Linie von Johannes Popitz aus. Auch über den Rechtsanwalt und Vertrauensmann Himmlers, Carl Langbehn, waren bereits seit dem Beginn der 40er Jahre Pläne im Gespräch, sich mit Himmler zu verbünden. Inwiefern Goerdelers Überlegungen in Gestapohaft realistisch waren und ob er in dieser Situation tatsächlich Kontakt mit einem Vertrauensmann Himmlers hatte, ist nicht mehr zu verifizieren. Vgl. Ritter, Goerdeler, S. 420 ff. sowie Hoffmann, Widerstand, S. 348 ff.

Feindseligkeiten zu sondieren. Herr Wallenberg müßte bei der deutschen Regierung anfangen und an sie die Frage richten, ob sie bereit sei, ihm zunächst eine Besprechung mit bestimmten Persönlichkeiten (Schacht, Goerdeler, Popitz) zu gestatten und ob sie diese Männer auch zu weiteren Unterhaltungen verantwortlich zuziehen würde, falls solche mit England [16] und USA zustandekommen würden. Wenn er dies auf der Gegenseite in Aussicht stellen könne, verspreche er sich davon den Erfolg; vor allem könne und würde dann die Gegenseite (England, USA) auf jede Einmischung in innerdeutsche Angelegenheiten verzichten. Mit anderen Worten, eine Regierung Hitler-Schacht-Goerdeler-Himmler muß auf diesem Wege entstehen, und würde angesichts der gewaltigen Aufgaben des Friedens auch genügend Sicherheit für Vernunft und Anstand bieten.

Auf dieser Grundlage könnte man Vernichtungen, Opfern ein Ende bereiten, deren Fortsetzung *Verderben für alle* bedeutet. Auch für die Sieger. Einen anderen Weg wird die suchende Vernunft nicht finden.[a] Wenn auf ihm – durch Wallenberg – Deutschland und England sich finden, wird es England ein Leichtes sein, die russischen Anmaßungen zu benutzen, um mit Rußland zu brechen. Deutschland übernimmt dann die Aufgabe, die Russen aus dem Balkan, Finnland, Polen und dem Baltikum zu vertreiben und Polen in Vereinbarung mit England in Union mit Litauen östlich der deutschen Ostgrenzen von 1914 herzustellen. Damit wird auch England aus seiner Verlegenheit befreit.[b] Gott weist ihn uns.
Goerdeler

7.2.6 *Rechenschaftsbericht*

handschriftliche Denkschrift o.D. [Januar 1945]; Privatbesitz.[1]

Enttäuschungen in den ersten Jahren der Zusammenarbeit mit dem NS-Regime: Zerschlagung der Arbeiterbewegung, anstatt sie in den neuen Staat zu integrieren; innerparteiliche Machtkämpfe ohne offene Austragungsmöglichkeiten; Korruption durch Partei-Protegés; unverantwortliche Wirtschafts- und Finanzpolitik; Verlust der Rechtsstaatlichkeit seit dem Röhm-Putsch. Positive Erfahrungen: Hitler kann in offener Diskussion überzeugt werden;

---

a Der folgende Absatz bis Anmerkung b wurde nachträglich am Rand eingefügt.
b S.o., Anmerkung a.

1 Eine Abschrift der undatierten Denkschrift liegt im Nachlass Goerdeler (BAK, N 1113, Bd. 26); zu dem Entstehungshintergrund vgl. S. 1148, Anmerkung 1. Die Überschrift „Anlage" legt zwei Möglichkeiten nahe, wer Adressat gewesen sein könnte. Erstens könnte es sich angesichts der Selbstvorwürfe um eine Niederschrift für die Familie handeln; in seinem Brief an seinen Wärter Brandenburg vom November 1944 hatte Goerdeler angekündigt, „Einen Brief an meine Frau übergebe ich Ihnen noch" (vgl. Schreiben Goerdelers an Wilhelm Brandenburg vom November 1944; Dok. 7.2.4, oben S. 1195 ff). Die Familie hat jedoch nie einen Abschiedsbrief erhalten, und auch die vorliegende Denkschrift bricht abrupt ab. Zweitens ist es auch möglich, dass die Schrift für das Amt III des RSHA verfasst wurde

weitreichende Reformen konnten in Leipzig durchgesetzt werden. Selbstvorwürfe: zu wenig Zeit für die Familie seit 1919; zu wenig Rückhalt für Sohn Christian, der 1942 gefallen ist; versäumte Auswanderungsmöglichkeiten; 1932 hätte der Eintritt in die Regierung Papen die weitere Entwicklung verhindern können. Unrecht ist an und von Juden begangen worden; die Gründung eines jüdischen Staats soll alle Konflikte beenden. Das „Glück des wohlgeordneten 19. Jahrhunderts" wurde erreicht durch die Begrenzung von Kriegen, die Achtung juristischer und moralischer Prinzipien, den Aufbau der Gesellschaft auf Religiosität und Familie; das derzeitige Kriegselend ist eine Strafe für die Vereinnahmung Gottes für nationale Zwecke; Gott fordert Nächstenliebe, nicht Nationalismus; die Familie muss wieder der Mittelpunkt für den Einzelnen werden. Die Stellungnahme zur nationalsozialistischen Wirtschaftspolitik hat 1936 zum Bruch mit dem Regime geführt; in Leipzig war die Schleifung des Mendelssohn-Denkmals 1936 ein Symbol für den Autoritätsverlust, der nicht hingenommen werden konnte. Der Eintritt in das Krupp-Direktorium ist von Hitler verhindert worden; die Auslandsreisen 1937–39 sind von Schacht vorgeschlagen und von Krupp finanziert worden.

[1] Anlage
In den ersten Jahren nach 1933 habe ich mit der NSDAP vollkommen vertrauensvoll zusammengearbeitet. Zwar erschütterte mich lebhaft das Verhalten der jungen Fabrikanten und Buchhändler in Leipzig, als gerade zur Kantate-Feier des Börsenvereins der Buchhändler im Mai 1933 die Nachricht einging, das Gewerkschaftshaus in Leipzig sei von der SA besetzt.[2] Die jungen, ungewöhnlich verwöhnten Menschen tobten vor Begeisterung; sie hatten gar keine Vorstellung von der Entstehung und dem Wesen und den im Zeitalter der Arbeitsteilung und Kapitalzusammenballung geradezu unentbehrlichen Funktionen einer Gewerkschaft. Sie sahen nur die ihnen willkommene Zerschlagung eines ihnen unbequemen Partners und erhofften nun eine umso unbehindertere Herrschaft im Betriebe. Daß an der Stelle der Gewerkschaften eine sehr viel machtvollere und unbequemere Organisation in der Deutschen Arbeitsfront treten würde, sahen sie nicht voraus. Bestenfalls ließen sie sich von der Erinnerung an die Jahre 1919-20 leiten, in denen die Gewerkschaften [2] eine revolutionäre, wirtschaftswidrige Zwangsgewalt ausgeübt hatten. Sie übersahen, daß die Revolution in ihrer radikalsten Erscheinungen gerade durch die Gewerkschaften abgefangen war, die in Ermangelung einer konsolidie-

(vgl. dazu S. 1054, Anmerkung 1) – die ausführliche Erläuterung der zunehmenden Desillusionierung mit dem NS-Regime könnten ein Indiz dafür sein. Nach seinen eigenen Angaben versuchte Mäding, einen Vollstreckungsaufschub für Johannes Popitz mit der Begründung zu erreichen, eine Niederschrift seiner Memoiren anzufertigen (vgl. Brief Mädings an Ritter vom 29.8.1954; BAK, N 1166, Bd. 492). Es ist nicht auszuschließen, dass Goerdeler davon Kenntnis bekam und dies als Chance für sich sah, ebenfalls einen Aufschub zu erreichen.

2 Vgl. zur Ausschaltung der Arbeiterbewegung in Leipzig Werner Bramke: Unter der faschistischen Diktatur (1933–1945), in: Karl Czok (Hg.): Geschichte Sachsens, Weimar 1989, S. 480-516.

renden und hinreichend starken Staatsgewalt eine Zeit- u[nd] einen Weglang mit der Masse fordern und schreien müßte. Ich aber sah die revolutionäre Entwicklung, die die SPD und die Gewerkschaften seitdem unter dem heilsamen Druck der Verantwortung genommen hatten.[3] Ich sah den jungen Gewerkschaftler Meißner von 1920 vor mir, der in Königsberg zynisch die unsinnigsten Forderungen vertrat und denselben Meißner, der im Jahre 1927 in meinem Elternhause mit meinem konservativen Vater und mir Mittag gegessen, dem ich die Unsinnigkeit des Korridors bei Kurzebrack gezeigt und der mir bei dem Parteitag der SPD 1931 [3] in Leipzig erklärt hatte – inzwischen Stadtrat von Königsberg geworden –, daß nunmehr auch in seiner Partei die nationale Richtung die Vorhand gewonnen hätte. Ich hatte in zäher, unermüdlicher Aufklärungsarbeit und durch Ruhe meinen Anteil an dieser Entwicklung und erhoffte viel von ihr für die Zukunft. Ich sah den alten Arzt Dr. Gottschalk, der bei meiner Einführung als Bürgermeister von Königsberg seine Sozis geschlossen aus dem Saal geführt hatte, zum Zeichen des Protestes gegen die Wahl eines nationalen Mannes und der mir bei meinem Abschied zehn Jahre später in den freundlichsten Worten Dank u[nd] gute Wünsche aussprach. Kurzum, ich sah Entwicklung, Aufbau, Erfolg, – jene jugendlichen verwöhnten Unternehmer sahen nur die Oberfläche und freuten sich der Zerstörung ohne an das Kommende zu denken. [4] Aber der Kreisleiter Dönicke[4], ein prächtiger Mann, dachte wie ich ernsthaft. Doch konnte er auf *diese* Organisation der Arbeitsfront keinen rechten Einfluß gewinnen; dazu war deren Leitung durch Dr. Ley zu zentralistisch gesteuert. Im Einverständnis mit ihm schlug ich Dr. Ley im Jahr 1935 vor, die Arbeiter planmäßig im wirtschaftlichen Denken zu schulen. Ich hatte auch in Zusammenarbeit mit Dönicke Morgenkurse eingerichtet, in denen ich selbst den intelligentesten Arbeitern an Hand des Stadthaushaltes und der Jahresabschlüsse der städtischen Betriebe die unabänderlichen Naturgesetze der Wirtschaft darlegte, ihnen das Wesen des Geldes, des Kapitals und der Arbeit erläuterte, die Aufgaben des Staates und der Selbstverwaltung aufzeichnete, die Möglichkeiten der Finanzierung beschrieb, so daß wir schließlich zusammen den Haushaltsplan und die Bilanzen lesen konnten. Das war mein Ziel, den [5] deutschen Arbeiter fähig zu machen, aus klarer Erkenntnis heraus, das Wesen der Wirtschaft zu verstehen, die Bilanz *seines* Unternehmens zu lesen und zu beurteilen und so schließlich illusionslose Schlüsse für seine eigene Stellung zu ziehen, berechtigte von sinnlosen Ansprüchen zu unterscheiden. Im Jahre 1935 schlug ich Ley vor, diese Arbeit überall aufzunehmen, da die alte Gewerkschaftsbewegung am Mangel solchen Wissens gelitten hatte und daher schrankenlose Demagogie treiben und die Köpfe verwirren konnte. Die Volkswirtschaftslehrer auf den Universitäten hatten versagt. Sie hatten aus klaren Gesetzen innerer Folgerichtigkeit Theorien

---

3 Vgl. zu der Entwicklung der Arbeiterbewegung am Ende des Ersten Weltkriegs S. 966 f., Anmerkungen 22 und 25.

4 Zu dem Leipziger Kreisleiter Walter Dönicke vgl. S. 254, Anmerkung 35.

aller Art entwickelt, bekämpften sich untereinander, rankten sich in diesen semiwissenschaftlichen Kämpfen aneinander hoch und hatten die entscheidende Aufgabe nicht erkannt. Sie ergab und ergibt sich aus drei Tatsachen: [6]

a) Die vor[an]getriebene Arbeitsteilung hatte die Seele der Arbeiter von der Freude an der Fertigung eines ganzen Gebrauchsgegenstandes getrennt und sie der früher organisch mit ihm wachsenden Erkenntnis klarer Naturgesetze, die ja die Wirtschaft beherrschen, beraubt; die „gebildeten" nicht handarbeitenden Schichten des Volkes hatten die Wirtschaftsgüter genossen, sich aber keine Gedanken über das Wesen der Wirtschaft gemacht, bestenfalls auf den Universitäten diese und jene richtige Erkenntnis, dazu aber unklare Theorien gelernt.
b) Die technische Entwicklung hatte Zusammenballungen von Kapital für Großmaschinen erfordert und erzeugt, in denen der Arbeiter, innerlich unklar über das Wesen des Kapitals, nun den Feind erblickte, der der Besserung seiner Lage entgegenstand.
c) In diese Leerräume waren politische [7] und gewerkschaftliche Organisationen eingedrungen, denen der einzelne Arbeiter gegenüber der Macht des Kapitals zwar nicht antreten konnte, die sich aber Nichtwissen und seelische Stimmungen zunutze machten um im Trüben zu fischen.

Die Aufgabe lautete also und lautet: in volkstümlicher Sprache das Wesen der Wirtschaft und die sie beherrschenden Ordnungen wieder zum Allgemeingut weitester Kreise des Volkes zu machen. Erst wenn dies – und nicht nur in Deutschland – planmäßig durchgeführt sein wird, wird die Welt zur Ruhe kommen. Denn zum Wesen der Wirtschaft gehört auch das Wesen des Geldes; die Unklarheiten über das „Geld" sind ja Schuld an den zahllosen Illusionen von dieser Seite her, das Los der Menschen bessern zu können. Sie, aufgegriffen von den politischen [8] Parteien und gewerkschaftlichen Vereinen, haben die Unrast in die Politik hineingebracht und werden Kriege um Kriege gebären. Denn festgefahrene Regierung und Staaten treiben dann der Anwendung der Gewalt zu. Mit anderen Worten, die Entwicklung der Staatsgewalt zur Demokratie, die doch *unterrichtete* Wähler voraussetzt, die Hebung ihres Wissens und ihrer Einsicht bedingt, war begleitet von einem Sinken der allgemeinen, realen Bildung. Wissende Handwerker und Kaufleute konnten vor 100 Jahren mit Recht Ein- und Aufsicht in und über die Politik ihres Gemeinwesens verlangen; unwissenden Massen diese Verantwortung zu geben, ist widersinnig. Hier liegt die Gegenwarts- und Zukunftsaufgabe der Hoch- und Volkshochschulen, gestützt auf reales Wissen lehrende Schulen. [9] Der Nationalsozialismus ist daher auch politisch eine gesunde Reaktion gegen demokratische Einrichtungen, die der Grundlage entbehren. Es ist aber einer der Prüfsteine für seine Lebensfähigkeit, ob er diese Aufgabe erkennt und entschlossen an ihre Erfüllung herantritt. *Dem Volke gehört die Zukunft, dessen Bürger in größter Zahl die umfassendste Erkenntnis vom Wesen der Wirtschaft und des Geldes und damit von den Aufgaben und Möglichkeiten der Volksgemeinschaften gewonnen haben.* Denn dies Volk wird seiner Führung und anderen nichts unbilliges abverlangen aber mit beweisbarer Durchschlagskraft seine Ansprüche vertreten und seine Kräfte zu bester Wirkung im Frieden und Kriege bringen.

Daher hat mich die Antwort, die Dr. Ley mir damals gab, tief erschüttert, „das wollen wir lieber lassen, dann würden die Arbeiter zu [10] klug werden". – Dieses Erlebnis erschütterte mein Vertrauen. Ich sah dann weiterhin, wie in der Partei selbst ein stiller Kampf um wirtschaftliche Vernunft, um die Begriffe des Rechtes und des Anstandes, um Selbstverwaltung und Zentralismus entbrannte, Meinungsverschiedenheiten, die sehr tief gingen, aber einer offenen Aussprache und Auseinandersetzung entbehrten. Mit anderen Worten, der Partei des Führungsprinzips fehlte in ihren Reihen ein demokratisches Organ; der Reichstag konnte es nicht sein, ein gerechter Rat, dessen Mitglieder zur Offenheit feierlich verpflichtet werden, hätte es sein können. In Leipzig wurde ich mir hierüber mit dem Kreisleiter immer mehr einig. Wir machten daher jede Anstrengung, um in die Beratungen der Ratsherren das belebende Element der Kritik zu bringen, wohl wissend, [11] daß auch das Interesse der Bürger am Gemeinleben von der Lebendigkeit geistigen Kampfes abhing. Aber er wurde durch den Gauleiter immer wieder gebremst, der hinter unserem Tun einen demokratischen Ungeist vermutete. Der Kritik fehlte es auch an jener Lebendigkeit, die nur echter Kampf um politische Geltung erzeugen kann.

Da war eine weitere Enttäuschung. In Leipzig selbst wurde sie durch die Freude ersetzt, daß es gelungen war, rechtes wirtschaftliches und damit auch finanzielles Denken durchzusetzen. Die Ratsherren betreuten die städtische Angelegenheit sorgsam und sparsam. Ich konnte auf den Stand der Verwaltung, die ich in einem durch Über-Demokratie etwas zerfaserten Zustande 1930 vorgefunden hatte, recht stolz sein. Entartungserscheinungen [12] in der Richtung unanständiger Motive und Handlungen trat der Kreisleiter stets mit Kraft und Entschiedenheit entgegen. Auch an Einflußmöglichkeiten bei den zentralen Stellen fehlte es mir nicht. Ich hatte sie mir durch Mitarbeit im deutschen Städtetag, in seinen Ausschüssen und als Reichskommissar für Preisüberwachung geschaffen.[5] Hier erlebte ich nun meine dritte Enttäuschung.

Im Jahre 1934 oder 1935 suchte mich mit Wissen des Kreisleiters der damalige Polizeipräsident Knofe noch spät abends, auf und bat mich, ein Aktenstück zu lesen.[6] Aus ihm entnahm ich: *Drei* Finanzämter waren *einer* Steuerhinterziehung auf der Spur. Da die Sache delikat war, scheute sich jeder der drei Präsidenten, vorzugehen. Der Reichsfinanzminister, um Entscheidung gebeten, hatte sich für unzuständig erklärt und den Präsidenten anheim geben, [13] sich zu einigen. Schließlich hatte der Leipziger die Initiative ergriffen und an einem Tage hatte

5 Vgl. zum Deutschen Städtetag Goerdelers Schreiben an Wilhelm Frick vom 9.12.1933; Dok. 1.3.4, oben S. 114 ff.; zu Goerdelers erstem Reichspreiskommissariat vgl. seine Stellungnahmen von 1931/32; Dok. 2.3.1 ff., oben S. 214 ff.

6 Zu den im folgenden geschilderten Ereignissen sind keine Akten erhalten; zur Politisierung und Entformalisierung des Rechts unter Gürtner vgl. S. 745 f., Anmerkung 43.

man an den drei Wohnsitzen Haussuchungen vorgenommen. Diese hatten schwer belastendes Material ergeben, aber auch intime Beziehungen des Schuldners zu hohen Parteistellen zu Tage gefördert. Am Abend desselben Tages hatte Göring alle beteiligten Beamten zu sich bestellt und hielt ihnen eine Strafpredigt, sie hätten sich eines schweren Verbrechens schuldig gemacht, indem sie in Reichsgeheimnisse eingedrungen seien. Er übergab sie der geheimen Staatspolizei, die sie aber am frühen Morgen frei ließ. Knofe war über den Vorgang entsetzt und bat mich – er käme mit Wissen des Kreisleiters –, etwas zum Schutze der Beamten zu tun. Diese hätten sich in ihrer Angst an ihn gewandt. Ich antwortete ihm, daß ich mit der Sache nichts zu tun hätte, aber aus menschlicher Teilnahme [14] und sachlichem Interesse als Staatsbürger gleich am nächsten Tage zum Reichsfinanz- und Reichsjustizminister gehen wolle. Der erstere bat mich, mit seinem Referenten zu sprechen, der mir zusagte, die Sache beilegen zu wollen. Als ich dem Reichsjustizminister die Sache vorgetragen hatte, meinte er, ich schiene sehr erschüttert zu sein. Ich bejahte. Darauf seine Antwort: „Das sollten sie nicht. Da erlebe ich ganz andere Sachen. Die Korruptionsfälle häufen sich bei mir zu Bergen. Die Korruption ist noch niemals so hoch gestiegen wie heute!" In diesem Augenblick ging der Fernsprecher. Als der Minister Gürtner ihn bedient hatte, sagte er lächelnd: „Sehen Sie, das paßt in unser Gespräch. Wissen Sie, wer am Fernsprecher war? Göring! Er sagte mir, die Frau des Reichspressechefs Dietrich würde mich sofort aufsuchen; sie sei die Tochter des Oberbürgermeisters Reismann-Grone in Essen, [15] der wegen großer Devisenschiebung verhaftet sei. Göring hat von mir Einstellung des Verfahrens verlangt, weil R[eissmann]-G[rohne] große Verdienste um die Partei habe. Da sehen Sie gleich, wie es zugeht, und ich kann nicht einmal sagen, was ich tun werde."

Ich verließ den Minister aufs tiefste bestürzt über diesen Stand unserer Rechtspflege, deren Unabhängigkeit in unserem Vaterlande selbst in dem trüben Jahrzehnt 1919–1929 im wesentlichen gesichert, auf die wir stolz waren, und auf der nicht zuletzt die Entwicklung unseres Vaterlandes und sein Ansehen seit Friedrich dem Großen beruht hatten. Aber solchen Entartungserscheinungen standen auch Lichtblicke gegenüber. Die Wehrmacht schien der Träger alter, bester Überlieferung zu bleiben. Als Hitler mich im November 1934 bat, den steigenden Preisen erneut als [16] Reichskommissar entgegenzutreten,[7] war er von gewinnender Liebenswürdigkeit. Er würde mir dankbar sein, wenn ich das Amt übernehmen würde und mir jeden Wunsch erfüllen; ich könnte insbesondere über sein Flugzeug verfügen. Vor meinem Entschluß ging ich noch zu v. Blomberg, dem Oberbefehlshaber der Wehrmacht, der damals im Weißen Hirsch in Dresden war und zu General

[7] Vgl. zu Goerdelers zweitem Reichspreiskommissariat seine Stellungnahmen von 1934/35; Dok. 2.3.5 f., oben S. 235 ff. Die folgenden Ereignisse hatte er schon 1937 ähnlich beschrieben (vgl. seinen Rückblick auf seine Mitarbeit in der Reichspolitik zwischen 1931 und 1935 vom 9.7.1937; Dok. 2.3.7, oben S. 240 ff.).

von Reichenau, dem Nachfolger Schleichers als Chef des Truppenamtes, setzte sie ins Bild und fragte sie, ob sie mich unterstützen würden. Denn ich würde das Amt nur übernehmen, wenn es mir gelänge, die Souveränität des Staates jedem gegenüber durchzusetzen. Beide waren darüber hoch erfreut, Reichenau sagte: „Na, endlich“; und sagten mir ihre Unterstützung in Konfliktfällen zu. Daraufhin nahm ich das Amt an.

Schon am nächsten Tage bat mich Dr. Ley, [17] der Organisationsleiter der Partei, zu sich und bat mich, meine großen Vollmachten der Partei zu übertragen. Sie würde einige große Demonstrationen gegen Wucher veranstalten, einige Wucherer und Hamster aufhängen und der Spuk sei vorüber. Ich war natürlich entschlossen, diesen rechtsbrechenden und naiven Vorschlag abzulehnen und legte die Gründe dar, die dagegen sprächen; insbesondere, daß nach alten Erfahrungen solche Willküreingriffe in die Wirtschaft das Gegenteil des beabsichtigten zu erreichen pflegten. Kein Kaufmann würde mir ein Risiko übernehmen, die Wirtschaft würde zum Stillstand kommen. Dr. Ley wollte mich nicht verstehen, verlor aber, wie immer schließlich, die Geduld zu einer sachlichen Auseinandersetzung und erklärte nach einer Stunde, er habe [18] eine andere wichtige Besprechung. Ich übertrug noch am selben Tage die notwendigen Vollmachten an die Landesregierungen, wofür mir einige Tage später der badische Ministerpräsident Dr. Köhler persönlich – als alter Kämpfer – seinen Dank abstattete.

Am Tage nach der Unterredung mit Ley ließ Hitler mich gegen 16 Uhr zu sich bitten. Er empfing mich, an seiner Seite Heß, und fragte mich, wem ich meine Vollmachten übertragen wollte. Es gäbe zwei Möglichkeiten; die eine sei die Partei, die andere der Staat. Er entwickelte die Vorteile der ersteren. Ich benutzte den ersten günstigen Moment, um zum Vortrag zu kommen und erklärte, die Frage sei bereits entschieden; ich hätte die Vollmachten bereits an die Landesregierungen übertragen; daß sei die im Interesse aller gebotene Lösung. Abgesehen von allem anderen, die Partei [19] liefe die sichere Gefahr, sich in kürzester Frist an einer Aufgabe, bei der man es weder dem Verkäufer noch dem Käufer recht machen könne, höchst unpopulär zu machen. Ich fühlte förmlich, wie ihm ein Stein vom Herzen fiel, daß es keiner Entscheidung mehr bedürfe. Zu Heß sagte er, wissen Sie, eigentlich die beste Lösung! Damit war die Sache erledigt. Ich hatte die klare Erfahrung gewonnen, daß die Minister gerade im Führerstab und gerade Hitler gegenüber doppelt und dreifach die Pflicht hätten, dem Führer stets die Wahrheit zu sagen und sich nicht in schwierigen Lagen hinter seine Entscheidung zurückzuziehen.

Bei allen diesen Schritten hielt ich enge Fühlung mit der Partei in Leipzig, besonders mit Dönicke, um wenigstens diese Sicherung zu haben, allen, [20] auch Dönicke, ein unabhängiges Urteil zutrauend.

Anfang März 1935 bat mich Hitler zu sich. Ich muß vorausschicken, daß ich mit anderen Oberbürgermeistern und mit Vertretern der Regierung, darunter den trefflichen Ministerialrat Markull, die neue deutsche Gemeindeordnung ausgearbeitet hatte, um möglichst schnell die reaktionäre von Popitz für Preußen erlassene abzulösen.[8] Die deutsche Gemeindeordnung lehnte sich an den sehr klaren Entwurf des ehemaligen deutschen Städtetages an und war als vorzüglich zu bezeichnen, mit Ausnahme von zwei Bestimmungen, die ich bekämpfte. Die Aufsicht des Staates war zu engherzig zugeschnitten und mit dem Geist der Selbstverwaltung – Selbstverantwortung – nicht zu vereinen; ihr fehlte die wohltätige erzieherische Freiheit, auf eigene Kosten [21] Dummheiten machen zu dürfen. Die Staatsbeamten hielten sich irrigerweise für fähig, solche zu verhindern. Sie übersahen, daß sie selbst niemals in der praktischen Verwaltung gestanden, nie eigene Verantwortung getragen hatten, und daß Preußen, als noch – vor dem 1. Weltkrieg – nur an der Front der Verwaltung erfahrene Beamte in die Ministerien kamen, mit einer weitherzigen Aufsicht glänzende Erfahrungen gemacht hatte.

Die zweite Regelung, die ich beanstandete, sah vor, daß die Ratsherren und Stadtverordneten von der Partei ernannt werden. Ich hatte für die Wahl in einem einfachen Verfahren gekämpft, um die Verbindung mit den Gemeindebürgern und deren Interesse zu sichern. Der Vertreter der Partei, der ehemalige thüringische Regierungsrat Sommer, [22] der die Selbstverwaltung überhaupt nicht kannte, war aber nicht dafür zu gewinnen.[9] Hitler fragte mich nun Anfang März 1935, ob ich mit dem Entwurf einverstanden sei; er solle nun verabschiedet werden. Ich wies auf die oben bezeichneten Punkte hin und begründete ihre Unrichtigkeit. Ich sagte, je mehr ein Staat auf Autorität der Führung abgestellt sei, umso elastischer müsse der Verwaltungsapparat nach unten abgefedert sein; er brauche also eine Selbstverwaltung, mit der sich die Bürger eng verbunden fühlten, an deren Verantwortung sie teilnehmen und deren Leiter verantwortungsfreudig ihre Aufgaben erfüllten, ohne für alle Entschließungen Deckung zu haben. Sonst käme es dahin, daß alles auf Befehle von oben warte, dann aber auch die Verantwortung für alles auf die Führung abgeschoben würde. Es müsse auch vermieden werden, daß deren Anordnungen unten auf dem harten Beton des „Nur-Gehorchens" träfen, sie müßten unten im [23] selbständigen Verantwortungsbewußtsein der Selbstverwaltung abgefedert werden. Hitler gab mir recht; er habe aber zurzeit nicht genügend zur Selbständigkeit erzogene Männer, die mir gleichwertige Oberbürgermeister sein könnten. Also müsse er die Ratsherren von der Partei auslesen lassen und müsse auch dem Staat einen starken Einfluß bei der Bestellung der Oberbürgermeister vorbehalten. Meinen Wünschen aber, die Staatsaufsicht weiter einzuengen, solle Rechnung getragen werden. Er ließ sofort den Reichsinnenminister kommen und

---

8 Vgl. zum preußischen Gemeindeverfassungs- und Gemeindefinanzgesetz unter Popitz sowie Goerdelers Stellungnahme dazu seine Schreiben an Wilhelm Frick vom 30.11.1933 (Dok. 1.3.3, oben S. 112 ff.) und an Adolf Hitler vom 14.12.1933 (Dok. 1.3.5, oben S. 119 f.).

9 Vgl. zu den Auseinandersetzungen zwischen Staats- und Parteivertretern um die neue DGO die Dokumente 1.3.6 ff. Walter Sommer leitete zu dem Zeitpunkt das „Referat für staatsrechtliche Fragen" in der Dienststelle des StdF Heß (vgl. ausführlich S. 137, Anmerkung 2).

gab ihm in meiner Gegenwart und ohne sich auf Einwendungen Fricks einzulassen, die bestimmte Weisung, den Entwurf nach meinen Vorschlägen umzuarbeiten. Dann lud er mich zum Frühstück ein. Nachmittags fand die Änderung der Gemeindeordnung statt, wobei die Bürokratie (Ministerialdirektor Surén[10]) wieder heftigen Widerstand leistete und am nächsten Tage [24] auch eine Abschwächung meiner Formulierung im Kabinett erreichte.[11] Wieder fand ich meine Auffassung bestätigt, daß man Hitler offen abweichende Auffassungen vortragen müsse. In Leipzig war man über meinen Erfolg sehr befriedigt; natürlich wurden hinter meinem Rücken auch abfällige Äußerungen über meinen Einfluß und mein Geltungsbedürfnis laut.

Im Mai 1935 arbeitete Schacht ein System der Exportvergütungen aus.[12] Unsere Ausfuhr begann zu sinken, weil die Schacht'sche Anleihepolitik, mit der er auf den Schultern der Reichsbank dem Reich die Vollbeschäftigung der Arbeitslosen ermöglichte, die Geldmenge und die Preise steigen ließ, so daß ich sie gerade noch unverändert halten, aber nicht auf die dem Weltmarkt angepaßte Tiefe senken konnte. Die Mittel für diese Vergütung sollten durch eine Exportumlage von der Wirtschaft aufgebracht werden. Da sie also [25] Unkosten und Preise weiter in die Höhe treiben mußten, nahm ich dagegen Stellung. Schacht hielt an seinem Plane fest. Darauf erbat ich eine gemeinsame Besprechung bei Hitler. Sie fand am 27. oder 28. Juni 1935 statt. Außer Hitler, Schacht und mir war niemand zugegen. Schacht hatte hier eine einzigartige Gelegenheit, meine Bedenken gegen die wachsenden Staatsschulden zu den seinigen zu machen und von seiner Hitler im Frühjahr 1933 gegebenen Zusage, ihm Kredite in jeder Höhe zur Verfügung zu stellen, sich los zu machen. Er versäumte sie, hielt an seiner Auffassung und an seinem Plan fest, während ich dessen preissteigernde Wirkungen nachwies. Hitler erklärte nun wörtlich: „Wenn Sie beide sich streiten, kann ich nicht entscheiden; dazu verstehe ich zu wenig von der Wirtschaft. Dann muß ich Sie, Herr Schacht, bitten, Ihr Amt weiterzuführen [26] wie bisher und Sie, Herr Goerdeler, das Ihre." Schacht stimmte zu, ich erklärte, daß ich nicht gegen mein Wissen und jede Erfahrung die Preispolitik bestimmen könne. Hitler fragte: „Gibt es denn keine Möglichkeit, Sie zu halten?" Ich antwortete: „Jawohl, wenn ich wesentlich größere Vollmachten erhalte." „Sie erhalten alle Vollmachten, die Sie haben wollen", erwiderte Hitler. „Legen Sie mir gleich einen Gesetzentwurf vor." Zwei Stunden später tat ich dies, nachdem ich den Entwurf mit Schacht besprochen hatte. Er

---

[10] Ministerialdirektor Karl Friedrich Surén war Leiter der Abteilung IV (Kommunalabteilung) im Preußischen Ministerium des Innern.

[11] Als Hitler während der Besprechung zur DGO am 24.1.1935 Goerdelers Argument vorbrachte, war es insbesondere der preußische Minister des Innern Ludwig Grauert, der dagegen argumentierte (vgl. Sitzungsprotokoll in BAB, R 43 II/569, Bl. 372-374).

[12] Vgl. zu den Exportsubventionen, die seit dem März 1935 von nicht-exportierenden Unternehmen finanziert werden mussten, S. 393, Anmerkung 8.

enthielt so große, auch zu Eingriffen in die Verwaltung berechtigende Vollmachten, daß ich an der Unterzeichnung zweifelte.[13] Ich fügte deshalb einen zweiten Entwurf bei, der das Amt wegen Erfüllung der Aufgaben für beendet erklärte, diesen erhielt ich am 30. Juni unterzeichnet zurück. Damit war mein Amt beendet. Die Partei in Leipzig billigte mein Verhalten vollkommen; damals [27] fiel sogar die Bemerkung, „Eigentlich ist es ganz gut, daß Sie nicht in der Partei sind; die Stadt hat davon, daß Sie dem Parteibefehl nicht unterworfen sind, doch auch große Vorteile". Die Zusammenarbeit in Leipzig wurde dadurch noch fester. Die Ratsherren wurden durch häufige Besichtigungen städtischer Einrichtungen aller Art instandgesetzt sich selbst ein Urteil zu bilden. Seit 1933 machten jährlich 10-12 Beigeordnete und Ratsherren unter meiner Führung eine Besichtigungsfahrt nach anderen Großstädten. Alle Reichsteile kamen heran. Wir tauschten mit den Verwaltungen unsere Erfahrungen aus, sahen uns interessierende Einrichtungen an und verwerteten das Gesehene; es wurde aber stets mit Stolz hinterher festgestellt, daß Leipzig organisatorisch und [28] sachlich an der Spitze marschiere. Die Fahrt im Jahre 1936 führte uns sogar auf der Linie Posen – Thorn – Soldau – Usdau – Hohenstein durch den polnischen Korridor. In Thorn hielt uns Herr von Koerber-Koerberrode einen Vortrag über die Lage des Deutschtums im Korridor. Den Abend darauf verbrachten wir in Hohenstein, der Patenstadt Leipzigs.[14] In Königsberg erreichte mich die Nachricht, daß meine Wiederbetrauung mit einem großen Reichsamt geplant sei. Ich meldete mich sofort bei General Keitel[15], dem jetzigen Generalfeldmarschall, an, um ihn zu bitten, mit Blomberg zu beraten, ob ich ein solches Amt annehmen solle.

Hier muß ich etwas nachholen. Am 28. Juni 1934 bat mich der damalige Garnisonsälteste von Leipzig, Oberst Friederici, zu ihm in die Kaserne zu kommen. Dort unterrichtete er mich, daß er Befehl habe, die Truppen in der Kaserne zu halten. Er müsse wissen, worum es sich handle, denn die Kaserne sei voll von eingezogenen SA-Leuten, deren er nicht sicher sei, [29] falls es sich etwa um eine politische Aktion handle. Ich versprach ihm, Aufklärung zu versuchen und rief am 29. Juni Staatssekretär Lammers an. Er versicherte mir, daß Aufklärung schleunigst erfolgen würde. Dies teilte ich Friederici mit. Als sie jedoch bis 30. Juni

13 Goerdeler verwies in einem Brief an Lammers vom 28.6.1935 auf die Zustimmung Hitlers und Schachts zur Erweiterung seiner Kompetenzen, die er in dem beiliegenden Gesetzentwurf erweiterte auf „Maßnahmen, die der Vereinfachung und Verbilligung der Verwaltung (...) dienen, sowie auf andere zur Stärkung der Kaufkraft oder Senkung von Unkosten notwendige Regelungen" (BAB, R 43 II/315a, Bl. 189 f.). Dieser Entwurf war jedoch noch nicht das Ende der Verhandlungen, in denen Goerdeler letztendlich scheiterte; vgl. sein Schreiben an Hans Heinrich Lammers vom 27.7.1935; Dok. 2.3.6, oben S. 236 ff.

14 Vgl. dazu auch Goerdelers Reisebericht über Ostpreußen vom 7.7.1936 (Privatbesitz).

15 Wilhelm Keitel, seit dem 1.10.1935 Chef des Wehrmachtsamtes im Reichswehrministerium und später Chef des OKW, hatte die verbrecherische Kriegführung des Regimes unterstützt und wurde in Nürnberg als Kriegsverbrecher zum Tode verurteilt.

früh nicht erfolgte, entschloß ich mich, sofort nach Berlin zu Blomberg zu fahren, wofür mir Friederici dankbar war. 15 Uhr war ich bei Blomberg, der mir mitteilte, Hitler habe nur eine gerechte Strafe an Röhm vollzogen, davon, daß auch General von Schleicher erschossen sei, sagte er kein Wort.[16] Ich könne wieder ruhig nach Hause fahren. Das tat ich und unterrichtete Friederici. Kreisleiter Dönicke, mit dem ich am 1.7. zusammen war, nahm es mir sehr übel, daß Friederici und ich nicht auch ihn ins Vertrauen gezogen hätten. – Im Juli 1936 traf ich mich mit General Keitel im Hotel Kaiserhof. Ich unterrichtete ihn, und er übernahm es, mit Blomberg zu sprechen. Einige Tage später suchte ich ihn in seinem Amtszimmer auf. Er sagte mir etwa wörtlich: „Wir haben das, was man mit Ihnen vorhat, besprochen, wir sind der Ansicht, daß es eines Dr. Goerdeler nicht würdig sein würde, unter den gegenwärtigen Verhältnissen wieder ein Reichsamt zu übernehmen." Ich bedankte [30] mich und erklärte, ich würde mich entsprechend verhalten.[17]

Wenige Tage später fuhr ich in Urlaub nach Ostpreußen. Zunächst suchten meine Frau und ich Christian in der Kaserne auf. Als wir Ostern 1936 mit Marianne, Reinhard und Ulrich einige herrliche Tage in Meran verlebten, war unser Christian am gleichen Abend mit Nienchen nach Königsberg gefahren, um bei der Aufklärungs-Abteilung I als Fahnenjunker einzutreten. Noch heute bereue ich bitter, daß ich nicht mit ihm gefahren war und selbst ihn bei seinen Vorgesetzten eingeführt habe, wie es 1902 mein guter, treuer Vater getan hatte, als ich bei der Marine als Seekadett eintrat. Viel Widrigkeiten hätte ich dem geliebten Sohne erspart. Aber ich war selbstsüchtig, scheute die Kosten und überließ es meinem lieben Bruder Fritz, der 1933 Stadtkämmerer in Königsberg geworden war.[18] In Meran erhielten wir ein Telegramm von ihm, daß Christian sich weigere, [31] den Eid zu leisten. Wieder machte ich einen furchtbaren Fehler. Statt um sofortige Entlassung Christians zu bitten und ihn nach Meran kommen zu lassen, erklärte ich mich mit Fritz' Vorschlag einverstanden, daß er Christian zur Eidesleistung bewege. Als Grund besprach ich mit meiner Frau, daß Christian um die Eidesleistung doch nicht herum käme und später ja immer austreten könne. Innerlich befürchtete ich für mich politische Schwierigkeiten, wenn bekannt würde, daß mein Sohn den Eid auf Hitler nicht leisten wolle. Auch genierte ich mich in solcher Lage an General von Fritsch, den Chef der Heeresleitung, heranzutreten. Alles persönliche Bequemlichkeitsgründe, wie ich heute in bitterer Reue bekennen muß. Wie klar und rein hatte Christian den Gewissenszwang empfunden! Nun im Juli 1936 suchte ich zunächst seinen Abteilungs-Kommandeur, Major von Bismarck, auf. Ein kleiner

16 Vgl. zum Röhm-Putsch S. 371, Anmerkung 50.

17 Vgl. gegen diese Darstellung Goerdelers sein Schreiben an Fritz Wiedemann vom Oktober 1938, in dem er noch die Möglichkeit seiner Betreuung mit einem Reichsamt sondierte (Dok. 4.3.6, oben S. 643 ff.).

18 Fritz, der jüngere Bruder Goerdelers, musste 1933 unter dem Druck der NSDAP-Ortsgruppe sein Amt als Bürgermeister in Marienwerder aufgeben und amtierte seitdem als Stadtkämmerer von Königsberg; vgl. Meyer-Krahmer, Mut zum Widerstand, S. 119 f.

Geist, überheblich, rechthaberisch. Er warf Christian vor, er habe auf die Frage, weshalb er nicht im Arbeitsdienst gewesen sei, geantwortet: „Es ist meinem Vater gelungen, mich davon zu befreien.“ [32] Damals habe ich meinen geliebten Sohn aus taktischen Gründen, um den Major zu beruhigen, zum ersten Mal verleugnet, indem ich dem Major erwiderte, das sei natürlich ungeschickt gewesen. In Wahrheit hatte ich Christian selbst etwa diese Formel empfohlen. Mein lieber guter Junge, nun selbst an der Schwelle eines gewissen Todes stehend bitte ich Dich innig um Verzeihung, ich selbst kann mir diese Feigheit nicht vergeben. Dann ging ich mit meiner Frau zu Christian auf seine Stube. Die Uniform schlotterte ihm um den Körper und wieder handelte ich entgegen dem, was mein Vater 1902 getan hatte. Nach 4 Monaten Marinezeit bekam ich nach einem 1-tägigen Urlaub in Marienwerder ein furchtbares Heimweh; die Vorstellung, praktisch für immer meinem geliebten Elternhaus [33] fern sein zu sollen, packte mich mit voller Wucht. Ich schrieb einen verzweifelten Brief nach Hause und bat meinen Vater, meine sofortige Entlassung zu bewirken. Und mein guter Vater, der mit der Mutter und Fritz auf Urlaub in Sassnitz weilte und doch große Kosten mit meiner Einkleidung gehabt hatte, war sofort nach Berlin aufs Reichsmarineamt gefahren und hatte meine sofortige Entlassung durchgesetzt. Ja, er kam selbst nach Kiel und holte mich, sich auf der Marinestation meldend, mit Flaggensignal vom Schulschiff, führte mich, ohne einen Vorwurf zum Schneider, ließ mir einen Zivilanzug machen und nahm mich sofort nach Sassnitz mit. Später habe ich den Entschluß nie grundsätzlich bereut. Ich hätte mich für das „Vagabundenleben“ bei der Marine nicht geeignet. Aber ich hatte mir häufig gesagt, ich hätte doch ein Jahr aushalten und damit gleich meine aktive Dienstzeit erledigen sollen. Mit dieser Weisheit predigte ich unserem lieben Christian, er solle doch lieber gleich seine Dienstzeit abmachen. Später könne er immer noch den Beruf wechseln. Und der arme Junge fügte sich, wie ich heute weiß, [34] nicht seiner Erkenntnis, sondern gewöhnt, meine Autorität zu achten. Welche falsche Stellung hatte ich durch mein verrücktes Leben – keine Mahlzeit mit der Familie, selten mit ihr zusammen – meinen Kindern gegenüber gewonnen. Gewiß, sie liebten mich, aber sie achteten mich, in mir ein viel zu vollkommenes Wesen sehend. Damals hätte ich den für den Offziersberuf nicht geeigneten, feingeistigen, weichfühlenden, hochbegabten, so innig geliebten Jungen, wie mein Vater einst mich, gleich mitnehmen müssen. Wie überglücklich wäre er gewesen. Gewiß, er hätte ein Jahr später in den Arbeitsdienst und dann Soldat werden müssen, wäre bei Kriegsbeginn 1939 als Unteroffizier ausgerückt, hätte mich nicht nach Afrika begleiten können.[19] Aber [35] es

[19] Auf seiner letzten großen Reise in den Nahen Osten und nach Afrika nahm Goerdeler seinen zweitältesten Sohn Christian (Jahrgang 1917) mit. Sie bereisten zwischen April und August 1939 Libyen, Ägypten, Algerien, Palästina, Syrien und die Türkei, und kehrten über die Schweiz nach Deutschland zurück. Vgl. die Reiseberichte Goerdelers von April bis Juli 1939 (BAK, N 1113, Bd. 15).

wäre vieles anders gekommen. Doch das ist nicht die Hauptsache, ich durfte den geliebten Sohn nicht einer Gemeinschaft anvertrauen, die den edlen Geist echten ritterlichen Soldatentums in ihren Generalen und Stabsoffizieren nicht mehr kannte und gegen die sich der edle Geist und das reine Gemüt unseres kompromißlosen Christian daher mit instinktmäßiger Sicherheit und in klarer Erkenntnis auflehnte. O, wenn Gott mir doch die Möglichkeit schenkte, diese bittere Erkenntnis wenigstens an unseren Kindern in die Tat umzusetzen! Was habe ich an ihnen und an meiner geliebten Frau Anneliese gefehlt. Gewiß, ich habe das große Ziel vor Augen gehabt seit 1919, das Vaterland aus [36] der Verwirrung der Verhältnisse zu retten, das unselige Diktat von Versailles zu beseitigen und die Heimat wieder mit dem Reich zu vereinen. Aber dafür habe ich nicht nur mir den Preis besessener Arbeit auferlegt, sondern das organische Leben der Familie fast zerstört.

[...][20] Vergeßt über der Arbeit Eure Familie nicht. Ergebt Euch nicht dem Ehrgeiz und der Streberei; pflegt das Glück im kleinen Kreise und sucht nach festen Freunden, mit denen Ihr Freuden und Leiden teilt. Lest die Geschichte meiner sonnigen Kindheit. Meine Eltern haben uns Kindern das rechte Beispiel gegeben. Erst kam die Pflicht gegenüber der Familie, wie es auch natürlich ist, dann die gegenüber anderen Menschen. O, könnte ich doch gutmachen, was ich Euch gegenüber versäumt habe! Das ist das Schwerste, daß ich das nicht nur nicht darf, sondern Euch ohne materielle Grundlage zurücklassen muß.[21] – [38] Zurück in den Juli 1936 nach Rauschen! Dort erhielt ich bald ein Schreiben Görings. Ich wurde aufgefordert zur Lage, insbesondere zur Wirtschafts- und Währungslage Stellung zu nehmen. Es waren beigefügt ein Gutachten Trendelenburgs – Thomas zur Währung, sowie Aufstellungen über unseren Außenhandel. Was könne ich vorschlagen, um diesen zu heben und die Währung zu halten.[22]

Ich berief damals Wittke, der bei der Reichsbank arbeitete und meinen alten Mitarbeiter v. Baltz nach Rauschen, um mit ihnen zusammen die Antwort zu beraten. Dann verfaßte ich zwei Gutachten, ein vorläufiges, und ein endgültiges, von denen das letztere vom 1. sich nur durch die Ausführlichkeit unterschied. Ich legte dar, daß künstliche Währungsmanipulationen zu keinem Ergebnis führen könnten, weil sie von anderen Ländern sofort mit entsprechenden Maßnahmen beantwortet werden würden. Grundlagen allen Handels seien:

a) Stabilität der Währungen, die vom *ausgeglichenen Staatshaushalt* abhänge; dieser [39] müsse also erreicht, die Schuldenwirtschaft aufgegeben werden;
b) Vertrauen im Inneren; dazu müsse die Rechtssicherheit, der Anstand und die geistige Freiheit wieder hergestellt werden; außerdem sei unerläßlich die Sou-

---

20 In der ausgelassenen Passage hatte Goerdeler in fünf Sätzen seine Selbstvorwürfe fortgesetzt.

21 Das Vermögen der vom VGH verurteilten Verschwörer wurde vom Reich eingezogen (vgl. das Urteil bei Jacobsen, Spiegelbild, S. 534).

22 Vgl. dazu Goerdelers Gutachten zur Rohstoff-, Devisen- und Währungslage vom 17.9.1936; Dok. 3.8, oben S. 411 ff.

veränität des Staates auch gegenüber der Partei wiederherzustellen, diese könne dem Staat nicht befehlen, ohne die Verantwortung der Beamten zu zerstören.

c) Vertrauen nach außen durch eine ruhige Versöhnungspolitik, die bei den Engländern, Franzosen und Amerikanern Erfolg haben werde.

d) Durch Maßnahmen zur weiteren Verbilligung der Produktion, wozu sparsame öffentliche Verwaltung ohne Luxusbauten unerläßlich sei, um die Steuern senken zu können.

Alle diese Maßnahmen seien ungesäumt zu ergreifen und schlossen in sich den Grundsatz der Totalität der Politik. Würden sie nicht ergriffen, so würde schließlich die beste Wehrmacht kein Mittel sein, um gute Politik machen zu können.

[40] Das erste Gutachten übergab ich Mitte August 1936 dem Staatssekretär Neumann[23] im preuß[ischen] Ministerpräsidium persönlich; er wollte es sofort Göring übergeben, der es noch am gleichen Abend mit zu Hitler nehmen wolle. Das zweite übersandte ich zwei Wochen später eingeschrieben.

Mein Gutachten wurde noch schlechter aufgenommen als ich gedacht hatte. Hitler benutzte den wenige Tage später stattfindenden Parteitag dazu, um mein Gutachten ohne Namensnennung schroff abzulehnen. Es hatte noch eine andere Folge. Ich hatte in einer Schrift „Im Lichte der Preise" die der Wirtschaft innewohnenden und unabdingbaren Naturgesetze ganz leicht verständlich dargelegt und Goebbels gesandt, um bei der Verbreitung nicht behindert zu werden. Goebbels hatte sich in begeisterten Worten zustimmend geäußert. Wenige Tage nach der Rede Hitlers erhielt ich ein Telegramm seines Ministeriums, das Druck und Verbreitung untersagte![24] Statt meines Vorschlages wurde wenige Wochen später der 4-Jahresplan verkündet, d.h. eine Einrichtung geschaffen, die trotz aller Ableugnung vollendete Zwangswirtschaft einleitete. Weshalb? Weil dieser Plan, wie alle Mehrjahrespläne nur den Verzicht [41] verhüllte, den Ausgleich des Staatshaushaltes herbeizuführen, der unerläßlich ist, um in einem goldarmen Lande die Währung zu halten, die wiederum unabdingbare Voraussetzung für Höchstleistungen, Höchstproduktion, ausreichende Bedarfsdeckung ist. Man verschiebt die unerläßliche, volksuntümliche Unbequemlichkeit zunächst auf 4 Jahre und dann auf einen neuen Plan. Aber die Natur läßt sich nicht spotten. Der Bolschewismus hatte dasselbe versucht und war doch in Hungersnöte versunken, aus denen es nur einen Ausweg gab: Fallenlassen des Irrsinns der gleichen Entlohnung aller, des typisch

---

[23] Erich Neumann, DNVP, war Jurist und Volkswirtschaftler. Bereits unter Otto Braun in der preußischen Ministerialbürokratie, war er unter Göring zunächst als Ministerialdirektor mit einer Verwaltungsreform befasst, seit 1936 war er Abteilungsleiter in der Vierjahresplanbehörde.

[24] Zu der erwähnten Schrift und dem Verbot ihrer Veröffentlichung vgl. S. 658 f., Anmerkung 1. Auf dem „Reichsparteitag der Ehre" 1936 rechnete Hitler in erster Linie mit Schacht ab, der seit Anfang 1936 versuchte, die Staatsverschuldung zu begrenzen; hier wird Goerdeler seine eigene Bedeutung etwas überschätzt haben (vgl. Petzina, Autarkiepolitik, S. 51; Boelcke, Deutsche Wirtschaft, S. 170).

bolschewistischen Prinzips, und Ausgleich des Staatshaushalts. Da aber Rußland dabei am Gedanken der unendliche Kräfte verzehrenden, tausend Um- und Fehlwege gehenden Staatswirtschaft festhielt, verblieb es bei der Notwendigkeit, die Lebenshaltung der breiten Masse auf das eben Erträgliche zu senken. Jetzt hat England die Absicht verkündet, nach diesem Kriege ebenfalls mit Mehrjahresplänen zu arbeiten, eine verhängnisvolle Schwäche, die sich bitter rächen wird.[25] Wir dürfen in der Wirtschaft, die das Leben erhalten soll, nie von der Erkenntnis abweichen, daß es zunächst gilt, die erhaltende Nahrung zu schaffen. Das besorgt der Bauer [42] im naturgesetzlichen Kreislaufs eines Jahres. An ihn ist er in seiner Wirtschaft gebunden, selbst wenn er seinen Bestellplan auf 7 Jahre einteilt. Die Natur erinnert ihn immer wieder an ihren Kreislauf. War dieser schlecht, so muß der Plan des nächsten Jahres darauf ebenso Rücksicht nehmen wie auf außergewöhnlich gute Ernten. Um freier zu werden und beweglicher, muß man erst Reserven für Notzeiten angesammelt haben. Solange man von der Hand in den Mund leben muß, gibt es nur ein Naturgesetz: Jedes Jahr eine Reserve für schlechte Jahre sparen. Wohin käme der Kolonist, der anders handelte! Kolonisten aber sind wir alle, alle Völker nach diesem Kriege!

Die weitere Entwicklung war mir nach diesem Erlebnis klar; sie mußte zu unerträglichen Schulden, zu steigender Knappheit in der Versorgung der Bevölkerung, zur Rationierung, zum Kriege führen.

Meine Gutachten gab ich damals auch einigen hervorragenden Parteigenossen in Leipzig, insbesondere Kreisleiter Dönicke, Ratsherren-Ältestem Wolf, Bürgermeister Haake, die es vollkommen billigten und meinen Mut bestaunten. [43] Ich machte noch Versuche, Schacht zu bewegen, in die Entwicklung einzugreifen, fand ihn aber des Glaubens, daß er sich in der praktischen Arbeit durchsetzen würde. Das erwies sich sehr bald als ein Irrtum und endete damit, daß er Ende 1937 das Wirtschaftsministerium an Funk abgeben mußte.[26]

Ich setzte meine Arbeit in Leipzig fort. In sie fielen damals drei besondere Vorgänge. Voranschicken will ich, daß es Löser, dem Bürgermeister und Finanzdezernenten, und mir gelungen war, den Stadthaushalt in Ordnung zu halten und die P[artei]g[enossen] davon zu überzeugen, daß dies trotz Arbeitsbeschaffung notwendig sei. Löser war 1934 ausgeschieden, sein Nachfolger Dr. Köhler[27], ein älterer P[artei]g[enosse] und Bürgermeister, aber ebenfalls sehr tüchtig und klar.

---

[25] Vgl. zur sowjetischen Planwirtschaft S. 976 f., Anmerkung 40; zur britischen Entwicklung S. 985, Anmerkung 54.

[26] Vgl. zu Schacht S. 257, Anmerkung 41; zu seinen Auseinandersetzungen mit dem NS-Regime S. 451, Anmerkung 39. Nach andauernden Auseinandersetzungen mit Göring hatte Schacht es schließlich erreicht, am 26.11.1937 seine Entlassung als Reichswirtschaftsminister durchzusetzen. Vgl. ausführlich Boelcke, Deutsche Wirtschaft, S. 155-177.

[27] Raimund Köhler, Bankier und langjähriger Messeamtsdirektor in Leipzig, übernahm nach Lösers Ausscheiden das Finanzdezernat unter Goerdeler.

Mit ihm ordnete ich endgültig die 43 Millionen Stadtbank-Schulden, die ich bei Amtsantritt im Jahre 1930 vorgefunden hatte und die die Stadt allmählich decken mußte.[28] So hatte sich der Verwaltungsapparat auch unter den neuen politischen Verhältnissen vorzüglich eingespielt und lief zuverlässig. Auch die anfänglichen Widerstände gegen die Stadtrand-Siedlungen, die zunächst der Partei zu schlicht erschienen, [44] waren überwunden; wir bauten weiter und schlossen uns mit dem Siedlungsverband Kreis Merseburg zusammen, um Leipziger auch aufs Land zu bringen.[29]

Die 1932 fertiggestellten Pläne, die Leipziger Abwässer der Landwirtschaft des Kreises Delitzsch zuzuführen, waren angenommen und wurden fertiggestellt, die Fruchtbarkeit der Äcker und Wiesen um 50 % vermehrend. Als ich nach Leipzig kam, gab es nur für 25 % der Grundstücke Anschluß an die Kanalisation. 1936 waren es 60 %. Ich fand in Leipzig noch das System vor, daß der Müll auf den Grundstücken in Gruben, selbst in der Innenstadt gesammelt wurde, für Ratten eine Wonne, für die Bürger eine Qual. 1936 wurde in einem Drittel der Stadt der Müll ordnungsmäßig und modern abgefahren; die Ausdehnung auf das ganze Stadtgebiet war im Gange. Die Wasserläufe in und um Leipzig wurden 1933 bis 1936 reguliert, um die Verschlammung zu beseitigen. Gleichzeitig wurden große Lücken zwischen den Grünanlagen in solche umgewandelt, so daß durch die Stadt ein breiter Parkgürtel nach allen Seiten ins [45] Freie führte. Bei der Reizlosigkeit der Leipziger Landschaft besonders wichtig! Die großen Anlagen zum Richard Wagner-National-Denkmal, dessen Hauptkosten das Reich trug, waren fertiggestellt. Der Bildhauer hatte die Hälfte seiner Arbeit geleistet, der Bayer Hipp, der den 1. Preis erhalten hatte.

Der Südflügel des Mittelland-Kanals, der Leipzig an das Wasserstraßennetz anschloß, war allen Widerständen zum Trotz im Bau und bis auf 2 Schleusen 1936 fertiggestellt.

Große Straßenverbesserungen waren durchgeführt; das Johannishospital um 30 % vergrößert, die Deutsche Bücherei hatte einen Anbau für 10-jährige Weiterarbeit erhalten.

Die Leipziger Messe war zur Reichsmesse erklärt, erhielt feste Reichszuschüsse, die Stadt aber hatte den Vorsitz im Verwaltungsrat behalten und den maßgebenden Einfluß, trotzdem Präsident Köhler törichterweise immer wieder versuchte, über das Reich seinen Einfluß zu vergrößern und dadurch sich und der Messe nur schadete. Die städt[ischen] Krankenhäuser [46] und Schulen waren wieder tadellos hergerichtet. Die Gesundheitspflege und die Verwaltung der Krankenhäuser

[28] Vgl. zur Leipziger Stadtbank S. 88, Anmerkung 5, zu Ewald Löser und den Umständen, die zu seinem Ausscheiden aus der Leipziger Stadtverwaltung führten, vgl. S. 255 f., Anmerkung 37.

[29] Zu den Stadtrandsiedlungen und den folgenden Ausführungen zu Leipzig vgl. die jährlichen Verwaltungsberichte der Stadtverwaltung.

durch den vorbildlich arbeitenden Stadtarzt Dr. Beusch[30] mustergültig unter Einsparung von 2 Mill[ionen] Mark organisiert!

Der Wohnungsbau schritt flott vorwärts, kurzum, ich konnte mit den ersten 6 Jahren meiner Amtszeit zufrieden sein und wurde im Sommer 1936 auf 12 Jahre wieder bestätigt. Getreu meiner bei Amtsantritt abgegebenen Erklärung, hatte ich keine Luxusbauten und Ausgaben unternommen und nur dem *allgemeinen* Wohl dienende Anlagen ausgeführt, dabei die Finanzen in Ordnung gebracht, dazu schon vor 1933 die überdemokratisierte auseinanderfließende Verwaltung straff zusammengefaßt, modern organisiert und etwa 1.000 Angestellte sowie 2.000 Arbeiter eingespart. Das war nicht ohne Widerstand der an Demokratie gewöhnten Stadträte und Stadtverordneten und ohne weitherzige Auslegung der unverantwortlich führerlosen sächsischen Gemeindeordnung vor sich gegangen; aber die [47] Klugheit der Sachsen siegte, und sie unterließen es, die ominöse Sächsische Gemeindekammer gegen mich anzurufen. Wir kamen, indem ich an ihr logisches Denken appellierte, immer besser miteinander aus.

Die größte innere Befriedigung gewährte mir die Förderung der Kleinsiedlungen. Schon meine unvergeßliche Mutter hatte am Familientisch darauf hingewiesen, daß die Lösung der Wohnungsfrage für die Industriearbeiter die entscheidende Aufgabe der Zukunft sei. Sie malte treffend mit der ihr eigenen herrlichen Lebendigkeit und heiligem Feuer die unhaltbaren Zustände der Mietskasernen, namentlich in Berlin und [48] im Westen, aus und erklärte uns die Notwendigkeit, daß der Mensch in Verbindung mit der Natur bleibe, dann sprach sie mit zärtlicher Liebe, wie ihr Vater sie in der Gartenpflege unterwiesen habe und wie wertvoll das für sie das ganze Leben durch geblieben sei. Immer wieder kam sie auf die Siedlungs-Notwendigkeit zusprechen. Durch die vielen Fahrten auf Güter und Bauernhöfe, auf denen wir meinen guten praktischen Vater begleitet hatten, durch meine im westlichen Industriegebieten gesammelten Erlebnisse und Erfahrungen, durch die innige [49] Berührung mit den Arbeitern nach dem Kriege in Königsberg, hatte ich mir ein ganz klares Bild machen können und schon in Königsberg die Eindämmung der Wohnungsnot als Hauptaufgabe angesehen. Habe auch schon 1922 auf den Unsinn hingewiesen, Lehmwohnungen oder Prachtwohnungen zu bauen und die Kleinwohnungen gefördert. Fast jedes Wochenende fuhr ich mit Frau und Kindern, die Fortschritte in den Bauten zu besichtigen, meine glücklichsten Stunden!

Wie freute ich mich von Herzen, als ich in Leipzig umherfahrend eines Sonntags am Rande der Stadt auf Menschen stieß, die eine ganze Reihe von Häuschen im Wege der Gemeinschaftshilfe errichteten. Da griff ich zu, Feststellungen wurden

[30] Dr. Hans Beusch war Goerdeler von Königsberg nach Leipzig gefolgt und wurde dort Gesundheitsdezernent. Unter seiner Leitung wurde die gesamte Gesundheitsfürsorge beim Gesundheitsamt zusammengefasst. Vgl. Paul Brandmann: Leipzig zwischen Klassenkampf und Sozialreform. Kommunale Wohlfahrtspolitik zwischen 1890 und 1929, Köln, Weimar und Wien 1998, S. 340.

getroffen, Aufrufe holten die Arbeitslustigen heran, das Reich griff ein mit Bestellung eines Reichskommissars für Stadtrand-Siedlungen.[31] [50] Das war meine Sache, die brachliegende Arbeitskraft der Menschen an die Befriedigung ihrer dringendsten Lebensbedürfnisse setzend, Häuschen schaffen, die zu erträglichen Mieten allmählich Eigentum werden und 500 bis 1.000 qm Garten bieten. Keine Stadt war hierfür geeigneter als Leipzig, die Geburts- und Pflegestadt der Schrebergärten.[32] Sie standen in hoher Blüte. Wie gern bin ich mit meiner geliebten, sonst von mir so vernachlässigten Frau durch diese entstehenden Kleinsiedlungen und die schönen Schrebergärten gegangen; wie freundlich wurden wir begrüßt, wie stolz war meine Frau, als eine schöne Dahlie den Katalognamen „Anneliese Goerdeler" erhielt.

Welche furchtbare Versäumnis habe ich 1932 begangen, als ich von Hindenburg, Schleicher, Papen gebeten, vom Vertrauen fast des ganzen Volkes getragen, volkstümlich im besten Sinne, dem dringenden Ruf nicht folgte, Arbeits- und Wirtschaftsminister [51] zu werden;[33] ich hätte Reichskommissar bleiben, ja meine Befugnisse erweitern lassen können; ich wußte, wie die Arbeitslosigkeit anzupacken war und ... lehnte ab! Ich bin verantwortlich, daß die Welt dies grauenhafte Unglück erlebt, in Strömen von Blut eine ganze jahrhundertalte Kultur zu vernichten, das Familienglück vieler Millionen zu zerstören und die Zukunft mit ungeheuerlichen Lasten zu beschweren. Deutsche Jugend, vor dem furchtbarsten Tode stehend, muß ich gestehen, daß ich damals nicht genug an Euch und das Vaterland, sondern mehr an meine Empfindungen gedacht habe, der Empörung über Brünings schnöde Entlassung, des Zornes über die Heranziehung des vollkommen schimmerlosen Papens. Ja, es wäre trotz der Warnungen Brünings meine Pflicht [52] gewesen, in das Kabinett Papen einzutreten. Ich war ja allen Ministern überlegen an Erfahrung auf allen Gebieten, an Verwaltungskunde; sie hätten sich alle schließlich wohl auf die rechte Linie bringen lassen. Ich Narr aber wähnte, daß meine Stunde erst käme und man mich noch brauchen würde. Dann hätte ich noch eine bessere Grundlage für drastische, zunächst unpopuläre Maßnahmen, nämlich die Stundenlöhne zu senken, die Arbeitszeit zu erhöhen und so die Produktion zu vergrößern und zu verbilligen, die Kaufkraft aber zu erhalten. Dadurch mußte die Nachfrage steigen, die Arbeitslosigkeit vermindert werden. Das wußte ich; dies Vorgehen hatte ich mit Brüning, Stegerwald und den Gewerkschaftsführern wenige Tage vorher erstmalig besprochen.[34] Die internationalen Mittel, die auch [53] unerläßlich waren, um den Wohlstand des 19. Jahrhunderts wieder zu gewinnen, hatte ich noch nicht

---

[31] Der Regierungspräsident von Trier, Konrad Saaßen, war am 21.10.1931 zum Reichskommissar für die vorstädtische Kleinsiedlung ernannt worden. In dieser Funktion koordinierte er die Reichsdarlehen für Kleinsiedlerstellen, mit deren Hilfe die Erwerbslosenfürsorge entlastet werden sollte. Vgl. AdR Brüning, Bd. 3, S. 2107 f. und S. 2549.

[32] Vgl. zu Schreber S. 1072, Anmerkung 11.

[33] Vgl. ausführlich zu den Vorgängen S. 248 ff.

[34] Vgl. zu den Besprechungen mit Gewerkschaftsführern 1932 S. 246 f., Anmerkung 18.

so durchdacht wie heute in schweren, seelisch so bitteren und nur durch den Halt in der Familie erträglich gemachten Jahren. (Abbau der Zölle, Errichtung einer Weltbank, die nur Kredite gibt an Staaten, die Währungen nicht willkürlich ändern und deren öffentliche Haushalte im Gleichgewicht sind, deren Notenbanken gesetzlich verpflichtet sind, ihrem Staate keine Kredite zu geben.) Aber das ist keine Entschuldigung für mich. Ich hatte die Fähigkeit, mich verständlich zu machen, auch dem einfachen Manne und der großen Menge, ein gutes Feuer durchglühte mich, das Beispiel und die Lehren meiner guten Eltern vor Augen, hatte ich Selbstvertrauen; denn ich hatte in der mir ganz neuartigen Aufgabe des Reichskommissars für die Preisüberwachung unbestreitbar [54] Erfolg gehabt; das Volk vertraute mir, weite Kreise hofften auf mich. Ich habe in der Stunde, als Gott die große Frage an mich richtete, versagt, weil ich an mich und meine Gefühle und nicht an die Sache, an meine geliebten Kinder, an die Zukunft dachte. Schon die Tatsache einer namhaften Verbesserung des Einkommens mußte mich unter allen Umständen bestimmen, zuzugreifen, nur [um] meiner Familie willen. Dann hätte unser geliebter Sohn Christian seinen Plan, Offizier zu werden, fallen lassen oder er wäre in eine klar auf sittlicher Grundlage ausgerichtete Armee gekommen. Doppelt habe ich mich anzuklagen, ja dreifach. Denn, als dieser geliebte Junge 1936 doch Berufssoldat wurde, empfand er nach einer Woche, daß dieser Beruf unter diesen Verhältnissen [55] nichts für ihn sei. Ich aber überredete ihn weiter, in dem ungeliebten Beruf zu bleiben, da er ja doch 1937 in den Arbeitsdienst werde gehen müssen oder Soldat werden; er solle also wenigstens die 2 Jahre aushalten. Wie falsch war dieser Rat, wie sehr wäre ich gehalten gewesen, den geliebten fernen Sohn mit seinem gütigen Herzen, den fast vollendeten Christen, mit den feinen Künstlerhänden, aus dieser unwahren Umgebung zu nehmen, in der die anständigen Elemente echten Soldatentums immer mehr von politischen Fanatikern ohne Ritterlichkeit an die Wand gedrückt wurden. Und dann, um es vorweg zu nehmen, ließ ich ihn 1939 im Stich. Von unserer kleinen Reise nach Afrika und Asien zurückkehrend, war er erfüllt von dem Plane, daß wir alle sofort Deutschland [56] verlassen und in die Schweiz gehen sollten, wo mir wirtschaftliche Gelegenheiten sich boten. Er hatte im Ausland die Luft der Freiheit geatmet und nun die ganze Traurigkeit der deutschen Zustände, die furchtbare Gewissensnot empfunden. Ich aber scheute im letzten Moment wieder vor einem wirklich großen Entschluß zurück und, statt wenigstens Christian zur Beratung nach Ostpreußen mitzunehmen, – er hatte noch 4 Monate Urlaub – schickte ich ihn sofort in seine Garnison zurück, eine unbegreifliche Härte, und ich habe diesen geliebten Menschen, schon als Kind eine immer reine Seele, zum dritten Mal verraten, als ich im März 1942 in Paris selbstherrlich bestimmte, in ein ungeliebtes, von ihm schlecht beurteiltes Regiment hinüberzuwechseln,[35] [57] nur weil ich nicht auf den Gedanken kam,

[35] Goerdelers zweitältester Sohn Christian hatte Anfang 1942 in einer Denkschrift gegen Geiselerschießungen in Frankreich protestiert und Regimentskameraden zur Gehorsamsverweige-

für ihn 14 Tage Urlaub zu erbitten und ihn mit mir mitzunehmen, damit wir in Berlin eine Versetzung nach Afrika erreichen konnten, die er sich so sehr wünschte. Heute weiß ich, weshalb, heute offenbart sich mir das ganze seelische Leid, was dieser geliebte Sohn 6 Jahre der innig geliebten Mutter und mir zuliebe getragen hat. Er wollte es mit ritterlichen Gegnern zu tun haben!

Jugend in allen Ländern, laß Dir diese Erkenntnis eines Vaters zu Herzen gehen. Eltern und Kinder lieben einander in allen Völkern. An diese Liebe, an die Hoffnungen denkt, mit denen Eltern den Lebensweg ihrer Kinder umsäumen, an das Glück, das Eltern ihren Kindern gewähren und von ihnen erfahren und dann bekennt Euch zu dem Entschluß, der Wahrheit zu dienen und Euch [58] untereinander zu vertragen; lasset ab von der Wahnidee, durch Unverträglichkeit und Kriege Euer Los verbessern zu können. Erkennt, daß Ihr durch gegenseitiges Verstehen und gegenseitige Hilfe zu wahrem Glück und zu gutem Wohlstand kommen könnt. Laßt Euch von Eltern und Großeltern von dem Glück des wohlgeordneten 19. Jahrhunderts erzählen, in dem es auch Elend gab, aber kaum bei einem fleißigen Menschen. Laßt Euch in meiner Wirtschaftsfibel oder durch andere sagen, wie es zu diesem Glück gekommen war.

1. durch die weise Politik der Großmächte, die lange totale Kriege seit den Schrecken der Napoleonischen vermied und hinderte;
2. durch Achtung von Gesetz und Anstand, [59] von Alter und Wissen,
3. durch Ehrfurcht vor Gott,
4. durch Fleiß und
5. durch den Zusammenhalt der Familie.

Danach strebt, seid fleißig und freundlich!

Von mir lernt ferner, daß man im Leben mutig zugreifen soll, wenn Gott eine Gelegenheit bietet, ein größeres Wirkungsfeld zu erringen. Der Entschluß, der bei Zweifeln schwer fällt, ist der richtige, und damals war es für mich bequemer, „nein" zu sagen. „Wer wagt, gewinnt", der ewig Zaudernde bleibt stecken. Im Dezember 1931 hatte ich richtig entschieden, als ich, trotz schwerster Bedenken, das Amt eines Reichskommissar [60] für Preisüberwachung übernahm. Eine ungeheure Woge von Vertrauen schlug mir entgegen, mich fast überwältigend. Das hätte mir auch, da ich es mir erhalten hatte, Richtschnur für die Entscheidung [im] Juni 1932 sein müssen. Hoch- und übermütig versagte ich mich, verärgert auch durch die schnöde Behandlung Brünings.

Haltet mich nicht für überheblich, wenn ich sage, „Hätte ich damals richtig entschieden, und die beiden Ministerämter übernommen, die Befugnisse des Reichs-

rung aufgerufen. Das daraufhin gegen ihn eingeleitete Kriegsgerichtsverfahren endete mit einer relativ milden Strafe, weil sich der Heeresrichter und spätere Chef der Heeresjustiz Karl Sack, der Verbindungen zur militärischen Opposition hatte, für ihn einsetzte. Christian wurde zu 6-wöchigem Arrest verurteilt und an die Ostfront versetzt; dort fiel er am 15.5.1942 (vgl. Meyer-Krahmer, Mut zum Widerstand, S. 246 f.). Vgl. auch die Bewertung der Vorgänge bei Hassell, Hassell-Tagebücher, S. 306f.

kommissars erweitern lassen, dann hätte ich die Arbeitslosigkeit langsam bezwungen und in ruhiger Verständigung mit dem Ausland wäre das Diktat von Versailles überwunden, der Welt und Hunderten von Millionen Menschen Leid und Not erspart geblieben.[“] Gott sei mir gnädig!

Entnehmt aber auch aus die[61]sem Bekenntnis, daß Gott den Menschen die geistigen, sittlichen und physischen Kräfte verliehen hat, um Leid zu verhindern und zu heilen, Elend zu überwinden und zu beseitigen. Ich habe den Versuch gemacht, Euch in der Wirtschaftsfibel eine Anleitung dazu zu geben. Sie verheißt Euch nichts, wenn Ihr bequemen Phrasen und dem Irrglauben nachlauft, aber viel und vor allem Ruhe der Seelen, wenn Ihr die von Gott geschaffenen Naturgesetze und seine Gebote achtet. „Im Schweiße deines Angesichts sollst du dein Brot verdienen.“ Laßt ab vom Rassenhaß. Bedenkt, daß es das jüdische Volk war, das ständig, wenn auch in vielen Sünden, mit Gott gerungen hat um die Erkenntnis seines Wesens und daß es gerade die jüdische Geschichte ist, die als einzige nicht nur von Kriegen und Wanderungen, von Irrungen und Wirrungen, von Verbrechen und Lastern – schonungslos offen – berichtet, sondern auch diese Offenheit übt, nicht der Lüsternheit willen, sondern um zu zeigen, wohin ein Volk gerät, das Gottes Gebote nicht mehr achtet. Es ist die einzige Geschichte, die uns das Ringen eines Volkes und seiner Führer um die Erkenntnis Gottes berichtet, die Bibel, die einzige Geschichtsschreibung, die nicht nur Geschehnisse und Entwicklungen berichtet, Kulturleistungen und religiöse Erscheinungen, sondern die alle diese Schilderungen äußeren Geschehens herumwindet um den Stab, [63] mit dem ein Volk ständig Gott suchte, auch in Zeiten der Entartung. Wollen wir es einem hochbegabten Volke verdenken, daß es, dies fühlend und wissend, sich in die Vorstellung erhob, das Auserwählte zu sein? Ihr Juden aber, begreift auch, daß Ihr Fehler gemacht und Euch bei den Gastvölkern vielfach in den Vordergrund gerade dann gedrängt habt, wenn Ihr Euch besser bescheiden oder verständnisvoll zurückgehalten hättet. Euer Streben nach einem eigenen Staat, in dem Ihr alle Staatsbürgerrecht habt, ist gesund, berechtigt und muß erfüllt werden. Ich habe diese Lösung seit Jahren in meine Pläne aufgenommen und rate allen Völkern, sie sofort und großzügig herbeizuführen, dann wird [64] auch in dieser Frage Ruhe in die Herzen einziehen! Doch da stehen ja die furchtbaren Untaten, mit denen Juden, Männer, Frauen und Kinder vernichtet wurden! Seht in Eurer Geschichte: „Mein ist die Rache“, spricht der Herr. Wehe den Menschen, der sie *sich* nimmt! Und Gottes Gericht waltet schon. Wenn Ihr dies lest, hat Deutschland 6 bis 10 Millionen Menschen verloren, 4[00] bis 500 Milliarden Mark Schulden, sieht den größten Teil seiner Städte in Trümmern, die Hälfte seines Hausrates vernichtet und hat vielleicht noch Werte von 200 Milliarden Mark als Vermögen, ist also bankrott.[36] Die furchtbarste Strafe, die je ein Volk getroffen hat, unter der nun, genau wie bei

[36] Vgl. zur deutschen Reichsschuld S. 1031, Anmerkung 6; zu den Kriegsfolgeschäden S. 1067, Anmerkung 8.

Euch Juden, Gerechte und Ungerechte leiden. Wie sehr gleicht das Geschick des deutschen Volkes dem Eurigen, immer beschieden den Völkern der Dichter und Denker. Was wieder gutzumachen ist, muß geschehen. Und dann macht Frieden, Ihr beiden hart geprüften Völker.

[65] Im Frühjahr 1936 drängten die n[ational]s[ozialistischen] Ratsherren, besonders Bürgermeister Haake in mich, das Mendelssohn-Denkmal vor dem Leipziger Gewandhaus zu beseitigen. Ich fuhr nach Berlin, um mir für meine ablehnende Haltung Bundesgenossen zu suchen. Der NS-Beauftragte für jüdische Kulturfragen, Hinkel, sagte mir, er könne mir auch im Namen von Goebbels und damit im Namen Hitlers sagen, daß das Denkmal stehen bleiben solle. Solche Bilderstürmerei würde nicht gewünscht. Dies teilte ich Haake mit und entschied, das Denkmal bleibe stehen.[37] Diese Vorgänge hatten sich bis in den Spätherbst hingezogen. Anfang November fuhr ich über Riga, wo ich Rektor Krumbier besuchte, und Reval, wo ich mit dem Grafen Wrangel als Führer der Deutschen zusammen war, nach Helsingfors, von Reval in einem wundervollen Flug über das vereiste Meer. In Helsingfors hielt ich auf Einladung der deutsch-finnischen Handelskammer einen Vortrag über [66] Wirtschaft, Währung und Verwaltung. Mittags Essen beim deutschen Gesandten, nachmittags war ich auf einem Empfang des finnischen Staatspräsidenten Svinhunfd, wo ich auch den finnischen Komponisten Sibelius kennen lernte. Der Vortrag war überfüllt, auch der finnische Außenminister Holsti war erschienen, dazu Dr. Lickfett aus Stockholm und sein Vetter, Polizeipräsident Roosen. Der Vortrag war ein großer Erfolg. Am nächsten Tage nach Besichtigung der Stadt Gast des finnischen Hauptaktionärs der Zinngruben von Petsamo. Nachmittag Rückfahrt über Abö – Stockholm, zunächst mit Eisenbahn, dann mit Dampfer. Auf diesem eingeladen von Dr. Lickfett, und mit ihm und Roosen einen sehr angenehmen Abend verlebt. In Stockholm früh angekommen, erhielt ich eine Nachricht aus Leipzig, daß das Mendelssohn-Denkmal beseitigt sei. Ich besuchte noch den schwedischen Kronprinzen und die deutsche [67] Gesandtschaft, sowie meinen Freund Wallenberg, der mich mit seinem Vater auf das herzlichste empfing, war abends bei Lickfett und fuhr am nächsten Morgen ab.

In Leipzig angekommen unterrichtete mich Beusch auf mein Befragen, daß Bürgermeister Haake geglaubt habe, mir einen schweren Entschluß abzunehmen, wenn er in meiner Abwesenheit das Denkmal beseitigen ließe. Ich eröffnete Haake, daß er damit meiner klaren Anordnung zuwider gehandelt habe, und ich in eine unhaltbare Lage kommen würde, wenn ich eine solche Disziplinlosigkeit hinnehmen würde. Wenn er nicht von sich aus für eine Wiederherstellung durch die Partei sorge, müsse ich meinen Abschied nehmen.[38] Da ersteres nicht zu erwarten war, unterrichtete ich noch Stadtrat Teutsch und bat um seine Ansicht. Er sagte, alle Anständigen erwarteten, daß ich [68] offenen Ungehorsam nicht bieten ließe.

---

[37] Vgl. zu den Vorgängen um das Mendelssohn-Denkmal S. 97 f., Anmerkungen 5 ff.

[38] S.o., Anmerkung 37.

Lisso bat mich, noch zu überlegen. Doch die Lage war klar. Ich übergab ihm am nächsten Tage mein Abschiedsgesuch und ging mit Weihnachten 1936 in Urlaub. Der Abschied wurde mit Pension genehmigt. Ende März 1937 verabschiedete ich mich mit einem Rechenschaftsbericht von den Ratsherren und in einer Nachmittagsstunde im Festsaale des Rathauses von den Beamten, Angestellten und Arbeitern.[39]

Daß dies auch das vollkommene Ende meiner öffentlichen Tätigkeit sein sollte, ahnte ich nicht. Damals führte ich den klaren Entschluß aus, nicht die Verantwortung für eine Kulturschandtat zu übernehmen. Mendelssohn-Lieder haben wir alle mit Entzücken gehört und zum Teil gesungen; ihn zu verleugnen würde feige, lächerlich, ungeheuerlich gewesen sein. Aber [69] ich hoffte im Stillen, eines Tages wieder in reiner Luft dem Vaterlande dienen zu können. Auch dafür und für die Stellung des deutschen Volkes im Ausland wollte ich meinen guten Namen wahren. Vor aller Welt hatte ich mit meinem Abschied gegen den Sturz des Mendelssohn-Denkmals protestiert und so wurde dies auch überall aufgefaßt.

Ich mache jetzt eine Einschaltung. Ich bin zu solchen Unterbrechungen des zeitlichen Zusammenhanges genötigt, wenn ich den neuen Gedanken für vordringlich halte, denn ich weiß nicht, ob ich nicht schon am nächsten Tage tot sein werde.[40] In schlaflosen Nächten habe ich mich gefragt, ob ein Gott existiert, der am persönlichen Schicksal der Menschen Anteil nehme. Es wird mir schwer, daran zu glauben, denn dieser Gott ließe nun jahrelang Ströme von Blut und Leid, Berge von Grauen und Verzweiflung über [70] die Menschheit durch einige Hunderttausende erzeugen, die vertiert, geisteskrank oder verblendet sind, jedenfalls keine normalen Menschlichkeits-Empfindungen haben. Er ließe Millionen anständiger Menschen sterben und leiden, ohne einen Finger zu rühren. Soll dies ein Gericht sein? Wie ungerecht wäre es, denn die Mehrzahl der meisten Menschen wollte diese Entartungen nicht. Wollte er die Menschen zu sich selbst zurückführen, weil sie sich von ihm abgewendet hatten? Viele waren ihm doch treu geblieben. Wie unvollkommen wäre auch dies Erziehungsmittel, kollektiv wie die Bestrafung einer ganzen Klasse, weil zwei bis drei gegen die Ordnung verstießen. Und solche kollektive Bestrafung wagte der Lehrer doch auch nur zu verhängen, wenn er die Übeltäter nicht ermitteln konnte. [71] Gott aber ist allwissend, kennt also die Verbrecher und die Abtrünnigen und straft die Aufrechten und Frommen mit? Nein, so kann es nicht sein, ein solcher Gott wäre ein Stümper, er würde es jedenfalls nicht so weit treiben lassen, daß schließlich auch die Guten und Frommen durch das Übermaß des Leides verhärtet werden. Bei diesen Gedanken bin ich dann auf die Tatsache gestoßen, daß

[39] Vgl. Goerdelers Rechenschaftsbericht vom 22.3.1937 (Dok. 1.2.9, oben S. 86 ff.) sowie seine Abschiedsworte an die Beamten, Angestellten und Arbeiter der Stadtverwaltung vom 31.3.1937 (Dok. 1.2.10, oben S. 91 ff.).

[40] Zum Urteil des VGH vgl. S. 1054, Anmerkung 1. Goerdeler wurde am 2.2.1945 in Plötzensee ermordet.

Gott in keinem Gebote des „Volkes" gedenkt. Er bindet den Menschen an Gott selbst, an die Eltern, an die Nächsten, an die Wahrheit, an das Eigentum, aber mit keinem Geheiß an sein Volk. Haben wir also nicht darin geirrt, daß wir Gott für nationale Zwecke in Anspruch nehmen, auch die, die an ihn tief und fest glauben? Ist das nicht auch der [72] Fluch des jüdischen Volkes, daß es sich als das Auserwählte ansah? Gewiß, es bleibt die einzigartige Tat des Judenvolkes, daß es seine Geschichte immer nach Gott ausrichtete, Erfolg zu finden glaubte, wenn es ihm gehorsamte, und Mißerfolg auf Abfall von Gott zurückführte. Eine gleich großartige und tiefe Auffassung von Bestimmung, Aufgabe und Wanderung eines Volkes, ist bisher nicht geschriebene Geschichte geworden, außer im alten Testament. Liegt aber nicht in der Übertreibung, „allein auserwählt zu sein", die sündhafte Verirrung? Hat nicht gerade Christus diese Verirrung aufgedeckt, indem er sein Wort schließlich auch an Nichtjuden richtete und die Jünger in alle [73] Welt gehen ließ? Er lehrte nicht die Liebe zum Volksgenossen, sondern zum Nächsten. Du sollst Vater und Mutter ehren, aber nicht den Volksführer. Ihm sollst du geben, was des Kaisers ist, ein materielles Opfer, nicht eins der Seele. Gott wendet sich an die Menschen und ihre menschlichen Bindungen, – der Rasse, dem Volke, der Nation schenkt der durch Christus geoffenbarte Gott keine Beachtung. Sollten wir nicht alle mit unserem einseitigen Nationalismus Gott zu nahe getreten sein und Abgötterei getrieben haben? Ja, dann hätte das Geschehen einen Sinn, daß Gott es allen Völkern gründlich austreiben will, ihn vor ihre nationalen Wünsche zu spannen und nicht den [74] Wahnsinn zu erkennen, der daran liegt, daß die verschiedenen Völker sich noch am Saume seines Rockes um den Platz streiten, an dem sie den Rock Gottes ergreifen können und sich noch im Bereiche seiner Hand um das Stückchen Brot zanken, das er zu verteilen im Begriffe ist. Dann können wir Gott nur bitten, daß er es nun genug sein läßt und an Stelle des Leides und der Tränen die Sendboten der Versöhnung walten läßt, die dieses Wesen Gottes und diesen Zweck seines Gerichts erkannt haben. Ich bete zu ihm darum.

Dann aber ist auch klar, daß wir die Liebe und Sorge unseres Lebens zuerst unserer Familie zu widmen [75] haben und die Arbeit für den Staat, das Volk nicht zum Mittelpunkt unseres Lebens machen dürfen. Da liegt mein Irrtum, liegt meine Sünde. Schon vor dem ersten Weltkriege neigte ich dazu, unablässig zu arbeiten. Aber noch lebte ich mit meiner geliebten Frau normal zusammen und war jeden Mittag und jeden Abend bei ihr, trug unsern lieben, lieben Ältesten zur Mittagsruhe, spielte mit ihm an seinem Bettchen zum Schlafengehen, o, glückliche drei Jahre, denen ein Krieg, eine falsche Forderung des Staates, ein Ende machte! Als ich aus ihm zurückkehrte, hatte mich die Idee gepackt, alles, aber auch alles zurückstellen zu müssen, um in ununterbrochener [76] Arbeit nur eines zu sichern, eine national gesunde Grundlage für unsere Kinder. Hier lag der Irrtum. Wichtiger ist die seelische Grundlage, dann folgt die geistige, dann die materielle, dann die völkische, die im Geist und [in der] Materie ihr Wesen beweist, aber nicht überwuchern darf.

Welche Bitternis habe ich damit 25 Jahre meiner über alles geliebten Frau bereitet. Meine liebe, liebe Anneliese, hörst Du mich? Ja, jetzt verstehe ich, weshalb Du manchmal eifersüchtig und aufgebracht warst. Ich entzog Dir das Tagesglück unserer großen heißen Liebe, und doch war sie die Kraft, die alles in mir in Bewegung setzte. [...][41]

Ich gehe aus diesem Leben, vor mir unseren geliebten Christian, der sich ernst im Juli 1939 bei Rückkehr von unserer Reise auf dem Bahnhof Stuttgart mit schweren Schritten, fast müden, [79] von mir trennte, als ob er ahnte, daß nun die schwerste Prüfung vor ihm stünde. Damals wollte er, daß wir alle nach der Schweiz auswandern sollten und zwar sofort. Er war zu allem bereit und fähig, o, wären wir seinem reinen und lauterem Sinne gefolgt. Er sah, daß in diesem Staate die Grundvoraussetzungen menschlichen Glückes fehlten. Er war bereit, daraus die Folgerungen zu ziehen. Ich aber, bereit, dem Vaterlande und ihm, der deutschen Jugend diese Grundlage zu schaffen, ließ mich von diesem Ziel blenden, und verriet den geliebten, treuen, reinen Sohn, wie ich ihn schon 1936 verraten hatte, als er sich bei den Soldaten so unglücklich fühlte [80] und den Eid nicht leisten wollte. Wie ich ihn 1942 verraten habe, als ich ihn, um weiteren Unannehmlichkeiten vorzubeugen, in das Regiment brachte, das er innerlich ablehnte und in dem er 2 Monate später fiel. Fiel, weil ein Verbrecher, gewissenlos und gottvermessen „führte". Nein, Gott gestattet uns nicht, seinem Gebote zuwider, der Nation, dem Volke, dem Staate zu dienen. Ihr Kinder hört die Mahnung eines tiefgebeugten, dem Gott die Wohltat versagt, selbst seine Sünden zu büßen und gutzumachen! Stellt Liebe und Pflicht, die Euch untereinander binden, in den Vordergrund, nicht die Arbeit, nicht die Nation. Macht diese nicht zu Werten an sich, zu denen sie sich seit der Aufklärung unter [81] Friedrich dem Großen und Napoleon I. entwickelt haben. Die Arbeit und die Nation sollen sich um die Familie ranken. *Sie* stellt in den Mittelpunkt, haltet alle Mahlzeiten gemeinsam, verbringt abends 1-3 Stunden miteinander, spielend, lesend, musizierend, entsagt der Vorherrschaft des Radios. Geht Sonntags zusammen spazieren und gebt, so lebend und gemeinsam arbeitend, Gott allein die Ehre und nicht Götzen. Dabei werdet Ihr das Vaterland lieben. Wenn es Euch aber die Billigung der Sünden abverlangt, dann wendet ihm den Rücken, dann mißbraucht der Staat seine Gewalt und muß bekämpft werden. Aber wenn dies [82] unmöglich gemacht wird durch Tyrannei, dann findet in der Schweiz eine neue Heimat. Dort herrschen noch Anstand, Recht und gute Sitte. Auch Schweden erfüllt diese Voraussetzungen menschlichen Glücks. Bleibt beieinander Ihr Geliebten, laßt die geliebte Mutter nicht allein. Sie übertrifft meine großartige Mutter noch durch die Beherrschtheit ihres Wesens.

Liebet Euch untereinander und verzeiht mir. Gott schenke Euch den Frieden der Seelen und das Glück der Herzen!

---

[41] In der ausgelassenen Passage hatte Goerdeler in acht Sätzen seine Selbstvorwürfe fortgesetzt.

[...][42]

[84] Ihr Lieben Alle, Ihr guten treuen Geschwister, Ihr Neffen und Nichten, haltet zusammen. Es ist mein Vermächtnis, „pflegt die Familie auch in ihren entfernteren Glieder[n]“. Schafft Euch Freunde, versammelt Euch mit ihnen zur Unterhaltung und zu festlichen Gelegenheiten. Feiert wieder die Geburtstage, nehmt an diesen Stufen im Leben Eurer Freunde Anteil. Zu den Geburtstagen meiner lieben Eltern erschienen Jahr um Jahr eine ganz stattliche Zahl guter Freunde, die bei einem Glase Wein und Kuchen 1-2 Stunden gemütlich beisammen saßen. Umrankt und durchsetzt das Leben wieder mit Behagen, es kann selbst Einfachheit verschönen. Setzt der Unrast der Zeit und der Technik wieder diese Ruhepausen für die Seele, diese feinen Anregungen [85] des Geistes entgegen. Unser geliebter Ältester hat diese schöne Gabe, Behagen um sich zu verbreiten, geerbt; ich hatte sie und habe sie, gejagt von der Sorge um das Vaterland und in unbegrenztem Streben für die Zukunft, verkümmern lassen. Ich habe um der Zukunft willen die Gegenwart geopfert, diese Euch unendlich erschwert und die Zukunft doch nicht gerettet. Laßt Euch dies zur Warnung dienen, Ihr Geliebten. Nur eins weiß ich zum Guten. Ihr werdet Euren Kopf wieder hoch tragen können, denn das Geschick, das nun unserem Lande naht, wird schwer sein. Ihr aber und meine Freunde werdet nachweisen, daß wir nur getrachtet haben, dies Geschick von unserem Vaterlande abzuwenden. England und USA hatten sich bereit erklärt (Zeuge Wallenberg, Stockholm, Enskilda Banken und Dr. Gisevius [86] in Zürich), mit uns abzuschließen.[43] Wir sollten besetzte Gebiete räumen, Selbständigkeit der europäischen Staaten wieder herstellen, alles deutsche Land mit Österreich und Sudeten behalten, Grenzen von 1914 im Osten und volle Souveränität behalten. Polen auf Kosten Rußlands wieder herstellen, seine Hand im Osten gegenüber Rußland, das möglichst bis Narwa – Dnjestr zurückzudrücken sei. Europäischer Staatenbund ohne Rußland. Weltbund der Nationen mit Angliederungen: Europa, Großbritannien mit Empire, USA mit südamerikanischen Staaten, Rußland, China, Japan.

Dies war vom Jahre 1938 bis Ende 1944 zu haben. Des Vaterlandes und der Menschheit, vor allem aber der Jugend wegen habe ich mich Ende August in der Haft erboten, diese Verständigung auch für Hitler zu [87] erreichen,[44] weil seit [dem] 20. Juli keine Möglichkeit mehr bestand, ihn abzusetzen, und das Unglück, dem er nun gegenübersteht und unter dem alle Völker leiden müssen, abgewandt werden mußte. Mein Angebot ist schweigend nicht beachtet.

Dieser Krieg war ein Verbrechen, da friedliche Verständigung von England und Frankreich seit 1932, dann 1937 angeboten und über alle Lebensfragen zu

---

42 In der ausgelassenen Passage hatte Goerdeler sich in acht Sätzen an seine Schwiegerkinder gewandt.

43 Es muss sich hier um Wunschdenken Goerdelers handeln; vgl. auch S. 949, Anmerkung 13.

44 S. Gedanken eines zum Tode Verurteilten über die deutsche Zukunft vom September 1944; Dok. 7.2.1, oben S. 1148 ff.

haben war. Hitler wollte ihn, weil er sonst die Mangelwirtschaft im Frieden, als Folge leichtfertiger Verschwendung hätte einführen müssen, weil er, vom Größenwahn und Ruhmsucht besessen, Feldherr werden wollte. Seine Hände triefen vom Blut unschuldig ermordeter und verhungerter Juden, Polen, Russen *und Deutschen*, vom Blut von Millionen [88] Soldaten aller Völker, die er auf dem Gewissen hat. So wird Gott uns in seiner Gerechtigkeit und Gnade rechtfertigen, weil wir die Welt von einem Vampyr und dem Schänder des Menschentums erlösen wollten. Ihr werdet erreichen, daß das Urteil aufgehoben wird und Ihr in Eure Rechte, in mein Vermögen, in die Pensionsansprüche wieder eingesetzt werdet. Soweit das Urteil Landesverrat und Spionage feststellt, ist es ein ungeheuerlicher Willkürakt, im übrigen wird dieser „Hochverrat" uns allen amnestiert werden, wenn öffentlich die Wahrheit gesprochen werden darf.[45] Alles Material habe ich einem Bekannten gegeben, der sich melden wird. Es liegt außerdem beim Reichssicherheitshauptamt in Berlin, [89] Jägerstr. 8. Wendet Euch auch an die Stuttgarter, an Dr. Gisevius, an den früheren Oberbürgermeister von Königsberg [Lohmeyer]. Es gilt aber auch die ganze Welt zu erfassen. Wir haben auch sie von diesen Unmenschen, die alle Werte umzustürzen versuchten und das Vaterland zum Moloch erhoben, Gott durch ihren Rassenwahn entthront haben, Gott anriefen, aber seine Gebote verachteten, erlösen wollen. Im Namen meiner guten Freunde, die edle und großherzige Menschen waren, beschwöre ich die Staatsmänner und Völker unser und unserer Frauen und Kinder Opfer, das Opfer vieler Hunderttausende edler Deutscher, deren Vaterlandsliebe mißbraucht ist, die Zerstörung unserer Kulturgüter, die Vernichtung unserer Heimstätten als Sühne anzunehmen und auf Rache und Vergeltung zu verzichten. [90] Ein langer Waffenstillstand muß die Menschen beruhigen. Dann muß der Gedanke der von Gott geschaffenen und gewollten Gemeinschaft der Menschen siegen. Jedes Volk muß seinen in Jahrhunderten gewordenen Siedlungsraum behalten, aber die Grenzen müssen durch Zusammenarbeit und gemeinsame Einrichtungen unsichtbar und unfühlbar gemacht werden. Wenn das Wirken des Satans zu Gottes Werk führen soll, dann müssen seine Gebote und Offenbarungen nun auch im Leben der Völker lebendig gemacht und verwirklicht werden. Er aber kennt nicht die Rassen und Völker, er kennt nur Menschen, „denn Recht muß doch Recht bleiben, und dem werden alle frommen Herzen zufallen."

Handelt, Ihr Lebenden aller Völker [91] nicht so; folgt Ihr weiter den Einflüsterungen der Vergeltungs- und Machtsucht, dann werden Jahrhunderte des Leides und Elends über alle Völker kommen. Denn sie können ihren geistigen Hochstand, die Erzeugnisse der Forschung und der Anstrengungen von Jahrhunderten nur halten, wenn sie einträchtig zusammen arbeiten und einander brüderlich helfen. Tun sie dies, bezwingen die siegreichen Völker ihre berechtigten Gefühle der Empörung über die Entartungen, die Hitler in die Welt gebracht hat, dann werden

[45] Zum Urteil des VGH vgl. S. 1054, Anmerkung 1.

die Jungen wieder Wohlstand, die Alten wieder wahren Frieden kennen lernen. Ihr Juden, schürt das Feuer nicht. Wenn jemand Euch und Eure Geschichte, die einzige, die ein Ringen mit Gott [92] und seinen Geboten zum Mittelpunkt macht, achtet, bin ich es. Euch gebührt ein selbständiger Staat, in dem jeder Jude Bürgerrecht besitzt. Aber Eure weitblickenden Männer haben schon vor Jahrzehnten gewarnt, Euch aus den inneren Spannungen anderer Völker zurückzuhalten. Nun schlagt ein in die Hand der Versöhnung und gestaltet die Stunde zu einer wahrhaft großen. Man wird Euch bezeugen, daß ich in Deutschland zu Eurem Schutze getan habe, was möglich war; die Empörung meines Herzens über die Unmenschlichkeit, mit der Hitler Euch verfolgte und vertilgte, hat mich ebenso zu meinem Tun getrieben, wie der Schmerz über den Mißbrauch meines Volkes. Es ist ein gutes, tüchtiges, aber ganz unpolitisches Volk. [93] Es ist durch das Diktat von Versailles aufs äußerste gereizt. Es ist durch seine Wirkungen in schwerste Krisen gestürzt. Nur auf diesem Boden konnte Hitler Unkraut säen und ernten. Vorher habt Ihr in Deutschland nie eine schlechte Zeit gehabt wie Dr. Weizmann sagte.[46] Laßt mein Volk sein Unrecht durch sein furchtbares Unrecht gebüßt haben. Wenn Ihr alle so edel denkt und handelt, wird Segen über Euch sein und Eure Arbeit fruchtbar machen.

Ende 1936 teilte ich Krupp von Bohlen-Halbach mit, daß ich ihm zur Verfügung stünde. Er hatte mich im Herbst 1935 aufgesucht und mir angeboten, in das Direktorium der Krupp A.G. in Essen einzutreten. Wir hatten beiderseits ruhige Überlegung vereinbart. Im Winter 1935 war ich 2 Tage sein Gast in Essen gewesen; er hatte mir die Werke und die sozialen Einrichtungen gezeigt [94] und mich mit dem Direktorium in Fühlung gebracht.

Krupp traf sich Ende 1936 mit mir in Berlin und teilte mir mit, daß er zunächst mit dem Führer sprechen müsse, angesichts der Bedeutung seines Werkes für das Reich. Anfang März ließ er mich wissen, daß Hitler erklärt habe, er möchte einen Mann meiner wirtschaftlichen Auffassungen nicht in der Schwerindustrie sehen.[47] Ob diese Mitteilung den Tatsachen entsprach, kann ich nicht sagen. Bei der Ängstlichkeit und dem Charakter Krupps ist es nicht ausgeschlossen, daß ich für ihn infolge der Art meines Abgangs von Leipzig „gefährlich“ geworden war, und er von sich aus schicklichen Anlaß suchte, sich mir zu versagen. Ich glaube aber, daß er Hitler gefragt, aber nicht für mich gekämpft hat. Ende März erschien sein Schwager [95] Freiherr von Wilmowsky bei mir und bot mir eine Entschädigung von 100.000 Mark an, die ich sofort ablehnte, da Herr von Krupp freie Hand gehabt hätte und ich nicht seines Angebots halber in Leipzig aus dem Amt geschieden sei. Diesen Tatbestand wollte ich nicht verdunkeln lassen.

---

[46] Chaim Weizmann, Präsident der Zionistischen Weltorganisation seit 1920 und der Jewish Agency seit 1929, wurde 1949 der erste Präsident des Staates Israel. Vgl. Chaim Weizmann, Memoiren, Zürich 1953; zu dessen Beurteilung Goerdelers ebd., S. 600 ff.

[47] Vgl. dazu und dem folgenden S. 99 f., Anmerkungen 8 f.

Bald darauf griff Schacht ein. Er war Anfang 1937 eines frühen Morgens bei mir erschienen und hatte mir erklärt, er hätte nun erkannt, daß er 1933 einen schweren Fehler gemacht hätte. Er habe Hitler unbegrenzten Kredit der Reichsbank zugesagt. Hatte er doch auf die Frage Hitlers geantwortet, wieviel er ihm für Aufrüstung und öffentliche Arbeiten zur Verfügung stellen könne „jeden Betrag, mein Führer". [96] Schacht sagte mir, daß er verabsäumt habe, damals etwa 10-12 Milliarden zu nennen. Nun seien es bereits 16 Milliarden geworden, und er wisse nicht, was er tun solle. Ich riet ihm, alles schriftlich festzulegen und sobald wie möglich Hitler eine entsprechende Denkschrift zu überreichen. Fruchte sie nichts, so möge er aus seinen öffentlichen Ämtern scheiden.

Aus Andeutungen Schachts und seiner Gattin, die ich 14 Tage später auf seinem 60. Geburtstag in Berlin kennen lernte, schloß ich, daß damals in Berlin viel von meinem Verkehr mit Generaloberst Freiherrn von Fritsch, dem Chef der Heeresleitung, gesprochen und eine baldige Aktion des Militärs erwartet wurde, das mit mir zusammen gehen wollte. Für diesen Fall wollte sich Schacht zweifellos sichern. Ich bitte, daraus [97] keine nachteiligen Schlüsse auf seinen Charakter zu ziehen. Gewiß, er ist ein sehr ehrgeiziger, seines Wissens und Könnens sich bewußter Mann, aber er ist auch ein Mann mit reichen menschlichen Gaben und Eigenschaften. Er dichtet, liebt gutes Schrifttum, kann sich an Werken der Kunst begeistern. Hinter der kühlen Sachlichkeit verbirgt sich ein gutes Herz und tatbereite Hilfsbereitschaft. Mir hat er in einer ernsten Lage meines Lebens unter Übernahme eines großen eigenen Risikos einen rettenden Dienst erwiesen; er verpflichtet mich ihm für immer.[48] Mir offenbarte dieser Besuch Schachts, daß ich richtig geurteilt und gehandelt hatte; vielleicht hat er mich zu sicher gemacht. Doch wie gleichgültig erscheint mir dies heute! Den entscheidenden Fehler habe ich 1932 gemacht, als die Geschichte mir einen Saum ihres Gewandes hinhielt, und ich nicht zupackte, sondern mich Hindenburg, Schleicher und Papen versagte. Hätte ich damals zugegriffen, nie [98] wäre dies furchtbare Geschick über unser Vaterland, dieses Elend über die ganze Welt, dies Leid über fast die ganze Menschheit gekommen. Darüber ringe ich mit meinem Gewissen. Dieser Kampf schmückt die kahlen Wände meiner kleinen Zelle, erfüllt den öden Raum mit Gebilden der Phantasie und einer überwältigend großen Erinnerung. Es ist schwer, dem Glück der Familie und über alles geliebter Menschen entrissen zu sein, einmal im Mittelpunkt des Vertrauens des Volkes gestanden zu haben, in der Welt be- und geachtet zu sein, und nun seine Tage in mancher körperlichen Entbehrung, vor allem aber in den Qualen der Selbstvorwürfe beschließen zu müssen. Ja, es sind Höllenqualen. Wie der Psalmist hadere ich mit Gott, weil ich ihn nicht verstehen kann. Wen Gott liebt, nimmt er früh zu sich! Welche ungeheuerliche Negation des Lebens liegt in dieser Phrase. Auch das Leben ist ja von Gott geschaffen, doch nicht dazu, daß es

[48] Vgl. zu Schachts Eingreifen, als bereits 1938 ein Putschvorwurf gegen Goerdeler erhoben wurde, S. 638, Anmerkung 1.

der Mensch [99] in der Minute nach der Geburt wieder beendet. Nein, das sind Beruhigungspillen. Das kann die Wahrheit nicht sein. Welche traurige Figur müßte da Goethe spielen. Aber selbst auf schwerste Zeiten darf jene Phrase keine Anwendung finden. Denn gerade in ihr bedürfen die Menschen der Guten. Wo ist des Rätsels Lösung? Ich habe 1932 nicht zu Gott um den besten Rat und rechte Führung gebeten. Das kann die Antwort sein. Denn ich kann auch Augustinus nicht folgen, der da wähnt, auch in und durch die Sünden von Gott geführt und bearbeitet zu sein. Das würde bedeuten, daß Gott uns durch die Leiden Unschuldiger erziehen will; daß wir ohne unser Zutun, nur schließlich den rechten Weg zu Gott findend, das beste erwirken können. Nein, Gott hat uns die Gaben des Geistes, des Körpers und der Seele, wenn seine Schöpfung sinnvoll sein soll, anvertraut, damit wir sie [100] nutzen. Er hat verzichtet, uns zu automatischen Guttätern zu machen, weil wir dann des göttlichen Geistes in uns entbehrt hätten. Wir haben die freie Wahl, jene Kräfte recht, im rechten Zeitpunkt, zum Guten zu nutzen, oder uns von Gott zu entfernen und nur den natürlichen Frieden zu wählen.

So muß ich mich selbst für alles verantwortlich machen, daß ich der Familie, dem Volke, der Menschheit gegenüber versäumt habe und habe mit dieser Gewissensqual zu ringen, aber auch mit anderer Not. Denn wenn ich so recht erkenne, weshalb läßt Gott die Menschen, die seine Gebote befolgen, im Stich und läßt diejenigen, die sie offenbar mißachten und ihre Mitmenschen quälen, ihr unheilvolles Werk weitertreiben, [101] läßt Millionen unschuldiger Menschen vom Kinde bis zum Greise in bittere Not in schwerstes Leid geraten, angerichtet von den Kräften des Bösen?

Hier gibt es nur 3 Möglichkeiten. Entweder Gott ist gar nicht gütig und gut, die Menschen sind ihm gleichgültig. Er überläßt sie dem Kampf, in den er sie mit seiner Schöpfung hineingestoßen hat. Oder es gibt gar keinen Gott. Diese beiden Möglichkeiten stellen sich gleich. Denn ein Gott des Bösen oder [der] Gleichgültigkeit ist so gut wie kein Gott; auch er könnte und wollte uns im Kampfe nicht zum Frieden der Seele führen.

Oder es gibt nur einen gerechten Gott, der sich selbst an die Gesetze hält, die er der Natur gegeben hat und sich begnügt, [102] uns seine Gebote für unser sittliches Leben gegeben zu haben. Nun ist es an uns, ihnen strikt zu folgen. Tun wir es nicht, versäumen wir den richtigen Entschluß zur rechten Zeit, sehen wir zu, wie die Juden ausgerottet werden, ohne unserer Pflicht der Nächstenliebe gerecht zu werden, so haben wir die Folgen zu tragen, wir und die Unschuldigen, auch die unschuldigen Kinder.

Dieser gerechte Gott ist ein sehr starrer und befriedigt keineswegs unser seelisches Bedürfnis. Letzten Endes ist er nur eine philosophische Kraft, entsprungen und vorgestellt unserem vernunftgemäßen Denken. Er fordert aber dauernde Energie in der rechten Richtung von uns und würde so wenigstens im Stande sein, einen allmählichen sittlichen Fortschritt zu erzwingen. Aber auf seinem Wege liegen Leid und Not, [103] Qual [und] Leichen. Der bequeme Augustinische Gott ist es nicht, der Leichen und Leid anderer aufhäuft, um unser egoistisches Wesen zu erziehen. Nein, die Vernunft kann keinen Ausweg finden. Sie muß heute Gott mit dem Psalmisten zurufen, „Halte ein! Siehst Du denn nicht, daß diese Qualen den Unschuldigen nicht mehr verständlich sein *können*, daß sie stumpfe Ergebung, aufbäumende Empörung oder höhnende Verhärtung zur Folge haben müssen. Daß die zu harte Strafe die Menschen zurückwirft in ihrem Streben zu Dir? Du hast das Töten verboten und benutztest es zur Erziehung? Du hast es verboten und das Attentat mißlingen lassen; aber dadurch hast Du Millionen Unschuldiger Menschen zum Tode verurteilt!

Die Vernunft nur zur Erkenntnis, in sich selbst des Schicksals Sterne zu suchen, [104] das Gute als Mittel und Ziel anzuerkennen, weil sonst das Leben untragbar wird, und bei Erfolg und Scheitern festzustellen, wo die Ursachen liegen, dabei den Erfolg in den Leistungen anderer suchen[d], das Scheitern dem eigenen Versagen zuschreibend. Sehr hart, sehr bitter, aber wenigstens aufrichtig und für die Lebenden erzieherisch, soweit bin ich heute. Und doch suche ich noch durch Christus den barmherzigen Gott; gefunde[n] habe ich ihn nicht. Unseren geliebten, reinen Christian hat er ein entsetzliches Ende finden lassen, den geliebten Kindern, meiner geliebten Frau und allen meinen Lieben grausames Leid bereitet. O, Christus, wo ist die Wahrheit, wo ist der Trost, was vermögen wir Menschen, um wenigstens den Saum des Seelenfriedens und Seelenglückes zu erfassen? Wenn Gott uns wenigstens die Möglichkeit schenkte, seine Gebote zu verkünden! Aber selbst, als wir frei [105] waren, durften wir es nur um den Preis des Leides für andere! Nun, da wir dies Leid nicht scheuen würden, weil es der Qual der Nutzlosigkeit entbehrt, nun läßt Du uns im Gefängnis verderben, Herr, öffne seine Tore!"

Mitte Januar 1937 nahm ich an der Gratulationskur zu Schachts 60. Geburtstag teil. Die Aufmachung entsprach seinem, mehr wohl aber noch ihrem Wesen. In mehreren Büchern war seiner und seiner Werke gedacht. Nie ist Bismarck zu Lebzeiten eine solche Ehrung zuteil geworden! Kostbare Geschenke der Wirtschaft füllten die Räume aus. Hunderte von Gratulanten zogen an dem Ehepaar Schacht vorbei. Ich marschierte mit meinem inzwischen auch verstorbenen Freunde Wittke, der damals noch bei der Reichsbank arbeitete und durch Auftreten an meiner Seite seinen Freunden aus der Wirtschaft seine Rehabilitierung beweisen wollte. Das Dritte Reich hatte auch ihn fälschlich der Untreue bezichtigt. Er war in allen Instanzen freigesprochen, [106] das Reich zu RM 30.000.- Schadenersatz für unschuldig erlittener Untersuchungshaft verurteilt.[49] Wenige Wochen später wurde er Generaldirektor der Dillinger Hütte, heute liegt sie in Trümmern, er selbst, seine Frau und 1 Sohn im Grabe. Wittke und ich gingen

[49] Wilhelm Wittke war Goerdeler bekannt durch seinen Posten als Leiter der Sachsenwerke Licht- und Kraft-AG sowie als Vorsitzender des Vereins sächsischer Industrieller. 1932 arbeitete Wittke unter Goerdeler in dem neugeschaffenen Reichspreiskommissariat, um danach den Posten als Reichsbankrat anzunehmen.

hinter Freiherr von Fritsch mit seinen Begleitern und vor dem Vorstand des Reichsverbandes der Industrie. Frau Schacht begrüßte mich mit den Worten: „Sie sind also der Mann, von dem überall gesprochen wird und den man nie sieht". Ich war damals stolz erfreut, war das sehr kindlich? Sah ich doch darin eine Aufforderung, nicht locker zu lassen, sondern alles zu tun, um Deutschland von einer Regierung der Verbrecher, der Selbstvergottung, der Demagogie zu befreien. Gleichzeitig aber bewies mir dieser Satz, wie sehr Frau Schacht politisch bewegt war und welcher Ehrgeiz in dieser unscheinbaren, [107] ja häßlichen Frau lebte. Nun begriff ich, welcher Einfluß auf ihn täglich wirkte. Manche mir unverständlich erschienenen Handlungen Schachts wurden mir durch den Einfluß der Frau aufgeklärt.

Bei dieser Gratulationskur begegnete ich auch Herrn v. Krupp, Robert Bosch aus Stuttgart und seinem Direktor Walz. Mit ersterem vereinbarte ich weiteres Warten auf seine Besprechung mit Hitler, mit Bosch und Walz einen Besuch in Stuttgart. Diesen führte ich in den nächsten Wochen aus und stellte ein sehr freundschaftliches Verhältnis her.[50] Zur gleichen Zeit suchte ich auch den Generaloberst Freiherr von Fritsch und den damaligen Chef des Generalstabs Beck auf. Beide kannte [108] ich, den ersteren aus seiner Tätigkeit bei dem Generalkommando in Königsberg, Beck aus seiner Zeit als Kommandeur der Infanterieschule Dresden. Es lag mir daran, beide über die Gründe meines Ausscheidens aus dem öffentlichen Dienst zu unterrichten und mit ihnen die gesamte Lage zu besprechen. Diese Gespräche waren sehr interessant und offenbarten mir den trefflichen Charakter dieser beiden Männer. Beide sprachen mir ihre Hochachtung vor meiner Haltung aus, beide legten größten Wert darauf, daß ich die weitere politische Entwicklung mit äußerster Sorgfalt [109] verfolgte. Sie waren sich über die unhaltbaren Vorstöße der Staatsgewalt in die moralische Substanz des deutschen Volkes klar. Die finanzielle Mißwirtschaft, bestehend in ungehemmtem Schuldenmachen, durchschauten sie nicht. Fritsch richtete die klassische Frage an mich, ob denn das Reich nicht einfach die Schulden streichen könne. Ich mußte ihm klar machen, welche wirtschaftszerstörenden Folgen das haben würde.

Im Februar 1937 teilte mir Krupp v. Bohlen u. Halbach mit, daß Hitler meine Berufung zum Vorsitzenden des Krupp-Direktoriums nicht wünsche; einen Mann mit so ausgesprochenen Auffassungen möchte er nicht in der deutschen [110] Wirtschaft sehen. Wenige Tage später erschien in Leipzig Herr v. Wilmowsky-Marienthal, der Schwager von Krupp. Er bedauerte, daß sein Lieblingswunsch nicht in Erfüllung gegangen sei. Er bat mich, 100.000 Mark von der Firma Krupp anzunehmen. Ich lehnte das ab, da mein Entschluß, aus dem Amt des Oberbürgermeisters auszuscheiden, mit der Möglichkeit Krupp nicht zusammenhänge. Ende Februar besprach ich die Angelegenheit mit Schacht. Er gratulierte mir, daß ich das Geld-Angebot Krupps abgelehnt hätte und sagte mir, er hielte es an der Zeit, daß ich in die Welt reiste und dort mit angesehenen Männern Fühlung nähme.

[50] Vgl. zu dem Bosch-Unternehmen und Hans Walz S. 729, Anmerkung 30.

Man müsse draußen erfahren, daß es noch eine anderes, gutes, anständiges und vernünftiges [111] Deutschland gebe. Das könne und müsse Krupp finanzieren. In wenigen Tagen machte mir Wilmowsky einen entsprechenden Vorschlag und Krupp überwies mir, nachdem ich mein grundsätzliches Einverständnis ausgesprochen hatte, 50.000 Reichsmark.[51]

Meine Kinder nahmen rührend [112] an diesen Vorgängen teil. Rührend, vorbildlich, hochherzig verhielt sich meine geliebte einzigartige Frau. Sie freute sich, daß ich eine interessante nicht anstrengende Aufgabe fand, die mir über den Abschied aus dem öffentlichen Amt hinweghelfen würde. Es wurde ihr furchtbar schwer, mich allein fahren zu lassen. Aber mit keinem Ton deutete sie eine Bitte an, mich zu begleiten. Immer nur erfüllt von Liebe, Fürsorge und Güte, auch meine Geschwister, die selbst auf alle größeren Reisen verzichten mußten, waren von vornehmster Selbstlosigkeit. Kein Wort kam über ihre Lippen, daß ich ihnen doch von der großen Summe eine Reise ermöglichen könne. Wie sehr habe ich später bereut, so korrekt gewesen zu sein. Welche Freude hätte ich ihnen mit einer gemeinsamen Reise nach dem Lande ihrer Sehnsucht bereitet. 1913 hatten Fritz und Sabinchen ihre Hochzeitsreise nach Tirol gemacht. Nie wieder hatte es zu einer Reise gelangt. 1939 fuhr Sabinchen allein nach dem Gardasee, um gegen ihr [113] Nierenleiden Heilung zu suchen. Wie hartherzig komme ich mir heute vor, daß ich den geliebten Geschwistern nicht 1937 eine gemeinsame Badereise nach Ischia ermöglicht hatte. Vielleicht hätte sie das Leben unserer lieben unvergeßlichen Sabine verlängert. Mein guter, guter Schwiegervater, wie sehr hätte er mir dazu zugeredet, der Mann mit dem gütigsten Herzen, 85 Jahre würde er in diesem Jahre alt werden, und doch kann ich nicht sagen: „Wie gut, daß er und Sabinchen und Christian diese Ereignisse nicht erleben“ Nein, sie fehlen uns und würden heute vielen ein großer Halt sein.

Ich bereitete die Reise [vor]: Belgien, England, Argentinien, Brasilien, USA, wenn möglich Uruguay! Das Leipziger Messeamt sollte mir die Pässe besorgen. Seit Ende April wartete ich auf Paß und Visen, denn ich wollte meine Reise sofort antreten, um Ende 1937 zu Hause zu sein. Anfang Mai riet mir das Reisebüro, mich an die Polizei zu wenden. Dies tat ich. Sie empfahl direkt Gespräch mit Gestapo-Chef Best[52]. Dieser sagte mir Paß zu, rief aber am nächsten Tage an, in meinem Fall sei eine Entscheidung Görings erforderlich. Er riet, diesen aufzusuchen. Dies tat ich. Er empfing mich im Garten seiner Herrenhaus-Wohnung in Berlin und genehmigte meine Reise, nachdem ich ihm den Zweck geschildert

---

[51] S.o., Anmerkung 47.

[52] Werner Best, Jahrgang 1903, war seit 1930 NSDAP-Mitglied und seit 1935 bei der Gestapo in Berlin. Dort wurde er Chef des Amts Verwaltung und Recht im Hauptamt Sicherheitspolizei; seit dem 1.1.1936 war er Chef der Abwehrpolizei, einer Unterabteilung der Politischen Polizei unter Reinhard Heydrich. Vgl. Ulrich Herbert: Best. Biographische Studien über Radikalismus, Weltanschauung und Vernunft, 1903-1989, Bonn 1996, S. 168 ff.

hatte. Er sagte, meine Reise würde [115] im Ausland größtem Interesse begegnen, weil man in mir einen Oppositionellen sehe. Er müsse daher erwarten, daß ich mich „right or wrong, my country" verhalten würde. Außerdem bitte er mich, ihm über meine Eindrücke zu berichten und erst noch einmal nach Berlin zu kommen, ehe ich nach USA weiterführe.

Kurz darauf erhielt ich den Paß mit allen Visen. Der Veranlasser der Hindernisse war der Gauleiter Mutschmann in Dresden gewesen. Gelegentlich meines Abschiedsbesuches in Dresden hatte er mich durch den damaligen Wirtschaftsminister Lenk fragen lassen, in wessen Auftrag ich die Reise [116] ausführte.

(Ehe ich meinen Abschiedsantrag in Leipzig einreichte, war ich nach Dresden zum Innenminister Fritsch gefahren, um ihn zu fragen, ob er bereit [sei], gegen Haake vorzugehen. Vorher war der Kreisleiter und Kreishauptmann Dönicke bei ihm gewesen, um ihn stark zu machen. So fand ich nur ein bedauerndes Achselzucken und den Rat, aus dem Vorfall nichts zu machen. Er könne Haake nicht desavouieren. Ich erwiderte, daß ich mich nicht beschweren wolle, aber die notwendigen Folgerungen ziehen würde.)

Mutschmann hatte dann einfach meinen Paß beim Reisebüro beschlagnahmen und dieses verpflichten lassen, mir hinhaltende Auskunft zu geben. So war es Anfang Juni geworden, als ich die Ausreise antreten konnte. Am nächsten Tage begann ich in Brüssel meine Studien. [...][53]

7.2.7 Aufruf an alle Menschen

handschriftliches Manuskript vom 27.1.1945; Privatbesitz.

Plädoyer gegen Nationalismus; Hitler mit seinem nationalistischen Wahn ist auch verantwortlich für die Kriegführung Japans und Italiens sowie für Morde an Juden, Kriegsgefangenen u.a.; das deutsche Volk darf nicht in Gesamtheit für Hitlers Verbrechen verantwortlich gemacht werden; viele deutsche Oppositionelle sind ebenfalls ermordet worden. Der Erste Weltkrieg und der Versailler Vertrag haben Hitler den Weg an die Macht geebnet; Hitler ist nicht legal an seine Führungsposition gelangt; Warnungen vor Hitler sind im Ausland nicht ernst genommen worden; Verschwörung gegen Hitler wurde erschwert durch britische Appeasement-Politik, außenpolitische Erfolge, skrupellose Propaganda. Der Krieg muss mit einem gerechten Frieden beendet werden, um eine Wiederholung von Versailles zu vermeiden; ein Europäischer Staatenbund muss europäische Grenzfragen auf dem Verhandlungsweg lösen; auch der europäische Wiederaufbau muss kooperativ geplant werden; Europa soll verkehrstechnisch, wirtschaftlich, sozial und kulturell zusammenwachsen; die Friedenssicherung soll von einer europäischen Wehrmacht geleistet werden. Der Europäische Staatenbund wird Mitglied in dem zu bildenden Weltbund, dessen Aufgaben die Friedenssicherung durch Schiedssprüche und die Währungs- und Wohlstandssicherung durch Überwachung nationaler Haushaltspolitik sind. Wirtschaftsfibel soll ökonomische Notwendigkeiten verdeutlichen und Wohlstand des 19. Jahrhunderts zurückbringen. Situa-

---

[53] Auf den abschließenden 1 ½ Seiten listete Goerdeler ausländische Kontakte auf, die er während seiner Reisen knüpfte. Die Denkschrift bricht ohne Unterschrift ab.

tion der Familie: Vermögen ist enteignet, Pension gestrichen worden; Güter sind zerstört; Frau, Kinder und Brüder sind verhaftet, Enkel von den Eltern getrennt worden.

[1] Der anliegende Aufruf an alle Menschen entspringt keiner Zellenpsychose. Es ist das letzte Mittel, mit dem ich versuchen kann, meinem Ideal nahezukommen. Ich wollte alles tun, um den Menschen einen schönen gerechten dauerhaften Frieden zu erarbeiten, in dem die Wahrheit herrschen sollte. Gott hat es mir mit harten Mitteln versagt! [...][1]

[2] Nicht aus Überheblichkeit richte ich diese Worte an alle Menschen, sondern weil ich sie über die Schranken der Nation und der Rasse hinweg liebe und in allen Geschöpfe Gottes mit einer göttlichen Seele sehe. Als solche habe ich sie auch überall kennen gelernt, in welchem Erdteil auch immer ich ihnen begegnet bin. In jedem von uns lebt Gottes Seele.

Ich spreche zu allen, weil ich mich, seitdem ich Mann wurde, bemüht habe, dem Menschentum zu dienen, den Menschen zu helfen. Und doch war ich noch zu sehr in dem überheblichen Stolz auf die Nation befangen; Stolz ist natürlich, Überheblichkeit Gottes Willen zuwider.

Ich spreche zu allen, weil ich mich seit 1933 bemüht habe, das Unglück von der Welt und meinem Volke abzuwenden, das in der Person Hitlers begründet war. Ihr werdet Bücher und Bücher über ihn schreiben, in denen Ihr seine Taten untersucht. Ihr werdet eines in ihm nicht finden, „ein[a] Herz“. Weil ihm dies fehlt und weil er stattdessen von dämonischen Vorstellungen über Nation, Rasse, Berufung und Macht erfüllt ist, hat er als der Satan in der Welt gewirkt. Nie wäre Mussolini, wäre Japan auf derartige Abwege geraten, wenn Hitler sie nicht dazu ermutigt oder gar bestimmt hätte.

Nie hat die Welt gleiche gnadenlose Unbarmherzigkeiten und Unmenschlichkeiten gesehen. Hunderttausende Juden sind von ihm dahingemordet; erschossen die einen, vergiftet oder vergast die anderen, verhungert die dritten. Männer vor den Augen ihrer Frauen, Frauen vor den Augen ihrer Männer, Kinder im Angesicht der Eltern, Eltern vor den verzweifelten Blicken ihrer eigenen Kinder, alle aber vor dem [3] Antlitz Gottes! Sie haben sich gegenseitig einscharren müssen! Deutsche Männer, deutsche Jungen sind dazu gezwungen, diese Mordorgien zu vollbringen! Hunderttausende von Juden, Ruthenen, Ukrainern, Slowenen sind aus ihrer Heimat vertrieben, ihres Eigentums beraubt, dem Hunger oder dem Tode ausgeliefert. Hunderttausende von Russen sind dem Verhungern preisgegeben, so hatte Hitler befohlen. In den von deutschen Truppen besetzt gewesenen Gebieten sind alle nur denkbaren Schandtaten begangen. Waren es auch nur, soweit ich unterrichtet bin, Einzelerscheinungen, so waren sie bisher unter Deutschen un-

---

[a] gestrichen: „warmes“.

[1] In dem nicht aufgenommenen Vorspann listet Goerdeler noch einmal Leipziger und Stuttgarter Persönlichkeiten, auf, die sich des Aufrufs annehmen sollen.

bekannt und gelten als schimpflich und schändlich.[2] Die Wirtschaft in diesen Gebieten ist durch Entzug von Rohstoffen, Maschinen und Waren gegen Lieferung unbrauchbarer oder schlechter Waren oder auf Kredit ruiniert; ihre Währungen schwerer Inflation überliefert. Geiseln sind erschossen. Von den Regierungen sind Handlungen verlangt, die ihren Ländern [4] schadeten; in Norwegen und Holland wurden Kräfte in die Regierung gesetzt, die von den Norwegern und Holländern verachtet werden.[3]

Ich könnte vielleicht noch mehr Maßnahmen aufführen, die der Menschlichkeit und der Achtung vor fremdem Gut, vor der nationalen Würde und vor der Freiheit der Völker Hohn sprechen. Ich, als Deutscher, dürfte nicht davor zurückschrecken; denn wir müssen die Freiheit und Gerechtigkeit über alles stellen, wenn wir zu einem dauerhaften und glücklichen Frieden gelangen wollen. Ich liebe mein Vaterland mit Inbrunst. Aber gerade deshalb empfinde ich die ganze Schmach seiner Entehrung, einer Entehrung, wie sie noch nie einem Volke durch eigene Bürger angetan ist. Sie ist der Welt längst bekannt; sie liegt wie ein Alp auf der ganzen Menschheit, sie hat sie in Haß und in den Willen zur Vernichtung getrieben.

Ist es nicht ganz natürlich, daß nun das deutsche Volk in seiner Gesamtheit verantwortlich gemacht wird? [5] Ich beschwöre Euch, an der Schwelle dieses grausamen Todes, davon abzulassen. Betet zunächst zu Gott, erinnert Euch aller seiner Gebote und geht in das stille Kämmerlein, in dem jeder mit dem Pharisäer in seiner Seele abrechnen muß. Und dann hört mich in Ruhe an. Darum darf ich Euch vielleicht im Namen meiner toten und mit mir sterbenden Freunde bitten, im Namen vieler Tausende Deutscher, Frauen und Männer, Alten und Jungen, die eines bitteren Todes gestorben sind, weil sie den Verbrechen entgegentraten oder entgegentreten wollten.

Am ersten Weltkrieg war Deutschland nicht allein schuld. Böser Wille mag bei keiner Macht im Spiele gewesen sein; Lässigkeit, Leichtfertigkeit, falsches Augenmaß oder Torheit haben alle bewiesen. Sie haben gar nicht geahnt, welchen idealen und ausgeglichenen Friedenszustand sie aufs Spiel setzten. Wenn heute jedes in den Ersten Weltkrieg verstrickte Volk noch einmal vor die Frage gestellt werden könnte, ob es Krieg oder Frieden vorzöge, die Antwort würde nicht zweifelhaft

---

2 Goerdelers Kenntnisse von der nationalsozialistischen Vernichtungs- und Vertreibungspolitik verdankten sich den zahlreichen Kontakten, die er zu militärischen Kreisen hatte. Ulrich v. Hassell schrieb bereits im August 1940 über die „entsetzlichen Zustände" in Polen, von denen die zivile Verschwörergruppe durch Generalmajor Hans Oster Kenntnis hatte. Vgl. Hassell-Tagebücher, S. 207 (Eintragung vom 10.8.1940).

3 Sowohl die holländische Kollaborationsregierung unter Anton Adriaan Mussert, als auch die norwegische unter Vidkun Quisling waren Marionetten der deutschen Besatzungsmacht, da die einheimischen faschistischen Bewegungen, auf die sie sich abstützten, nur von kleinen Minderheiten getragen waren. Vgl. Gerhard Hirschfeld: Fremdherrschaft und Kollaboration. Die Niederlande unter deutscher Besatzung, Stuttgart 1984 sowie Bohn, Reichskommissariat Norwegen.

sein. So war es eine Sünde wider die von Gott befohlene Wahrheit, daß meinem Volke die Schuld am Kriege auferlegt wurde. [6] Ich frage Euch, die Ihr mir ruhig zuhört, weiter, ob Ihr es für recht oder auch nur klug haltet, daß Deutschland überhaupt nicht zu den Verhandlungen zugezogen wurde? War es recht oder auch nur nützlich, Deutschland und Österreich unerfüllbare Lasten aufzuerlegen? Daß sie unerfüllbar waren, werden Euch Eure eigenen Sachverständigen bestätigen. War es weise, Deutschland zu teilen, war es denn so ganz unmöglich, eine andere Lösung zu finden, die Polen befriedigt hätte? War es richtig, die Blockade aufrecht zu erhalten, wo feststand, daß Kinder hungern mussten? War es berechtigt, Deutschland und Österreich selbst den *wirtschaftlichen* Zusammenschluß zu versagen?[4]

Ich bitte Euch, die Behandlung, die Frankreich nach den Eroberungskriegen Napoleons zuteil wurde, mit der zu vergleichen, die Deutschland trotz seiner beschwörenden Bitten erdulden musste. Und die Folgen? Überlegt sie in aller Ruhe. Dem *Wiener Kongreß* vor 130 Jahren folgte ein Jahrhundert einer Wohlstandsentwicklung, wie die Welt ein ähnliches noch nie erlebt hatte, nur von kurzen Kriegen unterbrochen. Und was haben wir als Auswirkung der *Pariser Vorortverträge* erlebt? Not, Währungsverfall in allen Ländern, Arbeitslosigkeit, [7] Spannungen, Unruhe, Unrast, Zunahme der Schulden überall! Ich könnte Euch hier darlegen, weshalb dies die Wirkungen jener unseligen Verträge sein mussten! Aber wenn Ihr die Schriften lest, die ich hinterlasse, dann werdet Ihr überzeugt sein. Alle Eure Sachverständigen aber werden Euch bestätigen, daß ein die Menschen beschäftigender und mit besten Leistungen befriedigender Gütertausch nicht möglich ist, wenn einem beteiligten Volke Würde, Freude und Aussichten genommen werden, wenn der Büttel täglich erscheint, um das Ersparte abzuholen. Deutschland hat damals um Billigkeit und Gerechtigkeit gefleht, es hat auf die Folgen aufmerksam gemacht. Vergeblich! Und nun stellt Euch vor, Euch und Euerm Volke wäre ein Gleiches widerfahren! Das ist der Acker, auf den Hitlers Saat gefallen ist. Die Deutschen, die heute 15 bis 45 Jahre alt sind, haben in der Kindheit oder Jugend zum großen Teil Hunger kennengelernt. Viele von ihnen haben der Erziehung der Väter entbehrt, denn diese waren gefallen. Sie haben die Schwere der Arbeitslosigkeit erfahren. *Keiner* von ihnen hat bewusst die Ausgeglichenheit der Zeit vor dem Ersten Weltkriege [8] kennengelernt. In ihre Seelen sind in der Zeit, da sie am empfänglichsten sind, herbe, schmerzliche, unfreundliche Eindrücke gefallen; von ihnen hat die Vorstellung Besitz ergriffen, daß Macht vor Recht geht, daß Deutschland die rechtliche Behandlung vorenthalten wird und daß es daher gezwungen und berechtigt sei, sich sein Recht zu holen. Zu spät, zu

4 Goerdeler referiert hier die von den Rechts- und Mittelparteien vertretene Einschätzung des Friedensvertrages von Versailles, insbesondere des Art. 231. Die deutsch-österreichische Zollunion stieß auf den Einspruch der Alliierten und scheiterte schließlich an der Entscheidung des ständigen Gerichtshofes in Den Haag vom 5. September 1932.

zögernd, zu unauffällig waren die Milderungsakte. Voraus ging ihnen die Besetzung des Ruhrgebiets, die vom ganzen deutschen Volke mit Recht als brutale Gewalthandlung empfunden und von den englischen Kronjuristen als rechtswidrig bezeichnet wurde. Demgegenüber konnten nur politisch geschulte Köpfe erkennen, daß der Locarnopakt tatsächlich eine Periode der Versöhnung einleitete.[5] Ich habe Stresemann dafür gepriesen, aber ich blieb einer von einigen weißen Raben. Hitlers Marsch an der Feldherrnhalle ergriff die Herzen der Jugend stärker. Trotzdem gewannen wir Konservativen, die eine Versöhnung und Reform auf friedlichem Wege erstrebten, Boden. Da kam der Schlag, der ihn uns wieder entriß. Österreich und Deutschland wurde der wirtschaftliche Zusammenschluß versagt! [9] Nie hat Hitler zur Zeit redlicher Wahlen die Mehrheit des deutschen Volkes erhalten. Er wurde nur Führer der größten Partei. Nur durch Zusagen an andere Parteien, die er nicht gehalten hat, konnte er sich die Mehrheit verschaffen. Von dem Augenblick an belog, betrog und tyrannisierte er das Volk mit jedem nur ersinnbaren Mittel. Und was tatet Ihr, als die ersten Notschreie an Euer Ohr drangen, als die Kunde von den Morden des 30. Juni 1934[6] zu Euch gelangte? Was taten Eure Regierungen? Sie besuchten und ehrten ihn. Was sie Hitlers Vorgängern versagt hatten, ließen sie ihn sich nehmen. Was sie der Vorstellung und der Vernunft glaubten verweigern zu müssen, gewährten sie der Gewalt! Wer hebt nun den ersten Stein gegen das deutsche Volk? Ich versichere Euch, daß damals die ruhigsten Demokraten in Deutschland in Ekstase gerieten. Eine Welt der Ordnung und des Anstandes begann zu stürzen. Und wie nutzte Hitlers Propaganda diese Erfolge! Wie geschickt wurde in unkontrollierten Abstimmungen die Billigung des Volkes erlistet! Die Judenverfolgungen begannen. Ich hatte beim ersten Aufflammen mit meinem Mitarbeiter Dr. Löser in Leipzig persönlich die S.A. von den Judenläden auf dem Brühl vertrieben. Als das Mendelssohn-Denkmal in Leipzig hinter meinem Rücken und [10] gegen mein Verbot gestürzt war, trat ich vom Amt als Oberbürgermeister von Leipzig zurück.[7] Jedermann glaubte, ich würde verhaftet werden. Und was taten Eure Regierungen? Nichts. Sie hätten damals die Juden in Europa retten können, wenn sie entschlossen erklärt hätten, mit Regierungen vollkommen zu brechen,

---

5 Vgl. zur Ruhrbesetzung 1923 S. 971, Anmerkung 32; zu den Locarno-Verträgen und Deutschlands Eintritt in den Völkerbund 1925/26 S. 977, Anmerkung 42.

6 Die Ermordung der obersten SA-Führung und konservative Regimekritiker am 30.6.1934, vom Reichskabinett am 3.7.1934 als „Staatsnotwehr" legalisiert, stieß sehr wohl auf Empörung im Ausland; jedoch gelangten nur sehr wenig Einzelheiten über die Mordaktion der SS an die Öffentlichkeit. Vgl. Frei, Führerstaat, S. 33 ff.

7 Dass Goerdeler sich am designierten Tag des Aprilboykotts 1933 antisemitischen Ausschreitungen und Plünderungen in Leipzig entgegenstellte, wird in verschiedenen Augenzeugenberichten bestätigt (vgl. Diamant, Chronik der Juden, S. 505 ff.). Zu den Gründen für sein Entlassungsgesuch aus dem Leipziger Oberbürgermeisteramt 1936 vgl. auch seine Darstellung in einem Brief an Martin Mutschmann vom 23.11.1937 (Dokument 1.2.11, oben S. 96 ff.).

die solche Ausschreitungen veranlassten und duldeten. Ich bereiste einen Teil der Welt, lernte die Menschen fast aller Nationen und aller Rassen kennen, achten und lieben. Denn ich sah, daß sie alle ihre Eigenart als Schicksal zu tragen hatten, daß sie alle unter der politischen Unruhe und den wirtschaftlichen Verwirrungen litten, daß sie alle einen klaren Weg und wahren Frieden erstrebten. Ich konnte hier und da meine Gedanken verkünden. Ich habe überall betont, daß ich als Deutscher bestimmte Änderungen des politischen Zustandes (Sudetenfrage, polnischer Korridor) für notwendig hielt, daß ich aber die Methoden Hitlers verabscheue, daß das deutsche Volk sich von ihm abwenden würde, wenn es die Wahrheit erführe, [11] und daß ich rechtzeitig um der Zukunft meines Volkes willen vor Hitler warnen müsse.[8] So mancher Ausländer hat mich damals nicht verstanden und für einen schlechten Deutschen gehalten. Ich aber wußte, daß eines Tages ein furchtbares Erwachen erfolgen würde. Und wenn man mich fragte, warum denn das deutsche Volk sich nicht rege, dann habe ich der Wahrheit entsprechend gesagt, daß es mit Mitteln von der Erkenntnis ferngehalten würde, die in der Welt bisher nicht angewandt seien. Nur ein kleiner Bruchteil der Deutschen wisse, was auf finanziellem, auf rechtlichem, auf moralischem Gebiet vor sich ginge. Wer die Wahrheit verkünden oder verbreiten wollte, daß die Juden hingemordet, die Geisteskranken gewaltsam beseitigt würden, daß Göring und andere Parteiführer im Luxus und von der Korruption lebten, dem würden 9/10 seiner Zuhörer sagen, daß solche Ungeheuerlichkeiten in Deutschland unmöglich seien und daß ich Greuelmärchen erzähle; mindestens einer hätte mich angezeigt. 90 % des deutschen Volkes habe von den Konzentrationslagern und ihren Greueln keine Ahnung und leugnen beharrlich die Möglichkeit solcher Zustände. Wie sollte man bei dieser ausschließlich in der Hand der Regierung liegenden Propaganda das deutsche Volk dazu bewegen, das Joch der Unwahrhaftigkeit und Brutalität abzuschütteln, wenn überdies noch ein [12] außenpolitischer Erfolg nach dem anderen mit Hilfe der gleichen Methoden eingeheimst würde? Und ich frage Euch, kann einer von Euch sagen, wie es hätte gemacht werden sollen?

Meine militärischen und zivilen Freunde habe ich allmählich zusammengebracht, jeden Tag in Gefahr des Lebens schwebend. Tausende edler Deutsche sind hingerichtet, weil sie sich nicht beugen wollten. Die geringste Kritik kostete schließlich das Leben. Jetzt wird das alles offenkundig werden. Ein langer Zug von Märtyrern wird an Euch still vorbeiwandern. Aber jeder wird Euch zurufen: Liebet Euch untereinander, bekämpft das Leid mit der Liebe, den Haß mit Verständnis, die Ungerechtigkeit mit dem Recht, das Verbrechen mit der eigenen Reue. Ich hatte meinen englischen Freunden im Sommer 1938 geraten, das Sudetengebiet soweit von Deutschen bewohnt und an Deutschland grenzend, Deutschland zuzugestehen, da ein anderer Zustand unnatürlich sei. Aber sie sollten die Durchführung der

---

8 Vgl. exemplarisch Goerdelers Verständigungsbemühungen mit Großbritannien und Frankreich im Frühjahr 1939 (Dokumente 5.1.4 f., oben S. 764 ff.).

Änderung davon abhängig machen, daß gleichzeitig alle anderen noch offenen Fragen bereinigt würden. Ich sagte ihnen, daß Hitler, wenn er darauf nicht [13] eingehe, sondern gewaltsam vorgehen würde, die Armee nicht gegen Tschechoslowakei, Rußland, Polen, England und Frankreich, hinter denen die USA stünden, in Marsch bringen würde. Dann sei Hitler erledigt und eine verständige Regierung könne mit ihnen alle Streitfragen regeln. Chamberlain folgte diesem Rat nicht. Am 2. Oktober 1938 schrieb ich aus der Schweiz einem englischen Freunde, bald würde die Friedensbegeisterung in England sich legen; die englischen Frauen würden diesen Frieden mit bitteren Thränen beweinen; denn nunmehr würde Hitlers Machtgier jedes erträgliche Maß überschreiten.[9]

Der Krieg brachte 2 Jahre lang Hitler Erfolg auf Erfolg. Meine Freunde und ich ließen uns dadurch nicht beirren. Nach der traurigen Szene im Walde von Compiègne, die die ganze kleinliche Vergeltungssucht offenbarte, schwanden letzte Zweifel, die diesen und jenen noch beschlichen hatten.[10] Wir wussten, daß jeder Erfolg seine Maßlosigkeit steigern und seine Machtgier entfachen würde, Leidenschaften, die bei ihm noch ungehemmter entwickelt waren, als bei Napoleon. Wir wussten, daß deutsche Geltung nicht auf solcher Grundlage errichtet werden kann, daß das ganze [14] Gebäude des vermessen und gotteslästerlich verkündeten tausendjährigen Reiches dem Zusammensturz und dem göttlichen Gericht überantwortet war. Uns erfüllte nur der heiße Wunsch, alles zu tun, um das Unglück einzugrenzen, allen Völkern weitere kostbare Blutopfer zu ersparen, die Vergeudung der letzten Ersparnisse und der Vernichtung unersetzlicher Kulturwerte so bald wie möglich Einhalt zu gebieten. Das war schwerer, als Ihr jetzt nach den Geschehnissen annehmt. Die Soldaten, durch Blitzsiege verwöhnt, zum Teil schon von Kindesbeinen an im Banne der falschen Behandlung Deutschlands und einer skrupellosen Propaganda, das Volk mit Illusionen vollgefüttert, jeder Schritt, jedes Wort von einem schwer bewaffneten, gut ernährten, gut gekleideten starken Polizeikörper überwacht! Ihr wisst, welches Geschick unser Versuch, das eigene Volk und die Welt zu erlösen, gehabt hat. Gott hat ein Bombenattentat nicht gewollt.[b] Sein „Du sollst nicht töten“ steht nun in Flammenschrift über der Zukunft der Völker.

---

[b] Nachträglich eingefügt: „Ich auch nicht. Ich wollte eine andere Lösung.“

[9] Ein Brief vom 2.10.1938 ist in den Akten nicht erhalten; vgl. jedoch Goerdelers Brief an Schairer vom 19.10. (Dokument 4.3.7 oben S. 645 f.) sowie seinen Brief an A.P. Young vom 1.10.1938 (abgedr. in: Young, X-Dokumente, S. 121 f.), die seine Reaktionen auf das Münchener Abkommen belegen.

[10] Zur Unterzeichnung des deutsch-französischen Waffenstillstands am 21.6.1940 hatte Hitler auf Compiègne als Ort bestanden. In demselben Salonwagen, in dem die deutschen Bevollmächtigten am 11.11.1918 die französischen Waffenstillstandsbedingungen empfangen mussten, wurden nun den französischen Bevollmächtigten die deutschen Bedingungen diktiert. Vgl. die Schilderung Shirers, der als Europaberichterstatter für CBS New York Zeuge

Wenn Ihr aber fragt, ob es denn gar keine Deutschen gegeben habe, die aus Wissen und Verantwortung das Äußerste unternommen haben, um dies in der Geschichte der Menschheit in solchem Umfange noch nie geschehene Unglück zu verhindern, so schweigt eine Minute. In ihr werden an Euer Ohr die Rufe vieler tausender Männer, Frauen und Kinder dringen, die furchtbares erleiden, des grausamsten Todes sterben mussten, weil sie, ihre Väter, ihre Brüder gegen Unrecht und Gewalt, für Freiheit, Recht und Frieden sich erhoben hatten![c] Schweigt weiter. Ein Brausen wird ertönen. Alle die deutschen Soldaten werden aufstehen, die ihr Leben im [15] aufgezwungenen Kampfe dahingeben mussten, wissend, daß es verbrecherisch mißbraucht wurde, die leidenschaftlich für Ehre, Glück und Frieden gearbeitet hätten und deren verzweifelten Seelen ein betrügerischer Opfertod auferlegt wurde.

Schweigt weiter. Ein Brausen erfüllt die Luft. Die Toten aller Nationen stehen auf. Ist's ein Getön der Hölle, das auf uns zukommt? Nein, es ist die Stimme Gottes, die diesen millionenfachen Chor führt „Liebet einander! Wer Ohren hat zu hören, der höre!"

Wenn Ihr dies hört oder lest, ist meine Stimme mit im Chor der vom Geiste Gottes Geführten, vielleicht auch die Stimme meiner Frau, meiner Kinder und meiner Brüder; ich weiß seit Monaten nichts mehr von ihnen. Wir alle beschwören Euch, daß Ihr ablassen möget vom Gedanken der Rache und Vergeltung. Wer Blutsühne suchte, der hat sie schon bis zur Übersättigung. Denkt an die furchtbaren Wirkungen von Versailles. Welcher Jammer wäre der Menschheit erspart geblieben, wenn damals Vernunft und Einsicht, Erfahrung und Gerechtigkeit, Wahrheit und Verantwortung den Griffel geführt hätten. Was geschehen ist, es kann nie wieder gut gemacht werden. Lasst ab vom Gedanken an Strafe. Er hat nur in der Geschichte furchtbare Leiden erzeugt. Denkt jede Sekunde daran, daß es für alle Völker gilt, diesen furchtbaren Opfern einen Sinn zu geben. Er kann nur in einem Frieden seine Verkörperung finden, der allen Völkern fruchtbare Arbeit, das Glück der Seelenruhe und den Segen freundlichen [16] Familienlebens bringt, der also vom Geist der Gerechtigkeit, der gegenseitigen Achtung und der Hilfsbereitschaft erfüllt ist. Nur ein solcher Friede verheißt Dauer. Und lang lang dauernd muß der neue Frieden sein. Ja, die europäischen Völker müssen nunmehr zur Tat schreiten und darauf einen festen Bund, dem Beispiel der USA folgend, Krieg dem Kriege erklären. Sonst ist die in einem Jahrtausend gewordene europäische Kultur dem Untergang geweiht. Gott ruft die Menschheit zur Entscheidung. Er hat ihnen den Verstand verliehen, damit sie die Gesetze und Kräfte der Natur sich dienstbar machten. Er

---

[c] Nachträglich eingefügt: „Selbst meine kleinen Enkel, vier und ein Jahr alt, werden weinen, weil sie um meines Tuns willen von der Mutter gewaltsam getrennt wurden."

der Vorgänge war (William L. Shirer: Berliner Tagebuch. Aufzeichnungen 1934–41, Leipzig und Weimar 1991, S. 395 ff.).

hat ihnen aber auch die Seele eingehaucht, um sich ihrer Verantwortung bewusst zu werden, daß sie die gezähmten Kräfte nicht benutzen, um sich, die Gefäße göttlichen Geistes zu vernichten, sondern um die Werke der Liebe und der Hilfe zu verstärken und Segen über die Menschheit zu verbreiten. *Jetzt, jetzt ist die Stunde gekommen,* um angesichts verbrannter und zertrümmerter Gotteshäuser aller Religionen auf dem Wege der Vergeltung, der Zerstörung und der Gewalt umzukehren und entschlossen den Geboten Gottes zu folgen. Er hat das Gericht schon vollzogen. Nun ist es an Euch, mit der zwingenden Gewalt verströmender Liebe Leid in Segen zu wandeln. Denen, die mir Unrecht geben, vergebe ich. Alle Toten werden das Gleiche tun, um Euch Lebenden die Ruhe der Seelen zu geben, nach der Euch verlangt und mit der allein der wahre Friede geschaffen werden kann.

Zu ihm hinterlasse ich Euch bescheidene Beiträge. Die territorialen [17] Fragen in Europa lassen sich lösen, wenn Rußland sich mit seinen Grenzen von 1938 bescheidet. Gott weiß und die Russen müssen bekennen, daß sie in ihnen genügend Lebensraum haben. Polen erhält sein Gebiet wieder etwa bis zu den deutschen Ostgrenzen von 1914. Eine Staatsunion mit Litauen und den Baltenstaaten gibt ihm den Zutritt zum Meer auf breiter Front. Über die Grenzen auf dem Balkan verhandeln die beteiligten Nationen unter Vorsitz eines Schweizer Bürgers. Frankreich und Deutschland verständigen sich über Elsaß-Lothringen vielleicht dahin, daß dies Gebiet zehn Jahre von der Schweiz verwaltet wird, bis die einzelnen Gemeinden in aller Ruhe abstimmen können. Über Südtirol, das bis Bozen und Meran ganz deutsch ist, einigen sich Italien und Deutschland. Wenn Ihr guten Willens seid, wird alles viel leichter gehen, als Ihr zunächst denkt. Ich beschwöre Euch, lasst davon ab, Grenzen mit Gewalt ändern zu wollen. Sie werden im neuen Europa, das einen „*Europäischen Staatenbund*" schließen muß, eine untergeordnete Rolle spielen. Ihm und seinem Schiedsgericht werden die unerledigten europäischen Grenzfragen überwiesen.

Es ist ein Bund *vollkommen selbständiger* Staaten. Sie bilden feierlich eine Eidgenossenschaft zur Wahrung ewigen Friedens untereinander. Mitglieder können alle Staaten werden, deren Gebiet ausschließlich in Europa liegt, wobei Kolonien natürlich nicht als Staatsgebiet gelten. Die Mitglieder unterwerfen sich für alle Streitigkeiten dem Spruch des Oberschiedsgerichts, das aus ständigen und nicht ständigen Mitgliedern besteht. Der Bund hat einen Präsidenten und mehrere Vertreter; einen ständigen Bundesrat, der die Geschäfte führt und eine Mitgliederversammlung. Er [18] errichtet Schiedsgericht und Oberschiedsgericht. Sein Zweck ist die Sicherung des Friedens durch Aufstellung einer gemeinsamen Polizei zu Lande, zu Wasser u[nd] in der Luft, später durch Aufstellung einer gemeinsamen Wehrmacht; enge wirtschaftliche Zusammenarbeit, Aufhebung der Verkehrssperren, des Paßzwangs, der Zollgrenzen; Vereinheitlichung der Verkehrseinrichtungen, des Wirtschaftsrechts. Kulturelle und soziale Zusammenarbeit, Sicherung der Währungen durch Verpflichtung, die öffentlichen Haushalte auszugleichen:

Errichtung einer europäischen Handelsbank zur Förderung des Gütertausches, die Kredit gibt, wenn jene Verpflichtung erfüllt ist.

Ganz allmählich muß dieser Bund zusammen wachsen, ihm soll vorangehen die sofort zu errichtende „Gesellschaft der europäischen Völker zu gemeinschaftlichem Wiederaufbau“, deren vornehmste Aufgabe ist, an Stelle des Hasses die gegenseitige Hilfe zu setzen. Später übernimmt der Bund diese Aufgabe.

Die Kolonien europäischer Staaten werden *europäische* Kolonien; den bisherigen Besitzern werden Schuldverschreibungen ausgehändigt, die eine gerechte Abfindung ihrer bisherigen Aufwendungen und Reinerträge verkörpern. Sie führen die Verwaltung weiter, bis europäische Gouverneure sie übernehmen. Für jede Kolonie wird ein europäischer und ein Eingeborenen-Beirat bestellt.

Ich rate dringend, Italien seine afrikanische Kolonie Libyen wiederzugeben; es wird europäische Kolonie, ebenso Erythrea und Somaliland.

Ich rate, Japans Stellung in der Mandschurei anzuerkennen, die Philippinen mögen sich selbst verwalten und nach 5 Jahren entscheiden, ob sie dem japanischen oder amerikanischen oder englischen Interessenkreis angehören wollen.

Alle besetzten Gebiete werden von den Besatzungsmächten sofort geräumt und an die rechtmäßigen Regierungen übergeben; soweit zweckmäßig, übernehmen Neutrale eine Zwischenverwaltung.

[19] Die mit China in Verbindung stehenden Fragen werden von einer Konferenz beraten, die von China, Japan, Empire, USA, Rußland und Europa beschickt wird. USA sollen nach Möglichkeit auch Südamerika vertreten.

Es wird eine „Weltunion der Unionen“ errichtet. Vorher entscheiden die europäischen Staaten, ob sie sich zur Erleichterung der Zwecke des Europäischen Bundes in Unionen gliedern wollen: die polnisch-litauisch-baltische Union, die Südostunion der Tschechei, Slowakei, Ungarns und Rumäniens, die Balkan Union (Bulgarien, Griechenland, Albanien, Serbien, Kroatien), die romanische Union (Italien und Spanien), die französisch-belgische Union, die deutsch-holländisch-schweizerische Union, die skandinavische Union. Alle Staaten sollen sich frei entscheiden.

„The Union of the Unions“ besteht aus USA, der südamerikanischen Union, sofern sie nicht mit USA zusammengeht, Empire, Europäischer Bund, China, Japan, Rußland; Türkei, arabische Staaten, Iran und Afganistan sollen nach Möglichkeit je eine Union bilden. Durch diese Zusammenfassung in Unionen soll den Schwierigkeiten vorgebeugt werden, unter denen der Völkerbund litt und der technischen Entwicklung Rechnung getragen werden, die zu Großräumen drängt. Die Staaten sollen, kulturell vollkommen selbständig, sich doch der Einsicht nicht verschließen, daß enge wirtschaftliche Zusammenarbeit in aller Interesse liegt. Statt um diese Fragen Kriege zu [20] führen, sollen sie in weiser Politik organische Entwicklungen durch zweckentsprechende Zusammenschlüsse fördern. Meine Lebenserfahrungen nötigen mich, die innige Bitte auszusprechen, daß alle diese Neuregelungen in aller Ruhe und Sorgfalt überlegt und durchgeführt werden mögen. Verzichtet auf Zwang in allen Fragen; vertraut Euch ganz der Macht der Vernunft, dem Willen zur Einsicht und der göttlichen Führung an, indem Ihr Gottes Gebote zur Grundlage Eures Tuns macht; sie sind für alle Menschen in allen Religionen die Gleichen.

Indem ihr auf gegenseitige Reparationen verzichtet, deren Durchführung bei der allgemeinen Verschuldung fast unmöglich wäre, schafft Ihr eine wichtige Grundlage für eine schnelle Wiederherstellung des allgemeinen Gütertausches. Indem Ihr alle auf Einmischung in die inneren Verhältnisse der Staaten verzichtet, leistet Ihr den wichtigsten Beitrag zur Beruhigung der Leidenschaften. Richtet nicht, auf daß Ihr nicht gerichtet werdet! Jeder Staat richtet seine Verbrecher selbst.

Nur dadurch gewinnt „The Union of the Unions" eine von allen Schlacken befreite Grundlage ihres Wirkens. Ihre Aufgaben sollen sein:

Die Errichtung eines Weltschieds- oder Oberschiedsgerichts zur Schlichtung aller Streitigkeiten. Ein Mitglied, das sich dem letzten Spruch nicht unterwirft und zu den Waffen greift, verliert die Mitgliedschaft. Die Errichtung einer Welthandelsbank zur Erleichterung des Gütertausches. Dafür liegen Pläne vor; ich empfehle dringend, sie zu ergänzen. Kredite erhält nur der Staat, [21] der nachweist, daß er sein letztes öffentliches Budget im Gleichgewicht gehalten hat, ohne Kredite seiner Notenbank in Anspruch zu nehmen. Denn anders ist es nicht möglich, stabile Währungen zu schaffen. Alle Aufgaben, die zu prüfen, zu organisieren und durchzuführen die Mitglieder einstimmig beschließen. Auch hier rate ich, die Einstimmigkeit zu achten. Es tut nicht gut, den Versuch zu machen, daß ein Teil der Welt den anderen majorisiert. Ihr seht, bei gutem Wollen ist es möglich, alle, auch die schwierigsten Fragen friedlich zu lösen. Ihr müsst Euch nur stärker bemühen und Euch nicht entmutigen lassen. *Jede* friedliche Lösung ist vorteilhafter als jede gewaltsame. Das müsst Ihr Euch nun angesichts der kostbaren Opfer, der zertrümmerten Heiligtümer, Wohn- und Arbeitsstätten mit aller unerbittlichen Folgerichtigkeit klar machen. Vielleicht findet Ihr andere bessere Lösungen; dann müsst Ihr sie wählen. Ich hinterlasse eine „*Wirtschaftsfibel*".[11] Die Wirkungen der Regelung von Verhältnissen hatten alle Staaten der Welt erfasst. Jedes Volk versuchte seinen eigenen Rettungsweg, jedes irrte, der eine hier, der andere dort. Weshalb? Weil niemand die unerbittliche Gültigkeit unwandelbarer, aber harter Naturgesetze anerkennen wollte, die das Wirtschaften der Menschen beherrschen; denn diese Gesetze sind hart. Frühere Generationen haben sie geachtet. Das neunzehnte Jahrhundert, nur von wenigen, [22] kurzen Kriegen unterbrochen, schnell den Wohlstand steigernd, von der heutigen Jugend Deutschlands gründlich verkannt, hatte es leicht, diese Gesetze zu achten, weil weise Politiker dem Frieden dienten. Aber es hat unterlassen, die soziale Gerechtigkeit zu sichern und den wirtschaftlichen Aberglauben zu bekämpfen. Jene wurde durch die Zusammenballung von wirtschaftlicher Macht gefährdet, zu viel Reichtum bei Einigen, zu viel Entbehrungen bei Vielen. Die Zusammenballung der Menschen, die fortschreitende Arbeitsteilung, die Entmaterialisierung des Geldes von Gold und Silber in Papiernoten

[11] Vgl. zu Goerdelers „Wirtschaftsfibel" S. 658 f., Anmerkung 1.

und Schecks raubte den Menschen den Zusammenhang mit den ewigen Naturgesetzen und züchtete die Vorstellung, daß der Staat als Ding an sich, als ein Gott alles könne, auch Geld und Wohlstand machen.

Diesen Aberglauben, der nach dem 1. Weltkriege alle Völker verführte, von der Staatsgewalt die Beseitigung der Not zu erwarten, statt zu erkennen, daß der Staat gar nichts ist und kann, wenn nicht seine Bürger für sich und ihn arbeiten, gilt es nach dem 2. Weltkrieg auszurotten. Denn zunächst werden die Menschen wieder alles von dem Götzen „*Staat*" erwarten und verlangen. Sie werden erwarten, daß er Trümmer und Armut beseitigt, Besitz erhält, Arbeit „schafft", für die Kriegsopfer sorgt. In Wahrheit müsst Ihr Menschen dies alles selbst durch *Arbeit* schaffen. Von Euren Staatsführern könnt Ihr nur verlangen, daß sie gerecht und sauber sind, ebenso schlicht leben, wie Ihr lange Zeit werdet leben müssen, und daß sie Eure Kräfte nicht zu Abenteuern und Verbrechen mißbrauchen, sondern gewissenhaft der Erhaltung des [23] Friedens, der Förderung des Gütertausches und dem sozialen Ausgleich zwischen Starken und Schwachen widmen. Jetzt werdet Ihr mit Schmerzen begreifen, was Kapital ist. Eure Wohn- und Arbeitsstätten, Euer Hausrat und Eure Kleidung waren Kapital. Nun ist es zerstört. Eurer Arbeit Ergebnisse sind in die Luft gejagt; arm, nackt und hungernd steht Ihr da. Es gilt von vorne anzufangen, wie es das Gesetz für den Kolonisten war, der vor zweihundert Jahren in die Wildnis zog und auch nicht nach der Hilfe des „Staates" oder nach einem „Darlehen" rufen konnte, weil niemand ihn ge- oder erhört hätte, der mit eigener Kraft sein und der Seinen Leben der Natur abtrotzen musste.

Um den Menschen diese Erkenntnis und solches Tun zu erleichtern, habe ich die Wirtschaftsfibel geschrieben. Nicht auf Grund studierten Wissens. Was in ihr steht, habe ich in harter Arbeit von 30 Jahren mir angeeignet, immer wieder durchdacht und immer wieder bewährt gefunden. Dieser Arbeit habe ich das Glück meiner Familie und das eigene Behagen geopfert. Die Tränen meiner über alles geliebten Frau, das Leid meiner geliebten Kinder, der frühe Schmerz meiner Enkel, alles liegt in diesem kleinen Buch.

Ich hoffe, daß es allen Völkern nützen kann. Alle stehen nach diesem Kriege vor den gleichen Aufgaben, aus Trümmern wieder aufzubauen, mit verminderter Leistungskraft die Kriegsopfer zu versorgen, die Lager wieder aufzufüllen, die Kapitalverluste langsam wett zu machen, die Währungen zu stabilisieren und den Lebensstand wieder auf erträgliche Höhe zu bringen. Diese Aufgaben können nur [24] gemeinschaftlich gelöst werden. Innige Zusammenarbeit ist erforderlich. Begrabt Rassen- und Völkerhaß und versöhnt Euch. Das ist nur möglich, wenn jeder sich müht, der Wahrheit die Ehre zu geben und dem anderen zu helfen.

Ich hatte mich bemüht, in diesem Geiste die Wirtschaftsfibel zu schreiben. Die Wahrheit hat den Aberglauben des Mittelalters gebrochen. Wahrheit muß alle Aber- und Irrlehren hinwegspülen, die das Denken und Fühlen, den Geist und die Seele mißbrauchen und mißleiten wollen. Aberglaube gipfelt immer in der Vorstellung, daß irgend etwas anderes bequemer als das eigene Bemühen ein Übel bannen, eine Wendung herbeiführen könne. Gott aber hilft nur denen, die sich mühen, die ihnen von Ihm verliehenen Kräfte recht nach seinen Geboten zu brauchen. Meine Mühe hat er zu Schanden werden lassen; so muß ich wohl seine Gebote noch nicht recht beachtet haben. Gott helfe Euch dazu. Weicht seinen Geboten auch nicht in der Außenpolitik aus. Entsagt der Politik mit doppeltem Boden. Überwindet die Verführung, die die technische Entwicklung mit Euch treibt. Verfallt nicht dem Aberglauben, daß sie Euch von den Gesetzen der Natur in der Wirtschaft befreit. Werdet nicht Diener des Materialismus, den sie scheinbar verkörpert, sondern nutzt ihre Segnungen um Geist und Seele zu bilden. Vergeßt über dem Radio nicht, selbst zu singen und zu musizieren. Lebt Euren Familien und entthront den Götzen „Staat".

In tiefem Leid verlasse ich diese Welt. Eine über alles geliebte Frau, die [25] Freud und Leid mit mir getragen hat, zwei Söhne, zwei Töchter leben vielleicht noch. Ich weiß es nicht. Seit 6 Monaten habe ich keine Verbindung mehr. Ich bin der einzige Gefangene, dem dies verwehrt ist. Frau und Kinder waren verhaftet, die Söhne getrennt von Mutter und Schwestern. Meine jüngste Tochter, mein geliebtes Ninchen wurde 2 Tage vor ihrem *15. Geburtstag* verhaftet. In Haft sind meine beiden Brüder mit Frau und einzelnen Kindern. In Haft ist meine Schwiegertocher, der man den *dreijährigen* und den *einjährigen* Jungen genommen hat. Meine Familie ist im Glatzer Bergland untergebracht; 80 km davor stehen heute die Russen.[12] Wo sind die Meinen? Mein Vermögen, so bescheiden es ist, ist mir und den Meinen genommen. Die Pension meiner Frau gestrichen. Ohne jedes Einkommen stehen sie da. Meine verhafteten Brüder hatten alle ihre Habe in Ostpreußen! Sie ist verloren; auch sie sind ohne Einkommen. Meine Schwiegermutter hatte ein Häuschen in Ostpreußen. Es ist mit der Einrichtung verloren. Von einem Krankenhaus in Königsberg bezog sie eine Rente, alles von meinem teuren Schwiegervater in hingebender Arbeit aus dem Nichts aufgebaut. Sie hat alles verloren! Die Schwiegereltern meiner geliebten Tochter Marianne hatten ein Geschäft in Königsberg. Es ist durch Bomben zerstört; ihr Haus nun verloren. Die Schwiegereltern [26] meines geliebten Sohnes Ulrich hatten ein Geschäft in Hamburg; es ist zerstört. Die Schwiegereltern des letzten freien Mannes meines Namens, des Dr. Joachim Goerdeler, haben durch die Besetzung Ostpreußens alles verloren. Meine Verwandten und Freunde in Ostpreußen alles verloren! Verloren, verloren, verloren ... tönt es auf meine Fragen. Unser geliebter ritterlicher Sohn Christian fiel bei Charkow, er der Pfleger jedes verwundeten Gegners.

Die Gräber meiner Eltern, Groß- und Urgroßeltern in Ostpreußen, verloren!

Gibt es sehr viele Menschen, die gleich schwer von der Hand Gottes getroffen sind? Die mir Liebsten weiß ich in Not und Leid, aber ich habe kein Zeichen von

---

[12] Goerdeler war darüber informiert worden, dass seine Familie in Sippenhaft, sein Bruder Fritz ermordet, und seine beiden Enkel von den Eltern getrennt worden waren; vgl. Meyer-Krahmer, Mut zum Widerstand, S. 272 ff.

ihnen. Und doch weiß Gott, daß ich alles gewagt habe, weil ich der Jugend, den Männern und den Frauen aller Völker weiteres Leid und neue Not ersparen wollte! Herr, was ist des Rätsels Lösung? Die Verbrecher triumphieren!

Und doch nur *Du* kannst diesem Geschehen einen Sinn geben, und Du wirst es tun. Ihr Menschen, hört meine flehende und beschwörende Bitte! Lasst ab von Kampf und Töten, von Zerstören und Machtgier! Helfet und liebet einander!

Berlin, im Gefängnis 27. Januar 1945
Dr. Carl Goerdeler

7.2.8 Politisches Testament

handschriftliche Aufzeichnung vom 31.1.1945; Privatbesitz.

Verfügung über den schriftlichen Nachlass zur finanziellen Absicherung der Familie; Selbstvorwürfe, nicht in das Kabinett Papen eingetreten zu sein; Empfehlung an die Familie, nach Schweden oder in die Schweiz auszuwandern; Aussagen vor der Gestapo, um eigene Familie zu schützen und um Größe der Verschwörung zu betonen; Beendigung des sinnlosen Kriegs und des nationalsozialistischen Terrors als wichtigste Motive der Verschwörung.

[...][1]

8. Was ich meinen Geliebten hinterlassen kann, ist die „Wirtschaftsfibel"[2], die Direktor Müller von Reclam zu verlegen übernommen hat. Sie soll illustriert werden. Ich glaube, damit wirklich etwas Gutes für den Unterricht in Fortbildungs-, Fach- und höheren Schulen sowie für Erwachsene, und besonders Arbeiter und Unternehmer geschaffen zu haben. Ich beschwöre Herrn Müller und seinen Verlag, sich des Druckes, der Übersetzung in alle Sprachen und der Verbreitung anzunehmen. Man kann daraus auch Briefunterricht in Form der Methode Toussaint-Langenscheidt machen. Es ist [9] sehr leicht, die einzelnen Thesen (etwa 230) in Bereiche zu teilen, und dabei Übungen und Wiederholungen einzuflechten. Hätte ich rechtzeitig daran gedacht, hätte ich das noch selbst gemacht.

Auch sind im Rathaus Leipzig meine Reden und unter meinen Papieren meine Aufsätze vorhanden; diese Papiere muß das Reichssicherheitshauptamt, Berlin W 11, Prinz Albrecht-Str. 8 herausgeben. Sie werden durch diese Beschlagnahme und mein tragisches Ende besonderen Wert erhalten. Ich bitte sie als „gesammelte Werke" herauszugeben. Endlich müssen in diese die Aufzeichnungen aufgenommen werden, die ich demjenigen ausgehändigt habe, der auch dies Schriftstück empfängt und der sich melden wird, so Gott ihn am Leben erhält.[3] Es muß dies nur durchgearbeitet werden, da ich in der Haft, zum Tode verurteilt, nicht immer die nötige Sammlung und die Peitsche der Zeit hinter mir hatte.

---

1 In den ersten sieben Abschnitten hatte Goerdeler detaillierte finanzielle Anweisungen sowie eine Reihe in- und ausländischer Freunde aufgelistet.

2 Zu Goerdelers Wirtschaftsfibel vgl. S. 658 f., Anmerkung 1.

3 Zu Wilhelm Brandenburg vgl. S. 1148, Anmerkung 1.

Wenn diese Hinterlassenschaft mit Liebe ausgenutzt wird, die ich so gern in meinem Alter selbst geordnet und zusammengefaßt hätte, dann kann sie meiner innig geliebten Frau, meinen geliebten Kindern und Enkeln, meinen lieben Neffen u[nd] Nichten auch materiellen Nutzen bringen. Alles hängt davon ab, daß die zerstörte Welt ihren Aufbau auf einer von wirtschaftlichem Aber- und Wunderglauben gereinigten Grundlage und auf den [10] Geboten Gottes durchführt, *Alles, aber auch Alles*.

Hitler hat eine Welt in Trümmer gelegt. Oh, hätte ich doch 1932 Hindenburgs Ruf gefolgt und wäre Minister geworden, selbst bei dem unseligen Papen, dem unser Volk dies Arrangement und die Inthronisierung dieses Unglücks zu danken hat![4] Diesem Kampf um Wahrheit und Klarheit sind meine Reden und Aufsätze gewidmet. Gott hat meine Arbeit nicht gesegnet; ich flehe ihn an, den Segen meiner Frau, meinen Kindern und meiner Familie zu geben. Lehrt die Welt und ich bitte sie, an der Schwelle meines Todes, mir zu glauben, daß ich um diese Erkenntnisse auch zu Nutzen der Arbeiter gerungen habe.

9. Meine Frau soll ernstlich überlegen, ob sie nicht sofort nach Ende der Feindseligkeiten nach Schweden oder der Schweiz mit Kindern, noch lebenden Geschwistern, Nichten und Neffen auswandern soll. Wir haben das 1938 ins Auge gefaßt u[nd] 1939, trotzdem Christian begeistert war, unterlassen. Es hat keinen Zweck darüber nachzusinnen. Wieviel Leid wäre uns erspart geblieben!

Der Krieg ist in diesem Jahre zu Ende, ich schätze in 3 Monaten. Dann kommt hoffentlich ein langer Waffenstillstand. Der Besitzer dieses Schriftstücks hat meine Bitte an die Welt in Händen, dann einen gerechten Frieden in Ruhe zu beraten und [11] von allen Vernichtungen abzusehen; insbesondere gegenüber Deutschland. Findet dieser Aufruf Widerhall, dann soll meine Frau in Deutschland bleiben, und kann von 1948 ab ihren Wohnsitz nehmen, wo sie will. Wenn aber 3 Monate nach Waffenstillstand mein Appell sich als fruchtlos erweist, dann soll meine Frau mit der ganzen Familie am besten in die Schweiz auswandern, weil sie dort die deutsche Sprache und prächtige deutsche Menschen vorfindet. [...][5] Aber auch Schweden ist ein schönes und gesundes Land. Auch dort kann Bosch helfen. Meine Frau muß mit den Lebenden entscheiden.

Meine Freunde in Schweiz und Schweden und die Menschen, die mich kennen, aber auch die Behörden bitte ich mit diesen letzten Zeilen, meiner Frau und den Meinen zu helfen. Sie haben Not, Qual und Leid durchgemacht, selbst die kleinsten Enkel hat man nicht verschont. 6 Monate bin ich in Haft und weiß heute nicht, wo die Meinen sind und wie es ihnen geht. Nur [12] einmal kurz vor Weihnachten

---

4 Zu Goerdelers Überlegung, in das Kabinett v. Papen einzutreten, vgl. seinen Rückblick auf seine Mitarbeit in der Reichspolitik zwischen 1931 und 1935 vom 9.7.1937; Dok. 2.3.7, oben S. 240 ff.

5 In der ausgelassenen Passage hat Goerdeler seine Kontakte in der Schweiz und in Schweden aufgelistet.

durfte ich einen Brief meiner Schwiegertochter an meinen ältesten Sohn lesen.[6] [...][7]

Ich bitte die Schweizer und Schweden nicht zu vergessen, daß meine Freunde und ich bewußt auch für sie das Unglück abwenden wollten, das wir für Deutschland kommen sahen. Denn die Schwächung Deutschlands, die Stärkung des Kommunismus und die Übermacht Rußlands ist auch für sie verhängnisvoll. Wir kämpften und starben für Menschlichkeit, Freiheit und wirtschaftliche Vernunft, einen gefährlichen Kampf und einen [13] harten Tod. Gebt dafür die Güte der Herzen den verzagenden Seelen meiner Frau, meiner Kinder, meiner Geschwister und deren Kinder. Ich werde Euch und Eure Kinder dafür segnen. Um Euch die Zukunft zu erleichtern, Euch im Kampf gegen Irr- und Aberglauben in allen wirtschaftlichen Fragen zu helfen, schrieb ich meine Wirtschaftsschriften. Wissenschaftler werden dies und jenes daran auszusetzen haben, weil es von gewöhnten Begriffen abweicht, aber sie werden bekennen müssen, daß ich den Beweis nicht schuldig geblieben bin, und daß es jetzt darauf ankommt, das wirtschaftliche Geschehen in seiner Naturgesetzlichkeit zu erkennen und leicht verständlich darzutun.

Denn der Frieden, Wohlstand und Seelenruhe hängen davon ab, daß die Menschen nicht wieder ihre Regierungen zu wirtschaftlichen Verheißungen, Quacksalbereien und Lügen drängen, sondern arbeiten. Sache der Regierungen ist es, dafür zu sorgen, daß der Ertrag gerecht aufgeteilt wird, daß die Arbeiter wirtschaftlichen Unterricht erhalten, um so fähig zu werden, den Gang der Wirtschaft in ihrem Betriebe wie im Volke wahrhaft zu verfolgen und zu beurteilen. Endlich [14] muß ihnen Gelegenheit gegeben werden die Verantwortung auf dieser Grundlage mit zu tragen, indem ihnen in den Betrieben und in den Wirtschaftskammern[8] Mitwirkung gegeben wird. Denkt daran, daß es verhängnisvolle Quacksalberei gewesen ist, mit der Hitler das deutsche Volk getäuscht hat: er hat die Arbeitslosigkeit mit dem Mittel beseitigt, mit dem jeder Quartaner denselben Erfolg erzielt hätte; er hat von 1933-1939 40 Milliarden Mark Schulden gemacht und dafür Kasernen, Prunkgebäude, Waffen und Straßen geschaffen, damit aber den Krieg unvermeidlich für sich selbst gemacht. Denn diese Schulden entwerteten die deutsche Mark; er mußte die Grenzen gegen eine immer teurer werdende Einfuhr sperren, zu Ersatzstoffen, zur Autarkie, zur Rationierung von Fett und Fleisch, zur Zwangswirtschaft greifen.[9] Da zog er vor, diesen von mir vorausgesag-

---

6 Die Frau von Goerdelers ältestem Sohn Ulrich, Irma, hielt sich mit ihren zwei Kindern und der jüngsten Goerdeler-Tochter Benigna in Süddeutschland auf, wo sie am 28. Juli 1944 verhaftet und von den Kindern getrennt wurden. Es konnte nicht geklärt werden, wie Goerdeler an den Brief seiner Schwiegertochter gelangt war.

7 In der ausgelassenen Passage hatte Goerdeler in sieben Sätzen seine Selbstvorwürfe fortgesetzt.

8 Zu Goerdelers berufsständischer Verfassungskonzeption auf der Grundlage von Wirtschaftskammern vgl. seine Denkschrift Das Ziel vom Herbst 1941; Dok. 6.1.1, oben S. 873 ff.

9 S. Goerdelers Artikel „Wirtschaftliche Funktionen der Preise“ vom 23.12.1936; Dok. 3.9, oben S. 464 ff.

ten Mißerfolg durch Krieg zu verschleiern. Denkt an die französischen Assignaten und ihre furchtbaren Folgen. Macht endlich mit den Staatsverschuldungen ein Ende und gesteht, daß Arbeit und Frieden der gleichen Wurzel entspringen: dem guten Willen und der Einsicht.

10. Für meine Familie und Freunde noch die Nachricht, daß wichtige Schriftstücke von Beck [und] [15] von mir bei dem Reichssicherheitshauptamt liegen. Man muß sie und die Akten dieses ganzen Prozesses sicherstellen. Aus allen diesen Vorgängen werdet Ihr ersehen, was von Deutschen gewagt und getan ist, um Unheil vom Vaterlande und Unglück von der Welt abzuwenden. Gott hat es anders gewollt.

Ich habe manchen Freund belasten müssen. Meine Verhaftung geschah so überraschend, daß ich keine Zeit fand, mich zu töten, dann war ich gefesselt und seitdem aller Waffen beraubt. Es wurde mir eröffnet, daß man sich an meiner Familie schadlos halten würde, wenn man mir Unwahrheiten nachweisen oder wenn ich schweigen würde. Es sei aber auch nützlich, die Breite der Verschwörung aufzudecken, weil dann Hitler vielleicht erkennen würde, daß es so nicht weiterginge! Endlich aber wurden mir so viele Unschuldige namhaft gemacht, daß ich zu ihrer Rettung nur gelangen oder beitragen konnte, wenn meine Aussagen glaubhaft erschienen. So sind auch viele gerettet. Die Anderen mögen mir verzeihen. Ich habe stets um das Beste gerungen. Gott gebe, daß es das Rechte war. Manche haben mich in große Verlegenheit gesetzt, indem sie, um sich zu sichern, mich angezeigt hatten, während ich ausgesagt hatte, nie mit ihnen politische Gespräche geführt zu haben.

Ich habe Ende August mich [angeboten,] unter der Bedingung einer allgemeinen Amnestie, die mich nicht treffen sollte, eine Verständigung mit England und Amerika zu erzielen. Ich habe den Vorschlag genau in der Sache und in der Technik ausgearbeitet. Ich habe ihn im November und im Januar wiederholt und gebeten, dann für meine Heimat fallen zu dürfen. Man hat wohl davon Notiz genommen, aber sich nicht entschließen können. Ich aber ging von der Überlegung aus, daß nach dem 20. Juli an einen Umsturz in Deutschland nicht zu denken war, also alles geschehen mußte, um den Krieg ohne Regime-Änderung in Deutschland zu Ende zu bringen. Ich sagte mir, daß dieser Krieg alle Mächte, besonders Deutschland so erschöpft habe, daß zu Hitlers Lebzeiten an einen neuen Mißbrauch des Friedens nicht zu denken sei; daß der Wiederaufbau so ungeheure Arbeit erfordere, daß für Verschwendung und Luxus kein Raum mehr sein könne; und endlich, daß die Notwendigkeit, die Ernährung, Bekleidung und Wohnung zu erträglichen Preisen sicher zustellen, jede Möglichkeit ausschließen müsse, Autarkie, Zwangswirtschaft und Verschuldung weiterzutreiben. Innere Reformen hätten sich als unerläßlich herausgestellt. Über allem aber stand mir die innige Sehnsucht, den furchtbaren Opfern für alle Völker, den sinnlosen Zerstörungen in Europa ein Ende zu bereiten. Gott hat mir auch in diesem Ringen nicht geholfen. Ich bin unwürdig oder Gott hat mit den Menschen etwas Besonderes vor. Wie oft habe ich im Gebete mit ihm gerungen, die Menschen nicht zur Verzweiflung zu treiben;

ich weiß, daß er Gericht hält für die grauenhaften Ausrottungen der Juden, für Mord, Vertreibung, Raub und andere Verbrechen, die an anderen Völkern begangen wurden. Aber ich hoffte, Gott würde die Rechnung als beglichen ansehen durch den Opfertod so vieler unschuldiger Menschen, wie unser geliebter Sohn Christian, der tapfer diesen Verbrechen und ihren Urhebern zu Leibe gerückt ist.[10] Auch seine Akten laßt Euch vom Personalamt des Heeres und vom Reichssicherheitshauptamt geben. Die Welt ersehe daraus, was ein junger edelster Deutscher leiden mußte, weil es für Recht, Freiheit, Menschlichkeit und Sauberkeit eintrat. Leuchtend steht seine Gestalt vor mir. Christian, hätte ich doch Deinen Wunsch 1939 erfüllt, Deutschland zu verlassen!

Gott, laß es genug sein, laß das Leid nicht bis zur Verzweiflung anschwellen. Um Christi willen erbarme Dich.

Ihr Lebenden aber seid getrost. Wenn Ihr betet und arbeitet, wird wahrer Frieden bei Euch einkehren. Innig wünsche ich es Euch
Carl Goerdeler

---

[10] Zu Christian Goerdeler vgl. S. 848, Anmerkung 2.

Abkürzungsverzeichnis

AA	Auswärtiges Amt
AAA	Agricultural Adjustment Act
ABM	Arbeitsbeschaffungsmaßnahme(n)
ACDP	Archiv für Christlich-Demokratische Politik
ADB	Allgemeine Deutsche Biographie
ADGB	Allgemeiner Deutscher Gewerkschaftsbund
AdR	Akten der Reichskanzlei
AEG	Allgemeine Elektrizitätsgesellschaft
AfK	Archiv für Kommunalpolitik
AFL	American Federation of Labor
AfS	Archiv für Sozialgeschichte
AFSA	Armen-, Fürsorge- und Sozialamt
AHS	Adolf-Hitler-Schule
AJC	American Jewish Congress
ALV	Arbeitslosenversicherung
AOG	Arbeitsordnungsgesetz („Gesetz zur Ordnung der nationalen Arbeit")
AOK	Armeeoberkommando
ASKI	Ausländersonderkonten für Inlandzahlungen
AVAVG	Gesetz für Arbeitsvermittlung und Arbeitslosenversicherung
AWI	Arbeitswissenschaftliches Institut (der DAF)
BAB	Bundesarchiv Berlin
BAK	Bundesarchiv Koblenz
BDC	Berlin Document Center
BIZ	Bank für Internationalen Zahlungsausgleich
BK	Bekennende Kirche
CCC	Civilian Conservation Corps
CdZ	Chef der Zivilverwaltung
CIO	Committee for Industrial Organization, 1935–1937/Congress of Industrial Organizations, seit 1937
CSR	Tschechoslowakische Republik
CSU	Christlich Soziale Union (Bayern)
CVP	Christliche Volkspartei
DAF	Deutsche Arbeitsfront
DAZ	Deutsche Allgemeine Zeitung
DDP	Deutsche Demokratische Partei
DGO	Deutsche Gemeindeordnung
DGT	Deutscher Gemeindetag
DNVP	Deutschnationale Volkspartei
DSt	Deutsche Studentenschaft
DST	Deutscher Städtetag
DStP	Deutsche Staatspartei
DVLP	Deutsche Vaterlandspartei
DVP	Deutsche Volkspartei

DVR	Deutsche Volkspartei in Rumänien
DWG	Deutsche Weltwirtschaftliche Gesellschaft
FAD	Freiwilliger Arbeitsdienst
FAH	Firmenarchiv, historisch
FDP	Freie Demokratische Partei
FZ	Frankfurter Zeitung
GehStA	Geheimes Staatsarchiv Preußischer Kulturbesitz
Gestapo	Geheime Staatspolizei
GHH	Gutehoffnungshütte
GuG	Geschichte und Gesellschaft
HA	Historisches Archiv
HJ	Hitler-Jugend
HVA	Hauptverwaltungsamt
IfZ	Institut für Zeitgeschichte
IHK	Industrie- und Handelskammer
IMT	Internationales Militär-Tribunal
JEH	Journal of Economic History
JHF	Jahrbuch für Historische Forschung
KEA	Kriegsernährungsamt
KdF	Kraft durch Freude
KPD	Kommunistische Partei Deutschlands
KVP	Konservative Volkspartei
KWG	Kaiser-Wilhelm-Gesellschaft e.V.
KWVO	Kriegswirtschaftsverordnung
KZ	Konzentrationslager
LAB	Landesarchiv Berlin
LHS	Landwirtschaftliche Hochschule
LNN	Leipziger Neueste Nachrichten
M	Mark
MGM	Militärgeschichtliche Mitteilungen
Mio	Millionen
MSPD	Mehrheitssozialdemokratische Partei Deutschlands
N	Nachlass
NDB	Neue Deutsche Biographie
NIRA	National Industrial Recovery Act
NLRA	National Labor Relations Act
NRA	National Recovery Administration
NSDAP	Nationalsozialistische Deutsche Arbeiterpartei
NSDDB	Nationalsozialistischer Deutscher Dozenten-Bund
NSDStB	Nationalsozialistischer Deutscher Studenten-Bund
NSLB	Nationalsozialistischer Lehrer-Bund
NSV	Nationalsozialistische Volkswohlfahrt

o.D.	ohne Datum
OHL	Oberste Heeresleitung
OKH	Oberkommando des Heeres
OKW	Oberkommando der Wehrmacht
OSS	Office of Strategic Services
OT	Organisation Todt
P.O.U.M.	Partido Obrero de Unificación Marxista (Arbeiterpartei der marxistischen Vereinigung in Spanien)
PG	Parteigenosse
Pr.GS	Preußische Gesetzsammlung
PRO	Public Record Office
PWA	Public Works Administration
RdI	Reichsminister(ium) des Innern
REG	Reichserbhofgesetz
RFSS	Reichsführer SS
RGBl.	Reichsgesetzblatt
RM	Reichsmark
RSF	Reichsstudentenführung
RSHA	Reichssicherheitshauptamt
RWW	Rheinisch-Westfälisches Wirtschaftsarchiv
SA	Sturmabteilung
SD	Sicherheitsdienst
SdA	Schönheit der Arbeit
SDP	Sudetendeutsche Partei
SGBl.	Sächsisches Gesetzblatt
Sipo	Sicherheitspolizei
Sopade	Sozialdemokratische Partei Deutschlands (Exil)
SPD	Sozialdemokratische Partei Deutschlands
SS	Schutzstaffel
StA	Stadtarchiv
StAL	Stadtarchiv Leipzig
StAM	Stadtarchiv München
StAS	Stadtarchiv Solingen
StdF	Stellvertreter des Führers
TUC	Trade Union Congress
UMW	United Mine Workers
USK	Unabhängiger Staat Kroatien
USPD	Unabhängige Sozialdemokratische Partei Deutschlands
V 1	„Vergeltungswaffe 1" (Flugbombe Fi 103 der Luftwaffe)
VfZ	Vierteljahreshefte für Zeitgeschichte
VGH	Volksgerichtshof
WHW	Winterhilfswerk
WP	Wirtschaftspartei (Reichspartei des deutschen Mittelstandes)
WPA	Works Progress Administration

WRV	Weimarer Reichsverfassung
WTB	Wolffs Telegraphen-Büro
Z	Zentrum(spartei)
ZfG	Zeitschrift für Geschichtswissenschaft
ZVfD	Zionistische Vereinigung für Deutschland

Quellen- und Literaturverzeichnis

I. Unveröffentlichte Quellen

Archiv für Christlich-demokratische Politik, St. Augustin (ACDP)
I-200 = Nachlass Franz Böhm
I-345 = Nachlass Constantin v. Dietze
I-256 = Nachlass Adolf Lampe

Bundesarchiv Berlin (BAB)
Akten des ehemaligen BDC:
Dönicke, Walter
Haake, Rudolph
Mutschmann, Martin

R 2 = Reichsfinanzministerium
R 7 = Reichswirtschaftsministerium
R 18 = Reichsministerium des Innern
R 36 = Deutscher Gemeindetag
R 43 = Reichskanzlei
R 58 = Reichssicherheitshauptamt
NS 25 = Hauptamt für Kommunalpolitik

Bundesarchiv Koblenz (BAK)
N 1005 = Nachlass Hermann Pünder
N 1018 = Nachlass Jakob Kaiser
N 1113 = Nachlass Carl Friedrich Goerdeler
N 1160 = Nachlass Rudolf Pechel
N 1166 = Nachlass Gerhard Ritter
N 1231 = Nachlass Alfred Hugenberg

Kleine Erwerbungen 99 = Unterlagen des Leipziger Juristen Friedrich Geyler
Kleine Erwerbungen 645 = Briefe aus dem Besitz von Professor Gerhard Binder
Kleine Erwerbungen 666 = Forschungsgemeinschaft 20. Juli: Fragebogenaktion von 1974
Kleine Erwerbungen 760 = „Lebensrückblick eines 85-jährigen“ von Dr. Max Rehm

Bundesarchiv/Militärarchiv, Freiburg (Ba-Ma)
MSG 1/3219 = Tagebuch Hermann Kaiser (1.1.–1.8.1943)

Geheimes Staatsarchiv Preußischer Kulturbesitz, Berlin (GehStA)

Rep. 77, Tit. 2560 = Akten des Preußischen Ministeriums des Innern betr. die Verwaltung der Stadt Königsberg

Rep. 77, Tit. 3528 = Akten des Preußischen Ministeriums des Innern betr. die Verwaltung der Stadt Solingen

Institut für Zeitgeschichte, München (IfZ)

Ma 146/1-Ma 146/3

Ms 258 = Manuskript Karl Rothe: 50 Jahre im Dienste einer Großstadt

ZS/A-18 = Sammlung van Roon

ZS 1758 = Zeugenschrifttum Albrecht Fischer

Landesarchiv Berlin (LAB)

B, Rep. 142/I, DST, A = Organisationsakten des Deutschen und Preußischen Städtetags

B, Rep. 142/I, DST, B = Sachakten des Deutschen und Preußischen Städtetags

B, Rep. 142-7, DGT, B = Sachakten des Deutschen Gemeindetags

Nachlass Goerdeler (Privatbesitz)

Alle als „Privatbesitz" gekennzeichneten Dokumente stammen aus dem Besitz der Familie Goerdeler und werden dem Nachlass Goerdeler im Bundesarchiv (BAK, N 1113) beigefügt werden.

Public Record Office, London (PRO)

FO 371 = Foreign Office Political Files

Stadtarchiv Leipzig (StAL)

Kapitel 6 = Rat der Stadt Leipzig

Kapitel 10 = Personalangelegenheiten der Stadt Leipzig

Kapitel 44 = Finanzen der Stadt Leipzig

Kapitel 72 = Kriege und sonstige außerordentliche Ereignisse

Kapitel 74A = Plenarprotokolle der Stadt Leipzig

Akten der Stadtverordneten

AFSA = Armen-, Fürsorge- und Sozialamt

Nachlass Schöne

Stadtarchiv München (StAM)

Akten Bürgermeister und Rat, Nr. 473 = Unterlagen zur Deutschen Gemeindeordnung

Stadtarchiv Solingen (StAS)

V-A-1 = Protokolle der Stadtverordneten-Versammlung

Historisches Archiv der Firma Krupp, Essen (HA Krupp)

FAH 4 E 154 = Korrespondenz Gustav von Krupp zu Bohlen und Halbachs mit Carl Goerdeler

FAH 23/648 = Privatakten Gustav von Krupp zu Bohlen und Halbachs betr. Carl Goerdeler und Ewald Löser

FAH 23/506 = Korrespondenz Gustav von Krupp zu Bohlen und Halbachs mit Thilo Frhr. v. Wilmowsky

WA 40/630 = Kopien aus den Akten des Nürnberger Militärgerichtshofs über das Verfahren gegen Ewald Löser

Rheinisch-Westfälisches Wirtschaftsarchiv, Köln (RWW)

HA/GHH, NL Paul Reusch

II. Aktenwerke und Dokumentationen

Akten der Reichskanzlei. Das Kabinett Müller II, 2 Bde., bearb. v. Martin Vogt, Boppard 1970.

Akten der Reichskanzlei. Das Kabinett Scheidemann, bearb. v. Hagen Schulze, Boppard 1971.

Akten der Reichskanzlei. Die Kabinette Brüning I und II, 3 Bde., bearb. v. Tilmann Koops, Boppard 1990.

Akten der Reichskanzlei. Die Kabinette Luther I und II, 2 Bde., bearb. v. Karl-Heinz Minuth, Boppard 1977.

Akten der Reichskanzlei. Die Regierung Hitler 1933–1938. Teil 1, 1933/34, 2 Bde., bearb. v. Karl-Heinz Minuth, Boppard 1983.

Benz, Wolfgang (Hg.): „Bewegt von der Hoffnung aller Deutschen". Zur Geschichte des Grundgesetzes. Entwürfe und Diskussion 1941–1949, München 1979.

Bolz, Berthold (Hg.): Die Werke Friedrichs des Großen, Bd. 6: Militärische Schriften, Berlin 1913, S. 367-381.

Brüning, Heinrich: Briefe und Gespräche 1934–1945, hg. v. Claire Nix u. Mitarb. v. Reginald Phelps u. George Pettee, Stuttgart 1974.

Deutschland-Berichte der Sozialdemokratischen Partei Deutschlands (Sopade) 1934–1940, 4. Aufl. Frankfurt/M. 1980.

Die Deutsche Gemeindeordnung mit Durchführungsvorschriften und Ausführungsanweisungen nebst den preußischen Überleitungs- und Ausführungsvorschriften, München und Berlin 1935.

Domarus, Max: Hitler. Reden und Proklamationen 1932–1945. Kommentiert von einem deutschen Zeitgenossen, Teil I, Bd. 1: 1932–1934, Leonberg ^{4}1988.

Freiherr vom Stein. Briefe und Amtliche Schriften, bearb. v. Erich Botzenhart, neu hg. v. Walther Hubatsch, Bd. II/1 neu bearb. v. Peter G. Thielen, Stuttgart 1959.

Freiherr vom Stein. Briefe und Amtliche Schriften, bearb. v. Erich Botzenhart, neu hg. v. Walther Hubatsch, Bd. II/2 neu bearb. v. Peter G. Thielen, Stuttgart 1959.

Freiherr vom Stein. Briefe und Amtliche Schriften, bearb. v. Erich Botzenhart, neu hg. v. Walther Hubatsch, Bd. III neu bearb. v. Peter G. Thielen, Stuttgart 1961.

Gamm, Hans-Jochen: Führung und Verführung. Pädagogik des Nationalsozialismus. Eine Quellensammlung, 2. Aufl. m. e. neuen Einl. u. e. Ergänzungsbibliographie Frankfurt/M. und New York 1984.

Giese, Gerhardt: Quellen zur Deutschen Schulgeschichte, Göttingen 1961.

Hirsch, Martin, Diemut Majer und Jürgen Meinck (Hg.): Recht, Verwaltung und Justiz im Nationalsozialismus. Ausgewählte Schriften, Gesetze und Gerichtsentscheidungen von 1933 bis 1945, Köln 1984.

Hoche, Werner (Hg.): Die Gesetzgebung des Kabinetts Hitlers. Die Gesetze in Reich und Preußen seit dem 30. Januar 1933 in systematischer Ordnung mit Sachverzeichnis, H. 14 (1.6.–15.8.1935).

Hoffmann, Walther G., Franz Grumbach und Helmut Hesse: Das Wachstum der deutschen Wirtschaft seit der Mitte des 19. Jahrhunderts, Berlin, Heidelberg und New York 1965.

Internationaler Militärgerichtshof Nürnberg. Der Prozeß gegen die Hauptkriegsverbrecher vor dem Internationalen Militärgerichtshof, Bd. XXXVI, Nürnberg 1948.

Jacobsen, Hans-Adolf (Hg.): Opposition gegen Hitler und der Staatsstreich vom 20. Juli 1944. Geheime Dokumente aus dem ehemaligen Reichssicherheitshauptamt, 2 Bde., Sonderausg. Stuttgart 1989.

Kautsky, Karl, Max v. Montgelas und Walter Schücking (Hg.): Die deutschen Dokumente zum Kriegsausbruch, Berlin 1919.

Kopp, Otto (Hg.): Widerstand und Erneuerung. Neue Berichte und Dokumente vom inneren Kampf gegen das Hitler-Regime, Stuttgart 1966.

Kranig, Andreas: Arbeitsrecht im NS-Staat. Texte und Dokumente, Köln 1984.

Krause, Friedrich (Hg.): Carl Goerdelers politisches Testament. Dokumente des Anderen Deutschland, New York 1945.

Krausnick, Helmut: Goerdeler und die Deportation der Leipziger Juden, in: VfZ 13 (1965), S. 338f.

Lipgens, Walter (Hg.): Europa-Föderationspläne der Widerstandsbewegungen 1940–1945, München 1968.

Nicolai, Carsten (Bearb.): Dokumente zur Kirchenpolitik des Dritten Reiches, Bd. 1: Das Jahr 1933, München 1971.

Die Ordnung der nationalen Arbeit. Kommentar zu dem Gesetz zur Ordnung der nationalen Arbeit und zu dem Gesetz zur Ordnung der Arbeit in öffentlichen Verwaltungen und Betrieben unter Berücksichtigung aller Durchführungsbestimmungen, bearb. v. Werner Mansfeld und Wolfgang Pohl, Berlin, Leipzig, Mannheim und München 1934.

Petzina, Dietmar, Werner Abelshauser und Anselm Faust: Sozialgeschichtliches Arbeitsbuch, Bd. III: Materialien zur Statistik des Deutschen Reiches 1914–1945, München 1973.

Politik und Wirtschaft in der Krise 1930–1932. Quellen zur Ära Brüning, eingel. v. Gerhard Schulz, bearb. v. Ilse Maurer u. Udo Wengst unter Mitarb. v. Jürgen Heideking, 2 Bde., Düsseldorf 1980.

Preußische Städteordnung von 1808. Textausgabe mit einer Einführung von August Krebsbach, Stuttgart und Köln 1957.

Riedel, Matthias: Die Rohstofflage des Deutschen Reiches im Frühjahr 1936, in: Tradition. Zeitschrift für Unternehmensgeschichte, Jg. 14 (1969), S. 310-334.

Ritter, Gerhard (Hg.): Das Regierungsprgramm vom 20. Juli 1944, in: Die Gegenwart, 1. Jg., Nr. 12/13 (26.6.1946), S. 11-14.

Ritter, Gerhard A. und Susanne Miller (Hg.): Die deutsche Revolution 1918–1919, 2., erhebl. erw. u., überarb. Aufl. Hamburg 1975.

Scheurig, Bodo (Hg.): Deutscher Widerstand 1938–1944. Fortschritt oder Reaktion?, München [2]1984.

Scholder, Klaus (Hg.): Die Mittwochs-Gesellschaft. Protokolle aus dem geistigen Deutschland 1932–1944, Berlin 1982.

Schramm, Wilhelm Ritter v. (Hg.): Beck und Goerdeler. Gemeinschaftsdokumente für den Frieden 1941–1944, München 1965.

Der Scurla-Bericht, hg. u. eingel. v. Klaus-Detlev Grothusen, Frankfurt/M. 1987.

Statistisches Handbuch von Deutschland 1928–1944, hg. v. Länderrat des amerikanischen Besatzungsgebietes, München 1949.

Steinbach, Peter und Johannes Tuchel (Hg.): Widerstand in Deutschland 1933–1945. Ein historisches Lesebuch, München [2]1997.

Young, Arthur P.: Die „X"-Dokumente. Die geheimen Kontakte Carl Goerdelers mit der britischen Regierung 1938/1939, hg. v. Sidney Aster, Betreuung der dt. Ausg. u. Nachw. v. Helmut Krausnick, München 1989.

III. Periodika

Leipziger Neueste Nachrichten.

Preußische Gesetzsammlung.

Reichsgesetzblatt.

Reichs- und Preußisches Verwaltungsblatt.

Sächsisches Gesetzblatt.

Schultheß' Europäischer Geschichtskalender.

Verhandlungen der Stadtverordneten der Stadt Leipzig.

Verhandlungen des Reichstags.

Verwaltungsberichte der Stadt Leipzig, hg. im Auftrage des Rates der Stadt Leipzig vom Statistischen Amt.

IV. Auswahlbibliographie

A. Zeitgenössisches Schrifttum und Memoiren

Augustin, Christian [= Ulrich v. Hassell]: Dominium Maris Baltici, in: Monatshefte für Auswärtige Politik 9 (1941), S. 195-221.

Bericht des Generalagenten für Reparationszahlungen [Parker Gilbert] vom 21.5.1930.

Bonhoeffer, Dietrich: Widerstand und Ergebung. Briefe und Aufzeichnungen aus der Haft, hg. v. Eberhard Bethge, 2. Aufl. München 1952

Brüning, Heinrich: Memoiren 1918–1934, München 1970.

Bund zur Erneuerung des Reiches: Reich und Länder, Berlin 1928.

Churchill, Winston: Der Zweite Weltkrieg. Memoiren, Bd. 2/Buch 2, Bern und München 1985.

Cleinow, Georg: Der Verlust der Ostmark. Die Deutschen Volksräte des Bromberger Systems im Kampf um die Erhaltung der Ostmark beim Reich 1918/1919, Berlin 1934.

Das Deutsche Führerlexikon 1934/1935, Berlin 1934.

Der nationale Wille. Werden und Wirken der Deutschnationalen Volkspartei 1918–1928, hg. v. Max Weiß, Leipzig 1928.

Die Hilfsbedürftigkeitsprüfung in der Arbeitslosenversicherung und Krisenfürsorge. Stellungnahme des Deutschen Städtetages, des Deutschen Landkreistages, des Reichsstädtebundes und des Deutschen Landgemeindetages zu dem Gutachten des Prüfungsdienstes der Reichsanstalt für Arbeitsvermittlung und Arbeitslosenversicherung vom Oktober 1932, Berlin 1933.

Dulles, Allen Welsh: Germany's Underground, New York 1947.

Eden, Anthony: Angesichts der Diktatoren. Memoiren 1923–1938, Köln und Berlin 1962.

Erhard, Ludwig: Kriegsfinanzierung und Schuldenkonsolidierung, Frankfurt/M. 1973 [erstm. 1943].

Forsthoff, Ernst: Die Krise der Gemeindeverwaltung im heutigen Staat, Berlin 1932.

Forsthoff, Ernst: Um die kommunale Selbstverwaltung, in: Zeitschrift für Politik, Jg. 21, S. 248 ff.

Frank, Hans (Hg.): Nationalsozialistisches Handbuch für Recht und Gesetzgebung, München 1935.

Gerstenmaier, Eugen: Streit und Friede hat seine Zeit. Ein Lebensbericht, Frankfurt/M., Berlin und Wien 1981.

Gisevius, Hans Bernd: Bis zum bitteren Ende. Vom Reichstagsbrand bis zum 20. Juli 1944, vom Verf. auf den neuesten Stand gebrachte Sonderausg. Hamburg 1961.

Groener, Wilhelm: Lebenserinnerungen. Jugend – Generalstab – Weltkrieg, hg. v. Friedrich Frhr. Hiller v. Gaertringen, Göttingen 1957.

Groscurth, Helmuth: Tagebücher eines Abwehroffiziers 1938–1940. Mit weiteren Dokumenten zur Militäropposition gegen Hitler, hg. v. Helmut Krausnick u. Harold C. Deutsch, unter Mitarb. v. Hildegard v. Kotze, Stuttgart 1970.

Hassell, Ulrich v.: Die Hassell-Tagebücher 1938–1944. Aufzeichnungen vom Andern Deutschland. Nach der Handschrift rev. u. erw. Ausg. unter Mitarb. v. Klaus Peter Reiß, hg. v. Friedrich Freiherr Hiller von Gaertringen, Berlin 1988.

Hayek, Friedrich August v.: Der Weg zur Knechtschaft, Neuausg. München 1991 [Erstausg. „The Road to Serfdom" London 1944].

Henderson, Nevile: Fehlschlag einer Mission. Berlin 1937 bis 1939, Zürich o.D. [1939].

Henk, Emil: Die Tragödie des 20. Juli 1944. Ein Beitrag zur politischen Vorgeschichte, Heidelberg 1946.

Holtzmann, Ernst: Der Weg zur Deutschen Gemeindeordnung vom 30. Januar 1935, in: Zeitschrift für Politik, NF Bd. 12 (1965), S. 356-366.

Hoover, Herbert: Memoiren, Bd. 2: Das Kabinett und die Präsidentschaft 1920–1933, Mainz 1952.

Horkenbach, Cuno (Hg.): Das Deutsche Reich 1918 bis heute. 3 Bde., Berlin 1930–1935.

Huber, Ernst Rudolf: Verfassungsrecht des Großdeutschen Reiches, 2., stark erw. Aufl. Hamburg 1939.

Jung, Edgar Julius: Die Herrschaft der Minderwertigen, Berlin ²1930.

Kehrl, Hans: Krisenmanager im Dritten Reich. 6 Jahre Frieden – 6 Jahre Krieg. Erinnerungen, mit kritischen Anmerkungen und einem Nachwort von Erwin Viefhaus, Düsseldorf 1973.

Kesselring, Albert: Soldat bis zum letzten Tag, Bonn 1953.

Koch-Weser, Erich: Einheitsstaat und Selbstverwaltung, Berlin 1928.

Köttgen, Arnold: Die Krise der kommunalen Selbstverwaltung, Berlin 1931.

Krogmann, Carl Vincent: Es ging um Deutschlands Zukunft 1932–1939. Erlebtes täglich diktiert von dem früheren Regierenden Bürgermeister von Hamburg, Landsberg 1976.

Lohmeyer, Hans: Zentralismus oder Verwaltung, Berlin 1928.

Ludendorff, Erich: Der totale Krieg, München ²1940 [erstm. 1935].

Ludendorff, Erich: Meine Kriegserinnerungen 1914–1918, Berlin ⁴1919.

Luppe, Hermann: Grundsätzliches unter Berücksichtigung des Gemeindehaushaltes, in: Der öffentliche Arbeitsnachweis, 7. Jg., Nr. 26/27, S. 297-302.

Lüttwitz, Walther Frhr. v.: Im Kampf gegen die November-Revolution, Berlin 1934.

Meinecke, Friedrich: Die deutsche Katastrophe. Betrachtungen und Erinnerungen, Wiesbaden 1946.

Meißner, Otto: Staatssekretär unter Ebert, Hindenburg, Hitler. Der Schicksalsweg des deutschen Volkes von 1918–1945, wie ich ihn erlebte, 3. Aufl. Hamburg 1950.

Meyer-Krahmer, Marianne: Carl Goerdeler – Mut zum Widerstand. Eine Tochter erinnert sich, Leipzig 1998.

Moltke, Helmuth James von: Briefe an Freya 1939–1945, München 1988.

Pfundtner, Hans (Hg.): Dr. Wilhelm Frick und sein Ministerium. Festschrift zum 60. Geburtstag, München 1937.

Popitz, Johannes: Der künftige Finanzausgleich zwischen Reich, Ländern und Gemeinden, Berlin 1932.

Pünder, Hermann: Von Preußen nach Europa. Lebenserinnerungen, Stuttgart 1968.

Ritter, Gerhard: Vom Doppelsinn des Politischen, in: Deutsche Rundschau 68 (1942), S. 4-10.

Rühle, Gerd: Das Dritte Reich. Dokumentarische Darstellung des Aufbaues der Nation, Berlin 1934–1939.

Sahm, Heinrich: Erinnerungen aus meinen Danziger Jahren 1919–1930, Bearbeitung und biographische Einleitung v. Ulrich Sahm, Marburg/Lahn 1958.

Schacht, Hjalmar: 76 Jahre meines Lebens, Bad Wörrishofen 1953.

Schlabrendorff, Fabian v.: Offiziere gegen Hitler. Neue, durchges. u. erw. Ausg. v. Walter Bußmann, Berlin 1984 [erstmals 1946].

Severing, Carl: Mein Lebensweg, Bd. II: Im Auf und Ab der Republik, Köln 1950.

Shirer, William L.: Berliner Tagebuch. Aufzeichnungen 1934–41, Leipzig und Weimar 1991.

Speer, Albert: Erinnerungen, Frankfurt/M., Berlin und Wien 1969.

Speer, Albert: Spandauer Tagebücher, Frankfurt/M., Berlin und Wien 1975.

Speidel, Hans: Aus unserer Zeit. Erinnerungen, Berlin, Frankfurt/M. und Wien 1977.

Spengler, Oswald: Der Untergang des Abendlandes. Umrisse einer Morphologie der Weltgeschichte, 2 Bde [1920/22], neu hg. v. Hildegard Kornhardt, München 1950.

Thomas, Georg: Geschichte der deutschen Wehr- und Rüstungswirtschaft (1918–1943/45), hg. v. Wolfgang Birkenfeld, Boppard/Rhein 1966.

Vansittart, Robert Gilbert: The Mist Procession. The Autobiography of Lord Vansittart, London 1958.

Walz, Hans: Meine Mitarbeit an der Aktion Goerdeler, in: Kopp, Widerstand und Erneuerung, S. 98-120.

Weber, Max: Parlament und Regierung im neugeordneten Deutschland. Zur politischen Kritik des Beamtentums und Parteiwesens, München und Leipzig 1918.

Weidemann, Johannes: Zur Entstehungsgeschichte der Deutschen Gemeindeordnung, in: Jahrbuch der Akademie für Deutsches Recht, Jg. 1935, S. 90-111.

Weizmann, Chaim: Memoiren, Zürich 1953.

Westarp, Kuno Graf v.: Am Grabe der Parteienherrschaft. Bilanz des deutschen Parlamentarismus 1918–1932, Berlin o.J. [1932].

Wiedemann, Fritz: Der Mann, der Feldherr werden wollte. Erlebnisse und Erfahrungen des Vorgesetzten Hitlers im 1. Weltkrieg und seines späteren Persönlichen Adjutanten, Velbert 1964.

Winnig, August: Heimkehr, Hamburg 1935.

B. Darstellungen

Abelshauser, Werner: „Mitteleuropa“ und die deutsche Außenwirtschaftspolitik, in: Buchheim u.a., Zerrissene Zwischenkriegszeit, S. 263-286.

Adolph, Hans J.L.: Otto Wels und die Politik der deutschen Sozialdemokratie 1894–1939. Eine politische Biographie, Berlin 1971.

Alber, Jens: Vom Armenhaus zum Wohlfahrtsstaat. Analysen zur Entwicklung der Sozialversicherung in Westeuropa, Frankfurt/M. und New York 1982.

Aly, Götz (Hg): Aktion T4. 1939–1945. Die „Euthanasie“-Zentrale in der Tiergartenstraße 4, 2., erw. Aufl. Berlin 1989.

Aly, Götz: „Endlösung“. Völkerverschiebung und der Mord an den europäischen Juden, Frankfurt/M. 1995.

Anderson, Dennis LeRoy: The Academy for German Law, 1933–1944, New York und London 1987.

Arendt, Hannah: Eichmann in Jerusalem. Ein Bericht von der Banalität des Bösen, München 1964.

Bach, Jürgen A.: Franz von Papen in der Weimarer Republik. Aktivitäten in Politik und Presse 1918–1932, Düsseldorf 1977.

Baier, Roland: Der deutsche Osten als soziale Frage. Eine Studie zur preußischen und deutschen Siedlungs- und Polenpolitik in den Ostprovinzen während des Kaiserreichs und der Weimarer Republik, Köln und Wien 1980.

Bankier, David (Hrsg): Probing the Depths of German Antisemitism, New York 1999.

Barbian, Jan-Pieter: Literaturpolitik im „Dritten Reich“. Institutionen, Kompetenzen, Betätigungsfelder, Frankfurt/M. 1993.

Barkai, Avraham: Das Wirtschaftssystem des Nationalsozialismus, Frankfurt/M. 1988.

Barkai, Avraham: Vom Boykott zur „Entjudung“. Der wirtschaftliche Existenzkampf der Juden im Dritten Reich 1933–1945, Frankfurt/M. 1987.

Barnett, Correlli: The Audit of War. The Illusion & Reality of Britain as a Great Nation, London 1986.

Barnett, Correlli: The Collapse of British Power, Gloucester ²1987.

Beer, Helmut, Thomas Heyden, Christian Koch, Gerd-Dieter Liedtke, Winfried Nerdinger und Alexander Schmidt,: Bauen in Nürnberg 1933–1945. Architektur und Bauformen im Nationalsozialismus, Nürnberg 1995.

Beier, Gerhard: Die illegale Reichsleitung der Gewerkschaften 1933–1945, Köln 1981.

Beier, Gerhard: Zur Entstehung des Führerkreises der vereinigten Gewerkschaften Ende April 1933, in: AfS 15 (1975), S. 365-392.

Bell, Leland V.: In Hitler's Shadow. The Anatomy of American Nazism, Port Washington und London 1973.

Bentley, John: Martin Niemöller. Eine Biographie, München 1985.

Benz, Wolfgang, Johannes Houwink ten Cate und Gerhard Otto (Hg.): Die Bürokratie der Okkupation. Strukturen der Herrschaft und Verwaltung im besetzten Europa, Berlin 1998.

Bernecker, Walther L.: Krieg in Spanien 1936–1939, Darmstadt 1991.

Besier, Gerhard: Ansätze zum politischen Widerstand in der Bekennenden Kirche – Zur gegenwärtigen Forschungslage, in: Schmädeke/Steinbach, Widerstand gegen den Nationalsozialismus, S. 265-280.

Besson, Waldemar: Württemberg und die deutsche Staatskrise 1928–1933, Stuttgart 1959.

Beyrau, Dietrich (Hg.): Blick zurück ohne Zorn. Polen und Deutsche in Geschichte und Gegenwart, Tübingen 1999.

Blaich, Fritz: Möglichkeiten und Grenzen kommunaler Wirtschaftspolitik während der Weltwirtschaftskrise 1929–1932. Dargestellt am Beispiel der Stadt Ludwigshafen am Rhein, in: AfK, Jg. 9 (1970), S. 92-108.

Bloth, Peter C.: Kreuz oder Hakenkreuz? Zum Ertrag evangelischer Religionsdidaktik zwischen 1933 und 1945, in: Dithmer, Schule und Unterricht, S. 87-99.

Böckenförde, Ernst-Wolfgang: Der Zusammenbruch der Monarchie und die Entstehung der Weimarer Republik, in: Bracher u.a., Weimarer Republik, S. 17-43.

Boelcke, Willi A.: Die deutsche Wirtschaft 1930–1945. Interna des Reichswirtschaftsministeriums, Düsseldorf 1983.

Boelcke, Willi A.: Probleme der Finanzierung von Militärausgaben, in: Forstmeier/Volkmann, Wirtschaft und Rüstung, S. 14-38.

Boelcke, Willi A: Die Finanzpolitik des Dritten Reiches. Eine Darstellung in Grundzügen, in: Bracher u.a., Deutschland 1933–1945, S. 95-117.

Böhm, Johann: Das nationalsozialistische Deutschland und die Deutsche Volksgruppe in Rumänien 1936–1944. Das Verhältnis der Deutschen Volksgruppe zum Dritten Reich und zum rumänischen Staat sowie der interne Widerstreit zwischen den politischen Gruppen, Frankfurt/M. 1985.

Bohn, Robert (Hg.): Die deutsche Herrschaft in den „germanischen Ländern" 1940–1945, Wiesbaden 1997.

Bohn, Robert: Reichskommissariat Norwegen. „Nationalsozialistische Neuordnung" und Kriegswirtschaft, München 2000.

Boldt, Hans: Die Weimarer Reichsverfassung, in: Bracher u.a., Weimarer Republik, S. 44-62.

Bonwetsch, Bernd: Der „Große Vaterländische Krieg". Vom deutschen Einfall bis zum sowjetischen Sieg (1941–1945), in: Handbuch der Geschichte Rußlands, Bd. 3, Stuttgart 1992, S. 909-1008.

Boog, Horst, Jürgen Förster, Joachim Hoffmann, Rolf-Dieter Müller und Gerd R. Ueberschär.: Der Angriff auf die Sowjetunion, Stuttgart 1983 (Militärgeschichtliches Forschungsamt (Hg.): Das Deutsche Reich und der Zweite Weltkrieg, Bd. 4).

Borg, Horst: Der anglo-amerikanische strategische Luftkrieg über Europa und die deutsche Luftverteidigung, in: Das Deutsche Reich und der Zweite Weltkrieg, Bd. 6, S. 429-565.

Borg, Horst: Die Anti-Hitler-Koalition, in: Das Deutsche Reich und der Zweite Weltkrieg, Bd. 6, S. 3-94.

Bracher, Karl Dietrich, Manfred Funke und Hans-Adolf Jacobsen (Hg.): Die Weimarer Republik 1918–1933. Politik – Wirtschaft – Gesellschaft, 2. durchges. Aufl. Bonn 1988.

Bracher, Karl Dietrich, Manfred Funke und Hans-Adolf Jacobsen (Hg.): Deutschland 1933–1945. Neue Studien zur nationalsozialistischen Herrschaft, 2. erg. Aufl. Bonn 1993.

Bracher, Karl Dietrich, Wolfgang Sauer und Gerhard Schulz: Die nationalsozialistische Machtergreifung. Studien zur Errichtung des totalitären Herrschaftssystems in Deutschland 1933/34, Köln und Opladen 1960.

Bracher, Karl Dietrich: Die Auflösung der Weimarer Republik. Eine Studie zum Problem des Machtverfalls in der Demokratie, Stuttgart 1955.

Bramke, Werner: Unter der faschistischen Diktatur (1933–1945), in: Czok, Sachsen, S. 480-516.

Brandes, Detlef: Die Politik des Dritten Reiches gegenüber der Tschechoslowakei, in: Funke, Hitler, Deutschland und die Mächte, S. 508-523.

Brandmann, Paul: Leipzig zwischen Klassenkampf und Sozialreform. Kommunale Wohlfahrtspolitik zwischen 1890 und 1929, Köln, Weimar und Wien 1998.

Breyer, Richard: Das deutsche Reich und Polen 1932–1937. Außenpolitik und Volksgruppenfragen, Würzburg 1955.

Broderick, George und Gottfried Niedhart (Hg.): Lieder in Politik und Alltag des Nationalsozialismus, Frankfurt/M., Berlin, Bern, New York, Paris und Wien 1999.

Broszat, Martin: Der Staat Hitlers. Grundlegung und Entwicklung seiner inneren Verfassung, München ^{13}1992.

Broszat, Martin: Deutschland – Ungarn – Rumänien, in: Funke, Hitler, Deutschland und die Mächte, S. 524-564.

Broszat, Martin: Die memeldeutschen Organisationen und der Nationalsozialismus 1933–1939, in: VfZ 5 (1957), S. 272-278.

Broszat, Martin: Nationalsozialistische Polenpolitik 1939–1945, Stuttgart 1961.

Buchheim, Christoph, Michael Hutter und Harold James (Hg.): Zerrissene Zwischenkriegszeit. Wirtschaftshistorische Beiträge. Knut Borchardt zum 65. Geburtstag, Baden-Baden 1994.

Buchheim, Christoph: Zur Natur des Wirtschaftsaufschwungs in der NS-Zeit, in: Ders. u.a., Zerrissene Zwischenkriegszeit, S. 97-119.

Buchheim, Hans, Martin Broszat, Hans-Adolf Jacobsen und Helmut Krausnick: Anatomie des SS-Staates, München ^{6}1994.

Buchheim, Hans: Die SS – das Herrschaftsinstrument, in: Ders. u.a., Anatomie des SS-Staates, S. 15-211.

Budraß, Lutz: Flugzeugindustrie und Luftrüstung in Deutschland 1918–1945, Düsseldorf 1998.

Canedy, Susan: America's Nazis: A History of the German American Bund, Menlo Park 1990.

Carlton, David: Anthony Eden. A Biography, London 1981.

Carsten, Francis L.: Der Aufstieg des Faschismus in Europa, Frankfurt/M. 1968.

Carsten, Francis L.: Reichswehr und Politik 1918–1933, Köln und Berlin 1964.

Cartarius, Ulrich: Opposition gegen Hitler. Bilder, Texte, Dokumente. Mit einem Essay von Karl Otmar v. Aretin, Berlin 1984.

Celovsky, Boris: Das Münchener Abkommen 1938, Stuttgart 1958.

Clemens, Detlev: Herr Hitler in Germany. Wahrnehmung und Deutungen des Nationalsozialismus in Großbritannien 1920 bis 1939, Göttingen und Zürich 1996.

Colvin, Ian: Vansittart in Office. A Historical Survey of the Origins of the Second World War Based on the Papers of Sir Robert Vansittart, Permanent Under-Secretary of State for Foreign Affairs, London 1965.

Corni, Gustavo und Horst Gies: „Blut und Boden". Rassenideologie und Agrarpolitik im Staat Hitlers, Idstein 1994.

Corni, Gustavo und Horst Gies: Brot – Butter – Kanonen. Die Ernährungswirtschaft in Deutschland unter der Diktatur Hitlers, Berlin 1997.

Czok, Karl (Hg.): Geschichte Sachsens, Weimar 1989.

Dahm, Volker: Anfänge und Ideologie der Reichskulturkammer, in: VfZ 34 (1986), S. 53-84.

Davidowicz, Lucy S.: On Equal Terms, New York 1982.

Deakin, Frederick W.: Die brutale Freundschaft. Hitler, Mussolini und der Untergang des italienischen Faschismus, Köln und Berlin 1964.

Deist, Wilhelm, Manfred Messerschmidt, Hans-Erich Volkmann und Wolfram Wette: Ursachen und Voraussetzungen des Zweiten Weltkrieges, akt., ungek. Ausg. Frankfurt/M. 1989 (Militärgeschichtliches Forschungsamt (Hg.): Das Deutsche Reich und der Zweite Weltkrieg, Bd. 1).

Diamant, Adolf: Chronik der Juden in Leipzig. Aufstieg, Vernichtung und Neuanfang, Frankfurt/M. 1993.

Dieckmann, Hildemarie: Johannes Popitz. Entwicklung und Wirksamkeit in der Zeit der Weimarer Republik, Berlin 1960.

Diehl-Thiele, Peter: Partei und Staat im Dritten Reich. Untersuchungen zum Verhältnis von NSDAP und allgemeiner innerer Staatsverwaltung 1933–1945, München 1969.

Diewald-Kerkmann, Gisela: Politische Denunziation im NS-Regime oder Die kleine Macht der „Volksgenossen", Bonn 1995.

Dipper, Christof: Der deutsche Widerstand und die Juden, in: GuG 9 (1983), S. 349-380.

Dipper, Christof: Der Widerstand und die Juden, in: Schmädecke/Steinbach, Der Widerstand gegen den Nationalsozialismus, S. 598-616.

Dithmar, Reinhard (Hg.): Schule und Unterricht im Dritten Reich, Neuwied 1989.

Doeker, Günther und Winfried Steffani (Hg.): Klassenjustiz und Pluralismus. Festschrift für Ernst Fraenkel zu seinem 75. Geburtstag am 26. Dezember 1973, Hannover 1973.

Dollinger, Heinz, Horst Gründer und Alwin Hanschmidt (Hg.): Weltpolitik – Europagedanke – Regionalismus. Festschrift für Heinz Gollwitzer zum 65. Geburtstag am 30. Januar 1982, Münster 1982.

Dulles, Allen Welsh: Germany's Underground, New York 1947.

Edsforth, Ronald: The New Deal. America's Response to the Great Depression, Malden und Oxford 2000.

Ehni, Hans-Peter: Bollwerk Preußen? Preußen-Regierung, Reich-Länder-Problem und Sozialdemokratie 1928–1932, Bonn 1975.

Eichholtz, Dietrich (Hg.): Krieg und Wirtschaft. Studien zur deutschen Wirtschaftsgeschichte 1939–1945, Berlin 1999.

Fallois, Immo v.: Kakül und Illusionen. Der Machtkampf zwischen Reichswehr und SA während der Röhm-Krise, Berlin 1994.

Feldkamp, Michael F.: Pius XII. und Deutschland, Göttingen 2000.

Feldman, Gerald D.: Armee, Industrie und Arbeiterschaft in Deutschland 1914–1918, Berlin und Bonn 1985.

Fest, Joachim: Staatsstreich. Der lange Weg zum 20. Juli, Berlin 1997.

Fischer, Klaus, Christhard Hoffmann, Alfons Söllner und Herbert A. Strauss (Hg.): Die Emigration der Wissenschaften nach 1933. Disziplingeschichtliche Studien, München, New York, London und Paris 1991.

Flora, Peter und Arnold J. Heidenheimer: (Hg.): The Development of Welfare States in Europe and America, New Brunswick und London 1981.

Förster, Jürgen: Der historische Ort des Unternehmens „Barbarossa", in: Michalka, Zweiter Weltkrieg, S. 626-640.

Forstmeier, Friedrich und Hans-Erich Volkmann (Hg.): Wirtschaft und Rüstung am Vorabend des Zweiten Weltkrieges, 2. Aufl. Düsseldorf 1981.

Frei, Norbert und Johannes Schmitz: Journalismus im Dritten Reich. 3., überarb. Aufl. München 1999.

Frei, Norbert: Der Führerstaat. Nationalsozialistische Herrschaft 1933 bis 1945, München ^{3}1993.

Frese, Matthias: Betriebspolitik im „Dritten Reich". Deutsche Arbeitsfront, Unternehmer und Staatsbürokratie in der westdeutschen Großindustrie 1933–1939, Paderborn 1991.

Friedeburg, Ludwig von: Bildungsreform in Deutschland. Geschichte und gesellschaftlicher Widerspruch, Frankfurt/M. 1992.

Friedlander, Henry: Der Weg zum NS-Genozid. Von der Euthanasie zur Endlösung, Ulm 1997.

Friedländer, Saul: Das dritte Reich und die Juden. Bd. 1: Die Jahre der Verfolgung 1933–1939, München 1998.

Führer, Karl Christian: Mieter, Hausbesitzer, Staat und Wohnungsmarkt. Wohnungsmangel und Wohnungszwangswirtschaft in Deutschland 1914–1960, Stuttgart 1995.

Funke, Manfred (Hg.): Hitler, Deutschland und die Mächte. Materialien zur Außenpolitik des Dritten Reiches, Düsseldorf 1978.

Funke, Manfred: Die deutsch-italienischen Beziehungen. Antibolschewismus und außenpolitische Interessenkonkurrenz als Strukturprinzip der „Achse", in: Ders., Hitler, Deutschland und die Mächte, S. 823-846.

Funke, Manfred: Sanktionen und Kanonen. Hitler, Mussolini und der internationale Abessinienkonflikt 1934–1936, Düsseldorf ^{2}1971.

Gause, Fritz: Die Geschichte der Stadt Königsberg in Preußen, Bd. 3: Vom Ersten Weltkrieg bis zum Untergang Königsbergs, Köln und Wien 1971.

Gerlach, Christian: Kalkulierte Morde. Die deutsche Wirtschafts- und Vernichtungspolitik in Weißrußland 1941 bis 1944, Hamburg 1999.

Gerlach, Christian: Männer des 20. Juli und der Krieg gegen die Sowjetunion, in: Heer/Naumann, Vernichtungskrieg, S. 427-446.

Gessner, Dieter: Agrardepression und Präsidialregierungen in Deutschland 1930–1933. Probleme des Agrarprotektionismus am Ende der Weimarer Republik, Düsseldorf 1977.

Geßner, Dieter: Industrie und Landwirtschaft 1928–1930, in: Mommsen u.a., Industrielles System, S. 762-778.

Giere, Gustav: Carl Friedrich Goerdeler, in: Männer der deutschen Verwaltung. 23 biographische Essays, Köln und Berlin 1963, S. 349-363.

Gies, Horst: Geschichtsunterricht als deutschkundliche Weihestunde. Historische Nabelschau in der nationalsozialistischen Schule, in: Dithmar, Schule und Unterricht im Dritten Reich, S. 39-58.

Giles, Geoffrey J.: Students and National Socialism in Germany, Princeton 1985.

Gill, Anton: An Honourable Defeat: The Fight Against National Socialism in Germany, 1933–1945, London 1995.

Gillmann, Sabine: Die Europapläne Carl Goerdelers. Neuordnungsvorstellungen im nationalkonservativen Widerstand zwischen territorialer Revision und europäischer Integration, in: Sandkühler, Europäische Integration, S. 77-98.

Girault, René: The Impact of the Economic Situation on the Foreign Policy of France, 1936–9, in: Mommsen/Kettenacker, The Fascist Challenge, S.209-226.

Golla, Guido: Nationalsozialistische Arbeitsbeschaffung in Theorie und Praxis 1933 bis 1936, Köln 1994.

Gordon, Bertram M.: Historical Dictionary of World War II France. The Occupation, Vichy and the Resistance, 1938–1946, London 1998.

Graml, Hermann (Hg.): Widerstand im Dritten Reich. Probleme, Ereignisse, Gestalten, Frankfurt/M. 1994.

Graml, Hermann: Europas Weg in den Krieg. Hitler und die Mächte 1939, München 1990.

Graml, Hermann: Rassismus und Lebensraum, in: Bracher u.a., Deutschland 1933–1945, S. 440-451.

Gräser, Marcus: Der blockierte Wohlfahrtsstaat. Unterschichtjugend und Jugendfürsorge in der Weimarer Republik, Göttingen 1995.

Grode, Walter: Die „Sonderbehandlung 14f13“ in den Konzentrationslagern des Dritten Reiches. Ein Beitrag zur Dynamik faschistischer Vernichtungspolitik, Frankfurt/M. 1987.

Groehler, Olaf: Bombenkrieg gegen Deutschland, Berlin 1990.

Gruchmann, Lothar: „Blutschutzgesetz“ und Justiz. Zu Entstehung und Auswirkung des Nürnberger Gesetzes vom 15. September 1935, in: VfZ 31 (1983), S. 418-442.

Gruchmann, Lothar: Der Zweite Weltkrieg. Kriegführung und Politik, 10., durchges. u. akt. Aufl. München 1995.

Gruchmann, Lothar: Die „Reichsregierung“ im Führerstaat. Stellung und Funktion des Kabinetts im nationalsozialistischen Herrschaftssystem, in: Doeker/Steffani, Klassenjustiz und Pluralismus, S. 187-223.

Gruchmann, Lothar: Justiz im Dritten Reich 1933–1940. Anpassung und Unterwerfung in der Ära Gürtner, München 1988.

Grundmann, Friedrich: Agrarpolitik im „Dritten Reich“. Anspruch und Wirklichkeit des Reichserbhofgesetzes, Hamburg 1979.

Grüttner, Michael: „Ein stetes Sorgenkind für Partei und Staat“. Die Studentenschaft zwischen 1930 und 1945, in: Krause u.a., Hochschulalltag im „Dritten Reich, Teil I, S. 201-236.

Hagenlücke, Heinz: Deutsche Vaterlandspartei. Die nationale Rechte am Ende des Kaiserreiches, Düsseldorf 1997.

Hamerow, Theodore S.: Die Attentäter. Der 20. Juli – von der Kollaboration zum Widerstand, München 1999.

Hansen, Eckard: Wohlfahrtspolitik im NS-Staat. Motivationen, Konflikte und Machtstrukturen im „Sozialismus der Tat“ des Dritten Reiches, Augsburg 1991.

Hansmeyer, Karl-Heinrich (Hg.): Kommunale Finanzpolitik in der Weimarer Republik, Stuttgart, Berlin, Köln und Mainz 1973.

Harrison, Mark (Hg.): The Economics of World War II. Six Great Powers in International Comparison, Cambridge 1998.

Hattenhauer, Hans: Geschichte des Beamtentums, Köln, Berlin, Bonn und München 1980.

Hauser, Oswald: England und der deutsche Widerstand 1938 im Spiegel britischer Akten, in: Dollinger u.a., Weltpolitik, S. 517 ff.

Heer, Hannes und Klaus Neumann (Hg.): Vernichtungskrieg. Verbrechen der Wehrmacht 1941–1944, Hamburg 1995.

Heffter, Heinrich: Die deutsche Selbstverwaltung im 19. Jahrhundert. Geschichte der Ideen und Institutionen, Stuttgart 1950.

Heiber, Helmut: Universität unterm Hakenkreuz, Teil II: Die Kapitulation der Hohen Schulen, 2 Bde, München 1992/1994.

Heindl, Wolfgang: Die Haushalte von Reich, Ländern und Gemeinden in Deutschland von 1925 bis 1933. Öffentliche Haushalte und Krisenverschärfung, Frankfurt/M., Bern, New York und Nancy 1984.

Heinemann, Manfred (Hg.): Erziehung und Schulung im Dritten Reich. T. 1: Kindergarten, Schule, Jugend, Berufserziehung, Stuttgart 1980.

Heinemann, Ulrich und Michael Krüger-Charlé: Arbeit am Mythos. Der 20. Juli 1944 in Publizistik und wissenschaftlicher Literatur des Jubiläumsjahres 1994 (Teil II), in: GuG 23 (1997), S. 475-501.

Heinemann, Ulrich: Arbeit am Mythos. Neuere Literatur zum bürgerlich-aristokratischen Widerstand gegen Hitler und zum 20. Juli 1944 (Teil I), in: GuG 21 (1995), S. 111-139.

Heinemann, Ulrich: Die verdrängte Niederlage. Politische Öffentlichkeit und Kriegsschuldfrage in der Weimarer Republik, Göttingen 1983.

Heinemann, Ulrich: Ein konservativer Rebell. Fritz-Dietlof Graf von der Schulenburg und der 20. Juli, Berlin 1990.

Heinen, Armin: Die Legion „Erzengel Michael“ in Rumänien. Soziale Bewegung und politische Organisation, München 1986.

Heinrich, Gerd, Friedrich-Wilhelm Henning und Kurt G.A. Jeserich (Hg.): Verwaltungsgeschichte Ostdeutschlands 1815–1945. Organisation – Aufgaben – Leistungen der Verwaltung, Stuttgart, Berlin und Köln 1992.

Hentschel, Volker: Ludwig Erhard. Ein Politikerleben, München und Landsberg a. Lech 1996.

Herbert, Ulrich: Best. Biographische Studien über Radikalismus, Weltanschauung und Vernunft, 1903–1989, Bonn 1996.

Herbert, Ulrich (Hg.): Europa und der „Reichseinsatz“. Ausländische Zivilarbeiter, Kriegsgefangene und KZ-Häftlinge in Deutschland 1938–1945, Essen 1991.

Herbert, Ulrich: Fremdarbeiter. Politik und Praxis des „Ausländer-Einsatzes“ in der Kriegswirtschaft des Dritten Reiches, Neuaufl. Bonn 1999.

Herbst, Ludolf: Das nationalsozialistische Deutschland 1933–1945. Die Entfesselung der Gewalt, Frankfurt/M. 1996.

Herbst, Ludolf: Der Totale Krieg und die Ordnung der Wirtschaft. Die Kriegswirtschaft im Spannungsfeld von Politik, Ideologie und Propaganda 1939–1945, Stuttgart 1982.

Herzfeld, Hans: Demokratie und Selbstverwaltung in der Weimarer Epoche, Stuttgart 1957.

Heß, Jürgen C.: Theodor Heuß vor 1933. Ein Beitrag zur Geschichte des demokratischen Denkens in Deutschland, Stuttgart 1973.

Heyde, Philipp: Das Ende der Reparationen. Deutschland, Frankreich und der Young-Plan 1930–1932, Paderborn, München, Wien und Zürich 1998.

Hillgruber, Andreas: Die Zerstörung Europas. Beiträge zur Weltkriegsepoche 1914 bis 1945, Frankfurt/M. und Berlin 1988.

Hillgruber, Andreas: Hitlers Strategie. Politik und Kriegführung 1940–1941, Frankfurt/M. 1965.

Hirschfeld, Gerhard: Fremdherrschaft und Kollaboration. Die Niederlande unter deutscher Besatzung, Stuttgart 1984.

Hirschfeld, Gerhard und Lothar Kettenacker (Hg.): Der „Führerstaat“: Mythos und Realität. Studien zur Struktur und Politik des Dritten Reiches, Stuttgart 1981.

Hirschfeld, Gerhard und Patrick Marsh (Hg.): Kollaboration in Frankreich. Politik, Wirtschaft und Kultur während der natinalsozialistischen Besatzung 1940–1944, Frankfurt/M. 1991.

Hoffmann, Gabriele: Sozialdemokratie und Berufsbeamtentum. Zur Frage nach Wandel und Kontinuität im Verhältnis der Sozialdemokratie zum Berufsbeamtentum in der Weimarer Zeit, Hamburg 1972.

Hoffmann, Peter: Claus Schenk Graf von Stauffenberg und seine Brüder, 2. Aufl. Stuttgart 1992.

Hoffmann, Peter: Die Sicherheit des Diktators. Hitlers Leibwachen, Schutzmaßnahmen, Residenzen, Hauptquartiere, München und Zürich 1975.

Hoffmann, Peter: Stauffenberg und die Veränderungen der außen- und innenpolitischen Handlungsbedingungen für die Durchführung des „Walküre“-Plans, in: Schmädeke/Steinbach, Widerstand, S. 1003-1020.

Hoffmann, Peter: Widerstand – Staatsstreich – Attentat. Der Kampf der Opposition gegen Hitler, 4. Aufl. München und Zürich 1985.

Hofmann, Wolfgang: Städtetag und Verfassungsordnung. Position und Politik der Hauptgeschäftsführer eines kommunalen Spitzenverbandes, Stuttgart, Berlin, Köln und Mainz 1966.

Höhne, Roland: Innere Desintegration und äußerer Machtzerfall: Die französische Politik in den Jahren 1933–1936, in: Rohe, Die Westmächte und das Dritte Reich, S. 157-179.

Hölsken, Heinz-Dieter: Die V-Waffen. Entstehung – Propaganda – Kriegseinsatz, Stuttgart 1984.

Holzbach, Heidrun: Das „System Hugenberg“. Die Organisation bürgerlicher Sammlungspolitik vor dem Aufstieg der NSDAP, Stuttgart 1981.

Homburg, Heidrun: Vom Arbeitslosen zum Zwangsarbeiter. Arbeitslosenpolitik und Fraktionierung der Arbeiterschaft in Deutschland 1930–1933 am Beispiel der Wohlfahrtserwerbslosen und der kommunalen Wohlfahrtshilfe, in: AfS 25 (1985), S. 251-298.

Hory, Ladislaus und Martin Broszat: Der kroatische Ustascha-Staat 1941–1945, Stuttgart 1964.

Huber, Ernst Rudolf, Deutsche Verfassungsgeschichte seit 1789, Bd. I: Reform und Restauration, Stuttgart 1957.

Huber, Ernst-Rudolf: Deutsche Verfassungsgeschichte seit 1789, Bd. III: Bismarck und das Reich, Stuttgart ^{2}1970.

Huber, Ernst Rudolf: Deutsche Verfassungsgeschichte seit 1789, Bd. IV: Struktur und Krisen des Kaiserreichs, Stuttgart, Berlin, Köln und Mainz 1969.

Hürten, Heinz: Deutsche Katholiken 1918–1945, Paderborn 1992.

Huttner, Markus: Britische Presse und nationalsozialistischer Kirchenkampf. Eine Untersuchung der „Times“ und des „Manchester Guardian“ von 1930 bis 1939, Paderborn, München, Wien und Zürich 1995.

Jäckel, Eberhard, Peter Longerich und Julius Schoeps (Hg.): Enzyklopädie des Holocaust. Die Verfolgung und Ermordung der europäischen Juden, 3 Bde., Berlin 1993.

James, Harold: Deutschland in der Weltwirtschaftskrise 1924–1936, Stuttgart 1988.

James, Harold: Municipal Finance in the Weimar Republic, in: Lee/Rosenhaft, State and Social Change in Germany, S. 228-253.

Janßen, Karl-Heinz und Fritz Tobias: Der Sturz der Generäle. Hitler und die Blomberg-Fritsch-Krise 1938, München 1994.

Jaworski, Rudolf: Zwischen Polenliebe und Polenschelte. Zu den Wandlungen des deutschen Polenbildes im 19. und 20. Jahrhundert, in: Beyrau, Blick zurück ohne Zorn, S. 55-70.

Jeserich, Kurt G.A. und Helmut Neuhaus (Hg.): Persönlichkeiten der Verwaltung. Biographien zur deutschen Verwaltungsgeschichte 1645–1945, Stuttgart, Berlin und Köln 1991.

Jeserich, Kurt G.A., Hans Pohl und Georg-Christoph von Unruh, (Hg.): Deutsche Verwaltungsgeschichte, Bd. 4: Das Reich als Republik und in der Zeit des Nationalsozialismus, Stuttgart 1985.

Jones, Larry E.: German Liberalism and the Dissolution of the Weimar Party System 1918–1933, Chapel Hill 1988.

Jones, Larry E.: Sammlung oder Zersplitterung? Die Bestrebungen zur Bildung einer neuen Mittelpartei in der Endphase der Weimarer Republik 1930–1933, in: VfZ 25 (1977), S. 265-304.

Jordan, Nicole: The Popular Front and Central Europe: The Dilemmas of French Impotence, 1918–1940, Cambridge 1992.

Karlsch, Rainer: Kriegszerstörungen und Reparationslasten, in: Volkmann, Ende des Dritten Reiches, S. 525-556.

Kedward, H.R.: Das Vichy des anderen Philippe, in: Hirschfeld/Marsh, Kollaboration in Frankreich, S. 43-59.

Kershaw, Ian: Der NS-Staat. Geschichtsinterpretationen und Kontroversen im Überblick, Reinbek b. Hamburg ^{3}1995.

Kettenacker, Lothar: Die Chefs der Zivilverwaltung im Zweiten Weltkrieg, in: Rebentisch/Teppe, Verwaltung contra Menschenführung, S. 396-417.

Kettenacker, Lothar: Nationalsozialistische Volkstumspolitik im Elsaß, Stuttgart 1973.

Kindleberger, Charles: Die Weltwirtschaftskrise 1929–1939, München [3]1984.

Kitchen, Martin: The Silent Dictatorship. The Politics of the German High Command under Hindenburg and Ludendorff, 1916–1918, London 1976.

Klatt, Rudolf: Ostpreußen unter dem Reichskommissariat 1919/1920, Heidelberg 1958.

Klaus Wittmann: Schwedens Wirtschaftsbeziehungen zum Dritten Reich 1933–1945, München und Wien 1978.

Klee, Ernst: „Euthanasie" im NS-Staat. Die „Vernichtung lebensunwerten Lebens", Frankfurt/M. 1983.

Klemperer, Klemens v., Enrico Syring und Rainer Zitelmann (Hg.): „Für Deutschland". Die Männer des 20. Juli, Taschenbuchausg. Frankfurt/M. und Berlin 1996.

Klemperer, Klemens v.: Die verlassenen Verschwörer. Der deutsche Widerstand auf der Suche nach Verbündeten 1938–1945, Berlin 1994.

Kleßmann, Christoph: Die dopelte Staatsgründung. Deutsche Geschichte 1945–1955, 5., überarb. u. erw. Aufl. Bonn 1991.

Klönne, Arno: Jugend im Dritten Reich. Die Hitler-Jugend und ihre Gegner. Dokumente und Analysen, Neuausg. Düsseldorf und Köln 1984.

Knoll, Joachim H.: Der autoritäre Staat. Konservative Ideologie am Ende der Weimarer Republik, in: Schumann, Konservativismus, S. 224-243.

Köhler, Henning: Arbeitsbeschaffung, Siedlung und Reparationen in der Schlußphase der Regierung Brüning, in: VfZ 17 (1969), S. 276-307.

Köhler, Henning: Arbeitsdienst in Deutschland. Pläne und Verwirklichungsformen bis zur Einführung der Arbeitsdienstpflicht im Jahre 1935, Berlin 1967.

Kosthorst, Erich: Carl Friedrich Goerdeler, in: Lill/Oberreuter, 20. Juli, S. 185-217.

Kratzsch, Gerhard: Der Gauwirtschaftsapparat der NSDAP. Menschenführung – „Arisierung" – Wehrwirtschaft im Gau Westfalen-Süd. Eine Studie zur Herrschaftspraxis im totalitären Staat, Münster 1989.

Kraus, Hans-Christof (Hg.): Konservative Politiker in Deutschland. Eine Auswahl biographischer Porträts aus zwei Jahrhunderten, Berlin 1995.

Krause, Eckart, Ludwig Huber und Holger Fischer (Hg.): Hochschulalltag im „Dritten Reich". Die Hamburger Universität 1933–1945, Teil I: Einleitung – Allgemeine Aspekte, Berlin und Hamburg 1991.

Krausnick, Helmut: Goerdeler und Großbritannien 1937–1939, in: Young, X-Dokumente.

Kroener, Bernhard, Rolf-Dieter Müller und Hans Umbreit: Organisation und Mobilisierung des deutschen Machtbereichs, Erster Halbbd.: Kriegsverwaltung, Wirtschaft und personelle Ressourcen 1939–1941, Stuttgart 1988 (Militärgeschichtliches Forschungsamt (Hg.): Das Deutsche Reich und der Zweite Weltkrieg, Bd. 5/I).

Kroll, Gerhard: Von der Weltwirtschaftskrise zur Staatskonjunktur, Berlin 1958.

Krosigk, Lutz Schwerin von: Es geschah in Deutschland. Menschenbilder unseres Jahrhunderts, Tübingen 1951.

Krosigk, Lutz Schwerin von: Staatsbankrott. Die Geschichte der Finanzpolitik des Deutschen Reiches, Göttingen, Frankfurt/M. und Zürich 1974.

Krüger, Peter: Die Außenpolitik der Republik von Weimar, Darmstadt 1985.

Krüger-Charlé, Michael: Carl Goerdelers Versuche der Durchsetzung einer alternativen Politik 1933 bis 1937, in: Schmädeke/Steinbach, Widerstand gegen den Nationalsozialismus, S. 383-404.

Kube, Alfred: Pour le mérite und Hakenkreuz. Hermann Göring im Dritten Reich, München 1986.

Kushner, Tony: The Holocaust and the Liberal Imagination. A Social and Cultural History, Oxford und Cambridge 1994.

Laux, Eberhard: Führung und Verwaltung in der Rechtslehre des Nationalsozialismus, in: Rebentisch/Teppe, Verwaltung contra Menschenführung, S. 33-64.

Leber, Annedore in Zusammenarbeit mit Willy Brandt u. Karl Dietrich Bracher (Hg.): Das Gewissen entscheidet. Bereiche des deutschen Widerstandes von 1933–1945 in Lebensbildern, Berlin und Frankfurt/M. 1957.

Leber, Annedore in Zusammenarbeit mit Willy Brandt u. Karl Dietrich Bracher (Hg.): Das Gewissen steht auf. 64 Lebensbilder aus dem deutschen Widerstand 1933–1945, Frankfurt/M. 1966.

Lee, W.R. und Eve Rosenhaft (Hg.): The State and Social Change in Germany, 1880–1980, New York 1989.

Lekachman, Robert: The Age of Keynes, New York 1966.

Levine, Herbert S.: Hitler's Free City. A History of the Nazi Party in Danzig 1925–1939, Chicago 1973.

Lilienthal, Georg: Der „Lebensborn e.V." Ein Instrument nationalsozialistischer Rassenpolitik, Stuttgart und New York 1985.

Lill, Rudolf und Heinrich Oberreuter (Hg.): 20. Juli. Porträts des Widerstands, akt. u. überarb. Neuausg. Düsseldorf und Wien 1994.

Linne, Karsten: „Die Utopie des Herrn Beveridge". Zur Rezeption des Beveridge-Plans im nationalsozialistischen Deutschland, in: 1999. Zeitschrift für Sozialgeschichte des 20. und 21. Jahrhunderts, H. 4/1993, S. 62-82.

Longerich, Peter: Hitlers Stellvertreter. Führung der Partei und Kontrolle des Staatsapparates durch den Stab Heß und die Partei-Kanzlei Bormann, München, London, New York und Paris 1992.

Longerich, Peter: Politik der Vernichtung. Eine Gesamtdarstellung der nationalsozialistischen Judenverfolgung, München und Zürich 1998.

Loock, Hans-Dietrich: Nordeuropa zwischen Außenpolitik und „großgermanischer" Innenpolitik, in: Funke, Hitler, Deutschland und die Mächte, S. 684-706.

Ludwig, Karl-Heinz: Strukturmerkmale nationalsozialistischer Aufrüstung bis 1935, in: Forstmeier/Volkmann, Wirtschaft und Rüstung, S. 39-64.

Maier, Klaus A., Horst Rohde, Bernd Stegmann und Hans Umbreit: Die Errichtung der Hegemonie auf dem Europäischen Kontinent, Stuttgart 1979 (Militärgeschichtliches Forschungsamt (Hg.): Das Deutsche Reich und der Zweite Weltkrieg, Bd. 2).

Maier, Klaus A.: Die Luftschlacht um England, in: Ders. u.a., Errichtung der Hegemonie, S. 375-408.

Majer, Diemut: Grundlagen des nationalsozialistischen Rechtssystems: Führerprinzip, Sonderrecht, Einheitspartei, Stuttgart, Berlin, Köln und Mainz 1987.

Mantelli, Brunello: Kurze Geschichte des italienischen Faschismus, Berlin 1998.

Martin, Bernd: Das außenpolitische Versagen des Widerstands 1943/44, in: Schmädeke/Steinbach, Widerstand, S. 1037-1060.

Mason, Tim W.: Zur Entstehung des Gesetzes zur Ordnung der nationalen Arbeit vom 20. Januar 1934: Ein Versuch über das Verhältnis „archaischer" und „moderner" Momente in der neuesten deutschen Geschichte, in: Mommsen u.a., Industrielles System, S. 322-351.

Mason, Timothy W.: Innere Krise und Angriffskrieg 1938/1939, in: Forstmeier/Volkmann, Wirtschaft und Rüstung, S. 158-188.

Matthias, Erich und Rudolf Morsey (Hg.): Das Ende der Parteien 1933, Düsseldorf 1960.

Matthiesen, Michael: Ein Konservativer auf dem Weg in den Widerstand – Carl Friedrich Goerdeler (1884–1945), in: Kraus, Konservative Politiker in Deutschland, S. 235-271.

Matull, Wilhelm: Carl Friedrich Goerdeler 1884–1944, in: Große Deutsche aus Ostpreußen, Würzburg 1970, S. 230-236.

Matzerath, Horst: Nationalsozialimus und kommunale Selbstverwaltung, Stuttgart, Berlin, Köln und Mainz 1970.

Mayer, Arno J.: Der Krieg als Kreuzzug. Das Deutsche Reich, Hitlers Wehrmacht und die „Endlösung", Reinbek b. Hamburg 1989.

Mehringer, Hartmut: Widerstand und Emigration. Das NS-Regime und seine Gegner, München 1997.

Meier, Kurt: Der evangelische Kirchenkampf, 3 Bde, Halle/Saale und Göttingen 1976–1984.

Meier, Kurt: Kreuz und Hakenkreuz. Die evangelische Kirche im Dritten Reich, München 1992.

Meister, Rainer: Die große Depression. Zwangslagen und Handlungsspielräume der Wirtschafts- und Finanzpolitik in Deutschland 1929–1932, Regensburg 1991.

Menger, Manfred: Deutsch-finnische „Waffenbrüderschaft" und Wirtschaftskooperation, in: Eichholtz, Krieg und Wirtschaft, S. 299-323.

Merkenich, Stephanie: Grüne Front gegen Weimar. Reichslandbund und agrarischer Lobbyismus 1918–1933, Düsseldorf 1998.

Messerschmidt, Manfred: Außenpolitik und Kriegsvorbereitung, in: Deist u.a., Ursachen und Voraussetzungen, S. 641-850.

Messerschmidt, Manfred: Die politische Geschichte der preußisch-deutschen Armee, in: Deutsche Militärgeschichte, Bd. 2, S. 9-380.

Messerschmidt, Manfred: Motivationen der nationalkonservativen Opposition und des militärischen Widerstandes seit dem Frankreich-Feldzug, in: Müller, Widerstand, S. 60-78.

Messerschmidt, Manfred: Was damals Recht war ... NS-Militär- und Strafjustiz im Vernichtungskrieg, hg. v. Wolfram Wette, Essen 1996.

Meyers, Reinhard: British Imperial Interests and the Policy of Appeasement, in: Mommsen/Kettenacker, Fascist Challenge, S. 339-351.

Michalka, Wolfgang (Hg.): Der Erste Weltkrieg. Wirkung, Wahrnehmung, Analyse, München 1994.

Michalka, Wolfgang (Hg.): Der Zweite Weltkrieg. Analysen, Grundzüge, Forschungsbilanz, München 1989.

Michalka, Wolfgang: Ribbentrop und die deutsche Weltpolitik 1933–1940. Außenpolitische Konzeptionen und Entscheidungsprozesse im Dritten Reich, München 1980.

Mierzejewski, Alfred C.: The Collapse of the German War Economy, 1944–1945, Chapel Hill und London 1988.

Militärgeschichtliches Forschungsamt (Hg.): Deutsche Militärgeschichte, Bd. 2: Militärgeschichte im 19. Jahrhundert, München 1976.

Militärgeschichtliches Forschungsamt (Hg.): Deutsche Militärgeschichte, Bd. 3/1: Von der Entlassung Bismarcks bis zum Ende des Ersten Weltkrieges, München 1968.

Militärgeschichtliches Forschungsamt (Hg.): Deutsche Militärgeschichte, Bd. 3/2: Reichswehr und Republik, München 1970.

Militärgeschichtliches Forschungsamt (Hg.): Deutsche Militärgeschichte, Bd. 4: Wehrmacht und Nationalsozialismus, München 1978.

Miller, Susanne: Burgfrieden und Klassenkampf. Die deutsche Sozialdemokratie im Ersten Weltkrieg, Düsseldorf 1974.

Moll, Martin: Die deutsche Propaganda in den besetzten „germanischen Staaten". Norwegen, Dänemark und Niederlande 1940–1945. Institutionen – Themen – Forschungsprobleme, in: Bohn, Deutsche Herrschaft, S. 209-245.

Mommsen, Hans: Auschwitz, 17. Juli 1942. Der Weg zur europäischen „Endlösung der Judenfrage", München 2002.

Mommsen, Hans: Alternative zu Hitler. Studien zur Geschichte des deutschen Widerstandes, München 2000.

Mommsen, Hans: Beamtentum im Dritten Reich, Stuttgart 1966.

Mommsen, Hans: Der lange Schatten der untergehenden Republik. Zur Kontinuität politischer Denkhaltungen von der späten Weimarer zur frühen Bundesrepublik, in: Ders., Von Weimar nach Auschwitz.

Mommsen, Hans: Der Widerstand gegen Hitler und die nationalsozialistische Judenverfolgung, in: Ders., Alternative zu Hitler, S. 384-415.

Mommsen, Hans: Die Illusion einer Regierung ohne Parteien und der Aufstieg der NSDAP, in: Ders., Von Weimar nach Auschwitz, S. 127 f.

Mommsen, Hans: Die verspielte Freiheit. Der Weg der Republik von Weimar in den Untergang 1918 bis 1933, Frankfurt/M. 1990.

Mommsen, Hans: Gesellschaftsbild und Verfassungspläne des deutschen Widerstands, in: Ders., Der Nationalsozialismus und die deutsche Gesellschaft, S. 233-337.

Mommsen, Hans: Heinrich Brünings Politik als Reichskanzler. Das Scheitern eines politischen Alleinganges, in: Holl, Wirtschaftskrise und liberale Demokratie, S. 16-45.

Mommsen, Hans: Hitlers Stellung im nationalsozialistischen Herrschaftssystem, in: Hirschfeld/Kettenacker, Der „Führerstaat", S. 43-72.

Mommsen, Hans: Neuordnungspläne der Widerstandsbewegung des 20. Juli, in: Ders., Alternative zu Hitler.

Mommsen, Hans: Regierung ohne Parteien. Konservative Pläne zum Verfassungsumbau am Ende der Weimarer Republik, in: Winkler, Deutsche Staatskrise, S. 1-18.

Mommsen, Hans: Von Weimar nach Auschwitz. Zur Geschichte Deutschlands in der Weltkriegsepoche, Stuttgart 1999.

Mommsen, Hans: Wilhelm Leuschner und die Widerstandsbewegung des 20. Juli 1944, in: Ders., Alternative zu Hitler, S. 325-340.

Mommsen, Hans und Manfred Grieger: Das Volkswagenwerk und seine Arbeiter im Dritten Reich, Düsseldorf 1996.

Mommsen, Wolfgang J. (Hg.): Die ungleichen Partner. Deutsch-britische Beziehungen im 19. und 20. Jahrhundert, Stuttgart 1999.

Mommsen, Wolfgang J. und Lothar Kettenacker (Hg.): The Fascist Challenge and the Policy of Appeasement, London 1983.

Morsey, Rudolph (Hg.): Verwaltungsgeschichte. Aufgaben, Zielsetzungen, Beispiele. Vorträge und Diskussionsbeiträge der verwaltungsgeschichtlichen Arbeitstagung 1976 der Hochschule für Verwaltungswissenschaften Speyer, Berlin 1977.

Müller, Christian: Oberst i.G. Stauffenberg. Eine Biographie, Düsseldorf o. D.

Müller, Franz: Ein „Rechtskatholik" zwischen Kreuz und Hakenkreuz: Franz von Papen als Sonderbevollmächtigter Hitlers in Wien 1934–1938, Frankfurt/M. 1990.

Müller, Klaus-Jürgen (Hg.): Der deutsche Widerstand 1933–1945, 2., durchges. u. erg. Aufl. Paderborn und München 1990.

Müller, Klaus-Jürgen und Hans Mommsen: Der deutsche Widerstand gegen das NS-Regime. Zur Historiographie des Widerstandes, in: Müller, Widerstand, S. 13-21.

Müller, Klaus-Jürgen: Der nationalkonservative Widerstand, in: Ders., Widerstand, S. 40-59.

Müller, Rolf-Dieter: Von der Wirtschaftsallianz zum kolonialen Ausbeutungskrieg, in: Boog u.a., Angriff auf die Sowjetunion, S. 98-189.

Nebgen, Elfriede: Jakob Kaiser. Der Widerstandskämpfer, Stuttgart, Berlin, Köln und Mainz 1967.

Neliba, Günter: Wilhelm Frick. Der Legalist des Unrechtsstaates. Eine politische Biographie, Paderborn 1992.

Neuberger, Helmut: Freimaurerei und Nationalsozialismus. Die Verfolgung der deutschen Freimaurerei durch völkische Bewegung und Nationalsozialismus, Bd. 2, Hamburg 1980.

Nicholls, Anthony J.: Freedom with Responsibility. The Social Market Economy in Germany, 1918–1963, Oxford 1994.

Nilson, Sten S.: Wahlsoziologische Probleme des Nationalsozialismus, in: Zeitschrift für die gesamte Staatswisssenschaft 110 (1954), S. 279-311.

Nylander, Gerd: Carl Goerdelers Friedensbemühungen und die Wallenberg-Brüder, in: Nordeuropaforum 1/98, S. 3-38.

Nylander, Gert: German Resistance Movement and England. Carl Goerdeler and the Wallenberg Brothers, Stockholm 1999.

Olsson, Ulf: Stockholms Enskilda Bank and the Bosch Group, 1939–1950, Stockholm 1998.

Otto, Gerhard und Johannes Houwink ten Cate (Hg.): Das organisierte Chaos. „Ämterdarwinismus" und „Gesinnungsethik": Determinanten nationalsozialistischer Besatzungsherrschaft, Berlin 1999.

Overy, Richard J.: War and Economy in the Third Reich, Oxford 1994.

Pachter, Henry: Germany Looks in the Mirror of History, in: World Politics XIII (1961), S. 633-641.

Parker, R.A.C.: Chamberlain and Appeasement. British Policy and the Coming of the Second World War, London 1993.

Patch, William L.: Heinrich Brüning and the Dissolution of the Weimar Republic, Cambridge 1998.

Paucker, Arnold und Konrad Kwiet: Jewish Leadership and Jewish Resistance, in: Bankier, German Antisemitism, S. 389 ff.

Paul, Gerhard: „Deutsche Mutter – heim zu Dir!" Warum es mißlang, Hitler an der Saar zu schlagen. Der Saarkampf 1933–1935, Köln 1984.

Paulus, Julia: Kommunale Wohlfahrtspolitik in Leipzig 1930 bis 1945. Autoritäres Krisenmanagement zwischen Selbstbehauptung und Vereinnahmung, Köln, Weimar und Wien 1998.

Pechel, Rudolf: Deutscher Widerstand, Zürich 1947.

Peter, Karl Heinrich (Hg.): Spiegelbild einer Verschwörung. Die Kaltenbrunner-Berichte an Bormann und Hitler über das Attentat vom 20. Juli 1944, Stuttgart 1961.

Peter, Matthias: John Maynard Keynes und die britische Deutschlandpolitik. Machtanspruch und Realität im Zeitalter der Weltkriege 1919–1946, München 1997.

Petzina, Dietmar: Autarkiepolitik im Dritten Reich. Der nationalsozialistische Vierjahresplan, Stuttgart 1968.

Petzina, Dietmar: Die deutsche Wirtschaft in der Zwischenkriegszeit, Wiesbaden 1977.

Petzold, Joachim: Franz von Papen. Ein deutsches Verhängnis, München und Berlin 1995.

Plésniarski, Boleslaw: Die Vernichtung der polnischen Bildung und Erziehung in den Jahren 1939–1945, in: Heinemann, Erziehung und Schulung, T. 1, S. 160-175.

Poidevin, Raymond und Jacques Bariéty: Frankreich und Deutschland. Die Geschichte ihrer Beziehungen 1815–1975, München 1982.

Preller, Ludwig: Sozialpolitik in der Weimarer Republik, Düsseldorf 1978.

Prieberg, Fred K.: Musik im NS-Staat, Frankfurt/M. 1982.

Puchert, Berthold: Außenhandel und Okkupationswirtschaftspolitik 1939 bis 1945, in: Zumpe, Wirtschaft und Staat, S. 366-407.

Puchert, Berthold: Deutschlands Außenhandel im Zweiten Weltkrieg, in: Eichholtz, Krieg und Wirtschaft, S. 253-277.

Rahn, Werner: Der Seekrieg im Atlantik und Nordmeer, in: Das Deutsche Reich und der Zweite Weltkrieg, Bd. 6, S. 275-425.

Rahn, Werner: Japan und der Krieg in Europa, in: Das Deutsche Reich und der Zweite Weltkrieg, Bd. 6, S. 143-170.

Rahn, Werner: Strategische Probleme der deutschen Seekriegführung 1914–1918, in: Michalka, Der Erste Weltkrieg, S. 341-365.

Raspin, Angela: Wirtschaftliche Aspekte der italienischen Aufrüstung Anfang der dreißiger Jahre bis 1940, in: Forstmeier/Volkmann, Wirtschaft und Rüstung, S. 202-221.

Rauscher, Walter: Hindenburg. Feldmarschall und Reichspräsident, Wien 1997.

Rebentisch, Dieter und Karl Teppe (Hg.): Verwaltung contra Menschenführung im Staat Hitlers. Studien zum politisch-administrativen System, Göttingen 1986.

Rebentisch, Dieter: Kommunalpolitik, Konjunktur und Arbeitsmarkt in der Endphase der Weimarer Republik, in: Morsey, Verwaltungsgeschichte, S. 107-157.

Rebentisch, Dieter: Ludwig Landmann. Frankfurter Oberbürgermeister der Weimarer Repulik, Wiesbaden 1975.

Recker, Marie-Luise: Nationalsozialistische Sozialpolitik im Zweiten Weltkrieg, München 1985.

Reemtsma, Jan Philipp: Die Idee des Vernichtungskrieges. Clausewitz – Ludendorff – Hitler, in: Heer/Neumann, Vernichtungskrieg, S. 377-401.

Reich, Ines: Carl Friedrich Goerdeler. Ein Oberbürgermeister gegen den NS-Staat, Köln, Weimar und Wien 1997.

Rémond, René und Janine Bourdin (Hg.): Edouard Daladier, Chéf de Gouvernement avril 1938-septembre 1939, Paris 1977.

Rémond, René: Frankreich im 20. Jahrhundert, Erster Teil: 1918–1958, Stuttgart 1994.

Ritschl, A.O.: Nazi Economic Imperialism and the Exploitation of the Small: Evidence from Germany's Secret Foreign Exchange Balances, 1938–1940, in: Economic History Review, LIV, 2 (2001), S. 324-345.

Ritter, Gerhard A. (Hg.): Gesellschaft, Parlament und Regierung. Zur Geschichte des Parlamentarismus in Deutschland, Düsseldorf 1974.

Ritter, Gerhard A.: Entstehung und Entwicklung des Sozialstaats in vergleichender Perspektive, in: HZ 243 (1986), S. 1-90.

Ritter, Gerhard: Carl Goerdeler und die deutsche Widerstandsbewegung, Stuttgart 1954.

Ritter, Gerhard: Staatskunst und Kriegshandwerk. Das Problem des „Militarismus" in Deutschland, Bd. 1: Die altpreußische Tradition (1740–1890), München 1954.

Rohde, Horst: Hitlers erster „Blitzkrieg" und seine Auswirkungen auf Nordosteuropa, in: Maier u.a., Errichtung der Hegemonie, S. 79-158.

Rohe, Karl (Hg.): Die Westmächte und das Dritte Reich 1933–1939. Klassische Großmachtrivalität oder Kampf zwischen Demokratie und Diktatur?, Paderborn 1982.

Rohrbacher, Stefan und Michael Schmidt: Judenbilder. Kulturgeschichte antijüdischer Mythen und antijüdischer Vorurteile, Reinbek b. Hamburg 1991.

Romoser, George W.: The Politics of Uncertainty: The German Resistance Movement, in: Social Research XXXI (1964), S. 73-93.

Roon, Ger van: Hermann Kaiser und der deutsche Widerstand, in: VfZ 24 (1976), S. 259-265.

Roon, Ger van: Neuordnung im Widerstand. Der Kreisauer Kreis in der deutschen Widerstandsbewegung, München 1967.

Roon, Ger van: Widerstand im Dritten Reich, 4. Aufl. 1987.

Roon, Ger van: Wilhelm Staehle. Ein Leben auf der Grenze 1877–1945, München 1969.

Roos, Hans: Polen und Europa. Studien zur polnischen Außenpolitik 1931–1939, Tübingen 1957.

Rothfels, Hans: Deutsche Opposition gegen Hitler, Frankfurt/M. 1958 (Erstausg. 1948).

Rouette, Susanne: Sozialpolitik als Geschlechterpolitik. Die Regulierung der Frauenarbeit nach dem Ersten Weltkrieg, Frankfurt/M. und New York 1993.

Rüther, Daniela: Der Widerstand des 20. Juli auf dem Weg in die soziale Marktwirtschaft. Die wirtschaftspolitischen Vorstellungen der bürgerlichen Opposition, Paderborn 2002.

Sachße, Christoph und Florian Tennstedt: Geschichte der Armenfürsorge in Deutschland, Bd. 2: Fürsorge und Wohlfahrtspflege 1871–1929, Stuttgart, Berlin, Köln und Mainz 1988.

Salewski, Michael: Die bewaffnete Macht im Dritten Reich 1933–1939, in: Deutsche Militärgeschichte Bd. IV, S. 13-287.

Sandkühler, Thomas (Hg.): Europäische Integration. Deutsche Hegemonialpolitik gegenüber Westeuropa 1920–1960, Göttingen 2002.

Sauer, Wolfgang: Die Mobilmachung der Gewalt, in: Bracher/Sauer/Schulz, Nationalsozialistische Machtergreifung, S. 685-973.

Scheurig, Bodo (Hg.): Deutscher Widerstand 1938–1944. Fortschritt oder Reaktion?, München ²1984.

Schmädecke, Jürgen und Peter Steinbach (Hg.): Der Widerstand gegen den Nationalsozialismus. Die deutsche Gesellschaft und der Widerstand gegen Hitler, München 1985.

Schmädeke, Jürgen: Die Blomberg-Fritsch-Krise: Vom Widerspruch zum Widerstand, in: Schmädeke/Steinbach, Widerstand gegen den Nationalsozialismus, S. 368-382.

Schmidt, Gustav: Das Zusammenspiel sicherheitspolitischer, wirtschaftlicher und ideologischer Faktoren in der englischen Weltpolitik und die Restrukturierung der internationalen Politik, in: Rohe, Die Westmächte und das Dritte Reich, S. 29-56.

Smith, Helmut Walser: Die Geschichte des Schlachters. Mord und Antisemitismus in einer deutschen Kleinstadt, Göttingen 2002.

Schmitthenner, Walter und Hans Buchheim (Hg.): Der deutsche Widerstand gegen Hitler. Vier historisch-kritische Studien, Köln 1966.

Schneider, Michael: Das Arbeitsbeschaffungsprogramm des ADGB. Zur gewerkschaftlichen Politik in der Endphase der Weimarer Republik, Bonn-Bad Godesberg 1975.

Scholtyseck, Joachim: Robert Bosch und der liberale Widerstand gegen Hitler 1933–1945, München 1999.

Scholtz, Harald: Die „NS-Ordensburgen“, in: VfZ 15 (1967), S. 269-298.

Schulz, Gerhard: „Preußenschlag“ oder Staatsstreich? Neues vom 20. Juli 1932, in: Der Staat 17 (1978), S. 553-581.

Schulz, Gerhard: Die Anfänge des totalitären Maßnahmenstaates, in: Bracher/Sauer/Schulz, Nationalsozialistische Machtergreifung, S. 371-685.

Schulz, Gerhard: Zwischen Demokratie und Diktatur. Verfassungspolitik und Reichsreform in der Weimarer Republik, Bd. III: Von Brüning zu Hitler. Der Wandel des politischen Systems in Deutschland 1930–1933, Berlin und New York 1992.

Schulze, Hagen: Der Oststaat-Plan 1919, in: VfZ 18 (1970), S. 123-163.

Schumann, Hans-Gerd: Nationalsozialismus und Gewerkschaftsbewegung. Die Vernichtung der deutschen Gewerkschaften und der Aufbau der „Deutschen Arbeitsfront“, Hannover und Frankfurt/M. 1958.

Schwabe, Klaus: Deutsche Revolution und Wilson-Frieden. Die amerikanische und deutsche Friedensstrategie zwischen Ideologie und Machtpolitik 1918/19, Düsseldorf 1971.

Schwarz, Hans Peter: Adenauer. Der Aufstieg: 1886–1952, Stuttgart 1986.

Schwengler, Walter: Völkerrecht, Versailler Vertrag und Auslieferungsfrage. Die Strafverfolgung wegen Kriegsverbrechen als Problem des Friedensschlusses 1919/20, Stuttgart 1982.

Schwerin, Detlef Graf v.: „Dann sind's die besten Köpfe, die man henkt“. Die junge Generation im deutschen Widerstand, München 1991.

Seidler, Franz W.: Fritz Todt. Baumeister des Dritten Reichs, München 1986.

Seton-Watson, Christopher: The Anglo-Italian Gentlemen's Agreement of January 1937 and ist Aftermath, in: Mommsen/Kettenacker, The Fascist Challenge, S. 267-282.

Siegel, Tilla: Leistung und Lohn in der nationalsozialistischen „Ordnung der Arbeit“ Opladen 1989.

Sodeikat, Ernst: Der Nationalsozialismus und die Danziger Opposition, in: VfZ 19 (1966), S. 159-174.

Sofsky, Wofgang: Die Ordnung des Terrors. Das Konzentrationslager, Frankfurt/M. 1993.

Sommer, Theo: Deutschland und Japan zwischen den Mächten 1935–1940. Vom Antikominternpakt zum Dreimächtepakt. Eine Studie zur diplomatischen Vorgeschichte des Zweiten Weltkrieges, Tübingen 1962.

Sprenger, Heinrich: Heinrich Sahm. Kommunalpolitiker und Staatsmann, Köln und Berlin 1969.

Steinbach, Peter und Johannes Tuchel (Hg.): Widerstand gegen den Nationalsozialismus, Bonn und Berlin 1994.

Stolleis, Michael: Gemeinschaft und Volksgemeinschaft. Zur juristischen Terminologie im Nationalsozialismus, in: VfZ 20 (1972), S. 16-38.

Stourzh, Gerald und Brigitta Zaar (Hg.): Österreich, Deutschland und die Mächte. Internationale und österreichische Aspekte des „Anschlusses" vom März 1938, Wien 1990.

Streit, Christian: Keine Kameraden. Die Wehrmacht und die sowjetischen Kriegsgefangenen 1941–1945, Neuausg. Bonn 1997.

Strothmann, Dietrich: Nationalsozialistische Literaturpolitik. Ein Beitrag zur Publizistik im Dritten Reich, Bonn ^{2}1963.

Stumpf, Reinhard: Der Krieg im Mittelmeerraum 1942/43: Die Operationen in Nordafrika und im mittleren Mittelmeer, in: Das Deutsche Reich und der Zweite Weltkrieg, Bd. 6, S. 569-757.

Teichert, Eckart: Autarkie und Großraumwirtschaft in Deutschland 1930–1939. Außenwirtschaftliche Konzeptionen zwischen Wirtschaftskrise und Zweitem Weltkrieg, München 1984.

Temin, Peter: Socialism and Wages in the Recovery from the Great Depression in the United States and Germany, in: JEH 50, Nr. 2 (Juni 1990), S. 297-307.

Tennstedt, Florian: Wohltat und Interesse. Das Winterhilfswerk des deutschen Volkes: Die Weimarer Vorgeschichte und ihre Instrumentalisierung durch das NS-Regime, in: GuG 13/2 (1987), S. 157-180.

Thalmann, Rita: Frauen im Dritten Reich, München und Wien 1984.

Thamer, Hans-Ulrich: Carl Friedrich Goerdeler – Der Motor des konservativ-bürgerlichen Widerstandes, in: Klemperer u.a., Für Deutschland, S. 71-93.

Thielenhaus, Marion: Zwischen Anpassung und Widerstand. Deutsche Diplomaten 1938–1941, Paderborn 1984.

Thomas, Martin: Britain, France & Apeasement. Anglo-French Relations in the Popular Front Era, Oxford und New York 1996.

Thomsen, Peter: Ärzte auf dem Weg ins „Dritte Reich". Studien zur Arbeitsmarktsituation, zum Selbstverständnis und zur Standespolitik der Ärzteschaft gegenüber der staatlichen Sozialversicherung während der Weimarer Republik, Husum 1996.

Toeplitz, Jerzy: Geschichte des Films, Bd. 3: 1934–1939, Berlin 1979.

Toniolo, Gianni: L'Economia dell'Italia fascista, Rom 1980.

Ueberschär, Gerd R. (Hg.): Der 20. Juli 1944. Bewertung und Rezeption des deutschen Widerstandes gegen das NS-Regime, Köln 1994.

Ueberschär, Gerd R. (Hg.): NS-Verbrechen und der militärische Widerstand gegen Hitler, Darmstadt 2000.

Ueberschär, Gerd R. und Winfried Vogel: Dienen und Verdienen. Hitlers Geschenke an seine Eliten, Frankfurt/M. 2000.

Ueberschär, Gerd R. und Wolfram Wette (Hg.): Stalingrad. Mythos und Wirklichkeit einer Schlacht, Frankfurt/M. 1992.

Ueberschär, Gerd R.: „Der Pakt mit dem Satan, um den Teufel auszutreiben“. Der deutsch-sowjetische Nichtangriffsvertrag und Hitlers Kriegsabsicht gegen die UdSSR, in: Michalka, Der Zweite Weltkrieg, S. 568-585

Ueberschär, Gerd R.: Der militärische Umsturzplan: Die Operation „Walküre“, in: Steinbach/Tuchel, Widerstand, S. 353-363.

Ueberschär, Gerd R.: Militäropposition gegen Hitlers Kriegspolitik 1939 bis 1941 – Motive, Struktur und Alternativvorstellungen des entstehenden militärischen Widerstands, in: Schmädeke/Steinbach, Widerstand, S. 345-367.

Ueberschär, Gerd R.: Stalingrad – eine Schlacht des Zweiten Weltkriegs, in: Ueberschär/Wette, Stalingrad, S. 18-42.

Umbreit, Hans: Auf dem Weg zur Kontinentalherrschaft, in: Kroener u.a., Kriegsverwaltung, S. 3-345.

Umbreit, Hans: Der Kampf um die Vormachtstellung in Westeuropa, in: Maier u.a., Errichtung der Hegemonie, S. 235-327.

Unger, Manfred: Die „Endlösung“ in Leipzig, in: ZfG 11 (1963), H. 5, S. 641-657.

Vogel, Detlef: Deutschland und Südosteuropa. Von politisch-wirtschaftlicher Einflußnahme zur offenen Gewaltanwendung und Unterdrückung, in: Michalka, Der Zweite Weltkrieg, S. 532-550.

Volkmann, Hans-Erich (Hg.): Das Rußlandbild im Dritten Reich, Weimar und Wien 1994.

Volkmann, Hans-Erich (Hg.): Ende des Dritten Reiches – Ende des Zweiten Weltkriegs. Eine perspektivische Rückschau, München 1995.

Volkmann, Hans-Erich: Außenhandel und Aufrüstung in Deutschland 1933 bis 1939, in: Forstmeier/Volkmann, Wirtschaft und Rüstung, S. 81-131.

Volkmann, Hans-Erich: Die NS-Wirtschaft in Vorbereitung des Krieges, in: Deist u.a., Ursachen und Voraussetzungen, S. 211-435.

Volkmann, Hans-Erich: Landwirtschaft und Ernährung in Hitlers Europa 1939–1945, in: MGM 35 (1984), S. 9-74.

Wagner, Walter: Der Volksgerichtshof im nationalsozialistischen Staat, Stuttgart 1974.

Weber, Max: Wirtschaft und Gesellschaft. Grundriß der verstehenden Soziologie, 5., rev. Aufl., Studienausg., Tübingen 1980.

Weinberg, Gerhard L.: Die deutsche Außenpolitik und Österreich 1937/38, in: Stourzh/Zaar, Österreich, Deutschland und die Mächte, S. 61-74.

Weinberg, Gerhard L.: Eine Welt in Waffen. Die globale Geschichte des Zweiten Weltkriegs, Stuttgart 1995.

Weinberg, Gerhard L.: Zur Dotation Hitlers an Generalfeldmarschall Ritter von Leeb, in: MGM 2 (1970), S. 97-99.

Weisbrod, Bernd: Die Befreiung von den „Tariffesseln“. Deflationspolitik als Krisenstrategie der Unternehmer in der Ära Brüning, in: GuG 11 (1985), S. 295-325.

Weiß, Hermann: Ideologie der Freizeit im dritten Reich. Die NS-Gemeinschaft „Kraft durch Freude“, in: AfS 33 (1993), S. 289-303.

Wendt, Bernd Jürgen: Economic Appeasement. Handel und Finanz in der britischen Deutschland-Politik 1933–1939, Düsseldorf 1971.

Wette, Wolfram: Das Rußlandbild in der NS-Propaganda. Ein Problemaufriß, in: Volkmann, Das Rußlandbild im Dritten Reich, S. 55-78.

Wheeler-Bennett, John W.: The Nemesis of Power. The German Army in Politics 1918–1945, London und New York 1953.

Wilhelm, Friedrich: Die Polizei im NS-Staat. Die Geschichte ihrer Organisation im Überblick, Paderborn, München, Wien und Zürich 1997.

Winkler, Heinrich August (Hg.): Die deutsche Staatskrise 1930–1933, München 1992.

Winkler, Heinrich August: Der Weg in die Katastrophe. Arbeiter und Arbeiterbewegung in der Weimarer Reppublik 1930 bis 1933, 2., vollst. durges. u. korr. Aufl. Bonn 1990.

Winkler, Heinrich August: Von der Revolution zur Stabilisierung. Arbeiter und Arbeiterbewegung in der Weimarer Republik 1918–1924, Berlin ^{2}1985.

Winkler, Heinrich August: Weimar 1918–1933. Die Geschichte der ersten deutschen Demokratie, München 1993.

Winkler, Theodor: Johann Gottfried Frey und die Entstehung der preußischen Selbstverwaltung, neu hg. mit einem Geleitwort v. Hans Rothfels Stuttgart 1957.

Winterhager, Ernst Wilhelm: Der Kreisauer Kreis. Porträt einer Widerstandsgruppe, Berlin 1985.

Wissler, Albert: Ernst Wagemann. Begründer der empirischen Konjunkturforschung in Deutschland, Berlin 1954.

Wittmann, Klaus: Schwedens Wirtschaftsbeziehungen zum Dritten Reich 1933–1945, München und Wien 1978.

Wohlfeil, Rainer: Reichswehr und Republik (1918–1933), in: Deutsche Militärgeschichte, Bd. 3, S. 11-304.

Wojciechowski, Marion: Die polnisch-deutschen Beziehungen 1933–1938, Leiden 1971.

Wysocki, Josef: Die finanzwirtschaftliche Ausgangslage, in: Hansmeyer, Kommunale Finanzpolitik, S. 28-34.

Wysocki, Josef: Die Kommunalfinanzen in Erzbergers Reformkonzept: Finanzzuweisungen statt eigener Steuer, in: Hansmeyer, Kommunale Finanzpolitik, S. 35-59.

Zeller, Eberhard: Geist der Freiheit. Der Zwanzigste Juli, München 1952.

Ziebill, Otto: Geschichte des Deutschen Städtetages. Fünzig Jahre deutsche Kommunalpolitik, Köln ^{2}1956.

Ziebura, Gilbert: Determinanten der Außenpolitik Frankreichs 1932–1939. Zum Verhältnis von innerer, äußerer, internationaler Politik und Wirtschaft, in: Rohe, Die Westmächte und das Dritte Reich, S. 133-156.

Zumpe, Lotte: Wirtschaft und Staat in Deutschland 1933 bis 1945, Berlin 1979.

Personenregister

Der Name Hitler ist nicht aufgenommen.

J

K

Bildnachweis

Carl Friedrich Goerdeler, Anfang der 30er Jahre. (Original: Privatbesitz)
Band 1, S. II

Carl Friedrich Goerdeler vor dem Volksgerichtshof am 7./8. September 1944. (Original: Gedenkstätte Deutscher Widerstand, Berlin. Dok. Nr. 008268)
Band 2, S. II

Faksimile: Abdruck der ersten sechs Seiten der Denkschrift „Gedanken eines zum Tode Verurteilten über die deutsche Zukunft“. (Original: Privatbesitz)
Band 2, nach S. 1053